U0901245

中国石油天然气集团有限公司
CHINA NATIONAL PETROLEUM CORPORATION
年　鉴
YEARBOOK

2019

中国石油天然气集团有限公司 编

石油工業出版社

图书在版编目（CIP）数据

中国石油天然气集团有限公司年鉴 . 2019/ 中国石油天然气集团有限公司编 . —北京：石油工业出版社，2019.11

ISBN 978-7-5183-3756-9

Ⅰ . ①中… Ⅱ . ①中… Ⅲ . ①中国石油天然气集团有限公司 –2019– 年鉴 Ⅳ . ① F426.22–54

中国版本图书馆 CIP 数据核字（2019）第 259268 号

中国石油天然气集团有限公司年鉴 2019
ZHONGGUO SHIYOU TIANRANQI JITUAN YOUXIAN GONGSI NIANJIAN 2019

出版发行：石油工业出版社
（北京安定门外安华里 2 区 1 号 100011）
网　　址：www.petropub.com
图书营销中心：(010) 64523731
编 辑 部：(010) 64523591 64523586
电子邮箱：nianjian@cnpc.com.cn
经　　销：全国新华书店
印　　刷：北京中石油彩色印刷有限责任公司

2019 年 11 月第 1 版 2019 年 11 月第 1 次印刷
787×1092 毫米 开本：1/16 印张：48.25 插页：59
字数：1680 千字

定价：258.00 元
（如出现印装质量问题，请与图书营销中心联系）

《中国石油天然气集团有限公司年鉴》
编　委　会

《中国石油天然气集团有限公司年鉴》
主编、副主编

《中国石油天然气集团有限公司年鉴》
编　辑　部

主　　　任：张　镇

副　主　任：马　纪

责任编辑：马　纪　吴保国　杨天龙　付　红　白炳炳　邵冰华

执行编辑：杨天龙

特邀审稿：王守亚

封面设计：施　云

责任校对：郭京平

责任制作：张红军　张晓军

设计排版：北京中石油彩色印刷有限责任公司

编 辑 说 明

一、《中国石油天然气集团有限公司年鉴》（以下简称《年鉴》）是中国石油天然气集团有限公司组织编纂的权威性大型资料性工具书。编纂工作始终坚持以马克思列宁主义、毛泽东思想、邓小平理论、“三个代表”重要思想、科学发展观和习近平新时代中国特色社会主义思想为指导，遵循实事求是的原则，力求全面、系统、客观地记述中国石油天然气集团有限公司的发展和成就，并力求做到思想性、资料性、准确性和科学性的统一。

二、本卷《年鉴》记述中国石油天然气集团有限公司2018年生产经营、企业管理及改革创新等方面的基本情况和重要事项，向广大读者展示集团公司为建设世界一流综合性国际能源公司所做出的努力和取得的成就。

三、《年鉴》采用“板块式”结构，分类编纂，点面结合，综合记述与条目记述相结合，力求全面反映所记事项。全书分为类目、分目、条目三个层次，以文字叙述为主，辅以图表。本卷共设16个类目：总述，油气勘探开发生产，炼油与化工，销售，天然气与管道，工程技术与工程建设，国际业务，科技与信息，安全环保与质量节能，企业管理与监督，党建、思想政治工作与企业文化建设，机构与人物，企事业单位概览，大事记，统计数据，附录。为便于读者查阅和检索，文前附英文目录，文后附索引。

四、本卷《年鉴》所引用的各种数据和资料，截至2018年底，个别内容略有延伸。除注明外，一般指中国石油天然气集团有限公司统计数据。

五、本卷《年鉴》稿件、资料主要由中国石油天然气集团有限公司和中国石油天然气股份有限公司总部各部门、纪检监察组、各专业公司以及各企事业单位提供。

六、为行文简洁，《年鉴》中机构名称一般在首次出现时用全称，随后出现时用简称。“中国石油天然气集团有限公司”简称“集团公司”，“中国石油天然气股份有限公司”简称“股份公司”，两者统称“中国石油”。

七、遵照年鉴编纂规范要求，编辑部对撰稿人提供的稿件进行必要的编辑加工。主要是依据编写大纲与撰稿要求，统一全书体例，规范专业名词术语，删除明显重复，补充部分资料，修改语言文字，力求做到资料翔实、叙述简洁、数据准确。

《中国石油天然气集团有限公司年鉴》编辑部

2019 年 11 月

序

2018年，中国石油以习近平新时代中国特色社会主义思想举旗定向，坚持稳健发展方针，大力实施资源、市场、国际化和创新战略，积极应对世界经济复苏缓慢、地缘政治变数增多、国际油价大幅震荡、国内油气需求增速放缓等严峻形势，进一步优化油气产业链、加快动能转换、理顺体制机制、强化提质增效，在全面建设世界一流综合性国际能源公司征程中砥砺奋进，各项工作迈上新台阶。坚决贯彻习近平总书记重要指示批示精神，大力提升勘探开发力度，国内新增探明油气储量当量连续13年超10亿吨，原油保持1亿吨以上有效稳产，天然气产量快速增长，页岩气进入工业开发新阶段，海外权益当量产量再创新高，保障国家能源安全的资源基础进一步夯实。大力践行“一带一路”倡议，新签一批战略协议和重大合作项目，中俄东线能源大动脉实现跨国对接，中俄北极亚马尔合作项目提前建成投产，开辟了“冰上丝绸之路”新航线，树立了国际油气合作利益共同体、命运共同体新典范。推进实施坚持稳健发展方针推动高质量发展意见，持续深化开源节流降本增效，扎实推动炼化结构调整和转型升级，大力推进改革创新，广大干部员工活力动力有效释放，资产创效能力明显增强，全年实现营业收入27390亿元、利润总额1106亿元、税费4212亿元，在世界500强中排名第四位、50大石油公司中排名第三位。

2019年是新中国成立70周年，是全面建成小康社会关键之年，是推进集团公司高质量发展、全面完成“十三五”规划目标的重要之年。中国石油以习近平新时代中国特色社会主义思想为指导，深入贯彻党的十九大，十九届二中、三中、四中全会和中央经济工作会议精神，牢牢把握稳中求进工作总基调和“巩固、增强、提升、畅通”总要求，坚持党的全面领导，坚持稳健发展方针，坚持推动高质量发展，更加注重突出发展主营业务，更加注重扩大开放合作，更加注重推进改革创新，更加注重夯实发展基础，不断开创世界一流综合性国际能源公司建设新局面，为我国经济持续健康发展和社会大局稳定作出新贡献。

王宜林

2019 年 11 月

2018 年 1 月 25—27 日，中国石油天然气集团有限公司 2018 年工作会议在河北廊坊召开（常正乐 摄）

2018 年 7 月 30—31 日，中国石油天然气集团有限公司 2018 年领导干部会议在北京召开（常正乐 摄）

2018 年 1 月 27—28 日，中国石油天然气集团有限公司召开 2018 年党风廉政建设和反腐败工作会议

（常正乐 摄）

2018 年 3 月 29 日，中国石油天然气集团有限公司召开 2018 年党建工作会议（常正乐 摄）

2018 年 6 月 8 日，中国石油天然气集团有限公司董事长王宜林在北京钓鱼台国宾馆拜会哈萨克斯坦总统纳扎尔巴耶夫，代表中国石油感谢纳扎尔巴耶夫总统长期以来对中国石油在哈萨克斯坦开展油气合作给予的亲切关怀和悉心指导，并就推动和深化中国石油在哈萨克斯坦油气合作交换意见（常正乐 摄）

2018 年 8 月 30 日，中国石油天然气集团有限公司董事长王宜林与到中国石油总部参观访问的南苏丹共和国总统基尔，就进一步深化油气合作举行友好会晤（常正乐 摄）

2018 年 8 月 31 日，中国石油天然气集团有限公司董事长王宜林在北京拜会来中国访问的尼日尔共和国总统伊素福，代表中国石油感谢伊素福总统长期以来对中尼石油合作给予的大力支持，并就推动和扩大中尼石油合作深入交换意见（常正乐 摄）

2018 年 9 月 4 日，中国石油天然气集团有限公司董事长王宜林在北京拜会乍得共和国总统代比，就推动和深化中国石油在乍得油气合作深入交换意见（常正乐 摄）

2018 年 8 月 23 日，国务院国资委党委书记郝鹏一行到中国石油调研，就进一步坚持党的领导、加强党的建设、以党的建设引领企业改革发展等工作进行座谈交流（常正乐 摄）

2018 年 2 月 6—8 日，中国石油天然气集团有限公司党组书记、董事长王宜林到云南地区石油石化企业工作调研，在中国石油云南销售公司昆明市西福路加油站看望慰问劳动模范张本荷（孟庆璐 摄）

2018 年 7 月 1—3 日，中国石油天然气集团有限公司董事长王宜林到中国石油国际事业日本公司与日本 JXTG 能源株式会社合资公司大阪国际石油精制株式会社调研，听取合资公司大阪炼油厂工作汇报，考察合资公司生产运营情况（孟庆璐 摄）

2018 年 8 月 20—22 日，中国石油天然气集团有限公司总经理、党组副书记章建华到川渝地区页岩气勘探开发现场工作调研，听取页岩气勘探开发有关工作汇报，到长宁区块投产的第一口页岩气井——宁 201-H1 井中心站现场（韩超 摄）

2018 年，中国石油大庆钻探工程公司钻井二公司 1205 钻井队完成年钻井进尺 10 万米，第四次攀上年钻井进尺 10 万米高峰（大庆油田有限责任公司 提供）

2018 年 8 月 15 日，中国石油长庆油田公司在内蒙古巴彦淖尔市磴口县的预探井松 5 井试油后获高产油流，打开河套盆地 2 万多平方千米近 40 年找油久攻不克的新局面。这一重大勘探发现，扩大了油气勘探新领域，提振了推进新领域勘探突破的信心和决心（中国石油长庆油田公司 提供）

2018 年 12 月 12 日，中国石油塔里木油田公司中秋 1 井经酸化压裂测试获高产工业油气流，折合日产天然气 33 万立方米、凝析油 21.4 立方米，预示中秋地区将有 1000 亿立方米级凝析气藏。这一发现标志着中国石油在新区新领域风险勘探取得重大突破，由此在库车坳陷再次打开一个新的油气富集区带（吕殿杰 摄）

2018 年 12 月 15 日，中国石油新疆油田公司在准噶尔盆地沙湾凹陷风险勘探获重大突破，风险探井沙探 1 井在二叠系上乌尔禾组获高产工业油流，压裂后 3 毫米油嘴日产油 30.25 立方米。这一突破进一步拓展了准噶尔盆地二叠系上乌尔禾组勘探新领域（罗刚 摄）

2018 年 12 月 16 日，中国石油西南油气田公司永探 1 井在火山岩地层初步测试日产天然气 22.5 万立方米。这口井钻获高产工业气流，开辟了四川盆地天然气增储上产新领域（彭刚 摄）

2018 年 8 月 7 日，中国石油华北油田公司在吉兰泰坳陷部署的预探井吉华 2X 井，在 2000 米井段内发现一、二类总计 195 米厚油层，在对 37 米油层试油后获高产工业油流，巴彦河套新区新盆地勘探获重要发现（中国石油华北油田公司 提供）

2018 年 12 月 2 日，中国石油塔里木油田公司迪那 2 油气处理厂扩建工程投产，中国最大凝析气田——迪那 2 气田在天然气原有日处理能力 1600 万立方米的基础上，新增一套 400 万立方米的装置，总处理量达到 2000 万米^3/ 日，有力提升向西气东输供气的保障能力（陈士兵 摄）

2018 年 4 月 6 日，中国石油西南油气田公司相国寺储气库开始注气作业。至此，中国石油 23 座地下储气库全面开始注气作业（郑元涛 摄）

2018 年 11 月 21 日，中国石油吉林石化公司 35 万吨 / 年烷基化装置顺利生产出烷基化油，产品质量达到设计要求，一次开车成功，填补中国石油低温硫酸法烷基化技术领域的空白（中国石油吉林石化公司 提供）

2018 年 9 月 21 日，中国石油辽阳石化公司俄罗斯原油加工优化增效改造项目建成投产，实现流程贯通，产品合格，一次开车成功（中国石油辽阳石化公司 提供）

2018 年 4 月 26 日，中国石油自主开发自主建设的最大化肥项目——中国石油宁夏石化公司国产化年产 45 万吨合成氨、80 万吨尿素装置成功投料，中国大型氮肥工业化成套技术开发成功实现工业转化（中国石油宁夏石化公司 提供）

2018 年 12 月 6 日，中国石油庆阳石化公司 40 万吨 / 年航空煤油液相加氢装置产出 3 号喷气燃料标准要求的航空煤油产品。这标志着中国石油首套拥有自主知识产权的航空煤油液相加氢工业试验装置顺利投产并一次开车成功（唐延文 摄）

2018 年 12 月 5 日，中委广东石化 2000 万吨炼化一体化项目建设启动仪式在揭阳大南海石化工业区项目建设现场隆重举行（孟庆璐 摄）

2018 年 6 月 30 日，中国石油华北石化公司千万吨炼油升级改造工程全面建成中交仪式在千万吨项目基地隆重举行。该工程是中国石油“十三五”期间确定的唯一炼油扩能项目，是保供北京大兴国际机场航空煤油的重要工程，是贯彻京津冀协同发展、促进河北省经济转型的重点工程，是保障北京及雄安新区高清能源供应的环境工程（汪博 摄）

2018 年 11 月 8 日，中国石油在北京郑重宣布全面开启加油站 3.0 时代。中国石油将运用大数据、云计算、人工智能等技术，以客户和数据为纽带，把加油站打造成为“安全、便捷、绿色、温馨、智能”的“人・车・生活驿站”，形成线上线下协同运营的客户服务综合平台，全面构建“人・车・生活”生态圈，为客户提供全产品、全渠道、全路途的服务，让加油站运营更智能、服务更专业、客户体验更温馨（中国石油销售公司 提供）

2018 年，中国石油天然气集团有限公司发布非油商品自有高端品牌“昆仑好客优选 +”，积极拓展汽车服务和进口商品业务，与肯德基、麦当劳等品牌合作，在河北、黑龙江等地打造汽车穿梭餐厅。图为唐山友谊路店

（中石油昆仑好客有限公司 提供）

2018 年 12 月 28 日 15 时 17 分，中国石油四川销售公司汽油、柴油销售总量突破 1000 万吨，率先建成中国石油首家千万吨级销售企业（曾宇 摄）

2018 年 4 月 15 日 11 时 55 分，第一亿张中国石油昆仑记名加油卡在中国石油河北销售公司邯郸分公司肥乡广安东关加油站发放给客户张建全（杨敏 摄）

2018 年 12 月 27 日，中国石油云南销售公司秧田冲航空煤油库通过云南省商务厅商务综合验收。该油库每年可向长水机场管输航空煤油 100 万吨以上（吕仲尧 摄）

2018 年 9 月，中国石油“昆仑”沥青正式供应铺筑北京大兴国际机场道路（中石油燃料油有限责任公司 提供）

2018 年 9 月 20 日 5 时 55 分，伊拉克哈法亚油田第三座中心处理站 (CPF3) 高低压火炬成功点燃，标志着 CPF3 首次投油成功，哈法亚油田原油日处理能力达到 40 万桶，中国石油中东油气合作区建设再上新台阶

（中国石油国际勘探开发有限公司 提供）

2018 年 9 月 20 日，中国石油集团电能有限公司首个海外建设、拥有、运营的电站——伊拉克哈法亚电站正式投产发电，这对集团公司打造“海外市场增长极”、建设国际化电能公司具有里程碑意义（中国石油国际勘探开发有限公司 提供）

2018 年 3 月，中国石油参股的巴西利贝拉项目顺利完成首船 4.4 万吨权益油海上提油作业。标志着中国石油第一个超深海项目正式进入投资回收阶段（贾子麒 摄）

2018 年 7 月 19 日，首船 15.9 万立方米来自北极圈亚马尔项目的液化天然气 (LNG)，通过东北航道顺利到达中国石油江苏如东 LNG 接收站（昆仑能源有限公司 提供）

2018 年 9 月 15 日，中国石油集团东方地球物理勘探有限责任公司 (BGP)8615B 队承担的阿联酋海上和陆上三维石油勘探项目陆上区块开始采集作业（黄建帮 摄）

2018 年 9 月 26 日，中国石油在雄安新区内的首口地热试验井——容东热 5-1 井开钻。这口井由中国地质调查局和中国雄安建设集团支持，中国石油华北油田公司具体实施（中国石油华北油田公司 提供）

2018 年 6 月 27 日，中国石油西气东输三线闽粤支干线工程开工。管道起于广州分输清管站，止于西气东输三线漳州分输清管站，全长 575 千米（李文斌 摄）

截至 2018 年 11 月 5 日，中俄东线天然气管道完成管道下沟约 250 千米。该工程创新大口径、长距离管道沉管下沟方法，实现直径 1422 毫米连续冷弯管管道整体下沟，实现中国管道建设史上的新突破，填补国内空白，为后续中国管道施工技术标准的提升和完善奠定基础（中国石油管道局工程有限公司 提供）

2018 年 9 月 16 日 9 时 16 分，中国石油抚顺—锦州成品油管道宣布投产。抚锦线作为中俄原油管道的配套工程，连接抚顺石化、辽阳石化、辽河石化和锦州石化，作为锦州—郑州成品油管道的油源，与兰州—郑州—长沙成品油管道组成中国内陆成品油管网，是国家“北油南运”重点战略项目和重要民生工程（中石油管道有限责任公司 提供）

2018 年 10 月 19 日 10 时 50 分，设计年输气量 90 亿立方米，中国石油页岩气输送能力最大输气站——威远输气站投运（黄利军 摄）

2018 年 12 月 9 日，中国石油西气东输三线东段工程通过竣工验收，正式投产。为福建建设全国首个“生态文明先行示范区”插上了绿色翅膀，并通过助推经济发展转型升级向海上丝绸之路延伸，构建一条进出口贸易产业链。图为西气东输三线东段泉州站（陈智勇 摄）

2018 年 10 月 27 日 9 时 52 分，中俄东线天然气管道工程黑龙江穿越段两条江底管道焊接完毕，这是中国首个跨境天然气管道江底隧道盾构工程。标志着连接中俄东线中国境内段和俄罗斯境内段的“咽喉要道”被彻底打通（中国石油管道局工程有限公司 提供）

2018 年 11 月 1 日，中国石油举行纪念改革开放 40 周年歌咏会。图为集团公司领导和合唱队员合唱《我为祖国献石油》（常正乐　摄）

2018 年 12 月 28 日，中国石油举行纪念改革开放 40 周年、庆祝集团公司重组成立 20 周年座谈会暨改革开放系列丛书首发式（常正乐　摄）

要　目

MAIN CONTENTS

目　　录

总　　述

综　述

特　载

专　文

油气勘探开发生产

综　述

油气勘探

勘探工程技术

油田开发

天然气开发

矿权管理

油藏评价

采油工程

地面工程

海洋工程

新能源

储气库

技术项目

炼油与化工

综　述

装置及产品

化工产品销售

重点工程

专业管理

商储油业务

销　　售

综　述

成品油业务

非油品业务

加油卡业务

燃料油业务

润滑油业务

投资管理与网络建设

专业管理

天然气与管道

综　述

油气储运

天然气销售与利用

储运设施建设

天然气销售专业管理

管道专业管理

工程技术与工程建设

工程技术

工程建设

国际业务

海外油气业务

国内油气勘探开发国际合作

国际贸易

国际业务与外事外联管理

科技与信息

科技发展

标准化工作

信息化工作

安全环保与质量节能

安全生产

环境保护

HSE 体系管理

节能节水

应急管理

职业健康

质量管理与监督

计量工作

企业管理与监督

集团公司法人治理

股份公司法人治理

品牌与社会责任

规划计划

财务资产管理

资金管理

人事管理

生产经营

资本运营

石油金融

法律工作

物资装备管理

纪检监察

内部审计

改革与企业管理

矿区服务

维稳信访与综治保卫

离退休职工管理

保密管理

档案管理

党建、思想政治工作与企业文化建设

党建工作

思想政治工作

企业文化建设

基层建设

群团工作

光荣榜

机构与人物

中国石油天然气集团有限公司

中国石油天然气股份有限公司

专家队伍

企事业单位概览

油气田企业

炼化企业

销售企业

天然气销售企业

管道企业

海外企业

工程技术服务企业

工程建设企业

装备制造企业

金融企业

科研及其他单位

大事记

中国石油天然气集团有限公司大事记

统计数据

附　　录

附表

附图

CONTENTS

Overview

Oil and Gas Exploration, Development and Production

Oil Refining and Chemicals

Marketing

Natural Gas and Pipelines

Engineering Technology and Engineering Construction

International Business

Technology and Information

Safety, Environmental Protection, Quality and Energy Saving

Corporate Management and Supervision

Development of the Communist Party, Political Work and Corporate Culture

Organizations and People

Overview of Enterprises and Institutions

Main Events

Statistical Data

Appendixes

习近平视察辽阳石化公司
集团公司学习贯彻讲话精神

2018年9月27日，中共中央总书记、国家主席、中央军委主席习近平到中国石油辽阳石化公司视察工作。

习近平实地察看原油加工优化增效改造项目装置全貌和建设情况，走进中心控制室，通过大屏幕了解企业运行情况和辽阳市石化工业发展情况，听取企业聚酯、超高分子量聚乙烯等新产品介绍，充分肯定辽阳石化在俄罗斯原油加工优化增效改造项目建设投产、科技创新、供给侧结构性改革、扭亏脱困、弘扬石油精神等方面取得的成绩，饱含着对百万石油人的亲切关怀，寄托着对我国石油工业的殷切期望，是对中国石油的极大激励和鞭策。

在控制室外，习近平同企业劳模和职工代表一一握手，面对大家充满期盼的眼神，总书记坚定地说："我们的国有企业要继续做强做优做大，那种不要国有企业、搞小国有企业的说法、做法是错误的、片面的。任何怀疑、唱衰国有企业的思想和言论都是错误的。特别是我们在国有企业工作的同志，一定要坚定信心。"

他同时指出，国有企业也不是一成不变的，要不断自我完善。坚持党对国有企业的领导是重大政治原则，必须一以贯之；建立现代企业制度是国有企业改革的方向，也必须一以贯之。我们要沿着这条路笃定踏实地向前推进。

在新建成的项目生产厂区、在油化厂中心控制室、在新研发的应用新材料产品旁，他向辽阳石化的干部职工、科技人员、一线工人殷切寄语，希望辽阳石化再接再厉，一以贯之，砥砺前行，作为国有企业的"种子队"，打出更好的成绩。

中国石油天然气集团有限公司高度重视学习贯彻习近平总书记在辽阳石化视察时的重要讲话精神，分别于9月29日、10月8日、12月26—27日三次召开集团公司党组扩大会议、学习研讨会，专题传达学习习近平总书记在辽阳石化视察时的重要讲话精神，围绕贯彻落实“两个毫不动摇”“两个一以贯之”指示要求，紧密结合公司实际，从三个方面安排部署10余项重点任务。

在推进高质量发展方面，研究制定了实施国内勘探与生产加快发展规划方案、推进炼化业务转型升级、加快天然气产供储销体系建设、深化公司在“一带一路”沿线油气合作等4项工作举措。

在加强党的建设方面，研究制定了贯彻落实《中国共产党纪律处分条例》、从严落实党组《党建工作责任制考核评价实施办法》、严格执行《党组关于进一步激励广大干部新时代新担当新作为的意见》、持续推进形象建设常态化长效化等4项工作举措。

在改革创新方面，研究制定了推进吐哈油田公司、昆仑能源公司、渤海装备公司3家企业“双百行动”综合改革等精准化改革举措，安排了提高自主创新能力、行业技术标准引领能力的科技创新和管理创新工作任务。

公司领导班子成员、总经理助理、管理层成员，以及总部各部门、各专业公司主要负责同志，深入学习总书记重要讲话精神，细化完善贯彻落实总书记在辽阳石化视察时重要讲话精神的工作举措，研讨谋划集团公司2019年重点任务，确保总书记重要讲话精神在中国石油落地生根。

（办公厅）

总　　述

综　述

中国石油天然气集团有限公司基本情况

中国石油天然气集团有限公司（英文缩写 CNPC）是国家授权投资的机构和国家控股公司，是实行上下游、国内外、产运销一体化经营的国有特大型石油石化企业集团和综合性国际能源公司。主要业务包括勘探与生产、炼油与化工、成品油销售、天然气与管道、海外勘探开发，以及油田技术服务、工程建设、装备制造、国际贸易、金融服务等。集团公司在中国境内拥有大庆油田、长庆油田、新疆油田等 16 家油气田企业，大连石化、独山子石化、兰州石化等 31 家炼化企业，分布于各省（自治区、直辖市）的 37 家成品油销售企业、6 家天然气销售企业，西气东输等 6 家管道储运企业，以及一批工程技术、金融等服务企业和科技研发等单位。在海外拥有一批从事油气田勘探开发、管道运输和国际贸易企业，基本形成中亚—俄罗斯、中东、非洲、美洲、亚太五大油气合作区和亚洲、欧洲、美洲三大国际油气运营中心。经过几十年来的发展建设和几代石油人的不懈奋斗，公司经营规模不断壮大，综合实力和国际竞争力持续提升，在《财富》杂志全球 500 家大公司和《石油情报周刊》世界 50 家大石油公司排名中稳居前列。

一、历史沿革

燃料工业部（1949 年 10 月—1955 年 7 月）

1949 年 10 月 1 日，中央人民政府第一次会议决定成立中央人民政府燃料工业部，专管全国煤炭、石油和电力工业的恢复及建设工作。10 月 19 日，中央人民政府任命陈郁为燃料工业部部长；11 月，中共中央批准燃料工业部成立党组，陈郁任书记。1949 年底，全国石油职工人数 1.1 万人（不包括台湾省）。

1950 年 4 月，燃料工业部决定，成立石油管理总局，使石油工业由分散管理逐步过渡到部、总局、厂矿三级管理，形成集中统一管理的体制格局。到 1954 年 12 月，燃料工业部所属企事业单位 32 个，职工人数 6.6 万人，为建国初期的 6 倍；工业总产值由 0.26 亿元提高到 3.17 亿元，原油生产能力由 18 万吨提高到 102 万吨，原油加工能力由 17 万吨提高到 175 万吨。

石油工业部（1955 年 7 月—1970 年 6 月）

1955 年 7 月 30 日，第一届全国人民代表大会第二次会议决定，以燃料工业部所属石油管理总局为基础，成立石油工业部，统揽全国石油企业和石油生产建设工作，并任命李聚奎为部长，经中共中央批准，兼任党组书记。1967 年 6 月，根据中央决定，中国人民解放军对石油工业部实行军事管制。

到 1969 年，职工人数达到 40.3 万人，比 1955 年增加了 5 倍。

石油工业部加强西部勘探开发，建成玉门、新疆、青海、四川 4 个油气生产基地。1958 年，勘探战略东移，用 3 年多时间探明年产 600 万吨原油生产能力的大庆油田，做到石油基本自给。1961—1970 年，组织华北、四川、江汉、辽河、吉林等石油会战，到 1969 年底，原油生产能力达到 2410 万吨，石油工业成为国民经济的重要支柱。1966—1970 年，石油工业部上缴财政 181.2 亿元，占国家财政收入的 7.2%。1970 年，总产值达 106 亿元，占全国工业总产值的 4.4%。

燃料化学工业部（1970 年 6 月—1975 年 1 月）

1970 年 6 月，中共中央将石油工业部、煤炭工业部、化学工业部合并，组建燃料化学工业部，并成立燃料化学工业部党的核心小组和革命委员会。主要负责包括煤炭、石油在内的燃料和化学工业的发展建设，业务上归口国家计划委员会管理。中共中央任命伊文为燃料化学工业部党的核心小组组长、革委会主任。1971 年 9 月伊文调出，由康世恩代理燃料化学工业部党的核心小组组长和革委会主任职务。

燃料化学工业部成立后，石油工业管理部门高速度高效率组织江汉石油会战、辽河石油会战、陕甘宁石油会战、吉林石油会战，加强对大庆、胜利等油田的开发调整，到1975年，已拥有大庆、胜利、大港、辽河、扶余、克拉玛依、江汉、长庆、川中、玉门、冷湖、延长12个油田。同时，原油加工能力大幅提升，管道建设和石油机械制造业快速发展，石油化工工业迅猛崛起，石油工业成为当时发展最快的行业。中华人民共和国成立以来，累计向国家上缴580亿元，石油产品换汇在全国出口总收入中的比重，也由“三五”时期的0.6%增加到7.1%。

1975年，职工总数已由1969年的40.3万人增至81.4万人。

石油化学工业部（1975年1月—1978年3月）

1975年1月17日，第四届全国人民代表大会第一次会议决定，撤销燃料化学工业部，分别成立煤炭工业部和石油化学工业部，并任命康世恩为石油化学工业部部长、党的核心小组组长。

1978年底，全国累计探明石油地质储量68.13亿吨、天然气地质储量1578.13亿立方米，原油产量年均递增18.6%，实现原油产量上1亿吨台阶，成为世界第八产油大国。

到1978年3月，由石油化学工业部直属管理或以石油化学工业部为主双重管理的企事业单位达到28个，以地方为主双重管理或地方管理的企事业单位有57个，职工总数95.8万人。

石油工业部（1978年3月—1988年9月）

1978年3月，第五届全国人民代表大会第一次会议决定，撤销石油化学工业部，分别成立石油工业部和化学工业部。宋振明任石油工业部部长、党组书记。

石油工业部成立后，在上划大部分油气田勘探企业的同时，组建中国石油海洋石油总公司。1978年，石油工业企事业单位有93个，职工总数120万人。

1978—1988年，10年间全国探明石油地质储量和建成原油生产能力相当于过去30年探明油气总量的总和，1985年我国成为世界第六产油大国。

到1985年底，全国在21个省（自治区、直辖市）发现油田253个、气田78个，建成陆上油气生产勘探开发基地17个、海上油田生产基地4个。大庆油田实现第一个10年稳产5000万吨，胜利油田原油产量超过3000万吨，辽河油田建成第三个年产原油1000万吨的油气区，华北油田连续10年稳产1000万吨以上，东部地区成为中国的主要产油区。

中国石油天然气总公司（1988年9月—1998年7月）

1988年3月，国家决定将石油工业部的政府职能移交能源部，以石油工业部为基础组建中国石油天然气总公司。9月，中国石油天然气总公司挂牌成立，王涛任中国石油天然气总公司总经理、党组书记。中国石油天然气总公司成立初期有135.8万职工。

中国石油天然气总公司是具有法人资格的正部级全民所有制国家公司，负责规划、组织、管理和经营陆上石油、天然气资源勘探、开发、生产建设以及与油气共生或钻遇的其他矿藏的开采利用工作。

“八五”期间（1991—1995年），中国石油天然气总公司实现销售收入4520亿元，上缴税费526亿元，分别比“七五”时期（1986—1990）增加2997亿元和363亿元。

中国石油天然气集团公司（1998年7月—2017年12月）

1998年3月10日，第九届全国人民代表大会第一次会议审议通过《国务院机构改革方案》，决定将中国石油天然气总公司和中国石油化工总公司组建为两个特大型石油石化企业集团公司。

7月27日，两大集团公司成立；7月28日，两大集团公司正式挂牌。在中国石油天然气总公司基础上组建的中国石油天然气集团公司，马富才任总经理。12月，中共中央大型企业工作委员会决定成立中国石油天然气集团公司党组，马富才任集团公司党组书记。重组后，集团公司拥有职工158.2万人。主营业务从主要从事油气勘探开发扩展到上下游、内外贸、产运销一体化经营。

1999年11月5日，中国石油天然气集团公司重组，按照《中华人民共和国公司法》成立中国石油天然气股份有限公司（英文缩写PetroChina），它是中国石油集团最大的控股子公司，主要经营石油、天然气勘探、开发、生产、炼制、储运、销售等主营业务。

至2017年，集团公司在中国境内拥有大庆油田、长庆油田、新疆油田等16家油气田企业，大连石化、独山子石化、兰州石化等31家炼化企业，分布于各省（自治区、直辖市）的37家成品油销售企业、7家天然气销售企业，西气东输等6家管道储运企业，

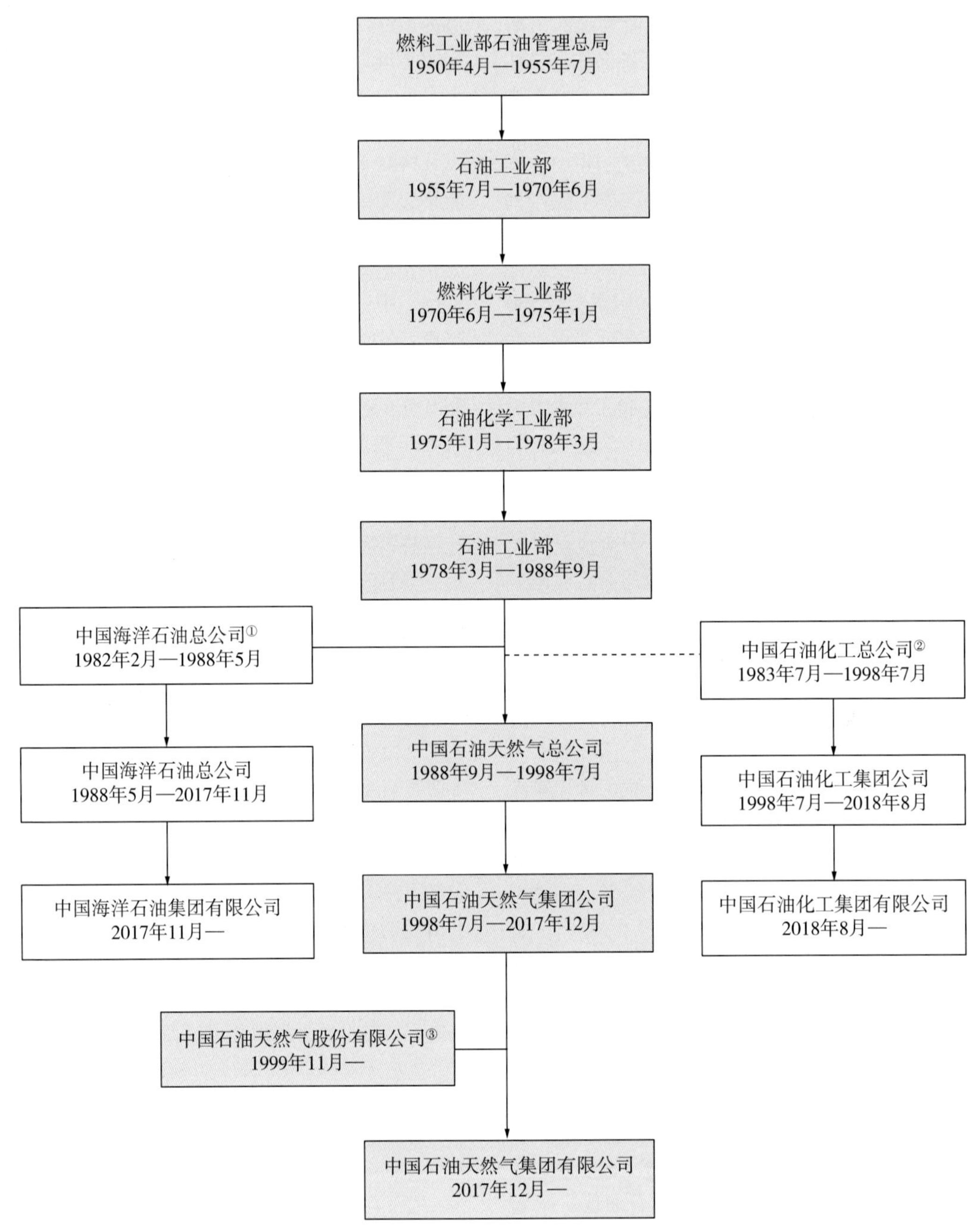

中国石油天然气集团有限公司历史沿革

注：① 1982 年 2 月，中国海洋石油总公司成立，归口石油工业部管理。1988 年 5 月，原隶属石油工业部的中国海洋石油总公司成立。

② 1983 年 2 月，中共中央、国务院发出通知，决定组建中国石油化工总公司，对分属石油工业部等部门和地方管理的炼油化工等企业组成一个行业性总公司；7 月，中国石油化工总公司正式成立。

③ 1999 年 10 月，中国石油天然气集团公司独家发起创立中国石油天然气股份有限公司；11 月，中国石油天然气股份有限公司完成工商注册登记。

以及一批工程技术、金融等服务企业和科技研发等单位。在海外拥有一批从事油气田勘探开发、管道运输和国际贸易企业，基本形成中亚—俄罗斯、中东、非洲、美洲、亚太五大油气合作区和亚洲、欧洲、美洲三大国际油气运营中心。在“一带一路”沿线19个国家运作着49个油气合作项目。经过几十年来的发展建设和几代石油人的不懈奋斗，公司经营规模不断壮大，综合实力和国际竞争力持续提升，在《财富》杂志全球500家大公司和《石油情报周刊》世界50家大石油公司排名中稳居前列。

中国石油天然气集团有限公司

2017年12月，中国石油天然气集团公司完成公司制改制，更名为中国石油天然气集团有限公司，为国有独资公司。

截至2018年底，集团公司有员工126.64万人，大学本科及以上学历员工比例达到34.74%，女性员工占比33.26%。

二、发展现状

集团公司是国内主要的油气生产商和供应商之一。油气勘探开发业务居国内主导地位，拥有大庆、长庆、新疆、辽河、塔里木、四川等多个大型油气生产区，2018年国内原油产量10102万吨、天然气产量1094亿立方米；炼油与化工业务在新疆、辽宁、黑龙江等省区拥有8个千万吨级炼油基地，2018年原油加工量1.62亿吨；成品油销售业务形成覆盖全国的营销网络，运营加油站2.18万座，2018年成品油销量1.17亿吨；天然气与管道业务建成长庆、塔里木、四川、青海四大气区，基本建成中亚、中哈、中俄、中缅等跨国油气管道和西气东输、陕京等国内油气骨干管网，2018年运营油气管道8.67万千米，覆盖全国30个省（自治区、直辖市）和香港特别行政区，销售天然气1724亿立方米。

集团公司致力于综合一体化的业务发展定位。油服业务拥有物探、钻井、测井、井下作业等门类齐全的油气田工程技术服务队伍，所属东方地球物理公司（BGP）、长城钻探公司（GWDC）等企业是全球重要的石油工程技术服务商，不仅有力支撑保障集团公司油气业务的发展，还服务于全球70多个国家和地区油气市场；工程建设业务拥有油气田地面工程、管道、炼化等建设队伍，所属管道局工程公司（CPP）、工程建设公司（CPECC）、寰球工程公司（HQCEC）等企业在全球范围内为用户提供专业高效的工程建设服务；装备制造企业生产的勘探、钻采、炼化、动力等设备及石油专用管，出口到80多个国家和地区。

集团公司海外油气业务优质高效发展。坚持互利互惠、合作共赢的理念，加快“走出去”步伐，从1993年获秘鲁北部塔拉拉油田七区作业权开始，就开启国际化运营的新阶段。这些年来海外业务迅速成长，特别是近年来借力国家“一带一路”倡议，国际油气合作进一步向更大范围、更深层次、更广领域拓展，2018年海外油气权益当量产量9818万吨，并保持较强的盈利能力。同时，在油气投资业务的带动下，实现海外工程技术服务、工程建设、装备出口、油气贸易、炼化销售、管道储运等业务一体化发展，公司国际化经营能力和水平持续提升。

今后一个时期，集团公司将以习近平新时代中国特色社会主义思想为指导，深入贯彻落实党的十九大精神和新发展理念，始终秉承“奉献能源、创造和谐”的宗旨，紧紧围绕建设世界一流综合性国际能源公司目标，坚持党对国有企业的领导，坚持稳中求进工作总基调，坚持稳健发展方针，坚持资源、市场、国际化和创新战略，大力推动党的建设全面加强、主营业务稳健发展、企业形象持续提升、石油精神传承弘扬，把深化改革贯穿始终，加快质量变革、效率变革、动力变革，不断增强公司综合实力和全球竞争力，为决胜全面建成小康社会、全面建设社会主义现代化国家作出积极贡献。

（张　安）

中国石油天然气集团有限公司2018年工作情况概述

2018年，面对复杂多变的经营环境，集团公司上下认真贯彻落实党中央、国务院的决策部署，按照集团公司党组和董事会确定的生产经营工作思路和目标，坚持稳健发展方针，着力推动高质量发展，抓住天然气需求旺盛等有利时机，优化油气两条业务链运行，持续深化改革创新，扎实开展开源节流降本增效工程，各项生产指标全面增长，经营业绩好于预期。全年集团公司国内外生产油气当量28634万吨、同比增长 4.5%，加工原油 20736 万吨、同比增长 4.7%，销售成品油 19996 万吨、天然气 1807 亿立方米，分别同比增长 9.6% 和 13.2%；营业收入 2.74 万亿元、利润总额 1106 亿元，上缴税费 4212 亿元。

加大国内勘探开发力度，油气增储上产捷报频传。部署实施加快发展规划方案，编制完成原油 1 亿吨以上有效稳产、天然气业务发展等专项规划，加快重点工程建设，加大内部矿权流转力度。油气勘探新增一批整装规模储量区，特别是在塔里木、准噶尔、四川等盆地风险勘探实现一系列重要突破，非常规油气勘探取得新进展，2018 年国内新增探明石油地质储量 63316 万吨、新增探明天然气地质储量 5846 亿立方米。原油生产强化低成本开发，严格新建产能达标管理和过程控制，持续提升老油田开发质量，组织新疆油田玛湖和吉木萨尔、大港油田上产等重点产能项目建设，2018 年生产原油 10102 万吨。天然气生产强化精细管理，加快西南页岩气等重点气区产能建设，产量再创历史新高，达到 1094 亿立方米，其中页岩气产量增长 41.2%。国内对外合作油气当量产量首次迈上千万吨台阶。突出产量和效益并重，制订实施降低原油完全成本三年行动计划，严格投资管控，调整优化产量结构，油气单位操作成本、桶油完全成本同口径“硬下降”，经营效益大幅增长。

持续优化生产运行和对标管理，炼化效益贡献保持高水平。紧紧围绕市场需求和装置特点优化资源配置，分油种开展效益测算，全面提高炼化一体化和市场前沿等高效炼油厂加工负荷。2018 年国内加工原油 16236 万吨，生产成品油 11291 万吨，分别同比增长 6.5% 和 9.1%。持续调整产品结构，航空煤油产量增加 238 万吨，生产柴汽比 1.19，同比降低 0.09。足额接收油田轻烃、液化气，加大炼油厂间原料互供，保证乙烯等高效装置高负荷运行，完成乙烯产量 557 万吨。抓住市场机遇增产增销化工产品，开发生产 81 个新牌号，销售化工产品 2901 万吨。有序推进炼化转型升级项目建设，辽阳石化俄罗斯原油加工改造项目、华北石化炼油改造项目建成投产，广东石化炼化一体化项目启动建设。加强对标分析，注重过程管理，持续改善技术经济指标，14 项主要指标好于 2017 年。

强化扩销上量和网络开发，成品油销量稳步增长。销售业务积极应对国内资源严重过剩、市场竞争白热化等严峻形势，全力拓市场提纯枪增效益，强化产销衔接和运输组织，深化精细营销，通过扩大直批规模、做精做优直销、狠抓纯枪提量等措施，2018 年国内销售成品油 11736 万吨，同比增长 2.8%，其中航空煤油销量增长 20.9%，柴油销量扭转连续六年下降的局面。按期完成国 VI 标准汽油、柴油质量升级全国置换工作，为市场提供更加清洁的油品。积极拓展终端营销网络，零售能力稳步提高。突出零售核心，加强“油卡非润”一体化营销，非油品业务收入和利润保持两位数增长，沥青市场份额稳居国内第一，成品润滑油销量增长 14.3%。

抓好市场保供和项目建设，天然气与管道业务实现量效齐增。积极推进天然气产供储销体系建设，多措并举筹措国内外资源，全面规范合同管理，有效锁定保供责任，合理进行运输调配，有力保障国内天然气市场供应。优化营销策略组合，大力开拓高端高效市场和终端利用市场，加强直供直销用户开发，2018 年国内销售天然气 1724 亿立方米，同比增长 13.6%。开展线上竞价交易，促进市场化价格形成。有序推进重点工程建设，24 项天然气管道互联互通工程建成投产；中俄东线天然气管道建设全面提速，西气东输三线闽粤支干线开工建设，唐山和江苏 LNG 接收站扩建工程、深圳 LNG 接收站建设项目按计划推进；钦州—南宁—柳州、抚顺—锦州和云南成品油管道建成投用。发挥油气集中调控优势，原油管输量创历史最好水平，管道进口天然气量突破 500 亿立方米。

加强新项目开发和增储增产措施落实，海外业务收益大幅提升。积极推进国际油气合作，完成阿布扎比海上项目交割，签署巴西佩罗巴深水勘探项目，哈萨克斯坦部分项目延期取得重要进展。突出规模优质可快速动用储量，海洋勘探在巴西里贝拉项目、缅甸深水生物气藏勘探获重要发现；陆上风险勘探在乍得邦戈盆地、俄罗斯亚马尔项目取得新突破，2018 年海外新增油气可采储量当量 9790 万吨。根据油价与合同模式确定海外项目开发策略，乍得、伊拉克鲁迈拉等项目超计划运行，完成海外油气权益当量产量 9818 万吨、同比增长 10.2%。推进海外重点建设项目，伊拉克哈法亚项目三期、土库曼斯坦阿姆河项目萨曼杰佩气田增压工程等项目投产，亚马尔项目 LNG 首船资源运抵国内。国际贸易统筹两种资源两个市场，加强原油进口组织、海外份额油销售，开拓成品油出口高端高效市场，2018 年贸易量 4.8 亿吨。

不断增强服务保障和市场开拓能力，服务业务经营业绩持续改善。油田技术服务业务积极应对国内勘探开发工作量激增的挑战，以前所未有的力度加大深井钻机、压裂车组、连续油管等资源调配，全力以赴保障油气田增储上产需要；着力开拓国际市场，中标阿联酋、委内瑞拉等国大型技术服务项目。工程建设业务强化项目全生命周期管理，有力保障油气田地面工程、炼油化工、油气储运、LNG等重点项目建设；稳步推进战略合作，构建全球市场网络，成功中标伊拉克、沙特阿拉伯、阿联酋等国建设项目。金融服务业务强化产品创新和综合金融服务，严控金融风险，大力拓展市场，收入、利润、客户数量等主要指标再创新高。装备制造企业加强精益管理，开展定制化生产，全面实现盈利。

全力深化改革创新，动力活力进一步释放。深入实施开源节流降本增效工程，资产创效能力明显增强，利润总额居于国内油气行业领先地位。重点领域改革扎实推进，公司治理结构和管控模式持续优化，天然气销售等业务管理体制改革稳步实施，市场化机制改革不断深化，“三项”制度改革快速推进。突出国家及公司重大科技专项攻关，加强科研平台建设，科技攻关取得12项重要标志性成果，“凹陷区砾岩油藏勘探理论技术与玛湖特大型油田发现”获国家科学技术进步奖一等奖。信息化与生产经营高度融合，数字油田、智能炼厂、智能管道等信息化建设积极推进。

高度重视安全环保稳定，重大风险得到有效防控和化解。扎实推进安全生产、绿色发展，安全环保形势平稳受控，杜绝较大及以上安全环保事故。深入实施HSE体系审核和重点领域安全监管，强化温室气体管控，全面完成主要污染物减排指标。健全完善员工收入与劳动生产率同步增长机制，改善员工生产生活条件，员工获得感、幸福感和安全感进一步增强。推进依法治企和合规管理，强化措施保障和责任落实，全年未发生重大风险事件。加强投资风险管控，严控非生产性设施投入和非主业投资。严控债务和资金风险，公司财务状况保持稳健。

全面加强软实力建设，品牌形象稳居行业前列。强化习近平新时代中国特色社会主义思想系统学习培训，加强领导班子和干部队伍建设，推进基层党组织建设，基层党组织组织力和战斗力明显提升。认真落实新时代党的建设总要求，推动全面从严治党向基层延伸。持之以恒正风肃纪，加大力度惩治腐败，风清气正的良好政治生态进一步巩固。推动形象建设工作常态化长效化，认真履行社会责任，精准实施扶贫项目，促进地方经济社会发展。签约成为北京冬奥会官方合作伙伴，获社会责任特别贡献奖，企业形象更加积极正面，中国石油品牌价值居全球同行业第二位。

（张　安）

特　载

深入贯彻落实党的十九大精神
奋力开创新时代中国石油稳健发展新局面

——王宜林在集团公司2018年工作会议上的主题报告（摘要）

（2018年1月25日）

这次会议的主要任务是，深入学习贯彻习近平新时代中国特色社会主义思想和党的十九大精神，认真落实中央经济工作会议及中央企业负责人会议精神，总结2017年及近三年集团公司改革发展稳定取得的主要成果，明确今后一个时期的目标任务，安排部署2018年重点工作，动员全体干部员工，不忘初心、牢记使命，持续推进世界一流综合性国际能源公司建设，奋力开创新时代中国石油稳健发展新局面，为决胜全面建成小康社会、全面建设社会主义现代化国家作出积极贡献。

一、2017 年及近三年主要工作成果

（一）2017 年主要工作。过去的一年，我们按照年初工作会议的部署，全面贯彻落实党中央、国务院各项决策，坚持稳健发展方针，紧紧围绕“两条主线”，大力实施“四大战略”，推动各项工作取得新成效新进步。

一年来，党组重点抓了七件大事：一是全面做好迎接和学习宣传党的十九大各项工作，二是重点改革稳准推进，三是专项研究炼化业务转型升级和新疆油气业务加快发展，四是一批重点工程建成投产，五是总承包首次海域可燃冰试采获历史性成功，六是首次成功主办“一带一路”油气合作圆桌会议，七是专题部署年轻干部培养选拔工作。

在党组和董事会的领导下，公司上下共同努力，全年工作稳中有进、稳中向好的态势更加明显。“稳”主要体现在：一是生产运行平稳受控。全年国内外完成油气当量产量 2.74 亿吨，其中，国内生产原油 10254 万吨、天然气 1033 亿立方米，加工原油 1.52 亿吨、销售成品油 1.14 亿吨、销售天然气 1519 亿立方米，国际贸易量 4.7 亿吨，同比均稳定增长。二是各项改革稳准实施。先后召开 7 次集团公司深化改革领导小组会，审议出台 52 项重点改革任务，在完善公司治理结构、规范董事会运作、推进专业化重组、混合所有制改革等方面都取得新突破新进展。企业扩大经营自主权试点不断推进，中油工程、中油资本成功上市。三是企业大局和谐稳定。未发生重特大安全环保事故和大规模群体访进京访，杜绝了涉油气暴恐事件，矿区生产生活条件进一步改善，职工群众获得感明显增强，特别是为党的十九大召开营造了和谐稳定环境。四是企业形象稳定好转。巩固大讨论活动成果，深化形象重塑，讲好石油故事、传播石油声音，受到众多媒体和社会公众点赞。五是党的建设稳步加强。制定党建工作责任制实施办法，开展落实党建责任专项督查，推行企事业单位党委书记抓党建述职评论，狠抓领导班子建设，集团公司党建信息化平台上线运行。

“进”主要体现在：一是经营效益超预期目标。根据《快报》统计，全年实现营业收入 2.33 万亿元、利润总额 533 亿元、境内税费 3282 亿元，分别比上年增长 24.5%、5.1% 和 5%。自由现金流 976 亿元、连续两年增长，财务状况更加稳健。二是油气供应保障能力不断增强。国内新增探明油气地质储量当量连续 11 年超过 10 亿吨，原油产量保持 1 亿吨以上稳产，天然气产量首次突破 1000 亿立方米、销量重回两位数增长。三是国际化经营实现重要突破。新项目开发完成阿布扎比陆上油田项目交割，签署伊朗南帕斯项目，中标巴西盐下勘探区块。海外油气权益产量当量、经营利润同比均实现两位数增长。四是服务业务市场开拓成效明显。中油油服内部市场占有率同比提高 5 个百分点，国际市场新签合同额增长 15%；中油工程新签合同额同比增长 27%，海外和国内社会市场占比超过 80%；中油资本机构和个人客户大幅增长。

“好”主要体现在：一是发展理念更加统一。中央新发展理念和稳中求进工作总基调得到有效贯彻落实，集团公司稳健发展方针深入人心、指引作用更加突出，干部员工思想观念发生深刻变化，促进了公司发展方式转变和发展质量提升。二是发展环境于我有利。我国经济环境整体向好，油气需求保持稳定增长，特别是天然气需求快速增长。国际油价逐步走出低谷。公司行业影响力进一步提升，国际大石油公司纷纷主动寻求与我们合作。三是舆论环境持续改善。在《求是》杂志发表党组署名文章，在《人民日报》等报刊上相继刊发头版头条，党组领导参加人民网等高端访谈，负面舆情实现“三连降”、降幅超过 80%。四是员工精神面貌焕然一新。“石油工人心向党，坚决听党话、跟党走”的信念更加坚定，石油战线优良作风得到继承弘扬，为油奉献、干事创业的正能量进一步凝聚。在内部问卷调查中，99.3% 的受访员工表示，要积极做好本职工作，为公司稳健发展贡献力量。

（二）近三年工作成果及体会。党的十八大以来特别是近三年来，在集团公司发展历程中极不寻常、极具挑战。我们经历了前所未有的复杂困难局面，部分高管腐败案的发生给公司形象和声誉造成严重损害，国际油价断崖式下跌和持续低位震荡对公司生存发展带来严重威胁，国内油气市场需求增速放缓和竞争加剧对公司生产经营造成严重冲击，一系列安全环保事故引发公众对公司治理能力的严重质疑，广大干部员工的士气遭受严重挫折。三年来，新一届党组坚决贯彻中央决策部署，抓住改革发展稳定的主要矛盾，加强统筹谋划，先后作出重塑企业形象、推进稳健发展、加强党的建设、弘扬石油精神等重大决策部署，把持续深化改革贯穿始终，凝聚全员力量，重振队伍信心，做了大量艰苦细致的工作，取得了显著成效。

一是企业党的建设全面加强，二是业务发展更加稳健，三是石油良好形象重回公众视野，四是石油精神得到大力弘扬，五是改革创新取得重要突破。

经过近三年的砥砺奋进，我们可以比较自豪地说，集团公司基本走出了困境，实现了新的发展，各方面工作都发生了令人鼓舞的深刻变化。公司战略方向更加明确，党的领导作用更加突出，发展观念更加端正，改革步伐更加坚定，企业形象更加正面，应对风险挑战的经验更加丰富，队伍精神风貌更加积极向上。这些成绩和变化，是国有企业改革发展的缩影，也是党的十八大以来党和国家事业发展历史性成就、历史性变革的重要组成部分。这是以习近平同志为核心的党中央坚强领导的结果，是中央和国家有关部委、地方各级党委和政府大力支持的结果，更是公司全体干部员工共同奋斗的结果。

总结过去的工作，我们深刻体会到：推进中国石油工业建设、实现公司稳健发展，必须旗帜鲜明讲政治，始终坚持政治上的清醒和坚定，牢固树立“四个意识”，坚决同以习近平同志为核心的党中央保持高度一致；必须全面从严治党，把从严的要求贯穿于思想教育、选用干部、作风建设、监督执纪的全过程，常抓不懈向纵深推进，为改革发展稳定提供坚强政治保证；必须全面贯彻新发展理念，把创新、协调、绿色、开放、共享的要求落实到工作的方方面面，坚持稳中求进工作总基调和稳健发展方针，使发展更加平稳、更加健康、更有质量、更可持续；必须持续深化改革创新，紧紧围绕制约发展的体制机制问题和技术瓶颈问题，积极探索、大胆实践、勇于变革，进一步激发动力和活力；必须建设高素质干部人才队伍，坚持严管厚爱结合、激励约束并重，打造坚强有力的领导班子和勇于创新创造的人才队伍，为事业发展提供坚强组织保障。

二、新时代集团公司的新使命新要求

深入贯彻落实党的十九大精神，需要我们站在新时代的历史方位，进一步认清肩负使命、完善发展思路、明确目标任务，激发百万石油员工的昂扬斗志和磅礴力量，更加自觉地投身新时代中国特色社会主义的伟大实践。

（一）新时代公司肩负的责任使命。集团公司是国有重要骨干企业和国内最大的油气生产供应企业，也是排名靠前的国际大公司。我们必须充分认识到，大就要有大的样子，就要在巩固党的执政基础、保障国家能源安全、参与全球能源治理、提升中国企业国际竞争力和话语权等方面有大担当、作大贡献、起大作用。我们要始终不忘“我为祖国献石油”的初心，始终牢记推进我国石油工业发展的使命，始终遵循“奉献能源、创造和谐”的企业宗旨，为国分忧、担当作为，努力建设与伟大梦想相匹配的世界一流企业，在加强国有企业党的领导党的建设、进行伟大斗争、建设伟大工程中发挥表率作用；在推动能源生产和消费革命、服务国家重大战略、推进伟大事业中发挥中坚作用；在深化国有企业和油气行业改革、推动形成全面开放新格局、建设创新型国家中发挥带动作用；在推进绿色发展共享发展、增进民生福祉、建设美丽中国中发挥示范作用，不断增强控制力、带动力、影响力和保障能力，成为党和国家最可信赖的骨干力量，以中国石油的生动实践进一步证明习近平新时代中国特色社会主义思想的真理性和时代价值。

（二）新时代公司稳健发展的新要求。公司新一届党组2015年提出要推进稳健发展，并在2016年工作会议上将其正式确立为公司的发展方针。这一方针与中央稳中求进工作总基调高度契合，符合集团公司的实际，也符合职工群众的根本利益。深入贯彻落实党的十九大精神，履行好新时代赋予的责任使命，必须坚定不移把稳健发展作为统领公司全面工作的指导方针，长期坚持并不断丰富完善。

我们强调的稳健发展，就是坚持稳中求进、稳中有为，有效防范和化解各类风险，使发展更加平稳、更加健康、更有质量，更可持续。新时代坚持稳健发展方针，就是要全面贯彻新发展理念，统筹局部与整体、当前与长远、规模与效益，实现更高质量的发展；就是要调整优化结构，着力解决发展不平衡不充分问题，实现更加协调有序的发展；就是要加快转换发展动能，大力改革创新，实现更具活力、更有效率的发展；就是要落实以人民为中心的思想，推动发展成果更多更公平惠及职工群众，实现更加绿色和谐的发展；就是要坚持党对国有企业的领导，大力弘扬石油精神，实现政治文化优势更为突出的发展。

（三）新时代公司发展的思路和目标。今后一个时期的发展思路是，以习近平新时代中国特色社会主义思想为指导，深入贯彻落实党的十九大精神和新发展理念，紧紧围绕建设世界一流综合性国际能源公司目标，坚持党对国有企业的领导，坚持稳中求进工作总基调，坚持稳健发展方针，坚持资源、市场、国际化和创新战略，大力推动党的建设全面加强、主营业务稳健发展、企业形象持续提升、石油精神传承弘扬，把深化改革贯穿始终，加快质量变革、效率变革、动力变革，不断增强公司综合实力和全球竞争力，为决胜全面建成小康社会、全面建设社会主义现代化国家作出积极贡献。

到 2020 年，世界一流综合性国际能源公司建设迈上新台阶；到 2035 年，全面建成世界一流综合性国际能源公司；到 21 世纪中叶，世界一流综合性国际能源公司的地位更加巩固。

（四）2018 年工作的目标要求。2018 年工作总的要求是，深入贯彻落实党的十九大精神和中央经济工作会议精神，牢牢把握高质量发展根本要求和稳中求进工作总基调，坚持稳健发展方针，统筹推进稳增长、促改革、补短板、防风险、提效益，着力加强党的建设和企业形象建设，全面完成各项任务目标，为促进我国经济社会持续健康发展作出新贡献。

三、重点工作部署

履行好公司的责任使命，全面实现当前和今后一个时期的奋斗目标，必须进一步提高政治站位，保持战略定力，统筹兼顾、持续发力，切实抓好以下重点工作。

（一）全面从严治党要有新成效。要紧紧围绕新时代党的建设总要求，贯彻落实国资委党委“中央企业党建质量提升年”部署，坚持和加强党的全面领导，以党的政治建设为统领，思想建党、纪律强党、制度治党同向发力，增强全面从严治党的系统性、创造性、实效性，不断提高党的建设质量，筑牢企业的“根”与“魂”，为稳健发展提供坚强保证。

把党的政治建设摆在首位，确保石油队伍绝对忠诚可靠。强化党的思想建设，用习近平新时代中国特色社会主义思想武装头脑、指导实践、推动工作。突出选、用、管三个环节，建设高素质专业化干部队伍。以提升组织力为重点，把基层党组织建设成为坚强战斗堡垒。持之以恒正风肃纪，推动企业风气向上向善。保持惩治腐败高压态势，决不允许腐败行为在企业滋生蔓延。

（二）生产经营要有新作为。坚持主营业务“八字”定位，以落实供给侧结构改革部署为主线，突出市场导向和效益原则，立足两种资源两个市场，优化油气两条业务链运行，提高油气产品供给质量和效率，实现油气保障量硬增长、主要成本硬下降、市场份额基本稳定、经营效益明显提升。

加强国内油气勘探开发，打造坚实可靠的发展之基、效益之源。推进炼化业务转型升级，打造价值增长重要支柱。加快弥补油品销售短板，打造加油站 3.0 新版本。加快发展天然气与管道业务，打造战略性价值性工程。优质高效发展海外业务，打造国际油气合作利益共同体。协调发展服务业务和新能源，打造综合能源服务商。

（三）改革创新要有新突破。唯改革者进，唯创新者强，唯改革创新者胜。要坚定不移深化企业改革，以科技创新引领全面创新，打造驱动发展双引擎。

全力打好深化改革攻坚战持久战。要继续坚持稳准原则，坚持问题导向，牢牢扭住“健全完善现代企业制度、推进公司治理体系和管控能力现代化国际化”的目标，突出重点领域和关键环节改革，在加快建设中国特色现代国有企业制度和完善公司治理、调整优化结构和持续重组、健全市场化经营机制、发展混合所有制经济、深化“三项”制度改革、推进矿区服务业务市场化社会化等方面不断取得新突破。一是围绕突破瓶颈，着力抓好管理体制改革和专业化重组整合。二是围绕激发活力，着力深化市场化机制改革。三是围绕提质增效，着力推进混合所有制改革和瘦身健体。四是围绕加强党建，着力推进党的建设制度改革。五是加大“三项”制度改革力度。

全面提升自主创新能力。要坚持“业务主导、自主创新、强化激励、开放共享”，持续推进创新战略实施，保持高水平投入，把面向世界科技前沿、面向国家重大需求、面向业务发展主战场作为科技创新的主攻方向，加大重点领域攻关力度，推动物联网、云计算、大数据、人工智能等先进技术在各业务领域的广泛应用，培育一支适应公司发展需要的高素质创新人才队伍，2020 年努力建成国际知名创新型企业和“共享中国石油”。

（四）公司形象要有新提升。继续聚焦“忠诚担当、风清气正、守法合规、稳健和谐”，深化形象重塑，弘扬石油精神，打造知名品牌，坚持依法治企、文化强企，加强意识形态建设，推动形象建设向纵深迈进，鼓足新时代干事创业的精气神。

大力弘扬石油精神并深挖其蕴藏的时代内涵，着力提升“中国石油”品牌价值，推进形象建设常态化长效化。

（五）和谐稳定要有新气象。要坚持以人民为中心的发展思想，大力推进安全生产和绿色发展，提高保障和改善民生水平，让改革发展成果更多更公平惠及广大职工群众，切实增强职工群众的获得感、幸福感、安全感。

坚决杜绝重特大安全环保事故，全心全意依靠职工群众办企业，建设平安和谐美丽矿区。

同志们，新时代催人奋进，新征程任重道远。让我们更加紧密地团结在以习近平同志为核心的党中央周围，以习近平新时代中国特色社会主义思想为指导，深入贯彻落实党的十九大精神，苦干实干、积极作为，奋力开创新时代集团公司稳健发展新局面，为决胜全面建成小康社会、夺取新时代中国特色社会主义伟大胜利、实现中华民族伟大复兴的中国梦作出新的更大贡献！

坚持稳健发展　加强协同优化
高质量完成全年生产经营任务目标

——章建华在集团公司2018年工作会议上的生产经营报告（摘要）

（2018年1月25日）

一、2017年生产经营主要成果

2017年，面对国际油价中低位震荡、成品油市场竞争加剧、天然气需求峰谷差加大，特别是冬季保供任务异常艰巨等复杂严峻形势，集团公司上下认真贯彻落实党中央、国务院的决策部署，按照集团公司党组和董事会确定的生产经营工作思路和目标，坚持稳健发展方针，充分发挥整体优势，强化统筹协同，积极应对市场变化，全力优化生产运行，持续打好开源节流降本增效攻坚战，实现主要生产指标稳中有增、经营效益稳定向好。全年公司国内外生产油气当量27391万吨、同比增长5.5%，加工原油19917万吨、增长3.9%，销售成品油18238万吨、天然气1591亿立方米，分别增长4.1%和14.4%;营业收入2.33万亿元、利润总额533亿元，上缴税费3282亿元，超额完成国务院国资委下达的考核指标。

国内油气勘探开发转方式降成本，盈利水平稳步回升。坚持把发现优质规模储量放在首位，持续优化勘探部署，集中力量和投资，大力实施高效勘探，取得一批重要发现。2017年新增探明石油技术可采储量1.06亿吨、天然气2454亿立方米，进一步夯实稳油增气的资源基础。

炼化生产优运行调结构，效益贡献再创新高。科学安排原油流向，持续优化俄油、超稠油等资源配置，增加直属炼油厂资源供应，保证炼化一体化和效益好的企业开满开足，2017年加工原油15245万吨，生产成品油10349万吨，分别增长3.6%和4.2%。

成品油销售扩销量严对标，营销能力逐步增强。积极应对资源过剩、竞争加剧带来的挑战，加强产销衔接，刚性执行交货计划，优先销售直炼资源，积极化解阶段性区域性产销矛盾，全力扩大成品油出口，保证炼化企业后路畅通，特别是统筹优化西北、西南地区资源流向，为云南石化投产创造条件。加强市场研究分析，灵活制定营销策略，完善扩销奖励机制，深化批零一体化营销，努力增销汽油、稳定柴油、扩销航空煤油，2017年销售成品油11415万吨、同比增长1%。

天然气与管道业务筹资源保供应，实现量增效稳。针对淡季不淡、旺季更旺的需求形势，统筹平衡资源组织、运输调配和市场销售，超前对接用户，开展差异化营销，区域销售竞争力明显增强，2017年销售天然气1519亿立方米、同比增长15.5%，重回两位数增长。

海外业务抓机遇促合作，经营效益大幅增长。充分利用“一带一路”倡议带来的战略机遇，有序开展新项目开发，新签订一批油气合作协议。强化勘探项目整体研究和优先排队，将资金投向可快速动用储量发现，2017 年新增油气可采储量当量 9093 万吨、份额储量稳中有增。海外业务通过资产优化、提油清欠、降库减占等措施，实现目标利润 249 亿元、同口径增长近一倍。

服务业务练内功拓市场，经营状况持续好转。中油油服强化生产组织协调，持续推广工程技术总承包和工厂化作业，深化提速提效工程，内部市场占有率提高 5 个百分点；加大外部市场开拓力度，国际市场新签合同额 61 亿美元。中油工程充分发挥专业化优势，全力保障公司重点工程建设，新签合同额 1135 亿元、同比增长 27%，海外和国内社会市场占比达到 81%。中油资本建立产融结合协调机制，推进产品和客户开发，深化渠道和服务创新，助力油气主业发展，2017 年实现目标利润 161 亿元、同比增长 11.2%。装备制造企业充分利用“五自”经营政策，大力探索实践“制造 + 服务”模式，加快向服务型制造转型，同比减亏 1.6 亿元。

改革创新提效率增活力，公司经营管理水平有效提升。集团公司及 151 家所属全民所有制企业公司制改制完成，海外油气业务体制机制改革有序实施，工程技术业务专业化重组基本完成，中油工程、中油资本成功上市，扩大企业经营自主权改革试点持续深化，内部油气产品和服务价格机制进一步理顺，首批矿权内部流转进展顺利，有效激发企业的动力活力。优化投资结构，全力保障油气勘探开发特别是天然气业务发展，增加炼化转型项目和产品结构调整投资，加大油气销售终端网络建设投入，严控非生产性支出，投资导向作用和集中效应充分体现。

围绕生产经营开展的一批关键核心技术攻关应用取得重要成果。ERP 应用集成建设全面完成，云技术平台深化应用，数据共享及集成应用能力增强，数字化与智能化建设稳步实施，信息系统应用成效日益显著。

2017 年，公司生产经营中也存在一些问题和不足：一是安全环保形势依然严峻复杂，二是资产创效能力不强，三是市场意识和快速反应能力亟待提高，四是“处僵治困”等重点工作推进难度大。

二、2018 年重点工作安排

综合各方面研究和判断，2018 年集团公司生产经营环境有所向好，但也是面临诸多不稳定不确定因素。一是国际油价持续上行缺乏基本面支撑，靠油价增利的空间有限。二是油气市场需求波动加剧，生产组织难度加大。三是市场主体和资源来源更加多元，行业竞争更趋激烈。

2018 年集团公司生产经营工作总的要求：深入贯彻落实党的十九大精神和中央经济工作会议精神，牢牢把握高质量发展根本要求和稳中求进工作总基调，坚持稳健发展方针，统筹推进稳增长、促改革、补短板、防风险、提效益，着力加强党的建设和企业形象建设，全面完成各项任务目标，为促进中国经济社会持续健康发展作出新贡献。

2018 年生产经营组织要把握好四个原则：一是更加注重发挥一体化优势，二是更加注重市场的导向作用，三是更加注重优化资源配置，四是更加注重防范经营风险。

重点生产经营部署：

（一）强化责任落实和风险防控，确保安全环保形势持续稳定好转。要立足识别大风险、消除大隐患、杜绝大事故，坚持抓大与抓小并重，盯住重要领域和关键环节，盯住现场作业和日常管理，强化“四条红线”监管，狠抓安全环保责任归位、过程考核和隐患问责，全力做好污染减排工作，坚决遏制工业生产亡人事故和环保事件。一是按照“党政同责、一岗双责、齐抓共管、失职追责”的要求，进一步健全安全环保责任体系，严格过程管控，把责任和压力落实到各级领导、管理部门和岗位员工。二是根据 HSE 体系审核和安全大检查发现问题的严重程度，全面推行隐患分级管理和企业分类监管，特别是对管理基础薄弱、事故较多、风险较高的一类企业，要以评估诊断为抓手，加快制定综合整治方案，明确相关责任人，重查重治，硬账硬结。三是加快风险分级防控和隐患排查双重预防机制建设，促进地方政府安全属地责任、企业主体责任落实，形成合力，双管齐下，防住风险，消除隐患。四是抓好中央环保督察、国家京津冀及周边大气污染防治强化检查发现问题的整改，按照环保风险分类，实施销项整治，彻底消除潜在隐患。五是以质量管理体系标准升级带动公司质量管理升级，严格过程质量控制，强化产品质量监督和工程质量监管，推进公司品牌价值提升，打造中国石油金字招牌。

（二）突出高效勘探和低成本开发，实现稳油增气提效。立足长期低油价，加大天然气和西部大盆地投资力度，严格控制发现成本和开发成本，推动从重产量向产量效益并重、从重地质储量向重经济可采储量、从靠投资拉动向靠创新驱动、从传统生产向精益生产的四个转变。始终以发现优质规模储量为目标，积极寻找高效可动用储量。坚持低成本开发，科学制定原油生产计划，全面推行产建项目达标管理，加强“双高、双低”油藏和长停井治理，减缓东部油田递减，确保西部油田稳中有增，实现1亿吨原油有效稳产；加快天然气上产，抓好开发方案优化和部署调整，强化主力气区、重点气田、储气库分级动态调控，全面完成产量任务，努力多产多销。强化油气田全生命周期成本管理，深化对经济可采储量、发现成本和储量接替率的考核激励，细化区块、单井经济评价，抓好负效区块、负效井治理。

（三）持续优化资源配置和产品结构，保持炼化生产安稳长满优运行。围绕市场需求和装置特点，平衡好自产和进口原油资源，合理安排直属炼油厂加工负荷，坚持向炼化一体化和效益好的企业配置，注重区域互动、原料互供、优势互补，实现资源利用最佳、整体价值最大。

（四）强化精细营销和网络建设，提升成品油销售创效能力。根据市场变化和竞争对手策略变化，研究分析产销、批零、客户和市场结构，及时调整营销策略，全力扩大成品油销量。利用集团公司整体优势，打好网络开发攻坚战，2018年新开发加油站450座、改扩建500座，投运400座，新增零售能力216万吨。发挥“昆仑好客”统一品牌优势，加大“互联网+营销”创新力度，强化加油站便利店“龙头”作用，完善线上平台功能，深化跨界合作，拓展增值业务，创新服务方式，持续打造“人·车·生活”生态圈，促进非油品业务上规模、提质量、增效益。

（五）抓好资源统筹和市场开拓，提高天然气与管道业务运营水平。抓住天然气需求快速增长的机遇，优化资源来源和销售结构，强化市场开发和灵活营销，完善管网布局和运行衔接，切实把天然气业务打造成战略性价值性工程。进一步健全合同管理体系，规范购销运储各环节运行秩序；统筹国产气和进口气资源配置，按冬高夏低原则调控长贸气进口，精细组织LNG现货采购，保证国产气销售和进口量。持续优化销售流向，努力控制低效市场销量，将资源向高端市场倾斜；实施灵活的营销策略，用好交易平台增加线上竞价交易量。密切产运销衔接，加强旺季需求侧管理，充分发挥储气库、LNG、气田、长输管道等综合调峰作用，保障重点时段、重点城市安全平稳供气。

（六）落实已签协议和增产增效措施，扩大海外油气合作成果。抓紧落实新签署的各项油气合作协议，充分发挥在“一带一路”沿线的先发优势和主力军作用。要以提高勘探部署准确率、探井成功率和储量运用率为重点，获取更多优质可快速动用储量。要抓好现有项目开发生产，优化新井方案部署，推广高效增产措施，保持油气权益产量当量增长势头。完善油气投资项目“有进有退”工作机制，创新资本运作模式，推进部分项目股权转让，进一步优化海外资产结构，加强重点地区项目风险管理，提升资产价值创造能力。

国际贸易要积极落实原油管道资源，组织好海外份额油销售，全力做好成品油出口，大力开拓高端高效市场，助力国内炼化企业平稳生产和海外项目效益实现。把握好天然气进口节奏，增加管道进口气资源，组织好LNG资源采购，促进国内市场供需平衡。抓好国际油气运营中心运行，进一步完善重点区域的贸易渠道和营销网络，强化区域协同运作，增强在全球范围内配置资源的能力。

（七）突出市场化和特色化发展，加快服务业务转型升级。中油油服要继续推进改革重组，提高资源整合能力，创新商务运作模式，加强市场开发，巩固内部市场、拓展外部市场；围绕主营业务发展需要，以实现低品位油气资源有效勘探开发为主攻方向，加强技术创新，强化精益管理，降低成本费用，提升服务质量，增强面向不同类型油气藏的一体化工程技术服务能力。中油工程要继续规范上市公司运作，优化体制机制和管理流程，加强资源整合，发挥专业互补优势协同推进市场开发，有效提升经营业绩和资本市场表现；科学组织项目实施，严格质量全过程管控，保障重点项目有序推进。中油资本要持续完善服务手段，提升服务功能，拓展服务领域，坚持特色发展，深化产融结合、融融协同，进一步优化业务结构、产品结构和客户结构，严防信用风险、流动性风险和跨境业务风险，为公司提供优质高效金融服务。装备制造企业要深入推进“五自”改革，提高产品质量和服务水平，推动企业转型升级，走向智能制造，实现价值有效提升。

（八）持续推进经营机制改革和创新驱动，增强发展内生动力。一要坚持投资与生产经营计划“一本账”管理。二要进一步深化开源节流降本增效。三要多措并举严控员工总量。四要加快“瘦身健体”。五要深入推进“三项”专项工作。六要全面推进依法合规经营。七要大力推进科技创效。

同志们，高质量完成全年生产经营任务目标，对于集团公司贯彻党的十九大精神实现良好开局、开创新时代稳健发展新局面，具有重要意义。我们要认真落实集团公司党组和董事会的决策部署，锐意进取、埋头苦干，扎实做好各项工作，努力创造新业绩、作出新贡献。

瞄准世界一流目标　坚持稳健发展方针
扎实推动集团公司高质量发展

——王宜林在集团公司 2018 年领导干部会议上的讲话（摘要）

（2018 年 7 月 30 日）

推动高质量发展，是党的十九大及中央经济工作会议做出的重大部署。在年初工作会议上，我在讲话中专门就推动集团公司高质量发展进行了简要阐述，初步提出了“四个高质量”的框架要求。这次领导干部会议，就是要以习近平新时代中国特色社会主义思想为指导，深入贯彻中央关于推动高质量发展的决策部署，瞄准建设世界一流综合性国际能源公司的战略目标，坚持稳健发展方针，深入研究讨论和明确当前及今后一个时期推动集团公司高质量发展的思路目标及重点工作，动员全体干部员工团结一致、不懈奋斗，奋力开创新时代高质量发展新境界。同时，通报集团公司 2017 年业绩考核及 2018 年上半年生产经营情况，部署下半年重点任务。

第一个问题，为什么要推动高质量发展

习近平总书记明确指出，高质量发展，就是能够很好满足人民日益增长的美好生活需要的发展，是体现新发展理念的发展，是创新成为第一动力、协调成为内生特点、绿色成为普遍形态、开放成为必由之路、共享成为根本目的的发展。同时，还通俗易懂地指出，高质量发展就是从“有没有”转向“好不好”。学习贯彻中央精神和总书记的重要论述，结合中国石油在国有经济中所处的重要地位和行业特点，我认为，我们的高质量发展，就是立足于保障国家能源安全，坚持质量第一、效益优先，推动质量变革、效率变革、动力变革，实现业务发展高质量、发展动力高质量、发展基础高质量、运营水平高质量，建设具有全球竞争力的世界一流企业。概括起来说，就是从“大不大”转向“强不强”。

我们强调的高质量发展，是公司对发展的根本要求，在确定企业发展思路、制定战略规划、组织生产建设、出台政策措施等方面，必须坚决贯彻。稳健发展是高质量发展的基本遵循，高质发展是稳健发展的目标追求。

在准确把握高质量发展基本内涵的基础上，我们要站在政治和全局的高度，深刻认识推动高质量发展的重大意义，切实增强使命感、责任感和紧迫感。

（一）推动高质量发展，是贯彻落实中央决策部署、更好服务国家经济社会发展的必然要求。党的十九大做出了我国经济已由高速增长阶段转向高质量发展阶段的重大判断。集团公司作为国有重要骨干企业和国内最大的油气生产供应企业，是建设现代化经济体系的骨干力量，必须坚决贯彻中央的决策部署，自觉服从和服务于国家战略，努力适应经济社会发展对油气增长的需求和构建清洁低碳、安全高效能源体系的需要，在推动高质量发展上走在中央企业前列，为全面建成小康社会、建设社会主义现代化强国多作贡献。

（二）推动高质量发展，是有效应对风险挑战、掌握公司战略主动权的必然选择。当今世界正在经历新一轮大发展大变革大调整，不稳定不确定因素很多。全球政治经济形势错综复杂，地缘政治热点此起彼伏，单边主义、保护主义愈演愈烈，集团公司国内外生产经营特别是海外业务面临的环境风险增多。世界能源转型在挑战中前进，能源消费结构进一步向清洁化、低碳化方向发展。中国能源领域转型升级步伐加快，油气对外依存度快速攀升，但国内原油和天然气上产乏力，我们立足国内保障国家能源安全的责任和压力巨大。国内油气领域改革开放不断扩大，国外资本和民营资本纷纷加快油气业务布局，油气市场主体和资源来源更加多元，炼油加工能力过剩与成品油消费增速放缓的矛盾更加凸显，行业竞争更加白热化。我们必须把握大局、守住底线，认真落实高质量发展的根本要求，加快改革创新和转型升级，及时化解各类风险，有效战胜各种挑战，把保障国家能源安全和参与国内外市场竞争的主动权牢牢掌握在自己手中。

（三）推动高质量发展，是做强做优做大国有资本、建设具有全球竞争力世界一流企业的必由之路。在年初工作会议上，集团公司确立了建设世界一流综合性国际能源公司“三个阶段”战略安排，这是我们落实中央关于国有企业改革发展要求的具体体现。实现这一战略目标，任务艰巨繁重。通过与埃克森美孚、BP、壳牌、道达尔等国际大石油公司以及国内同行企业进行对标分析，集团公司资产总额、营业收入、生产总量等规模类指标已经位居前列，但质量效益类指标还存在较大差距，总体呈现“大而不强”的特点。一是资产创效能力不强，二是盈利水平较低，三是自主创新能力较弱，四是国际化程度不高。此外，我们在经营理念、成本管控、管理效率、商务运作等方面差距还比较大。这些迫切需要我们通过推动高质量发展，加快赶超步伐，持续提升创效能力、竞争力和创新力，全面达到世界一流水平。

（四）推动高质量发展，是遵循企业成长规律、有效解决公司发展中突出问题的内在需要。集团公司在经过多年的规模扩张之后，目前已经进入转型关键时期，一些制约质量效益发展的矛盾和问题凸显。一是油气资源劣质化趋势加剧，二是业务结构仍不尽合理，三是主要成本费用居高不下，四是体制机制不够顺畅高效，五是管理基础不够牢固。

同时，我们企业负担还很重，冗员较多，分离企业办社会职能、“处僵治困”等工作任务艰巨，部分领导干部的能力、作风和队伍的整体素质还不能完全适应新时代发展的需要。我们要始终保持清醒头脑，以创新的精神、革命性的措施、扎实的作风解决好这些矛盾和问题，努力跨越转型阶段特有的关口，推动实现更高质量、更有效率、更具活力、更可持续的发展。

第二个问题，推动高质量发展的基础条件与总体思路

宏观环境总体于我有利、机遇不少。从国际上看，和平与发展仍然是时代主题，经济全球化是不可逆转的时代潮流，新一轮科技革命和产业变革正在重构全球创新版图、重塑全球经济结构。较长时期内化石能源作为主导能源的地位还将继续保持，油气在一次能源消费结构中的主体地位不会变。国际石油合作机制和全球能源治理发生新变化，世界石油市场朝着再平衡方向发展。从国内来看，中国特色社会主义进入新时代，国民经济仍将保持中高速增长，国内油气需求刚性增长的态势没有改变。

集团公司发展基础坚实、比较优势明显。一是油气资源基础雄厚，二是科技和人力资源基础扎实，三是综合一体化优势显著，四是政治文化优势独特。

近年来稳健发展实践取得了显著成效、积累了有益经验。一是发展理念得到匡正，二是业务发展更加稳健，三是发展动力活力明显增强，四是党的领导作用有效发挥。

总起来看，集团公司正处于提质增效、转型发展的关键时期，也处于改革创新、动能转换的攻坚阶段。形势波诡云谲，市场瞬息万变，机遇稍纵即逝。我们要始终保持战略定力，牢固树立底线思维，未雨绸缪、积极应对，扬长避短、趋利避害，坚定不移推动集团公司高质量发展。

总体思路是，以习近平新时代中国特色社会主义思想和党的十九大精神为指导，紧紧围绕保障国家能源安全和建设世界一流综合性国际能源公司，坚持党的全面领导，坚持新发展理念，坚持稳健发展方针，突出创新引领、整体协调、绿色低碳、开放合作、共建共享，着力提升资产创效能力、改革创新能力、质量管控能力、风险防范能力，努力实现业务发展高质量、发展动力高质量、发展基础高质量、运营水平高质量，为国家建设现代化经济体系和清洁低碳、安全高效的能源体系作出新贡献。

第三个问题，怎样推动高质量发展

推动高质量发展是一项系统工程。要根据中央有

关要求，结合公司实际，抓紧制定形成推动高质量发展的指标体系、政策体系、标准体系、绩效评价和考核办法等制度体系，建立完善相应的工作机制。

（一）突出创新引领，加快转换发展动能。加快从要素驱动向创新驱动转变，是高质量发展的鲜明特征和有效途径。要牢牢把握新一轮科技和产业革命机遇，坚持“业务主导、自主创新、强化激励、开放共享”，大力加强技术、管理和商业模式等创新，大力推动工业化和信息化深度融合，加快提高自主创新能力和行业技术标准引领能力，让创新成为发展的第一动力。着力加强科技创新，大力推动管理创新，全面激发创新活力。

（二）突出整体协调，提升主营业务价值创造能力。要着眼于发挥集团公司综合一体化优势，坚持主营业务“八字”定位，以供给侧结构性改革为主线，以提高油气及产品供给质量和效率为重点，以完善上下游、国内外、油气业务和服务业务利益分配、价格传导和联动考核机制为突破口，加快补短板、强弱项，提升公司整体价值创造能力和市场竞争力，让协调成为发展的内生特点。国内主营业务当前要打好勘探开发进攻战、炼化转型升级攻坚战、油气扩销提效主动战、“四个中油”能力提升战。

（三）突出绿色低碳，推动构建现代能源体系。要牢固树立“绿水青山就是金山银山”的理念，坚持资源在保护中开发、在开发中保护、环保优先，制订实施集团公司绿色发展行动计划，实现绿色生产、绿色能源和绿色技术全面进步，加快建设资源节约型、环境友好型企业，让绿色成为发展的普遍形态。大力推进清洁安全生产，推动资源能源节约利用，稳妥推进新能源业务发展。

（四）突出开放合作，打造国际油气合作利益共同体。要全面贯彻中央对外开放战略部署，以纪念改革开放40周年为契机，以再出发的姿态，推动国际油气合作向更宽领域、更深层次、更高水平发展，促进国内外两种资源高效配置、两个市场互补联动，让开放成为发展的必由之路。推动海外油气业务高质量发展，深度参与全球油气贸易与市场体系建设，不断扩大国内对外开放。

（五）突出共建共享，巩固和谐稳定大局。要坚持以人民为中心的发展思想，按照人人参与、人人尽力、人人享有的要求，着力解决“发展为了谁”“发展依靠谁”的问题，推进企业与员工、企业与社会及合作伙伴共享发展成果，不断增强职工群众获得感、幸福感、安全感，让共享成为发展的根本目的。

第四个问题，切实发挥好党组织在推动高质量发展中的领导作用

坚持党对国有企业的领导是重大政治原则。推动高质量发展是一场关系发展全局的深刻变革，是当前和今后一个时期集团公司的中心任务。我们要始终把坚持党的领导、加强党的建设贯穿到工作全过程，确保这场变革沿着正确方向向前推进。

（一）坚持党组织“把方向、管大局、保落实”的定位，为推动高质量发展提供坚强政治保证。要把政治建设摆在首位，坚决维护习近平总书记核心地位，坚决维护党中央权威和集中统一领导，进一步强化“四个意识”、坚定“四个自信”。深入贯彻落实党的十九大精神，深学笃用习近平新时代中国特色社会主义思想，特别要深刻把握总书记关于推动高质量发展的重要论述，学以致用、知行合一。要站在建设党和国家最可信赖的骨干力量和培育具有全球竞争力世界一流企业的高度，增强历史担当，围绕党组关于推动集团公司高质量发展的决策部署，建立完善执行、监督、考评、奖惩等工作机制，压实各级责任，层层抓好落实，坚决反对工作中的分散主义、自由主义、本位主义，绝不允许搞上有政策、下有对策，确保令行禁止。

（二）坚持“党管干部、党管人才”的原则，为推动高质量发展提供坚强的组织和人才保障。推动高质量发展，高素质专业化的干部队伍是关键因素。要坚持新时代党的组织路线，深入贯彻中央关于进一步激励广大干部新时代新担当新作为的意见精神，认真落实集团公司党组相关实施办法，突出政治标准和政治规矩，注重德才兼备、以德为先、任人唯贤，落实“五个过硬”的要求，大力选拔忠诚干净担当的干部，树立鲜明选人用人导向。完善干部考核评价机制，将考核结果与选拔任用、评先选优、问责追责相挂钩。加快建立健全容错纠错机制，按照“三个区分开来”的要求，合理认定容错情形，规范操作实施程序，对容错免责干部要一如既往信任、一视同仁使用，旗帜鲜明地为他们撑腰鼓劲。要关心关爱干部，尤其要对艰苦地区、基层一线、海外项目的干部给予更多理解和支持，帮助解决后顾之忧，使他们更好地履职奉献。各级干部要按照高素质专业化的要求，强化学习培训和实践锻炼，切实增强担当作为的底气和勇气，

不断提升能力和本领。

（三）坚持以石油精神育人铸魂，为推动高质量发展提供强大的精神支柱和动力源泉。以“苦干实干”“三老四严”为核心的石油精神是石油人的优秀品质，开展“四个诠释”岗位实践活动是新时代弘扬石油精神的有效载体。我们要高举石油精神的旗帜，继承弘扬大庆精神铁人精神，始终不忘“我为祖国献石油”的初心，始终牢记推进我国石油工业发展的使命，永葆“宁可少活二十年，拼命也要拿下大油田”的壮志豪情，革故鼎新、自强不息，勇于担当、求真务实，诚实守信、弘扬正气，让“四个诠释”成为广大干部员工的思想自觉和行动自觉，努力创造新时代石油事业的光辉业绩。

（四）坚持全面从严治党，为推动高质量发展营造风清气正的良好政治生态。要始终把纪律挺在管党治党最前沿，强化纪律执行，强化《准则》《条例》贯彻落实，让党员干部知敬畏、存戒惧、守底线。严格落实集团公司党组关于进一步贯彻落实中央八项规定精神实施细则，坚决查找整改“四风”突出问题特别是形式主义、官僚主义新表现，严防享乐主义、奢靡之风等不良风气反弹回潮，打好作风建设持久战。各级领导干部要树立正确的政绩观、权力观、利益观，以“钉钉子”精神和“功成不必在我”的胸怀，脚踏实地、务实进取，廉洁从业、清白做人，坚决反对好大喜功、急功近利的面子工程、政绩工程，坚决防止不作为、乱作为等行为，坚决杜绝表态多调门高、行动少落实差等现象，自觉抵制歪风邪气，营造良好的干事创业环境。要深化政治巡视，高质量推进新一轮巡视巡察全覆盖，认真抓好巡视发现问题整改落实，充分发挥利剑作用。保持反腐败高压态势，在坚决处置增量的同时积极消化存量，推动反腐败斗争由压倒性态势向压倒性胜利转化。

同志们，推动集团公司高质量发展，任务艰巨、责任重大、使命光荣。让我们更加紧密地团结在以习近平同志为核心的党中央周围，以习近平新时代中国特色社会主义思想为指导，开拓创新、埋头苦干，向着全面建成世界一流综合性国际能源公司的目标奋勇前进，坚持稳健发展方针，以高质量发展的优异业绩，为决胜全面建成小康社会、夺取新时代中国特色社会主义伟大胜利、实现中华民族伟大复兴的中国梦作出新贡献。

集团公司生产经营工作报告

——章建华在集团公司2018年领导干部会议上的生产经营工作报告（摘要）

（2018年7月31日）

根据党组安排，我主要通报2017年度业绩考核及2018年上半年生产经营情况，部署下半年重点工作。

一、2017年度业绩考核情况

2017年，集团公司党组坚决贯彻落实党中央、国务院决策部署，坚持稳健发展方针，大力实施“四个战略”，全力优化生产经营，深入推进开源节流降本增效，实现生产指标稳中有增、经营效益稳定向好，超额完成国务院国资委确定的主要业绩目标。7月17日，国务院国资委公布2017年度中央企业经营业绩考核结果。集团公司利润总额、经济增加值、油气保障量和国际化指数全部4项指标均得满分，并获利润总额一档目标值奖励0.3分、科技成果奖励0.4分；经营业绩考核综合得分134.83分，考核结果继续保持A级。这是国务院国资委对集团公司经营业绩的充分肯定。

二、上半年生产经营主要成果

2018年以来，在党中央、国务院的正确领导下，集团公司上下按照集团公司党组和董事会确定的工作部署，坚持稳健发展方针，把握“四个更加注重”原则，抓住国际油价上行、国内成品油需求稳中有增和天然气需求旺盛等有利时机，统筹推进稳增长、促改革、补短板、防风险、提效益，实施开源节流降本增效工程，着力加强党的建设和企业形象建设，取得好于预期的生产经营成果。主要生产指标实现硬过半，经营效益大幅增长，财务状况保持稳健，主要成本费用指标硬下降。

国内勘探开发着力稳油增气，重回盈利主体地位。炼化业务推进转型升级，盈利能力稳定增长。成品油销售努力扩销上量，营销能力持续增强。天然气与管道业务全力保供，实现增输增销增效。海外油气合作保持稳健发展势头，盈利大幅提高。服务业务大力开拓市场，经营状况向好。改革创新扎实推进，公司运营效率效益不断提升。

同时，我们也要清醒看到上半年生产经营工作中的差距和不足。一是生产运行中仍存在一些矛盾和问题。二是成本控制和扭亏解困难度大任务重。三是安全生产事故仍时有发生。

三、下半年重点工作部署

下半年，公司生产经营形势总体有利，但也面临不少风险挑战，不确定因素增多。一是国际油价进入相对合理区间，震荡下行风险依然存在。二是国内石油市场好转，天然气供需缺口增大。三是行业政策调整带来机遇，也提出新的更高要求。四是国际环境错综复杂，海外业务风险上升。

做好下半年生产经营管理工作，我们要聚焦推动公司高质量发展，对标世界一流和行业先进水平，充分发挥一体化优势，在优化资源配置和产品结构上下功夫，在成品油和天然气扩销提效上下功夫，在改革创新和夯实管理基础上下功夫，深入推进开源节流降本增效工程，着力防范风险合规经营，做强做优油气两条业务链，牢牢把握工作主动权，全面完成 2018 年各项任务目标。

（一）全面加强安全环保风险防控。要深入贯彻中央领导同志关于安全环保的系列重要指示以及全国生态环境保护大会精神，从政治和全局高度提高对安全环保工作重要性紧迫性的认识，坚持抓大与抓小并重，深入推进 HSE 管理体系运行，全力防控大风险、消除大隐患、杜绝大事故。

（二）狠抓国内油气增储上产。落实打好勘探开发进攻战要求，认真分析国内资源基础、现状和潜力，抓紧编制实施上游业务加快发展规划，加大勘探开发力度，全力稳油增气提效。立足“五油三气”重点盆地、22 个重点区带，加强综合地质研究和技术攻关，强化甩开预探和风险勘探，持续推进高效勘探，深化老区精细勘探，努力增加规模经济可采储量。进一步加强矿权和储量管理，完善成熟区和新区差异化的勘探管理体制机制，有序推动矿权内部流转。加强重点油区、欠产油田生产组织协调，强化产建区块优选评价；实施老油田稳产工程，狠抓“双负、双高、双低”油藏治理，深入开展精细油藏描述，推进精细注水常态化。突出抓好主力气区 4 个重点产能项目和 5 个重点配套工程建设，加快新区建产节奏，采取针对性治水措施提高老区稳产能力，推进页岩气效益规模绿色开发。启动天然气净化厂改造前期工作，加快现有地下储气库达产达容和新建储气库前期准备及建设工作。实施降低油气完全成本三年行动计划，实行“效益倒逼”机制，推行精益管理，全方位控制成本费用。

（三）保持炼化业务平稳优化运行。要围绕打赢炼化业务转型升级攻坚战，切实抓好重点项目建设和结构调整。精心组织炼油厂集中检修和复产，全力抓好资源平衡和优化，原油向高效炼油厂倾斜，优质原料向高效化工装置集中，深入开展重油、轻烃、芳烃等原料区域互供，努力解决炼化一体化企业“吃不饱”和部分大乙烯等装置“开不满”的问题。紧跟市场需求，优化加工路线，深度调整炼油产品结构，增加航空煤油、高标号汽油等高效和特色产品比例，持续降低柴汽比；开展产销研用联合攻关，加快新产品开发，增加高性能、高附加值产品比例。狠抓生产受控各项制度执行，突出抓好检维修质量、设备日常维护，加大巡检力度、强化监管责任，减少非计划停工及生产波动。各炼化企业要勇于与国内外先进水平比高低、论伯仲，全面推进炼化对标分析研讨会部署落实，加大攻关和优化力度，努力实现炼油、乙烯综合能耗等关键指标取得新进步。化工销售要锁定重点机构客户和大用户，加强精细营销、精准服务，加大新产品推介力度，提高直销率和价格到位率。

（四）突出抓好成品油扩销增效。要刚性执行交货计划，无条件保证直炼资源销售，按计划组织成品油出口，合理安排外采资源，特别要统筹优化东北和西南地区资源配置流向，全力保障原油业务链顺畅运行和整体效益最大化。发挥集团公司整体优势，采取大项目带动、以气促油、合资合作、异地迁建等多种方式，突出直属炼油厂周边、中心城市、高速公路沿线、区内市场及潜力市场等重点区域，全力加强网络开发。深化市场分析和竞争态势研究，坚持效益最大化原则，强化批发零售一体化运作，大力开展精细营销，突出抓好纯枪上量，扩大航空煤油销售规模，强化“油卡非润气”联动互促和跨界联合营销，充分激发一线员工积极性，千方百计扩销增效、做大零售规模。深入开展与兄弟企业全方位、立体式对标，认真查找差距、分析原因，落实追赶措施、补齐短板，不断提升经营管理水平。

（五）全力推动天然气与管道业务保供提效。认真编制并严格执行今冬明春天然气保供方案，科学研判需求，统筹优化配置国产气、进口气资源，加快完善管网互联互通等冬季保供项目，做好储气库非采暖季足量注气、LNG 现货资源采购和接卸安排，建立应急预警机制，严格按合同供气，切实保障重点地区和民生用气。充分利用国内天然气需求保持高位的市场形势，优化销售结构，调整市场重点，加大对高端市场和终端市场的倾斜力度，落实居民用气与非居民用气价格并轨政策，努力实现淡季增销不增亏、全年销售量效齐升。继续加大市场开拓力度，做好新建管道沿线下游市场开发，积极开拓直供用户，以城市燃气、天然气发电、分布式能源等为重点加大终端市场开发。

（六）进一步扩大海外油气合作成果。加快重点新项目的综合评价和商务谈判，积极落实已签署的各项合作协议。坚持效益勘探，优化勘探部署，力争实现更大规模发现；强化优质储量区带的滚动勘探，推动快速建产见效。突出精细开发，积极推广成熟先进适用技术，提升新井和措施作业效果，运行好现有项目，力争超额完成全年油气权益产量目标。加强海外业务经营风险防范和资产优化，持续推动中东、非洲等地区项目提油清欠工作，处置低效无效资产，积极寻求优质资产并购及股权置换机会。国际贸易要精心组织原油、天然气和化工原料等资源引进，开拓高端高效市场，扩大成品油出口，持续推进全球油气运营中心建设，积极参与上海原油期货交易，不断扩大贸易规模、丰富贸易手段，发挥好协同创效作用，保持业绩稳定增长。

（七）着力提升服务业务经营水平。中油油服要牢固树立“在为甲方创造价值中实现自身价值”的理念，强化市场意识，推进精益管理，紧跟油气勘探开发部署，加强钻机、压裂车组跨区域统一组织协调，有效解决钻机等停、工程提速等问题，全力保障重点油气区和页岩气上产；在提高内部市场占有率的同时，强力开拓外部市场，持续推进区块和业务总包，更好地增收创效。中油工程要进一步优化生产经营组织，加强工程项目质量安全和成本控制，提高经济效益，确保完成重点项目群和冬季保供项目建设目标；完善全球市场布局，统筹区域市场开发和品牌推介，扩大海外战略性和国内系统外天然气、炼化市场份额；持续完善治理体系和运行机制，提升工程设计的质量和能力，积极推动施工企业转型升级，进一步提升上市公司合规管理和价值创造能力。中油资本要坚持走特色化发展之路，进一步健全完善治理体系，推进市场化改革，紧密结合油气主业提供专业化服务，加大客户分析研究和产品创新力度，严控金融风险，保持良好盈利水平。装备制造企业要深入推进精益生产管理和服务型制造，围绕设计水平、制造效能、客户价值和服务模式创新等“四个提升”，明确方向、细化举措、强化落实，加快转型发展，切实增强盈利能力。

（八）强化经营机制改革和创新驱动。围绕推进高质量发展，加大改革力度，强化科技和管理创新，着力解决制约效率效益提升的体制机制问题、技术瓶颈和管理短板。

持续深化内部改革。扎实抓好今年改革工作要点安排事项的落实，加大力度推进深化“三项”制度改革实施方案及相关配套政策，完善计划执行与业绩考核相结合、应对市场变化快速反应等经营机制，健全“五个中油”内部授权管理机制，全面完成企事业单位机关改革，稳妥推进退休人员社会化管理改革试点，按国务院国资委要求年底前完成“三供一业”分离移交和医疗、教育机构的社会化改革。

推动开源节流降本增效工程深入实施。要牢固树立过“紧日子”的思想和“省一分钱比赚一分钱容易”的理念，严控各项成本费用，加大清欠力度，强化物资集中采购、供应商管理和库存管控，有效压降“两金”，全面完成主要成本控降目标，持续改善经济增加值、利润总额、净资产收益率等指标。加强投资总量管控，优化平衡新增投资需求，确保全年投资不超过预算目标。密切关注市场变化，加强生产运行组织协调，突出解决天然气资源紧张、原油资源平衡难度大等问题，实现生产各环节有序运行。加快推进“三项”专项工作，进一步落实降杠杆减负债工作举措，法人压减工作重点转向法人层级压缩，年底完成全部“处僵治困”任务。认真落实重点亏损企业扭亏解困方案，以企业为主体，明确扭亏责任，分解细化指标，逐项抓好扭亏措施执行和支持政策落地，确保按期实现扭亏目标。进一步清理长期在建工程，优化完善工程建设管理制度体系，项目竣工验收工作力争年底前完成。

强化创新对生产经营的支撑作用。着眼生产发展需求，组织实施好大庆可持续发展、炼油化工转型升级关键技术等重大科技专项，加快油气田大幅度提高采收率和深层油气高效勘探开发技术攻关，大力推广应用成熟配套技术，改进完善科研成果转化激励机制、调动科研人员积极性。以落实岗位责任制为核心，以优化业务流程为抓手，强化基础管理，探索建立各业务领域可复制可操作的样板模式，深化制度建设与管理体系融合，推进依法合规经营，进一步提升管理水平。

推进高质量发展、完成全年任务目标，必须坚持党的领导、加强企业党的建设，大力弘扬石油精神，充分发挥政治文化优势，激励广大干部员工担当作为、拼搏奉献，不折不扣抓好各项措施的落实。我们要坚决贯彻集团公司党组和董事会的决策部署，埋头苦干、锐意进取，全力做好生产经营各项工作，为建设世界一流综合性国际能源公司作出新贡献。

专文

中国石油天然气集团有限公司2018年工作会议在河北廊坊召开

2018年1月25—27日，中国石油天然气集团有限公司2018年工作会议在河北廊坊召开。会议的主要任务是，深入学习贯彻习近平新时代中国特色社会主义思想和党的十九大精神，认真落实中央经济工作会议及中央企业负责人会议精神，总结2017年及近三年集团公司改革发展稳定取得的主要成果，明确今后一个时期的目标任务，安排部署2018年重点工作，动员全体干部员工，不忘初心、牢记使命，持续推进世界一流综合性国际能源公司建设，奋力开创新时代中国石油稳健发展新局面，为决胜全面建成小康社会、全面建设社会主义现代化国家作出积极贡献。

集团公司党组书记、董事长王宜林做《深入贯彻落实党的十九大精神，奋力开创新时代中国石油稳健发展新局面》主题报告，总经理、党组副书记章建华做《坚持稳健发展，加强协同优化，高质量完成全年生产经营任务目标》生产经营报告，党组成员、党组纪检组组长徐吉明通报党风廉政建设和反腐败工作情况，集团公司副总经理段良伟通报安全环保情况。

王宜林指出，一年来集团公司党组重点抓了全面做好迎接和学习宣传党的十九大各项工作、重点改革稳准推进、专项研究炼化业务转型升级和新疆油气业务加快发展、一批重点工程建成投产、总承包首次海域可燃冰试采获历史性成功、首次成功主办“一带一路”油气合作圆桌会议、专题部署年轻干部培养选拔工作7件大事。经过公司上下共同努力，全年工作稳中有进、稳中向好的态势更加明显。生产运行平稳受控、各项改革稳准实施、企业大局和谐稳定、企业形象稳定好转、党的建设稳步加强；经营效益超预期目标、油气供应保障能力不断增强、国际化经营实现重要突破、服务业务市场开拓成效明显；发展理念更加统一、发展环境于我有利、舆论环境持续改善、员工精神面貌焕然一新。

在回顾集团公司党的十八大以来特别是近三年主要工作成果时，王宜林指出，三年来，新一届党组坚决贯彻中央决策部署，抓住改革发展稳定的主要矛盾，加强统筹谋划，先后做出重塑企业形象、推进稳健发展、加强党的建设、弘扬石油精神等重大决策部署，把持续深化改革贯穿始终，凝聚全员力量，重振队伍信心，取得显著成效。企业党的建设全面加强，业务发展更加稳健，石油良好形象重回公众视野，石油精神得到大力弘扬，改革创新取得重要突破。经过近三年砥砺奋进，集团公司基本走出困境，实现新的发展，公司战略方向更加明确，党的领导作用更加突出，发展观念更加端正，改革步伐更加坚定，企业形象更加正面，应对风险挑战的经验更加丰富，队伍精神风貌更加积极向上。总结过去的工作，我们深刻体会到：推进中国石油工业建设、实现公司稳健发展，必须旗帜鲜明讲政治，必须全面从严治党，必须全面贯彻新发展理念，必须持续深化改革创新，必须建设高素质干部人才队伍。

2018 年集团公司总的工作要求是，深入贯彻落实党的十九大精神和中央经济工作会议精神，牢牢把握高质量发展根本要求和稳中求进工作总基调，坚持稳健发展方针，统筹推进稳增长、促改革、补短板、防风险、提效益，着力加强党的建设和企业形象建设，全面完成各项任务目标，为促进我国经济社会持续健康发展作出新贡献。

王宜林强调，履行好公司的责任使命，全面实现当前和今后一个时期的奋斗目标，必须进一步提高政治站位，保持战略定力，统筹兼顾、持续发力，要切实抓好以下重点工作。

一是全面从严治党要有新成效。把党的政治建设摆在首位，确保石油队伍绝对忠诚可靠。强化党的思想建设，用习近平新时代中国特色社会主义思想武装头脑、指导实践、推动工作。突出选、用、管三个环节，严格“选”的标准，提升“用”的实效，完善“管”的制度，建设高素质专业化干部队伍。以提升组织力为重点，把基层党组织建设成为坚强战斗堡垒。持之以恒正风肃纪，推动企业风气向上向善。保持惩治腐败高压态势，决不允许腐败行为在企业滋生蔓延。

二是生产经营要有新作为。坚持主营业务“八字”定位，以落实供给侧结构性改革部署为主线，突出市场导向和效益原则，立足两种资源两个市场，优化油气两条业务链运行，提高油气产品供给质量和效率，实现油气保障量硬增长、主要成本硬下降、市场份额基本稳定、经营效益明显提升。要加强国内油气勘探开发，打造坚实可靠的发展之基、效益之源；推进炼化业务转型升级，打造价值增长重要支柱；加快弥补油品销售短板，打造加油站 3.0 新版本；加快发展天然气与管道业务，打造战略性价值性工程；优质高效发展海外业务，打造国际油气合作利益共同体；协调发展服务业务和新能源，打造综合能源服务商。

三是改革创新要有新突破。要坚定不移深化企业改革，以科技创新引领全面创新，打造驱动发展双引擎。全力打好深化改革攻坚战持久战，要围绕突破瓶颈，着力抓好管理体制改革和专业化重组整合；围绕激发活力，着力深化市场化机制改革；围绕提质增效，着力推进混合所有制改革和瘦身健体；围绕加强党建，着力推进党的建设制度改革；加大“三项”制度改革力度。全面提升自主创新能力，要坚持“业务主导、自主创新、强化激励、开放共享”，持续推进创新战略实施，保持高水平投入，加大重点领域攻关力度，培育一支适应公司发展需要的高素质创新人才队伍，努力建成国际知名创新型企业和“共享中国石油”。

四是公司形象要有新提升。继续聚焦“忠诚担当、风清气正、守法合规、稳健和谐”，深化形象重塑，弘扬石油精神，打造知名品牌，坚持依法治企、文化强企，加强意识形态建设，推动形象建设向纵深迈进，鼓足新时代干事创业的精气神。要大力弘扬石油精神并深挖其蕴藏的时代内涵，大力倡导当代企业家精神、劳模精神、工匠精神，丰富完善石油精神体系。着力提升“中国石油”品牌价值，生产优质产品、提供优质服务、建设优质工程。推进形象建设常态化长效化，推动全面依法治企。

五是和谐稳定要有新气象。要坚持以人民为中心的发展思想，大力推进安全生产和绿色发展，提高保障和改善民生水平，让改革发展成果更多更公平惠及广大职工群众，切实增强职工群众的获得感、幸福感、安全感。要深入推进 HSE 管理体系有效运行，积极构建风险分级管控和隐患排查治理双层预防机制，大力提升环保管理和治理水平，高度重视油气安保防恐，坚决杜绝重特大安全环保事故。要坚持职工群众主体地位，健全职工民主管理制度体系，全心全意依靠职工群众办企业。密切企地关系，建设平安和谐美丽矿区。

章建华在生产经营报告中指出，2017 年集团公司上下认真贯彻落实党中央、国务院决策部署，按照党组和董事会确定的生产经营工作思路和目标，坚持稳健发展方针，充分发挥整体优势，强化统筹协同，积极应对市场变化，全力优化生产运行，持续打好开源节流降本增效攻坚战，实现主要生产指标稳中有增、经营效益稳定向好。全年公司国内外生产油气当量 27391 万吨、同比增长 5.5%；加工原油 19917 万吨、增长 3.9%；销售成品油 18238 万吨、天然气 1591 亿立方米，分别增长 4.1% 和 14.4%，超额完成国务院国资委下达的考核指标。

章建华从八个方面部署 2018 年重点生产经营任务。一是强化责任落实和风险防控，确保安全环保形势持续稳定好转。二是突出高效勘探和低成本开发，实现稳油增气提效。三是持续优化资源配置和产品结构，保持炼化生产安稳长满优运行。四是强化精细营销和网络建设，提升成品油销售创效能力。五是抓好资源统筹和市场开拓，提高天然气与管道业务运营水平。六是落实已签协议和增产增效措施，扩大海外油气合作成果。七是突出市场化和特色化发展，加快服务业务转型升级。八是持续推进经营机制改革和创新驱动，增强发展内生动力。

国务院国有重点大型企业监事会主席杜渊泉，集团公司领导喻宝才、刘跃珍、刘宏斌、侯启军、覃伟中，外部董事王久玲、刘国胜、李毓华出席会议。原石油部、总公司和集团公司老领导王涛、马富才、陈耕、周吉平、闫敦实、邱中建、张永一、任传俊、史训知、蒋金楚、郑虎、贡华章、丁贵明、王福成、陈明、赵政璋应邀出席。集团公司总经理助理，股份公司管理层成员，集团公司副总师，各所属企事业单位和总部各部门、专业公司主要负责人，国有重点大型企业监事会 29 办事处负责同志等参加会议。

中国石油 2017 年经营利润大幅增长

2018 年 3 月 22 日，中国石油天然气股份有限公司宣布，2017 年，股份公司积极应对外部环境变化，坚持稳健发展方针，深化改革和创新驱动，集中发展油气主营业务，充分发挥全产业链优势，优化资源配置和生产运行，深化开源节流降本增效，实现生产经营平稳受控，经营业绩稳定向好。

截至 2017 年 12 月 31 日，按照国际财务报告准则，股份公司实现营业额 20159 亿元（人民币，下同），同比增长 24.7%，实现归属于母公司股东净利润 228 亿元，同比大幅增长 190%，实现每股基本盈利 0.12 元，同比增加 0.08 元，自由现金流同比增加 533 亿元，财务状况保持稳健。

2017 年，股份公司国内勘探业务以发现优质规模储量为目标，持续优化勘探部署，实现规模增储上产，进一步夯实稳油增气的资源基础。油气勘探均取得重要发现：新疆准噶尔盆地开辟新的储量战略接替区，玛湖地区获得重大勘探发现，塔里木盆地、四川盆地相继取得油气勘探新突破，鄂尔多斯、松辽、渤海湾等盆地均落实一批优质规模可建产储量。国内开发与生产业务稳步实施新疆玛湖等重点区块原油产能开发建设，优化老油田开发方案和产量结构，确保整体开发效益。天然气开发把握市场需求快速增长时机，夯实老气田稳产基础，加速新建产能释放，根据季节需求动态组织气田生产，天然气产量继续保持增长。海外油气合作抓住“一带一路”倡议实施等机遇，巩固发展五大油气合作区。海外油气勘探强化项目整体研究和优选，突出效益勘探。持续优化开发方案，加大高效项目开发力度，油气生产平稳运行。

2017 年，股份公司实现原油产量 8.9 亿桶，可销售天然气产量 3.4 万亿立方英尺，油气当量产量 14.6 亿桶，海外业务实现油气当量产量 1.9 亿桶，占股份公司油气当量产量的 13%。勘探与生产国内业务实现经营利润 155 亿元，同比增加 123 亿元，盈利水平大幅提升。

2017 年，股份公司根据市场需求调整优化炼油资源配置和产品结构，强化油品质量升级，合理降低柴汽比，加大化工生产力度，优化原料来源和调配，增加高附加值产品产量，化工商品产量比上年同期增长4.4%。抓住市场机遇，及时调整化工销售策略，高效产品、高效区域销量稳定增长。全年加工原油10.2亿桶，同比增长6.7%；生产成品油9272万吨，同比增长7.8%；生产乙烯576万吨，同比增长3.1%。炼油与化工业务实现经营利润399.6亿元，同比增长2.4%。

2017年，股份公司国内销售业务积极应对成品油市场资源宽松、竞争加剧等不利局面，统筹国内外市场，优化资源流向，确保整体业务链畅通的同时实现效益最大化。主动适应市场竞争和客户需求变化，推广第三方支付和零售APP业务，推进主题营销、联合促销、“油卡非润气”一体化销售，提高高效产品销售比例。加大销售网络建设力度，新投运加油站504座，运营加油站数量达到2.1万座。国际贸易业务强化产、销、贸协调配合，发挥油气运营中心作用，统筹优化进出口资源，积极开拓高端高效市场，国际贸易规模和运作质量进一步提升。销售业务实现经营利润83亿元。

2017年，股份公司根据天然气资源紧平衡的供需形势，统筹平衡资源组织、运输调配和市场销售。充分发挥集中调控优势，增强调峰能力，科学组织油气调运，确保业务链运行顺畅。天然气销售持续做好重点高效市场开发，开展差异化营销，不断增强区域销售竞争力，线上线下交易并举的天然气销售体系初步建立。管网布局建设持续完善，陕京四线输气管道、中俄原油管道二线、云南成品油管道等工程按期投运。截至2017年底，股份公司国内油气管道总长度8.2万千米，其中天然气管道长度5.1万千米，原油管道长度2万千米，成品油管道长度1.1万千米。2017年，天然气与管道业务实现经营利润157亿元。

2018年，股份公司将继续坚持稳健发展方针，大力实施资源、市场、国际化和创新四大战略，不断优化产业链结构，提升油气两条业务链价值，深入开展开源节流降本增效，努力保持生产经营平稳向好，不断提高市场竞争力和公司价值。

中国石油天然气集团有限公司
2018年领导干部会议在北京召开

2018年7月30—31日，中国石油天然气集团有限公司2018年领导干部会议在北京召开。会议的主要任务是，以习近平新时代中国特色社会主义思想为指导，深入贯彻中央关于推动高质量发展决策部署，瞄准建设世界一流综合性国际能源公司的战略目标，坚持稳健发展方针，深入研究讨论和明确当前及今后一个时期推动集团公司高质量发展的思路目标及重点工作，动员全体干部员工团结一致、不懈奋斗，奋力开创新时代高质量发展新境界。

集团公司党组书记、董事长王宜林做题为《瞄准世界一流目标，坚持稳健发展方针，扎实推动集团公司高质量发展》的讲话，集团公司总经理、党组副书记章建华做生产经营工作报告。

王宜林在讲话中指出，集团公司高质量发展，就是立足于保障国家能源安全，坚持质量第一、效益优先，推动质量变革、效率变革、动力变革，实现业务发展高质量、发展动力高质量、发展基础高质量、运营水平高质量，建设具有全球竞争力的世界一流企业。要正确认识稳健发展和高质量发展之间的关系，稳健发展是新时代统领集团公司全面工作的指导方针，是高质量发展的基本遵循；高质量发展是稳健发展的目标追求。

集团公司高质量发展的总体思路是，以习近平新时代中国特色社会主义思想和党的十九大精神为指导，紧紧围绕保障国家能源安全和建设世界一流综合性国际能源公司，坚持党的全面领导，坚持新发展理念，坚持稳健发展方针，突出创新引领、整体协调、绿色低碳、开放合作、共建共享，着力提升资产创效能力、改革创新能力、质量管控能力、风险防范能力，努力实现业务发展高质量、发展动力高质量、发展基础高质量、运营水平高质量，为国家建设现代化经济体系和清洁低碳、安全高效的能源体系作出新贡献。

业务发展高质量，就是针对业务发展不平衡、资产创效能力不强等突出矛盾，持续完善油气两条业务链价值链，不断优化投资结构和资产结构，实现主营业务收入和利润稳定增长，优质清洁能源供给能力稳步提升，投资资本回报率、净资产收益率达到国际同行先进水平，国有资产保值增值。

发展动力高质量，就是针对核心技术突破不够、体制机制活力不足等突出矛盾，大力实施创新战略和人才强企，持续深化企业改革，建成世界一流创新型企业和信息化企业，中国特色现代国有企业制度逐步健全完善，劳动者素质全面提升，科技进步贡献率和全要素生产率持续提高。

发展基础高质量，就是针对工程和产品质量隐患较多、安全环保稳定根基不牢等突出矛盾，强化质量管控和隐患治理，加快推进安全生产绿色发展，持续改善能源资源利用效率，维护企业和谐稳定大局，实现工程和产品质量稳步提升，HSE 业绩行业先进，企业与环境和谐共生、企业与员工共同发展。

运营水平高质量，就是针对经营风险加大、运营效率不高等突出矛盾，加强宏观形势、市场走势分析研判，加强风险识别和预警防范，统筹优化资源配置，适时调整生产经营策略，合理把握政策措施实施力度和节奏，推进依法治企、合规管理，确保生产经营平稳运行，各类风险有效管控，运营效率效益持续提升。

王宜林强调，推动高质量发展是一项系统工程。要全面贯彻新发展理念，抓好五项重点举措的执行落实，不断取得高质量发展的新成就。一是突出创新引领，加快转换发展动能。二是突出整体协调，提升主营业务价值创造能力。三是突出绿色低碳，推动构建现代能源体系。四是突出开放合作，打造国际油气合作利益共同体。五是突出共建共享，巩固和谐稳定大局。

王宜林指出，要切实发挥好党组织在推动高质量发展中的领导作用。一是坚持党组织“把方向、管大局、保落实”的定位，为推动高质量发展提供坚强政治保证。二是坚持“党管干部、党管人才”的原则，为推动高质量发展提供坚强的组织和人才保障。三是坚持以石油精神育人铸魂，为推动高质量发展提供强大的精神支柱和动力源泉。四是坚持全面从严治党，为推动高质量发展营造风清气正的良好政治生态。

章建华通报集团公司 2017 年度业绩考核情况。中国石油在 2017 年度中央企业经营业绩考核中获得 A 级。按照集团公司业绩考核办法，长庆油田、西气东输、吉林石化等 74 家为 A 级、占 49.7%，70 家为 B 级、占 47%，3 家为 C 级、占 2%，2 家为 D 级、占 1.3%。2017 年度的业绩考核突出整体效益、发展质量、改革创新和风险管控等主要导向，并首次将党建工作纳入业绩考核体系，加大一体化联动考核力度，优化完善业绩指标体系，继续实施顾大局保整体奖励政策，坚持公平公正严格考核。

大庆油田、克拉玛依石化、燃料油公司、北京天然气管道、中油国际拉美公司、测井有限公司六家企业代表做大会发言，分别介绍了在提质增效、改革创新、推动高质量发展等方面的成功做法和鲜活经验。

集团公司领导徐文荣、刘跃珍、刘宏斌、焦方正、徐吉明、侯启军、段良伟、覃伟中出席会议。集团公司总经理助理、股份公司管理层成员、集团公司副总师出席会议。集团公司所属企事业单位党政主要负责人，总部各部门、专业公司主要负责人参加会议。

中委广东石化 2000 万吨炼化一体化项目建设启动

2018 年 12 月 5 日，中委广东石化 2000 万吨炼化一体化项目建设启动仪式在揭阳大南海石化工业区项目建设现场举行。10 时 38 分，集团公司党组书记、董事长王宜林宣布项目建设启动，王宜林、广东省委常委、常务副省长林少春与中国石油、广东省和揭阳市有关领导为项目建设启动推杆。

王宜林指出，广东石化项目是中国石油国际油气合作和国内炼化业务转型升级的重要组成部分。选址揭阳建设这样一个高水平、大规模、集中加工重油的样板工程，必将为振兴实体经济、推动高质量发展，深化改革开放、建设海上丝绸之路，实现地企互利双赢谱写新篇章。

王宜林强调，在党中央的坚强领导下，在广东省委省政府和揭阳市委市政府的全力支持下，中国石油克服一系列困难、解决一系列问题，推动项目得以适时启动。我们作为项目业主，将以习近平新时代中国特色社会主义思想为统领，深入贯彻党的十九大和习近平总书记对广东做出的重要指示批示精神，坚持稳健发展方针，大力弘扬石油精神，充分发挥工程建设能力强的优势，科学组织、周密安排，高质量完成项目建设任务，全力以赴将广东石化建成国内领先、国际先进的重油加工基地，为促进广东经济社会发展、保障国家能源安全、实现中华民族伟大复兴的中国梦作出新的更大贡献。

林少春指出，中委广东石化2000万吨炼化一体化项目建设是广东省经济社会发展中的一件大事，是广东推动高质量发展，实施“一核一带一区”区域协调发展战略，建设沿海经济带的重要引擎。广东省委省政府将把支持项目建设，作为贯彻落实习近平总书记视察广东重要讲话精神的具体抓手，作为推动高质量发展的“一号工程”，全力以赴支持项目加快建设、早日投产。

中委广东石化2000万吨炼化一体化项目，是贯彻国家能源安全战略，加工“两种资源”、面向“两个市场”，建立上中下游一体化国际合作模式，建设综合性国际能源公司的重要举措。项目得到党和国家领导人及各级政府的高度重视和关注。项目建成后，广东石化将成为国内加工高硫、含酸、重质原油的具有国际竞争力的绿色、智能、效益型世界级炼化基地，对确保国家能源安全、实现炼化产业转型升级、构建广东省“一带一路”对外开放新格局、推动粤东地区和海西经济区发展将产生重要影响。

纪念改革开放40周年、庆祝集团公司重组成立20周年座谈会暨改革开放系列丛书首发式在北京举行

2018年12月28日，中国石油纪念改革开放40周年、庆祝集团公司重组成立20周年座谈会暨改革开放系列丛书首发式在北京举行。集团公司党组书记、董事长王宜林出席并讲话。

王宜林指出，中国石油的发展史，是一部波澜壮阔、艰苦卓绝的创业史，也是一部持续深化改革、扩大开放合作的奋斗史。他从石油会战到改革开放之初原油突破1亿吨；1978年十一届三中全会后，石油工业开启改革试点探索、持续推进新征程；1998年石油、石化两大公司战略性重组，集团公司进入深化改革、扩大开放新阶段；党的十八大以来，集团公司改革开放迈上全面深化、稳准推进新台阶四个方面系统总结中国石油改革开放取得的新成就。在党中央、国务院的坚强领导下，中国石油在机遇与挑战中奋起，在改革与开放中前行，企业面貌发生根本性变化，取得全方位的重大成就，为我国石油工业和经济社会发展作出历史性贡献。集团公司综合实力大幅增强，国有重要骨干企业作用充分发挥；国内主营业务稳健发展，布局和结构不断优化；开放合作向更高层次迈进，成为“一带一路”建设的先行者和主力军；内部改革持续深化，中国特色现代国有企业制度逐步建立；创新驱动作用有效发挥，为公司发展注入新动能；员工队伍素质全面提升，石油精神传承历久弥新；党的领导、党的建设不断强化，确保企业正确发展方向；优秀企业形象更加鲜明，宝石花品牌美誉度进一步提升。

王宜林强调，40年的探索实践，积累了宝贵的经验和做法，传承和发展这些经验，对于在新时代继续把改革开放推向前进、奋力开创中国石油更加美好的未来，具有十分重要的指导意义。一是必须始终坚持党的领导、加强党的建设，二是必须始终坚持以发展为第一要务，三是必须始终遵循市场经济规律和企

业发展规律，四是必须始终坚持开放合作，五是必须始终筑牢发展根基，六是必须始终坚持以人民为中心的发展思想。

王宜林指出，在新时代继续把改革开放推向前进，首要任务是解放思想、实事求是。着力点是推动高质量发展。动力源泉是持续深化企业内部改革。重要途径是扩大开放合作。根本保证是推进全面从严治党。出发点和落脚点是让人民群众共享发展成果。

座谈会上，集团公司老领导和院士代表邱中建，被党中央国务院授予改革先锋称号的“大庆新铁人”王启民，劳动模范及杰出青年员工代表王杰、肉孜买买提·巴克，以及大庆油田、长庆油田、中油国际、独山子石化主要负责同志，分别结合企业改革发展实践、个人成长经历进行座谈和交流，讲述改革开放带来的新变化。办公厅、思想政治工作部主要负责同志分别介绍改革开放系列丛书《石油华章——中国石油改革开放40年》《石油巨变——中国石油改革开放40年》的编纂情况。

集团公司领导徐文荣、刘跃珍、刘宏斌、焦方正、徐吉明、侯启军、段良伟、覃伟中出席座谈会。石油部、总公司、集团公司老领导和部分老院士周吉平、张永一、史训知、郑虎、贡华章、陈明、翟光明等出席座谈会。集团公司总经理助理、股份公司管理层成员、集团公司副总师，总部各部门及专业公司主要负责同志，部分在京企事业单位主要负责同志，中国石油改革开放40年图书编委会成员，离退休老同志、劳动模范及杰出青年员工代表，有关媒体记者等近百人参加会议。

（中国石油档案馆）

油气勘探开发生产

综　述

【概述】 中国石油国内油气勘探与生产业务、新能源业务、储气库业务及国内勘探开发合资合作业务由中国石油天然气股份有限公司勘探与生产分公司（简称勘探与生产分公司，也称勘探与生产板块，1999 年 12 月组建成立）统筹负责。截至 2018 年底，勘探与生产分公司归口管理单位 18 个，分别是大庆油田有限责任公司、辽河油田分公司、长庆油田分公司、塔里木油田分公司、新疆油田分公司、西南油气田分公司、吉林油田分公司、大港油田分公司、青海油田分公司、华北油田分公司、吐哈油田分公司、冀东油田分公司、玉门油田分公司、浙江油田分公司、中石油煤层气有限责任公司、南方石油勘探开发有限责任公司、对外合作经理部、储气库分公司。

2018 年，国内油气勘探取得 35 项主要成果。新增探明石油地质储量 6.33 亿吨，连续 13 年超过 6 亿吨；新增探明天然气地质储量 5847 亿立方米（含煤层气 130 亿立方米），连续 12 年超过 4000 亿立方米；新增油气探明地质储量当量连续 12 年超过 10 亿吨。控制油气地质储量分别完成 6.68 亿吨、5005 亿立方米，预测石油、天然气地质储量分别完成 6.73 亿吨、5954 亿立方米，均超额完成计划任务。全年生产原油 10101.7 万吨（包含液化气产量 78.7 万吨），其中自营区产油 9383.4 万吨、合作区产油 718.3 万吨，但仍保持在 1 亿吨以上。生产天然气 1093.7 亿立方米，同比增加 61 亿立方米，增长 5.91%，再创历史新高。

（宣　言）

【生产经营指标】

1. 勘探开发工作量

2018 年，油气勘探完成二维地震 18182 千米、三维地震 12570 平方千米，完成钻井 1793 口、进尺 522.1 万米；原油开发完成钻井 12790 口、进尺 2350.0 万米；天然气开发完成二维地震 15 千米、三维地震 925 平方千米，完成钻井 3543 口、进尺 1110.0 万米；完钻水平井 1264 口（以上数据均不含对外合作数据）。2018 年勘探开发工作量与 2017 年对比见表 1。

表 1　2018 年勘探开发工作量

项　目			2018 年	2017 年	同比增减
勘探	二维地震（千米）		18197	27917	-9720
	三维地震（平方千米）		13495	9350	4145
	钻井（口）		1793	1773	20
	进尺（万米）		522.1	502.5	19.6
开发	原油	钻井（口）	12790	12751	39
		进尺（万米）	2350.0	2343.4	6.6
	天然气	钻井（口）	3543	2569	974
		进尺（万米）	1110.0	790.9	319.1
	完钻水平井（口）		1264	896	368

注：（1）表中均为自营区数据；（2）勘探地震数据含天然气开发地震工作量。

2. 油气储量

新增探明石油地质储量 6.33 亿吨、天然气地质储量 5847 亿立方米（含煤层气 130 亿立方米），探明油气地质储量当量超过 10 亿吨，油气储量当量接替率 1.78（储量不含老区提高采收率和复算新增数据）。

3. 油气产量

生产原油 10101.7 万吨，同比减少 152 万吨，下降 1.48%，保持在 1 亿吨以上；生产天然气 1093.7 亿立方米，同比增加 61 亿立方米，增长 5.91%，再创历史新高。

4. 经济效益指标

销售收入 4576 亿元，税前利润 622 亿元，净现金流 530 亿元，投资资本回报率 6.05%。

5. 安全环保

安全环保形势总体稳定，减排“四项指标”同比下降；节能节水均完成计划指标。

【主要成果】 2018 年，油气勘探与生产业务取得一系列成果。

1. 落实习近平总书记关于大力提升勘探开发力度批示指示精神，编制完成国内勘探与生产业务加快发展规划

贯彻落实习近平总书记等中央领导关于大力提升

勘探开发力度批示指示精神和国家相关部委要求，站在保障国家能源长期安全高度，立足我国油气资源禀赋，结合组织召开的分盆地勘探技术座谈会成果，全面落实加快油气勘探、加大产能建设和油气稳产上产的各项工作，反复研究论证，历时半年时间，编制完成国内勘探与生产业务加快发展规划方案（2018—2025）并通过集团公司党组会议（扩大）审查。此外，还先后编制完成国内勘探与生产业务“十三五”滚动规划、天然气业务发展规划（2018—2030）、页岩气发展规划（2020—2035）、大港油田上产500万吨规划等一系列专项发展规划。

2. 强化预探和风险勘探，新区新领域勘探取得一批重要发现

塔里木盆地秋里塔格构造带中秋1井白垩系试获高产油气流，发现新的含气区带；巴彦—河套盆地取得重大发现，多口井获高产油流，新增预测石油地质储量1.16亿吨；四川盆地川西地区永探1井二叠系火山岩试获高产气流，发现新的勘探领域；川东五探1井茅口组获高产气流，证实高陡构造带向斜区岩溶储层勘探前景；准噶尔盆地沙湾凹陷沙探1井上乌尔禾组获高产油流，岩性油藏勘探取得新发现；塔里木盆地温宿凸起古木1井新近系吉迪克组，克拉苏构造带吐北401井、阿瓦5井、克深14井，塔中北斜坡中古70井下奥陶统鹰山组四段—蓬莱坝组，大港油田沧东孔店组二段页岩油，大庆油田双城断陷双68井登楼库组，青海油田冷北地区基岩获得新发现，开拓新的勘探领域。

3. 推进新区建产和老区稳产，原油产量保持在1亿吨以上

原油开发紧紧围绕全年生产任务，结合产能建设、措施作业实施进度及季节、气候和油价变化，科学制订月度、季度产量运行计划，精心组织生产，2018年生产原油10101.7万吨。产能建设立足现实资源禀赋，加强开发前期准备和开发方案管理提高符合率，推广水平井配套技术提高单井产量，推进大井丛建产新模式控减投资，2018年新建原油生产能力1254.2万吨。持续开展精细油藏描述，覆盖地质储量24.5亿吨，为老区建产提供资源保障；持续攻关“二三结合”关键技术，创建四种主要类型油藏“二三结合”模式，实现老油田持续有效挖潜的转型升级；继续实施以新增分注、检管重配、大修为主要内容的注水专项治理，第四代分层注水技术实现分层流量自动测调、分层注水动态全过程远程监控，注水井分注率63.3%，分注合格率83.1%，井口水质合格率89.1%，精细注水技术指标继续保持较高水平；加大长停井治理力度，不断提高油气水井利用率，开井率采油井73%、注水井75.9%、采气井78.6%，同比分别提高1.0个百分点、1.7个百分点和1.11个百分点。

4. 坚持多产多销，天然气产量再创历史新高

抓住国家经济回暖和实施蓝天工程的战略机遇，按照集团公司产运销计划安排，强化生产运行控制，协调处理气田生产与储气库注采及下游销售的关系，为安全平稳供气和冬季高峰期供气提供保障。2018年生产天然气1093.7亿立方米，再创历史新高，较计划增产33.7亿立方米，同比增加61亿立方米。产能建设立足于加快发展天然气，打造战略性价值性工程目标，突出方案部署优化，强化实施过程精细管理，实现效益建产，2018年新建天然气生产能力201.3亿立方米。老气田稳产基础持续夯实，气层气储采平衡系数2.8，开发储采比19.1，可采储量采出程度25.4%，剩余可采储量采气速度由2008年的4.77%上升到5.4%。稳步推进10座在役储气库扩容达产，累计建成工作气量90亿立方米，2018年注气94亿立方米、采气72亿立方米。

5. 立足高质量发展，持续推进改革与管理创新

编制完成《关于推进“油公司”模式改革的指导意见》，提出通过革新组织机构、压缩管理层级、优化资源配置、配套管理机制，到2020年基本建成“主营业务突出、生产绿色智能、资源高度共享、管理架构扁平、劳动用工精干、市场机制完善、经营机制灵活、制度流程顺畅、质量效益提升”的中国石油特色“油公司”。扩大经营自主权改革试点取得成效，坚持把深化改革作为破解当前勘探开发瓶颈问题的重要抓手，在辽河油田、吉林油田改革试点取得阶段性成果的基础上，增加新疆、大港、华北、吐哈四家油田扩大经营自主权改革试点，辽河、新疆、大港、华北四家油田实现扭亏为盈，吉林、吐哈两家油田大幅减亏，辽河、大港、华北3家油田自由现金流为正，改革试点取得阶段性成果。加大内部矿权流转力度取得成效，勘探开发工作全面展开，河套盆地发现吉兰泰油田，新增预测石油地质储量1.1亿吨，初步具备100万吨的建产能力；鄂尔多斯盆地环庆区块初步建成5万吨生产能力。

6. 持续推进工程技术进步，不断提升保障能力

地震技术方面，采用两宽一高、可控震源、高灵敏度单点采集等先进技术，加大地震资料处理解释攻关，地震资料成像和储层预测精度明显提高。钻井技

术方面，持续开展钻井提速提效、控投降本，机械钻速提高15%以上、周期缩短20天以上。测井技术方面，建立复杂储层有效性评价与流体识别新方法，测井解释符合率大幅提高。压裂改造方面，强化地质工程一体化，突出水平井+体积压裂技术攻关和现场试验，2018年完成水平井分段改造1125口井，同比增长82.9%，多项指标创历史最好水平。重大开发试验取得新进展，天然气重力混相驱、二氧化碳混相驱、稠油火驱等试验进展顺利，有望大幅提高采收率。

7. 多措并举，深入实施开源节流降本增效工程

制定《国内勘探与生产业务持续深入推进实施开源节流降本增效工程的措施意见》，明确四大类23项具体措施，并在2018年各项工作中得到贯彻落实。坚持量入为出，坚持达标建产，强化投资计划“一本账”管理，严格优化方案设计，加强全生命周期管理，投资得到有效控制。推广一体化集成装置850套，替代常规中小型站场400座，标准化设计年节约投资11.8亿元、节省土地3120亩，减少用工6077人。开展注采系统提质增效，实施机采井系统效率优化调整4.2万井次，系统效率平均提高1.56个百分点。推广油气生产物联网系统提效，经过六年的建设，实现14.4万口油气水井、9804座站场在物联网平台的统一管理。提高天然气附加值，塔里木油田回收轻烃41万吨；加大零散气回收和推价力度，长庆、塔里木、大港等油田创效明显。

8. 强化绿色发展、本质安全，进一步夯实基础工作

2018年，全面贯彻落实党和国家关于安全生产与生态文明建设的总体部署，牢固树立“绿水青山就是金山银山”理念，促进油气田企业绿色安全发展，强化“五个不放松”（强化理念意识不放松，强化主责意识、风险意识、危机意识，保持高度警惕；强化责任落实不放松，把明责知责作为推动责任落实的首要前提，把各负其责作为推动责任落实的重要抓手，把失职追责作为推动责任落实的必要保障；强化能力建设不放松，提升领导干部管控能力，提升管理人员专业能力，提升基层员工操作技能；强化专业管理不放松，加强专业部门管理，加强专业委员会管理，加强承包商监管；强化体系建设不放松，持续提升体系建设效果，持续提升体系审核效果，持续提升经验推广效果），推动绿色矿山创建，安全环保形势基本稳定。坚持以HSE体系建设为主线，狠抓安全环保基础工作，全面落实安全环保主体责任，以全要素量化审核、专项审核和指导审核相结合的方式，组织开展两次HSE审核。狠抓隐患治理，开展油气管道、采出水、加热炉专项治理；加快历史遗留污泥的治理。2018年未发生较大以上安全生产责任事故；化学需氧量、氨氮、二氧化硫、氮氧化物四项污染物分别减排187吨、48吨、1842吨、1175吨，同比分别下降5.43%、3.05%、4.35%和1.02%，2018年节能36万吨标准煤、节水530万立方米，全面完成集团公司下达的污染减排和节能指标任务。以“两统一，一通用”（勘探开发统一数据湖、统一技术平台、通用应用环境）为核心，以“集成、共享”为目标，建立统一数据湖、统一PaaS云平台，搭建协同研究工作环境，勘探开发统一云平台建设初步建成并发布1.0版本。

（范文科　向书政）

油气勘探

【概述】 2018年，股份公司分层次设置油气预探项目（石油预探项目49个、天然气勘探项目24个）和风险勘探项目，其中重点勘探项目20个。油气勘探取得35项主要成果。

油气勘探立足大盆地和富油气凹陷，按照“突出四大任务、推进四个转变、抓实三个保障”的工作要求，强化综合地质研究和目标落实，加强工程技术攻关，突出重点盆地重点地区的集中勘探和高效勘探，加大预探和风险勘探，推进矿权区块流转，不断提高勘探效率，强化勘探管理，提质增效。突出重点区带和重点预探项目，石油勘探突出鄂尔多斯盆地姬塬、陕北、镇北—合水和华庆，准噶尔盆地玛湖和腹部，松辽盆地中浅层，渤海湾盆地富油凹陷斜坡区岩性和潜山，塔里木盆地塔北和塔中、柴达木盆地英雄岭等六大盆地的12个重点区带；天然气勘探突出四川盆地川中下古生界、川中—川西二叠系，塔里木盆地库车和塔中，鄂尔多斯盆地苏里格、盆地东部和下古生界、柴达木盆地阿尔金山前等四大盆地的8个重点区带。

【勘探任务完成情况】 2018年，获工业油气流井481口，综合探井成功率51.01%。全年新增探明石油技术可采储量9773万吨，新增探明天然气技术可采储量3004.8亿立方米。

新增储量特点：（1）新增原油探明储量整装程度有所提升，规模区块储量占比较往年有所增加（大于2000万吨的区块占比，2018年74%、2017年71%、2016年61%、2015年66%）；（2）新增天然气探明储量继续保持规模整装，鄂尔多斯、四川、塔里木三大气区新增探明天然气储量占中国石油新增天然气储量的92.8%；（3）原油探明储量复杂碳酸盐岩、火山岩及变质岩等复杂岩性储量比重增加（2018年21%、2017年15%、2016年5%）。

【渤海湾盆地主要勘探成果】 大港南皮凹陷页岩油勘探取得新发现。南皮凹陷孔店组二段页岩油具有厚度大、平面分布较稳定、纵向“甜点”段清楚、以往钻井普遍见油气显示的特点。2018年，为加大页岩油工艺试验，大港油田在深入孔二段页岩油分布和“七性”研究优选“甜点”的基础上，在小集地区部署官东1701H、官东1702H两口水平井，采用水平井加大规模体积压裂技术，测试获得日产油均超过60立方米，试采稳定在20—30立方米的日产量，开辟大港勘探新领域，对渤海湾盆地富油气凹陷深化勘探和领域拓展具有重要意义。

大港多层系潜山勘探取得新进展。按照新认识重新研究落实一批目标，2018年部署探井16口，完钻8口均有油气层，完试的4口井均获工业油气流，其中歧古8井获日产气16万立方米、油46立方米的高产油气流，营古1井获日产油30.2立方米、日产气8万立方米工业气流，均不含硫化氢，大港多层系潜山勘探整体取得新进展。

大港滨海断鼻精细勘探取得新进展。勘探面积5280平方千米，2018年按照“断砂耦合带岩性找油”勘探思路，针对滨海断鼻开展效益评价，精细沙河街组一段砂体刻画和断砂耦合成藏研究，勘探开发一体化整体部署探井23口，完试12口，新获工业油流井9口，其中5口井获百吨高产油气流，新增探明石油地质储量595.6万吨，新建石油产能16万吨、天然气产能0.93亿立方米，形成新的效益增储建产区。

辽河西部凹陷兴隆台中生界潜山勘探取得新进展。兴隆台潜山面积200平方千米，2018年加强中生界优势储层分布和“甜点”预测研究，加强增产工艺攻关，新老井结合，部署探井10口，老井试油5口，有6口（老井3口）井获工业油流，其中陈古6井获日产50立方米高产油流，展示出中生界潜山较大的勘探潜力。

辽河外围开鲁盆地陆家堡凹陷石油勘探取得新进展。陆家堡凹陷后河构造为两大生油洼陷所夹持的断裂背斜，油藏埋藏较浅，但储层厚度较薄、物性差，直井产能低，制约勘探开发进程。2018年采用“直井控制含油面积，水平井提高单井产能”思路，部署探井7口，完试的5口探井均获工业油流，其中河平1井获日产30.6立方米高产油流，为该区储量有效动用和效益开发奠定良好基础。

华北饶阳凹陷富油区带精细勘探取得新进展。勘探面积5198平方千米，2018年围绕大王庄、蠡县斜坡、马西洼槽、杨武寨等重点地区，开展勘探开发一体化和效益评价，寻找优质高效储量，部署三维地震220平方千米、探井11口，完钻井11口，10口井新获工业油流，其中强70x井在沙一上亚段获自喷日产119.91立方米高产油流；同时大王庄老井压裂复试提产效果显著，新增探明石油地质储量2229万吨，新建产能4.8万吨；马西洼槽、杨武寨构造5口井获高产油流，发现多个效益储量区块，饶阳凹陷富油区带精细勘探整体取得新进展。

【松辽盆地主要勘探成果】 松北双城断陷石油勘探取得新发现。2016年双66井获工业油流突破后，部署三维地震392.3平方千米，2018年立足新三维地震资料，精细刻画登娄库组构造圈闭，优选部署探井4口，完钻3口，新获工业油流井2口，其中双68井在登娄库组获日产110.4立方米高产油流，是继大庆长垣之后首口自然产能超百立方米的探井，发现千万吨级效益储量区块。

松北致密油勘探取得新进展。2018年持续深化“甜点”精细预测、水平井钻井、储层改造技术攻关，勘探开发一体化，完试探井、评价井20口，新获工业油流井18口。其中：在敖包塔、齐家、肇源扶余和高台子油层新获工业油流井9口，新增探明石油地质储量2272.8万吨；在宋芳屯、齐家扶、榆树林和肇州扶余油层新获工业油流井9口，几个区块含油范围得到进一步落实。松北致密油开辟15个开发试验区，投产水平井88口、直井51口，建成产能21.35万吨，累计产油44.89万吨。

松北龙西地区中浅层勘探取得新进展。2018年在精细研究基础上，一体化部署探井70口，完试39口，新获工业油流井35口。其中：在塔66、塔35区块，新获工业井30口，新增探明石油地质储量

1101万吨，已建产能9.76万吨；在龙22、杏91区块新获工业井5口，发现多个高产富集区块。

松北古中央隆起带勘探发现新苗头。古中央隆起带面积2400平方千米，2018年以水平井探索提产效果，在隆探2井认识基础上部署隆平1井见到厚气层，采用大型体积压裂，排采30天后，获日产11.5万立方米工业气流，突破产能关，有望开辟松辽盆地天然气勘探新领域。

松南德惠断陷油气勘探取得新进展。以往围绕构造高部位勘探获得发现，但构造活动较强、储层物性较差、饱和度低、压力系数低、产能低，开发动用效果不理想。2018年转变思路，下洼勘探，优选早期反转、后期构造活动弱、保存条件好的鲍家洼槽为重点，部署探井6口，完试3口，新获工业气流井3口。其中，德深80、德深83井在营城组一段分别获日产21万立方米和26万立方米高产气流，揭示洼槽区良好保存和成藏条件，开拓松南天然气勘探新领域。

松南让58区块致密油勘探取得新进展。2018年以让58井区为重点，推进建产增储一体化，部署水平井40口，完钻24口，新获工业油流井7口，让58井区累计完钻水平井40口，工业井20口，新增探明石油地质储量2828万吨。

松南大情字井页岩油勘探取得新进展。大情字井外前缘面积1300平方千米。青山口组一段油层薄、物性差、产能较低。2018年加强沉积微相与储层精细刻画，对青山口组整体开展直井多层压裂、长水平段水平井提产攻关，在黑82区块一体化部署直井6口，完试4口，新获工业油流井3口。其中，乾188-51井在青三段获日产50.3吨高产油流，提产攻关效果显著，展示出松辽盆地页岩油勘探良好的前景。

【鄂尔多斯盆地主要勘探成果】 陇东庄183井区长7油层页岩油勘探取得新进展。2011年以来，利用水平井体积压裂技术，加大长7油层页岩油勘探力度，截至2017年底，建成西233、庄183、宁89、安83等页岩油水平井试验区，新增探明石油地质储量1亿吨，建成产能137.8万吨，年产原油53.8万吨。2018年为扩大页岩油勘探成果，部署探井150口，完试125口，87口井新获工业油流，23口井日产油大于20吨，其中庄183井区16口井新获工业油流，含油面积和储量规模得到进一步落实。

合水—盘客地区石油勘探取得重要成果。勘探面积7800平方千米，2018年坚持立体勘探，部署探井100口，完试89口，获工业油井55口。在长8油层新获工业油流井15口，累计工业油井163口，平均试油日产量11.3吨，新增探明石油地质储量1亿吨（可采石油地质储量1740万吨）；在长6油层新获工业油流井12口，累计工业油井53口，平均试油日产量10.4吨，新增探明石油地质储量1.08亿吨（可采石油地质储量1173万吨）。合水—盘客地区整体新增探明石油地质储量超过2亿吨。

南梁—五蛟地区石油勘探取得新进展。勘探面积6000平方千米，以往勘探主要以侏罗系、长4+5油层、长6油层为主，2016年以来，加强延长组中下组合勘探力度，2018年部署预探井45口、评价井35口，完试37口，新获工业油流井30口。在长8油层7口井获工业油流，其中白525井获日产34吨高产油流，该区累计工业油流井115口，平均试油日产量11吨，有望形成新的亿吨级规模增储区。

奥陶系中下组合碳酸盐岩天然气勘探取得新进展。奥陶系勘探面积4万平方千米，1989年发现靖边气田，截至2017年底，累计探明天然气地质储量6910亿立方米，年产气49亿立方米。近几年，按照靖西上、中、下不同成藏模式，精细勘探马五4风化壳、中组合马五5白云岩，甩开勘探奥陶系盐下及深层，部署探井78口，完试69口，12口获工业气流（日产气4万立方米以上），低产气井51口。在靖西马五4累计获工业气井25口，新增探明天然气地质储量526亿立方米。

盆地东部神木—清涧上古多层系立体勘探取得新成果。勘探面积2万平方千米，是盆地勘探开发的重要接替区。2018年加大立体勘探力度，完试探井66口，获工业气流井29口。在盒8气藏有16口井新获工业气流，含气范围向南、向北持续扩大，新增探明天然气地质储量1236亿立方米；太原组气藏有4口井新获工业气流，累计工业气流井16口，有望形成新的规模储量区块；同时在本溪组有9口井新获工业气流，发现新的高产富集区。

大宁—吉县致密砂岩气立体勘探取得新进展。大宁—吉县地区具有与盆地东部相似的致密气成藏模式，按照稳步拓展河东，加快河西预探，立体勘探思路，2018年部署探井12口，完试1口，新获工业气流井1口。郝6—高3井区累计22口井获工业气流，其中11口日产大于1万立方米，落实探明天然气地质储量458亿立方米。在延长地区累计36口井见气流，其中日产大于1万立方米的12口，有望实现规模增储。

【四川盆地主要勘探成果】 川东五探1井风险勘探茅口组获新发现。在川中古隆起取得重大发现后，持续开展盆地整体研究，发现川东地区发育达州—开江古隆起，在五百梯地区发育灯影组和龙王庙组台内滩有利相带，上古生界二叠系也具备好的成藏条件。2016年部署钻探风险探井五探1井，该井完钻井深8060米，在灯影组、龙王庙组均钻遇储层，但测井解释为水层。钻井过程中二叠系茅口组显示丰富，测井解释气层23米，完井测试获日产气82万立方米高产气流，展现出川东高陡构造带向斜区岩性气藏勘探的良好前景。

川西北二叠系勘探取得新进展。川西北部发育基地卷入逆冲、掩伏和原地三种构造类型，构造成排成带，圈闭多，面积广。2014年钻探双探1风险井在栖霞组、茅口组均获高产气流，勘探取得突破。2018年双探7井、双探8井、双探12井在栖霞组酸化测试分获日产33万立方米、36万立方米、27万立方米工业气流；同时，双探7井、双探10井在泥盆系观雾山组酸化测试分获日产1万立方米、5万立方米气流，显示良好勘探潜力。

高石梯—磨溪古隆起震旦系灯影组四段拓展勘探取得新进展。通过几年的勘探和研究，基本证实高石梯—磨溪地区震旦系灯四段为具有统一气水界面的巨型构造气藏，含气面积7500平方千米。2018年评价灯四段台内磨溪8井区的3口工艺井均获得成功，测试日产量全部超过30万立方米，新增探明天然气地质储量581亿立方米。同时向台缘带南部甩开部署荷深2井在灯四段取得新发现，酸化测试日产气19万立方米，灯四气藏含气范围向南进一步扩大。

川西地区火山岩油气藏勘探取得新发现。川西地区二叠系火山岩广泛发育，历年钻探过程中有40多口井见良好油气显示，仅周公1井测试获日产气25.6万立方米，后累计产气2718万立方米。2016年川西地区永胜1井钻遇二叠系火山碎屑岩，储层物性好、测井解释有厚气层。通过开展综合地质研究及火山岩有利相带刻画，认为成都—简阳地区爆发相火山岩规模分布，丘状隆起特征显著，储层厚度大，有利区分布广，优选部署钻探永探1风险井，在二叠系钻揭厚层含角砾凝灰岩储层，中途测试获日产42万立方米高产气流。

【准噶尔盆地主要勘探成果】 玛南斜坡多层系勘探获得新进展。近年来，玛湖地区勘探按照“跳出断裂带，走向斜坡区”的勘探思路，整体研究，整体部署，立体勘探不断取得重要发现，斜坡区油层多层系大面积叠加连片、满洼含油的格局逐渐明朗。2018年按照集中勘探玛湖主体、甩开预探下斜坡两个层次部署，在上斜坡百口泉组和上、下乌尔禾组三大主力层新获工业油流25井45层，规模储量区进一步落实；下斜坡外甩玛湖23井在上乌尔禾组试油两层分别获18.6立方米和19.2立方米工业油流，展现出下斜坡良好的勘探前景。

车排子石炭—二叠系勘探取得新成果。红车断阶带断裂规模大，石炭系和二叠系佳木河组与烃源岩对接窗口面积大，成藏条件优越。2018年针对石炭系、二叠系佳木河组整体勘探，石炭系在车471、车481、车541、车91、车362等5个地区勘探开发一体化落实整装规模储量区块，新增探明石油地质储量7829万吨；二叠系佳木河组优选钻探4口井，均见厚油层，其中车排18井获日产221立方米高产油流、车排21井日产油23立方米，发现两个浅层高效区块。

风险勘探沙探1井取得重要发现。沙湾凹陷西斜坡二叠系上乌尔禾组、三叠系百口泉组发育三角洲前缘相有利相带，但埋藏较深，勘探程度较低，2018年为开辟沙湾凹陷勘探新领域，部署钻探风险探井沙探1井，在侏罗系八道湾组、三叠系百口泉组、二叠系上乌尔禾组均见良好油气显示，完井测试在上乌尔禾组获日产30.25立方米工业油流，有望成为准噶尔盆地勘探重要的接替领域。

【塔里木盆地主要勘探成果】 库车秋里塔格构造带中秋1井取得重大发现。秋里塔格构造带北邻克拉苏，南接牙哈—英买力，成藏条件优越，2015年部署三维地震345平方千米，2017年落实中秋1圈闭并部署中秋1井实施风险勘探，中途测试在白垩系获日产气33万立方米、日产油21.4立方米的高产油气流，秋里塔格构造带天然气勘探取得重大突破。

库车克拉苏—大北构造带天然气勘探取得重要成果。勘探面积2.8万平方千米。2018年吐北401井在白垩系测试，日产气29.1万立方米，日产油5.0立方米，阿瓦5井在白垩系测试获日产4.1万立方米工业气流。同时，评价勘探克深24、克深11、大北11气藏，新增探明天然气地质储量1518亿立方米。

库车温宿凸起周缘古木1井取得新发现。2015年以来，温宿凸起周缘在新近系新温地1、2井地热井及温宿1井获得油气发现。2017—2018年先后部署二维地震1190千米，新老地震资料相结合，落实有利圈闭11个，2018年优选部署钻探古木1井，完钻测试在新近系吉迪克组测试获日产稠油4.3吨，发现一个新的浅层含油气构造带。

塔中北斜坡奥陶系深层勘探取得新发现。塔中地区为典型的富油气区带，具有多期充注、多期成藏、多层富集的特点。近年重新认识鹰山组四段—蓬莱坝组，按照“拓展新层系、塔中之下找塔中”的思路，优选有利区，2017 年部署实施中古 70 井，2018 年中古 70 井在下奥陶统鹰山组四段测试获日产 17.9 万立方米工业气流，发现塔中地区勘探新层系，开拓勘探新领域。

塔北石油勘探取得新进展。有利勘探面积 2.75 万平方千米，2018 年坚持勘探开发一体化，在碳酸盐岩和碎屑岩勘探领域均取得新进展。碳酸盐岩勘探围绕主干走滑断裂带进行部署富源区块一间房组累计完钻井 18 口，17 口获工业油流，平均日产油 119 吨，新增探明石油地质储量 2093 万吨；跃满—果勒区块一间房组—鹰山组，20 口井获工业油气流，含油面积进一步向西向南拓展。碎屑岩勘探评价塔北隆起英买力低凸起玉东 7 油藏，按构造岩性油藏新认识，精细落实油水界面和滚动扩边，9 口井获工业油流，含油范围和储量规模进一步扩大，新增探明石油地质储量 1095 万吨，且具有单井产量高、生产效果好的特点，计划直井 + 水平井结合建成产能 18 万吨。

【柴达木盆地主要勘探成果】 阿尔金山前前尖北斜坡天然气勘探取得新进展。冷北地区基岩油气勘探获新发现。冷北地区勘探面积 1200 平方千米，被牛北断裂分为高断阶和深凹陷，以深层侏罗系为烃源，形成高断阶和深凹陷两种成藏模式。2018 年深凹区加深钻探昆 2 井，在基岩花岗片麻岩储层，裂缝发育，测试日产气 11.9 万立方米；在高断阶钻探冷北 4 井，基岩钻遇石英片岩储层，压裂日产油 3.1 立方米，展示出冷北地区基岩油气较好的勘探潜力。

英北—英中地区深层拓展勘探取得新成果。英雄岭地区深层成藏条件优越，发育双层构造，E32 油藏优质烃源岩及灰云岩储层发育，具备膏岩盖层，但储层非均质性强。2014 年以来主攻英西深层，提交三级储量 1.38 亿吨，2017 年产油 15.5 万吨。2018 年一体化勘探英西，甩开英中，探索英北干柴沟，部署探井、评价井 11 口，开发井 27 口。完钻探井、评价井 6 口，获工业油流井 9 口；完钻开发井 8 口，工业油流井 7 口。一体化勘探在英西地区 4 口井新获工业油流，新增探明石油地质储量 2472 万吨；甩开预探英中，狮新 58 井裸眼中途测试日产油 93.6 立方米、天然气 11.5 万立方米；探索干柴沟，狮 60 井 E32 油藏压裂后日产油 26.21 立方米，英北—英中地区深层拓展勘探均获突破。

【河套盆地主要勘探成果】 临河坳陷吉兰泰地区石油勘探取得重要发现。主体面积 1.1 万平方千米，油气勘探始于 20 世纪 80 年代，研究认为坳陷发育下白垩统和渐新统两套良好烃源岩，发育多种类型构造带，具有多套储盖组合，具备基本成藏条件。2017 年 8 月以来，加强二维地震与综合地质研究，在陡坡潜山断裂构造带和缓坡磴口北构造带相继部署钻探 JHZK2、JHZK4、JHZK7、吉华 2x、吉华 4x 和松 5 井等多口探井取得成功，其中吉华 4x 井在白垩系获日产 116.6 立方米高产油流，发现古近系、白垩系构造油藏和太古宇潜山油藏。

【三塘湖盆地主要勘探成果】 条湖凹陷页岩油勘探取得新成果。三塘湖盆地二叠系芦草沟组发育一套咸化湖相混积岩页岩油，2017 年，按照探索源内页岩油的思路，发现条湖南缘凝灰岩页岩油藏。2018 年部署钻探的条 3401H 井，压裂后日产油 44 立方米，开辟三塘湖源内凝灰岩页岩油勘探新领域。

【风险勘探目标落实】 坚持立足大盆地富油气凹陷和重大接替新领域，突出战略性、规模性、进攻性、前瞻性和可动用性的部署原则。按目标优选、区带准备、前期研究三个层次统一部署，并逐一对每个盆地风险勘探领域、方向、目标进行深入研究论证，梳理优选出 42 个重点区带，论证通过风险勘探目标 56 个。2018 年底，完钻 12 口，正钻 16 口，待钻 28 口，完成试油 9 口，4 口井获工业油气流。

（金武弟）

勘探工程技术

【概述】 2018 年，物探工作突出创新驱动和精益管理，打造物探利器，不断提升物探技术在油气勘探开发中的保障能力，完成二维地震采集项目 42 个、三维地震采集项目 54 个，开展物探技术攻关项目 9 个、科技项目 7 个。

【地震资料采集】 2018 年，勘探与生产分公司完成二维地震 18214 千米、三维地震 14146 平方千米。通过强化以地质需求为导向，突出技术针对性，科学优化物探技术方案，持续加大宽频可控震源、高灵敏度单点检波器及节点仪器等地震采集新装备的应用力度，推广复杂高陡构造区高密度高覆盖、复杂岩性区宽频宽方位和页岩油气地质工程一体化技术路线，资料质量不断提升；推广应用基于高精度卫片的室内放样、无桩号施工、源驱激发等新技术、新方法，强化现场实时质控分析系统应用，严格“禁采期”制度，大幅度提高生产效率，有效控制施工成本，确保安全高效生产。

准南高泉构造开展高精度宽方位地震采集，落实高泉构造，部署高探 1 井，获历史性突破，开拓南缘下组合勘探新局面；华北油田在吉兰泰地区开展高精度二维地震采集，快速落实区内潜山构造，部署吉华 2 井，扩大潜山含油气范围，发现新的含油气层系；四川盆地加大三维勘探力度，2018 年完成三维地震 5 万平方千米，在人口稠密和环保敏感等施工障碍区首次引入可控震源施工，有效弥补井炮空白区，完成射洪—盐亭等多块大面积三维地震勘探，及时支撑勘探开发目标优选；华北杨税务—泗村店三维地震针对廊坊城区首次采用有线和无线节点联合接收，确保绿色安全完成大型城区采集任务；鄂尔多斯盆地应用井震结合及宽方位观测等技术，在天环凹陷南段演武等地区规模开展黄土山地经济适用三维地震，有效支撑油气预探、评价和开发一体化应用，钻探成功率和水平井储层钻遇率大幅提高；辽河青龙台三维地震应用数字化地震队模式，采用 DSS 系统和互联网技术，实现现场生产的高效组织，推动“两宽一高”技术在渤海湾盆地高成熟探区的应用；青海开特米里克三维地震针对复杂构造以及深层腹部弱反射成像难度大等问题，采用高密度、高覆盖和震检组合压噪等措施，资料信噪比和中深层反射能量明显提高。

【地震目标精细处理解释】 2018 年，各油气田完成处理解释二维地震 276051 千米，三维地震 81737 平方千米，发现圈闭 1883 个，面积 22333 平方千米，复查落实圈闭 1847 个，面积 21817 平方千米，提交井位 1060 口，采纳 495 口。四川盆地简阳地区三维地震老资料处理按照“双高”处理要求，资料品质大幅度提高，火山岩体刻画更加精细，发现多个有利目标，部署永探 1 井获重大突破；大港油田板桥地区应用 Q 补偿 + 反褶积、数据融合、Q 偏移等新处理技术组合，小断层成像清楚，频带拓宽，砂体识别能力提高，基于新资料白水头地区沙一段 3 套主要层系新落实断块圈闭 29 个，圈闭面积 18.3 平方千米；塔里木克拉苏西部构造转换带拼接处理综合应用微测井约束层析、高精度去噪、浅表层建模等关键技术，发现油气藏 19 个，新增三级储量 10191 亿立方米，新储备圈闭 44 个，面积 850 平方千米，为下一步井位部署提供重要目标。

【物探技术攻关】 2018 年，物探科研攻关围绕高陡构造、碳酸盐岩、火山岩和岩性等四大领域，在塔里木库车和大北复杂构造带、四川川西北高陡构造及蜀南碳酸盐岩、准噶尔玛湖岩性、松辽深层基岩风化壳等重点难点区带设立 9 个技术攻关项目。通过关键技术突破，实现地震资料成像精度、有利地质目标预测精度的提高。其中，以深浅层整体速度建模为核心的叠前深度偏移技术提高“双复杂”（复杂地表、复杂构造）地区构造圈闭成像精度，支撑四川双鱼石、塔里木克深等地区重点探井的成功钻探；以近地表 Q 值调查和 VSP 井控处理为基础的“双高”（高分辨率、高保真）处理和多次波识别与压制等技术，大幅提高地震资料品质，为川中古隆起灯影组、龙王庙组及准噶尔石炭系储层的精细刻画打下基础。物探技术攻关创新 8 项关键技术，落实圈闭 55 个，预测有利储层面积 1081 平方千米，建议井位 28 口，采纳 16 口，为风险勘探等研究提供重要支撑，利用攻关成果部署中秋 1、沙探 1 等探井取得历史性突破。

【物探科研与应用】 2018 年，设立 7 个物探科研项目。项目突出创新驱动，强化科研与生产结合、基础研究与有形化推广结合，课题研究取得重要突破：（1）智能化去噪技术取得重要进展，开发形成便捷的深度学习训练集生成软件，实现针对面波、沙丘鸣震、随机噪声的三项智能化去噪技术，效率提高 80 倍，实际资料测试见到初步成效；（2）岩石物理数据库项目实现水平井轨迹调整辅助决策等多个新功能的研发，推广应用成效明显；（3）双复杂目标采集及成像处理等项目模型研究取得重要进展，为塔西南、准南等复杂地区浅层成像技术突破探索出新的思路；（4）地震采集、处理，储层预测及物探成果图件 PCG 格式生成等质控软件推广工作按计划有序推进。

【GeoEast 国产地震处理解释软件推广】 2018 年是国产 GeoEast 软件三年推广应用的收官之年，截至 2018 年底，在股份公司 16 家油气田、3 个科研院所累计完成处理 33176CPU 核、1490 个 GPU、解释 1504 个许可和 201 个特色功能包；举办培训 204 期，熟练掌握率 100%，地震处理解释项目平均应用率分别为 61.5% 和 71.9%，超额完成推广预期目标；处理二维地震 5.02 万千米、三维地震 5.59 万平方千米和解释二维地震 36.6 万千米、三维地震 20.2 万平方千米，发现落实圈闭 937 个，井位目标 1062 个，有力支撑国内重大油气发现，成为股份公司主流物探软件平台；累计节约软件购置费 8 亿—11 亿元，在提升集团公司核心技术竞争能力和勘探开发效益等方面作用凸显。

【页岩气物探技术系列】 西南、浙江页岩气勘探开发工作紧紧围绕页岩气区带评价、建产区优选、开发方案、探明储量、产能建设等重点目标，推进地面地震和井中地震等物探系列技术，全面支撑长宁—威远、昭通国家级示范区建设任务，助力页岩气规模高效开发。（1）立足山地页岩气地质特征，通过二维地震和钻井、测井、试气试采等区带综合评价，先后优选出长宁、威远、泸州、渝西、昭通等 5 个工作有利区，锁定长宁、威远、黄金坝、紫金坝、云山坝、大寨等 6 个建产区块，面积近 2000 平方千米，资源量 1.1 万亿立方米。（2）整体部署三维地震，攻关形成针对南方海相碳酸盐岩出露区的宽方位三维地震采集技术、基于融合建模的各向异性叠前深度偏移处理技术以及井震结合多属性断层分级分类评价、地震属性裂缝发育带刻画和叠前弹性参数敏感分析等地震解释技术，深度预测误差绝对值小于 20 米；地震倾角预测符合率由 65% 提高到 75%；小断层预测吻合率 75%；优质页岩厚度、TOC、含气量、孔隙度等关键参数预测吻合率 85%，有效支撑井位部署、水平井地质导向及压裂方案设计。（3）攻关形成页岩气微地震监测采集、处理、解释一体化配套技术，有效支撑天然裂缝断层监测和压裂方案调整，实现全部压裂监测井的 SRV 体积评估，提升储层压裂改造效果，降低或规避部分工程施工风险，助推非常规油气藏的开采开发和低成本战略。

（易维启　曾　忠）

【水平井钻井技术】 2018 年，完成水平井 1275 口，再次在 1000 口以上运行，水平井主要应用于致密油气、页岩气、碳酸岩盐、煤层气等常规油气藏，非常规油气藏水平井比例逐年增加。通过强化油气藏精细刻画、推进先进适用工程技术应用，油气藏资源品位下降，但水平井总体开发效果依然十分突出。新疆环玛湖地区全面推进水平井整体开发，到 2018 年底，建产能 232 万吨，投产水平井 113 口，平均单井产油 27.5 吨 / 日，年产油 94 万吨，实现快速效益上产。吉木萨尔页岩油水平井结合地质导向和细分切割体积压裂工艺，投产 8 口井平均日产油 38.7 吨，成为下一步重点效益建产区块。西南高磨震旦系气藏由于井深、漏失等原因一直未能有效动用，近年来通过大斜度井和水平井的整体应用和工程技术攻关，钻井周期较攻关前缩短 20%，单井井均产量 25 万米 ^{3}/ 日（较方案提高 80%），百万立方米高产井比例 60%，气井有效率由 30% 提高至 100%，一跃成为常规气上产的主战场。长庆油田在西 233、庄 183 等致密油区完钻水平井 105 口，与开发初期相比，平均水平段长由 885 米提高到 1702 米，钻井周期由 29.1 天降至 19.5 天，投产井初期日产油 17.2 吨，年递减率由前期的 42.5% 降至 27.8%，建成年产油规模 60 万吨。大港官东页岩油水平井自喷超过 260 天，原油稳产在 18—27 吨，评价试验取得重大突破。页岩气通过大平台水平井井组开发方式，2018 年产气 43 亿立方米，完成年度目标。此外，在塔里木碳酸岩、煤层气上均见到良好效果。水平井钻井技术日趋成熟，保障能力进一步提升。2018 年平均水平段长突破 1000 米（达到 1010.8 米），为体积改造和提升开发效果奠定基础。长庆宁 H7-2 井水平段长 3035 米创造国内油田水平井新纪录；页岩气完成 2000 米以上长水平段水平井 25 口，其中 YS112H12-1 井井深 5290 米、水平段长 2810 米，创页岩气水平井水平段最长纪录；塔里木跃满 221H 井完钻垂深 7433.43 米，创水平井垂深最深纪录；磨溪 022-H8 井完钻井深 7200 米，水平段长 1610 米，创高磨地区井深最深与灯影组水平段最长纪录。新疆玛湖 131 井区示范区 4 口井应用系统综合优化理念，钻井周期较前期缩短 56%。自主研发的旋转导向工具首次在 YS115H3-1 水平井造斜至水平段 2838—3470.67 米现场试验应用，取得阶段性成果。

【欠平衡钻井技术】 2018 年，完成欠平衡和气体钻井 183 口井，主要应用领域为裂缝性储层、研磨性地层的钻井提速、窄密度窗口的防漏治漏等方面。

欠平衡等钻井技术提高复杂地层安全钻进效率。针对高石梯—磨溪区块裂缝—孔洞型储层 2018 年推广应用精细控压钻井技术 30 口井，钻井液漏失量和复杂处理时间分别同比下降 80.46%、62.96%，复杂时间下降 95.3%，特别是高石梯灯影组精细控压钻井平均水平段长 900 米，是常规钻井的 4 倍，平均测试产量是常规钻井的 1.62 倍，保障磨溪、高石梯的快速建产。青海英雄岭表层试验空气 / 充气钻井，实现钻井过程零漏失，机械钻速最高 36.1 米 / 时，是邻井的4.06倍，针对深部高压、溢漏同存安全窗口窄问题，应用精细控压技术减少储层伤害，实现狮新58等井的及时发现。针对山前高压盐水、塔中碳酸岩裂缝性储层应用控压钻井，较好地完成窄窗口安全钻井问题。其中，克深9-2井在井深6898米发生盐水侵（使用的是2.50克/厘米^{3}油基钻井液，停泵就溢、开泵就漏，放水49天、1717.5立方米）仍无法钻进，后采用微流量钻井技术划眼和钻进，历时11天钻进至7068米目的井深完钻。长庆油田针对超前注水区域压力系统复杂等特点，应用简易控压75口井，有效控制井控风险，解决溢漏复杂、停注时间，减少对油气产量的影响，直井、定向井钻井周期缩短20%，水平井钻井周期缩短15%。

提高储层保护和油气的及时发现。大港油田2018年推广控压钻井26口井，其中在滨107X1井实现全井“零漏失、零复杂”，东三段获日产油73.73吨、气11.5万立方米；港西调整井应用控压技术，与常规钻井相比平均钻井液密度降低0.08—0.1克/厘米^3，漏失井比例由25%降低到10%；控压钻井成本比处理复杂情况下降10.6%。华北油田在阿南、冀中浅层油气活跃地区应用简易控压13口井，有效控制气侵风险，降低钻井液密度0.05—0.11克/厘米^3。其中，阿3-210井钻进时气测值最高31%，投产后日产油10—30吨。集团公司重点风险井高探1井钻至白垩系清水河组下部5769米发生井涌，后应用控压钻井技术顺利钻至5920米完钻，控压期间点火17次，火焰最高20米，对高探1井重大地质发现发挥关键作用。吉林油田在德惠等地区应用欠平衡钻井技术7口井，相继在德深80井、德深101、德深111等井均取得良好发现。

探索试验精细控压压力平衡法固井，超深井尾管固井质量显著提高。2018年先后在高磨、双鱼石、库车山前区块开展7井次精细控压压力平衡法固井现场试验，试验取得阶段性成果，为窄安全密度窗口井优质固井开辟新的技术途径。其中，双鱼石区块电测平均优质率65.3%，合格率92.2%，编制相关标准，双探9井创四川油气田177.8毫米最深尾管精细控压压力平衡法固井纪录（7671米）。

【垂直钻井技术】 2018年，塔里木油区应用垂直钻井55井、进尺12.45万米，其中斯伦贝谢Power-V应用41井、9.89万米，占到总工作量的79.4%，平均单井应用进尺2412.46米，最大井斜基本控制在1度以内，成为山前钻井提速的重要利器之一。应用井深由以前的4000米左右到7000米以上，其中克深21井应用井深7425米，克深区块盐膏层推广应用油基钻井液+垂直钻井技术提速效果显著，与同区块邻井常规钻井相比，平均机械钻速提高90%—120%，日进尺提高120%—170%。

青海油田为解决英西地层倾角大，防斜打快矛盾突出的问题，二开直井段试验Power-V垂直钻井系统8口井，使用井段井斜角均控制在1度以内，平均机械钻速提高147%，最高日进尺296米。其中，狮41H2-2-413、狮41H4-2-411两口井二开井段钻井时间分别为12.57天、14.8天，相比邻井分别缩短20.57天、18.34天，平均施工周期缩短16.7天。

渤海钻探自主研发的BH-VDT垂直钻井工具，累计进尺2.56万米，在大北9井单根工具入井时间372小时，刷新BH-VDT工具在塔里木市场最长入井时间纪录；在柯东5井233—2405米井段使用垂直钻井系统，井斜控制在0.1—0.3度范围内，彻底解放钻压，平均机械钻速7.9米/时，与邻井相比提高110%以上。西部钻探垂直钻井系统在狮41H2-2-413井二开井段成功应用，较邻井平均机械钻速提高37.5%。

【大井丛工厂化钻井技术】 工厂化作业是北美在页岩油气开发中创新形成的管理模式，可有效提高作业效率、减少土地占用、降低工程成本。2018年，在川渝页岩气、新疆玛湖、长庆致密油致密气、松辽致密油气等产建区块推进大井丛工厂化作业，完成3口井以上平台井数9617口，占总井数的50%以上，同比增长17.1%，在提高钻井效率、减少井场道路、实现绿色生产、降低工程成本等方面都见到显著效果。

长庆油田2018年实施1416个丛式井平台6167口井，油气田少征井场239个，节约土地15000亩以上，节约工程费用5.8亿元，建井周期缩短15%以上，为长庆油气加快发展发挥重要作用。其中，华庆油田白409区平台完钻井74口（单井产量定向井2.8吨、大斜度3.8吨），大幅提升作业效率，建成我国陆上最大的采油“航母”，年产油能力6.5万吨，减少井场18个、输油管线36千米，节约投资2496万元。

川渝页岩气产建全面推广大平台工厂化作业，以单平台4—8口井为例，创新形成钻井压裂、钻井采输、压裂采输、钻井压裂采输等同步作业模式，实现“批量化、模块化、程序化、一体化”作业，作业效率大幅提高，2018年完成页岩气水平井192口（同比增长143%），平均钻井周期76天，其中长宁区块最短38天、威远区块最短27.6天，为页岩气快速上产奠定坚实基础。

大港油田践行地质工程一体化，按照“大井丛、多层位、多井型、工厂化、立体式”建井模式，地质工程一体化、地面地下一体化，集成关键技术序列，2018 年实施井丛场 79 个，钻井 324 口，占比 69%，节约征地 2912 亩，节约地面管线 61.5 千米，建设成本降低 9665 万元。其中，港西一号丛场 24 口新井，与原模式相比建设效率提高 20%，建设成本下降 10.2%，节约临时和永久占地 304.4 亩，劳动生产率提高 2 倍以上。

冀东油田 2018 年产能建设中充分利用老井场、大平台部署，全年完成大平台井 130 口，未征新地。其中，南堡 1-3 平台面积仅有 230 亩，通过钻井技术攻关克服井网密、防碰等难点，2018 年新钻 22 口井，丛式井组井数 241 口，远超当初平台井口槽数，创中国石油丛式井组井数最多纪录。

辽河油田推广大井丛工厂化钻井模式，2018 年实施并完成 3 口井以上丛式井平台 209 个、钻井 563 口。利用老井场 190 个，节约井场征地 1419 亩，节约钻前建设费用 1892 万元。其中，双 229 区块 4 个平台 29 口井，与常规钻井比较，该大平台节约征地费用 7530 万元，节约钻井公司费用 2153 万元，缩减全区块投产日期 28 天（15%），取得显著成效。此外致密油、页岩气及煤层气等领域通过大井丛工厂化作业，也见到显著效果。

（叶新群）

【高精度成像测井和扫描测井的技术应用】 2018 年，中国石油 563 口探井进行成像测井（不含阵列感应和阵列侧向），探井覆盖率 37.1%。其中，电成像、阵列声波、核磁共振、MDT、元素和旋转式井壁取心等技术分别应用 377 井次、314 井次、186 井次、42 井次、92 井次和 93 井次，探井覆盖率分别为 24.8%、20.7%、12.30%、2.8%、6.1% 和 6.1%。

成像测井主要应用于：（1）准噶尔盆地玛湖地区的二叠系与三叠系的核磁共振测井砂砾岩油层识别，解释符合率 90% 以上，并为宏大储量提交提供强有力的技术支持；（2）四川盆地缝洞碳酸盐岩的岩性扫描和电成像储层精细刻画和流体准确识别，解释符合率 94%，产能级别预测符合率 82%，提交满足规范要求的栖霞组和观雾山组的储量参数，初步提出基于岩性扫描和介电扫描等碳酸盐岩油基钻井液井的气层识别和饱和度计算方法；（3）柴达木英雄岭湖相碳酸盐岩岩性扫描和电成像的储层精细评价，热中子俘获截面法成功识别狮 53 和狮 57 等井的高产基质孔油层；（4）塔里木油田远探测声波测井探测井旁缝洞储集体，测井 33 井次，其中实施措施的 25 口井中，井旁储集体发现率 100%，高产油气层发现率 84%，地质效果和降本增效显著。

【风险探井测井解释评价】 风险探井探索新领域新类型油气藏，测井解释的挑战大。为此，在做好测井设计保证资料取全取准的基础上，深化资料处理，做精做细解释评价，2018 年的风险探井解释符合率 100%。永探 1 井的峨眉山组玄武岩电阻率特低 (2—3 欧姆·米)，国内外从未见如此低阻的火山岩气层。该井测井解释过程中，从电成像孔缝特征、电阻率侵入模拟、斯通滤波渗流指示、泊松比特征和玄武岩蚀变图版等方面综合分析并明确低阻成因；充分利用岩性扫描测井的热中子俘获截面和阵列声波测井的声压缩系数与泊松比等信息，分析含气性特征，明确试油层段。中秋 1、高探 1 和沙探 1 等井解释出高产油气层，为勘探大发现提供强有力的技术支持。

【MDT 技术的提质增效作用】 2018 年，MDT 测井 89 井次，提质增效作用显著。大庆油田在探井评价井集中应用 31 井次，7 口井 10 个试油层符合率 100%，减少 221 层的试油工作量，节约大量的试油经费并推进生产节奏。在徐 24、芳 407 和州 603 等开发井加密区块中，集中应用 MDT 39 井次，建立目的层压力场分布，有效指导新井井位确定，减少钻关泄压时间 45 余天，节约泄压费用 540 万元；建立基于 MDT 单层压力恢复曲线的储层表皮系数计算方法并成功优选出芳 31- 斜 77 等 6 口井的增产措施层，解决低渗储层常规关井测压求准表皮系数的难题，并节约关井测压所用的大量时间。

【致密油测井评价技术软件模块化及其推广】 2018 年，将历经八年攻关研究形成的较为成熟配套的致密油测井评价方法与技术实现软件模块化并集成于 Geolog 测井平台上，主要模块有岩石物理响应参数提取、“七性”参数计算、“三品质”评价以及“甜点”优选等，为攻关成果推广应用打造技术工具。这些模块在长庆、大庆、吉林和青海等油田致密油（页岩油）测井解释评价中集中推广应用。截至 2018 年底，处理井数 600 余口，为储量参数计算、试油层段确定以及水平井分段分簇设计等提供有效的技术支持，生产效果良好。

（刘国强）

油田开发

【概述】 截至2018年底，股份公司累计动用地质储量197.32亿吨，可采储量58.97亿吨，标定采收率29.89%；累计产油45.30亿吨；地质储量采出程度22.92%，可采储量采出程度76.7%，地质储量采油速度0.51%，剩余可采储量采油速度6.8%，储采比14.72；老井自然递减率11.02 %，综合递减率5.71%；2018年，年末日产油水平27.29万吨，年产油10101.7万吨；年产液量9.18亿吨，油田综合含水89.52%；日注水321.7万立方米，年注水11.39亿立方米，月注采比1.11，累计注采比1.03；采油井总井数250667口，开井181145口，平均单井日产油1.51吨；注水井总井数97916口，开井72864口，平均单井日注水44.15立方米（表2）。

表2　2018年采油、注水情况

项　目	2018年	2017年	同比增减
采油井总井数（口）	250667	243294	7373
采油井开井数（口）	181145	175212	5933
平均单井日产量（吨）	1.5	1.6	-0.1
注水井总井数（口）	97916	95166	2750
注水井开井数（口）	72864	70623	2241
平均单井日注水（立方米）	44.15	44.06	0.09

【原油生产】 2018年，生产原油10101.7万吨（包含液化气产量78.7万吨），其中自营区产油9383.4万吨、合作区产油718.3万吨（表3）。

表3　2018年原油产量、商品量

项　目	2018年	2017年	同比增减
原油产量（万吨）	10101.7	10253.7	-152.0
自营区（含风险作业）原油产量（万吨）	9383.4	9491.4	-108.0
合作区原油产量（万吨）	718.4	762.3	-43.9
原油商品量（万吨）	9993.3	10144.2	-150.9

大庆油田践行精准开发理念，克服产能建设滞后、塔木察格原油产量减产停运及持续强降雨给原油生产带来的不利影响，优化组织运行，2018年生产原油3204.4万吨，占股份公司总产量的31.7%。长庆油田加大重点油藏综合治理，实施万口油井挖潜工程，加快新区建产步伐，2018年生产原油2377万吨，超产8万吨。新疆油田围绕上产目标，组织四次上产会战，实施优化注水注汽、长停井治理等上产措施，推进玛湖和吉木萨尔地区快速上产，2018年生产原油1147万吨，超产10万吨。辽河油田克服稠油受燃料气不足产量降低的影响，生产原油995万吨。塔里木油田克服钻机不足、安全生产排查整改等因素影响，生产原油551万吨，同比增产31.3万吨。华北油田加强复杂断块油田精细调控和新区建产，生产原油407万吨，同比增产4.1万吨。大港油田在港东、港西规模开展二次开发重建井网，开展“二三结合”与渗流场建设，生产原油407万吨，超产1万吨，同比增产4.2万吨。吉林油田通过加大老井控递减和措施增油力度，实施采油厂产量效益承包制，生产原油394万吨，超产11.7万吨。青海油田克服英西地质条件复杂的不利局面，优化调整建产目标，深挖老油田潜力，生产原油223万吨。吐哈油田加大措施增产力度，生产原油185万吨。冀东油田生产原油130万吨。玉门油田生产原油41万吨。南方公司、浙江油田、西南油气田完成原油生产任务（表4）。

【原油产能建设】 2018年，执行立项程序和投资计划，突出达标管理；严格开发指标与效益指标论证，坚持向目标优选要效益、向方案优化要效益、向技术进步要效益、向精细管理要效益。（1）强化源头质量效益控制。加强产能建设前期工作，全方位优选建产区块，一体化研究优化地质与工程、地下与地面、储量与产能、产能与投资、开发方案与工程设计，达不到效益标准的产能项目，采取效益倒逼机制，必须降投资和运行成本。（2）充分发挥技术创新驱动作用。大力推广“大井丛、多层位、多井型、平台式、工厂化”建产新模式，推广水平井+体积压裂新技术，扩大地面一体化集成装置应用规模。科学部署大平台丛式井方案，节省征地，减少人员设置，降低建设投资

表 4　2018 年原油产量

万吨

油　区	2018 年	2017 年	同比增减	油　区	2018 年	2017 年	同比增减
股份公司总计	10101.7	10253.7	-152.0	吉林油田	393.7	390.0	3.7
大庆油田	3204.4	3400.0	-195.6	青海油田	223.3	228.0	-4.7
长庆油田	2377.0	2372.0	5.0	吐哈油田	185.0	190.0	-5.0
新疆油田	1147.0	1131.0	16.0	冀东油田	130.0	136.0	-6.0
辽河油田	995.1	1000.1	-5.0	玉门油田	41.0	40.0	1.0
塔里木油田	551.5	520.2	31.3	南方油田	30.5	30.0	0.5
华北油田	407.2	403.1	4.1	西南油气田	5.9	7.4	-1.5
大港油田	407.0	402.8	4.2	浙江油田	3.0	3.0	0

和管理成本。

2018 年，新建原油产能 1362.57 万吨，其中自营区 1210.57 万吨、合资合作 152 万吨。自营区新钻井 11481 口，进尺 2069.5 万米，新建产能 1210.57 万吨。全年在 2506 个丛式井平台新钻井 8404 口，钻井数占原油产能建设总量的 77.8%，建成产能 673.1 万吨。新建 10 口井以上的大平台 71 个，新钻井 909 口，建成产能 55.2 万吨。全年投产新井 10415 口，当年产油 419.83 万吨。

【精细注水工程】 老油田一直是动用储量的主体，也是产量贡献的主体，夯实老油田开发基础是实现 1 亿吨以上稳产的基础。2018 年，持续完善精细注水长效机制，巩固和发挥注水开发的主导地位，促进老油田注水重点由“精细注水”向“有效注水”转变，深化研究水流优势通道分布模式，加大低效无效注水治理力度，坚持注水专项治理活动，全年完成注水井更新、新增分注、大修和检管重配等工作量 3.9 万口，其中新投注水井 3481 口、老井转注 1125 口、套损更新 300 口、新增分注井 2438 口、大修 1897 口、检管 1.33 万口。注水井分注率 63.3%、分注合格率 83.13%、井口水质合格率 90.05%。

组织勘探开发研究院及大庆、长庆、吉林、华北等油田开展第四代智能分注测调试验区，现场应用 380 口井，保障注水合格率，有效提高测试效率和油藏动用程度。在大庆试验区，与常规测试相比，检配合规率提升 16 个百分点，7 层段测调时间由 2 天缩短至 1 小时，限制层注水合格率 90%。

【二次开发工程】 2018 年，老油田二次开发稳步推进，并与区块综合治理、三次采油等有效结合，不断改善老区开发效果。截至 2018 年底，累计在 12 个油田 117 个区块开展二次开发工作。二次开发深部调驱经过持续探索与攻关实践，发展成为二次开发完善水驱的重要手段和主要配套技术，在改善开发效果和提高采收率方面的作用越来越突出。为了更进一步挖掘老区剩余油潜力，2016 年开始开展针对中高渗透老油田为主要对象的“二三结合”潜力评价，筛选出可实施区块 629 个。新疆、辽河、吉林、大港、玉门和青海等 6 家油田持续攻关“二三结合”关键技术，创建四种主要类型油藏模式，并组织编制“二三结合”部署方案。2018 年，“二三结合”项目新钻井 826 口，投产 680 口，新建产能 54.5 万吨。新疆七中区克拉玛依组、530 井区八道湾组、七东一克下组、百 21 井区、港西工业化试验、尕斯库勒中浅层等六个方案全部进入矿场实施，推动老油田持续有效挖潜的转型升级。

【重大开发试验】 2018 年，重大开发试验落实“四项任务”（高效勘探、低成本开发、加快天然气和绿色安全发展），推进“四个转变”（从重产量向产量效益并重、从重地质储量向重经济可采储量、从靠投资拉动向靠创新驱动、从传统生产向精益生产）。按照“成熟技术规模推广、接替技术完善配套、储备技术加快攻关”的工作思路，围绕“提高单井产量、提高采收率、降低开发成本”三大主题，瞄准油田开发中的重大技术难题，重点在高含水、低渗透、稠油及特殊油藏开展技术攻关和现场试验。

重点管理十项试验，包括辽河锦 16 二元驱工业化试验、新疆克拉玛依七中区二元驱 / 长庆华 201 化学驱试验、长庆元 284 超低渗油藏转变注水开发方式工业化试验、新疆红浅 1 井区火驱工业化试验、辽河锦 91 火驱先导试验、长庆靖安 + 安塞 / 青海尕斯 / 华北任 9 潜山减氧空气驱试验、吐哈鲁克沁减氧空气驱工业化试验、塔里木东河塘 + 塔中 4/ 吐哈葡北天然气重力混相驱工业化试验、吉林 / 大庆二氧化碳驱工业化试验、大庆聚合物驱后聚表剂驱提高采收率试验。试验区覆盖地质储量 22348.8 万吨，预计提高采收率 18.0%，增加可采储量 4022.8 万吨。试验区年产油 168.2 万吨，平均单井日产油 2.6 吨，试验区和工业化推广区年产油 1803.9 万吨，试验成果对股份公司增储上产的推动作用进一步显现。

突出“气驱”和“化学驱”两大提高采收率技术方向，开展攻关，实现开发技术的战略接替和难动用储量的效益开发。塔里木东河塘 CIII 油藏天然气重力混相驱试验取得突破性进展，截至 2018 年底，累计注气 2.8 亿立方米，累计增油 23.7 万吨，两口井日产油突破 100 吨，开启在塔里木塔中 4、吐哈葡北、大庆喇嘛甸等油藏开展天然气驱大幅度提高采收率新的技术方向。稠油注空气火驱技术成熟配套并进入工业化推广，年产原油 40万吨以上，实现注蒸汽热采稠油油藏开发后期开发方式的有效转变。以长庆安塞油田、青海尕斯库勒油田和华北任 9 潜山油藏为代表的减氧空气驱油技术进入工业化试验新阶段，吉林小井距二氧化碳混相驱试验阶段采出程度突破 20%，这些技术有效拓展低渗 / 特低渗和潜山油藏提高采收率的新领域，工业化试验和推广规模逐步扩大。辽河锦 16、新疆七中区和大港港西三区中高渗油藏二元驱试验目标完成，提高采收率 16—19 个百分点，全面启动工业化推广；中低渗油藏化学驱技术组织攻关，有望形成三次采油新的产量增长点。

2018 年，组织编制《原油亿吨效益稳产——老油田提高采收率专项工程规划》；启动鄂尔多斯盆地长 7 油藏页岩生油母质原位转化开发试验工作；组织审查塔里木塔中 4 油田 402 井区 CIII 油藏天然气混相驱、吐哈葡北油田天然气重力混相驱、青海尕斯库勒油田 E31 油藏减氧空气泡沫驱、长庆华 201 区侏罗系油藏化学驱提高采收率、长庆安塞油田王窑中西部泡沫辅助减氧空气驱和华北任 9 潜山油藏注气重力驱 6 个试验方案，对大港港西三区聚表剂二元驱试验项目进行验收；开展多孔介质渗流及化学驱乳化、新疆玛湖油田玛 18 井区提高动用程度转变开发模式等 5 次专题技术研讨。

【精细油藏描述】 2018 年，完成精细油藏描述区块 84 个，覆盖地质储量 24.12 亿吨。三维地质建模覆盖地质储量 10.21 亿吨，数值模拟历史拟合 13090 口井，预计采取相应的配套调整挖潜措施后可增加可采储量 2200.6 万吨，提高采收率 0.913 个百分点。精细油藏描述成果指导油田开发调整，在老区加密调整、滚动扩边、注采系统调整和老油田综合治理等方面发挥重要作用。支撑编制产能建设方案 73 个，提供井位 5300 余口。

2018 年，精细油藏描述技术取得部分创新成果。（1）复杂断块油藏攻关构造动力学解析低级序断层技术，精细落实构造特征，实现构造解释、建模成图一体化。（2）通过地质库约束砂体横向追踪、河道主流线分析、开发地震预测定边界及连通类型、动态验证及吻合度分析五个关键步骤创新砂体刻画。（3）微裂缝油藏建立储层裂缝研究—三维地质建模—裂缝油藏数值模拟“一体化”，实现储层裂缝的等效模拟。（4）低渗透油藏创新测井解释方法，综合岩心物性、电性、孔隙结构和分形维数等多信息，建立三类储层分类评价标准，指导井网完善和优化射孔。

2018 年 3 月 28 日—4 月 3 日，在中国石油长庆培训中心组织第四期“精细油藏描述技术培训班”，来自中国石油 20 家单位的 93 名管理人员和技术骨干参加培训。

【长停井治理】 长停井治理坚持与精细注水、与开发方式转变、与工程技术进步紧密结合，突出油藏整体治理，突出效益观念，不断提高治理效果。2018 年，股份公司计划安排治理恢复长停油水井 3291 口，完成 4388 口，其中采油井 3356 口、注水井 1032 口，年累计增油 92 万吨，恢复年注水 553 万立方米。大庆油田 2011 年以来年均治理长停井 529 口，有效遏制长停井的上升趋势；辽河油田治理思路从“单井增油”向“区域稳油”转变，在实现本井增油的同时，带动井组区域递减率下降。大港八面台油田围绕“井的综合利用”，以区块为治理单元，通过油水井恢复、井别转换、大规模压裂等手段实现 50 美元 / 桶油价效益挖潜，探索出一条长停井治理的新途径；新疆油田按照“长停井治理与精细注水、开发方式转变、工程技术进步相结合”的总体思路，重点对稀油“双低”和稠油 2 吨以上油井实施治理，全年恢复生产 277 口井，年增油 8.5 万吨；长庆油田开展万口井评价挖潜工程，恢复老井能力，提供高效建产目标，全年复查老井 3425 口，复产 1000 口，单井日增油 0.8 吨，年增油 15 万吨。长停井治理成为常态化、基础性的工作，为盘活闲置资产、挖掘老区潜力作出贡献。

【油藏动态监测】 2018 年，完成各类动态监测工作量 82494 井（组）次。各分项完成情况如下：地层压力监测 34671 井次，其中采油井 26046 井次、注水井8571井次；油气水界面监测138井次；生产测井47123井次，其中产出剖面5420井次、注入剖面29707井次、工程测井11187井次、饱和度测井589井次；井间监测616个井组，其中干扰试井30个井组、井间示踪530个井组。

经历国际油价下行的冲击和集团公司战略上持续降本的压力，勘探与生产分公司高度重视动态监测工作等开发基础工作，各油气田公司开发部门作为动态监测的主管部门，从方案制订、方案实施、资料应用及资料质量都实行规范化管理，过程管控深入，监测资料录取及应用效果有很大提高。吉林油田以问题为导向，通过分析油田开发面临的主要矛盾和问题，对监测技术适应性进行系统分析和评价，推动技术选取和方案制订更加有针对性，资料应用效果明显变好。

【油气田开发处长培训班】 2018年4月6—28日，在广州石油培训中心举办“中国石油勘探与生产业务2018年度油气田开发处长培训班”。培训班共分两期，每期6天，来自16家油气田公司和对外合作经理部的油气开发处、评价处、工艺处、地面建设处、生产运行处等相关处室84位正副处长参加培训。培训的目的是提高在生产经营方面的业务素质和管理技能，提高各油田提质增效能力、队伍创新创效能力。培训内容包括集团公司国内上游业务生产经营形势、国内外经济形势与油气行业发展趋势、油藏经营管理的认识与实践、体积压裂、SEC储量与资产管理、地面工程管理提质增效、油气管道与站场完整性管理、油气田环保管理等。

【老油田稳产工作会议】 2018年7月19—20日，集团公司老油田稳产工作会议在北京举行。集团公司副总经理侯启军出席会议并讲话；股份公司副总裁、勘探与生产分公司总经理李鹭光主持会议。总部机关相关部门及专业公司负责人、特邀院士专家、15家油气田公司代表145人参加会议。会议的目的是贯彻落实国家和集团公司要求，确保集团公司国内原油产量保持1亿吨以上并长期有效稳产，不断巩固明确老油田稳产主体地位，紧紧抓住综合调整“控制递减率”和转换开发方式“提高采收率”两条主线，持续夯实老油田稳产的资源基础、技术基础和管理基础。会上，大庆、长庆等13家油气田公司、勘探开发研究院先后作大会报告和专题交流。勘探与生产分公司作工作报告，深入分析油田开发面临的形势，全面总结近年来老油田开发所做的工作，对下一步工作进行安排和部署。

【中国石油2018年度油气田开发年会】 2019年1月8—10日，中国石油2018年度油气田开发年会在北京召开。集团公司副总经理侯启军出席会议并讲话；股份公司副总裁、勘探与生产分公司总经理李鹭光主持会议。总部机关、相关专业公司、各油气田企业、海外企业、工程技术服务企业和科研机构等相关负责人370余人参加会议。会议的目的是全面贯彻落实习近平总书记关于大力提升国内勘探开发力度的重要批示和集团公司党组关于“加快国内勘探开发业务发展”和“海外业务优质高效发展”专题会议精神，结合“老油田稳产工作会”“效益建产技术座谈会”和“油气田地面生产系统提质增效工作会”部署要求，总结2018年国内与海外油气田开发工作，部署安排2019年各项重点工作，明确加快发展规划方案目标和工作任务。会上，勘探与生产分公司作生产经营分析、国内油气田开发工作报告，国际勘探开发公司做海外油气田开发工作进展与下一步工作部署，16家油气田公司、3家海外地区公司、5家钻探公司、勘探开发研究院等分别作大会报告及专题报告。

（曹　晨）

天然气开发

【概述】 2018年，天然气开发突出产量运行、产能建设和前期评价三大关键环节，加强工程与地质的结合，完成各项工作任务。气田总数196个，已开发气田171个；气井总数22952口，2018年12月开井17938口，平均单井日产气1.76万立方米。

【天然气产量】 2018年，生产天然气1093.7亿立方米，同比增加61.0亿立方米。其中，气层气产量1040.1亿立方米，溶解气产量53.6亿立方米。天然气商品量983.4亿立方米，同比增加51.9亿立方米（表5）。

表 5　2018 年天然气产量及商品量

亿立方米

油气区	天然气工业产量			天然气商品量		
	2018 年	2017 年	同比增减	2018 年	2017 年	同比增减
总　计	1093.7	1032.7	61.0	983.4	931.5	51.9
长庆气区	387.5	369.4	18.1	358.6	341.9	16.7
塔里木气区	266.2	253.3	12.9	251.2	242.7	8.5
西南气区	226.3	210.2	16.1	216.0	201.0	15.0
青海气区	64.1	64.0	0.1	57.2	57.4	–0.2
大庆油区	43.4	40.1	3.3	28.4	25.7	2.7
新疆油区	29.2	28.4	0.8	6.3	5.3	1.0
吉林油区	10.0	10.2	–0.2	7.1	7.0	0.1
其他油气区	67.0	57.1	9.9	58.6	50.5	8.1

【天然气产能建设】 2018 年，完钻井 2869 口，进尺 965.0 万米，新建产能 186.8 亿立方米（表 6）。其中，苏里格气田新建产能 64.3 亿立方米，神木气田新建产能 16.4 亿立方米，高石梯—磨溪区块震旦系气藏新建产能 7.1 亿立方米，靖边气田新建产能 6.8 亿立方米，涩北气田新建产能 6.5 亿立方米。

表 6　2018 年天然气产能建设

油气区	完钻井（口）			进尺（万米）			新建产能（亿立方米）		
	2018 年	2017 年	同比增减	2018 年	2017 年	同比增减	2018 年	2017 年	同比增减
总　计	2869	2426	443	965.0	841.3	123.7	186.8	133.7	53.1
长庆气区	2450	2149	301	836.3	766.1	70.2	97.4	85.5	11.9
塔里木气区	41	39	2	33.4	17.4	16.0	21.0	21.5	–0.5
西南气区	47	11	36	27.4	12.5	14.9	40.2	10.4	29.8
青海气区	159	115	44	22.2	15.3	6.9	10.4	5.0	5.4
大庆油区	12	8	4	5.2	3.1	2.1	2.0	3.9	–1.9
新疆油区	11	13	–2	4.6	5.6	–1.0	1.7	1.4	0.3
吉林油区	20	16	4	5.9	4.7	1.2	1.0	1.0	0
其他油气区	129	75	54	30.0	16.6	13.4	13.1	5.0	8.1

【天然气开发前期评价】 2018 年，二维地震采集处理解释 1161 千米、三维地震采集处理解释 720 平方千米；二维老资料处理解释 6000 千米、三维老资料处理解释 2260 平方千米；完钻评价井 26 口；试采井 12 口。以深化气藏地质认识、优选产能建设区块、落实开发可动用储量和主体开发技术为重点，择优评价探明未动用储量，落实开发可动用储量 5000 亿立方米以上，预计可建产能 153 亿立方米，其中 2018 年建产 42 亿立方米。审查气田开发方案 7 个，涉及生产能力 58.2 亿立方米。天然气开发前期评价密切

跟踪项目实施进展，及时优化，确保评价工作达到预期效果，11 个重点项目取得较好的效果。其中：“安岳气田高石梯区块震旦系气藏加快试采评价”项目，建成 23 亿立方米生产能力；“双鱼石区块下二叠统气藏前期评价项目”编制完成双鱼石区块栖霞组气藏 10 亿立方米试采方案，通过股份公司审查和批复，有效推动控制储量提交和气藏规模效益试采；“克拉苏构造带和塔中 I 号构造天然气开发评价及井位优选”项目编制完成克深 5、克深 6、克深 13 和博孜 1 区块开发方案，评价动用地质储量 1614 亿立方米，方案预测产能规模 30 亿立方米，2018 年钻开发井 5 口，成功率 100%，动用储量 1213 亿立方米，建产能 22.2 亿立方米。

【长庆气区天然气生产状况】 2018 年，长庆气区天然气工业产量 387.5 亿立方米（其中气层气 385.1 亿立方米、溶解气 2.4 亿立方米），同比增加 18.1 亿立方米；天然气商品量 358.6 亿立方米，同比增加 16.7 亿立方米。完钻井 2450 口，进尺 836.3 万米，新建产能 97.4 亿立方米。气层气井口年产量 388.7 亿立方米、累计产量 3819.7 亿立方米，已开发气层气剩余可采储量采气速度 3.6%、采出程度 25.9%、储采比 28.1。

【塔里木气区天然气生产状况】 2018 年，塔里木气区天然气工业产量 266.2 亿立方米（其中气层气 263.9 亿立方米、溶解气 2.3 亿立方米），同比增加 12.9 亿立方米；天然气商品量 251.2 亿立方米，同比增加 8.5 亿立方米。完钻井 41 口，进尺 33.4 万米，新建产能 21.0 亿立方米。气层气井口年产量 275.4 亿立方米、累计产量 2889.2 亿立方米，已开发气层气剩余可采储量采气速度 7.8%、采出程度 45.1%、储采比 12.8。

【西南气区天然气生产状况】 2018 年，西南气区天然气工业产量 226.3 亿立方米（其中气层气 225.3 亿立方米、溶解气 1.0 亿立方米），同比增加 16.1 亿立方米；天然气商品量 216.0 亿立方米，同比增加 15.0 亿立方米。完钻井 47 口，进尺 27.4 万米，新建产能 40.2 亿立方米。气层气井口年产量 232.1 亿立方米、累计产量 4491.0 亿立方米，已开发气层气剩余可采储量采气速度 4.4%、采出程度 45.7%、储采比 23.0。

【青海气区天然气生产状况】 2018 年，青海气区天然气工业产量 64.1 亿立方米（其中气层气 62.2 亿立方米、溶解气 1.9 亿立方米），同比持平；天然气商品量 57.2 亿立方米，同比减少 0.2 亿立方米。完钻井 159 口，进尺 22.2 万米，新建产能 10.4 亿立方米。气层气井口年产量 64.9 亿立方米、累计产量 784.2 亿立方米，已开发气层气剩余可采储量采气速度 6.9%、采出程度 45.5%、储采比 14.5。

【大庆油区天然气生产状况】 2018 年，大庆油区天然气工业产量 43.4 亿立方米（其中气层气 22.2 亿立方米、溶解气 21.2 亿立方米），同比增加 3.3 亿立方米；天然气商品量 28.4 亿立方米，同比增加 2.7 亿立方米。完钻井 12 口，进尺 5.2 万米，新建产能 2.0 亿立方米。气层气井口年产量 23.0 亿立方米、累计产量 203.0 亿立方米，已开发气层气剩余可采储量采气速度 8.2%、采出程度 42.0%、储采比 12.2。

【新疆油区天然气生产状况】 2018 年，新疆油区天然气工业产量 29.2 亿立方米（其中气层气 18.9 亿立方米、溶解气 10.3 亿立方米），同比增加 0.8 亿立方米；天然气商品量 6.3 亿立方米，同比增加 1.0 亿立方米。完钻井 11 口，进尺 4.6 万米，新建产能 1.7 亿立方米。气层气井口年产量 18.9 亿立方米、累计产量 416.0 亿立方米，已开发气层气剩余可采储量采气速度 5.3%、采出程度 53.7%、储采比 19.0。

【吉林油区天然气生产状况】 2018 年，吉林油区天然气工业产量 10.0 亿立方米（其中气层气 8.9 亿立方米、溶解气 1.1 亿立方米），同比减少 0.2 亿立方米；天然气商品量 7.1 亿立方米，同比增加 0.1 亿立方米。完钻井 20 口，进尺 5.9 万米，新建产能 1.0 亿立方米。气层气井口年产量 11.4 亿立方米、累计产气 177.6 亿立方米，已开发气层气剩余可采储量采气速度 6.8%、采出程度 51.4%、储采比 14.8。

（宋文宁）

矿权管理

【概述】 2018年，在国家油气体制改革和自然资源部重组的背景下，集团公司矿权面临"取证难、保护更难"的严峻形势，为主动适应新形势、新要求，突出大盆地有利矿权保护、延续登记、开采合规性管理、权益维护等重点工作，强化登记管理，加快矿权流转，加强沟通协调，争取有利政策，全面完成年度各项工作任务。

【全国矿权登记状况】 2018年全国石油天然气（含煤层气）矿权统计见表7。

表7　2018年全国石油天然气（含煤层气）矿业权统计

矿权人	探矿权		采矿权		合计	
	数量（个）	面积（平方千米）	数量（个）	面积（平方千米）	数量（个）	面积（平方千米）
中国石油	325	1071651	441	124154	766	1195806
中国石化	194	525270	219	31643	413	556912
中海石油	246	1377570	93	7314	339	1384884
中联煤	27	15749	4	323	31	16072
延长油矿	43	63696	8	849	51	64545
其他	89	40705	9	627	98	41332
总计	924	3094641	774	164910	1698	3259551

注：数据来自自然资源部，统计截止日期2018年12月31日。

【矿权登记年检和内部流转】 强化矿权登记管理，及时办理探矿权、采矿权许可证。2018年，集团公司申请办理新立、延续、变更和注销探矿权、采矿权及试采等544个，获得探矿权、采矿权许可证及试采批准书194个，完成矿权申请登记工作，为集团公司上游业务持续稳定发展提供法律保障。

加强年检管理，履行矿业权人法定义务。2018年，参检探矿权280个、面积87.5万平方千米，用于矿权区块勘探投入的资金329亿元。其中，完成法定勘查投入面积69.4万平方千米，未完成法定勘查投入面积18.1万平方千米。

主动求变，推行集团公司矿权内部流转。2017年首批矿权内部流转工作推行后，河套盆地勘探率先取得重大突破，吉兰泰地区5口井获高产油流；环庆区块初步实现第一阶段5万吨产能建设目标；四川盆地和柴达木盆地流转未动用储量区块产量稳中有升。

为扩大矿权内部流转成果，2018年集团公司启动第二轮矿权内部流转工作，流转方案涉及鄂尔多斯、四川、准噶尔、柴达木等四大盆地及部分中小盆地，38个区块、总面积8.57万平方千米。

（王玉山　曾少华）

油藏评价

【概述】 2018年，油藏评价坚持分层次部署，突出集中评价，提交规模整装储量；强化精细评价，提交效益储量；推动“三个再评价”，确保老区稳定发展。新区原油产能建设强化前期准备，提高开发方案质量，严格项目合规管理、达标管理和全过程管理，推广大井丛、多层位、工厂化开发模式，推进水平井+体积压裂规模应用，实现效益建产。

2018年，完成三维地震采集598平方千米，完钻评价井672口，进尺178.39万米。试油交井690口，新获工业油流井533口，评价井综合成功率77%。

【新增探明储量】 2018年，新增探明石油地质储量63316万吨，可采储量9643万吨，其中已开发储量31323万吨，占年度新增探明石油地质储量的49%。新增探明石油地质储量仍以低渗透—特低渗透、低丰度—特低丰度为主。

【油藏评价主要成果】 2018年，长庆合水地区集中部署，整体实施，新增探明石油地质储量22252万吨。其中，长2、长3油藏及侏罗系新增探明地质储量2264万吨，长8油藏新增探明地质储量9903万吨，长63油藏新增探明地质储量10086万吨。长8油藏采用大斜度井组+超前分层注水开发方式，长63油藏采用短水平井+细分切割密集布缝开发方式，实现新增储量的有效动用。

新疆玛湖地区按照直井控面，水平井+体积压裂提产的模式，预探、评价、产能一体化部署，规模整装探明，艾湖2、玛东2井区新增探明石油地质储量4956万吨。其中：艾湖2井区百口泉组新增探明石油地质储量2856万吨；玛东2井区下乌尔禾组探明石油地质储量1408万吨，百口泉组探明石油地质储量692万吨。

新疆西北缘深化精细评价，构建火山机构控藏新模式，重构油层标准，突破风化壳局限，开展老井复试+新井加深，老井复试11井均获成功，车471井区块石炭系探明石油地质储量7276万吨。

塔里木深化塔河南地区油气“沿主干断裂带富集”的地质认识，富源区块勘探开发一体化部署，完钻井18口，17口获工业油气流，投产井14口，平均单井日产油55.4吨，建成产能17万吨，新增探明石油地质储量2092万吨。

塔里木塔北碎屑岩探明千万吨整装优质储量。玉东7区块白垩系巴西改组油藏新增探明石油地质储量1092万吨，已建产能15万吨。

大庆敖南茂2区块扶余油层地质工程一体化优选12口直井进行缝网压裂提产试验，2口水平井体积压裂提产试验，降低效益建产门槛，新增探明石油地质储量1810万吨。

大庆分区、分断块精细解剖老油田，强化滚动评价，完钻47口井，获工业油流井32口，三肇葡萄花油层富油区带再评价效益增储1192万吨。

华北大王庄构造带坚持富油区带整体再评价，新增探明地质储量2002万吨，两年新增探明石油地质储量4943万吨，实现大王庄油田储量翻番。原油年产量从2011年的24万吨上升至39万吨。

吉林乾安让58区块扶余油层致密油持续推进增储上产一体化，规模应用水平井+体积压裂技术，完钻水平井24口，实现规模增储和快速上产，新增探明石油地质储量2828万吨。

【油藏评价管理】 严格油藏评价部署方案审查，从源头控投降本。分阶段审查14家油田公司“2018年油藏评价项目部署方案”，落实资源和开发前期准备并重，明确评价工作思路，突出集中评价，强化精细评价，推动“三个再评价”，进一步优化评价井井位部署，落实降本增效措施。

实施集中评价和精细评价，推动规模增储和效益增储。围绕规模储量区加大集中评价力度，提交规模整装储量，设立长庆镇北—合水、南梁—华池、姬塬、新疆玛湖、红车断裂带、大庆龙西、青海英西等7个油藏评价重点项目，新增探明石油地质储量3.86亿吨、可采储量5406万吨。精细评价高效储量区，围绕中浅层高效储量一体化推进油藏评价和产能建设，落实效益储量近1亿吨。其中，长庆长3油藏以上浅层新增探明石油地质储量5176万吨，塔里木玉东7区块整装探明千万吨级碎屑岩油藏高效储量，青海南翼山浅层新层系新增探明石油地质储量801万吨，吐哈台北稀油新增探明石油地质储量745万吨，大庆三肇葡萄花油层新增探明石油地质储量1142万吨。

推动"三个再评价"工程，形成老油区发展新模式。富油区带整体再评价新增及落实探明石油地质储量1.79亿吨。其中：华北大王庄油田按照"油藏单元"分析方法，沙一段下—沙三段油藏认识由构造油藏转变为斜坡区整体含油的构造—岩性油藏，新增探明石油地质储量2002万吨；新疆克拉玛依油田九区石炭系油藏重新再认识，加强新工艺技术应用，复算新增探明石油地质储量2603万吨。老井复查再评价工作累计复查老井6018口，完成试油192口，113口获工业油流，不仅有效支撑富油区带整体再评价和未动用储量评价，同时发现7个潜力区。长庆老井恢复试油15口，获工业油流10口，落实侏罗系有利产能建设目标7个，预测石油地质储量760万吨。未动用储量再评价围绕长庆油田致密—超低渗透油层、松辽盆地薄层低渗透油藏、大港滩海、塔里木塔中复杂碳酸盐岩、新疆西北缘风城组油藏等8个典型区块开展针对性动用攻关部署，涉及储量2亿吨。长庆未动用储量再评价部署评价井15口，完钻9口，完试5口，均获工业油流，其中2口获高产，预计可动用储量6500万吨，可建产能70万吨。

开展进攻性评价，探索低品位资源提产技术和有效开发方式。针对致密油、低压砂岩、火山岩、低渗透砂岩等复杂油藏开展水平井攻关，部署水平井51口。长庆探索超低渗—致密油藏高效动用技术，开辟三个试验区，五谷城塞392井区长73油藏致密油，完钻水平井3口，完试2口，试油分别获得日产85.8吨、88.4吨高产油流。南梁—华池里334井区长63油藏完钻水平井3口，准备开展密集布缝体积压裂、强化压裂参数对比试验。新疆油田在19个区块实施控制井、提产试验水平井51口，为2018年落实建产区块16个、产能124.8万吨，并为2019年培育9个建产潜力区。

【新区原油产能建设】 2018年，动用石油地质储量37020万吨，可采储量6236万吨，完钻开发井4799口，进尺1133.2万米，投产油井3589口，投转注水井1043口，平均单井日产油5.1吨，建成产能568.3万吨。完钻水平井828口，平均水平段长度835米，投产油井637口，平均单井日产油13.4吨。

【新区原油产能建设重点项目实施效果】 塔里木哈拉哈塘油田立足方案效益开发，提高产建成效。2018年，按照"全生命周期"上产增储一体化工作思路，精细解剖油藏，断裂分级、分期、分次，断溶体精细划分，做好井位研究，使新井产能及投产成功率均得到较大提升，完钻井48口，投产38口，新建产能50.48万吨。其中：哈6区块完钻井12口，投产5口，新建产能5.35万吨；新垦、热瓦普、金跃区块完钻井16口，投产14口，新建产能15.58万吨；跃满、富源、哈得23和玉科区块完钻井20口，投产19口，新建产能29.6万吨。

长庆马岭油田加强水平井规模应用，效果显著。完钻井301口，投产油井226口，投注水井72口，平均单井日产油7.1吨，建成产能49.6万吨。其中：环305区长8油藏推广短水平井+细分切割压裂注水开发试验，完钻水平井51口，水平段长度400米，平均单井日产油7.8吨；西233井区长7油藏致密油完钻水平井58口，水平段长度1500—2000米，平均单井日产油18.5吨。

长庆姬塬油田产能规模持续扩大，确保油田实现稳产目标。完钻井690口，投产油井536口，平均单井日产油2.4吨，投注水井154口，建成产能40.10万吨。

长庆西峰—合水地区超低渗透油藏实现水平井效益开发。完钻井173口，投产油井127口，平均单井日产油5.9吨，投注水井53口，建产能22.3万吨。其中：庄288井区长6油藏投产水平井23口，平均单井日产油8.4吨；宁147、庄277等井区长8油藏投产大斜度井30口，平均单井日产油3.5吨；庄183井区长7油藏致密油继续采用水平井+体积压裂准自然能量开发，投产水平井17口，平均单井日产油16.6吨。

长庆华庆增储建产一体化，储量规模不断扩大。完钻井273口，投产油井189口，平均单井日产油2.5吨，投注水井84口，建成产能14.30万吨。

新疆玛湖地区水平井整体开发，增储建产效果显著。玛131、玛18等井区完钻水平井79口，平均水平段长度1500米，投产水平井79口，平均单井日产油23.4吨，新建产能68.9万吨。

【新区原油产能建设管理】 落实集团公司部署，大力推进油气田效益建产。2018年，为全面领会中央领导重要批示精神和国家部委有关要求，贯彻落实集团公司党组决策部署，抓好加快发展规划方案的组织实施，9月26—27日在北京召开油气田效益建产技术座谈会。会议研讨在新的形势下，面对低油价及资源劣质化现状，产能建设在转变开发方式，优化目标论证、产建结构和方案设计，加强工程技术攻关与优化、创新施工组织模式，加强一体化组织管理等方面的经验和做法，通过强化源头控制，强化技术创新，强化过程管理，强化机制保障，不断提高油气田开发方案编制水平和开发执行水平，实现效益建产。围绕技术进步提单产、管理创新提效率两条主线，扎实推进“拓展新思维、攻关新技术、推广新模式、实施新举措”四个方面14项重点工作。

持续攻关，稳步推进致密油、页岩油开发试验。长庆西233-庄183井区长7油藏致密油全部实现大井丛布井，单平台井数4—8口，华H6平台最多为12口。完钻水平井72口，投产25口，前三个月平均单井日产油18.5吨。新疆昌吉油田芦草沟组页岩油完钻水平井21口，投产10口，单井平均日产油42.68吨。吐哈三塘湖油田马56区块条湖组致密油开展小井距水平井开发试验，在400米井距基础上，通过两次加密，缩小井距至75—100米，采用多簇、小间距体积压裂，实现缝网搭接，储量动用程度由58.5%提高到85.2%。完钻水平井40口，全部投产，平均单井日产油7.7吨。吉林乾安东扶余致密油完钻水平井35口，投产水平井17口，平均单井日产油7.2吨。大庆龙西油田塔21-4区块扶余致密油开展直井缝网压裂开发试验，完钻191口井，压裂投产60口井，平均单井打入压裂液5951立方米，加砂262立方米，已见油50口井，平均单井日产油3.7吨。

做好原油产能建设开发前期准备，强化开发方案管理。严格执行集团公司“投资管理办法”和“投资项目可行性研究工作管理办法”等文件，做好开发方案的编制、审查、批复和上报备案，坚持产能建设项目必须编制开发方案才能列入年度计划。2018年新区原油产能建设项目382个，备案率90%。

推进效益建产示范区建设，探索效益建产新模式。优选长庆西233长7油藏致密油华H6平台、华庆油田白409区块、大庆龙虎泡油田塔21-4区块和新疆玛131井区玛15平台等四个区块为效益建产示范区，推动大井丛、多层系平台式布井，水平井+体积压裂和工厂化作业模式。3月下旬通过方案审查后开始实施，截至12月底，四个示范区整体上完成大部分钻井工作量，主体进入压裂试油阶段。长庆白409区块完钻井75口，建成中国石油陆上最大采油平台。通过井网优化、联动作业、井站合建等方式，降低投资成本，提升开发效益。减少井场18个、管线36千米，节约投资2496万元。平台设计理念由小平台向大平台转变，实行多专业交互设计，大井丛集约化布井。实施工厂化作业，地质工程一体化管理，实现提质增效。大庆油田针对龙西扶余油层为代表的薄层多层发育的致密油储量，发展直井缝网压裂开发优化设计技术。塔21-4规模建产示范区通过地质工程一体化优化设计和市场化管理运行模式，单井投资由917万元降至563万元，降幅38.6%。

加强产能建设项目管理，研发项目管理平台。严格控制原油产能建设项目立项、执行、验收、考核等关键节点，做好开发方案评估、项目优选和经济指标复算，为考核新建产能项目提供数据支持，促进开发方案编制质量和项目管理水平的提升，最终实现项目规范管理。总体研发周期为3年，2018年3月启动平台建设，基本完成平台软件研发和测试。

（邢厚松）

采油工程

【概述】 2018年，采油采气工程围绕上游业务“四大战略任务”，以提质增效为核心，坚持走技术与管理并重之路，组织攻关先进技术，推进成熟技术规模应用，加强基础管理，安全清洁生产，为集团公司上游业务的稳健发展发挥重要作用。

【井下作业】 2018年，井下作业总工作量214517井次，其中维护作业136089井次、增产增注措施56554井次、大修4550口、其他13261井次（表8）。在油水井总数逐年增长的情况下，井下作业总工作量、维护性作业工作量小幅增长，单井年维护次数连续五年下降，为股份公司降本增效作出重要贡献。

表 8　2018 年井下作业主要指标

年　度	总工作量（井次）	单井作业次数（井次 / 口）	维护作业（井次）	维护次数（井次 / 口）	油水井措施（井次）	大　修（口）	其　他（井次）
2018 年	214517	0.655	136089	0.415	60617	4550	13261
2017 年	206811	0.650	132606	0.417	56511	4531	13163
同比增减	7706	0.005	3483	–0.002	4106	19	98

带压作业。（1）2018 年，带压作业推广规模进一步扩大，施工范围覆盖完井投产、大修、维护性作业及压裂等，动用带压作业队伍 242 支，带压作业 5730 口（同比增加 230 口井），其中注水井 3731 口、油井 1808 口、气井 191 口，减排注入水量 215.6 万立方米，提前恢复注水 224.5 万立方米，增油 2.93 万吨，增气 2.27 亿立方米，创经济效益 7.79 亿元，为油田稳产、节能减排作出贡献。（2）带压作业应用范围不断拓展，施工能力不断增强。气井带压作业大幅节约气井施工作业时间，降低施工综合费用，成为长庆油田 5000 万吨持续稳产、川渝地区页岩气示范区建设的关键核心技术；热采井实施带压作业，避免外排降压对热蒸汽形成的地层温度场影响，有效保护蒸汽腔，油井产量恢复周期大幅缩短，SAGD（蒸汽辅助重力泄油）缩短 90% 以上，火驱缩短 50% 以上，作业后复产快，保障热采开发效果；大庆油田开展带压压裂施工 118 口，平均单井施工作业周期由 22 天缩短至 13.5 天，单井少排液 540 立方米，有效保持压裂后地层能量，避免压井对储层的污染，使措施改造效果得到最大限度发挥。（3）带压作业技术不断发展完善，技术水平持续提高。开展设备更新与升级改造，完成 10 部示范机和 24 部改造机，提升装备配套水平及安全性能，提高施工效率 20% 以上；形成系列带压作业配套工具，包括油管堵塞工具 5 类 14 种，完井预置工具 4 类 18 种，热采井带压作业井口 5 种。这些工具的定型完善，带动带压作业工艺技术的应用领域与应用规模扩大；修订企业和行业标准与规范，提升其适用性与规范性。修订行业、企业标准 5 项，形成了两项行业标准和五项企业标准的“2+5”的标准系列，为现场施工及效果评价提供依据；研究形成“油气水井带压作业效果评价方法”，经过油田使用验证，注水井带压作业单井创效 15 万元以上，采油井带压作业单井创效 10 万元以上，气井带压作业单井创效 30 万元以上；形成气井带压作业设计软件，现场推广应用 23 井次，累计减少设计时间 20 小时，为设计方案优化，减少作业风险提供依据。

连续油管作业。2018 年，继续加大连续油管作业技术的应用力度，拓展应用领域，应用 2530 井次，比 2017 年 2480 井次增加 50 井次，应用工艺主要包括冲砂洗井、排液、速度管柱、测试、通洗井一体化、切割、分段 / 分层压裂、拖动酸化、射孔、钻磨、老井加深侧钻等，逐步成为常规作业、水平井作业与油气层改造的利器。长庆油田开展速度管柱示范 130 口井，年增产天然气 1.01 亿立方米，作业效率提升 40%。

清洁作业。（1）推动清洁作业技术推广应用，2018 年完成清洁作业 13.1 万井次，减少油土增量 7.48 万吨，减少一次性防渗布 1.2 万吨，减少废液拉运 75 万立方米，创效 1.87 亿元。环境敏感地区清洁作业覆盖率 100%，总体清洁作业覆盖率 62.4%，安全环保形势进一步改善。（2）组织清洁作业技术推广方案的审查，确保清洁作业技术系列化、规范化、标准化。2018 年，完成对冀东油田、玉门油田、吐哈油田、新疆油田、吉林油田的清洁作业技术推广实施方案的审查，完成冀东油田、玉门油田、吐哈油田方案的批复。参加大港油田、青海油田方案的审查。（3）开展重点井井口检测，降低安全环保风险。2018 年，委托新疆油田完成辽河、塔里木等 5 家油田 165 套高风险井口检测，发现问题 500 多项，提出整改意见；根据检测常态化要求，组织成立专业井口检测机构，开展在用井口装置检测评价技术研究。

油气水井大修。（1）油气水井大修技术稳步发展，以大庆、长庆等油田为代表攻关形成顶驱修井、小井眼侧钻、小通径套损井打通道等主体技术，为油气水修复利用提供技术保障。同时，有效完善开发井网，遏制套损井上升趋势。2018 年，完成油水井大修侧钻井 4550 口，修复 4323 口，成功率 95%，修复油井恢复产能 52.5 万吨，注水井恢复注水能力 1335 万立方米。（2）大庆油田顶驱修井技术规模应用，自 2013 年以来，累计应用顶驱修井 1663 口井。截至 2018 年底，大庆油田共配备顶驱修井队伍 16 支。2018 年，完成 482 口井，修复率 89.6%，恢复产油 2.5 万吨，恢复注水 150 万立方米，节约修井作业费用 4.27 亿元。解决环境敏感区及井场受限井大修难题，消除安全环保隐患。该技术可实现利用小修设备开展大修工作，对节约成本、实现安全环保意义重大，推广前景广阔，是修井工艺技术的一次质的飞跃。（3）长庆油田 2018 年在安塞、姬塬等油田实施老井侧钻挖潜工作，见到较好的增产效果。完钻侧钻井 216 口，投产 185 口，有效井初期日产液 4.62 立方米，日产油 2.07 吨，含水 47.3%。截至 2018 年底，平均日产油 1.83 吨，含水 44.7%，累计产油 3.4 万吨。

井下作业联产承包管理。（1）勘探与生产分公司从 2011 年推动维护性作业承包工作以来，取得明显效果，井下作业维护性工作量得到较好控制，井下作业各项指标明显改善。2018 年，股份公司总井数 32.95 万口，井下作业总工作量 21 万井次，其中维护性作业工作量 13.2 万井次，平均单井维护次数 0.401 次。与 2017 年比，在总井数增加 11502 口井的情况下，维护性作业工作量减少 606 井次，平均单井维护次数降低 0.016 次。平均单井维护次数比 2013 年的 0.528 次下降 24.1%，连续 5 年下降。对比 2013 年水平，5 年少修井 13.3 万井次，节省费用 66.5 亿元。（2）大庆油田 2018 年全面实施井下作业维护性承包管理，井下作业工作量得到有效控制。在总井数比 2017 年增加 2941 口井的情况下，井下作业工作总量减少 2074 井次。综合返工率由 1.73% 下降到 1.51%；吉林油田在新民采油厂探索井下作业整体承包模式，单井直接运行费 4122 元 / 标准井次，同比降低 3020 元 / 标准井次；免修期延长 49 天，减少修井 89 井次，创效 200 余万元。

井下作业技术研究。（1）“井下作业自动化与清洁作业技术研究”项目由大庆油田总牵头，其中清洁作业由大庆油田牵头，自动化由吉林油田牵头，新疆油田参加，研究周期三年；（2）“井下作业安全生产管理控制系统研究”项目由冀东油田牵头，大庆油田、长庆油田参加，研究周期三年。该两个项目将为有效提升股份公司井下作业管控水平，实现安全清洁生产，提高施工效率，降低劳动强度，减员增效等提供技术支持。

【机械采油】 开展机械采油调查分析，明确潜力及工作方向。2018 年，组织开展机械采油系统大调查，完成油田自查、抽查及总结报告。通过调查，取得以下成果：（1）摸清股份公司机械采油系统技术和管理现状；（2）总结机械采油系统工作进展及面临挑战；（3）制定下步工作安排，为机械采油系统进一步提质增效和有效落实股份公司稳产目标做好准备。

持续进行抽油机系统优化，效率不断提升。2018 年，平均系统效率 24.8%，同比略有增加。全年实施系统效率综合测试 11.96 万余井次，完成优化设计 5.66 万井次，实施调整 4.2 万井次，调整井系统效率平均提高 1.56 个百分点，年节电 2.06 亿千瓦·时。大庆油田不停机间抽技术见到良好效果，2018 年推广应用 1276 口井，现场应用 1400 口井，节电 2546 万千瓦·时。

无杆采油技术不断配套完善，应用井数逐年增加。电动潜油柱塞泵和电动潜油螺杆泵两项新型无杆采油技术，在井下电动机和地面控制等主体技术基本定型的基础上，开展固体防蜡、低成本电加热清防蜡、连续油管解堵、铝合金电缆、非金属连续敷缆管、投捞泵和电缆、远程监控等配套技术的试验。随着技术持续配套完善，应用规模也不断扩大，在 9 家油气田公司试验和应用，在用井 510 口。（1）电动潜油柱塞泵采油技术。在大庆、吉林、新疆和长庆等油田试验应用 365 口井，最大下泵深度 2800 米，最长生产天数 2359 天，与同排量抽油机相比节电率 30% 以上。（2）电动潜油螺杆泵采油技术。在大庆、大港、新疆和长庆等油田试验应用 145 口井，泵效 60% 以上，最大下泵深度 2196 米，最长生产天数 1277 天。

排水采气技术不断提升，助力老气田挖潜稳产。柱塞气举技术系列不断丰富，排水采气适应性不断增强。长庆油田针对水平井井斜角大、积液规律复杂、常规柱塞举液效率低的情况，创新研制防液体回落坐落器和自缓冲功能柱塞，现场试验 38 口井，单井平均增产气量相对常规柱塞气举提高 60%；西南油气田在低压、深井应用柱塞气举 6 口井，工艺成功率 100%，实现川东地区油水气井开采自动化、无人值守化，生产降本大幅降低。

【分层注水】 分注技术不断成熟配套，应用规模不断扩大。桥式偏心注水管柱 + 地面直读电缆高效测调分注技术在各油田得到全面应用，在用井数 18000 口。与普通偏心分注技术相比，测调效率提高 2 倍以上，在分注井数和测调工作量逐年增加的情况下，实现测试队伍不增。桥式同心注水管柱 + 地面直读电缆高效测调分注技术在大斜度分注井全面应用，在用井数 6800 口。有效解决井斜 60 度以内大斜度分注井测调难题，提高测调效率、细分程度和小水量井测调精度。应用电动投捞和验封技术提高普通偏心分注井测调和验封效率，与钢丝投捞和验封相比，效率提高

1倍以上；应用验封测调一体化技术，减少测试工作量，降低测试成本。

攻关第四代分层注水技术，实现分注自动化和智能化。通过研究攻关，第四代分注技术进一步完善配套，可靠性不断提高，成本逐步降低。实现分层流量自动测调、分层注水动态全过程远程监控，助推分注技术向自动化、智能化和网络化方向发展。截至2018年底，在大庆、长庆、吉林和华北等油田试验和应用井数超过380口，实现井下压力、流量等生产参数实时监测和配注量的自动调配，分层注水合格率一直保持在90%以上。

深部调驱成为油田稳产增油的重要技术手段。(1)推进油泥调剖示范工程。2018年，制定集团公司企业标准Q/SY 01026—2018《油泥调剖工艺技术规范》(正在申报行业标准)，促进油泥调剖在行业内部工艺标准化的推进。2018年辽河油田、新疆油田实施调剖88井次，减少含泥(砂)原油10.8万吨，措施阶段增油4300吨，节省处理费用5160万元。(2)长庆油田等规模实施深部调驱，取得良好的效果。长庆油田2011—2018年累计实施调剖调驱9707口井，累计增油154万吨。其中，2018年工作量突破5000井次，覆盖储量14亿吨，阶段累计增油35万吨，实施区域自然递减率由13.9%降至10.3%。

【储层改造】 体积压裂技术攻关与应用成效显著。2018年，完成水平井分段改造1125口井，其中5段以上982口井，5段以上井比例87.3%。体积改造的理念应用于直井，完成直井5层以上多层多段改造1054口井，增产是同区块2—3层分压井的1.5倍以上。多项指标创历史最好水平：最大水平井段长3056米；单井最多分压54段；10段以上井的比例60.5%；最大排量17.8米^3/分，液量8.5万立方米，砂量4780立方米。

水平井改造重大专项技术攻关取得新进展。(1)针对致密油气层优化布缝方式，试验密切割完井技术并取得生产实效。致密油储层密切割试验效果显著，改造效果比常规压裂提高34%以上；页岩气缩短簇间距及段长密切割技术试验可明显改善压裂效果。(2)开展提高加砂强度现场试验，为下步攻关及试验重点指明方向。提高加砂强度可以增大改造体积，试验井产量与加砂强度正相关。吐哈油田、新疆吉木萨尔现场试验增产效果显著。(3)形成大规模压裂、蓄能一体化改造技术，助力致密油快速上产。2018年，在吉林、吐哈、大庆、新疆等油田试验212口井，压裂后产量提高10%—70%。(4)完善体积改造配套工具技术，保障体积改造推广应用。长庆油田自主研发全通径可溶球座工具长度比可溶桥塞缩短20%；吐哈油田开展大通径桥塞+可溶球、低温可溶桥塞试验21井次(126套)，均取得成功。(5)非常规油气井改造逐步提高滑溜水使用比例，降低压裂液成本。滑溜水体系在致密油压裂改造中占据主导地位，平均降低单井压裂成本150万元以上。(6)开展石英砂替代陶粒生产效果统计评估及优质就地砂源探选。三个页岩气示范区提高石英砂占比现场试验效果评估表明：测试产量、360天累计产量均与石英砂占比无明显规律性关系。开展就地砂源国内外加工、评价，部分砂源可满足非常规油气压裂改造要求，有望进一步降低页岩气改造成本。新疆、内蒙古部分砂样与美国黄砂抗破碎强度相近，开展4个四川砂源国内评价，江油及昭通70/140目石英砂强度可达到浅层(低应力)页岩气改造需求，但多数砂样性能仍有差距。

老区直井定向井重复改造技术研究与现场试验取得新进展。(1)初步形成地质工程一体化重复压裂优化设计方法，现场应用初显成效。长庆杏河老区完成10口井现场试验，正常生产井6口，平均增油1.0吨，含水持续下降。(2)初步完成重复压裂决策系统编制，为复压工艺优选提供手段。开展简单模型的软件测试，计算实例运行顺畅，结果可靠。(3)完善并定型老井动态多级暂堵宽带压裂工艺技术，措施增产效果良好。2018年完成4个井组23口井试验，正常生产15口，初期日增油1.53吨，采油速度提高3倍。(4)大庆长垣薄差储层重复压裂及外围低渗透直井缝网压裂增产明显。大庆油田现场试验69口井，平均单井初期日增液45.9吨，日增油5.0吨，含水下降4.5个百分点，阶段单井累计增油是常规工艺的5.5倍。直井缝网压裂开展试验45口井，初期增油及阶段增油效果显著。(5)吉林油田建立集团式整体重复压裂技术，老油田调整深度开发经济有效率明显提升。吉林油田应用28个区块287口井，累计增油5.2万吨，预测单井增油290吨，50美元产出投入比大于1.5，与同区块常规压裂对比，经济有效率提高25%，单井增油量提高1倍以上，实现低油价下从无井可压裂到规模效益实施的转变。

页岩气压裂攻关取得新进展，为加快天然气发展提供技术保证。截至2018年底，累计完成页岩气压裂平台61个，压裂井315口、6813段。其中，2018年完成压裂平台25个，压裂井94口、2447段。(1)推进地质工程一体化研究与压裂优化设计，提高压裂方案针对性。(2)页岩气前线指挥部下发“页岩气压裂指导意见"，统一技术政策，建立高产井压裂模式，压裂整体效果得到提升。（3）压裂工程师全程驻井，实时调整压裂方案，提高压裂改造效果。（4）形成低砂比连续加砂、暂堵球＋缝内暂堵转向工艺、小直径可溶桥塞等技术措施，提高施工成功率。（5）形成压裂监测与评估技术系列，提高优化压裂设计水平。（6）形成适应四川山地特点的工厂化压裂作业模式，提高作业时效。压裂时效由 2017 年前 1.3 段 / 日提高到 2018 年 2.35 段 / 日，最高 8 段 / 日。（7）关键工具、液体国产化，大幅降低压裂成本。国产化速钻桥塞、大通径桥塞、可溶桥塞、套管启动阀等关键系列工具，性能与国外工具相当，成本下降 30%—50%；国产化滑溜水体系、返排液处理技术，降阻率 70%—75%，与国外同类技术水平相当，成本由 60 元 / 米^{3}降至 40 元 / 米^3。（8）开展密切割＋高强度加砂、石英砂替代陶粒工艺试验，探索提产降本增效途径。采用密切割分段＋高强度加砂工艺实现渝西区块深层页岩气井产量突破。（9）压裂部分指标达到北美先进水平。截至 2018 年底，页岩气最长压裂水平段长 2512 米，最多分压 45 段，最高施工压力 115 兆帕，单日压裂最高施工段数 8 段等。

【试油】 试油技术能力不断提升，保障作用日益增强。2018 年，完成试油井 1622 口 (评价井 813 口)，获工业油气流井 1071 口 (评价井 590 口)，综合探井成功率 59.5%，综合评价井成功率 72.6%。

高温高压含硫化氢储层试油技术发展迅速。全井无线直读系统试验取得重大进展，提高试油测试效率。井下稳定传输距离 5000 米，耐温 150℃，承压 140 兆帕，工作时间 500 小时；完善井筒安全评价及管柱力学分析国产化软件，符合率 90% 以上，开始规模应用；地质工程一体化超深高温高压储层改造见到良好效果，提高技术攻关效率。

复杂岩性低渗储层试油技术取得突破。一趟管柱多层试油技术全面应用，大力提升试油效率，避免储层污染；针对复杂岩性储层，采取个性化技术提高改造效果；初步建立致密油储层压裂选层分类方法，形成不同压裂规模的产能预测模型。

射孔器材性能稳定、高端产品研发满足勘探需求。常规射孔穿深和质量合格率保持稳定；研发 210 兆帕 /210℃ /170 小时射孔系列技术达到国际先进水平，基本可满足中国石油需求。

高温高压高含硫井完整性管理持续推进、安全可控。持续加强高温高压及高含硫井全生命周期的井完整性管理，组织塔里木油田、西南油气田完成井完整性规范的编制工作。2017 年 9 月对下发的《高温高压及高含硫井完整性指南》《高温高压及高含硫井完整性设计准则》和《高温高压及高含硫井完整性管理规范》的三项规范进行培训，同时对气田环空带压情况进行跟踪分析，并及时督办异常情况的处理，保障高温高压及高含硫井的安全可控。

【管理工作】 A5 系统推广管理。（1）加强 A5 系统（采油与地面工程运行管理系统）日常应用，系统包含采油采气和地面工程业务领域各类单井的井筒工具、井口设备信息，井测试、调参、防护、作业等日常机采生产数据，建立的数据资产库覆盖各类井 35 万余口，各类生产数据累计 3 太字节（TB）[其中非结构化数据 500 千兆字节（GB）]，33 亿余条。（2）组织参与 A5（2.0）可行性研究报告的编制及审查工作，确定 A5（2.0）升级采油采气工程需求内容，增加页岩气、煤层气业务内容，主要功能模块包括井完整性管理，智能化采油、机械采油优化设计等井日常精益管理，措施效益评价、监督管理、承包商管理、井控管理等井下作业深化应用。（3）召开"A5 系统深化应用与采油采气工程报表业务规则研讨会"，通过集中研讨，明确下步工作方向，对采油生产、注入生产、采气生产、完井管理、井下作业等 30 套股份公司级采油采气工程报表进行完善工作。

基础管理工作。（1）组织参加"油泥调剖技术规范、天然气井永久封井技术规程"等多项行业标准、企业标准的制修订工作；（2）进行支撑剂、射孔器材等重点入井材料管理，保障井下作业质量；（3）组织地质工程一体化与体积压裂、井完整性、试油与井下作业监督等培训工作；（4）组织勘探院参加机械采油系统大调查、压裂技术动态跟踪等工作。

（赵捍军）

地面工程

【概述】 2018年，原油产能地面建设1597万吨，天然气产能地面建设196亿立方米，地面建设投资257亿元。

2018年，计划项目总数2611项，正点运行项目2081项，正点运行率80%，建成管道1.1万千米，各类站场1030座。建成一批重点工程：大港油田互联互通工程，实现与中国石化、中国海油天然气管道的联通；西南巴中地区供气等管道工程，打通外输通道；西南安岳气田高石梯—磨溪区块灯四段气藏一期地面集输工程、长庆神木气田产能建设工程、新疆采油二厂81号天然气处理站、新疆红浅1区火驱工业化开发工程、福山油田莲4断块凝析气藏与莲21断块高含二氧化碳气藏协同开发先导试验项目等，对完成全年油气产量，支持重大开发试验和提质增效发挥重要作用。截至2018年底，各油气田累计建成各类站场、管线等数量见表9。

表9 各油田累计建成各类站场、管线数量

时间	油田				
	计量站（座）	接转站（座）	注水站（座）	污水处理站（座）	集中处理站（原油联合站）（座）
截至2018年底	9671	1489	1381	697	290
截至2017年底	9517	1485	1333	685	290
增减	154	4	48	12	0
时间	油田	气田			
	各类管线（千米）	集（输）气站（座）	清管站（座）	增压站（座）	污水处理站（座）
截至2018年底	245873	1543	41	124	40
截至2017年底	237071	1533	41	115	39
增减	8802	10	0	9	1
时间	气田				
	天然气净化厂（处理厂）（座）	各类管线（千米）			
截至2018年底	61	78502			
截至2017年底	59	73358			
增减	2	5144			

【地面建设管理】 2018年，突出抓好重点项目建设，不断完善基础管理工作，全年地面建设各项任务顺利完成，工程质量稳步提高，建设投资得到有效控制，基础工作进一步加强，全年整体工作顺利。

为进一步推进油气田地面工程质量管理工作，2018年8—10月，工程建设处组织开展2018年油气田地面建设检查活动。各油气田公司均成立以主管领导为组长的自检自查领导小组，对460项在建工程进行自检自查，查出各类问题4291项，发现的问题全部整改完成。

9—10月，组织两个检查组，组织开展年度工程质量检查。两个检查组对2018年在建及完工22项工程开展检查，涉及油气田产能建设工程、老油田改造工程、页岩气工程、煤层气工程、互联互通工程、天然气轻烃回收工程、安全隐患治理工程、先导试验项目及配套工程等，抽查22家建设单位、14家勘察设计单位、27家施工单位、18家监理单位和19家无损检测单位。

现场检测工程实体质量数据1108点，合格1081点，合格率97.5%；无损检测抽查底片935张，合格930张，底片质量合格率99.5%，评片准确率100%。

检查出质量问题889个。其中：建设管理问题83个，占比9.3%；设计问题85个，占比9.6%；监理问题121个，占比13.6%；施工问题281个（工艺安装124个、土建73个、电仪84个），占比31.6%；检测问题110个，占比12.4%；标准化施工问题209个，占比23.5%。提出相关建议88条，下发“建设工程检查整改通知单”16份，要求在规定的时间内整改并将结果报勘探与生产分公司，截至2018年底，均整改完毕。

【地面建设重点工程】 2018年，股份公司重点项目41项，总投资150.53亿元（表10）。重点地面项目有序推进，确保按期投产。

表10 2018年股份公司重点项目

项目分类	项目名称
油田产能建设重点项目（16项）	大庆油田新站油田敖18–2区块，大庆油田北一区断东西块二次上返三元驱产能建设，大庆油田杏七区中部Ⅱ、Ⅲ块三元复合驱产能建设工程，长庆镇北浅层产能建设工程，长庆吴起浅层及滚动开发产能建设工程，长庆安塞老区加密产能建设工程，长庆西233–庄183区块长7油层致密油2018年产能建设工程，新疆红浅1区火驱工业化开发工程，新疆玛18井区产能建设工程，新疆玛131井区产能建设工程，塔里木哈拉哈塘油田外围区块地面骨架工程，辽河欢喜岭油田锦16块兴隆台油层二元驱地面工程，青海尕斯库勒老区产能建设工程，吐哈三塘湖油田马中条湖组致密油水平井整体加密产能建设工程，冀东NP2–3产能建设地面配套工程，福山油田莲4断块凝析气藏与莲21断块高含二氧化碳气藏协同开发先导试验项目等
天然气产能建设项目（4项）	长庆神木气田产能建设工程、长庆苏里格气田产能建设工程、西南安岳气田高石梯—磨溪区块灯四段气藏一期工程地面集输工程、涩北气田增压集输二期工程等
油气管道工程（5项）	威远页岩气田集输气管道工程、西南泸州市江北片区供气工程、西南巴中地区供气管道工程、西南北外环至达州经济开发区集输管道工程、大港油田互联互通工程等
天然气处理厂建设工程（7项）	塔里木克深处理厂续建工程、塔里木迪那油气处理厂扩建工程、新疆采油二厂81号天然气处理站改扩建工程、吐哈神泉天然气轻烃深度回收提效工程、长庆上古气藏天然气深冷工程、新疆克拉美丽气田增压及深冷提效工程、长庆神木气田第二天然气处理厂工程
页岩气、煤层气项目（6项）	西南长宁页岩气田产能建设地面集输工程、西南长宁页岩气田年产50亿立方米产能建设工程、威远页岩气田年产50亿立方米开发方案自201井区地面配套工程、浙江紫金坝页岩气产能建设工程、马比东区块4亿米^3/年产能建设工程、煤层气公司大吉5–6井区致密气5亿米^3/年产能建设工程等
老油气田调整改造（1项）	新疆红山嘴油田红48断块火驱烟道气提高采收率重大开发试验地面工程
其他（2项）	吉林长岭气田营城组增压及湿法脱汞工程、玉门鸭儿峡及青西油田安全环保隐患治理及地面系统优化调整改造项目

【项目前期管理】 2018年，在方案编制与项目审查中落实“开源节流、降本增效”23项措施，从源头上抓好投资控制，优化建设方案、合理选择建设标准、严格控制建设投资和工程量，重点工程前期审查工作取得显著的效果。坚持对新疆、辽河、吉林、华北、大港、吐哈等油田下放自主经营权，项目委托油田进行批复，技术难度大的项目根据油田的申请进行咨询和指导。

2018年，完成项目审查和批复37项（其中可行性研究19项、初步设计18项），提出审查修改意见959条。37个项目上报投资230.0亿元，批准投资189.6亿元，核减投资40.4亿元，核减比例17.6%。

项目审查减少永久征地1281亩，减少临时占地2539亩，生产运行总能耗指标降低12472吨标准煤/年。

【标准化设计】 2018年，标准化设计工作继续向更深层次、更高水平发展，基础工作进一步完善，模块化建设取得新突破，数字化建设与管理水平有新提升。油气田地面建设大、中、小型站场标准化设计覆盖率分别为67.5%、92.1%、97.7%，规模化采购率85.0%，预制化率79%。与常规相比，设计工期缩短

36.6%，施工工期缩短 25.9%。

2018 年实施标准化设计，节约投资 8.1 亿元、节省土地 3304 亩、减少用工 5243 人、节能 13.9 万吨标准煤。10 年来，共节约投资 132.6 亿元，节约土地 1.8 万亩，减少新增生产定员 66163 人，多生产原油 481.1 万吨、天然气 106.9 亿立方米。

2018 年，推广应用一体化集成装置 1278 套，替代常规中小型站场 500 座。设计工期和建设工期分别缩短 48% 和 38%，减少用地 753 亩，减少用工 1443 人，节约投资 3.73 亿元。

2018 年，组织制定《油气田地面建设项目三维协同设计及审查规定》《油气田厂站模块化定型设计指导意见》《油气田地面建设初步设计审批规定》《油气田厂站模块化定型设计指导意见》等 4 个管理规定，以规范指导各油气田标准化设计工作。各油气田公司新增油田公司级标准化设计有关规定 37 项、定型图 250 套，其中页岩气、SAGD 定型图 45 套。

【数字化建设】 2018 年，结合油气生产物联网（A11）等统建信息系统，开展油气田地面工程数字化建设，完成塔里木、吐哈、青海、华北、大港、南方等 6 家油田推广项目的上线验收。全年新增各类数字化井、站分别为 44139 口、1969 座。截至 2018 年底，累计建成各类数字化井 14.4 万口、数字化站场 9804 座，约占总数的 52% 和 43%。其中，长庆、西南、大港、青海、冀东、南方、浙江、煤层气等 8 家油气田初步实现数字化全覆盖，部分中小型站场实现无人值守。通过实施 A11 项目减少现场新增用工 26364 人，增加效益 13.19 亿元。

组织长宁页岩气田 50 亿米^3/ 年产能建设工程竣工资料全数字化移交和在线归档实施工作。

组织西南油气田、大港油田油气井场管道站库生产运行安全环保预警可视化试点工程。截至 2018 年底，西南油气田预警可视化试点工程建成并上线投运，大港油田预警可视化试点工程完工并进行测试。

【企业标准与管理规定制定发布】 2018 年，按照“多干打基础，利长远的事”的工作原则，进一步加强基础管理工作。组织制定并发布《油气田地面建设项目三维协同设计及审查规定》《油气田厂站模块化定型设计指导意见》《油气田地面建设初步设计审批规定》《油气田厂站模块化定型设计指导意见》《油气田地面建设工程标准化工程质量监督》《油气田地面建设工程标准化监理》《油气田地面建设工程标准化无损检测》《天然气回收乙烷技术要求和试验方法》等企业技术标准与管理规定。

【科技项目攻关】 2018 年，加大科技攻关力度，支撑油气田地面系统绿色安全效益发展，针对制约地面系统绿色安全效益发展的重大问题，在集团公司和勘探板块两个层面设立并开展一系列科技项目攻关。

集团公司：稠油火驱地面新工艺技术及关键设备研究、高酸性天然气高效处理技术、油气田非金属管道应用及配套检测评价技术、油气田采出水低成本高效处理工艺技术和设备研究、油气田地面工程技术经济水平评价及潜力研究、油气田集输钢质管道内腐蚀完整性评价技术研究等 6 项科研课题。

勘探板块：低产高含水油田常温集输适应性研究、页岩气集输工艺优化研究、已建天然气净化厂产品气及尾气低成本达标处理技术研究、非金属管道适应性应用和完整性检测评价方法研究、重大开发试验地面工艺技术跟踪与评价等 5 项科研课题。

【工程建设承包商管理】 2018 年 2—5 月，组织 16 家油气田公司开展勘探与生产分公司所属共计 613 家一、二类承包商的年度考核评价工作，考核评价内容包括基本条件、年度业绩、违规违纪、安全质量事故、诚信事项等。经 16 家油气田公司初审，勘探与生产分公司复审并报集团公司承包商领导小组办公室审定，2018 年淘汰 76 家不合格承包商，组织 26 家新增准入承包商的初审、审核、公示等工作。截至 2018 年底，勘探与生产分公司一、二类承包商合计 563 家，其中一类承包商 53 家、二类承包商 510 家。

【地面建设竣工验收管理】 按照集团公司“2016 年 9 月底投产未验收项目，竣工验收 2017 年完成 70%—80%，2018 年底前全面完成”的工作要求，勘探与生产分公司于 2018 年 6 月底完成 470 个项目竣工验收（一类 3 个、二类 32 个、三类 120 个、四类 312 个），在股份公司各专业板块中率先完成本次竣工验收专项工作。2018 年下半年完成 103 个项目验收（一类 2 个、二类 4 个、三类 25 个、四类 72 个）。组织新疆油田呼图壁储气库工程、安岳气田磨溪区块龙王庙组气藏 60 亿米^3/ 年开发地面工程、中俄原油漠大管道伴行公路、中卫—贵阳联系线配套相国寺储气库工程等 4 个一类项目竣工验收。

开展竣工验收常态化工作，2018 年 7 月初下发执行《油气田地面建设工程（项目）竣工验收常态化工作指导意见》，以便常态化地推进竣工验收工作，促进依法合规与工程建设有机结合。

（班兴安　苗新康）

海洋工程

【概述】 2018年，辽河、大港、冀东三个海上油田生产原油203万吨、天然气3.958亿立方米。海上自营油田生产原油115万吨、天然气3.878亿立方米（表11）。海上对外合作区块油田生产原油88万吨、天然气800万立方米（表12）。

表11 2018年海上自营油田原油、天然气产量

时间	辽河海上		大港海上		冀东海上		合计	
	原油（万吨）	天然气（亿立方米）	原油（万吨）	天然气（亿立方米）	原油（万吨）	天然气（亿立方米）	原油（万吨）	天然气（亿立方米）
2018年	9.6	0.158	25.20	1.42	80.2	2.3	115.00	3.878
2017年	10.6	0.1822	24.63	1.25	80.5	3.2	115.73	4.630
同比增减	-1.0	-0.0242	0.57	0.17	-0.3	-0.9	-0.73	-0.752

表12 2018年海上对外合作区块油田原油、天然气产量

时间	月东区块	赵东区块		合计	
	原油（万吨）	原油（万吨）	天然气（万立方米）	原油（万吨）	天然气（万立方米）
2018年	45.00	43.00	800	88.00	800
2017年	44.95	48.3	1460	93.25	1460
同比	0.05	-5.3	-660	-5.25	-660

截至2018年底，中国石油环渤海滩浅海矿区内建人工岛（井场）22座、固定钢平台11座、海底管道92.1千米、海底电（光）缆120.06千米。

【大港油田海上油气上产】 大港油田为完成原油产量500万吨上产目标，大港海上自2018年11月起，在冬季利用钻井平台钻探埕海301、埕海302、埕海305、埕海306、埕海6-H1、埕海6-H2和埕海6-H3 7口评价井。

【海上油气生产设施弃置】 2018年，编制完成海月—月东合作区块月东一块海上油气生产设施废弃处置预备方案，组织专家审查和批复，完成国家能源局备案确认（国能综函油气〔2018〕560号）。辽河油田开展弃置费计提工作，总弃置费2.9亿元，先补提2019年以前弃置费，然后按产量法分摊到每月计提。

冀东油田NP1-5平台整体弃置施工于2018年8月实施完成。

【人工岛分级管理和隐患治理】 2018年，海上油气生产设施（人工岛、钢平台、海管、海缆）总体运行在役状态安全、稳定、可控。Q/SY 18003—2017按照《滩海人工岛构筑物管理规范》，对人工岛和进海路分级管理。路岛设施基本为一级、二级状态，重点关注三级和四级。

大港路岛隐患治理工程。2018年春季开工检查发现大港CH1-1进海路等为三级（局部四级），大港油田组织进行评估并上报。勘探与生产分公司组织专家现场勘查、审查，批复隐患治理资金3745万元，当年完成部分隐患治理。

冀东登陆点及附属设施隐患治理。2018年，对冀东油田4座人工岛登陆点及其附属设施隐患进行治理，结构类7项、防腐类4项。2018年4月，施工单位（中油海）进场施工，当年总体进度90.64%。

【海底管道完整性管理】 海底管道内检测施工，2018

年7月完成大港埕海1-1岛到埕海联合站管道内检测工作，管径323.9毫米×12.7毫米/457毫米×14.3毫米，长度18千米（海管段4千米）。主要工作内容有清管测径、智能漏磁检测、开挖验证、缺陷修复。冀东油田、大港油田对海底管道进行水下探摸和路由、埋深及防腐层检测，管道在位状态良好。基于内、外检测报告，组织对海底管道在役状态开展评估。对发现有较重缺陷管道处，组织开挖验证。

【海洋工程标准体系建设】 2018年，制修订2项集团公司企业标准，制订《钢质海底管道设计规范》、修订《滩海人工岛地基处理规范》。

【专题技术研究】 依靠科技进步，提高海上设施本质安全管理水平。2018年，针对中国石油滩海油田实际生产中出现的技术难题和安全隐患，以“为生产服务、为油田服务、保障安全”为目标，组织“滩海海底管道内检测数据应用技术研究”和“滩海区域油气生产设施外防腐层应用技术研究”两项专题技术研究，对保障设施安全平稳运行具有指导保障作用。

【冬季冰情预报和监测】 动态掌握冰情信息，通过国家海洋环境预报中心动态发布及传真、邮件和短信等方式获取渤海湾冰情信息，指导冬季油田海上安全生产。2017—2018年冬季渤海冰情为常年略偏轻(2.5级)，海上油气生产运行正常。

（苏春梅　沙　秋）

新　能　源

【概述】 2018年，新能源业务紧密围绕“十三五”发展规划，以质量效益为中心，按照勘探开发一体化的工作思路，加快发展非常规天然气。狠抓部署落实，强化组织协调，推进页岩气规模上产，完成产能建设44.45亿米^3/年，生产页岩气42.64亿立方米；坚持稳中求进，抓好煤层气精细排采，开展老气田措施挖潜，产量稳步上升，生产煤层气19.34亿立方米；促进地热能利用，落实节能减排绿色发展理念。

【煤层气】 2018年，新建产能2.67亿立方米。其中：沁水煤层气田的樊庄郑庄区块进行稳产综合调整钻井191口，马必东区块产能建设钻井77口，共建成井口产能0.69亿立方米；鄂东煤层气田的韩城、保德、临汾区块钻完171口井，建成井口产能0.84亿立方米。

2018年，完成商品气量18.75亿立方米，计划完成商品气量16.71亿立方米，完成计划的112%。沁水煤层气田有排采井3186口，产气井2307口，井口日产气270万立方米；年产量10.35亿立方米，年商品气量10.35亿立方米。鄂东煤层气田有排采井2368口，产气井1435口，井口日产气229万立方米；年产量7.77亿立方米，年商品气量7.24亿立方米。蜀南地区筠连区块排采井270口，产气井229口，井口日产气32万立方米；年产量1.18亿立方米，年商品气量1.12亿立方米（表13）。

表13　2018年煤层气产量及商品气量

煤层气田/区块	项　目	2018年	2017年	同比增减
沁水煤层气田	累计排采井（口）	3186	2920	266
	井口日产气量（万立方米）	270	243	27
	年产气量（亿立方米）	10.35	9.42	0.93
	年商品气量（亿立方米）	10.35	9.00	1.35
鄂东煤层气田	累计排采井（口）	2368	2112	256
	井口日产气量（万立方米）	229	230	–1
	年产气量（亿立方米）	7.77	8.15	–0.38
	年商品气量（亿立方米）	7.24	7.31	–0.07

续表

煤层气田 / 区块	项　目	2018 年	2017 年	同比增减
蜀南筠连区块	累计排采井（口）	270	357	-87
	井口日产气量（万立方米）	32	31	1
	年产气量（亿立方米）	1.18	1	0.18
	年商品气量（亿立方米）	1.12	0.95	0.17
合　计	年商品气量（亿立方米）	18.75	17.26	1.49

煤层气勘探开发成果。（1）深化老区精细挖潜，产量稳中有升。华北老区采用新工艺新技术，樊庄区块调整新井井均日产气 2300 立方米，较老井提高 65%；郑庄先导试验井 27 口，直井井均日产气 2120 立方米，筛管水平井井均日产气 3850 立方米，套管压裂水平井井均日产气 6800 立方米，较邻井日产气量提高 165%。煤层气公司的韩城区块开展井网完善、在保德北区实施滚动扩边，均见到较好效果。（2）新区开发试验和产能建设稳步推进。华北油田马必东区块上产潜力大，2018 年先期压裂投产试验井 27 口，全部解吸、产气，平均单井日产气 1660 立方米，上升趋势明显。大宁—吉县水平井展现较好开发潜力，桃—平 02 井周边滚动实施的 3 口水平井效果良好，日产气 1.6 万立方米，平均井底压力 2.90 兆帕，桃—平 03 井日产气 6464 立方米，并呈稳定上升态势，具备持续上产潜力。（3）战略拓展新疆煤层气勘探评价。煤层气公司在后峡区块钻探阿 1 井，该井证实该区产气潜力，优选有利区面积 220 平方千米，估算煤层气资源量 1800 亿立方米。

【页岩气】 2018 年，新建产能 44.45 亿立方米。其中：长宁区块新投产水平井 39 口，建成产能 17.28 亿立方米；威远区块新投产水平井 54 口，建成产能 15.29 亿立方米；昭通区块新投产水平井 41 口，建成产能 9.50 亿立方米。截至 2018 年底，累计投产井 356 口（含评价井 11 口），日均产气 1910.14 万立方米，折合年产能 66 亿立方米。

2018 年，完成商品气量 41.04 亿立方米，计划完成商品气量 51.14 亿立方米，完成计划的 80%。长宁区块有生产井 105 口，开井 104 口，日产气 710.84 万立方米；年产气量 17.12 亿立方米，年商品量 16.44 亿立方米。威远区块有生产井 151 口，开井 148 口，日产气 717.12 万立方米；年产气量 13.21 亿立方米，年商品量 12.68 亿立方米。昭通区块有生产井 89 口，开井 89 口，日产气 417.80 万立方米；年产气量 11.54 亿立方米，年商品量 11.06 亿立方米。

页岩气勘探开发成果。（1）页岩气示范区取得良好开发效果，年底高月高日产气量超 2000 万立方米。示范区投产井 334 口，井均累计产气量 3227 万立方米，其中开发效果最好的是长宁区块、昭通区块采用控压生产，单井累计采气量高于威远区块。（2）开发先导试验初见成效，编制提速模板，钻井提速效果显著，2018 年 177 口完钻井，平均钻井周期 73.22 天，同比钻井周期缩短 3.22 天；长水平段水平井试验初步取得突破，2018 年完成长水平段水平井测试 11 口，平均测试产量提高 6%—34%。（3）深层页岩气评价取得重大突破，渝西地区足 202-H1 井、璧山—合江区块的黄 202 井，埋深在 4000 米左右，采用"低黏滑溜水携低密度高强度陶粒 + 密切割分段 + 高强度加砂 + 暂堵转向"压裂工艺，均获高产。

【地热】 2018 年，中国石油地热供暖面积 300 万平方米，余热利用替代标准煤 12 万吨。初步形成地热勘探开发利用主体技术，包括油气矿权区内地热资源评价技术、砂岩热储 100% 尾水回灌技术、高效热泵利用技术、废弃井改造技术、井下直接换热技术、高温钻完井及配套技术、远程数字化控制技术和地面工程标准化设计。冀东油田曹妃甸新城中深层地热供暖开发利用，与曹妃甸政府建立起良好合作关系，成立合资合作公司，年供暖面积 230 万平方米，年替代标准煤超 5 万吨，年减排二氧化碳超 13 万吨。完成中国石油 15 个油田地热资源评价，深度 4000 米以内地热总资源量 1.08 万亿吨标准煤当量，可采资源量 16 亿吨标准煤当量。

（谭　健）

储 气 库

【概述】 2018 年，储气库业务围绕工程建设扩容达产、生产运行、动态跟踪等关键环节开展大量工作，10 座储气库群实现高效建设和安全平稳运行。

【工程建设】 截至 2018 年底，累计完钻注采井 235 口，待实施 4 口井，完钻监测井及回注井 72 口，完成老井处理 303 口。10 座储气库（群）注采气系统全部建成投运。

【生产运行】 2018 年，注气期内 10 座储气库（群）注气 93.89 亿立方米、采气 69.33 亿立方米，各储气库存注气、采气量见表 14、表 15。

表 14　2018 年中国石油储气库注气量

亿立方米

时　间	大港大张坨	华北京 58	华北金坛	华北刘庄	新疆呼图壁	西南相国寺	辽河双 6	华北苏桥	大港板南	长庆陕 224	合　计
2018 年	18.35	3.26	6.89	0.07	17.54	16.66	18.46	6.85	3.25	2.56	93.89
2017 年	17.6	3.32	1.3	0	14.48	15.25	9.64	5.61	2.02	2.3	71.52
同比增减	0.75	–0.06	5.59	0.07	3.06	1.41	8.82	1.24	1.23	0.26	22.37

表 15　2018 年中国石油储气库采气量

亿立方米

时　间（自然年）	大港大张坨	华北京 58	华北金坛	华北刘庄	新疆呼图壁	西南相国寺	辽河双 6	华北苏桥	大港板南	长庆陕 224	合　计
2018 年	15.61	3.1	1.54	0.09	15.57	13.97	9.88	4.55	2.66	2.36	69.33
2017 年	18.82	2.91	0	0	14.55	15.2	7.56	3.17	2.36	1.33	65.90
同比增减	–3.21	0.19	1.54	0.09	1.02	–1.23	2.32	1.38	0.30	1.03	3.43

（何　刚）

技术项目

【概述】 2018 年，加强四川、鄂尔多斯、准噶尔、塔里木、柴达木、松辽、渤海湾等七大盆地的综合地质研究，突出新区新领域，重点开展重大接替领域研究。老井重复压裂、第四代分层注水、“二三结合”等技术成果突出。复杂天然气藏开发、老油田稳产、新区效益建产、页岩气规模效益开发、降本增效技术研究成效显著。

【油气勘探研究有形化成果】 2018 年，注重研究成果有形化，编制各类工业化图件 1254 幅，大部分可直接用于勘探部署和风险目标准备。

【油气盆地地质研究新认识】 2018年，四川盆地突出二叠系火山岩，下二叠统栖霞组、茅口组，震旦系—下古生界，二叠系—三叠系礁、滩，三叠系雷口坡组等五大风险领域研究。提出简阳—秋林地区喷溢相火山碎屑熔岩储层，成藏条件优越；磨溪北斜坡区灯影组台缘带及龙王庙组台内滩广泛发育，川北大巴山古隆起发育灯影组、龙王庙组台缘带，川西南发育灯四期台缘带，圈闭类型多，勘探潜力大；川北剑阁—元坝—龙岗发育茅口组茅三段台缘滩体，是新的接替领域等新认识。

塔里木盆地突出库车东部侏罗系阿合组致密砂岩气、乌什凹陷浅层新近系、台盆区中下组合、塔西南凹陷区深部背斜带构造—岩性油气藏等四大风险勘探领域研究。提出迪北致密砂岩气藏具有大面积含气、局部富集的特征；乌什凹陷周缘高部位断鼻圈闭带勘探前景广阔；台盆区以阿满裂陷震旦系—寒武系海相暗色泥岩为主力烃源岩；塔西南凹陷区深部背斜带圈闭落实可靠，中新统构造背景下的岩性圈闭勘探潜力大等新认识。

准噶尔盆地突出准东地区石炭系、南缘下组合大构造、富烃凹陷斜坡二叠系—三叠系等三大风险领域研究。提出阜康—吉木萨尔地区是石炭系勘探的有利领域；四棵树凹陷头屯河组广泛稳定发育辫状河三角洲相孔缝双重介质型有效储层，背斜构造呈带展布，有利于天然气聚集；沙湾凹陷二叠系、三叠系扇三角洲储层发育，是寻找岩性油气藏的规模领域等认识。

鄂尔多斯盆地突出台缘相带、奥陶系深层、页岩气三大风险领域研究，提出盆地中东部奥陶系深层具备较好的成藏地质条件，西部及南缘奥陶系台缘相带成藏地质条件有利，中新元古界具有形成有效烃源层的区域地质条件等新认识。

柴达木盆地突出北缘腹部构造带、阿尔金山前低断阶、茫东古近系—新近系、祁连山前带等四大风险领域研究，提出盆地腹部构造带深层煤型气的勘探潜力大；大风山隆起区发育多个构造圈闭，是两侧古近系及侏罗系油气运移的有利指向，成藏条件有利；盆地无论是远源隆起区、还是晚期构造区和盆内凹陷—斜坡区，均有利于油气成藏，极大地拓展勘探领域等新认识。

【油气勘探研究成果应用成效】 2018年，围绕四川、鄂尔多斯、准噶尔、塔里木、柴达木、松辽、渤海湾等七大盆地，加强综合地质研究，突出新区新领域，重点开展风险领域研究。提出风险井位132口，被采纳井位42口。

【第四代分层注水开发技术研究与应用】 2018年，根据不同的油藏特点、不同的开发阶段，形成"按需分注、实时调控、精细有效"，以预置电缆分层注水工艺技术、波码通信数字式分注技术、地面分层注水技术、地面无线远程监测分层注水管理系统、精细油藏分析与智能分层注水技术等为主的第四代分层注水工艺技术系列，应用超过400口井。基于第四代分层注水实测数据建立油藏精细分析模型，形成分层注水优化算法及产量预测方法，优化配注方案。大庆示范区7层段测调时间由2天缩短至1小时，限制层注水合格率90%以上，无效水循环得到抑制；长庆示范区自然递减率由5.8%下降到2.1%。

【老区直井/定向井体积改造技术研究与现场试验】 2018年，建立基于剩余油分布及区域应力场变化的重复压裂技术模式决策方法和"油藏—工程"一体化重复压裂优化设计方法，完成决策系统软件编制和测试。针对不同剩余油分布模式，配套研发三种老区重复压裂工艺技术：宽带压裂技术、薄互层重复压裂技术、集团式整体压裂调整技术。现场应用效果明显，宽带压裂技术在长庆油田试验39口井，单井日增油1.4吨；薄互层重复压裂技术在大庆长垣试验69口井，平均单井初期日增油5.0吨；集团式整体压裂调整技术在吉林油田应用28个区块287口井，累计增油5.2万吨。

【新区规模动用效益建产技术研究与应用】 2018年，提出水平井不同储层差别化体积压裂思路，探索"小井距、大井丛、密切割、工厂化"新开发模式，开展多个油田的现场先导试验，及时跟踪评价，保证方案按时高效完成；初步形成现场"全过程质量监控、全生命质量追溯、全方位质量保证"的强化过程管理模式，在大幅缩短钻井和压裂周期的同时，保证施工质量。试验区长庆西233华H6平台，水平井钻井周期由30天缩短至15.7天，水平井体积压裂周期由30天缩短至12天；段间距和簇间距分别由40米、15米缩小至20米、5米，在体积压裂规模大幅增加的情况下成本未明显增加；华H6-7井体积压裂后单井初期产量由相邻试验区的11吨/日提高至20吨/日。

【老油田稳产工程关键技术研究与应用】 2018年，开展"二三结合"关键技术与开发模式研究，形成剩余可采储量评价、"二三结合"时机优化、智能井网部署优化三项核心技术，研发"'二三结合'剩余可采储量评价"软件。针对以大庆长垣为代表整装构造油藏，特高含水期多套层系、多套井网相互交错的开发矛盾，建立"分类油层细分开采、多套井网协同优化”的“二三结合”模式。进行分类型、分区块的“二三结合”潜力再评价，分近、中、远期进一步落实实施目标和潜力，评价落实中国石油“二三结合”可实施区块571个，可实施储量51.4亿吨，采收率可提高16个百分点。

开展低渗透油田水驱控递减关键技术研究，形成多方向水淹油藏井位优化不均匀加密调整技术，预计提高采收率2—3个百分点，可覆盖储量11亿吨，增加可采储量3000多万吨；特低渗透油藏中高含水期周期注水技术可有效减缓含水上升和产量递减。

开展注气提高采收率关键技术研究，根据顶部注气重力驱技术适应油藏特征，提出顶部注气重力驱技术厚油藏重力驱、高倾角油藏重力驱、潜山油藏重力驱等3种油藏设计模式，为现场应用提供支撑。

开展稠油老油田提质增效关键技术研究，深化VHSD（直井—水平井驱泄复合）开采机理，利用直井（老井）和新加密水平井形成驱泄复合的开发形式，或直接加密为双水平井SAGD（蒸汽辅助重力泄油）井网，形成立体开发井网模式。完成九$_8$区、九$_7$区VHSD/SAGD调整方案，九$_8$区实施VHSD、SAGD水平井55口，井网完善井11口，建产能18.7万吨；九$_7$区部署VHSD水平井31口，井网完善井11口，建产能9.42万吨。开展多层油层直井井网火驱开发规律研究，杜66块多层火驱实施井组112个，单井日产油由1.4吨上升至2.3吨。

【页岩气示范区规模效益开发研究】 2018年，在长宁、威远、昭通页岩气示范区内，结合地震相、测井相、岩石相和生物相，重新开展地层划分，以威远和昭通三维地震为基础，明确龙马溪组顶界面和五峰组底界面，均为“强振、高连、波峰”反射特征；以3条露头为基准，开展岩石相和生物相分析，建立地层划分对比格架；以全区68口评价井为依据，开展测井相识别及地层划分对比；不同建产区相同层段特征一致。重新分层后，威远建产区多口井龙一1亚段的厚度仅为原分层方案厚度的1/3—1/2。全尺度描述页岩层理与裂缝，明确含气页岩发育粉砂纹层和泥纹层2类纹层，可构成5类纹理页岩。确定五峰组—龙马溪组发育笔石组织孔和沥青质纳米孔等两类孔隙。优选峰值产量、首年平均日产量、产量年递减率、压降速率四个参数表征页岩气井正常生产阶段开发规律。分析页岩气示范区52口水平井的生产动态特征，在理论模型分析的基础上，初步建立一套单井EUR（最终可采资源量）快速评价图版。通过现场套损跟踪和室内研究，分析22口井多臂井径，认为2018年前的套损形态以剪切为主。优化页岩气平台井站工艺流程，优选两相流量计替代传统的分离器气液计量，减少占地，地面投资降低50万元以上。

【复杂天然气藏安全有效开发技术研究与应用】 2018年，开展天然气开发递减规律研究，建立和形成天然气开发递减分析评价方法，基本明确重点气田天然气递减规律。

开展安岳气田震旦系气藏开发动态规律研究，综合沉积、古地貌、缝洞体、优质储层、储层地震响应模式等建立高产井部署模式，部署产能接替井位8口，累计新增动用储量100亿立方米；系统分析灯影组开发井钻井生产动态特征，重新计算22口井的动态储量497亿立方米。支撑灯影组气藏开发方案施行，初步形成日产气665万立方米的规模生产区。

开展安岳气田磨溪龙王庙组气藏动态建模与稳产技术研究，开展6组水体可动性下限及流动机理物理模拟实验，初步揭示定容衰竭放压过程中水体流动规律；根据气水分布特征和压力连通关系评价水体能量，识别出4个水体相对活跃区，认为裂缝发育或孔隙度大于8%的溶蚀孔洞型储层都会形成水侵优势通道。结合水体活动规律认识，开展46口井生产历史拟合，不断修正模型中水体参数。

开展库车深层大气田开发规律分析与储量动用评价研究，形成裂缝性致密砂岩气藏关键参数评价方法，重新评价克深5、克深6、克深9区块动静态储量；发展巨厚裂缝性致密砂岩储层三维地质建模技术，建立气藏地质模型，为剩余储量分布研究提供基础；分析气藏水侵规律，揭示气井产能变化特征，提出克深2、克深8区块单井配产方案。

开展涩北气田稳产与提高采收率技术研究，多方法评价涩北一号气田II-4、III-3、IV-1等三个典型层组的水体倍数、水侵量和水驱指数，明涩北一号气田水体倍数约为30倍，II-4、III-3、IV-1层组的水侵量分别为383.33万立方米、448.56万立方米和365.13万立方米；建立“1条曲线对比、2个剖面定性、3个参数量化、4个等级划分”的水淹层评价体系，II-2层组累计水淹厚度最大，占53%；形成“精细建模、精确数模”的方法，单井动态及气藏水侵拟合符合程度超过85%；以三个典型层组剩余气储量富集区为基础制定挖潜对策，稳产期可增加1年左右，采出程度可提高4%以上。

【降本增效关键技术研究与试验】 2018年，提出数字化油气田地面精益生产内涵、总体思路和目标，初步提出实现地面系统精益生产的具体措施和建议。开展低成本油气集输技术和低产高含水油田常温集输适应性研究，进行不同含水率、不同流量、不同气油比下的原油黏壁实验研究，分析吉林油田三种油品在不同管输条件下的黏壁温度，建立综合性的黏壁温度判别经验公式，确定高含水原油的黏壁速率计算式，开展现场实验，对研究成果进行验证和修正。研究抽油机井电参数的大数据分析技术，初步搭建油井电参数大数据平台，建立基于深度循环神经网络的电功率曲线上下死点识别的算法和模型。研发电参数转示功图的人工智能模型，可以实现无传感器下的示功图采集，替代传统示功仪的功能，单井节约成本 5000 元以上。开展无杆举升装备与配套技术研究，提高泵效，节能显著，在大庆油田、新疆油田、吉林油田建立三个示范区，累计实施 700 多口井。

【勘探生产信息化建设】 2018 年，信息化以勘探开发统一云平台建设为核心，在确保已建信息系统高效运行的同时，推进上游信息化集成、共享，取得显著成效，有效支撑勘探与生产业务运行，在增储上产、提高效率、优化用工、转变生产组织模式等方面成效明显。

勘探开发梦想云(一期)勘探协同研究建成并发布。基于数据湖技术建立开放数据生态环境，打通数据入湖技术通道，实现结构化、非结构化不同类型数据跨系统、跨平台的数据共享及应用，实现上游业务数据通、类型全、质量准、分析快；基于 PaaS 技术建设的云平台，包括微服务、开发流水线等六大核心部件，能够支撑业务协同、智能化应用、专业软件共享等五大应用；基于云平台建设的协同研究环境，实现勘探业务研究工作由“线下到线上”、由“单兵到协同”、由“手工到自动”的转变。截至 2018 年底，梦想云在 16 家油气田单位推广应用，1.6 拍字节（PB）的数据资产入湖，156 个勘探开发研究项目在梦想云平台上运行，研究人员的数据准备时间由 5 个小时缩短到 1 分钟，井位研究项目由一年缩短到几个月，工作效率与决策水平大幅度提升。

油气生产物联网项目完成建设实施，通过总体上线验收。A11 项目历经设计研发、试点实施和推广部署等阶段，建成统一的物联网系统，包含数据采集与监控、数据传输和生产管理三大子系统，采集并接入 36 个采油（气）厂、142 个作业区、53521 口油气水井、2463 座中小型站场、58 座大型站厂（与可行性研究批复的工作相比，分别增长 63%、52%、100%、146%），实现生产实时监控、工况分析、预测预警及与数据接口等功能，超额完成建设任务。系统通过总体上线验收，通过 A11 系统的全面正式应用，转变现场生产方式，将现场生产由传统的经验型管理、人工巡检，转变为智能管理、电子巡井，节约人力，降低劳动强度，提高工作效率。优化劳动组织架构，压缩管理层级，由五级变为三级或两级管理；井场、小型站场无人值守，累计减少新增现场用工 33960 余人，减员增效显著。精确掺水、调温、加药，降低生产成本，促进节能降耗，为精益生产创造条件；通过自动感知、工况诊断、实时监控等功能，跑、冒、滴、漏等隐患提前得到消除，生产本质安全得到加强。

持续夯实上游数据基础。覆盖并管理 50 万余口井、7700 余个地震工区的 400 余万份成果数据和 36 万余口油气水井、500 余个油气藏、3.6 万余座间站库，28 万余千米管道的生产数据，实现对上游关键业务数据的全覆盖。实现勘探与生产技术数据资产化管理，有效支撑综合研究、物探工程生产运行管理、油气产量计划与运行跟踪、生产趋势分析、井 / 油气藏动态分析、采油气工艺和地面工程运行管理等业务需求。通过专业数据资产的统一管理，为勘探开发研究与生产管理业务提供有效的数据支撑服务，缩短研究项目准备时间近 30%，2018 年服务 900 余个勘探开发研究项目。

提高业务应用水平。通过对勘探生产、开发生产和物探工程、采油气工程、地面工程等业务的信息化应用建设，实现业务信息化全过程闭环管理。有效提高业务管理水平和效率，降低生产运行成本和安全风险，为上游业务转变发展方式、提高质量效益，促进优化管理层级、实现少人高效、落实降本增效、降低安全风险、推动“油公司”体制改革奠定坚实基础。其中，“采油与地面工程运行管理系统”通过机械采油井精细管理、参数优化设计、故障预判、井下作业及压裂酸化快速设计与实施等信息化应用，显著提高采油井生产时率，年增油 58.4 万吨。

（丁建宇）

炼油与化工

综　述

【概述】 炼油与化工业务是中国石油产业链承上启下、增值创效的重要环节，为上游生产后路畅通和下游产品市场供给提供保障，是提高中国石油竞争力的重要领域。中国石油天然气股份有限公司炼油与化工分公司（简称炼油与化工分公司或炼化板块）主要负责中国石油的炼油、化工生产和化工产品销售业务的管理，负责保障上游原油后路、下游成品油市场供应和化工产品供应，是国内第二大成品油生产商和石油化工产品供应商。归口管理 25 家炼化生产企业和 6 家化工销售公司，业务指导 6 家油田炼化企业。

2007 年以前，炼油与化工业务分立运行，其间，完成兰州、大庆地区炼油业务的整合，庆阳石化、宁夏石化划归中国石油；2007 年，炼化和销售业务重组整合，形成炼化一体化发展格局；2008 年，10 家炼化上市企业、未上市企业重组整合，上市和未上市业务实现统一管理；2009 年，收购未上市炼化企业与主业关联度高的资产，突出主营业务，减少重复建设，降低管理成本。同年，大庆油田化工有限公司等油田所属炼化业务纳入炼油与化工分公司业务管理，炼化业务实现在同一管理模式下的集中发展和专业化管理。

2007 年以来，中国石油统筹国内外两种资源，建立与国内资源和四大战略通道相匹配的炼油化工体系，北方重点是调整结构、优化升级、消除隐患，南方是加快布局、规模发展，相继关停 9 座小炼油厂，关停炼油能力 1105 万吨 / 年，形成大连石化、抚顺石化、兰州石化、独山子石化、四川石化、广西石化、大连西太平洋石化、吉林石化、辽阳石化、云南石化 10 家千万吨级炼油基地，大庆石化、吉林石化、抚顺石化、辽阳石化、独山子石化、兰州石化、四川石化 7 家乙烯生产基地，辽阳石化、乌鲁木齐石化 2 家芳烃生产基地等一批特色炼化企业。

2017 年，按照集团公司《落实油气体制改革意见开展相关专题研究工作方案》部署，落实董事长王宜林关于炼化业务要“保自产、控增量、调结构、降成本、保安全、有效发展”及总经理章建华“保上游、保市场、提效益、降成本”的指示精神。炼油与化工分公司研究形成《中国石油炼化业务转型升级方案》并经董事长办公会批准通过，以此为基础形成炼化业务转型升级规划，确立“老企业坚持整体统筹，新项目突出结构优化”的炼化业务转型升级总体原则。2018 年，适应新时代中国经济发展由高速增长阶段转向高质量发展阶段要求，落实习近平总书记在辽阳石化视察时的重要指示精神，炼油与化工分公司开展炼化业务高质量发展研究，持续提高资产创效能力、产品价值和炼化业务整体竞争力。截至 2018 年底，完成《炼化业务高质量发展方案》初稿。

2018 年底，炼化板块资产总额 3386 亿元，同比增长 3.2%；用工总量 20.34 万人，同比减少 1.1 万人。

2018 年，中国石油国内原油加工量 16236 万吨，乙烯产量 557 万吨，生产成品油 11291 万吨，营业额 8741 亿元。

【经营业绩】 2018 年是炼化转型升级和高质量发展开局之年，炼油与化工分公司巩固安全环保，深化全方位对标管理，围绕市场需求和装置特点优化资源配置，分油种开展效益测算，加快转型升级步伐，有序推进重点工程，全面完成全年生产经营各项任务。

利润再创历史最好水平。2018 年，炼油与化工分公司围绕市场需求，提高高效炼油厂加工负荷，持续调整产品结构，增产适销对路的高附加值产品；强化成本费用管控，继续保持良好的盈利态势。2018 年，经营利润 427.56 亿元，比 2017 年的 399.61 亿元增长 7.0%。其中炼油业务经营利润 349.33 亿元，比 2017 年的 325.73 亿元增长 7.2%；化工业务经营利润 78.23 亿元，比 2017 年的 73.88 亿元增长 5.9%。26 家生产企业、6 家化工销售企业实现盈利。

原油加工量、产品产量。2018 年，国内原油加工量 16236 万吨，同比增长 6.6%；汽油、煤油、柴油产量 11291 万吨，其中汽油 4590 万吨，同比增长 12%，煤油 1254 万吨，同比增长 23.3%，柴油 5446 万吨，同比增长 4%。乙烯产量 557 万吨，同比下降 3.4%；尿素产量 82.8 万吨，同比下降 42.5%。合成树脂 916.5 万吨，同比下降 2.5%，合成纤维 5.2 万吨，同比下降 10.3%，合成橡胶 86.9 万吨，同比增长 7.4%（表 1）。

表 1　2018 年国内原油加工量、产品产量

万吨

项　目	2018 年	2017 年	同比增减
原油加工量	16236.0	15244.6	1011.4
汽油、煤油、柴油	11290.9	10350.9	940.0
其中，汽油	4590.4	4098.1	492.3
煤油	1254.4	1017.7	236.7
柴油	5446.0	5235.2	210.8
乙烯	556.9	576.4	–19.5
合成树脂	916.5	940.4	–23.9
合成纤维	5.2	5.8	–0.6
合成橡胶	86.9	80.9	6.0
尿素	82.8	143.9	–61.1
合成氨	105.1	136.3	–31.2

主要经济技术指标和产品结构优化。28 项主要技术经济指标中 14 项同比进步，炼油装置运行平稳率 99.55%，化工装置运行平稳率 98.28%；炼油综合能耗同比下降 0.97 千克标准油 / 吨，炼油单因耗能同比下降 0.07 千克标准油 /（吨・因数）。柴汽比同比下降 0.09 个单位，炼油高效产品同比增加 12.2 个百分点，高标号汽油 892 万吨。化工品牌化产品比例提高 4 个百分点。逐家对接制订过渡方案，加快推进烷基化项目建设，2018 年 11 月 1 日起全部按照国Ⅵ标准交付汽油、柴油，提前完成国Ⅵ标准成品油质量升级。

炼化转型升级项目建设有序推进。辽阳石化俄罗斯原油加工改造工程投产，华北石化千万吨炼油升级改造项目全面建成，广东石化炼化一体化项目完成全部总体设计并启动建设。

有序推进改革各项工作。供水、供电、供暖、物业业务分离移交完成率 100%，供气业务分离移交完成率 87%；压减法人层级完成阶段性目标；“处僵治困”工作稳妥推进。落实集团公司“1+6”人事劳动分配制度改革文件要求，制订炼化业务“三项”制度改革行动计划。

【炼化业务对标分析研讨会】 2018 年 3 月 28—29 日，炼化业务对标分析研讨会在北京召开。集团公司总经理章建华出席会议，总部各部门、相关专业公司、炼化企业等单位有关负责人参加会议。

炼油与化工分公司作财务、生产运行、化工与销售、安全环保专业对标分析报告和设备、炼油技术、化工技术、投资效果、人力资源等 5 个书面分析，吉林石化等 4 家企业会议交流，四川石化等 4 家企业书面交流。

会议强调，炼化业务要发挥资源优势，持续优化挖潜，培育后发优势，提高竞争力；维护集团公司整体利益，在企业体制问题上与集团公司党组保持高度一致；建立激励约束机制，加大工效挂钩力度，调动干部员工积极性；持续对标分析，问题导向，完善机制，采取措施补齐短板，不断缩小差距，推进炼化业务转型升级和高质量发展；夯实安全环保、成本管控、生产过程优化、项目建设、用能优化、技术管理、产品质量档次和化工营销等基础工作，建立对标长效机制、加强过程管理、专项攻关、一盘棋协作及深化改革、转变作风，为各项工作落实提供保障。

【辽阳石化俄罗斯原油加工改造工程一次开车成功】 2018 年 9 月 20 日，辽阳石化俄罗斯原油加工改造工程贯通流程，通过 72 小时验证考核，一次投料成功，持续平稳运行，产品质量合格。该工程是集团公司“十二五”规划重点项目，是加工中俄管道二期增供俄罗斯原油的支撑项目，是炼化转型升级的开局项目。项目投资 52.65 亿元，由中国石油自行设计、自主建设，2017 年 2 月 15 日动工，历时 583 天。在原一次加工能力 900 万吨 / 年的基础上，新建催化裂化、渣油加氢、连续重整等 11 套装置，改扩建加氢裂化、硫黄回收等 5 套装置。该项目的实施，实现辽阳石化炼油结构调整升级，将改善企业产品结构和盈利状况。

（汪晓东）

装置及产品

【炼油装置与产品】 2018 年，中国石油 26 家国内炼油厂合计原油加工量 16236 万吨，占国内原油加工总产量的 26.9%。千万吨级以上炼油厂 10 家，500 万吨 / 年炼油厂 13 家，大连石化加工能力超过 2000 万吨 / 年。加工原油类别主要是大庆原油、长庆原油、新疆原油、俄罗斯原油、哈萨克斯坦原油和海上进口原油

等。随着原料劣质化和国内市场对油品质量要求的不断提高，炼油装置深加工、精加工能力继续加强。2018 年，常减压装置 43 套，总加工量为 15987.7 万吨。催化裂化装置 39 套，总加工量 6146.2 万吨。加氢裂化装置 20 套，总加工量 2338.91 万吨。延迟焦化装置 19 套，总加工量 1714.73 万吨。连续重整装置 24 套，总加工量（重整进料）2336.37 万吨。

炼油产品主要有汽油、柴油、煤油、润滑油、石蜡、沥青、石油焦等。2018 年生产汽油 4590 万吨，柴油 5446 万吨，航空煤油 1254 万吨，润滑油基础油 103 万吨，石蜡 114 万吨，石油焦 391 万吨。克拉玛依石化、辽河石化生产的沥青具有优良的热稳定性、低温延伸度、黏结性，较低的蜡含量，良好的高低温特性，产品质量优于行业内同类产品。抚顺石化加工的大庆原油和沈北原油是高含蜡原油，具有资源性优势，可生产食品级石蜡和高熔点石蜡产品。

（焦丽菲）

【有机原料】 2018 年，股份公司有 12 套乙烯裂解装置、5 套甲醇生产装置、3 套丁醇 / 辛醇生产装置、1 套采用异丙苯法生产苯酚 / 丙酮装置、9 套苯乙烯生产装置。

生产有机原料品种有乙烯、丙烯、1- 丁烯、丁二烯、苯、甲苯、二甲苯（混合二甲苯、邻二甲苯、对二甲苯）、甲醇、丁醇、辛醇、环氧乙烷、乙醛、苯乙烯、苯酚、丙酮等。其中，三烯（乙烯、丙烯、丁二烯）和三苯（苯、甲苯、二甲苯）为基础有机原料，其余为主要中间原料。主要有机原料产量见表 2。

表 2 主要有机原料产量

万吨

产 品	2018 年	2017 年	同比增减
乙烯	556.87	576.43	−19.56
丙烯	550.30	544.57	−5.73
苯	233.33	228.06	5.27
甲醇	12.20	16.99	−4.79
丁醇	30.17	37.17	−7.00
辛醇	13.48	17.83	−4.35
环氧乙烷	48.99	49.29	−0.30
苯酚	7.70	8.02	−0.32
丙酮	4.83	5.05	−0.22
苯乙烯	105.33	109.94	−4.61

【合成树脂】 2018 年，股份公司合成树脂产量 914.62 万吨。涉及聚乙烯（PE）、聚丙烯（PP）、ABS 树脂、聚苯乙烯（PS）、SAN 树脂五大类（表 3）。

表 3 合成树脂主要品种产量

万吨

产 品	2018 年	2017 年	同比增减
合成树脂	914.62	940.41	−25.79
低密度聚乙烯	42.92	45.00	−2.08
高密度聚乙烯	222.92	215.22	7.70
线性聚乙烯	201.28	220.42	−19.14
聚丙烯	359.69	363.59	−3.90
ABS 树脂	65.57	71.76	−6.19
SAN 树脂	12.15	11.93	0.22
聚苯乙烯	10.10	10.21	−0.11

聚乙烯（PE)。2018 年，股份公司有聚乙烯装置 22 套。按可生产的聚乙烯产品类型分，聚乙烯生产装置可分为高压低密度聚乙烯（HP-LDPE）装置、低压高密度聚乙烯（LP-HDPE）装置、线性低密度聚乙烯（LLDPE）装置和全密度聚乙烯（FDPE）装置。其中，FDPE 装置的产品范围可覆盖从低密度的 LLDPE 到高密度的 HDPE 整个密度范围的产品。聚乙烯 (PE) 产量 467.11 万吨。HP-LDPE 装置 3 套，产量 42.92 万吨；LP-HDPE 装置 9 套，产量 222.92 万吨；LLDPE 装置 6 套，产量 201.28 万吨。

聚丙烯（PP）。2018 年，股份公司有聚丙烯装置 29 套，产量 359.69 万吨。

ABS 树脂。2018 年，股份公司有 ABS 树脂装置 5 套，产量 65.57 万吨。

聚苯乙烯（PS）。2018 年，股份公司有聚苯乙烯装置 1 套，产量 10.10 万吨。

SAN 树脂。2018 年，股份公司有 SAN 树脂装置 3 套，产量 12.15 万吨。

【合成橡胶】 股份公司可生产顺丁橡胶、丁苯橡胶、丁腈橡胶、乙丙橡胶和氯磺化聚乙烯五大类橡胶产品，2018 年总产量 86.87 万吨（表 4）。

表 4 合成橡胶主要品种产量

万吨

产 品	2018 年	2017 年	同比增减
顺丁橡胶	27.84	28.36	−0.52
丁苯橡胶	34.53	30.13	4.40
丁腈橡胶	6.77	6.51	0.26
乙丙橡胶	4.90	5.03	−0.13
氯磺化聚乙烯	0.15	0.15	0

【合成纤维】 股份公司合成纤维业务包括合成纤维单体、合成纤维聚合物和合成纤维。

合成纤维单体。股份公司生产的合成纤维单体有精对苯二甲酸（PTA）、丙烯腈（AN）和乙二醇（EG）等。2018 年，PTA 产量 8.60 万吨，AN 产量 68.03 万吨和 EG 产量 34.70 万吨。

合成纤维聚合物。股份公司生产的合成纤维聚合物产品主要有聚对苯二甲酸乙二酯（PET）。有 1 套 PET 生产装置，2018 年产量 12.33 万吨。

合成纤维。股份公司 2018 年合成纤维产量 5.18 万吨，其中腈纶纤维 5.18 万吨。

【化肥】 股份公司化肥生产包括合成氨、尿素、复合肥及丙烯腈装置副产的硫铵。

合成氨。2018 年，股份公司合成氨装置 9 套，生产合成氨 105.13 万吨，同比减少 31.15 万吨。

尿素。2018 年，股份公司尿素装置 8 套，生产尿素 82.76 万吨，同比减少 61.14 万吨。

【精细化工】 股份公司精细化工品主要集中在催化剂（包括助催化剂）、石油添加剂、油田化学品、橡胶助剂、表面活性剂等方面，最主要的是催化剂和表面活性剂。

催化剂。催化剂技术是石油化工的核心技术之一。兰州石化催化剂厂是国内主要的炼油催化剂生产基地。2018 年，兰州石化催化剂厂生产催化裂化催化剂 5.07 万吨，同比增加 1.16 万吨。

表面活性剂。烷基苯是洗涤剂和农药乳化剂的重要中间体，重烷基苯还是重要的油田助剂。2018 年生产烷基苯 23.45 万吨，重烷基苯 5.20 万吨。

（董　政）

化工产品销售

【概述】 2018 年，化工产品营销工作以“产品—客户—市场”为主线，开展对标分析，抓住产品结构调整、直销率提升、均衡销售、高效产品增销、专用料比例提升等关键指标，提升化工营销能力，加强新产品和专用料市场开发和推广，加强售后服务，统筹区内外销售和总体布局，做好新建项目产品方案及资源布局等重点工作，引导生产、销售共同向市场发力，完成年度各项关键业绩（KPI）指标，销售各类化工产品 2901 万吨（同比增加 103 万吨），其中统销产品 1834 万吨（表 5）。

表 5　2018 年化工产品分区域销量

万吨

化工销售企业	2018 年	2017 年	同比增减
东北化工销售公司	606	519	87
西北化工销售公司	321	314	7
华北化工销售公司	259	247	12
华东化工销售公司	261	265	–4
华南化工销售公司	253	244	9
西南化工销售公司	313	300	13

【统销业务】 2018 年，炼油与化工分公司深化对标管理机制，优化统销区域布局，完善资源配置、售后服务和激励机制，加强风险管控能力建设，努力打造化工销售效益工程和品牌工程。

建立捆绑考核新机制。对生产企业与销售单位效益实行捆绑考核，引导销售单位多销高附加值产品，增加整体效益。

建立 1+4 综合对标体系。在原有直销率、合成树脂专用料比例、生产计划执行率对标的基础上，增加 13 大类产品和 14 种液体产品可比单牌号的价格对标，形成完整系统的“1+4”综合对标体系（一个主标：13 大类固体产品和 14 种液体产品价差收入差对标。四个辅标：直销率、可比单牌号价差收入差、合成树脂专用料比例、生产计划执行率）。在月度经济活动分析会上对综合对标情况分析、讲评和通报，形成常态对标、动态监督，引导生产、销售企业共同应对市场，提升化工营销能力。

调整大区管理区域。优化产品销售区域半径，对原属于西北化工销售公司管辖的陕西区域调整到西南化工销售公司管理。

改进产品包装。建立包装质量月度通报制度，组织减少运空降费专题攻关和探索共享托盘应用等工作。通过调整兰州石化包装形式，减少运空 9 吨 / 车，应用共享托盘减少 128 元 / 个。

加强销售渠道建设，提高直销率。以工贸一体零计入为前提，制定下达各销售公司直销率提升目标并考核。落实开放用户准入，细分市场，加强行业龙头客户要求。2018 年，合成树脂直销率同比提高 6.1 个百分点，合成橡胶直销率同比提高 10.8 个百分点，有机化工产品直销率同比提高 4.9 个百分点。

刚性考核化工生产计划。制定《橡塑产品计划执行考核办法（暂行）》，将化工生产计划纳入 KPI 考核。以精准需求和销售计划为前提，通过一年两次对接生产计划，每月与各化工销售公司对接需求计划，固化排产、减少装置切换次数等优化措施，合成树脂计划兑现率有效提升。2018 年，合成树脂计划兑现率 92.3%，同比提高 1.1 个百分点。

统筹区内外，拓展高效市场发展。2018 年在合成树脂统销量减少 14 万吨的情况下，资源配置向华东化工销售公司、华南化工销售公司倾斜，华东化工销售公司销量同比增加 5.6 万吨，华南化工销售公司同比增加 3.4 万吨。

提升专用料比例。通过不断优化，以聚乙烯、聚丙烯为龙头的合成树脂专用料比例得到改善。2018 年，合成树脂专用料牌号 58 个，专用料比例同比提高 5.8 个百分点，其中聚乙烯专用料比例同比提高 6.9 个百分点、聚丙烯专用料比例同比提高 4.0 个百分点。

加强客户服务。建立化工销售企业与生产企业信息互通机制，及时了解和督办投诉处理，加强协同，快速解决问题。加强龙头客户服务，梳理 120 家直供大客户，每周沟通客户的采购、生产、库存、使用意见等情况，及时掌握客户动态。完善 CRM 客户投诉服务功能，开发手机端投诉处理功能。

【产品提档升级】 2018 年，炼油与化工分公司以开发新产品、增销高效产品、增销拳头产品、提档创优为重点，全面推进产品提档升级。落实化工产品新牌号开发计划，组织生产、销售、科研单位成立 19 个重点牌号专项推广小组共同攻关，成功推广 18 个牌号，销售 2.3 万吨。确定 22 个常规推广产品牌号，成功推广 14 个牌号，销售 6.1 万吨。大连石化 H39S-3、独山子石化茂金属系列产品和防水卷材 T162，呼和浩特石化 HT60G，兰州石化 RPB10I，抚顺石化 FHP5050R 等产品客户使用情况良好，定型批量生产。

制订增销激励政策，下发《合成树脂高效产品增销增效激励方案（试行）》，对超出上年度销量的高效产品给予激励，实现高效产品优先排产和定制化销售新机制。2018 年，销售高效产品 220.6 万吨，同比增加 28 万吨。扩大“拳头产品”销量，在稳定大庆石化 5000S、独山子石化 K8003、吉林石化 0215H 等 16 个牌号系列产品的同时，精选出 13 个牌号系列产品作为拟培育的“拳头产品”。2018 年“拳头产品”销售 157 万吨，占合成树脂产品总销量的 17.7%，增效 8.8 亿元；拟培养的“拳头产品”销售 71 万吨，占合成树脂产品总销量的 8.02%，增效 1 亿元。

制定《炼油与化工分公司化工产品质量管理实施细则》，督促各企业制定产品质检计划和管理办法，加强质量管理。完成 4 项集团公司产品标准的修订，收窄、提升 ABS 树脂、丁苯橡胶、无纺布用聚丙烯等产品关键指标。开展攻关，通过对市场优质产品采样分析，查找产品结构及物性差距，推进产品稳定中心值，收窄指标范围，减少批次间质量差异。通过努力，独山子石化 HD5420GA 大中空料、抚顺石化 FHMCRP100N 等 7 个牌号系列产品实现提档创优。

【化工物流】 2018 年，炼油与化工分公司加强预判与协调，超前准备辽阳石化、华北石化改扩建项目投产后路畅通工作；针对 7 月洪水导致新疆哈密铁路中断、9 月兰新线铁路换轨影响造成的独山子石化固体产品严重堵库问题，派专人进驻现场，加大协调和紧急移库；8 月受市场影响，云南石化二甲苯堵库，启动紧急外调预案；10 月受大庆炼化聚丙烯故障停车影响，紧急动员东北化工销售公司加大销售和运输，协调吉林石化运输和接卸丙烯，避免大庆石化乙烯降负荷运行。2018 年发运统调产品 709.9 万吨，同比减少 0.1 万吨，调运计划完成率 100%。

优化仓储物流，统一自备车租金收取标准，核减化工销售单位流通费用，完成固体化工产品主品种、主线路公路运费招标，统销化工产品吨运杂费同比降低 0.5 元 / 吨。

（范学民）

【市场分析】（1）原油市场。2018 年，国际原油价格整体呈倒“V”形走势，前三个季度油价呈震荡上升的走势，进入四季度直线下滑，原油价格陷入熊市，全球基准布伦特原油价格较 10 月初创下的四年高点下跌近 40%，全球石油基本面从上半年的供应趋紧局面迈向供应过剩的格局。

按照原油价格波动的走势，以 10 月初达到的年内高点为分割线，2018 年原油市场分成两个周期。第一个周期，原油价格在前三季度形成震荡上升的走势。尽管美国原油产量不断攀升，商业原油库存季节性增长，对冲基金减持净多头仓位，美国管道运输瓶颈问题以及中美贸易战等多重利空因素使油价承压，但上半年主要产油国减产效果显现，美国对俄罗斯实施新制裁，美国、英国、法国联手空袭叙利亚，也门叛军对沙特阿拉伯石油基础设施攻击，美国对委内瑞拉和伊朗实施制裁等一系列地缘政治风险以及经济危机令委内瑞拉石油产量锐减，加拿大产量受到干扰等供应风险推动油价飙升至近 80 美元 / 桶的多年高点。进入三季度，美国重启对伊朗石油行业的制裁引发供应担忧，加上委内瑞拉以及非洲等地的潜在供应风险，飓风导致墨西哥湾地区石油产量锐减，俄罗斯侦察机被击落事件以及沙特阿拉伯知名记者遇害事件引发的中东紧张局势等诸多利好因素进一步推动布伦特油价达到逾 86 美元 / 桶的四年高点。

随后，油价进入第二个周期，在四季度期间呈直线下滑的趋势，主要是市场开始担忧全球供应过剩。尽管美国对伊朗石油行业的制裁于 11 月初生效，但伊朗制裁力度弱于先前预期，欧佩克以及以美国和俄罗斯为首的非欧佩克产油国在伊朗制裁之前已履行 6 月会议的增产协议，全球经济增长放缓引发原油需求担忧，美国向沙特阿拉伯施压抑制油价以及对冲基金持续减仓等诸多利空因素导致油价跌至一年的最低点，油价深陷熊市领域。虽然美中贸易战的暂时停火以及欧佩克及其盟友达成减产协议，短暂地促使油价在 12 月初反弹，但圣诞节和新年假期前的避险情绪加剧油价跌势，使其回吐年内的所有涨幅（图 1、表 6）。

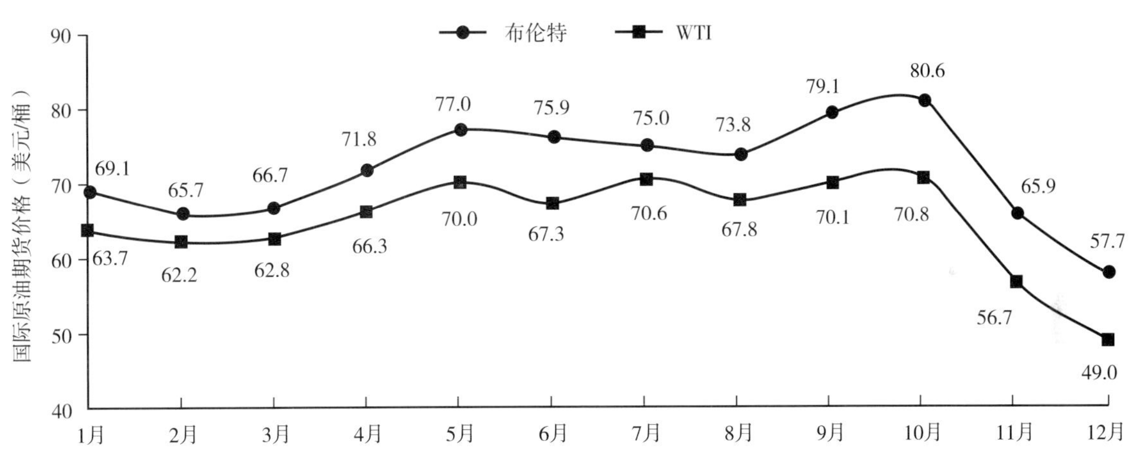

图 1　2018 年国际原油期货价格走势

表 6　2018 年主要油种价格变化

美元 / 桶

油　种	平均价格	最高价格	最低价格	价格变化
WTI	64.90	76.41	42.53	33.88
布伦特	71.69	86.29	50.47	35.82
阿曼	69.91	85.79	50.10	35.69

（李　伟）

（2）化工市场。2018 年，化工市场总体表现积极，价格震荡上行，成交活跃，但进入四季度市场行情发生逆转，主要产品价格大幅下降，部分品种跌幅接近 2008 年金融危机水平。影响市场的主要因素，国际油价下跌 30% 以上，且权威机构看低情绪加重，造成化工市场成本坍塌，恐慌加剧；四季度经济下行压力增加，股市低迷，汇率走低，大宗期货产品价格持续回落，制造业 PMI 指数连续走低，市场悲观气氛滋生；中美贸易战影响初露端倪，化工市场过度恐慌，下游采购谨慎，成交清淡；此外，进口资源也加入争夺市场刚性需求大战，与国内市场共同发力，竞相降价促销，外盘价格低于内盘价格，加速市场下跌，中国聚烯烃市场成为全球市场价格洼地（表 7）。

表 7　2018 年主要化工产品价格变化

元 / 吨（含税）

产　品	平均价格	最高价格	最低价格	价格变化	产　品	平均价格	最高价格	最低价格	价格变化
LDPE	9663	10203	8971	1231	对二甲苯	8462	11000	7280	3720
HDPE（拉丝）	11031	11800	9727	2073	丙烯腈	15780	19325	11475	7850
HDPE（注塑）	10161	10917	8528	2389	醋酸	4623	5545	3550	1995
LLDPE	9522	9975	9141	834	苯酚	10096	12388	8600	3788
PP(拉丝)	9449	11183	8431	2753	乙二醇	6343	7992	4967	3025
ABS 树脂	14933	16300	12353	3947	辛醇	8639	10050	7881	2169
腈纶短纤（1.67 分特克斯）	18035	20467	14475	5992	丁醇	7598	9045	6280	2765
顺丁橡胶	12672	14706	11492	3214	苯	6396	7254	4410	2844
丁苯橡胶	12404	13083	11536	1547	苯乙烯	10755	13413	7863	5549
精己二酸	10372	13700	7700	6000	环氧乙烷	10244	10875	9113	1762
甲苯	6137	8066	4517	3549	尿素	1926	2064	1836	228
溶剂级二甲苯	6343	8100	4950	3150					

合成树脂。2018 年，国内塑料市场呈波浪式运行，涨跌较为频繁，一季度受到春节假期影响，价格在高库存压力下下滑，进入二季度企业集中检修造成供应减少，原油价格持续上涨，市场炒作热情高涨，价格上涨；到 10 月中旬，主要产品价格达到年内新高。进入四季度，市场再次陷入低迷，价格回落，成交困难（图 2）。

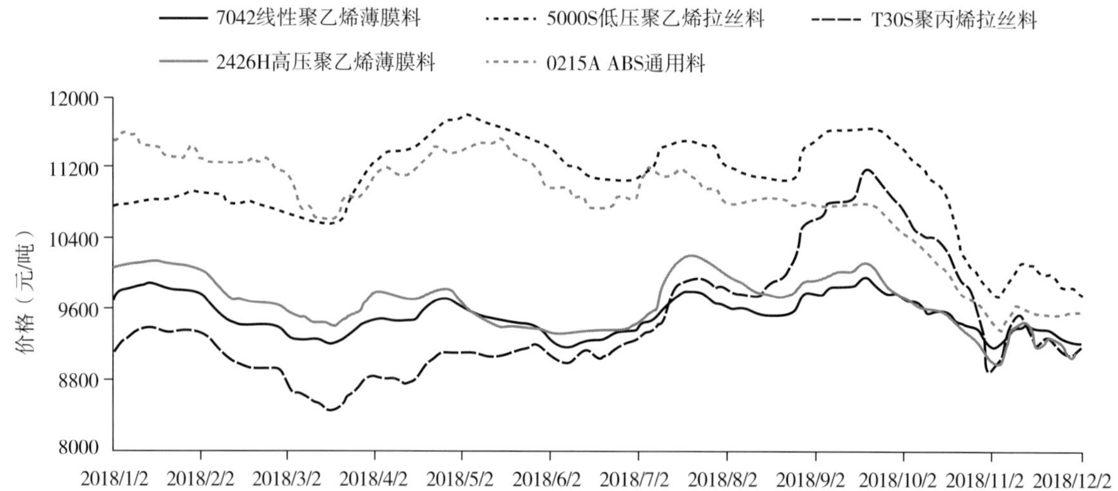

图 2　2018 年主要合成树脂产品价格走势

合成橡胶。2018年，合成橡胶市场价格整体呈现区间震荡走势，价格重心下移，其中二季度受丁二烯装置检修、价格大幅攀升的带动，合成橡胶价格大幅上扬，与天然橡胶比溢价明显，抑制下游对合成橡胶的需求增长，使2018年橡胶产量比2017年削减明显。合成橡胶下游表现也略显一般，主要下游消费群体汽车产销负增长，半钢轮胎产量增长预期不强；另外汽车红利消失，国际环境复杂、贸易摩擦加大，国家及地方环保高压政策下，对橡胶主要下游消费群体造成冲击（图3）。

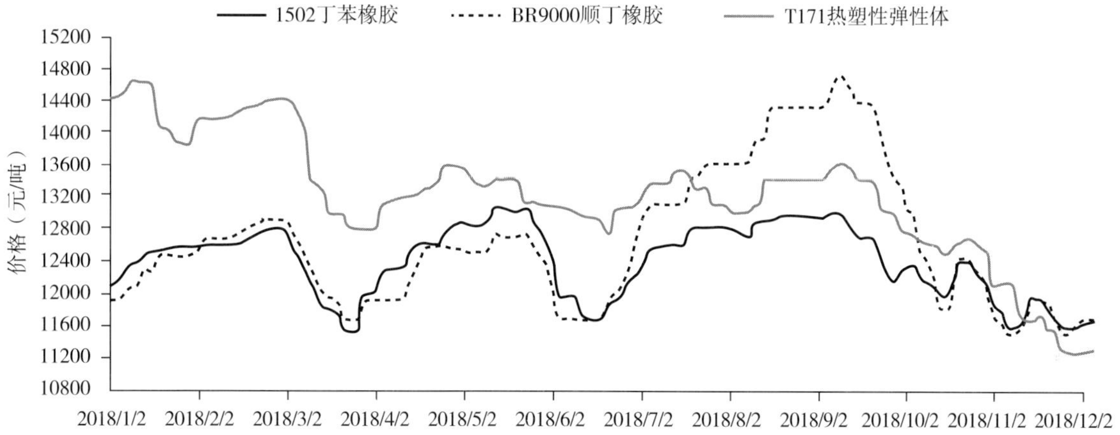

图3　2018年主要合成橡胶产品价格走势

有机化工。2018年，主要产品市场行情表现活跃，价格震荡上行，国内产能及产量再创新高，进口依存度继续下滑，其中苯乙烯开工率同比提高2.88%，丁二烯产能同比增长5%左右。对二甲苯整体呈现冲高回落的走势，除8月、9月因人民币快速贬值、PTA期货合约上演近月逼仓行情等助推对二甲苯价格出现快速急涨以外，全年大部分时间同原油及石脑油的走势相契合（图4）。

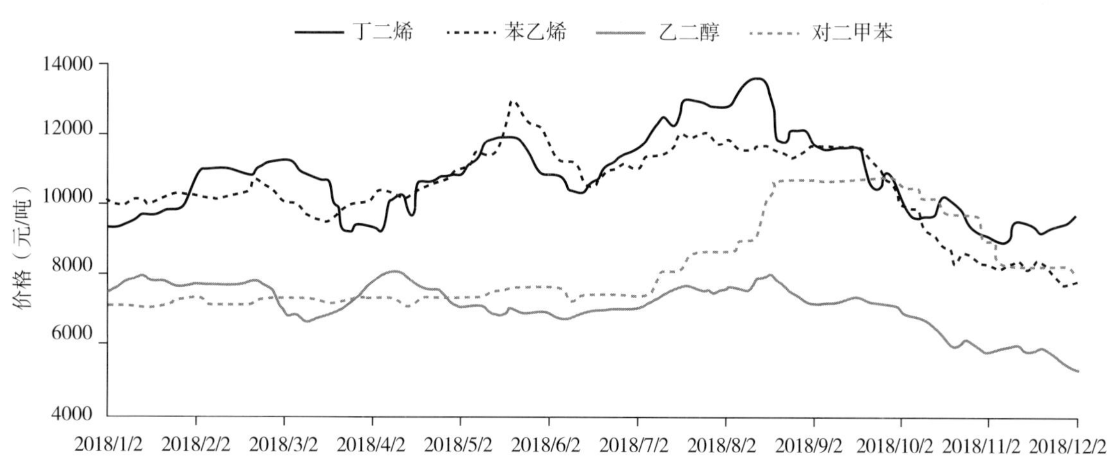

图4　2018年主要有机化工产品价格走势

（王　梅）

重点工程

【概述】 2018年，炼化建设项目管理围绕转型升级高质量发展、对标先进比学赶帮超、提升化工营销竞争力三大主题，落实集团公司工作部署，辽阳石化俄罗斯原油加工项目投产、华北石化炼油质量升级改造项目全面建成，一批国Ⅵ标准质量升级和航空煤油增产、安全隐患治理、环保减排达标项目建成投运，广东石化炼化一体化项目复工建设全面启动，大庆石化结构调整转型升级项目、独山子石化加工轻烃炼油及乙烯优化调整项目、兰州石化小乙烯产能恢复项目开工建设，塔里木油田塔里木乙烷制乙烯项目和兰州石化长庆乙烷制乙烯项目开工准备。

【工程项目】 2018年，炼化主要管理项目包括辽阳石化俄罗斯原油加工项目、华北石化炼油质量升级改造项目；广东炼化一体化项目；塔里木油田塔里木乙烷制乙烯项目和兰州石化长庆乙烷制乙烯项目；结构调整转型升级项目；烷基化等质量升级项目；航空煤油增产和航空煤油管道项目；安全隐患治理和环保排放达标项目。

辽阳石化俄罗斯原油加工项目、华北石化炼油质量升级改造项目2018年6月建成中交，2018年9月陆续投料试车；广东石化炼化一体化项目，塔里木油田、长庆油田乙烷制乙烯项目完成总体设计，开展基础设计，按照集团公司总体部署有序推进。

油品质量升级项目10项，大庆炼化、兰州石化、宁夏石化、哈尔滨石化、大庆石化、格尔木炼油厂、吉林石化、庆阳石化、锦州石化、乌鲁木齐石化等10套烷基化装置工程中交，其中7套烷基化项目投产。

结构优化调整项目3项，大庆石化结构调整转型升级项目、独山子石化加工轻烃炼油及乙烯优化调整项目、兰州石化小乙烯产能恢复项目完成基础设计审查，开展设备采购、施工图设计和施工准备，2018年底具备开工建设条件。

航空煤油增产和航空煤油管道项目14项，华北石化、大港石化、长庆石化航空煤油管道建成中交，兰州石化航空煤油管道主体基本建成，乌鲁木齐石化航空煤油管道2019年上半年建成；四川石化、格尔木炼油厂、庆阳石化3套航空煤油增产装置投产，大港石化、华北石化2套航空煤油加氢装置中交，四川石化航空煤油加氢装置主体建成，大庆炼化、吉林石化、长庆石化3套航空煤油装置开工建设。

VOCs治理项目191项，截至2018年底完成162项，完成率85%，其中大港石化、大连西太平洋石化、华北石化、克拉玛依石化、青海油田、大庆油田、乌鲁木齐石化、锦西石化、庆阳石化、兰州石化等10家企业全部完成。

环保达标升级项目184项，截至2018年底完成125项，完成率68%，其中大连西太平洋石化、长庆石化、华北石化、克拉玛依石化、大港石化、锦西石化等6家企业全部完成。

【项目管理】 2018年1月，成立炼化建设项目工作小组，针对重点项目、难点问题、对集团整体利益影响较大的项目等开展工作，全面落实高质量发展要求，实现2018年建设目标。

优化设计降低投资。2018年，批复基础设计36项，批复概算总投资比上报投资概算核减32.2亿元，节约投资18.1%。

定期督办重点项目进展。每月督办广东石化炼化一体化项目和两个乙烷制乙烯项目核准、设计、采购和外部条件以及支持文件办理等，任务列表分解，责任到人。召开三次重点项目专题推进会，提前开展项目策划、总体设计、基础设计、设备采购，加快开工项目基础设计审批，为项目开工建设创造条件。

发挥专业优势，缩短前期设计工期。组织兰州石化、塔里木油田、广东石化3家企业开展聚乙烯工艺包技术交流和联合采购，由兰州石化牵头谈判。完成聚乙烯工艺包技术比选报告、广东石化聚丙烯项目规模比选报告和品种牌号选择报告。

开展广东石化炼化一体化项目智能化工厂、绿色化工厂方案研究，以及竣工资料全数字化移交和在线归档试点工作。专题研究智能化工厂方案，广东石化项目智能化工厂总体方案编制完成，通过炼油与化工分公司组织的预审。

提前做好2019年检修期间实施的资本性支出项目准备。对2019年大检修期间计划实施的资本性支出项目列表督办；提前筹划锦州石化、锦西石化资源替代转型升级项目与2019—2020年大检修时间衔接；完成大庆炼化常减压改造设计、辽阳石化芳烃扩能改造项目设计等。

组织工程质量安全专项检查，确保发展基础高质量。组织开展冬季施工安全质量专项检查，对影响施工安全、工程质量的关键环节进行全面界定，最大限度减少冬季施工安全质量风险。组织华北石化、辽阳石化炼油项目QHSE体系量化审核，就体系审核发现的工程质量主要问题在炼化系统范围内通报。对庆阳石化、兰州石化、锦州石化、吉林石化、大庆石化和乌鲁木齐石化等6家炼化企业在建项目组织质量安全专项抽查并通报。

【竣工验收】 2018年，完成竣工验收项目204个，完成率99%，其中一类项目4个、二类项目12个、三类项目66个、四类项目122个。一类项目完成四川石化1000万吨/年炼油、四川石化80万吨/年乙烯、云南石化1300万吨/年炼油项目、呼和浩特石化500万吨/年炼油扩能改造工程的竣工验收。

【工程创优】 2018年，大连石化柴油质量升级项目、大连西太平洋石化120万吨/年催化汽油加氢项目获国家优质工程奖，锦州石化280万吨/年柴油加氢改质装置获石油优质工程金奖，独山子石化炼油厂新区火炬气、加氢干气及低分气回收利用项目获石油优质工程奖。

（罗汉华）

专业管理

【规划计划】 2018年，规划计划工作围绕加快炼化业务转型升级、实现高质量发展，落实《炼化业务"十三五"发展规划》和《炼化业务转型升级方案》，推进结构调整转型升级重点项目，做好项目投资效益分析评价，合规开展各项工作。

完成"十三五"规划中期评估与调整、润滑油业务发展研究、全国推广乙醇汽油应对措施研究。开展《炼化业务高质量发展方案》研究，重点研究企业高质量发展的方向和措施，提高资产创效能力、产品价值及炼化业务的整体竞争力。2018年底完成主体研究报告初稿。

推进转型升级重点项目，广东石化炼化一体化、大庆石化炼油结构调整优化和炼油结构调整转型升级项目、兰州石化24万吨/年乙烯产能恢复、锦州石化资源替代转型升级项目、锦西石化结构调整和转型升级发展工程、吉林石化（揭阳）60万吨/年ABS树脂等7个项目可行性研究报告得到批复。

33项国Ⅵ标准车用汽油、柴油质量升级项目前期工作完成。截至2018年底，22项国Ⅵ标准A阶段项目建成投用，11项国Ⅵ标准B阶段项目处于建设阶段。重点督办12项航空煤油增产项目，全部完成可行性研究和初步设计批复，投产4项；重点督办12项航空煤油管道项目，完成可行性研究报告批复6项，初步设计批复6项。加大支持减油增化、增产石蜡、增产润滑油基础油、降低柴汽比改造项目等。截至2018年底，新增原油一次加工能力500万吨/年，新增烷基化油产能290万吨/年，新增航空煤油产能135万吨/年。

2018年，完成可行性研究报告初审一、二类项目15项，完成二类项目可研报告批复19项（含授权地区公司批复8项），完成三类项目可研报告批复41项（含授权地区公司批复38项）。

2018年，编制完成《炼化业务投资效果对标分析报告》，按照投资内部收益率标准进行项目筛选工作，修正各类别投资项目效益和效果的工作目标。框架计划内下达项目221项，转发下达5批投资计划，下达安全环保项目448项。

（杨　波）

【资源和产品优化】 强化效益导向，优化资源配置，提升整体效益最大化。2018年2月，成立炼油与化工分公司优化运行对标工作组，建立优化例会制度，召开优化小组会议41次，发布专题优化研究报告9

份，制定优化措施356项。主要包括：关于“提高催化裂化装置负荷进一步降低柴汽比”的研究报告，指导炼化企业优化高效装置加工负荷；关于“加强催化油浆互供压减商品重油”的研究报告，优化重油加工，开展企业间合作；关于“油田轻烃与液化气的分析报告”，全面梳理油田可利用轻烃与液化气资源的状况，提出优化利用方向。

优化原料互供，推动“控油增化”。加大内部原料互供，保证乙烯装置高负荷生产。2018年，乙烯原料内部互供140万吨，同比增长13%；接收油田轻烃与液化气174万吨，同比增长18%，在确保油田稳定生产的同时，实现乙烯原料优质化；芳烃装置负荷有所提高，芳烃原料互供31万吨，同比增长19.2%。

降低生产柴汽比。专题研究形成降低柴汽比的11项指导意见与51项具体措施。乌鲁木齐石化、云南石化将部分柴油馏分催化回炼；大连西太平洋石化、兰州石化、宁夏石化、格尔木炼油厂提高稳定汽油干点；广西石化加氢裂化掺炼部分催化柴油；四川石化、宁夏石化等11家企业通过提高催化裂化负荷实现。

推动油浆互供，压减商品重油。推动锦西石化、大港石化、兰州石化油浆接卸设施、华北石化油浆澄清设施建成投产；打通华北石化、辽阳石化油浆供大港石化，辽阳石化、辽河石化油浆供锦州石化等路线。2018年催化油浆互供9万吨，商品重油产量81万吨，同比下降23.6%。

【生产运行管理】 2018年，炼油与化工分公司对《中国石油天然气股份有限公司炼油与化工分公司生产运行管理办法（试行）》进行修订，下发《炼化装置非计划停工管控评价考核细则》，针对装置非计划停工管理进行细化和完善。分类、分级制订炼化装置非计划停工管控评价考核细则，强化生产运行管控能力，引导企业科学组织生产。实行24小时调度值班运行监控，对主要装置开停工、关键工艺指标全天候不间断监控，深化MES系统功能应用，增设预警模式，装置运行监控能力大幅提升。对生产波动、停工等异常情况变被动接受为主动发现，提前预警，防范风险，确保生产装置长周期运行。2018年，炼化装置平稳率99.66%。

坚持跟踪生产热点难点，细化新、改、修装置投料试（开）车管理，严把检维修开停工各个环节，全过程跟踪装置检修、改造进度，组织《总体试车方案》审查及开工条件确认，协调安排开工指导专家和开工队，科学统筹试车进度，协调完成外部条件，为试车创造良好环境，对投料条件严格审查确认，确保安全环保一次开车成功。2018年，辽阳石化俄罗斯原油加工改造项目开工，华北石化千万吨炼油质量升级改造项目建成，9家企业完成检修。

（张 涛）

【工艺技术管理】 2018年，炼油与化工分公司在装置长周期运行方面，组织专家现场调研，推进工艺攻关。召开催化裂化、重整和加氢等装置长周期运行攻关对接会，组织相关企业编制攻关方案，围绕原料、催化剂、操作运行、检维修、大机组、工艺防腐和公用工程系统等方面开展工作，建立攻关月报，每月总结，努力实现长周期运行目标。组织专家现场调研大庆石化等6家企业18套聚烯烃装置，找出影响长周期运行的瓶颈，提出改进措施和建议，编制《聚烯烃装置长周期运行导则》。

专项工艺排查工作。排查74套临氢装置高低压互串风险点176处，有针对性地提出整改要求；针对检修复产企业下发提醒通知，规范催化装置人孔封闭前两器内构件检查及料腿通球试验等要求；先后开展加氢装置结盐腐蚀、水冷器腐蚀、临氢装置高压串低压、制氢装置应急处置、粗己烷罐规程完善和蒸汽品质等专项排查，制定汽轮机防止结垢、重整板换工艺控制要点等管理要求。

HSE工艺专业审核。修订和完善工艺专业检查表，对常减压、催化、重整、加氢、焦化、乙烯和聚烯烃等七类装置进行检查，排查重点难点问题31项，常减压装置工艺防腐、催化装置分馏塔结盐、聚烯烃装置反应器结片、特殊牌号运行周期短等，形成专项报告，推进整改工作。

全面征求对《炼油装置工艺防腐运行管理规定》意见，组织加氢装置防腐全系统讲座。在工艺防腐专题审核中，从管理体系建设、风险分析（RBI）、原油腐蚀性分析及优化等方面提出问题149项。提出工艺防腐标准化管理，推广先进企业经验，推动此项工作常态化和标准化。

乙烯业务提质增效专项工作。2018年2月召开启动会，组织各企业上报工作方案，赴辽阳石化、抚顺石化现场调研，形成《中国石油乙烯业务提质增效专项工作实施方案》。10月召开工作交流会，总结工作进展，结合长周期运行及节能降耗，剖析装置非计划停工原因，提出加强运行和技术管理的措施，明确重点攻关方向和目标及今后几年技改技措实施计划。对辽阳石化乙烯装置进行现场诊断和指导，解决问题。

召开聚烯烃装置达标攻关推进会。以聚乙烯、聚丙烯装置技术进步和新产品开发为主题，两次邀请国外公司介绍聚乙烯、聚丙烯工艺优化、产品开发和催化剂技术等方面新进展。针对地区公司相关装置运行中存在的技术问题组织专家现场指导。

【装置达标】 2018 年，26 家企业参与专业达标，18 家企业实现炼油专业达标，达标率 69%。129 套炼油装置中有 95 套达标，达标率 74%，其中常减压 30 套、催化裂化 25 套、加氢裂化 10 套、连续重整 19 套、延迟焦化 11 套。57 套化工装置中 27 套实现达标，达标率 47%，其中乙烯 7 套、聚乙烯 7 套，聚丙烯 8 套、合成橡胶 5 套。独山子石化被评为“炼化达标优胜企业”，大连西太平洋石化、广西石化、大港石化、长庆石化、锦西石化、庆阳石化等被评为“炼油专业达标优胜单位”，四川石化 250 万吨 / 年常减压装置、独山子石化 22 万吨 / 年乙烯等 10 套装置获“达标优胜装置”。炼化专业气分丙烯收率、常减压装置综合能耗、催化裂化装置汽油 + 液化气收率、催化重整装置辛烷值桶等关键核心指标得到改善。

【质量与标准】 2018 年，加强质量监督检查，抽检 4 家炼化企业和 6 家化工销售企业 81 批次化工产品，合格率 100%。

推进化工产品质量提升攻关活动，2018 年主要化工产品客户投诉次数和产品数量同比分别下降 7% 和 32%。

加强品牌建设。独山子石化被 G5+ 协会列为会员单位，其生产的 TUB121N3000B 被列入 G5+ 协会产品名录。兰州石化新增 8 项产品获“昆仑”品牌使用授权。完成 12 家企业 242 个产品 907 项次第三方认证，为客户提供质量保证。乌鲁木齐石化、大港石化、格尔木炼油厂等通过航空煤油认证。

开展标准实施监督抽查工作，对 GB 17930—2016《车用汽油》、GB 19147—2016《车用柴油（Ⅴ）》和 Q/SY 1494—2012《线型低密度聚乙烯树脂 (DFDA7042、DFDA7047)》等 3 项重点标准实施情况进行现场综合检查，独山子石化、兰州石化、庆阳石化、抚顺石化和辽河石化等 5 家企业标准化管理到位，综合评分 A 级。

各炼化企业参加国家、行业和集团公司标准化工作，2018 年主导制修订国家和行业标准 73 项，其中结转 37 项、新开 23 项、批准发布 13 项，专业领域涉及合成树脂、合成橡胶、液体燃料、催化剂、塑料管材、化工原料、化工助剂等。辽阳石化“PETG 共聚酯切片”和“聚酯（PET）太阳能电池背板膜专用料”2 个项目获 PSTM 团体标准立项。推进国际标准化工作，2018 年主导制修订国际标准 9 项，参加制修订 5 项，其中 1 项（ISO 247—2: 2018）获发布。加入 ASTM D02、D16、D20、D32 等 4 个分技术委员会，参与网上标准投票 119 项。首次参加 ISO/TC138 年会，作为协办单位参与举办 ISO/TC45 第 66 次年会。完成《无纺布用聚丙烯树脂》《石脑油》和《轻质烃中微量含氧化合物的测定　气相色谱法》等 6 项中国石油天然气集团有限公司企业标准制修订，以及 Q/SY 59—2007《重交道路石油沥青》等 10 项标准的复审。

【节能节水】 2018 年，节能量 41 万吨标准煤，节水量 623 万立方米，分别完成年度目标的 131%、124%（表 8）。

表 8　炼化企业节能节水情况

指　标	2018 年	2017 年	同比增减
节能总量（万吨标准煤）	41	41	0
节水总量（万立方米）	658	623	35

克服油品升级和减排项目实施对能耗指标的影响。炼油综合能耗 60.82 千克标准油 / 吨，同比下降 0.97 个单位；单因耗能 7.81 千克标准油 /(吨・因数），降低 0.07 个单位；新鲜水单耗 0.47 吨 / 吨，同比持平。乙烯燃动能耗 592.23 千克标准油 / 吨，同比上升 8.26 个单位（表 9）。

表 9　炼化企业能耗情况

项　目	2018 年	2017 年	同比增减
炼油单因耗能 [千克标准油 /（吨・因数）]	7.81	7.88	-0.07
炼油综合能耗 （千克标准油 / 吨）	60.79	61.48	-0.97
炼油新水单耗 （吨 / 吨）	0.47	0.47	0.00
乙烯燃动能耗 （千克标准油 / 吨）	592.23	583.97	8.26

组织完成国务院国资委、中国石油和化学工业联合会 2018 年度能效对标及领跑者评选的数据上报与核实。在国务院国资委组织的“央企能效对标”活动中，独山子石化被评为乙烯业务最佳实践企业；在石化行业能效领跑者标杆企业中，独山子石化在乙烯类排名第一名。

2018年，节能专项投资主要为能量系统优化、装置间热进料与热联合、低温热综合利用、烟气余热回收利用、富氢气体回收利用、高温管线保温、加热炉等设备提效、西部企业水系统优化等。落实集团公司能源管控试点单位工作计划（2018—2020年），在抚顺石化、辽阳石化、锦西石化等企业继续开展能量系统优工作；对独山子石化、哈尔滨石化、长庆石化等2019年部分大修企业，开展能量系统优化分析和项目筛选，确保大修时投资项目的质量和效果。

（杨　珏）

【科技创新管理】 2018年，炼化业务围绕转型升级和高质量发展，以燃料型向材料型转变为科技创新的重点，以市场创效、提档创优为产品开发的方向，提升炼化业务核心竞争力。重点开发和应用转型升级系列实用技术，推进炼化结构优化调整；开发成套自主核心技术，支撑炼化业务持续稳健发展；年均开发炼化产品新牌号60个，年产量100万吨，首产新牌号20个；发展石蜡、沥青、润滑油（橡胶填充油）以及油田化学品等炼化特色产品，关注生物柴油、燃料乙醇以及碳一化工。

四新技术。完成47项新技术新产品推广应用，经济效益较为显著的四新技术有：吉林石化炼油厂开展催化裂化装置APC系统技术升级，当期效益1137.7万元；兰州石化采用炼化重质原料加工利用技术，延迟焦化装置多加工重油30827吨，增效3236.84万元；独山子石化采用膜回收技术，全密和高密年回收乙烯1588吨，回收异戊烷775吨，回收异丁烷1079吨，效益3442万元；独山子石化生产茂金属聚乙烯热收缩膜专用料EZP2703HH、PE100-RC管材专用料TUB121RC、防水卷材专用料T162以及PE-RT Ⅱ管材专用料DGDZ4620，合计创效2069万元。

研发工作。按照“简政放权，方向管控，过程监控，应用检验”的原则，从政策支持、交流合作、技术开发、中试研究、工业试验、人才培养六个方面搭建科技创新平台，抓好技术创新工作。重点工作：做好炼化技术情报工作，成为炼化业务眼睛和耳朵。构建技术数据基础，为炼化业务发展提供技术依据。构建政策支持、技术开发、市场开拓机制，开发用途高端、技术一流的新产品。致力于解决若干企业共同提出的生产共性难题。建立健全生产经营相关的股份公司层面信息化业务，建立信息化调度平台。下达三批科技计划、共计58个项目。

科技成果。“碳二前脱丙烷前加氢催化剂PEC-21开发与应用”获集团公司技术发明奖，“2万吨/年己烯-1成套技术开发及工业应用”等25项技术获集团公司科学技术进步奖。15项新产品获2018年度炼油与化工分公司新产品开发推广奖，其中独山子石化管材料TUB121N3000及其混配料获一等奖。14项炼化技术获2018年度集团公司科技成果转化增效奖，其中克拉玛依石化环保橡胶填充油A1020、A1004以及A1426开发获集团公司成果转化奖。获增效奖的还有石油化工研究院碳二后加氢催化剂等技术。制定国家标准1项，《橡胶灰分的测定第2部分：热重分析法（TGA）》取得国际ISO认证。截至2018年底，累计申请炼油化工技术专利393项，授权专利407项。其中，申请发明专利333项，授权发明专利282项。

（王桂轮）

【新产品开发】 2018年，生产化工产品新牌号96.9万吨，完成化工产品新牌号生产81个，完成首试产牌号37个，总产量9.9万吨。化工产品新牌号总增效2.5亿元。中国石油PE、PP专用料比例分别比2017年增加7.2个百分点、3.9个百分点。

抚顺石化聚乙烯管材专用料FHMCRP100N及四川石化聚乙烯管材专用料HMCRP100N通过国家化学建筑材料测试中心分级认证，定级为PE100。中国石油有吉林石化、独山子石化、抚顺石化、四川石化4家产品通过PE100管材料分级认证。

兰州石化耐热聚乙烯（PE-RT）管材专用料L5050通过国家化学材料测试中心分级认证，定级为PE-RT80，达到PE-RT Ⅰ标准要求。中国石油有大庆石化、兰州石化2家产品通过PE-RT Ⅰ分级认证，独山子石化DGDZ3606处于分级认证测试阶段。

薄壁注塑料9018H，通过优化工艺，提高产品冲击强度，产销超3万吨。车用料EP533N，通过优化催化剂体系，调整共聚单体及分子量调整剂的加入量，控制闪蒸线、汽蒸器及干燥器的操作参数，产品达到良好的刚韧平衡，弯曲模量1300兆帕，拉伸屈服25兆帕以上，冲击强度8.6千焦/米^2，产量2.7万吨。

茂金属产品稳步扩产并推出新产品。独山子石化首次试产茂金属聚乙烯热收缩膜专用料EZP2703HH，可在冷凝态工况高负荷运行，生产过程控制稳定。经华北地区用户试用，收缩率、力学强度、透明性均能较好满足客户要求。2018年，茂金属产品产销4万多吨。

纤维料家族不断扩大。大连石化H39S-3首次试产即获市场认可，在华南地区受到欢迎，且迅速扩产，产量4.2万吨。抚顺石化高柔韧聚乙烯纺丝专用料HF20R，在华东地区进行用户试用，效果良好，生产4850吨。四川石化首次试产的聚丙烯纤维料HS98G，经试用，满足无纺布生产要求。

ABS电镀专用料开发扩产取得进展。吉林石化ABS电镀料EP161，通过配方优化，经过三个批次的生产优化调整，解决厚壁制品表面有凹坑麻点的问题，在华南地区工业化电镀料应用试验，普通制件电镀合格，电镀效果与奇美757相同，经华南地区4家用户应用评价，测试质量合格，达到国内合资企业产品水平。

兰州石化开发载重轮胎专用料ESBR1586取得成功。结苯38.5%—41.5%、门尼黏度55—65、挥发份不大于0.75%、有机酸5%—7.25%、35分钟300%定伸应力（145℃）不小于13兆帕、拉伸强度不小于18.5、扯断伸长率不小于300%。投放市场，取得良好效果。经贵州轮胎公司使用后认为性能超预期，需求逐月递增。2018年，兰州石化生产1652吨，产品对比效益600元/吨。

独山子石化鞋底专用料SBS T171E经过努力，基本上解决耐黄变问题，取得用户好评，市场反应普遍良好。独山子石化生产环保型制鞋专用料SBS T171E5.99万吨，取得良好经济效益。

（朱光宇）

【信息化管理】 2018年，信息化工作结合炼化业务实际，重心转移到深化系统应用。抓好“炼油生产、化工生产、化工销售”三条主线的薄弱环节，提升炼化企业在安全环保、生产运行、经营管理等业务领域的管控能力。炼油与化工ERP应用集成、流程模拟与仿真培训系统处于准备竣工验收阶段；炼油与化工运行系统和炼化物联网系统试点项目处于准备上线验收阶段；先进控制与优化应用系统处于上线试运行阶段。物流管理系统（化工品销售）完成可行性研究报告。

为提升炼化生产运行业务信息化水平，炼化板块从安全环保、生产运行、工艺技术、设备管理等业务方面，完善信息化平台建设，制订工作方案，确立13项具体提升任务。经对接，形成43项深化各统建系统应用工作方案，各项目按计划实施。12月12—14日，由兰州石化自动化研究院牵头，在宁波市组织为期3天的MES和APC深化应用推进会，深化MES、APC系统应用，使信息化技术更好服务于炼化生产运行和生产经营。

（李志良）

【设备管理】 2018年，炼化设备管理按照老装置三年一修、新装置至少四年一修的目标，坚持问题导向和目标引领，推行制度化、标准化、专业化、精细化管理和设备风险控制，开展长周期运行攻关，提升设备保障能力。

机泵风险分级管理。2018年1月，组织地区公司动设备专业人员，在兰州组织机泵风险分级管理标准研讨；3月启动机泵风险分级工作，根据机泵分级实施监控。开展机泵MTBR统计分析，排查运行时间较短的机泵，开展专项攻关，延长机泵运行周期。7月，对机泵运行状况进行统计，跟踪督导问题机泵的整改、运维情况，定期通报。截至2018年底，27家企业所有泵MTBR达到63.73个月，高危泵MTBR达到52.88个月，各项数据稳步提升。

腐蚀防护专项攻关。加强装置腐蚀和防护管理，提高防腐控制水平和装置的主动防控能力，有效控制设备腐蚀。通过防腐蚀攻关，突发性故障下降30%以上。对8家大检修企业组织专业化腐蚀检查，涉及88套装置的5903台设备及1689条管道，发现腐蚀问题1140项，其中重点腐蚀问题151项、较大问题16项、一般问题973项，督促企业及时整改，采取措施处理修复。对无法当即整改的问题制定监控措施，提报计划择机更新。

冷换设备专项攻关。研究解决板换换热面积过大引起受热不均问题、加氢装置高换结盐和高换选型问题。对工艺操作管理提出具体要求：严密监控循环水流速，确保冷换设备循环水流速不低于0.9米/秒；关注再沸器的操作压力，保证汽化过程不在换热器内发生，顶部换热管不发生泄漏；加强空冷管理，定期检查偏流问题，加强喷淋水pH值监测，及时更换喷淋水；加强水冷器泄漏管理与泄漏监测；增设水冷器泄漏在线监测措施，及时发现泄漏并采取防护措施。四川石化、华北石化监测设备投用，大庆石化、大庆炼化、吉林石化、长庆石化项目处于实施阶段。

电气安全运行管理。组织召开炼化企业电气专业工作会议，研究分析炼化企业电气运行中各类事故、故障原因及防范措施，要求企业汲取教训开展自查。2018年9月，对29家炼化企业全面检查，查出问题550项，针对每家问题出具专项报告及整改要求；11月，对6家企业开展复查。通过检查，企业完善管理规定，提升操作人员技术水平。

仪表联锁及自控率管理。各企业制订SIL的实施计划，编制安全仪表操作维护计划和规程，健全安全仪表管理制度和内部规范，建立管理档案。28家炼化企业936套装置中298套完成SIL评估工作，139人取得危险化学品安全协会SIL资格证。2018年，各企业联锁投用率99.8%、自控率95.37%。

【年度检修】 2018年，炼油与化工分公司成立包括装备、调度、生产技术、安全环保、项目和财务等处室组成的检修工作组，明确职责分工，发挥业务协同联动作用。推行大检修全周期KPI考核评价体系及评分标准，提升炼化企业大检修规范化水平。完成大庆石化等9家地区公司474套装置大检修，检修项目94079项，炼油与化工分公司级重点项目235项。停工、检修及开工基本受控，未发生上报人身伤害事件。各企业严格执行《炼化装置检修规范化管理100条》，充分准备，针对装置检修计划制订翔实可行的检修方案，将质量控制要求、作业风险管控措施等融入检修方案和计划统筹之中，做到安全、绿色、规范检修。

炼化企业大检修全周期KPI考核评价体系及评分标准将大检修分为检修准备、停工及停工交检修、检修、检修交开工及开工、总结和检修后装置运行六个阶段。考核评价体系及评分标准主要应用于各炼化企业大检修全周期管理的评价，便于企业清楚自身检修管理水平，对标先进、改进差距。将量化评分与日常考核相结合，推动企业改进和完善检修管理体系，与检修先进管理模式和企业检修最佳实践相结合。组织10家地区公司通过互查互检的方式对8家地区公司进行量化评分，确保考核评价体系的可行性、合理性及有效性。

修理费管理。2018年上半年，完成炼化企业2013—2017年修理费按装置统计分析工作，通过成本检查对异常数据摸排，发现同类装置修理费差距较大。针对问题研究开发修理费按装置分解管控系统，参考同行业修理费分解标准，制定合理的装置修理费管控指标，通过信息化手段，确保修理费预算更加合理。通过对标、解剖修理费组成，配合成本检查查明不合理、不规范的修理费支出，有效督促企业规范修理费支出，2018年炼化业务修理费控制在预算指标内。

（高俊峰）

【安全环保】 2018年，牢固树立安全发展、绿色发展理念，弘扬“生命至上、安全第一、环保优先、以人为本”的思想，以生产受控为核心，以构建风险分级管控和隐患排查治理双重预防机制为主线，强化红线意识、底线思维，强化安全生产责任制落实，强化工艺过程安全管理，强化重大环境风险防控，强化问题导向、短板治理，严格监管，严肃问责，做到工作有计划、行动有方案、步步有确认、事后有总结，生产安全平稳受控。完成主要污染物排放总量控制目标，石油类排放180吨，同比减少18吨，下降9.1%；COD排放7337吨，同比减少450吨，同比下降5.8%；二氧化硫排放21069吨，同比减少10541吨，下降33.3%（表10）。

表10　炼化企业主要污染物减排情况

吨

项　目	2018年	2017年	同比减少
石油类	180	198	18
COD	7337	7787	450
二氧化硫	21069	31610	10541

安全监管。坚持组织一年两次HSE体系审核。按照“差异化监管，精准化审核”要求，识别大风险，消除大隐患，防止大事故，解决屡查屡有整改不彻底的问题，提高审核有效性，确保审核精准有效。审核过程通报审核出的严重问题，对审核问题制定“一企一策”进行整改，并按专业对审核企业排名，确保整改一项问题，提升一类管理。2018年上半年审核分8个审核组，抽调200名专业技术骨干，对36个地区公司进行全覆盖HSE体系量化审核，发现问题6641项。下半年审核分7个组，抽调122名专业技术骨干，对37个地区公司进行HSE体系审核，发现各类问题4840项。

推进双重预防机制。加强危险作业预约管理，建立危险作业预约制度，根据危险性分级、分层审批预约，确保预约的计划性和有效性，施工的风险作业数量得到有效控制。2018年8月29日—9月28日，抽调19人分3组，对29家企业的危险作业预约管理工作进行调研，查出问题205项。对照国家重大隐患标准排查出110项重大隐患治理进度，截至2018年底，治理完成重大隐患77项，33项处于组织实施阶段。组织编制炼化企业较大隐患评定标准。

强化事故事件管理及资源共享。组织完成2018年典型事故事件汇编，印刷1.5万册。吸取上海赛科“5·12”事故教训，下发《关于加强储罐检修安全管理的通知》，将10起炼化企业在储罐检修过程中发生的亡人典型事故案例，下发企业组织学习。

组织安全员职业技能竞赛活动。按照集团公司《2018年炼化企业安全员职业技能竞赛》安排，在

2018年11月1—4日在辽阳石化举办炼化企业安全员职业技能竞赛，24支队伍96名安全员参赛，决出6名金牌、17名银牌和25名铜牌。

环保监管。集团公司VOCs综合整治督办项目191个，完成174个，未完成的17项全部进入施工阶段。督办的106项生态环境保护问题，41项完成整改，21项处于施工阶段，44项处于前期立项或可行性研究阶段。督办的59项突发环境事件隐患，39项完成整改，6项处于施工阶段，14项处于前期立项或可研阶段。完成四川石化炼化一体化项目自主验收、呼和浩特石化炼油和产品质量升级项目环保验收。督办第四批中央环保督察反馈问题整改，对涉及中央环保督察回头看的企业开展前置环保督导，下发整改通知单和工作通知。

（丁　海　绪　军）

【专业技术培训】 2018年，围绕集团公司人才建设和炼油与化工分公司中心工作总体要求，推进培训体系建设，规范培训要求，搭建人才成长平台，组织炼化专业技能培训班，开展炼化专业职业技能竞赛，不断提升员工队伍综合素质和一线操作人员技能水平，为炼化安全平稳运行提供人才支撑。

组织炼化专业培训班，培养专业技术骨干。根据集团公司培训计划，2018年安排14个专业培训项目17期培训班，培训1374人，计划完成率100%。通过组织专业培训班，提高岗位人员专业技能，培养领军型专业技术及各类管理人才。眼睛向外，与中国石化联合举办加氢装置、常减压装置、连续重整装置、硫黄回收装置4期炼油核心装置培训班，培养15名核心装置专家型人才。

组织炼化专业职业技能竞赛，以赛促训，促进人才队伍建设。2018年，遵循“紧贴生产、注重实效、引领发展、打造名匠”的工作方针，坚持导向性、实用性、规范性、公正性原则，组织各类职业技能竞赛，实现“赛一个工种、培养一批骨干”的目标。通过组织各类技能竞赛，搭建人才成长平台，激发员工钻研技术、岗位成才的热情，并推动培训工作开展，提升人才队伍素质，促进技能人才队伍建设，打造选拔炼化业务各专业领军人才。根据集团公司安排，2018年组织各类技能竞赛5项，其中炼化专业职业技能竞赛4项、全国技能竞赛1项。各项竞赛均圆满落幕，达到预期效果。

新装置开工人员培训。申报并组织编写2018年培训教材，整理印刷冬季培训辅导材料四册发到各地区公司。协助完成2017年中国石化核心装置专家培训班结业，组织地区公司参加2018年中国石化核心装置专家培训班。

（何　平）

商储油业务

【概述】 商储油储存、购销、借还和商储设施租赁，以及国家商业储备任务由中国石油天然气集团有限公司商业储备油分公司（简称商储油分公司）承担。商储油分公司是经国务院批准、财政部以资本金注入的方式建立的原油商业储备公司。2007年，在北京市西城区注册成立，先后经历挂靠集团公司财务资产部、财税价格部、大港石化公司全面管理、依托大港石化公司业务上相对独立运作四个阶段。

2018年，按照“储备为主、备用结合、有效运作、保值增值”的经营方针，集团公司对商储油分公司管理体制进行调整：生产经营管理部作为商储油业务主管部门，负责商储油运行计划管理，负责商储油跨板块运作的协调，并对其进行一定的经营连带考核。炼油与化工分公司作为商储油业务的运行管理责任主体，承担全部经营责任和所属地区公司安全环保综合监管责任，在炼油与化工分公司商储油业务生产经营计划和考核指标单列。商储油分公司作为独立运行单位，挂靠炼油与化工分公司。商储油分公司作为生产经营主体，相对独立运作，独立核算、单独考核，重点强化商储油分公司的商务运营职能；运行协调、资源配置等职能纳入炼油与化工分公司一体化管理，党建、人事、行政等综合职能依托炼油与化工分公司。商储库基地日常管理和安全按照属地管理的原则，由相关企业负责。2018 年 7 月，经人事部批复，商业储备油分公司设综合管理处和安全环保处，人员编制 10 人。

【经营业绩】 2018 年，商储油分公司以履行国家石油战略储备任务，保证油田、管道企业生产后路和炼化企业应急用油为目标，适应商储油管理体制机制的变化，以商储油运作为主线，以实时监控为手段，推进各项业务合规、有序开展。2018 年销售 8 批次商储油，借出商储油 17 批次 69.55 万吨全部归还，实现利润 -13.31 亿元，同比减亏 3.35 亿元。

【安全环保】 2018 年，商储油分公司与受托地区公司协同配合，推进 HSE 标准化建设工作。独山子、鄯善、冀东、铁岭、广西、四川、兰州、宁夏、陕西等 9 家商储油库通过受托地区公司组织的标准化验收。加强合规管理。6 月，兰州商储油库组织开展竣工环境保护自行验收，同时噪声和固体废物防护设施通过兰州市环保局验收，至此，兰州商储库的所有证照资质全部符合法律法规要求。加强安全环保业务技能培训。5 月，与中国石化集团石油商业储备有限公司在南京联合举办商业储备油库安全管理培训班，15 家商业储备油库的主要负责人、安全环保专兼职管理人员参加培训，提升管理人员安全管理业务水平。

（孙　桥　田红岩）

销　售

综 述

【概述】 中国石油成品油、非油品、润滑油、燃料油、沥青以及其他炼油小产品的销售和成品油进出口业务由中国石油天然气股份有限公司销售分公司（简称销售分公司）负责组织管理。销售分公司是中国石油天然气集团有限公司下属专业分公司，业务归口管理31家省级销售分公司、2家大区销售分公司，以及昆仑好客有限公司、润滑油公司、燃料油公司和大连海运4家专业公司。

2018年，销售分公司以“四个高质量”（建设高质量营销网络、开发高质量市场客户、实施高质量营销策略、提供高质量服务）要求为根本遵循，履行保障产业链顺畅运行的责任使命，深化改革创新，推进转型升级，协调发展各项业务，实施保效益、保后路，促改革、促合规，提升内部运行效率、提升稳健发展能力的“两保、两促、两提升”的部署安排，精细营销持续深入，基础管理显著提升，成品油销量稳步增长，销售结构不断改善，非油品、燃料油、润滑油业务继续发挥“创效大户”作用，投资与网络建设取得新突破，改革创新发展扎实深入，企业基础管理总体平稳受控，安全环保工作保持良好态势，党建引领与队伍支撑作用更加突出，企业形象进一步提升，整体工作呈现出欣欣向荣的良好局面。

2018年，新开发加油（气）站506座，建成投运445座，新增零售能力292万吨/年。截至2018年底，集团公司国内运营加油站21783座，所属油库和加油站全部完成汽油、柴油国Ⅵ标准升级置换，实现国Ⅵ标准油品全面供应。

【经营业绩】 2018年，销售分公司国内销售成品油1.15亿吨，同比增加200万吨、增长1.8%；非油品业务收入231亿元、利润24亿元，同比分别增长24%、17%；加油卡售卡总量1.48亿张，沉淀资金337亿元；燃料油销售3288万吨，润滑油销售162万吨、同比增加20万吨（表1）。

表1 2018年销售分公司主要经营业绩

指 标	2018年	2017年	同比增减
炼油产品总销量（万吨）	14898	14874	24
国内成品油销量（万吨）	11521	11321	200
其中，纯枪	7298	7486	-188
批发	4223	3835	388
燃料油销量（万吨）	3288	3390	-102
润滑油销量（万吨）	162	142	20
税前利润（亿元）	-85	36.3	-121.3
营业收入（亿元）	9332	7928	1404
其中，非油品收入	231	186	44
资产总额（亿元）	2803	2552	251

注：不含大连西太平洋石油化工有限公司自销。

【销售市场化改革】 2018年，销售分公司抓住集团公司推进内部市场化改革的机遇，以12月29日印发的《激发成品油销售企业活力、推动炼销一体化协同发展相关财务政策》为依据，细化调拨价、资源外采、考核激励等政策，在河北销售、河南销售、山东销售、山西销售、天津销售五家单位启动完全市场化改革试点，掀开深化销售市场化改革的新篇章；配套推进销售人事劳动分配制度改革，根据集团公司对专业公司在考核、薪酬、用工、机构等方面的授权，出台下发《成品油销售企业人事劳动分配制度改革行动计划》，为持续激发企业动力活力、调动干部员工积极性奠定制度保障；探索推进职业经理人改革，以大连海运、华洋海运、台州牛油海运三家公司内部股权整合、新设中远海运石油运输有限公司为试点，原公司领导班子成员转制为职业经理人，受董事会聘任，开展对海运业务的专业化运营。

成品油业务

【概述】 2018年，销售分公司坚持以效益为核心、以市场为导向，强化市场研判，优化实施分区域、分环节、分产品的营销策略，统筹进销存量价效关系，重点抓好资源运作、产销协同、出口拓展、机制优化等工作，成品油销量继续保持稳定增长。国内销售成品油1.15亿吨，同比增长1.8%。

【市场特点】 2018年，受国际油价和人民币汇率的影响，国内油价调整频繁，调整25次（13升12降），其中汽油下调485元/吨（同期上调435元/吨）、柴油下调460元/吨（同期上调420元/吨）。11—12月油价大幅下跌。1—10月汽油上调1435元/吨（11—12月下调1920元/吨），1—10月柴油上调1390元/吨（11—12月下调1850元/吨）（见图）。

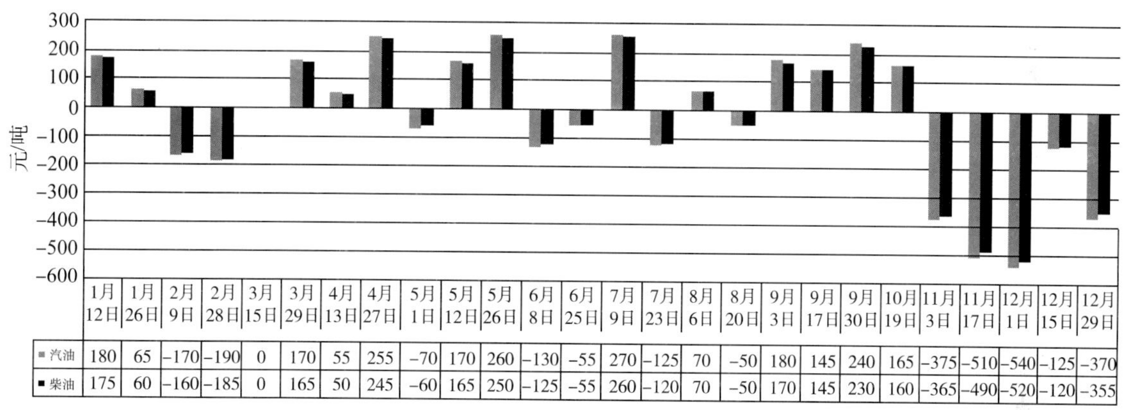

	1月12日	1月26日	2月9日	2月28日	3月15日	3月29日	4月13日	4月27日	5月1日	5月12日	5月26日	6月8日	6月25日	7月9日	7月23日	8月6日	8月20日	9月3日	9月17日	9月30日	10月19日	11月3日	11月17日	12月1日	12月15日	12月29日
■汽油	180	65	−170	−190	0	170	55	255	−70	170	260	−130	−55	270	−125	70	−50	180	145	240	165	−375	−510	−540	−125	−370
■柴油	175	60	−160	−185	0	165	50	245	−60	165	250	−125	−55	260	−120	70	−50	170	145	230	160	−365	−490	−520	−120	−355

2018年国内成品油调价情况

中国国内石油消费增速回升，原油产量连续下降，石油对外依存度进一步上升。国内原油加工量增幅继续扩大，成品油市场供应宽松态势进一步加剧。

国内原油加工量、成品油产量继续增加、增速提高。国内成品油产量3.67亿吨，同比增长5.9%，高出需求增速1个百分点；国内成品油产需差4382万吨，同比增长15%。中国海油惠州二期、云南石化全年稳定生产，运行时长较2017年明显增加；另有四家地方炼油厂新获进口原油配额，进一步加剧资源过剩局面。

2018年，国内汽油表观消费量1.34亿吨，同比增长6.6%，增速同比放缓约3个百分点。乘用车销量自7月开始连续5个月负增长，全年同比下降3%；汽油替代品力度不断加大，新能源汽车销量同比增长69%，保有量近300万辆，占汽车总量的1.3%；2018年新增高铁3836千米，累计里程2.9万千米，替代汽油消费5%；油价（Brent）均价同比提高17美元，汽油成本上升抑制消费减速1个百分点。

柴油表观消费量1.54亿吨，同比增长2.4%，增速同比回落0.7个百分点。工矿用油需求增速14%；工业企业利润总体回升，大宗工业品生产增速较高，原煤和粗钢的产量均增长5%—7%，同比加快1—2个百分点；公路物流用油同比增长约3%；双超治理的政策红利对重卡的销售形成支撑，全年重卡销量同比增长4.5%，加上工业品及电商运输活跃，公路货物周转同比增速6.7%；建筑用油降幅缩窄至8%；全年房地产投资增长近10%，同比加快2—3个百分点。

此外，2018年，中国成品油市场经历很多变化，尤其是政策方面，涉及油品质量、终端加油站、税收等，对成品油市场产生深远影响。（1）增值税税率下调。4月4日，财政部印发《关于调整增值税税率的通知》（财税〔2018〕32号），自2018年5月1日起降低部分行业和货物增值税税率，其中成品油增值税税率由17%降低至16%。（2）发布打赢蓝天保卫战三年行动计划。6月27日，国务院印发《打赢蓝天保卫战三年行动计划》，明确提出加快油品质量升级。2019年1月1日起，全国全面供应符合国Ⅵ标准的车用汽油、柴油，停止销售低于国Ⅵ标准的汽油、柴油，实现车用柴油、普通柴油、部分船舶用油“三油并轨”，取消普通柴油标准，重点区域、珠三角地区、成渝地区等提前实施。研究销售前在车用汽油、柴油中加入符合环保要求的燃油清净增效剂。（3）“公转铁、公转水”影响柴油消费。7月2日，国务院新闻办公室举行调整交通运输结构提高综合运输效率吹风会。交通运输部提出，以推进大宗货物运输“公转铁、公转水”为主攻方向，通过三年集中攻坚，到2020年实现全国铁路货运量较2017年增加11亿吨、增长30%，水路货运量增加5亿吨、增长7.5%，沿海港口大宗货物公路运输量减少4.4亿吨。（4）多家能源企业在中国国际进口博览会上达成合作协议。11月5—10日，首届中国国际进口博览会在上海举行，172个国家、地区和国际组织参会，超过3600家企业参展。中国石化、中国石油等国内能源企业与沙特阿拉伯石油公司、科威特国家石油公司等国外能源企业在此次博览会上达成合作协议。（5）“环保费”改“环保税”。2018年1月1日起，《中华人民共和国环境保护税法》正式实施，环境保护税也同时开征。对成品油销售企业来说，环保成本将继续上升，但也倒逼企业转型升级。（6）中美互相加征关税，其中包括汽油、柴油、煤油。（7）外资加油站取消30座上限限制。6月28日，国家发改委、商务部以第18号令发布《外商投资准入特别管理措施(负面清单)(2018年版)》，自2018年7月28日起施行。其中，正式取消同一外国投资者设立超过30家分店、销售来自多个供应商的不同种类和品牌成品油的连锁加油站建设、经营须由中方控股的限制。至此，石油下游环节完全开放，仅保留上游勘探、开采环节的限制。未来会有越来越多的外资加油站加速扩张在中国加油站的数量，建设差异化、高品质或将成为外资品牌追求的一个重要方向。

【市场营销】 2018年，销售分公司坚持主动营销、精细营销，超前研判市场，抢抓油价波动节点及时调整营销策略，年底油价大幅下挫前全力扩销降库，降价前炼销一体化库存降至全年最低点。按照批零一体、区域差异原则，在东北、西北、西南、华东华南、华北华中分别实施“稳量提价”“稳价提量”“提量增效”“增量稳效”以及合理安排资源规模等策略，见到明显效果。适当调整资源外采模式，赋予省区公司部分外采权，鼓励“多销多采”，提升资源竞争能力，特别是针对主要对手的大范围、大幅度零售降价促销，坚持“以我为主”理性应对，综合价格到位率同比提高0.11个百分点。开发航空煤油市场，供中国航油销量同比增长15.3%，航空煤油市场份额同比提升1.6个百分点。柴油销量扭转连续6年下滑局面。

落实国家关于扩大成品油互供规模的要求，结合全年直属炼油厂检修及市场变化，主动组织好与中国石化等其他经营主体的成品油资源串换，通过有效发挥双方在仓储设施等方面的互补作用，优化物流、节约运输成本。同时，有效缓解局部资源产地与消费需求区域不匹配的矛盾，避免出现个别区域因生产不稳定、调运不及时等造成的供应紧张局面，保证市场稳定供应以及国内成品油市场的平稳有序运行。

持续优化完善业务运行监控体系建设，以销售业务信息系统为抓手，通过业务运行和决策支持等信息系统的使用和完善，形成日、周、月度的销量、价格和库存等运行指标监测体系，及时反映成品油市场需求、资源变化和竞争对手动向等信息。强化成品油出口日常运行协调，保障出口顺畅运作。建立日间运行协调机制，业务运行过程中动态互通国内、国外、船运等各类信息，优先确保出口资源备货，减少船舶滞期费的发生，均衡安排国内油品调运，尽可能减少国内外油品之间发运的影响，促进出口各环节的高效衔接。加强对串换实际执行量、客存油变化的监控，为细化日间销售运行分析提供更加完善的数据支持。根据管理需要，建立阶段性每日销售计划、配置计划、直批计划完成率排名机制，督导销售企业按计划完成销售任务。

【零售运营】 2018年，销售分公司以“新时代、新零售、新发展”的理念贯彻零售工作的始终，以“增量提效”作为全年零售工作的核心目标，持续推进“精准营销、精益管理、精心服务”，加快构建以零售为核心的营销体系，着力打造强大现场，零售质量不断提升。2018年，加油站总数21799座，自营纯枪销量7298万吨。

强化策略制定和监督执行。制定实施零售纯枪量及补贴、奖励等政策，常态开展纯枪日跟踪、周分析、月度专题分析，利用大数据开展零售数据挖掘分析，分析增减量、营销支出、电子券营销情况，同时探索分析零售量价关系、电子券卡客户和非卡客户的支出贡献以及直批和零售的量价互动情况，零售策略实施更加有效。

做实零售营销管理。持续开展四季主题促销和“10惠”品牌促销，按月跟进地区公司开展情况，2018年开展“10惠”活动12次，参与活动站点稳定在1万座。“10惠”品牌促销在多数区域形成良好口碑。推进CN98超级汽油营销宣传，发布《CN98营销执行手册》。推进优化电子券业务，形成《2018年电子券营销实施意见》。

突出运行天数管理。推进加油站埋地储罐防渗治理，优化施工组织和开停业管理，最大限度减少对经营的影响。狠抓加油站停业周跟踪，每周通报停业加油站数量、原因，督促地区公司跟踪考核。实施停开业加油站线上审理和备案管理，上线加油站运行时间管理模块，为2019年停开业日跟踪管理奠定基础。坚持开展长期停业加油站“再梳理、再投运”，206座长期停业加油站恢复投运。

推进“双低站”综合治理。调整“双低站”治理重心，从治理指标导向，转向“3+1”（3：目标责任制模式、委托管理模式和出租经营模式。1:品牌输出模式）模式推广，机制先行，带动零售。委托管理加油站数量1390座、目标经营责任制5901座，转移员工1766人。有序开展对外租赁，2018年出租经营加油站184座，主动关停加油站94座、迁建7座，利润同比增加959万元。推行领导干部精准挂包帮，推进BW系统向大数据系统的迁移，打通财务FMIS数据库与“大数据”系统的数据接口，为下一步精细开展“双低站”财务数据分析奠定基础。

打造综合服务监督平台。完善95504热线及网站功能，上线AI智能客服系统，实现24小时客户自助服务；对发票、电子券、“10惠”设置标准问答。开展神秘顾客访问，2018年神秘顾客访问19342站次，覆盖31家单位363个地市公司5051座加油站，各回头看主题分数均有提升，薄弱环节得到改善。推进加油站视频监控远程巡查，2018年巡查12次覆盖1478座加油站，总体平均得分94.77分。开展满意度调查，满意度平均值为86.31分，同比提高1.45分。

促进“中油伴YOU”自驾游品牌建设。按照“同一品牌、分散执行”思路，开展“中油伴YOU”自驾游品牌建设。组织河北销售、西藏销售开展两期全国性自驾游活动，山东销售、福建销售等单位开展省内车友自驾游活动。其中：“中油伴YOU·最美318”公益自驾之旅活动，2018年4月5日从成都出发，19台车全程2700千米；“冀疆情·巴州行”中油伴YOU送客入疆自驾游活动9月举办，持续16天，途径8个省区，200余人参加，活动车辆50辆。两次活动活动超过10万人关注，3000余人咨询报名。

【资源调运】 2018年，销售分公司以全面保障直属炼油厂后路畅通、所属加油站资源稳定供应为目标，强化产销协调、销贸协同，精细组织，多方协调，保障集团公司产业链整体平稳运行，完成“两保一降”（保后路畅通、保资源供应、降低运费）任务。

保障产业链顺畅运行。针对国内资源严重过剩、成品油库存长期处于高位、产销运行矛盾突出的困难，及时传递市场信息，协调炼油厂合理控制加工量，多产适销对路产品，向炼化企业提出订制化生产建议400万吨，为顺畅调出创造条件。及时协调增加运力，强化日间调运管理，优化运输组织，提高车船效率。协调铁路、管道等各运力企业，增加运力和流向倾斜。配合炼化企业储罐VOC改造要求，及时组织油品降库，在东陵管线停输后，加大抚顺石化铁路、下海的油品调出，保证抚顺石化的生产后路畅通，协助辽河石化利用鲅鱼圈中转库将普通柴油调和成车用柴油，疏通企业生产后路，保障港枣管线因湖屯库检修输油困难、千米桥油库暴雨阶段性停用期间大港石化后路畅通。

保障市场稳定供应。提前制订保供方案、及时办理通行证、开辟绿色通道等多措并举，较好完成全国“两会”、上合组织青岛峰会、天津夏季达沃斯论坛、北京中非合作论坛、上海中国国际进口博览会等特殊时期的用油供应工作。提前编制运行方案保证炼油厂检修期间周边地区的市场供应。先后编制吉林石化、华北石化、四川石化停工检修期间的运行方案。针对德州、济南、湖屯、枣庄等油库进行乙醇设施改造，港枣线无法输送汽油的情况，组织东北销售、山东销售、河北销售等采取措施，做好山东地区乙醇汽油保供工作。

应对突发事件。针对多次地震、台风、雨雪冰冻、洪涝灾害和森林火灾，紧盯抢险救灾用油和社会用油需求，加强资源组织，合理调配运力，保证供应充足稳定。2018年7月，受洪水影响，四川石化停工、兰成渝管道停输，第一时间沟通相关单位，连夜编制保障方案，全月向川渝调入油品97.3万吨，其中铁路35.4万吨、管输50.1万吨、公路7.5万吨、东北江运2.4万吨、西北江运1.9万吨。8—9月，受需求增加、直属炼油厂油品升级高标号汽油生产困难影响，西北地区汽油销售继续走高，高标号汽油供应紧张，通过加强协调，深挖库存，协调炼油厂加快生产交货，利用外采资源精准补充等措施，通过跨区配送、调整发运点、多点装车等方式，保障高标号用油高峰稳定供应。

支持油品升级置换。根据国家关于国Ⅵ标准及乙醇汽油推广的要求，提前着手，结合资源形势及市场需求，考虑管道运输与油库运行的实际，制定升级置换方案。在运行中克服资源不足、部分产品指标卡边、管输批次限制等困难，加大协调，及时解决突发问题，确保各地区公司及时完成升级置换。

推进物流优化降费。坚持分销计划优化（DPO）模型月度滚动优化，及时修订资源、运输交叉地区路径的运输成本，选择最优路径配送，杜绝回流、对流运输，推动管输增量。淡季合理安排库存上涨，向管道沿线炼油厂和油库倾斜，减少铁路发运。一二次（成本）运费 181 亿元，同比节省 6.1 亿元，比预算降低 12.05 亿元。吨油运费 169.91 元，同比降低 9.84 元，比预算降低 26.41 元，连续五年实现运费总额和吨油运费下降；把握调运节奏创效 10.74 亿元。

非油品业务

【概述】 2018 年，是销售分公司非油品业务专业化运营的第一年。以做大做强为目标，以便利店业务为龙头，不断拓展非油品业务领域，丰富非油品业务内涵，继续保持非油品业务收入、利润持续增长势头。2018 年非油品业务销售收入 231 亿元、利润 24.1 亿元，同比分别增加 45 亿元、3.5 亿元，便利店数量 1.9 万座，开店率 95%，50 万元以上便利店数量 9793 座，同比增长 17.7%（表 2）。

表 2　2018 年非油品业务主要经营指标

项　目	2018 年	2017 年	同比增减
销售收入（亿元）	231	186	45
毛利率（%）	14.3	14.3	0
利润（亿元）	24.1	20.6	3.5
利润率（%）	10.4	11	–0.6

【体制机制建设】 2018 年，销售分公司针对昆仑好客公司成立之初管理基础薄弱、体制机制不健全的实际情况，推动明确非油品业务事权划分，建立完善各种制度、标准、流程，不断强化专业化管理和服务，初步搭建符合发展要求的管理体系和运营机制。特别是把握零售行业前沿管理理念，聘请专业咨询公司研究推动精益零售运营体系建设，并在五家省区销售公司开展试点。

【便利店运营】 2018 年，便利店业务效率效益持续增长。实施店面优化，分级分类制订方案，细化工作方法，省区公司一站一策、逐站优化，深挖便利店潜力，实现 50 万元以上便利店全覆盖，对一些优质高效便利店，瞄准打造昆仑好客旗舰店目标，围绕“人·车·生活”需要，增加服务内容，提升客户体验。根据业务需要，对 200 余座便利店实施升级和微改造。强化便利店营销组织，制订“油卡非润”月度主题营销方案，围绕四季营销主题开展特色营销、世界杯主题营销等活动，家庭食品、包装饮料、车辅产品等销售占比逐步提升。准确把握非油品业务运行的痛点，引入精益零售管理，围绕商品、运营、供应链、门店四个方面职能，推动地区公司重构组织架构，按照“单品管理、假设验证、数据经营”的思路，在云南销售、福建销售、陕西销售、甘肃销售、吉林销售的 160 座便利店试点，运营效率大幅提升。狠抓自有商品开发运营，着眼于提升重点品类商品核心竞争力，加大自有商品开发销售力度，统筹昆悦纸、优斯麦尔等自有商品运营，合作开发 6 款“优选 +”大米，制定《自有商品开发与运营指导意见》《自有商品考察标准模板》，规范自有商品管理，开展自有商品评审，优化自有商品结构；制定自有商品发展规划，确定五类优先发展商品、三类持续优化商品，明确未来 5 年发展方向。

【运营管理提升】 2018 年，销售分公司落实专业化管理运营责任，大力推进集采业务，加强各方沟通协调，与 39 个品牌建立合作关系，与 302 家供应商及 31 家地区公司签订采购合同。紧盯全年目标任务，逐一对接计划指标，针对运行中的痛点难点问题，印发集采指南，开展业务培训，建立共享交流群，解决运行难题，提高工作效率，采购成本同比下降 10%。优化非油品供应链与物流管理，实施天津地区物流优化，推进内蒙古与吉林、宁夏跨区配送，加快搭建非油品信息系统，开发集采、辅助订货系统，搭建站外店信息系统，服务业务运行，融入电子销售平台建设，基本完成模块搭建工作。

【业务拓展】 优化自有品牌水运营。2018年，完成武夷山水公司股权划转，制定武夷山水促销政策，加大销售力度，武夷山水在包装水中占比提升23.5个百分点。着眼长远发展，寻找新水源，开发东北冰源水，支持西藏销售开发格桑泉水，初步形成三个水源地、两个价格带的产品体系。

攻坚大客户开发。以系统内客户为突破口，围绕节日福利、办公用品采购等，精准制订营销方案，收入700余万元。强化客户服务，实施客户分级管理，克服人员少、配套能力不足等困难，多方协调组织货源，加班加点分拣包装，周密部署货物交接，赢得客户认可。

开展汽车服务业务。谋划汽车服务业务长远发展，制定业务发展规划，加快汽车服务网点建设，汽车服务店收入1.94亿元，探索整车销售新模式，在广州建立中转仓，月周转量近千台，在云南试点整车销售，收入750万元，打通整车销售业务流程，形成完整的汽车服务业务体系。

推进快餐业务试点。与肯德基、麦当劳等品牌企业合作，在河北、黑龙江等地打造汽车穿梭餐厅，取得较好的试点效果。开展项目论证，总结试点经验，制定标准和规范，筹划全面推广。

探索社区店开发运营。开发投运石油大厦、恒毅大厦等3座便利店，加强商品组织、店面管理和营销策划，在提供优质服务的同时，丰富社区店开发运营实践。

鼓励探索化肥业务。加强与厂家谈判，打通供应渠道，在吉林、河北等地推广自有品牌化肥销售，收入2.3亿元；牵头组织宁夏销售、黑龙江销售、内蒙古销售等公司开展化肥业务，收入2.9亿元。

加快合资合作步伐。结合业务发展需要，在广告、包装水、保险、电子销售平台等业务领域探索合资合作运营，与有实力的企业接洽谈判，推动强强联合。

加油卡业务

【概述】 2018年，销售分公司加油卡业务坚持服务营销、服务客户、服务基层，优化业务运行、提升线上平台、规范跨界合作、创新联名卡应用、整合营销传播、拓展会员体系，售卡1.48亿张，其中记名卡1.15亿张，占比78.1%，整体工作有效推进。

【卡产品业务】 2018年，销售分公司坚持抓好卡产品营销，拓宽产品卡营销宣传和推广渠道，通过线上线下协同、内外电销平台互补的销售模式，不断加大卡产品发行推广力度，发行变形金刚、生肖卡等产品卡43.59万张，其中线上发行1.98万张。创新联名加油卡对外合作，在云南发行全国首张集金融借记卡和昆仑加油卡功能为一体的单芯片多应用联名卡——中油龙卡，实现加油、金融、服务和ETC四大功能的有机集成；与昆仑银行、中意人寿合作发行变形金刚、小马宝莉系列昆仑加油信用卡，扩大与集团公司内部金融企业的产融结合；与阳光出行网合作推出昆仑加油卡十周年纪念联名加油卡，持卡人可享受阳光酒店、阳光出行会员所有权益和优惠，促进与集团公司内部综合服务企业的互利共赢；深入开展ETC合作模式研究，与交通运输部路网监测与应急处置中心签署战略合作框架协议，为未来“昆仑”ETC业务奠定基础。

【卡营销管理】 2018年，销售分公司出台《关于进一步规范加油站消费支付、加油卡充值和联名加油卡业务对外合作有关事项的通知》，明确相关业务对外合作的条件、标准、范围和审批流程，上海销售、江西销售、云南销售、内蒙古销售、吉林销售与中国银联的二维码（云闪付）合作，宁夏销售、新疆销售、云南销售、西藏销售与中国电信的翼支付合作；清理部分公司与滴滴加油、佰付美、卡一车、海南海岛一卡通、通联支付、盛联微付、山东高速信联、江苏瑞祥等企业的支付合作申请；与京东开展“京东—中石油加油节”昆仑加油卡联合促销活动，提供加油卡充值立减、加油纪念卡9折等促销优惠，2年合同期间京东投入3000余万元促销费用，在线充值17.6亿元。

【互联网业务】 2018年，销售分公司不断丰富95504

门户网站、微信公众号、中油好客 e 站 APP 功能；上线工行融 e 购加油卡在线充值，工行智能 POS 机升级完成开发和现场测试，增加工银二维码支付功能。加大微信公众号权限开放，加强线上营销创新，完善平台运营机制。组织平台功能设计升级，加快地区应用推广，组织设计微信接口升级、粉丝迁移、门户改版等新技术研究与系统升级方案。运营积分商城，加强数据分析，优化商品品类，2018 年兑换订单同比增长 30%。

【营销传播】 2018 年，销售分公司以“畅想每一站，生活更精彩”为主题，重点打造“电子优惠券”“CN98 超级汽油”“昆仑好客自有商品”和“昆仑加油卡 10 周年”四大工程；升级“月月主题”促销场景，淡化四季概念，围绕热点活动和节假日开展营销宣传。统一规范品牌形象，不断丰富宣传形式，优化传播渠道，实现国内三大航空公司全渠道覆盖；围绕未来主流消费群体，在暑期、中秋节、国庆节等观影高峰，选择北上广深等 10 个城市投放电影院线广告；通过微信朋友圈、百度大搜、百度华表及品牌专区投放 CN98 超级汽油和电子券营销广告；利用线上自营平台、95504 门户网站、微信公众号发布图文信息 1000 余篇，浏览量 8709 万人次。

【会员体系建设】 2018 年，持卡会员规模和质量稳步提升，实名加油卡发行数同比增长 14%，互联网平台客户数同比增长 46.8%。会员触达能力显著提升，通过各类营销宣传活动，互联网渠道充值额同比增长 213%；线上交易占加油卡充值总额的 19.7%，同比提高 13 个百分点。

燃料油业务

【概述】 2018 年，销售分公司燃料油业务坚持“低库存、以销定产、一体化、资源价值及整体效益最大化”的生产经营优化原则，全力以赴提质增效，关键业绩指标稳中向好。总销量 3253.4 万吨、利润 20.3 亿元；沥青销量增长 20%，再创历史新高，巩固国内最大的沥青、防水卷材沥青供应商地位；原油资源不断开拓新价值，“做精原油”再上台阶（表 3）。

表 3 2018 年燃料油业务主要指标

项　目	2018 年	2017 年	同　比
销量（万吨）	3253.4	3388.6	-135.2
其中，沥青	1024.6	853.4	171.2
燃料油	74.4	91.7	-17.3
溶剂油	75.8	0.5	75.3
馏分油	142.7	158.5	-15.8
重质原油	1936	2284.6	-348.6
利润总额（亿元）	20.3	20.2	0.1

【业务拓展】 2018 年，销售分公司坚持做精原油，在紧盯委内瑞拉原油的同时，拓展贸易种类，多渠道在国际市场筹措其他渠道重质原油，有效弥补资源缺口，原油贸易依然保持利润主体地位。全年一体化供应原油 1924 万吨，回购产品 684 万吨，一体化原油销量占原油总销量的 94.8%。实施量价联动、翻盘优惠等措施，整船模式销量同比增长 43.9%。打通烟台联储管输模式，确保中俄原油管线和辽河油田后路畅通。成为国内原油期货首批 6 家交割企业之一，实现前三批中的两批交割参与，通过套保工具降低原油采购成本 8 亿元，在规避油价剧烈波动、降低市场风险等方面发挥关键作用。

沥青业务扎实有序推进。针对 PPP 项目清理尤其是新疆地区需求萎缩的形势，实施“一促一降”。深化战略合作，与 15 家客户签订战略合作协议。灵活采用投标方式，“昆仑”沥青应用到雄安新区、北京新机场、2022 年冬奥会场馆等示范项目。终端销量比例 61%，同比提升 2 个百分点。坚持高端化、差异化路线，打造 RA25 特色产品，推动改性沥青委托加工。创新套利交易模式，沥青期货增利 2785 万元。

馏分油增值空间持续放大。实行公式化销售和竞价销售相结合，油浆、馏分油销价屡创新高，国内领先的非标油品贸易平台建设取得新进展。提升炼化企业油浆资源交付积极性和实现二次加工原料定制化供应相结合，加大油浆销售力度。借助“蓉欧班列”，从哈萨克斯坦首次进口蜡渣油，满足四川石化加氢原料需求。探索新业务模式，首次启动石脑油含税贸易；首次向广西石化直供低硫渣油；油浆竞价销售向针状焦等高附加值客户倾斜；船舶燃料业务取得突破。

原油加工业务盈利能力持续改善。建立产研销联动机制，提升整体高效应对市场的协作能力。秦皇岛公司、温州公司装置改造一次开车成功并实现平稳满负荷运行，推动江苏公司卫生防护距离不足问题整改，成功掌握 WCS 加工方案。克服加工量大幅降低、原油含水高等困难，剔除停工因素影响，综合能耗 17.12 千克标准油 / 吨，同比下降 0.17 千克标准油 / 吨，完成节能 600 吨标准煤、节水 5000 立方米的目标。紧贴市场，成功开发不粘轮乳化沥青、新型 RA250 防水卷材沥青等 10 类新品。“硬质沥青生产技术研究”“玛瑞、波斯坎原油生产 SBS 改性沥青技术研究”分别获集团公司科学技术进步奖二等奖、技术发明奖三等奖，科技支撑作用日益增强。

润滑油业务

【概述】 2018 年，销售分公司润滑油业务坚持新发展理念，落实“技术、服务、品牌”三大定位，围绕“上量、降本、提质”六字方针，加大科技攻关，开发高端产品，深化渠道合作，拓展业务规模，全面完成各项生产经营目标任务，实现跨越式发展，步入高质量快速发展之路。全年销售润滑油 163 万吨，同比增长 14%，成品润滑油首次超过主要竞争对手。其中：车用油增量 3 万吨，同比增长 14%；工业油增量 3.1 万吨，同比增长 11%；特种油增量 7.2 万吨，同比增长 14%；车辅增量 8.8 万吨，同比增长 60%；船用油同比增长 25%；添加剂同比增长 60%。利润总额 4.6 亿元，可比口径同比增加 0.6 亿元。

表 4　2018 年润滑油业务主要经营指标

项　目	2018 年	2017 年	同比增减
销量（万吨）	163	142.6	20.4
其中，车用油	24.1	21.1	3
车辅产品	23.5	14.7	8.8
工业油	31.5	29.3	2.2
船用油	3.3	2.7	0.6
特种油	60	52	8
其他	20.7	22.8	−2.1
利润总额（亿元）	4.6	4	0.6

【业务拓展】 2018 年，销售分公司坚持抓客户、抓渠道、抓计划落实，加快销售进度，产品销量大幅提升。推动“昆仑”润滑油在集团公司内部单位的使用和替换，销售量同比增长 15%，内部市场占有率 70%，同比提高 5%；在 58 家主要用油企业中，有 22 家占比超过 80%。与省公司合作，推进终端建设，开发车队卡客户，省公司渠道车用油同比增长 7%，车辅产品同比增长 74%。

创新营销模式，实现提质增效。创新营销模式，推进二维码营销；制定提质产品专项考核办法，精准开展促销活动，加大提质产品销售力度，高档汽机油销量同比增长 58%，高档柴机油销量同比增长 11%；汽车齿轮油销量同比增长 1%；汽油、柴油复合剂销量同比增长 15%。

创新研发驱动，加快成果转化。不断加强顶层设计，变革体制机制和组织架构，筹建上海研发平台和兰州检测中心，为加快打造世界级水平的“发动机”奠定基础。研究两种资源，研制新配方，推出新工艺，研发适合市场与消费者需求的新产品、拳头产品、差异化产品。KI50X 直流变压器油应用于国家电网海外首个特高压输电工程；成为长编组“复兴号”动车组唯一指定用油，填补国内空白；盾构机、风电、顶驱专用油实现供油；成为润滑油行业唯一国家重点研发项目承担单位；技术与市场密切配合，完成上汽通用升级换代工作；开展北汽福田、东风汽车等重点客户销售深度分析；环烷基水杨酸盐 RHY109 等新工艺取得两大历史突破，创效能力持续提升。

优化生产布局，提高运营效率。坚持推行生产轻量化、销售轻量化、资源属地化管理。拓展外采资源渠道，新准入 5 种基础油资源，增加 3 家长约客户，扩大基础油资源选择范围，通过属地化采购供应、减少跨区域调拨，同比降低采购成本 5522 万元，有效应对内部资源质量、结构问题，保障生产需要。成立委托加工管理中心，提高应对市场能力；优化物流运输，平均吨油运费同比下降 18 元。

投资管理与网络建设

【概述】 2018 年，销售分公司秉承“终端致胜”“网络强企”的发展理念，继续紧盯攻坚战、保卫战、阵地战、挖潜战“四大战役”目标的实现，聚焦网络结构优化与质量提升，加大优质、战略市场开发，开发加油（气）站 506 座、投运 445 座，计划完成率分别为 112%、111%，投运加油站年新增零售能力 292 万吨。

【投资管理】 2018 年，销售分公司推进中长期发展规划研究，组织编制《2018—2020 年成品油销售业务滚动发展规划》。开展“十三五”发展规划中期评估，对“十三五”前三年规划指标完成情况、重点工作部署进展情况，进行系统总结，对偏差较大的指标进行重点分析；对面临的形势、行业发展趋势、竞争对手情况进行分析，各地区销售公司开展各自“十三五”发展规划的中期评估工作，形成适合各地区公司业务实际的“十三五”末发展指标。

加强投资管理。根据地方环保执法力度加强、各地防渗改造推进加快、投资缺口大的情况，争取追加投资规模，确保加油站开发、防渗改造等关键领域投资。控制一般性技改及其他投入，实行投资总量与自营纯枪量挂钩，提高企业加强投资控制的积极性和能动性。控制投资成本，控制搭车改造内容、控制防渗改造项目安排进度，缓解年度投资缺口及经营压力，防渗改造整体进度行业领先。加大历史遗留项目清理，清理项目 144 个。

推进终端网络开发。完善开发和激励政策，统一新投运加油站达销考核口径，放宽区内达销期。将网络开发指标纳入公司主要领导年度和中长期业绩合同，新投运加油站达销率纳入年度业绩合同考核指标，同时将投资建设类指标纳入季度劳动竞赛，激发各单位开发零售网络积极性。2018 年开发加油（气）站 506 座、投运 445 座，投运加油站年新增零售能力 292 万吨。开发加油站中全资新建站 247 座，占比 49%，同比增加 5 个百分点；城区、新区和开发区站点 230 座，占比 46%，同比增加 4 个百分点。

【工程建设】 2018 年，销售分公司推进工程实施，抓紧库站建设，助力主营业务发展。加油（气）站新建及改造项目 7100 余座，改造加油（气）站 6800 余座；投运油库 3 座，新开工油库 3 座，云南秧田冲航空煤油储运项目主体施工完成，油库布局进一步优化。竣工未验收项目完成全部 1051 个项目的验收。

推进加油站防渗改造。结合投资、加油站运营情况，制订“3+2”加油站防渗改造计划，与生态环境部汇报沟通，探索零售业务、投资支撑、改造进度最佳契合点，尽力做到三者共融、共进，实现三者有机结合；编制《加油站防渗改造工程施工指导手册》，将防渗改造全程分解为 15 个环节和 31 道工序，系统识别各环节、各工序风险因素，制定对应措施，提出管控要求，在地区公司探索表单化和远程监管，保证防渗改造工程的顺利推进；组织召开以加油站防渗改造为主题的精细化管理会议，以精细化会议为标志防渗改造进入全面推进阶段。截至 2018 年底，改造完成 6499 座，累计完成 11315 座，完成率 55%。

强化工程项目规范化管理。组织开展 2017 版《加油站建设标准》《加油站防渗改造施工指导手册》专题培训，连续举办五期，共培训 1000 余人，覆盖销售分公司工程管理人员的 80%，为新版建设标准执行和防渗改造全面实施做好人才储备、知识储备、技术储备，与 2017 年开展的“工程建设基本程序”培训一起，实现全知识面闭合和系统员工全覆盖。

强化物资采购管理。理顺集团公司、销售分公司、地区公司物资采购管理权限，双层油罐、加油机作为一级物资由销售分公司作为授权组长单位统一管理，其余作为二级物资，由各地区公司依据“三集中”原则，按照集团公司相关管理制度自行采购。推进和完善各销售企业集中采购招标工作，鼓励各销售企业通过合规化外委招标、竞争性谈判、询价采购等多种选商和采购方式，降低采购成本，提升采购质量。实现物资采购和招标的规范化、集约化、专业化，发挥规模采购优势，优化资源组合，2018 年采购总额 81 亿元，节约采购金额 6.5 亿元，降本率 7.3%。

完成竣工验收专项工作。针对销售工程项目数量多，分布范围广，收购、合资、租赁等项目性质构成复杂的特点，建立销项工作机制，分单位、分类别形成项目清单，逐项落实任务、负责人员、完成时间，推动竣工验收工作顺利进行。建立竣工验收专家库，形成不同类别、不同建设时间工程项目验收定制化工作模板，推动专项工作的顺利完成。

专业管理

【HSE 建设与管理】 2018 年，销售分公司推进 HSE 主体责任落实、体系量化审核和标准化站队建设，强化生产厂、油库、加油站常规作业及施工作业现场监管，严控加油站防渗改造、散装汽油销售安全风险，加大隐患项目治理，未发生较大及以上等级事故，湖南长沙岳麓大道加油站“6・16”灭火视频，被评为 2018 年度中央企业十大暖镜头之五，加油站员工被评为 2018 感动中国之感动湖南人物。

深化量化评估审核。2018 年两次组织对 36 个地区公司全覆盖审核，涉及处室 427 个、二级公司 98 个和生产经营作业现场 433 个。其中，燃料油公司作为“双一类”企业 2018 年开展两次量化审核，审核以外聘专家为主。与 2017 年相比，销售企业整体从 C1 基础级（75.8 分）提升到 B2 良好级（82.6 分），风险管控水平有所提升。

加大重点领域监管。盯住短板不放松，狠抓施工和承包商管理，印发《加油站防渗改造工程实施指导手册》，加密组织作业许可审批人考评，修订高处作业、临时用电、进入受限空间、动火作业四类题库，针对系统内外发生的事故事件，加强罐体切割、动火作业等过程管控，组织开展“四不两直”检查和施工现场调研，印发《关于加强承包商管理　坚决杜绝工程施工安全事故的通知》《加油站防渗改造工程施工安全管理十项强化措施》，现场管控措施得到强化。

强化重大危险源专项管理。将加气站作为销售企业新的重要风险源管理，下发《LPG、CNG、LNG 加气站风险管理手册》，采取集中培训、现场参观讲解、讨论答疑、集中考试等形式，对 26 家企业的 221 名加气站安全管理人员进行培训。针对张家口“11・28”爆燃事故暴露的事故关联度，聚焦生产厂、油库和加气站等重大危险源管理、中控室值守、下水管网管理、可燃气体报警失效（无声报）、员工能力、库外危险化学品车辆停车场设置以及应急处置等问题，组织开展“四个一”（开展一次重大危险源专项检查、开展一次油库“防冒顶”专项检查“回头看”、开展一次加气站专项检查和加气站经理人员测评、开展一次“跑冒油”专项应急预案演练）专项检查。

抓好环境保护工作。启动京津冀及周边地区、汾谓平原地区大气污染强化保障措施，重点落实小煤炉清零、生产企业 VOCs 治理、加油站油气回收监测运行等措施目标。跟进 2018 年中央环保督察及“回头看”涉及的 3 家销售企业 4 项问题，形成专项报告向集团公司报备说明。

推动库站 HSE 标准化站队建设达标验收。销售企业应达标站队数量占集团公司的 54% 以上，按照销售分公司《HSE 标准化创建达标考评表》，地区公司推进实施进度和质量，达标站队 17322 个，达标率 88.5%，超出集团公司任务指标。

夯实安全环保基础工作。针对事故事件、典型问题、罩棚倒塌、汛期灾害信息以及政府出台的重要法规信息，建立《风险预警》提示机制，不断完善风险预警工具。强化承包商管理，上线“合作单位人员 HSE 考评模块”，上、下半年审核，设置防渗改造专项，编制检查表，开展审核培训，大比例安排工程专业人员参与审核；梳理审核中发现的典型问题并进行通报，承包商管理得到强化。

【计量管理】 2018 年，销售分公司持续巩固推广诚信计量体系建设，加强装、运、卸三个环节计量管理，突出“足”“严”“准”，启动由信息系统提取公路运输损耗数据的试点，在铁路运输领域扩大诚信计量体系建设，依据集团公司企业标准 Q/SY 1866《成品油计量交接规范》，实行“三项”（空气浮力系数、流量计系数、装船系数）修正，严格计量器、主板、编码器铅封管理，开展加油机防计量作弊培训并检查，进一步提高加油机计量可靠性和准确性。铁路、公路、下海油损耗分别为 0.2‰、0.18‰和 0.85‰，同比分别下降 47%、40% 和 13%。

【质量与标准化管理】 2018 年，销售分公司严格执行质量管理规定，强化全过程的油品质量控制。严格入库油品的质量管理，巩固集采油品质量关口前移的成效，采取多种方式保证出厂之前化验合格，减少重复化验，提高效率。严格储存环节的质量管理，杜绝混油，长期储存油品定期化验，采取切实可行措施加强对租赁、参控股以及不参与管理的油库进行监管，保证油品质量合格。严格运输环节监控，督促运输公司做好运输过程监控，杜绝超时、偏离线路、中途无故停车等现象，确保运输过程油品不被替换和丢失。严格加油站质量管理，重点加强防渗改造投运初期、潜油泵安装高度是否符合规范、油品来源、接卸油和回罐油管理。

做好油品升级期间的质量保障工作。在 2017 年“2+26”城市实施国 VI 标准汽油、柴油标准基础上，河南、云南、上海、江苏以及浙江部分地市先后实施国 VI 标准，天津实施乙醇汽油国 VI 标准，其他地区按计划进行置换，保证 2019 年 1 月 1 日全面供应国 VI 标准汽油、柴油，为保证油品质量顺利升级，加强置换过程及过渡期的质量监控，增加化验频次，化验 41617 批次油样。配合市场监管部门开展油品质量监督抽查，建立抽检台账，专人负责，销号管理，同时取样分析化验，接受各级政府抽检油样 22571 批次，合格率 100%。

强化敏感时期、重点地区质量计量管理。提前部署，周密安排，强化全国“两会”、“3・15”、青岛 APEC 峰会、中非合作论坛、上海进博会及节假日期间质量计量管理，编制油库、加油站质量计量检查表，组织开展检查，对北京地区特许加油站质量计量管理进行全面检查，配合国家有关部门对京津冀地区油品质量进行专项检查。“3・15”期间，开展丰富多彩的活动，宣传中国石油“以质取胜，以量取信，诚信经营”的理念，保证销售到用户的油品质量合格，计量准确。

参与和主导行标、企业标准制修订工作。参与和主导行业标准、企业标准制修订工作，承担 5 项行业标准、完成 4 项集团公司企业标准的制修订任务。

【油库管理】 2018 年，销售分公司抓好新建或停业检修油库投用工作，做好“三查四定”（查设计漏项、查工程质量及隐患、查未完工程量，定任务、定人员、定时间、定措施，限期完成）和投油试生产工作，组织开展烟台、德州、济南、湖屯、枣庄、宁波等油库检修改造。加强油库专业化管理，起草《关于加强销售企业成品油库专业化管理的报告》。

开展油库全流程诊断与优化工作。在 2017 年试点和获取作业数据的基础上，推广应用全流程诊断与优化工具，围绕收发油作业时间比、油库周转使用效率、吨油仓储成本、设备完好率、计质量纠纷发生率、综合损耗率等开展对标分析和流程诊断，指导地区公司提高地付一卡通自助付油效率、推动大罐自动计量应用和多罐收油作业流程管控等，减少公路地付等候时间和压车压船问题。

【财务管理】 2018 年，销售分公司以提升质量效益为中心，改革创新预算管控模式，深入开源节流降本增效，强化资金风险管控及合规管理，发挥财务服务、监督职能，为推进销售业务转型升级、提质增效提供强有力的支撑。

发挥预算引领作用。着眼解决生产经营中存在的难点、热点问题，突出批零一体化运作，预算奖励政策兼顾疏通后路与增效创效，在分析流向效益基础上，鼓励直属资源增加区内及直属炼油厂所在省份销量。坚持业务和财务协同编制预算，上下充分沟通，完善毛利相关参数、主要费用项目预算标杆，以毛利最大化为目标，以预算目标引导资源配置、调拨价格、外采运作、营销策略等政策，优化业务运行。加强预算运行管控，做好预算分析，发挥引领作用。

推进开源节流降本增效。围绕全年预算指标，制订销售企业开源节流降本增效实施方案，明确精细营销、突出零售、降本控费、规范管理等 10 个方面 55 条挖潜增效具体措施，按专业加强挂钩考核，明确控费目标、落实工作责任，引导地区公司从“要费用”向“挣费用”转变。强化运力协调，深挖物流潜力，增加炼油厂地付配送直接入站，加强内部管控，制订并落实财务费用控制方案，做好“两金”压控，加快资金回笼，控制应收款额度，加快欠款清收，控制成品油和非油品库存规模在合理范围以内。按照集团公司二十条要求和销售分公司改进工作作风各项规定，大力压缩“五项”费用。建立劳动效率指标体系和通报制度，推动控员增效，2018 年超计划减少用工 3112 人，全员人均纯枪量 431 吨，同比提高 2%，日均 10 吨纯枪用人 6.1 人，同比减少 0.2 人。

强化经营分析，服务精细营销。完善经营分析体系，持续优化完善以问题为导向、效益为目标的经营活动分析体系。坚持月度经营分析，从成品油、非油品、小产品三个主要业务线，突出资源、产品、客户、流向效益，为经营决策提供依据，为解决问题找准抓手。加强对标分析，外部着重与同类企业对标，针对资源、销售结构、价格水平、非油品、员工成本等具体内容深入对比，找差距变化和薄弱环节，提出改善方案；内部着重省市公司、地市公司对标，深化问题导向，发挥好经营分析对业务运行的决策支持和评价作用。强化专题分析，分片区组织召开营销座谈会，从宏观经济、效益变动、网络投资开发、纯枪批发量价等方面多维度多视角充分分析各片区经营效益，选取关键指标对标分析，精准发现问题，及时传递压力。

防范资金安全风险。连续五年开展资金安全专项检查，对12家单位开展现场检查，覆盖54个地市公司、16个县级经营部、25座油库、495座加油站。结合新形势、新环境、新问题，进一步梳理资金管控风险，推动集团公司资金自动对账系统建设。针对发现的加油卡发行问题，加大对加油卡办理流程和发票、存货、印鉴等的规范管理。

加强价税管理。实施加油站增值税发票管理系统项目，结合销售企业实际，分三批推广实施发票系统，初步建成全国统一的发票管理平台，满足税收法规要求的同时，实现自动抓取生产系统数据，提高开票效率，有效降低税务风险。组织加油卡跨省消费发票开具，规范加油卡跨省消费开票结算要求，实现业务总体平稳运行。

规范存续企业管理。完善预算管理，通过集中对离退休人员、费用项目种类、政策依据进行信息化管控，强化审批过程的公开、透明，逐步形成预算、决算管理的一体化、系统化、精细化的管理体系，使离退休人员安置资金实际支出控制在预算以内。加强存续企业核算水平，根据集团公司会计核算及财务报表列报要求的调整，规范日常账务处理，完善财务报表列报。统筹资金安排，保证离退休人员政治待遇与生活水平，确保离退休人员队伍稳定。针对存续部分企业“三供一业”分离事项，筹划年度审计提前介入，确保集团公司年度决算前，完成存续企业财务报表的审计工作。

【信息化管理】 2018年，销售分公司信息化工作在确保各建成系统稳定运行的基础上，完成应用集成系统、加油站管理系统（2.0）、物流管理系统（2.0）、客户关系管理系统的竣工验收，开展电子销售平台及配套项目建设，取得阶段性成效。

加强系统应用，在销售大数据共享平台上开展数据分析应用，通过大数据技术挖掘数据价值，不断创新应用，为业务分析提供支持。进行营销支出、叠加优惠、电子券、价格直降、批零量价等多项专题分析，全国价格直降幅度得到有效控制，与分析之前相比，周投入下降30%左右。利用DPO优化模型每月制定一次物流运输方案，运输流向、运输结构持续优化，交叉运输、回流运输大幅减少，方案制定时间由1周缩短到3天以内，月均降费3000万元以上。依托电子销售平台、CRM系统、中油好客e站APP等系统开展客户360度画像，加快推动营销模式从普惠营销向精准营销变革，从单一渠道向全渠道会员体系变革。

抓好信息系统运维，2018年接入电话124万个，处理运维事件59.7万个，电话接听率90%以上，事件周解决率97%。开展11次系统应急演练，完善与数据中心、95504、互联网厂商、供应商等之间的应急联动机制；完成各类升级69次；完成8家地区公司现场运维回访，收集并解决地区公司运维遇到的310项问题；加强网络运行状态监控，通报省级网络告警事件12次；协助开展集团公司统建即时通讯系统的推广应用。

夯实销售信息系统安全基础建设，落实信息系统安全机制，提升信息安全理念。组织开展销售信息系统安全评估，完善销售网络安全体系，建立健全信息安全管理体系、信息安全运维体系及信息安全技术体系。增强销售信息安全运营监控支撑平台，重点做好库站安全加固及工控安全管理工作。2018年6月15日组织各销售企业，完成定向勒索病毒传播的阻断和处置，演练整个销售企业的网络安全应急和处置能力，检验前期护网工作结果。

【股权管理】 2018年，销售分公司建立、完善直管股权企业管理层考核方案和员工工资总额方案，借鉴集团公司年度效益类、营运类和约束类指标体系对直管股权企业管理层薪酬方案进行调整，基本按照一把尺子进行规范，兼顾公平性和特殊性，直管股权企业管理层薪酬管理工作有一个大的提高。借鉴集团公司工效挂钩方案，对直管股权企业员工工资总额机制进行调整和完善，将直管股权企业调整在一个原则下运行，同时兼顾考虑历史成因，运行整体上较为平稳。借鉴兵团公司监事履职行权的经验，初步形成年度“三会”（股东会、董事会、监事会）前监事去合资公司进行检查、督导或者审计的机制，协助直管股权企业做好风险防控等工作，同时也为“三会”召开保驾护航。

【培训管理】 2018年，销售分公司培训工作重点围绕年度培训计划展开，强化重点培训项目的组织和运行，突出培训实效。年度培训计划安排28项，其中列入集团公司、股份公司B类培训计划4项，销售分公司培训计划24项，计划培训3655人次。完成26项，培训计划完成率93%，培训6380人次，超计划总人次75%。

打造重点培训项目。启动“百名优师”培训项目，培养加油站、油库内训师，开发系列培训教程，上半年完成加油站经理培训师的培训工作，下半年完成油库业务骨干培训师的培训任务，培养127名优秀的加油站经理和油库业务骨干培训师队伍。开展销售业务骨干到中油碧辟公司现场对口培训，2018年完成4期，培训业务骨干106人，涉及八个业务岗位。开展第七批西藏与内地干部挂职培训交流，由东北销售、西北销售、安徽销售、广西销售、河南销售、辽宁销售、四川销售和云南销售选派8名干部到西藏销售挂职，西藏销售选派8名干部对口内地公司开展挂职工作。

组织远程在线考试16次、5623人次。有效运用远程在线学习平台，组织在线学习和考试，大幅降低培训成本，提高培训效率。组织销售信息系统深化应用培训考试2次、作业许可人取证考试5次、2018年秋季HSE体系审核领导干部考试2次、技能鉴定考评员资格考试2次、工程投资经理人培训班考试5次，促进和提升一线员工操作技能和业务水平。

【技能鉴定】 2018年，销售分公司完成销售企业4个主要工种职业技能等级标准、题库和教材修订，夯实技能鉴定基础工作。组织30家（除西藏销售外）销售地区公司的297人参加技师鉴定，242人成绩合格，总体合格率81%，考生对鉴定组织满意度98%。截至2018年底，销售企业技师总人数接近1000人。2018年32家鉴定站完成初、中、高3个等级的鉴定3.1万人，总体鉴定合格率64.1%。

【劳动竞赛】 2018年，销售分公司共完成12期劳动效率通报，每月中旬通过各单位劳动效率情况，通过通报排名，促进销售企业劳动效率提升。完成劳动竞赛2017年度评比表彰和2018年方案起草和组织运行，表彰11个单项竞赛和综合竞赛的先进单位55家、优秀组织工作先进单位5家，通报11个单项竞赛和综合竞赛的后进单位36家。制定下发《2018年“保后路、增份额、增纯枪、增效益”劳动竞赛方案》，2018年对方案做了较大的调整，结合企业销售规模和市场情况分为6组，劳动竞赛更具可比性。

（李　军）

天然气与管道

综　述

【概述】 在股份公司授权范围内，中国石油的油气调运、天然气销售、项目建设、资产完整性管理四大核心及其他相关业务由中国石油天然气股份有限公司天然气与管道分公司（简称天然气与管道分公司）负责管理。

天然气销售分公司与天然气与管道分公司“一个机构，两块牌子”，代表股份公司履行中石油管道有限责任公司、昆仑能源有限公司出资人管理职责，统筹协调管道规划布局、预算及投资、天然气输销衔接业务等工作。主要承担集团公司天然气销售业务的发展规划、市场研究、价格、资源统筹平衡，负责天然气业务市场开发和营销管理，以及集团公司天然气的统购、统配、平价、分销等。

2016 年 9 月，集团公司第十二次深改组会议通过《中国石油天然气集团公司天然气销售管理体制改革方案》，11 月印发《关于天然气销售与管道业务体制调整的通知》，决定做实天然气销售分公司与中石油管道有限责任公司，天然气销售与管输业务分立运行。

2018 年 10 月 12 日，股份公司印发《关于进一步调整优化天然气销售管理体制的通知》，对天然气销售分公司和昆仑能源有限公司实施管理整合，合并管理机构和人员，组建专业化天然气销售公司，构建天然气销售业务一体化运营管理平台和投融资平台。整合后的天然气销售公司，内部称谓为“天然气销售分公司（昆仑能源有限公司）”，按集团公司直属企业管理，其中批发分销业务在天然气销售分公司项下运营，终端零售业务在昆仑能源有限公司项下运营，批发分销和终端零售业务实行“分别经营、分账核算”。

天然气销售分公司总部机关设在北京市，下设天然气销售北方、东部、西部、南方等 4 个区域派出机构，黑龙江、吉林、辽宁、北京等 29 家天然气销售省公司。同时，对天然气销售川渝分公司、福建分公司实施业务管理。

中国石油天然气股份有限公司，境内所属天然气干线、支干线以及原油、成品油管输业务由中石油管道有限责任公司（简称中油管道公司）负责管理，中油管道公司是管道资产统一的管理、运营及投融资平台。按照“股份公司（专业公司）—中油管道公司—管道成员企业”三级管理架构，中油管道公司实行业务综合职能管理，接受股份公司整体考核；内部实行集中调控、区域化管理。

中油管道公司下设西气东输分公司、西部分公司、北方分公司三家区域分公司及全资子公司中石油西北联合管道有限公司，受托管理股份公司所属管道分公司、西气东输管道分公司、中石油北京天然气管道有限公司、西部管道分公司及西南管道分公司，北京油气调控中心为直属单位。其中，西部分公司、中石油西北联合管道有限公司与西部管道分公司、西气东输分公司与西气东输管道分公司、北方分公司与管道分公司，均是“一个机构、多块牌子”。

2018 年，中油管道公司坚持“安全第一、服务至上、专业专注、以人为本”理念，高效推进项目建设，持续优化管网运行，以联网运行、集中调控和区域化管理为特点的油气管网运营核心竞争力进一步增强，为集团公司油气两条产业链稳健发展提供有力保障。

截至 2018 年底，中油管道公司管理运营的主要油气长输管道 58547.7 千米，其中原油管道 10615.3 千米、天然气管道 37132.5 千米、成品油管道 10799.9 千米；天然气、原油、成品油管网一次管输能力分别为 1920 亿米^3/ 年、1.6 亿吨 / 年和 7221 万吨 / 年。

【经营业绩】 2018 年，中国宏观经济平稳运行，国家出台多项环保政策，持续推进大气污染防治工作，助力天然气市场蓬勃发展，全国天然气消费量快速增长。2018 年销售天然气 1724.2 亿立方米，约占全国消费总量的 65%，同比增加 201.9 亿立方米、增长 13.3%。其中：终端零售销量 270.8 亿立方米，同比增加 56.9 亿立方米、增长 26.6%；LNG 接收站接卸量 1512.6 万吨，同比增长 45.2%；气化和装车量 211.4 亿立方米，同比增长 41%；进口管道气首次突破 500

亿立方米；互联互通冬季高峰互供气量超过5500万米³/日。

2018年，在运价低于2017年的情况下，中油管道公司营业收入708.8亿元，同比增加8.8亿元。利润335.1亿元，同比增加9.1亿元。天然气管输单位现金成本92.2元/千米³，同比减少0.3元/千米³，原油、成品油管输单位现金成本分别为40.1元/吨和63.2元/吨，主要受漠大二线增输、云南成品油管线投产等因素影响，同比分别增加1.0元/吨和4.6元/吨。利润总额、管输单位现金成本、EVA、自由现金流、"两金"压控等指标均完成年度预算。未发生一般A级及以上安全责任事故、环境污染事件和质量事故，污染物排放控制在指标范围内。

（程海龙）

【油气调运】 2018年，牢固树立大局意识、整体意识、服务意识和市场意识，推进管道运行高质量发展。加强输油气生产运行管理，保障输油气管网安全、平稳、高效运行，强化沟通、提前筹谋，全力支持集团公司产运销平衡，促进上下游业务协调发展。原油管输量10200.3万吨，同比增加1306.9万吨；成品油管输量2652.3万吨，同比增加66.6万吨；天然气长输管道管输量1264.7亿立方米，同比增加194.5亿立方米（见表），单位现金成本有效管控。全年节能量4.1万吨标准煤，完成节能考核指标。

中油管道公司主要经营（运营）指标

指　标	2018年	2017年	同比增减
原油管网输量（万吨）	10200.3	8893.4	1306.9
成品油管网输量（万吨）	2652.3	2585.7	66.6
天然气管输量（亿立方米）	1264.7	1070.2	194.5
资产总额（亿元）	3908.8	3983.1	-74.3
收入（亿元）	708.8	700	8.8
利润（亿元）	335.1	326	9.1

（杨景丽　管维均　刘家乐　金　硕）

【重点管道项目建设】 2018年，抓住国家推进天然气产供储销体系建设有利时机，统筹谋划、精准协调，多措并举、狠抓落实，加速推动管道工程建设，油气管网布局进一步优化。全年新开工重点工程16项、续建10项。中俄东线中段、密云—马坊联络线等13个项目获核准，闽粤支干线开工建设，中俄东线北段建设提速。集中攻坚长期在建工程，历史遗留难题逐个突破，云南成品油管道昆明支线、钦南柳、抚锦线建成投产，锦郑线基本建成。完成中俄原油管道二线、西气东输三线西段、陕京四线、中靖线、中缅原油管道等26个项目竣工验收。24项天然气保供和互联互通工程全部按期投产，其中盘锦、盖州、托克托和中卫4座压气站10套机组当年立项、当年建成。

（张效铭）

油气储运

【概述】 2018年，强化生产组织协调，科学管网运行，协调上游增供，服务市场开发，推动互联互供，实现管网高可靠、高效率运行，油气供应水平进一步提升。科学编制管输计划和运行方案，利用集中调控优势，优化管输流向、细化管输安排，应对资源与市场不均衡、高低输量并存、动火检修作业频繁的局面，不断积累和总结提炼生产运营管理经验，输油气管网管理水平不断提高，天然气和原油管输量创历史最好水平、成品油管输量同比保持增长。

加强工艺、自动化和计量等专业方面的管理，开展天然气用户工艺和远程控制功能改造，提高管网运行效率和供气安全，增强供气合同履约能力，提升天然气管道精细运行管理水平。组织完成天然气管道压气站国产SCADA系统软件PCS和国产PLC系统首次在盖州站试点工业应用，实现"一键启停站"功能，提升管网运行安全性和稳定性。推进结算票据电子化，80%管道企业实现计量交接凭证与气质分析报告电子化；推进天然气管道计量远程诊断，总体实施率98%，计量规范化、信息化管理程度提高，提升计量系统监督管理能力。

（杨景丽　王红菊　王保群　马　婕）

【天然气管输】 2018年，面对冬季天然气需求量大幅增长、保供压力大、管输负荷高等情况，提前安排西气东输三线大排量测试等工作，疏解管输瓶颈，组织编制冬季运行方案，分旬测算管道输量，合理优化管输流向，科学控制管存，加快互联互通项目建设与调试工作，利用南气北上通道、东北增供华北通道等互联互通成果，全年接收互联互通气量14.8亿立方米，助力管网保供；统筹安排维检修作业窗口，5月和9月集中安排79项大型维检修及动火作业，减少天然气放空2659万立方米，尽量降低管道作业对销售的影响。

（金　硕）

【原油管输】 2018年，针对俄罗斯原油进口量大、管道负荷高、库存高等运行困难，采取重新打通新大二线下海通道和添加减阻剂增输等措施，确保俄罗斯原油顺利进口、及时疏散；编制专项运行方案，确保吉林石化、呼和浩特石化、华北石化等炼油厂检修期间吉长线、长呼线和津华线低输量安全运行；采取增供独山子石化、减少吐哈油田原油收油量和涨库等措施，应对四川石化由于供气中断停工期间西部地区的资源平衡矛盾，保证原油管道平稳运行；开展阿独乌鄯原油管道密闭统一水力系统和惠宁线一级调控改造，提升调控水平，降低管输能耗成本和运行风险。2018年原油一次管输量首次突破1亿吨，创历史最好水平。

（管维均）

【成品油管输】 2018年，推进成品油管道增输上量工作，优化输送批次，增输小品种油品，冬季0号柴油和航空煤油常态化输送。完成郑州站收油进罐流程改造，推进化王成品油管道增输乌鲁木齐石化航空煤油工程，打通乌鲁木齐石化至乌鲁木齐机场航空煤油输送通道，为成品油管道增输上量、提高成品油管道收益奠定基础。做好国Ⅵ标准油品置换和管道混油处理工作，确保油品质量和管道安全平稳运行。统筹协调投产资源，组织好钦南柳成品油管道、云南成品油管道昆明支线、抚锦线等重点工程试运投产工作。

（刘家乐　马国强）

【节能降耗】 2018年，加强能源管理，实施节能技改，优化管网运行，在天然气、原油和成品油管输量同比均有较大增幅的情况下，管网平均生产单耗同比保持稳定，超额完成集团公司2.9万吨标准煤的节能量考核指标。研究电力交易政策，推进直购电交易，交易电量超10亿千瓦·时，节约电费7400万元，有效控制能源消耗费用。

（杨景丽）

【油气管网公平开放】 2018年，组织所属地区公司在保障用户服务前提条件下，充分利用管道剩余能力，有序向第三方提供油气管网设施开放服务。上半年继续为新疆美汇特石化产品有限公司提供西部原油管道代输服务，代输原油31.3万吨。

（王　勐）

【国际交流合作】 2018年，完成国际原油管道运输商协会（IAOT）理事会第十次会议组织和筹办工作，促进原油输送业务国际交流。中油管道公司与意大利SNAM公司签订项目培训合同，在管道商业运营管理、调度管理、物资供应管理、管道资产管理等4个方面开展培训工作，为实现中油管道公司国际化发展创造条件。

（王保群）

天然气销售与利用

【概述】 2018年，中国宏观经济平稳运行，国家出台多项环保政策，持续推进大气污染防治工作，助力天然气市场蓬勃发展，全国天然气消费量快速增长。2018年全国天然气消费量2775亿立方米，年增量超过400亿立方米，同比增长18%，高于2017年的17%。国内天然气产量1581亿立方米，同比增长7.2%。天然气进口量1255亿立方米，同比增长32%。其中：管道气521亿立方米，同比增长21%；LNG 734亿立方米，同比增长40%。

【天然气销售量】 2018年，股份公司天然气商品量完成1763.6亿立方米，同比增加230亿立方米，增长14.9%。储气库注气94.2亿立方米；采气72.1亿立方米。股份公司天然气销售1724.2亿立方米，同比增加201.9亿立方米，增长13.3%。驱动销量增长因素主要是政策导向，煤改气政策大力推行，环境污染治理力度进一步加大；宏观经济形势运行平稳，城市燃气及工业用户增长较快；发电行业用气量增加，分布式能源项目快速推进，以及新增用户自然性增长。

2018年，天然气销售分公司贯彻集团公司党组决策部署，坚持“事前算赢、增销增效”方针，统筹推进批发业务扭亏增效、终端业务做大做强，天然气销售形势持续向好，高质量发展基础更加牢固。

加强产供储销体系建设，做好上中下游衔接平衡。按照国家发改委和国家能源局提出的“落实责任，以供定需，严格按合同保障和组织供用气”总体要求组织开展相关工作。成立产供储销体系建设领导工作小组，组织协调产供储销体系建设调峰保供工作，确保体系建设工作稳步推进。对需求侧调峰能力进行分解，明晰责任、明确任务，为冬季调峰工作平稳开展奠定基础。加强计划管控与勘探、炼化、销售企业的横向沟通，确保各环节工作推进顺畅。加大对外合作力度，与中国海油、中国石化对接，开展互联互通，冬季用气高峰期间互供气量超过5500万米^3/日。组建天然气销售调控中心（应急中心），24小时值守，冬季保供期间，天然气销售运行整体相对较为平稳。

践行高质量发展，推进线上交易。研究价格政策，调整营销策略，推进天然气价格市场化交易进程，重点研究实践“液态交易、气态交割”的实践操作，保障LNG现货采购资源销售顺畅，2018年线上竞价交易58.1亿立方米。完善多元化价格体系，围绕价格政策，确定合理价格，推动市场化资源顺价销售。优化调整内部结算制度，明确资源采购成本，强化营销策略实施，提高区域公司经营自主性。推进液态LNG销售一体化运营，提高LNG液态销售水平，发挥接收站功能，利用窗口期提高设备设施利用效率；安排黄冈LNG工厂适时启机运行并维持合理负荷，发挥储罐的调峰作用，统筹协调生产和销售，提升LNG接收站和工厂整体效益。

构建以合同为核心的销售管理体系。规范市场秩序，探索建立购销合同长效化机制。2018年签署合同量1644亿立方米，年度合同签订及执行情况总体平稳，实现与长期购销合同的机制衔接，理顺合同均衡量、合同调峰量、合同外额外气量的量价关系。买卖双方契约意识得到加强，销售运行组织工作有据可依，对业务支撑作用初见成效。

完善配套系统建设，提升客户管理工作水平。优化客户关系管理系统，推动移动客户端开发，建立分批零、分区域、分行业的客户价格分析体系，提升经营决策辅助能力，提高信息化分析水平。优化年度客户满意度调查工作，健全评价指标，形成“量、价、质、服务”的全方位衡量体系。

【天然气销售流向及结构】 2018年，中国石油天然气销至全国32个省（自治区、直辖市）及香港特别行政区，覆盖中国七成以上地级市主城区，市场占有率64.5%，保持较高市场份额。截至2018年底，已供合同用户2427家，同比增加382家。华北、华中地区作为经济高速发展地区，天然气销量均突破400亿立方米，西南、西北、中南地区销量近300亿立方米。受环保政策推动，京津冀地区天然气消费增长迅猛，销量近350亿立方米，并持续保持较高增长势头。

2018年，天然气销售结构为：城市燃气占比73%、发电占比9%、工业燃料占比5%、化肥占比3%、化工占比3%、其他占比7%。

【天然气利用】 2018年，中国石油天然气业务实施管理整合，实现批零一体化运行，昆仑能源作为中国石油天然气终端利用企业，加大终端拓展力度，市场范围逐步扩大，业务覆盖31个省（自治区、直辖市），整体进入哈尔滨、昆明、兰州等省会城市和常德、大庆、宿迁等地级城市，城镇燃气项目320家。客户群体不断壮大，2018年终端客户开发91万户，累计客户总数971万户。建设运营LNG工厂21座，年产能410万吨，运营LNG接收站（储配站）4座，年接卸能力1930万吨，各类终端加气站点1527座。天然气零售销量270.8亿立方米，同比增加56.9亿立方米，增长26.6%，占股份公司销量的15.7%，占全国表观消费量的9.75%。河北、江苏、山东、甘肃4省销量突破20亿立方米，新疆、湖北、湖南、天津、四川5省（自治区）销量超过10亿立方米。

拓展终端利用市场，加快新项目建设投产，居民用气量增长2%、工业用气量增长13%、CNG销量增长23%、LNG销量增长13%。启动终端市场开发三年行动计划，制定实施方案及配套政策。落实管道开口，签订第三方和扩能协议，获得重点骨干管道沿线终端项目开口支持。132个项目取得支持性文件，签订框架合作协议项目89个，北京顺义、宁夏吴忠、山东安丘、连云港母站项目投产运行。

（庄益顺）

储运设施建设

【概述】 2018年，完成24项互联互通工程（21项新建、3项配合改造动火）；重点项目除锦郑线受河北、天津地方协调因素影响未能建成外，其余项目均按期建成。按照核准口径，全年新开工重点工程16项、续建10项，管道焊接长度1050千米；投产15项，投产长度880千米，投产压缩机组33套；竣工验收26项。

（张效铭）

【项目前期工作】 天然气管道项目。2018年4月，股份公司批复西气东输三线闽粤支干线（广州—潮州段）工程可行性研究（调整版）；中油管道公司批复西三线中段中卫联络压气站工程可行性研究。6月，中油管道公司批复管道压缩机组维检修中心工程（二期）压缩机组振动监测与诊断系统推广实施项目可行性研究。7月，中油管道公司批复黔西南州应急管道工程可行性研究、芒市宏云新村应急管道工程可行性研究。8月，股份公司批复深圳液化天然气应急调峰站外输管道工程、密云—马坊联络线工程可行性研究。9月，股份公司批复中俄东线（永清—上海）天然气管道工程可行性研究。11月，股份公司批复中俄远东天然气管道工程预可行性研究。12月，国家发改委核准中俄东线（长岭—永清）天然气管道工程。

其他项目。2018年1月，中油管道公司批复恒毅大厦信息化基础设施建设项目可行性研究。10月，中油管道公司批复天然气管道用户自动分输改造项目可行性研究。11月，中油管道公司批复油气管道地质检测灾害预警示范区建设项目可行性研究。

（刘春杨　李　强　常海军　高　鹏）

【天然气管道工程】

1. 中卫—贵阳—广州输气通道联络增输工程

固原压气站。续建第Ⅱ回110千伏外电线路，线路总长13.5千米，2018年3月开工，2018年10月底建成投产。

天水压气站。新建两回110千伏外电线路，线路总长44千米，2018年3月开工，2018年10月建成投产。

广元压气站。续建第Ⅱ回110千伏外电线路，线路总长6.1千米，2018年3月开工，2018年10月建成投产。

南充压气站。新建两回110千伏外电线路，线路总长94千米，2018年3月开工，2018年9月建成投产。

江津压气站。站内新增反输流程，2018年6月开工，2018年9月建成。

遵义压气站。新建两回110千伏外电线路，线路总长54千米，2018年3月开工，2018年9月建成投产。

贵阳压气站。新建两回110千伏外电线路，线路总长57千米，2018年3月开工，2018年10月建成投产。

河池压气站（新建）。中缅河池分输压气站内预留区域新增2套20兆瓦电驱压缩机组。建成后，中缅天然气管道贵阳—贵港段输送能力由110亿米^3/年增加至150亿米^3/年。2018年3月开工，2018年10月建成投产。

贵港压气站。新建两回110千伏外电线路，线路总长50千米，2018年3月开工，2018年8月建成投产。

梧州压气站（新建）。梧州分输站外新增1套25兆瓦燃驱压缩机组。建成后，中缅天然气管道贵阳—贵港段输送能力由110亿米^3/年增加至150亿米^3/年。2018年3月开工，2018年10月建成投产。

（王　猛）

2. 陕京四线增压工程

托克托压气站（新建）。托克托压气站外征地新建4套16兆瓦电驱离心压缩机组，陕京四线输气能力由154亿米^3/年增加至212亿米^3/年。2018年4月15日开工，2018年11月30日投产3套机组；截至2018年底，第4套机组完成70%。

红墩界压气站（续建）。红墩界压气站内增加1套18兆瓦电驱离心压缩机组备机，陕京四线输气能力由154亿米^3/年增加至212亿米^3/年。2018年6

月15日开工，截至2018年底，累计完成70.5%。

（王 凯）

盐池压气站（续建）。盐池压气站内续建3套30兆瓦燃驱机组，设计输量300亿米³/年，2016年5月21日开工，2018年8月建成投产。

3. 广州方向反输增压工程

广州压气站（新建）。西二线广州分输压气站内预留区域新增2套18兆瓦电驱压缩机组。增输后设计输量为171亿米³/年，具备向西二线东段、闽粤支干线反输功能。2018年3月开工，2018年10月建成投产。

醴陵压气站（新建）。醴陵分输站上游200米处新建醴陵压气站，新增2套6.6兆瓦电驱压缩机组，输气能力1590万米³/日，最大输量55.6亿米³/年。2018年3月开工，2018年12月建成投产。

（王 猛）

4. 大连LNG、双6储气库外输通道增输联络工程

盘锦压气站（新建）。盘锦压气站新增2套14兆瓦电驱离心式压缩机组，增输后秦沈线的输气能力由300万米³/日提高至2430万米³/日。2018年3月开工，2018年11月投产。

盖州压气站（新建）。盖州压气站新增2套14兆瓦电驱离心压缩机组，增输后大沈的输气能力由1800万米³/日提高至2500万米³/日。2018年3月开工，2018年11月投产。

（胡京民）

5. 2018年冬季天然气管网互联互通及京津冀保供方案成果增加工程

中卫压气站（新建）。西三线中卫压气站外新增3套20兆瓦电驱机组和配套计量调压设备，实现西三线与中贵线同时转供西三线中靖联络线。2018年6月开工，2018年12月建成。

南昌压气站。站内新增反输流程，2018年6月开工，2018年9月建成。

西三线长沙支线（新建）。管道起于西气东输三线安沙分输清管站，止于望城末站，全长45.1千米，管径508毫米，设计压力6.3兆帕，全线设2座站场和2座监视阀室，设计输气能力30亿米³/年。2018年3月开工，2018年12月建成。

（王 猛）

6. 2019年天然气管道互联互通保供重点工程

中俄东线北段（新建）。中俄东线黑河—长岭段包括黑河—长岭段干线、长岭—长春支线、明水—哈尔滨支线和大庆—哈尔滨支线，全长1059千米，其中干线长715千米，管径1422毫米，设计压力12兆帕，设站场6座、阀室32座，设计输气能力380亿米³/年。2016年6月开工，截至2018年底，焊接697千米。

（胡京民）

鄂尔多斯压气站（新建）。鄂尔多斯压气站征地新建4套（3用1备）20兆瓦电驱压缩机组及配套设施，新建双回路110千伏外电（40千米+40千米），陕京四线输气能力由212亿米³/年增至250亿米³/年。截至2018年底，压缩机组完成采购、详勘工作，施工图设计完成60%，施工、监理、检测单位招标完成，现场完成围挡。

乌兰察布压气站（新建）。乌兰察布压气站征地新建4套（3用1备）18兆瓦电驱压缩机组及配套设施，新建双回路110千伏外电（40千米+40千米），陕京四线输气能力由212亿米³/年增至250亿米³/年。截至2018年底，压缩机组完成采购、详勘工作，施工图设计完成60%，施工、监理、检测单位招标完成，现场完成围挡。

张家口压气站（新建）。张家口压气站征地新建3套（2用1备）10兆瓦电驱压缩机组及配套设施，新建双回路35千伏外电（40千米+25千米），陕京四线输气能力由212亿米³/年增至250亿米³/年。截至2018年底，完成压缩机组采购、详勘工作，施工图设计完成60%，施工、监理、检测单位招标完成，现场完成围挡。

马坊分输站（新建）。马坊分输站设计分输能力3600万米³/日，设计压力10兆帕，站内设置4台过滤分离器、4台超声波流量计。截至2018年底，完成可行性研究、核准、初步设计、环境影响评价评批复以及施工、监理、检测单位招标。

密云—马坊联络线（新建）。密云—马坊联络线起自大唐煤制天然气管道的密云分输站，止于北京市平谷区的马坊分输站，线路全长39千米，管径1016毫米，设计压力10兆帕，全线设阀室4座，设计输气能力3800万米³/日。截至2018年底，完成初步设计单位招标，可行性研究、核准批复。

马坊—香河支干线（新建）。陕京四线马坊—香河支干线起自大唐煤制气马坊分输站围墙外2米，止于陕京四线宝坻—香河—西集联络线香河分输站，线路全长38千米，管径1016毫米，设计压力10兆帕，全线设站场2座、阀室1座，设计输气能力3800万

米^3/日。2018年12月8日开工，截至2018年底，累计焊接3千米。

（王 凯）

深圳LNG管道（新建）。管道起于深圳LNG应急调峰站，止于西二线广深支干线清溪清管站，全长64.3千米，管径1016毫米，设计压力10兆帕，全线设站场2座和阀室5座，设计输量4600万米^3/日（其中为中国海油迭福LNG代输1500万米^3/日）。2018年7月控制性工程雷公山隧道开工，2018年12月取得项目核准批复。

闽粤支干线（新建）。管道起于广州分输清管站，止于西气东输三线漳州分输清管站，全长575千米，管径813毫米，设计压力10兆帕，全线设站场5座和阀室25座，设计输量58亿米^3/年。分为广州—潮州段（380千米）、潮州—漳州段（195千米）两期建设。2018年6月开工，截至2018年底，焊接68千米。

定远—合肥复线（新建）。管道起于西一线定远分输压气站，止于合肥市长丰县罗集末站，全长68.9千米，管径711毫米，设计压力10兆帕，改扩建、新建站场各1座和新增3座阀室，设计输量34.9亿米^3/年。2018年8月开工，截至2018年底，焊接38千米。

（王 猛）

7. 其他重点工程

黔西南州应急工程。黔西南州应急工程是对中缅天然气管道普安县QBB044+2号桩至晴隆县QBC081号桩进行改线，长度43.6千米，管径1016毫米，设计压力10兆帕，全线设阀室2座。2018年7月15日开工，截至2018年底，焊接36.1千米。

芒市宏云新村应急管道。芒市宏云新村应急管道是对芒市拉里村中缅天然气管道、原油管道并行段QAB169号桩至QAB179号桩进行改线，改线后仍并行敷设，长度4.73千米，天然气管道管径1016毫米，设计压力10兆帕，原油管道管径813毫米，设计压力15兆帕。2018年8月18日开工，截至2018年底，主体焊接完成。

兰州站出站三千米隐患治理项目。对兰成渝、兰郑长和兰成管道通过兰州市西固区段管道进行安全隐患治理，主要工程量包括新建一处2744米盾构隧道，在隧道内新建三根管道替换原敷设管道，管径分别为508毫米、610毫米和610毫米。2018年8月16日开工，截至2018年底，掘进54.5米。

（王 凯）

汇鑫油库二期。汇鑫油库二期工程包括新建储罐工程（新建1座7.5万立方米外浮顶储罐和2座8万立方米外浮顶储罐，新增原油储罐罐容23.5万立方米，建成后汇鑫油库总库容59.2万立方米）、津华线增输工程（新增5台外输泵，使津华线外输能力由165万吨/年增至700万吨/年），以及中国石化塘沽油库与汇鑫油库320米联络线（双管）等三部分。2018年9月25日开工，截至2018年底，完成17%。

【成品油管道工程】

1. 钦州—南宁—柳州成品油管道

钦州—南宁段管道全长170千米，原由广西石化负责建设，2008年3月开工，2010年10月主体完工；根据集团公司总体规划，2010年11月移交西气东输管道公司，2012年10月移交西南管道公司。南宁—柳州段管道全长193千米，由西气东输管道公司建设，2011年1月开工，2013年7月主体完工，2018年8月投产。

2. 抚顺—锦州成品油管道

抚顺—锦州成品油管道全长432千米，其中干线240千米、支线包括辽阳—锦州干线和抚顺石化、辽阳石化、辽河石化3条共192千米。2013年10月开工，2013年底因资源和管径可能调整，工程缓建（管材停产及投资停拨），2014年11月重新安排投资后复工，2018年9月完工投产。

3. 锦州—郑州成品油管道

锦州—郑州成品油管道包括1条干线，锦西和华北2条输入支线，唐山、武清、大厂、石楼、邢台和邯郸6条分输支线，全长1668千米，其中干线1365千米、支线303千米。2012年8月开工，截至2018年底，焊接1426千米。

（胡京民）

天然气销售专业管理

【规划管理】 2018年，天然气销售业务立足集团公司“打造天然气业务价值性、成长性工程”战略定位，发挥规划引领作用，落实集团公司各项部署，围绕“一本规划、一张蓝图”，强化目标导向，夯实规划基础，提升规划质量，助力市场开发、客户服务、资源整合、合资合作、成本控制、金融策略等六项关键能力升级，加快市场、商务、盈利等三大模式转型，巩固扩大天然气销售规模和终端市场份额，推动集团公司战略目标落地。

为深化规划一体化协同，成立规划管理委员会、规划领导小组、区域领导小组三级规划领导机构，明确管理职责，加强组织保障；修订并发布规划（一体化）管理程序，明确天然气与管道业务总体规划、天然气市场规划、天然气储运设施规划、分省规划等一体化规划工作流程和职责分工，确保规划工作有序推进。按照销售业务管理体制调整要求，完善规划内容、目标和工作流程，理顺规划管理程序，强化批发、终端业务协同。

围绕集团公司战略和天然气销售分公司发展目标，以天然气与管道业务整体规划为纲，以专项规划、分省规划为支撑，提方向、定举措、抓落实，推动战略规划落地。按照2018年规划工作整体安排，完成年度规划54项，其中总体规划10项、专项规划13项、分省规划31项。按照集团公司总体部署，完成“十三五”规划中期评估和调整工作，结合新体制、新形势、新要求，优化调整“十三五”规划目标，强化批零一体发展，加快支线建设，助力终端做大做强。

针对业务发展重点、难点，结合实际需求，开展规划配套专题研究，完成扩大天然气在发电领域利用研究、天然气市场空间分析及开发策略研究、天然气价值客户分析和评价研究等专题11项，认清形势、把握方向、研判规模，为相关规划提供有力支撑。

（姚四容）

【投资管理】 2018年，天然气与管道业务规划着眼资源市场发展趋势和对政策形势的研判，统筹规划油气主干管网和储运调峰设施布局，突出规划对计划工作的引领指导。在整体规划部署下，确定各项业务分年投资安排，细化年度投资计划。根据项目特点，细化投资对标分析，合理控制项目可研估算初设概算投资，从源头把控投资。

投资计划管控方面，严格执行天然气销售分公司投资管理办法和相关规定，规范项目审查和计划管理程序，项目投资计划未下达不能开工建设。做好方案优化，靠实项目资源、市场和效益，所有新上项目按照股份公司效益评价体系，必须达到内部基准收益率标准。2018年，投资224.4亿元（股份投资157亿元），完成框架计划的90%，完成下达计划的98%。

项目投资审批方面，加强项目投资管控，完善长输管道、储备气等投资估算指标，2018年审查项目4个，审批投资70亿元。

（姚四容）

【预算管理】 2018年，财务工作以“天然气业务高质量发展”为中心，落实“两分两合、六个一体化”工作思路，坚持“事前算赢、增量增效”，细化预算编制与分解工作、强化成本费用控制等工作，引导资源优化配置，为完成全年奋斗目标、实现“十三五”规划提供有力保障。

预算编制与分解。2018年，预算坚持效益优先原则，立足天然气价值链整体效益最大化，统筹平衡天然气销售分公司与中油管道公司成本效益，确定年度预算指标；组织各区域公司进行预算对接，完成2018年预算分解工作，确保预算指标落地；按照股份公司下达的预算参数和季度生产经营计划，组织编制2018年各季度财务预算，并及时结合油价波动、LNG供需关系等市场因素，进行前期风险预测，使季度预算与实际生产经营更紧密结合，发挥季度预算的风险管控职能；开展滚动预算研究，根据市场形势变化与国际油价走势及时调整预算指标的滚动预算模式。

动态分月利润预测，加强预算执行过程监控。按照“事前算赢，增销增效”原则，每月进行利润预测，以精准的效益测算支持精准的营销策略；定期多口径分析预算执行情况，按月度、季度、半年度、年度进行经营情况分析和天然气销售增减利分析，重点关注生产经营指标完成率及进口气亏损等情况，分析营业收入、销售价格、购气成本等各项预算指标完成程度，找出优势和差距，对预算执行情况实现定期监控，为生产决策提供支持。

以效益为导向，做好2019年预算工作。突出效益引领的预算编制原则，贯彻落实增量不增亏要求。用好用足国家现行价格政策，加大进口气控亏力度；优化气源组合和天然气流向，实现资源标签化管理，开拓高端市场，巩固扩大推价成果；坚持低成本发展战略，深化横向、纵向对标管理。根据2019年生产经营计划和运行方案，结合2018年管道业务的变化和天然气推价情况，组织完成2019年财务预算编制工作。

完成业绩考核工作。按照业绩考核相关工作要求，完成2018年天然气销售分公司及各单位财务业绩指标考核和各季度利润完成情况指标考核工作。

（孙　鲲）

【财务管理】 2018年，财务管理以价值创造为中心，以财务价值管理和会计基础管理为抓手，推进资源标签化改革、深化开源节流降本增效、“两金”压控和控债降息等重点工作，创新财务管理方式，夯实会计信息质量、优化财务运营管理、防范财务风险，完成重组后第一个会计年度的新体制运行准备工作，较好地发挥财务价值引领、决策支持和风险管控职能，为天然气销售分公司高质量发展提供有力支持。

实行资源标签改革，管理效益初步释放。开展资源“标签化”工作，初步建立资源与市场配置模型，按照分省销量进行资源配置，指导天然气销售将资源向效益优、质量高、前景好的区域和项目倾斜。紧密结合业务实际，建立不同的资源配置方式，细分气源结构，明确接入点、下载点和运输路径，为每一立方米气贴上“标签”，实行分气源、分省销售，推动非管制气资源市场化定价。增加中东部高效市场资源配置量，控制西部地区销量，实现高价省份提速增量增效，低价省份控速减量减亏。

科学制定增效方案，扭亏减亏成果显著。围绕新时代新使命新要求，坚持稳健发展方针，聚焦天然气价值提升，改善盈利能力，防止产生新的效益“出血”点，全员全级次参与，不断提升公司价值和综合实力。启动西部、西南地区“淡季”气量减限补偿机制，相应调减进口LNG气量，降低亏损1亿元。通过推价增收、优化内部管控、推行资源标签化、加强合同签订、完善价格体系、推进市场交易等方面落实减亏措施，取得显著成效，批发业务2018年实现160亿元的减亏目标，同比减亏31.9亿元。

税价管理效果明显，资金安全高效运行。制定采暖季和非采暖季非居民用气销售价格方案，加大现货LNG、合同外气量顺价销售力度，指导各区域公司推价增收，非居民用气推价增收274.9亿元，有效降低因进口气带来的经营亏损。配合国家发改委，研究油气干线管道独立后的天然气价格改革方向。争取将进口气增值税“差额返还”政策调整为“全额即征即返”，申请国家放开退税规模和退税主体限制，加大补贴力度。所属公司全部实现司库系统上线，资金业务全流程、系统化、标准化、安全化运行。

（邱子睿　李　易）

【资产管理】 2018年，开展闲置、低效资产统计和认定工作，推进天然气销售分公司资产结构优化，加强资产评估备案监管，确保国有资产保值增值。开发资产管理模块，提升风险管控及实物资产管理水平。依据内控管理流程和天然气销售分公司实际管理需求，确定风险管控节点；将标准化、规范化的流程与制度融入系统中，通过记录用户实际操作的过程和内容，分析提炼存在违规操作的业务信息，扫除企业管理盲点，降低企业经营风险；通过搭建资产调剂平台、引入资产智能盘点技术及账销案存数据纳入系统管理等手段，初步实现实物资产管理和价值管理有机统一。

（杨　辉）

【股权管理】 2018年，完善股权管理程序，理顺股权项目审批流程。修改完善专业公司股权管理程序文件，根据股份公司股权投资审批授权，审查审批股权投资项目15项。理顺股权管理单位主体，推动合资公司股权管理权调整移交。组织完成江西管网公司股权管理权从西气东输移交到天然气销售南方公司，内蒙古西部天然气股份有限公司股权管理权从华北石油管理局移交到天然气销售分公司，以及福建管网公司股权管理权从福建销售分公司移交到天然气销售福建分公司。加强股权项目行权管理，夯实股权投资基础工作。向股份公司申请并取得天然气销售分公司股权管理授权委托书，依法合规履行股东职责，加强股权项目日常管理，完成股权管理系统等基础资料的填报，夯实股权投资行权等各项基础管理工作。

（徐　军）

【专业技术培训】 天然气销售业务方面，推行员工教育培训工作分级分类管理。2018年，根据在培训项目中的承办方与参训方的不同角色，逐步形成“以提升营销能力为重点组织开展集团公司B类培训，以提高管理水平为重点组织实施天然气销售分公司C类培训，以增强本部机关员工业务素质为重点组织实施天然气销售分公司D类培训，处级干部教育培训工作由天然气销售分公司统一管”的工作格局。

用党的十九大精神统领全局，加强党的领导和党建保障，推进天然气销售业务发展。组织广大党员干部参加党的十九大远程培训，49人完成有关学习。

执行2018年天然气销售分公司教育培训计划，组织完成C类培训项目7项，培训员工362人次，C类项目启动率100%。作为参训方，天然气销售分公司机关选送员工参加集团公司B类等培训项目72人次（其中国际化人才培养4人），参训率70.6%，累计学时2906小时，人均学时40.4小时。利用D类培训的机动性，组织开展“公司机关公文写作”“管理架构与绩效指标体系建设项目成果宣贯”等培训项目，实施在岗培训38人次。服务主营业务，配合业务处室开展外部培训，通过社会培训机构培训员工4人次。

拓展员工教育培训新途径、新方法。借助集团公司远程培训平台，以解决工学矛盾、缓解培训费用紧缺为目的推行网络教育。根据天然气销售分公司安全月活动需要，利用集团公司网络学习平台实现策略选卷，导入参赛人员21034名，有力保证“天然气与管道安全知识网络答题活动”的圆满完成。

（陈　可）

管道专业管理

【概述】 2018年，管道业务发展迈入新的历史阶段，中油管道公司一方面深入贯彻股份公司“坚持两分两合六个一体化”管理理念不动摇，另一方面全面做实，落实管理责任，深入践行“安全第一、服务至上、专业专注、以人为本”的发展理念，推动管道业务高质量发展，加强安全环保和创新驱动，各项工作卓有成效。推进法人压减工作，完成对东部管道和管道联合两家全资子公司吸收合并。审查和复核项目估算、概算31项，核减投资76亿元，核减率18%，投资完成率96.6%。

（王洪虎）

【规划管理】 2018年，超前谋划发展战略，完成中油管道公司发展战略研究。通过对国外油气管网发展历程研究，借鉴世界优秀油气管道企业实践及国内网运分开经验，结合中国国情和中油管道公司业务现状，以建设世界一流管道公司为目标，全方位研究中长期发展问题，提出中油管道公司发展战略，为中油管道公司发展制定蓝图和实施路线。

按照股份公司统一安排，突出核心规划，统筹部署滚动规划。完成中油管道公司2019—2025年业务发展规划，明确业务发展方向；完成中油管道公司“十三五”业务发展规划（中期调整），跟踪“十三五”期间规划实施情况；完成天然气管道中长期发展规划，着力把天然气管道业务打造成战略性、成长性业务；完成油气长输管道图册（2018年），扎实规划基础工作。

突出问题导向，加强专题研究。完成京津冀、长三角、珠三角、“两湖”（湖南、湖北）地区天然气管道规划方案研究，预测全国及区域天然气需求峰值，研究未来可供资源，提出支干线管道布局和建设时序；完成圣彼得堡国际天然气论坛外文科技资料编译和整理，借鉴俄罗斯管道建设、运行管理的先进经验。

（顾灵伟）

【投资管理】 2018年，从完善管理制度和流程、把握投资方向、控制投资规模、优化投资结构、完善造价体系等方面着手，夯基础、调结构、补短板，优化调整投资管控体系。根据2018年集团公司《违规经营投资责任追究工作规定》，以及中油管道公司《“三重一大”决策制度实施细则》《廉洁风险防控手册》《落实将办案成果转化为公司治理效能要求整改方案》等要求，对投资管理办法和程序文件等制度和流程进行修订，健全投资管理体系，为风险防控和合规管理奠定基础。

集中优势资金力量，推进管网互联互通，中俄东线北段进入建设高峰，互联互通“8线23站”工程加快推进，要求2018年建成的19项工程全部按计划建成。围绕管道环焊缝隐患排查修复处置工作，研究制定环焊缝质量排查费用指标，落实环焊缝修复处置费用渠道，保障安全隐患治理工作的资金需求。

严把项目估算、概算审查关，实现从源头控制投资、降本增效的目标。组织审定中俄东线北段智慧管道试点工程概算，填补智慧管网概算指标空白。组织编制环焊缝质量排查费用指标，补充计价依据。

2018 年天然气、原油、成品油和其他业务投资占比分别为 60%、7.3%、19.7%、13%，投资向天然气业务倾斜，保证中油管道公司未来创效能力持续提升。受到雨雪天气和山区不利作业条件影响，除西南管道因黔西南州应急管道工程进度影响投资完成率 93% 以外，各管道成员企业投资完成率均在 95% 以上，中油管道公司整体投资完成率 96.6%。

（罗文君）

【预算管理】 2018 年，强化预算分析的深度和维度，研究在成本分析数据库中搭建预算分析模板，实现分析的自动化和实时化。每月定期开展利润预计，及时预警发现利润目标完成过程中存在的问题，为生产经营决策提供支撑。开展中油管道公司 2019 年预算分解工作，细化天然气、原油、成品油管输收入分解预算，编制 2019 年财务资产预算和现金流量预算表，测算 EVA 等业绩指标。完善预算考核方法和机制，使考核结果能够更加全面反映企业经营业绩。与天然气资源配置模型研究相结合，在管道运价率结算系统中建立“带标签”的分省、分管线管输收入核算、结算、预算管控体系。

（程海龙）

【财务管理】 2018 年，完成中油管道公司 2017 年度财务决算，200 余张报表通过股份公司决算审核，受到财务部的通报表扬。提前安排审计机构预审，对商誉减值等重大事项的会计处理及时沟通确认，获外部审计师标准无保留意见审计报告，财务报告通过中油管道公司董事会、股东会审议。组织各单位和机关各部门编制 2017 年度企业年度工作报告。不断夯实会计信息质量，通过财政部会计信息质量检查，及时、准确、全面提供各项会计资料，机关本部零问题通过检查，所属各单位未发现重大会计信息质量问题。统筹部署 2018 年财务决算，制定财务决算方案，明确时间、分工及编制要求，确保会计信息质量。

（贾建考）

深化成本内部对标管理，完善成本数据库，提升成本分析信息化水平，形成 2006—2017 年成本分析数据库数据分析报表，在成本分析数据库平台中实现各项指标分公司、分年、分介质、分线等多维度的实时分析查询，并完成 2017 长输管道内部对标分析报告及管线手册编制。落实环焊缝排查修复资金安排，按照排产方案下达 2018 年环焊缝修复及排查治理计划，确保财务资源保障到位。

（董亚兰）

强化资金集中管控，上线运行司库系统 2.0，通过搭建总分联动账户模式，提高资金归集效率，资金集中度接近 100%。坚持以收定支、量入为出的资金紧平衡原则，控制资金计划，落实日资金计划管控，减少紧急用款申请次数。推进降杠杆减负债工作，研究制定《中油管道有限责任公司降杠杆减负债实施意见》，分解落实管道成员企业分年度资产负债率管控目标，确保 2018—2020 年中油管道公司完成资产负债率保持 40% 以内的管控目标。自由现金流持续稳定向好，2018 年自由现金流量 262.3 亿元，较预算指标增加 25.3 亿元。

（张雪鹏）

建立“两金”（应收账款、存货）压控管理长效机制，统筹分解落实“两金”压控指标。根据股份公司下达的“两金”考核指标，层层分解落实，加大考核力度，并纳入各单位业绩合同。强化指标分析与监控，建立联合管控机制，2018 年“两金”考核完成率达到 120% 的上限目标。

（李狄楠）

推动国家进一步加大“两部制”和“管容交易”研究，开展成品油增输增效价格机制研究，在云南成品油外输管线试点实施内部干预价格。推进锦郑、抚锦等新投产成品油管输价格核定。组织各管道成员企业编制 2017 年成本价格信息报表 154 张，并按要求在集团门户网站对外公布。加强天然气业务价格执行情况监督，开展价格执行情况自查自纠，未发现违法违规行为。制定储气库储转费和中国海油“南气北上”代输气管输费结算方案并组织实施。

（向　悦）

应对不断变化的税收政策及国内税收管理环境，开展中油管道公司税收筹划和风险管控体系研究，并根据研究成果完善实施。完成中石油管道有限责任公司及管道联合所得税汇算清缴工作，编制工作底稿 200 多张，形成纳税调整事项及风险提示专题报告。结合“子变分”工作，完成特殊税务重组备案工作。配合解决税企争议，经过前期调研、资料收集等工作，不断完善长输管道增值税分省纳税和临时耕地占用税研究。

（周旭宇）

强化基础工作，编制《中油管道公司财务管理制度体系建设工作方案》，编写完成26项财务体系文件，同步开展会计手册、税务手册、预算手册以及对应的案例库的编写。组织建立财务廉洁风险防控体系，构建制度完善、权责清晰、权利制约、措施有力的财务廉洁风险防控体系。组织完成三期覆盖全层级及主要业务领域的财务培训，提升财务人员专业知识能力。

（贾建考）

【资产管理】 2018年，完成西部管道电力资产、西二线西段11条支线、轮库输油气线一系列资产报废、划转、减值事宜。跟踪项目经理部与各管道成员企业项目移交和后续的结算、决算、转资工作，有效加快移交工作进展。研究管线拆迁改线财务管理工作，初步编制中油管道公司管线拆迁改线财务管理办法。配合股份公司财务部完成资产目录修订和管道转资指南的编制工作。结合资产管理系统，开发资产分析系统，收集整理AMIS系统各数据字段，并与ERP系统中的AM平台进行衔接，进行数据汇总统计查询，推动资产分线核算。

（毕晓峰）

【降本增效】 2018年，开源节流降本增效扎实推进。围绕改善经济增加值，研究制定《中石油管道有限责任公司开源节流降本增效工作方案》，组织编制9方面20项降本增效措施。开源与节流并重，以优化管网运行，提高管道负荷为抓手，强化管道资金及债务全面集中管理、物资集中采购以及维修费、电费节能管控等措施，开展全过程、全方位开源节流降本增效工作。加强组织协调和跟踪督导，推动方案有效落实，2018年开源节流降本增效措施增利12亿元。

（考青鹏　向　悦）

【股权管理】 2018年，推进法人压减工作，完成对东部管道和管道联合两家全资子公司吸收合并后，按照国务院国资委、集团公司法人压减工作要求，推进东部管道及管道联合在完成税收返还、清税等各项工作后进行工商注销。深化细化股权管理，强化股权投资收益预算编制与审核，督导亏损股权企业扭亏增效，落实绩效考核责任。细化规范股权企业行权管理，组织落实治理结构人员变更和治理不规范事项整改，规范行权管理。为全面贯彻落实党中央全面依法治国方略和国务院国资委党委有关文件精神，夯实依法治企责任，推动法治企业建设，在中油管道公司章程中增加全面依法治企及施行总法律顾问制度的有关表述。组织召开年度股东会、董事会和监事会会议，推动中油管道公司法人治理结构依法合规经营运行。

（吴　楠）

【专业技术培训】 专业技术培训工作。中油管道公司围绕满足重点业务、重大工程、重要任务和关键技术推进的需要，2018年组织完成培训计划19项，其中组织集团公司级B类培训6项，中油管道公司及管道成员企业参训461人次；组织完成中油管道公司级C类培训23项，参训961人次。首次举办中油管道公司人事劳资综合业务培训班和新增员工入职培训班。

2018年职业技能竞赛活动。本着突出油气核心技能全覆盖、鼓励多工种复合人才广泛参与的原则，按照大工种复合人才的思路，确定输油大工种、输气大工种、油气管道保护工、压缩机运行操作、管道维抢修团队和压缩机维修专项团队6个竞赛项目，组织西气东输管道公司、西部管道公司和管道公司3家承办单位开展方案编制、场地选取、设备购置和竞赛规则制定等工作，6家参赛单位3000多名基层一线操作员工参与业务培训和岗位练兵，以赛促训、以赛促练，开展一线技能操作员工集中培训、实践锻炼，提升基层整体技能水平。本次技能竞赛分单位分阶段组织，从633名预赛选手中择优选拔决赛选手184人，最终4个个人项目决出12名金牌选手、20名银牌选手、28名铜牌选手、60名优秀选手及4个团体一等奖，2个团体项目决出2个金奖、3个银奖、3个铜奖，并对成绩优异的三家单位颁发优秀组织奖。评选出一线创新成果一等奖3项、二等奖5项、三等奖7项、优秀项目14项，并出版《油气管道专业一线创新成果案例集》，促进基层一线创新创效能力提升。

（陈建红　李佳萌）

【管道安全】 2018年，中油管道公司围绕安全环保管控和高质量发展两大主题，应对复杂形势和风险调整，完成各项工作及业绩指标，安全生产保持良好态势。

推进QHSE管理体系优化提升。组织中油管道公司管理体系升版，结合中油管道公司实体化建设、体制机制及部门职责的调整等进展和需求，组织各部室全面梳理公司体系文件，编制QHSE管理手册（2019版）。开展QHSE管理体系优化提升研究，启动HSE量化审核修订编制工作，系统开展包括18项管理体系标准规范、ISRS标准在内的管理体系对标，开展中油管道公司与5家地区公司体系要素、管理岗位、管理业务的差异分析，分解建立中油管道公司与地区公司业务清单，提出中油管道公司管理体系要素优化方案，优化PDCA循环模型，建立纵向横向业务流程对接结构图，研究提出一贯到底业务流程绘制“九步法”，初步绘制安全环保三同时等20余项一贯到底的试点业务流程图。

策划HSE体系审核工作。按照集团公司统一部署，完成2018年上半年、下半年覆盖各管道成员企业的体系审核。发现问题1195项，各单位HSE信息系统挂牌问题督办整改率受控，量化审核全面覆盖五家地区公司；开展外部承包商专项审核，发现问题168项。开展管理体系持续改进，统计分析历年14次审核问题，开展2次安全文化感知度调查、844份HSE试卷、1.4万余份网络调查问卷及2次领导安全访谈结果剖析，深挖审核问题管理根源，推进管理体系及安全意识提升。严肃开展严重问题追责，通报重复发生及符合较大安全环保隐患判定标准问题，责成地区公司对相关责任单位和责任人员进行责任追究。按计划组织召开中油管道公司专题安委会暨体系审核专题视频会，通报审核情况，分析面临形势，统一思想认识，部署重点工作。

开展国际安全评级标准对标。分解国际安全评级15个一级要素、125个二级要素、693个评分问题并与管理体系要素建立关联，形成安全评级标准分解表，作为评级提升的重要工具。组织国际安全评级专题培训，邀请DNV评级专家现场讲解评级标准及评分过程，地区公司和试点单位93人受训并考核，提升评级工作员工队伍业务素质。开展“8级”试点单位帮扶，从5家地区公司各选取1家试点单位进行直接指导，组织试点单位学习评级标准，调研分析试点单位管理体系及评级工作现状调研，确定“风险管理、应急准备、承包商管理”等9个短板要素重点提升。发布中油管道公司国际安全评级提升工作方案，明确组织机构、指导思想、工作原则和目标，组织各试点单位编制专项提升方案，形成“1+5”评级提升工作方案。开展提升过程督导和效果验证，与试点单位结合，组织专家对试点单位进行辅导、培训、现场答疑，对提升工作重点难点专项解决、定期验证，总结评级提升经验和阶段成果。启动评级工作标准化和评级证据模板化研究和提升效果验证工作。

推进基层站队标准化达标。系统梳理各管道成员企业基层站队HSE标准化文件，调研分析基层站队标准化达标工作现状，围绕基层站队标准化达标存在突出问题，研究提升方案，编制中油管道公司基层HSE标准化站队建设工作方案，指导各管道成员企业基层站队HSE标准化达标提升。

加强安全环保责任制建设。按照“管业务管安全、安全责任层层压实”的原则，调研分析中油管道公司、地区公司、二级单位、基层站队四个层级安全环保责任体系现状及差异，分解业务流程，识别安全环保责任，建立安全环保责任体系，包括覆盖各管理层级、各岗位的安全环保职责描述，覆盖所有岗位的安全生产责任清单、安全环保责任书模板。天然气与管道业务2018年工作会上，中油管道公司董事长与各地区公司主要负责人签订安全环保责任书。健全安全环保责任追究制度，编制管道企业较大安全环保事故隐患判定标准及解读文件，编制中油管道公司《安全环保约谈管理办法》，为安全环保失责人员追责提供制度依据。首次将质量安全环保节能四部分业绩指标统一考核评分，建立考评标准，明确权重分配，评选年度管道先进企业。

强化建设项目“三同时”管理。严格按照现行法律法规和标准要求，合规开展油气管道建设项目“三同时”工作。广州压气站等18项互联互通项目的安全评价、安全专篇、环境影响评价获批复，马坊—香河支干线及张家口、鄂尔多斯、乌兰察布三个压气站安全设施设计专篇通过应急管理部审查，闽粤支干线安全专篇、环境影响评价获批复，中俄东线中段安全评价通过审查；组织向生态环境部申报中俄东线中段环境影响评价报告。组织完成如东—海门—崇明岛输气管道安全、环保现场验收，中俄原油二线、中靖联络线、陕京四线及宝香（天津宝坻—河北香河）西安全设施现场验收以及港华线、港清三线、西气东输三线东段、中靖联络线环保现场验收。针对锦郑线安全专篇难点，建立日推进机制，每日跟踪合规手续办理进展。落实国家及集团公司环保验收相关制度要求，编制《中油管道公司建设项目竣工环境保护验收工作手册》，为环保合规管理提供支持。组织开展国家生态环境部对港华线和港清三线工程环保自主验收督查迎检工作。

加强重点项目、重要节点安全监督管理。对中缅黔西南州应急管道工程进行质量及HSE检查，发现问题32项，提出改进要求，针对施工沿线落差大、进场及施工难度大、地质及气候条件艰苦等特点，重点检查施工准备、施工质量控制、施工HSE控制、无损检测控制、监理控制等情况。同时，为保证油气管道冬季安全平稳运行，按照中油管道公司冬季安全大检查总体工作安排，采用“四不两直”方式，重点围绕冬季安全防范措施的落实情况，对油气管道重要枢纽站开展冬季安全大检查活动，208 项发现问题整改完成。

污染物排放管理。启动油气管道污染物排放现状普查，组织各管道成员企业分别编制排查方案，全面摸排站场水、气、声、固废等污染物达标排放情况；针对燃驱压缩机组尾气排气筒无监测孔的问题，组织有关企业编制并实施关于完善燃驱压缩机组监测条件的专项方案。启动西部管道公司挥发性有机物监测与管控试点工作，开展碳排放数据库研究。督导各管道成员企业控污减排，各地区公司排放总量控制在集团公司下达的年度指标范围内。

提升应急管理水平。修订完善《集团公司油气长输管道事故灾难类突发事件专项应急预案及工作手册》，制作“油气长输管道突发事件报告与接报流程图”台历。中缅天然气管道“6·10”事故发生后，第一时间赶赴现场，开展应急帮扶工作。组织开展《西二线“7・28”事故调查报告》学习教育活动，吸取事故教训，提升质量及安全意识。2018 年向各地区公司传达集团公司范围内事故事件 11 件。开展安全生产月活动及安全环保培训，制作反违章事故案例教育片以及宣教手册并送教各管道成员企业，组织员工参观海淀公共安全馆，承办集团公司“油气长输管道安全环保风险管控技术培训班”，组织中油管道公司全体员工参与安全生产与环境保护知识网上答题竞赛活动，组织对体系审核中存在严重问题的相关地区公司管理处进行整改情况“回头看”专项监督，在门户网站制作安全生产月宣传教育专栏，邀请集团公司质量安全环保部领导进行安全生产授课。

加强风险管控和隐患治理双重预防机制建设。强化对高风险管段环境风险评估工作升级管理，组织对兰郑长管道环境风险最突出的 12 条河流穿越段进行专项溢油风险预测评估及应急处置能力分析，编制完成相关环境风险评估与污染防控措施报告。编制完成环境风险评估方法标准，建立环境风险信息化管理系统，开展评估方法和信息系统填报专项培训，组织完成环境风险敏感区首次填报，录入信息 4300 多项，对各管道成员企业填报情况进行排序、通报。组织各地区公司申报 2018 年安全环保隐患治理项目，严格开展立项资金审核，根据中油管道公司投资计划总体安排，针对 49 个隐患治理项目，分五批下达隐患治理资金 10 亿元。编制发布《较大安全环保事故隐患判定标准（管道企业）》，并从目的、依据和表现形式等方面对判定标准进行解读，推进判定标准的有效执行。

开展建设项目责任追究制度研究。编制发布《质量事件责任追究管理办法》，制定较大质量事件判定标准，明确中油管道公司、地区公司、二级单位各级管理人员及直接责任人的追责条件，为质量事件追责提供制度依据。开展兰成线未防腐焊口质量事件调查，查阅项目资料并进行调查取证分析，查明事件原因，对事件性质和责任进行认定，提出有关责任单位、责任人员的处理建议及整改防范措施建议，责成西南管道公司开展追责工作。开展工程项目质量监督，按季度组织 4 次重点建设项目质量安全飞行检查，全面覆盖中俄东线、闽粤支干线、互联互通等重点工程项目及施工单位、监理单位、检测单位，发现各类问题 500 项，印发飞行检查通报并督办整改。

（丁俊刚）

【标准化管理】 2018 年，为适应天然气与管道业务变化，天然气与管道专业标准委员会进行委员调整，由 2013 年的 28 个单位、66 名委员，调整为 24 个单位、65 名委员，委员单位涵盖天然气与管道业务相关的集团公司、股份公司相关部门、专业公司、地区公司、相关企业以及科研院所。

按照集团公司企业标准制修订计划，组织完成 20 项标准的制修订，包括制定标准 4 项、修订标准 16 项。其中工艺运行相关标准 4 项、安全相关标准 6 项、环保相关标准 2 项、站场管理标准 2 项、机械设备标准 2 项、LNG 相关标准 2 项、其他 2 项。

在前期开展的天然气与管道企业标准一体化建设的基础上，开展标准一体化理论和方法研究。通过研究系统工程理论、综合标准化理论、本体理论等 10 余种相关理论，结合油气管道一体化标准体系建设经验，从底层标准化对象开展研究，运用系统分析的方法，研究标准化对象、属性及其关联关系，采用分级分类、聚类组合等方法与模型，形成一体化标准建设流程，实现新型标准体系全业务覆盖、贯穿全生命周期。精简优化形成的由 12 个专业 81 项标准组成的油气管道一体化标准体系，解决油气管道企业标准水平参差不齐，工程建设标准和生产运行标准存在矛盾、不一致等问题。

标准查询及全文在线浏览子系统完成标准更新 426 条，其中国家标准 269 条、行业标准 109 条、企业标准 48 条；标准内容揭示系统数据覆盖范围扩大至油气管道领域相关法律法规和国外标准，收录

1600余项油气管道相关国家标准、行业标准、企业标准、国外标准及法律法规。围绕标准化业务及智慧管道建设新需求，结合标准研究人员、管理人员和使用人员工作需要，完成中油管道公司标准信息系统方案顶层设计，促进各标准功能模块的有机结合和数据的互联互通，实现标准化工作全过程管理和标准全生命周期信息管理。

开展石油库隐患识别及防治技术专项研究，完成三家地区公司罐区及油库现场排查，排查范围包括管道公司15个罐区油库、136座储罐，西部管道公司8个罐区油库、126座储罐，西南管道公司4个罐区油库、44座储罐，收集排查表25份，统计分析排查数据1704项，形成排查分析报告。针对罐区油库隐患项目及主要问题清单，重点针对罐区油库设计、运行、消防等方面国内外标准对比分析，提出相关改进建议。调研近10年以来中国和国外油库/储罐事故类型及案例，针对不同事故原因及类型，选取典型案例进行详细分析，提出不同事故类型分析方法。

（姚学军）

【管道科技】 2018年，组织开展特殊地区管道建设及运行技术攻关，超前规划高压力管道前沿技术研究，持续加强泄漏监测和预警技术研究。开展提高天然气管道单管输量关键技术可行性研究，组织专家进行研讨，明确重点开展沙漠、戈壁、黄土、高原等特殊地段施工及配套技术研究和直径1219毫米、直径1422毫米管道工程应用关键技术研究，相关内容纳入科技发展滚动规划。设立“天然气管道泄漏监测和预警技术研究”课题并纳入“智慧管网建设运行关键技术研究与应用”重大科技专项。

完成“智慧管网建设运行关键技术研究与应用”重大科技专项立项专家咨询工作。组织管道科技研究中心进行智慧管网科技顶层设计，通过国内外管道智能化技术现状调研、人工智能技术与行业应用案例调研，以及对智慧管网业务链技术需求分析，形成智慧管网科技顶层设计方案，在集团公司、中油管道公司、地区公司三个层面部署智慧管网科技项目36项。通过智慧管网科技顶层设计，完善智慧管网重大专项课题设置，针对管道设计、施工、站场设备、管道安全、运行控制五大业务领域，设置“管道数字孪生体构建与应用技术研究”等六项课题，并通过专家咨询。

推动国产化装备研发及应用评价工作。组织完成1台开关型电液执行机构及1台调节型电液执行机构现场工业性试验验收；组织完成56英寸四阀座全焊接球阀现场工业性试验验收；完成直径400毫米、600毫米调压装置、压缩机防喘阀（2台）出厂鉴定；完成2台强制密封阀现场工业性试验验收。组织开展高压大口径长输管道球阀（48英寸及以下）推广应用效果评估工作，对渤海装备高压大口径长输管道球阀在北京管道的推广应用效果进行评估，应用效果良好。

完成中俄东线站场低温管件研发工作。完成X80钢级低温（-45℃）钢管、感应加热弯管、三通的小批量试制，X70钢级及以下钢管、感应加热弯管低温性能评估，线路用直径1422毫米X80钢级钢管现场焊接工艺优化及站场低温（-45℃）钢管、感应加热弯管、三通现场焊接研究，课题成果通过集团公司新产品鉴定。组织开展中俄东线大壁厚钢管弯管试制工作，召开项目启动会议安排部署大壁厚钢管弯管试制相关工作任务，明确工作程序和推进计划，审核发布直径1422毫米壁厚32.1毫米直缝钢管单炉试制和直径1422毫米壁厚35.2毫米弯管单根试制技术条件。

完成中油管道公司科技发展滚动规划编制与发布。以智慧管网建设技术为重点，结合智慧管网科技顶层设计、中油管道公司技术集成成果以及各业务领域技术需求分析，编制完成中油管道公司科技发展滚动规划，并通过科学技术委员会审查。组织各部门申报集团公司软科学研究课题三项，开展各课题开题设计审查及中期检查，加强过程管控。完成“高钢级管道环焊缝无损检测技术研究”等12项课题立项并下达计划，完成中期检查课题14项、验收课题19项，为中油管道公司及区域管道公司高效安全运营提供技术支持。

做优科技成果共享服务平台。完善中油管道公司科技服务平台，集成集团公司、中油管道公司和地区公司3级科技项目成果，促进科技成果共享及应用，依托科技服务平台对各地区公司自立科技项目进行查重分析，审查课题97项，不同意立项课题12项，查出有重复内容课题39项，针对有重复研究内容的课题，要求地区公司进行整改并充分借鉴已有成果，避免重复立项和重复研究。加强中油管道公司知识产权管理，编制完成中油管道公司专利、软件著作权和技术秘密管理办法并发布。

（孙云峰）

【管道信息】 2018年，初步完成智慧管网总体设计方案编制。初步明确以实现“全数字化移交、全智能化运营、全生命周期管理”为核心的总体目标，形成以实现管道数据由零散分布向统一共享、风险管控模式由被动向主动、运行管理由人为主导向系统智能、资源调配由局部优化向整体优化、管道信息系统由孤立分散向融合互联的“五大转变”的指导思想。研究提出“1+7+50”的总体工作部署，初步完成总报告、可行性研究与设计分报告、施工管理分报告、物资供应链分报告、站场管理分报告、运行优化分报告、线路管理分报告、安全环保与应急分报告等编制工作，明确50项工作任务的概要设计方案；形成智慧管网建设的统筹部署方案和实施演进路线，成为下一步工作的重要抓手。

推进在役管道数据恢复工作。组织编制在役管道数据恢复指导手册，从恢复的范围、引用文件、基本规定、恢复流程、数据采集、资料校验分析、数据校验与对齐、实体及模型恢复、成果清单、质量验收、数据移交等多方面进行规范数据恢复工作。组织多层次审查讨论，完成修改完善，2018年6月中旬下发执行。推动西南管道公司和管道公司的中缅油气管道和中俄原油管道漠大二线数字化恢复项目实施工作，按照指导手册，基本完成中缅油气管道、中俄原油管道漠大二线等在役管道试点实施工作，初步完成各类数据的采集、整理、批量入库等工作，为全面推广奠定坚实基础。

围绕智慧管网建设实施，加快推进信息系统项目立项工作。根据智慧管网总体设计的要求，组织完成管道完整性管理系统（2.0版）、管道工程建设管理系统（2.0版）项目可行性研究报告编制工作，配合完成可行性研究报告评估，进行项目立项审批工作，协调立项过程中存在的问题。初步完成数据中心系统平台、油气管道物联网、设备管理系统等项目可行性研究报告编制工作，推进项目立项审批等工作。

开展信息系统深化应用工作。开展ERP应用集成项目在西部管道公司实施工作，完成ERP与EAM系统、物资辅助系统的集成开发工作，打通物料主数据、设备主数据、采购申请、采购订单、出入库单、维修工单在系统中的数据链条，实现EAM的设备、物资等专业化管理与ERP的资源和成本管理有效集成。深化中油管道公司ERP物资管理模块应用工作，完善需求计划管理功能，构建供应商清单库，推动采购方案和采购结果在线审批会签，实现跨地区公司物资平库、调剂调拨等功能，极大提升物资采购业务管理效能。

（魏　政　王　力）

【管道完整性管理】 2018年，按照GB 32167—2015《油气输送管道完整性管理规范》要求，5家管道地区公司的58个分公司（管理处）编制完整性管理方案145个，完整性管理覆盖率100%。组织地区公司完成对所辖油气管道进行高后果区再次识别和风险评价，高后果区识别率100%，识别出高后果区6554段，长度8358千米。其中：Ⅲ级高后果区1559段，长度2170千米；Ⅱ级高后果区3477段，长度4864千米；Ⅰ级高后果区1518段，长度783千米。全年组织完成漏磁内检测7632.6千米，完成管道外检测作业6611千米。依据检测评价结果，组织修复各类缺陷2000余处，有效控制管道本体风险。编制《高后果区管理模块开发方案》，启动管道完整性管理系统（PIS系统）高后果区管理模块的开发工作，新高后果区模块确定谁发起谁负责、开放共享、实时更新和唯一标识的原则，保障高后果区识别结果的连续性和传承性。经全面推行完整性管理和焊缝排查、高后果区隐患排查等专项整治工作，油气管道风险得到有效控制，管网处于安全、可靠、经济运行状态。

（王东鹏　戴联双）

【维抢修管理】 2018年，建设形成6个地区公司级应急抢修中心，形成13个维抢修中心、36个维抢修队、20个维修队的维抢修力量，其中大庆、南京、乌鲁木齐应急抢修中心处于建设状况。发生管道抢修事件9起，其中打孔盗油4次、自然灾害2次、管体腐蚀1次、施工质量1次、焊缝缺陷1次。经及时、有效应急处置，未对管道运行造成较大影响。

（张晓春）

【管道保护管理】 2018年，安排启动陕京四线、中靖联络线等新投产管道基线地灾风险排查，摸清灾害底数。强化智能感知设施投入与维护，启动地灾监测预警示范区建设。总结各基层单位管道巡护成功经验，发布《管道巡护管理规定（试行）》（管道巡护十八法），建立推广管道巡护标准化，明确巡护管理职责，细化巡护过程管理，巡护质量得到有效提升。严格特殊时期管道安全保卫，规范高后果区、高风险段人防、物防和技防措施，全年未发生第三方管道损伤事件。

（罗　鹏）

【设备管理】 2018年6月，中油管道公司设立设备管理部，初步建立以风险管控为核心的设备完整性管理体系，制定设备分级分类标准，统一关键设备操作和维护检修规程，形成适合油气站场生产实际的设备完整性管理模式。加强关键设备维护保养，突出抓好压缩机组运维和备件保障工作，2018年完成17台燃机自主大中修任务。推进压缩机组远程监测与故障诊断中心建设，开展阀门泄漏专项排查和治理工作，组织对用户分输阀门进行功能性测试，确保设备完好可用。在用关键设备包括输气管道压缩机组307台、装机功率6490兆瓦，输油管道储罐370具、库容1306万立方米，输油泵866台，加热炉230台，设备规模超过17万台套。

（谷思宇）

【物资管理】 2018年6月，中油管道公司设立物资管理部，围绕天然气与管道业务高质量发展的工作安排，完善业务管理体系，突出计划源头管控的重要性，通过对各管道成员企业的采购计划实施统一管理，从源头加强物资采购管理，发挥上下协同的管理优势。推进物资集中采购，节约采购资金2.54亿元。组织开展中俄东线等12项重点工程项目物资采购，在互联互通工程物资采购过程中，灵活运用“三个并行”的管理策略，即提前采购和需求计划并行报批、提前采购与战略采购并行组织、提前采购与招标工作启动并行开展，大幅提高集中采购工作效率。控制增量、压减存量，建立库存物资信息共享、调剂机制，通过单位内部调剂和跨公司调剂相结合的方式，加快库存物资调剂利用；通过在建、新建项目的改、代、利、用等途径，推行“看库定设计”，加大对工程剩余物资的消化水平。实行二级物资供应商管理统一归口和两级管理的模式，即中油管道公司主要负责供应商准入审批、供应商现场考察工作，实行“先考察、再入库”；各管道成员企业主要负责供应商日常管理、供应商评价等工作。

（王　晔）

工程技术与工程建设

工程技术

【概述】 集团公司2017年12月组建成立中国石油集团油田技术服务有限公司（简称中油油服），管理中国石油集团西部钻探工程有限公司、中国石油集团长城钻探工程有限公司、中国石油集团渤海钻探工程有限公司、中国石油集团川庆钻探工程有限公司、中国石油集团东方地球物理勘探有限责任公司、中国石油集团测井有限公司、中国石油集团海洋工程有限公司7家子公司，同时负责集团公司所属其他工程技术服务企业以及科研机构的业务管理、指导与协调。中油油服作为重组后的油田服务业务管理主体，主要承担决策、协调、监督、党建和服务五类职能，是利润中心和经营管理中心，对7家成员企业以“战略管控+部分运营管控”模式进行分级授权管理。

截至2018年底，主要专业施工队伍6574支。按专业分：物探队196支，钻井队1183支，测井（射孔）队817支，录井队1517支，井下作业队1839支，固井、定向井、钻井液等技术服务队伍1022支。按市场分：国内5170支，国外1404支。在册员工17.01万人，其中合同化员工12.1万人、市场化及其他用工4.91万人。资产总额1741亿元，其中流动资产、固定资产、油气资产、长期待摊费用和其他资产分别占比57.97%、18.38%、13.76%、4.58%和5.32%，资产负债率46.2%。

2018年，完成钻井进尺2571万米，同比下降0.3%；二维地震采集10.57万千米，同比下降31.8%，三维地震采集7.68万平方千米，同比增长33%；测井10.7万井次、录井1.4万口，分别同比增长4.9%和7.7%；井下作业8.7万井次，同比下降1.4%，为集团公司油气增产稳产发挥重大作用。7家企业收入同比增长16%，完成集团公司下达的考核指标。

【深化改革】 2018年，组建中油油服机关和国际事业部，出台议事规则、经营管理、人事劳资等方面40余项管理制度，初步形成规范高效的两级法人体制和运行机制，中油油服的成立为统筹调配资源、发挥板块整体优势、完成勘探开发任务创造体制环境。2018年，上报包括测井研究院和工程技术研究院在内的改革重组方案，协调解决大量问题，圆满完成测井、物探、油建业务管理权移交和财务划转，整个改革过程执行坚决、生产有序、安全受控、队伍稳定。推进“三项”制度改革，形成2018—2020年“三项”制度改革行动计划和7项配套方案，得到集团公司领导高度评价，被人事部作为模板进行推广。

【市场开发】 国内市场开发。始终秉承“成就甲方就是成就自己”的理念，开拓国内市场，关联交易和非关联交易市场齐头并进。2018年，关联交易市场坚持服务保障原则，密切同勘探与生产板块各层次沟通对接，组织各成员企业对油气田企业进行多轮回访，及时掌握勘探开发需求和存在的问题，统筹调配各类资源，大力推进“四提工程”（提质、提速、提产、提效），努力提升“四种能力”（发现和保护油气藏、识别和评价油气藏、改造油气藏和提升单井产量、提高油气藏动用率和采收率），为甲方提供超值服务，提升甲方满意度；非关联交易市场坚持服务竞争原则，严格落实市场责任，持续增强市场意识，通过强质量、提速度、降成本，与外部队伍同台竞技。继续用好工程技术服务业务市场开发奖励激励机制，对市场开发业绩好的油田技术服务企业和一体化协作做得好的油气田企业继续给予重奖，提高各企业市场开发的积极性。集团公司国内市场占有率75%，同比提升5个百分点。

国际市场开发。2018年海外新签合同额同比增长13.6%，外部市场新签合同额占比70.5%。集团公司海外投资项目市场新签合同额增长44%，钻机和技术服务市场队伍占有率分别为65%和71%，国际业务利润总额创历史新高。传统市场恢复性增长，苏丹、印度尼西亚、古巴、南苏丹、厄瓜多尔等传统市场新签合同额翻番；乍得、印度尼西亚、伊拉克、哈萨克斯坦等市场收入增长超过30%；大庆钻探鲁迈拉总包项目重新启动。新兴市场开发取得突破，东方物探与阿联酋阿布扎比国家石油公司签订海上和陆上三维地震勘探项目合同，创造全球最大连续三维地震勘探项目纪录；长城钻探和渤海钻探在科威特市场成功中标科威特国家石油公司钻井和修井项目；测井、定向井等技术服务全面进入秘鲁项目，地震勘探业务进入阿根廷国家石油公司市场。新业务市场得到有效拓展，东方物探 Geoeast 软件实现"走出去"零的突破，中标古巴国家石油公司项目；东方物探信息业务中标阿尔及利亚 ERP 项目和智慧油田数据项目；OBN 业务成为新的业务增长点，初步形成中东、西非、里海、东南亚四个亿美元级区域规模市场；测井公司射孔枪热销美国；长城钻探中标尼日尔地面维护项目合同和阿曼热采项目。创新市场模式，川庆钻探探索油田增产服务模式，与厄瓜多尔国家石油公司签订油田增产一体化服务项目；东方物探与阿塞拜疆国家石油公司成立合资公司，成功进入里海物探市场；长城钻探采取"管理输出 + 战略合作 + 业务外包"模式，签订土耳其国家石油公司页岩油一体化合同；钻井大包规模持续增长，成员企业在哈萨克斯坦、乍得、厄瓜多尔、伊拉克等市场获多个总包一体化项目合同。

（卢发掌　张　卉）

【经营管控】 紧紧围绕服务保障，大力实施精益管理，按照集团公司深入推进实施开源节流降本增效工程的工作安排，研究制定中油油服多项措施意见，严格把关目标分解、措施细化和责任落实，开源节流降本增效取得较好成效，在保障工资总额正常增长的基础上，有效抵御工程技术服务价格下降、材料采购价格上涨等不利因素影响。牢固树立高质量发展理念，持续强化经营管理政策顶层谋划，出台中油油服工资总额管理办法，细化中油油服经营管理办法和业绩考核细则，新增服务保障、改革落实、"1+N"部署、施工提速、井场四化、精益管理等考核内容，战略引领作用更加突出，考核指标体系更加健全，激励约束机制更加完善，全面完成集团公司下达的年度各项生产经营指标，改革成果惠及广大干部员工。2018 年，中油油服营业收入同比增长 16%，税前利润增长 28%，资产负债率持续保持低位，财务状况稳健。

（李俊东）

【生产组织运行】 2018 年，面对川渝页岩气、塔里木、大港、新疆玛湖等地区大幅上产的情况，利用周例会、专题会议和季度视频会等先后 50 多次进行研究部署，紧急下发 5 道生产调度令，组织成员企业向川渝页岩气、新疆玛湖等重点地区调配钻机 284 部、压裂车 466 台。成立川渝页岩气、新疆玛湖等区域资源保障领导小组，助理级和处级干部常驻前线协调资源，中油油服领导每月到油田进行对接沟通。更新 70 型以上钻机 20 部、压裂车 84 台、集中采购 12 套旋转导向设备。下发《关于配合打好"深井保障攻坚战"共同完成深井勘探开发任务的通知》等文件，组织各成员企业逐项落实。推行"40+70"钻机组合打深井模式，应用 ZJ40 及以下钻机试油，有效弥补深井钻机缺口。

组织冬季施工，制定冬季施工方案，下发《关于全面开展钻井压裂冬季施工的通知》，全面开展钻井压裂冬季施工。2018 年国内投入 700 部钻机、54 套压裂车组开展冬季施工。通过冬季施工，钻机利用率、动用率分别提高 5 个百分点和 10 个百分点，压裂车组利用率提高 11 个百分点，为油气田实现早建产、早投产、快上产创造有利条件。

大力开展总包外包业务，各成员企业共成立 14 个总包外包管理机构，进一步扩大总包外包规模，外包队伍数量比 2017 年增长 56.5%。在长庆、吉林、川渝页岩气、新疆玛湖、塔里木等地区完成总包进尺 1323 万米，其中外包进尺 562 万米，同比增长 60%。长庆地区完成外包进尺首次突破 500 万米，外包队伍平均单队进尺同比增长 45%，杜绝井控安全环保事故，实现三方共赢。

为缓解深井部署工作量大幅增加带来的大型钻机紧缺问题，出台钻井 18 项提速关键举措，充分挖掘已有资源使用效率，最大限度提高保障能力。推广"一队双机、浅井钻机配合打深井、40 型及以下钻机试油"等生产组织模式；扩大冬季施工区域和队伍规模；加强对重点区域队伍保障，采取内部调度和外包方式，增加 100 余部钻机保障页岩气产能建设；持续开展钻井提速，升级提速模板 159 项，推行"三大两高"强化钻井参数提速，组织 5 个专家组深入 5 个提速重点地区开展两轮提速指导，组织专家和技术骨干在重点井关键井段驻井指导，成立专家组和现场工作组系统开展页岩气井漏、卡钻和套变"三个专项"治理，编制堵漏指导意见和操作手册，井漏损失时间、漏失井比例同比下降 45%，全年事故复杂总损失时率下降 12%，施工完成水平井增长 33%、4000 米以上深井增长 20%、深井进尺增长 22%。

（张　卉）

【资质与井控管理】 2018 年，中油油服严把队伍入口关，加强现场复审，以提高队伍整体素质和质量安全为核心，全力保障集团公司安全生产。严格资质初审和复审，坚持“五不批”（技术不达标不批、内部可保障不批、工作量不新增不批、高风险作业不批、特殊业务不批）原则，控制外部队伍数量，提高队伍质量。2018 年受理审核企业资质 709 家、队伍资质 4022 个，批复率分别为 85% 和 86%。建立资质管理评先选优机制，评选年度资质管理先进单位和先进个人，激励资质管理从业人员的工作积极性。

组织召开 3 次集团公司井控管理领导小组工作会，加强顶层设计，不断推动集团公司井控工作做实、做细。举办 10 期定点分级培训，2 期井喷压井及应急救援培训，共培训 768 人。建立井控专家队伍，制定井控专家管理办法，聘用 20 名中油油服井控专家。实行井控责任清单化，印发企业井控责任清单，明晰甲乙方责任。开展青海油区井控技术诊断与管理评估，持续推进薄弱地区井控管理。突出加强外部队伍管理，组织开展外部队伍井控管理“回头看”。前移井控管理关口，在塔里木油区、青海油区组织召开溢流专题分析会。开展井控工作先进单位和个人评选，4 家钻探企业和 4 家油气田企业获集团公司“井控工作先进企业”称号，166 人获集团公司“井控工作先进个人”称号。

（李德鸿）

【“四化”建设】 2018 年，中油油服成立由主要领导任组长的“四化”建设领导小组，设立“四化”建设办公室，以及“标准化、专业化、机械化、信息化”四个专项组，建立会议、进展报告、考核等制度。各成员企业也相应成立由主要领导挂帅、主管领导主抓、相关部门参加的组织体系。在三标体系建设、生产组织模式创新、自动化装备试验和推广、工程技术业务信息化提升等方面开展系统化工作，涵盖物探、钻井、测井、录井、井下作业等专业，涉及工艺技术、生产组织、装备配套、安全环保等各业务生产环节。

在标准化方面：组织各专业专家完成 83 项国家标准、行业标准和集团公司企业标准制修订工作；编制完成 2018 年钻机、压裂车组、连续油管作业机等重点装备配套规范并下发执行，编制形成三代钻机技术发展规划和方案。

在专业化方面：探索生产组织模式变革，不断优化固化工厂化钻井、压裂作业模式，钻井推广“表层专打、技套专打、区域专打、井型专打、浅井钻机配合打深井、ZJ40 钻机试油”等模式，压裂推广“工厂化拉链式”和“压前准备先行、即压即走、人休机不停”模式，施工效率稳步提升。队伍专业化程度更加精细，大庆钻探建立钻前服务、下套管、钻井液服务等各类专业化队伍 27 支，其中下套管队伍作业 5239 口井，平均单井下套管时间减少 2 小时；西部钻探试点建立搬安专业化服务队伍，搬迁、安装时间缩短 10% 以上。大力推进物资装备共享，在新疆玛湖建立物资共享中心，实现 2 小时常态保供圈；在页岩气区域，各成员企业均签订物资采购共享服务协议，简化采购管理流程。推进后勤生活基地专业化和共享，超过 200 支钻修井队实现餐饮专业化，69 支钻修井队实现住宿公寓化，85 个钻井队配置新型环保卫生间，基础生活条件进一步改善。推进设备维修专业化服务，在页岩气区域建立钻机、压裂车、旋转导向、顶驱、柴油机等主要装备的维修中心，专业化维修初成体系。

在机械化方面：大力推广自动化智能化装备应用，组织各成员企业批量更新 18 部自动化钻机，并对 13 部在役钻机开展系统自动化改造。2018 年组织重点推广项目 13 个，配置各类机械化设备 1067 台套，其中国内自动卡瓦配置达到 95%，自动刮泥器达到 51%，气动重粉罐达到 46%，现场新投用的二层台机械手、液压吊卡、钻台机械手、铁钻工均超过 20 套。直驱顶驱、高压直驱钻井泵、钻机平移装置、双轨迹振动筛、装载机、钻井泵陶瓷缸套等创新产品在现场成熟应用，降低维保养劳动强度，提升设备使用寿命和可靠性。钻机集成控制系统、大功率直驱绞车、钻井液罐清洗车、螺纹油自动涂抹装置、自动防喷盒等开展试验，为下一步井场减人、提效和本质安全打下基础，为二代、三代钻机走向信息化智能化创造条件。大功率电驱压裂泵橇在川庆钻探页岩气压裂施工中成套试用，节约维修保养费用 15% 以上、节约能耗 10% 以上，在安全环保、夜间施工、减少施工人员、提高施工效率、降低维护成本上有明显优势；自动输砂装置在川庆钻探、渤海钻探、西部钻探和海洋工程试用 8 台，输砂效率提高 1 倍以上，实现免破袋或自动破袋，浪费和污染小，作业安全。长寿命泵阀箱在川庆钻探、渤海钻探试点应用 23 台，截至 2018 年底，使用最长的突破 710 小时，多台超过 600 小时，大幅减少阀箱更换频率，减轻一线工人劳动强度。通过“机械化”建设，提升各专业重点设备设施自动化水平和机械化程度，改善一线员工生产生活条件，降低了现场劳动强度和作业风险，精干一线队伍人员，逐步提升作业效率，初步实现作业井场“省人、省心、省力、省时、省钱”的目标。

在信息化方面：初步建成工程技术一体化应用平台，开展RTOC深入应用，对成员企业38个局级、处级RTOC开展日常监控和巡检。2018年，监测重点井143口，实现25种工况的自动识别；国内市场70型以上钻机施工的井、5000米以上深井实现100%实时监控。其中，川庆钻探RTOC二级覆盖100%，完成237口井的自动设计，风险预警300井次。以钻机、压裂车等装备的更新和改造为契机，推进信息化融合，实现部分重点装备实时运转数据采集、远程视频监控、故障报警、远程诊断等功能，发挥现场数据的指挥参考和决策支持作用。

（杨　晖）

【地球物理勘探】 人员、队伍状况。2018年，物探专业合同化及市场化用工3.1万人。物探队伍196支，其中地震作业队164支、非地震作业队22支、VSP队10支（表1）。

表1　2018年物探队伍及动用情况

项　目	2018年	2017年	同比增减
在册队伍（支）	196	195	1
其中，地震作业队	164	163	1
非地震作业队	22	22	0
VSP队	10	10	0
动用各类作业队伍（队次）	399	333	66
国内，地震队	164	182	-18
非地震队	32	23	9
VSP队	55	8	47
国外，地震队	85	107	-22
非地震队	37	1	36
VSP队	1	12	-11

装备状况。2018年，有地震仪器180台套，非地震仪器385台，资料处理计算机1.77万个CPU（13.28万核），资料解释计算机1837个CPU（15133核），可控震源7种型号、624台，车装钻机41种型号、1019台，人抬钻机19种型号、1544台，推土机12种型号、231台，各类物探测量仪器3216台套（表2）。

地震采集工程。2018年，完成二维地震采集10.57万千米，三维地震采集7.68万平方千米（表3、表4）。

表2　2018年地球物理勘探装备情况

项　目	2018年	2017年	同比增减
地震仪器（台/套）	180	184	-4
主机控制单元（个）	180	184	-4
总道数（万道）	148.05	118.75	29.3
平均每台仪器（道）	8225	6453	1772
采集站（万个）	85.59	84.73	0.86
非地震仪器（台）	385	404	-19
其中，重力仪	41	42	-1
磁力仪	77	79	-2
电法仪	264	280	-16
磁化率仪	2	2	0
化探仪	1	1	0
资料处理计算机	1.77万个CPU（13.28万核）	1.93万个CPU（13.19万核）	减少0.16万个CPU（增加0.09万核）
资料解释计算机	1837个CPU（15133核）	1765个CPU（13738核）	增加72个CPU（增加1395核）
可控震源（台）	624（7种型号）	607（20种型号）	17（型号减少13种）
车装钻机（台）	1019（41种型号）	1043（23种型号）	24（型号增加18种）
人抬钻机（台）	1544（19种型号）	1449（11种型号）	95（型号增加8种）
推土机（台）	231（12种型号）	232（12种型号）	-1（型号增加0种）
物探测量仪器（台）	3216	3899	-683
其中，卫星定位仪	2542	3031	-489
卫星导航仪	299	238	61
全站仪	375	630	-255

表 3　2018 年二维地震、三维地震采集情况

项　目	2018 年	2017 年	同比增减
二维地震采集（万千米）	10.57	15.49	-4.92
其中，国内	2.19	3.06	-0.87
三维地震采集（万平方千米）	7.68	5.72	1.96
其中，国内	1.75	1.03	0.72

表 4　2018 年国内外物探野外采集工作量

项　目		2018 年	2017 年	同比增减
国内勘探	二维地震施工（队次）	69	102	-33
	生产记录（万张）	108.13	121.13	-13
	地震剖面（万千米）	2.19	3.06	-0.87
	三维地震施工（队次）	95	80	15
	生产记录（万张）	372.71	287.79	84.92
	采集工作量（万平方千米）	1.75	1.03	0.72
	VSP 工作（队）	55	8	47
	VSP 测井（口）	144	186	-42
国外勘探	二维地震施工（队次）	27	46	-19
	生产记录（万张）	307.38	483.70	-176.32
	地震剖面（万千米）	8.38	12.43	-4.05
	三维地震施工（队次）	58	61	-3
	生产记录（万张）	2595.83	1928.04	667.79
	采集工作量（万平方千米）	5.92	4.69	1.23

地震资料处理。2018 年，处理二维剖面 23.84 万千米，同比增加 3.86 万千米，增长 19.3%；处理三维资料 7.62 万平方千米，同比增加 1.4 万平方千米，增长 22.5%。

资料解释及综合研究。2018 年，完成二维地震解释剖面 23529 条，长度 74.57 万千米；完成三维解释区块 906 个，面积 41 万平方千米，增长 3.33%，发现圈闭 7330 个，面积 4.78 万平方千米；复查圈闭 4858 个，面积 5.45 万平方千米。

核心软件。（1）GeoEast 软件在高效混采处理、信号增强、多波叠前联合反演、多种测井岩石物理办法和频率合并、单程波 Q 偏移、基于压缩感知的数据重构和 VTI/TTI 各向异性建模等技术研发取得显著进展。Diva 速度建模软件初步形成规模应用态势，在生产中以每年 15% 以上的替代率为目标，有效推进 Diva 成为叠前深度偏移处理生产的自主关键产品。（2）新一代多学科一体化开放式软件平台研发进展顺利。云计算管理系统在大庆油田等多家单位推广应用，多学科数据管理系统和开放式开发框架形成基本版本，能够支撑未来应用软件大规模移植需要。（3）KLSeis Ⅱ V3.0 软件系统持续完善，采集设计、实时监控等五大系列 18 个应用软件功能和性能得到大幅度提升。（4）GeoEast-USP 非常规“甜点”预测地震软件 V2.0 不断完善，研发形成地层空隙压力及地应力预测、地震工程数据联动解释、相控分频反演、储层相控分频反演等新模块和新办法，提高“甜点”预测精度。

装备研发。（1）研发 eSeis 2.0“ALL in One”（检

波器、采集站和电池一体化）新型节点系统，并制造230个节点单元，为后续规模化制造和中试奠定基础。（2）DAS井中地震光纤采集系统研制成功，I代样机采集到较为理想的VSP数据。（3）VSC震源导航系统生产93套，可提供厘米级高精度定位服务。（4）升级版Dolphin综合导航系统达到Gator II同等水平，满足OBN地震勘探需求。（5）自主研发的海洋电磁勘探装备在南海成功进行生产试验。（6）独立激发控制系统、远程视频同步操控支持系统、百万道级排列状态数字化管理系统等地震仪器应用技术推广应用82套。

物探技术集成配套。（1）“两宽一高”地震勘探技术内涵不断发展，持续在国内外规模化推广应用，并取得显著效果。可控震源超高效混叠采集技术（UHP）在阿曼再创新高，平均日效25150炮，最高日效38517炮。可控震源动态扫描技术应用于三维项目，效率提高30%—70%。G3i有线和Hawk节点联采技术在杨税务—泗村店三维地震采集发挥关键作用，确保国内首个大型城区高密度三维地震采集项目顺利完成。（2）超高效混叠地震采集技术应用成效显著。可控震源超高效混叠地震采集作业管理系统（DSS），实现了信息化高效管理，大幅降低作业设备、人员投入和待工时间。可控震源超高效混叠地震实时质控软件，成功与地震记录仪器、DSS系统集成。基于反演的混采数据分离技术，打破多项混采数据分离的技术瓶颈，保真度高、稳定性好、计算效率高。（3）海洋地震勘探技术取得显著进步。形成自主OBN采集配套技术和装备，包括8太字节/日采集数据量的船载质量控制技术及软件、节点收放设备、OBN船舶设计技术、深水辅助机器人单点投放作业模式、海洋ISS高效采集综合导航系统、兼容多种数据源的船舶跟踪系统等，大幅降低软硬件采购成本，增强国际OBN市场竞争力。（4）实现横波震源首次工业化生产应用。在柴达木盆地驼峰山—盐湖—哑叭尔项目中，实现纵波、横波联合激发和多分量接收，得到国内首个纯横波资料。

（冯 宇）

【钻井】 人员、队伍状况。2018年，钻井专业用工总量7.92万人，同比减少3406人。钻井队伍1183支，其中陆上钻井队1171支、海洋钻井平台12座。

主要技术服务装备和井控装备。有地质导向仪器129套（269串），各类水泥车673台，旋转防喷器/旋转控制头172台，制氮装备29套，压缩机159套；各类防喷器5857台，其中单闸板防喷器1666台、双闸板防喷器2274台、环形防喷器1834台、其他防喷器83台。控制系统2128套，节流压井管汇2953套。

工作量完成情况。2018年，集团公司钻井队伍在国内外市场共开钻11385口井，完井11264口，钻井进尺2571万米。其中：在集团公司内部市场开钻10294口井，完井10193口，钻井进尺2298万米；在国内集团公司外部市场开钻89口井，完井81口，钻井进尺31万米；在国外市场开钻1002口井，完井990口，钻井进尺241万米（表5）。

表5 2018年集团公司钻井工作量

项 目	2018年	2017年	同比增减
开钻总井数（口）	11385	11916	-531
完钻总井数（口）	11264	11687	-423
其中，国内完钻	10274	10807	-533
国外完钻	990	880	110
钻井进尺（万米）	2571	2579	-8
其中，国内进尺	2330	2355	-25
国外进尺	241	224	17

工厂化钻井技术。2018年，渤海钻探在大港油田井丛场项目应用整体设计+轨迹优化等技术开展工厂化钻井，完成22组，钻井131口，累计进尺30.91万米，15口井创区块技术指标。其中57口井实现二开215.9毫米井眼“一趟钻”钻井，累计进尺6.74万米，平均机械钻速提高90.31%。在冀东油田三号岛钻定向井22口，以总数241口继续保持集团公司丛式井组井数最多纪录。

自动垂直钻井技术。西部钻探承钻的狮41H2-2-413井，在二开井段成功应用垂直钻井技术，较邻井平均机械钻速提高37.5%，有效破解英西区块防斜打快技术难题。渤海钻探自主研发的BH-VDT垂直钻井工具，累计进尺2.56万米，在大北9井单根工具入井时间372小时，刷新BH-VDT工具在塔里木市场最长入井时间纪录；在柯东5井233—2405米井段使用自产垂直钻井系统，及时纠斜防斜，井斜控制在0.1度至0.3度范围内，彻底解放钻压，促进钻井提速，平均机械钻速7.9米/时，与邻井相比提高110%以上。

控压钻井技术。西部钻探承钻的乌兹别克斯坦M15井，五开井段应用精细控压钻井技术，达到准确测量地层压力、地层漏失压力及循环压耗的目的，同时对于溢流的早期发现起到很好的监控作用，为该井顺利完井提供技术保障；狮 58-1 井应用精细控压钻井技术成功钻进 538 米，实现四开井段窄密度窗口安全钻井，并进一步刻画出储层压力窗口，为该区块后续高效开发提供有力技术支持。长城钻探承钻的青海油田狮 52-3 井，应用精细控压钻井技术，实现全井井控安全，初期产液量超过 1000 立方米、产气 10 万立方米。渤海钻探在大港、华北、塔里木等油田推广应用控压钻井技术，实施控压钻井 28 口，达到降密度、促发现、保安全的效果，其中务古 1 加深井应用控压钻井技术成功钻塞通井至设计井深，井口压力高达 14 兆帕，气测全烃值 99.8%，点火焰高 30 米。川庆钻探在磨溪—高石梯区块 29 口井应用精细控压技术，每口井平均钻井液漏失量仅为 160 立方米，比常规钻井钻井液平均漏失量下降 80.5%；平均复杂处理时间仅为 80.4 小时，比常规钻井下降 63%；储层进尺是邻井直井的 1.98 倍，100% 钻达地质目标，成功解决川渝地区深井超深井“三高井”窄压力窗口的钻井难题。

气体钻井技术。川庆钻探承钻的宁 209H12-1，应用空气雾化钻井，创长宁昭通区块 406.4 毫米井眼平均机械钻速最快 12.56 米 / 时，行程钻速最高 301.52 米 / 日的新纪录；宁 209H16-1 井在 406.4 毫米井眼创长宁页岩气雾化钻井井深最深 865 米、进尺最长 820 米的区块新纪录。渤海钻探在青海油田实施 1 口充气钻井和 3 口空气钻井，有效解决英雄岭构造带油南构造、峁南构造及西端狮子沟油藏恶性漏失难题。其中，油南 101 井创下青海油田最大井眼、最长进尺、最大出水的空气钻井纪录。海洋工程在大港油田埕海区块应用精细控压钻井施工 2 口井，进尺 8947 米，为准确摸清埕海区块地层坍塌压力、有效保护和发现油气层提供技术支撑。

固井技术。大庆钻探针对高压井油水窜问题，完善防窜水泥浆系列，形成密度 1.3—2.6 克 / 厘米 ^{3} DCK 低温防窜水泥浆体系，应用 188 井次，固井质量优质率 86.7%。自主研发油气触发型自修复材料，形成抗 180℃，密度 1.50—1.90 克 / 厘米 ^{3} 水泥浆体系的基础配方和自修复水泥浆现场应用技术方案，在徐深 12-1 井技套固井进行现场应用，自修复水泥封固段，72 小时声变合格率 100%，优质井段比例 78.66%。渤海钻探针对二连盆地固井漏失现状，研究出煤层气专用超低密度水泥浆体系，现场成功试验 8 井次。其中，吉煤 6 井现场试验水泥浆最低密度 1.06 克 / 厘米 ^{3}，平均密度 1.18 克 / 厘米 ^{3}，攻克该区块面临的固井低返技术难题。川庆钻探持续完善精细控压固井技术，细化作业压力设计，开展 6 井次施工作业，其中双探 12 井固井质量优质、磨溪 022-H21 井固井质量合格率超 80%，为川渝和塔里木深井窄压力窗口固井技术提供参考模版。优化改进 177.8 毫米和 127 毫米尾管固井水泥浆体系，掌握 8000 米、180℃超深井固井水泥浆技术，完成五探 1 井和塔探 1 井超高温（160℃）注水泥塞技术服务，以及塔探 1 井 168.3 毫米尾管固井水泥试验先期技术服务，刷新四川地区超高温（198℃）、高密度 2.35 克 / 厘米 ^{3} 固井水泥浆技术服务纪录。

施工纪录指标。西部钻探承钻的 MaHW6203 井完钻井深 6130 米，创新疆油田最深水平井纪录；MaHW1247 井完钻井深 5040 米，机械钻速 16.10 米 / 时，钻机月速 3360 米 /（台・月），钻井周期 45 天，三开单趟钻总进尺 1033 米，三开段钻井工期 20 天，创玛 131 井区最快机械钻速、最高钻机月速、最短钻井周期、单趟进尺最高和三开工期最短等多项纪录。狮 41H2-2-413 井，完钻井深 5081 米，钻井周期 99.31 天，创同区块同井深水平井施工最短纪录。渤海钻探承钻的跃满 221H 井，完钻垂深 7433.43 米，创集团公司水平井垂深最深纪录；完成伊朗海上首口分支井——伊朗 2S-63 井定向技术服务，该井主井眼完钻井深 4206.43 米，水平位移 2545.89 米，分支井眼完钻井深 4145 米，水平位移 2582.28 米，填补渤海钻探在伊朗波斯湾施工鱼骨形分支水平井空白。川庆钻探承钻的磨溪 022-H4 井，完钻井深 6550 米，创磨高区块最深水平井纪录；YS112H12-1 井完钻井深 5290 米，水平段长 2810 米，钻井周期 47.58 天，刷新集团公司页岩气水平井水平段最长纪录，创昭通区块页岩气水平井井深 5000 米以上最短完钻周期纪录；威 202H13-5 井创威远页岩气区块最长水平段 2200 米、单只钻头最长进尺 2659 米、水平段最高日进尺 355 米三项纪录。长城钻探承钻的威 202H55-3 井完钻井深 4668 米，三开进尺 2078 米，水平段长 1506 米，三开钻井周期 11.79 天，机械钻速 12.82 米 / 时，刷新威远区块三开施工纪录。

（李　季）

【测井】 人员、队伍状况。2018 年，测井专业用工总量 13163 人，同比减少 516 人。测井专业队伍总量 817 支，同比增加 4 支。其中：国内 682 支，同比增加 5 支；国外 135 支，同比减少 1 支，分布在 19 个国家和地区。

设备状况。主要设备 938 套，同比增加 22 套。其中：裸眼井测井设备 590 套，同比减少 4 套；生产测井设备133套，同比增加19套；射孔取心设备177套，同比增加7套。LWD设备38套，同比持平。

2018年，测井工作量106963井次，其中国内102153井次、国外4810井次。因井况、路况测井未成功5949井次，占总工作量的5.3%。测井解释工作量探井7万层，开发井39万层，解释成果油层13万层，气层2.9万层。老井复查4726井次，发现油气层18059层。探井解释符合率87.16%，开发井解释符合率95.86%（表6）。

表6　2018年集团公司测井工作量

井次

项　目	2018年	2017年	同比增减
工作总量	106963	101531	5432
其中，裸眼测井	28190	27083	1107
生产测井	17089	18318	-1229
工程测井	28214	26432	1782
射孔	33470	29698	3772
国内工作量	102153	94219	7934
国外工作量	4810	4943	-133
因故测井未成功	5949	6764	-815

电缆测井技术。持续推进EILog在塔里木油田的规模应用，全面推广使用阵列感应，强化核磁、微扫、阵列声波等成像测井规模化应用。完成成像测井9219井次，其中自主核磁共振测井仪在长庆、大港、华北和青海等油田应用135井次。过钻具存储式交叉偶极子阵列声波和自然伽马能谱测井仪在宁209H4-6井长水平段页岩气井首次成功，完善页岩气存储仪器测井系列，国产过钻杆存储仪器进行页岩气完井测井36口。BH-ARI Ⅱ方位远探测反射波测井仪器实现探测井周40米范围内裂缝型、孔洞型储层的地层信息，探测分辨精度22.5度，为复杂油气储层精细描述提供丰富的地层信息，被评选为2018年度中国石油十大科技进展之一。Leap系列设备成为海外测井服务的主要装备，装备数量占比56%，全年工作量2898井次，收入和利润贡献率均超过60%。0.2米高分辨率测井装备技术在大庆长垣获得良好应用效果，完成推广应用700多井次，完全替代常规双侧向测井。

随钻测井技术。自主研发的随钻测井系统在威远202H33-4井定向钻井施工中应用测录导联合技术，优质储层钻遇率98.4%，较同平台水平井提高18个百分点，在青海、长庆、西南、浙江等油气田应用30余口井，平均储层钻遇率95%以上。方位伽马成像仪器在华H4-1井中实现砂体钻遇率96.1%、油层钻遇率87.8%，创该地区致密油最高油层钻遇率纪录。完成随钻伽马成像19口井、方位侧向电阻率成像17口井作业。随钻声波、伽马、电阻率、补偿中子、密度井下仪器，完成6口井测井任务，与电缆测井资料一致。建设中油油服旋转导向维保中心，开始承担仪器组装和维修保养任务。长城钻探随钻中子密度仪器国产化取得进展，完成172毫米随钻中子密度测井仪器2支样机测试、刻度及与GW-LWD系统联调和全系统地面水循环验证，完成3口井现场试验。

生产测井及测试。成功研制推广脉冲中子全谱（RAS）、吸水剖面防溢流装置、机械式同位素释放器等仪器设备，并采用无源音叉密度替代放射性流体密度，采用胶囊同位素代替传统粉末同位素，降低施工风险，提升队伍安全环保施工能力。通过发明柔性工具，缩短仪器长度，攻克大斜度产液剖面测井技术难题。研发存储式找水短节，开创管柱测试方法，成功将产液与压力恢复进行联作，可满足各种井斜条件。开展井筒检测“一串测”技术研究，改进仪器兼容性，实现多臂井径和磁测仪器与扇区胶结、噪声仪器组合，作业时间平均减少1/3。跨隔测压技术在中国海油渤海油田广泛应用，实现不动管柱测量地层压力，完成18井次。超声波解堵增油增注技术在大港油田持续推广应用，羊丛28井注水量从作业前的零注入量提高到16米^3/日。非放射性示踪剂产液剖面测井技术在大港油田页岩油项目中成功使用，样品分析结论与其他测井方式结论吻合度高。同位素吸水剖面测井污水回注工艺技术，在吐哈油田完成10口井施工。分布式光纤测试技术，顺利完成浙江油田2口井测试任务。井间示踪监测技术完成设备安装调试并投产，在吐哈油田完成红台2304H井组施工。

射孔技术。紧跟页岩气（川渝地区）、致密油气（长庆地区、新疆地区）等勘探开发热点区块，不断完善并大规模应用桥塞射孔联作技术，满足油气储层改造需求；针对塔里木油田、西南油气田等“三高井”射孔中的难题，开展超高温超高压、小井眼射孔器材及相关工艺技术的配套研究，满足生产需求，打破国外公司的技术垄断；加快射孔基础研究和射孔试验室建设，射孔技术逐步由单纯应用型研究向基础和应用研究并重转变。（1）桥塞射孔联作技术不断完善升级。2018年桥塞射孔联作729口、8462段/27037

簇。等孔径、定向、定面射孔技术在桥塞射孔联作工艺中被广泛应用，提升压裂改造效果；智能泵送软件 2.0、缆头张力计、静止起泵等技术在桥塞射孔联作中得到应用，提高泵送射孔作业成功率；开展加密分簇射孔，施工单层最高射孔簇数 12 簇，满足压裂改造密切割需求；首次在威 204H42-4 井实施牵引器输送桥塞射孔联作施工，增添桥射联作在水平井中的输送方式；在新疆油田致密油桥塞射孔联作施工中单日完成 10 段桥塞射孔现场施工，为提速提效奠定基础；可溶桥塞研制取得可喜成果，研发制造在不同套管尺寸、不同温度、不同矿化度下溶解的系列可溶桥塞，5.5 英寸全金属可溶桥塞试验 41 支，5.5 英寸低矿化度可溶桥塞试验 2 支。可溶桥塞在长庆油田大规模应用，淘汰复合桥塞，2018 年应用可溶桥塞 1700 余支；三定（定面、定向、定射角）射孔技术在吉林油田现场应用 145 口井，成为吉林油田致密油压裂改造的优选射孔技术；无液垫射孔试油联作技术在大港油区成功应用 3 井次，成功率 100%。（2）射孔器材制造技术。89 型、102 型、127 型三种超深穿透射孔弹 API 注册穿孔深度分别达到 1516 毫米、1653 毫米、1986 毫米，引领国际先进水平。研制定型 4 种等孔径深穿透射孔弹，在套管上穿孔孔径标准偏差小于 5%。研发形成射孔弹药型罩用铜 / 铅复合粉末制备技术，解决混粉脱模和压制裂罩、拔罩等一系列技术难题。全自动压装机器人在射孔弹制造中应用，累计生产射孔弹 5 万余发。开展 230℃ /72 小时射孔器材超高温室内测试及产品配套，在川渝塔探 1 井等超高温（井温≥ 200℃）射孔施工中应用。（3）射孔技术研究实验室建设快速推进。完成实验室建设、2 千克 TNT（三硝基甲苯）当量爆炸容器功能设计、模拟实际储层环境下检测射孔器性能的试验装置功能设计选型及射孔弹爆轰冲击参数测试系统功能设计与选型等工作，实现射孔技术从应用研究转向基础和应用并重研究。

测井解释评价技术。（1）创新解释技术，助力油气勘探新领域。测井公司采用“一量四谱”解释评价技术，开展储层品质、流体性质、地质“甜点”、压裂效果精准评价。解释新疆油田沙探 1 井，获日产油 30.25 立方米，拓展准噶尔盆地二叠系上乌尔禾组勘探新领域；解释高探 1 井在清水河组获高产油气流，获日产油 1213 立方米、天然气 32.17 万立方米，该井的重大突破证实准噶尔盆地南缘前陆大型油气富集区勘探潜力巨大。基于三元叠合的页岩气储层分类评价与产能预测等 4 项地质工程一体化评价关键技术，助力浙江油田黄金坝等浅层页岩气 8 亿立方米产能建设；解释吉林油田黑 197 井、大港油田沧东凹陷官东 1701H 井，助力页岩油勘探突破；发展天然气水合物解释评价技术，支撑南海神狐地区勘探突破。攻关花岗质砾岩和混合砾岩复杂岩性油藏评价技术，“核磁 +”组合进行岩石组分精细反演及储层综合品质评价，精准评价永 3 井、陈古 6 井、雷 88 井等重点井，为辽河油田 4000 万吨控制储量提交提供技术保障；利用阵列感应测井资料精细反演电阻率侵入剖面，准确解释松 5 井渐新统临河组油层，打破巴彦河套盆地 2 万多平方千米近 40 年找油久攻不克被动局面。采用岩性识别、双孔介质饱和度计算及蚀变程度评价等技术，成功解释西南油气田永探 1 井，助力四川盆地二叠系火山岩储层勘探新领域取得突破；综合利用常规测井、地层元素和成像测井确定基岩成分及岩石结构，建立基岩三维岩性识别图版，成功解释隆探 2 井、隆平 1 井，为松辽盆地古中央隆起带基岩新领域储量提交提供技术保障。（2）提高解释精度，保障油田稳产上产。测井公司采用二维迭代反演技术解决低对比度油层识别难题，形成砾岩储层综合“甜点”准确定位技术，为玛湖 015 井日产油 403 立方米，新增 2 亿吨地质储量提供技术支持。应用微电阻率扫描成像、核磁共振测井等评价技术，在渤海湾盆地石炭系煤系地层潜山、深层超低孔隙度、渗透率致密油气层应用，成功解释岐古 8 井、营古 1 井等大港油田重点井。攻关低渗透油气藏测井评价技术，在长庆油田重点探区碎屑岩低对比度油层测井解释精度提高 10 个百分点；建立缝洞性储层连通性解释评价模型，在西南油气田解释 6 口百万立方米高产井；综合应用常规、成像测井和录井资料建立富含有机碳低渗透储层定量评价方法，在辽河油田后河地区应用 10 口井，解释结论与试油结果全部符合；在青海油田英西、英中地区混积岩复杂储层应用“一量四谱”成像评价技术，提高解释符合率 5.3%；建立致密油水平井压裂与产能关系，在吉林油田乾安地区 75 口水平井应用，分级产能预测准确率 80% 以上。在探评井中引入产液剖面动态监测技术，准确分析多层合试试油结果与储层对应关系，为优化解释模型、提高解释符合率提供依据。优化测井系列、完善评价方法，解决火山岩储层流体识别难题，在新疆油田推广应用取得良好效果。（3）加强基础研究，夯实高质量发展基础。加强岩石物理实验研究，围绕致密油气、页岩气、碳酸盐岩、砾岩，改进测试工艺流程，完善实验分析能力，提升实验测量精度，为优化解释模型和参数提供准确依据。加强成像测井、二维核磁数据处理方法研究，提高流体识别和储层物性参数精度，在辽河、新疆等油田取得较好应用效果。持续完善声波远探测缝洞型储层有效性评价技术，在大港油田、华北油田潜山储层及塔里木缝洞储层评价发挥关键作用。（4）深化成果集成，提升专业化水平。建立测井大数据平台，实现测井资料库、解释评价库、实时数据库等数据库系统的融合，2018 年新增 22874 口井、50541 井次，入库总数超过 23 万井次。重点建设与仪器配套的资料处理软件包、成像单项处理技术和特色解释模块集成，全面支持 EILog、LEAP 等仪器，实现测井数据格式统一、测井成果规范统一、处理解释模型与图版格式统一。

（邹　辉）

【录井】 人员状况。2018 年，录井专业用工总量 8651 人，同比减少 248 人，下降 2.79%。

装备状况。2018 年，主要录井装备 3427 台，设备新度系数 0.21。纳入资产管理的综合录井仪 964 台，同比增加 11 台，增长 1.15%，其中国产综合录井仪 910 台、进口综合录井 54 台；主要分布在全国 16 个油区，国外服务于亚太、中亚、非洲、中东、美洲等地区的 16 个国家，其中国内 820 台、国外 144 台（在集团公司内部 118 台，在集团公司外部 26 台）。

2018 年，完成录井 14256 口。录井仪器（综合录井和气测录井）施工总天数 437745 天（表 7）。

表 7　2018 年集团公司录井工作量

项　目	2018 年	2017 年	同比增减
录井（口）	14256	13187	1069
其中，国内录井	13687	12633	1054
国外录井	569	554	15
综合录井仪	5848	4871	977
气测录井	3053	3058	–5
地质录井	5355	5258	97
录井仪器施工总天数（天）	437745	410735	27010

录井技术进展。2018 年，开展科技项目 172 项，其中集团公司级项目 5 项、局级项目 49 项，获成果 87 项，获专利 44 项，发表论文 92 篇。

录井企业充分发挥地质综合研究和解释评价技术优势，针对各区域地质特点及难点，在搞好单井评价的同时，强化不同区块地质综合研究，探索致密油、页岩气解释评价方法等非常规油气藏评价方法研究。2018 年，在 637 口探井上发现并评价油气显示 84785 米 /14574 层，在 4662 口开发井上发现并评价油气层 692734 米 /109598 层，油气显示发现率 100%，为集团公司油气储量增长发挥重要作用。

录井企业充分发挥综合录井仪的工程录井作用，在实时监测钻井参数、及时报告工程异常的基础上，提前预告复杂层位和井控风险，节约钻井作业成本，降低钻井风险，提高工程时效技术，确保钻井施工安全提速。2018 年，监测到工程异常 12648 次，其中钻具刺 117 次、泵刺 89 次、钻具断 52 次、井漏 1317 次、溢流 246 次、硫化氢异常 83 次，异常预报符合率 99.83%，实现早发现、早报告、早处理的目的，降低钻井风险，提高工程时效和钻井速度，减少经济损失。

（刘应忠）

【井下作业】 人员、队伍状况。2018 年，井下作业用工总量 6.34 万人，井下作业队伍 1839 支。其中：大修队 231 支、侧钻队 70 支、试油队 209 支、小修队 677 支、测试队 240 支、压裂酸化队 124 支、带压作业队 145 支；国内 1595 支，国外 244 支。

装备状况。2018 年，井下作业系统有修（通、钻）井机 2466 台，其中车载修井机 1673 台，占总量的 67.84%。1000 型以上压裂泵车 770 台，共计 156.2 万水马力，2000 型及以上压裂泵车 623 台。连续油管车 78 台，制氮车 42 台，液氮泵车 57 台，带压作业设备 148 套。

2018 年，井下作业工作量 8.7 万井次，试油 11969 层。国内完成井下作业工作量 8.4 万井次，试油 7983 层。国外完成井下作业工作量 2436 井次，试油 3986 层（表 8）。

表 8　2018 年集团公司井下作业工作量

项　目	2018 年	2017 年	同比增减
井下作业工作量（万井次）	8.7	8.82	–0.12
其中，国内井下作业（万井次）	8.4	8.64	–0.24
国外井下作业（井次）	2436	1838	598
压裂（井次）	14729	13186	1543
酸化（井次）	2689	2377	312
小修（井次）	64891	67983	–3092
大修（井次）	4402	4375	27
侧钻（井次）	286	257	29
试油（层）	11969	9235	2734
其中，国内试油	7983	6227	1756
国外试油	3986	3008	978

试油测试技术。川庆钻探针对“三高”井继续推广应用射孔—酸化—测试、酸化—测试等试油测试联作工艺技术，平均每层试油可以节约周期 10—15 天；渤海钻探探索“连续油管 + 修井机”井丛厂快速试油作业模式，集成应用连续油管作业技术和射孔酸化泵排联作技术，工厂化完成井丛厂多口井试油作业，提高设备利用率，缩短施工周期，大幅度降低施工成本。西部钻探针对高温、高压、深井超深井等试油难题，持续推进超深井试油测试技术，形成“三阀一封”侦查性测试技术、“五阀一封”完井测试技术，解决常规测试管柱不能替浆、压井难及解封难等问题；长城钻探承担的国家“一带一路”重点工程、乌兹别克斯坦国家级项目、集团公司海外重点探井明 15 井试油测试，针对该井高温、高压、高含硫等难点，优化工艺工具选择，形成“三阀一封”管柱结构设计；强化地面流程配置，选用 140 兆帕防硫地面流程；精细风险评估，细化防盐堵、硫化氢、出砂、诱喷等突发情况处置预案，顺利完成 5 层测试任务。

压裂酸化技术。川庆钻探开展压裂用抗盐降阻剂、超深气井滑溜水及压裂液的配方、高效驱油型压裂液、可降解酸体系、可重复利用速溶稠化酸、石英砂替代陶粒现场试验，应用效果较好。长城钻探自主研发全可溶式压裂桥塞 Y456-98，现场试验可实现耐压差 70 兆帕、耐温 80—110℃、10—15 天完全溶解，丢手、坐封、反排等性能稳定，应用 100 余支。渤海钻探开展 BH-SRM 压裂裂缝实时监测系统研究，研制高精度地面微地震数据采集仪，研发基于逆时偏移及微相量扫描叠加技术的微地震事件定位技术，形成地面实时监测、准确定位、三维裂缝成像等工艺与技术装备。西部钻探大力开展污水连续混配技术现场应用，研制出适合污水现场连续混配压裂液体系配方，解决稠化剂溶胀难、连续混配泡沫过多等一系列难题，累计利用污水配制压裂液 14 万立方米，各项指标完全满足施工条件。

修井技术。渤海钻探深化水平井大修技术研究，研发水平井大修系列专用工具，形成套损诊断及修复技术、水平井打捞及套磨铣工艺技术；针对套损套变井修井，开展导向器找鱼、全程示踪管柱、膨胀管补贴回接等新工艺新技术研究，研制导向器找鱼工具、可接示踪管柱倒扣切割及回接等工具，大幅提高施工效率。

连续油管作业技术。川庆钻探开展致密油气连续油管侧钻技术研究，配套连续油管钻井设备和钻井液材料技术，完成井下液力换向器、推进器、工具串的设计和加工，侧钻用钻井液材料的选型，钻头、螺杆、液力推进器及侧钻相关配套设备（钻井泵、循环罐等）组装、测试；西部钻探开展连续油管替代常规油管录取试油资料技术研究，形成集井筒清理、测井、封闭、射孔、试井、测试等为一体的连续油管试油技术，有效解决采用连续油管替代常规油管试油作业的难题；渤海钻探整合“连续油管 + 带压作业”技术，采用连续油管完成带压环境下的钻磨、打捞等施工，通过带压作业装置完成带压起下管柱施工，解决常规带压作业无法全程带压施工难题，安全环保、节支降耗效果显著。

施工纪录。长城钻探在乌兹别克斯坦明 15 井，试油测试硫化氢含量 44 万毫克 / 升，创集团公司海外市场试油测试最高硫化氢含量纪录。西部钻探在塔里木油田克深 132 井，测试井口压力 107.12 兆帕，创集团公司试油测试最高井口流动压力纪录；在新疆油田 CHHW2111/CHHW2114 平台，单日施工 11 段，创集团公司单机组单日拉链式作业最多施工段数纪录。川庆钻探在西南油气田五探 1 井，测试作业井深 8086 米，创集团公司最大测试作业井深纪录；在长庆油田华 H1-3 井，加砂 6026 立方米，创集团公司最大单井加砂量纪录。渤海钻探在西南油气田 H23-5 井，可溶桥塞分段 46 段，创集团公司可溶桥塞最多分段纪录。

（王大利）

工程建设

【概述】 2018年，面对敏感复杂的外部环境和资本市场的深度调整，中国石油集团工程股份有限公司（简称中油工程）落实集团公司高质量发展要求以及打好能力提升战的决策部署，按照迈向世界一流“三步走”路线图安排，稳中求进提效益、依法合规促转型，各项指标稳中向好，党的领导全面加强，高质量发展的理念和基础更加稳固。中油工程和中国石油集团工程服务有限公司（未上市托管部分，简称工程服务有限公司）全年整体营业收入669.4亿元、利润总额10.8亿元（剔除考核因素），同比分别增长4.7%和2.2%。中油工程在2018年ENR国际承包商250强和福布斯全球最佳雇主排行榜中分别位列第33名和第14名，中油工程股票成功纳入“MSCI中国A股在岸指数”和“沪深300指数”，上市公司品牌形象显著提升。

中油工程有中国石油管道局工程有限公司、中国石油工程建设有限公司、中国寰球工程有限公司、中国昆仑工程有限公司和中油工程项目管理分公司5家所属企业，主要面向国内外石油化工工程市场提供全产业链的“一站式”综合服务，业务范围覆盖油气田地面工程、炼油化工工程、油气储运工程、LNG工程、非常规油气地面工程、煤化工工程、海洋石油工程等上中下游工程全产业链；服务能力涵盖项目咨询、FEED、项目管理、设计、采购、施工、开车、试运、生产服务、培训及保运、投融资服务等全价值链。工程服务有限公司由参与重组改制上市企业的辅业剥离组建而成，有管道局、斯派克商务服务中心、寰球和创、中纺院、四川油建、科宏工程和佳诚检测等7家所属企业；2018年5月，对四川油建、科宏工程和佳诚检测等3家位于西南地区的所属企业实施重组整合，组建成立西南工程建设分公司，实现区域一体化运作。

【发展战略】 2018年，中油工程战略引领取得新成绩，围绕上市提出的“12345”（围绕1个战略总目标、完善2大业务链条、实施3大战略、落实4大举措、重点发展5大业务）发展战略，开展世界一流指标体系和全面对标研究，沿着“三步走”（强身健体、提质增效、跨越发展）路线图，梯次配置各阶段任务目标，高质量发展的路径指引更加清晰；滚动完善中长期发展规划，统筹推进天然气工程等专项规划和中东区域规划编制工作，推动落实国际业务管控体系研究成果，对发展战略和路线图形成多维立体支撑；系统梳理项目建设、市场开发、科技攻关、深化改革、政策研究等5个方面的重点工作，明确相关领域的工作方向和具体抓手。市场开发呈现新亮点，完善全球市场开发网络，以中东、华东地区为试点，建立国内外市场开发区域协调机制，初步发挥市场跟踪协调、信息资源共享、对外合作推介、品牌形象展示等功能。成员企业市场布局优化，工程建设公司签约格拉芙原油处理项目，打入马来西亚国家石油公司市场；管道局工程公司深耕东南亚地区，进入沙特阿拉伯和阿曼市场；寰球工程公司承揽马来西亚恒源炼油厂等海外项目，海外外部炼油市场真正实现突破；昆仑工程公司集中开发集团公司内部炼化和油气田环境工程市场，连续签约多个EPC项目；西南分公司重返青海油田市场。对外合作“生态圈”进一步扩大，国内与集团公司多个业主板块、中船重工等产业链相关企业签署战略合作协议；国外与福陆、杜邦等国际工程公司开展市场技术全方位合作，巩固与NOC、IOC合作伙伴关系，工程建设公司成为首家与壳牌签署设计和工程服务协议的中国企业。业务布局突出新领域，紧盯新的经济增长点，完善产业链和价值链，工程建设公司获ADNOC海上EPC资质并参与海上油气田工程 FEED 设计，向海洋工程领域迈出坚实一步；管道局工程公司成立燃气公司，推进燃气利用业务发展；寰球工程公司抓住集团公司油气销售终端转型机遇，开展智慧能源综合补给站建设能力储备并成立油气销售终端事业部；昆仑工程公司推出“环保管家”服务促进环保咨询业务转型升级，筹建水务运营管理中心；项目管理公司围绕中俄东线、广东石化、深圳 LNG 等项目制定设计监理方案，培育特色新业务和利润增长点。

【公司治理】 2018 年，中油工程强化向资本市场价值传递，推介发展愿景和未来成长性，全年股票日均交易量同比增长 40.2%，交易活跃度和资本市场关注度明显提升，为下一步开展资本运作夯实基础。完善信息披露机制，加强舆情管控和重大利好宣传，规范对外沟通行为和口径，强化重大合同、重要和非常规事项的归集管理，全年发布公告 73 项，信息披露的及时性、完整性、透明度不断提高。夯实投资者关系管理，多地开展区域路演和市场推介，全年拜访接待股东和投资机构 96 家、282 人次，促进中油工程经营亮点有效释放。健全公司治理体系和决策运行体系，发布实施中油工程党委工作规则、“三重一大”实施细则等制度文件，中油工程党委与董事会、监事会、经营管理层的协调运行机制更加完善，预算决算、经营计划、合同担保等重大事项合规高效决策，集团公司持有的中油工程 10 亿股无偿划转事宜完成。结合集团公司授权管理意见，发布实施中油工程权限管理指引，明确 31 类业务的行权方式，初步搭建起中油工程本部与成员企业两级权限管理体系。

【深化改革】 2018 年，成立中油工程深化改革和战略实施领导小组及 6 个专项工作组，明确今后一段时期改革的思路方向和顶层设计，提出深化分级授权、持续推进专业化重组、完善市场开发体系等十大改革举措，重点领域改革事项的战略思考成熟落地。编制发布“三项”制度改革行动计划，印发实施成员企业领导人员业绩考核等管理办法，在公司内部形成“收入凭贡献”的业绩导向。业务重组纵深推进，将寰球辽阳公司和华东公司北京分院芳烃资源划入昆仑工程公司，按照业务定位加快弥补其能力短板；将兰州寰球公司和管道局工程公司天津设计院整建制划入项目管理公司，为下一步开展设计监理并向真正意义上的项目管理公司转型奠定基础；对四川油建、科宏工程和佳诚检测等 3 家单位实施重组整合，组建西南工程建设分公司并实现区域化管理。瘦身健体初见成效，全面完成“僵尸企业”处置、特困企业专项治理和法人压减年度目标，基本完成“三供一业”分离移交，研究施工企业转型升级思路措施。成员企业改革活力持续释放，工程建设公司完成非洲、中东以及新疆地区机构资源整合；管道局工程公司解决国内项目管理体制不顺和职责交叉问题，撤销国内事业部并组建燃气公司；寰球工程公司形成“三项”制度改革“1+13”（1 个总方案 + 13 个子方案）配套政策体系，处级干部总数较重组初期减少 37 人，下降 7.2%；昆仑工程公司加快推进总部与分公司一体化建设和环境业务并购；项目管理公司建立优秀年轻人才储备库，并将外语达标指标纳入总部员工绩效考核。

【市场开发】 2018 年，统筹推进海外战略性与大型综合项目、国内社会市场大型炼化项目市场开发，主动服务集团公司 13 个重点项目群、天然气互联互通和地下油气储库、销售终端等项目，把握市场开发主动权。LNG 业务实现新突破，签约浙江君安、江苏 LNG 接收站三期、深圳 LNG 接收站等项目。高端市场不断巩固，中标沙特阿美哈拉德与哈维亚地区管道和油气稳产陆上管道项目、阿曼拉斯玛卡兹原油储罐、沙特泛亚 PTA 设计服务等项目。战略合作持续深化，工程建设公司成为集团公司首家拥有阿联酋海上作业资格的企业，寰球工程公司与埃克森·美孚签署全球服务采购框架协议并通过其总承包供货商系统评估。“融投建管”项目逐步启动，完成青海油田采气三厂天然气回收、河南南浦丙烷—聚丙烯酰胺产业链、海宁—桐乡及衡阳—炎陵天然气支线管道等项目的立项批复。

【重点工程建设】 2018 年，加强工程建设全过程管理，加快推进中油工程业务执行、业主交付和基础服务“三大平台”建设，全面推广优化设计、标准化设计、集成化设计、模块区设计等“四化”设计以及标准化设计、工厂化预制、模块化施工、机械化作业、信息化管理等“五化”建设，保障集团公司 13 个重点项目群和一批互联互通工程按期高质量推进，辽阳石化、华北石化、托克托压气站、哈法亚三期工程、土库曼斯坦东部气田和萨曼杰佩增压工程、哈萨克斯坦 PKOP 炼油厂等一大批海内外重点项目中交投产。对重点工程升级管理，严格实施“周报告、月例会、黄红线警示”制度，项目执行效率不断提升，全年承担重点工程72项、完工投产28项。油气田地面工程方面，集团公司海外一次建成最大的油田——伊拉克哈法亚三期提前70天成功投油；集团公司冬季保供重点项目——土库曼斯坦巴格德雷B区东部气田项目开工不到半年实现投产；长宁、威远页岩气田产能建设等一批扩产保供工程以及俄罗斯阿穆尔天然气处理厂、阿布扎比巴布油田综合设施等项目稳步推进。油气储运工程方面，中俄东线北段干线主体焊接超过600千米，托克托、醴陵、中卫压气站增输改造等17项天然气基础设施互联互通项目按期完工投产，华北石化—北京新机场航空煤油管道、秧田冲油库—长水机场航空煤油储运等项目完工，闽粤支干线、中缅管道黔西南州应急管道等项目加速推进。炼化工程方面，辽阳石化俄罗斯原油改造工程一次开车成功，华北石化炼油扩建工程建成中交，格尔木炼油厂、哈尔滨石化、吉林石化、庆阳石化、乌鲁木齐石化、锦州石化等一批烷基化项目投产；集团公司海外最大炼油项目——PK炼油厂二期投产，马来西亚RAPID项目聚丙烯装置投料成功，独山子石化加工轻烃炼油及乙烯优化调整项目稳步推进，广东石化总体设计全部完成。LNG工程方面，唐山LNG项目两座16万立方米储罐同时升顶成功，建设进程过半；江苏LNG接收站扩建工程现场开工；深圳LNG应急调峰接收站项目启动；江阴LNG储配站和嘉兴LNG应急调峰储运站工程扎实推进。环境和纺织化纤工程方面，大庆、四川、宁夏等尾气治理项目和塔里木石化、兰州石化等污水项目，以及中泰、海伦等PTA项目实施。项目管理业务方面，服务模式不断创新，以IPMT方式为中俄东线北段提供前端深度服务。

【科技信息】 2018年，信息化建设与生产经营深度融合，数字油田、智能管道、智能炼油厂和智慧能源综合补给站等领域关键技术和成套解决方案加快推进，集团公司炼油、烯烃和芳烃三大技术中心落户中油工程成员企业。牵头或参与集团公司重大科技专项12项，大炼油二期、大乙烯二期、大芳烃、低碳二期等重大专项有序推进，智慧管网重大专项通过立项论证。全年新开天然气有机硫深度脱除工艺技术、离子液烷基化技术优化等统筹科研课题28项，启动800万吨级超大型LNG成套技术研究。超大口径水平定向钻穿越技术取得突破，大化肥重大科技专项高水平完成，庆阳石化航空煤油液相加氢工业试验一次开车成功，烟气脱硫工艺技术应用于四川石化。全年申请专利293件、新增授权专利232件，认定技术秘密88件，登记软件著作权40项，主编或参编国家和行业标准14项。推进“三大平台”建设，平台环境搭建和系统功能开发有序推进，推广数字化集成设计系统，制定完善数字化交付标准、规范、流程和数据规格，工程建设材料编码系统在工程建设公司和寰球工程公司试点应用，设计云系统完成基础环境搭建，大型设备资源共享平台和协同办公管理系统上线运行。推进“五化”工作，召开辽阳石化“五化”经验交流会；哈萨克斯坦PKOP炼油厂项目硫黄回收装置采用工厂化预制方式，施工效率大幅提高；中俄东线项目打通EPC各环节数据通道，实现全过程信息化管理；在役油气管道数字化恢复全套解决方案在中缅管道项目应用；提出基于标准化和模块化设计的“油、气、电、氢、非、润、卡”一体化智慧型综合能源补给站解决方案，为中国石油打造“黄金终端”升级版做好技术储备。

【降本增效】 2018年，加强预算执行与考核，选取典型项目进行盈亏分析，推动存货清理和欠款清收，有序推进降杠杆减负债，开展境外资金集中和汇兑损益研究，加强全球纳税筹划，上市和未上市业务“两金”余额整体较年初下降15.9%、资产负债率较年初下降2.6个百分点，上市业务综合所得税率同比下降10.1个百分点，财务管控力度持续加大。优化预算管控模式，设置三档考核目标，增加净利润等体现上市公司特点的关键指标，预算体系更加完善。坚持开展经营分析，及时发现偏差、协调解决难题，促进经营的均衡性。强化项目全生命周期成本管控，剖析典型项目盈利能力，形成改进提升建议。加强授信业务合规管理，定期开展保函风险敞口自查，最大限度降低授信风险。坚持量入为出、优化结构，全年安排固定资产投资7.1亿元，有力保障重点项目建设和业务发展需要。完成“处僵治困”、法人压减任务，中油六建矿区等14个矿区“三供一业”基本移交，管道局工程公司社保移交地方。

【质量安全环保】 2018年，加强质量安全环保监督机构建设，强化制度执行和责任落实，推进工程质量安全升级管理和隐患排查，加大QHSE体系审核、安全生产大检查、承包商“三违”（违法转包、违法分包、违规选商及挂靠等）检查力度，严肃事故责任追究和惩处，杜绝较大及以上安全环保事故。质量管理方面，推行质量风险管理，识别质量风险点3000余个，逐一制定防控措施；开展体系审核和监督检查，查改问题1471项；配合开展长输管道隐患排查工作，对106名管理人员予以追责；组织质量创优活动，中亚天然气管道AB线获中国土木工程詹天佑奖，伊拉克米桑原油外输管道、舟山国家石油储备库基地扩建、大连西太平洋化工催化汽油加氢等8项工程获国家优质工程奖。HSE管理方面，层层开展HSE述职和考核，严格责任归位和过程管控；编制较大安全环保事故隐患判别标准，将管理违规和岗位违章列为事故隐患进行管理和责任追究；明确炼化及管道工程领域的四类风险等级管控要求；强化体系审核与“四不两直”突击检查，查改问题2197项；严格分包商HSE业绩评价，取消179家分包商准入资格；严格追究事故责任，吸取教训、举一反三，督促落实防范措施；妥善应对南苏丹武装冲突、苏丹霍乱及委内瑞拉骚乱等事件，有效保障海外人员身心健康。

（吴晓利）

国际业务

海外油气业务

【概述】 集团公司海外油气业务由中国石油国际勘探开发有限公司（简称中油国际公司）归口管理。1993年，集团公司实施国际化经营，25年来海外油气业务规模和管理水平不断提升。截至2018年底，建成中亚俄罗斯、中东、非洲、美洲和亚太等五大油气合作区，经营88个海外油气投资项目；探明3个10亿吨级、4个5亿吨级、4个1亿吨级、3个5千万吨级地质储量油气田；基本形成横跨中国西北、东北、西南和东部海上的四大油气战略通道，油气管道总长度1.65万千米，年输油能力1.04亿吨、年输气能力674亿立方米；“海外合作油气田规模高效开发关键技术”等5项成果获国家科学技术进步奖。2018年底，有员工5.6万人，其中外籍员工占比91.6%。

2018年，中油国际公司配合集团公司专题研究海外油气业务，通过海外油气业务优质高效发展规划，发布实施意见。科学谋划海外油气业务发展，坚持规模质量并重，实施低成本战略，开展开源节流降本增效工作，组织生产经营活动，超额完成年度任务目标。全年海外油气作业当量产量17239万吨，同比增长6.77%，其中原油作业产量14463万吨、天然气作业产量348亿立方米；海外油气权益当量产量9818万吨，同比增长10.2%，其中原油权益产量7535万吨、天然气权益产量287亿立方米；输送原油3311万吨、天然气535亿立方米；加工原油975万吨；利润总额同比增长123.1%。

2018年，中油国际公司以“一带一路”沿线为重点，推动新项目开发，签订一批战略协议和重大合作项目。针对中美出现经贸摩擦及美国重启对伊朗制裁，落实应对举措，实现稳妥处置。推动海外油气业务管理体制机制改革方案实施，完成总部机关及7家海外地区公司管理职能调整，成立中油国际专家中心和中油国际后勤保障中心，基本建成人事、财务、HSSE共享服务体系。党建工作成效显著，俄罗斯亚马尔项目团队获第三届“央企楷模”称号。

【海外油气勘探】 2018年，海外油气勘探以规模优质可快速动用储量为目标，推进关键勘探工程。巴西里贝拉项目西北区评价井钻遇油层净厚度310米，整体探明石油地质储量16亿吨；缅甸深水探井累计揭示气柱高度100米，为区块首个生物气藏；乍得邦戈盆地获2个低位潜山高产油藏；俄罗斯亚马尔项目侏罗系探井压裂后获37万米^3/日高产气流。成熟探区精细勘探在厄瓜多尔安第斯项目T/14区、哈萨克斯坦滨里海中区块、南苏丹3/7区和苏丹6区取得进展。

【海外油气开发生产】 2018年，海外油气开发生产推进开发策略研究，加大新井投产和措施作业力度。中油国际中东公司实施规模注水、瓶颈工程改造等中长期上产工程。中油国际中亚公司优选新井、优化措施、调整注采结构、完善注采井网。中油国际尼罗河公司在油田产量递减加快、含水快速上升等不利条件下，组织新井钻井，提升投产效率。中油国际拉美公司针对特高含水油藏，加强新井部署研究。中油国际西非公司加快新井投产、强化老井措施挖潜、优化生产流程，延缓老区油藏递减和含水上升；通过转注、分注减缓主力油田油藏压力快速下降趋势。中油国际印度尼西亚公司优选措施类型，增油量显著提高。澳大利亚箭牌项目开展斜井防砂先导性试验，推进水力喷射泵举升工艺。

【海外重点工程建设】 2018年，海外重点产能建设项目取得重要进展。俄罗斯亚马尔LNG项目第二列装置和第三列装置分别于8月和11月投产，带动大批国产装备制造企业走出国门，成为集团公司首个获“央企楷模”的集体。伊拉克哈法亚项目第三期工程CPF（油田中心处理站）9月进油投产，新增原油处理能力20万桶/日，产能规模2000万吨/年。土库曼斯坦阿姆河萨曼杰佩气田增压项目竣工，B区东部3个气田第一期工程提前投产。乍得项目第2.2期拉菲亚FPF（油田转油站）和达尼拉CPF第二列装置分别于7月和8月投产。阿联酋陆海项目第一期工程3月首油。乌兹别克斯坦卡拉库里项目西吉、东阿拉特气田按期投产。澳大利亚箭牌PTL项目丹戴中央处理站改造工程6月投产，项目整体完工。委内瑞拉MPE3项目16.5万桶/日扩建工程何塞厂进入单机试运阶段。莫桑比克LNG项目Coral第一期产能建设工程和巴西里贝拉项目Mero-1单元产能建设工程完成计划进度。

【海外管道运营及炼油化工】 2018年，海外管道运营及炼油化工工作坚持安全第一、质量至上原则，生产作业平稳运行。全年输送原油3311万吨、天然气535亿立方米，加工原油975万吨。中哈、中缅原油管道排查治理隐患，分别安全输送原油1139万吨和1007万吨；中亚、中缅天然气管道统筹协调，分别输气502亿立方米和33亿立方米；尼日尔原油外输管道走向决策取得实质性进展，进入可行性研究报告审批和相关商务谈判工作阶段；乍得原油外输管道增输工程竣工投产，原油外输瓶颈有所缓解；西北管道反输改造工程按计划推进。炼化项目平衡生产利益关系。乍得奇姆肯特炼油厂完成第二期改造工程，大幅提升原油加工深度及轻质油收率；尼日尔炼油厂、乍得炼油厂优化生产方案及装置运行操作，主要经济技术指标表现优异。

【海外项目开发及转让】 2018年，中油国际公司抓住合作时机，优化调整业务布局，新项目开发取得重要突破。交割阿联酋阿布扎比2018项目，实现利润和现金流双正；签署巴西佩罗巴深水勘探区块产品分成合同；伊拉克中东1号项目、俄油项目、俄罗斯北极LNG2项目、乌兹别克斯坦东方项目、巴西一体化合作项目、哈萨克斯坦A区块项目取得进展；签署哈萨克斯坦石油合同延期及深化中哈油气领域合作协议，完成哈萨克斯坦PK项目337号合同延期谈判；阿曼5区石油合同延期谈判达成一致意见。合资合作取得初步成果。转让交割加拿大四方LNG项目5%权益；签署雪豹公司低效油田资产转让合同。

【海外经营管理】 2018年，中油国际公司深入开展开源节流降本增效工作，效益水平大幅提升。执行项目前期管理和经济评价标准，优化投资结构，坚持动态管控，投资规模得到有效控制；加强成本控制，油价回升带来的成本快速上涨势头得到有效遏制，单位操作成本5.83美元/桶，完全成本40.56美元/桶，同比上涨分别为12.7%和20.8%，远低于油价涨幅；强化扩销推价，伊朗、伊拉克等项目提油效率95%，南苏丹1/2/4区项目当年复产当年提油。海外整体份额原油销售均价较2015—2017年平均水平增长48%，高于油价涨幅近6%。

专项工作取得显著成效。压减22家法人；中石油国际投资有限公司参与阿联酋阿布扎比2018年项目，大幅扭转亏损局面；优化海外控股平台管理，以欧洲层级公司增资再减资方式及时回收哈萨克斯坦MMG项目中方2.5亿美元资金。争取哈萨克斯坦超额利润税抵免政策，扩大境外可抵免税库规模。通过提前预研SEC储量评估、差异化制定策略，哈萨克斯坦阿克纠宾项目和乍得项目储量评估结果好于预期，海外总份额储量稳定增长。北京中油锐思技术开发有限责任公司利用海外商务平台，创新管理模式，取得良好的分红收益。

【深化体制机制改革】 2018年，中油国际公司落实改革框架方案要求，全面推进深化改革工作，形成以集团公司战略管控为基础、以海外党建体系建设为统领、以法人治理结构为框架、以“集团公司—中油国际公司（含海外地区公司）—项目公司”三级管理和“职能线、业务线、区域线、支持线”为主体、以人力资源体系建设为配套的海外油气业务全新管控模式，初步建成权责清晰、反应快速、管理高效的管控架构。其中：国内岗位职级体系初步搭建，以岗位价值为基础的各项薪酬改革措施予以落实；职业经理人试点工作，涉及财务、法律、深海等岗位的41名紧缺人才通过市场化招聘形式予以引入；与17家单位建立人才双向交流机制，引进48人；开展首批年轻干部选用工作，确定50余名考察对象，因人而异制订个性化培养方案。

中油国际专家中心制定股东行权工作流程等8项内部管理制度，系统开展加拿大油砂、秘鲁、箭牌等项目的技术商务支持，完成阿联酋阿布扎比陆海项目二期、秘鲁58区等项目可研和15个项目简化后评价的受托评审。海外研究中心按照“共建共享”原则，探索制定各项管理制度，筹备组建生产运营研究所，搭建完善海外技术支持体系框架。中油国际后勤保障中心实现人员、业务和资产的平稳过渡，确立定位和发展方向，推进制度化、标准化和信息化体系建设，扎实为总部机关、海外项目和员工办实事、办好事。人力资源共享服务中心完成职称评审、干部竞聘及因私证件集中管理等三个共享模块，实现集中发薪、职称评审全覆盖。财务共享服务中心推进财务共享平台二期建设，中方财务共享覆盖45个海外项目，减少中方账会计核算、报表编制、资金结算等业务人员50%，资金释放时间由15天降到5—7天。

【科技和信息化工作】 2018年，中油国际公司科技和信息化工作取得重要进展。海外重点战略大区勘探技术、海外油气田开发关键技术、海外工程技术集成配套与应用等国家和集团公司重大专项取得阶段性成果。以缅甸和巴西项目勘探成果为核心的“深海深水沉积体系和盐下湖相碳酸盐岩勘探技术进展”被推荐为2018年度石油行业国际十大科技进展。乍得项目新型钻井液体系有效保障钻井作业安全高效进行。阿曼项目新型聚合物提高采收率矿场试验增油效果显著。稳步建设ERP（企业资源计划）等集团公司统建信息系统，开展海外试点实施及运维工作。在海外全面推广OA协同办公平台，提升综合办公信息化管理水平。

【海外HSSE与风险防控】 2018年，中油国际公司发布实施HSSE控制框架，制定海外风险分级防控技术指南，开展印度尼西亚、尼日尔等海外项目HSSE管理体系审核。完善社会安全预案和安保方案，妥善应对委内瑞拉、南苏丹、伊拉克等项目社会安全风险。排查治理各类环保隐患，开展哈萨克斯坦阿克纠宾项目环境风险调查和环境合规性评价，哈萨克斯坦MMG、阿塞拜疆K&K、伊拉克哈法亚等项目环境隐患治理取得明显成效。实施员工健康评估和重点人员健康跟踪干预，员工健康体检率99.97%。制定海外疟疾防控技术指南，落实传染病防控措施。

2018年，中油国际公司梳理优化公司业务流程，开展内控体系自我测试检查，升级投资主体内控体系。配合集团公司财务报告控制测试和管理层测试，完成"三重一大"制度执行情况专项测试，建立海外项目运营风险评估与预警信息系统。举办依法治企法律培训，建设合规平台。尼日尔上游项目许可证合并谈判达成一致意见。厄瓜多尔大额税收争议以和解形式得以解决。美国退出伊核协议、重启对伊朗制裁等重大事件得以成功应对，在伊朗业务重大经营风险得到有效管控。

【重点直属项目公司运行】

1. 中油国际（印度尼西亚）公司

2018年，面对资源国监管严格、作业实体繁多、伙伴关系多样化、管理模式复杂等严峻挑战，中国国际（印度尼西亚）公司坚持"效益为先、优化投资结构、高效开发"原则，研究落实PANEN油田开发方案、SB-WB油田开发调整方案和SWB油田开发调整方案，加强安全管理，强化提质增效，超额完成生产经营任务。佳步区块钻开发井12口，2口措施作业井日增油1500桶，有效控制产量递减趋势。实现持续稳产上产，最大化利用石油合同规定的成本回收空间，推动开源增效比较优势，取得显著经济效益。全年油气作业当量产量360万吨，其中佳步区块产量6万桶/日。

2. 中油国际（泰国）公司

2018年，中油国际（泰国）公司钻井8口，完井8口，总进尺22218米，电测成功率100%，新井产油量8.43万桶。在新井投产同时，围绕砂、蜡、气、水四项常见问题，在老井采取稳产增产措施，有效减少套管气对油井的影响，稳定住老井产量。邦亚和BYW-NS开发区块生产原油46.15万桶，同比增长13.7%，中方权益产量占100%；销售原油43.84万桶，商品率95%，销售收入同比增长45%；净利润同比增长241%。

3. 中油国际（澳大利亚）公司

2018年，中油国际（澳大利亚）公司按照确保义务供气、推进苏拉特新区开发、落实博文区块开发策略的目标，实施低成本战略，开展开源节流降本增效活动，克服开发成本高、产量递减快等困难，完成生产指标，经营性现金流为正。2018年天然气作业产量13.74亿立方米（油当量109万吨），天然气权益产量5.85亿立方米（油当量47万吨）；加强成本管控力度，单位钻井成本稳步下降。苏拉特斜井单井成本56万澳元、直井单井成本45万澳元。钻井机和修井机作业时间减少1296小时。SW-6和MPC-2修井机由12小时作业调整为24小时作业，每口井节约成本1.5万澳元。优化博文钻井设计，取消斜直钻机，有效降低井场修建成本，每口井节约井场修井及钻机成本8.3万澳元。通过优化PTL项目技术方案、延迟环保费用支付谈判、开展成本管理论坛、技术革新等措施节约成本。

4. 中油国际（新加坡）公司

2018年，中国国际（新加坡）公司以高质量发展为主线，推介技术从优国际石油合作实践，推动项目作业者实施措施增产、优化方案提高作业效率、降本增效，取得显著经济效益。2018年，在中国渤海区块钻18口开发井，油气作业当量产量225万吨，其中原油作业产量160万吨、天然气作业产量8.10亿立方米。油气权益当量产量34万吨，其中原油权益产量17万吨、天然气权益产量2.20亿立方米。

5. 中油国际（加拿大）公司

2018年，中国国际（加拿大）公司加强经营策略研究，优化工作部署，提产量、控成本、减用工、推销价，较好完成生产经营指标。2018年油气作业当量产量281万吨，其中原油作业产量121万吨、天然气作业产量20.10亿立方米。油气权益当量产量186万吨，其中原油权益产量83万吨、天然气权益产量12.90亿立方米；完善HSSE管理体系，强化工艺安全和设施完整性管理，减轻环境影响和预防职业健康危害，无可记录伤害事件发生；转让LNG项目5%股权，缩小上游天然气产量与下游处理厂份额处理能力之间差距，增强抗风险能力。白桦地项目处理费谈判取得突破，处理费由1.34加元/百万英尺^{3}降至0.86加元/百万英尺^3，下降35.82%。各资产项目降本增效成绩显著，操作成本和投资支出大幅度下降。完成3.7平方千米四维地震采集、处理及解释工作。钻井13口，平均单井钻井周期2.5天。

6. 中油国际（缅甸）凯尔公司

2018年，中油国际（缅甸）凯尔公司完成AD-1区块Aung Siddhi-1勘探井作业，水深1391米，完钻井深4540米，经测井综合解释在更新统钻遇气柱高度60米、初步识别纯气层10米，在上新统钻遇气柱高度45米、初步识别纯气层16米，成为中国石油进入缅甸若开海域以来的首个重大勘探突破。编制"缅甸AD-1/6/8区块勘探项目2007—2017年自评价报告""缅甸海上勘探项目西方石油公司管理经验总结报告"。

【海外党建及企业文化建设】 2018年，中国石油国际勘探开发有限公司深入学习贯彻习近平新时代中国特色社会主义思想，举办党的十九大精神专题研讨班，开设副处级以上干部政治学习必修课，开展"不忘初心、牢记使命"和"形势、目标、任务、责任"主题教育活动。推进组织建设，厘清海外党组织隶属关系，建立有中国石油特色的海外党工委工作模式。按照组织建设原则，整体划转海外地区公司党组织和全部党员关系进入中油国际公司党委管理序列，调整组织机构和人员配置。修订《党委工作制度》和《进一步贯彻落实中央八项规定精神实施细则》，制定《党建责任制考核评价实施办法（试行）》和《基层党支部达标晋级管理办法》，健全党建工作制度、考评体系和标准。落实党风廉政建设主体责任，《党风廉政建设责任书》《廉洁承诺书》签订率100%。配合集团公司开展对中油国际公司党委的巡视工作，加强信访举报核查力度，处分违反廉洁纪律的干部。成立党委巡察工作领导小组，制定巡察工作制度，启动乍得上、下游项目首轮巡察工作；为海外地区公司配备专职纪检监察干部，实行直派制管理。开展党建与纪检监察工作现场督导，加大经济责任审计和股东审计力度，审计25个海外项目，发现177个审计问题，三年以上审计发现问题整改完成率100%，2018年新增审计发现问题整改完成率80%。

2018年，中油国际公司开展舆论宣传和群团活动。组织以"讲好石油故事，重塑良好形象"为主题的宣传活动。借助国家"一带一路"高峰论坛、中非合作论坛、纪念改革开放40周年等契机，广泛宣传中国石油合作共赢的理念和成就，以新闻宣传、文化产品等方式展现海外油气业务良好形象。推进工会工作制度化、规范化建设，发挥工会和群团组织作用，开展形式多样的工会和团员青年活动，增强海外员工凝聚力。

（刘　贤）

国内油气勘探开发国际合作

【概述】 2018年，对外合作坚决贯彻落实集团公司党组和股份公司管理层的决策部署，按照国内上游业务"四大任务""四个转变"和"三个保障"要求，加大稳油增气力度，解决存量矛盾，防控增量隐患，提升价值创造能力，保持HSE良好业绩，各项工作均取得较好进展，为集团公司稳健发展作出应有贡献。

2018年，生产原油238.94万吨、天然气96.99亿立方米、油气当量1012万吨，对外合作发展规模实现历史性突破，迈上千万吨新台阶。中方账销售收入93.44亿元人民币，税前利润45.64亿元人民币。完钻勘探（评价）井、开发井179口，钻井进尺55.03万米。截至2018年底，在执行对外合作项目34个（不包括2018年签署产品分成合同终止协议的1个项目），全部是产品分成合同。

【原油项目运作】 截至2018年底，在执行原油项目14个，其中赵东、孔南、冷家堡、海月、州13(1-2)、州13(3-6)、肇413、大安、莫里青、庙3、民114和两井等12个项目处于生产期，扶余1号项目处于开发期，高升项目处于产品分成合同终止谈判状态。

1. 大港赵东项目

2018年，赵东项目生产原油44.70万吨、天然气

849万立方米。2018年8月28日，中国石油与洛克石油（渤海）公司签署《中华人民共和国渤海湾浅海地区赵东区块石油天然气勘探、开发和生产合同第七次修改和补充协议》。10月初启动钻井并在年底前完钻4口，投产3口。中方延续接管作业权后强化油水井分类精细管理的做法，加强油水井资料录取和分析，树立单井降本增效理念，提高油藏和生产管理水平。通过严格执行HSE管理体系，强化设备设施完整性管理，强化隐患识别和治理，做到连续1866天无损失工时事件。

2018年12月13—14日，集团公司规划计划部和股份公司勘探与生产分公司联合委托集团公司咨询中心组织专家审查评估《赵东石油合同C/D油田延长生产期开发调整方案（IDP18）》，全面启动赵东项目IDP19方案的编制，为赵东项目下一步原油上产做准备。

2. 大港孔南项目

2018年，孔南项目生产原油7.01万吨；完钻并投产新井4口，侧钻井1口；油井压裂措施7井次，补空卡水3井次，小修作业29井次，年累计增油8900吨，有效提高油田开发水平。

2018年12月13—14日，集团公司规划计划部和股份公司勘探与生产分公司联合委托集团公司咨询中心组织专家审查评估《孔南总体开发调整方案第三次补充开发方案》。

3. 辽河冷家堡项目

2018年，冷家堡项目生产原油51.91万吨，原油商品量47.25万吨。实施各类措施425井次，日增油759吨，累计增油13.90万吨；注汽量217.8万立方米，其中吞吐注汽361井次，吞吐汽量130.94万吨，平均周期10.9。

2018年，冷家堡项目油田开发稳中向好，科技支撑成效显著。在老区边部储层物性差、储量未动用区域采取动静结合、岩电结合二次精细评价；在老区内部开展剩余油分布和水淹规律研究，新增石油地质储量61万吨。坚持措施三级论证，围绕重点区块推广化学堵水、多元复合吞吐等成熟技术，实施158井次，增油1.55万吨。开展汽驱井无固相高温调剖、压力脉冲注水、高含硫油井举升等新技术研究，为改善开发效果提供技术储备。

4. 辽河海月项目

2018年，海月项目月东油田在没有新井产能接替情况下，通过加大蒸汽吞吐规模、高含水井综合治理、出砂井治理及老井调补层工作力度，产量持续稳定。生产原油44.96万吨，原油商品量44.32万吨。

2018年，海月项目通过加强地质油藏综合研究，不断加深地质认识，提升油田开发管理水平。继续开展蒸汽吞吐试验，增油效果明显；高含水井综合治理工作进一步扩大，治理效果达到预期；开展油井出砂专项研究和防砂专项治理，老井出砂治理取得阶段性成果；完成月东油田油气生产设施弃置预备方案向国家能源局的报送备案；通过加强预算管控，节能降耗、降本增效成果显著。

5. 大庆州十三项目［包括州13（1-2）区块、州13（3-6）区块和肇413区块］

2018年，通过加强地质研究，提早完成注采系统调整、细分注水，产量形势比较主动，生产原油16.51万吨。完成27口井转注、7口井压裂；下半年随油价逐步回升，安排州25扶余油层井区完钻的15口新井投产。

6. 吉林大安项目

2018年，大安项目生产原油52.21万吨。钻井28口，新井投产19口，转投注井28口。项目通过风险合作模式开展氮气泡沫驱增产措施；为解决注水困难问题，实施降压增注试验，完成2口井的试验；重点引进温差法产液剖面测试项目，实施18口井，特别是DJ8-5井、DA10-3井压裂选井选层借鉴产液剖面，压裂效果较好，2口井年累计增油502吨；5口井结合产液结果开展堵水工作，效果较好。

7. 吉林莫里青项目

2018年，莫里青项目生产原油9.00万吨，完钻井11口、投产9口。开展压裂措施8口井，井口累计产油2355吨，核实累计增油2121吨。

8. 吉林庙3项目

2018年，庙3项目生产原油2.50万吨。完钻井3口、投产3口，压裂井3口，解堵和调剖井各1口。

9. 吉林民114项目

2018年，民114项目生产原油3.63万吨。因合同者资金遇到困难，未安排新井产能建设和老井措施工作量。

10. 吉林两井项目

2018年，两井项目未组织实施地面建设、老井措施、油藏检测，地面辅助工作量也大幅度调减。生产原油1.13万吨，全部为老井自然产量。

11. 吉林扶余1号项目

2018年，扶余1号项目结合近几年先导试验研究成果及区块开发实际情况，制定2018年热采实施方案，油井采取氮气加蒸汽两段塞的注入方式进行吞吐，进行12口井次热采，生产原油796.41吨。

12. 辽河高升项目

2018年8月9日，中国石油和香港联合石油有限公司举行高升项目第八轮石油合同终止事宜工作谈判，双方就合同终止涉及的弃置费等事项处理意见达成一致，为今后最终顺利签署终止协议奠定基础。

【天然气项目运作】 金秋项目2017年签署产品分成合同终止协议，截至2018年底，在执行天然气项目10个，其中长北、苏里格南、川东北、川中、迪那1和吐孜项目处于生产期，喀什北、内江—大足、荣昌北处于勘探期，西昌项目开展产品分成合同终止相关工作。

1. 长庆长北项目

2018年，长北项目生产天然气35.78亿立方米。在三年无新井投产且保供任务艰巨情况下，圆满完成冬季高峰供气任务。截至2018年底，长北项目连续10年保持年产33亿立方米以上稳产。

2. 长庆苏里格南项目

2018年，苏里格南项目生产天然气22.41亿立方米，再创历史新高。成功投运苏南-C3站，建成年产30亿立方米的天然气生产骨架工程。冬季保供期间高峰日产突破800万立方米，为冬季保供作出贡献。

3. 西南川东北项目

2018年，川东北项目完成天然气净产量18.80亿立方米，商品量18.69亿立方米，硫黄产量30.42万吨。

2018年，川东北项目在争议费用清理基础上一揽子解决项目遗留问题取得一系列实质性突破，中外双方就支付筹款的金额和时间，作业权提前移交给中国石油，铁山坡气田（ODP2）和渡口河七里北气田（ODP3）退出合作等达成一致意见；中国石油牵头编制完成罗家寨（含滚子坪）气田（ODP1）第二次调整方案（CAR2）报告通过联管会批准，经中国石油董事会批准后于9月28日正式上报国家发改委，中国石油完成作业权移交专家评估工作，批准成立川东北作业公司，各项移交工作有序进行。

4. 西南内江—大足及荣昌北页岩气项目

2018年，内江—大足及荣昌北页岩气项目开钻6口井，完钻5口井，完成2口水平井压裂工作，完成100平方千米三维地震的处理和解释工作。威206-H1井于2019年1月15日投产，获最高瞬时气量6万米^3/日；威206-H2井压裂加砂强度4.5吨/米，创国内加砂强度最高纪录。2018年12月，双方签署《中华人民共和国四川盆地内江—大足区块页岩气临时销售协议》。

5. 西南川中项目

2018年，川中项目继续坚持低成本、安全生产战略，通过技术创新寻求突破，促进日产突破120万立方米，全年产量3.22亿立方米，全年无安全事故。截至2018年底，钻井5口、完井3口、压裂3口，完成38号砂体天然气探明储量计算并获自然资源部储量评审备案证明，沙溪庙气藏开发方案编制初稿。

6. 塔里木迪那1项目

2018年，迪那1项目生产运行平稳，生产天然气4.95亿立方米、凝析油0.88万吨。

7. 塔里木吐孜项目

2018年，吐孜项目生产运行平稳，生产天然气6.04亿立方米、凝析油0.20万吨。

8. 塔里木喀什北项目

2018年，喀什北项目生产天然气2.33亿立方米。部署1口勘探井——康什1井，在钻进过程中实钻较设计加厚、上白垩统东巴组又较邻井多发育一套泥岩、泥灰岩地层，原设计井深2400米变更至3500米。喀什北项目阿克莫木气田总体开发方案于2018年12月获集团公司批复。

西南西昌项目开展产品分成合同终止相关工作。2018年5月10日，中国石油和壳牌中国勘探与生产有限公司签署《中华人民共和国四川盆地金秋区块天然气开发和生产合同终止协议》，该协议规定终止协议签署之日为金秋项目产品分成合同终止日。

【煤层气项目运作】 截至2018年底，有煤层气项目10个，其中5个处于勘探期、1个处于开发期、2个处于生产期。

1. 华北马必项目

2018年，马必项目完成商品气量0.93亿立方米。2018年9月20日，国家发改委核准批复（发改能源〔2018〕1372号）山西沁水盆地马必区块南区煤层气对外合作项目总体开发方案。

2. 华北成庄项目

2018年，成庄项目完成商品气量0.67亿立方米。2018年9月7日，国家发改委核准批复（发改能源〔2018〕1293号）山西沁水盆地成庄区块煤层气对外合作项目总体开发方案。成庄区块是华北油田公司首个，也是集团公司第二个获国家发改委核准的国内对外合作煤层气项目。

3. 煤层气公司三交项目

2018 年，三交项目完钻多分支水平井 1 口；完成商品气量 0.78 亿立方米。

4. 煤层气公司韩城项目

2018 年，韩城项目完成商品气量 0.05 亿立方米。

5. 煤层气公司三交北项目

2018 年，三交北项目钻井 24 口，其中先导试验井 19 口、评价井 5 口；压裂 20 井次 53 井层；投产新井 11 口；联入乔家山集气站的生产井 27 口，完成商品气量 0.76 亿立方米。

2018 年 8 月 16—17 日，股份公司勘探与生产分公司委托集团公司咨询中心组织专家审查评估三交北区块西区天然气 3 亿米^3/ 年总体开发方案。

6. 煤层气公司保田青山项目

2018 年，保田青山项目开展修改协议谈判。

7. 煤层气公司石楼南项目

2018 年，石楼南项目开钻 3 口井，持续开展区块煤系地层的综合评价工作。

8. 煤层气公司紫金山项目

2018 年，紫金山项目钻完井 3 口，压裂 5 口井，多口井试气取得突破，为下一步提交探明地质储量和编制开发方案奠定坚实基础。

煤层气公司硫磺沟项目进行国际仲裁工作。华北沁南项目无对外合作实物工作量。

【联合研究】 2018 年，无在执行的联合研究协议。2018 年 2 月，中国石油与壳牌公司完成在新疆油田公司开展联合研究选区工作，壳牌公司提交《二氧化碳驱提高采收率联合研究油田优选报告》，选定石南和百口泉两个油田作为二氧化碳驱提高采收率联合研究的油田。2018 年 11 月 19 日，集团公司领导会见壳牌副总裁时表示，同意继续推进与壳牌公司在新疆油田公司的二氧化碳驱提高采收率联合研究。

2018 年 4 月，集团公司领导会见 EOG 公司高层，表示同意开展川中盆地侏罗系联合研究。

2018 年 10 月 24 日，勘探与生产分公司批准正式启动新疆九$_1$—九$_5$区块对外合作招标工作。

【人员培训】 2018 年，利用对外合作项目提供的培训费和培训资源，组织国内培训 54 批、国外培训 17 批，参加人数 2994 人次。

（朱玉新）

国际贸易

【概述】 中国石油的原油、成品油、天然气、石化产品的进出口及国际贸易业务，中国石油海外份额油气的销售及原油、成品油、天然气境外期货业务，海外集贸易、加工、运输、仓储于一体的油气运营中心建设和运营管理由中国石油国际事业有限公司（中国联合石油有限责任公司，简称国际事业公司）统一管理和组织实施。国际事业公司是中国石油对外贸易专业公司，承担着调节保供、优化资源、做强做大国际贸易职责。

2018 年，国际事业公司境内外分支机构 53 家，在国内 73 个口岸开展通关服务，贸易范围遍及全球 80 多个国家和地区，基本覆盖全球主要油气资源地和市场地，经营油气种类上百种，已成为集贸易、加工、仓储、运输于一体的综合性能源贸易公司。

2018 年，国际事业公司坚持稳中求进工作总基调，大力推进改革创新，有效控制各类风险，落实提质增效措施，超额完成年度业绩指标和各项工作任务。2018 年贸易量 4.82 亿吨，销售收入 10524 亿元，实现安全平稳运行。

【原油进口及国际贸易业务】 2018 年，原油业务统筹协调运作能力持续增强。依托专业交易团队和全球销售网络，协助海外上游企业落实权益油运销方案筹划、市场开发、提油运输、销售贸易以及回国内炼油厂加工等运作，销售海外份额油 2103 万吨，占上游企业可贸易资源的 2/3 以上，为实现集团公司整体利益最大化作出贡献。加大地炼市场开发，地炼开发量同比增长 61%。深度参与上海期货交易所原油期货交易，实现仓单注册、卖买交割全流程运作。

【成品油出口及国际贸易业务】 2018年，开拓海外市场，优化出口组织，集团公司出口成品油1589.4万吨，创效60亿元。着力优化出口物流降低运营成本，与日本、墨西哥及中东等地客户签署长期供货协议。稳步扩张终端零售市场，海陆空终端供油量市场占有率不断提升。

【化工品进出口及国际贸易业务】 2018年，化工品贸易规模首次突破千万吨级，实现量效齐增。深化聚烯烃、聚丙烯、塑料等产品销售运营，利用“两种资源、两个市场”高效互补和期货保值等手段，为化工销售公司增效作出贡献。

【天然气进口及国际贸易业务】 2018年，推进中亚、中俄、中缅等LNG项目谈判，把握进口节奏，促进国内市场供需平衡。不断提升服务水平，配合集团公司上游公司与切尼尔、卡塔尔等公司签订LNG长约协议，将货量向冬季集中，并对进口长约提供锁价保值。日本、韩国等高端市场得到维护，交易规模稳步增长，并成功进入西南欧、南美和南亚市场。

【海运业务】 2018年，实现中国石油首个VLCC油轮包运合作，与全球数十家油轮及散货运输船东建立直接合作关系，有效降低船舶运费。贯彻落实国油国运政策，深化与航运央企合作，中远海运及招商局年承运量同比增长9%。

【全球油气运营中心建设】 2018年，集团公司亚洲、欧洲、美洲三大油气运营中心不断增强资源优化和市场开拓能力，合力拓展全球贸易版图。新加坡大区公司强化跨区跨市运作，成功将美国WTI及阿根廷、尼日利亚原油销售到印度。首次将国内汽油销售至墨西哥和美湾等地区。LNG转口销售至日本、韩国、东南亚等国家和地区，开启“油气并举”发展新局面。伦敦大区公司为卡沙干、亚马尔等海外项目销售资源。首次中标尼日利亚和乍得原油长约，为下一步运营和开拓非洲市场奠定基础。积极开拓生物柴油业务，贸易量稳居欧洲前三。美洲大区公司成立北美油气资产优化研究小组，为海外加拿大、巴西项目提供无缝对接服务。打通加拿大重油向美国及国际市场销售物流通道，成功将LNG销售到拉美市场。哈萨克大区公司完成管道天然气进口执行任务。香港公司在连续7年保持香港最大供油商地位基础上，不断拓展向全球机场终端供油业务。日本公司开展日本国内成品油市场开发，加强LNG业务当地市场销售。大阪合资公司深化管理，持续保持安全平稳生产。

【经营管理】 2018年，国际事业公司对“十三五”发展规划进行中期评估和调整，确立贸易和投资双轮驱动发展理念。巴西TT WORK项目、新加坡驳船项目、缅甸油库及加油站项目收购和建设取得新成果，为下一步加强全球油气运营奠定基础。

提升财务管理水平，调整贸易融资结构，控制融资成本上升，保持国际事业公司在同行业间的融资成本处于低位的优势。完成海外资金集中平台搭建，境内司库2.0上线按计划推进。

完善组织架构，人才队伍建设“多点发力”。梳理优化全球贸易营销网络和机构设置，组织新员工到炼化、销售基层一线锤炼，推动人力资源管理规范化。健全岗位职级体系、薪酬福利体系和业绩考核体系建设，激发员工创利创效积极性。

实施信息升级工程，在对标和IBM信息系统诊断基础上，初步形成国际事业公司信息化建设的顶层设计和蓝图规划，信息升级工程已全面进入实施阶段。在公安部组织的“2018护网行动”中，国际事业无网络信息安全事件发生。

加强审计工作，发挥监督职能。针对国际事业公司内部首轮巡察中发现的最易发生问题的重要制度，组织自上而下“穿透式”检查。推进集团公司电子监察系统开发和应用，通过信息化手段加强廉洁风险防范。

【HSE管理与风险防控】 2018年，全面落实安全环保责任，层层签订《2018年度安全环保责任书》，中层以上领导干部制定《个人安全行动计划》，落实属地管理和直线责任。2018年，国际事业公司全系统未发生一般A级及以上事故，继续保持安全环保形势稳定向好。

加强市场风险管理，进一步规范纸货操作，将贸融创效业务进行风险分类并纳入监控范围。加强客户和交易合规管理、信用管理，动态跟踪并调整客户授信。

（中国石油国际事业有限公司）

国际业务与外事外联管理

【概述】 2018年，集团公司坚定贯彻国家能源发展战略，深入贯彻落实中央外事工作会议精神，实施国际化战略，推动国际业务优质高效发展，推进新时代“一带一路”油气合作走实走深，加强国际业务统筹协调与战略研究，强化外事外联与对外合作交流集中统一管理，集团公司国际影响力、话语权和品牌形象稳步提升。

截至2018年底，中国石油在全球34个国家进行92个油气投资项目合作，在77个国家和地区开展工程技术服务、工程建设和装备制造业务，海外工程服务队伍1300多支。依托亚洲、欧洲、美洲三大油气运营中心和贸易网络，在80多个国家和地区开展贸易，规模和质量进一步提升。2018年，海外中方员工1.98万人，当地和国际化雇员10.73万人，本土化率84.4%。

【“一带一路”油气合作】 “一带一路”地区是集团公司海外核心油气合作区，是海外油气产量和经济效益的主要来源地，也是跨国油气战略通道的资源保障区和优势产能合作的主要市场。2018年，集团公司以“一带一路”沿线为重点，推动海外新项目开发和重点项目建设，阿布扎比海上、巴西里贝拉等项目取得进展，中俄原油管道二线正式投入商业运营，俄罗斯亚马尔LNG首船资源运抵国内，伊拉克哈法亚项目三期、哈萨克斯坦奇姆肯特炼厂现代化升级改造项目二期工程、土库曼斯坦阿姆河项目萨曼杰佩气田增压工程等项目投产，国际重大油气合作成果显著。

截至2018年底，集团公司在“一带一路”沿线的俄罗斯、哈萨克斯坦、乌兹别克斯坦、阿塞拜疆、伊拉克、阿联酋、印尼、缅甸、蒙古等20个国家参与运作管理着53个油气投资项目，海外9个千万吨级产能的大型油气项目中7个位于“一带一路”地区。2018年，油气权益当量产量8183万吨，同比增长11.3%，占海外权益总产量的82%以上；油气贸易量2.6亿吨，占全年贸易量的54.2%，同比增长13%；跨境油气管道原油输送能力6300万吨/年、天然气输送能力602亿米^3/年，分别占境外油气输送能力的47%和80%；海外工程服务和装备制造业务有近800支队伍在沿线近30个国家提供服务，2018年新签合同额90.39亿美元、完成合同额62.47亿美元，分别占海外新签合同总额和完成合同总额的近70%。

【配合国家能源外交活动】 2018年，集团公司聚焦重点项目，主动参与政府主导的双多边合作和对话机制，以上合组织青岛峰会、中非合作论坛北京峰会等为契机，签订一批战略协议和重大合作项目。

在中亚俄罗斯地区，组织召开与俄罗斯天然气工业股份公司联合协调委员会第十四次会议，举办与俄罗斯石油股份公司联合协调委员会第二次会议，推动中土天然气合作谈判，在哈萨克斯坦油气项目石油合同成功延期，与重点资源国政府和国家石油公司签署多项合作协议。与俄罗斯石油股份公司签署《中国石油与俄油公司在俄罗斯境内上游合作协议》《中国石油与俄油公司科技合作谅解备忘录》，与俄罗斯天然气工业股份公司签署《标准及合格评定结果互认合作协议的补充协议》，与俄罗斯天然气工业石油公司签署《关于苏托尔明斯克项目合作框架协议》《中国石油与俄气石油合作谅解备忘录》，与哈萨克斯坦共和国能源部签署《关于石油合同延期及加强油气领域合作的协议》，以及与各相关方签署《关于修改和补充中吉天然气管道建设运营合作协议的议定书》《中国石油广西石化公司与PetroKazakhstan Oil Products LLP友好合作协议》《大庆油田公司与俄气石油科技中心在2018年5月24日合作协议项下的可行性研究协议》等。

在西亚非洲地区，获取阿联酋阿布扎比海上项目10%权益，在两国元首见证下，与阿布扎比国家石油公司签署的《战略合作框架协议》，是集团公司践行“一带一路”倡议、对接阿联酋国家发展战略的重要成果。与阿曼石油公司签订谅解备忘录，为“做大中东”战略构筑新的重要支点。推动尼日尔政府签署《阿加德姆油田二期开发谅解备忘录》《阿加德姆油田产品分成合同第4号修正案》，并正式颁发阿加德姆油田二期整体开发许可。落实与莫桑比克国家石油公司《战略合作框架协议》，将中莫油气合作联合工作组提升为中莫油气合作联合指导委员会并召开首次会议。南苏丹停产近5年的南苏丹1/2/4区项目实现有序复产，3/7 区年产量稳定在 600 万吨以上。

在美洲亚太地区，与委内瑞拉签署《阿亚库乔区 300 口井一体化服务合同》《加强天然气勘探和开发合作谅解备忘录》等 6 个协议。按照“石油 + 金融 + 贸易”一体化合作发展模式，推进里贝拉、佩罗巴等上游项目以及下游炼厂、装备制造、工程服务以及项目融资等领域的合作。与印度石油公司召开联合工作组会议，推动建立油气价格合作机制。与韩国天然气公司召开两次联合工作组会议，加强在天然气领域的合作。

【外事外联与对外合作交流】 2018 年，集团公司以习近平新时代中国特色社会主义外交思想为指导，深入贯彻中央外事工作会议精神，严格落实党中央、国务院、国家部委关于外事管理新规定新要求，严肃外事纪律，强化统一集中管理，外事外联管理合规细致扎实，国际合作与交流、对外宣传和公共外交深度和广度进一步拓展。

深入贯彻落实中央八项规定精神，修订印发集团公司《领导人员外事活动规定》（中油外〔2018〕190 号），对领导人员外事活动的原则、审批、接待、信息公开、礼品等做出详细规定。编制《集团公司班子成员出访工作手册》，明确相应管理规范和工作流程，及时将新要求、新规定固化到制度中。严格落实《2018 年集团公司领导出访计划》，集团公司领导国内外事活动 145 场，其中副部级以上外宾会晤占 30%，会晤资源国总统 8 场。集团公司董事长王宜林于 6 月、10 月先后获哈萨克斯坦纳扎尔巴耶夫总统亲自颁发的哈萨克斯坦共和国友谊勋章和乌兹别克斯坦总统颁发的乌兹别克斯坦国家友谊勋章。集团公司领导班子成员出访团组 28 个（其中配合国家领导人出访 8 次），涉及 29 个国家和地区，其中出访海外项目国家 25 个、“一带一路”国家 18 个，分别占出访总数的 86% 和 64%。集团公司领导与国外政府高层会晤次数逐年增加，对促进海外业务优质高效发展、推进“一带一路”油气合作、加深与资源国政府和战略合作伙伴关系、提升集团公司国际形象，起到非常重要的战略引领作用。接待南苏丹石油部长代表团、苏丹油气部长代表团、尼日尔石油部长代表团等重要代表团来访 5 个。配合上合组织青岛峰会和中非合作论坛北京峰会等国家重大外交活动，集团公司领导外事活动 33 场次，并签署 5 项合作协议。

参与政府主办的双多边高端交流平台活动，集团公司高层领导先后出席博鳌亚洲论坛年会、圣彼得堡国际经济论坛、中哈商务论坛、俄罗斯第四届东方经济论坛、第四届丝路国际论坛、中俄能源商务论坛等高级别国际会议 13 次。借助各领域交流平台，加强与世界石油理事会（WPC）、国际石油工程师学会（SPE）、国际天然气联盟（IGU）、石油和天然气气候倡议（OGCI）的密切联系，组织集团公司领导和专家参加 2018 剑桥能源周（CERAWEEK）、海洋技术大会（OTC）、国际能源论坛第十六届（IEF16）部长级会议、第三十届国际天然气技术大会（Gastech）等最具行业影响力的国际会议，提出主张、发出声音、树立形象，扩大中国石油国际影响力和行业话语权。其中，集团公司作为第二十七届世界天然气大会（WGC）金牌赞助商参展，展台面积 360 平方米，展示四川龙王庙，塔里木克深，吉林二氧化碳捕集、埋存与提高采收率（CCS-EOR）模型等专题。组织集团公司高层代表团出席 OGCI 企业领导人峰会并签署《中国气候投资基金框架协议》，参与和支持共同应对气候变化的政策行动，在国际社会树立中国石油绿色低碳发展形象。2018 年，集团公司出国（境）参加国际会议和展览团组 582 个、1600 人次。

构建国际战略合作伙伴网络，落实集团公司与壳牌（Shell）、道达尔（Total）、BP 等国际（家）石油公司战略合作协议项下的各领域合作，与道达尔公司召开战略合作指委会第二次会议、青年储备管理人员交流会。加强与俄罗斯天然气工业股份有限公司、挪威国家石油公司、GE、斯伦贝谢、哈里伯顿、ABB 等国际（家）石油公司、服务公司的伙伴关系，加强科技合作与交流，组织专题交流会 11 次、350 人次。与挪威国家石油公司、哈里伯顿公司续签战略合作协议，与俄罗斯天然气工业股份有限公司举办科技合作工作组第六次会议、煤层气专题交流会和第十二届联合文化演出等活动。

以“绿色能源丝路万里行”为主题，与俄罗斯天然气工业股份有限公司、哈萨克斯坦国家石油天然气公司联合举办“中国—欧洲国际运输路线”LNG 车用燃料汽车拉力活动，成为深入推动“丝绸之路经济带”绿色交通发展的重要标志。完成五个语种集团公司 2017 年报的出版发行，集团公司英文和俄文网站内容定期，英文网站改版，西班牙语网站上线。为苏丹油气部、南苏丹石油部各举办两期共 40 人次专题技术培训班。组织集团公司与缅甸主流媒体代表团交流会，宣传集团公司在缅甸当地良好的对外合作形象，营造有利的对外合作环境。

【国际业务管理】 2018年，集团公司强化境外经营行为合规管理，坚持“总部统筹规划、专业板块业务管理、驻外机构统筹协调”原则，执行集团公司海外市场协调管理规定，抓好国际业务和海外工程服务项目市场协调、项目备案与机构管理工作。

发布新修订的《集团公司境外工程承包、技术服务、劳务输出和物资装备出口项目协调管理办法》《境外乙方项目分包管理办法》等多项管理制度，明确总部、专业公司、驻外机构管理职责，突出加强海外市场秩序管理和安保管理的有关要求。按照《商务部办公厅关于开展企业走出去合规经营排查工作的通知》文件要求，对所属从事涉外投资、工程技术服务、工程建设服务、国际原油贸易和物资装备出口业务的15家企业，开展境外合规经营排查。对在非洲各项目单位办理中方人员工作许可、居住许可等证件情况进行专项检查，督办有关项目单位提高员工属地化水平。开展境外机构设立管理合规情况自查，重点对未经过审批设立境外机构的不合规问题进行清查，要求对不符合商务部和集团公司设立条件的，2019年12月31日前予以注销。2018年，所属境外机构备案、核准、变更70余个，工程技术、工程建设、物资装备项目核准登记300余个。

紧密联系外交部、商务部、国家发改委等国家有关部委，全方位、多渠道、多层面协调解决影响集团公司海外重点合作项目发展的重大问题。2018年，向国家部委报送集团公司境外合作项目情况报告、存在问题及建议表态口径等材料220多份。

开展全球政治经济格局、能源地缘政治态势、海外重点合作区投资环境的动态跟踪，深入研判和分析海外五大油气合作区投资环境，加强国际油气合作发展战略专题研究。持续追踪中美贸易摩擦、中非合作论坛、改革开放40周年、国际能源行业动向及油价走势等国内外重点热点问题，编写《中国石油改革开放40年国际合作与交流回顾与展望》《中国石油五年来“一带一路”油气合作取得丰硕成果》《我国石油企业实施“走出去”战略存在问题及建议》《欧佩克与非欧佩克产油国协同增产对国际油价影响分析》等10多份专题报告，并被中共中央办公厅、国务院国资委、国家能源局参考采用。

深入贯彻落实国家推进“一带一路”建设工作5周年座谈会精神，及时主动做好与中央、国家部委的工作汇报、情况沟通与政策建议反馈，为深度参与“一带一路”建设争取全方位的政策支持。统筹协调内外油气合作，完成集团公司“一带一路”油气合作领导小组、各专业工作组成员调整，健全完善“一带一路”油气合作常态化工作机制。开展《“十三五”“一带一路”油气合作发展规划中期评估与调整》，组织《中国石油“一带一路”油气合作倡议实施方案研究》。按照国家推进“一带一路”建设领导小组办公室要求，作为国家推进“一带一路”建设的七家重点央企之一，出台集团公司“一带一路”督察方案，组织各专业公司开展自查并开展中亚合作区专项督查。开展商务部“一带一路”丝路明珠工程备选项目筛选，做好典型案例选送。加入国家“一带一路”官网信息联络员单位，及时在国家“一带一路”官网宣传展示中国石油“一带一路”油气合作成果。参加国家部委、协会、智库“一带一路”相关会议，按计划开展“一带一路”油气合作重大政策及相关专题研究、学术研讨和经验交流，与中国人民大学、国务院发展研究中心国际知识中心等高等院校、高端智库进行合作，推进《冰上丝绸之路框架内的油气资源开发研究》《基于“一带一路”倡议的天然气管道基础设施互联互通研究》《中缅油气管道项目可持续发展案例研究》等“一带一路”油气合作战略研究。举办集团公司2018年“一带一路”油气合作实务与策略提升培训班。

【海外防恐安全和HSE管理】 2018年，面对资源国复杂社会安全环境，集团公司坚持“员工生命安全高于一切”，坚持“安全第一、环保优先、质量至上、以人为本”，深入推进社会安全和HSE“两个体系”建设，强化预防预警，加强过程管控，提升应急能力，成功抵御暴力和恐怖袭击威胁，妥善应对多起紧急医疗转运等突发事件，海外社会安全和HSE风险总体可控，实现“保证人员安全、保持生产稳定、保障集团利益”的目标，为集团公司国际业务实现高质量发展提供坚实保障。

完善社会安全管理体系，夯实HSE管理基础。宣贯《集团公司国际业务社会安全管理规定》，编制完成《社会安全突发事件应急预案备案审查》《社会安全管理体系备案审查》两项审查标准，修订《海外生产安全事故（事件）管理办法》《海外道路交通安全管理办法》。制定《国际业务社会安全管理五维绩效考核流程》和评分标准，开展五维绩效考核，促进涉外单位管理绩效提升。加强各涉外单位社会安全管理计划审核，实时监控体系运行情况。开展对11家涉外单位的37个海外项目社会安全管理体系备案审查。按照年度审核计划，先后开展印度尼西亚、乍得、哈萨克斯坦、伊朗等项目的体系审核，整改隐患。

强化境外风险评估和预警，筑牢“源头”风险防线。密切与国内外专业机构的交流合作，持续优化安保风险评估技术体系、流程，建立和维护统一的社会安全风险评估标准模型、安保信息及事件、风险评估数据库。发布《2018 年海外安全风险年度报告》，为驻外中资机构及各海外项目单位提供指导借鉴。组织“2018 全球政治安全局势与风险展望”，“重点关注国家形势分析”等专题交流活动。严格审批高风险国家团组，严格把关新项目投标，审核 460 多个新项目安保方案，驳回不合格安保方案 8 个，督促全面深入评估社会安全风险。

着力抓好应急能力建设，妥善应对突发事件。2018 年，对 34 家涉外单位、104 个海外项目的应急预案进行备案审查，理顺工作流程。开展专项安全检查，细化应急预案，整改安保隐患，保障海外项目人员安全和生产运营稳定。组织开展乍得项目人员突发事件紧急转移演练，检验突发事件应对策略和反应速度。全面推广“海外风险预警 APP”应用，利用新技术提高安全信息的传递效率，通过“人员定位、一键报警”等功能不断强化应急管理能力。协调指导全球范围内 7 起远程医疗和紧急转运事件，确保员工及时得到最佳救治，挽救员工生命。

深入开展防恐安全培训，提升员工基本技能。按照“不培训、不派出”要求，根据“专职管理人员、现场管理人员、现场施工人员”三个层次，狠抓海外防恐安全培训。2018 年，组织培训班 239 期，培训中方人员 1.73 万人次。其中，组织“送教海外”活动 4 期，派教官到哈萨克斯坦、南苏丹等海外项目现场开展培训。开展国际业务领导干部社会安全管理培训，培训 HSE 管理人员 120 人次，提升专业管理人员履职能力。组织开展社会安全警言训句征集和“海外风险预警 APP”平台安全知识竞赛答题活动，宣传集团公司安全文化内涵，提升广大干部员工的参与度，加强国际业务社会安全文化建设。

大力实施员工健康管理，改善员工身心健康。实行外派人员健康体检和评估全覆盖，建立评估管理平台。2018 年，体检评估 1.9 万余人，不达标人员禁止派出。严密跟踪全球传染病疫情，及时发出预警和提示 35 次。组织医疗专家到委内瑞拉、巴西开展健康巡诊和送医送药，到乍得、南苏丹推广蚊媒监测和控制技术，成功应对阿尔及利亚霍乱疫情，9 家涉外单位 6800 多名中外方员工无一染病。开展心理危机应对培训 10 场、EAP 大使培训班 3 期、家庭幸福营 7 期，海外员工心理健康服务热线受理心理咨询近 400 人次，服务总时长 1200 小时，组织心理专家到哈萨克斯坦、巴西、秘鲁、委内瑞拉等国家开展“送阳光到海外”活动，进行危机应对、压力管理、家庭建设等多场专题培训和讲座。

【出国（境）管理与服务】 2018 年，按照“统一领导、归口管理、分级负责、协调配合”的原则，集团公司严格因公出国（境）管理，提高出访计划性，持续完善出国（境）管理体系。

2018 年，受理因公出国（境）项目申请 10534 个，同比增长 12.2%。办理证照 10616 本、签证 8052 批 15346 个、出境证明 11160 份。派出 49594 人次，同比增长 4.68%，派出人员来自集团公司所属 168 个单位，目的地涵盖全球 133 个国家和地区。其中：境外项目类派出 43818 人次，占比 88.35%；经济贸易类、国际会议类、培训留学类及考察访问类派出 5776 人次，占比 11.65%。编制《集团公司 2018 年度领导班子成员因公出国（境）计划》《2018 年度企业领导人员出国计划》，实施出国团组公示，审核取消无实质性任务的出访团组 222 个，对 463 个团组的在外时间、派出人数进行压缩调整，压减 1828 人次。有效控制年度国际会议、经济贸易、考察访问三类出国（境）费用。

修订完成《集团公司因公出国管理办法》，印发《集团公司 APEC 旅行卡管理办法》，持续完善因公出国（境）管理制度。实施“因公出国（境）管理持续改进计划”，收集反馈 192 份，收集改进意见 5 大类 38 项，优化改进业务流程，综合满意率 96.21%。提前完成集团公司更名后外事审批权的变更报批备案工作。印发《关于加强出境人员保密教育工作的通知》，强化涉外保密、反间防谍教育，通过出国教育考试系统实现因公出国人员承诺书网上便利化签署。研究应对国外新法律法规及管理措施带来的潜在风险。

开展未经审批和持因私护照派出专项清查工作，制定整改方案，建立管控违规派出的长效机制，印发《关于做好违规派出整改工作的通知》，督促各涉外单位完成整改。持续完善因公出国管理服务平台建设，升级、完善签证费管理、出国计划等系统模块功能。根据集团公司机构变更和护照管理情况，重新调整护照授权保管单位，新增 4 家授权单位，取消 14 家单位授权。

【外事队伍建设】 2018 年，集团公司加大外事系统骨干培养，举办俄语培训提高班，11 家单位 20 名俄语骨干参与。推进集团公司翻译人员职业发展晋级体系的完善和应用，启动国际业务及外事管理人员职业发展晋级体系研究工作，从地缘政治、国际关系、油气合作、商务与经济、技术创新等，开展多领域、多维度、多专题员工能力培训，全面提升外事干部员工队伍的素质与能力。

【首届中俄能源商务论坛】 2018年11月29日，在外交部、国家发改委、商务部和国家能源局和俄罗斯总统能源发展战略和生态安全委员会的支持下，由集团公司和俄罗斯石油股份公司共同主办的首届中俄能源商务论坛在北京钓鱼台国宾馆成功举行。在中俄两国元首的亲自关注下，本届论坛为中俄双方进一步加强全面战略协作伙伴关系开创良好新局面，为深化未来能源合作奠定坚实基础。

2018年5月24日，王岐山副主席与俄罗斯总统能源发展战略和生态委员会秘书长、俄罗斯石油股份公司总裁谢钦会晤期间，达成举办中俄能源商务论坛的共识。2018年6月8日，习近平主席与俄罗斯联邦总统普京在北京举行会谈并发表《中俄联合声明》，双方支持尽快召开中俄能源合作论坛，讨论深化两国能源领域具体合作。为落实中俄两国元首达成的重要共识，经国务院批准，决定于2018年11月29日在北京举办首届中俄能源商务论坛。集团公司为论坛主办单位，外交部、国家发改委、商务部和国家能源局为论坛支持单位，国家能源局负责具体协调事宜。

首届中俄能源商务论坛是2018年中俄能源合作重要活动之一，旨在为双方企业搭建直接对话交流的平台，促进双方企业在油气、电力、煤炭、新能源、能源装备等领域的全方位合作。按照国家发改委工作要求，为办好首届中俄能源商务论坛，集团公司强化筹备联合秘书处的组织领导，在论坛筹备时间仅有4个月的情况下，创建论坛活动组委会，启动高效工作联动机制，包括总策划、总指挥、总执行，下设会务组、材料组、接待组、安保组、宣传组等6个专项工作组，制定论坛总体方案、论坛活动组织实施方案及具体工作流程，明确任务书、责任人、时间表，做好论坛经费预算、举办地点、会议日程、嘉宾邀请、会务安排、外事接待、安全保卫、新闻宣传等重点工作落实。

在首届中俄能源商务论坛期间，中共中央政治局常委、国务院副总理韩正，俄罗斯联邦总统能源战略和生态安全委员会执行秘书、俄罗斯石油股份公司总裁谢钦出席开幕式，分别宣读习近平主席和普京总统的贺信并致辞。中国国家能源局局长章建华主持开幕式，俄罗斯自然资源部部长卡贝尔金、集团公司董事长王宜林致开幕辞。

集团公司董事长王宜林在开幕式致辞中表示，中俄能源合作正处于深度发展的关键阶段，本届商务论坛的召开必将对促进两国能源领域的务实高效合作发挥更加积极的推动作用。未来，中国石油将与俄方伙伴共同创新合作模式，拓展合作领域，提升合作水平，积极地开展一体化的油气合作。

本届论坛的主题为“进一步深化中俄能源贸易、投资及金融的全方位合作”。论坛期间，平行举办石油天然气分论坛和煤炭电力分论坛，吸引来自能源、金融、信息等领域近90家企业400余名代表。论坛闭幕后，中俄双方有对接合作需求的企业进行一对一商谈会40余场，成功签署13份合作协议。

（杨　鹏）

科技与信息

科技发展

【概述】 2018年，集团公司科技工作贯彻落实国家创新驱动发展战略和集团公司创新战略，坚持业务主导、自主创新、强化激励、开放共享，深化科技体制机制改革，着力突破重大核心技术瓶颈，助推引领主营业务高质量发展。集团公司拥有82家科研院所，其中总部直属科研院所7家、企业科研院所75家。拥有科研人员30968人，其中中国科学院和中国工程院院士21名。

【年度科技计划】 2018年，集团公司落实“十三五”科技发展规划，按照“基础超前与颠覆性、技术攻关与试验、配套推广与产业化”三个层次，组织国家专项、集团公司专项、重大试验、基础超前共性和集成配套推广五类50项重大科技项目攻关，完成2018年计划任务。

【国家级科技项目】 2018年，集团公司组织实施国家科技重大专项“大型油气田及煤层气开发”和4个重点研发计划等国家项目攻关。围绕重大专项“十三五”目标，定期更新推进工作路线图，71个项目顺利实施，在重大理论认识、关键核心技术、装备自主研发、示范工程建设等方面取得重要进展。组织开展2020—2035国家油气专项接续发展战略研究，形成油气专项接续建议方案。

【集团公司重大科技项目】 2018年，集团公司组织实施24个集团公司重大科技专项、45项重大现场试验。上游领域形成深层天然气成藏模式等10余项理论认识，第四代智能分层注水等20余项核心技术，自动化钻井等30余项装备软件，引领大庆油田、长庆油田、新疆油田、西南油气田、海外项目等油气高效勘探、效益开发及中俄东线等重大工程顺利实施。在大面积砾岩油气藏储层评价预测技术、深层海相碳酸盐岩天然气成藏理论与勘探评价技术、二类油层弱碱三元复合驱技术、长庆油田低渗透油藏二氧化碳驱油与埋存关键技术、20万道级超高效海陆一体化地震勘探技术、全新一代测井多井评价软件CIFLog2.0、电动钻机用12V175柴油机发电机组、钻井废弃物与压裂返排液处理回收利用技术、D1422天然气管道成套装备及建设技术等方面取得标志性成果。下游领域形成重油分子结构及化学转化特性等5项新认识，国VI标准清洁汽油柴油生产、航空煤油液相加氢、ABS树脂等6项成套技术，化工原料型加氢裂化催化剂等8项核心技术，开发应用“复兴号”动车组配套齿轮箱油、机器人润滑油脂、超高分子量聚乙烯等70余个牌号炼化新产品，助推炼化业务结构调整和高质量发展。在应用于炼化业务转型升级重点工程的千万吨炼油、百万吨乙烯等成套技术，固定床渣油加氢、乙烯裂解馏分加氢系列催化剂、聚烯烃新产品等方面取得标志性成果。

【科技成果推广转化】 2018年，集团公司多层次进行技术集成配套与新技术推广，发挥新技术降本增效的重要作用。实施连续管作业、带压作业、自主软件等4项重大推广专项，组织实施年度重大技术装备推广应用计划。认定自主创新重要产品93项。推进10余项标志性技术与4项品牌技术有形化商业化。搭建技术沟通桥梁，协助海外项目技术应用推介。

【科技改革】 2018年，集团公司强化专业委员会作用，审查重大科技专项立项，开展系列技术回顾性评价，梳理生产需求和发展方向，确保业务主导落到实处。强化项目经理与牵头单位的主体责任，激发项目经理和承担单位自主管理的积极性和主动性。项目经费预算调整、外协管理、项目检查等下放由项目牵头单位和项目经理负责。重大科技专项的参加单位由项目牵头单位管理，加大牵头单位的协调管控力度。实施“科技+财务”模式，财务专家从项目预算到决算、审计，全程参与经费管理，提高经费使用效率。委托第三方机构，对各类科研项目的经费预算进行独立审查，对重大科技专项等进行现场核查验收，确保项目管理合规高效。完善集团公司科技管理平台功能，在企事业单位全面推广，集团公司总部、专业公司和企事业单位三个层面的科技项目首次在管理平台上实现信息共享。

【重点实验室和试验基地建设】 2018年，集团公司成功申报国家能源油页岩原位开发生态环境保护（分）中心。提高石油采收率国家重点实验室通过科学技术部评估，排名优秀。企业技术中心通过国家发改委年度评价，取得好成绩。建成重点实验室和试验基地信息管理系统，促进设备共享共用。对标国际一流，制定平台量化考核评价体系，完成42个平台第二轮评估。推进12个炼油化工特色专业技术中心建设，进一步提升基础研究、试验与成果转化能力。

【科技交流与合作】 2018年，集团公司与国际知名公司、国内单位深入交流与合作，推动理论创新与技术进步取得重要进展。与俄罗斯石油股份公司签署科技合作谅解备忘录。系列FCC催化剂列入道达尔公司评价目录，合作研制高温高压随钻方位电磁波成像测井仪及配套数据处理软件，关键指标达到国际先进水平。与兵器工业集团等单位合作，大幅提升射孔弹系列产品的穿孔性能，其中127型射孔弹美国石油协会注册穿深2091毫米，创“世界穿深”纪录。

【知识产权管理】 2018年，集团公司申请专利5117件，其中发明专利2906件；授权专利4515件，其中发明专利2120件，发明专利占比持续提升。计算机软件著作权登记521项，认定技术秘密264项。

【科技奖励】 2018年，集团公司获国家科学技术进步奖一等奖1项，技术发明奖二等奖1项（表1）。集团公司评出杰出成就奖2人（表2），基础研究奖10项（表3），科学技术进步奖110项（表4），技术发明奖19项（表5）。评出2017年中国石油十大科技进展（表6）。

表1 2018年度获国家科技奖励

序 号	项目名称	主要完成人	完成单位	获奖类别
1	凹陷区砾岩油藏勘探理论技术与玛湖特大型油田发现	支东明 唐 勇 匡立春 陈新发 雷德文 李国欣 何文渊 曾 军 瞿建华 阿布力米提·依明 潘建国 何开泉 徐 洋 许江文 覃建华	中国石油天然气股份有限公司新疆油田分公司、中国石油天然气股份有限公司勘探开发研究院、中国石油集团东方地球物理勘探有限责任公司、中国石油集团工程咨询有限责任公司、南京大学、中国石油大学（华东）、长江大学、西南石油大学、中国石油大学（北京）、中国石油集团测井有限公司	科学技术进步奖一等奖
2	油气管道系统完整性关键技术与工业化应用	张来斌 董绍华 曹崇珍 罗金恒 段礼祥 田中山	中国石油大学（北京）、中油管道检测技术有限责任公司、中国石油天然气集团公司管材研究所、中国石油化工股份有限公司	技术发明奖二等奖

表2 2018年集团公司杰出成就奖

序 号	姓 名	工作单位
1	张水昌	中国石油天然气股份有限公司勘探开发研究院
2	杜金虎	中国石油天然气股份有限公司勘探与生产分公司

表3 2018年集团公司基础研究奖

序 号	项目名称	主要完成单位	主要完成人	获奖等级
1	复杂储层数字岩心渗流模拟及物性评价方法	中国石油天然气股份有限公司勘探开发研究院	贾宁洪 刘庆杰 吕伟峰 高 建 吕文峰 李 彤 陈 序 杨胜建 张祖波 陈兴隆	一等奖
2	致密油气渗流基础理论及应用	中国石油天然气股份有限公司勘探开发研究院	杨正明 雷征东 熊生春 胡志明 叶礼友 李海波 骆雨田 沈 瑞 刘华勋 田昌炳	一等奖
3	高纯度烷基水杨酸盐制备新工艺技术及构效关系研究	中国石油天然气股份有限公司润滑油分公司	梁依经 管 飞 刘玉峰 伏喜胜 李 进 刘雨花 杨 鹏 李 涛	二等奖
4	苯乙烯/共轭二烯负离子溶液共聚机理研究及结构设计	中国石油天然气股份有限公司石油化工研究院（中国石油合成橡胶试验基地）、北京化工大学	龚光碧 鲁建民 董 静 张华强 韩丙勇 宋同江 陶惠平 丛日新	二等奖

续表

序　号	项目名称	主要完成单位	主要完成人	获奖等级
5	复杂多场耦合工况环境中油井管柱腐蚀控制理论研究	中国石油集团石油管工程技术研究院（石油管材及装备材料服役行为与结构安全国家重点实验室）	尹成先　付安庆　袁军涛　张娟涛　赵雪会　白真权　韩　燕　李发根	二等奖
6	准噶尔陆相咸化湖盆致密油微观实验关键技术和理论认识创新	中国石油天然气股份有限公司新疆油田分公司、中国石油天然气股份有限公司勘探开发研究院	吕道平　王子强　张　可　杨　龙　寇　根　廖健德	三等奖
7	柴西南区岩性油藏油气成藏背景及主控因素分析	中国石油天然气股份有限公司青海油田分公司	薛建勤　张审琴　吴颜雄　汪立群　王　鹏　龙国徽	三等奖
8	煤层气藏产气机理及开发参数设计方法	中石油煤层气有限责任公司（中联煤层气国家工程研究中心有限责任公司）、中国石油大学（北京）	张冬玲　李相方　石军太　李雪峰　彭宏钊　胡　雄	三等奖
9	烷烃异构化催化新材料及新工艺研究	中国石油天然气股份有限公司石油化工研究院、中科院大连化学物理研究所	迟克彬　田志坚　阎立军　王从新　罗　琛　马怀军	三等奖
10	页岩气储层多尺度地质力学评价技术	中国石油集团工程技术研究院有限公司（油气钻井技术国家工程实验室）、中国石油集团东方地球物理勘探有限责任公司	杨恒林　刘　伟　王　倩　张宇生　陈朝伟　项德贵	三等奖

表 4　2018 年集团公司科学技术进步奖

序　号	项目名称	主要完成单位	主要完成人	获奖等级
1	玛南斜坡区二叠系上乌尔禾组厚层砂砾岩规模成藏模式与整体突破	中国石油天然气股份有限公司新疆油田分公司、中国石油天然气股份有限公司勘探开发研究院、中国石油天然气股份有限公司勘探开发研究院杭州地质研究院、中国石油集团东方地球物理勘探有限责任公司	王小军　何海清　毛新军　郭绪杰　宋　永　王　建　郭旭光　甘仁忠　黄立良　邓　勇　郭华军　齐雪峰　梁则亮　靳　军　王泽胜　贾海正　王霞田　姜懿洋　李　铁　冯右伦　王振林　尤新才　钱永新　吴宝成　陈超峰　姚卫江　杨　森　张　磊　李　啸　任本兵　刘海磊　吴爱成　吴俊军　谢　安　卞保力　潘　龙　杜宗和　韩　宝　齐洪岩　常秋生　许　琳　王学勇　邹志文　赵长永　孟祥超　吴　俊　李　君　钟厚财　王　剑　鞠鹏飞	特等奖
2	2 万吨 / 年己烯 –1 成套技术开发及工业应用	中国石油天然气股份有限公司独山子石化分公司、中国石油天然气股份有限公司石油化工研究院、中国寰球工程有限公司、中国石油天然气股份有限公司大庆石化分公司、中国石油天然气股份有限公司华东化工销售分公司、中国石油天然气股份有限公司华南化工销售分公司	方　伟　曲家波　吴南屏　王斯晗　张治军　娄海生　陆　军　褚洪岭　张学业　刘宏伟　葛振江　王力搏　张文超　乔亮杰　刘　龙　王亚丽　巨　涛　咸立军　霍宏亮　李月新　林　洋　邱　波　王秀绘　徐显明　韩　琼　朱　斌　赵晓伟　纪　巍　张春秀　曹媛媛　王丽艳　冷　忠　刘　通　李玉龙　张建明　刘朝军　张顶福　林如海　吴　军　赵吉娜　陈志伟　张　岩　樊国锋　韩雪梅　赵紫萍　王　峰　王伟众　卜庆生　袁宗胜	特等奖

续表

序　号	项目名称	主要完成单位	主要完成人	获奖等级
3	全新一代高端测井处理解释系统 CIFLog2.0 及其规模化应用	中国石油天然气股份有限公司勘探开发研究院、中国石油天然气股份有限公司塔里木油田分公司、大庆油田有限责任公司、中国石油集团长城钻探工程有限公司、中国石油天然气股份有限公司长庆油田分公司	李　宁　王才志　肖承文　王宏建　杨景海　刘英明　李伟忠　伍　东　刘忠华　夏守姬　原　野　傅海成　郭浩鹏　冯　周　冯庆付　宋连腾　李　霞　王克文　武宏亮　曹茂俊　刘　鹏　王　浩　李雨生	特等奖
4	大庆油田聚合物驱精细高效开发配套技术研究与应用	大庆油田有限责任公司	王渝明　王加滢　康红庆　李景岩　伍晓林　韩培慧　张晓芹　莫爱国　孙　刚　陈　国　朱　焱　方　庆　姜振海　苗厚纯　苏延昌　毕艳昌　李学军　李　伟	一等奖
5	换流变压器油绝缘评价体系建立及在特高压直流输电工程中应用	中国石油天然气股份有限公司润滑油分公司（中国石油天然气集团公司润滑油重点实验室）、中石油克拉玛依石化有限责任公司	于会民　王会娟　张　绮　李德春　李　荣　王　鹏　王　锋　白志军　吴明东　张占库　张培恒　王家鹏　隋鲁玲　姚瑞昆　王琳瑛	一等奖
6	大型天然气管网优化技术及应用研究	北京油气调控中心、中国石油天然气股份有限公司管道分公司、中国石油天然气股份有限公司规划总院	范　莉　杨　毅　刁洪涛　吕　峰　杨兴兰　姜　鹏　李国军　徐春野　刘增哲　李亚锋　吕晓华　柳建军　尚凡坤　侯本权　李　华　郭永华　邢同胜　杨　超	一等奖
7	低压力水平裂缝孔隙型碳酸盐岩弱挥发油藏注水开发调整技术及应用	中国石油国际勘探开发有限公司、中国石油天然气股份有限公司勘探开发研究院	王　江　范子菲　赵　伦　关维东　宋　珩　赵文琪　吴学林　李建新　王淑琴　陈烨菲　孙　猛　侯庆英　罗　曼　李孔绸　寇　实　郝峰军　陈　礼　王进财	一等奖
8	神狐海域深水天然气水合物试采工程关键技术研究与应用	中国石油集团海洋工程有限公司	马宝金　王友华　王　磊　魏士鹏　王鄂川　黄名召　蔡德军　陆　军　王多万　马廷雷　陈龙桥　李　锐　樊　波　周登波　王　剑　王宇宾　曹　智　王贤斯	一等奖
9	全球油气资源首轮自主系统评价关键技术与重大新项目优选突破	中国石油天然气股份有限公司勘探开发研究院、中国石油国际勘探开发有限公司	童晓光　穆龙新　张光亚　温志新　田作基　王建君　王红军　万仑坤　赖泽武　王兆明　米石云　王　青　马　锋　吴义平　李大伟　宋成鹏　贺正军　刘小兵	一等奖
10	天然气上产 1000 亿立方米开发关键技术研究	中国石油天然气股份有限公司勘探开发研究院、中国石油天然气股份有限公司长庆油田分公司、中国石油天然气股份有限公司塔里木油田分公司、中国石油天然气股份有限公司西南油气田分公司、中国石油天然气股份有限公司青海油田分公司、大庆油田有限责任公司、中国石油天然气股份有限公司新疆油田分公司	贾爱林　任　东　余浩杰　王天祥　赵　松　陆家亮　沈生福　郭洪岩　戴　勇　韩永庆　何东博　杨炳秀　郭建林　吴　正　王振彪　党录瑞　韩永新　位云生	一等奖

续表

序 号	项目名称	主要完成单位	主要完成人	获奖等级
11	新一代油藏数值模拟技术与软件系统规模化应用	中国石油天然气股份有限公司勘探开发研究院	吴淑红 王 强 任殿星 王宝华 李小波 李 华 刘朝霞 宋 杰 李巧云 范天一 许 磊 魏晨吉 刘皖露 童 敏 赵 昀 彭 晖 董江艳	一等奖
12	中国石油油气生产物联网系统研发与应用	中国石油天然气股份有限公司勘探开发研究院西北分院、大庆油田有限责任公司、中国石油天然气股份有限公司新疆油田分公司	龚仁彬 赵文智 李 群 柴永财 王从镔 马 龙 李清辉 姚 刚 李金诺 王春伟 吴海莉 胥小马 陆育锋 罗洪武 张 岩 苏 伟 龚 磊 冯超敏	一等奖
13	固定床渣油加氢催化剂（PHR系列）研制开发与工业应用	中国石油天然气股份有限公司石油化工研究院（中国石油清洁燃料重点实验室、中国石油加氢催化剂与工艺工程试验基地）、大连西太平洋石油化工有限公司、中国石油天然气股份有限公司抚顺石化分公司	赵愉生 姚元勋 赵元生 董克林 崔瑞利 范文军 谭青峰 聂士新 程 涛 曹永胜 孙发民 李春富 项 伟 于双林 张春光 丁哲帅 贺 新 赵 悦	一等奖
14	催化精馏催化轻汽油醚化（LNE-3）技术工业应用	中国石油天然气股份有限公司石油化工研究院、中国石油天然气股份有限公司华北石化分公司、中国石油天然气股份有限公司吉林石化分公司、中国石油天然气股份有限公司锦州石化分公司、中国寰球工程有限公司	张松显 赵著禄 任海鸥 华景朝 王艳飞 陈 哲 孔祥冰 刘成军 齐建勋 李长明 李文臣 李金阳 王洛飞 李金强 常桂祖 刘泳涛 彭 蓉 薛英芝	一等奖
15	川渝高磨地区高压气井及页岩气固井密封完整性关键技术与规模应用	中国石油集团工程技术研究院有限公司（油气钻井技术国家工程实验室）、中国石油天然气股份有限公司西南油气田分公司、中国石油集团川庆钻探工程有限公司、中国石油天然气股份有限公司浙江油田分公司、中国石油集团长城钻探工程有限公司	刘硕琼 陈力力 严海兵 李德旗 李连江 徐 明 余才焌 马 勇 黄克明 李兆丰 靳建洲 于永金 邓广东 曾凡坤 张 华 赵常青 沈吉云 李 勇	一等奖
16	石油管材及装备防腐涂镀层开发与应用关键技术	中国石油集团石油管工程技术研究院（石油管材及装备材料服役行为与结构安全国家重点实验室）、中国石油集团海洋工程有限公司	蔡 锐 周 冰 韩文礼 张贻刚 蔡 克 来维亚 林 竹 吕乃欣 张盈盈 张彦军 郭继银 徐秀清 王志涛 李玲杰 苏碧煌 邝献任 马庆伟	一等奖
17	特高含水老油田断层边部剩余油高效挖潜研究及规模应用	大庆油田有限责任公司	宋保全 梁文福 姜 岩 杜庆龙 李 浩 司 丽 付百舟 李雪松 程顺国 陈 奋 邓庆军 曹春光	二等奖
18	辽河油田稀油高凝油大幅度提高采收率技术研究与应用	中国石油天然气股份有限公司辽河油田分公司	武 毅 温 静 马宏斌 司 勇 华子东 王奎斌 许国民 于 涛 王 健 张凌达 王栋明 王卫东	二等奖

续表

序　号	项目名称	主要完成单位	主要完成人	获奖等级
19	南梁—华池地区延长组成藏新认识与亿吨级规模储量发现	中国石油天然气股份有限公司长庆油田分公司（低渗透油气田勘探开发国家工程实验室、特低渗透油气田勘探开发先导试验基地）	牛小兵　张晓辉　惠　潇　韩永林　席胜利　姚泾利　邵东波　何永宏　王永宏　张晓磊　冯胜斌　赵彦德	二等奖
20	长庆特低—超低渗透油藏提高注水有效性技术对策研究及应用	中国石油天然气股份有限公司长庆油田分公司（低渗透油气田勘探开发国家工程实验室、特低渗透油气田勘探开发先导试验基地）	王睿恒　曹　军　朱圣举　赵继勇　李兆国　王永康　李宇征　李洪畅　柳良仁　李　超　谭习群　张才智	二等奖
21	地质力学技术研究在复杂油气藏勘探开发中的应用	中国石油天然气股份有限公司塔里木油田分公司	张　辉　王海应　尹国庆　王志民　韩兴杰　陈　胜　唐雁刚　李世银　董　仁　袁　芳　王　攀　刘炜博	二等奖
22	塔里木库车山前超深复杂地层固井配套技术研究与应用	中国石油天然气股份有限公司塔里木油田分公司、中国石油集团工程技术研究院有限公司、中国石油集团川庆钻探工程有限公司、中国石油集团西部钻探工程有限公司、中国石油集团渤海钻探工程有限公司	胥志雄　徐周平　贾应林　李晓春　丁　辉　艾正青　梁红军　袁进平　冯　彬　刘　锐　袁中涛　孟凡忠	二等奖
23	致密砂砾岩油藏水平井体积压裂关键技术与工业化应用	中国石油天然气股份有限公司新疆油田分公司、中国石油天然气股份有限公司勘探开发研究院、中国石油集团西部钻探工程有限公司	朱志宏　雷　群　承　宁　陈建林　管保山　陈　进　才　博　李建民　王　佳　丁士辉　石善志　纪拥军	二等奖
24	天然气产业绿色低碳发展研究与实践	中国石油天然气股份有限公司西南油气田分公司	伍建国　周　建　刘胜明　杜　波　付　斌　于智博　李丛菲　曾令卓　钟　琳　宋维东　胡俊坤　邹　曦	二等奖
25	四川盆地复杂碳酸盐岩小尺度缝洞型储层地球物理评价技术	中国石油天然气股份有限公司西南油气田分公司、中国石油集团东方地球物理勘探有限责任公司、中国石油天然气股份有限公司勘探开发研究院	肖富森　冉　崎　陈　康　张　旋　王学军　刘兴刚　郭贵安　马晓宇　张光荣　曾　鸣　杨广广　魏林芳	二等奖
26	松辽盆地南部扶余油层致密油富集规律与动用技术集成研究	中国石油天然气股份有限公司吉林油田分公司	江　涛　唐振兴　于利民　陈丙春　王树平　王天煦　黄铭志　陈叙生　赵家宏　史海民　董长春　丛丽芬	二等奖
27	3D 射孔技术的研制与应用	中国石油天然气股份有限公司吉林油田分公司、中国石油天然气股份有限公司勘探开发研究院、中国石油集团测井有限公司	叶勤友　高　扬　陈　锋　王敬瑶　郑立臣　李兴科　任国辉　李妍僖　姚子修　刘福林　朱世佳　叶忠琼	二等奖
28	低渗透油藏改善水驱效果集团压裂技术研究与应用	中国石油天然气股份有限公司吉林油田分公司	魏兆胜　王毓才　张海龙　李亚洲　许建国　张　辉　朱勇志　李明义　李边生　王鸿伟　段永伟　赵晨旭	二等奖
29	英雄岭复杂断块油藏高效开发关键技术攻关与应用	中国石油天然气股份有限公司青海油田分公司	黄生远　马凤春　王　琳　柳金城　屈信忠　王宝利　余满林　李兆亮　房国庆　唐　丽　李程程　梅　华	二等奖
30	三塘湖非常规油田效益开发技术攻关与实践	中国石油天然气股份有限公司吐哈油田分公司	高敬文　崔英怀　于家义　曾玉祥　肖林鹏　荆文波　李道阳　杨　春　陶登海　谢　军　刘文锐　赵　凯	二等奖

续表

序　号	项目名称	主要完成单位	主要完成人	获奖等级
31	ABS 喷涂料 PT151 工业化及市场开发	中国石油天然气股份有限公司吉林石化分公司、中国石油天然气股份有限公司华东化工销售分公司	陆书来　胡慧林　顾　勋　宋振彪 谢洪涛　李国锋　孙春福　王　伟 刘晓侠　马晓坤　尹大雨　郝　刚	二等奖
32	拓展石蜡结晶理论提高石蜡产量的研究与工业应用	中国石油天然气股份有限公司抚顺石化分公司	李宏冰　欧阳瑞华　胡建义 赵明军　杨青松　王庆柱　张威毅 张健国　周　慧　姚伟斌　张士博 王　林	二等奖
33	高端充油丁苯橡胶 SBR1723 的开发与工业生产	中国石油天然气股份有限公司兰州石化分公司、中国石油天然气股份有限公司石油化工研究院、中国石油天然气股份有限公司西北化工销售分公司	张守汉　李铁柱　王永峰　金建江 刘吉平　孙延军　王丰乐　何连成 秦　宏　冯　旭　应继成　刘文权	二等奖
34	高端透明医用级透明聚丙烯 RP340R 的开发及工业化生产	中国石油天然气股份有限公司兰州石化分公司、中国石油天然气股份有限公司华东化工销售分公司、中国石油天然气股份有限公司石油化工研究院	赵东波　吴　建　侯景涛　龚真直 王健舟　崔　琳　孙建敏　熊华伟 张红星　刘云辉　段宏义　丁生华	二等奖
35	NAP47135 高档环烷基白色橡胶填充油的研制	中石油克拉玛依石化有限责任公司	教　震　辛秀婷　尹　宏　罗来龙 甄新平　胡志军　王允峰　杨新华 李　静　刘建山　张景伟　田凌燕	二等奖
36	硬质道路沥青产品工业化生产及应用技术	中石油燃料油有限责任公司	李剑新　高国发　李玉环　蒋福山 时敬涛　吴建林　蔡晓明　杨成柱 段永生　窦方杰　黄宏海　徐子明	二等奖
37	高风险管道全生命周期安全保障技术研究	中国石油天然气股份有限公司管道分公司（油气管道输送安全国家工程实验室管道完整性管理实验室、集团公司油气储运重点实验室）	冯庆善　陈朋超　燕冰川　李　睿 项小强　张海亮　冯文兴　沙胜义 赵晓明　贾光明　王富祥　戴联双	二等奖
38	管道风险评价与废弃管道处置技术研究及应用	管道分公司（油气管道输送安全国家工程实验室管道完整性管理实验室）	张华兵　康叶伟　杨玉锋　陈振华 王洪涛　王　新　陈新华　周利剑 张　强　陈洪源　张希祥　郭正虹	二等奖
39	盐穴储气库精细建库技术及配套设计系统	中国石油天然气股份有限公司西气东输管道分公司	杨海军　李建君　刘　春　李　龙 巴金红　陈加松　李淑平　井　岗 王元刚　付亚平　王立东　刘玉刚	二等奖
40	输气管道泄漏次声检测与定位技术	中国石油天然气股份有限公司西部管道分公司	肖　连　田　野　金　剑　慕进良 黄忠胜　江玉友　赵孝峰　庞贵良 孙国强　李　坤　段　轶　张　监	二等奖
41	海外高速开发后剩余油分布极复杂油田的综合治理技术	中国石油国际勘探开发有限公司、中国石油天然气股份有限公司勘探开发研究院、中国石油天然气股份有限公司大港油田分公司、中国石油天然气集团公司尼罗河公司、中国石油天然气集团公司哈萨克斯坦公司	赖伟庆　梁　冲　杨继军　崔明月 文　勇　邹洪岚　丁宇韬　蒋卫东 张金刚　黄奇志　石广志　郭双根	二等奖

续表

序　号	项目名称	主要完成单位	主要完成人	获奖等级
42	钻完井工程远程技术支持系统开发与应用	中国石油集团长城钻探工程有限公司、中国石油集团工程技术研究院有限公司	王廷瑞　夏泊洢　刘怀亮　李　建　郭修成　段建明　周　超　杨　光　张晓峰　赵振东　李连庆　李永钊	二等奖
43	地震地质实时随钻导向技术及应用	中国石油集团东方地球物理勘探有限责任公司	张延庆　党虎强　罗文山　王小善　朱斗星　徐　博　于志龙　温铁民　张军勇　黄红星　安　鹏　孙增玖	二等奖
44	工程技术物联网系统及应用	中国石油集团东方地球物理勘探有限责任公司	丁　闫　丁建新　张　骁　曾国强　朱亚冰　刘奇峰　孙仕胜　王建华　孙小强　王树超　张彦龙　王宣战	二等奖
45	压裂设备系列化研制及工程应用	宝鸡石油机械有限责任公司（国家油气钻井装备工程技术研究中心）、中国石油集团川庆钻探工程有限公司	张　斌　刘有平　王来智　戴启平　席建秋　王定亚　李华川　李双鹏　黎密琪　江士凯　彭俊威　王　俊	二等奖
46	高性能SEW油套管关键技术及产业化	宝鸡石油钢管有限责任公司、中国石油集团石油管工程技术研究院	杨忠文　毕宗岳　杨军锋　张　峰　李周波　王新虎　赵　坤　田永吉　苑清英　张阿军　李敬波　何石磊	二等奖
47	烟气轮机工艺技术研究	中国石油集团渤海石油装备制造有限公司	张玉峰　苏　和　李洪祥　张　银　秦启祥　马晨曦　卢　纲　刘　勇　李双虎　屈双军　任旭阳　白　云	二等奖
48	油气证实储量精细评估技术及应用	中国石油天然气股份有限公司勘探开发研究院、中国石油天然气股份有限公司勘探开发研究院杭州地质研究院、中国石油天然气股份有限公司长庆油田分公司、中国石油天然气股份有限公司新疆油田分公司、中国石油天然气股份有限公司塔里木油田分公司	毕海滨　徐小林　王柏力　周　虎　杨　涛　马辉树　杨栓荣　曹崇军　袁自学　郝银全　孟海燕　鞠秀娟	二等奖
49	炼化生产装置达标专项研究	中国石油天然气股份有限公司规划总院	杨维军　张　星　纪　晔　王金鹏　宋爱萍　宋艳萍　李建新　孙守峰　赵　江　孙会东　王　皓　陈　诚	二等奖
50	油气田地面工程高效建设关键技术与规模应用	中国石油天然气股份有限公司规划总院、中国石油工程建设有限公司、中国石油天然气股份有限公司西南油气田分公司、中国石油天然气股份有限公司新疆油田分公司	李　庆　李秋忙　云　庆　汤晓勇　夏新宇　李　予　李　勇　徐英俊　王　坤　张侃毅　陈朝明　陈　志	二等奖
51	销售应用集成系统研究及推广实施	中国石油天然气股份有限公司规划总院、中国石油天然气股份有限公司辽宁销售分公司、中国石油天然气股份有限公司西北销售分公司、中石油燃料油有限责任公司	袁维宁　杨　博　葛雁冰　陈剑钊　张景东　王　华　董立霞　张　岩　冯　仕　孙晓绯　史岩峰　杨亚娟	二等奖
52	页岩气开发成本分析预测与重大实效	中国石油集团经济技术研究院	郭晓霞　张珈铭　邱茂鑫　吕建中　杨　虹　刘　嘉　张焕芝　杨金华　刘知鑫　余本善　李晓光　郝宏娜	二等奖

续表

序 号	项目名称	主要完成单位	主要完成人	获奖等级
53	集团公司稳健发展战略对标与财税支持政策研究	中国石油集团经济技术研究院	姜学峰 刘朝全 陈建荣 张卫忠 江 河 余 岭 陈嘉茹 苏穗燕 刘 松 闫 勇 殷冬青 燕 菲	二等奖
54	油气开采水基钻井废弃物环境污染控制与处理新技术及规模化应用	中国石油集团安全环保技术研究院有限公司（石油石化污染控制与治理国家重点实验室）、中国石油集团川庆钻探工程有限公司、中国石油集团长城钻探工程有限公司、中国石油集团渤海钻探工程有限公司、中国石油集团渤海石油装备制造有限公司	闫伦江 刘光全 谢水祥 邓 皓 刘 石 彭春耀 王占生 李兴春 张博研 杨忠平 雷先革 任 雯	二等奖
55	石油钻采机械用材料技术体系研究	中国石油集团石油管工程技术研究院（石油管材及装备材料服役行为与结构安全国家重点实验室）、宝鸡石油机械有限责任公司	张冠军 李方坡 冯 春 韩礼红 党 恩 刘永刚 路彩虹 王进全 朱丽娟 蒋 龙 张 柯 武战学	二等奖
56	徐深气田滚动开发增储上产技术研究	大庆油田有限责任公司	王永卓 周学民 邱红枫 舒 萍 纪学雁 曹宝军 艾兴波 徐 岩	三等奖
57	大庆长垣外围中低渗透油田高含水后期水驱深度调剖技术研究与试验	大庆油田有限责任公司	张 威 曲瑛新 严小锋 郭殿军 刘性全 李阳阳 贺友志 向青海	三等奖
58	压裂返排液和采出液处理技术研究	大庆油田有限责任公司（集团公司地面工程试验基地）	韩凤臣 李玉春 赵忠山 侯伟华 刘宏彬 杨 菲 马 荣 李 娜	三等奖
59	大庆油田生产经营管理与辅助决策系统关键技术研究	大庆油田有限责任公司	吴 钧 熊华平 于晓红 于春生 李 楠 叶 静 李 源 任嘉琦	三等奖
60	辽河坳陷火山岩油气富集规律关键技术研究与高效发现	中国石油天然气股份有限公司辽河油田分公司	张 斌 康武江 韩宏伟 李晓光 单俊峰 胡英杰 刘兴周 庚 琪	三等奖
61	低成本投球调剖技术研究与应用	中国石油天然气股份有限公司辽河油田分公司、中国石油天然气股份有限公司华北油田分公司、中国石油天然气股份有限公司青海油田分公司	安 岩 陆福刚 张继平 张洪君 安九泉 杨立龙 张 帅 贾志伟	三等奖
62	靖西地区奥陶系中上组合天然气成藏规律与勘探新发现	中国石油天然气股份有限公司长庆油田分公司（低渗透油气田勘探开发国家工程实验室、特低渗透油气田勘探开发先导试验基地）	喻 建 张道锋 史云鹤 左智峰 赵会涛 包洪平 章辉若 董国栋	三等奖
63	致密油直井定点多级体积压裂技术	中国石油天然气股份有限公司长庆油田分公司（低渗透油气田勘探开发国家工程实验室、特低渗透油气田勘探开发先导试验基地）	张矿生 唐梅荣 肖旭锋 赵振峰 闵 琦 王广涛 齐亚民 王成旺	三等奖
64	姬塬油田 825 万吨地面工程新工艺新技术研究与应用	中国石油天然气股份有限公司长庆油田分公司（低渗透油气田勘探开发国家工程实验室、特低渗透油气田勘探开发先导试验基地）	张 平 夏 政 刘利群 王 辉 赵大庆 徐 文 王 鑫 王 青	三等奖

续表

序　号	项目名称	主要完成单位	主要完成人	获奖等级
65	塔北西部深层低幅度碎屑岩油气藏滚动评价技术与规模效益增储上产实践	中国石油天然气股份有限公司塔里木油田分公司	蔡振忠　刘永福　孙　琦　杨海军　郑多明　苗　青　王兴军　吉云刚	三等奖
66	高温高压复杂组分天然气处理关键技术研究与应用	中国石油天然气股份有限公司塔里木油田分公司、西南石油大学	谭建华　邹应勇　艾国生　崔兰德　赵建彬　李国娜　余鹏翔　王　坤	三等奖
67	低功耗窄带油气生产物联网及配套技术研究与应用	中国石油天然气股份有限公司新疆油田分公司	张亚顺　陈仕意　李兵元　许国剑　宋　晨　司长征　赵春雪　李　恺	三等奖
68	含硫天然气高效净化与尾气处理新技术应用	中国石油天然气股份有限公司西南油气田分公司、中国石油工程建设有限公司、中国石油天然气股份有限公司长庆油田分公司	宋　彬　周永阳　吴　宇　姜　放　胡天友　龙晓达　李映年　何金龙	三等奖
69	低成本长效防砂关键技术研究与工业化应用	中国石油天然气股份有限公司大港油田分公司	李怀文　李志广　王　超　李风涛　刘　伟　倪天禄　曹庆平　时耀亭	三等奖
70	阿尔金山前天然气成藏主控因素研究与勘探实践	中国石油天然气股份有限公司青海油田分公司	马达德　杨少勇　赵　健　王　波　张永庶　马建海　谢　梅　朱　军	三等奖
71	涩北多层气藏水侵规律及综合防治技术研究	中国石油天然气股份有限公司青海油田分公司	杨　云　常　琳　张立会　王小鲁　姜义权　饶　鹏　奎明清　敬　伟	三等奖
72	乌兰花凹陷勘探实践、技术创新与储量发现	中国石油天然气股份有限公司华北油田分公司	史原鹏　刘喜恒　王　鑫　王元杰　降栓奇　周从安　董雄英　王洪波	三等奖
73	冀中坳陷大王庄油田整体评价与规模上产关键技术研究应用	中国石油天然气股份有限公司华北油田分公司	黄志佳　侯守探　冉爱华　吕传炳　李海涛　梁星如　何得海　单保东	三等奖
74	华北复杂断块油藏精细注水配套技术与应用	中国石油天然气股份有限公司华北油田分公司	杜玉洪　田小川　陈　洪　孟庆春　郭发军　韩新德　谢世建　帅先发	三等奖
75	低压碳酸盐岩油藏气举采油技术研究及应用	中国石油天然气股份有限公司吐哈油田分公司、中国石油天然气集团公司哈萨克斯坦公司	雷　宇　刘德基　张宝瑞　伍正华　王振松　曹祥元　贾洪革　包成虎	三等奖
76	陆相层状砂岩油藏协同开发技术与产能部署研究	中国石油天然气股份有限公司冀东油田分公司	穆立华　王群会　高广亮　崔　建　方　度　毕永斌　张建坤　罗福全	三等奖
77	冀东滩海大型密集丛式长位移井钻井技术及工业化应用	中国石油天然气股份有限公司冀东油田分公司	朱宽亮　卢淑芹　胡中志　周　岩　吴晓红　刘永辉　王在明　潘俊英	三等奖
78	鄂尔多斯盆地东缘煤层气排采技术及规模应用	中石油煤层气有限责任公司（中联煤层气国家工程研究中心有限责任公司）	吴仕贵　赵培华　林文姬　韩　军　鹿　倩　翟雨阳　邹宇清　熊先钺	三等奖
79	SVQS 旋流快分 +MSCS 高效汽提耦合工艺在 MIP 装置的应用	中国石油天然气股份有限公司大庆石化分公司	王　震　周清华　单宝虎　郎　冬　王　恒　李崧延　方子来　马　超	三等奖
80	4L 饮用水桶专用树脂 DMDH6400 的开发与应用	中国石油天然气股份有限公司大庆石化分公司、中国石油天然气股份有限公司华东化工销售分公司、中国石油天然气股份有限公司石油化工研究院	曹景良　李社青　邹恩广　宫向英　李宜辉　樊三林　安　宇　钱福群	三等奖
81	LDPE 装置反应一峰超温分解技术研究与工业化应用	中国石油天然气股份有限公司大庆石化分公司	徐恒江　孔庆发　滕文鹏　刘松岩　张占宾　刘为民　张　稳　张乐廷	三等奖
82	螺纹锁紧环式换热器制造技术自主研究与工业应用	中国石油天然气股份有限公司大庆石化分公司	戴建军　侯晓峰　韩永强　刘　斌　程贵健　朱旭光　于俊才　邢　芳	三等奖

续表

序　号	项目名称	主要完成单位	主要完成人	获奖等级
83	苯乙烯阻聚剂开发与应用项目	中国石油天然气股份有限公司吉林石化分公司	杨艳文　刘　宇　贾洪义　王小毛 曹　兵　刘乃青　谭春伟　苑　冰	三等奖
84	高刚性薄壁注塑专用料HPP1850技术开发与工业应用	中国石油天然气股份有限公司抚顺石化分公司、中国石油天然气股份有限公司石油化工研究院	许　普　刘新元　张桂鑫　义建军 崔芙蓉　胡玉安　孙　阁　李　稳	三等奖
85	LED光学PET薄膜专用料生产技术工业化试验	中国石油天然气股份有限公司辽阳石化分公司、中国石油天然气股份有限公司华东化工销售分公司	宋振宇　杨　旭　张　鑫　张　健 刘宏伟　杨　旭　郑晓明　刘晶元	三等奖
86	三元共聚聚丙烯专用料的开发及应用	中国石油天然气股份有限公司独山子石化分公司、中国石油天然气股份有限公司华北化工销售分公司、中国石油天然气股份有限公司华东化工销售分公司	赵劲操　龚毅斌　陈　湛　吴利平 吕荣华　张　勇　孙玉梅　付　懿	三等奖
87	无规共聚透明聚丙烯系列产品K4826A、K4912的开发及应用	中国石油天然气股份有限公司独山子石化分公司、中国石油天然气股份有限公司华北化工销售分公司、中国石油天然气股份有限公司华东化工销售分公司	秦　军　冉崇文　张　宇　刘继新 刘功旺　韩志奇　赵新亮　花建忠	三等奖
88	化工新产品市场研究及对策	中国石油天然气股份有限公司独山子石化分公司	李志峰　胡　斌　雷　娟　龚树鹏 冯　凯　于　涛　张永红　马建江	三等奖
89	四川石化渣油加氢装置长周期运行科学研究与技术开发	中国石油四川石化有限责任公司	张东平　张　斌　徐云阶　王为民 张　杨　杨黎峰　刘圆元　彭国峰	三等奖
90	燃气发动机油系列产品开发	中国石油天然气股份有限公司润滑油分公司	张　勤　赵正华　吕会英　荆海东 李丽霞　郭玉琴　鲁天翔　段况华	三等奖
91	成品油管道内腐蚀机理与控制关键技术	中国石油天然气股份有限公司西南管道分公司、西南石油大学	冼国栋　余东亮　宋晓琴　贾永海 廖柯熹　何　黎　王爱玲　王彬彬	三等奖
92	新疆油田环玛湖钻井综合配套技术研究与应用	中国石油集团西部钻探工程有限公司、中国石油天然气股份有限公司新疆油田分公司	王　虎　屈　刚　万云祥　陆　军 石建刚　景英华　吴　波　田林海	三等奖
93	超分子重建瓜尔胶多维交联网络型压裂液	中国石油集团长城钻探工程有限公司	何建平　彭树华　吴志明　白　岩 邓明宇　陈卫平　肖青香　宫大军	三等奖
94	非常规天然气藏随钻地质导向技术研究与应用	中国石油集团长城钻探工程有限公司	范志军　王东生　张建民　周少平 刘　超　柴艳军　曾永文　李明波	三等奖
95	华北深潜山优快钻完井与测试试油技术现场试验	中国石油集团渤海钻探工程有限公司、中国石油天然气股份有限公司华北油田分公司	熊　战　李立昌　熊腊生　田茂法 蔡　军　徐明磊　王照辉　杨　恺	三等奖
96	苏里格南区块 ϕ155.6mm小井眼钻井技术研究	中国石油集团渤海钻探工程有限公司	郁燕飞　霍如军　陶瑞东　王维良 董易凡　许　根　李中国　张港生	三等奖
97	致密油气储层压裂返排液处理技术及工业化应用	中国石油集团川庆钻探工程有限公司	王祖文　孙　虎　白明伟　徐迎新 杨博丽　汪小宇　姚　兰　张　冕	三等奖
98	S系列地震检波器及应用	中国石油集团东方地球物理勘探有限责任公司	薛立武　韩晓波　马　芳　余正杰 付清锋　段亚玲　邵　欣　陈永兵	三等奖

续表

序　号	项目名称	主要完成单位	主要完成人	获奖等级
99	滩浅海地震勘探配套技术及应用	中国石油集团东方地球物理勘探有限责任公司	陈浩林　丁冠东　张小明　张洪军　毛贺江　童利清　牛金福　曹明强	三等奖
100	快测阵列感应成像测井系统研制与应用	中国石油集团测井有限公司	陈　涛　宋青山　陈章龙　白　彦　贺秋利　范晓文　王水航　江有宏	三等奖
101	测井综合应用平台 LEAD3.0	中国石油集团测井有限公司、中国石油天然气股份有限公司长庆油田分公司、中国石油天然气股份有限公司冀东油田分公司	余春昊　周　军　李长文　李国军　张　娟　张少华　张建林　秦民君	三等奖
102	浅近海海底管道建设关键技术研究与应用	中国石油管道局工程有限公司	王　强　刘科慧　杨泽亮　高　睿　孔　霞　朱言顺　黄水祥　张　磊	三等奖
103	中国石油员工多发慢病防控效果评价研究	中国石油管道局工程有限公司	李继光　刘　星　杨晓静　王毅盟　杨奋有　王志凯　马春华　崔　昊	三等奖
104	中东地区大型油田地面设施材料选择和腐蚀控制完整性关键技术研究及应用	中国石油工程建设有限公司	于　勇　樊学华　董　磊　张　红　谷　丰　陈丽娟　池　恒　张国强	三等奖
105	装备制造设计与生产管理平台建设及应用	中国寰球工程有限公司、宝鸡石油钢管有限责任公司、宝鸡石油机械有限责任公司	于洪君　王荣基　王宇浩　黄峰岩　孟　旭　张盟军　余永东　李新雷	三等奖
106	环保型热收缩膜专用树脂生产关键技术突破及工业应用	中国石油天然气股份有限公司石油化工研究院（中国石油聚乙烯催化剂与工艺工程中试基地）、中国石油天然气股份有限公司大庆石化分公司、中国石油天然气股份有限公司华东化工销售分公司	王文燕　李传明　宋　磊　宁书贵　李冬霞　吴玉峰　张　岩　彭海涛	三等奖
107	中国石油原油评价体系建设助力炼化业务提质增效	中国石油天然气股份有限公司石油化工研究院（中国石油原油评价重点实验室）、中国石油天然气股份有限公司大连石化分公司、中国石油天然气股份有限公司独山子石化分公司	李文乐　肖占敏　王艳斌　兰丽秋　刘成林　张汉沛　周　锋　刘靖新	三等奖
108	集团公司环境监管标准体系与决策支持关键技术	中国石油集团安全环保技术研究院有限公司	梁林佐　袁立凡　张　旭　冒亚明　喻　干　李剑颖　刘安琪　沙宗伟	三等奖
109	高压大口径输送管道用 X80 焊管残余应力测试与控制	中国石油集团石油管工程技术研究院（石油管材及装备材料服役行为与结构安全国家重点实验室）、中国石油集团渤海石油装备制造有限公司、西安石油大学	熊庆人　马秋荣　刘　涛　骆传教　徐　婷　娄　琦　汪蓬勃　贾君君	三等奖
110	中国石油视频会议系统	信息技术服务中心	陈川江　王　晶　王兆国　卢　哲　张　帆　王巨杉　张凌云　冯明建	三等奖

表5 2018年集团公司技术发明奖

序 号	项目名称	主要发明人	推荐单位	获奖等级
1	低液量水平井分段找堵水方法及管柱	黄 伟 甘庆明 吕亿明 王 百 朱洪征 崔文昊 常莉静 牛彩云 辛 宏 李大建	中国石油天然气股份有限公司长庆油田分公司	一等奖
2	成熟断陷盆地二次勘探精细评价技术与效益增储	赵贤正 金凤鸣 蒲秀刚 肖敦清 王 权 韩文中 邓志文 柴细元 卢拥军 陈长伟	中国石油天然气股份有限公司大港油田分公司	一等奖
3	碳二前脱丙烷前加氢催化剂PEC-21的开发及应用	车春霞 魏 弢 梁玉龙 张 峰 魏铁锋 韩 伟 谭都平 景喜林 蔡小霞 黄德华	中国石油天然气股份有限公司石油化工研究院	一等奖
4	井下预置电缆直控式分层配产技术研究与应用	孙晓明 郝伟东 梁洪松 宋占胜 于庆江 王立勋 李东雷 金 妍	大庆油田有限责任公司	二等奖
5	海上叠前地震数据噪声压制技术	柯本喜 高少武 方云峰 王成祥 李 鹏 钱忠平 马光凯 黄少卿	中国石油集团东方地球物理勘探有限责任公司	二等奖
6	超高强度CT110连续管	余 晗 张锦刚 鲜林云 汪海涛 李鸿斌 张晓峰 李博锋 张万鹏	宝鸡石油钢管有限责任公司	二等奖
7	高温高密度强封堵油基钻井液技术及规模化应用	王建华 张现斌 冯 杰 龚纯武 刘付臣 张向明 王茂功 孙 双	中国石油集团工程技术研究院有限公司	二等奖
8	X70大应变管线钢管及应用关键技术	陈宏远 吉玲康 张伟卫 李炎华 陈小伟 刘海璋 宫少涛 王海涛	中国石油集团石油管工程技术研究院	二等奖
9	防砂筛管性能测试装置及测试方法研究	王宝权 张建军 匡韶华 石 磊 佟姗姗 严 蕾	中国石油天然气股份有限公司辽河油田分公司	三等奖
10	缝洞型碳酸盐岩高保真OVT域处理关键技术研发与应用	段文胜 彭更新 崔永福 陈 猛 赵锐锐 黄录忠	中国石油天然气股份有限公司塔里木油田分公司	三等奖
11	准噶尔盆地高温高压及敏感性储层压裂液体系的研发与应用	罗 兆 怡宝安 刘 炜 袁 峰 吴丽蓉 张瑞瑞	中国石油天然气股份有限公司新疆油田分公司	三等奖
12	页岩储层渗流能力与含气性定量表征技术	何家欢 杜 坚 郭静姝 王兰生 张清秀 张 鉴	中国石油天然气股份有限公司西南油气田分公司	三等奖
13	己二酸关键催化技术生产优化及高端产品开发	石鸣彦 程光剑 黄集钺 刘家伟 段微微 李志宇	中国石油天然气股份有限公司辽阳石化分公司	三等奖
14	河流溢油应急处置技术与关键物资装备	刘少柱 李景昌 栾国华 刘玮莅 杨法杰 张永盛	中国石油天然气股份有限公司管道分公司	三等奖
15	硬地层径向水平井技术	施连海 杨 帆 徐 涛 韩 龙 黄志强 李磊兵	中国石油集团长城钻探工程有限公司	三等奖
16	深层油气藏防气窜固井关键技术与工具	李美平 刘世彬 冷永红 刘运楼 鲜 明 聂世均	中国石油集团川庆钻探工程有限公司	三等奖
17	基于以太网 兆级遥传技术的测井地面系统	白庆杰 刘 越 陈 文 梁小兵 谢昱北 朱新楷	中国石油集团测井有限公司	三等奖
18	高温高压多相反应与渗流同步测定平台及方法	江 航 黄 佳 宋文枫 周明辉 陈 希 张善严	中国石油天然气股份有限公司勘探开发研究院	三等奖
19	油田用非金属管材检测评价技术	戚东涛 李厚补 齐国权 魏 斌 丁 楠 蔡雪华	中国石油集团石油管工程技术研究院	三等奖

表 6　中国石油 2017 年十大科技进展

序　号	项目名称	简　介
1	砾岩油区成藏理论和勘探技术创新助推玛湖凹陷大油气区发现	立足玛湖凹陷开展砾岩油区成藏理论创新研究和勘探技术持续攻关，克服砂砾岩勘探面临的巨大难题，推动玛湖大油区的发现，为公司提供一个新的现实的石油战略接替战场
2	特低渗—致密砂岩气藏开发动态物理模拟系统研发取得重大进展	针对特低渗—致密砂岩气气藏地层条件下微纳米孔喉气水渗流等世界级难题，自主设计研制提高气藏储量动用程度及采收率的大型物理模拟实验系统
3	中国石油创新勘探开发工程技术实现页岩气规模有效开发	面对页岩气勘探开发一系列难题，通过十年科技攻关，创新勘探开发工程技术，单井综合成本大幅下降，加快页岩气规模开发
4	国 VI 标准汽油生产技术工业化试验取得成功	围绕汽油质量升级开展联合攻关，对催化剂和工艺路线进行完善升级及脱砷配套技术开发，形成满足国 VI 汽油标准的 M-PHG、GARDES 生产组合技术以及脱砷配套技术，成功破解深度脱硫、降烯烃和保持辛烷值这一制约汽油清洁化的世界级难题，在宁夏石化等企业成功完成工业试验，实现中国石油国 VI 标准汽油生产成套技术的自主创新
5	丁苯橡胶无磷（环保）聚合技术成功实现工业应用	中国石油丁苯橡胶无磷聚合技术在抚顺石化 20 万吨 / 年装置完成首次工业试验，产品合格率 100%，优等品率 85.2%。该技术彻底消除丁苯橡胶产业的环保瓶颈
6	基于起伏地表的速度建模软件成功研发并实现商业化应用	针对陆上复杂区地震勘探技术挑战，成功研发出具有自主知识产权的速度建模软件 GeoEast-Diva，解决国内探区复杂地表等一系列地震勘探难题，陆上复杂地表与地层速度建模技术达到国际领先水平
7	方位远探测声波反射波成像测井系统提高井旁储层判识能力	研发成功新型方位远探测声波反射波成像测井仪器，为获取精确的地质信息和复杂油气藏的发现提供技术支持，同时为定向射孔、定向侧钻、后期酸化压裂等工程施工设计提供技术参数，对准确开展地层评价工作具有重要意义
8	固井密封性控制技术强力支撑深层及非常规天然气资源安全高效勘探开发	针对“环空带压及井口窜气”这一世界性难题，形成以高强度低弹模水泥及密封完整性为核心的新型固井成套技术
9	我国第三代大输量天然气管道工程关键技术取得重大突破	历时 5 年技术攻关，研发形成具有国际先进水平的第三代大输量天然气管道建设成套技术
10	工程技术突破助力南海水合物试采创造世界指标	成功总承包实施我国首次海域天然气水合物试采工程，实施过程中攻破粉砂质储层水合物试采、储层埋藏浅、深水低温、地层出砂、水合物二次生成等技术难题，取得持续产气时间最长、产气总量最大、气流稳定、环境安全等多项重大突破性成果，创造产气时长和总量两项世界纪录，实现勘查开发理论、技术、工程的自主创新

（张程光）

标准化工作

【概述】 2018年，集团公司贯彻落实党中央、国务院对深化标准化改革的新要求，探索加强标准化工作的新思路新方法，标准化能力显著增强。修订标准化管理办法、优秀标准奖评选办法。

【标准制修订】 2018年，集团公司牵头完成制修订国家标准、行业标准162项，新牵头承担制修订国家标准、行业标准134项；下达集团公司企业标准制修订计划及增补计划166项。发布企业标准119项、企业标准修改单6项。公布233项企业标准复审结论，其中继续有效143项、修订65项、废止25项。牵头制定的GB/T 31483—2015《页岩气地质评价方法》获2018年中国标准创新贡献奖二等奖。

【标准实施监督】 2018年，集团公司发布9项企业标准的自我声明公开内容，所属企业共公开产品和服务标准1796项（次），推进各级标准的依法合规使用。确定9个专业42项重点实施标准任务，各相关业务采取多种方式对标准的实施情况进行监督检查，确保标准规定的技术和管理要求有效落地。各生产经营业务探索创新生产现场标准化新途径，促进标准化原理和方法的应用和普及。

【标准化研究】 2018年，集团公司完成企业标准化体制机制改革研究，提出在财务、战略和运营多种不同管控模式下，专业标准委员会组织架构和企业标准体系架构等方面的优化完善方案。组织开展油气管道合资企业标准化合作对策研究，对比分析国内外关键技术标准，提出标准合作对策建议，为跨国油气管道安全平稳高效运行提供决策支持。

【国际标准化工作】 2018年，集团公司主持制定的ISO 20676:2018《天然气上游领域用激光光谱法分析硫化氢含量》和ISO 247—2:2018《橡胶灰分的测定　第2部分：热重分析法（TGA）》两项国际标准及NACE TM21420—2018《多层聚烯烃涂层系统剥离强度现场测试方法》国外先进标准正式发布。制定《2018—2020年国际标准制定项目培育计划》，涉及采油、天然气分析、管道、橡胶等领域的标准项目27项。推行“内外一体”的国际标准化管理模式，批准成立企业计量专业标准化技术委员会国际工作组。推进与俄罗斯天然气工业股份公司的标准化合作，完成第一批互认的企业间标准“特种泵”的制定工作，签订2019年合作工作路线图。接待API副总裁、ASME副总裁来访，组织12个团组47名专家参加相关国际标准化会议，及时跟踪国际标准化最新动态。

（汪　威）

信息化工作

【概述】 2018年，集团公司信息化工作按照“化是过程、统是原则、建是重点、用是目的”的指导方针和“六统一”（统一规划、统一标准、统一设计、统一投资、统一建设、统一管理）原则，大力推动信息系统建设和集成应用，取得一系列新进展新成效，党建信息化平台等11个信息系统全面建成应用，共享服务平台等15个项目顺利推进，基础设施和网络安全保障能力明显提升，信息化对集团公司稳健发展的支撑作用进一步凸显。

【信息系统建设】 2018年，集团公司党建信息化平台在总部和154家企事业单位全面上线运行，将4万个基层党组织建在网上、70万名党员连在线上，形成线上线下相互促进的党建工作新形态，被国务院国资委评为中央企业信息化应用最佳案例之一，成为中国石油党建特色品牌。健康安全环保系统（2.0）建成应用，实现355个重点污染源排放数据在线监测，成为企业生产安全风险预警和实时监控工具。应急管理系统（2.0）集成22个信息系统76类应急数据，支撑钻井现场、油气站库、炼油化工装置、长输管道和自然灾害等5类典型突发事件快速处置，提升突发事件应急响应能力。地理信息系统与30个统建系统集成，共享企业空间业务数据800万条，为勘探开发、管道运输等领域提供集成统一的地理信息服务。财务共享服务平台按照“一个平台、多路共享服务”的模式持续建设，在长庆油田、长庆石化和内蒙古销售等16家企业试点运行，支撑335个核算主体的财务共享服务，涵盖收付款、财务总账等200项业务，累计处理单据140万笔。电子采购系统（2.0）在西南油气田、吉林石化和川庆钻探等6家企业试点上线，促进计划、采购、物流等业务协同管理。

【信息系统应用】 2018年，集团公司总部各部门、各专业公司、各企事业单位推进信息系统深化应用，信息化进一步提高企业管理水平和效率效益。

ERP应用集成系统在投资项目一体化、资产全生命周期、人力资源等6条管控主线和油气价值链、项目建设全过程管理、设备全生命周期管理等3条业务主线深化应用，提升集团公司战略、计划、执行控制及考核的闭环管理水平。客户关系管理系统支持以客户为中心的精准营销，挽回流失客户12万个。

勘探与生产领域，搭建勘探开发一体化协同研究及应用平台，实现生产经营、协同研究及决策支持一体化运营。油气生产物联网在增储上产、优化用工、转变生产组织模式等方面成效显著。

炼油与化工领域，应用炼油与化工物料优化与排产系统开展整体优化，炼油与化工运行系统支持生产过程管控和长周期运行。

销售领域，支撑成品油、非油品、润滑油、燃料油、小产品批发及零售业务管理，持续优化业务流程，强化内部管控，提升客户服务质量和营销能力，油品运输接卸综合损耗率由3‰降至0.6‰。电子销售平台实现互联网与油品销售业务深度融合。

天然气与管道领域，促进油气产运销等各环节的有效衔接，提高集中调控业务管理效能和管道完整性管理水平，支持天然气终端销售和客户服务管理。

海外勘探开发领域，实现海外16个国家、56个重点区块油气生产动态数据管理，提升工作效率和勘探开发研究成果质量。

工程技术领域，实现地球物理勘探、钻井、测井等实时数据自动采集，控制安全风险，减少作业现场人员，提升工程技术服务水平。

工程建设领域，实现工程项目全过程管理信息化，为油气田地面工程、管道、炼油化工建设等1800个项目管理提供支持。

贸易领域，对国际贸易市场和客户风险开展全程高效监控。

金融领域，持续开展互联网金融项目建设，支持供应链金融、产业链金融等业务发展。

装备制造企业全面建成应用物联网，实现石油装备、生产设备和仓储物流的实时监测，促进企业智能制造发展，支撑精益管理和服务型制造。

办公管理方面，视频会议系统节省大量会议和差旅费用，电子公文、合同管理、信息门户、电子邮件和即时通信等信息系统成为各级人员办公的主要工具。

【信息系统维护】 2018年，集团公司信息系统运行维护水平不断提高，大庆油田、新疆油田、东方物探等内部支持单位2018年解决系统运维事件72万个，提升系统功能1700余项，总部有关部门、各专业公司及系统运行维护队伍定期组织信息系统应急演练，参与人数3700人次，启用484个系统应急预案，保障信息系统连续稳定运行。

【信息技术基础设施建设】 2018年，集团公司总业务传输带宽31.6万兆，10座卫星主站、884座卫星小站运行稳定，形成有线无线相结合、多种接入方式互补的立体网络系统。北京昌平、勘探院、吉林和克拉玛依4个集团公司级数据中心部署机柜4800个，硬件设备1.3万台套。建成拥有12.8万核计算（3.2万标准虚拟机）和15拍字节（PB）存储能力的云计算资源池，实现66个集团公司统建系统云化迁移。

【网络安全建设】 2018年，集团公司完成中央网信办、工业和信息化部、公安部和国家安全部组织的网络安全检查及通报事件的处置工作。在全国“两会”等重大活动期间，建立全天候安全工作机制，确保信息系统平稳有序运行。网络安全运行中心全面启用，桌面安全管理系统（2.0）上线运行，提升安全动态监控、风险分析、威胁识别和事件处置防护能力，实现集团公司办公计算机统一安全管控，终端安全防护能力得到加强。

【信息标准化建设】 2018 年，集团公司信息技术标准体系持续完善，制定企业标准 3 项、行业标准 1 项，修订企业标准 10 项，复审企业标准和行业标准 38 项。

【信息化管理】 2018 年，按照东西南北中 5 个片区召开点对点地区公司座谈会，传达董事长王宜林关于落实习近平总书记在全国网信工作会议上的重要讲话精神和中央企业网信工作会议精神的具体要求，部署信息化重点工作，交流信息化工作经验和主要做法，进一步密切总部和所属企业的沟通联系，提高服务基层水平，解决基层实际问题。建立与各信息化建设内部支持单位对接机制，组织内部合同签约会，集中签订合同，提高管理效率。与华为、联想等公司开展多次技术交流，跟踪信息技术发展趋势。

（彭双伟）

安全环保与质量节能

安全生产

【概述】 2018年，集团公司按照“五严五狠抓”的总体要求，以实际行动落实总书记指示精神和集团公司“以人为本”的安全理念，通过持续加强管理不放松、强化监督不懈怠、追责问责不手软，杜绝较大及以上事故，全面完成年初确定的各项工作任务，为集团公司高质量发展奠定持续稳定的安全基础。

【安全生产责任制】 2018年，集团公司修订《安全生产管理规定》，进一步完善安全生产责任制的管理要求，对责任制的建立、内容、公示、培训、检查和考核进行规定，保证安全生产责任横向到变、纵向到底。印发《贯彻落实〈中共中央国务院关于推进安全生产领域改革发展的意见〉实施方案》《总部机关安全生产与环境保护职责规定》，明确集团公司总部机关安全生产责任和相关重点工作。突出加强责任考核与责任追究，印发《安全生产责任清单编制指导意见》，在全系统实行安全责任量化管理，全面推进安全生产从人人有责向全员履职转变。印发《较大及以上安全环保事故隐患追责办法（试行）》，针对HSE管理体系审核、专项督查发现的较大及以上隐患，首次对3326名相关责任人员和履职不力的管理干部进行实名通报并问责处理。

【安全监管】 2018年，集团公司持续推进风险分级管控和隐患排除治理双重预防机制建设，确保关键风险领域风险可控。全面推行安全风险分类监管，首次针对不同风险等级企业采取量化审核、专项审核和审核指导三种差异化审核方式，首次采取一对一帮扶方式深度指导企业内审工作，实现对重点监管企业实施差异化专项督查全覆盖、对停工检修炼化企业施工现场督查全覆盖。创新安全监管实现方式，与辽宁省建立地企安全生产联合监管机制，确保敏感地区风险可控。针对油气开发、管道、储库、危险化学品等重点领域组织开展专项安全隐患排查治理；针对全国“两会”、上合组织青岛峰会、中非合作论坛北京峰会、上海中国国际进口博览会等重要敏感时段，对重点企业开展驻企督查。稳步推进危险化学品专项整治，针对企业原油储罐二次密封腔内油气浓度超标问题，建立专项检查和监测标准。对重点业务开展诊断评估，完成兰州石化、川庆钻探、管道局、运输公司、奇姆肯特炼油厂等8家单位专项诊断评估。狠抓外部承包商监管，严格施工作业前安全准入评估，集中清退不合格承包商队伍828支，对严重违规的承包商人员实行“黑名单”制度。

【事故管理】 2018年，集团公司未发生较大及以上生产安全事故，亿工时事故死亡率（FAR）为0.33，发生一般A级生产安全事故13起，死亡16人，事故起数和死亡人数同比实现双下降。坚持开展季度事故案例教育和警示活动，制作并播放事故案例警示教育视频片，不断强化事故资源的利用和教训吸取。坚持落实事故单位进京检查和事故分析会制度，2018年对事故企业的18名二级单位一把手先免后查，11家企业主要负责人在集团公司会议上做检查。制定《安全生产约谈管理办法（试行）》，对事故频发企业和事故多发板块领导班子进行安全生产约谈，警示教育作用明显。

【消防安全】 2018年，集团公司在春节、全国“两会”和国庆节等重大节日前，针对消防设备设施、安全疏散设施、电气及燃气设施等安全状况和火险隐患整改情况，组织开展在京单位消防安全专项检查，促进提升消防安全管理水平。

【海洋安全监管】 2018年，集团公司继续加强海洋安全合规性管理，31家涉海石油企业取得海洋石油安全生产许可证。组织大港油田公司埕海油田张海5区块试生产和天时公司月东A人工岛热力采油试生产备案安全检查。开展冀东油田公司南堡1-2人工岛安全竣工验收和南堡1-1人工岛外输管道改造工程的过程监督。海上安全管理能力考核体系有效运行，设立应急管理部海油安监办中油分部海上考试中心和三个考试点，举办企业主要负责人和安全管理人员安全资格培训班3期，305人通过考核。组织安全救生培训15期，培训1441人。加强现场隐患排查，开展春季开工、海上防台风防风暴潮和冬季专项检查，督促整改问题隐患。开展国际交流，组织2018年北京国际海上安全论坛，中国海油、中国石化、美国石油学会和海上安全中心等海上安全专家到会交流；参加美国海洋安全中心举办的2018年国际海上安全年会，交流海洋石油安全管理经验。

【2018年度集团公司质量安全环保节能先进企业】 2018年，集团公司制定《质量安全环保节能先进评比办法》（中油质安〔2018〕205号），将四个业务先进统一为质量安全环保节能先进。2018年度集团公司质量安全环保节能先进企业名单见表1。

表1　2018年度集团公司质量安全环保节能先进企业名单

企业类别	企业名称
勘探与生产企业（10家）	长庆油田分公司、大港油田分公司、青海油田分公司、华北油田分公司、吐哈油田分公司、冀东油田分公司、玉门油田分公司、浙江油田分公司、中石油煤层气有限责任公司、南方石油勘探开发有限责任公司
炼油与化工企业（15家）	大庆石化分公司、吉林石化分公司、抚顺石化分公司、兰州石化分公司、独山子石化分公司、锦州石化分公司、锦西石化分公司、中国石油四川石化有限责任公司、中石油云南石化有限公司、大港石化分公司、华北石化分公司、呼和浩特石化分公司、长庆石化分公司、中石油克拉玛依石化有限责任公司、西南化工销售分公司
成品油销售企业（13家）	东北销售分公司、西北销售分公司、润滑油分公司、北京销售分公司、上海销售分公司、湖北销售分公司、广东销售分公司、吉林销售分公司、甘肃销售分公司、中石油新疆销售有限公司、四川销售分公司、江苏销售分公司、湖南销售分公司
天然气销售企业（1家）	昆仑能源有限公司
管道企业（4家）	管道分公司、西气东输管道分公司、西部管道分公司、中石油北京天然气管道有限公司
海外企业（7家）	中国石油国际勘探开发有限公司、中国石油国际勘探开发有限公司管道公司、中国石油国际勘探开发有限公司中东公司、中国石油国际勘探开发有限公司中亚公司、中国石油国际勘探开发有限公司尼罗河公司、中国石油国际勘探开发有限公司拉美公司、中国石油国际勘探开发有限公司俄罗斯公司
国际贸易企业（1家）	中国石油国际事业有限公司
油田服务企业（6家）	中国石油集团西部钻探工程有限公司、中国石油集团长城钻探工程有限公司、中国石油集团川庆钻探工程有限公司、中国石油集团东方地球物理勘探有限责任公司、中国石油集团测井有限公司、中国石油集团海洋工程有限公司
工程建设企业（2家）	中国寰球工程有限公司、中国昆仑工程有限公司
其他企业（4家）	宝鸡石油钢管有限责任公司、中国石油集团济柴动力有限公司、中国石油集团石油管工程技术研究院、中国石油集团安全环保技术研究院有限公司

注：资料来源于中国石油天然气集团有限公司文件（中油质安〔2019〕48号）。

（常宇清　杨光胜）

环境保护

【概述】 2018年，集团公司以习近平总书记生态文明思想为指导，以高质量发展为目标，加快油气业务结构改革调整步伐，在开拓进取中严守生态保护红线，持续推进绿色低碳转型。自觉践行“绿水青山就是金山银山”的生态环保理念，坚持资源在保护中开发、在开发中保护、环保优先，推进绿色发展，努力构建环境保护长效机制，环境绩效再创佳绩。化学需氧量、氨氮、二氧化硫、氮氧化物四项主要污染物排放量同比分别下降 7.9%、7.0%、7.6%、7.2%，全面完成年初制定的主要污染物总量目标；对 344 个废气和废水重点排放口进行自动在线监测管控。制定发布生态文明建设“1+3”行动纲要。《绿色发展行动计划（2.0）》提出打造“天然气+”产业集群的理念，明确推动集团公司从石油企业向综合性能源服务商转变的发展方向；《生态保护行动纲要》《低碳发展路线图》《污染治理升级方案》部署扎实的行动措施，彰显集团公司推动“绿色”高质量发展的决心。连续八次当选《中国新闻周刊》评选的“中国低碳榜样”企业。

【污染防控】 2018 年，集团公司继续落实污染物排放总量控制目标责任制，制订年度主要污染物排放总量控制计划，将 4 项主要污染物排放总量控制目标纳入各专业公司、各地区公司主要负责人业绩合同，推动污染物排放达标升级改造和污染治理设施运行管理。

对标世界一流石油公司管理标准，集团公司修订《环境保护管理规定》，同时配套制修订《环境监测和环境信息管理办法》《环境监测和环境信息管理办法实施细则》。大力推进企业污染源普查行动，持续完善集团污染源在线监测平台，逐步构建从源头到最终处置的全生命周期污染管控体系。

聚焦污染防控，全面落实国家污染防治攻坚战要求，集团公司制订打赢蓝天保卫战实施方案，强化京津冀、长三角、汾渭平原等重点区域企业大气污染防治措施；积极落实国务院《水污染防治计划》关于加油站地下储油罐全面实施双层罐或设置防渗池改造的有关要求，全力推进工程实施；全面开展土壤污染调查，积极推进油气生产工程退出自然保护区。

落实国务院第二次全国污染源普查工作部署，稳步推进集团公司污染源普查工作，开展污染源普查数据现场审核和指导填报，绘制集团公司污染源管理信息一张图，建成并运行集团公司污染源普查信息系统。已完成所涉 106 家排污企业污染源清查建库，补充 50 万余条监测数据，统计分析各类数据 750 万余条，完成 12 项专项清查普查工作。在第二次全国污染源普查推进视频会议上，集团公司作为唯一企业代表介绍污染源普查工作开展情况和主要做法，得到生态环境部高度肯定。

【环境风险控制】 2018 年，集团公司对各油气田企业涉及环境敏感区生产设施情况进行多轮排查，按照国家法律法规和十部委有关文件要求，分类梳理，提出合规整改建议，加大涉环境敏感区生产设施合规整改的督办力度。印发《关于推进涉生态保护红线油气生产设施合规整改工作的函》，积极推进相关工作的落实。落实生态环境部、国务院国资委等各项生态环境风险控制要求，开展汛期环境风险强化管控和环境隐患排查治理，排查出生态环境隐患，对发现的重大隐患实施销项管理，从源头控制环境事件的发生。

【建设项目环境管理】 2018 年，集团公司认真贯彻落实国家建设项目安全环保法规要求，强化重点项目安全环保管理。制定《建设项目竣工环境保护验收管理指南（试行）》，明确集团公司建设项目环保验收程序、验收依据、验收内容、验收组织和验收标准。

【环境保护宣传与培训】 2018 年“6·5”世界环境日期间，集团公司发布《2017 年度环境保护公报》，并首次出版英文版。举办“环境管理人员”培训班，培训勘探、炼化、销售、管道、工程技术、工程建设、物资装备等企业的环境管理人员 185 人，进一步提升专业人员素质和能力。

【应对气候变化】 2018 年，集团公司认真贯彻落实国家应对气候变化工作总体部署，加强温室气体管控，实施清洁低碳发展。完善集团公司温室气体核算报告信息系统，统筹开展国内企业事业单位、海外项目温室气体排放核算，完成各业务领域温室气体排放清单。针对集团公司油气生产甲烷排放强度，进行国际石油公司对标分析和减排潜力分析预测研究，为开展油气生产甲烷排放管控提供基础数据支撑。深化油气行业气候倡议组织（OGCI）合作，打造绿色低碳国际合作平台，集团公司领导出席 OGCI 2018 年企业领导人峰会，积极参与低排放路线图、天然气清洁利用、碳捕集利用与封存（CCUS）技术等合作研究，与社会各界共享低碳发展实践与经验。

（李　勇　史　方）

HSE 体系管理

【概述】 2018 年，集团公司坚持以 HSE 体系建设为主线，认真做好 HSE 管理体系审核工作，持续推进 HSE 管理体系建设，规范 HSE 管理体系有效运行。

【HSE 制度标准】 2018 年，集团公司完成 4 项石油行业标准、13 项 HSE 企业标准的制修订和 38 项标准的复审工作。

【HSE 宣传培训】 2018 年，集团公司修订《HSE 培训管理办法》，印发《关于进一步规范和加强 HSE 培训工作的指导意见》，持续抓好集团公司总部层面安全处级干部、体系审核员、安全师资等关键岗位人员的培训，督促指导企业继续深化应用基层岗位 HSE 培训矩阵，强化全员 HSE 培训工作。组织编制出版测井队、加油站、油库等 5 类 HSE 培训矩阵编制与应用手册。积极探索科学、有效的 HSE 培训方式、方法，努力提升 HSE 培训效果。

【HSE 体系审核】 2018 年，集团公司继续组织开展一年两次 HSE 体系审核活动。抽调审核员 1828 人次，组成 102 个审核组，对 119 家主要生产经营单位开展 HSE 管理体系审核，审核作业现场 3191 处，发现问题 34581 个，提出整改建议 6381 项，强化企业 HSE 管理工作，促进企业 HSE 管理水平的有效提升。

【HSE 标准化建设与员工履职能力评估】 2018 年，集团公司继续推进基层站队 HSE 标准化建设工作，分片区组织召开现场推进交流会，定期统计并通报达标工作进展情况，督促各专业公司加强专业指导，指导企业分专业建立验收程序，规范并严格考核验收，确保建设质量。继续指导企业做好员工履职能力评估工作，2018 年新调整或提拔到关键岗位的处级、科级干部，履职能力评估率 99.3%；新入职、转岗或重新上岗的一般员工，履职能力评估率 93.5%。

【HSE 信息管理】 2018 年，集团公司继续强化 HSE 信息系统功能完善与深化应用。建立 HSE 制度学习考试平台，为企业员工学习使用制度提供帮助；建立承包商清退平台，强化对承包商清退工作管理。新增隐患问责、安全承诺公告等 6 个模块，提升办公效率。积极探索大数据技术应用，对历年体系审核数据、事故事件数据开展不同层面、维度、颗粒度等方面的分析研究，为 HSE 管理决策提供科学依据。

（胡月亭）

节 能 节 水

【概述】 2018 年，集团公司积极推进能源管控建设，修订完善节能节水管理制度，逐级落实节能节水目标责任，实施节能技术改造，推广应用适用技术，持续提升能效和水效水平。2018 年实现节能量 86 万吨标准煤、节水量 1213 万立方米。2016—2018 年，累计实现节能量 269 万吨标准煤，超额完成国务院国资委下达的中央企业负责人 2016—2018 年任期经营业绩考核指标。

【能源管控】 2018 年，集团公司印发《油气田、炼化企业能源管控试点单位工作推进计划（2018—2020 年）》，在 37 家企业选取 64 个管控单元，按照“效益为本、注重实效、分类指导、突出重点、完善机制、创新驱动”的原则开展能源管控工作。发布《能源管控　第 1 部分：管理指南》等 3 项能源管控标准，编制完成《能源管控　第 2 部分：评估指南》《能源管控　第 5 部分：油气田能效对标指南》。

【节能节水重点工程】 2018 年，集团公司安排节能专项资金 91537 万元，实施节能改造项目 53 项，其中油气生产业务 17 项、炼油化工业务 36 项。

【节能节水型企业建设】 2018 年，集团公司修订《节能节水管理办法》《固定资产投资项目节能审查管理办法》，积极推进节能节水型企业建设。9 月 6 日，国务院国资委公布 2017 年度石油石化行业中央企业能效对标结果，中国石油呼和浩特石化公司获得炼油子业务（年原油一次加工能力小于 500 万吨）第一名，中国石油辽河石化公司获得炼油子业务（年原油一次加工能力 500 万—1000 万吨）第一名；中国石油独山子石化公司获得乙烯子业务单位乙烯能耗和单位双烯能耗四项指标的第一名。

【节能节水统计监测】 2018 年，集团公司实施节能节水定期统计制度，对能源利用状况和节能节水量逐月进行统计分析；对油气田、炼油化工、管道运输、工程技术等企业的 10548 台（套）抽油机井、加热炉、锅炉等设备的能源利用状况，以及 5.128 万米蒸汽管线的保温效果等进行监测评价。

【节能节水标准化建设】 2018 年，集团公司发布《能源管控　第 1 部分：管理指南》《能源管控　第 3 部分：油气田技术规范》《能源管控　第 4 部分：炼油化工技术规范》《炼油化工泵机组输送系统节能监测方法》《油气管道能耗测算方法》《天然气处理固定资产投资项目初步设计节能节水篇（章）编写规范》6 项节能节水标准。编制完成石油天然气行业标准《天然气加气站耗能设备能耗测试和计算方法》。

（李武斌）

应急管理

【概述】 2018 年，集团公司按照“夯实基础、突出重点、稳步推进”的原则，继续以应急管理体系建设为主线、风险管理为核心、基层建设为重点，以系统提升应急响应救援能力为着力点，持续加强应急管理体系建设。

【应急预案】 2018 年，集团公司修订《安全生产应急预案管理办法》，发布 Q/SY 8517—2018《生产安全突发事件应急预案编制指南》，组织开展管道应急救援队预案范本编制工作。

【应急培训演练】 2018 年，集团公司组织 2 期应急和 1 期消防业务培训，培训学员 350 多人。6 月 21 日，现场观摩指导南方勘探和海上应急中心联合举行的福山油田油库泄漏应急演练。6 月 28 日，在集团公司应急指挥大厅远程观摩西部管道公司与新疆维吾尔自治区政府联合举办的原油输送管道泄漏事故“双盲”演练与原油储备库储罐火灾爆炸事故综合应急演练。安全生产月期间，开展各层级应急演练 7600 多次，开展实战演练 5900 多次。

【应急保障能力建设】 2018 年，集团公司开发 HSE 信息系统领导驾驶舱应急模块功能。在应急物资普查工作基础上，汇总井控、管道、海上应急救援响应中心的应急物资装备信息，按照应急队伍、装备信息“一张图”的思路，集成管道地理信息系统，实现应急能力“可视化”。全力推进大庆油田、新疆油田、兰州石化、抚顺石化、管道局等 5 个国家应急救援基地建设。

【应急装备展参展】 2018 年，集团公司参加第九届中国国际安全生产论坛暨应急装备展。以“三高”油气井抢险、管道带压不停输抢险成套应急装备为主题，实物展示油气井安全隐患治理与井喷抢险等 3 套装备，管道安全运行和泄漏抢修等 6 套装备，以及放射源智能广域监控系统，展示集团公司应急体系建设丰硕成果。

（张作庆）

职业健康

【概述】 2018年，集团公司持续强化职业健康管理工作，开展海外员工健康体检大数据分析，全力保障员工身心健康工作。强化职业卫生专项整治，提高作业场所员工健康防护工作。

【职业健康管理】 2018年，集团公司修订《职业卫生档案管理规定》，进一步明确劳务派遣人员、业务外包人员和承包商等相关人员的职业卫生档案管理要求。以“五个一”为载体开展《职业病防治法》宣传周活动，近14万人参加宣传教育。加强建设项目职业卫生“三同时”管理，按月督办并通报工作情况。组织职业卫生管理人员业务培训，进一步提升职业卫生管理人员的业务能力。

（胡月亭）

质量管理与监督

【概述】 2018年，集团公司坚持“零事故、零缺陷，国内领先、国际一流”的质量目标和“诚实守信，精益求精”的质量方针，大力推动供给质量提升，切实发挥质量工作的基础性和支撑性作用，着力提升质量管理水平，以产品、工程和服务质量的提高有效支撑集团公司高质量发展。

【质量管理体系建设】 2018年，集团公司探索质量管理体系量化审核模式，组织制定《炼化企业质量管理体系量化审核标准》，开展质量管理体系量化审核试点，总结试点工作经验，完善审核标准，为全面实施质量管理体系量化审核工作打好坚实基础。

【油品质量控制】 2018年，集团公司严格跟进油品质量升级步伐，改变抽样方式。组织开展京津冀、长三角重点区域数质量专项检查，抽样399批次，样品全部实行盲样处理，探索混入标样的抽查做法，在对机构检测能力验证的基础上，进一步提升检测准确性，将油品质量问题留在企业内部，通过分析问题原因、制定和落实整改措施、严格质量控制，确保向社会提供合格油品，维护集团公司品牌形象。

【品牌整合】 2018年，集团公司积极组织培育名牌产品，提升产品品牌知名度。修订《石油装备产品背书品牌管理实施细则》，完善装备产品使用“中国石油装备”背书品牌的工作流程。组织对2018年申请使用“昆仑商标”和“中国石油装备”背书品牌的产品审查，确定准予使用产品名录。

【产品质量认可】 2018年，集团公司修订《石油石化用化学剂质量认可实施细则》，增加质量保证能力监督审核和现场审核否决项，严格认证审核和监督审核，优化申报和审核程序，提升集团公司油化剂产品采购质量。2018年，受理368家油化剂企业质量认可申报，279家通过认证，通过率75.8%，提高油化剂供应商的质量水平；组织对新疆、川渝地区80家企业开展监督审核，对发现问题的企业进行处理，包括撤销2家质量认可资质，暂停9家资质，对9家提出限期整改。

【产品驻厂监造】 2018年集团公司相关企业对项目中采购的大型设备、长输管线及防腐等继续开展驻厂监造，各企业实施监造项目约170个，提高重大采购产品的质量。严把产品驻厂监造机构资质审核关，组织对到期复查的1家机构进行现场审核。截至2018年底，取得集团公司产品驻厂监造机构资质的单位为23家。

【产品质量监督抽查】 2018年，集团公司坚持以发现质量问题为导向，防止不合格产品流入内外部市场为重点，努力提高问题发现率，探索实施盲样处理、混入标样的抽查新模式，促进集团公司产品质量效益提升。针对新疆、西南、长庆重点区块和炼化检维修、中俄东线管线建设物资开展“四不两直”专项质量抽查12次。2018年抽查各类产品2086批次，发布采购物资质量监督抽查通报8期，物资采购部门根据通报要求对91家供应商采取退换货、停止采购、暂停交易权限等措施，各企业也对监督抽查不合格供应商进行处理。

【军工配套产品管理】 2018年，集团公司积极协调国家航空和舰艇油料鉴定委员会，促进中国石油的航空煤油上产工作。先后推动乌鲁木齐石化100万吨/年加氢裂化、大港石化100万吨/年加氢裂化、四川石化270万吨/年加氢裂化的航空煤油生产获得认证准入，优化企业产品结构，促进质量效益提升。

【工程质量管理】 2018年，集团公司加强在建工程质量管理，推进质量和HSE体系融合，在辽阳石化、华北石化、中俄东线、管道互联互通等重点工程项目上实行一体化量化审核。集团公司制定《质量事件管理办法（试行）》，加强对质量事故事件的管理。针对长输管道环焊缝质量风险排查中发现的错漏评及组对不规范质量事件开展调查，对112名人员进行责任追究。

【工程项目质量监管】 2018年，集团公司工程质量监督机构对1374项在建工程实施监督。加强工程质量监督管理基础工作，编制出版《石油天然气工程质量监督案例（2018版）》，修订《石油天然气工程质量监督机构考核标准（2018版）》。在国家优质工程评选中，集团公司克拉苏气田大北区块地面建设工程、大连石化公司柴油质量升级项目、江苏LNG项目二期工程获得国家优质工程奖。

【质量管理培训】 2018年，集团公司举办质量管理培训班，讲授集团公司质量管理重点工作要求，2016版质量管理体系实践与应用、质量信得过班组、检验检测机构管理、质量管理量化审核标准、质量成本管理和质量统计技术等知识，77家所属企事业单位质量管理部门139人参加培训。

【群众性质量活动】 2018年9月，集团公司组织开展“质量月”活动，召开群众性质量活动发表会，推进群众性质量活动深入开展。2018年，集团公司参与QC小组活动人数约15万人，注册质量管理小组1.23万个，取得成果9562项，创造直接经济效益约17.3亿元。6531个班组参加质量信得过班组创建活动，参与人数9.7万人。获全国优秀质量管理小组9个，质量信得过班组8个、第一届中央企业QC小组成果发表赛二等奖1个；表彰集团公司QC小组活动成果奖150项、质量信得过班组85个，全员质量意识明显提升。

（祁国栋）

计量工作

【概述】 2018年，集团公司以制修订计量制度和完善标准化组织为手段加强计量基础管理，以推进检点站点建设、监督检查检定站点运行和开展交接计量调研为重点强化交接计量管理，积极开展计量技术交流，加强与国家技术机构和国际石油公司的计量合作，计量基础保障能力进一步提升。

【计量基础管理】 2018年，集团公司调整全国石油天然气标准化技术委员会计量及分析方法分技术委员会暨石油工业标准化委员会油气计量及分析方法专业标准化委员会委员，成立集团公司计量专业标准化委员会国际工作组和螺纹量规专业组。

【交接计量管理】 2018年，集团公司对6个在运行的油气计量检定站点开展监督检查，促进各油气检定站点加强生产安全管理、改进提高检定质量。为适应国家管道运行机制改革的要求，组织开展管道体制改革计量应对策略研究，按照供方计量、相关方监督的原则，组织对集团公司原油、成品油、天然气贸易交接计量情况进行调研，提出划转和新建交接计量站点的建议。

【油气计量检定能力建设】 2018年，集团公司召开油气计量检定站点年度业务工作会，明确管住原级、放开次级、统一比对、规范管理的天然气检定能力建设原则，促进各检定站点加快建设进展。向国家市场监督管理总局提出建设沈阳分站和将塔里木、北京、榆林等检定站点升级为分站的申请，获得正式批复同意筹建。

【计量技术交流】 2018年，集团公司承办并参加中国油气计量论坛，集团公司50篇论文获奖，其中一等奖2篇、二等奖4篇、三等奖7篇、优秀奖37篇。与中国计量科学研究院的互访，达成进一步合作的意向。运用集团公司与俄罗斯天然气公司的标准化和合格评定工作平台，达成从实验室认可开始合格评定互认工作的共识，为双方进一步深化合作奠定基础。

（焦学锋）

企业管理与监督

集团公司法人治理

【概述】 集团公司由国家单独出资，不设股东会。国务院国资委依照《中华人民共和国公司法》《中华人民共和国企业国有资产法》《企业国有资产监督管理条例》等法律和行政法规，以及国务院国资委有关规范性文件规定，代表国务院履行出资人职责。董事会是集团公司经营决策机构，对国务院国资委负责，下设战略发展委员会、提名委员会、薪酬与考核委员会、审计与风险管理委员会等4个专门委员会。

2018年，集团公司第二届董事会以习近平新时代中国特色社会主义思想为指导，全面贯彻落实党中央、国务院要求和国务院国资委工作部署，严格按照集团公司章程履行职责。面对复杂多变的经营环境，坚持新发展理念，坚持稳健发展方针，统筹推进稳增长、促改革、补短板、防风险、提效益，集团公司综合实力和竞争力持续增强，全面完成国务院国资委下达的业绩考核指标，高质量发展成效初步显现。

【集团公司董事会运作】 董事会建设。根据中央决定，章建华不再担任集团公司董事，张伟任集团公司董事。集团公司董事会由7人组成：董事长王宜林，董事张伟，外部董事王久玲、刘国胜、李毓华、黄龙，职工董事汪世宏。

董事会和专门委员会会议。2018年召开董事会会议8次，审议并通过议案34项，形成会议决议34项。董事会全年听取集团公司生产经营报告3次、董事会授权行权情况报告1次，召开董事会战略发展委员会会议5次、审计与风险管理委员会会议2次。各专门委员会分别就各自职责范围内拟提交董事会审议事项进行研究并向董事会提交审阅意见和建议报告。

董事履职尽责。全体董事根据集团公司章程和董事会各专门委员会工作规则，充分发挥自身专业优势和咨询指导作用，履行忠实、勤勉义务、敢于决策，全部出席或以委托方式出席各次董事会会议和专门委员会会议，履职时间达到国务院国资委规定要求。

独立审慎审议议案。主动关注集团公司经营管理信息、财务状况、重大事项等，每次会前均认真审阅议案材料，结合实际提出专业见解和质询意见，听取集团公司相关部门的汇报和解释，并在会上结合各自专长发表独立、明确、具体的意见，审慎决策提交议案，分析可能面临的风险和挑战，并就议案执行中可能遇到的问题提出明确具体意见。

通过基层调研掌握企业动态。2018年组织外部董事到所属企事业单位集体调研4次，调研企业17家。注重深入基层，坚持到最基层的生产矿区、操作车间、项目现场，与基层管理人员和岗位工人深入交流，了解生产经营实际情况；在基层调研结束后再听取总体情况汇报，与调研单位领导干部深入沟通交流，了解未来发展目标措施和生产经营中的实际问题，提出工作意见和建议；每次集中调研结束后都形成调研报告，董事长根据报告反映问题批转经理层认真阅研，规范有效的调研活动为科学决策提供重要参考。

全面了解掌握公司运作信息。多渠道为董事提供重要信息和情况参考，编报《外部董事专供信息》，内容包括集团公司改革发展重大进展、重要举措以及国家产业政策、全球能源行业最新研究动态等。建立风险事件信息报送机制，将公司Ⅰ级突发事件和五类升级管理事故、遭受重大损失或发生重大经营危机、重大法律诉讼和仲裁等重大风险事件列入必报范围。每月报送《生产经营完成情况报告》，随时掌握集团公司业务生产经营动态。每天送阅《中国石油报》，掌握集团公司和所属各企业情况。每次董事会会前将近期党中央、国务院、国务院国资委有关改革发展、行业政策要求方面的文件呈外部董事阅知。通过移动办公终端登录中国石油内部网站了解公司大事。

参加董事培训。董事会十分重视董事履职能力的提升，组织董事参加履职培训，2018年，4名外部董事参加了国务院国资委在北京、大连举办的中央企业外部董事培训班。

【集团公司董事会会议】 集团公司第二届董事会第二十次会议（书面）于2018年1月24—30日召开，审议通过关于中亚天然气管道AB线及C线担保延期的议案。

集团公司第二届董事会第二十一次会议（书面）于2018年2月2—6日召开，审议通过关于参与海外项目的议案。

集团公司第二届董事会第二十二次会议于2018年4月26日召开，审议通过以下9项议案：

（1）集团公司2017年度财务报告；

（2）集团公司2017年度审计工作报告；

（3）集团公司2018年度风险管理报告；

（4）集团公司董事会2017年度工作报告；

（5）关于中国石油集团川庆钻探工程有限公司银川河东基地拆迁补偿有关事宜的议案；

（6）关于注销中国石油天然气集团公司阿布扎比分公司的议案；

（7）关于变更ME FZE公司董事的议案；

（8）关于变更中国石油天然气集团公司迪拜代表处经理人的议案；

（9）关于解聘汪东进集团公司副总经理职务的议案。

集团公司第二届董事会第二十三次会议（书面）于2018年6月11—15日召开，审议关于集团公司赞助成为北京2022年冬奥会官方合作伙伴的议案。

集团公司第二届董事会第二十四次会议于2018年7月26日召开，审议通过以下6项议案：

（1）关于炼化项目可行性研究报告的议案；

（2）关于乙烷制乙烯项目可行性研究报告的议案；

（3）关于天然气管道项目可行性研究报告的议案；

（4）集团公司2018年中期审计工作报告；

（5）关于集团公司持有股份公司部分股份无偿划转给国新和诚通金控投资的议案；

（6）关于聘任、解聘集团公司副总经理的议案。

集团公司第二届董事会第二十五次会议于2018年9月7日召开，审议通过以下5项议案：

（1）关于川东北罗家寨（含滚子坪）气田飞仙关气藏总体开发第二次调整方案的议案；

（2）关于LNG项目一期可行性研究和最终投资决策的议案；

（3）关于修订加拿大LNG项目CGL管道建设协议母公司保函的议案；

（4）关于中国石油天然气股份有限公司H股可转债发行方案的议案；

（5）关于换购央企结构调整基金的议案。

集团公司第二届董事会第二十六次会议于2018年10月25日召开，审议通过以下3项议案：

（1）关于吉林石化（揭阳）分公司60万吨/年ABS及配套工程项目的议案；

（2）关于青海油田分公司敦煌市城市地下水源地置换工程对外捐赠的议案；

（3）关于解聘集团公司董事会秘书的议案。

集团公司第二届董事会第二十七次会议于2018年12月6日召开，审议通过以下8项议案：

（1）2019年业务发展与投资计划；

（2）2019年预算报告；

（3）2019年生产经营计划；

（4）关于赎回国新国际所持中油国际17亿美元优先股的议案；

（5）关于2019年度发行股权融资工具一般性授权的议案；

（6）关于2019年度发行债务融资工具一般性授权的议案；

（7）《中国石油天然气集团有限公司投资管理办法》；

（8）关于解聘章建华集团公司总经理职务的议案。

（王　郗）

股份公司法人治理

【概述】 2018年，股份公司按照境内外监管规定，规范运作。依据《中国石油天然气股份有限公司章程》（以下简称《公司章程》）及相关法律、法规和股份公司上市地证券监管规则，结合股份公司实际情况，不断制定、完善和有效执行董事会及所属各专业委员会的各项工作制度和相关工作流程。

为完善公司治理，2018年，股份公司制订《公司担保管理办法》、修订《公司内幕信息知情人登记办法》和《董事会授权收购项目管理小组议事规则》等内部规章制度，不断制定、完善和有效执行公司议事规则、工作制度、管理办法和相关工作流程，保障公司治理的制度化、规范化运作。

通过积极推进董事会多元化建设，形成在专业知识、国籍、性别等方面的多元化董事会团队，提升公司治理能力，确保科学决策。根据相关董事专业特长，重新调整董事会专门委员会的成员。

《公司信息披露管理规定》和《公司内幕知情人登记办法》等制度加大了对年报信息披露责任人的问责力度，强化股份公司年报信息的保密工作。上述制度得到股份公司管理层的有效执行，未发现内幕信息知情人违规买卖股份公司股票的情况。

公司治理的实际情况符合各上市地监管机构及证券交易所发布的有关上市公司治理的规范性文件要求。通过股东大会、董事会以及相应的专门委员会、监事会和总裁负责的管理层协调运转，有效制衡，加之实施有效的内部控制管理体系，使股份公司内部管理运作进一步规范，管理水平不断提升。

【股东大会运作】

1. 股份公司股东大会职责

股东大会是股份公司最高权力机构。股东大会行使下列职权：

（1）决定公司的经营方针和投资计划；

（2）选举和更换董事，决定有关董事的报酬事项；

（3）选举和更换由股东代表出任的监事，决定有关监事的报酬事项；

（4）审议批准董事会的报告；

（5）审议批准监事会的报告；

（6）审议批准公司的年度财务预算方案、决算方案；

（7）审议批准公司的年度利润分配方案和弥补亏损方案；

（8）对公司增加或者减少注册资本做出决议；

（9）对公司合并、分立、解散、清算或者变更公司形式等事项做出决议；

（10）对公司发行债券做出决议；

（11）对公司聘用、解聘或者不再续聘会计师事务所做出决议；

（12）修改公司章程；

（13）审议代表公司有表决权的股份百分之三以上（含百分之三）的股东的提案；

（14）审议批准法律、法规和本章程规定需要股东大会审批的担保事项；

（15）审议公司在一年内购买、出售重大资产超过公司最近一期经审计总资产 30% 的事项；

（16）审议批准变更募集资金用途事项；

（17）审议股权激励计划；

（18）法律、行政法规及公司章程规定应当由股东大会做出决议的其他事项。

2. 股份公司股东大会会议召开情况

2018 年，根据《公司章程》股份公司召开一次股东大会。2018 年 6 月 5 日，股份公司在北京港澳中心瑞士酒店召开了 2017 年度股东大会。会议以投票方式表决，以同意票数超过二分之一做出 7 项普通决议，包括审议批准《公司 2017 年度董事会报告》《公司 2017 年度监事会报告》《公司 2017 年度财务报告》《公司 2017 年度利润分配方案》《关于授权董事会决定公司 2018 年中期利润分配方案的议案》《关于聘用公司 2018 年度境内外会计师事务所并授权董事会决定其酬金的议案》《关于公司 2018 年度相关担保事项的议案》。以同意票数超过三分之二批准一项特别决议案，审议批准《关于给予董事会发行公司股票一般授权事宜的议案》。

【董事会运作】

1. 股份公司董事会职责

根据《公司章程》，股份公司设董事会，董事会由 11 至 15 名董事组成，设董事长 1 人、副董事长 1 至 2 人。独立（非执行）董事至少占三分之一，且其中至少 1 人为会计专业。董事由股东大会选举产生，并向股东大会负责，任期 3 年。董事任职期满，可以连选连任，但独立董事连任时间不得超过 6 年。董事任期自股东大会决议通过之日起算。董事长、副董事长由全体董事会成员超过半数进行选举和罢免。

根据《公司章程》或股东大会授权，股份公司董事会行使下列职权：

（1）负责召集股东大会，并向股东大会报告工作；

（2）执行股东大会的决议；

（3）决定公司经营计划和投资方案；

（4）制订公司的年度财务预算方案、决算方案；

（5）制订公司的利润分配方案和弥补亏损方案；

（6）制订公司增加或者减少注册资本的方案以及发行公司债券或其他证券上市的方案；

（7）拟订公司收购本公司股票或者合并、分立、解散及变更公司形式的方案；

（8）决定公司内部管理机构的设置；

（9）聘任或者解聘公司总裁，根据总裁的提名，聘任或者解聘公司高级副总裁、副总裁、财务总监及其他高级管理人员，决定其报酬事项；

（10）制定公司的基本管理制度；

（11）制订公司章程修改方案；

（12）管理公司信息披露事项；

（13）股东大会授予的其他职权。

2. 股份公司董事会组成情况

根据监管规则对董事会构成的相关规定，股份公司董事会中至少三分之一董事会成员为独立非执行董事，其中至少一名独立非执行董事必须具备适当的专业资格，或具备适当的会计或财务管理专长。截至2018年底，股份公司董事会由11名成员组成。

3. 股份公司董事会专门委员会

股份公司董事会下设5个专门委员会：提名委员会、审计委员会、投资与发展委员会、考核与薪酬委员会和健康、安全与环保委员会，专门委员会的主要职责是为董事会决策提供支持。参加专门委员会的董事按分工侧重研究某一方面的问题，为股份公司管理水平的改善和提高提出建议。

提名委员会由3名董事组成，其中2名为独立非执行董事，主任委员由董事长王宜林担任，委员由独立非执行董事林伯强、张必贻担任。

审计委员会由两位独立非执行董事及一位非执行董事组成，分别是主任委员林伯强、委员张必贻和非执行董事刘跃珍。

考核与薪酬委员会由2名董事组成，均为独立非执行董事，主任委员梁爱诗和委员德地立人。

投资与发展委员会由2名董事组成，独立非执行董事1人，委员西蒙·亨利和刘宏斌。

健康安全与环保委员会由3名董事组成，分别是主任委员段良伟、委员侯启军和覃伟中。

4. 股份公司独立董事履职情况

2018年，股份公司独立董事严格按照境内外有关法律、法规及《公司章程》规定，认真履行职责。独立董事认真审阅各项议案及相关文件，参加股东大会、董事会会议及专业委员会会议独立及客观地发表意见，维护全体股东，尤其是广大中小股东的合法权益，在董事会进行决策时起着制衡作用。独立董事能够认真审阅定期报告，在年度审计师进场审计前后、董事会召开前与审计师进行沟通，督促按照相关法律、法规和股份公司信息披露管理制度的有关规定进行信息披露，保证信息披露的真实、准确、完整。独立董事学习相关法律法规和各项监管规定。根据监管机构对独立董事现场考察调研和培训工作要求，西蒙·亨利、德地立人和梁爱诗到西南油气田对页岩气情况进行现场工作调研；林伯强和张必贻赴云南石化对投产运营情况进行调研；梁爱诗对股份公司驻港机构进行工作调研；张必贻、德地立人和梁爱诗3人到新加坡进行国际贸易和炼油厂调研；林伯强、张必贻和西蒙·亨利3人到澳大利亚就煤层气合作项目进行调研。西蒙·亨利利用参加会议的时间，与执行董事、财务总监和相关业务部门，就股份公司的投资计划、财务管理、海外重大项目、内部控制等内容进行深入沟通交流。独立董事从多渠道多角度加大对股份公司主营业务的了解，取得较好效果。西蒙·亨利参加上海证券交易所组织的专门培训，取得独立董事任职资格。

5. 股份公司董事会会议及形成的决议

2018年，按照《公司章程》及《董事会议事规则》的规定，股份公司召开董事会会议7次，其中4次为董事会现场会议、3次以书面传签方式召开临时董事会会议，形成28项董事会决议。

（1）2018年董事会第1次会议于3月22日召开，会议审议通过关于《2017年度总裁工作报告》《公司2017年度财务报告》《公司2017年度利润分配预案》《公司2017年度报告及业绩公告》《总裁2017年度经营业绩考核及2018年度业绩合同制订情况报告》《提请股东大会授权董事会决定公司2018年度中期利润分配方案》《提请股东大会给予董事会发行股票一般授权事宜的议案》《提请股东大会给予董事会发行债务融资工具一般性授权事宜的议案》《公司2017年度内部控制工作报告》《公司2017年度可持续发展报告》《关于公司担保管理办法的议案》《关于公司2018年度相关担保事项的议案》《关于核准使用外汇衍生品套期保值及实行授权管理的议案》《关于召开公司2017年年度股东大会的议案》《关于董事会授权收购项目管理小组行权情况的报告》等决议。

（2）2018年董事会第2次会议于4月27日召开。会议审议通过《公司2018年第一季度报告》和《公司2017年度20-F年报》2项决议。

（3）2018年董事会第3次会议于6月5日召开，会议审议通过关于《聘任公司总裁、副总裁的议案》《公司董事会部分专门委员会组成人员调整的议案》《修订〈公司内幕信息知情人登记管理办法〉的议案》3项决议。聘任章建华为股份公司总裁，李鹭光为股份公司副总裁。蔺爱国因年龄原因不再担任股份公司总工程师。

（4）2018年董事会第4次会议于8月29日召开，会议审议通过了关于《公司2017年中期财务报告》《公司2017年中期利润分配方案》《公司2017年半年度报告及中期业绩报告》《关于对公司收购项目授权管理事项进行调整修订的议案》等4项决议。

（5）2018年董事会第5次会议于9月28日以传签方式召开，会议审议通过《关于公司所属中石油国际投资有限公司参与加拿大LNG项目一期投资的议案》和《关于阿布扎比2018项目和加拿大LNG项目CGL管道建设涉及相关担保事项的议案》2项决议。

（6）2018年董事会第6次会议于10月30日以传签方式召开。会议审议通过《关于公司2018年第三季度报告》的决议。

（7）2018年董事会第7次会议于12月7日召开。会议审议通过《关于公司2019年度业务发展与投资计划》和《关于公司2019年度预算报告》2项决议。

（周　红　梅　媛）

【监事会运作】

1. 股份公司监事会职责

股份公司监事会有成员9名，其中股东代表监事5名（包含监事会主席1名）、职工代表监事4名。监事会向股东大会负责，并依法行使下列职权：对董事会编制的股份公司定期报告进行审核并提出书面审核意见；检查股份公司的财务；对股份公司董事、总裁、高级副总裁、副总裁、财务总监及其他高级管理人员执行股份公司职务的行为进行监督，对违反法律、行政法规、《公司章程》或者股东大会决议的前述人员提出罢免的建议；当股份公司董事、总裁、高级副总裁、副总裁、财务总监及其他高级管理人员的行为损害股份公司的利益时，要求前述人员予以纠正；核对董事会拟提交股东大会的财务报告、营业报告和利润分配方案等财务资料，发现疑问的，可以股份公司名义委托注册会计师、执业审计师帮助复审；提议召开临时股东大会，在董事会不履行《中华人民共和国公司法》规定的召集和主持股东大会职责时召集和主持股东大会；向股东大会提出议案；代表股份公司与董事交涉或者依照《中华人民共和国公司法》第一百五十二条的规定，对董事、总裁、高级副总裁、副总裁、财务总监及其他高级管理人员提起诉讼；发现股份公司经营情况异常，可以进行调查；会同董事会审计委员会对外部审计师执业表现进行年度审核，向股东大会提出聘用、续聘、解聘外部审计师的建议以及对关联交易的合规性进行监督等12项职权。

2018年，监事会按照证券监管部门和资本市场的监管要求，认真履行《中华人民共和国公司法》《公司章程》《监事会组织和议事规则》赋予的职责，圆满完成年度各项工作任务。

2. 股份公司监事会会议召开情况

2018年，监事会召开4次会议，完成对股份公司2017年报和2018年一季报、中报、三季报的审查工作，并按监管部门要求提供相关披露信息。

3月21日，监事会召开2018年第1次会议。听取财务总监、财务部、改革与企业管理部、审计部、毕马威会计师事务所、人事部、监察部的有关报告，审议通过《监事会关于公司2017年度财务报告审查意见书》《监事会关于公司2017年度利润分配预案审查意见书》《监事会关于公司总裁2017年度经营业绩考核意见书》《关于聘用公司2018年度境内外会计师事务所的议案》《公司2017年度监事会报告》《监事会2017年度工作总结和2018年度工作计划》《公司2017年度可持续发展报告》《公司2017年度报告及摘要》等8个议案。

4月26日，监事会以书面传签的方式召开2018年第2次会议。会议审核股份公司2018年第一季度报告，形成会议决议。

8月28日，监事会召开2018年第3次会议。会议听取财务总监、财务部、改革与企业管理部、审计部、毕马威会计师事务所的有关报告，审议通过《监事会关于公司2018年中期财务报告审查意见书》《监事会关于公司2018年中期利润分配方案审查意见书》《公司2018年半年度报告及中期业绩公告》等3个议案，并形成决议。

10月29日，监事会以书面传签的方式召开2018年第4次会议。会议审核股份公司2018年第三季度报告，形成会议决议。

3. 股份公司监事会参加其他会议及其他工作开展情况

2018年6月8日参加股份公司2017年度股东年会，向大会提交《公司2017年度监事会报告》《关于聘用公司2018年度境内外会计师事务所并授权董事会决定其酬金的议案》，上述两个议案均获得通过。

列席股份公司董事会会议4次，听取董事会审议股份公司2017年度和2018年度中期财务报告及摘要、利润分配以及2019年度预算、投资计划等有关议案。监事会在会上发表《关于审查股份公司财务报告》《利润分配方案（预案）》《总裁经营业绩考核》等意见书5份，提出“持续优化投资管理，提高投资效益，进一步提升公司发展质量；全面深化公司内部改革，完善体制机制；统筹开展开源节流挖潜增效工作，实现公司挖潜效益最大化；加强公司发展战略研究布局，提前应对能源结构需求变化冲击风险；加强招投标管理，进一步提升招投标工作质量；进一步提升HSE体系审核质量，不断夯实安全环保工作基础；

加强承包商监管，严防承包商导入风险；关注公司境内外经营风险变化，做好全面评估与应对工作”等8条建议。

2018年，组织监事巡视2次，巡视2个单位，分别对长庆油田招投标管理、塔里木油田安全环保管理进行专项巡视。巡视结束后，完成巡视报告，提出招标全程网络化、全过程管控、不断改进招投标方式、加大考核问责惩处力度、健全完善承包商管理机制、正确处理油田企业与承包商之间的关系、加强内部支持队伍优化选用、建立科学合理的问责机制等建议。

（佟魁杰）

【管理层运作】 股份公司管理层在总裁的领导下，负责执行董事会做出的各项决议，组织股份公司的日常经营管理。总裁的主要职责是：主持股份公司的生产经营管理工作，组织实施董事会决议；组织实施股份公司年度经营计划和投资方案；拟订股份公司内部管理机构设置方案；拟订股份公司的基本管理制度；制定股份公司的具体规章；提请董事会聘任或者解聘股份公司高级副总裁、副总裁、财务总监及其他高级管理人员；聘任或者解聘除应由董事会聘任或者解聘以外的管理人员；《公司章程》和董事会授予的其他职权。

（张希熠）

【信息披露】 股份公司一贯重视信息披露工作，严格遵守上市地各项证券监管规定，从体系架构和制度层面不断梳理及完善信息披露管理事务的操作细则。建立信息披露管理制度，按照上市地监管规则的要求和规定程序，及时合规披露信息；明确内幕消息披露工作的负责部门，禁止员工利用内幕消息进行交易或建议他人交易；及时、真实、准确、完整、公平地进行各项信息披露，确保所有股东享有平等的机会获取股份公司相关信息，提升公司治理的透明度。

2018年，股份公司信息披露工作按照境内外监管规定，严格落实《中国石油天然气股份有限公司信息披露管理规定》等制度，并修订完成《中国石油天然气股份有限公司内幕信息知情人登记管理办法》。股份公司严格遵守上市地监管机构及证券交易所发布的有关上市公司治理的规范性文件要求，不断提升信息披露质量和披露水平，2018年编制发布股份公司年度报告、20-F报告、中期报告、一季度报告、三季度报告、环境社会和治理报告。根据上市地监管规定和股份公司业务情况，在境内外披露临时报告共计160余份。

（辛　达）

【中国石油A股股价月度表现】 1月，中国石油A股跟随大市上涨。月初，央行建立临时准备金动用安排的决定及沪港通、深港通、融资融券较大规模资金的流入，大幅改善春节前流动性偏紧的预期，大盘大幅上涨；月中，宏观经济数据偏暖再次提振市场；月底，市场经过连续强势上行积累了一定压力，叠加多家上市公司业绩大幅亏损预告等利空因素，市场小幅回落。中国石油A股开盘8.09元，报收于9.01元，月涨幅为11.37%。全月最高为1月25日的9.58元，最低为1月2日的8.08元（图1）。

图1　2018年中国石油A股与上证指数走势图

2月，中国石油A股随大盘先抑后扬。月初，对美国通胀走高和美联储加息的恐慌情绪引发全球股市和债市抛售潮，A股受此影响连续四日大幅下跌；春节前后，消费市场表现强劲和外围市场回暖带动A股回升；月底，权重板块下跌，市场受压小幅回落。中国石油A股开盘9.01元，报收于8.00元，月跌幅为11.21%。全月最高为2月2日的9.37元，最低为2月9日的7.80元。

3月，中国石油A股呈震荡下跌趋势。月初，“两会”的召开增强市场信心，加之2月出口超出市场预期，显示外需向好，带动市场回升；月中，由于证监会针对次新股炒作巨额处罚使市场风险偏好降低，A股震荡回落；月底，美国总统特朗普宣布对500亿美元中国出口商品征收关税，叠加对美联储加息担忧，A股下跌，随后中美就贸易问题释放积极谈判信号，市场担忧情绪得到缓解，大盘小幅回升。中国石油A股开盘7.94元，报收于7.64元，月跌幅为4.50%。全月最高为3月21日的8.16元，最低为3月29日的7.56元。

4月，中国石油A股横盘震荡。上旬，中美贸易摩擦升温使A股市场下挫；清明小长假后，国家主席习近平在博鳌论坛上释放出积极的开放信号，大盘短暂反弹；随后，受中美贸易摩擦再度升温、金融及进出口数据不及预期等影响，市场全面回落；下旬，央行降准、A股将正式纳入新兴市场指数MSCI、油价三连涨等利好消息，与中兴事件持续发酵、资管新规即将发布等利空消息交织，市场观望情绪浓厚，A股低位震荡。中国石油A股开盘7.65元，报收于7.65元，月涨幅为0.13%。全月最高为4月19日的7.79元，最低为4月9日的7.39元。

5月，中国石油A股波动明显，大盘先扬后抑。上旬，资产管理新规较预期略宽松、中美开展贸易磋商、资本项目开放重启、4月CPI数据低于预期等利好带动A股平稳爬升；中旬，多项宏观经济数据发布及中美贸易摩擦短期难以达成共识使市场观望气氛浓厚，A股呈震荡走势；下旬，受中国人民银行开启金融统计大检查、美联储即将召开议息会议、中美贸易摩擦再起及部分欧洲国家政局危机影响，A股一路震荡下行。中国石油A股开盘7.65元，报收于7.98元，月涨幅为4.31%。全月最高为5月22日的8.57元，最低为5月2日的7.56元。

6月，中国石油A股随大市持续下行。上旬，受外围市场提振小幅上扬，后因独角兽企业上市及基金发行，资金面承压使A股下行；中旬，特朗普威胁制定2000亿美元征税清单，中国采取反制措施，A股出现千股跌停局面；下旬，中国人民银行定向降准未能阻挡大盘跌势，欧美市场下挫、人民币贬值、期股权质押风险发酵等事件使A股继续下挫。中国石油A股开盘7.95元，报收于7.71元，月跌幅为3.38%。全月最高为6月8日的8.06元，最低为6月22日的7.17元。

7月，中国石油A股呈震荡走势。上旬，A股在中美贸易摩擦、人民币持续贬值等因素的影响延续6月弱势走势，随后6月外汇储备止跌回升、传闻理财新规暂缓推出等利好消息刺激市场反弹；中旬，美国商务部取消中兴禁令、二季度GDP下滑、社会融资增速大幅下降等利好和利空因素交织，大盘震荡；下旬，货币政策释放全面宽松的信号，大盘小幅反弹。中国石油A股开盘7.65元，报收于7.73元，月涨幅为0.26%。全月最高为7月31日的7.79元，最低为7月19日的7.21元。

8月，中国石油A股逆市上扬。虽有稳增长、信贷支持、深化改革和扩大开放等宏观举措，但中美贸易摩擦再升级、160亿美元关税实施，叠加人民币汇率回落、国际新兴市场波动等利空消息使A股以收跌告终。受美国对伊朗制裁加深、美国原油库存降幅超预期等影响，国际原油价格强势反弹，中国石油A股股价逆市上扬，开盘7.67元，报收于8.04元，月涨幅为4.01%。全月最高为8月28日的8.30元，最低为8月2日的7.43元。

9月，中国石油A股继续逆市上涨。上半月，美国对华2000亿美元商品加征关税的消息持续扰动市场，A股连续弱势调整并创下2016年以来新低；月底，美国加征关税落地、国内基建补短板及加强消费引导、外资进入抄底等因素缓解市场的悲观预期，A股迎来反弹。OPEC+会议决定暂时不增产等因素支撑国际油价上涨，布伦特原油价格达到近四年高点。中国石油A股股价震荡上涨，开盘8.00元，报收于9.17元，月涨幅为14.05%。全月最高为9月27日的9.17元，最低为9月3日的7.97元。

10月，中国石油A股震荡回落。“十一”长假后，受美联储加息、美债收益率创七年新高、科技股板块遇大肆抛售以及中美关系紧张程度升级等多重利空消息叠加，A股连续大幅下跌，国内经济下行压力加大、股权质押风险增加、人民币汇率连续下跌等进一步加重市场的悲观情绪；下旬，稳定股市、支持民营企业等利好政策密集推出，市场逐步企稳反弹。但美国对伊朗制裁效果不及预期使国际原油价格大幅下挫。中国石油A股开盘9.11元，报收于8.31元，月跌幅为9.38%。全月最高为10月9日的9.34元，最低为10月30日的8.06元。

11月，中国石油A股震荡下行。上旬，上交所将设立科创板并试行注册制的消息对市场形成短线冲击，加之美国中期选举结果出炉，A股承压下行；中旬，再融资间隔的缩短以及鼓励上市公司回购的政策提振市场，但概念股炒作有所降温，加之经济数据显示经济下行压力仍大，市场小幅调整；下旬，虽有美联储暗示加息有望提前结束，但市场受国际原油价格持续下跌、中美领导人会谈在即等影响，A股整体震荡调整。中国石油A股开盘8.24元，报收于7.61元，月跌幅为8.42%。全月最高为11月6日的8.38元，最低为11月26日的7.47元。

12月，中国石油A股继续震荡下行。上旬，G20峰会中美领导人会晤达成共识的消息一度提振市场，随后华为CFO被加拿大暂扣事件引起较大震荡，加之11月经济数据低于预期，市场承压回调；中旬，国际油价下跌、美联储加息使A股持续走弱；下旬，同业公司原油期货交易或出现巨额亏损消息传出，叠加临近假期资金回笼等因素，市场继续走弱。中国石油A股开盘7.72元，报收于7.21元，月跌幅为5.26%。全月最高为12月3日的7.80元，最低为12月28日的7.14元。

【中国石油H股股价月度表现】 1月，中国石油H股价整体呈波动上升趋势。月初，由于港交所“同股不同权”计划、“H股全流通”及“新股通”等改革措施推出，市场憧憬吸引更多新经济企业来港上市，进一步激活港股，推高恒生指数上升。月中，受惠于美股和A股造好，恒生指数保持强劲升势。月末，受中资金融股上升带动，恒生指数继续攀升，维持在32000点以上。中国石油H股除月中小幅走弱外，走势与大市基本一致，收报6.20港元，按月升13.76%。全月最高为1月29日的6.48港元，最低为1月1日的5.45港元，相差1.03港元，平均日成交量为20384万股（图2）。

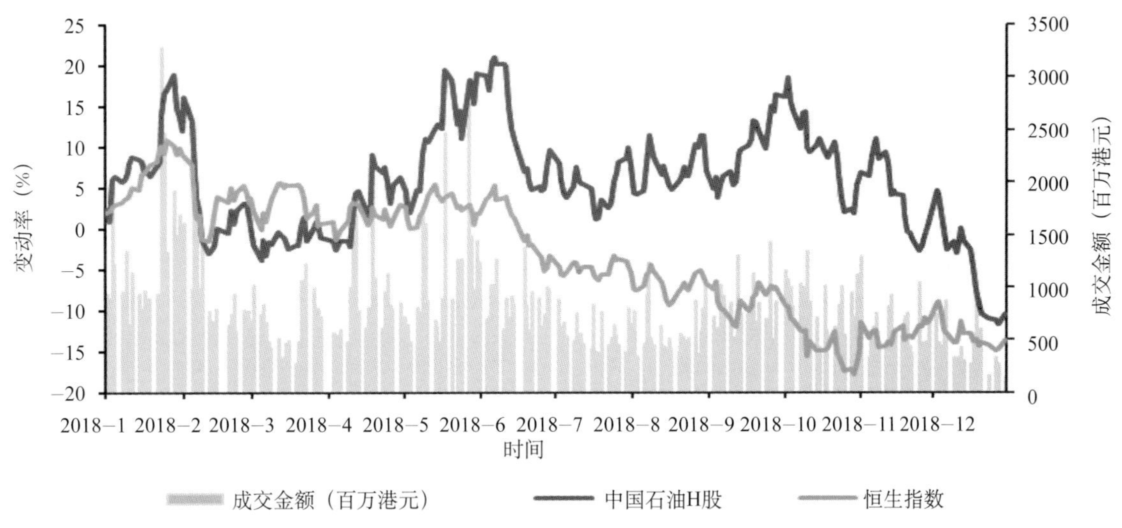

图2　2018年中国石油H股与恒生指数走势图

2月，中国石油H股股价前期急跌后回调，后期保持平稳。月初，受到全球股市大幅下跌影响，恒生指数下跌。2月第一周累计下跌3094点，为近10年来单周最大跌幅，银行、券商、地产和石油等权重股全线大跌。月中，港股在农历年假期后回升。月末，美股和A股走势回稳，为港股带来支持，港股大致保持平稳收盘。中国石油H股走势整体弱于大市，收报5.53港元，按月跌10.81%。全月最高为2月2日的6.33港元，最低为2月12日的5.29港元，平均日成交量为18157.9万股。

3月，中国石油H股波动明显。月初，受到“两会”影响，内地股市表现理想，带动港股上升。月中，内地股市表现在“两会”尾声略为转弱，拖累港股表现。3月22日，美国总统特朗普宣布对从中国进口的商品大规模征收关税，并限制中国企业对美投资并购，引发国际社会担忧，且香港金融管理局跟随美联储上调隔夜基准利率，并表示市场对于香港持续维持低息的预期并不妥当，香港股市显著下跌。月末，中美贸易战忧虑逐步缓和，且多家上市公司公布理想的全年业绩，港股轻微反弹。中国石油H股逆市大幅下跌，后期大市回落缩窄与其差距，收报5.39港元，按月跌2.53%。全月最高为3月22日的5.53港元，最低为3月5日的5.24港元，平均日成交量为12578.1万股。

4月，中国石油H股呈震荡上扬趋势。月初，受中美贸易战升温影响，令港股一度跌穿三万点大关。月中，由于中美贸易战紧张局面稍为缓和，加上中国国家主席习近平在博鳌论坛开幕式上强调扩大市场开放，港股有所反弹。其后，美国宣布制裁中兴通讯，引发中美贸易战再度升温，加上港币汇率弱势，虽然中国人民银行曾宣布大降存准率1个百分点释放4000亿元人民币的资金，港股仍然跟随欧美股市下跌。中国石油H股走势与大市基本一致，升幅优于大市，收报5.79港元，按月升7.42%。全月最高为4月19日的5.94港元，最低为4月4日的5.31港元，平均日成交量为15577.6万股。

5月，中国石油H股呈现持续上升趋势。月初，市场聚焦美国中期选举，港股受到美股牵引，加上国际油价大幅走跌，令港股走势反复。月中，市场憧憬中美领导人20国集团峰会会面带来转机，恒生指数持续升高。下旬，美联储暗示加息接近尾声，带动港股持续小幅上涨。中国石油H股整体跑赢大市，收报6.49港元，按月升12.09%。全月最高为5月18日的6.51港元，最低为5月4日的5.56港元，平均日成交量为18098.3万股。

6月，中国石油H股呈现由升转跌趋势。月初，受美股上涨带动港股上升。月中，美朝首脑峰会顺利举行带动港股一度攀升，而后美联储宣布加息25点令港股由升转跌。下旬，中美摩擦升级，美国总统特朗普威胁将征税商品总额加码至2000亿美元引发市场恐慌，上海股市、深圳股市、香港股市急挫，市场避险情绪升温。中国石油H股走势整体与大市一致，跌幅较大市略高，收报5.97港元，按月跌8.01%。全月最高为6月7日的6.59港元，最低为6月26日的5.7港元，平均日成交量为14558.8万股。

7月，中国石油H股股价震荡明显，月底高收。月初，港股受中央人民银行降准消息带动稍有回稳。月中，中美贸易战再度升温，所幸在科技股带动下，港股终止四周连跌。下旬，市场对贸易战影响持续忧虑，美元强势反弹。虽然国内实行更积极的财政政策，但贸易战阴霾仍未退却，拖累香港股市整体表现。中国石油H股走势与大市基本一致，波动幅度大于大市，收报5.99港元，按月升0.34%。全月最高为7月31日的5.99港元，最低为7月24日的5.45港元，平均日成交量为10054.4万股。

8月，中国石油H股经历多次大幅波动。月初，重磅股中期业绩拖累港股持续走弱。月初，恒生银行、银河娱乐及港交所等中期业绩胜预期，推升恒指重返28000点。月中，新兴市场货币危机加上腾讯中期业绩逊于预期，港股受挫下跌。下旬，A股上涨、美国与墨西哥达成贸易协议等利好消息推动港股一度走强。中国石油H股走势与大市基本一致，收报5.84港元，按月跌2.5%。全月最高为8月30日的6.15港元，最低为8月6日、7日及16日的5.65港元，平均日成交量为10319.7万股。

9月，中国石油H股逆市上扬。月初，特朗普可能再次加征对中国的关税及谷歌拒绝出席世界听证会，市场缺乏信心，港股受挫。月中，中美重启贸易谈判，但局势尚未明朗，港股持续受压。下旬，港币汇率转强且内地股市造好，带动港股小幅回升。中美贸易战拉锯导致市场整体投资气氛较弱，但中国石油H股受油价强势上行驱动，表现优于大市，收报6.34港元，按月升8.56%。全月最高为9月28日的6.39港元，最低为9月5日的5.62港元，平均日成交量为13394.9万股。

10月，中国石油H股呈震荡下行趋势。随着中美贸易战不断发酵，加上香港正式进入加息周期，港股在10月持续低迷，恒生指数全月累计下跌2808点，为2015年8月以来最低，多只蓝筹股创一年新低。月底，内地资金有针对性地购入券商股及内房股，令港股触底后获得支持。中国石油H股走势与大市基本一致，收报5.74港元，按月跌9.46%。全月最高为10月3日的6.46港元，最低为10月30日的5.55港元，平均日成交量为14611.0万股。

11月，中国石油H股呈现由升转跌的趋势。月初，市场聚焦美国中期选举，港股受到美股牵引，加上国际油价大幅走跌，令港股走势反复震荡。月中，市场憧憬中美领导人G20峰会会面带来转机，恒指一度重上26000关口。下旬，美联储暗示加息接近尾声，带动港股持续小幅上涨。中国石油H股受油价大跌影响，整体走势跑输大市，收报5.49港元，按月跌4.36%。全月最高为11月8日的6.13港元，最低为11月26日的5.21港元，平均日成交量为10991.3万股。

12月，中国石油H股呈现持续下跌趋势。月初，因“习特会”带来贸易战停火的消息，恒生指数企稳在27000点之上，之后因华为首席财务官孟晚舟被捕，市场担心危及中美谈判，导致港股急跌。月中，中国内地经济数据不理想以及美联储加息使港股随环球股市持续下滑。下旬，因假期因素成交薄弱，港股无较大起伏。中美元首29日通电话后，市场再次憧憬两国贸易纠纷缓和，恒生指数于2018年最后一个交易日显著回升。中国石油H股整体表现不及大市，收报4.88港元，按月跌11.11%。全月最高为12月3日的5.76元，最低为12月28日的4.81元，平均日成交量为7，973.7万股。

【中国石油在资本市场获奖情况】 中国石油2018年在资本市场获奖情况见表1。

表1　中国石油2018年在资本市场获奖情况

奖　项	评选机构	评选结果
上市公司信息披露工作评价结果	上海证券交易所	A
2018年全球能源企业250强	普氏能源	第47名
全球能源企业250强（亚洲）		第16名
第十一届中国企业社会责任峰会暨2018中国社会责任公益盛典“社会责任特别贡献奖”	新华网	
最具价值中国品牌100强	BrandZ	第16位
全球2000强企业	福布斯	第30位
最佳投资者关系企业（中国） 亚洲最佳CFO柴守平（投资者关系）	《亚洲企业管治》	
最佳IR港股公司	《新财富》	
港股100强综合实力100强	腾讯网及财华社	第6名
港股100强—市值10强		第3名
港股100强—营业额10强		第2名
中国500强	《财富》（中文版）	第2位
金紫荆奖最佳投资者关系管理上市公司、 最佳上市公司董事会秘书吴恩来	香港大公文汇传媒集团、 北京上市公司协会、 香港特许秘书公会、 香港中国企业协会	
新浪金狮奖最佳上市公司董事会秘书吴恩来	新浪财经	

（张　磊　孙　博）

品牌与社会责任

【概述】 中国石油自2004年统一标识以来，以建设“诚信、创新、安全、卓越”的国际知名品牌为目标，把全面加强品牌建设作为企业战略层面的重要部署着力推进，品牌架构基本形成、工作机制不断完善、形象识别系统对外发布，企业知名度、美誉度得到有效提升。

近年来，中国石油把品牌建设视为打造世界一流企业的重要一环，持续以提升品牌价值为核心，注重发挥科技创新、卓越服务、先进文化优势，扎实推进企业改革发展，致力于为消费者提供清洁、优质、多样化的产品和服务，把中国石油打造为值得员工忠诚的企业、消费者首选的品牌、行业参与者有价值的合作伙伴、与经济社会共赢发展的典范。

2018 年，中国石油在夯实品牌管理基础、提升品牌价值和形象、履行社会责任等方面取得积极进展，中国石油品牌价值在国际权威排行榜中的排名进一步上升。在国际品牌权威评估机构 Brand Finance 2018 年全球品牌价值 500 强中排名第 34 位，行业排名第 2 位。

【品牌管理】 通过组织召开集团公司品牌管理委员会工作会、编发年度工作要点、按季度督办落实等系列举措，将集团公司品牌战略渗透到研发、生产、销售、服务等生产经营管理各环节，细化到部门业务中。2018 年完成 9487 座站场、18.4 万口油气水井、2 万余座加油站视觉形象规范统一；组织对环京 8 个重点地区 53 座库站进行质量品牌专项检查；创新打造“人・车・生活”一站式服务平台，加油站“顾客满意度指数”“顾客推荐度指数”继续保持国内同行业第一；加快产能建设，推进油品质量升级，全部炼油厂出厂油品达到国Ⅵ标准；中国石油获全国质量管理小组活动 40 周年“卓越企业奖”；所属单位 18 项产品获得使用 昆仑 和 中国石油装备 背书品牌标识授权；“”、“”与中国石油文字组合、昆仑好客注册商标等获得驰名商标认定。受国务院国资委委托，中国石油牵头完成中央石油石化企业品牌战略研究报告编撰工作；“特色品牌架构”成果获评中央企业品牌建设最佳实践；集团公司品牌建设“组织领导”“工作体系”获国务院国资委表扬肯定。

【品牌传播】 重大活动扩大品牌影响。落实集团公司党组部署，组织完成北京 2022 年冬奥会和冬残奥会官方合作伙伴签约。通过集团公司冬奥工作领导小组会议，明确“赞助权益使用、营销传播活动统筹、赛时接待服务组织、油气资源保供协调”等冬奥周期重点工作，细化 2022 冬奥工作领导小组办公室职能作用及成员单位分工，推动权益争取、标识规范等工作落地。

高端平台树立品牌形象。油气勘探开发、清洁能源发展、输储设施建设等 11 项图文内容在“国家改革开放 40 周年成就展”展出。完成首届中国自主品牌博览会、首届中国国际智能产业博览会等 8 项展会参展工作，近百万公众在集团公司展台前参观互动，通过 3D 旋转、人工智能、VR 体验等前沿技术与勘探、炼化、销售、管道等主营业务创新融合，生动展现中国石油服务美好生活的品牌形象。

新媒体传播增进受众了解。运营的第三方微信号“能源局 Y 人”，通过外部权威媒体推送，实现行业外部受众的精准传播。累计发布话题 621 篇，阅读量超过 240 万人次。集团公司公益微信号“联益汇”不断丰富话语表达，塑造“有血有肉有性格”的公益品牌形象。

【自主公益品牌项目】 “旭航”助学是中国石油专注于教育领域的公益项目，通过奖学金及助学金帮助贫困学生完成学业。2015 年 5 月启动以来，“旭航”助学项目在四川、河南、贵州、江西 4 省 10 县 10 校，累计资助 5000 人次特困高中生，600 余名毕业考入理想大学。线下开展“一升油、一生情”加油站公益营销、高考服务、勤工俭学等系列主题活动，暑期 200 余座万吨级加油站、数百名员工志愿者和近百万社会公众参与助学。线上入驻蚂蚁金服公益平台，收到 60 余万社会公众支持捐款 236 万元，品牌效应日益显现。连续第二届组织开展集团公司“为爱加油・善行者”50 千米徒步公益活动，完成队员选拔参赛、形象站搭建运行、媒体传播引导、领导现场助威、多部门协同联动等工作，取得公益、竞技、形象多丰收，人民网、新华网等主流媒体传播覆盖超 500 万人次。

“益路同行”作为中国石油基于移动互联网客户端（APP）为主要载体设计开发和运营的创新型公益平台，自 2016 年 1 月 1 日上线运行以来，秉承“用户中心”“流量为王”互联网理念，帮助公众实现公益梦想，传播“人人公益”理念，打造平台型、参与型企业社会责任生态体系。2018 年累计上线公益创想 197 个，其中 162 个获得资助。在教育和环保等重点公益领域的影响力继续扩大，开展环保公益专场受到高校社团的积极响应，在史家小学、北师大实验中学等收到公益项目申请近 5000 份，资助的“涂美乡村计划”“书路同行”等公益项目在中央电视频道节目播出，资助的“‘第一学科’公益跑”教育项目在执行过程中吸引 4000 余名师生参与，获得人民网等十余家媒体报道转载。上线腾讯微信运动“益行家”，累计曝光量达千万。平台的公益项目“孵化器”作用显现，“益路同行”公益品牌的影响力逐步提升。

【社会责任】 坚持将企业发展与业务所在地可持续发展结合起来，关注民生和社会进步，与当地分享发展机遇和资源价值，积极参与社会公益，促进经济和社会和谐发展，做优秀企业公民。2018 年，中国石油在全球主要公益总投入 7 亿元，惠及数亿人。

带动地方发展。持续为国家经济发展提供稳定能源供应的同时，坚持开放合作，互利共赢，在上中下游领域全面扩大与当地资本的合资合作，在建设运营中培养本地供应商和承包商，创造就业岗位，带动关联产业发展，回馈当地民众。五年来，与新疆维吾尔自治区政府在勘探开发、炼油化工、油气销售等多领域开展合作，在新疆累计完成投资2247亿元，向国家缴纳税费2203亿元，增加当地就业6200余人。

关注教育领域。连续多年设立石油奖学金、互助金，开展教育公益项目。2018年，中国石油奖学金表彰优秀学生635人，发放奖学金399万元。与中国扶贫基金会、北京师范大学集团、腾讯公益等机构合作，开展“旭航”助学、“益师计划”等公益项目，帮助更多贫困地区的学子实现求学梦想。

倡导文明风尚。弘扬和倡导志愿精神，鼓励和支持员工积极参与服务社区和服务社会的志愿者活动。2018年，青年志愿者队伍5900余支16.3万人，累计志愿服务时长39万小时，91万人次受益。

海外社区建设。尊重业务所在地的文化习俗，致力于与东道国建立长期稳定的合作关系，成为当地社区的优秀企业公民，将公司发展融入当地经济社会发展中。在尼日尔，向政府捐赠100万西非法郎，用于植树和环境保护；在苏丹，代表在苏中资企业向聋哑人协会捐助10万苏丹镑用于改善残疾人的生活状况；在吉尔吉斯斯坦、塔吉克斯坦，采取“校企合作、定向委培”模式，选拔60余名当地优秀高中毕业生到西安石油大学学习，携手当地培养能源行业人才。2018年，集团公司董事长王宜林被乌兹别克斯坦总统授予国家友谊勋章，以表彰其为乌兹别克斯坦经济社会发展做出的重要贡献。

社会责任报告发布。2018年，中国石油连续第12年发布集团公司社会责任报告，发布第6份国别报告《中国石油在伊拉克企业社会责任专题报告》，多渠道沟通、多角度展示了中国石油履责业绩（表2）。

表2　近5年集团公司社会公益投入

万元

业绩指标	2018年	2017年	2016年	2015年	2014年
主要公益总投入	72092.6	108572	62140.6	136603.62	100759.27
扶贫帮困	23291	21817	19767.4	34109.93	20686.75
赈灾捐赠	1154	7975	191.9	588.45	16865.78
支持教育	4937	10091.9	8955.9	23803.41	12816.86
公益捐赠	37806.6	46611.8	23984.5	63202.74	39525.73
环保公益	4904	22076.3	9240.9	14899.09	10864.15

【定点扶贫与对口支援】 组织召开扶贫与对口支援工作领导小组会议，践行中央精准扶贫精准脱贫基本方略，发挥自身优势，探索实践具有石油特色的扶贫路径和模式。聚焦民生、产业、智力、医疗四大领域，结合集团公司业务和受援地资源、市场优势，创新模式、精准扶助，帮助当地获得经济自我发展能力。2018年，集团公司在定点扶贫与对口支援的新疆、西藏、青海、重庆、河南、江西、贵州7个省（自治区、直辖市）13个县（区）投入资金9000余万元，完成帮扶项目44个，惠及贫困地区群众超过2.1万人。超额完成《中央单位定点扶贫责任书（2018年度）》相关承诺指标，在2018年度央企定点扶贫工作考核中，各项数据均居央企前列。集团公司董事长、总经理等9名党组成员到10个定点扶贫县和2个对口支援地区进行调研，实现帮扶地区全覆盖。定点扶贫的新疆尼勒克、托里、吉木乃、青河县，贵州习水县，江西横峰县通过国家专项评估检查，顺利实现脱贫摘帽。在国务院国资委通报的2017年度中央企业定点扶贫工作考核情况中，中国石油扶贫工作评价等次为好。

产业帮扶保证贫困群众稳定增收。从解决贫困地区和群众最急需、最迫切的实际问题入手，聚焦贫困地区经济可持续发展，大力实施产业扶贫。在察布查尔县、青河县、吉木乃县和巴里坤哈萨克自治县，通过土地流转、提高原材料收购价格、项目分红、务工收入等方式，援建红花产业园配套设施和生态扶贫项目、高效节水与庭院经济项目等，2600余名贫困群众受益。在尼勒克县、托里县、横峰县、巴里坤哈萨克自治县，通过引入专业机构管理，完善体制机制、支持设施建设、拓宽产品渠道等举措，援建马匹养殖、草畜联营等多个合作社，带动地方特色产业发展。

乡村旅游扶贫实现脱贫攻坚与乡村振兴有机衔接。联合地方政府，与中国扶贫基金会在河南范县、台前县和贵州习水县，开展中国石油乡村旅游扶贫示范项目。项目以村民合作社为基础，通过全民入股方式，建立长期、稳定、向贫困家庭倾斜的分配机制，打造“相互监督、共同致富”的利益共同体；以精品民宿建设为抓手，盘活了村民闲置房产，通过引入专业经营团队，培训村民劳动就业技能，创造就业机会，带动稳定增收，实现人口整体素质及城镇化水平的提升，打造美丽乡村。

开展智力和健康扶贫，增强脱贫能力。2018 年培训受援地干部、致富带头人、教师、医护工作者 1400 余人次；选派所属医院专家 40 余人次到新疆 6 个县和西藏双湖县开展医疗巡诊和健康保险，惠及贫困人口超过 7 万人。

发挥产业优势提升帮扶地农产品销售。按照《国务院办公厅关于深入开展消费扶贫助力打赢脱贫攻坚战的指导意见》，各项目对口管理单位充分发挥渠道优势，优先采买 200 余万元帮扶地区农产品。贵州销售继续依托加油站便利店，销售习水县“习缘”白酒，年销量突破 1600 万元；华北石化委托范县龙头化工企业开展来料加工业务，带动该企业增收 4900 余万元。

西藏、青海对口支援项目有序推进。在西藏双湖县，投入 6000 万元援建游客服务中心及配套设施，助推当地旅游产业发展，带动牧民稳定就业。在青海格尔木，投入 3000 万元援建青海省三江源生态保护项目中的唐古拉山镇长江源村（搬迁村）综合游客中心和服务中心配套设施项目，为周边群众提供文体活动、社区建设及居家养老等各项服务。在西藏双湖县设立 425 万元双湖教育基金，用于奖励扎根双湖的教育工作者，培训教师、资助学生。在对口支援重庆开州区三峡库区移民项目投入 300 万元援助柑橘种植基地、生产用水改造、油茶花谷旅游设施建设项目，改善当地群众生产生活条件，助推特色经济发展。

【获奖情况】 2018 年中国石油品牌及社会责任工作获奖情况见表 3。

表 3　2018 年中国石油品牌及社会责任工作获奖情况

序号	奖　项	颁发机构
1	第十届中华慈善奖	民政部
2	全国质量管理小组活动 40 周年卓越企业奖	全国质量管理小组
3	中国低碳榜样	中国新闻社、中国新闻周刊
4	2018 年度责任企业奖	中国新闻社
5	2018 年度公益企业奖	中国公益时报
6	金蜜蜂 2018 优秀企业社会责任报告·长青奖	WTO 经济导刊

（张　超）

规划计划

【概述】 2018 年，集团公司规划计划部深入学习贯彻党的十九大精神和新发展理念，认真落实集团公司党组和董事会各项部署，坚持稳健发展方针和高质量发展根本要求，以重大专题研究和重点工程建设为抓手，推进“十三五”规划评估调整与统筹实施，优化落实年度业务发展和投资计划，切实加强规划计划业务基础管理，不断提升决策参谋、综合平衡、协调服务水平，为集团公司稳健发展做出应有贡献。

（储培麟）

【战略研究和中长期规划】 重大专项规划研究编制成果突出。坚决贯彻习近平总书记关于大力提升油气勘探开发力度、保障国家能源安全、保障冬季天然气供应等重要批示指示精神，认真落实党组要求，高质量编制《海外油气业务优质高效发展规划》《2018—2030 年天然气业务发展规划》，会同勘探与生产分公司研究制定《2019—2025 年国内勘探与生产加快发展规划方案》，经集团公司党组审议后下发实施，形成新时代打好勘探开发进攻战、推动天然气和海外油气业务高质量发展的行动方案和细化部署。《中国石油雄安新区发展规划》《2021—2030 年页岩气发展专项规划》编制取得重要阶段性成果，《海洋工程装备发展规划》《地热利用规划》等研究顺利推进。

精心组织完成“十三五”规划中期评估和调整。作为推动规划实施的重要措施，首次系统组织相关部门、专业公司开展“十三五”规划中期评估与调整工作，对规划实施三年来的情况进行科学评估，分析存在的问题和调整，提出规划总体目标调整建议和后两年强化规划实施的举措。从评估结果看，“十三五”规划总体执行符合预期，主要目标、重点任务、重大工程实施进展顺利，确定的37个主要指标绝大多数完成较好，主营业务发展更加稳健，转型升级和提质增效步伐加快，经营效益稳步改善，企业形象明显好转，综合实力和国际竞争力持续提升。根据形势发展变化，适当调整2020年国内原油产量、油气销售量等部分规划指标，进一步优化主营业务发展部署，制定更有针对性的执行措施。

专题研究取得一批高质量成果。进一步规范部门课题研究管理，早谋划、早部署、早见效。完成新能源和替代能源重点发展方向、绿色低碳发展、天然气与新能源融合发展、非常规及新能源创新体制机制等多项重要课题研究，基本理清公司新能源、新业态发展领域、方向和重点。完成《石化技术及关联替代技术对业务发展影响分析和对策研究》《2019—2035年进口天然气引进时序研究》等30余项管理支持性专题研究，在有效解决生产经营难点热点问题、推进重大项目建设和提升部门管理等方面提供了重要参考。《世界一流目标引领下的战略规划管理体系创新与实践》获得集团公司管理创新一等奖。及时组织研究发布16期国际油气市场价格和国际热点时局分析报告，起到较好形势预判作用。

（张礼安）

【年度业务发展计划】 投资计划有效实施。坚持量入为出、效益优先，根据宏观形势发展和集团公司党组加大国内勘探开发力度、加快天然气产供储销体系建设等要求，加强统筹平衡，靠实建设进度，把握投资节奏，在解决了加快油气产能建设、天然气互联互通工程、加油站防渗改造、工程技术服务设备保障等新增投资，2018年投资规模控制在董事会审定的总量之内，为确保集团公司整体经营效益和正现金流做出积极贡献。

投资结构持续优化。坚持突出重点、有保有压，有效保障重点业务和重大项目的投资需求。2018年下达国内外勘探开发投资金额占投资总量的70.4%，有力保障20余项重要勘探成果、国内原油1亿吨稳产、天然气以及海外油气产量的大幅增长。中俄天然气东线、广东石化炼化一体化、油品质量升级等重点项目按计划推进，战略性工程、高附加值产品以及扩大油气销售终端网络建设的投资比重保持持续增长。继续严格控制非生产性投资，2018年未新开楼堂馆所项目，未新购公务用小汽车。

投资考核得到强化。加大投资计划、项目建设过程控制和跟踪检查，严格审核160家企事业单位投资计划执行情况，保持与审计、监察、巡视等工作联动，及时梳理分析发现的问题，狠抓整改落实，扣减14家存在投资违规行为的企事业单位业绩考核分值。全面推进新增投资增效管理，将“新建油气产能产量符合率”“新投运加油站达销率”等投资增效指标纳入集团公司2018年领导人员业绩考核体系，在此基础上又将炼化、管道和海外业务的投资增效考核指标纳入2019年领导人员业绩考核体系，实现对集团公司主营业务领域的全覆盖。

深入谋划2019年发展大计。认真贯彻落实党和国家重大决策部署和党组要求，统筹四大业务、坚持“八字”发展定位，结合“十三五”规划中期评估和调整目标，科学编制2019年业务发展和投资框架计划，顺利通过集团公司党组和董事会审批。2019年投资进一步向主营业务集中，为打好打赢“四场关键战役”提供坚强保障。上游业务投资占比保持70%以上，增量投资主要集中在国内上游业务和炼化、管道等重大提质增效项目。

（李建卫）

【项目管理】 全面完成重点项目推进任务。制订推进工作计划，抓好组织协调，加快工作节奏，落实时间进度，保证重点项目前期工作按计划有序推进到位。2018年组织开展107个重点项目前期工作，完成71项，其中，阿克气田开发方案、塔里木和长庆乙烷制乙烯、吉林石化揭阳ABS项目、中俄东线南段等63个项目（预）可行性研究报告、最终投资决策报告通过集团公司审查或批复；国内16个油气田528个产能建设项目及广东石化炼化一体化、中俄东线中段以及阿布扎比浅海、阿姆河右岸等19个重大项目及时获得国家核准或备案；一批重点工程开工建设。

深化项目前期工作质量。坚持从油气两条产业链整体效益最大化出发，深入做好资源、市场、效益和风险论证审查，开展多方案比选，突出投资效益，切实提高可行性研究工作质量。经过慎重比选论证，取消或推迟15个资源、市场不落实、效益不达标或可行性研究报告质量达不到深度要求的对外合作、油气管道及境外投资项目。及时发布经济评价参数，有针对性地开展17个重点项目经济评价复算，靠实经济评价结果。严把估算概算审核关，2018年审查（复核）一、二类投资项目投资估算概算71项，投资核减率19%。

规范履行决策程序。认真落实集团公司“三重一大”决策制度和投资管理规定程序，严格履行专家评估、业务部门讨论、部内集体研究、公司领导审核（审批）以及董事长办公会、党组会、董事会等审议决策程序，确保重大投资决策科学合规。

（徐　婷　张桐郡　徐克琪
王　博　刘瑞杰　刘　颖）

【后评价管理】 持续强化投资项目后评价力度，为规范管理、服务决策和提升投资效益提出有效建议意见。高质量完成《松辽盆地“十二五”勘探专项后评价报告》在内的稠油、煤层气、海外勘探开发、销售等10个业务领域专项后评价报告，提出的管理意见建议得到集团公司领导高度评价。扎实开展长庆陇东石油勘探项目等32个典型项目详细后评价，完成后评价意见反馈；首次下发年度后评价意见落实整改情况通报，督促企业落实整改了2017年后评价发现问题196条。通过着力推动后评价管理信息系统应用和功能优化提升，进一步完善后评价管理手段。

（邵　阳）

【综合统计管理】 围绕构建现代化服务型统计体系目标，坚持源头管控、过程审核、后期追责，综合统计工作前瞻性、预警性、时效性不断提升。深入开展集团公司季度生产经营分析，聚焦影响集团公司长远发展和生产经营矛盾问题，提出有针对性的建议。及时准确发布月度生产经营主要指标完成情况、统计摘要、统计年报等统计信息产品，完成各类统计调查报告、信息披露等120余份，有效发挥信息窗口作用。启动统计工作手册编制，完善统计报表制度，进一步规范原油产量、投资额及油田技术服务业务核算口径，精简11张报表，合理减轻企业填报工作量；加强统计法治宣传教育，加强对数据收集、报告编制全过程质量把控，统计基础工作更加扎实。编制集团公司领导与各省会见背景材料70份，梳理需要各省市区支持解决事项清单，为协调企地关系、分类指导企业发展起到支持作用。

（罗大勇）

【深化改革】 按照集团公司深化改革总体部署，两项改革任务取得较好成效。工程技术服务价格市场化改革深入推进，完善集团公司统一的计价规则，指导各油气田企业结合地区特点建立16个油区的物探、钻井市场化定额体系，制定工程量清单计价格式，搭建钻井定额和价格数据管理信息化平台，并在塔里木、长庆等油田得到良好试点效果，具备了全面推广应用的条件。设立专题深入开展非常规油气及新能源业务体制机制创新研究，初步形成优化调整的建议。

（李建卫　徐　婷）

【制度建设】 突出问题导向，制修订一系列制度文件，业务管理体系得到持续优化完善。修订《集团公司投资管理办法》并印发实施，基本完成《集团公司境外投资管理办法》修订工作，对落实国家强化投资监管要求，进一步规范投资行为，加强风险管控，提升集团公司投资合规管理水平起到重要作用。修订发布新的输油输气管道可行性研究报告编制规定，印发《工程建设项目概算调整管理暂行规定》《内部单位工程造价争议裁决规则》及细则，从源头强化管道本质安全，规范概算调整和工程造价结算争议管理；开展工程建设管理规章制度梳理，启动《工程建设管理办法》等制度修订工作。

（储培麟）

【信息化建设】 深化信息系统功能开发与优化，加强沟通协调，打通各信息系统壁垒，发挥信息化作用，进一步规范管理、提高效率。投资项目一体化管理（IPM）系统更新完善，推进IPM系统与各专业ERP系统深度融合，统一投资项目编码，实现国内上游业务2019年第一批投资计划上线编报与下达。扩展工程造价管理模块功能，开展工程量清单软件功能研发，并在广东石化炼化一体化项目工程建设中推广应用。统计信息化应用进一步深化，提升数据质量、数据分析能力、用户体验功能，完成与油气水井生产和加油站管理系统的数据集成，实现对单井产量和单站销量动态跟踪，为落实投资增效考核指标提供数据支撑。

（栾向阳）

【综合协调】 落实国家部署，积极协调争取，展现国企使命担当。站在保障国家油气供应安全高度，向国家有关部委沟通汇报，努力破解加大国内勘探开发力度、推进天然气产供储销体系建设等方面存在问题。有效解决中俄东线南段长江穿越路由、双6储气库调规等难题；长期停滞的对外合作、煤层气开发项目核准备案工作取得突破，马必南、成庄等煤层气项目顺利获得国家核准。

坚持协商共赢，拓展合作成果，推进企地融合发展。牵头推动和落实与黑龙江、新疆、西藏、广东、陕西、甘肃、河北等省（自治区、直辖市）签订新的战略合作协议，扩大合作领域和范围，有力促进地方经济发展，脱贫攻坚等工作得到地方政府的大力支持。新疆维吾尔自治区、甘肃省政府专门制定支持中国石油发展政策；大庆石化扩能、广东石化炼化一体化等一批重点项目顺利开工建设，坚定有力地贯彻落实习近平总书记“油头化尾”批示精神；与陕西省就水土保持补偿和历史气价争议达成一揽子解决方案；经过艰苦谈判，获得唐山、江苏LNG项目第二码头项目建设权，取得烟台、茂名等地市对新布点LNG接收站的支持；顺利完成中俄原油管道漠河首站供电工程资产移交，节约大量运营成本。

发挥协调职能，强化合规管理，提升业务监管和服务水平。圆满完成工程建设项目竣工验收专项推进工作，坚持行之有效的工作机制，较好地发挥牵头部门抓总、协调和督办作用，完成2132个已建成项目竣工验收和24个新投产的一、二类项目竣工验收，规范化制度化的竣工验收工作长效机制基本形成。认真落实集团公司领导加强工程建设管理要求，协调推动13个项目群建设。有效协调解决10个管道项目84项结算争议，创新裁决规则，扎实调研取证，科学评估审查，规范内部企业工程造价结算争议管理，争议金额审减比例57%。班子成员2018年26次带队赴企业开展规划计划管理检查和调研，发现问题77个，帮助解决实际困难和问题近百项。通过扩展信息系统在线监测功能、完善统计月报内容、督促后评价意见反馈，以及下发加强对外合作项目合规性管理要求等多方式多渠道强化业务监管；坚持服务企业发展，在扩大四类项目投资权限、提前下达勘探开发工作量、千方百计为项目竞争报价和开工建设留出合理时间等方面积极响应企业的呼吁诉求。

（王　琪　张建斌）

财务资产管理

【概述】 2018年，集团公司财务工作深入贯彻落实集团公司党组各项决策部署，突出以价值管理为核心，聚焦公司整体价值稳步增长、油气产业链核心竞争力指标持续改善、高质量发展指标持续改善，坚持抓党建与抓业务建设、抓队伍建设相互融合，按照集团公司财务工作的总体要求，扎实推进财务工作转型升级。深入开展开源节流降本增效工程，突出全面预算的引领导向作用，持续提升会计信息质量，积极做好资本市场预期引导，不断强化经济活动分析，加大财税政策协调争取力度，健全内部市场化价格传导机制，进一步夯实资产质量，加快推进财务共享服务建设，完成全年重点工作任务。

（鞠慧敏　周小顺）

【开源节流降本增效工程】 连续第五年推进开源节流降本增效，集团公司党组审议印发《集团公司关于持续深入推进实施开源节流降本增效工程的指导意见》，以创新的理念、改革的精神和更大力度，打造集团公司上下齐抓共管的价值管理平台。2018年集团公司开源节流降本增效累计增利150亿元。（1）创新工作思路理念，细化工作方案。2018年开源节流降本增效工作在全面总结以往工作经验基础上，向促进价值提升和推动高质量发展不断深入。设定经济增加值（EVA）持续改善目标，聚焦油气产业链核心竞争力指标持续改善、堵住现有业务出血点，防止产生新的效益出血点，推动科技及管理创新，实现全员齐抓共管，提出5个方面38条具体措施，明确了EVA年均增加50亿元、利润年均增长5%以上、自由现金流持续为正、实施三年降成本行动计划等具体指标。（2）总结工作成果，推广典型经验。筹备召开集团公司开源节流降本增效工程经验总结交流视频会议。集团公司总经理章建华做总结讲话，提出把开源节流降本增效打造成为长期性工程、系统性工程、价值工程、精品工程的要求；集团公司总会计师刘跃珍做工作报告，全面总结2014年以来开源节流降本增效工作的特色做法和取得的显著经济成果、管理成果、精神成果，提出下一步工作思路和重点任务。会上10家单位分别从不同侧面介绍了各自的经验和体会，34家单位提交了书面交流材料。（3）强化跟踪检查，抓好督办落实。按月开展开源节流降本增效42项主要指标的跟踪监测。会同思想政治工作部，协调石油工业出版社、石油报社等内部媒体，充分利用门户网站、微信平台等多种渠道，加大开源节流降本增效宣传报道和典型经验推广。赴哈萨克斯坦等地区开展海外开源节流降本增效工作的调研。

（杨惠明）

【预算管理】 2018年，集团公司预算管理工作着眼发展质量持续改善，进一步完善预算指标考核体系，强化预算价值引领；完善并严格施行预算考核政策，预算业绩驱动导向不断增强，有效发挥预算管理对公司运营价值提升、发展质量改善的积极作用。

为不断提升集团公司油气产业链竞争力，增强预算的价值引领和效益导向，完善了2018年度、2018—2020年中期业绩合同，对财务指标体系及权重设置进行优化调整，年度业绩合同全面考核经济增加值指标，加大对产业链竞争力指标的考核力度，拓展业务板块间一体化利润考核，统一利润指标口径；为促进集团公司有质量可持续发展，在2018—2020年中期业绩合同的效益类指标中设置了经济增加值改善值指标，引导企业持续改善发展质量。

编制完成集团公司2018年度中央企业预算。按照国务院国资委《关于做好2018年度中央企业预算编制工作的通知》（国资发财管〔2017〕186号）要求，会同集团公司总部相关部门，完成集团公司180多家上市、未上市二级单位的国务院国资委报表审核和校验工作，编制完成集团公司2018年度国务院国资委预算报表，完成2017年度预算工作总结和2018年预算编报说明，按时保质向国务院国资委上报2018年度集团公司预算方案，上报方案获一次性通过。

扎实开展亏损企业治理等专项工作。集团公司把亏损企业治理作为“重塑良好形象、推进稳健发展”的重要内容，融入提质增效工作全过程和开源节流降本增效工作始终。2018年，集团公司选取2017年以来有代表性的连续亏损的7户重点亏损企业召开一对一座谈会议，会议由集团公司总经理主持，总会计师等集团公司领导听取工作汇报，总部相关部门及专业公司负责同志参会，指导企业深入剖析亏损原因，提出下一步治亏扭亏工作思路和目标。

做好“三供一业”等企业办社会职能分离移交政策支持。按照国务院国资委对加快剥离国有企业办社会职能和解决历史遗留问题工作有关要求，根据相关职能分离移交工作进展，审核“三供一业”分离移交协议527项、市政移交方案4项、医疗机构改革方案16项、物业采暖货币化补贴方案25项。根据国家出台的相关政策，进一步对集团公司公共管理服务、医疗机构等企业办社会职能分离移交相关费用问题进行研究，明确相关政策，有力支持相关工作的顺利推进。

继续完善集团公司对外捐赠预算管理。根据《集团公司管理体制改革框架方案（试行）》建立分级授权管理体系及机关职能优化与机构改革要求，研究起草并正式下发《关于加强对外捐赠分级授权管理的通知》（财务〔2018〕142号），明确集团公司总部、专业公司和地区公司对外捐赠管理的相应权限、对外捐赠预算管理相关规定，进一步完善集团公司预算管理。严格预算审批程序，2018年集团公司及各业务对外捐赠支出均控制在年度预算之内。

（王爱华）

【会计报表及核算】 2018年，集团公司高效完成财务决算工作。编写下发《2018年度中国石油财务决算指导手册》，全面采用网上审阅方式，优化决算审核模式，简化审核流程，提高工作效率；充分发挥中介机构预审作用，提前发现和解决问题，确保决算工作顺利完成。按时保质保量编制完成集团公司财务报告，顺利通过董事会的审议。以立信会计师事务所为主审所的7家会计师事务所对集团公司和所有二级子企业均出具标准无保留意见的审计报告。2018年决算上报985户子企业决算报表，顺利通过国务院国资委、财政部决算现场审核。

持续提升财务决策支持。密切跟踪外部环境和集团公司生产经营变化，深化财务分析，充分发挥决策支持作用。每月出具财务会计报告、生产运行及经营效益分析，监测公司各项业绩指标完成情况，持续关注开源节流降本增效结果，及时预警，提出应对措施；密切关注油气市场和宏观经济形势，持续加强月度、季度、年度效益预测工作，不断提高盈利预测工作的科学性、准确性和预见性；实时监控国务院国资委经营业绩考核目标、资本市场盈利预期，尽早发现问题并提出建议。

（鲁　坤）

【会计准则体系建设】 集团公司认真贯彻执行《企业会计准则》。2018年，根据财政部印发修订的《企业会计准则第14号——收入》《企业会计准则第22号——金融工具确认和计量》《企业会计准则第23号——金融资产转移》等会计准则及应用指南，结合集团公司实际情况，研究讨论准则变化对集团公司的影响，针对涉及的重要会计政策变化、会计处理、科目设置、报表变化等事项形成实施方案准则，做好新旧准则的衔接工作。根据财政部分阶段实施要求及集团公司实际情况，集团公司所属子公司即股份公司作为上海、纽约、香港三地上市公司，自2018年1月1日起已全面执行新金融工具相关准则和新收入准则。结合集团公司实际情况，针对涉及的重要政策变化、会计处理、科目设置、报表变化等事项，形成准则实施方案并下发地区公司，指导地区公司做好新旧准则衔接及后续实施工作。根据上市公司将在2019年1月1日起正式执行财政部印发修订的《企业会计准则第21号——租赁》的实际情况，提前布置统计股份公司经营租赁具体情况及数据，会同相关部门、专业公司和会计师事务所，研究新租赁准则实施将对股份公司财务状况、经营成本等方面的影响，研究会计处理、科目设置、报表变化等事项，为下一步准确实施做好充分准备。

根据集团公司业务发展动态，结合财政部印发修订的会计准则以及国家最新发布的财政税收文件，对集团公司会计手册进行修订，形成《中国石油天然气集团公司会计手册（2019）》。

积极组织编写管理会计应用指引。受财政部委托，2018年集团公司继续参与起草《管理会计应用指引》，负责股权激励、360度考核、绩效棱柱模型3项应用指引制定工作，并报送财政部。其中绩效棱柱模型应用指引已被采纳，2018年8月，财政部正式发布《管理会计应用指引第604号——绩效棱柱模型》。

（鲁　坤　李希有）

【外部专项审计迎审完成】 2018年，完成财政部会计信息质量监督检查工作的迎审工作，按照财政部专项审计工作组的要求及时全面提供审计所需资料，对审计过程中提出的问题及时进行沟通、汇报，并会同相关部门、专业公司、地区公司及会计师事务所分析专项审计所提出各项问题，依据企业会计准则相关规定，结合公司生产经营实际，初步做出专业、全面和准确的意见回复。

（李希有）

【资本市场信息披露】 组织完成股份公司2018年度法定信息披露工作。按照三地上市监管要求，全面高效地完成年度报告及业绩公告、美国版20-F年报、季度报告、半年度报告及业绩公告的编写及披露工作，并就2018年度报告和2018年半年度及季度报告填写上交所XBRL报送系统，还按照SEC要求就20-F中财务报告持续编报XBRL格式报告。依托股份公司年度和半年度业绩实际，积极跟进市场关注点，编写完成2018年度及中期路演数据本、业绩发布幻灯片及路演相关问题等路演资料，配合完成2018年度及半年度业绩发布及路演工作。为更好地回报股东，2018年股份公司派发中期和末期特别股息，切实维护广大股东的利益。积极配合中国证券登记结算有限公司上海分公司和香港证券登记有限公司，圆满完成2017年度末期及2018年度中期股息派发工作。积极推动香港联交所变更市值计算方法，更合理反映股份公司市值，并惠及所有同时在A股和H股上市的公司，提升集团公司话语权和影响力。根据资本市场监管规则变化和集团公司信息披露工作要求，组织完成《中国石油财务报告手册》修订，确保手册的适用性。

（周小顺）

【资产管理】 2018年，以提升资产收益率水平为目标，持续优化资产结构，管控资产运行风险，提升资产管理水平和效益。（1）组织实施资产结构优化调整与资产管理创效提升。督促、协调并指导僵尸特困企业及时处置低效无效资产，减轻企业经营负担；通过压缩投资、处置低效无效资产、盘活运营土地资产、闲置资产调剂、三供一业资产移交、优化物资采购管理等措施实现轻资产1707亿元；组织开展闲置资产情况调研；启动集团公司资产分类管理及处置策略研究课题。（2）完善资产管理体系建设。修订《固定资产管理办法》并下发执行；组织推进资产目录及转资指南修编项目，为固定资产管理及转资工作提供统一、规范的制度保障。（3）闲置资产调剂平台上线及推广应用。集团公司闲置资产调剂平台正式上线运行，上线后可以满足所属单位内部各层级之间，以及集团公司所属二级单位之间的资源共享；与ERP系统集成，为进一步开展资产结构优化、开源节流降本增效工作提供有效的支持手段。（4）推动集团公司改革及重大资产重组、合资合作。全面参与管道业务重组，从方案设计、合资范围、章程制定、管理设计、资产评估等方面最大限度维护公司利益；参与大连西太平洋公司股权收购、红木项目的现场谈判，对有关方案设计提出意见，并对新市场环境下合资合作的方向和目标进行研究。（5）不断加大资产评估项目监管力度，充分发挥资产评估的价值门槛作用。审核资产评估报告608份，完成资产评估备案项目506项，评估前净资产180.93亿元，评估后净资产405.30亿元，评估增值224.37亿元，增值率124.01%；实现评估备案审核效益合计6.12亿元，有效防止国有资产流失，为集团公司直接创造了效益；组织完成阿布扎比浅海油田权益收购、阿布扎比陆上权益转让至中石油国际投资有限公司、大连海运合资合作、大连西太股权收购、中油电能公司设立等重大资产评估项目备案工作。（6）深化商业保险集中管理，提升可保风险管理水平和管理集中度。组织内外部保险机构全面贯彻落实 2018 年商业保险集中管理工作方案，落实保单签署及完成集团公司总部统保险种保费集中支付工作；完成所属 75 家企业 87 项区域审批险种保险方案审批，完成 8 个工程险项目启动批复、4 个工程险项目招标工作；组织修订商业保险管理办法；协调运输公司等企业落实集中统保政策，推动实现集团公司整体利益最大化，实现直接效益超过 4000 万元；协助推动补充医疗保险集中管理；组织保险业务研讨会，协调内部保险机构达成合作共识。

（王晓平）

【关联交易】 按交易所规则披露集团公司关联交易信息。全面、及时、准确、充分地向资本市场披露 2017 年度及 2018 年中期关联交易信息，主要包括核准会计师事务所出具的 2017 年度审计报告、致公司董事会的关联交易审计意见书等。起草核准股份公司管理层向独立非执行董事、独立非执行董事向股东发出的 2017 年度关联交易确认函；起草核准股份公司在 2017 年度报告及 2018 年中期报告中按规定内容披露的关联交易信息。

与香港联交所的沟通取得重要成果。香港联交所于 2018 年 5 月 11 日发布更新上市规则指引。根据该等指引，股份公司今后可通过加总基于 A 股股价及 H 股股价分别计算的 A 股市值及 H 股市值来计算公司市值总额，能更合理地反映股份公司的市值。香港联交所此次更新上市规则指引，由股份公司发起推动，惠及其他 H+A 股上市公司。香港联交所此次更新上市规则指引，有利于公司统筹各项业务的协调发展和公司整体利益的最大化。

风险作业服务价格管理调整工作。根据苏里格气田、威远页岩气风险作业服务结算价格形成机制，以及天然气价格调整等情况，制定下发调整苏里格气田风险作业服务及威远页岩气风险作业服务结算价格文件，为 2018 年风险作业服务结算工作顺利开展创造良好条件。

（付　冉）

【审计监督检查】 2018 年 5—6 月，审计署派出审计组对集团公司资产负债损益和境外投资及境外国有资产管理使用情况进行专项审计调查。2018 年 12 月，下达《关于中国石油天然气集团有限公司资产负债损益和境外国有资产管理使用情况专项审计调查决定》（审企决〔2018〕67 号）、《专项审计调查报告》（审企调报〔2018〕115 号）。集团公司财务部组织相关部门和单位，按照整改要求和时限，及时组织审计发现问题整改落实工作。

2018 年 7—9 月，为做好对内地赴港上市公司的会计监督检查和相关调研工作，推动跨境监管合作顺利开展，根据财政部《财政监督检查通知书》（财监〔2018〕第 112 号）要求，由河北专员办牵头，会同江西、湖北、辽宁、黑龙江、青海、山东专员办对股份公司会计信息质量开展联合检查。组织问题整改，促进有关业务规范管理，不断提升会计信息质量。

高质量完成 2017 年度企业年度工作报告编报，有效发挥企业年度工作报告在系统诊断和风险预判方面的重要作用。完成 2019—2021 年度集团公司财务决算审计会计师事务所招标及财务中介机构备选库更新，配优配强社会审计力量，完善多层次、全角度审计监督体系，借智借力，促进公司管理水平不断提升。

（张春梅）

【财政政策与管理】 落实国有资本经营预算政策，推动集团公司解决"三供一业"分离移交、"僵尸企业"治理人员安置、棚户区改造等历史遗留问题。落实进口天然气增值税先征后返政策，部分弥补进口天然气业务亏损。落实油气田企业生产自用成品油消费税返还政策，降低企业税费负担。落实页岩气、煤层气补贴政策，推动集团公司页岩气、煤层气开发利用。落实首台（套）重大技术装备保险补偿政策，组织所属企业上报首台（套）重大技术装备保险补偿申报资料和 2016 年装备目录更新资料，积极协调大庆油田道路养护费事宜，继续落实补贴政策。规范申领补偿资金。

规范执行油气科技重大专项政策。取得科技重大专项资金支持，并围绕加强科研经费监督管理、提高资金使用效益开展年度收支审计和以前年度发现问题整改工作，确保专项资金使用的合规性和安全性。

（李中华）

【税收政策与管理】 落实石脑油免征消费税政策。向国家税务总局上报 2018 年度石脑油定点直供计划及调整计划，落实石脑油连续加工乙烯、芳烃免征消费税政策。

建立参与国家税收立法的研究工作机制。与北京大学成立税收立法研究课题组，吸纳有研究能力的所属企业参与，在每一项税收法案立法前提出相关建议，在税法征求意见阶段提出税法修改建议，反映企业的意见和诉求。2018 年参与消费税、房地产税立法研究，部分意见和建议得以采纳。

财政部、国家税务总局发布《关于对页岩气减征资源税的通知》（财税〔2018〕26号），经国务院同意，自2018年4月1日至2021年3月31日，对页岩气资源税（按6%的规定税率）减征30%。

（朱培培）

哈萨克斯坦超额利润税回国抵免政策。积极推动哈萨克斯坦超额利润税回国抵免，组织向国家税务总局报送各项目2009—2017年中方份额口径、已分红可抵免口径的税款缴纳情况，取得国家税务总局理解，并于2019年1月3日发布《关于哈萨克斯坦超额利润税税收抵免有关问题的公告》，明确哈萨克斯坦超额利润税属于企业在境外缴纳的所得税性质税款，应纳入可抵免境外所得税税额范围。

企业境外所得回国抵免政策。组织集团公司涉外经营27家企业召开境外所得纳税抵免业务交流会，研究抵免规定，了解执行状况、存在问题。参加财政部和国家税务总局研讨会，反映政策诉求，包括继续扩大抵免层级、降低抵免持股比例、所得税性质税款抵免、完税凭证等执行中的问题。财税部门对柴油、汽油、煤油综合抵免政策执行情况进行调研，12月28日发布《关于完善企业境外所得税收抵免政策问题的通知》，将石油企业境外所得五层综合抵免政策推向全国各行业企业，解决国际事业公司、财务公司、华油集团、中技开公司、寰球工程公司、昆仑工程公司6家企业原先不能进行综合抵免的问题。

个人所得税相关工作。结合《中国居民个人境外所得纳税问题研究》课题报告，对《个人所得税法修正案（草案）》《个人所得税法实施条例（征求意见稿）》《专项附加扣除暂行办法（征求意见稿）》研究形成反馈意见，并向全国人大、财政部、国家税务总局反馈。其中，增加赡养老人支出专项扣除、删除掌握信息的单位为扣缴义务人等意见得以采纳。组织召开新个人所得税法视频培训会议，宣贯新个税法，并对相关单位个税问题进行解答。

税收争议及事项跟踪协调。协调昆仑能源中国居民身份认定工作。组织资本运营部、昆仑能源和毕马威研究讨论，分析测算税源影响情况等相关数据，组织准备昆仑能源居民身份认定资料，多次赴北京市税务局汇报，邀请其到集团公司总部现场调研，并现场汇报工作。跟踪协调阿克纠宾项目转让定价税收争议、国际事业公司哈萨克斯坦Sinooil税收争议和厄瓜多尔安第斯项目税收争议。

（财税处）

【BEPS行动计划应对】 配合2017年度国别报告编制，拟定《2017年度国别报告填报注意事项》，开展2017年度国别报告复核分析，并完成国别报告境内报送；下发《关于2017年度国别报告境外报送有关事宜的通知》，组织国别报告境外报送。推动国家税务总局建立国别报告政府间交换机制，根据国别报告交换网络建立情况，下发《关于国别报告信息交换有关事宜的通知》，在已与中国建立交换关系的国家，企业可以豁免当地申报。2018年9月，经济合作与发展组织和税务总局在扬州共同举办国别报告专题研讨会，参会发表我方建议。

梳理本地文档各国立法情况；整理需要编制本地文档的单位名录，跟踪本地文档对外报送情况。

（财税处）

【价格政策与管理】 2018年4月28日，根据国家税率调整情况，下发通知调整公司油气基础设施结算价格。

2018年5月25日，国家下发《国家发展改革委关于理顺居民用气门站价格的通知》（发改价格〔2018〕794号），将居民气价由最高门站价格管理改为“基准门站+浮动幅度”管理，价格水平按非居民用气门站价格水平安排，实现与非居民用气价格并轨，自2018年6月10日起实施。

2018年6月6日，根据国家政策调整情况，下发通知调整集团公司天然气业务内部结算价格。

2018年12月28日，为适应集团公司储气库业务管理体制改革需要，制定储气库储气费和资产使用费的管理办法并在部分管道储气库试行。

持续推进内部价格市场化改革。2018年12月29日，印发2019年内部价格优化方案，实施扩大炼油厂出厂价格市场化比例、理顺炼油厂一次运费贴水等5项价格政策。建立与市场挂钩的动态调整机制，出台轻烃定价与国际油价挂钩机制，建立超计划汽油出厂价格与国内市场价格衔接的动态调整机制，参照国内市场价格合理确定高标号汽油出厂价格与标准品价格的价差。

（杜　波）

【土地政策与管理】 积极与自然资源部沟通，取得石油天然气用地政策支持复函，为集团公司油气生产和管道建设及时用地提供保障。向国家部委汇报沟通，争取对天然气保供企业的用地支持政策。跟踪研究国家土地管理政策，就2018年出台的永久基本农田特殊保护、跨省域补充耕地统筹、第三次全国土地调查方案等政策下发文件，组织企业做好落实应对工作。

全力推进新增用地报批工作，完成钻井及配套设施用地保障和重大问题协调工作，协调解决长庆油田、华北油田历史遗留用地组卷问题。取得重点工程陕京四线、中靖联络线等项目用地批复，中俄天然气管道东线北段黑龙江用地已报至自然资源部审批。

采取多种方式盘活处置土地，完成年度存量土地处置任务，为集团公司降本增效做出贡献。开展农用地盘活利用工作，推进中央企业公司制改制土地处置工作。完成与中国石油化工集团公司联合开展的油气废弃土地退出机制研究。组织土地业务骨干培训班，提升队伍素质。

（李　丽）

【财税制度建设】 编制《分国别纳税筹划指引》。2018年完成并下发美国、阿联酋和南苏丹三个纳税筹划指引（截至2018年底完成29个），为企业依法筹划提供支持。

编制《国别税制报告》。2018年完成乌兹别克斯坦、阿塞拜疆、伊朗、缅甸、新加坡、乍得、尼日尔、英国、巴西等国家和地区税制报告（截至2018年底完成22个），供企业参考。

编印《财税政策动向》。衔接财税研究中心，每周编印《财税政策动向》，向集团公司领导和相关单位提供国内外财税信息。

开展“集团公司国际贸易有关税收问题研究”“典型国家企业合并纳税政策研究”“免税法国际借鉴研究”等课题研究。“集团公司国际贸易有关税收问题研究”已向政研室做结题汇报，另外两个课题选取样本国按研究计划开展工作，其中样本国荷兰的免税法税制研究已报国家税务总局相关处室借鉴。

（财税处）

【队伍建设】 2018年，集团公司将财务队伍建设作为重要基础性工程，着力打造符合价值管理要求的财务人才队伍，为集团公司稳健发展提供人才保障。（1）开展财务金融队伍建设课题研究。启动财务金融队伍建设课题研究，完善形成总体框架方案。面向集团公司各层级单位，组织开展全口径财务金融人员信息调查，掌握财务金融人员全面信息以及各单位总会计师和财务处长队伍建设情况，为设立人才库及后续队伍建设提供数据保障。完成20多家企事业单位财务队伍结构优化分析报告，为基层单位财务队伍建设和结构优化提供重要参考。（2）加强财务培训工作。科学制订培训计划，创新课程体系和培训方式，稳步推进集团公司财务人员培训工作。按照业财融合要求，首次举办生产管理者财务培训班，为财务更好融入生产经营奠定基础。继续加强国际化财务人才培养，选派21名财务人员赴美国进行为期6个月的国际税收管理培训。（3）加强企事业单位总会计师和财务机构负责人管理。组织开展2017年度企事业单位总会计师述职评议工作，继续加强财务机构负责人双重管理，严格任职条件，优化审批流程，实施年度考核结果备案制，确保企事业单位财务机构负责人整体素质和规范履职。

做好集团公司财务队伍建设，认真落实集团公司党组部署，圆满完成财务部和原财税价格部整合工作，确保队伍不乱、人心不散，为财务工作平稳过渡、有序衔接和稳健发展提供坚强保障。财务部坚持抓党建与抓业务、抓队伍相结合，切实将党建工作融入业务管理日常，持续推动党建工作与财务管理两促进、两提升。

（鞠慧敏　周小顺）

资金管理

【概述】 2018年，集团公司资金管理工作紧紧围绕高质量发展根本要求和稳中求进的总基调，坚持稳健发展方针，坚持市场化改革方向，以“集中、共享、授权”管理理念为指导纲领，以突出资金的价值引领作用为指引，坚持资金紧平衡策略，深入推进开源节流降本增效，大力开展降杠杆减负债工作，强化“两金”和资金风险管控，积极应对内外部形势变化，资金运行整体平稳可控，资金服务保障和价值引领能力得到进一步提升，确保集团公司财务状况总体稳健。

集团公司获2018年度上海证券交易所公司债券优秀发行人。

【资金计划管理】 坚持“以收定支、量入为出”的资金紧平衡策略，加强资金计划与财务预算、投资计划、生产计划的统筹衔接，确保生产经营与投资资金平稳运行；强化资金预算管理，从紧安排，严格实施，滚动预测，动态调整，全年日均安排资金计划流入192亿元、资金计划流出188.6亿元；认真分析测算油气保供、缓缴消费税、客存油会计政策变更、“三供一业”移交、超额国有资本收益上缴等政策性不可控因素对集团公司指标完成的影响，并积极向国务院国资委沟通汇报。2018年，集团公司累计实现自由现金流883亿元，同比减少380亿元；股份公司累计实现自由现金流758亿元，同比减少539亿元。

2018年10月15日，日资金计划模块在102家上市企业、51家未上市企业、24家托管企业、22家矿区服务事业部全面上线。日资金计划模块的上线应用，优化付款及资金计划流程，进一步提升资金计划的准确性，降低总部机关及内部金融机构头寸备付需求，为进一步控债减息及支持金融企业增收创效提供支持，有力地提升集团公司资金使用价值。

【货币资金管理】 统筹协调上市和未上市、境内和境外资金池，优化货币资金存量，科学调动资金头寸，努力盘活存量资金，合理调剂现金流峰谷差异。结合每日资金收支和银行头寸情况，强化资金头寸精细化管理，逐步降低总部机关外部银行资金存量；灵活利用循环委贷、银行法人透支额度等措施调配资金，增强资金池统筹配置能力，保障地区公司生产经营用款需求。加强股份公司日常存款监控，及时将股份公司在中油财务公司存款超限部分转出，避免触及上市公司关联交易监管风险并着手研究限额超出部分自动划转机制。加强银行账户监管，严格执行账户审批流程，规范账户使用用途，建立畅通的结算路径，夯实资金集中管理的基础。截至2018年底，集团公司货币资金余额4126亿元，比年初增加98亿元；股份公司货币资金余额982亿元，比年初减少379亿元。

【内部结算管理】 配合集团公司储气库管理体制改革，按照责任明确、流程简单、税收优化的原则，制定下发储气库运营管理结算方案，对储气库结算量、结算时间、结算流程、计量交接等问题进行明确，理顺相应各方结算关系，保证储气库改革工作顺利进行。跟踪中俄原油管道二线铺底完成情况，根据股份公司资金配置政策及管道业务资产负债率调整要求，及时调整资金给付渠道；详细核实钦南柳成品油管道、云南管网铺底油数据，拨付完成西北销售铺底资金6.8亿元。

【“两金”压控】 健全完善“两金”考核指标体系及配套实施细则，将“两金”压控责任层层分解；分板块、分单位定期通报“两金”压控指标完成情况，并于年底前下发“两金”管控风险预警函，敦促企业加大“两金”压降力度，严格管控措施，切实完成管控目标任务。组织开展非正常存货专项清理和一年以上应收账款专项清理工作，专题召开海外清欠协调会和内部结算协调会，专项协调苏丹项目等外部历史欠款，解决新疆燃气41.3亿元欠款遗留问题。激励与约束并举，根据2017年决算和2018年运行情况，贯彻落实存货差别化负息资金和财务费用返还政策，有效推动地区公司加强存货管理责任意识，减少存货资金占用。稳步推进客户信用系统应用，完成在天然气销售和中油油服的推广上线工作，切实做好清欠管理的事前防范和事后管控。完成2018年坏账核销审核工作，对集团（股份）公司6家单位核销坏账共计0.62亿元。截至2018年底，集团公司“两金”余额4039亿元，比年初增加171亿元。其中，应收账款余额1343亿元，比年初1382亿元减少39亿元，下降2.8%；存货余额2696亿元，比年初2486亿元增加210亿元，增长8.4%，均低于17%的营业收入增幅。股份公司应收账款余额626亿元，比年初579亿元增加47亿元，增长8.1%；存货余额1794亿元，比年初1458亿元增加336亿元，增长23%。

【境内融资管理】 按照2018年度债务融资方案，紧盯债券市场行情，及时捕捉发行窗口，低成本发行4只债券，共募集资金350亿元，发行利率处于央企同期最低，与同期限商业银行贷款利率相比，存续期内节约财务费用3.95亿元。通过挖掘盘活存量资金、发行超短融、中期票据等方式有效搭配，2018年累计归还到期债务本金1487亿元，利用低成本发债资金置换高利率银行贷款252亿元；运用委托贷款、额度循环信用贷款等金融工具，累计办理股份公司总部续借中油财务公司信贷450亿元，归还100亿元。针对下属子公司的融资需求，在加强资金风险控制、保证资金安全的前提下逐笔分析融资方案，争取最优解决融资申请，2018年为所属企业办理债务融资相关事项19笔，累计金额410.5亿元。根据“僵尸”特困企业注资减债长效机制，2018年为13家企业注资减债及补充现金流86.96亿元，确保完成国务院国资委专项治理目标。截至2018年底，集团公司有息负债余额5930亿元，比年初减少570亿元；股份公司有息负债余额4072亿元，比年初减少581亿元。集团公司资产负债率42.2%，比年初41.4%上升0.8个百分点，其中政策性不可控因素影响资产负债率上升1.51个百分点；资本负债率19.9%，比年初21.3%下降1.4个百分点。股份公司资产负债率42%，比年初

42.6%下降0.6个百分点；资本负债率22.4%，比年初25.2%下降2.8个百分点。集团公司累计发生财务费用-10亿元，同比下降103.4%；股份公司累计发生财务费用185亿元，同比下降14.4%。

全面梳理自2008年以来集团总部国储油贷款全部账务明细，结合集团公司国储油基地股权变更，按时完成国储油372.47亿元存量贷款的置换工作；为实现国储油贷款的平稳衔接，研究制订2018年及以后年度的合理解决方案，确保置换后国储油基地贷款利息的刚性支付。

【境外资金管理】 强化外汇账户管理，严格执行集团公司外汇账户一级审批制度，督促企业提升外汇合规意识，做好账户、资金和汇率风险管理，合法合规办理外汇业务，对客户名称和账户名称不一致的账户，分析问题成因，制定整改措施。针对哈萨克斯坦Qazaq银行破产清算事宜，紧急下发银行风险提示，提醒海外企业重视银行账户风险，规范银行选择，发现不符规定、资信不佳的银行要立即更换和整改。进一步加强境外资金集中管理，制订并推进中东地区、中油国际、国际事业和哈萨克斯坦地区资金管理提升方案，协助中油工程、中油油服推进境外资金集中管理，有效提高境外资金管理水平。根据中国人民银行要求，下发《关于集团公司跨境人民币资金池相关事宜的通知》，组织中油财务公司、中国银行以及76家所属一级企业沟通数据、测算口径、填报重检材料等，完成集团公司跨境人民币资金池重检工作，2018年11月22日获得中国人民银行营业管理部跨境办批复，批复后的集团公司资金池净流入和净流出额度均为2070亿元人民币。

为应对外资合作银行合规尽职调查，考虑调查内容的敏感性及银行合规调查的重要性，牵头建立统一组织工作、统一回复口径、统一对外回复的“三统一”机制，即资金部就银行尽职调查问题整理回复意见，法律事务部对回复意见进行合规评估，办公厅最终审定后，根据实际情况由资金部统一对外回复。

【境外融资管理】 拓展多元化融资渠道，优化完善俄罗斯原油增供预付款安排，妥善解决苏丹贷款担保履约事宜，积极推进莫桑比克4区陆上LNG项目融资。2018年安排境外融资29.2亿美元，其中项目融资6.6亿美元，流动资金贷款9.6亿美元，并购融资13亿美元。莫桑比克4区块FLNG项目融资被PFI（汤森路透所）评为“2017年度非洲和中东区油气领域最佳项目融资”。

完成穆迪、标普、惠誉三家评级机构对集团公司2018年度国际评级工作，评级结果均与中国主权评级保持一致，即标普为A+、展望稳定，惠誉为A+、展望稳定，穆迪为A1、展望稳定。

【汇率风险管理】 密切关注美元加息对市场的影响，及时跟踪主要币种汇率走势，指导相关企业严控汇率风险敞口，全面掌握外汇衍生品套期保值状况。截至2018年底，集团公司实现汇兑净收益124.9亿元。持续关注中美贸易战最新进展情况，撰写中美贸易战对集团公司影响报告，全面深入分析贸易战给国家和集团公司带来的影响，包括对伊朗与朝鲜进一步制裁的可能性，并提出应对建议与方案。发挥集团公司整体优势，成立外汇资金风险应对工作小组，密切关注对伊朗、对俄罗斯及委内瑞拉的制裁形势，对出现的风险问题进行综合分析，协调所属企业及内外部金融机构快速应对，及时调整敏感地区结算方案，保证高风险地区的结算安全。

【改革与创新】 按照资金配置新政策推进工作整体安排，对六家扩大经营自主权改革的油气田企业从2018年1月开始执行新政策，实现新政策在炼化、销售、天然气及8家油气田企业的全面上线。新资金配置政策坚持市场化改革方向，通过建立和完善激励约束长效机制，引导企业增强主动管理现金意识，借助资金在经营管理中的支点与杠杆作用，促进企业按照盈亏自负、风险自担、自我约束、自由发展的原则，优化生产经营及投资管理，推动各业务板块自由现金流稳定向好，有效缓解总部资金压力。全面梳理未上市企业法人治理特点、业务现状及资金政策，分析现行政策的特点及带来的影响，研究制定未上市企业资金配置政策，引导未上市企业优化项目决策和生产经营管理，实现高质量、可持续发展。充分利用境内外两个金融市场，在程序合规和资金安全的前提下，以集团公司跨境外汇资金池为平台，组织完成首笔跨境融资测试工作。实施金融工具创新，探索开展超短贷业务。

【票据管理】 持续加强票据集中管理，完成股份公司票据池建设，制定下发《票据池暂行管理办法、流程及账务处理方案》，全面开展票据池业务推广培训，逐步实现股份公司票据池全面落地实施。2018年股份公司累计入池票据167.3亿元，出池票据87.3亿元，节约融资成本0.95亿元。制订完善票据运营效益提升方案，鼓励票据顺转，支持内部金融企业再贴现，积极组织内外部金融机构对池内票据集中贴现开展询价，协调支持山西销售、四川销售等单位开展票据贴现业务，实现低利率融资8亿元。准确预判宝塔石化事件发展趋势，及时发布宝塔石化财务公司票据风险提示，完善商业承兑汇票风险预判及补救措施。

【年金管理】 企业年金投资坚持以“安全至上，稳健增值”为基本原则，紧跟资本市场变化，进一步优化投资政策，实施战略资产配置，持续提升主动管理能力；强化风险管控，坚持“紧信用”的风控基调，严控信用违约及风险敞口暴露，有效规避和分散风险，切实降低年金资产波动，实现年金基金的长期保值增值。2018年企业年金基金规模突破1000亿元，累计收益274.37亿元，累计投资收益率69.29%，实现年金基金的长期保值增值。根据集团公司提高企业年金缴费比例的相关要求，一次性完成2018年企业年金缴费全额补提工作，企业缴费比例由5%提高到8%，补提资金36.66亿元。梳理细化年金业务流程，完善年金管理制度，更加注重流程的规范和控制、制度的建设和执行、管理的绩效和创新，编制完成《企业年金工作手册》，进一步夯实年金管理基础工作

【授信与担保】 利用集团公司的规模优势和议价能力，为集团所属企业提供统一集中、高效快捷授信额度使用和管理平台，为生产经营提供强有力的信用支持和金融服务。截至2018年底，集团公司获得中外资银行全球授信额度17525亿元，2018年累计办理授信业务6089笔、金额8333.36亿元，累计减少资金占用587亿元，节约财务费用22.79亿元。

建立以担保管理办法为行动指南、担保计划管理为实施手段、担保系统为管控依托的事前、事中、事后全过程管理体制机制，有效防范担保管理风险。根据股份公司股东大会审议通过的股份公司2018年担保计划，在计划管控的基础上实施集中管控与合理放权的有机结合，授权中油国际、昆仑能源、国际事业担保额度内自行批复，有效提高担保审批效率，支持企业业务发展。截至2018年底，集团公司担保余额10670.85亿元，其中授信类担保余额1037亿元、履约类担保余额7145.02亿元、融资类担保余额2488.84亿元；按照担保人性质分类，集团公司及所属企业提供担保8845.6亿元，股份公司所属企业提供担保1814.03亿元、托管企业提供担保11.22亿元。

【司库建设】 自2015年7月启动司库系统2.0优化升级以来，经历需求调研、项目立项、招标采购、需求分析、方案设计等阶段，完成系统研发、集成测试、用户接受测试、压力测试、安全测评、同城异地灾备、业务和系统应急方案制定等工作，实现在西南油气田、辽河石化等试点企业的平稳上线，各功能运行正常，具备全面推广条件。2018年10月，经过111家单位、5批次逐步推广上线，全面完成司库系统在股份公司的推广任务，实现集团公司国内财务公司资金池统一，日均减少资金头寸备付170亿元，节约融资成本逾6亿元，司库体系建设取得又一阶段性重要成果。截至2018年底，通过司库系统完成对外支付368.9万笔、金额8657亿元；累计收款2017万笔、金额7714亿元；完成司库代发工资166万笔，金额64亿元。

【产融结合】 深入推进集团公司产业与金融企业结合的广度和深度，在2017年组织召开辽宁地区、华南地区产融结合协调会的基础上，2018年3月20日在西安召开陕甘宁蒙晋地区产融结合协调会，成立陕甘宁蒙晋地区产融结合协调小组；3月23日，在成都召开西南及青海地区产融结合协调会，成立西南及青海地区产融结合协调小组；3月29日，在上海召开华东华中地区产融结合协调会，成立华东华中地区产融结合协调小组；7月30日，在大庆召开黑龙江吉林地区产融结合协调会，成立黑龙江吉林地区产融结合协调小组；8月15日，在乌鲁木齐召开新疆地区产融结合协调会，成立新疆地区产融结合协调小组。

2018年10月26日，华北地区产融结合推进会在北京召开，集团公司党组成员、总会计师刘跃珍出席会议并讲话，强调要坚持以产促融、以融助产、协同发展的目标，全面深化产融结合，为集团公司高质量发展提供优质高效金融支持。会议还成立华北地区产融结合协调小组，标志着在全国范围建立所属企业与金融机构分区域协同推进机制完成，强化组织保障，促进集团公司产融结合工作迈上新台阶。

【资金合规管理】 选取19家单位继续开展境内资金检查工作，促使企业提升资金安全意识，不断化解资金管理工作中存在的风险。检查发现问题14类107个，提出管理建议80项。首次启动境外资金专项检查工作，对中东和北非、中亚、南美三个区域61家所属企业开展境外资金管理业务大检查，切实夯实资金管理基础工作，提高所属企业风险合规意识，进一步提升境外资金管理水平。针对国务院国资委担保新规，及时对集团公司担保现状进行梳理分析，并就集团公司超股比担保情况向国务院国资委做专题汇报，进一步完善股份公司反担保程序，做到权益与风险相匹配。

进一步完善司库制度框架体系，修订完成《集团公司担保管理办法》《集团公司外汇交易管理办法》《股份公司外汇交易管理办法》《股份公司票据池暂行

管理办法》《集团公司特殊资金监管暂行办法》《股份公司特殊资金监管暂行办法》，制定完成《股份公司海外融资管理办法》《股份公司担保管理办法》，其中《股份公司担保管理办法》于 2018 年 3 月通过股份公司董事会和股东大会审议。

【降杠杆减负债】 贯彻落实中央经济工作会议深化改革降杠杆精神和国务院国资委《关于中央企业降杠杆减负债指导意见》，防范化解重大风险，2018 年 2 月制定下发《关于印发〈中国石油天然气集团有限公司降杠杆减负债实施意见〉的通知》，明确集团公司、各专业公司、各企业降杠杆减负债管控目标及主要工作措施、工作要求，并要求地区公司结合本单位实际，提出本企业落实集团公司降杠杆减负债实施意见的工作方案，明确到 2020 年底的分年度资产负债率管控目标和重点工作措施。

经与各专业公司、地区公司的对接沟通，完成对各专业公司和地区公司 2018—2020 年资产负债率管控目标的核定，2018 年 9 月下发《关于下达 2018—2020 年分年度管控目标的通知》，将管控目标纳入业绩考核，确保集团公司实现国务院国资委下达的目标任务。设立资产负债率警戒线、严管线指标，对部分长期亏损、资产负债率高的企业，要求在完成管控目标后，努力向严管线、警戒线指标靠拢，力争 2020 年、2023 年分别控制在严管线和警戒线之内。

2018 年 6 月，国务院国资委主任肖亚庆与集团公司董事长王宜林签订降杠杆减负债专项目标责任书。根据集团公司降杠杆减负债工作推进要求，集团公司与各专业公司、地区公司签订降杠杆减负债目标责任书，并结合月度季度完成情况及时向资产负债率指标超 2017 年底 5% 及以上的 23 家单位下发《降杠杆减负债专项工作风险预警函》，督促相关单位进一步强化目标管理，跟踪分析，确保完成年度指标。

【清理拖欠民营企业账款专项工作】 充分提高政治站位，认真落实党中央、国务院及国资委的部署和要求，扎实有序推进专项清理工作，下发《关于开展集团公司清理拖欠民营企业账款专项工作的紧急通知》，成立由总会计师刘跃珍为组长，总部相关部门和专业公司为成员的集团公司清理拖欠民营企业账款专项工作领导小组，要求各单位迅速集中开展专项工作，对照合同逐笔梳理，对应付民营企业账款和农民工工资情况进行全面排查，分类统计，依法合规、统筹推进、应付尽付，加快审批流程，“特事特办”，确保在 2019 年 1 月 31 日前取得阶段性成果，在 2019 年 6 月 30 日前完成清理工作。

根据地区公司排查统计及工作进展情况，对被列为国务院国资委重点督办的 9 家地区公司下发通知并进行约谈，对其他重点单位下发督办函，要求高度重视清理工作，切实加快工作落实，确保完成清理目标，并以此为契机，牢固树立诚实守信、以法治企的理念，完善应付账款管理机制，理顺管理流程，作重合同、守信用的表率，防止新增欠款，切实维护集团公司作为中央企业尊法守信的良好形象。

【中国石油集团养老资产管理有限责任公司成立】 根据集团公司企业年金运营管理需要，在现有管理模式基础上，启动企业年金管理运营改革，于 2018 年 6 月注册成立中国石油集团养老资产管理有限责任公司（简称养老资产管理公司），承担集团公司企业年金理事会办公室管理职能，服务于集团公司多层次养老保障体系建设，管理和运营企业年金基金养老资产，确保集团公司养老金在未来复杂的市场环境中持续安全稳健增值。养老资产管理公司为集团公司出资设立的一人有限责任公司，不设董事会，设执行董事一名，兼任公司总经理；不设监事会，设监事一名。委派资金部副总经理刘强为养老资产管理公司执行董事、总经理，委派人事部副总经理任一村为养老资产管理公司监事。

2018 年 9 月 28 日，养老资产管理公司在北京金融街举行成立揭牌仪式，集团公司党组成员、总会计师、企业年金理事会主席刘跃珍出席并讲话，强调养老资产管理公司要继续秉承“忠诚、合规、专业、协作”的发展理念，打造成为治理规范、运营高效、值得职工信赖的国内一流养老金受托机构。养老资产管理公司的成立标志着集团公司企业年金基金管理迈向新阶段，更加专业化，对持续提高石油职工养老保障水平具有重要意义。

（程小舟）

人事管理

【概述】 2018年集团公司人事工作，坚持以习近平新时代中国特色社会主义思想为指导，认真贯彻落实党组决策部署，紧紧围绕集团公司改革发展大局，以全面加强企业党的建设、全面深化三项制度改革、全面夯实组织人事基础工作为主线，着眼提升质量效益、激发动力活力，勇于担当作为、锐意改革创新，在企业党的建设、领导班子和人才队伍建设、管理体制和组织机构调整、劳动用工优化配置、业绩考核及薪酬分配改革、人力资源共享服务体系建设等方面取得新进展、新突破。

【人事制度改革】 按照集团公司全面深化改革的总体部署，坚持问题导向，加强顶层设计，制定行动方案，推动政策落地，人事劳动分配制度改革不断向纵深发展。坚持问题导向和市场化改革方向，研究制定深化三项制度改革方案及相关配套政策，出台《深化人事劳动分配制度改革实施方案》和《关于优化人力资源配置的意见》等6个配套制度，明确三项制度改革思路目标、重点任务和实现路径，形成较为完备的改革政策制度体系。8月初，集团公司党组专门组织召开推进会议，对深化人事劳动分配制度改革做出全面安排部署。坚持业务牵引驱动，落实专业公司业务主导责任，以调整优化业务结构、创新生产组织模式、推动自动化信息化智能化建设为重点，研究提出各专业公司改革行动计划并在年前全部会签下发，对各企业上报的改革实施方案开展审核备案。适应集团公司业务发展需要，对天然气销售体制、审计体制、储气库业务管理体制等实施优化调整，整合集团公司总部机关财务部门，组建集团公司共享服务中心筹备组，成立共享服务西安中心，进一步提高资源配置和组织运行效率。认真组织落实人力资源共享服务推进方案，开展业务培训，优化细化流程，提前完成共享服务试点任务。把坚持党的领导与完善公司治理统一起来，强化党的组织在同级组织中的领导地位，集团公司所属绝大多数企业顺利完成领导体制的优化调整。推行企业和领导人员岗位分级分类管理，取消局处科机构规格和职务级别，建立“纵向分级、横向分类”的层级类别动态管理机制，实现由身份管理到岗位管理的转变。

【领导班子建设】 坚持把学习领会习近平新时代中国特色社会主义思想和党的十九大精神作为领导班子建设首要政治任务，累计举办领导人员专题培训班300余期，企业中层以上领导人员全部参加培训，完成率100%。深入贯彻新时代党的组织路线，研究制定《关于在领导人员选拔任用工作中突出政治素质考察的实施办法》《关于进一步激励广大干部新时代新担当新作为的实施意见》《关于推进企业领导班子岗位及职数专业化设置的意见》，修订集团公司《企业领导人员管理规定》《党组管理的企业领导人员职务名称表》。强化对领导人员的管理监督，对所属企业领导班子民主生活会进行全覆盖、全过程督导，持续推进“三超”专项治理整改，加大干部档案检查力度，改进加强领导人员因私出国（境）管理，持续深化“裸官”治理，从严规范领导人员离任管理和薪酬待遇，使从严管理干部成为常态。加大优秀年轻干部培养选拔力度，梳理细化未来五年集团公司培养选拔优秀年轻干部的目标任务，按成熟度和专业分布区分掌握一批优秀年轻干部。

【人才队伍建设】 适应新时代人才工作要求，健全完善人才政策制度体系，出台《关于完善人才成长通道建设的意见》《关于分类推进人才评价机制改革的指导意见》《关于加强党委联系服务专家工作的实施意见》，制定印发《培训机构管理办法》《远程培训管理暂行办法》《培训师资管理办法》。扎实推进领军人才队伍建设，围绕培养造就具有较强创新创效能力的创新人才团队，落实12家单位“石油科学家”培育对象的培育目标和具体措施。针对油田、炼化等主营业务领域急需解决的工程技术瓶颈问题，组织3期专家技术咨询会诊和“技能西部行”活动。以提高专业精神和创新能力为重点，加大专业技术人才培训力度，选拔27名优秀高级技术专家外派访问，开展学术交流；选拔44名石油科学家培育对象、青年科技英才培养人选赴清华大学等高校自主进修学习。改进高校毕业生招聘程序，统一实行考试准入制度，委托公开招标选定的第三方考试服务机构对应聘毕业生进行通用能力测试，提高准入门槛，提升引进质量。落实石油名匠培育计划，精心培育技术精湛、德艺双馨的技能领军人才，1人获国家技能人才最高奖“中华技能大奖”，4人获“全国技术能手”，42名专业技术人员和8名技能专家获评“国务院政府特贴专家”。

【劳动用工管理】 树立人力资源价值思维和效益导向，创新优化人员配置方式和分流安置渠道，鼓励企业和员工动起来、走出去，将富余低效的劳动力转化为能够为企业创造价值的人力资源。推进控总量与调结构工作，严把入口、畅通出口，从严从紧控制员工总量，精准补充核心业务、重点工程项目、一线队伍和关键岗位人员，劳动用工效率显著提升。改进员工总量调控方式，实行差异化管控，建立以人均劳动效率为考核导向的控员模式。制定《关于分离“三供一业”等办社会职能人员分流安置有关问题的意见》，稳妥推进剥离办社会职能人员移交工作。多措并举挖潜盘活人力资源，搭建覆盖集团和企业两个层面的人力资源统筹配置平台，打破业务、区域、企业间人员流动壁垒，通过内部统筹配置、有效拓展外部市场、畅通员工退出渠道等措施，优化盘活用工3万余人。启动油气田、炼化、管道运营企业组织机构设置规范修订工作，完成《燃气企业基层单位劳动定员》《煤层气井站劳动定员》等4项标准的制修订，以及《录井工程劳动定额》《工程建设企业组织机构设置规范》等11项企业标准的复审。

【薪酬绩效管理】 以促进集团公司稳健发展和高质量发展为中心，业绩考核突出目标引领、强化业务联动，围绕整体效益最大化，拓展完善一体化联动考核，试行年度业绩目标分档管理，实施三年中期业绩考核，针对性、导向性和有效性进一步提高，激励约束作用显著增强。在国务院国资委2017年度经营业绩考核中，集团公司继续保持A级，连续11年获“中央企业业绩考核工作先进单位”称号。完善工资总额决定机制，区分企业功能定位和业务特点，采取“工效挂钩、预算管理、一企一策”的差异化工资总额决定办法，使调控更具针对性，增幅差距10%以上。出台《关于进一步深化薪酬分配改革的意见》，明确3个方面、17项具体薪酬分配改革任务，形成清晰的路线图和时间表。强化重点人员精准激励，调整提高上岗津贴、夜班津贴标准，持续加大向科研单位倾斜和基层一线关键艰苦岗位人员的激励力度。健全完善科技成果转化创效、安全环保、成品油纯枪上量等专项奖励政策，从薄弱环节入手、在关键短板发力，助力企业高质量发展。强化社会保险的保障作用，在社会保险移交、年金管理办法修订、补充医疗保险规范运行等方面取得实质性进展。

（于维海）

生产经营

【概述】 2018年，面对复杂多变的市场环境，集团公司认真贯彻落实党中央、国务院决策部署，紧抓成品油市场回暖、天然气需求增长等有利时机，坚持稳健发展方针，扎实推动高质量发展，充分发挥一体化优势，及时调整生产经营策略，统筹优化油气两条业务链，深入实施开源节流降本增效，持续推进改革创新，生产经营组织到位、业绩好于预期。

【生产经营计划】 发挥一体化优势，加强运行优化组织，不断提升质量效益，持续推进集团公司高质量发展。强化市场需求预测研究，每季度组织召开国内外市场形势分析会，研判国内外经济形势、油气市场和油价走势，提高生产经营工作的前瞻性和预见性。以集团公司整体效益最大化为目标，充分利用原油资源整体优化模型集中开展年度、季度和月度计划优化测算，突出集团公司整体效益最大化，为科学制定生产经营计划提供有效支撑。持续优化原油资源配置，加大向炼化一体化和效益好的企业资源倾斜力度；坚持计划“一本账”管理，强化运行协调，刚性执行计划，成品油产、销、贸总体平稳运行。2018年分月原油加工计划执行率100.1%，成品油生产计划执行率100%，成品油产调率99.2%，出口计划执行率100%。科学制定天然气生产经营计划，强化月度生产经营管理和冬季天然气保供计划的制定，协调推进天然气产能建设，天然气产量超额完成年度任务目标，同比增长 5.9%；在保证国产气全产全销的前提下积极筹措进口资源，进口气同比增长 27.5%；天然气销售量保持两位数以上增长，达 13.5%。

【资源优化配置】 统筹资源、市场和效益，加强产、销、贸整体优化，科学安排加工量。2018 年加工原油和生产成品油同比分别增长 6.7% 和 9.2%。优化炼化企业产品结构，突出高效产品增产增效，航空煤油产量增长 23.4%，98 号汽油产量达 26 万吨，生产柴汽比 1.19，同比下降 0.09 个单位。大力推进减油增化，有效开展化工原料互供，乙烯原料互供量增长 13.2%，按计划足额接收油田轻烃液化气，保持乙烯、芳烃等装置高负荷运行，2018 年乙烯产量超计划 9 万吨，合成橡胶产量同比增长 7.3%。国内积极扩销上量，面对国内成品油市场供大于求、竞争日益激烈的严峻形势，大力实施精细营销，努力扩销上量，突出纯枪销售，2018 年销售成品油同比增长 2.5%，其中汽油增长 2.1%、柴油增长 1%，扭转了 2012 年以来柴油销量下降趋势，航空煤油销量增长 16.1%。全力加大成品油出口。积极开拓海外市场，提前落实出口资源，严格按船期备油装船，实现出口计划无跨月，2018 年出口成品油超年计划 189 万吨，同比增长 14.6%，有效减少国内库存上涨与批发亏损，保障产销平稳运行。大力开拓澳洲等高效市场，占比达 32.2%，海外账户盈利超过 4000 万美元。针对国内天然气市场需求持续旺盛的形势，兼顾市场保供和效益原则，优化资源配置流向，保持国产气满负荷生产，保证履行进口天然气长期贸易协议，根据产业链整体效益优化现货 LNG 采购，保障市场稳定供应。优化地下储气库注采方案，注气量同比增长 22.2%，储气调峰能力进一步提高。提前备足冬季调峰资源，通过签署商务合同锁定互联互通资源，并按照国家有关要求，强化需求侧管理，圆满完成冬季天然气保供任务。

【生产运行协调】 突出资源配置优化，千方百计增加直属炼油厂资源供应。为确保中俄管道原油长期贸易合同顺利执行，重点协调辽阳石化加快俄罗斯原油项目建设进度，实现安全环保一次开车成功并满负荷运行。坚持优质资源高效利用，积极协调油气田液化气供应中国石油直属炼化企业，供应量同比增长 17%，为炼化企业优化乙烯原料结构、增强盈利能力创造条件。周密组织炼油厂检修，超前谋划，周密安排，顺利完成 8 家炼油厂大检修，坚持“大平稳就是大效益”的理念，强化受控管理，炼化生产实现安全平稳运行。全力接收直属炼油厂成品油资源，在直属炼油厂成品油产量大幅增长、运力与仓储能力基本保持不变情况下，刚性执行交（接）货计划，2018 年接收直属炼油厂资源同比增长 6%，有效保障原油业务链平稳运行。

强化外采管理，对外采进行细化分类管理，坚持有效益的外采，坚持控外采、保直炼，外采汽柴油同比减少 243 万吨，有效保障炼油厂生产后路，为集团公司整体增效做出贡献。千方百计稳定市场供应，提前制定保供方案，加强调运组织，完成首届上海进口博览会、上海合作组织青岛峰会、北京中非合作论坛等特殊时段、重点地区的成品油稳定供应。

协调推进管道投产，加强协调，统筹推进，加快配套储运设施及手续办理，细化落实投产方案，实现钦南柳管道、云南管道昆明支线、抚锦管道及配套油库一次投产成功。积极推进成品油管道增输上量，努力增加管输品种、合理扩大管道沿线分输站辐射范围，2018 年管输成品油同比增长 2.6%。积极推动解决成品油管道混油处理问题，加强调研分析，制定处理与试点方案，云南管道在线回掺试点取得成功，节约混油处理费用 400 元 / 吨以上，初步形成混油处理长效机制。重点协调长庆油田周边天然气产销矛盾，内部炼化企业用气，西气东输管道、西南油气田龙王庙气田检修期间天然气资源平衡，以及研究解决宁夏石化第三套化肥装置投产用气等问题，实现上中下游平稳顺畅运行。积极应对地质灾害等原因导致中缅天然气管道燃爆、西南油气田鸭子河穿越段水毁等不可抗力影响，通过及时调整储气库注气、优化管道运行方案、加快设施抢修等措施，最大程度降低集团公司损失。

【对外沟通协调】 针对去冬今春天然气资源紧张、市场保供难度大等问题，集团公司总部机关和相关企业参加国家天然气产供储销体系建设部际协调周例会 50 余次，提出议题 100 余项，推动国家层面协调解决冬季保供、互联互通重点工程建设等重大问题。通过多渠道向中共中央办公厅、国务院办公厅、国务院国资委专报天然气保供信息，积极建言献策，推动国家出台居民气与非居民气价格并轨、致密气补贴、延长页岩气补贴等政策。在国家控制成品油出口总量的大环境下，全力以赴争取增加出口配额，2018 年获批配额量同比增长 14.2%，为集团公司成品油产销平衡创造有利条件。积极协调铁路总公司，克服运力紧张、卸车困难和恶劣气候等影响，强化运输衔接，确保长庆、青海、华北二连、大庆塔木察格等油田在炼油厂检修期间及特殊时段的后路畅通。

【运行管理机制】 充分利用集团公司生产经营周例会平台，及时掌握生产经营动态，坚持问题导向，组织召开现场协调会15次，及时解决生产运行重点难点问题70余项，有效保障油气业务链顺畅运行。研究解决进口LNG压船和管道分输站管理权限划分等问题，理顺油气田周边天然气销售管理机制，优先保障内部炼化和销售企业用气，实现天然气业务平稳运行。提前部署，统筹制订中国石油国Ⅵ标准汽油、柴油质量升级方案，加强衔接协调，按计划有序推进转产、置换工作，确保2019年1月1日全部销售国Ⅵ标准油品。有序推进石油储备工作，全面完成独山子和兰州国储库收储任务，顺利实现锦州国储库投产进油；强化企业商业储备油运作，2018年销售、借出和收储原油258万吨，有效发挥了商业储备的调节保障作用。充分发挥价格导向作用，集团公司出台超年计划汽油实施市场价格、95号汽油出厂价下调等价格政策，促进高效产品增产增销。

【天然气“产、供、储、销”体系建设】 按照党中央、国务院领导有关批示要求，以及国家发改委和国家能源局工作部署，集团公司成立天然气产、供、储、销体系建设专项协调组，加快推进天然气产、供、储、销体系建设工作。加快国内天然气勘探开发力度，全力推进产能建设，新建产能同比大幅增长27.7%；持续挖掘气田生产潜力，保持满负荷生产。加大进口气引进力度，加强中亚气谈判，确保中亚气稳定供应，扎实开展进口LNG长期贸易谈判并签署购销协议，积极推进天然气进口多元化。推进天然气管网互联互通工程建设，按计划陆续建成投产21项互联互通重点工程，有效贯彻落实国家发改委和国家能源局关于“全国一张网”的要求。按照国家关于提高储气调峰能力的要求，组织对70余个建库目标开展库址筛选和论证工作，确定地下储气库建设规划，加快推进储气库建设，努力增加储气调峰能力。按照国家大气污染防治和打赢蓝天保卫战三年行动计划，全力保证北方“煤改气”重点地区天然气稳定供应，向京、津、冀、晋、鲁、豫、陕等北方7省（直辖市）供气量同比增长14.3%，高于集团公司平均销售增幅。

（张东波）

资本运营

【概述】 2018年，集团公司资本运营工作坚持稳健发展方针，按照战略型资本运营、价值型股权管理的工作目标，促进产业结构优化升级和资源优化配置，在法人压减、资本市场、合资合作、股权投资、海外收购、基础管理、专职董监事等方面取得新突破、新进展、新成效。

【制度建设】 建立完善制度体系，为规范股权管理打下基础。修订完善“1+n”股权管理制度体系，涉及股权投资、行权履职、重组整合处置、股利分配、专职董监事在内的全过程管理，下发《中国石油天然气集团有限公司股权管理办法》（中油资〔2018〕538号），落实股权管理主体责任，明晰职责界面，优化管理流程，基本实现规范化、标准化。落实简政放权政策，为扩大企业经营自主权提供保障，在对股权投资审批事项、权限、程序进行调查梳理的基础上，进一步加强专业公司及地区公司的股权投资授权管理工作，加强监督管理，提高市场应变能力，提升股权投资决策效率，确保授权管理“放得下、接得住、管得好”。

【资本运营工作会议】 2018年10月15—16日，召开集团公司资本运营工作会议，会议全面总结集团公司过去5年的资本运营工作，表彰中国石油国际勘探开发有限公司等32家2013—2018年资本运营工作先进单位和喻静等178名先进个人，交流经验。明确今后一个时期资本运营工作思路是深入贯彻落实党的十九大精神和新发展理念，围绕建设成为世界一流综合性国际能源公司战略目标，坚持高质量发展方针，突出战略引领、价值导向、整体协调、开放合作，加强市值管理，加大股权融资，落实效益优先，转变发展方式，优化产权结构，转换增长动力，着力提升资本创效能力、改革创新能力、质量管控能力、风险防范能力，努力实现资本运作高质量，管理基础高质量、股权管理高质量、行权履职高质量、并安排部署狠抓股权基础管理、加强顶层设计、完善全生命周期管控体系等 8 个方面重点工作。

（岳松伟）

【资本市场】 加强所属上市公司市值管理，实现公司价值最优化。通过发挥领导决策参谋作用，积极建言献策，为有效开展资本运作项目工作奠定基础；推动所属上市企业重视市值管理工作并探讨加强市值管理的有效方法和策略（表 4）。

集团公司 2018 年成功发行集团公司第二次可交换债，募集资金总额 200 亿元。此次可交换债项目在融资成本不断攀升的市场环境下实现低成本融资，在资本市场树立集团公司的良好形象。

为深化央企改革，盘活存量股份，优化上市公司股权结构，集团公司以所持市值 100 亿元的股份公司股票换购同等价值的央企结构调整 ETF 基金份额。换购 ETF 基金分散了集团公司投资风险，起到国有资产保值增值的作用。

表 4　集团公司所属上市公司 2018 年度股价走势综合简表

项目	2018 年 1 月 2 日 收盘价（元 / 股）	2018 年 12 月 28 日 收盘价（元 / 股）	2018 年涨跌幅（%）
A 股上证综指	3348.33	2493.90	–25.52
股份公司	8.10	7.21	–11.00
中油工程	5.88	3.63	–38.22
A 股深证成指	11178.05	7239.79	–35.23
中油资本	14.45	10.75	–25.60
大庆华科	20.65	12.40	–39.96
港股恒生指数	30515.31	25504.20	–16.42
昆仑能源（港元 / 股）	8.07	8.20	1.58
布伦特油价（美元 / 桶）	66.55	54.15	–18.63

2018 年，在中美贸易摩擦不断升级、证券市场审核趋严、资产管理新规落地以及经济下行压力明显等背景下，A 股受到较大冲击。A 股、港股与美股走势基本保持一致，呈现震荡下跌态势。

股份公司：2018 年，股份公司股价随国际油价和大盘整体波动，全年累计跌幅约 11.00%，走势仍然强于上证综指。

昆仑能源：2018 年，昆仑能源股价整体呈震荡态势。自年初至 4 月下旬股价持续震荡下行，进入三季度以后，在昆仑能源披露上半年优异业绩、国内天然气消费不断增长、国家相关利好政策不断出台等因素驱使下，昆仑能源股价一度扭转颓势，并于四季度初期涨至全年高点。2018 年整体涨幅 1.58%，好于恒生指数。

中油资本：2018 年，中油资本总体呈现震荡下行趋势，全年累计下跌 25.60%，表现好于深证成指。

中油工程：2018 年，中油工程从年初至 5 月初呈震荡下行趋势，5 月有所回升，其后再度下跌，7 月上旬至 10 月初呈震荡上升走势，之后一路下跌。整体而言，2018 年中油工程股价呈下行趋势，全年下跌 38.22%，表现不及上证综指。

大庆华科：2018 年从年初至 2 月上旬大庆华科股价持续下跌，随后明显回升，3 月 23 日达到全年股价最高增幅，之后整体下行。2018 年大庆华科股价下跌约 39.96%，表现不及深证成指。

（胡晓云）

【股权投资】 坚持战略引领，制定实施资本运营"十三五"中期调整专项规划，组织开展资本运营业务"十三五"规划中期评估和调整工作，对 2020 年发展目标和工作任务进行丰富和完善，展望 2035 年和 2050 年远景目标。2018 年，纳入资本运营"十三五"规划的项目整体执行完成率超过 70%。加强股权投资源头管控，严控非主业股权投资和低效投资项目，坚决否决一批股权投资效益低、风险大的项目。积极促进成品油销售网络建设，对经济发达、交通便利、具有铁路运输条件或配套码头的地区油库等，分地域开展销售业务合资合作。2018 年，通过新设、增资、收购等方式投资 47 个控参股公司，持续推进天然气业务合资合作，战略布局基本形成。稳妥推进海外重点项目审批，包括加拿大四方 LNG 项目部分权益转让、苏丹 6 区项目部分权益转让、CNPC International Ltd. 优先股赎回、阿布扎比 2018 项目交易架构研究等项目。

（晁建东　李　致）

【股权处置】 截至 2018 年底，累计压减法人 553 个，压减比例 21.4%，压减法人户数在央企排名第三，在三大石油公司排名第一，实现“三年压减、两年完成”的工作目标。法人压减取得 3 个方面的显著成效：（1）控制“出血点”，降低潜在风险。清理退出大量低效无效、扭亏无望、资不抵债的法人，有效处置一大批历史遗留问题，排除多个风险点，员工队伍保持稳定。（2）理顺管理关系，提高管理效率。法人压减与业务重组、改革发展、结构调整有机结合，按照“宁养人，不养低效无效机构”的管理理念，理顺各层级的职能配置，撤并低效无效机构，消除内部同业竞争、业务交叉、管理重叠等问题。（3）减少成本费用，实现提质增效。通过压减，人工成本和管理费用分别减少 8.5 亿元、15 亿元，股权投资收益率大幅提升，达到 12.69%，是 2016 年的 3.5 倍。

（莘成江）

【股权管理】 按照国务院国资委通知要求，组织产权登记数据核查的督导落实，现场检查涉及法人近 1000 户，覆盖控、参股法人总户数 1/3 以上；对 2781 户法人在产权管理综合信息系统的产权登记、资产评估、发债管理、上市公司国有股权管理等 4 个模块的信息逐一核对，及时更正数据错误、信息不完整等情况，完成产权登记数据核查和数据接口工作。

组织并完成股权管理信息系统与国务院国资委产权管理综合信息系统数据接口的开发，2018 年 12 月 11 日完成股权系统产权登记接口数据比对功能，12 月 15 日产权登记数据接口功能正式上线，并增加登记前校验功能，确保数据基础一致，实现顺利传输。

强化股权价值管理，落实完成 2017 年股利分配工作，各级境内外企业到账金额 480.16 亿元，分配比例 39%，其中：独资及合并全资企业 145 亿元，分配比例 21%；控参股公司 335.14 亿元，分配比例 63%。

（莘成江）

【专职董监事业务】 继续完善推广专职董监事制度，积极行权履职，确保出资人意愿得到落实，专职董监事深入任职公司，解决出资人作用弱化、管理缺位的问题。2018 年，专职董监事参加“三会”（股东会、董事会、监事会）及专业委员会 1200 余次，处理会议议案近 4000 件，提出多项有关公司治理、战略、投资、财务、运营、考核等管理建议，充分发挥专职董监事在公司治理中的独特作用。强化科学管控，增强对所任职公司的控制力，在促进所任职公司科学决策、防范经营风险等方面，有效发挥专业化和职业化作用。部分地区公司推行专职董监事制度的积极性不断提高。

【收购大连西太股权】 2018 年 9 月 27 日，与道达尔完成《资金托管协议》《股权转让协议》签署；12 月 6 日，与中化在石油大厦举行签字仪式，完成《产权交易合同》《战略合作协议》《补充协议》签署；12 月 18 日，向国家市场监督管理总局反垄断局正式提交经营者集中申报材料。股权收购工作顺利推进完成，大连西太未来能够实现多方共赢，理顺大连西太的管理关系，彻底解决股权分散，股东一票否决的顽疾；收购价格合理，具有较好的经济性；实现中国石油对大连西太绝对控股，有利于东本成品油市场稳定；有助于进一步巩固深化与道达尔全球战略合作关系。

（岳松伟）

石油金融

【概述】 中国石油集团资本股份有限公司（以下简称中油资本）按照集团公司党组决策部署，充分发挥金融业务整合、金融股权投资、金融资产监管、金融风险管控四个平台职能，按照专业化管理、市场化运作、特色化服务、协同化发展方向，牢牢把握产业金融工作定位，坚持稳健发展和低风险偏好，强力推进改革，严加防控风险，全力提升服务集团公司油气主业水平。

中油资本下辖7家控股公司、3家参股公司，涵盖财务公司、银行、信托、金融租赁、保险、保险经纪、证券、信用增进等业务，是目前国内规模较大、牌照较为齐全、竞争力较强的央企金融控股上市公司。2018年，中油资本克服宏观经济环境以及金融行业严峻形势和不利影响，实现营业总收入稳步增长，盈利水平持续提高，财务状况保持稳健，发展质量稳健向好。截至2018年底，管理总资产约1.4万亿元。2018年实现合并营业总收入338.9亿元、利润总额171.4亿元，同比分别增长15.6%和6.2%；实现净利润142.5亿元，同比增长5.5%；归属于母公司净利润72.4亿元，同比增长5.8%，全口径净资产收益率继续保持在10%以上；实现每股收益0.8元，同比增长5.26%。

截至2018年底，中油资本本部及控股公司共有员工4092人（不含中意人寿及劳务用工），80%以上来自中国石油系统外，超过88%的人员具有大学本科及以上学历。中油资本统一明确不再区分合同化与市场化员工身份，均按照公司员工享受同等待遇。中油资本本部现有员工38人，其中中共党员31人，31人具有硕士及以上文化程度，18人具有高级技术职称，员工平均年龄40.6岁，队伍结构合理，素质良好，精干高效。

2018年，在《证券时报》主办的“第十二届中国上市公司价值评选”活动中，中油资本获“中国上市公司资本运作标杆奖”，在上海证券交易所和深圳证券交易所3000余家上市公司中只有10家获此殊荣。在深圳证券交易所2017年度信息披露考核中中油资本获评A类单位（共77家单位获评A，占深圳证券交易所主板市场476家上市公司的16%），中油资本上市首年就步入信息披露第一梯队，在资本市场树立了良好的企业形象，逐步成为业界标杆。

【金融企业股权运营】 2018年8月，中油资本1亿美元入股全球最大通讯基础服务商中国铁塔股份有限公司（简称中国铁塔），双方以资本为纽带，建立全方位战略合作关系。投资中国铁塔后，股价涨势良好，2018年累计盈利在15%以上，有效实现央企办金融支持实体经济发展、以融促产的目标。

投资中美绿色基金，布局绿色金融。2018年12月，中油资本3亿元人民币认购中美绿色基金，在私募股权投资基金领域进行布局。依托该基金的国家背景和专业化、市场化投资团队，实现丰厚投资收益，布局战略新兴产业，培育新的业务增长点，为中油资本聚焦战略性新兴产业，布局绿色金融迎来“首秀”。

股权投资“上下一体，总分联动”。中油资本本部股权侧重于补齐金融牌照、响应国家政策导向、支持集团公司主业和混改、发挥业务协同作用、发展绿色金融服务等方面发挥积极作用。鼓励各成员单位发挥自身优势，积极拓展新兴股权投资业务。积极助推昆仑信托股权投资战略转型，减少国家资产管理新规定的不利影响，做好授权、把控风险。

【金融业务管理】 金融业务管理有序开展，金融资源统筹见成效。2018年中油资本发挥资源整合优势，与5家大型商业银行建立战略合作关系，签署战略合作协议，取得授信额度2180亿元，累计额度达到4590亿元。为昆仑信托“光大45亿委托资金”“集团140亿委托资金”项目向集团公司出具安慰函；为昆仑信托“工行10亿借款”项目向工商银行出具授信切分函、安慰函；为昆仑租赁节省融资成本，协调向光大银行提前偿还20亿元高利率借款。

优化金融业务管理流程，下放担保审批权限、固定资产权限。由于外部监管政策与环境变化，为进一步加快担保业务审批效率，满足飞机租赁业务发展需要，根据昆仑租赁业务特点及申请，结合内部流程，拟将集团公司对外担保审批权限转授权给昆仑租赁。为提高昆仑银行信息系统建设和营业网点建设投资管理效率，协助昆仑银行向规划计划部申请四类项目权限下放，配合昆仑银行加大投资力度安排。

积极争取良好政策环境。2018年集团公司修订多项制度，其中《投资管理办法》《担保管理办法》《降杠杆减负债实施意见》对金融业务影响较大，原制度中的管理规定未考虑金融业务的特殊性，管理方式也完全不适用于金融业务，个别条款甚至对正常金融业务开展约束更严格。针对产业办金融的特殊性，中油资本与集团公司规划计划部、资金部多次沟通、争取，解释金融业务的本质与特殊性。经过努力，上述三个制度最终按金融业务需要进行修改。

【产融结合、融融协同】 产融结合取得阶段成果。中油资本按照整体推进、重点突破的思路，依托中国石油资源优势，建立区域联络协调机制。2018年成功举办华北地区产融结合推进会，在大庆、成都、上海等5个地区召开产融结合协调会，累计在全国8个地区建立产融结合协调机制，实现中国石油集团全覆盖，开辟便捷高效的区域合作新渠道。

产融结合运行机制常态化。建立产融结合领导小组、工作小组，专门负责产融结合、融融协同推进工作。加快配套考核机制建设，研究内部产融结合量化考核激励机制，2018年度尝试将“沟通次数、产融收入”纳入考核统计。组织控管8家金融企业与中油工程、中油管道、天然气销售三大板块开展战略合作，与33家地区公司进行业务交流，推动建立与专业板块和地区公司的分条线协同机制。

融融协同开端良好。出台融融协同指导意见，加快配套考核机制建设，研究内部经理团队制度，走进基层解决问题，为控管金融企业协同发展指明方向。金融企业持续深挖油气产业链价值，产融共赢效果明显。

【金融风险管控】 中油资本持续完善“两级管理、三道防线”风险管控架构，健全多层次、定期化的风险管理沟通和风险信息共享机制，促进与金融企业风险管理工作协同。两级管理指中油资本和金融企业两个层面的管理权限，三道防线指业务、风险、审计前、中、后台三个平台。各金融企业坚持合规经营、稳健发展，完善业务和风险管理的制度流程，落实前、中、后台风险职责，进一步增强项目全过程风险管控能力，持续夯实合规管理基础，资本充足，拨备计提充分，风险控制基础扎实。2018年风险指标优于行业监管标准，不良资产率保持在行业较低水平。

【金融人力资源市场化改革】 扩大收入差距，实现精准激励。2018年继续坚持“重业绩、保骨干、树标杆”的分配原则，薪酬向承担业绩指标的一线岗位以及在价值创造中发挥关键作用的人员倾斜，骨干员工流失问题得到明显缓解。根据中油资本对金融企业的工效挂钩办法，实行差异化分配，人均年收入最高涨幅30%、最低10%，同级别前台部门经理工资差距达6倍。2018年人才流失率同比下降3个百分点，达到行业平均水平。特别是业务骨干和中高层重点岗位的流失率以3.2%、2.7%、0.8%的趋势逐年递减。

开展高管人员薪酬绩效研究，推进职业经理人试点。按照“业绩薪酬双对标”原则，突出市场导向，兼顾企业实际，初步制定金融企业高管薪酬绩效管理办法及配套方案，解决金融企业高管层薪酬待遇偏低问题。坚持“党管干部、党管人才，市场导向、内转外引，契约管理、责权明晰”的原则，确定昆仑银行职业经理人岗位分工和任职资格标准，落实任期制和契约化管理要求，拟定薪酬考核、岗位退出措施，界定职业经理人权力范围和行权方式，起草《昆仑银行职业经理人制度实施方案》，拟于2019年初择机启动实施。

【金融企业对标】 中油财务有限责任公司：在全国247家财务公司中，选择净资产在200亿元人民币的中国电力财务有限公司、中国石化财务有限公司、中国移动财务有限公司和上海汽车集团财务有限责任公司进行对标，中油财务有限责任公司资产总额、营业收入、利润总额在行业中处于一流水平，同比继续保持行业领先地位。

昆仑银行：在公布2017年财务报表的88家城市商业银行中，选择规模、效益指标都较好的长沙银行、贵阳银行、成都银行进行对标。通过对标分析，昆仑银行具有净资本充足、风险可控、产融结合背景下发展后劲较强的优势。上市以来，昆仑银行通过各种举措，存贷款规模稳步增长，净息差水平显著提升，盈利能力与行业平均水平差距不断缩小。但与行业平均水平相比，还存在存款规模较小、投资能力不足、中间业务发展缓慢等问题。

昆仑信托：在68家信托公司中，选取与昆仑信托资产规模接近、效益较为突出的华能信托和中航信托进行对标。通过对标分析，昆仑信托具有净资本充足、发展后劲大的优势，但还存在信托规模较小、与行业平均水平差距较大、股东增资未充分发挥效益等问题。

昆仑租赁：全国69家金融租赁公司中，2017年公布年报22家，选取与昆仑租赁净资产规模相近的江苏金融租赁股份有限公司进行对标。通过对标分析，昆仑租赁具有净资本充足、发展空间大的优势。上市以来，在国内主要金融租赁公司利润普遍下降的情况下，昆仑租赁逆势小幅增利。但和一流金融租赁公司相比，存在项目收益率较低、净资本利用效率有待提高等问题。

专属保险：截至2017年底，国内获批成立的自保公司7家，中石油专属保险注册资本、资产总额、已赚保费和利润总额均在自保公司中处于行业一流水平。

中意人寿：截至2017年底，全国共有寿险公司85家，公开披露年报61家，选取营业利润和净资产收益率较为突出的中信保诚人寿保险有限公司进行对标。通过对标分析，中意人寿行业排名处于中上水平，投资端盈利能力较强，偿付能力充足。但与一流寿险公司相比，还存在保费收入低、单位保费退保支出和手续费佣金较高的问题。

中意财险：截至2017年底，全国共有财险公司85家，行业整体净利润为负。公开披露年报的64家财险公司，亏损企业占40%以上，选取净资产规模和保费规模与中意财险接近的中航安盟财产保险有限公司进行对标。通过对标分析，中意财险在行业中排名比较靠后。上市以来，中意财险积极通过各种优化措施，保费增速高于行业平均水平，但仍存在保费规模小、成本费用较高、投资收益率较低的问题。

行业对标结果显示：财务公司和专属保险公司在所属行业处于一流水平；昆仑租赁、中意人寿规模和效益处于行业中等水平，部分指标好于行业中等水平；昆仑银行和昆仑信托净资产规模处于行业较高水平，昆仑银行净资产收益率略低于行业中等水平，昆仑信托净资产收益率与行业中等水平差距较大；中意财险规模和净资产收益率均处于行业较低水平（后30%）。

（陈若莲）

法律工作

【概述】 2018年，集团公司法律工作坚持创新引领，推进管理提升，突出制度优化，狠抓基础建设，各项工作扎实推进，在促改革、强管理、保发展、防风险中发挥了应有作用。

【依法合规管理】 集团公司党组加强法治建设组织领导，为全面依法治企提供有力保障。成立由董事长任组长的法治建设领导小组，强化法治建设统一领导。集团公司党组专题听取法治建设汇报，就进一步加强法治建设提出具体要求。以贯彻落实国务院国资委规定的企业领导人员法治建设职责为重点，对照检查标准，全面梳理情况，逐项评价落实，着力改进提升，抓检查促提升成效显著。制定印发集团公司《关于进一步加强企业领导人员履行推进法治建设职责的意见》，全面施行企业总法律顾问制度，配备总法律顾问的企业由年初56家增加到年底109家。各企事业单位以专项检查为契机，采取有力措施补齐短板，法治建设进章程、进制度、建机构、建机制等要求逐步落实到位，依法治企工作基础进一步夯实。

修订集团公司《合规管理办法》《诚信合规手册》和《通用法律禁止性强制性规范指引》，强化全面合规定位，完善管理措施，更新行为规范。逐层建立合规联络员机制，逐级开展“依法合规经营”绩效考核，促进“管业务管合规”责任落实。深入开展合规培训，通过党委中心组集体学习、党校班、中青班、总会计师培训班等平台强化领导干部合规理念，制作视频培训课件开展全员合规培训，各企事业单位组织95万余名员工完成《诚信合规手册》线上学习和承诺签订。经过上下共同努力，集团公司合规管理逐步由抓专项向全覆盖拓展，由碎片化向机制化提升，由重筹划向重落实过渡，整体工作走在中央企业前列，在2019年国务院国资委召开的中央企业法治工作会议上做典型发言，取得良好反响。

以宪法学习宣贯为重点，多载体多层面开展法治宣传教育。制订关于加强宪法学习宣贯工作方案并组织落实，集团公司党组和部分企事业单位党委中心组召开宪法专题学习会议，并将宪法纳入机关干部党的十九大集中培训内容。结合实际，创新普法工作方式方法，持续开展重点法律知识普及和企业法治文化建设。部分企事业单位制定《法治宣传教育管理办法》，进一步明确“管业务管普法”责任制，细化职责清单，保障普法工作深入开展；组织各部门制订落实普法工作计划，推动普法工作经常化和普法考试机制化；将普法工作纳入综合管理体系审核内容，通过检查考评促进普法责任落实，在提升员工法律素质上见到较好效果。

【制度建设】 制度“立改废”工作进一步深化。适应集团公司高质量发展和依法治企、深化改革对制度建设需求增大的实际，持续加强制度制修订工作。集团公司完成制度制修订106项、废止21项，制度印发总量较以往增加一倍左右；各企事业单位结合实际推进制度转化、细化，制度覆盖面不断拓展。落实制度梳理评价和按计划制修订要求，关键条款由法律部门与起草部门共同论证，重要制度集体审议决策，较好地保障制度质量。部分企事业单位组织内外部专家开展制度评审，提升制度建设的科学性合理性；开展制度清理规范，在优化制度体系上取得较好成效。制度宣贯实施有效开展。将制度作为业务培训重点内容和监督检查主要依据，落实严格执规和违规追责要求，着力提高制度执行力。部分企事业单位组织制度宣讲团下基层宣讲，开展视频培训和制度执行专项检查等活动，促进干部员工掌握并落实制度规定。

体系融合第三批试点实现预期目标。集团公司法律事务部会同质量安全环保部、改革与企业管理部等部门召开体系融合工作启动会、专题交流会和专项培训会，通过月度报告、季度通报、重点企业现场督导、开发信息平台等方式加强督促落实和交流共享。第三批15家试点单位认真筹划、精心组织、合力推进，按计划完成统一体系文件编制和评审，并陆续开始试运行。通过体系融合，各试点单位原有各类体系文件数量和文字量缩减一半左右，业务流程和工作表单相应有较大程度的精简，既能满足外部监管要求，又减轻基层负担。

【重大涉法事项法律参与】 重大涉法事项法律参与逐步实现制度化。经过前期充分论证，集团公司制定《重大涉法事项法律论证管理办法》，对法律参与范围、程序、要求及责任追究做出明确规定。部分企事业单位制定重大事项法律论证专项制度，促进法律参与规范化。开展销售企业合资合作法律风险专项调查，细化完善法律风险防控措施，并固化进业务制度和工作流程。

重大涉法事项法律论证工作有效开展。集团公司法律事务部和各企事业单位法律部门积极参与合资合作、资产处置、公司治理结构和管控模式优化、油气业务管理体制改革、“三供一业”分离移交等改革发展重大事项，做细做实法律尽职调查、方案筹划、执行跟踪等各环节工作，出具法律意见7000余份，在促进依法决策、规范运作、风险受控上发挥应有作用。

海外业务法律支持保障得到进一步强化。集团公司印发《关于进一步加强境外项目法律尽职调查工作的指导意见》，明确法律尽职调查重点内容和工作要求；各海外业务企业结合项目实际，进一步细化措施要求，提升法律参与的广度和深度。针对海外业务法律风险排查结果，突出重点扎实开展法律风险专项治理，采取有力措施确保重大风险受控。开发应用法律信息共享平台，以哈萨克斯坦和伊朗作为试点，建立法律资源共享机制，取得较好效果。各海外业务企业密切跟踪和应对业务所在国法律环境变化，法律人员全程参与项目尽职调查、合同起草、项目谈判及运行，积极维护企业权益，发挥积极作用。

【合同管理】 合同审查质量和效率有新提高。坚持严格把关与提高效率并重，深入论证合同重要条款，落实审查时限要求，优化合同审查环节和流程，较好地预防合同签订中的法律风险。集团公司制修订合同示范文本8个并强化推广应用，在提高合同审查效率和工作质量中发挥重要作用。部分企事业单位合同示范文本全部启用在线编辑功能，提高合同运行效率；将严禁利用中国石油平台违规经商办企业等要求写进合同示范文本，预防交易中的廉洁风险和违规风险。

合同管理信息化建设扎实推进。加强合同管理信息系统与财务共享平台、ERP、电子采购系统2.0、联合监督系统的集成应用，扩大数据共享范围，发挥合同在强化监督提升管理中的作用。开展合同管理信息系统升级调研，广泛征求企业意见建议，梳理形成升级需求，为系统开发奠定良好基础。定期开展合同信息分析，把握趋势特点，提出措施建议，促进交易运行质量提升。

合同突出问题治理取得较好成效。组织开展事后合同专项治理，事后合同率同比下降23个百分点。针对合同专项检查和巡视、内控测试发现的合同问题，在整改基础上组织开展“回头看”，进一步提高合同管理规范化水平。部分企事业单位制订合同管理负面清单，定期对存在的问题进行通报考核和跟踪整改；严肃合同违规问题考核问责，严格二级单位合同管理能力考评，促进基层单位合同管理水平提升。

【案件管理】 案件处理质量和效率持续提升。集团公司组织各企事业单位排查梳理未结案件情况，系统分析存在的问题，研究制订重大未结案件处理措施。召开专题会议，部署方案优化管理体制、理顺职责界面、强化责任落实，为案件妥善处理提供体制机制保障。部分企事业单位建立案件挂牌督办机制，并多次组织重大案件专题研讨；加大遗留案件处理力度，未结案件数量大幅度下降。在各类案件处理中，法律部门和业务部门协同配合，减少经济损失、避免社会负面影响，取得较好效果。

纠纷案件全过程管理进一步加强。修订集团公司《纠纷案件管理办法》，优化完善案件申报、协同处理、资源共享、责任追究、基础管理等机制性措施，为全面提升案件管理水平提供制度遵循。完成集团公司纠纷案件管理信息系统优化升级，在系统配置、运行速度、查询统计等方面实现功能提升。完善纠纷案件定期分析报告制度，建立重大案件专项报告和法律合规风险提示机制。梳理汇编集团公司典型案例15件，涵盖8个业务领域，较好地发挥案件资源对改进管理的警示和借鉴作用。部分企事业单位在案件分析基础上，对重点业务做出专项风险提示。

【商事与行政法律事务】 修订集团公司《商标管理规定》，对商标取得与维护、使用与许可、管理与保护做出明确规定，进一步规范商标全生命周期管理。制订落实商标优化布局方案，组织商标注册申请数百件，持续开展打击外部商标侵权活动，为维护市场秩序、助力业务发展提供有力支持。研究国家法律法规草案数十件，积极反映立法诉求，提出意见建议近百条并多数得到采纳，在营造良好法律环境上取得较好成效。完成《天然气法》立法研究课题，得到国家能源局专家评审组较好评价，为后续参与天然气立法打下基础。修订集团公司《工商登记管理办法》，以更好地适应深化改革形势要求。针对矿权、税费、反垄断等执法中出现的问题，各级法律部门积极与政府机关沟通，澄清事实，争取理解，在降低损失、维护形象等方面取得较好效果。

【法律队伍建设】 集团公司举办企业总法律顾问及法律机构负责人、法律业务骨干培训班，在培训新知识的同时，针对领导骨干、业务骨干各自实际系统宣讲管理要求和实操技能，组织学员分组交流研讨，相互学习借鉴，较好地达到更新知识、共享经验、促进工作的效果。开展总部机关及所属企事业单位专兼职合同管理人员培训，组织贸易制裁和信息披露专题培训，进一步培育理念，宣贯要求，促进管理。组织参加国务院国资委“法治讲堂”和石油石化企业法治工作协助互动活动，与多家中央企业加强工作交流研讨，借鉴经验、取长补短。

加强外聘律师管理，确保用好外部法律专业资源。制定集团公司《外聘律师管理暂行办法》，在制度层面对外聘律师统一管理、规范选聘、高效使用等做出明确规定。通过公开招标方式，完成集团公司一级律师库首批律师事务所优选准入并开始启用，在集团公司范围实现外聘律师资源共享。部分企事业单位加强律师选聘使用过程管理和效果评价，在加大管理力度、确保服务质量等方面进行有益探索和实践。

（黄珍涛）

物资装备管理

【概述】 2018年，按照“世界眼光、国际标准、石油特色、高点定位”新要求，坚持稳健发展方针，坚持问题导向，深化对标管理，深化精益管理，深化开源节流降本增效，统筹推进物资、招标和装备管理各项工作。2018年集团公司物资采购总额1924.4亿元，同比增长25.97%，节约采购资金125.71亿元，采购资金节约率6.53%，物资期末库存192.3亿元，同比降低3.32%；物资两级集中采购度99.35%，物资、工程和服务总招标率70%，物资招标率88.13%。

【授权集中采购】 统筹推进一级和二级物资、国内和境外物资集中采购。实施2017年版一级采购物资管理目录，一级物资采购金额占比提高到60%，一级物资带量采购和定商定价采购金额占比近90%。围绕集团公司重点工程项目，成立专项协调工作组，充分发挥集中共享、统一决策、分工协作优势，有效保障项目建设物资供应。完成中俄天然气管道东线工程北段等项目1391.8千米钢管采购以及中缅管道改线抢险管道保供任务。特别是西南页岩气开发项目，按照共建共享原则，制定物资采购共享管理办法，搭建共享平台，推行集中采购、集中仓储、集中物流和集中质检。试点二级物资区域协同采购，集中选商定价，结果区域共享。试点非生产物资电商采购，发挥规模优势，实现采购效率和效益双提升。持续深化进口物资集中采购，开展新机组与备品备件及服务打包采购，旋转导向系统和高压采气井口等集中采购项目与当期市场价格相比，节约采购成本20%。

【招标管理】 健全制度标准体系，注重协同合作，加强精细化管理。突出“共享服务、高效专业”的特点，推动区域招标中心建设，集团公司全面深化改革领导小组第27次会议审议通过《区域招标中心顶层设计方案及实施意见》。扎实开展西北分中心试点工作，整合招标资源，优化招标流程，完成招标项目3000余项、授标金额155亿元，节资率6%以上，有效质疑为零，驻陕企业专业化招标率95%以上。以西南油气田招标中心为基础，整合川庆钻探招标中心，积极筹建西南分中心，认真谋划华东分中心建设，招标业务专业化、标准化、规模化和集约化迈上新台阶。推广应用中国石油电子招标投标交易平台，进一步强化阳光透明、标准规范和集约高效招标，2018年累计实施电子招标项目2.1万个，授标金额2300亿元，向国家公共服务平台公开推送招标信息近27万条，特别是创新开展井筒工程项目集中电子招标，共有1000家公司、5000名投标人参与，金额550亿元，在招标领域尚属首例。

【装备管理】 抓装备管理顶层设计，确定装备统一归口管理工作思路，树立装备全生命周期管理理念，制定出台集团公司装备管理办法，规范各层级管理职责和主要任务。组织制定《2019—2021年装备管理工作规划》，提出装备管理工作未来三年的指导思想、工作目标和重点部署，明确2019年为“‘三基’建设年”、2020年为“对标提升年”、2021年为“降本提效年”。加强装备润滑精细管理，在华北油田组织推进会，推动装备润滑集中管理、专业服务、科学替代、实时监测、合理延期、按质换油。统筹研究装备配置标准体系建设，参与智能钻机、压裂装备、连续油管作业车等重大装备的方案评审，完成《石油钻机平移系统技术规范》等13项企业标准制修订。与信息部协作，推进工业互联网平台（设备运行实时监控系统）建设，确定关键装备生产企业、关键装备油气田使用企业、关键装备专业公司管理单位等三种监控管理模式的建设方案。做好重大技术装备推广应用，组织推广超临界二氧化碳压缩机组、轨道式钻机移运装置等12项自主创新重大技术装备，节约采购费用1329万元，指导企业申请推广补贴1000万元，其中首台（套）保险补贴401万元。

【物资采购管理信息平台】 加快物资采购管理信息化建设与应用，建成中国石油电子招标投标交易平台，为强化阳光透明、标准规范和集约高效招标打下坚实基础。推进电子采购2.0系统项目一期建设及试点，搭建采购全业务、全流程的电子采购平台，开展系统详细设计、详细设计方案评审和系统开发测试，组织数据移植与数据准备，完成供应商、价格目录等2961.7万项主数据迁移。电子采购2.0系统在西南油气田、长庆油田等6家单位试点应用，取得初步成效。自2018年7月试点单位上线以来，实现线上采购额6亿元。

【供应商管理】 持续强化供应商管理，库内供应商资质过期自动冻结，2018年暂停供应商及产品交易权限1162家次。完成一级采购物资供应商现场考察全覆盖，处理问题供应商192家。开展年度考核评价，对1661家一级采购物资供应商、15384家二级采购物资供应商，从产品质量、合同履约、售后服务、诚信经营、协同能力、供应份额等方面量化打分、评价分级，处理不合格一级采购物资供应商5家。积极推动与优秀供应商战略合作，共同发展、互惠双赢。

【石油物资分类与代码】 2018年，制定物资分类与编码管理办法及16个关联业务流程，编制冗余物资编码清理工作方案，组织完成252万条编码清理工作。全面摸底调查地区公司编码管理工作，完成集团公司物资分类标准编制工作方案，进一步明确物资分类标准编制工作的目标、内容、原则和技术路线。起草物资分类体系框架，组织建设集团公司物资编码管理专家库物资编码管理专家库，完成地区公司及各专业公司推荐的553名专家入库工作，涉及16个专业类别，覆盖60个物资大类，涵盖生产、技术、设计、设备、检测、物资等各业务范围。

【机电产品进口管理】 依法履行机电产品国际招标监督管理职责，加强机电产品国际招标机构和招标活动的监督管理。2018年监督管理国际招标项目350

项，项目金额5.7亿美元，中标金额4.6亿美元，节资率约20%，节约采购成本1.1亿美元，审批进口物资可不招标事项78项。2017年11月对集团公司2家国际招标代理机构10个招标项目开展“双随机一公开”监督检查，通过对招标活动全流程的检查，未发现违法违规行为，做到依法招标，公开透明，有效保证集团公司国际招标活动的公开、公平、公正。用好用足国家各项进出口鼓励优惠政策，2018年申请特定地区进口物资免税额度2261万美元，重大技术装备进口物资免税额度4728万美元，约合1.2亿元人民币。

【境外项目物资采购管理】 稳步推进境外项目物资管理，中东区域采购中心进入实质性运作阶段。2018年集团公司中东区域采购中心与中国石油东方地球物理勘探有限责任公司签署物探设备和仪器采购合同2000万美元，发挥中东区域采购中心本土化采购优势，实现境外项目的高质量发展。

【市场管理】 按照保量不保价、保先进不保落后的工作原则，扎实推进集团公司内部优势产品推广应用力度，2018年优势产品采购金额152亿元，同比增长76.7%。对优势产品目录进行动态管理，促进内部产品技术进步，培育出一批有竞争力的产品。扩大装备产品的推广力度，组织多家企业组成中国石油装备展团参加2018年北京中国国际石油石化技术装备展览会（CIPPE）展会，为供需双方提供相互了解、相互交流的平台。做好装备产品出口协调与境外投标项目备案，扩大内部产品出口的同时，有效避免内部企业海外市场无序竞争，2018年备案境外投标项目150余个，涉及集团公司所属近10家装制造企业，针对同一市场、同一用户，内部企业强强联合，发挥各自优势，形成统一合力。

【物资仓储管理】 组织开展物资仓储管理工作等级评价，从6个方面、53项指标对所属企业仓储资源进行评价定级，促进企业在物资仓储制度体系建设、物资仓储管理结构优化、物资仓储设施自动化、库存物资结构优化、物资仓储信息化建设与应用、物资仓储工作绿色环保等方面进行有效提升。编制集团公司培训教材《石油企业物资仓储管理实务》，提高中国石油物资仓储岗位人员专业知识和业务技能。组织开展集团化区域仓储物流资源整合优化课题研究，对集团公司仓储物流资源共享进行总体规划，提升仓储发展水平和管理能力。制定库存物资管理办法，发布调剂信息2.2万条，协助企业开展闲置物资调剂。

【集中储备与代储代销】 推行“零库存”管理，开展区域集中储备和专业集中储备，引导集中储备实施单位提供储备物资全品种、全系列生产保供服务。组织召开华北地区一般无缝管、普通中板集中储备及二级物资协同采购研讨会，实现集团公司全区域范围的集中储备、统一共享。协调推进济柴动力设备原厂配件采购，落实集团公司“处僵治困”工作要求和任务。及时调整烟气轮备品配件和储气库压缩机备件集中储备目录价格。引导集中储备实施单位提供储备物资全品种、全系列生产保供服务，进一步发挥支撑保障作用。

【采购管理对标】 根据国务院国资委《关于开展2018年采购管理对标评估工作的通知》（改革函〔2018〕14号）要求，分集团公司总部和地区公司两个层面组织开展采购管理对标评估工作。代表国务院国资委牵头完成2018年央企采购管理对标第二组13家央企2018年采购管理专项对标评估工作，组织小组所在企业完成自评、分组交流调研和集中对标评估，起草反馈组内各企业对标评估情况函和小组对标评估报告，整体工作受到国务院国资委表扬。参照央企采购管理对标评估做法，组织完成2018年度集团公司采购管理对标评估工作。优化集团公司内部评估指标体系，针对海外项目单独形成海外采购评估指标体系，从自评资料上报到集中评估排名实现全流程信息化支撑。各企业借助对标评估结果，深入查找差距，认真制定整改措施，建立长效机制，不断提升采购管理水平。

【首届中国国际进口博览会】 2018年11月5—10日，牵头组织完成中国国际进口博览会中集团公司负责的招展及采购交易任务，成功举办“油气行业可持续发展论坛暨签约仪式”。集团公司系统378名专业观众以及172名论坛嘉宾和签约商参加，与12个国家的境外供应商签订23份采购合同（含意向书），总金额达292亿美元，圆满完成论坛组织、签约组织、外商联络、后勤保障等各项工作任务。通过此次论坛活动彰显中国石油作为中央企业在推动中国新一轮高水平对外开放中的责任和担当。

纪检监察

【概述】 2018年，集团公司纪检监察工作坚持以习近平新时代中国特色社会主义思想为指导，认真落实党的十九大、十九届中央纪委二次全会及中央企业党风廉政建设和反腐败工作会议总体部署，紧紧围绕履行好监督第一职责，科学、严密、有效地开展纪检监察工作。各级纪检监察机构和纪检监察干部牢固树立“四个意识”，坚定“四个自信”，做到“两个维护”，忠诚履职、勇于担当、真抓实干，推动集团公司反腐败斗争夺取压倒性胜利。

【自觉践行“两个维护”】 坚持把政治监督摆在首位，认真督促各级党组织和广大党员干部深入学习领悟习近平新时代中国特色社会主义思想，做到讲政治、重大局、护核心、真看齐。加强对贯彻落实习近平总书记对中国石油重要指示批示精神、党中央重大决策部署和中央巡视反馈问题整改落实等情况的监督检查，督促领导班子和党员干部改作风、勇作为、抓落实、反腐败，有关情况及时向中央纪委报告，确保政令畅通、令行禁止。加强对贯彻落实新形势下党内政治生活若干准则的监督检查，及时督促集团公司党组管理干部就本人接受谈话函询、提醒诫勉、纪律处分等情况在民主生活会上做出说明或深刻检查，严肃规范党内政治生活。

【持续净化政治生态】 集中力量对中央纪委移交的中央专案涉及人员问题线索进行专项核查，彻底肃清流毒影响。严肃查处违反党和国家民族宗教政策、对抗组织审查、巡视假整改或不整改等问题，严明政治纪律政治规矩。加强选人用人监督，全过程参与集团公司党组管理干部选拔任用环节，严把选人用人政治关、品行关、作风关、廉洁关，严格回复党风廉政意见，严肃查处说情打招呼、递条子、拉票贿选等不正之风。定期梳理剖析信访举报反映的违纪主体、问题类型、发生领域，分析发展趋势，动态更新党组管理干部廉政档案，组织各单位纪委书记对本单位领导班子及成员精准“画像”，动态掌握“树木”“森林”状况。

【持之以恒纠正“四风”】 强化监督检查，重要节日下发文件通知，严明纪律要求，落实值班、报告和督办制度，开展突击检查，速查速办违反中央八项规定精神和“四风”问题线索。开展专项治理，协助党组集中整治形式主义、官僚主义，督促基层单位开展“三超”“五项”费用问题专项整治，以具体问题突破带动整体作风好转；组织开展扶贫领域腐败和作风问题、违规经商办企业专项治理，坚决整治群众身边腐败问题。建立长效机制，督促相关部门制定完善制度，下发违反中央八项规定精神共性问题通报，编制“四风”问题整治工作指引，探索实行报备会商制度，进一步巩固拓展落实中央八项规定精神成果。

【进一步深化巡视巡察】 贯彻落实中央深化政治巡视新部署、新要求，编制《巡视巡察工作5年规划》《党组巡视工作规定》《关于企事业单位党委建立巡察制度的意见》等4个制度，制定政治巡视巡察模块化清单，推进巡视巡察规范化。启动新一轮巡视，派出10个巡视组，分两批对43家企事业单位进行巡视，组织开展驻京办事处专项巡视；党的十九大后推动129家企业全面启动新一轮巡察工作，指导4个派驻纪检组协助综合监督单位党委开展选派式联合巡察，在部分被巡视单位探索开展巡视带巡察，构建上下联动巡视监督网。集团公司党组先后在中央巡视办、国务院国资委有关会议上交流经验。

【一体推进“三不”】 坚持“两个优先查处”分阶段逐步消化存量，坚持“零容忍”遏制增量，2018年立案1252件、处分2370人，保持惩治腐败高压态势。精准有效运用“四种形态”，特别是在用好用足第一种形态上下功夫，前两种形态占比94.4%。坚持一案一总结、一事一剖析，及时发现问题并督促相关单位和部门堵塞漏洞，特别是深入剖析王晓林严重违纪违法案件典型特征并组织开展自查自纠，切实把办案成果转化为企业治理效能。对落实党建和巡视整改责任不到位单位的党委、纪委进行约谈，对履行“两个责任”不到位的党组织、领导干部严肃问责。对新提任党组管理干部进行“六个一”廉洁从业教育，深入剖析中央专案涉及人员搞权钱交易利益输送等问题典型案例并通报曝光，连续三年编发《典型案例警示录》，组织召开集团公司总部机关警示教育大会，通报违规违纪问题情况和典型案件，筑牢拒腐防变的思想防线。

【积极打造监督执纪铁军】 深化纪检监察体制改革，充实纪检监察组和中心领导班子。首次在集团公司范围内公开招聘40名优秀同志补充到派驻纪检组、纪检监察中心，进一步优化队伍结构。在综合派驻6个纪检组基础上，增设派驻浙江销售分公司纪检组，并结合实际调整部分派驻纪检组综合监督单位。配齐配强企事业单位纪委书记、派驻纪检组组长，专职化率84.4%。派出5个检查组，对37家企业纪委进行监督执纪专项检查，发现问题及时督促整改落实。举办纪委书记、副书记（监察机构负责人）培训班，常态化开展巡视、审理业务培训以及调训轮训，进一步提升纪检监察干部素质能力。坚持刀刃向内，严肃查处专兼职纪检监察干部违纪违规问题，严防“灯下黑”。

2018年8月10日，《中国纪检监察报》在头版头条刊发文章《廓清迷雾再扬帆》，专题报道中国石油深化全面从严治党、清除政治雾霾、重塑石油形象、推进高质量发展的积极成效。在对12家企业政治生态转变情况问卷调查显示，97.8%的职工群众对集团公司全面从严治党和反腐败工作成效表示满意，97.2%的职工群众对本单位落实全面从严治党主体责任情况给予积极评价。

（庞　亮）

内部审计

【概述】 2018年，集团公司各级审计部门围绕中心工作，积极推进审计体制改革，全面提升审计工作质量，狠抓队伍作风建设，全面推进各项工作，在完善集团公司治理、防范经营风险、增加企业价值、促进廉政建设等方面发挥积极作用。

2018年底，集团公司设置审计机构297个，其中一级审计机构3个、二级审计机构144个、三级及以下审计机构150个。从业人员1958人，其中一级机构161人、二级机构1247人、三级及以下机构554人。

2018年底，审计队伍中大学及以上学历1664人，占总人数84.99%；中高级技术职称1606人，占总人数82.02%；具有注册会计师、国际注册内部审计师、注册造价师等职业资格973人，占总人数49.69%。

【重要审计项目】 2018年，各级审计部门组织开展审计项目2060项，审计资金1.43万亿元，发现和揭示各类问题9063个，通过调整账目、清理债权债务、内部收缴等手段纠正问题8309个，形成直接经济成果36亿元。出具审计要情及简报278份，促进企业完善规章制度182个。

（1）深化经济责任审计。坚持离任必审，强化任中审计，对714名领导干部开展经济责任审计，其中党组管理干部55人，任中审计24个，实现任期满3—5年必审要求，全面加强对“一把手”履职行权的监督约束。积极关注集团公司重大政策措施、“三重一大”决策、中央八项规定精神等落实情况，推动党组各项决策部署落地。重点揭示应招未招、违法转分包、融资性贸易、账外公司等重大违纪违规问题，清缴上收资金8.68亿元，实现有权必有责、用权必担责、滥权必追责。

（2）强化工程建设项目审计。开展工程项目结算、竣工决算和跟踪审计705个，审减工程结算费用23.81亿元，其中总部审减13.25亿元。积极统筹协调资源，组织完成一、二类建设项目竣工决算审计77个，保障重点工程竣工验收任务顺利推进。强化建设项目全过程监督，对23个重点工程实施跟踪审计，一项一策、实时跟进，边审边改、立查立改，揭示招投标、转分包、工程建设管理、安全质量环保等问题。

（3）加大海外业务审计力度。组织开展境外审计项目15个，实现海外投资项目审计三年全覆盖，重点揭示海外业务中普遍存在的突出问题，进一步拓展海外审计的深度和广度。组织开展6项国内对外合作项目审计，实现联合账簿坚持两年内至少审计一次，注重揭示中方管理和运行体制等问题，有效维护中方权益，促进合作项目管理水平提升。

（4）做深做实专项审计。组织开展招投标管理、扶贫资金、“处僵治困”、非油品业务、股权管理等8大类高风险领域专项审计，对普遍性、全局性、倾向性问题摸清情况、总结分析、深挖根源、推动解决，有效促进企业规范管理、提质增效。

【审计管理】 审计管理体制、审计资源统筹、审计信息化建设等不断创新，审计质量管控和审计整改不断加强。

（1）创新审计体制机制，审计体制改革取得重大进展。集团公司下发《关于完善集团公司内部审计体制有关问题的通知》（中油人事〔2018〕483号），设立沈阳、西安、成都、乌鲁木齐4个区域中心，分别负责东北、西北（不含新疆）、西南、新疆区域内一级审计项目的实施工作，加大上审下的监督力度。规模较小或业务单一的企事业单位不再单独设立审计机构，撤销企业所属二级及以下单位的审计机构，审计组织机构进一步优化。

（2）创新审计组织方式，增强审计整体合力。强化审计项目计划安排，统筹利用审计中心及地区公司资源，着力解决交叉进点、重复审计等问题。注重发挥两级审计部门合力，采取委托审计、交叉审计、授权自审等多种组织方式，全年一级审计力量实施审计项目95项，地区公司审计力量参与实施73项。

（3）创新审计技术方法，持续推进审计信息化建设。抓好审计数据仓库建设，编制完成数据采集方案，持续完善审计管理系统功能，优化运行流程。重新设计审计报表和统计指标体系，梳理定性词典、完善统计口径。

（4）加强审计质量管控，提升审计项目质量。进一步加强制度建设，加强审计项目全过程管理，完善集中审理制度，制修订《集团公司内部审计管理规定》等7项审计制度，组织开展10轮审计质量和审计纪律检查。

（5）全面抓好审计整改，提高审计成果运用水平。建立完善审计结果公开、整改约谈、问题通报等审计整改长效机制，加强与纪检监察、组织人事、财务等部门的沟通协作，严格“对账销号”管理，加大整改问责力度，把审计整改落实情况纳入年度业绩考核，审计发现问题一次整改率94%。

【优秀审计项目和论文】 组织开展优秀审计项目评审，经各单位推荐、专家集中评审，评选出集团公司2018年优秀审计项目120个，其中四川石化有限责任公司80万吨/年乙烯项目竣工决算审计、大庆油田有限责任公司信息技术公司2016年经营成果考核审计、辽河油田分公司2018年度服务采购业务全过程审计等20个项目获一等奖，40个项目获二等奖，60个项目获三等奖。中国石油审计服务中心《玉门油田离任经济责任审计报告》获中国内部审计协会“审计报告质量提升优秀成果”奖。

组织开展优秀审计论文评审，经片组初评和专家现场评审，评选出集团公司2018年审计优秀论文85篇，其中《提高站位，融入体系，开创内部审计新时代的思考及探索》《运用批判性思维推进新时代内审工作再上新台阶》《十要素法提升审计工作底稿质量》等17篇论文获一等奖，28篇论文获二等奖，40篇论文获三等奖。组织推荐优秀审计论文参加中国内部审计协会内部审计理论研讨论文评选，《浅议工程造价审计信息化推手的措施与方法》等4篇论文获三等奖，集团公司审计部获组织奖。

【审计队伍建设】 各级审计部门加强思想作风建设，坚持把全面从严治党要求落到实处，深入学习习近平新时代中国特色社会主义思想和党的十九大精神，学习领会新时期党和国家对审计工作的新要求，审计人员政治意识、大局意识进一步增强，精神面貌发生可喜变化。发挥先进典型的引领示范作用，评选表彰集团公司2015—2017年度审计工作先进单位、先进集体和先进工作者，授予大庆油田有限责任公司、辽河油田公司、塔里木油田公司等9个单位“审计工作先进单位”称号，授予长庆油田公司审计处、吉林油田公司审计部、大港油田公司监察审计处等40个审计机构“审计工作先进集体”称号，授予于明鑫、杨文杰、李相奎等214名同志“审计工作先进工作者”称号。

2018年举办各类审计培训班106个，培训2660人次。创新培训手段，扩大培训规模，举办3期现场培训班和5期视频培训。5月在北京举办审计数据分析技术培训班，6月在北京举办审计业务培训班，11月在广州举办审计处长培训班，3期共培训审计人员517人次。加强学习交流和经验推广，编辑出版4期《中国石油审计》，每周推出1期“中国石油审计”微信精选内容。

（白雪莲）

改革与企业管理

【概述】 2018年，改革与企业管理工作全面贯彻党中央和集团公司党组决策部署，统筹推进全面深化改革，扎实抓好重点改革任务落实，以流程优化和岗位责任制落实为主线推动基础管理工作，协调落实“处僵治困”完成任务目标，构建完善管理创新体系，不断完善内控体系，加强重大风险防控能力建设，持续提升改革与企业管理工作水平。

【深化改革】 统筹推进年度改革工作。制定实施2018年改革工作要点，按照“四个全面推进、四个持续深化、四项研究探索”安排部署3大类50项具体任务，各项改革举措按计划推进。组织召开5次全面深化改革领导小组会议，审议通过7项改革方案文件。向国家部委报送10期工作动态及简报。组织开展优化矿权流转机制、加强国有企业境外单位党的建设等专题研究，为改革方案起草制定和改革举措精准落地提供有效支撑。

构建符合业务特点的分级授权管理体系。落实差异化管控要求，制定印发《集团（股份）公司2018年授权管理清单》，梳理确定规划计划、财务、资金、土地处置、价格、组织人事、资本运营、采购、矿区服务、生产经营计划、科技、信息化、法律、质量安全环保等14类业务授权清单，明确集团（股份）公司对不同类型专业公司及企事业单位差异化授权事项。

扎实推进“双百企业”综合改革。围绕“在稳妥推进股权多元化和混合所有制改革方面率先突破，在健全法人治理结构方面率先突破，在完善市场化经营机制方面率先突破，在健全激励约束机制方面率先突破，在解决历史遗留问题方面率先突破，全面加强党的领导、党的建设”目标，扎实推进吐哈油田、昆仑能源、渤海装备三家“双百企业”综合改革试点，推动相关改革举措落地实施，努力打造集团公司内部企业改革样板和尖兵。

持续推进企业扩大经营自主权改革试点。批复辽河油田、新疆油田、吉林油田、大港油田、华北油田和吐哈油田六家油气田企业扩大经营自主权改革实施方案，促进企业激发活力动力，转换经营机制，破解发展难题，将政策优势转化为效益优势和发展优势。

有效推动未上市托管业务深化改革。未上市托管企业持续开展开源节流、降本增效工作，企业经营效益得到逐年提升。截至2018年底，剔除资产减值、剥离企业办社会职能移交、维修改造费用等非经营性影响因素，19家未上市托管企业整体实现利润16.76亿元，比2015年减亏增效53亿元，完成集团公司下达的利润目标。

【“僵尸企业”处置和特困企业专项治理】 圆满完成“处僵治困”任务目标。自2016年国务院国资委部署开展“处僵治困”专项工作以来，集团公司党组高度重视，总部统筹协调、企业狠抓落实，截至2018年底，治理的79户企业整体实现利润131亿元，比2015年减亏增效311亿元，特困企业亏损面缩减80%；3年累计分流安置员工9.86万人，比计划目标多安置2.36万人，各项指标均超额完成国务院国资委确定的目标任务。

【基础管理】 部署安排加强基础管理。10月，在大庆油田召开集团公司2018年基础管理工作会议，系统总结近年来基础管理工作成果，对未来一个时期推进基础管理工作进行部署，要求各单位紧紧抓住优化业务流程和落实岗位责任制两条主线，着力在优化业务流程、落实岗位责任制、强化对标管理、增强执行力等方面下功夫、见实效。11月，印发《中国石油天然气集团有限公司关于推进业务流程优化强化岗位责任制落实的指导意见》，不断提升企业管理水平和软实力，逐步构建起具有中国特色和国际先进水平的管理制度、业务流程和管理标准。

加强企业发展能力评价。编制发布2017年企业发展能力评价报告，评价企业平均得分71.5分，同比小幅上升，稳中有进态势明显，集团公司整体对低油价适应能力增强。评价结果在集团公司基础管理工作会上通报，得到广泛认可。进一步完善发展能力评价体系，推进评价测算信息化，修订评价指标，优化评价方法，促进评价结果更加科学全面、贴近实际。

【管理创新】 构建完善管理创新体系。制定《集团公司管理创新管理办法（暂行）》《股份公司管理创新管理办法（暂行）》和《集团公司管理创新考核实施细则》，初步建立集团公司管理创新制度规范体系，有力提升集团公司管理创新工作科学化、规范化与标准化水平。

组织开展管理创新研究与实践。以提升创新创效能力为目标，支持集团公司各部门、专业公司和所属企事业单位设立20个管理创新项目，着力突破管理瓶颈，弥补管理短板，强化薄弱环节，为各单位管理创新创效提供支撑和指导，有效提升企业管理效率效益。

持续推进管理创新成果有形化与经验交流。组织对88家单位推荐的204项管理创新成果进行评审，评选出集团公司2018年度管理创新成果奖98项，其中一等奖13项、二等奖30项、三等奖55项。以"优秀管理创新成果"和"低成本管理"为主题，组织召开两次管理创新经验交流会，21家企业通过主题报告和视频短片形式介绍先进经验和做法。2018年在管理创新专栏发布企业管理创新工作动态361篇，累计点击率突破4.8万人次，有力促进管理创新成果有形化，充分调动各级管理人员的创新积极性。

【内控体系建设】 持续优化内控体系。完善内控体系融合顶层设计，发布《企业管理体系（内控部分）融合的操作指南》，明确内控体系融合合规要求。组织开展体系合规性复查，确保符合监管要求。分析评估内控体系信息化情况，发布信息系统应用控制设计标准，为加强信息系统内部控制提供理论依据。

持续推进流程优化。总结企业优秀经验，形成可复制可推广的工作模板，并在集团公司范围内推广实施，提升流程运行效率。以授权管理体系为基础，随同集团公司授权放权变化情况，分析、规范内控体系中相关授权情况，优化简化流程环节，明确管理责任，强化流程管控刚性约束。

强化管理层测试。按照监管要求和管理需求，加强识别分析重点领域风险，评估出采购管理、存货管理、合同管理、资金管理、资产管理、工程管理、销售管理、投资管理等重要风险领域。聚焦管理薄弱环节，加大专项测试和屡查屡犯问题统计分析力度，强化缺陷评估，持续提升测试质量和效果，确保内控体系有效运行，防范化解重大风险。

落实例外事项整改。针对测试发现问题，从不同维度深入开展原因分析，分步分类推进落实整改措施。对企业层面例外事项，即时整改，责任落实到人，持续提升整改效果；对集团公司层面例外事项，从体制机制层面分析问题，完善制度、明晰责任，构建长效机制；对外部层面例外事项，发挥集团公司整体作用与资源优势，加强与外部单位沟通协调，共同推进企业管理持续改进。

内控体系运行持续有效。股份公司董事会按照监管要求对内部控制进行评价，认为截至2018年12月31日内控有效。外部审计师毕马威华振会计师事务所（特殊普通合伙）对股份公司财务报告相关内部控制出具标准无保留审计意见。

【风险管理】 风险管理工作再上新台阶。编制下发并全面执行集团公司《2018年度风险管理报告》，评估确定集团公司2019年度9项重大风险。将"风险评估是项目决策审查的重要内容"纳入《集团公司投资管理办法》和《输油输气管道项目可行性研究编制办法》，促进风险与业务融合。开展集团公司重大风险预判研究，建立风险预判框架。按季度收集风险事件，2018年收集风险事件2022起，及时提出风险防控建议，为集团公司领导、总部部门和专业公司提供参考。进一步完善风险管理信息系统功能，风险管理工作效率不断提高。

【培训及队伍建设】 组织实施2018年集团公司改革与企业管理处长培训班，145名各单位改革与企业管理部门负责人参加培训。组织实施3期改革与企业管理业务培训班，449名各单位改革和企业管理业务骨干参加培训。举办风险管理培训班，宣贯国务院国资委风险管理要求，学习交流国内外企业风险管理最佳实践，727人次参加培训。举办两期流程与测试培训班，309人参加并通过考试，全部取得资格证书。集团公司改革与企业管理队伍得到锻炼，工作得到加强和推进。

（刘　影　李　娟）

矿区服务

【概述】 2018年，矿区服务系统认真贯彻落实集团公司党组决策部署，强化改革攻坚，加快剥离移交，突出民生建设，加强服务保障，扎实履行保障生产、服务生活、维护稳定三大职责，各方面工作取得新成绩。截至2018年底，矿区服务系统从业人员11.45万人，其中合同化职工8.07万人。矿区服务居民总户数131万户，服务离退休人员66.67万人。

【剥离企业办社会职能】 坚持顶层规划、高位推进，集团公司层面组织召开4次领导小组工作例会、9次专项会议，研究处理矛盾问题；将剥离办社会职能工作纳入集团公司与地方政府战略协议内容，作为集团公司领导与相关省、市领导会见重要议题；加强与国家电网、清华同方等专业公司沟通协调，确定业务移交具体意见。总部相关部门出台专项政策，解决涉及的资产划转、费用补贴、人员安置等重点问题，为工作推进创造良好政策环境。各企事业单位主动作为，2018年完成361万户（项）“三供一业”分离移交。利用宝石花物业平台，36家单位101.6万户顺利签订移交协议，从根本上解决了物业移交难问题；加大沟通协调力度，玉门油田等12家单位与地方政府达成医院移交协议，吉林油田等18家单位所属131家医疗机构实施混合所有制改革。截至2018年底，“三供一业”分离移交正式协议签订率100%。198家医疗机构完成移交、改制或关闭，改革完成率70%。市政设施和社区管理移交完成率分别为59%和47%。

【矿区机构调整和职能转型】 顺应矿区改革和业务分离移交，及时调整优化矿区管理体制，压缩管理层级，转变职责职能。矿区服务系统2018年压减事业部机关及所属单位处级机构41个、科级机构176个。从业人员净减少13446人，其中合同化员工净减少11072人。大港油田撤销4个二级矿区管理服务公司，完成物业服务、市政管理、离退休管理和托幼业务的专业化整合。华北油田矿区事业部与住建办合并，内设机构调整为科级，下属综合服务处由8个减少为4个。独山子石化矿区单位承接730万平方米工业物业、11万平方米办公物业、8个员工食堂、1110间青年公寓的服务工作，有效提升生产保障能力。塔里木油田矿区管理部加强管理、服务、协调、保障四项职能，提升油田生产和员工生活服务水平，为建设3000万吨大油气田提供坚实保障。

【民生工程建设】 聚焦职工群众关心期盼问题，加强组织协调，推动住房建设、配套设施改造、环境整治等系列民生项目落地。集团公司层面安排矿区建设投资6.8亿元，重点实施安全环保治理、民生工程项目875个。华北油田大力实施住房建设重点项目，通过集资建房解决1.2万户无房职工的刚性需求，通过自主开发和团购相结合的方式，解决了1万余户员工住房改善需求。青海油田积极落实各项惠民政策，争取到棚户区改造、学前教育等各类政府补助资金5939万元，全部用于矿区建设和改善民生工程。长庆油田改扩建住宅小区停车位1500个，新增电动车充电设备44套、充电接口473个，有效缓解居民停车难充电难问题。大港油田完成屋面防水162栋、外墙维修702单元、阳台维修3700户，有效解决房屋外墙安全隐患和漏雨问题。

【增强服务保障能力】 围绕企业所需、职工所盼，履行服务保障职责，不断提升服务保障水平。完成4项服务标准复审，开展示范服务窗口创建和满意度测评，组织现场检查督导，做到服务标准不降低、服务质量不下降。编制矿区优秀服务案例，完成汇编案例101篇，文字近30万字，内容涵盖物业服务、学前教育、医疗卫生、离退休服务、综合服务5个方面。跟进冬季供热运行质量，加大沟通协调力度，解决部分单位因热源不足导致的低温问题，确保居民室内温度达标。大庆油田发挥典型引领，打造71个服务示范窗口、50个岗位服务明星，全面提高服务质量。兰州石化提升餐饮服务保障能力，接待员工就餐101万人次，配送倒班夜餐88万份。大港油田推行“物业管家”服务模式，实行“点对点”式贴心服务，受到居民的欢迎和好评。

【夯实安全环保基础】 推进矿区HSE管理体系建设，接受地区公司审核65次，36家单位开展内部审核。围绕矿区重点领域，在元旦、春节及全国“两会”、党的十九大等特殊敏感时段，矿区服务工作部成立专家组，组织开展安全生产大检查和出租场所、承包商等安全专项检查，现场落实整改问题隐患24项，对重大隐患下发整改通知单，实行挂牌督办。落实打赢蓝天保卫战三年行动计划要求，召开矿区大气污染防治专题会议，开展汾渭平原、京津冀区域矿区单位现场核查，明确防治重点任务和重点项目。分片区组织召开矿区业务运行和施工安全专题会议，出台加强矿区分离移交维修改造项目施工安全管理办法，进一步压实监管责任，确保改革期间运行平稳。矿区各单位结合自身实际，组织开展高层消防、燃气安全、交通安全等专项检查345次，及时发现整改一批问题隐患。开展“安全生产月”“六五世界环境日”“119消防宣传月”等系列活动，增强职工群众风险意识，提升风险防范能力。

【矿区绿化美化】 践行绿水青山就是金山银山理念，大力实施植树造林、绿化美化工程，深入开展绿化经营，积极建设美丽矿区。在大庆油田举办第二届苗木花卉展销会，展示绿化实力，促成多项合作。以片区为平台，有效促进培训、育苗技术、典型经验等资源区域合作共享。组织石油苗圃花圃联盟，提升苗圃经营管理整体水平和发展质量。科学组织，注重实效，广泛开展义务植树活动，总部机关率先垂范，集团公司领导带头参加，各企事业单位积极创新义务植树形式，组织发动60万人参加义务植树活动，植树203万株。矿区绿化美化取得新成果，新增绿地面积687.5万平方米，生活基地绿化覆盖率44.59%。突出绿化科技推广应用，将优秀绿化科技论文汇编结集，加强绿化理论指导实践作用。

【维护矿区和谐稳定】 利用报纸、电视、网站、微信等载体，全方位宣传矿区改革形势任务、剥离企业办社会职能政策精神，促进职工群众正确看待改革，营造理解改革、支持改革的良好氛围。扎实推进矿区社会治理，突出政策风险评估，强化与政府、街道、社区、公安司法等部门通力合作，加强矛盾纠纷排查，开展扶贫帮困，维护社会治安，确保矿区大局和谐稳定。广泛开展居民群众喜闻乐见、形式多样的文化体育活动，弘扬主旋律，传播正能量。冀东油田全面推行“爱心工作室”建设，对接帮扶辖区内需要帮助的特殊人员，开展爱心志愿活动200余次，受到居民群众的好评。长庆油田携手地方公安部门推出“智慧社区”跨界平台，全方位增设健全安防设备和安防硬件，通过人脸、手机APP等方式方便居民群众出入社区，增强居民群众的安全感。

（陈成才）

维稳信访与综治保卫

【概述】 2018年，集团公司维稳信访、综合治理与保卫工作以习近平新时代中国特色社会主义思想和党的十九大精神为指引，在集团公司党组的领导下，在总部机关和专业公司的支持下，以确保大局稳定和谐为主线，始终坚持问题导向、强化底线思维，着力推进信访法治化建设，着力加强源头预防化解，着力加强治安秩序维护和反恐怖防范标准建设，各项工作取得积极成效。

（黄晓雯）

【维稳信访】 2018年，集团公司维稳信访系统各级组织忠诚、担当、负责，不折不扣落实集团公司党组部署，开展一系列扎实有力措施，筑牢根基和防线，维护企业大局和谐稳定。突出抓了七件大事：

（1）突出从严从细，全面实现重点时期万无一失。各部门、各企业严格按照集团公司党组部署，将十九届二中、三中全会和全国“两会”、博鳌亚洲论坛、上海合作组织青岛峰会、中非合作论坛北京峰会、首届中国国际进口博览会等特殊时期维稳信访工作作为压倒一切的头等大事，坚持突出重点、以面保点、整体防控，以超常规的力度和决战决胜的姿态，从实从细抓好各项维稳信访措施的落实。各重点时期有关企业与属地公安反恐、特警和政法、信访部门沟通对接，将重点部位、重点群体、重点人员、重点问题全部纳入可控范围，做到隐患超前预案，对信访“老户”超前稳控，舆情信息超前监测，确保绝对安全，有效筑牢了环京“护城河”防线，确保2018年特殊重点时期维稳信访任务目标实现，工作成效多次受到国家信访局、国务院国资委、国家反恐办的肯定。

（2）突出“门前清”，实现信访秩序明显好转。

对集团公司总部机关采取上访“门前清”的策略，对发生发现的访情，要求实现“135”快速处置机制，即“1分钟反应、3分钟到场、5分钟处置”。各企业严格按照集团公司维稳领导小组的既定部署，积极引导群众依法逐级走访，就地就近反映诉求，将问题解决在当地、处理在萌芽，提高初信初访办结率，切实提升基层单位的信访公信力，实现对来访事项的双向规范，使信访活动回归有序和法治，大量信访问题得到解决，走访上行趋势明显缓解，访量增幅“倒金字塔”型得以扭转。

（3）突出责任导引，使维稳信访领导责任落地生根。推进《集团公司维稳信访工作责任制办法》的实施，明确责任主体和内容，推进在维稳信访工作划出硬杠杠、设定硬程序，强调企业党政负责同志、分管领导和基层单位都是解决信访问题的责任主体，责无旁贷，形成一级抓一级、层层抓落实的领导责任体制。维稳信访责任考核正式列入对地区公司党政负责同志的业绩考核当中，以考核“指挥棒”激励领导干部担当作为。

（4）突出风险管控，有效防范、稳定风险、化解现实访情。全面推行改革重大事项稳定风险评估，将稳定风险评估作为前置程序和刚性门槛，切实做到从源头上化解矛盾。依靠属地和北京市公安机关，搭建企警联防联动、联调联控的平台；压实企业责任，做到事情不处置不罢手，访情不化解不放过。

（5）突出“信息化”建设，着力实现工作提速增效。专门开展信访信息录入“百日会战”，先后录入各类信息19.2万条，做到应录尽录，杜绝信访事项体外循环。做到每一件信访事项的办理过程和结果都在网上运行，实现网上流转顺畅、网下办理落地。强化研判，注重从信访事项中发现普遍性、倾向性问题，积极提出改进工作、完善政策的意见，为企业党委科学决策提供参考。2018年开展专题培训3次，培训人员1200余人，提高各级干部认识水平和操作能力，做到人人能懂、人人会用。

（6）突出法治信访，全力化解疑难案件。与国家信访局、国务院国资委和集团公司部署精准对标，积极跟进访诉分离改革，加强法律宣传和情绪疏导，引导信访人依法向有关政法机关反映涉法涉诉问题，充分尊重司法裁决的终局性和权威性，实现涉法涉诉信访事项从普通信访事项中有序退出，引入律师参与来访接待，运用协商和解、公开听证、心理疏导等办法化解疑难复杂信访问题。

（7）突出地企联动，切实形成工作合力。2018年，43家维稳信访重点企业全部实现信访干部地方挂职交流，落实率100%。大庆油田、长庆油田、辽河油田等10家特别重点企业全部实现在省级政法、信访部门交叉挂职。集团公司实现在国资委办公厅挂职、借调的常态化，每年选派1名年富力强的企业优秀信访干部赴国资委信访办专门从事来访接待工作。对影响全局的重大稳定问题，坚持带案协调，注意与地方政法机关建立关系，取得理解支持。2018年，先后会同有关企业与浙江、辽宁、吉林、黑龙江、四川、甘肃、河北、新疆、陕西、河南等省（自治区）政法委、维稳办、公安、民政和信访等部门建立沟通协调机制，做到问题共商、难题共议、难点共治。

经过全系统大量艰苦细致的工作，2018年集团公司维稳信访总体形势基本稳定。信访总量持续保持下降趋势，没有发生因信访问题引发的重大事件，没有发生因工作不当引起的网上负面炒作。

（王　越）

【综合治理与保卫】 2018年是政治大年，重大活动多、敏感节点多，按照国家反恐怖工作领导小组、国家反恐办、部际联席会议统一部署和集团公司党组批示指示精神，落实主体责任，强化问题导向，密切协同配合，聚焦国家重大活动油气安保、安防达标建设、新疆反恐防范、涉油治安问题治理等重点工作，综合施策、持续用力，推动反恐防范能力和油气安保管理水平不断提升，有力保障特别重点阶段重要设施安全和油气供应平稳，坚决维护国家能源安全和社会大局稳定。

2018年，集团公司安保防恐形势总体保持平稳，各油气田和管道企业发生打孔盗油案件3起、开井盗油案件41起，同比分别下降75%、77%。企业配合各地公安机关查破涉油气及物资类案件1596起，抓获犯罪嫌疑人1392人，查扣非法贩运车辆2377台，清理取缔涉油窝点611处，累计收缴被盗原油10984吨。企业按照各地公安机关要求配合推进“雪亮工程”建设，企警通力协作、联防联控，有效防范了重大涉油刑事案件和涉油气暴力恐怖事件。

坚决保障国家重大活动期间重要油气设施安全平稳。围绕博鳌亚洲论坛、上海合作组织青岛峰会、中非合作论坛北京峰会、首届中国国际进口博览会等国家重大主场外交活动，全国“两会”、北戴河暑期和广西壮族自治区成立60周年等特别重点阶段，统筹部署、靠前指挥、严督细查。对活动举办地及周边重要油气设施摸排梳理，分省分类建立了基础台账，累计梳理9个省7456个重点风险目标资料，分别在海口市、青岛市、北京市、上海市组织活动举办地及周边所涉企业召开现场会议，对安保防恐工作再部署、再强调。累计开展督导检查15次，覆盖26家企业105个重点风险目标，督促企业严格履行主体责任，确保各项防范管控措施落地见效，保障集团公司大局稳定。

起草完成国家行业标准《石油石化系统治安反恐防范要求》。根据国家反恐办工作要求，集团公司牵头负责《石油石化系统治安反恐防范要求》国家行业标准的起草工作，为此专门成立以中国石油保卫部主任为组长，中国石油、中国石化、中国海油、中化、延长石油集团保卫部门负责人为成员的起草工作领导小组，遴选油气田、炼化、销售、工程技术服务和运输企业5名综合能力强的保卫部门干部组建标准起草工作领导小组。起草工作领导小组通过对8个省（自治区、直辖市）57个重点风险目标9轮次专项调研、2次征求意见、7次研讨会，逐条逐项研究条款内容，最终形成国家行业标准报审稿并及时提交给国家反恐办，优质高效地完成起草工作任务。

企业安防达标建设工作取得新进展。2017年6月，《石油石化企业安保防恐风险等级及防范规范》发布后，集团公司强力部署，综合施策，由保卫部牵头，充分发挥专业公司主导作用，协调推动油气田、炼化、成品油销售、工程技术等专业公司实地开展调研，制定达标建设总体规划，指导各企业制定达标建设分年度计划，为企业开展达标建设提供有力的政策支持。积极部署24家企业53个重点风险目标开展企业标准试点建设，强化重点地区达标建设督导检查，以典型示范和国家重大活动安保为牵引推进集团公司达标建设。2018年所涉84家企业新增达标风险目标3446个，落实安防资金13.07亿元，累计开展标准培训3194次、14.78万人次，达标率由2017年首次对标24%升至53%。

新疆反恐维稳工作基础不断夯实。集团公司坚决贯彻落实党中央治疆方略，聚焦维护新疆社会稳定和长治久安总目标，准确把握新疆反恐维稳工作面临的形势和任务，积极配合打好反恐维稳“组合拳”。对驻疆企业反恐维稳工作在政策和资金上给予全力支持。及时批复驻疆企业安防建设和隐患整改项目资金，积极协调总部相关部门出台驻疆企业维稳补贴政策，促进驻疆企业员工队伍稳定，确保了常态反恐维稳措施落实。10月集团公司联合新疆公安厅举办第4期油气安保培训班，103名新疆基层的派出所所长、公安民警和140名驻疆在疆企业保卫干部参加培训，搭建了企警各层级沟通协作的平台。

油气涉恐要素规范治理取得明显成效。按照国家反恐办、公安部部署要求，聚焦散装汽油、新疆石油勘探历史遗留爆炸物品等重点油气涉恐要素，综合施策、持续用力，不断推动规范化、科学化管理。对各省、自治区、直辖市所属加油站散装汽油实名制购销系统安装应用情况全面摸底，围绕系统安装方式、功能模块、数据对接等事宜形成一致建议，指导企业按照“防范到位、方便群众、合理布局”原则，因地制宜地制定散装汽油实名制购销系统建设方案，合力推进散装汽油实名制购销管控系统建设，确保风险可控、受控。31家成品油销售企业20018座运营加油站中，10208座已安装散装汽油实名制购销系统，占公安机关要求安装总数的85%。严格落实公安部、新疆维吾尔自治区有关新疆石油勘探历史遗留爆炸物品常态化治理要求，督促东方地球物理勘探有限责任公司继续对新疆且末、民北、白沙梁等沙漠区域开展清线作业，2018年累计踏勘历史测线1.7万千米，清理震源弹4098千克、雷管1141发。通过多年持续治理，新疆石油勘探历史遗留爆炸物品发现概率由2005年的3.49千克/千米降至目前0.44千克/千米，呈逐年下降趋势，成效明显。

油气安保共建共治共享格局初步形成。把问题导向贯穿于安保防恐工作全部实践，加快推动重点问题协调解决，建立企地企警共建共治共享的工作局面。针对辽宁省发改委通报在辽宁省管道存在的问题隐患，多次与相关专业公司座谈研究、实地检查，共同赴辽宁省发改委能源局汇报工作。牵头召开集团公司驻辽在辽企业油气管道综合整治工作推进会，就落实主体责任、整改问题隐患、构建管道保护长效机制等做了全面部署。为推进长庆陕北油区矿权纠纷引发群体性事件矛盾纠纷的化解，多次致函部际联席会议联络员工作组、陕西省公安厅治安管理总队，密切联系沟通、座谈交流，恳请督促地方公安机关公平公正处理。以集团公司名义发文请示国务院国资委、自然资源部协调长庆油田矿权区域被侵权钻井问题，会同法律事务部、勘探与生产分公司和长庆油田分别向两个部委做了专题汇报，推动长庆油田矿权纠纷引发相关问题的化解。主动对接，健全企警协作长效机制。2018年，先后赴海南、山东、上海、陕西、辽宁、内蒙古、天津、浙江、新疆、四川、宁夏、广东、广西等13个省（自治区、直辖市），与公安厅反恐、治安部门负责人座谈交流，围绕重大活动安保、长输管道保护、散装汽油管控、安防达标建设、信息情报交流等事宜对接研商，为深化企警协作奠定坚实基础。

安保防恐工作专业化水平显著提升。在总结集团公司多年安保防恐实践基础上，借鉴国外同行管理经验和集团公司HSE体系成果，特别是集团公司海外项目社会安全管理体系成熟做法，专门与中国石化安监局就体系设计、制度建设、标准执行等工作座谈交流，开展“集团公司油气安保管理体系建设”课题研究，协调有关专家开展调研、讨论和访谈，多轮征求重点企业意见建议，提出构建集团公司油气安保管理体系的基本框架，规划体系建设的路线图、时间表和保障措施，并通过课题终期评审。为加强区域企业联防联治，借鉴驻疆企业油气安保防恐联席会议有效做法，积极探索建设东北、华北区域企业油气安保联席会议机制，旨在发挥区域企业整体优势，加强企警沟通协作，增强油气安保工作合力。组织东北、华北6家重点企业召开专题研讨会，研究联席会议组织运行、日常联络、内外联动等具体事宜，在征求吸纳地区企业意见基础上，提出联席会议运行工作机制，拟报请集团公司领导审定后印发。

安保防恐人才队伍建设全面推进。2018年，集团公司国内有保卫人员8.2万余人，其中专职保卫干部6153人、兼职保卫干部7576人，其他保卫人员及外聘保安6.8万余人。为落实保卫部“千人培训计划”，组织开展综合治理（内保）、信息员专项、新疆警企油气安保3个培训班，累计培训企业各级保卫部门负责人和业务骨干503人。以石油石化行业标准起草为契机，通过组织学习、内部培训、工作调研、实地考察等多种方式，加大对基层选拔的5名行标起草人员的能力培养，以点带面，带动有关专业安保防恐水平提升。积极配合《关于办理盗窃油气、破坏油气设备等刑事案件适用法律若干问题的意见》法律文件的起草工作，参加最高法、最高检、公安部联合调研组到大庆油田、大港油田开展实地调查、座谈交流。法律文件发布后，为做好宣贯工作，及时向各企事业单位转发文件，在《中国石油报》上刊发原文，协调有关部门在中国石油内网开展网络答题活动，促进企业员工知法、懂法、守法。

全力配合中华见义勇为基金会做好第十三届“昆仑奖”系列活动。协调集团公司总部机关相关部门完成第十三届“昆仑奖”全国十大见义勇英雄司机评选活动实施方案、捐赠协议的报批和审核工作。评选活动在北京启动后，协同中国石油报社积极配合中华见义勇为基金会开展活动启动、材料征集、初评、投票宣传、终审等系列工作，推动这项活动真正办出特色、办出声势、办出水平，进一步树立中国石油勇于承担社会责任的企业形象。

（乔旭烁）

离退休职工管理

【概述】 截至2018年底，集团公司所属企事业单位离退休职工548128人。其中：离休干部2694人，占0.49%；退休干部185954人，占33.9%；退休工人359480人，占65.6%。离退休管理工作人员7120人（专职6121人、兼职999人）。集团公司离退休系统设有党委60个、党总支287个、党支部3882个，离退休职工党员总数为162341人。全系统有离退休职工活动中心（站、室）1363个，老年大学总校58所、分校109所。

【离退休职工政治建设、思想建设和党组织建设】 2018年，集团公司组织广大离退休老同志深入学习宣传和贯彻落实党的十九大精神，全系统举办873场次54491名离退休老同志参加的情况通报会，深入解读党中央重大决策部署及集团公司党组、各企事业单位党委要求，组织深入学习《中央政治局关于加强和维护党中央集中统一领导的若干规定》，严明党的政治纪律和政治规矩，引导广大离退休老同志树牢“四个意识”，坚定“四个自信”，坚决做到“两个维护”。深入开展“我看改革开放新成就”系列活动，收集整理大庆油田、长庆油田、华北油田、青海油田、吉林石化、辽阳石化、辽宁销售、四川销售、管道局、东方物勘、勘探开发研究院等11家企事业单位和总部机关200余名老同志“我看改革开放新成就”座谈访谈记录，形成调研报告12篇。开展“我看改革开放新成就”专题调研，完成中组部2018年课题“加强新时代中国石油离退休职工党建工作的研究与思考”。严格落实“三会一课”、组织生活会、民主生活会、民主评议党员、党费收缴等制度，严肃规范党支部工作和党内政治生活。分别组织离退休职工管理局（老干部局）党总支所属13个党支部按照规定完成换届选举工作，共489名党员参加各党支部换届选举会，选出新一届党支部委员83人。召开离退休职工管理局（老干部局）党员代表大会，回顾总结4年来的党建工作，安排下一步重点工作任务，选举产生新一届党总支委员会，共101名代表参会。不断改进优化离退休职工党支部组织设置，按照程序定期开展支部委员会换届选举，截至2018年底共有1.3万名离退休职工党员担任党支部或党小组职务。

【离退休职工待遇落实】 2018年，集团公司认真贯彻党和国家养老惠老政策，确保将离退休职工政治待遇和生活待遇落到实处。集团公司党组邀请原石油工业部、总公司和集团公司老领导参加集团公司2018年工作会议，召开老领导座谈会和机关老同志通报会，传达集团公司改革发展部署和生产经营情况。总部机关和各企事业单位严格执行离退休干部阅读文件、参加重要活动、通报情况等制度，2018年召开离退休职工座谈会、报告会、情况通报会等2559场，参会12.85万人次；举办各类离退休职工培训班1295场，培训4.43万人次；组织离退休干部参观工农业生产137次；免费为全体离退休职工订阅《中国石油报·金秋周刊》。集团公司领导春节前夕分组看望慰问老领导及遗孀，总部机关和各企事业单位在元旦、春节、“五一”“七一”、国庆、重阳等节日期间，开展走访慰问离退休职工活动，向广大离退休职工传递集团公司党组和各级党委的关怀与祝福。2018年慰问老干部8082人、老党员10050人、患病住院和生活困难的离退休职工111369人次。按照集团公司党组要求，依照标准为离退休职工发放3次节日慰问金。

【离退休职工活动中心和老年大学建设】 2018年，集团公司继续深化离退休职工活动中心和老年大学建设。在长庆油田举办集团公司第十七届离退休职工台球交流活动，10家单位离退休职工台球代表队共77名离退休老同志和离退休工作人员参加活动。举办“我健康我快乐”桥牌邀请赛交流活动，勘探开发研究院、华北油田、东方物探、管道局和总部机关等8家单位的60名离退休老同志参加交流活动。组织大庆油田等13家单位119名老同志参加全国气排球、持杖健步走、健身球操、柔力球、门球、太极拳剑、乒乓球等29项交流活动，获得4个团体优胜奖、8个团体优秀奖和12个体育道德风尚奖。以7个离退休协作区为单元，分别举办门球、台球、门球等交流活动，29家单位160余名老同志参加活动。集团公司14个单位、25名个人获“全国老年体育工作先进单位”“全国老年体育先进个人”称号，长庆油田周定义、吉林油田蒋奎一、大庆石化范万荣、辽宁销售付云瑞、集团公司机关蒋其垲等14名离退休老同志获“第九届全国健康老人”称号。2018年，举办各类离退休职工文化体育活动1万余场，15万名离退休职工参加活动，离退休职工活动中心和老年大学日均活动人数达15.3万人次。

【离退休职工“正能量”活动】 2018年，集团公司离退休系统以纪念改革开放40周年为主题，继续深化拓展增添正能量活动。按照中组部老干部局统一安排，以集团总部机关和大庆油田等11家企事业单位为重点，开展“我看改革开放新成就”专题调研，举办学习研讨会438场、座谈会188场，2.9万名老同志参加学习研讨和座谈，整理座谈访谈记录200余份，老同志撰写发表正能量文章978篇，形成集团公司专题调研报告并上报中组部老干部局。举办“我看身边变化、点赞伟大成就——庆祝改革开放40周年”征文活动，收到征文作品1083件，对其中287件优秀作品和59家优秀组织单位给予表彰。开展“重家教、传家风”征文活动，40家单位和127人受到表彰。出版发行《畅谈新时代，发挥新作为——中国石油离退休职工优秀征文作品集》《2017年中国石油离退休工作论文集》《传家风·育英才——中国石油离退休职工优秀征文作品集》，集团公司“新形势下加强老年教育与凝聚正能量措施研究”软科学研究课题被评为优秀课题。通过开展学习、座谈交流、参展观演等多种形式组织集团公司总部机关、在京单位老同志和部门工作人员开展纪念活动。2018年表彰集团公司离退休系统思想政治宣传工作51家先进单位和303名先进个人。

【离退休工作信息化建设】 2018年，集团公司大力推进离退休工作信息化建设，经过需求调研、方案设计、编程开发、系统调试等近两年时间的建设，11月20日集团公司离退休职工管理信息系统办公平台正式上线运行。累计开发功能模块16个、子功能214个、业务字段2170余项及10余个移动办公功能，服务管理离退休职工逾55万人。举办集团公司离退休职工信息系统办公平台上线运行与统计工作培训班，累计对101家单位的1485名用户进行培训。印发通知对52家办公平台推广应用工作先进单位和214名先进个人给予表彰。

【配合推进退休人员社会化管理改革试点】 2018年，根据国务院国资委有关通知安排，按照集团公司党组具体部署，配合集团公司有关部门推进退休人员社会化管理改革试点。组织财务部、人事部、改革与企业管理部、矿区服务工作部等相关部门，前往航天科工集团等8家央企，调研交流退休人员社会化管理改革试点情况和经验做法，形成调研报告。配合改革与企业管理部编制退休人员社会化管理改革试点框架方案，重点开展试点企业退休人员有关情况的摸底工作。6月中旬组织大庆油田等11家单位和总部机关7个有关部门召开集团公司退休人员社会化管理工作座谈会，宣贯国家关于退休人员社会化管理的有关政策，通报集团公司退休人员社会化管理试点工作开展情况，研讨重点难点问题，安排部署下一步工作。配合改革与企业管理部深入摸底调查集团公司退休人员现状，详细摸底总部机关退休人员基本情况和服务管理现状，准确填报18张情况统计表，汇总统计集团公司132家企事业单位退休人员党组织关系情况。及时跟踪了解试点工作进展和遇到的问题，深入研究退休人员社会化管理改革过渡期企业离退休工作的重点内容，力保改革积极稳妥推进。

【离退休职工管理队伍建设】 2018年，集团公司离退休工作系统深入开展“四个诠释”岗位实践活动，着力强化离退休干部队伍的思想作风、廉洁意识和能力素质。在吉林油田召开贯彻落实中办发〔2016〕3号及集团公司党组办公厅〔2017〕6号文件精神推进会，指导各单位深入学习贯彻中央精神，系统做好2018年工作。组织离退休系统学习研讨中央《关于进一步激励广大干部新时代新担当新作为的意见》和集团公司党组实施意见，开展第二个“弘扬石油精神，重塑良好形象”活动周，组织收看石油精神论坛，认真学习大庆油田阚春玲“七年践一诺，帮助石油老兵魂归故里”的先进事迹，树立离退休服务良好形象。组织学习贯彻新修订的《中国共产党纪律处分条例》和集团公司党组关于进一步贯彻落实中央八项规定精神实施细则，认真参加“学《条例》、守纪律、明底线”网上答题活动。开展2017年度离退休工作优秀论文评选工作，表彰优秀论文67篇。着力提升工作队伍业务能力和思想素质，举办集团公司第24期离退休业务培训班，培训企事业单位离退休工作骨干170人。召开“情系老石油，扬帆新时代”先进事迹报告会，组织离退休工作系统认真学习阚春玲等3位离退休工作人员的先进事迹，教育引导用心用情为离退休老同志精准服务。

【关心下一代工作】 2018年，集团公司关心下一代工作充分发挥石油石化“五老”（老干部、老战士、老专家、老教师、老模范）优势，大力弘扬石油精神，持续深化社会主义核心价值观教育，扎实开展“传承红色基因，争做时代新人”主题教育活动，持续推进青年员工教育工程，支持帮助青少年成长成才。贯彻全国关心下一代工作会议精神，制订印发《集团公司2018年关心下一代工作要点》。组织老劳动模范、老专家、老技师向青年员工传授技艺和经验，教育引导广大青工传承精神，奋发成才。集团公司“旭航”项目扩展在河南、四川、贵州、江西4省国家级贫困县和革命老区10所学校同步实施，为1500余名特困高中生提供每人每年2000元助学金，为考上大学的毕业生提供每人5000元奖学金。举行“2018北京善行者”徒步公益活动，为“旭航”项目募集善款80余万元。开展迎“六一”关爱助学活动，向华北油田东风小学和东风中学捐赠图书1300余册、体育用品120件。5月7日，中国关心下一代工作委员会印发《关于公布第一批全国关心下一代党史国史教育基地名单的通知》，确定大庆铁人王进喜纪念馆为第一批全国关心下一代党史国史教育基地。

（魏毓一）

保密管理

【概述】 2018年，集团公司保密密码工作坚持国家秘密和商业秘密保护并重、教育惩治并重、软件硬件并重、指导建设并重和建设执行并重，巩固深化保密管理，提升技术防控能力，增强全员保密意识，年初安排的四个方面 39 项重点工作任务全面完成。全年无重大失泄密事件发生，集团公司保密工作整体形势安全、平稳、可控。

【制度建设】 2018 年，修订印发《集团公司商业秘密保护管理办法》，首次规定商业秘密密点标注方法。制定下发《涉密测绘成果资料管理办法》，填补集团公司涉密测绘成果资料管理制度空白。科技管理部印发《科学技术保密管理办法》。完成商业秘密网测评规范和专网应用系统开发规范两个标准的修订和审核。制定下发了《保密委员会（密码工作领导小组）工作规则》《保密专家工作规则》。

【宣传教育】 2018 年，组织 400 余名涉密人员参加国家保密局实训平台轮训，全部通过考试。举办保密研修班，27 名保密管理骨干接受培训。组织保密专家编写党组织书记讲党课、保密干部培训、涉密人员培训和一般员工培训等 4 个标准培训课件。

【监督检查】 2018 年，开展全天候日常在线检查，检查发现违规外发事件 238 起，比 2017 年下降 67.5%；查出违规存储（总部机关和专业公司）1414 件次，比 2017 年下降 82.4%。组织对驻辽宁、新疆和北京 29 个单位开展现场保密检查，发现保密管理问题 109 项，封存违规存储计算机硬盘 14 块，发现的问题得到进一步整改。

【保密技术】 2018 年，内容审计平台 2.0 项目推进，办公专网 CA 系统换装升级项目启动，“数据保密防护技术研究与应用”研究成果获国家保密科学技术三等奖。组织保密干部和信息技术人员参加全国保密技术交流大会暨产品博览会，提出新产品新技术应用建议。以邮件系统和电子公文系统为试点，开展系统保密测评定级工作。

【保密工作调研】 2018 年，组织覆盖各企事业单位、集团公司总部机关、专业公司的保密密码工作书面调研，调查内容包括机构设立、人员配备、制度建设、保密管理、保密教育、隐患识别、计算机网络和办公自动化设备管理等，了解和掌握集团公司保密工作现状。组织对华东地区企事业单位信息系统调研，了解系统运行状况和测评需求。到国际部、董秘局和总值班室等保密要害部门部位进行保密业务现场沟通，对中油工程、辽河油田、大连石化、西南管道和海洋工程等单位的涉国家秘密项目进行专项指导。

【保密密码工作协作组】 2018 年，对协作组进行部分调整，将专业公司编入协作组。7 月召开协作组组长、副组长单位座谈会，听取上年度工作汇报，研究和安排下半年工作。第二、第三、第四协作组先后举办保密干部培训班。各协作组在本区域内开展自查互查。

【首任保密专家组成立】 2018 年，经各协作组推荐，集团公司保密办初选，集团公司保密委员会审定，组建由大庆油田董传海等 20 位同志组成的集团公司首届保密工作专家组，印发了集团公司保密专家工作规则。2018 年完成 8 项专家工作任务，专家在教育培训课件编写和制度制修订工作中发挥重要作用。

【安全保密宣传周活动】 2018 年 10 月 22—26 日，组织开展以“筑牢保密防线，助力高质量发展”为主题的安全保密宣传周活动。保密办组织开展保密意识教育、网上答题、文化作品征集、重温保密承诺、安全保密警示教育等 5 项活动，吸引超过 25 万名员工参与，提升保密工作影响力。宣传周期间，编印发放《保密案例汇编》和《国家安全知识和保密工作常识简明读本》，制作《手机使用安全风险与防范》警示教育片。

【密码工作】 2018 年，密码精准管控项目完成立项审批和商务招标，能源领域密码国产化项目有序实施，涉密设备国产化采购和集团公司总部机关机密级单机配备取得实质性进展。为企事业单位增配 14 台机密级传真密码机，解决基层单位涉密文本传输问题，消除失泄密隐患。举办两期密码业务研修班，217 人参加并获得密码使用人员上岗证。

【国家安全人民防线建设】 2018 年，将原集团公司国家安全领导小组更名为国家安全人民防线建设小组，由党组书记、董事长王宜林担任组长；办公厅、国际部、维稳办组织在涉密、涉外、涉稳等部位建立国家安全信息员队伍；组织全民国家安全教育日、反间谍法宣传日宣传活动，出台集团公司《因公出国（境）行前教育培训大纲》；做好“一带一路”油气合作圆桌会议安全保密工作。

（管志伟　黄照富）

档案管理

【概述】 2018年，集团公司档案工作认真贯彻落实国家档案局和集团公司工作部署，紧紧围绕改革发展中心工作，牢牢把握服务企业发展宗旨，持续推进资源体系、利用体系和安全体系建设，全面创新体制机制，提升管理和服务水平，获得国家档案局“全国档案管理创新优秀案例”一等奖和“建设项目档案工作专题片”一等奖，并双获优秀组织奖。2018年集团公司所属企业各级档案机构2046个，专职档案人员2787人，兼职档案人员8599人，馆藏纸质档案4000多万件，利用档案22万多人次，为集团公司各项事业稳健发展提供有力支撑。

【系统指导】 2018年，加强集团公司档案系统指导，全面提升档案与史志管理水平。组织召开集团公司档案工作视频会议，总结党的十八大以来档案工作，研究部署2018年任务，印发工作要点。围绕新时代优秀档案馆长目标，强化档案馆长素质培训，5月开展档案馆长培训班，参训人员160人；面向系统内档案史志业务骨干，11月举办2期档案史志管理培训班，全面提升档案史志业务人员知识水平和实践能力，参训人员296人。先后5次赴驻新疆、四川、东北地区部分企业调研，召开新疆、西南、西北片区工作调研座谈会，了解企业需求，听取意见建议，加强工作交流。2018年赴基层检查指导、档案验收、系统培训37次，帮助基层解决具体问题。统筹协调在京单位、海外企业、入园及撤并企业档案进馆，实行集中统一管理。2018年接收11家企事业单位入馆各类档案40.3万卷/件；接收市政2个单位寄存档案28.8万卷/件。加大征集力度，开展集团公司企事业单位档案工作管理创新优秀案例评选，72家企事业单位报送开发利用优秀案例113篇，评出51家企事业单位优秀创新案例78篇；完善协作组工作机制，指导召开片区协作组会议，开展课题研究和交流互动。开展海外企业档案管理课题研究，探索境外档案工作的规范化管理，组织实施“三个一”工程，即开展一个境外档案管理课题研究，开展一个境外项目档案验收试点，开展一个境外单位档案工作调研，派出2个团赴南美、亚洲、澳大利亚专题调研，通过境外档案管理模式研究软课题中期验收。

【重点任务】突出重点任务，档案与史志编研工作齐头并进。组织完成《石油华章——中国石油改革开放40年（1978—2018）》和《集团公司20年系列丛书》《石油印记——中国石油第一之最》等编纂任务，多维度展示中国石油改革开放40年辉煌成果。完成“中国石油历史第一之最”“中国石油档案机构沿革”两个展厅布展，充分展示石油工业悠久历史和企事业单位档案工作成就。完成中国石油档案与史志研究会组建挂牌和部分专家聘用；组织著名石油诗人李季物品捐赠仪式，征集实物档案37件。与中国人民大学信息资源管理学院签订战略合作协议，举行教学科研实践基地挂牌仪式。建立建设项目档案验收台账，实施建设项目档案验收备案制，2018年抽调档案验收人员310人次，完成四川石化、云南石化等62项重点建设项目专项验收，累计完成率99.4%；加强重大项目档案管理，跟踪指导中俄原油管道二线、陕京四线、西气东输三线中—靖联络线等重点工程，组织重点建设项目档案工作巡回检查，建设项目档案管理更加严格。积极推进建设项目竣工资料全数字化移交与电子文件在线归档试点管理工作。2018年6月，中俄东线作为国家档案局首批建设项目电子文件归档试点项目正式启动。修订《集团公司档案管理手册》《档案工作评价办法》等规定，制定《档案馆进馆范围与标准》《管理类档案进馆整理规范》《会计类档案进馆整理规范》《建设项目类档案进馆整理规范》《科研类档案进馆整理规范》等多项业务标准。完善归档范围和制度，创新利用方式，高效做好总部档案归档利用工作，完成归档文件2.2万件，同比增加16.1%；提供利用1.2万人次，同比增长1.6倍，复印量增长2.3倍，查档量增长4.7倍，为国家审计署审计、集团公司第二轮巡视、退休工人提高待遇、史志编研、日常查考等提供必要依据，彰显档案价值。

【信息化建设】 加强信息化建设，实现档案管理系统升级转型。加强档案管理系统2.0升级改造组织协调，优化工作方案，提前半年完成开发建设任务，2018年底前完成33家关键用户培训上线试运行。系统已完成云化迁移并通过国家等保三级测评验收，档案管理系统 100% 的系统服务及数据存储统一使用云计算资源和存储资源，在集团公司 153 家单位应用，日访问量超过 6000 人，成为集团公司各层级单位、各业务领域开展档案工作的重要平台。深化 FMIS 系统与档案管理系统集成接口应用工作，2018 年完成 105 家企事业单位接口对接验证工作，68 家单位已完成接口上线，累计完成 12 万册约 800GB 的会计电子档案在线归档工作。推进合同系统与档案管理系统集成接口试点工作，在大庆油田、吉林石化等 5 家试点单位完成数据测试工作，建立集成组织机构 43 个，累计推送 2017 年电子合同档案数据约 1200 条，电子文件约 11000 个。启动电子招投标系统和档案管理系统接口开发工作。引入外部咨询团队、档案行业及高校专家，启动档案资源云平台建设与管理、电子文件归档“四性”（真实性、完整性、可用性、安全性）检测、业务系统归档集成功能框架及实现、基于档案知识服务的数字档案馆建设四项课题研究。

【馆库管理】 加强馆库管理，确保平稳起步、安全规范运行。研究梳理新馆库管理制度、服务流程、操作规则、作业指导书 104 项，建立应急预案 9 项；利用申报“鲁班奖”整改时机，开展土建、强弱电、消防等 8 个系统 126 项施工维修和升级改造，先后整改排除各种细节问题 2200 多个；加强安全教育，开展消防演练，专题培训安全消防常识，进馆人员进行安全提示，严禁火种和限制物品入馆，抽查中心控制室监控人员值班情况，坚持日巡查、周抽查、月讲评、节前安全检查和节假日带班值班等制度，严防死守，确保馆库安全。

【对外交流】 加强对外交流，促进与外部资源共享互学共建。与国家档案局相关司局密切联系，圆满完成上级交办的各项牵头研究、试点、制度建设任务。在大庆油田组织召开中央企业第二协作组年会，参观铁人纪念馆、大庆油田档案馆、地质资料馆和岩心库，多层次展示石油企业档案管理成果及理念。发挥先行先试作用，与相关央企交流沟通，展示中国石油良好形象，2018 年接待中国海油、中国电建、中国铁通、三峡集团、伊利集团等 20 余家办公厅及档案同行，以及集团内部来访团组 28 个 536 人次，其中副局级以上 15 人。

（中国石油档案馆）

党建、思想政治工作与企业文化建设

党建工作

【概述】 2018年，集团公司党组以习近平新时代中国特色社会主义思想为指导，全面贯彻党的十九大和十九届二中、三中全会精神，认真落实新时代党的建设总要求和新时代党的组织路线，深化落实全国国有企业党的建设工作会议精神，贯彻落实国务院国资委党委“中央企业党建质量提升年”部署，持续构建管党治党的制度、责任、保障“三个体系”，打造党建工作的研究、交流、信息化“三个平台”，推动企业党建工作取得明显提升和实质性加强。

截至2018年底，集团公司共有基层党委2526个、党总支2612个、党支部34338个、党员总数712676人，其中在岗党员505912人、退休党员197666人，女党员175290人。

【学习贯彻党的十九大精神】 2018年，集团公司党组把学习贯彻习近平新时代中国特色社会主义思想和党的十九大精神作为首要政治任务，以处级以上干部为重点，制定专项学习培训计划，采取中心组学习、集中轮训、专题研讨、个人自学等方式，组织集中培训300余期、2.15万人、151万学时，实现全覆盖。2018年各级党组织累计宣讲党的十九大精神超过10万场次，推进党的十九大精神进机关、进基层、进矿区、进课堂、进网络，直属党委连续举办三期学习贯彻党的十九大精神第二轮集中培训班，对集团公司总经理助理、管理层成员、副总师，总部机关及专业公司副处级以上干部，各直属单位领导班子成员等1121人进行集中轮训。编发以习近平新时代中国特色社会主义思想和党的十九大精神为主要内容的党建应知应会自测题，增强学习深度和覆盖范围。2018年“七一”前，全面梳理2008年以来习近平总书记9次视察中国石油、3次做出重要讲话和指示批示、22次见签项目情况，在6月28日中国石油报刊发《做党和国家最可信赖的骨干力量——以习近平同志为核心的党中央关心中国石油发展纪实》，组织广大党员干部员工深入学习领会，始终牢记总书记嘱托教诲。2018年9月27日习近平总书记考察辽阳石化后，各企事业单位迅速传达学习习近平总书记重要讲话精神，在全系统掀起学习热潮，将巨大鼓舞转化为推动企业高质量发展强劲动力。

（宗　囡）

【党建工作要求写入公司章程】 坚持党对国有企业领导重要政治原则，按照中共中央组织部、国务院国资委党委部署，着眼于把加强党的领导和完善公司治理统一起来，建设中国特色现代国有企业制度，明确和落实党组织在公司法人治理结构中的法定地位，积极稳妥推进党建工作要求写入公司章程工作向所属各级法人企业延伸。截至2018年底，具备推进条件的1119家各级独立法人企业完成党建工作要求写入公司章程工作，基本做到“应进必进”，进一步明确党组织职责权限、机构设置、运行机制和基础保障。

【“两学一做”学习教育常态化制度化】 持续以“四个诠释”岗位实践活动推进“两学一做”学习教育常态化制度化，编发“两学一做”学习教育情况通报21期，交流经验做法，激励广大党员、干部用担当诠释忠诚、用实干诠释尽责、用有为诠释履职、用友善诠释正气。各级党组织通过深化领导干部包保联系点、党建“三联”示范点等形式，发挥领导干部“头雁效应”，激励广大党员立足岗位担当作为，推动“四个诠释”融入生产经营管理全过程。2018年“七一”前，组织基层党支部集中开展“四个诠释”主题党日活动，覆盖3.38万个党支部、59.25万名党员，延伸吸纳4500余名发展对象和积极分子、5600余名群众参与活动，通过重温入党誓词、党员岗位讲述、集中学习研讨、讲主题党课等形式多样、“党味”浓厚的组织生活，教育引导广大党员干部坚定理想信念，立足工作岗位，激发新时代担当作为、干事创业力量。2018年各基层党组织开展25.8万次主题党日活动，广大党员担当奉献的激情进一步迸发。

（智　杰）

【直属党组织建设】 按照集团公司党组的决策部署和工作要求，直属党委坚持以习近平新时代中国特色社会主义思想和党的十九大精神为指导，以政治建设为统领，以加强“三基”建设为重点，认真贯彻集团公司工作会议精神和2018年党的建设工作要点，切实加强党的各项建设，着力提升党建工作质量，努力在全面从严治党上取得新成效。严格执行基层党组织按期换届提醒督促机制，协调指导规划总院等4家直属单位党委、集团公司办公厅等6家直属党（总）支部完成换届工作；对物资装备部、咨询中心等15家直属党（总）支部委员进行增补调整；配合大连海运完成组织关系整建制转移。印发《关于发展对象政治上不合格的具体清单》，严格政治审查制度，严把发展党员程序，2018年发展党员850名。认真查找党费管理存在的问题，严格执行党费管理制度，完善党费收缴、使用登记台账，积极推进党建信息化平台在线收缴党费，努力从制度、技术、管理等层面堵塞漏洞。迎接中组部补交党费审计抽查组检查，党费管理等工作得到抽查组充分肯定。组织开展直属党委“两优一先”评选表彰，选出先进基层党组织109个、优秀共产党员215名、优秀党务工作者106名。组织各单位按规定、按程序开展组织生活会和民主评议党员工作，2858个党支部召开专题组织生活会，42554名党员参加民主评议，并根据党员管理权限对总部机关5名不合格党员进行相应处置，首次对1名不合格党员做出劝退处理。截至2018年12月31日，党的组织关系隶属于直属党委管理的机关部门、专业公司和直属单位共75家，有党委284个、党支部（总支）3056个、党员44067人，其中在岗党员38593人，占在岗职工的41%。

（宗　园）

【基层党组织建设】 牢固树立党的一切工作到支部的鲜明导向，充分发挥石油工业“三基”工作优良传统和独特优势，创新基层党组织设置模式，出台加强内部流动党员管理的意见，始终保持基层党组织健全率和党员受教育率“两个100%”。落实基层党组织换届工作提醒督促机制，2018年初印发通知对14家需换届的所属企事业单位党委进行提醒督促，任期届满的9013个基层党组织如期换届。持续推进党支部达标晋级，2018年评定示范党支部、优秀党支部9380个，大庆油田星火一次变电所党支部在国务院国资委党委组织召开的推进中央企业基层党建工作座谈会上做表态发言。开展党费管理使用专项检查，摸清底数、查摆问题、规范工作。组织基层党组织召开组织生活会、开展党员民主评议，3.4万个党支部平均查找问题5条以上；69.7万名党员参加民主评议，16.4万名党员被评为“优秀”，51.5万名党员被评为“合格”，对不合格党员按程序做出组织处置。2018年11月2日，召开提高基层党建工作质量推进会，梳理汇总中央、国务院国资委党委、集团公司党组关于基层党建有关要求，以及通过巡视、检查、考评等发现的存在、可能出现的问题，提醒和督促各单位集中对照排查整改，不断提升基层党建工作质量。

【党建责任体系建设】 2018年初，国务院国资委党委对集团公司进行2017年度党建工作责任制考评，集团公司在中央企业中排名靠前。按照国务院国资委党委工作要求和考评办法，制定出台集团公司党建工作责任制考核评价实施办法和2018年度考核指标体系，围绕“四力”提升，推行多维度、多层次、全方位定性考核，构建起党建责任完整闭环。制定印发《关于进一步落实集团公司党组党建工作领导和指导责任的意见》，明确集团公司党组承担的领导指导职责。制定《领导班子成员基层党建联系制度》，公司领导班子成员均到党建联系点指导工作。研究制定2018年度党建工作要点，召开2018年度党建工作会议，建立党建工作例会制度，对党建工作进行系统安排，明确党建目标、任务、责任，以上率下压实党建责任。截至2018年底，129家所属企事业单位党委建立党委委员责任清单。继续举办行政干部党建“一岗双责”示范培训班，对各企事业单位176名厂处级行政干部进行党建培训，增强行政干部党建意识，推动党建责任落实。

【制度体系建设】 紧跟党中央和上级党组织党的制度建设步伐，注重把中央精神、上级要求和实际需要、新鲜经验结合起来，在全面完成集团公司《深化党的建设制度改革实施方案》11个方面51项制度改革任务基础上，2018年新增建《党内表彰管理办法（试行）》等党建制度17项，推动建立系统完备、科学规范、运行有效的党建工作制度体系。

【保障体系建设】 认真落实国务院国资委党委“两个1%、一个不低于”要求，强配配强党务人员，总部党务人员编制超过部门平均数，全系统共配备专职党务干部3.62万人（其中专职党组织书记1.92万人、专职党务工作人员1.7万人）。举办培训班对373名基层党建部门负责同志和业务骨干、基层党支部书记进行针对性培训，各级党组织通过各种形式展开务实有效培训，2018年集中轮训党支部书记3.2万人次，不断提升党建工作带头人队伍整体素质。推动建立稳定的党务经费保障机制，做到党建经费有渠道、有保障、有管理，所属单位按要求提取党组织工作经费，纳入企业管理费预算，并通过党务公开进行收支公示，确保党组织工作经费规范使用、节约使用、用得其所、用出实效。

【党建研究平台】 2018年6月20日，召开集团公司党建研究工作推进暨成果发布会，表彰16个先进单位和126项优秀研究成果。2018年，集团公司层面组织开展石油企业坚持和加强党的全面领导研究、加强党的政治建设着力点研究等10大课题研究，各企事业单位结合党建工作重点难点开展434项课题研究。圆满完成国务院国资委党委重大课题子课题“加强国有企业境外单位党的建设研究”，成果纳入《新时代国有企业党的建设教程》，承担的全国党建研究会重点课题子课题“突出政治功能充分发挥基层党组织在党的政治建设中的作用研究”，获全国党建研究会2018年度调研课题成果一等奖。

【党建工作交流平台】 按照习近平总书记总结国企央企经验特别是党建经验的要求，及时总结党建工作中的成熟经验、分享典型做法，集团公司党组在国务院国资委党委召开的习近平总书记全国国有企业党的建设工作会议重要讲话发表两周年座谈会、中组部和外交部召开的首次海外党建工作联席会议上分别做经验发言。集团公司党建工作经验做法在《光明日报》《中央企业党建工作简报》《中央企业“两学一做”简报》《国资工作交流》《国企党建专刊》等报刊刊载，推荐的全国优秀共产党员王杰先进事迹在中组部《党建研究》“时代先锋”栏目刊发。大庆油田铁人学院被中组部命名为全国党员教育培训示范基地，是国有企业唯一一家。2018年8月8日，集团公司组织“弘扬石油精神，推进高质量发展”主题教学活动，9家企事业单位发言，交流党建工作经验。

（宗　园）

【党建信息化平台】 2018年5月2日，集团公司召开党建信息化平台全面推广应用启动会，部署党建信息化平台全面推广应用工作。截至2018年底，平台已全面覆盖集团公司4万个基层党组织、70万名党员，平台移动端累计登录上亿人次，单日访问人数跻身全国APP前十强，活跃比例排名全国党建类APP第一。实现线上记录“三会一课”24万次、党组织关系转接10.8万人，线上缴纳党费累计突破1亿元，“组织建在网上、党员连在线上”的目标初步实现，线上线下相互融合、相互促进的工作模式初步成型，“互联网+党建”理念逐渐深入人心。2018年7月1日，中央电视台《新闻联播》以《智慧党建：打造互联网上的红色精神家园》为题，报道了中国石油在新疆偏远地区、海外项目等地党员运用党建信息化平台参加教育培训、开展组织生活、缴纳党费等情况。先后有80余家央企、机构洽谈合作，中国驻摩洛哥大使馆在30余家当地中资企业中推广应用该平台。

（宗　园）

【企事业单位党委书记抓基层党建述职评议】 2018年初，分总部和5个片区组织69家单位党委书记进行2017年度现场述职，王宜林、章建华、徐文荣、徐吉明等集团公司党组领导出席并进行提问点评。现场述职前，结合民主生活会督导，对69家单位党建工作进行调研考核，听取情况汇报105次、个别谈话762人次、召开座谈会91场次、走访调研基层党组织185个、查阅基础资料4600余份，逐一形成单位评价意见。现场述职中，探索开展“解剖式”“佐证式”述职，既印证述职内容，又深度交流工作。现场述职分组打破地域限制，兼顾上中下游企业，推动不同领域、不同地区企业间的交流借鉴。

（智　杰）

思想政治工作

【概述】 坚持以习近平新时代中国特色社会主义思想为指导，深入学习贯彻党的十九大和十九届二中、三中全会精神，认真贯彻落实全国宣传思想工作会议、全国宣传部长会议、中央企业宣传思想工作会议和外宣工作会议精神，坚持围绕中心、服务大局，坚持正确的政治方向、舆论导向、价值取向，全面加强思想理论、新闻宣传、企业文化、基层建设和统战群团工作，大力弘扬石油精神，持续深化形象建设，唱响“我为祖国献石油”主旋律，鼓足新时代干事创业精气神，为推动集团公司高质量发展提供了坚强思想保证和强大精神力量。

【集团公司宣传思想文化工作会议】 2018年3月21日，集团公司召开宣传思想文化工作视频会。会议以习近平新时代中国特色社会主义思想为指导，深入学习贯彻党的十九大精神，认真落实全国宣传部长会议、国资委央企宣传思想工作会议、集团公司工作会议精神，总结工作、交流经验、分析形势，安排部署重点任务，凝心聚力谱写新时代宣传思想文化工作新篇章，为集团公司推进稳健发展提供坚强思想保证和强大精神力量。会议传达了集团公司党组书记、董事长王宜林，总经理、党组副书记章建华对宣传思想文化工作做出的批示，集团公司党组副书记、副总经理徐文荣出席会议并讲话。会上，思想政治工作部主要负责同志做大会报告，大庆油田、青海油田、云南石化、浙江销售、管道公司、中油国际（印尼）公司6家单位做经验交流，表彰“十佳宣传部长”“十佳新闻发言人”“十佳新闻工作者”“十佳网评员”。集团公司总部机关各部门、各专业公司，各企事业单位相关负责人等分别在主分会场参会。

【大力弘扬石油精神】 习近平总书记做出大力弘扬石油精神的重要批示后，集团公司党组高度重视，精心组织、全面动员，抓住重点、务求实效，把弘扬石油精神作为一项重要政治任务，持续深入学习贯彻落实。集团公司党组提高政治站位，第一时间召开党组会专题集体传达学习重要批示，深刻领会精神实质，研究制定贯彻落实方案；召开集团公司领导干部视频会，就学习宣传贯彻做出动员部署；以党组文件形式印发《关于学习宣传贯彻习近平总书记重要批示　凝聚新时期干事创业精神力量的通知》，要求全体党员干部和员工深入学习贯彻习近平总书记重要批示精神，凝聚新时代干事创业精神力量；以“加强党的建设，弘扬石油精神”为主题召开领导干部会议，对学习宣传贯彻习近平总书记重要批示精神进行再部署、再学习、再推进；成立专项课题组进行专题研究，深挖石油精神时代内涵；挑选劳动模范、优秀党员、基层员工，组成石油精神宣讲团，到基层一线队站班组、两级机关及国家部委、大专院校开展巡回宣讲，受众面超过100余万人次；持续开展“中国石油榜样”典型选树宣传，评比表彰铁人奖章、奖状、先锋号，开展重大工程、重大项目劳动竞赛，宣传一批石油精神的模范实践者；组织“弘扬石油精神，重塑良好形象”活动周，通过开展报告会、开放日、石油精神论坛、企业发展成就发布会等系列活动，让石油精神始终成为队伍建设、形象建设和推动企业高质量发展的强大精神动力；把弘扬石油精神纳入党建工作，作为落实党建工作责任制、党建信息化建设、党建考评、党委书记述职的重要内容；深入开展“践行四合格四诠释，弘扬石油精神”岗位实践活动，引导全体党员弘扬石油精神，用担当诠释忠诚，用实干诠释尽责，用有为诠释履职，用友善诠释正气，迅速在全系统掀起弘扬石油精神热潮，干部员工自觉落实“苦干实干”“三老四严”要求的行动显著增强。

【第十六次“形势、目标、任务、责任”主题教育】 扎实开展第十六次“形势、目标、任务、责任”主题教育，编写《新时代新使命新作为》教育读本，组织“百套优秀宣讲材料、百名优秀宣讲员”评选活动，深入宣贯集团公司服务国家战略、履行责任使命的重大举措，充分展现百万石油员工听党话跟党走、团结拼搏奋进的精神风貌，促进全员思想统一、步调一致，凝聚起干事创业强大合力。

【“弘扬石油精神、重塑良好形象”活动周】 举办“弘扬石油精神、重塑良好形象”主题论坛，通过网络电视、网站、手机端等现场直播，收看收听人数突破200万人次，人民网、新华网等10余家媒体刊发专题报道，促进了石油精神广泛传播。打造“中国石油开放日”品牌，在大港石化现场启动，组织50余家单位同期跟进对公众开放，线上线下同步传播互动，提升了品牌影响力和美誉度，被媒体誉为“中国石油史上最大规模开放日”。

【意识形态工作责任制】 持续完善意识形态工作任务清单、责任清单及失责惩戒清单，建立了一级抓一级、层层抓落实的明责履责问责机制。组织开展两轮落实意识形态工作责任制专项检查，召开落实意识形态工作责任制专题推进会，总结经验、梳理问题，明确抓学习强引领、抓机制强管理、抓载体强创新、抓阵地强平台的“四抓四强”重要举措，推动意识形态工作持续向上向好。及时向国务院国资委党委报送集团公司意识形态工作情况，受到国务院国资委表扬，在中央企业宣传思想工作会议上，董事长王宜林以《增强“四个意识”，坚定“四个自信”，在央企高质量发展中铸牢主流意识形态》为题，专题汇报了中国石油意识形态工作责任制落实情况。

【企业宣传】 积极策划正面宣传，开展庆祝改革开放40周年主题宣传，在新闻联播专题栏目首期播出亚马尔项目报道，在新华网等重点网络媒体刊发系列专题，策划组织中国石油改革开放40年大型成就展、青年演讲比赛、征文活动和专题纪录片拍摄，编撰改革发展实录《油海潮涌》及《石油名匠》《丝路新驼铃》等纪念图书；突出关键节点，组织重点会议时政宣传、传统节日主题宣传，把握首届中国国际进出口博览会、中非合作论坛、中俄哈汽车拉力活动等契机策划发展成就宣传、典型宣传，聚焦央企责任开展“一带一路”、扶贫救灾、冬季保供、服务“三夏”等专题宣传，拓展渠道讲好石油故事、传播石油声音，在《人民政协报》整版刊发报道《奋进新时代、开创新局面》，新华社、人民日报、中央电视台等中央主流媒体推出报道940余篇、同比增长14%。统筹抓好内部宣传，加强内容选题策划，注重与业务部门协调联动，推出勘探开发、绿色发展、科技创新、深化改革、企业党建、业绩发布等主题传播40余个，在门户网站网络电视开设专题专栏200余个，组织《中国石油报》《石油商报》、影视中心等内部媒体开展重点采访40余次；加强网络电视建设，摄制专题片10余个，制作推出《中国石油报道》45期、点击率98万人次；举办第三届“重塑形象、从心出发”新媒体内容创作大赛，评选出一批有传播价值的优秀作品。广泛开展媒体活动，组织走进大庆、走进青海、走进新疆玛湖、走进西南储气库等“感知中国石油”系列活动，邀请媒体记者现场采访，零距离感知石油工人、感受石油气象、感悟石油精神；连续7年策划“温暖回家路·铁骑返乡”公益活动，组织“强国一代·为梦想加油”大学生记者新闻实践营活动，生动展现负责任央企良好形象。

【舆情应对】 积极回应公众关切问题，举行年度业绩发布、冬供圆满完成、中俄天然气东线建设、中缅原油管道建成一周年、“美丽中国，中国石油在行动”等新闻发布会，以“国内动态清样”等形式报送内参稿件12篇，《2018年或再现气荒，管道安全成燃眉之急》得到习近平总书记批示，对于加快我国天然气产业发展起到了积极推动作用。抓好网络评论引导，完善专业网评员队伍和网评工作机制，2018年推送评论9万余条。加强舆情监测研判，防范突发舆情风险，组织长输管道突发事件新闻应急演练，妥善应对处置“天然气价格浮动”等多起敏感热点舆情，2015年以来负面舆情实现“四连降”。

【媒体和网站建设管理】 加快传统媒体转型升级，以中国石油网为中心，加强报纸、网站、电视台等媒体建设运维，门户网站日均发布信息2万余条、访问量400万余人次；规范内部媒体统筹协调管理，建立采编人员定期通气制度和网络媒体信息联动发布机制，实现重大新闻、重点信息一体化采编策划、全媒体共享传播。健全完善新媒体矩阵群，官方微信浏览量全国企业第11位、中央企业第6位、能源行业第1位，发布信息2755篇、阅读量9500万，25篇阅读量“10万+”，用户超过129万人；官方微博发布博文4023条，粉丝超过42万人；微门户客户端发布文章8.7万篇、阅读量超过100万，下载量21.8万人次；在今日头条、一点资讯、一直播、腾讯视频和抖音等社交媒体开通官方账号，上线运行企业党建信息化平台，指导所属单位拓展新媒体阵营，各类新媒体用户突破800万。强化与外部传媒交流合作，加强与国资小新、兄弟企业媒体平台良性互动，密切与界面新闻、澎湃新闻、新浪财经等媒体交流，2018年报送各类信息700余篇；配合国务院国资委完成网络信息联动任务90余次，向国务院国资委报送网站信息数量和录用数排名中央企业第1位；推进与中央主流媒体、国内重点媒体沟通交流制度化、规范化，与南方报业集团、上海报业集团建立战略合作伙伴关系，联合做好对外宣传和舆论引导。

【中国石油党建思想政治工作研究会】 深化理论研究和政研成果评选推荐，分别在《求是》《学习时报》刊发集团公司党组署名文章《奋力建设具有全球竞争力的世界一流企业》《全面贯彻新发展理念，扎实推动高质量发展》。在《党建研究》《经济日报》《思想政治工作研究》分别刊发党组领导署名文章《强国企必先强党建》《担当央企责任使命，保障国家能源安全》《以提升“四力”检验国企党建成效》。参加国务院国资委组织的学习习近平新时代中国特色社会主义思想征文并获优秀组织奖，5篇文章获得优秀奖。石油政研会取得一批高质量、高水平研究成果，向中宣部、国务院国资委推荐优秀政研案例8个、理论文章15篇，获中国政研会优秀课题研究成果三等奖1项、中央企业政研会一等奖2项。

（赵国彬）

企业文化建设

【概述】 修订完善企业文化“十三五”发展规划，制定《深化抓好石油精神学习宣传和践行的实施举措和未来规划》，印发《企业文化建设工作条例》，实施企业文化“六统一”，大力弘扬以“苦干实干”“三老四严”为核心的石油精神，传承和创新特色企业文化，建设符合企业发展方向、具有鲜明时代特征和石油特色的企业文化，形成以“我为祖国献石油”为核心价值追求的文化体系。持续实施文化强企战略，内强素质、外塑形象，不断增强企业凝聚力，提高企业竞争力，努力实现企业文化与企业战略的统一，企业发展与员工发展的统一，企业文化优势与竞争优势的统一，充分发挥文化优势，提升企业管理水平和核心竞争力。

【社会主义核心价值观培育和践行】 深入贯彻落实集团公司《关于进一步培育和践行社会主义核心价值观的实施意见》，通过宣传教育、选树典型、实践养成，在工作内容、领域、载体、对象等方面，进一步把社会主义核心价值观建设任务落细落小落实；深化石油精神再学习再教育，举办弘扬石油精神论坛，深入开展石油精神研究、探索、宣传，深挖蕴含的时代内涵；推进《企业文化辞典》编撰出版工作；制定企业精神教育基地管理办法，验收第六批企业精神教育基地，大庆油田“铁人第一口井”入选国家工业遗产。“中石油社会主义核心价值观融入企业管理情况”被国务院国资委作为案例报送中央。

【精神文明建设】 深化道德讲堂建设和诚信央企建设，广泛开展群众性精神文明创建工作，提升企业文明程度。以“学雷锋树新风，学铁人立新功”为主题，广泛开展“中心”“安心”“爱心”“关心”青年志愿服务活动，2018 年服务受益 91 万人次。抓好统一战线工作，组织民主党派成员、归国留学人员、归侨侨眷、党外干部和知识分子代表等党外人士座谈，传达学习全国统战部长会议精神，通报集团公司改革发展面临形势，征集 6 个方面 52 条意见建议，向有关部门反馈后采纳 19 条。组织石油艺术家演出团深入管道局中俄东线、管道公司、抚顺石化、辽阳石化、辽河油田、锦州石化、锦西石化等单位开展“送欢乐下基层”慰问演出活动，持续把集团公司党组温暖送到基层。与俄罗斯天然气工业公司开展第 12 届中俄文化交流活动，持续巩固传统友谊。组织全民健身、全国石油职工首届协作区羽毛球总决赛、全国石油职工第二届协作区篮球总决赛、全国石油职工第二届协作区乒乓球赛、全国石油职工桥牌精英赛等赛事，强健职工体魄，振奋企业精神。

【中国石油英模群体】 持续开展“中国石油榜样”选树宣传，英模群体进一步壮大。2018 年度，大港油田公司第二采油厂注采二组副组长冯萌萌等 15 人被授予“全国五一劳动奖章”；北京销售公司第二加油站等 18 个集体被授予“全国工人先锋号”称号；云南销售昆明分公司环业加油站经理和利辉被授予“全国优秀共青团员”称号，辽河油田公司团委副书记米京博、兰州石化公司团委书记王笑世被授予“全国优秀共青团干部”称号，辽河油田公司锦州采油厂团委、宁夏石化公司电仪部团总支被授予“全国五四红旗团委（团支部）”称号，大庆油田工程建设有限公司油建公司第十一中队工程部电焊工臧立欢被授予“全国向上向善好青年”称号；抚顺石化公司石油二厂质检车间微量班、大庆油田有限责任公司第二采油厂刘丽工作室被授予“全国三八红旗集体”称号；中国石油天然气集团有限公司亚马尔项目团队被评为中央企业第三届“央企楷模”。

（赵国彬）

基层建设

【概述】 贯彻落实《集团公司基层建设纲要》，把基层建设放在企业改革发展的大环境下统筹谋划，以加强党支部建设为核心，以夯实基础管理为重点，以提高员工基本素质为根本，以促进企业与员工的共同发展为目标，深入推进“三基”工作。发挥“百面红旗”“百个标杆单位”示范引领作用，深入挖掘“千队示范”好经验好做法，持续抓好“六个一”党支部创建、标准化“五型”班组建设和队伍建设；开展为期 3 个月的基层建设大调研，召开 2 次基层建设推进会，共同研究新时代基层建设新思路，深入挖掘“五型”班组新内涵，大力拓展技术创新创效新途径，丰富完善评先选优新形式，着力推进员工技能新提升。通过基层建设大调研活动的持续推动和基层建设案例、经验交流，集团公司新时代基层建设的新模式已经形成。

【送书工程】 连续 11 年实施“千万图书送基层、

百万员工品书香”工程，在总体推进送书工程基础上，把该项工作和基层建设、企业文化建设、队伍建设结合起来，着力抓好送书工程提档升级。按照资源数字化、阅读移动化要求，认真做好融媒体“中油阅读”APP全面上线工作。把工作重心向生产一线和海外员工倾斜，根据员工所想、所需、所求，把弘扬主旋律和解决生产生活现实问题的书籍送到员工群众手中，实现送书工程质量的新提升。

【职业道德规范确认书】 加强职业道德建设，组织86家企事业单位124名新晋领导班子成员签订高级管理人员职业道德规范确认书，毕马威华振会计师事务所对集团公司职业道德建设情况进行了审计。

（赵国彬）

群团工作

【概述】 认真学习宣传贯彻中国工会十七大、共青团十八大和中国妇女十二大会议精神，坚持全心全意依靠职工群众办企业的根本方针，加强对工会、共青团等群众组织的领导，增强群团组织、群团工作的政治性、先进性、群众性。以职工思想教育为主线，坚持服务企业改革发展、服务职工建功成才，通过强化理论武装、提升队伍素质、服务职工需求、加强自身建设，充分发挥职工主力军和青年生力军作用，组织引导石油职工积极投身企业高质量发展实践。

【厂务公开民主管理】 认真落实《集团公司厂务公开实施办法》，规范厂务公开内容，推进厂务公开民主管理工作制度化、规范化。明确“公开是常态、不公开为例外”，严格执行“三重一大”重要事项公开制度，及时公开涉及企业重大决策、职工切身利益、领导班子建设和党风廉政建设等与企业改革发展稳定密切相关的问题。把厂务公开民主管理的制度和要求融入企业管理，持续建立完善工作协调、督促检查等制度，使厂务公开工作更加符合职工群众的意愿和要求。2018年10月，按照国务院国资委关于做好国有企业改革重点工作专项监督工作有关要求，积极配合改革与企业管理部，认真梳理厂务公开相关制度，总结企事业单位厂务公开工作情况，为完成集团公司迎检工作提供基础材料。

【开展劳动竞赛】 编制印发《关于贯彻落实〈新时期产业工人队伍建设改革方案〉的实施意见》，完善机制推动工作落实，受到全国总工会表扬。积极与全国总工会、能源化学地质工会沟通协调，将中俄天然气东线主题劳动竞赛确定为全国引领性劳动和技能竞赛，2018年7月6日在黑河举行启动仪式，掀起石油员工“建功新时代”的热潮。

【扶贫帮困送温暖活动】 贯彻落实《集团公司困难职工帮扶工作管理办法》，指导企事业单位工会按照精准帮扶、分级帮扶、分类帮扶的原则，做好困难职工帮扶工作。做到精准识别，要求各企事业单位严格建立困难职工档案，对困难职工信息进行层层筛选、层层核对，确保帮扶工作作用到每名困难职工；做好精准帮扶，在确认好困难职工的基础上，有针对性地进行帮扶，将帮扶范围扩大，入基层、到井站、进家庭、访劳模、问贫苦，及时把温暖送到职工群众中；做到精准管理，与帮扶资金余额较大的企事业单位进行沟通，督促相关单位合理消化余额。对帮扶资金进行专户管理，专款专用，管好用好，使帮扶资金真正用在刀刃上，切实把集团公司党组的温暖送到困难职工家庭。

【青年岗位建功活动】 联合《中国青年报》组织“为中国梦加油”强国时代青年大讨论活动，开展集中讨论73场、基层讨论9780场，团员青年参与讨论近19万人次，集中展现当代石油青年爱国奋斗精神。召开集团公司强国时代青年大讨论暨学习贯彻共青团十八大精神座谈会，10名青年代表结合自身经历，分享对强国时代青年历史使命的认识与思考，讲述了石油青年立足岗位、为油而战的奋斗经历，展示出石油青年心中有理想、奋斗有方向、青春有担当的精神风貌。国务院国资委党建局局长、中央企业团工委书记姚焕对青年代表的发言给予高度评价，对集团公司共青团工作和青年工作给予充分肯定。

（赵国彬）

【直属工会工作】 指导华油集团等8家工会进行换届，审计14家单位工会经费管理和使用情况，征集346项优秀合理化建议和经济技术创新成果，对已命名的116家模范（先进）职工之家（小家）和新申报的86家模范（先进）职工之家（小家）进行复查、验收，为一线生产单位和地域偏远单位配送职工素质提升光盘390套。积极落实关爱职工措施，下拨帮扶资金1453万元，为职工发放节日礼品、办理公园年票、送生日蛋糕卡等，组织开展职工体检、职工健康促进讲座、心理关爱系列讲座等活动，组织歌咏、羽毛球比赛、健步走活动，开办声乐、书法、瑜伽、太极拳等培训。

（宗　囡）

【直属共青团与青年工作】 组织两场青年大讲堂，7000多名青年在主分会场同步参加学习。成立6个共青团工作协作组，推动组内各板块企业加强交流、共享、协作。征集共青团和青年工作优秀案例，优选31个案例汇编成册，8个典型案例在团干部培训班上进行重点发布。组织"五四"评选表彰，命名2017年度直属青年文明号63个，表彰直属五四红旗团组织81个、青年岗位能手219名、优秀共青团员66名、优秀团干部68名，评选第三届"十佳青年岗位能手"，加强青年典型事迹宣传，积极为青年成长成才搭建舞台。

（宗　囡）

光荣榜

【2018年全国五一劳动奖章】 15人：

冯萌萌（女） 中国石油大港油田公司第二采油厂注采二组副组长

刘海波　大庆油田有限责任公司消防支队队长

孙连会　中国石油华北油田公司第二采油厂作业大队工人

刁克剑　中国石油抚顺石化公司工程建设有限公司信息技术研发中心主任

杨振巍（满族） 中国石油锦西石化公司重整车间主任

王　冲　中国石油辽河油田公司信息工程公司数字油田研发中心主任

梁亚坤　中油吉林化建工程有限公司安装公司华北石化项目部梁亚坤管工班班长

苏国庆　中国石油华北油田公司第五采油厂作业大队X00710队作业工

陈　勇　中国石油福建销售公司总经理助理

吴小波　中国石油西南油气田公司输气管理处合江输气作业区输气工

陈之荣　中国石油集团川庆钻探工程有限公司重庆运输总公司驾驶员

吴正银　中国石油青海油田公司井下作业公司工人

谭文波　中国石油集团西部钻探工程有限公司试油公司井下作业工具工

杨学文　中国石油新疆油田公司总经理

白景阳　中油吉林化建工程有限公司安装公司科威特项目部白景阳电焊班班长

【2018年全国工人先锋号】 18个：

中国石油北京销售公司第二加油站（南湖加油站）

中国石油集团渤海石油装备（天津）新世纪机械制造有限公司油套管制造厂油管班

中国石油集团渤海钻探工程有限公司第一钻井工程分公司50620钻井队

中国石油集团东方地球物理勘探有限责任公司国际勘探事业部沙特项目经理部8647B队

中国石油辽阳石化公司炼油厂加氢一车间加氢工艺乙班

中国石油辽河油田公司兴隆台采油厂采油作业三区女子采油队兴60号站

中国石油吉林油田公司松原采气厂长岭天然气处理中心

中国石油吉林石化公司炼油厂催化裂化三车间化工一班

中国石油大庆石化公司炼油厂加氢一车间

中国石油哈尔滨销售公司友谊加油站

中国石油广东石化公司生产运行六部

注：光荣榜引用单位名称均依据获奖文件。

中国石油广西石化公司400万吨/年渣油加氢装置运行班

中国石油西南油气田公司输气管理处梁平输气作业区

中国石油吐哈油田公司信息技术公司数据部

中国石油西部管道公司独山子输油气分公司霍尔果斯作业区

中国石油独山子石化公司炼油厂第一联合车间

中国石油塔里木油田公司勘探开发研究院天然气所

中国石油新疆油田公司陆梁油田作业区陆梁采油站黄克平班

【2017年度全国优秀共青团员】 1人：

和利辉（白族） 中国石油云南销售公司昆明分公司环业加油站经理

【2017年度全国优秀共青团干部】 2人：

米京博 中国石油辽河油田公司团委副书记

王笑世 中国石油兰州石化公司团委书记

【2017年度全国五四红旗团委（团支部）】 2个：

中国石油辽河油田公司锦州采油厂团委

中国石油宁夏石化公司电仪部团总支

【2018年全国向上向善好青年】 1人：

臧立欢 大庆油田有限责任公司工程建设有限公司油建公司第十一中队工程部电焊工

【2018年度全国三八红旗集体】 2人：

中国石油抚顺石化公司石油二厂质检车间微量班

大庆油田有限责任公司第二采油厂刘丽工作室

【中央企业第三届“央企楷模”】 1个：

中国石油天然气集团有限公司亚马尔项目团队（集体）

（赵国彬）

【集团公司“十佳宣传部长”】 10人：

盖立学 大庆油田有限责任公司

许四德 长庆油田分公司

何晓庆 塔里木油田分公司

秦志斌 大庆石化分公司

冯立波 吉林石化分公司

项丽华（女） 新疆销售有限公司

王　虎 云南销售分公司

张立岩（女） 中油国际管道有限公司

侯　斌 川庆钻探工程有限公司

张季滨 管道局工程有限公司

【集团公司“十佳宣传部长”提名奖】 5人：

谭向东 新疆油田分公司

张　琨 辽阳石化分公司

杨小刚 兰州石化分公司

刘建平 青海销售分公司

孙圣翠（女） 物资采购中心（物资公司）

【集团公司“十佳新闻发言人”】 10人：

张　帆 天然气销售分公司

王　昆 大庆油田有限责任公司

罗颖川 辽河油田分公司

钱治家 西南油气田分公司

安宏利 四川石化有限责任公司

吴　凯 云南石化有限公司

陈上元 福建销售分公司

崔　涛 管道分公司

李庆祝 北京天然气管道有限公司

孟向东 中油国际管道有限公司

【集团公司“十佳新闻发言人”提名奖】 5人：

宋运通 华北石化分公司

朱荣生 广东销售分公司

师　野 黑龙江销售分公司

王治富 东方地球物理勘探有限责任公司

汪桃义 工程建设有限公司

【集团公司“十佳新闻工作者”】 10人：

江少金 大庆油田有限责任公司

姬学军 辽河油田分公司

詹星星 新疆油田分公司

王得刚 青海油田分公司

崔山平 独山子石化分公司

彭　冲 四川销售分公司

刘金英（女） 海洋工程有限公司

汤　琳（女） 中国石油运输有限公司

张　晗 中国石油报社

朱　岚（女） 信息技术服务中心

【集团公司“十佳新闻工作者”提名奖】 5人：

郝元武 长庆油田分公司

白建英 华北油田分公司

李元滢 管道局工程有限公司

李月清 中国石油企业杂志

刘振军 集团公司影视中心

【集团公司“十佳网评员”】 10人：

孙大菲 大庆油田有限责任公司

宋　阳 辽河油田分公司

杨承欣 长庆油田分公司

李小强 新疆油田分公司

王继英（女） 大港油田分公司

叶帅斌　南方石油勘探开发有限责任公司
陈　瑞　大庆石化分公司
李　博　锦州石化分公司
舒正伟　四川石化有限责任公司
马　骥　中国石油报社

【集团公司“十佳网评员”提名奖】 5人：
王　祥　冀东油田分公司
范中中　东北销售分公司
窦　全　甘肃销售分公司
李　斐（女）　安徽销售分公司
党　勍　济柴动力有限公司

【2016—2017年度集团公司五四红旗团支部（总支）】 90个：

大庆油田有限责任公司钻探工程公司钻井二公司1205钻井队团支部

大庆油田有限责任公司第八采油厂第一油矿采油111队团支部

大庆油田有限责任公司矿区服务事业部物业管理四公司物业服务三分公司团支部

辽河油田分公司辽河石油勘探局有限公司筑路工程分公司项目管理中心团支部

辽河油田分公司茨榆坨采油厂工艺研究所团支部

长庆油田分公司第一采油厂吴堡作业区团总支

长庆油田分公司第四采油厂杨米涧作业区新一计量站接转注水中心站团支部

塔里木油田分公司库车油气开发部克拉作业区团总支

新疆油田分公司采油一厂供汽联合站团支部

西南油气田分公司蜀南气矿长宁页岩气作业区宁201井区团支部

吉林油田分公司油田总医院内科团支部

大港油田分公司天然气公司天然气处理站团支部

青海油田分公司采油三厂花土沟采油作业区团支部

华北油田分公司第二采油厂地质研究所团支部

吐哈油田分公司勘探开发研究院勘探团支部

冀东油田分公司勘探开发建设工程事业部产能建设团支部

玉门油田分公司酒东采油厂采油队团支部

大庆石化分公司化工一厂乙烯车间团支部

吉林石化分公司合成树脂厂ABS车间团支部

抚顺石化分公司烯烃厂乙烯车间团支部

辽阳石化分公司炼油厂加氢三车间团支部

兰州石化分公司石油化工厂丙烯车间丙烯腈团支部

独山子石化分公司天利石化控股有限公司异戊橡胶厂团支部

乌鲁木齐石化分公司检维修中心炼油维修车间团支部

大连石化分公司储运车间团支部

锦州石化分公司仪表车间团总支

锦西石化分公司质检部团支部

大庆炼化分公司炼油一厂一套ARGG车间团支部

东北销售分公司南京分公司团支部

西北销售分公司武汉分公司团支部

润滑油公司北京中石油润滑油有限公司团支部

四川销售分公司广安分公司机关团支部

辽宁销售分公司营口销售分公司机关团支部

广东销售分公司肇庆（区域）分公司端州团支部

内蒙古销售分公司呼伦贝尔销售分公司鄂温克旗经营部团支部

中石油新疆销售有限公司　巴州分公司库尉销售片区团支部

陕西销售分公司西安分公司西南片区团支部

甘肃销售分公司临洮销售片区团支部

山东销售分公司济南销售分公司东城团支部

江苏销售分公司常州销售分公司239团队团支部

河北销售分公司承德分公司大石庙加油站团支部

北京销售分公司第四分公司大兴区团总支

上海销售分公司宝嘉分公司嘉北团支部

黑龙江销售分公司哈尔滨分公司道外片区团支部

吉林销售分公司长春销售分公司普庆加油站团支部

河南销售分公司许昌销售分公司第一团支部

云南销售分公司昆明秧田冲油库团支部

重庆销售分公司仓储分公司6910油库团支部

湖北销售分公司武汉销售分公司江夏片区团支部

广西销售分公司钦州销售分公司海湾加油站团支部

浙江销售分公司湖州销售分公司吴兴片区团支部

安徽销售分公司合肥销售分公司团总支

福建销售分公司机关团支部

湖南销售分公司湘西销售分公司香艳加油站团支部

宁夏销售分公司银川分公司城区团支部

贵州销售分公司甘塘加油站团支部

山西销售分公司太原销售分公司太原六站团支部

青海销售分公司西宁销售分公司湟中经营部团支部

江西销售分公司仓储分公司团总支

天津销售分公司武清分公司团总支

中石油海南销售有限公司三亚片区三亚东岸加油站团支部

昆仑能源有限公司宿迁中石油昆仑燃气有限公司团支部

管道分公司山东输油有限公司日照输油站团支部

西气东输管道分公司南昌管理处团总支

北京天然气管道公司陕西输气管理处榆林压气站团支部

西部管道分公司酒泉输油气分公司张掖作业区团支部

中国石油国际勘探开发有限公司中油国际（尼日尔）有限责任公司团总支

西部钻探工程有限公司吐哈钻井公司 40672 钻井队团支部

长城钻探工程有限公司钻井二公司水平井项目部 50276 队团支部

长城钻探工程有限公司钻井三公司 C12287 队团支部

渤海钻探工程有限公司第一录井公司大港项目部团支部

川庆钻探工程有限公司川庆 70016 队团支部

东方地球物理勘探有限责任公司海洋物探处 2203 队团支部

中国石油集团测井有限公司青海分公司花土沟录井项目部团支部

中国石油管道局工程有限公司中俄东线 CPP412 团支部

中国石油工程建设有限公司第一建设公司 321 工程队团支部

中国石油工程建设有限公司西南分公司油气集输室团支部

中国寰球工程有限公司北京公司土建团支部

渤海石油装备制造有限公司承德石油机械公司电工车间团支部

宝鸡石油钢管有限责任公司输送管公司制管三分厂团支部

中油海工船舶（天津）有限公司中油海 261 船团青工作小组

中油财务公司委员会第一团支部

昆仑银行股份有限公司运营服务中心客户服务中心团支部

昆仑金融租赁公司上海团支部

中国石油勘探开发研究院石油地质实验研究中心青年工作站

石油化工研究院聚烯烃研究室团支部

中国石油集团工程技术研究院有限公司北京石油机械有限公司制造一部团支部

中国石油运输有限公司西北石化公司甘肃化工配送中心团支部

华油集团公司机关服务中心幼儿教育部团支部

石油工业出版社编辑第一团支部

【2016—2017 年度集团公司优秀共青团员】 123 个：

周芷仪（女） 大庆油田有限责任公司第一采油厂第二油矿北八采油队地面工程技术员

任丽丰 大庆油田有限责任公司第五采油厂规划设计研究所仪表室现场维修员

宋允赫 大庆油田有限责任公司试油试采分公司作业大队作业二队作业工

吴 嵩 大庆油田有限责任公司物资公司仪器仪表分公司业务员

王彦楠 大庆油田有限责任公司创业集团新世纪实业公司自动化仪表分公司系统工程车间技术员

李洪雁（女） 辽河油田分公司供水公司水质检验中心技术员

吴 昊 辽河油田分公司曙光采油厂安全环保科科员

赵思琪（女） 辽河油田分公司概预算管理中心科员

习亚文 长庆油田分公司第二采油厂温台作业区岭 19 增井区副井区长

胡锦博 长庆油田分公司第三采油厂红井子采油作业区技术管理室地质组技术员

贾 超 长庆油田分公司第三采气厂苏里格第四天然气处理厂副厂长

张胜强 塔里木油田分公司勘探开发研究院物探与测井所测井监督

张烜玮 塔里木油田分公司塔西南勘探开发公司油气开发部大北作业区仪电工程师

周伯玉（女） 新疆油田分公司勘探开发研究院助理工程师

许彩倩茹（女） 新疆油田分公司克拉玛依红山油田有限责任公司第一采油作业区综合主办兼团支部副书记

周义博 西南油气田分公司华成监理公司工程监理部干事

张 涛 西南油气田分公司重庆气矿开江作业区增压南站天然气压缩机操作工

勾星娫 西南油气田分公司华油公司龙泉驿华油兴能天然气有限公司客服中心副主任

陈禹霖 吉林油田分公司消防支队驻长庆陇东大队环江中队消防战斗员

马家俊 吉林油田分公司二氧化碳开发公司采油试验队地质技术员

赵 珺 大港油田分公司第六采油厂采注二队技术员

张 鹏 大港油田分公司井下作业公司 407 队三班班长

张延鸿 青海油田分公司采油二厂昆北油田第二

产业作业区采油二班班长

李　斌　青海油田分公司勘探开发研究院开发团青支部宣传委员

窦双双（女）　华北油田分公司二连分公司地质研究所科员

王　波　吐哈油田分公司工程技术研究院压裂酸化所科员

张　浩　冀东油田分公司工程监督中心钻井监督

冯李杨（女）　玉门油田分公司炼油化工总厂气分 MTBE 车间设备技术员

丁　磊　中石油煤层气有限责任公司临汾分公司第一采气作业区科员

柳昕宏（女）　大庆石化分公司化工三厂聚丙烯车间工艺工程师

王宣期　大庆石化分公司炼油厂重油催化二车间技术员

王晨竣　吉林石化分公司有机合成厂乙烯车间设备员

杨　鑫　抚顺石化分公司石油二厂加氢联合车间设备员

邱　皓　辽阳石化分公司芳烃厂芳烃联合车间操作工

顾健濛　兰州石化分公司质检部乙烯质检室操作工

刘华翔　兰州石化分公司油品储运厂原油输转车间安全工程师

赵　贞　独山子石化分公司炼油厂第三联合车间团支部书记

王天宇　乌鲁木齐石化分公司炼油厂炼油一车间操作工

张子昀　宁夏石化分公司储运部宣传干事

王维宽　大连石化分公司建安公司检修一车间铆工

李胤搏　锦州石化分公司重整车间醚化装置 DCS 外操兼职团支部书记

杨泽宇　锦西石化分公司重整车间设备员

张泽伟　大庆炼化分公司机电仪厂机械一车间钳工

刘均怡（女）　四川石化有限责任公司生产四部兼职团支部书记

孙润仪　广东石化分公司实习管理部操作工

张　岩　中石油云南石化有限公司生产二部蜡油加氢裂化一班副班长

张馨荃（女）　大港石化分公司第三联合车间班组运行工程师

王二飞　华北石化分公司一联合运行部操作工

宋　健　辽河石化分公司第三联合运行部主操

马　毓　长庆石化分公司运行三部操作工、团支部副书记

盛　蔷（女）　润滑油公司大连润滑油研究开发中心化验工

冷　倩（女）　四川销售分公司甘孜公司党群科科员

孙冰彬　四川销售分公司宜宾公司珙县片区巡场加油站前庭主管

陈韵雯（女）　辽宁销售分公司沈阳销售分公司富民加油站便利店主管

李重阳　辽宁销售分公司大连销售油气零售分公司疏港路加油站经理助理

李彤平（女）　广东销售分公司广州分公司城区加油站储备经理

关　静（女）　内蒙古销售分公司包头销售分公司二道沙河加油站副经理

项佳佳（女）　中石油新疆销售有限公司伊犁分公司团委组织委员

邵　琪　陕西销售分公司汉中分公司汉留片区团支部书记

段鹏龙　甘肃销售分公司中油交通油品有限公司双城加油站经理

丁婷婷（女）　山东销售分公司潍坊销售分公司寒亭海龙加油站站经理

薛凤宇（女）　山东销售分公司青岛销售分公司第 151 加油站加油员

周　明　江苏销售分公司南京珍珠北路加油站经理

王丽萍（女）　河北销售分公司唐山分公司唐山加油站经理

栗天雨（女）　中国石油北京销售公司第一分公司安燕加油站核算员

郝莹莹（女）　黑龙江销售分公司大庆分公司顺达加油站核算员

孙　畅（女）　吉林销售分公司松原销售分公司机关团支部

刘艳彩（女）　河南销售分公司安阳销售分公司站经理

王南雨　河南销售分公司郑州销售分公司员工

白慧萍（女）　云南销售分公司西双版纳销售分公司景勐加油站核算员

黄久琳（女）　云南销售分公司大理销售分公司向阳加油站经理

陈信鸽　重庆销售分公司黔江分公司业务运作部科员

吴骁风　湖北销售分公司孝感分公司综合办公室党工团岗跟班学习

黄　柯　广西销售分公司北海销售分公司山口加

油站经理

梁芝铭　广西销售分公司柳州销售分公司柳太加油站加油员

朱喆豪　浙江销售分公司金华分公司永康江南加油站经理

陈　丹（女）　浙江销售分公司宁波分公司综合办文秘

周　广　安徽销售分公司芜湖销售分公司南陵后港河加油站经理

汤正顺　福建销售分公司三明销售分公司党群干事

龙小华（女）　湖南销售分公司怀化中方上瑞加油站副经理

狄子清　宁夏销售分公司石嘴山销售分公司大峰橇装站负责人

王　庆　贵州销售分公司观山加油站团支部书记

魏　巍　山西销售分公司山西长治销售分公司附城加油站营业员

张东阳　山西销售分公司大同销售分公司第十六加油站营业员

多杰才仁　青海销售分公司玉树销售分公司加油站经理

贾　琪（女）　西藏销售分公司山南公司团委学习宣传委员

陈会才　中石油海南销售有限公司海口保税区加油站核算员

吕广龙　昆仑能源有限公司湖北分公司所属咸宁公司客服中心技术员

赵立峰　昆仑能源有限公司海南中油深南能源有限公司 LNG 储备库工段长

洪杨众（女）　北京油气调控中心调度一处天然气调度员

冯　尧　管道分公司质量安全环保处主管

冷　松（女）　管道分公司丹东输油气分公司鸭绿江输油站技术员

刘译文　西气东输管道分公司南京计量测试中心广州计量检定室员工

姚瑾林　中石油北京天然气管道有限公司维抢修中心电工

张　颖　西南管道分公司兰成渝输油分公司内江输油站副站长

代双杰　中国石油国际勘探开发有限公司中油国际（秘鲁）公司法律部主管

王志勇　西部钻探工程有限公司钻井工程技术研究院采油采气技术研究所副总工程师

李　博　西部钻探工程有限公司青海钻井公司油田化学技术公司技术员

何青竹（女）　长城钻探工程有限公司录井公司辽河项目部采集工

徐　帆（女）　渤海钻探工程有限公司国际工程分公司财务资产科科员

孙梦星　渤海钻探工程有限公司第二钻井分公司青海项目部 50055 钻井队工程技术员

刘　聪　川庆钻探工程有限公司川西钻探公司川庆 50636 队副队长、钻井技术负责人

陈　阳　川庆钻探工程有限公司新疆分公司 70128 钻井队钻井工程师

苟恺文　东方地球物理勘探有限责任公司西南物探分公司物探 202 队施工组组长

周天宁（女）　东方地球物理勘探有限责任公司装备服务处测量服务中心科员

柳岳辰　中国石油集团测井有限公司新疆分公司第二项目部 C1453 队操作工程师

孙　旭　中国石油管道局工程有限公司物装公司国际项目管理中心科员

赵大兴　中国石油管道局工程有限公司管道设计院国际项目中心科员

刘　巍　中国石油工程建设有限公司第七建设公司大庆项目部技术员

梁　凯　寰球公司中国石油集团东北炼化工程有限公司工艺室工程师

程　莹（女）　中油工程项目管理公司人力资源部（党群工作部）高级业务主办

庞昊林　渤海石油装备制造有限公司巨龙钢管公司管件公司市场销售员

赵兵兵　宝鸡石油机械有限责任公司销售公司项目管理员

谢添龙　宝鸡石油钢管有限责任公司资阳钢管公司制管二分厂焊管一班班长

张笑康　济柴动力有限公司热处理分厂团支部组织委员

安小珍（女）　昆仑银行西安分行未央湖花园支行柜员

杨传江　规划总院炼化信息技术部工程师

耿凯旋　中国石油集团经济技术研究院企业传媒设计部编导

梁安琪（女）　中国石油集团安全环保技术研究院有限公司财务处主管

冯才兴　中国石油运输有限公司辽宁分公司修理

厂修理一班班组长

李路朋　华油集团阳光酒店集团天坛饭店员工

王朝龙　华油集团中油阳光物业管理有限公司阳光物业北京分公司高管餐厅主管

范思瑶（女）　中国石油报社人事处主办

【2016—2017 年度集团公司优秀共青团干部】 109 个：

邹万礼　大庆油田有限责任公司第四采油厂团委书记

于振成　大庆油田有限责任公司第六采油厂团委副书记

陈晶莹（女）　大庆油田有限责任公司采油工程研究院团委书记

颜琼玲（女）　大庆油田有限责任公司方兴油田开发有限责任公司团委书记

张媛媛（女）　大庆油田有限责任公司中国石油集团电能有限公司团委副书记

崔立丽（女）　大庆油田有限责任公司文化集团团委书记

王　伟　辽河油田分公司团委宣传部副部长

柏　涵　辽河油田分公司团委组织部副部长

黄　轶（女）　辽河油田分公司信息工程公司团委副书记

章海英（女）　长庆油田分公司第七采油厂团委副书记

刘　森　长庆油田分公司第十采油厂团委副书记

任正城　长庆油田分公司第二采气厂团委书记

郑成婷（女）　长庆油田分公司团委干事

李虹坤（女）　塔里木油田分公司油气运销部团总支组织委员

刘晓英（女）　新疆油田分公司呼图壁储气库作业区团委书记

陈　铭　新疆油田分公司实验检测研究院团委副书记

祝祯祯（女）　新疆油田分公司团委办公室干事

周世民　新疆油田分公司准东采油厂团委副书记

李思蕾（女）　西南油气田分公司重庆天然气净化总厂团委副书记

林昕昕（女）　西南油气田分公司团委委员、四川页岩气勘探开发有限责任公司团支部委员

郭海兵（女）　吉林油田分公司勘察设计院团委书记

宋佳昕　吉林油田分公司新民采油厂团委书记

赵　鹏　大港油田分公司团委副书记

田晓冬　大港油田分公司团委办公室副主任

李　昂　大港油田分公司第三采油厂团委副书记

康力军　青海油田分公司井下作业公司团委副书记

董　绪　青海油田分公司党委宣传部团委办公室主任

卞利东　华北油田分公司华北石油管理局有限公司总医院团委副书记

王笑鸣　华北油田分公司华北石油通信有限公司团委书记

李炎璋　吐哈油田分公司技术监测中心团委委员

王金彪　冀东油田分公司团委书记

闫婧晶（女）　玉门油田分公司管道运维服务公司团委书记

邓　磊　玉门油田分公司青西采油厂团委书记

李明国　大庆石化分公司团委办公室主任

张定军　吉林石化分公司团委干事

牛　巍　抚顺石化分公司石油一厂团委书记

王尚飞　兰州石化分公司三叶公司团委书记

高　菁（女）　兰州石化分公司幼教中心团委书记

王晶晶　独山子石化分公司乙烯厂团委副书记

张艳冰　乌鲁木齐石化分公司团委办公室主任

王　尧　宁夏石化分公司消防保卫支队团总支书记

江善睿　锦州石化分公司团委干事

王献龙　锦西石化分公司团委书记、青年工作部部长

马鹏程　大庆炼化分公司炼油二厂团委书记

高铭泽　大港石化分公司分析中心团支部书记

张世哲　华北石化分公司二联合运行部团工作负责人

关雨豪　辽河石化分公司团委干事

陈　倩（女）　长庆石化分公司运行一部团支部书记

薛智科　四川销售分公司成品油公司团委书记

罗佳棋　四川销售分公司遂宁公司团委书记

张雪晴（女）　辽宁销售分公司团委副书记

阮静姿（女）　广东销售分公司韶关销售分公司团委书记

孙莉娜（女）　内蒙古销售分公司赤峰销售分公司团委委员

苏　静（女）　中石油新疆销售有限公司昌吉分公司团委书记

虎香君（女）　陕西销售分公司咸阳分公司团委书记

周成龙　甘肃销售分公司天水分公司团委书记

罗　天　山东销售分公司团委副书记

张馨钰（女）　山东销售分公司淄博销售分公司团委书记

刘　闯　江苏销售分公司团委组织委员

张　萍（女）　河北销售分公司石家庄分公司团委书记

刘瑞欢（女）　中国石油北京销售分公司仓储分公司团总支书记

关冶冶　黑龙江销售分公司齐齐哈尔分公司团委书记

宁世桥　吉林销售分公司白山销售分公司团委书记

于　露（女）　河南销售分公司鹤壁销售分公司团委副书记

杨　栗（女）　云南销售分公司红河销售分公司团委书记

汪韶琛（女）　云南销售分公司玉溪销售分公司团委副书记

金　环（女）　重庆销售分公司永川分公司团委书记

王小玲（女）　湖北销售分公司团委委员

刘正伟　广西销售分公司机关团支部书记

刘露秋（女）　广西销售分公司桂林销售分公司团委文艺委员

欧阳琪　浙江销售分公司团委书记、党群处副处长

张　宁　安徽销售分公司团委副书记

程　杰　福建销售分公司漳州销售分公司团委书记

阳艳丽（女）　贵州销售分公司仓储分公司团总支书记

晏　然（女）　江西销售分公司九江分公司团总支书记

杨星明　大连海运公司团委副书记

邓　科　昆仑能源有限公司团委书记

奚　望　管道分公司机关团委副书记

郭　强　西部管道分公司机关团总支书记

肖　岚　中国石油国际勘探开发有限公司中东公司团委书记

孙万卿　中国石油国际勘探开发有限公司团委组织委员

刘孝堂　中国石油国际事业有限公司团总支综合部总经理、团总支书记

赵小刚　西部钻探工程有限公司吐哈录井工程公司团委副书记

冯荣鲜（女）　西部钻探工程有限公司试油公司团委副书记

何洁琳（女）　长城钻探工程有限公司钻井一公司辽河项目二部团总支书记

张　巽　长城钻探工程有限公司长庆分部团委委员

石　峰　渤海钻探工程有限公司团组织科科长

王茜雯（女）　川庆钻探工程有限公司团委干事

陈晓军　川庆钻探工程有限公司长庆井下作业公司团委书记

潘树蜜（女）　东方地球物理勘探有限责任公司海洋物探处团委书记

段国东　东方地球物理勘探有限责任公司青海物探处团委副书记

高　超　海洋工程公司团委副书记

冯传宝　中国石油管道局工程有限公司团委办公室主任

杨晓鹏　中国石油管道局工程有限公司国际事业部团委书记

常永红　中国石油工程建设有限公司团委书记

穆秀丽（女）　中国寰球工程有限公司吉林公司团委书记

张　号　中国昆仑工程有限公司团委副书记

奥文勇　渤海石油装备制造有限公司中成机械制造公司团委委员

刘迪克（女）　昆仑信托有限责任公司（中油资产管理有限公司）党群工作部主管

张　磊　中国石油勘探开发研究院团委办公室副主任

王金宏（女）　中国石油集团工程技术研究院有限公司团委委员、机关团支部书记

徐海容（女）　中国石油运输有限公司塔运司团委书记

王志东　中国石油运输有限公司广西分公司团总支书记

吴　蔚（女）　中国华油集团有限公司团委委员

王榆淞　北京石油管理干部学院团总支书记

吴　昊　中国石油审计服务中心团支部书记

李东波　中国石油物资采购中心团委书记

张　帆　中国石油信息技术服务中心学习委员

祝新清（女）　中国石油技术开发有限公司团委副书记

（赵国彬）

机构与人物

中国石油天然气集团有限公司

组织机构

（机关职能部门22个，控股子公司4个，专业全资子公司2个，直属企事业单位40个）

单位		地址
一、机关职能部门（22个）		
1	办公厅（党组办公厅、董事会办公室）	北京市
2	政策研究室	北京市
3	规划计划部	北京市
4	财务部	北京市
5	资金部	北京市
6	人事部（党组组织部）	北京市
7	生产经营管理部	北京市
8	资本运营部	北京市
9	法律事务部	北京市
10	质量安全环保部	北京市
11	科技管理部	北京市
12	信息管理部	北京市
13	物资装备部	北京市
14	国际部	北京市
15	党组纪检组、监察部	北京市
16	审计部	北京市
17	改革与企业管理部	北京市
18	矿区服务工作部	北京市
19	思想政治工作部（党组宣传部）	北京市

注：本篇资料截至2018年12月31日。

续表

	单位	地址
20	维稳信访工作办公室	北京市
21	直属党委	北京市
22	离退休职工管理局	北京市
二、控股子公司（4个）		
1	中国石油天然气股份有限公司	北京市
2	中国石油集团工程股份有限公司（工程建设分公司）	新疆维吾尔自治区克拉玛依市
3	中国石油集团资本股份有限公司	山东省济南市
4	中国联合石油有限责任公司	北京市
三、专业全资子公司（2个）		
1	中国石油国际勘探开发有限公司	北京市
2	中国石油集团油田技术服务有限公司（工程技术分公司）	北京市
四、油气田全资子公司（9个）		
1	大庆石油管理局有限公司	黑龙江省大庆市
2	辽河石油勘探局有限公司	辽宁省盘锦市
3	长庆石油勘探局有限公司	陕西省西安市
4	新疆石油管理局有限公司	新疆维吾尔自治区克拉玛依市
5	四川石油管理局有限公司	四川省成都市
6	吉林石油集团有限责任公司	吉林省松原市
7	大港油田集团有限责任公司	天津市大港区
8	华北石油管理局有限公司	河北省任丘市
9	新疆吐哈石油勘探开发有限公司	新疆维吾尔自治区哈密市
五、炼化全资子公司（10个）		
1	中国石油大庆石油化工有限公司	黑龙江省大庆市
2	吉化集团有限公司	吉林省吉林市
3	中国石油抚顺石油化工有限公司	辽宁省抚顺市
4	中国石油辽阳石油化纤有限公司	辽宁省辽阳市
5	中国石油兰州石油化工有限公司	甘肃省兰州市
6	新疆独山子石油化工有限公司	新疆维吾尔自治区克拉玛依市独山子区

续表

单位		地址
7	中国石油乌鲁木齐石油化工有限公司	新疆维吾尔自治区乌鲁木齐市
8	中国石油大连石油化工有限公司	辽宁省大连市
9	中国石油锦州石油化工有限公司	辽宁省锦州市
10	中国石油锦西石油化工有限公司	辽宁省葫芦岛市
六、装备制造全资子公司（5 个）		
1	中国石油技术开发有限公司	北京市
2	宝鸡石油机械有限责任公司	陕西省宝鸡市
3	宝鸡石油钢管有限责任公司	陕西省宝鸡市
4	中国石油集团济柴动力有限公司	山东省济南市
5	中国石油集团渤海石油装备制造有限公司	天津市
七、科研及其他单位（16 个）		
1	中国石油集团经济技术研究院	北京市
2	中国石油集团工程技术研究院有限公司	北京市
3	中国石油集团安全环保技术研究院有限公司	北京市
4	中国石油集团石油管工程技术研究院	陕西省西安市
5	北京石油管理干部学院	北京市
6	石油工业出版社有限公司	北京市
7	中国石油报社	河北省涿州市
8	中国石油审计服务中心	河北省廊坊市
9	广州石油培训中心	广东省广州市
10	中国石油天然气集团有限公司咨询中心（中国石油集团工程咨询有限责任公司）	北京市
11	中国石油物资采购中心（中国石油物资有限公司）	北京市
12	中国石油运输有限公司	新疆维吾尔自治区乌鲁木齐市
13	中国华油集团有限公司	北京市
14	中国石油天然气香港有限公司	香港特别行政区
15	中国石油学会	北京市
16	中国石油企业协会	北京市

（孔庆利）

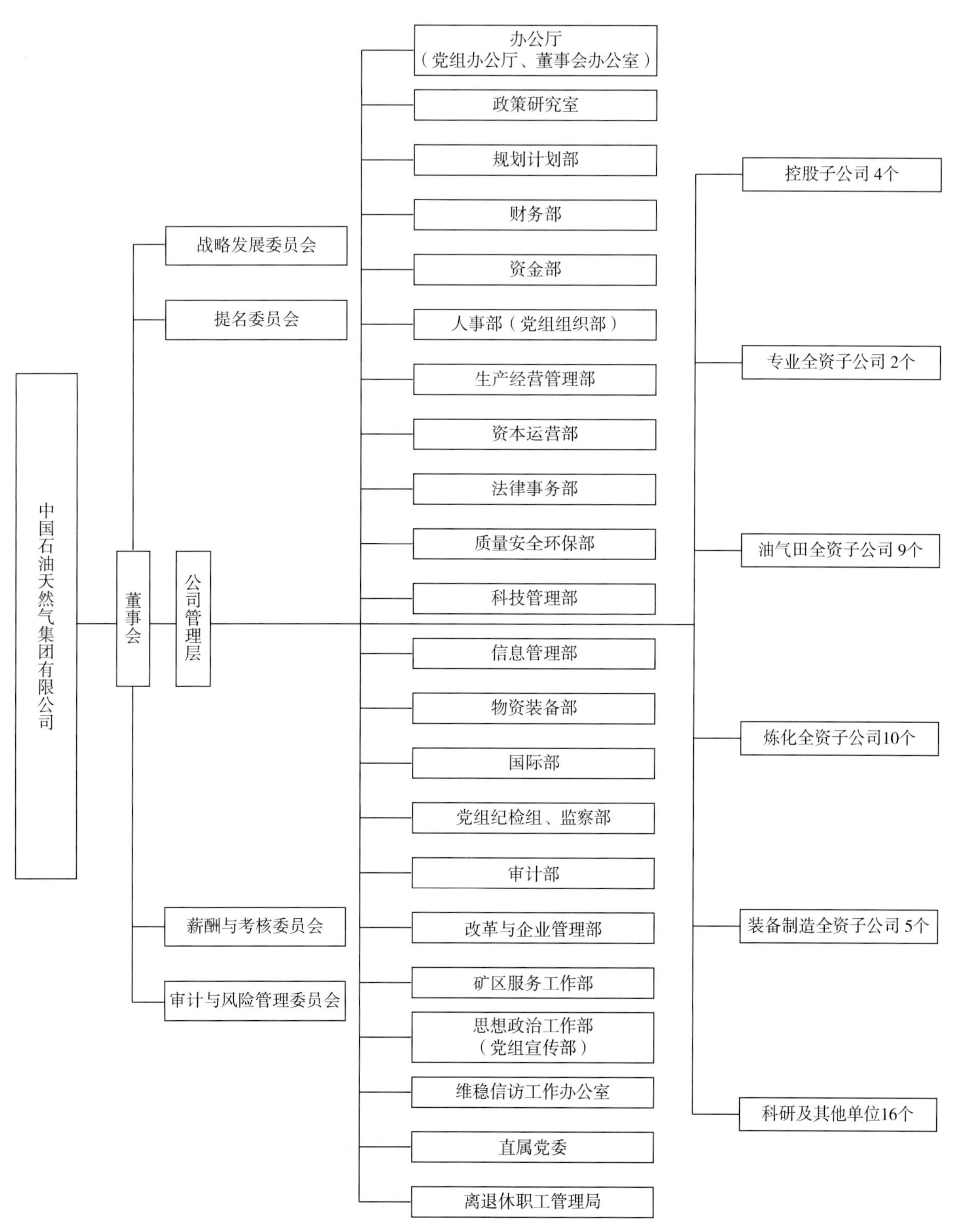

中国石油天然气集团有限公司组织机构图

董事会成员

序　号	姓　名	职　务
1	王宜林	中国石油天然气集团有限公司董事长
2	张　伟	中国石油天然气集团有限公司董事
3	王久玲	中国石油天然气集团有限公司外部董事
4	刘国胜	中国石油天然气集团有限公司外部董事
5	李毓华	中国石油天然气集团有限公司外部董事
6	黄　龙	中国石油天然气集团有限公司外部董事
7	汪世宏	中国石油天然气集团有限公司职工代表董事

董事会秘书

姓　名	职　务
（空缺）	中国石油天然气集团有限公司董事会秘书

集团公司领导

序　号	姓　名	职　务
1	王宜林	中国石油天然气集团有限公司党组书记、董事长
2	张　伟	中国石油天然气集团有限公司董事、总经理、党组副书记
3	徐文荣	中国石油天然气集团有限公司党组副书记、副总经理
4	刘跃珍	中国石油天然气集团有限公司党组成员、总会计师
5	刘宏斌	中国石油天然气集团有限公司党组成员、副总经理
6	焦方正	中国石油天然气集团有限公司党组成员、副总经理
7	徐吉明	中国石油天然气集团有限公司党组成员、党组纪检组组长
8	侯启军	中国石油天然气集团有限公司副总经理
9	段良伟	中国石油天然气集团有限公司副总经理、安全总监
10	覃伟中	中国石油天然气集团有限公司副总经理

总经理助理、总法律顾问

序号	姓　名	职　务
1	汪世宏	中国石油天然气集团有限公司总经理助理
2	陈新发	中国石油天然气集团有限公司总经理助理
3	刘志华	中国石油天然气集团有限公司总经理助理
4	李越强	中国石油天然气集团有限公司总经理助理
5	周永强	中国石油天然气集团有限公司总法律顾问

集团公司总部职能部门主要领导

序号	单　位	总经理（主任、局长、书记、组长）
1	办公厅（党组办公厅、董事会办公室）	宋泓明
2	政策研究室	张华林
3	规划计划部	杨　华
4	财务部	张少峰
5	资金部	蔡　勇
6	人事部（党组组织部）	刘志华（兼）
7	生产经营管理部	苏　俊
8	资本运营部	卢耀忠
9	法律事务部	周永强（兼）
10	质量安全环保部	张凤山（兼）
11	科技管理部	匡立春
12	信息管理部	古学进
13	物资装备部	徐新福
14	国际部	李越强（兼）
15	党组纪检组、监察部	马自勤
16	审计部	王　亮
17	改革与企业管理部	姜力孚
18	矿区服务工作部	刘自强
19	思想政治工作部（党组宣传部）	曲广学①
20	维稳信访工作办公室	李若平
21	直属党委	李懂章
22	离退休职工管理局	张亚成

注：① 2019 年 11 月 11 日中央纪委国家监委网站公布：中国石油天然气集团有限公司思想政治工作部原总经理曲广学被开除党籍、开除公职。

所属企事业单位主要领导

序　号	单位名称	党（工）委书记	董事长（执行董事）	总经理（总裁、主任、院长、社长、理事长、会长）
一、控股子公司（4 个）				
1	中国石油天然气股份有限公司	（未设置）	王宜林（兼）	（空缺）
2	中国石油集团工程股份有限公司（工程建设分公司）	白玉光	白玉光	赵玉建
	（1）中国石油管道局工程有限公司	孙全军	孙全军	孙全军
	（2）中国石油工程建设有限公司	刘海军	刘海军	刘海军
	（3）中国寰球工程有限公司	王新革	王新革	魏亚斌
	（4）中国昆仑工程有限公司	沈　钢	王德义	王德义
	（5）中国石油集团工程有限公司北京项目管理分公司	宋德琦	（未设置）	宋德琦
3	中国石油集团资本股份有限公司	蒋尚军	刘跃珍（兼）	蒋尚军
	（1）中油财务有限责任公司	刘　德	刘　德	王增业
	（2）昆仑银行股份有限公司	蒋尚军	蒋尚军	佐　卫
	（3）昆仑信托有限责任公司（中油资产管理有限公司）	肖　华	肖　华	吴　妍
	（4）昆仑金融租赁有限责任公司	桂王来	桂王来	贺金霞
	（5）中石油专属财产保险股份有限公司	魏国良	魏国良	潘国潮
4	中国联合石油有限责任公司	田景惠（兼）	田景惠（兼）	赵　勇
二、专业全资子公司（2 个）				
1	中国石油国际勘探开发有限公司	王仲才（兼）	王仲才（兼）	叶先灯
	（1）中油国际中东公司	黄永章	（未设置）	黄永章
	（2）中油国际中亚公司	卞德智	（未设置）	卞德智
	（3）中油国际尼罗河公司	刘英才	（未设置）	刘英才
	（4）中油国际拉美公司	贾　勇	（未设置）	贾　勇
	（5）中油国际西非公司	王俊仁	（未设置）	王俊仁
	（6）中油国际管道公司	孟向东	（未设置）	孟繁春
	（7）中油国际俄罗斯公司	蒋　奇	（未设置）	蒋　奇
2	中国石油集团油田技术服务有限公司（工程技术分公司）	秦永和	秦永和	王忠仁（已辞职）

续表

序　号	单位名称	党（工）委书记	董事长（执行董事）	总经理（总裁、主任、院长、社长、理事长、会长）
2	（1）中国石油集团西部钻探工程有限公司	张宝增	张宝增	张宝增
	（2）中国石油集团长城钻探工程有限公司	马永峰	马永峰	胡欣峰
	（3）中国石油集团渤海钻探工程有限公司	（空缺）	（空缺）	（空缺）
	（4）中国石油集团川庆钻探工程有限公司	李爱民	李爱民	李爱民
	（5）中国石油集团东方地球物理勘探有限责任公司	苟　量	苟　量	苟　量
	（6）中国石油集团测井有限公司	金明权	李剑浩	李剑浩
	（7）中国石油集团海洋工程有限公司	彭　飞	彭　飞	彭　飞
三、油气田全资子公司（9个）				
1	大庆石油管理局有限公司	（未设置）	孙龙德（兼）	王广昀
2	辽河石油勘探局有限公司	（未设置）	张志东	张志东
3	长庆石油勘探局有限公司	（未设置）	付锁堂	付锁堂
4	新疆石油管理局有限公司	（未设置）	陈新发（兼）	陈新发（兼）
5	四川石油管理局有限公司	（未设置）	马新华	马新华
6	吉林石油集团有限责任公司	（未设置）	姜鹏飞	姜鹏飞
7	大港油田集团有限责任公司	（未设置）	赵贤正	赵贤正
8	华北石油管理局有限公司	（未设置）	袁明生	袁明生
9	新疆吐哈石油勘探开发有限公司	（未设置）	娄铁强	娄铁强
四、炼化全资子公司（10个）				
1	中国石油大庆石油化工有限公司	（未设置）	康志军	康志军
2	吉化集团有限公司	（未设置）	孙树祯	孙树祯
3	中国石油抚顺石油化工有限公司	（未设置）	李天书	李天书
4	中国石油辽阳石油化纤有限公司	（未设置）	白雪峰	白雪峰
5	中国石油兰州石油化工有限公司	（未设置）	李家民	李家民
6	新疆独山子石油化工有限公司	（未设置）	任立新	任立新
7	中国石油乌鲁木齐石油化工有限公司	（未设置）	王红晨	王红晨
8	中国石油大连石油化工有限公司	（未设置）	庞晓东	庞晓东
9	中国石油锦州石油化工有限公司	（未设置）	陈　志	陈　志

续表

序　号	单位名称	党（工）委书记	董事长（执行董事）	总经理（总裁、主任、院长、社长、理事长、会长）
10	中国石油锦西石油化工有限公司	（未设置）	隋　昊	隋　昊
五、装备制造全资子公司（5个）				
1	中国石油技术开发有限公司	赵　国	赵　国	赵　国
2	宝鸡石油机械有限责任公司	郭孟齐	郭孟齐	忽宝民
3	宝鸡石油钢管有限责任公司	舒高新	舒高新	舒高新
4	中国石油集团济柴动力有限公司	孙宝福	孙宝福	孙宝福
5	中国石油集团渤海石油装备制造有限公司	周荣学	周荣学	周荣学
六、科研及其他单位（16个）				
1	中国石油集团经济技术研究院	钱兴坤	（未设置）	李建青
2	中国石油集团工程技术研究院有限公司	冯艳成	冯艳成	冯艳成
3	中国石油集团安全环保技术研究院有限公司	闫伦江	闫伦江	闫伦江
4	中国石油集团石油管工程技术研究院	刘亚旭	（未设置）	刘亚旭
5	北京石油管理干部学院	肖建军	（未设置）	谢文虎
6	石油工业出版社有限公司	张卫国	张卫国	张卫国
7	中国石油报社	高栋平	（未设置）	邱宝林
8	中国石油审计服务中心	刘　毅	（未设置）	王　亮
9	广州石油培训中心	李光华	（未设置）	李光华
10	中国石油天然气集团有限公司咨询中心（中国石油集团工程咨询有限责任公司）	（未设置）	（未设置）	刘宏斌（兼）
11	中国石油物资采购中心（中国石油物资有限公司）	刘文成	徐新福	徐新福
12	中国石油运输有限公司	魏国庆	魏国庆	魏国庆
13	中国华油集团有限公司	秦文贵	石清俊	石清俊
14	中国石油天然气香港有限公司	（未设置）	赵永起	赵永起
15	中国石油学会	（未设置）	（未设置）	赵政璋
16	中国石油企业协会	（未设置）	（未设置）	王志刚

（王洪伟）

中国石油天然气股份有限公司

组 织 机 构

（总部机构和职能部门 19 个，专业公司 7 个，企事业单位 97 个）

单 位		地 址
一、股份公司总部		
（一）董事会、监事会机构（2 个）		
1	董事会秘书局	北京市
2	监事会办公室	北京市
（二）职能部门（17 个）		
1	总裁办公室	北京市
2	规划计划部	北京市
3	财务部	北京市
4	资金部	北京市
5	人事部	北京市
6	生产经营管理部	北京市
7	资本运营部	北京市
8	法律事务部	北京市
9	质量安全环保部	北京市
10	科技管理部	北京市
11	信息管理部	北京市
12	物资装备部	北京市
13	国际部	北京市
14	监察部	北京市
15	审计部	北京市
16	改革与企业管理部	北京市
17	企业文化部	北京市

续表

单 位		地 址
二、专业公司（7 个）		
1	中国石油天然气股份有限公司勘探与生产分公司	北京市
2	中国石油天然气股份有限公司炼油与化工分公司	北京市
3	中国石油天然气股份有限公司销售分公司	北京市
4	中国石油天然气股份有限公司天然气销售分公司（天然气与管道分公司）	北京市
5	中石油管道有限责任公司	北京市
6	中国石油天然气股份有限公司海外勘探开发分公司	北京市
7	中国石油天然气股份有限公司国际贸易分公司	北京市
三、油气田企业（17 个）		
1	大庆油田有限责任公司	黑龙江省大庆市
2	中国石油天然气股份有限公司辽河油田分公司	辽宁省盘锦市
3	中国石油天然气股份有限公司长庆油田分公司	陕西省西安市
4	中国石油天然气股份有限公司塔里木油田分公司	新疆维吾尔自治区库尔勒市
5	中国石油天然气股份有限公司新疆油田分公司	新疆维吾尔自治区克拉玛依市
6	中国石油天然气股份有限公司西南油气田分公司	四川省成都市
7	中国石油天然气股份有限公司吉林油田分公司	吉林省松原市
8	中国石油天然气股份有限公司大港油田分公司	天津市
9	中国石油天然气股份有限公司青海油田分公司	青海省海西州
10	中国石油天然气股份有限公司华北油田分公司	河北省任丘市
11	中国石油天然气股份有限公司吐哈油田分公司	新疆维吾尔自治区哈密市
12	中国石油天然气股份有限公司冀东油田分公司	河北省唐山市
13	中国石油天然气股份有限公司玉门油田分公司	甘肃省酒泉市
14	中国石油天然气股份有限公司浙江油田分公司	浙江省杭州市
15	中石油煤层气有限责任公司	北京市
16	南方石油勘探开发有限责任公司	广东省广州市
17	中国石油天然气股份有限公司对外合作经理部	北京市
四、炼化企业（30 个）		
1	中国石油天然气股份有限公司大庆石化分公司	黑龙江省大庆市

续表

单位		地址
2	中国石油天然气股份有限公司吉林石化分公司	吉林省吉林市
3	中国石油天然气股份有限公司抚顺石化分公司	辽宁省抚顺市
4	中国石油天然气股份有限公司辽阳石化分公司	辽宁省辽阳市
5	中国石油天然气股份有限公司兰州石化分公司	甘肃省兰州市
6	中国石油天然气股份有限公司独山子石化分公司	新疆维吾尔自治区克拉玛依市独山子区
7	中国石油天然气股份有限公司乌鲁木齐石化分公司	新疆维吾尔自治区乌鲁木齐市
8	中国石油天然气股份有限公司宁夏石化分公司	宁夏回族自治区银川市
9	中国石油天然气股份有限公司大连石化分公司	辽宁省大连市
10	中国石油天然气股份有限公司锦州石化分公司	辽宁省锦州市
11	中国石油天然气股份有限公司锦西石化分公司	辽宁省葫芦岛市
12	中国石油天然气股份有限公司大庆炼化分公司	黑龙江省大庆市
13	中国石油天然气股份有限公司哈尔滨石化分公司	黑龙江省哈尔滨市
14	中国石油天然气股份有限公司广西石化分公司	广西壮族自治区钦州市
15	中国石油四川石化有限责任公司	四川省成都市
16	中国石油天然气股份有限公司大港石化分公司	天津市
17	中国石油天然气股份有限公司广东石化分公司	广东省揭阳市
18	中石油云南石化有限公司	云南省昆明市
19	中国石油天然气股份有限公司华北石化分公司	河北省任丘市
20	中国石油天然气股份有限公司呼和浩特石化分公司	内蒙古自治区呼和浩特市
21	中国石油天然气股份有限公司辽河石化分公司	辽宁省盘锦市
22	中国石油天然气股份有限公司长庆石化分公司	陕西省咸阳市
23	中石油克拉玛依石化有限责任公司	新疆维吾尔自治区克拉玛依市
24	中国石油天然气股份有限公司庆阳石化分公司	甘肃省庆阳市
25	中国石油天然气股份有限公司东北化工销售分公司	辽宁省沈阳市
26	中国石油天然气股份有限公司西北化工销售分公司	甘肃省兰州市
27	中国石油天然气股份有限公司华东化工销售分公司	上海市
28	中国石油天然气股份有限公司华北化工销售分公司	北京市
29	中国石油天然气股份有限公司华南化工销售分公司	广东省广州市

续表

	单　位	地　址
30	中国石油天然气股份有限公司西南化工销售分公司	四川省成都市
五、成品油销售企业（36 个）		
1	中国石油天然气股份有限公司东北销售分公司	辽宁省沈阳市
2	中国石油天然气股份有限公司西北销售分公司	甘肃省兰州市
3	中石油昆仑好客有限公司	北京市
4	中石油燃料油有限责任公司	北京市
5	中国石油天然气股份有限公司润滑油分公司	北京市
6	中国石油天然气股份有限公司北京销售分公司	北京市
7	中国石油天然气股份有限公司上海销售分公司	上海市
8	中国石油天然气股份有限公司湖北销售分公司	湖北省武汉市
9	中国石油天然气股份有限公司广东销售分公司	广东省广州市
10	中国石油天然气股份有限公司云南销售分公司	云南省昆明市
11	中国石油天然气股份有限公司辽宁销售分公司	辽宁省沈阳市
12	中国石油天然气股份有限公司吉林销售分公司	吉林省长春市
13	中国石油天然气股份有限公司黑龙江销售分公司	黑龙江省哈尔滨市
14	中国石油天然气股份有限公司天津销售分公司	天津市
15	中国石油天然气股份有限公司河北销售分公司	河北省石家庄市
16	中国石油天然气股份有限公司山西销售分公司	山西省太原市
17	中国石油天然气股份有限公司内蒙古销售分公司	内蒙古自治区呼和浩特市
18	中国石油天然气股份有限公司陕西销售分公司	陕西省西安市
19	中国石油天然气股份有限公司甘肃销售分公司	甘肃省兰州市
20	中国石油天然气股份有限公司青海销售分公司	青海省西宁市
21	中国石油天然气股份有限公司宁夏销售分公司	宁夏回族自治区银川市
22	中石油新疆销售有限公司	新疆维吾尔自治区乌鲁木齐市
23	中国石油天然气股份有限公司重庆销售分公司	重庆市
24	中国石油天然气股份有限公司四川销售分公司	四川省成都市
25	中国石油天然气股份有限公司贵州销售分公司	贵州省贵阳市
26	中国石油天然气股份有限公司西藏销售分公司	西藏自治区拉萨市

续表

	单　位	地　址
27	中国石油天然气股份有限公司江苏销售分公司	江苏省南京市
28	中国石油天然气股份有限公司浙江销售分公司	浙江省杭州市
29	中国石油天然气股份有限公司安徽销售分公司	安徽省合肥市
30	中国石油天然气股份有限公司福建销售分公司	福建省福州市
31	中国石油天然气股份有限公司江西销售分公司	江西省南昌市
32	中国石油天然气股份有限公司山东销售分公司	山东省青岛市
33	中国石油天然气股份有限公司河南销售分公司	河南省郑州市
34	中国石油天然气股份有限公司湖南销售分公司	湖南省长沙市
35	中国石油天然气股份有限公司广西销售分公司	广西壮族自治区南宁市
36	中石油海南销售有限公司	海南省海口市
六、天然气销售企业（1个）		
1	中国石油天然气股份有限公司天然气销售分公司（昆仑能源有限公司）	北京市
七、管道储运企业（1个）		
1	中石油管道有限责任公司	北京市
	中国石油天然气股份有限公司管道分公司	河北省廊坊市
	中国石油天然气股份有限公司西气东输管道分公司	上海市
	中国石油天然气股份有限公司西部管道分公司	新疆维吾尔自治区乌鲁木齐市
	中国石油天然气股份有限公司西南管道分公司	四川省成都市
	中国石油天然气股份有限公司北京油气调控中心	北京市
八、海外企业（1个）		
1	中石油国际投资有限公司	北京市
九、国际贸易企业（1个）		
1	中国石油国际事业有限公司	北京市
十、科研及其他单位（5个）		
1	中国石油天然气股份有限公司勘探开发研究院	北京市
2	中国石油天然气股份有限公司规划总院	北京市
3	中国石油天然气股份有限公司石油化工研究院	北京市
4	中国石油天然气股份有限公司信息技术服务中心	北京市
5	中石油香港有限公司	香港特别行政区

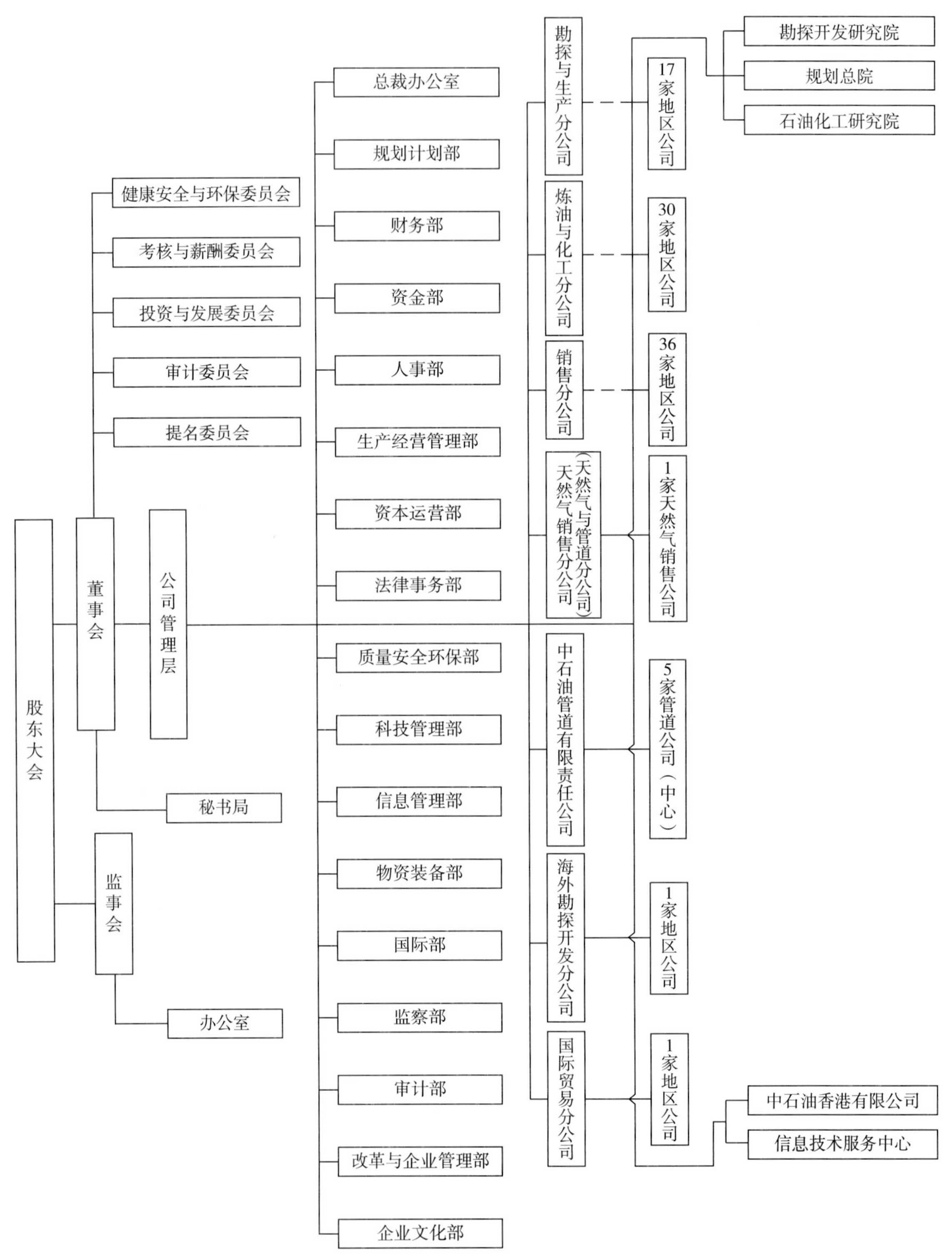

中国石油天然气股份有限公司组织机构图

董事会成员

序　号	姓　名	职　务
1	王宜林	中国石油天然气股份有限公司董事长
2	刘跃珍	中国石油天然气股份有限公司非执行董事
3	刘宏斌	中国石油天然气股份有限公司非执行董事
4	侯启军	中国石油天然气股份有限公司执行董事
5	段良伟	中国石油天然气股份有限公司非执行董事
6	覃伟中	中国石油天然气股份有限公司非执行董事
7	林伯强	中国石油天然气股份有限公司独立非执行董事
8	张必贻	中国石油天然气股份有限公司独立非执行董事
9	梁爱诗	中国石油天然气股份有限公司独立非执行董事
10	德地立人	中国石油天然气股份有限公司独立非执行董事
11	西蒙・亨利	中国石油天然气股份有限公司独立非执行董事

董事会秘书

序　号	姓　名	职　务
1	吴恩来	中国石油天然气股份有限公司董事会秘书

监事会成员

序　号	姓　名	职　务
1	徐文荣	中国石油天然气股份有限公司监事会主席
2	张凤山	中国石油天然气股份有限公司股东代表监事
3	姜力孚	中国石油天然气股份有限公司股东代表监事
4	卢耀忠	中国石油天然气股份有限公司股东代表监事
5	王　亮	中国石油天然气股份有限公司股东代表监事
6	付锁堂	中国石油天然气股份有限公司职工代表监事

续表

序　号	姓　名	职　务
7	李家民	中国石油天然气股份有限公司职工代表监事
8	刘宪华	中国石油天然气股份有限公司职工代表监事
9	李文东	中国石油天然气股份有限公司职工代表监事

总裁班子成员

序　号	姓　名	职　务
1	（空缺）	中国石油天然气股份有限公司总裁
2	侯启军	中国石油天然气股份有限公司副总裁
3	孙龙德	中国石油天然气股份有限公司副总裁
4	李鹭光	中国石油天然气股份有限公司副总裁
5	田景惠	中国石油天然气股份有限公司副总裁
6	柴守平	中国石油天然气股份有限公司财务总监
7	凌　霄	中国石油天然气股份有限公司副总裁
8	杨继钢	中国石油天然气股份有限公司副总裁
9	王仲才	中国石油天然气股份有限公司副总裁
10	张凤山	中国石油天然气股份有限公司安全总监

股份公司总部职能部门主要领导

序　号	单　位	总经理（主任）
1	总裁办公室	宋泓明
2	规划计划部	杨　华
3	财务部	张少峰
4	资金部	蔡　勇
5	人事部	刘志华（兼）
6	生产经营管理部	苏　俊

续表

序　号	单　位	总经理（主任）
7	资本运营部	卢耀忠
8	法律事务部	周永强（兼）
9	质量安全环保部	张凤山（兼）
10	科技管理部	匡立春
11	信息管理部	古学进
12	物资装备部	徐新福
13	国际部	李越强（兼）
14	监察部	马自勤
15	审计部	王　亮
16	改革与企业管理部	姜力孚
17	企业文化部	曲广学（见 245 页注）
18	董事会秘书局（监事会办公室）	吴恩来（兼）

专业公司主要领导

序　号	单　位	党委书记	董事长（执行董事）	总经理
1	中国石油天然气股份有限公司勘探与生产分公司	王元基	（未设置）	李鹭光（兼）
2	中国石油天然气股份有限公司炼油与化工分公司	杨继钢（兼）	（未设置）	杨继钢（兼）
3	中国石油天然气股份有限公司销售分公司	廖国勤	（未设置）	付　斌
4	中国石油天然气股份有限公司天然气销售分公司（天然气与管道分公司）	凌霄（兼）	（未设置）	赵永起
5	中石油管道有限责任公司	凌霄（兼）	凌霄（兼）	丁建林
6	中国石油天然气股份有限公司海外勘探开发分公司	（未设置）	（未设置）	叶先灯
7	中国石油天然气股份有限公司国际贸易分公司	（未设置）	（未设置）	（空缺）

所属企事业单位主要领导

序　号	单位名称	党（工）委书记	董事长（执行董事）	总经理（主任、院长）
一、油气田企业（17 个）				
1	大庆油田有限责任公司	孙龙德（兼）	孙龙德（兼）	王广昀
2	中国石油天然气股份有限公司辽河油田分公司	张志东	（未设置）	张志东
3	中国石油天然气股份有限公司长庆油田分公司	付锁堂	（未设置）	付锁堂
4	中国石油天然气股份有限公司塔里木油田分公司	杨学文	（未设置）	杨学文
5	中国石油天然气股份有限公司新疆油田分公司	陈新发（兼）	（未设置）	陈新发（兼）
6	中国石油天然气股份有限公司西南油气田分公司	马新华	（未设置）	马新华
7	中国石油天然气股份有限公司吉林油田分公司	姜鹏飞	（未设置）	姜鹏飞
8	中国石油天然气股份有限公司大港油田分公司	张晓东	（未设置）	赵贤正
9	中国石油天然气股份有限公司青海油田分公司	张维申（已撤职）	（未设置）	张维申（已撤职）
10	中国石油天然气股份有限公司华北油田分公司	袁明生	（未设置）	袁明生
11	中国石油天然气股份有限公司吐哈油田分公司	娄铁强	（未设置）	娄铁强
12	中国石油天然气股份有限公司冀东油田分公司	杨盛杰	（未设置）	齐振林
13	中国石油天然气股份有限公司玉门油田分公司	陈建军	（未设置）	陈建军
14	中国石油天然气股份有限公司浙江油田分公司	汪鉴定	（未设置）	朱国文
15	中石油煤层气有限责任公司	修景涛	修景涛	修景涛
16	南方石油勘探开发有限责任公司	夏义平	夏义平	夏义平
17	中国石油天然气股份有限公司对外合作经理部	（未设置）	（未设置）	邓民敏
二、炼化企业（30 个）				
1	中国石油天然气股份有限公司大庆石化分公司	康志军	（未设置）	康志军
2	中国石油天然气股份有限公司吉林石化分公司	孙树祯	（未设置）	孙树祯
3	中国石油天然气股份有限公司抚顺石化分公司	钱新华（已撤职）	（未设置）	李天书
4	中国石油天然气股份有限公司辽阳石化分公司	白雪峰	（未设置）	白雪峰
5	中国石油天然气股份有限公司兰州石化分公司	李家民	（未设置）	李家民
6	中国石油天然气股份有限公司独山子石化分公司	任军革	（未设置）	任立新
7	中国石油天然气股份有限公司乌鲁木齐石化分公司	张　剑	（未设置）	王红晨
8	中国石油天然气股份有限公司宁夏石化分公司	陈　坚	（未设置）	陈　坚

续表

序　号	单位名称	党（工）委书记	董事长（执行董事）	总经理（主任、院长）
9	中国石油天然气股份有限公司大连石化分公司	庞晓东	（未设置）	庞晓东
10	中国石油天然气股份有限公司锦州石化分公司	陈　志	（未设置）	陈　志
11	中国石油天然气股份有限公司锦西石化分公司	隋　昊	（未设置）	隋　昊
12	中国石油天然气股份有限公司大庆炼化分公司	姜国骅	（未设置）	姜国骅
13	中国石油天然气股份有限公司哈尔滨石化分公司	李　纯	（未设置）	李　纯
14	中国石油天然气股份有限公司广西石化分公司	方栋良	（未设置）	李善春
15	中国石油四川石化有限责任公司	王　彬	王　彬	陈位强
16	中国石油天然气股份有限公司大港石化分公司	杨　健	（未设置）	杨　健
17	中国石油天然气股份有限公司广东石化分公司	陈俊豪	（未设置）	陈俊豪
18	中石油云南石化有限公司	金彦江	金彦江	金彦江
19	中国石油天然气股份有限公司华北石化分公司	张栋杰	（未设置）	张栋杰
20	中国石油天然气股份有限公司呼和浩特石化分公司	刘至祥	（未设置）	姜　文
21	中国石油天然气股份有限公司辽河石化分公司	李京辉	（未设置）	李京辉
22	中国石油天然气股份有限公司长庆石化分公司	李汝新	（未设置）	李汝新
23	中石油克拉玛依石化有限责任公司	默新社	许立甲	许立甲
24	中国石油天然气股份有限公司庆阳石化分公司	桑运超	（未设置）	桑运超
25	中国石油天然气股份有限公司东北化工销售分公司	石振东	（未设置）	石振东
26	中国石油天然气股份有限公司西北化工销售分公司	高志文	（未设置）	陈　磊
27	中国石油天然气股份有限公司华东化工销售分公司	崔柳凡	（未设置）	崔柳凡
28	中国石油天然气股份有限公司华北化工销售分公司	阎智才	（未设置）	刘　杰
29	中国石油天然气股份有限公司华南化工销售分公司	马宗立	（未设置）	马宗立
30	中国石油天然气股份有限公司西南化工销售分公司	孙克栋	（未设置）	孙克栋
三、销售企业（36 个）				
1	中国石油天然气股份有限公司东北销售分公司	于　力	（未设置）	吴　汉
2	中国石油天然气股份有限公司西北销售分公司	刘守德	（未设置）	刘守德
3	中石油昆仑好客有限公司	刘　刚	刘　刚	刘　刚
4	中石油燃料油有限责任公司	刘合合	火金三	火金三
5	中国石油天然气股份有限公司润滑油分公司	肖宏伟	（未设置）	肖宏伟
6	中国石油天然气股份有限公司北京销售分公司	王力国	（未设置）	朱圣珍

续表

序号	单位名称	党（工）委书记	董事长（执行董事）	总经理（主任、院长）
7	中国石油天然气股份有限公司上海销售分公司	杨昌陶	（未设置）	杨昌陶
8	中国石油天然气股份有限公司湖北销售分公司	王建国	（未设置）	王建国
9	中国石油天然气股份有限公司广东销售分公司	李占宁	（未设置）	李占宁
10	中国石油天然气股份有限公司云南销售分公司	赵剑春	（未设置）	赵剑春
11	中国石油天然气股份有限公司辽宁销售分公司	冀玉军	（未设置）	刘宪华
12	中国石油天然气股份有限公司吉林销售分公司	刘兴忠	（未设置）	徐金良
13	中国石油天然气股份有限公司黑龙江销售分公司	陈望远	（未设置）	陈望远
14	中国石油天然气股份有限公司天津销售分公司	张安平	（未设置）	朱喜龙
15	中国石油天然气股份有限公司河北销售分公司	杜丽学	（未设置）	杜丽学
16	中国石油天然气股份有限公司山西销售分公司	张国宏	（未设置）	张国宏
17	中国石油天然气股份有限公司内蒙古销售分公司	金安耀	（未设置）	金安耀
18	中国石油天然气股份有限公司陕西销售分公司	杨子清	（未设置）	李长安
19	中国石油天然气股份有限公司甘肃销售分公司	兰建彬	（未设置）	兰建彬
20	中国石油天然气股份有限公司青海销售分公司	张海云	（未设置）	张海云
21	中国石油天然气股份有限公司宁夏销售分公司	蒋杨贵	（未设置）	蒋杨贵
22	中石油新疆销售有限公司	悦仲林	悦仲林	王智利
23	中国石油天然气股份有限公司重庆销售分公司	蔡向阳	（未设置）	刘　杰
24	中国石油天然气股份有限公司四川销售分公司	孙晓岗	（未设置）	刘建明
25	中国石油天然气股份有限公司贵州销售分公司	曹景军	（未设置）	曹景军
26	中国石油天然气股份有限公司西藏销售分公司	梁生光	（未设置）	梁生光
27	中国石油天然气股份有限公司江苏销售分公司	张　永	（未设置）	佟福财
28	中国石油天然气股份有限公司浙江销售分公司	李　多	（未设置）	李　多
29	中国石油天然气股份有限公司安徽销售分公司	李向宇	（未设置）	张用军
30	中国石油天然气股份有限公司福建销售分公司	王明富	（未设置）	王明富
31	中国石油天然气股份有限公司江西销售分公司	郭　春	（未设置）	郭　春
32	中国石油天然气股份有限公司山东销售分公司	刘德祥	（未设置）	刘德祥
33	中国石油天然气股份有限公司河南销售分公司	刘星国	（未设置）	刘星国
34	中国石油天然气股份有限公司湖南销售分公司	王长根	（未设置）	王长根

续表

序　号	单位名称	党（工）委书记	董事长（执行董事）	总经理（主任、院长）
35	中国石油天然气股份有限公司广西销售分公司	栾永江	（未设置）	高贤才
36	中石油海南销售有限公司	赵尔全	赵尔全	赵尔全
四、天然气销售企业（1个）				
1	中国石油天然气股份有限公司天然气销售分公司（昆仑能源有限公司）	凌霄（兼）	凌霄（兼）	赵永起
	（1）中国石油天然气股份有限公司天然气销售北方分公司	刘　志	（未设置）	刘　志
	（2）中国石油天然气股份有限公司天然气销售东部分公司	侯创业	（未设置）	侯创业
	（3）中国石油天然气股份有限公司天然气销售西部分公司	吴双全①	（未设置）	吴双全①
	（4）中国石油天然气股份有限公司天然气销售南方分公司	陈正惠	（未设置）	陈正惠
五、管道储运企业（1个）				
1	中石油管道有限责任公司	凌霄（兼）	凌霄（兼）	丁建林
	（1）中国石油天然气股份有限公司管道分公司	姜昌亮	（未设置）	姜昌亮
	（2）中国石油天然气股份有限公司西气东输管道分公司	张文新	（未设置）	张文新
	（3）中国石油天然气股份有限公司西部管道分公司	闵希华	（未设置）	闵希华
	（4）中国石油天然气股份有限公司西南管道分公司	伍志明	（未设置）	伍志明
	（5）中国石油天然气股份有限公司北京油气调控中心	黄泽俊	（未设置）	黄泽俊
六、海外企业（1个）				
1	中石油国际投资有限公司	（未设置）	王仲才（兼）	王仲才（兼）
七、国际贸易企业（1个）				
1	中国石油国际事业有限公司	田景惠（兼）	田景惠（兼）	赵　勇
八、科研及其他单位（5个）				
1	中国石油天然气股份有限公司勘探开发研究院	赵文智	（未设置）	赵文智
2	中国石油天然气股份有限公司规划总院	韩景宽	（未设置）	韩景宽
3	中国石油天然气股份有限公司石油化工研究院	何盛宝	（未设置）	何盛宝
4	中国石油天然气股份有限公司信息技术服务中心	（未设置）	（未设置）	宫立新
5	中石油香港有限公司	（未设置）	（空缺）	（未设置）

注：① 2019 年 8 月 16 日中央纪委国家监委网站发布：中国石油天然气销售西部公司原党委书记、总经理吴双全接受法律审查和监察调查。

（徐　晓）

专家队伍

中国石油天然气集团有限公司两院院士

序　号	姓　名	院士类别	单　位
1	李德生	中国科学院院士	中国石油天然气股份有限公司勘探开发研究院
2	王德民	中国工程院院士	大庆油田有限责任公司
3	翟光明	中国工程院院士	中国石油集团工程咨询有限责任公司
4	郭尚平	中国科学院院士	中国石油天然气股份有限公司勘探开发研究院
5	李庆忠	中国工程院院士	中国石油集团东方地球物理勘探有限责任公司
6	戴金星	中国科学院院士	中国石油天然气股份有限公司勘探开发研究院
7	胡见义	中国工程院院士	中国石油天然气股份有限公司勘探开发研究院
8	李鹤林	中国工程院院士	中国石油集团石油管工程技术研究院
9	邱中建	中国工程院院士	中国石油天然气集团有限公司
10	韩大匡	中国工程院院士	中国石油天然气股份有限公司勘探开发研究院
11	贾承造	中国科学院院士	中国石油天然气集团有限公司
12	苏义脑	中国工程院院士	中国石油集团工程技术研究院有限公司
13	袁士义	中国工程院院士	中国石油集团工程咨询有限责任公司
14	童晓光	中国工程院院士	中国石油国际勘探开发有限公司
15	孙龙德	中国工程院院士	中国石油天然气股份有限公司
16	胡文瑞	中国工程院院士	中国石油天然气股份有限公司
17	黄维和	中国工程院院士	中国石油天然气股份有限公司
18	赵文智	中国工程院院士	中国石油天然气股份有限公司勘探开发研究院
19	邹才能	中国科学院院士	中国石油天然气股份有限公司勘探开发研究院
20	刘　合	中国工程院院士	中国石油天然气股份有限公司勘探开发研究院
21	孙金声	中国工程院院士	中国石油集团工程技术研究院有限公司

注：按当选时间先后排序。

（李尚帅）

中国石油天然气集团有限公司高级技术专家

序 号	姓 名	专业分类	工作单位
1	金成志	地质勘探	大庆油田有限责任公司
2	黄 薇	地质勘探	大庆油田有限责任公司
3	蒙启安	地质勘探	大庆油田有限责任公司
4	张晓东	地质勘探	大庆油田有限责任公司
5	门广田	地质勘探	大庆油田有限责任公司
6	牛丽娟	地质勘探	大庆油田有限责任公司
7	印长海	地质勘探	大庆油田有限责任公司
8	杜庆龙	油气田开发	大庆油田有限责任公司
9	庞彦明	油气田开发	大庆油田有限责任公司
10	叶 鹏	油气田开发	大庆油田有限责任公司
11	张书进	油气田开发	大庆油田有限责任公司
12	韩培慧	油气田开发	大庆油田有限责任公司
13	张玉广	油气田开发	大庆油田有限责任公司
14	程杰成	油气田开发	大庆油田有限责任公司
15	伍晓林	油气田开发	大庆油田有限责任公司
16	周万富	油气田开发	大庆油田有限责任公司
17	王渝明	油气田开发	大庆油田有限责任公司
18	李杰训	油气田开发	大庆油田有限责任公司
19	王凤山	油气田开发	大庆油田有限责任公司
20	黄有泉	油气田开发	大庆油田有限责任公司
21	赵国忠	油气田开发	大庆油田有限责任公司
22	朱 焱	油气田开发	大庆油田有限责任公司
23	姜洪福	油气田开发	大庆油田有限责任公司
24	杨景海	钻 井	大庆油田有限责任公司
25	刘传平	钻 井	大庆油田有限责任公司
26	杨智光	钻 井	大庆油田有限责任公司
27	陈树民	物 探	大庆油田有限责任公司

续表

序　号	姓　名	专业分类	工作单位
28	王建民	物　探	大庆油田有限责任公司
29	谢荣华	测　井	大庆油田有限责任公司
30	赵雪峰	工程建设与储运	大庆油田有限责任公司
31	李学军	工程建设与储运	大庆油田有限责任公司
32	吴　迪	工程建设与储运	大庆油田有限责任公司
33	李铁军	工程建设与储运	大庆油田有限责任公司
34	戴　仲	工程建设与储运	大庆油田有限责任公司
35	师国臣	机　械	大庆油田有限责任公司
36	许代红	信息工程	大庆油田有限责任公司
37	郭慧彬	安全环保与质量标准	大庆油田有限责任公司
38	陈振岩	地质勘探	中国石油天然气股份有限公司辽河油田分公司
39	单俊峰	地质勘探	中国石油天然气股份有限公司辽河油田分公司
40	张守军	油气田开发	中国石油天然气股份有限公司辽河油田分公司
41	张吉昌	油气田开发	中国石油天然气股份有限公司辽河油田分公司
42	张洪君	油气田开发	中国石油天然气股份有限公司辽河油田分公司
43	孙厚利	油气田开发	中国石油天然气股份有限公司辽河油田分公司
44	龚姚进	油气田开发	中国石油天然气股份有限公司辽河油田分公司
45	王立军	油气田开发	中国石油天然气股份有限公司辽河油田分公司
46	陈　勋	钻　井	中国石油天然气股份有限公司辽河油田分公司
47	宋启辉	安全环保与质量标准	中国石油天然气股份有限公司辽河油田分公司
48	刘新社	地质勘探	中国石油天然气股份有限公司长庆油田分公司
49	魏新善	地质勘探	中国石油天然气股份有限公司长庆油田分公司
50	姚泾利	地质勘探	中国石油天然气股份有限公司长庆油田分公司
51	包洪平	地质勘探	中国石油天然气股份有限公司长庆油田分公司
52	屈雪峰	油气田开发	中国石油天然气股份有限公司长庆油田分公司
53	李宪文	油气田开发	中国石油天然气股份有限公司长庆油田分公司
54	赵继勇	油气田开发	中国石油天然气股份有限公司长庆油田分公司
55	郑明科	油气田开发	中国石油天然气股份有限公司长庆油田分公司

续表

序　号	姓　名	专业分类	工作单位
56	王大兴	物　探	中国石油天然气股份有限公司长庆油田分公司
57	高玉龙	信息工程	中国石油天然气股份有限公司长庆油田分公司
58	潘文庆	地质勘探	中国石油天然气股份有限公司塔里木油田分公司
59	张丽娟	地质勘探	中国石油天然气股份有限公司塔里木油田分公司
60	谢会文	地质勘探	中国石油天然气股份有限公司塔里木油田分公司
61	韩剑发	地质勘探	中国石油天然气股份有限公司塔里木油田分公司
62	肖香姣	油气田开发	中国石油天然气股份有限公司塔里木油田分公司
63	滕学清	钻　井	中国石油天然气股份有限公司塔里木油田分公司
64	肖承文	钻　井	中国石油天然气股份有限公司塔里木油田分公司
65	杨向同	钻　井	中国石油天然气股份有限公司塔里木油田分公司
66	李　宁	钻　井	中国石油天然气股份有限公司塔里木油田分公司
67	段文胜	物　探	中国石油天然气股份有限公司塔里木油田分公司
68	李循迹	机　械	中国石油天然气股份有限公司塔里木油田分公司
69	阿布力米提·依明	地质勘探	中国石油天然气股份有限公司新疆油田分公司
70	唐　勇	地质勘探	中国石油天然气股份有限公司新疆油田分公司
71	孙新革	油气田开发	中国石油天然气股份有限公司新疆油田分公司
72	钱根葆	油气田开发	中国石油天然气股份有限公司新疆油田分公司
73	潘竟军	油气田开发	中国石油天然气股份有限公司新疆油田分公司
74	章　敬	油气田开发	中国石油天然气股份有限公司新疆油田分公司
75	覃建华	油气田开发	中国石油天然气股份有限公司新疆油田分公司
76	娄　兵	物　探	中国石油天然气股份有限公司新疆油田分公司
77	周建平	机　械	中国石油天然气股份有限公司新疆油田分公司
78	石国伟	信息工程	中国石油天然气股份有限公司新疆油田分公司
79	杨跃明	地质勘探	中国石油天然气股份有限公司西南油气田分公司
80	洪海涛	地质勘探	中国石油天然气股份有限公司西南油气田分公司
81	冯　曦	油气田开发	中国石油天然气股份有限公司西南油气田分公司
82	温崇荣	石油炼制	中国石油天然气股份有限公司西南油气田分公司
83	向启贵	安全环保与质量标准	中国石油天然气股份有限公司西南油气田分公司

续表

序 号	姓 名	专业分类	工作单位
84	罗 勤	安全环保与质量标准	中国石油天然气股份有限公司西南油气田分公司
85	常宏岗	安全环保与质量标准	中国石油天然气股份有限公司西南油气田分公司
86	王毓才	油气田开发	中国石油天然气股份有限公司吉林油田分公司
87	何 军	钻 井	中国石油天然气股份有限公司吉林油田分公司
88	孙锐艳	工程建设与储运	中国石油天然气股份有限公司吉林油田分公司
89	周建生	地质勘探	中国石油天然气股份有限公司大港油田分公司
90	王振升	地质勘探	中国石油天然气股份有限公司大港油田分公司
91	肖敦清	地质勘探	中国石油天然气股份有限公司大港油田分公司
92	李洪香	地质勘探	中国石油天然气股份有限公司大港油田分公司
93	葛红江	油气田开发	中国石油天然气股份有限公司大港油田分公司
94	刘延平	油气田开发	中国石油天然气股份有限公司大港油田分公司
95	任宝生	油气田开发	中国石油天然气股份有限公司大港油田分公司
96	马先平	油气田开发	中国石油天然气股份有限公司大港油田分公司
97	陈 琰	地质勘探	中国石油天然气股份有限公司青海油田分公司
98	马达德	地质勘探	中国石油天然气股份有限公司青海油田分公司
99	汪立群	地质勘探	中国石油天然气股份有限公司青海油田分公司
100	屈信忠	油气田开发	中国石油天然气股份有限公司青海油田分公司
101	肖 阳	地质勘探	中国石油天然气股份有限公司华北油田分公司
102	杜玉洪	油气田开发	中国石油天然气股份有限公司华北油田分公司
103	梁星如	油气田开发	中国石油天然气股份有限公司华北油田分公司
104	吕传炳	油气田开发	中国石油天然气股份有限公司华北油田分公司
105	梅永贵	工程建设与储运	中国石油天然气股份有限公司华北油田分公司
106	刘德基	油气田开发	中国石油天然气股份有限公司吐哈油田分公司
107	王晓文	地质勘探	中国石油天然气股份有限公司冀东油田分公司
108	李良川	油气田开发	中国石油天然气股份有限公司冀东油田分公司
109	陈仁保	油气田开发	中国石油天然气股份有限公司冀东油田分公司
110	冯京海	钻 井	中国石油天然气股份有限公司冀东油田分公司
111	温生明	地质勘探	中石油煤层气有限责任公司

续表

序　号	姓　名	专业分类	工作单位
112	张春刚	石油炼制	中国石油天然气股份有限公司大庆石化分公司
113	王　震	石油炼制	中国石油天然气股份有限公司大庆石化分公司
114	朱连勋	石油化工	中国石油天然气股份有限公司大庆石化分公司
115	张弘旻	信息工程	中国石油天然气股份有限公司大庆石化分公司
116	陆书来	石油化工	中国石油天然气股份有限公司吉林石化分公司
117	杨雨富	石油化工	中国石油天然气股份有限公司吉林石化分公司
118	肖建文	石油化工	中国石油天然气股份有限公司吉林石化分公司
119	杨青松	石油炼制	中国石油天然气股份有限公司抚顺石化分公司
120	李宏冰	石油化工	中国石油天然气股份有限公司抚顺石化分公司
121	陈　颖	石油化工	中国石油天然气股份有限公司辽阳石化分公司
122	赵建国	石油化工	中国石油天然气股份有限公司辽阳石化分公司
123	刘海生	石油化工	中国石油天然气股份有限公司兰州石化分公司
124	王福善	石油化工	中国石油天然气股份有限公司兰州石化分公司
125	赵东波	石油化工	中国石油天然气股份有限公司兰州石化分公司
126	张　霖	石油化工	中国石油天然气股份有限公司兰州石化分公司
127	赵　敏	石油炼制	中国石油天然气股份有限公司独山子石化分公司
128	宋玉萍	石油化工	中国石油天然气股份有限公司独山子石化分公司
129	李卫东	石油炼制	中国石油天然气股份有限公司乌鲁木齐石化分公司
130	蔡海军	石油炼制	中国石油天然气股份有限公司乌鲁木齐石化分公司
131	展江宏	石油化工	中国石油天然气股份有限公司乌鲁木齐石化分公司
132	吴　宇	石油炼制	中国石油天然气股份有限公司大连石化分公司
133	荆军航	石油化工	中国石油天然气股份有限公司锦西石化分公司
134	张玉东	石油化工	中国石油天然气股份有限公司锦州石化分公司
135	张典元	石油炼制	中国石油天然气股份有限公司哈尔滨石化分公司
136	甄新平	石油炼制	中石油克拉玛依石化有限责任公司
137	熊良铨	石油炼制	中石油克拉玛依石化有限责任公司
138	黄　鹤	石油炼制	中国石油天然气股份有限公司辽河石化分公司
139	齐建勋	石油炼制	中国石油天然气股份有限公司华北石化分公司

续表

序　号	姓　名	专业分类	工作单位
140	刘功德	石油炼制	中国石油天然气股份有限公司润滑油分公司
141	金　鹏	石油炼制	中国石油天然气股份有限公司润滑油分公司
142	糜莉萍	石油炼制	中国石油天然气股份有限公司润滑油分公司
143	艾慕阳	工程建设与储运	中国石油天然气股份有限公司管道分公司
144	陈朋超	工程建设与储运	中国石油天然气股份有限公司管道分公司
145	谭东杰	工程建设与储运	中国石油天然气股份有限公司管道分公司
146	安绍旺	信息工程	中国石油天然气股份有限公司管道分公司
147	伍　奕	工程建设与储运	中国石油天然气股份有限公司西部管道分公司
148	史卜庆	地质勘探	中油国际勘探开发有限公司
149	牛嘉玉	地质勘探	中油国际勘探开发有限公司
150	林金逞	地质勘探	中油国际勘探开发有限公司
151	王国林	地质勘探	中油国际勘探开发有限公司
152	高兴军	油气田开发	中油国际勘探开发有限公司
153	张培军	油气田开发	中油国际勘探开发有限公司
154	吴先忠	钻　井	中油国际勘探开发有限公司
155	苏永地	物　探	中油国际勘探开发有限公司
156	朱焕军	石油炼制	中油国际勘探开发有限公司
157	李海荣	工程建设与储运	中油国际勘探开发有限公司
158	陈若铭	钻　井	中国石油集团西部钻探工程有限公司
159	李晓军	钻　井	中国石油集团西部钻探工程有限公司
160	李建成	钻　井	中国石油集团长城钻探工程有限公司
161	李连江	钻　井	中国石油集团长城钻探工程有限公司
162	余　雷	钻　井	中国石油集团长城钻探工程有限公司
163	喻　晨	钻　井	中国石油集团长城钻探工程有限公司
164	伍　东	测　井	中国石油集团长城钻探工程有限公司
165	马金山	钻　井	中国石油集团渤海钻探工程有限公司
166	张民立	钻　井	中国石油集团渤海钻探工程有限公司
167	陶瑞东	钻　井	中国石油集团渤海钻探工程有限公司

续表

序　号	姓　名	专业分类	工作单位
168	宋元洪	钻　井	中国石油集团渤海钻探工程有限公司
169	陈世春	钻　井	中国石油集团渤海钻探工程有限公司
170	魏春明	钻　井	中国石油集团渤海钻探工程有限公司
171	黄达全	钻　井	中国石油集团渤海钻探工程有限公司
172	朱礼斌	钻　井	中国石油集团渤海钻探工程有限公司
173	宋振云	油气田开发	中国石油集团川庆钻探工程有限公司
174	韩烈祥	钻　井	中国石油集团川庆钻探工程有限公司
175	邓　虎	钻　井	中国石油集团川庆钻探工程有限公司
176	白　璟	钻　井	中国石油集团川庆钻探工程有限公司
177	贺秋云	钻　井	中国石油集团川庆钻探工程有限公司
178	何光明	物　探	中国石油集团川庆钻探工程有限公司
179	巫芙蓉	物　探	中国石油集团川庆钻探工程有限公司
180	张晓斌	物　探	中国石油集团川庆钻探工程有限公司
181	杨　晓	物　探	中国石油集团川庆钻探工程有限公司
182	王学军	地质勘探	中国石油集团东方地球物理勘探有限责任公司
183	康南昌	地质勘探	中国石油集团东方地球物理勘探有限责任公司
184	李阳明	信息工程	中国石油集团东方地球物理勘探有限责任公司
185	文佳敏	信息工程	中国石油集团东方地球物理勘探有限责任公司
186	杜广源	信息工程	中国石油集团东方地球物理勘探有限责任公司
187	王建民	信息工程	中国石油集团东方地球物理勘探有限责任公司
188	王学军	信息工程	中国石油集团东方地球物理勘探有限责任公司
189	赵　波	物　探	中国石油集团东方地球物理勘探有限责任公司
190	罗国安	物　探	中国石油集团东方地球物理勘探有限责任公司
191	陶知非	物　探	中国石油集团东方地球物理勘探有限责任公司
192	刘云祥	物　探	中国石油集团东方地球物理勘探有限责任公司
193	倪宇东	物　探	中国石油集团东方地球物理勘探有限责任公司
194	何永清	物　探	中国石油集团东方地球物理勘探有限责任公司
195	钱忠平	物　探	中国石油集团东方地球物理勘探有限责任公司

续表

序　号	姓　名	专业分类	工作单位
196	詹仕凡	物　探	中国石油集团东方地球物理勘探有限责任公司
197	何展翔	物　探	中国石油集团东方地球物理勘探有限责任公司
198	李彦鹏	物　探	中国石油集团东方地球物理勘探有限责任公司
199	张慕刚	物　探	中国石油集团东方地球物理勘探有限责任公司
200	孙卫斌	物　探	中国石油集团东方地球物理勘探有限责任公司
201	高少武	物　探	中国石油集团东方地球物理勘探有限责任公司
202	张宇生	物　探	中国石油集团东方地球物理勘探有限责任公司
203	陈　锋	钻　井	中国石油集团测井有限公司
204	唐　凯	钻　井	中国石油集团测井有限公司
205	张树东	钻　井	中国石油集团测井有限公司
206	罗　利	钻　井	中国石油集团测井有限公司
207	陈　涛	钻　井	中国石油集团测井有限公司
208	周　军	钻　井	中国石油集团测井有限公司
209	陈　斌	测　井	中国石油集团测井有限公司
210	王宏建	测　井	中国石油集团测井有限公司
211	齐宝权	测　井	中国石油集团测井有限公司
212	李安宗	测　井	中国石油集团测井有限公司
213	章海宁	测　井	中国石油集团测井有限公司
214	陈　鹏	测　井	中国石油集团测井有限公司
215	李传伟	测　井	中国石油集团测井有限公司
216	万金彬	测　井	中国石油集团测井有限公司
217	余春昊	测　井	中国石油集团测井有限公司
218	刘爱萍	钻　井	中国石油集团海洋工程有限公司
219	王学军	工程建设与储运	中国石油集团工程股份有限公司
220	余志峰	工程建设与储运	中国石油天然气管道局
221	郭书太	工程建设与储运	中国石油天然气管道局
222	朱坤锋	工程建设与储运	中国石油天然气管道局
223	史　航	工程建设与储运	中国石油天然气管道局

续表

序　号	姓　名	专业分类	工作单位
224	廖宇平	工程建设与储运	中国石油天然气管道局
225	李玉卓	机　械	中国石油天然气管道局
226	张　锋	机　械	中国石油天然气管道局
227	张金权	信息工程	中国石油天然气管道局
228	聂中文	信息工程	中国石油天然气管道局
229	王　彦	安全环保与质量标准	中国石油天然气管道局
230	陈运强	工程建设与储运	中国石油工程建设公司
231	谌贵宇	工程建设与储运	中国石油工程建设公司
232	徐　俊	石油炼制	中国寰球工程公司
233	谢育辉	石油炼制	中国寰球工程公司
234	鞠林青	石油炼制	中国寰球工程公司
235	谢崇亮	石油炼制	中国寰球工程公司
236	任建生	石油炼制	中国寰球工程公司
237	张香玲	石油炼制	中国寰球工程公司
238	刘灿刚	石油化工	中国寰球工程公司
239	李锦辉	石油化工	中国寰球工程公司
240	周江沛	石油化工	中国寰球工程公司
241	郭俊玲	石油化工	中国寰球工程公司
242	林洪俊	工程建设与储运	中国寰球工程公司
243	王新兰	石油化工	中国昆仑工程公司
244	陶卫克	安全环保与质量标准	中国昆仑工程公司
245	陈小伟	机　械	中国石油集团渤海石油装备制造有限公司
246	王树龙	机　械	中国石油集团渤海石油装备制造有限公司
247	张玉峰	机　械	中国石油集团渤海石油装备制造有限公司
248	王定亚	机　械	宝鸡石油机械有限责任公司
249	王世军	机　械	宝鸡石油机械有限责任公司
250	王维旭	机　械	宝鸡石油机械有限责任公司
251	余　晗	机　械	宝鸡石油钢管有限责任公司

续表

序　号	姓　名	专业分类	工作单位
252	刘海璋	机　械	宝鸡石油钢管有限责任公司
253	毕宗岳	机　械	宝鸡石油钢管有限责任公司
254	陶士振	地质勘探	中国石油天然气股份有限公司勘探开发研究院
255	姚根顺	地质勘探	中国石油天然气股份有限公司勘探开发研究院
256	朱如凯	地质勘探	中国石油天然气股份有限公司勘探开发研究院
257	卫平生	地质勘探	中国石油天然气股份有限公司勘探开发研究院
258	张志伟	地质勘探	中国石油天然气股份有限公司勘探开发研究院
259	郭秋麟	地质勘探	中国石油天然气股份有限公司勘探开发研究院
260	陈启林	地质勘探	中国石油天然气股份有限公司勘探开发研究院
261	胡永乐	油气田开发	中国石油天然气股份有限公司勘探开发研究院
262	熊春明	油气田开发	中国石油天然气股份有限公司勘探开发研究院
263	丁云宏	油气田开发	中国石油天然气股份有限公司勘探开发研究院
264	马德胜	油气田开发	中国石油天然气股份有限公司勘探开发研究院
265	郭　睿	油气田开发	中国石油天然气股份有限公司勘探开发研究院
266	李熙喆	油气田开发	中国石油天然气股份有限公司勘探开发研究院
267	叶继根	油气田开发	中国石油天然气股份有限公司勘探开发研究院
268	朱友益	油气田开发	中国石油天然气股份有限公司勘探开发研究院
269	吴淑红	油气田开发	中国石油天然气股份有限公司勘探开发研究院
270	田昌炳	油气田开发	中国石油天然气股份有限公司勘探开发研究院
271	王红岩	油气田开发	中国石油天然气股份有限公司勘探开发研究院
272	王红庄	油气田开发	中国石油天然气股份有限公司勘探开发研究院
273	时付更	信息工程	中国石油天然气股份有限公司勘探开发研究院
274	雍学善	物　探	中国石油天然气股份有限公司勘探开发研究院
275	张　研	物　探	中国石油天然气股份有限公司勘探开发研究院
276	曹　宏	物　探	中国石油天然气股份有限公司勘探开发研究院
277	高建虎	物　探	中国石油天然气股份有限公司勘探开发研究院
278	李劲松	物　探	中国石油天然气股份有限公司勘探开发研究院
279	石玉梅	物　探	中国石油天然气股份有限公司勘探开发研究院

续表

序　号	姓　名	专业分类	工作单位
280	李　宁	测　井	中国石油天然气股份有限公司勘探开发研究院
281	王克文	测　井	中国石油天然气股份有限公司勘探开发研究院
282	冯庆付	测　井	中国石油天然气股份有限公司勘探开发研究院
283	丁国生	工程建设与储运	中国石油天然气股份有限公司勘探开发研究院
284	高圣平	安全环保与质量标准	中国石油天然气股份有限公司勘探开发研究院
285	吴　浩	工程建设与储运	中国石油天然气股份有限公司规划总院
286	杨文军	信息工程	中国石油天然气股份有限公司规划总院
287	兰　玲	石油炼制	中国石油天然气股份有限公司石油化工研究院
288	张志华	石油炼制	中国石油天然气股份有限公司石油化工研究院
289	庞新梅	石油炼制	中国石油天然气股份有限公司石油化工研究院
290	李建忠	石油炼制	中国石油天然气股份有限公司石油化工研究院
291	梁顺琴	石油化工	中国石油天然气股份有限公司石油化工研究院
292	邹恩广	石油化工	中国石油天然气股份有限公司石油化工研究院
293	杨　虹	测　井	中国石油集团经济技术研究院
294	汪海阁	钻　井	中国石油集团工程技术研究院有限公司
295	申瑞臣	钻　井	中国石油集团工程技术研究院有限公司
296	刘硕琼	钻　井	中国石油集团工程技术研究院有限公司
297	王　玺	钻　井	中国石油集团工程技术研究院有限公司
298	赵　庆	钻　井	中国石油集团工程技术研究院有限公司
299	李兴春	安全环保与质量标准	中国石油集团安全环保技术研究院有限公司
300	卢　明	信息工程	中国石油集团安全环保技术研究院有限公司
301	吉玲康	机　械	中国石油集团石油管工程技术研究院
302	马秋荣	机　械	中国石油集团石油管工程技术研究院
303	熊庆人	机　械	中国石油集团石油管工程技术研究院

注：表中所列为 2018 年集团公司在聘高级技术专家。

（李尚帅）

中国石油天然气集团有限公司技能专家

序　号	姓　名	专　业	工　种	工作单位
1	刘　丽	采油采气	采油工	大庆油田有限责任公司
2	杨海波	采油采气	采油工	大庆油田有限责任公司
3	张有兴	采油采气	采油工	大庆油田有限责任公司
4	赵海涛	采油采气	采油工	大庆油田有限责任公司
5	张朋娟	采油采气	采油工	大庆油田有限责任公司
6	刘洪俊	采油采气	采油工	大庆油田有限责任公司
7	宋宝玉	采油采气	采油工	大庆油田有限责任公司
8	邹继艳	采油采气	采油工	大庆油田有限责任公司
9	汲红军	采油采气	采油工	大庆油田有限责任公司
10	王亚军	采油采气	采油工	大庆油田有限责任公司
11	汤　凯	采油采气	采油工	大庆油田有限责任公司
12	祁战宝	采油采气	采油工	大庆油田有限责任公司
13	孙雨飞	采油采气	采油地质工	大庆油田有限责任公司
14	付荣娟	集　输	集输工	大庆油田有限责任公司
15	罗贤银	集　输	集输工	大庆油田有限责任公司
16	王惠玲	集　输	集输工	大庆油田有限责任公司
17	王运成	集　输	集输工	大庆油田有限责任公司
18	胡延军	集　输	集输工	大庆油田有限责任公司
19	庞庆梅	集　输	集输工	大庆油田有限责任公司
20	赵国刚	集　输	集输工	大庆油田有限责任公司
21	李　沫	集　输	集输工	大庆油田有限责任公司
22	金广军	集　输	集输工	大庆油田有限责任公司
23	代玉梅	集　输	综合计量工	大庆油田有限责任公司
24	李庆峰	天然气加工	轻烃装置操作工	大庆油田有限责任公司
25	裴庆银	天然气加工	轻烃装置操作工	大庆油田有限责任公司
26	齐志民	钻　井	石油钻井工	大庆油田有限责任公司

续表

序　号	姓　名	专　业	工　种	工作单位
27	徐义千	钻　井	钻井液工	大庆油田有限责任公司
28	田兆义	钻　井	钻井液工	大庆油田有限责任公司
29	李旭东	井下作业	井下作业工	大庆油田有限责任公司
30	赵春海	井下作业	井下作业工	大庆油田有限责任公司
31	李洪亮	井下作业	井下作业工	大庆油田有限责任公司
32	周恒仓	井下作业	井下作业工	大庆油田有限责任公司
33	杨凤凯	测　井	采油测试工	大庆油田有限责任公司
34	丁洪涛	测　井	采油测试工	大庆油田有限责任公司
35	李春辉	供　电	变电检修工	大庆油田有限责任公司
36	卫　东	供　电	电　工	大庆油田有限责任公司
37	姜　平	供　电	维修电工	大庆油田有限责任公司
38	刘可夫	供　电	维修电工	大庆油田有限责任公司
39	张洪军	供　电	维修电工	大庆油田有限责任公司
40	任传柱	供　电	维修电工	大庆油田有限责任公司
41	刘国昌	供　电	维修电工	大庆油田有限责任公司
42	王　汀	供　电	继电保护工	大庆油田有限责任公司
43	金铁钢	工程施工	电焊工	大庆油田有限责任公司
44	刘忠波	工程施工	电焊工	大庆油田有限责任公司
45	刘永庆	工程施工	电焊工	大庆油田有限责任公司
46	王召军	工程施工	电焊工	大庆油田有限责任公司
47	郭建明	工程施工	电焊工	大庆油田有限责任公司
48	司英建	工程施工	电焊工	大庆油田有限责任公司
49	都宏海	工程施工	电焊工	大庆油田有限责任公司
50	张振增	工程施工	油气管线安装工	大庆油田有限责任公司
51	孔德生	工程施工	油气管线安装工	大庆油田有限责任公司
52	林士军	工程施工	油气管线安装工	大庆油田有限责任公司
53	笪祖朋	工程施工	石油金属结构制作工	大庆油田有限责任公司
54	邢恩福	仪器仪表安装修理	仪表安装工	大庆油田有限责任公司

续表

序　号	姓　名	专　业	工　种	工作单位
55	马喜林	仪器仪表安装修理	仪表维修工	大庆油田有限责任公司
56	许　斌	机械制造	车　工	大庆油田有限责任公司
57	谢仕洪	机械制造	车　工	大庆油田有限责任公司
58	郑希权	机械制造	钳　工	大庆油田有限责任公司
59	李殷海	机械修理	注输泵修理	大庆油田有限责任公司
60	杨振东	采油采气	采油工	辽河油田分公司
61	高文斌	采油采气	采油工	辽河油田分公司
62	单忠利	采油采气	采油工	辽河油田分公司
63	朱明哲	采油采气	采油工	辽河油田分公司
64	徐志强	采油采气	采油工	辽河油田分公司
65	代新勇	采油采气	采油工	辽河油田分公司
66	郭发德	采油采气	采油工	辽河油田分公司
67	赵奇峰	采油采气	采油工	辽河油田分公司
68	曹建新	采油采气	采油工	辽河油田分公司
69	杨　波	采油采气	采油工	辽河油田分公司
70	柳转阳	采油采气	采油工	辽河油田分公司
71	陈伟东	采油采气	采油工	辽河油田分公司
72	靳庆凯	采油采气	采油工	辽河油田分公司
73	邹洪超	采油采气	采油工	辽河油田分公司
74	饶德林	采油采气	采油工	辽河油田分公司
75	张　云	采油采气	热注运行	辽河油田分公司
76	杨立华	采油采气	热注运行	辽河油田分公司
77	孙　洁	集　输	集输工	辽河油田分公司
78	李桂库	井下作业	井下作业工	辽河油田分公司
79	张　明	井下作业	井下作业工	辽河油田分公司
80	张金平	工程施工	电焊工	辽河油田分公司
81	吴晓媛	供　电	变电站值班员	辽河油田分公司
82	于占勇	供　电	配电线路工	辽河油田分公司

续表

序　号	姓　名	专　业	工　种	工作单位
83	刘美萍	采油采气	采油工	长庆油田分公司
84	丁巨龙	采油采气	采油工	长庆油田分公司
85	李永宏	采油采气	采油工	长庆油田分公司
86	梁庆辉	采油采气	采油工	长庆油田分公司
87	于建平	采油采气	采油工	长庆油田分公司
88	孟亚莉	采油采气	采油工	长庆油田分公司
89	杨　君	采油采气	采油工	长庆油田分公司
90	李眉博	采油采气	采油工	长庆油田分公司
91	胡忠太	采油采气	采油工	长庆油田分公司
92	曹庆红	采油采气	采油工	长庆油田分公司
93	郝颖平	采油采气	采油工	长庆油田分公司
94	魏　诚	采油采气	采油工	长庆油田分公司
95	杨　玲	采油采气	采气工	长庆油田分公司
96	张　华	采油采气	采气工	长庆油田分公司
97	王德宽	采油采气	采气工	长庆油田分公司
98	赵瑞元	井下作业	井下作业工	长庆油田分公司
99	杨义兴	井下作业	井下作业工	长庆油田分公司
100	梁东平	井下作业	井下作业工	长庆油田分公司
101	李亚庆	集　输	集输工	塔里木油田分公司
102	王爱民	炼　油	合成制氨装置操作工	塔里木油田分公司
103	张　明	供　电	电　工	塔里木油田分公司
104	陈其亮	采油采气	采油工	新疆油田分公司
105	李海军	采油采气	采油工	新疆油田分公司
106	朱安江	采油采气	采油工	新疆油田分公司
107	寇秀玲	采油采气	采油工	新疆油田分公司
108	张　军	采油采气	采油工	新疆油田分公司
109	颜福新	采油采气	采油工	新疆油田分公司
110	魏昌建	采油采气	采油工	新疆油田分公司

续表

序　号	姓　名	专　业	工　种	工作单位
111	叶长新	采油采气	采油工	新疆油田分公司
112	林　伟	采油采气	采油工	新疆油田分公司
113	肉孜麦麦提·巴克	采油采气	采油工	新疆油田分公司
114	杨文学	采油采气	采油工	新疆油田分公司
115	张玉华	采油采气	采油工	新疆油田分公司
116	朱建雄	采油采气	采气工	新疆油田分公司
117	张　杰	采油采气	采气工	新疆油田分公司
118	陈林政	采油采气	热注运行工	新疆油田分公司
119	靳光新	集　输	集输工	新疆油田分公司
120	卢风光	集　输	集输工	新疆油田分公司
121	丁　建	集　输	集输工	新疆油田分公司
122	肖　刚	集　输	输气工	新疆油田分公司
123	杨　豪	集　输	输油工	新疆油田分公司
124	陈相国	井下作业	井下作业工	新疆油田分公司
125	李忠良	采油采气	采油工	西南油气田分公司
126	夏仲华	采油采气	采气工	西南油气田分公司
127	刘　辉	采油采气	采气工	西南油气田分公司
128	姜婷婷	采油采气	采气工	西南油气田分公司
129	宋殷俊	采油采气	采气工	西南油气田分公司
130	王川洪	采油采气	采气工	西南油气田分公司
131	陈蓉萍	集　输	输气工	西南油气田分公司
132	谢宗宝	集　输	输气工	西南油气田分公司
133	曾云东	天然气加工	天然气净化操作工	西南油气田分公司
134	郑立东	仪器仪表安装修理	采输气仪表工	西南油气田分公司
135	李　强	机械修理	天然气压缩机修理工	西南油气田分公司
136	王　帅	工程施工	电焊工	西南油气田分公司
137	鲁大勇	仪器仪表安装修理	仪表维修工	西南油气田分公司

续表

序　号	姓　名	专　业	工　种	工作单位
138	宋成立	采油采气	采油工	吉林油田分公司
139	景　伟	采油采气	采油工	吉林油田分公司
140	王瑞东	采油采气	采油工	吉林油田分公司
141	张海山	采油采气	采油工	吉林油田分公司
142	安文霞	采油采气	采油工	吉林油田分公司
143	李　英	采油采气	采油工	吉林油田分公司
144	臧鑫赫	采油采气	采油工	吉林油田分公司
145	陆　辉	采油采气	采油工	吉林油田分公司
146	田大志	集　输	集输工	吉林油田分公司
147	鞠岳军	集　输	集输工	吉林油田分公司
148	周小东	采油采气	采油工	大港油田分公司
149	周忠军	采油采气	采油工	大港油田分公司
150	赵常明	采油采气	采油工	大港油田分公司
151	苏建斌	采油采气	采油工	大港油田分公司
152	尤立红	采油采气	采油工	大港油田分公司
153	于兴才	采油采气	采油工	大港油田分公司
154	李　健	集　输	集输工	大港油田分公司
155	张润进	集　输	集输工	大港油田分公司
156	宋忠利	集　输	集输工	大港油田分公司
157	邓鲁宁	井下作业	井下作业工	大港油田分公司
158	孙国海	井下作业	井下作业工	大港油田分公司
159	张树起	供　电	维修电工	大港油田分公司
160	王普军	供　电	维修电工	大港油田分公司
161	张华先	采油采气	采油工	青海油田分公司
162	史　昆	采油采气	采油工	青海油田分公司
163	王富满	采油采气	采气工	青海油田分公司
164	姜　宏	集　输	集输工	青海油田分公司
165	陈向平	化　工	甲醇装置操作工	青海油田分公司

续表

序　号	姓　名	专　业	工　种	工作单位
166	张　峰	井下作业	井下作业工	青海油田分公司
167	杨永磊	工程施工	电焊工	青海油田分公司
168	王锡军	工程施工	油气管线安装工	青海油田分公司
169	郭连升	采油采气	采油工	华北油田分公司
170	杨培伦	采油采气	采油工	华北油田分公司
171	胡东华	采油采气	采油工	华北油田分公司
172	王振东	采油采气	采油工	华北油田分公司
173	闻　伟	采油采气	采油工	华北油田分公司
174	王爱法	采油采气	采油工	华北油田分公司
175	李秉军	采油采气	采油工	华北油田分公司
176	李　明	采油采气	采油工	华北油田分公司
177	冯　松	集　输	集输工	华北油田分公司
178	徐立东	集　输	集输工	华北油田分公司
179	曾庆伟	集　输	集输工	华北油田分公司
180	黄　树	井下作业	井下作业工	华北油田分公司
181	孙连会	井下作业	井下作业工	华北油田分公司
182	冉俊义	工程施工	电焊工	华北油田分公司
183	李彦超	供　电	变电站值班员	华北油田分公司
184	徐志民	采油采气	采油工	吐哈油田分公司
185	顾仲辉	采油采气	采油工	吐哈油田分公司
186	金勇才	采油采气	采油工	吐哈油田分公司
187	陈　述	集　输	集输工	吐哈油田分公司
188	江　龙	集　输	集输工	吐哈油田分公司
189	张　浩	集　输	集输工	吐哈油田分公司
190	吴占关	井下作业	井下作业工	吐哈油田分公司
191	赵松柏	采油采气	采油工	冀东油田分公司
192	李魁芳	集　输	集输工	冀东油田分公司
193	张立群	天然气加工	轻烃装置操作工	冀东油田分公司

续表

序　号	姓　名	专　业	工　种	工作单位
194	刘春杰	采油采气	采油工	玉门油田分公司
195	陈全柱	井下作业	井下作业工	玉门油田分公司
196	华玉林	供　电	维修电工	玉门油田分公司
197	左成玉	化　工	乙烯装置操作工	大庆石化分公司
198	姜大为	化　工	乙烯装置操作工	大庆石化分公司
199	马宏伟	化　工	聚乙烯装置操作工	大庆石化分公司
200	包忠臣	炼　油	催化裂化装置操作工	大庆石化分公司
201	王立明	科研与分析化验	化工分析工	大庆石化分公司
202	潘大龙	仪器仪表安装修理	仪表维修工	大庆石化分公司
203	贾洪彬	发　电	锅炉运行值班员	大庆石化分公司
204	李宏光	化　工	二甲苯装置操作工	吉林石化分公司
205	姜　涛	化　工	乙烯装置操作工	吉林石化分公司
206	周　军	炼　油	催化裂化装置操作工	吉林石化分公司
207	刘忠梅	炼　油	汽（煤、柴）油加氢装置操作工	吉林石化分公司
208	赵景林	炼　油	合成制氨装置操作工	吉林石化分公司
209	李永翔	机械修理	机修钳工	吉林石化分公司
210	侯英杰	仪器仪表安装修理	仪表维修工	吉林石化分公司
211	田　军	化　工	丙烯腈装置操作工	抚顺石化分公司
212	贾　亮	炼　油	常减压蒸馏装置操作工	抚顺石化分公司
213	李　俊	炼　油	催化裂化装置操作工	抚顺石化分公司
214	边　江	酮苯脱蜡装置	酮苯脱蜡装置操作工	抚顺石化分公司
215	韩　威	炼　油	加氢裂化装置操作工	抚顺石化分公司
216	张凤光	仪器仪表安装修理	仪表维修工	抚顺石化分公司
217	崔宏鑫	供　电	维修电工	抚顺石化分公司
218	郭建勇	机械修理	机泵维修钳工	抚顺石化分公司
219	崔启福	炼　油	加氢裂化装置操作工	辽阳石化分公司
220	郑　重	炼　油	加氢裂化装置操作工	辽阳石化分公司

续表

序号	姓名	专业	工种	工作单位
221	张海献	炼油	延迟焦化装置操作工	辽阳石化分公司
222	杨柏林	炼油	催化重整装置操作工	辽阳石化分公司
223	陶贵金	炼油	汽（煤、柴）油加氢装置操作工	辽阳石化分公司
224	刘东	化工	乙烯装置操作工	辽阳石化分公司
225	徐艳敏	科研与分析化验	化工分析工	辽阳石化分公司
226	刘牧	工程施工	电焊工	辽阳石化分公司
227	岳景春	机械修理	机泵维修钳工	辽阳石化分公司
228	任国焱	仪器仪表安装修理	仪表维修工	辽阳石化分公司
229	王雪峰	炼油	催化裂化装置操作工	兰州石化分公司
230	卢朝鹏	炼油	催化裂化装置操作工	兰州石化分公司
231	巩国平	炼油	常减压蒸馏装置操作工	兰州石化分公司
232	孙青先	化工	乙烯装置操作工	兰州石化分公司
233	黄开炳	化工	乙烯装置操作工	兰州石化分公司
234	管东红	化工	丁苯橡胶装置操作工	兰州石化分公司
235	宋俊鸿	化工	丁腈橡胶装置操作工	兰州石化分公司
236	吕仲光	工程施工	电焊工	兰州石化分公司
237	吉宁	仪器仪表安装修理	仪表维修工	兰州石化分公司
238	杨子海	发电	锅炉运行值班员	兰州石化分公司
239	张全军	化工	聚乙烯装置操作工	独山子石化分公司
240	薛魁	化工	乙烯装置操作工	独山子石化分公司
241	徐凯军	炼油	常减压蒸馏装置操作工	独山子石化分公司
242	张健新	炼油	催化重整装置操作工	独山子石化分公司
243	杜胜利	炼油	加氢裂化装置操作工	独山子石化分公司
244	潘志强	科研与分析化验	化工分析工	独山子石化分公司
245	杜亮	工程施工	电焊工	独山子石化分公司
246	陈文忠	机械修理	机泵维修钳工	独山子石化分公司
247	谢文奋	仪器仪表安装修理	仪表维修工	独山子石化分公司

续表

序 号	姓 名	专 业	工 种	工作单位
248	许战军	化 工	精对苯二甲酸装置操作工	乌鲁木齐石化分公司
249	孙 燕	科研与分析化验	化工分析工	乌鲁木齐石化分公司
250	杨学智	炼 油	合成制氨装置操作工	宁夏石化分公司
251	张卫红	炼 油	催化裂化装置操作工	宁夏石化分公司
252	隋广鑫	化 工	聚丙烯装置操作工	大连石化分公司
253	荣 征	炼 油	催化裂化装置操作工	大连石化分公司
254	张守前	炼 油	催化裂化装置操作工	大连石化分公司
255	崔 健	炼 油	酮苯脱蜡装置操作工	大连石化分公司
256	张业涛	炼 油	常减压蒸馏装置操作工	大连石化分公司
257	刘丛堂	仪器仪表安装修理	仪表安装工	大连石化分公司
258	孙泳峰	仪器仪表安装修理	仪表维修工	大连石化分公司
259	盖保权	炼 油	催化裂化装置操作工	锦州石化分公司
260	褚继勇	炼 油	催化重整装置操作工	锦州石化分公司
261	徐 凯	机械修理	机泵维修钳工	锦州石化分公司
262	侯传江	炼 油	催化裂化装置操作工	锦西石化分公司
263	荀 巍	机械修理	机泵维修钳工	锦西石化分公司
264	王尚典	机械制造	车 工	锦西石化分公司
265	王东华	炼 油	催化裂化装置操作工	大庆炼化分公司
266	王 健	供 电	维修电工	大庆炼化分公司
267	张世凯	机械修理	机泵维修钳工	大庆炼化分公司
268	徐 涛	仪器仪表安装修理	仪表维修工	大庆炼化分公司
269	刘 强	炼 油	催化裂化装置操作工	哈尔滨石化分公司
270	林树国	供 电	维修电工	哈尔滨石化分公司
271	张林涛	化 工	乙烯装置操作工	中国石油四川石化有限责任公司
272	王 峰	炼 油	催化裂化装置操作工	大港石化分公司
273	陶新建	炼 油	延迟焦化装置操作工	大港石化分公司
274	陈军舰	机械修理	机泵维修钳工	大港石化分公司

续表

序号	姓名	专业	工种	工作单位
275	肖国营	炼油	延迟焦化装置操作工	辽河石化分公司
276	盖永强	炼油	催化裂化装置操作工	辽河石化分公司
277	周强	机械修理	机泵维修钳工	辽河石化分公司
278	陈淑建	炼油	催化重整装置操作工	中国石油克拉玛依石化有限责任公司
279	段猛	炼油	润滑油加氢装置操作工	中国石油克拉玛依石化有限责任公司
280	于红伟	炼油	酮苯脱蜡装置操作工	中国石油克拉玛依石化有限责任公司
281	马晓伟	炼油	合成制氢装置操作工	中国石油克拉玛依石化有限责任公司
282	韩胜显	炼油	催化裂化装置操作工	中国石油克拉玛依石化有限责任公司
283	张俊晓	炼油	延迟焦化装置操作工	中国石油克拉玛依石化有限责任公司
284	齐林	集输	输油工	管道分公司
285	王伟	工程施工	管工	管道分公司
286	黄伟	机械修理	机泵维修钳工	西部管道分公司
287	武东生	钻井	石油钻井工	中国石油集团西部钻探工程有限公司
288	张耀先	钻井	石油钻井工	中国石油集团西部钻探工程有限公司
289	潘鹏飞	钻井	石油钻井工	中国石油集团西部钻探工程有限公司
290	周哲文	钻井	钻井液工	中国石油集团西部钻探工程有限公司
291	孙斌	钻井	钻井液工	中国石油集团西部钻探工程有限公司
292	高峰	钻井	钻井液工	中国石油集团西部钻探工程有限公司
293	艾尼·库尔班	钻井	钻井柴油机工	中国石油集团西部钻探工程有限公司
294	赵辉	钻井	钻井柴油机工	中国石油集团西部钻探工程有限公司
295	妥红	测井	综合录井工	中国石油集团西部钻探工程有限公司
296	肖胜	测井	综合录井工	中国石油集团西部钻探工程有限公司
297	张晓亮	井下作业	井下作业工	中国石油集团西部钻探工程有限公司
298	谭文波	井下作业	井下作业工具工	中国石油集团西部钻探工程有限公司
299	杜红光	钻井	石油钻井工	中国石油集团长城钻探工程有限公司
300	鲁政权	钻井	钻井液工	中国石油集团长城钻探工程有限公司
301	王振军	钻井	钻井柴油机工	中国石油集团长城钻探工程有限公司
302	张良	钻井	钻井地质工	中国石油集团长城钻探工程有限公司

续表

序号	姓名	专业	工种	工作单位
303	张　勇	钻　井	石油钻井工	中国石油集团渤海钻探工程有限公司
304	李爱忠	钻　井	石油钻井工	中国石油集团渤海钻探工程有限公司
305	王　信	钻　井	钻井液工	中国石油集团渤海钻探工程有限公司
306	陈祖红	钻　井	钻井液工	中国石油集团渤海钻探工程有限公司
307	尚旺涛	钻　井	钻井液工	中国石油集团渤海钻探工程有限公司
308	杨砚杭	钻　井	钻井柴油机工	中国石油集团渤海钻探工程有限公司
309	王金广	钻　井	钻井柴油机工	中国石油集团渤海钻探工程有限公司
310	赵增权	井下作业	井下作业工	中国石油集团渤海钻探工程有限公司
311	李　龙	井下作业	井下作业工	中国石油集团渤海钻探工程有限公司
312	李　缨	钻　井	石油钻井工	中国石油集团川庆钻探工程有限公司
313	张　勇	钻　井	石油钻井工	中国石油集团川庆钻探工程有限公司
314	闵光平	钻　井	石油钻井工	中国石油集团川庆钻探工程有限公司
315	刘贵义	钻　井	石油钻井工	中国石油集团川庆钻探工程有限公司
316	黄述春	钻　井	石油钻井工	中国石油集团川庆钻探工程有限公司
317	张　杰	钻　井	石油钻井工	中国石油集团川庆钻探工程有限公司
318	唐润平	钻　井	钻井液工	中国石油集团川庆钻探工程有限公司
319	高　强	钻　井	钻井液工	中国石油集团川庆钻探工程有限公司
320	王亚红	钻　井	钻井柴油机工	中国石油集团川庆钻探工程有限公司
321	朱亚峰	钻　井	钻井柴油机工	中国石油集团川庆钻探工程有限公司
322	李　刚	钻　井	钻井柴油机工	中国石油集团川庆钻探工程有限公司
323	汪　敏	测　井	采气测试工	中国石油集团川庆钻探工程有限公司
324	邵友勤	测　井	地层测试工	中国石油集团川庆钻探工程有限公司
325	王国锋	井下作业	井下作业工	中国石油集团川庆钻探工程有限公司
326	方福君	井下作业	井下作业工	中国石油集团川庆钻探工程有限公司
327	田　军	井下作业	井下作业工	中国石油集团川庆钻探工程有限公司
328	许绍俊	仪器仪表安装修理	仪表维修工	中国石油集团川庆钻探工程有限公司
329	郑　永	仪器仪表安装修理	仪表维修工	中国石油集团川庆钻探工程有限公司
330	郑家志	物　探	石油物探测量工	中国石油集团东方地球物理勘探有限责任公司

续表

序　号	姓　名	专　业	工　种	工作单位
331	孙祖强	物　探	石油地震勘探工	中国石油集团东方地球物理勘探有限责任公司
332	赵　帅	机械修理	可控震源修理工	中国石油集团东方地球物理勘探有限责任公司
333	杨新勇	交通运输	汽车修理工	中国石油集团东方地球物理勘探有限责任公司
334	张光洲	测　井	测井工	中国石油集团测井有限公司
335	刘秀庆	测　井	测井工	中国石油集团测井有限公司
336	刘春斌	测　井	测井工	中国石油集团测井有限公司
337	石庆平	测　井	测井工	中国石油集团测井有限公司
338	马　营	测　井	测井工	中国石油集团测井有限公司
339	吴依东	测　井	测井工	中国石油集团测井有限公司
340	王　琦	测　井	射孔取心工	中国石油集团测井有限公司
341	牛承东	仪器仪表安装修理	测井仪修工	中国石油集团测井有限公司
342	杨　平	工程施工	电焊工	中油工程股份有限公司
343	邵洪波	工程施工	电焊工	管道局工程有限公司
344	牛连山	工程施工	电焊工	管道局工程有限公司
345	高继宏	工程施工	电焊工	管道局工程有限公司
346	王以兵	工程施工	电焊工	管道局工程有限公司
347	董俊军	工程施工	电焊工	管道局工程有限公司
348	王建才	工程施工	电焊工	管道局工程有限公司
349	刘　智	工程施工	电焊工	管道局工程有限公司
350	陈　强	工程施工	电焊工	管道局工程有限公司
351	孙洪业	工程施工	气焊工	管道局工程有限公司
352	饶雪飞	工程施工	石油金属结构制作工	管道局工程有限公司
353	张　宁	工程施工	石油金属结构制作工	管道局工程有限公司
354	汪　明	供　电	电　工	管道局工程有限公司
355	陈献明	供　电	配电线路工	管道局工程有限公司
356	赵承先	工程施工	电焊工	中国石油工程建设公司
357	丁自力	工程施工	电焊工	中国石油工程建设公司
358	慕香奎	工程施工	电焊工	中国石油工程建设公司

续表

序　号	姓　名	专　业	工　种	工作单位
359	曹遂军	工程施工	电焊工	中国石油工程建设公司
360	刘新海	工程施工	电焊工	中国石油工程建设公司
361	王俊峰	工程施工	电焊工	中国石油工程建设公司
362	裴先峰	工程施工	电焊工	中国石油工程建设公司
363	陈兆坤	工程施工	电焊工	中国石油工程建设公司
364	王振平	工程施工	电焊工	中国石油工程建设公司
365	蒋国辉	工程施工	电焊工	中国石油工程建设公司
366	刘永华	工程施工	工程设备安装工	中国石油工程建设公司
367	刘新儒	工程施工	石油金属结构制作工	中国石油工程建设公司
368	刘树权	工程施工	石油金属结构制作工	中国石油工程建设公司
369	王业民	技术监督	无损探伤工	中国石油工程建设公司
370	赵　辉	工程施工	电焊工	中国寰球工程公司
371	王兴平	工程施工	电焊工	中国寰球工程公司
372	陈君龙	工程施工	电焊工	中国寰球工程公司
373	张仕经	工程施工	安装起重工	中国寰球工程公司
374	张　杰	机械制造	车　工	宝鸡石油机械有限责任公司
375	刘均让	机械制造	钳　工	宝鸡石油机械有限责任公司
376	信华滨	机械制造	镗　工	宝鸡石油机械有限责任公司
377	胡德虎	机械制造	埋弧焊管自动焊工	宝鸡石油钢管有限责任公司
378	强会明	技术监督	无损探伤工	宝鸡石油钢管有限责任公司
379	茆建军	供　电	维修电工	宝鸡石油钢管有限责任公司
380	彭建军	机械制造	钳　工	宝鸡石油钢管有限责任公司
381	张传勇	机械制造	加工中心操作工	中国石油集团济柴动力总厂
382	林　海	机械制造	内燃机装调工	中国石油集团济柴动力总厂
383	何　伟	机械修理	天然气压缩机修理工	中国石油集团济柴动力总厂
384	王海生	工程施工	电焊工	中国石油集团渤海石油装备制造有限公司
385	白国文	机械制造	车　工	中国石油集团渤海石油装备制造有限公司
386	祝国政	机械制造	车　工	中国石油集团渤海石油装备制造有限公司

续表

序　号	姓　名	专　业	工　种	工作单位
387	厉彦东	机械制造	钳　工	中国石油集团渤海石油装备制造有限公司
388	刘　东	交通运输	汽车修理工	中国石油天然气运输公司

（胥　勇）

中国石油天然气集团有限公司新增享受政府特殊津贴专家

序　号	姓　名	工作单位	备　注
1	伍晓林	大庆油田有限责任公司	专业技术人员
2	王凤山	大庆油田有限责任公司	专业技术人员
3	朱　焱	大庆油田有限责任公司	专业技术人员
4	屈雪峰	中国石油天然气股份有限公司长庆油田分公司	专业技术人员
5	徐黎明	中国石油天然气股份有限公司长庆油田分公司	专业技术人员
6	李宪文	中国石油天然气股份有限公司长庆油田分公司	专业技术人员
7	王天祥	中国石油天然气股份有限公司塔里木油田分公司	专业技术人员
8	唐　勇	中国石油天然气股份有限公司新疆油田分公司	专业技术人员
9	冯　曦	中国石油天然气股份有限公司西南油气田分公司	专业技术人员
10	余忠仁	中国石油天然气股份有限公司西南油气田分公司	专业技术人员
11	马先平	中国石油天然气股份有限公司大港油田分公司	专业技术人员
12	汪立群	中国石油天然气股份有限公司青海油田分公司	专业技术人员
13	吕传炳	中国石油天然气股份有限公司华北油田分公司	专业技术人员
14	刘德基	中国石油天然气股份有限公司吐哈油田分公司	专业技术人员
15	魏铁锋	中国石油天然气股份有限公司大庆石化分公司	专业技术人员
16	宋振彪	中国石油天然气股份有限公司吉林石化分公司	专业技术人员
17	杨青松	中国石油天然气股份有限公司抚顺石化分公司	专业技术人员
18	赵东波	中国石油天然气股份有限公司兰州石化分公司	专业技术人员
19	宋玉萍	中国石油天然气股份有限公司独山子石化分公司	专业技术人员
20	张忠刚	中国石油天然气股份有限公司大连石化分公司	专业技术人员

续表

序　号	姓　名	工作单位	备　注
21	宁德君	中国石油天然气股份有限公司锦西石化分公司	专业技术人员
22	李辉	中石油克拉玛依石化有限责任公司	专业技术人员
23	刘功德	中国石油天然气股份有限公司润滑油分公司	专业技术人员
24	王志学	中国石油天然气股份有限公司管道分公司	专业技术人员
25	李海荣	中油国际勘探开发公司	专业技术人员
26	林金逞	中油国际勘探开发公司	专业技术人员
27	史卜庆	中油国际勘探开发公司	专业技术人员
28	张　伦	中国石油集团长城钻探工程有限公司	专业技术人员
29	陈世春	中国石油集团渤海钻探工程有限公司	专业技术人员
30	韩烈祥	中国石油集团川庆钻探工程有限公司	专业技术人员
31	冯许魁	中国石油集团东方地球物理勘探有限责任公司	专业技术人员
32	王学军	中国石油集团东方地球物理勘探有限责任公司	专业技术人员
33	唐　凯	中国石油集团测井有限公司	专业技术人员
34	邹建龙	中国石油集团海洋工程有限公司	专业技术人员
35	朱坤锋	中国石油天然气管道局	专业技术人员
36	陈运强	中国石油工程建设公司	专业技术人员
37	刘灿刚	中国寰球工程公司	专业技术人员
38	谢育辉	中国寰球工程公司	专业技术人员
39	王维旭	宝鸡石油机械有限责任公司	专业技术人员
40	杨忠文	宝鸡石油钢管有限责任公司	专业技术人员
41	聂永晋	中国石油集团渤海石油装备制造有限公司	专业技术人员
42	姚根顺	中国石油天然气股份有限公司勘探开发研究院	专业技术人员
43	陆家亮	中国石油天然气股份有限公司勘探开发研究院	专业技术人员
44	汪泽成	中国石油天然气股份有限公司勘探开发研究院	专业技术人员
45	吴　浩	中国石油天然气股份有限公司规划总院	专业技术人员
46	梁顺琴	中国石油天然气股份有限公司石油化工研究院	专业技术人员
47	申瑞臣	中国石油集团工程技术研究院有限公司	专业技术人员
48	王　玺	中国石油集团工程技术研究院有限公司	专业技术人员

续表

序　号	姓　名	工作单位	备　注
49	李兴春	中国石油集团安全环保技术研究院有限公司	专业技术人员
50	王新虎	中国石油集团石油管工程技术研究院	专业技术人员
51	张有兴	大庆油田有限责任公司	高技能人员
52	肉孜麦麦提·巴克	中国石油天然气股份有限公司新疆油田分公司	高技能人员
53	宋成立	中国石油天然气股份有限公司吉林油田分公司	高技能人员
54	孙连会	中国石油天然气股份有限公司华北油田分公司	高技能人员
55	杨学智	中国石油天然气股份有限公司宁夏石化分公司	高技能人员
56	王东华	中国石油天然气股份有限公司大庆炼化分公司	高技能人员
57	刘贵义	中国石油集团川庆钻探工程有限公司	高技能人员
58	刘新海	中国石油工程建设公司	高技能人员

（李尚帅）

中国石油天然气集团有限公司国家级技能大师工作室

序　号	工作室名称	单　位
1	任相财采油技能大师工作室	大庆油田有限责任公司
2	刘永庆焊接技能大师工作室	大庆油田有限责任公司
3	王汀电工技能大师工作室	大庆油田有限责任公司
4	杨海波技能大师工作室	大庆油田有限责任公司
5	東滨霞采油技能技能大师工作室	辽河油田分公司
6	李桂库井下作业技能大师工作室	辽河油田分公司
7	赵奇峰技能大师工作室	辽河油田分公司
8	梁东平井下作业技能大师工作室	长庆油田分公司
9	新疆油田储运技能大师工作室	新疆油田分公司
10	周小东技能大师工作室	大港油田分公司
11	王锡军技能大师工作室	青海油田分公司
12	刘春杰技能大师工作室	玉门油田分公司

续表

序　号	工作室名称	单　位
13	左成玉技能大师工作室	大庆石化分公司
14	抚顺石化机械密封技能大师工作室	抚顺石化分公司
15	崔启福技能大师工作室	辽阳石化分公司
16	孙青先技能大师工作室	兰州石化分公司
17	冉鹏电工技能大师工作室	中国石油集团川庆钻探工程有限公司
18	赵辉技能大师工作室	中国寰球工程有限公司

中国石油天然气集团有限公司技能专家工作室

序　号	工作室名称	单　位
1	刘丽采油技能专家工作室	大庆油田有限责任公司
2	王召军焊接技能专家工作室	大庆油田有限责任公司
3	齐志民钻井技能专家工作室	大庆油田有限责任公司
4	罗贤银集输技能专家工作室	大庆油田有限责任公司
5	李殿海泵修技能专家工作室	大庆油田有限责任公司
6	林士军管工技能专家工作室	大庆油田有限责任公司
7	张有兴采油技能专家工作室	大庆油田有限责任公司
8	张云热注运行技能专家工作室	辽河油田分公司
9	杨振东采油技能专家工作室	辽河油田分公司
10	孙洁集输技能专家工作室	辽河油田分公司
11	吴晓媛变电站值班技能专家工作室	辽河油田分公司
12	柳转阳采油技能专家工作室	辽河油田分公司
13	丁巨龙采油技能专家工作室	长庆油田分公司
14	梁庆辉采油技能专家工作室	长庆油田分公司
15	杨义兴井下作业技能专家工作室	长庆油田分公司
16	杨玲采气技能专家工作室	长庆油田分公司
17	张明电工技能专家工作室	塔里木油田分公司

续表

序　号	工作室名称	单　位
18	王爱民合成氨装置技能专家工作室	塔里木油田分公司
19	新疆油田采油技能专家工作室	新疆油田分公司
20	新疆油田采气技能专家工作室	新疆油田分公司
21	集输技能专家工作室	新疆油田分公司
22	热注技能专家工作室	新疆油田分公司
23	西南油气田采气技能专家工作室	西南油气田分公司
24	西南油气田天然气净化技能专家工作室	西南油气田分公司
25	西南油气田输气技能专家工作室	西南油气田分公司
26	宋成立采油技能专家工作室	吉林油田分公司
27	邓鲁宁井下作业技能专家工作室	大港油田分公司
28	赵常明采油技能专家工作室	大港油田分公司
29	李健集输技能专家工作室	大港油田分公司
30	周忠军采油技能专家工作室	大港油田分公司
31	杨永磊设备维修技能专家工作室	青海油田分公司
32	史昆采油技能专家工作室	青海油田分公司
33	华北油田采油集输技能专家工作室	华北油田分公司
34	华北油田井下作业技能专家工作室	华北油田分公司
35	冉俊义电焊技能专家工作室	华北油田分公司
36	李彦超供电技能专家工作室	华北油田分公司
37	赵松柏采油技能专家工作室	冀东油田分公司
38	吐哈油田采油技能专家工作室	吐哈油田分公司
39	吐哈油田井下作业技能专家工作室	吐哈油田分公司
40	陈全柱井下作业技能专家工作室	玉门油田分公司
41	华玉林维修电工技能专家工作室	玉门油田分公司
42	姜涛乙烯技能专家工作室	吉林石化分公司
43	侯英杰仪表维修技能专家工作室	吉林石化分公司
44	李永翔机泵维修钳工技能专家工作室	吉林石化分公司
45	抚顺石化机泵维修钳工技能专家工作室	抚顺石化分公司

续表

序　号	工作室名称	单　位
46	郭建勇仪表维修技能专家工作室	抚顺石化分公司
47	辽阳石化机泵维修钳工技能专家工作室	辽阳石化分公司
48	周强机泵维修钳工技能专家工作室	辽阳石化分公司
49	吕仲光技能专家工作室	兰州石化分公司
50	杨子海锅炉运行技能专家工作室	兰州石化分公司
51	兰州石化化验分析技能专家工作室	兰州石化分公司
52	独山子石化焊接技能专家工作室	独山子石化分公司
53	机泵维修钳工技能专家工作室	独山子石化分公司
54	刘丛堂仪表维修技能专家工作室	大连石化分公司
55	林树国电气技能专家工作室	哈尔滨石化分公司
56	许战军化工技能专家工作室	乌鲁木齐石化分公司
57	锦西石化机泵维修钳工技能专家工作室	锦西石化分公司
58	陈军舰机电仪技能专家工作室	大港石化分公司
59	王峰催化裂化技能专家工作室	大港石化分公司
60	黄伟机泵维修技能专家工作室	西部管道分公司
61	武东生打捞技能专家工作室	中国石油集团西部钻探工程有限公司
62	谭文波井下作业工具技能专家工作室	中国石油集团西部钻探工程有限公司
63	长城钻探钻井技能专家工作室	中国石油集团长城钻探工程有限公司
64	长城钻探测井技能专家工作室	中国石油集团长城钻探工程有限公司
65	张勇钻井技能专家工作室	中国石油集团渤海钻探工程有限公司
66	王信钻井液技能专家工作室	中国石油集团渤海钻探工程有限公司
67	杨砚杭钻井柴油机技能专家工作室	中国石油集团渤海钻探工程有限公司
68	张勇钻井技能专家工作室	中国石油集团川庆钻探工程有限公司
69	刘贵义油气井抢险技能专家工作室	中国石油集团川庆钻探工程有限公司
70	高强钻井液技能专家工作室	中国石油集团川庆钻探工程有限公司
71	杨新勇汽车修理技能专家工作室	中国石油集团东方地球物理勘探有限责任公司
72	赵帅可控震源技能专家工作室	中国石油集团东方地球物理勘探有限责任公司
73	孙祖强石油地震勘探技能专家工作室	中国石油集团东方地球物理勘探有限责任公司

续表

序　号	工作室名称	单　位
74	曹遂军焊接技能专家工作室	中国石油工程建设有限公司
75	王业民无损探伤技能专家工作室	中国石油工程建设有限公司
76	张仕经起重技能专家工作室	中国寰球工程有限公司
77	孙洪业焊铆管技能专家工作室	管道局工程有限公司
78	牛连山焊接技能专家工作室	管道局工程有限公司
79	邵洪波焊铆管技能专家工作室	管道局工程有限公司

（胥　勇）

奉献能源 创造和谐

Caring for Energy Caring for You

中国石油

大庆油田有限责任公司

大庆油田有限责任公司是中国石油天然气集团有限公司下属的全资子公司，是以石油、天然气的勘探、开发为主营业务的国有大型企业。1999 年 11 月，按照中国石油重组改制的总体部署，大庆石油管理局与大庆油田有限责任公司正式分开分立；2008 年 2 月，油田公司和管理局业务进行重组整合，整合后业务有上市、未上市两大部分，包括勘探开发、工程技术、工程建设、装备制造、油田化工、生产保障、矿区服务等，具有较为完整的业务体系和综合一体化优势。

大庆油田 1959 年发现、1960 年开发，是我国目前最大的油田，也是世界上为数不多的特大型陆相砂岩油田之一。国内勘探范围包括松辽盆地北部、依舒等外围盆地、内蒙古海拉尔盆地、新疆塔东区块、四川重庆矿权流转区块等领域，海外业务覆盖中东、中亚、亚太、非洲和美洲等区域。至 2018 年油田开发建设 59 年来，在党中央、国务院的亲切关怀下，在几代石油人的共同奋斗下，创造了举世瞩目的历史成就。建成了我国最大的石油生产基地。累计生产原油 23.7 亿吨、天然气 1320 亿立方米，上缴税费及各种资金 2.9 万亿元，为维护国家石油供给安全、支持国民经济发展作出了高水平贡献。创造了领先世界的陆相油田开发水平。主力油田采收率突破 50%，比国内外同类油田高出 10—15 个百分点；三元复合驱产量突破 400 万吨，使我国成为世界上唯一大规模工业化应用该技术的国家。大庆油田勘探开发与“两弹一星”等，共同载入我国科技发展的史册。孕育形成了大庆精神铁人精神。“爱国、创业、求实、奉献”的大庆精神，同井冈山精神、长征精神、延安精神、“两弹一星”精神、雷锋精神、改革开放精神等七大精神，构成了中国共产党的伟大精神，也是中华民族伟大精神的重要组成部分。打造了过硬的铁人式职工队伍。涌现出以“三代铁人”为代表的一大批先进模范人物，锤炼了一支“三

大庆“新时期铁人”王启民

老四严”、永创一流的英雄队伍。在庆祝改革开放 40 周年大会上，科技兴油保稳产的大庆新铁人王启民被授予“改革先锋”荣誉称号，是全国石油系统和黑龙江省唯一一人。促进了区域经济社会的繁荣发展。大庆油田的开发建设，发挥了国有大企业的辐射拉动作用，有力地带动了地方经济社会发展，催生了一座现代化油城。对于大庆油田的历史性贡献，党和国家给予充分肯定和高度评价。2009 年 9 月，习近平同志出席油田发现 50 周年庆祝大会并发表重要讲话，指出:“大庆的成长和辉煌，见证了中华人民共和国的成长和辉煌；大庆的探索和成功，体现了党领导人民进行社会主义建设、进行改革开放的探索和成功；大庆的成绩和贡献，已经镌刻在伟大祖国的历史丰碑上，党和人民永远不会忘记。”

2016 年 3 月，习近平总书记参加全国“两会”黑龙江代表团审议时强调指出：“大庆就是全国的标杆和旗帜，大庆精神激励着工业战线广大干部群众奋发有为。”围绕贯彻落实总书记的重要指示精神，在集团公司党组的坚强领导下，编制实施了《大庆油田振兴发展纲要》，

2018 年，大庆钻探工程公司钻井二公司 1205 钻井队钻井年进尺再次登上十万米大关，第四次创造年进尺十万米纪录

中国石油天然气集团有限公司科学技术进步奖
CNPC Science and Technology Progress Award Certificate

证 书

为表彰中国石油天然气集团有限公司科学技术进步奖获得者，特颁发此证书。

获奖项目：大庆油田聚合物驱精细高效开发配套技术研究与应用

获奖单位：大庆油田有限责任公司

奖励等级：一等奖

证 书 号：2018-KJ-1-01-D01

2018年11月6日

“大庆油田聚合物驱精细高效开发配套技术研究与应用”获集团公司科学技术进步奖一等奖

“松辽盆地双城断陷石油勘探新发现”获股份公司勘探重大发现二等奖

提出了“当好标杆旗帜，建设百年油田”的总体目标，分固本强基、转型升级、持续提升三个阶段，就本土油气业务持续有效发展、海外油气业务规模跨越发展、服务保障业务优化升级发展、新兴接替业务稳步有序发展，进行了系统研究与科学谋划，明确了到油田发现 60 周年、油田开发 70 周年、油田开发 100 周年三个阶段的总体规划部署，努力把大庆油田建设成为以能源开发为主、相关业务协同高效发展的中国特色社会主义现代化强企，成为党和国家最可信赖的骨干力量。

进入新时代，迈向新征程，大庆油田以习近平新时代中国特色社会主义思想为统领，深入学习贯彻党的十九大和十九届二中、三中全会精神，坚持把“当好标杆旗帜”作为根本遵循，发扬大庆精神，践行“五大理念”，奋力推进新时代油田振兴新发展，为中国石油高质量推进世界一流综合性国际能源公司建设，为全面建成小康社会、夺取新时代中国特色社会主义伟大胜利，作出新的更大贡献。

超深穿透射孔弹

大庆油田装备制造集团自主研发的 Torch（火炬）系列 SDP45HMX45-1 型射孔弹，适用于低孔隙度、低渗透率、低丰度油藏作业，以及严重污染的致密油层及常规与增产完井射孔作业。独特的装药结构，提高了射孔弹的聚能效果、射流速度和梯度，增加了射流有效长度，达到了超深穿透效果。2018 年，通过国际 API 专业技术认证，混凝土靶平均穿孔深度达 2091 毫米，创世界纪录。

大庆医学高等专科学校护理系教师在第二届全国职业院校护理专业教师教学能力大赛中再创佳绩

2018 年 10 月 18—21 日，第二届全国职业院校护理专业教师教学能力大赛在山东省滨州职业学院隆重举行，来自全国 29 个省区市、124 所院校、240 名选手参加了此次比赛。大庆医学高等专科学校选派青年教师贾俊红和张巍参赛，经过激烈角逐，两位选手凭借精湛娴熟的操作技能、清晰流畅的讲课汇报和扎实的理论知识取得优异成绩。贾俊红以总分第一名获高职组个人一等奖，张巍获高职组个人三等奖，学校获团体一等奖。

集团公司生产网 (IPv6) 结构模型

由大庆油田信息技术公司承建的集团公司“十三五”信息技术试点项目，是国内首个将下一代互联网协议（IPv6）在工业生产网络大规模应用的案例，解决了 IP 地址短缺的问题，使地址容量达到数十亿级，提升了网络安全管理的可控性，实现全网数据信息的溯源管理，油气生产与业务系统之间逻辑隔离，大幅提高了网络运行效率。该项目数据通信标准是国内工业控制领域首创，整体技术达到国内领先水平，具有极高的借鉴价值。

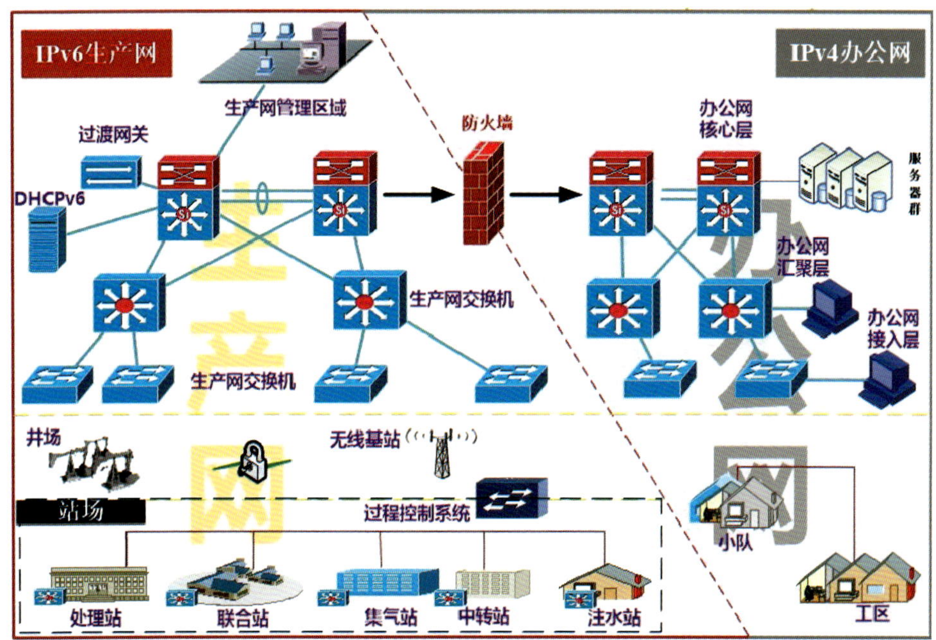

地址：黑龙江省大庆市让胡路区　邮编：163002
电话：0459-5936660　传真：0459-5973125

中国石油辽河油田公司

2018 年实现营业收入 654 亿元（含多种经营收入 137.1 亿元），比上年增加收入 107.61 亿元，全年实现税费 59 亿元，比上年增加 25 亿元

中国石油辽河油田公司是中国石油天然气股份有限公司下属的地区公司，总部机关设在辽宁省盘锦市。勘探开发近 50 年来，辽河油田立足自身，走有责任、有担当、有使命的发展之路，积极开展地质资源勘探、开发技术攻关，攻克了世界级稠油、高凝油开发技术难题，建成国内最大的稠油、高凝油生产基地，稠油开发技术达到国际先进水平，高凝油开发技术居世界领先地位，形成了油气生产、工程技术、工程建设、燃气利用、矿区服务、多种经营等业务协调发展的格局。

勘探开发建设以来，累计在辽河探区陆上、滩海和外围地区发现油气田 42 个，投入开发建设油田 35 个，累计探明石油地质储量 24.3 亿吨，动用石油地质储量 20.2 亿吨、可采储量 5.42 亿吨；累计生产原油 4.69 亿吨、井口天然气 877.46 亿立方米；累计向国家和集团公司上缴利税费 2909 亿元，始终位于辽宁省纳税企业前列，为保障国家能源安全和促进地方经济社会发展作出了积极贡献。先后获“全国五一劳动奖状”“全国先进基层党组织”“中国企业管理杰出贡献奖”“全国精神文明建设先进单位”“中央企业先进集体”“中国管理竞争力百强企业”“全国职业安全健康先进单位”等称号。

2018 年，辽河油田广大员工立足长期低油价的思想不松、坚持高质量发展力度不减，团结一心，砥砺奋进，

2018 年，辽河油田用工总量 8.43 万人，固定资产总额 546.15 亿元，生产原油 995.1 万吨，完成调整指标任务；生产天然气 5.7 亿立方米，超计划 1.2 亿立方米

2018 年，辽河油田完钻井 828 口，进尺 163.24 万米，新增探明石油地质储量 2262.06 万吨，新增控制石油地质储量 4321 万吨、预测石油地质储量 3208 万吨

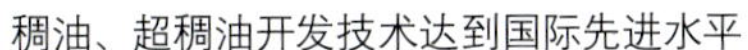
稠油、超稠油开发技术达到国际先进水平

蒸汽辅助重力泄油技术开发基地

火驱技术开发基地

圆满完成各项业绩目标。油气勘探取得重大进展和重要发现，超额完成三级储量任务，探明储量创近五年新高，依靠 SAGD、蒸汽驱、火驱、化学驱、气驱五大重点技术，完成年度调整产量任务，连续 33 年保持千万吨稳产规模。上市、未上市部分全面盈利，未上市部分自 2008 年重组整合以来首次实现盈利，各项事业取得长足的进展。

思路改变出路，实干成就梦想。辽河油田深入贯彻落实习近平总书记“大力提升勘探开发力度”重要批示精神和集团公司工作部署，全面加强党的建设，把握“我为祖国献石油”主旋律，持续深化企业改革，增强创新驱动发展的内在动力，适应市场化和全球化竞争的发展需要，坚守初心使命，奋力担当作为，努力保持原油千万吨有效稳产，为集团公司建设世界一流综合性国际能源公司贡献力量。

积累了丰富的浅海区域油气开发经验

外部市场成为油田经济发展的主攻方向

油气资源实现环境友好型高效开发

向经济、社会和环境可持续的绿色发展目标迈进

地址：辽宁省盘锦市兴隆台区石油大街98号　　邮编：124010
电话：0427-7298001　　传真：0427-7822545

中国石油长庆油田公司

长庆油田成立于 1970 年，是中国石油天然气股份有限公司的地区分公司，总部位于陕西省西安市，主营鄂尔多斯盆地油气及伴生资源的勘探、开发、生产、储运和销售等业务，工作区域横跨陕甘宁蒙晋 5 省（自治区），勘探开发面积 20 万平方千米。

2018 年 11 月 21 日，长庆油田公司领导深入采油十厂白 409 大井场听取现场施工情况汇报

2018 年 10 月 9—10 日，长庆油田公司召开油气勘探加快发展研讨会

2018 年，长庆油田公司以习近平新时代中国特色社会主义思想和党的十九大精神为指导，认真贯彻落实集团公司党组各项部署，全面从严加强党的建设，着力打好勘探开发进攻仗，统筹抓好稳增长、提效益、促改革、防风险各项工作。全年生产原油 2377 万吨、天然气 387.5 亿立方米，油气当量达到 5465 万吨，连续六年保持稳产在 5000 万吨以上，是我国天然气产量最高、油气产量当量最高的油气田。2018 年获省部级科学技术奖 15 项、集团公司油气勘探重大成果奖 4 项、授权专利 263 件。

截至 2018 年底，长庆油田已发现并成功开发油田 33 个、气田 11 个，已累计向国家贡献石油 3.4 亿吨、天然气 3828.5 亿立方米，折合当量 6.45 亿吨。企业营业收入、利润、经济增加值等指标排名连续多年位于中国石油首位，确保了国有资产保值增值。

站在新起点，长庆油田认真贯彻落实习近平总书记关于大力提升国内勘探开发力度的重要批示精神，按照集团公司各项工作部署要求，制定了二次加快发展战略规划。规划到 2020 年，长庆探区原油产量达到 2500 万吨，

地址：陕西省西安市未央路151号　邮编：710018
电话：029－86596666　传真：029－86599999

天然气产量达到 420 亿立方米；到 2025 年原油产量达到 2800 万吨，天然气产量达到 450 亿立方米，油气当量突破 6300 万吨，确保长庆油田始终保持国内油气产量领先地位，企业规模总量、质量效益、创新能力、价值贡献全面进入国际同行业前列。

长庆油田逐步构建全方位、全领域的安全环保、绿色发展体系，实现“开发一片、绿化一片、保护一片”

长庆油田积极开展致密油开发攻关试验，单井产能稳步提升，实现致密油经济有效开发

长庆油田采油八厂自主拍摄微电影《那道嫣红那条路》获得集团公司微电影类作品一等奖，并入围第 42 届加拿大蒙特利尔国际电影节短片竞赛单元，代表中国石油在国际 A 级电影节中亮相

中国石油冀东油田公司

中国石油冀东油田公司是中国石油天然气股份有限公司所属地区公司，主营业务包括油气勘探、开发、科研、油气集输、油气销售，以及油田工程技术、机械制造、物资供应、电力通信、油田化学、矿区服务等为油田配套、保障、支持和服务业务。冀东油田成立于 1988 年 4 月，2018 年底改革调整后，设 13 个机关处室、4 个直属部门、23 个二级单位（分公司）。

冀东油田总部机关设在渤海之滨、燕山南麓的京津唐“金三角”地带——河北省唐山市。冀东油田矿权位于唐山、秦皇岛及秦皇岛东南部渤海海域。自成立以来，已发现并投入开发了高尚堡、柳赞、老爷庙、唐海、南堡 5 个油田。先后获全国五一劳动奖状、全国模范职工之家、全国企业文化建设优秀单位、河北省百强企业、河北省先进基层党组织、河北省文明单位、河北省劳动关系和谐企业、中国石油基层建设百个标杆单位、中国石油安全生产先进企业、中国石油环保先进企业、中国石油节能节水先进企业等荣誉。

南 27 发现井现场教育基地

宝石花冀东（唐山）医疗健康管理有限公司揭牌成立

瑞丰化工公司建立省级院士工作站

深入学习宣传贯彻党的十九大精神

2018 年正值冀东油田成立 30 周年，新时代赋予新使命，新目标开启新征程。走过 30 年发展历程的冀东油田又将踏上“二次创业”的新时代征程，冀东油田将以习近平新时代中国特色社会主义思想和党的十九大精神为指导，深入贯彻落实新发展理念，认真落实集团公司党组的战略部署，加强党的全面领导，弘扬石油精神，坚持稳健发展方针，坚持“硬增储、稳上产、低成本、强党建”战略定位，深化改革创新，坚定不移推动油田高质量发展，为中国石油建设世界一流综合性国际能源公司作出新贡献。

冀东油田成立 30 周年座谈会

第七届职工运动会

采油测试工技能竞赛

直升机救援应急演练

“新远牌”加热炉出口“一带一路”沿线国家

高 35 千伏变电站

中国石油兰州石化公司

中国石油兰州石化公司（中国石油兰州石油化工公司）是集炼油、化工、工程建设、检维修及矿区服务为一体的大型综合炼化企业，是中国西部重要的炼化生产基地，能源战略地位非常重要。地处甘肃省兰州市西固区，占地总面积 27 平方千米，各类用工 1.98 万人，二级单位 39 个，总资产 200 亿元，年营业收入 600 亿元左右。

集团公司董事、总经理、党组副书记张伟到兰州石化调研

庆祝“七一”表彰大会

180 万吨 / 年汽油加氢装置

发展中的兰州石化

46 万吨 / 年乙烯装置夜景

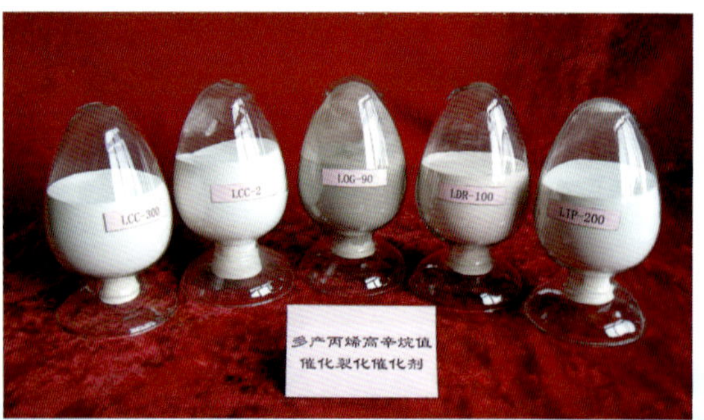

高端催化剂系列产品

地址：甘肃省兰州市西固区玉门街10号　　邮编：730060
电话：0931-7933707　　传真：0931-7561499

兰州石化的前身——兰炼、兰化（简称“两兰”）均是国家“一五”期间156项重点工程项目，是新中国第一个现代化炼化生产基地，1958年建成投产。60多年来“两兰”以振兴民族工业为己任，历来以出产品、出技术、出人才、出经验著称，先后诞生了77个国内炼油化工生产领域的第一，向全国各地输送优秀管理及技术人才3万余名，为国民经济、社会发展和国防建设作出了重要贡献，被誉为新中国石油化学工业的“摇篮”，素有“共和国长子”之称。现在兰州石化原油一次加工能力1050万吨/年、乙烯产能70万吨/年、合成树脂产能122万吨/年、合成橡胶产能22万吨/年、炼油催化剂产能5万吨/年。主要炼化生产装置90余套，加工7种原油，生产汽煤柴油、润滑油基础油、合成树脂、合成橡胶、炼油催化剂、精细化工、有机助剂等产品，油品类产品达27个品种、60多个牌号，化工类产品达220多个品种、330多个牌号。拥有汽油加氢、丁二烯抽提、丁苯橡胶、丁腈橡胶、碳五加氢石油树脂成套技术，炼油化工主要工艺技术和炼油催化裂化催化剂领域达到国内领先水平。拥有石油化工工程施工总承包一级资质、大型炼油化工施工能力。

迈进新时代，兰州石化将按照中国石油的总体部署，按照“做特做精、做优做强、加快建成一流综合性炼化生产企业”的企业愿景，坚持“问题思维、缺陷管理、持续改进”的管理理念，运用“定标准、建机制、抓考核”的管理方法，实施技术进步、人才强企、企业文化、可持续发展四大战略，加快建设全国重要的清洁油品、合成树脂、合成橡胶、润滑油、炼油催化剂五大基地，加快推进炼化转型升级，推动高质量发展，全力打造一流综合性炼化生产企业。

合成橡胶生产基地

昆仑富士仪表参展博览会

24万吨/年乙烯产能恢复项目施工现场

美丽清洁工厂一角

中国石油乌鲁木齐石化公司

中国石油乌鲁木齐石化公司地处乌鲁木齐市米东区。其前身筹建于1971年1月，始建于1975年4月，是集炼油、化肥、芳烃、化工于一体的综合性石油化工生产基地，为中国石油天然气集团有限公司一类企业。

截至2018年底，拥有炼油生产装置40套，可生产30余种石油化工产品。原油一次加工能力850万吨/年，对二甲苯生产能力100万吨/年。化肥厂可年产75万吨合成氨、130万吨尿素。化纤厂可年产精对苯二甲酸9.6万吨、塑料编织袋3240万条。聚丙烯年产能10万吨。热电厂产汽能力1670吨/时，发电能力125兆瓦。供排水厂工业污水处理能力3258米^3/时。具有石油化工工程设备制造安装维修、科研开发、工程监理、分析测试、计量检定、设备检验、公路运输、铁路运输、物资供应、职业教育等生产保障业务职能，以及离退休管理、员工服务等社会职能。员工总数9505人，有固定资产原值234亿元。2002年正式通过ISO 9001、ISO 14001、OHSAS 18001三项体系认证。

2018年，乌鲁木齐石化加工原油600.06万吨，整体实现营业收入344.24亿元，盈利11.36亿元，上缴税费86.11亿元。

历时52天，在严寒天气下，150万吨/年重油催化裂化装置全面恢复生产

按时完成安全隐患“红线”项目的治理工作

VOCs治理项目全面建成投用

2018年4月27日至7月24日，集团公司党组第六巡视组在乌鲁木齐石化开展为期三个月的政治巡视

2018年6月30日，与新疆能源（集团）置业有限责任公司签订“四供一业”移交协议，标志着乌鲁木齐石化“四供一业”移交工作基本完成

地址：新疆维吾尔自治区乌鲁木齐市米东区　邮编：830019
电话：0991-6901522　传真：0991-6908888

中国石油宁夏石化公司

中国石油宁夏石化公司位于美丽的“塞上湖城”——宁夏回族自治区银川市，是集石油炼制、化工及化肥生产为一体的大型石化企业，具备年加工原油 500 万吨，生产尿素 130 万吨、聚丙烯 10 万吨的生产能力。

2018 年，宁夏石化以习近平新时代中国特色社会主义思想为指导，坚决贯彻集团公司决策部署和炼化板块工作要求，坚持不懈稳健发展，持续加强党的建设，着力强化安全环保，稳妥推进改革创新，大力推进项目发展，圆满完成全年目标任务，取得优良业绩。全年加工原油439.8万吨，生产汽油 189.8 万吨、柴油 156.7 万吨、合成氨 12.5 万吨、尿素 22 万吨、聚丙烯 10.6 万吨。实现营业收入 267 亿元，账面利润 18 亿元；上缴税费 92 亿元。荣获“宁夏回族自治区成立 60 周年杰出企业”“宁夏回族自治区纳税贡献突出企业”“宁夏回族自治区危险废物规范化管理示范单位”称号。

面对新使命、新要求，宁夏石化将抓住国家加快建设“一带一路”及新一轮西部大开发战略机遇，坚持新发展理念，坚持稳健发展方针，推动高质量发展，不断增强企业综合实力，为集团公司全面建成世界一流综合性国际能源公司作出新的贡献。

宁夏石化精准扶贫的盐池县郭记沟村提前实现“脱贫摘帽”指标

十年捐赠、爱心永驻——“宝石花图书角”

国产大化肥装置投料一次成功，产出成品尿素

年产 16 万吨烷基化装置一次开车成功

超高柔无纺布高熔脂 NX60S 牌号聚丙烯产品成功研发，受到市场青睐

地址：宁夏回族自治区银川市西夏区北京西路1338号　邮编：750026
电话：0951-2972361　传真：0951-2021379

中国石油锦州石化公司

中国石油锦州石化公司隶属于股份公司，始建于 1938 年，是一家以炼油为主、化工为辅的燃料化工型企业，是我国重要的润滑油添加剂科研生产基地和辽西地区最大的原油、成品油储备基地，也是国内首家生产国Ⅳ标准汽油、京Ⅴ标准汽油的企业。新中国第一滴人造石油、第一块合成顺丁橡胶都在这里诞生。拥有 59 套炼油化工生产装置，原油一次加工能力 750 万吨 / 年，固定资产总额 134 亿元，可生产 44 个品种 81 个牌号石油化工产品。拥有长输管线、铁路、陆路、海上“四位一体”输出通道，产品畅销国内外。

锦州石化公司领导与“十佳”党员合影

建厂 80 周年主题活动

2018 年是全面贯彻党的十九大精神的开局之年，是锦州石化建厂 80 周年，也是企业发展史上具有里程碑意义的一年。面对深刻变化的市场形势和复杂严峻的安全稳定考验，锦州石化坚持稳中求进工作总基调，按照高质量发展要求，以特色增效益、以改革添动能、以党建聚合力，全体员工勠力同心，埋头苦干，攻坚克难，各项工作成效显著，25 万吨 / 年烷基化装置实现中交，针状焦、煅烧装置开工建设。全年完成 622.6 万吨加工任务，生产成品油 487.6 万吨、化工产品 24.5 万吨。实现营业收入 349.5 亿元，上缴税费 73.3 亿元，主营业务营业收入、利润总额两项指标创造历史最好水平。

建设中的针状焦装置

烷基化装置

以技术为支撑
打造精品炼厂

微博

微信

单位：中国石油天然气股份有限公司锦州石化分公司
地址：锦州市古塔区重庆路一段二号　　邮编：121001
电话：0416-4152240　　传真：0416-4567532

中国石油锦西石化公司

公司领导与劳动模范合影

中国石油锦西石化公司位于素有“关外第一市”之誉的辽宁葫芦岛市，是一家以炼油为主的燃料型企业，1953 年恢复生产，1960 年 6 月大庆油田第一列原油就是在这里炼制的，1975 年 7 月又成为全国第一家炼制辽河原油企业。经过 80 年的发展，现有员工 7835 人，直属单位 61 个，固定资产原值 136 亿元，净值 56 亿元，生产厂区占地面积 640 万平方米，主要炼油化工装置 20 套，原油一次加工能力 650 万吨 / 年。加工大庆原油、辽河原油和部分俄罗斯原油，直接管输进厂，另有部分海洋原油与进口油，由锦州港上岸。主要产品有汽油、航空煤油、柴油、石油焦、苯乙烯、聚丙烯等。是国内首批京 VI 标准汽油生产企业之一。先后获全国优秀企业“金马奖”“全国文明单位”“全国先进基层党组织”等 20 多项国家荣誉称号。2018 年加工原油 610 万吨，继 2009 年以来首次突破 600 万吨。营业收入 328 亿元，实现税费 81 亿元，实现利润 20.5 亿元，在中国石油炼化板块利润排名由上年度第 18 名跃升至第 12 名。

2018 年 4 月集团公司党组调整公司班子，新班子深入贯彻落实党的十九大精神和集团公司党组坚持稳健发展方针、推动高质量发展意见，提出以“推动高质量发展、建设一流石化企业”为目标的“135566”发展战略，即实现“一个目标”，分为“三个阶段”，强化“五个抓手”，落实“五项工作”，树立“六种意识”，履行“六个责任”。

锦西石化将 2019 年定为“精细管理年”，以精细

2018 年主要经济技术指标创近十年来最好水平，效益排名跃升至炼化板块第 12 名

完善隐患排查和避免事故奖励机制，重奖避免事故员工

化管理作为贯穿全局的主线，实施低成本战略。坚持以党建为引领，重点推进三类九项工作。

充分发挥党建引领作用。深入宣贯习近平新时代中国特色社会主义思想和党的十九大精神，广大党员自觉树牢“四个意识”，坚定“四个自信”，做到“两个维护”。“不忘初心、牢记使命”主题教育扎实开展，坚持“学习教育、调查研究、检视问题、整改落实”贯穿始终，主题教育取得实效。推进党支部达标晋级管理，基层组织建设得到加强。加强宣传思想文化工作，汇聚团结奋进强大合力。强化人才支撑，激励各级干部新担当、新作为。继承和发展锦西石化 80 年来的优良传统，用“第一列油”精神武装员工队伍。严格履行党风廉政建设“两个责任”，驰而不息正风肃纪。

重点推进“装置大修、转型升级、优化对标”三项工作。一是提前准备 2020 年大检修，周密筹划，逐个装置对接技术方案，严格量化各项工作，提前进行长周期设备订货，检修准备与转型升级项目协同推进。二是推进结构调整和转型升级项目建设，统筹考虑项目设计与采购、采购与施工、安全质量与工期，150 万吨 / 年渣油加氢、100 万吨 / 年连续重整等项目详细设计和土建施工等工作高效率推进。三是做好以生产优化为核心的对标工作。坚持与行业先进单位、炼化板块平均水平对标，找差距，进一步降低成本、补齐短板、增加效益。

稳步推进“‘三供一业’、三项制度、集体企业”三项改革工作。一是“三供一业”等社会化改革，按照国家要求的时间节点基本完成移交任务，进入收尾阶段。二是三项制度改革，完成第三方“五定”及岗位测评，开展全面定员，人力资源进一步优化。压减员工总量，拉开岗位间收入差距，加大二三线员工的培训力度，实行通岗培训。三是集体所有制和“僵尸”企业改革，按照国家文件精神和集团公司总部相关要求，稳妥推进。

扎实推进“安全环保、体系融合、精细管理”三项工作。一是安全环保持续受控。严格落实安全环保责任，推进 HSE 标准化建设，重大风险实施分级管控，加强事故隐患排查治理，整治危化品罐区等重大隐患。环保管控力度进一步加强，按照“超标就是事故，超排就是违法”的理念，实现清洁绿色生产。二是体系融合稳步推进。全面梳理、界定各单位和全员的职责，修订完善制度框架，整合优化业务流程，消减冗余环节，提高运行质量和效率。三是精细管理进一步加强。

2019 年是锦西石化“精细管理年”，全公司上下联动、互相配合、全面展开。坚持以生产为中心，开展全管理链条优化，“一平稳五优化”得到落实；推行设备全生命周期管理，保证设备本质安全，运维能力进一步提升；坚持大平稳出大效益，落实平稳运行方案，开展生产瓶颈排查攻关，努力消除非计划停工和波动；加强成本管控，完全加工成本进一步下降。

在塔山阻击战纪念馆开展“四个诠释”主题党日活动

“三供一业”、医疗、幼教、市政等社会化改革进展顺利

地址：辽宁省葫芦岛市连山区新华大街42号　　邮编：125001
电话：0429-2178015　　传真：0429-2175888

中国石油辽河石化公司

中国石油辽河石化公司坐落在素有“鹤乡”之称的辽宁省盘锦市，经过 1970 年始建以来的不断发展建设，已成为原油加工能力 520 万吨 / 年、固定资产 60 亿元的炼化企业，拥有常减压蒸馏、催化裂化、连续重整、汽柴油加氢、润滑油加氢、延迟焦化、润滑油糠醛白土联合精制、气体分馏、聚丙烯、制氢、硫黄回收、酸性水汽提、干气及液化气脱硫等 28 套生产装置，以及完善的公用工程系统和辅助生产设施。2018 年，辽河石化加工原油 458 万吨；实现营业收入 200 亿元，同比增加 17 亿元；实现账面利润 3202 万元；上缴税费 40.4 亿元。在册员工 2560 余人，下设机关处室 11 个、附属机构 6 个 、直属机构 5 个、二级机构 15 个。

辽河石化主要加工低凝环烷基原油、混合稠油、超稠油、石蜡基原油和进口稠油，是以加工稠油为主的炼化企业。经过几代人的技术攻关，形成了资源、产品、技术三大特色。从轻质油到超稠油，从国内原油到进口原油，实现了原油分输、分储、分炼，使稠油资源得到合理应用。开发出具有特色的重交道路沥青、机场沥青、水工沥青、改性沥青等产品。沥青产能达到 200 万吨 / 年，是中国最大的沥青生产基地。在稠油加工上形成了独特的工艺技术，

40 万吨 / 年润滑油高压加氢装置开工建设

中国石油稠油加工技术中心在辽河石化落户

不忘初心，牢记使命，践行四个诠释

以效定销，以销定产，以产促销

成功地生产出市场前景广阔的产品。在重油加工工艺、设备防腐、环保等方面都有创新技术，承担了中国石油“劣质重油轻质化关键技术研究”重大科技专项60%的科研项目，填补了国内委内瑞拉超重油渣油延迟焦化加工的空白，提升了中国石油劣质重油加工的技术水平，是中国石油较具有特色的炼化企业之一。

2018年，辽河石化以“建设稠油加工基地，打造现代化特色精品企业”为目标，遵循“特色化、差异化、高端化”的发展定位，实施“重油轻质化、沥青特色系列化、润滑油高端化”的转型提升目标。坚持“以效定销、以销定产、以产促销”生产经营原则，全力落实提质增效措施，取得了良好的生产经营业绩，干部员工收入获得较大幅度增长，队伍整体稳定和谐。

60万吨/年连续重整装置

100万吨/年延迟焦化装置

120万吨/年柴油加氢改质装置

弘扬欢喜文化，打造特色精品

拥抱新时代，共创新辉煌

地址：辽宁省盘锦市兴隆台区新工街　　邮编：124022
电话：0427-7658699　　传真：0427-7823962

中国石油呼和浩特石化公司

中国石油呼和浩特石化公司位于内蒙古自治区首府呼和浩特市，始建于 1992 年，占地 200 万平方米。

呼和浩特石化炼油加工规模 500 万吨 / 年，固定资产原值 81.54 亿元，有 14 套炼油装置、1 套化工装置及配套系统；配套建设有长庆—呼和浩特原油管道和呼和浩特—包头—鄂尔多斯成品油管道。主要生产汽油、柴油、航空煤油、燃料油、液化石油气、聚丙烯树脂、石油苯、工业硫黄等 6 大类 13 种产品，主要满足内蒙古、山西及周边地区市场需求，并出口蒙古国。截至 2018 年底，在册员工 1905 人，大专以上学历 1169 人；设有 11 个机关处室、6 个直属单位、8 个二级单位。

2018 年，呼和浩特石化加工原油 357.37 万吨，实现销售收入 211.83 亿元，上缴税费 72.21 亿元，盈利 15.05 亿元。

2018 年，是呼和浩特石化积极应对市场跌宕起伏，充满挑战的一年；是呼和浩特石化上下勠力同心、攻坚克难，喜获丰收的一年；是呼和浩特石化全面深化改革，在高质量发展道路上迈出坚实步伐的一年。一年来，呼和浩特石化坚持以习近平新时代中国特色社会主义思想为指导，认真贯彻落实集团公司工作会议和干部会议精神，按照炼化板块工作部署，全力践行“1326”（坚持一个核心、贯穿一条主线、突出三大工作重点、强化六项工作）工作思路，突出工作重点，注重工作细节，强化工作落实，实现安全环保平稳生产，圆满完成生产经营任务。获得集团公司“质量安全环保节能先进企业”“环境保护先进单位”“节能节水先进企业”等称号。

展望未来，呼和浩特石化将在习近平新时代中国特色社会主义思想指引下，带领全体员工继续奋发努力，夯实安全环保根基，强化对标管理，狠抓长周期平稳运行，加快推进转型升级项目，苦练内功、创新进取，全面推进高质量发展，向着“打造受人尊重的一流企业”的愿景阔步前进，为集团公司建设世界一流综合性国际能源公司作出新的贡献。

以人为本，发展成果惠及员工

高质量发展谋篇布局

热烈庆祝改革开放四十周年

汽柴油生产全面进入国 VI 标准时代

精心组织，装置大检修任务圆满完成

地址：内蒙古自治区呼和浩特市金桥开发区呼和浩特石化公司　邮编：010070

电话：0471-3351041　传真：0471-3310881

中国石油长庆石化公司

中国石油长庆石化公司始建于 1990 年，位于陕西省咸阳市渭城区，毗邻西咸新区，原油加工能力 500 万吨 / 年，固定资产原值 48 亿元，主要生产装置 17 套，辅助设施 12 套，在册员工 1136 人，平均年龄 38 岁，大专以上文化程度占 76%。

长庆石化为燃料型炼油厂，产品以国Ⅵ车用汽油柴油、航空煤油、液化石油气为主，有少量的丙烯、工业硫黄、石油苯、道路沥青等化工产品。

长庆石化中心控制室

长庆石化经营业绩持续向好，经济规模和纳税连续多年位居咸阳市之首、陕西省工业企业十强。2018 年，加工原油 482 万吨，实现销售收入 277 亿元，税费 87 亿元，账面利润 21.6 亿元，连续两年突破 20 亿元，盈利水平创历史最好。

新时代新作为，长庆石化将按照示范型城市炼油厂高质量发展总体思路，以“奉献清洁石化能源，助力美好城市生活”为使命，突出“绿色工厂”和“智能工厂”两个抓手，搭建研究交流、综合展示、公共关系三个平台，打造产业、文化、生态、社会四个样板，推进发展基础、生产运行、管理效能、发展动力、和谐发展高质量，着力打造百万吨级航空煤油生产基地和城市工业旅游名片，推动长庆石化内涵式精益化高质量发展，为集团公司建设世界一流综合性国际能源公司贡献力量。

140 万吨 / 年催化裂化装置

长庆石化南厂区俯视图

地址：陕西省咸阳市金旭璐　　邮编：712000
电话：029-86509125　　传真：029-86509123

中国石油西北销售公司

以智慧物流为方向，建设综合营运指挥中心

中国石油西北销售公司是中国石油销售公司在西部地区的派出机构，其前身是成立于 1946 年 9 月的中国石油有限公司兰州营业所，1998 年成建制上划中国石油天然气集团公司，总部设在甘肃省兰州市。西北销售作为连接中国石油上游炼化企业和下游销售终端的“桥梁”和“纽带”，主要负责中西部地区 13 家直属炼化企业成品油资源的产销衔接、收购、调运和结算以及属地地炼资源的集中采购；负责中西部 21 个省（自治区、直辖市）成品油销售企业，以及铁道、民航、兵团等 9 家专项用户成品油资源的稳定供应、物流调运组织、质量计量监督和结算；负责西部沿江、沿成品油管道具有集散和储备功能、需跨省调拨油品大型油库的建设和管理，业务范围覆盖我国陆地领土面积的 80%。公司机关设 12 个职能处室、3 个直属单位，在中西部 12 个省（自治区）设 15 家直属分公司；管理运营成品油库 10 座，总库容 247.5 万立方米；拥有铁路专用线近 20 千米，自备罐车 6579 辆；在职员工 1780 人，离退休职工 1100 余人。

召开西部地区成品油业务产运销协调会

第二十五届全国
企业管理现代化创新成果

证　书

成果名称：石油企业基于多体系融合的综合管理体系构建与实施
成果等级：二等
创造单位：中国石油天然气股份有限公司西北销售分公司

全国企业管理现代化创新成果审定委员会

证书号：GC201902134

基于业务流程的风险综合防控体系建设成果

地址：甘肃省兰州市安宁区北滨河西路699号中油大厦21层至24层　　邮编：730070
电话：0931-7608806　　传真：0931-7608808

在72年创业、改革、发展历程中，虽然隶属关系几经变化，管理体制不断演进，但几代西北销售人不忘初心、继往开来，始终保持了“四个不变”（即国有企业的性质始终不变、大区公司职能始终不变、服务炼销企业的宗旨始终不变、艰苦奋斗自强不息的精神始终不变），形成了“五种精神”（即爱国敬业精神、顾全大局精神、苦干实干精神、“三老四严”精神、合作共赢精神），确立了“服务创造价值”的核心理念，积淀了厚重殷实的文化底蕴，为中国石油销售事业发展作出了历史贡献。

2018年，销售油品5186万吨，调运油品8634万吨，实现销售收入3448亿元，缴纳税费7.3亿元，盈利5.66亿元。直炼生产量、公司配置量和销售收入均创历史新高，资源配置量首次突破5000万吨，配置总量占中国石油整体50.1%。安全环保实现工业安全生产事故、道路交通事故、火灾事故“三个为零”。

面对新形势、新任务、新要求，西北销售将以习近平新时代中国特色社会主义思想为指导，按照集团公司稳健发展方针和高质量发展根本要求，深入实施“十三五”“1558”发展战略，坚持党建工作与生产经营“八同步”“四对接”，坚持保障与经营并重、继承与创新并重、服务与监管并重，全面推进业务优化、风险防控、提质增效、改革创新、文化引领五项工作，为公司建设世界一流成品油物流企业不懈奋斗。

管道运输

公路运输

铁路运输

水路运输

西北销售公司全面落实从严治党

西北销售公司党委书记、刘守德到甘肃省泾川县开展精准扶贫

中国石油庆阳石化公司

中国石油庆阳石化公司位于甘肃省庆阳市西峰区董志镇工业园区，占地面积 1360 亩，加工能力 370 万吨 / 年，前身为庆阳石油化工厂，伴随着长庆油田开发于 1971 年 9 月成立，隶属原庆阳地区管理。1984 年 5 月划归甘肃省石化厅行业管理。2001 年 8 月整体划转中国石油天然气集团公司。2004 年 12 月划转中国石油天然气股份有限公司。2010 年 10 月原 150 万吨老厂关停，300 万吨新厂建成开工。

庆阳石化为燃料型炼油厂，主辅装置 20 套，主要产品有汽油、柴油、航空煤油、聚丙烯等 3 大类 10 种 21 个牌号。设机关管理部门 10 个、直属部门 4 个、二级单位 10 个，现有在册员工 1231 人。2018 年底，资产总额 62.13 亿元，资产负债率 25.29%。

庆阳石化建厂 48 年来立足革命老区，致力于推动地方经济社会发展，得到庆阳市委、市政府和相关部门大力支持。2010 年新厂投产以来，累计加工原油 2599 万吨，营业收入 1489 亿元，实现税费 437 亿元，实现利润 77 亿元，工业总产值 1491 亿元，工业增加值 538 亿元。上缴税收连续多年位居庆阳市第一。庆阳石化被评为国家“支持老区建设先进单位”、国家“守合同，重信用”企业，获“全国五一劳动奖状”“全国文明单位”等称号。

庆阳石化以习近平新时代中国特色社会主义思想为指引，深入贯彻落实党的十九大和十九届二中、三中全会以及中央经济工作会议精神，进一步牢固树立“四个意识”、坚定“四个自信”、坚决做到“两个维护”，自觉在思想上政治上行动上同以习近平同志为核心的党中央保持高度一致，以全面加强党的领导为统领，贯彻落实集团公司党组的决策部署，坚持推动高质量发展，树正气，严管理，提素质，增效益，把庆阳石化建设成为效益突出的精品炼化企业，为中国石油全面建成世界一流综合性国际能源公司作出新的更大贡献。

庆阳石化领导看望慰问退休员工

“不忘初心、牢记使命”主题教育
——重温入党誓词

中国石油开放日活动
——走进庆阳石化，为梦想加油

炼化专业职业技能竞赛获奖人员载誉归来

地址：甘肃省庆阳市西峰区董志镇　邮编：745002　电话：0934-8368106　传真：0934-8368582

中国石油山西销售公司

集团公司党组书记、董事长王宜林到山西销售调研

与武警山西省总队保障部签订合作协议

成功承办第三届加油站经理“电子券的喜与忧”圆桌论坛

中国石油山西销售公司2000年9月成立，负责中国石油在山西省成品油批发、零售、储运和网络开发建设及便利店、化工产品等非油品销售业务；下设13处1室，共有11家分公司、2家控股公司、1家合资公司，在册员工3482人，运营加油站472座，运营油库8座，总库容22.1万立方米，在山西省成品油销售中市场份额占比23.7%。

山西销售新一届领导班子认真贯彻集团公司党组、股份公司销售分公司决策部署，坚持“量效兼顾、以效为先”的经营思路，主动应对市场竞争，科学把握量效关系，狠抓控本降费，强化合规管理，努力解决历史遗留问题，企业活力进一步激发，各项工作持续向好。2016年实现扭亏为盈，2016年、2017年利润1058万元、1071万元，2018年利润总额完成股份公司销售分公司考核指标，圆满完成集团公司“处僵治困”任务。山西销售在股份公司销售分公司HSE体系审核评级中从C1级提升至B2级，并成功承办股份公司销售分公司第三届加油站经理“电子券的喜与忧”圆桌论坛，获“优秀组织奖”。运城二站加油员董娟娟获集团公司“十大加油明星”称号。

站在新的历史起点上，山西销售作为集团公司完全市场化改革试点单位，坚决以实现集团公司产业链效益最大化为目标，坚持“量效兼顾、以效为先”的经营思路，以市场为导向，以零售为核心，以信息化为支撑，全面推动改革创新，正确处理竞合关系，着力增强市场竞争能力、扩销增效能力、高质量发展能力，打赢“拓市场、提纯枪、增效益”三大攻坚战，打造“小而精”的地区销售企业，为推动集团公司建设世界一流综合性国际能源公司作出新的更大的贡献。

太原分公司吴家堡加油站开业，新的万吨站诞生

履行社会责任，为高考加油助威

地址：山西省太原市万柏林区晋祠路一段8号中海国际中心B座51—52层　邮编：030024
电话：0351-6832601　传真：0351-6832721

昆仑能源有限公司

昆仑能源有限公司负责中国石油的LNG接收站及天然气终端零售业务，在香港联合交易所主板上市，是国内规模最大的天然气终端利用企业。多次入选普氏能源全球能源行业250强排行榜，在2019年《财富》中国500强排名中位居第88，并在第七届、第八届中国证券金紫荆奖评选中分别荣膺“最具投资价值上市公司”和“最佳上市公司奖”。目前已投运LNG接收站3座、储配站1座，接收能力1930万吨/年，占全国的28%；建成LNG工厂21座，产能410万吨/年，占全国的15%；拥有各类LNG、CNG终端站点1527座，天然气管道干线及支线管道8400多千米，燃气管网3.7万千米；整体进入哈尔滨、昆明、兰州等省会城市和常德、大庆、宿迁等地级城市，城镇燃气项目320家，各类终端用户1000万户；2018年零售天然气270.8亿立方米（含代输43.8亿立方米），同比增长26.6%。

股份公司副总裁凌霄参加东北亚天然气与管道论坛

昆仑能源有限公司党委书记、总经理赵永起参加2018年中国证券金紫荆奖颁奖仪式

召开昆仑能源有限公司2018年业绩发布会

护航绿水青山开放日活动

昆仑能源有限公司作为中国石油天然气终端业务的运营管理平台和投融资平台，公司总部机关设在北京，同时设香港本部，有 18 个职能部门、6 个附属中心，昆仑能源有限公司香港本部设董事会秘书处；下设黑龙江、吉林、辽宁、北京等 29 家省公司，东北、西北、华北、西南、华南等 5 家液化石油气公司，大连、江苏、京唐、深圳等 LNG 接收站以及燃气技术研究院、北京昆仑能源控股、克拉玛依燃气等企业和单位。

展望未来，昆仑能源有限公司将坚持以习近平新时代中国特色社会主义思想为指引，准确把握天然气业务发展在新时代的责任定位，充分发挥产业链一体化优势，努力在推进绿色发展、建设美丽中国的进程中发挥主力军作用的同时，为股东实现更好回报，为经济社会健康发展作出新贡献。

中欧交通走廊天然气发动机燃料汽车拉力活动车队凯旋归国

集团公司领导到深圳 LNG 项目施工现场调研

内蒙古分公司首对京藏高速上 LNG 加气站实现稳定运行

哈尔滨中庆公司成高子门站冬季保供

中国石油集团川庆钻探工程有限公司

中国石油集团川庆钻探工程有限公司成立于 2008 年 2 月，由原四川石油管理局、长庆石油勘探局及塔里木油田的工程技术等相关业务单位组建而成，是集团公司全资拥有的工程技术服务企业，享有独立对外经济贸易和经济技术合作业务权。

川庆钻探主营钻井工程、录井、固井、储层改造、试油修井及油气合作开发等业务，国内主要服务于西南油气田、长庆油田、塔里木油田，业务分布于四川、重庆、陕西、甘肃、宁夏、内蒙古、新疆、青海 8 个省（直辖市、自治区）；海外市场主要集中在土库曼斯坦、巴基斯坦、厄瓜多尔等国家，同时服务于壳牌、道达尔等国内反承包项目以及地方企业。年营业收入规模 300 亿元左右。截至 2018 年底，资产总额 403.58 亿元，所有者权益 248.97 亿元；有二级单位 25 个，用工总量 2.77 万人，主要工程技术服务队伍 800 余支；主要设备 913 台套。

川庆钻探是国家高新技术企业，具有丰富的“高压、高产、高含硫”天然气和“低压、低产、低渗透”油气勘探开发工程技术和经验，在复杂深井超深井钻完井、储层改造、致密油气、页岩气等领域发展形成一批国内领先的新技术、新产品。承担或参与“863”课题等 26 项国家级科研项目以及 85 项集团公司科技项目，获国家级科技奖

集团公司党组书记、董事长王宜林到川庆钻探页岩气风险作业区威 204H42 钻井平台调研

川庆钻探承钻的永探 1 井获四川盆地火山岩勘探重大发现

引进的亚洲首台自动化全液压智能钻机 TI-350T 在钻井作业

承钻的国内陆上油田最大丛式井组——华庆白 409 井平台

7 项（其中国家级科技发明二等奖 1 项、科技进步奖一等奖 2 项、科技进步奖二等奖 4 项）、省部级科技奖 164 项。获国家战略新产品 1 项、国家自主创新产品 3 项、集团公司自主创新产品 34 项，集团公司发布技术利器 9 项，8 项技术入选集团公司年度十大科技进展。建有国家油气田救援广汉基地和中石油井控应急救援响应中心。拥有享受国务院特殊津贴专家 5 人，1 人入选国家“百千万人才工程”，建成博士后科研工作站；拥有低渗透油气田国家工程实验室等一批国家级、集团公司级实验室及试验基地 7 个。

川庆钻探坚持以服务油气发展为己任，全力支撑油气增储上产。在川渝地区，与西南油气田公司共同推进 300 亿立方米大气区和页岩气示范区建设。在长庆地区，作为工程技术主力军，支撑长庆油田快速上产稳产 5000 万吨。在新疆地区，围绕塔中、塔北、库车山前、北疆等重点区域，钻成一批“一字号”井、重点发现井。在土库曼斯坦，高效完成阿姆河右岸产能建设、南约洛坦 100 亿元 EPC 总包项目，保障中亚天然气管道气源地开发。主动履行企业责任，扎实抓好安全环保工作，全面完成节能减排指标。积极吸收地方劳动力就业，开展对口扶贫帮困，全力服务地方经济社会发展。

通过高新技术企业认定

俄罗斯专家团到川庆钻探钻井平台参观

承钻的中国第一口页岩气井——威 201 井

对口扶贫石渠县

地址：四川省成都市成华区猛追湾街6号　　邮编：610056　　电话：028-86011661
传真：028-86013997　　邮箱：ccde@cnpc.com.cn

中国石油天然气销售分公司

中国石油天然气股份有限公司天然气销售分公司（简称天然气销售分公司）负责中国石油的天然气销售业务。长期以来，积极践行中国石油“奉献能源、创造和谐”宗旨，统筹产供储销各环节，多方筹措资源、优化生产组织、强化客户服务，基本保障国内天然气安全稳定供应。2018 年销售天然气 1724 亿立方米，约占全国消费总量的 65%，同比增长 13.3%，居国内市场主导地位。供气合同用户约 2500 家，市场范围已覆盖 31 个省（自治区、直辖市）和香港特别行政区。

天然气销售分公司作为中国石油天然气销售业务的一体化运营管理平台，同时加挂天然气与管道分公司牌子，是中国石油的专业公司之一，代表中国石油对中油管道履行出资人管理职能，统筹协调管道规划布局、预算及投资、

中俄哈“绿色能源丝路万里行”汽车拉力活动在京启动

《天然气管道运输服务协议》签约仪式

股份公司副总裁凌霄实地调研陕西分公司所属泾阳 CNG 母站

青岛公司兴隆路加气站保供公共交通

天然气输销衔接等工作。天然气销售分公司总部机关设在北京市，下设天然气销售北方、东部、西部、南方等 4 个区域派出机构，黑龙江、吉林、辽宁、北京等 29 家天然气销售省公司。同时，对天然气销售川渝分公司、福建分公司实施业务管理。

展望未来，天然气销售分公司坚持以习近平新时代中国特色社会主义思想为指引，准确把握天然气销售业务在新时代的责任定位，积极履行政治责任、经济责任、社会责任，充分发挥产业链一体化优势，努力在保障天然气资源稳定供应、推进绿色发展、建设美丽中国的进程中发挥主力军作用，为经济社会健康发展作出新贡献。

股份公司副总裁凌霄慰问安徽分公司滨湖新区天然气门站员工

唐山 LNG 新建四个储罐全部升顶

甘肃嘉峪关公司橇装设备

天然气销售河南薛店门站冬夜设备巡检

2018 年，昆仑信托与中意财险签署战略合作协议

十年奋斗路 筑梦金融街

2012 年，中国银行与昆仑信托签约

2010 年，昆仑财富 1 号在石油大厦发售

2012 年，荣获第六届中国石油职工艺术节"长庆杯"大赛金奖

2013 年，荣获 2012 年度宁波市江东区经济发展突出贡献企业和 2013 年五星级骨干企业称号

筚路蓝缕十年路，砥砺前行金融街。

在举国同庆党的 98 载生日、喜迎新中国 70 年华诞之际，昆仑信托（中油资产）也迎来了 10 周岁生日。忆往昔，不忘初心，继承优良传统；看今朝，牢记使命，续写时代华章；话未来，砥砺前行，筑梦金融街。

十年党建谱新篇。昆仑信托（中油资产）公司党委"把方向、管大局、保落实"的领导作用得到日益增强。各党支部不断加强规范化、标准化建设，"三会一课"落地生根。广大党员干部在各方面较好地发挥了模范带头作用。

十载耕耘花满枝。昆仑信托（中油资产）敢为人先，一大批项目领先业内，资产证券化业务屡获嘉奖，创新驱动战略卓有成效。以实立业、广交天下，两地六中心的业务团队初步成型，区域发展战略遍地开花。以信兴企、广誉天下，"低风险偏好"风控理念赢得市场认同，切实维护了投资者权益。特别是近三年，营业收入、信托规模、利润、员工收入、行业评级、集团考核评级和综合实力等大幅提升。

十年征程显峥嵘。昆仑信托（中油资产）注册资本由 30 亿元增至 102 亿元，信托规模由 596 亿元增至 3486 亿元，利润总额由 3.6 亿元增长到 18.6 亿元，信托业协会对昆仑信托 2018 年的行业评级为 A 类，综合排名第 19 位，员工收入大幅增长，"金融街上石油人"的归属感、获得感、自豪感、幸福感极大增强。

十年产融结硕果。昆仑信托（中油资产）全面落实服务主体责任，深挖油气产业链价值，产融共赢效果明显。昆仑信托（中油资产）积极探索十余种产融结合模式，助力销售公司获取 30 余座加油站，合同能源管理项目获得金融理财杂志年度金牌创新力金融产品奖；累计发行"昆仑财富"产品 628 亿元，增加了石油员工的财产性收入。

十年发展再出发。昆仑信托（中油资产）以诚树人、广智天下，聚集培养锻炼了一批信托业的优秀人才，人才强企战略效果显著。全体干部员工大力弘扬石油精神，"用担当诠释忠诚，用实干诠释尽责，用有为诠释履职，用友善诠释正气"，以实际行动培育了以"信"为核心的信托文化，展现了"金融街上石油人"的良好精神风貌。

行者方致远，奋斗路正长。在实现"中国梦"的伟大事业中留下新时代"金融街上石油人"——昆仑信托（中油资产）人不屈不挠的奋斗足迹。

2018 年，考察中国石油广西石化氢气回收节能减排项目

2014 年，昆仑信托足球队参加宝石花足球联赛

2014 年，昆仑信托团委组织员工到太阳村活动中心开展工艺捐赠活动

2019 年，再次荣获第九届"金貔貅"系列重要奖项

中国石油管道公司

中国石油管道公司起始于1970年举国关注的东北"八三"管道工程，成立于1999年，是中国油气管道业务的孵化器和人才培养的摇篮。隶属于中国石油天然气股份有限公司，机关总部位于河北省廊坊市。主营业务涉及原油、天然气、成品油管道运输，管道运输的原油销售、仓储，油气管道运营服务、科研服务、维修抢修，压缩机组维检修等。下辖输油输气、管道项目建设管理、管道科技研究、压缩机组维检修、油气储运技术服务等，公司设17个职能部门、27个处级生产经营单位，管辖业务单位分布在全国14个省（自治区、直辖市）。

管道公司历经49年的艰苦创业和改革发展，现已发展成为业务多元、技术领先、管理先进、绩效优秀的综合性、专业化管道公司。油气输送、管道完整性管理、管道检测、压缩机维检修等一批核心技术处于国际领先水平。

在油气输送方面，截至2018年底，管道公司在役油气管道14845千米。年输送原油能力10600万吨，年输送成品油能力2671万吨，年输送天然气能力422亿立方米，有输油气站场181座。担负着东北能源战略通道，国家重要原油、成品油管网的运营管理及中俄东线天然气管道的建设任务，是国家能源安全和能源供应的重要承担者。

管道公司正在建设的中俄东线天然气管道工程是我国第三代大输量天然气管道的标志性工程，同时也是中国石油智能化管道建设试点工程。起点位于黑龙江省黑河市的中俄边境，途经9个省（自治区、直辖市），终点为上海市。首次同时采用1422毫米超大口径、X80高钢级、12兆帕高压力、年380亿立方米超大输量设计，

中俄东线天然气管道工程举行全国引领性劳动和技能竞赛

中俄原油管道二线投产

管道公司维抢修队获得集团公司油气管道职业技能竞赛表彰

履行央企职责，向驻村帮扶点捐献物资

地址：河北省廊坊市新开路408号　　邮编：065000
电话：0316-2170500　　传真：0316-2170808

管道全长 3371 千米，是我国目前口径最大、压力最高的长距离输送管道。

在压缩机维检修方面，管道公司可提供两型燃压机组运行维护、大中修理和现场排除故障等技术服务，具备管道压缩机组远程监测与故障诊断能力。

在管道检测方面，管道公司在管道腐蚀控制、技术咨询、运行维护及工程施工、管道内检测、无损检测、能源监测、防雷检测等领域，拥有高级检测技术人才近百人及先进的检测技术装备，持有多项专业资格证书与国家质检总局颁发的特种设备无损检测机构资质。

在管道完整性管理方面，自主研发的基于相干瑞利的光纤预警、重点地段声波预警、站场周界安防及阀室监视预警技术，研究成果获集团公司科技进步奖二等奖。多项自主研发技术处于国际领先水平，连续两年获得“全球管道奖”。

管道公司是中国油气管道领域具有国际、国内行业标准制定权的唯一企业，主导制定国际、国家、行业标准 200 多项。有培训基地 7 个，具备实训功能的培训基地 4 个，可满足输气运行、电气、仪表、通信、自控、管道保护等专业和岗位的实训需要，实现了理论、实操一体化教学。具备在全球范围内提供油气管道规划建设、投产保驾、运营管理、自动化运维、科技信息服务的能力。

管道公司成立以来，累计输送原油 109591.6 万吨、成品油 9624 万吨、天然气 1424.2 亿立方米。先后荣获“全国五一劳动奖状”“中央企业先进基层党组织”“全国模范职工之家”“河北省文明单位”等多项荣誉。

站区巡检

装卸抢险设备

中俄原油管道一线漠河站

中俄东线天然气管道工程施工现场

中国石油西气东输管道公司

中国石油西气东输管道公司成立于 2000 年 3 月，注册地在上海浦东新区，负责所辖范围内管道运行管理、项目建设。2018 年底，设 14 个机关职能部门和 3 个附属机构，下设 13 个地区管理处、1 个科技信息中心、1 个计量测试中心、2 个工程项目部，管理 3 个股权单位；管理 2 个国家石油天然气大流量计量站天然气流量分站（南京、广州），共有员工 2800 余人，资产总额近千亿元。

企业文化——媒体走进西气东输

站场巡检——风雪巡检路

西气东输公司运营管道总长 12248 千米，途经 16 个省（自治区、直辖市）和香港特别行政区，站场 178 座，阀室 480 座。供气范围覆盖西北东部、中原、华东、华中、华南地区，并向华北、西南地区转供天然气，形成塔里木、柴达木、长庆、川渝四大气区以及中亚、中缅、进口 LNG 联网供气格局，管网一次管输能力超 1200 亿立方米。

西气东输公司先后获全国“五一劳动奖状”“国家环境友好工程”“国家开发建设项目水土保持示范工程”“新中国成立六十周年百项经典暨精品工程”“全国文明单位”等称号。

党建工作——基层党支部主题党日活动

压缩机管理——立足国内力量完成进口核心设备大修

互联互通重点工程——闽粤支干线

抢修作业——环焊缝隐患治理

地址：上海市浦东新区世纪大道1200号中国石油上海大厦　　邮编：200122

电话：021-50958815　　传真：021-50958800

管道安全报警电话：800-820-0375

中国石油西藏销售公司

中国石油西藏销售公司总部设在西藏自治区拉萨市，其前身成立于 1962 年 1 月 27 日，1998 年重组上划。主要从事西藏地区成品油及石油液化气、润滑油的批发、零售、运输、储存等业务。2018 年，西藏销售下辖 7 个地市公司（拉萨、日喀则、山南、昌都、那曲、阿里、林芝），3 个专业公司（非油品分公司、仓储分公司、液化气分公司），1 个驻外机构（资源调配公司）。拥有成品油储配库 8 座、液化气储配库 1 座、加油站 138 座（万吨级加油站 14 座），资产总额 65.5 亿元。在册人员总数 1295 人，劳务派遣用工 324 人，少数民族 842 人。

2018 年西藏销售在集团公司、股份公司销售分公司的关心和大力支持下，坚持以“党的建设”和“改革创新”为统领，紧紧围绕“安全、稳定、发展”三大主题，大力推进“强基固本、和谐稳定、1115”三项工程，各项工作取得显著成绩，保持了箭头持续向上、发展势头强劲的良好局面，在实现高质量转型发展的进程中迈出了坚实有力的步伐。2018 年，购进总量 127.4 万吨，销售总量 133 万吨，销售收入突破 100 亿元，实现利润 2.6 亿元；新开发加油站 17 座，投产运营 11 座。

西藏销售秉承“奉献能源、创造和谐”企业宗旨，传承“爱国、创业、求实、奉献”企业精神，大力弘扬石油精神和老西藏精神，充分发挥企业文化引领作用，以企业文化凝聚战斗力、强化执行力、增强战斗力。西藏销售先后被西藏自治区授予“纳税大户”，日喀则汇丰加油站获全国“安康杯”竞赛“优胜班组”称号；2 名员工获西藏自治区国资委系统“优秀党务工作者”“优秀共产党员”称号；1 名员工获集体公司“十大地市经理人”称号；1 名员工获集团公司“十大模范油库主任”称号。

2018 年 7 月 11 日，集团公司党组副书记徐文荣到公司调研指导工作

2018 年 4 月 1 日，伦布雪橇装站隆重开业，结束山南地区伦布雪乡用油难历史

2018 年西藏销售网建指标完成新高，新开发站和投运站分别达到两位数

2018 年 10 月 11 日，西藏销售积极应对昌都堰塞湖险情，全力保障灾区资源供应

2018 年 11 月 29 日，西藏自治区国资委组织 40 余家单位到西藏销售参观交流党建工作

2018 年 12 月 7 日，向国家深度贫困县日喀则南木林县开展捐赠工作，成立工程租赁设备公司，帮助当地百姓脱贫致富

地址：西藏自治区拉萨市北京中路71号　邮编：850000
电话：0891—6955561　传真：0891—6955561

企事业单位概览

油气田企业

大庆油田有限责任公司（大庆石油管理局有限公司）

【概况】 大庆油田有限责任公司（大庆石油管理局有限公司）简称大庆油田，是集团公司下属的全资子公司，是以石油、天然气的勘探、开发为主营业务的国有大型企业。业务包括勘探开发、工程技术、工程建设、装备制造、油田化工、生产保障、矿区服务等，具有较为完整的业务体系和综合一体化优势。

大庆油田主要生产经营指标

指　标	2018 年	2017 年
原油产量（万吨）	3204.43	3400.03
天然气产量（亿立方米）	43.35	40.13
新增原油产能（万吨）	243.27	242.23
新增天然气产能（亿立方米）	2.03	3
新增探明石油地质储量（万吨）	5215.34	5017.23
新增探明天然气地质储量（亿立方米）	213.92	616.68
二维地震（千米）	1896	2681.10
三维地震（平方千米）	1714	1424.70
探井（口）	231	201
开发井（口）	3387	3718
钻井进尺（万米）	552.16	584.17
勘探投资（亿元）	29.19	29.59
开发投资（亿元）	182.03	180.54

大庆油田 1959 年发现，1960 年开发，是中国最大的油田，也是世界上为数不多的特大型陆相砂岩油田之一。国内勘探范围包括松辽盆地北部、依舒等外围盆地、内蒙古海拉尔盆地、新疆塔东区块、四川重庆矿权流转区块等领域，海外业务覆盖中东、中亚、亚太、非洲和美洲等区域。大庆油田创造了举世瞩目的历史成就。建成了国内最大的石油生产基地。累计生产原油 23.7 亿吨、天然气 1320 亿立方米，上缴税费及各种资金 2.9 万亿元，为维护国家石油供给安全，支持国民经济发展，做出高水平贡献。创造领先世界的陆相油田开发水平。主力油田采收率突破 50%，比国内外同类油田高出 10—15 个百分点，三元复合驱产量突破 400 万吨，使中国成为世界唯一大规模工业化应用的国家。孕育形成大庆精神铁人精神。打造了过硬的铁人式职工队伍。涌现出以“三代铁人”为代表的一大批先进模范人物，锤炼了一支“三老四严”、永创一流的英雄队伍。在庆祝改革开放 40 周年大会上，科技兴油保稳产的大庆新铁人王启民，被授予“改革先锋”称号，是全国石油系统和黑龙江省唯一一人。促进区域经济社会的繁荣发展。大庆油田的开发建设，发挥国有大企业的辐射拉动作用，有力地带动地方经济社会发展。

2018 年，大庆油田围绕贯彻落实总书记的重要指示精神，在集团公司党组领导下，编制实施《大庆油田振兴发展纲要》，提出“当好标杆旗帜，建设百年油田”的总体目标，分固本强基、转型升级、持续提升三个阶段，就本土油气业务持续有效发展，海外油气业务规模跨越发展，服务保障业务优化升级发展，新兴接替业务稳步有序发展，进行系统研究与科学谋划，明确到油田发现 60 周年、油田开发 70 周年、油田开发 100 周年的总体规划部署，努力把大庆油田建设成为以能源开发为主、相关业务协同高效发展的中国特色社会主义现代化强企。大庆油田坚持把“当好标杆旗帜”作为根本遵循，发扬大庆精神，奋力推进新时代油田振兴新发展，为中国石油高质量推进世界一流综合性国际能源公司建设，为全面建成小康社会、夺取新时代中国特色社会主义伟大胜利，作出新的更大贡献。

【振兴发展】 2018年，大庆油田各系统各单位自觉以振兴发展为己任，高举大庆红旗，强化标杆意识，按照总体规划部署，当好标杆旗帜为根本遵循，深化改革创新驱动为重中之重，立足本土开拓海外为必由之路，练好内功提质增效为固本之举，以再学习再教育再实践为强基之策，以构筑政治优势为坚强保证，进一步贯彻新理念、把握新特征、打造新动能、推进新发展，展现油田振兴发展的新气象。全年实现油气产量当量4166.85万吨，其中国内原油产量3204.43万吨，海外权益产量617万吨，同比增长11.8%，海外开发迈出重大跨越新步伐；收入、利润、上缴税费，创近3年最好水平；海外市场收入首次突破百亿元，稳油增气、内外并举的发展格局进一步巩固。

【勘探开发】 2018年，大庆油田资源勘探坚持油气并举、常非并重，松北中浅层常规油实现多点发现、多区高产，致密油实现规模增储、有效动用，创造多个纪录，实现历史性突破，双68、红6、隆平1等井取得一批重大标志性发现。全年新增石油三级储量1.6亿吨，天然气三级储量678亿立方米，超额完成各级储量任务。原油生产实施精准开发，推动水驱控递减、三采提高采收率两大工程，加快推进效益建产，开展抢产夺油，主要开发指标继续保持高水平。水驱自然递减率、综合递减率、年均含水上升值均好于预期，未措施产量超产24.7万吨，三次采油产量连续17年保持在1000万吨以上。天然气上产，统筹协调产运销储，加快松辽深层及川渝地区上产步伐，产气量连续8年稳定增长，2018年达43.35亿立方米，销量28.35亿立方米，产销量均创历史新高。

【未上市业务】 2018年，大庆油田立足增强自我发展能力，因企制宜、分类施策，未上市总体经营状况持续改善。工程技术业务，强化精益管理，提速提质提效，钻井周期进一步缩短，调开井固井优质率85.7%，创出历史新水平。工程建设业务，持续深化EPC项目管理，并成功签订历史最大合同额的海外EPC项目，创造当年设计、当年施工、当年试运投产新纪录。装备制造业务，全面提高市场开发和技术创新能力，销售收入两年实现翻番，盈利创效能力显著提升，打赢扭亏增盈翻身仗。油田化工业务，推动产品质量升级，推进“技工贸一体化”模式，技术服务输出、产品贸易和海外市场均实现重要突破。生产保障业务，推进电力、水务、物资、信息等业务转型升级、提质增效，高效完成发供电、生产用水保供等任务，物资采购质量和招标采购率不断提高，为油田生产提供有力保障。多种经营业务，加强规范管理，优化结构调整，经营效益进一步提升。

【改革创新】 2018年，大庆油田在深化改革方面，加大攻坚力度，加快改革步伐。机关机构改革全面推进，机构数量下降56.5%，人员编制下降33.4%。专业化重组扎实有序，完成物探业务整体划转，对昆仑集团与发展集团，以及创业集团部分成员企业进行合并重组。扩大经营自主权试点持续深化，实施单位扩大到11家，扩权试点的覆盖面更广、代表性更强、效果更加明显。企业办社会职能剥离移交稳妥实施，“三供一业”全部签订分离移交协议，公交业务率先移交挂牌，市政设施及高等教育移交签订框架协议。在科技创新方面，推进实施油田核心技术发展路线图，坚持调研谋划一批、研发攻关一批、试验推广一批、工业装备一批，明确方向，锁定目标，加快攻关，全年承担并参与国家级项目12项，获省部级以上科技奖励28项，授权专利188件。实施“数字油田、智能油田、智慧油田”三步走战略，推进ERP、物联网、云数据中心等重点项目，信息化建设步伐进一步加快。

【基础管理】 2018年，大庆油田抓基层打基础，加强经营管理、安全环保等工作，推动基础管理水平提升。实施开源节流降本增效，加大投资成本控制力度，处置油田低效无效资产，油气操作成本同比下降，未上市变动成本占收入比率实现硬下降。持续深化管理提升，创新发展岗位责任制，探索生产组织新模式，促进效率效益不断提升。狠抓安全生产工作，深刻吸取事故教训，全覆盖、零容忍、铁腕抓，坚决遏制事故多发频发势头。严抓生态环境保护，推行绿色环保施工，加强污染物源头控制，环境风险得到有效防控。推进扫黑除恶，严厉打击涉油犯罪，为油田发展营造良好治安环境。

【合规管理】 2018年，大庆油田贯彻全面依法治国新理念新思想新战略，将法治要求写入公司章程，出台合规管理办法，制定领导人员履行法治建设职责实施细则，构建起分工负责、协同联动、齐抓共管的合规管理体制。推进依法治理，坚持“三重一大”与建立完善依法决策机制相结合，重大涉法事项必须经过法律论证、集体审议、员工参与。持续规范企业行为和业务管理流程，全年制定公司制度32项，审查合同5.2万份，组织项目招标2439项，确保风险防控全覆盖、无死角。坚持防治并重、多措并举，加大纠纷处理力度，妥善解决一批历史遗留案件。广泛开展法治宣传教育，组织全员签订合规承诺书，举办各类法律培训讲座等 435 场，干部员工学法守法用法自觉性不断增强，企业法治环境进一步优化。

【员工幸福指数提升】 2018 年，大庆油田树立以人民为中心的发展思想，加强员工培训，推进民主管理，实现员工与企业共同发展。争取政策支持，推进东湖四区、景园公园环境治理等民生工程，建成马鞍山、老虎山等重点生态项目，实施 53 条道路升级改造以及二厂南四区、四厂区域等环境整治，油田矿区环境得到持续改善。开展形式多样的文体活动，举办员工运动会和群众性广场文化活动，为 4693 个基层站队配送书籍，建立新媒体公众平台，丰富员工群众精神文化生活。构建和谐企地关系，精准推进扶贫帮困，安置残疾人就业，履行企业社会责任。依法做好维稳信访工作，及时回应和处理群众诉求，开展送温暖工程，帮扶各类困难群体近 8 万人次。提高员工收入待遇，调整一线津贴标准，上岗津贴、夜班津贴同比增长 60% 以上，参保人员待遇进一步提高，维护保障员工群众切身利益。

【企业党建工作】 2018 年，大庆油田学习贯彻习近平新时代中国特色社会主义思想和党的十九大精神，树牢“四个意识”，坚定“四个自信”，坚决做到“两个维护”，始终同以习近平同志为核心的党中央保持高度一致。坚持党要管党、全面从严治党，始终保持反腐败高压态势，推进党委巡察，开展“两个责任”专项检查，驰而不息纠治“四风”，严肃党内政治生活。构建基层党建责任体系，将党建工作纳入企业业绩考核，开展首次基层党建工作考核评价，基层党的建设得到进一步夯实。星火一次变党支部获“中央企业基层示范党支部”命名表彰，铁人学院被中共中央组织部确定为“全国党员教育培训示范基地”。坚持正确选人用人导向，试点推进领导干部任期制改革，配齐配强所属单位领导班子。发挥党政工团组织作用，开展“三立”全员行动、“石油魂”宣讲、“大庆精神 +”研讨主题活动，开展劳动竞赛、青工“五小”等群众性创新创效活动，统一思想、凝聚合力，为推动油田振兴发展提供坚强保证。

（陈立民　李　冬）

中国石油天然气股份有限公司辽河油田分公司
（辽河石油勘探局有限公司）

【概况】 中国石油天然气股份有限公司辽河油田分公司（辽河石油勘探局有限公司）简称辽河油田，成立于 1970 年 3 月，是全国大型的稠油、高凝油生产基地。总部在辽宁省盘锦市，业务地跨辽宁省、内蒙古自治区、青海省、海南省的 11 个市（地）、26 个县（旗）。主要从事油气勘探开发、工程技术、工程建设、燃气利用、多种经营和矿区服务等业务。2018 年，辽河油田完钻井 828 口，进尺 163.24 万米，完成注水 3006 万立方米，注汽 2410 万吨，新增探明石油地质储量 2262.06 万吨，新增控制石油地质储量 4321 万吨、预测石油地质储量 3208 万吨，超额完成年度计划任务，探明储量创近 5 年新高。用工总量 8.43 万人，其中，专业技术人员 7729 人，上市单位 4.19 万人，未上市单位 4.24 万人。有固定资产原值 1731 亿元，净值 361 亿元，有设备 23 万台套。生产原油 995.1 万吨，完成调整指标任务；生产天然气 5.7 亿立方米，超计划 1.2 亿立方米。全年收入 516.9 亿元（未含多种经营收入 137.1 亿元），同比增加 107.61 亿元，全年实现税费 59 亿元，同比增加 25 亿元。上市、未上市系统均保持正现金流，实现全面盈利，跨入集团公司盈利企业行列。

【油气勘探】 2018 年，辽河油田围绕“地层岩性、古潜山、火山岩、致密油”4 大重点领域，突出富油气凹陷集中勘探，强化新区新领域风险勘探，细化老区滚动评价勘探，解放思想、创新认识、强化技术，油气勘探取得重大进展和重要发现。全年完钻评价井 28 口，评价井进尺 8.14 万米，完成试油井 36 口（评价 31 口），新获工业油气流井 28 口 /29 层，探井成功率 52.3%，完成新增探明含油面积 22.38 平方千米，新增探明石油地质储量 2262.06 万吨、可采石油地质储量 450.56 万吨，分别完成年度计划的 151% 和 167%；溶解气地质储量 23.79 亿立方米，溶解气可采储量 3.51 亿立方米；在兴隆台构造带中生界新增控制含油面积 36.2 平方千米，新增控制石油地质储量 4321 万吨、可采石油地质储量 518.5 万吨，分别完成计划的 216% 和 130%；勘探成果获集团公司油气勘探重大发现二等奖。陆东后河区域勘探见到新成效，新增预测石油地质储量3208万吨，勘探成果获集团公司油气勘探重大发现三等奖。东部凹陷天然气勘探取得进展，落实有利勘探面积123平方千米，地质储量规模1040亿立方米。雷家陡坡带砂砾岩体勘探展现良好前景，预测储量规模2000万吨。滚动评价勘探在10个区块新增探明石油地质储量2262.06万吨，稀油、高凝油占比92.8%。柴达木涩北地区勘探见到良好苗头，实施的第一口探井驼1井获日产12万立方米工业气流，展示出较大潜力。获鄂尔多斯盆地1.84万平方千米探矿权，扩大勘探开发领域。

辽河油田主要生产经营指标

指　标	2018年	2017年
原油产量（万吨）	995.1	1000.1
天然气产量（亿立方米）	5.7	4.6
新增探明石油地质储量（万吨）	2262.06	2203.55
新增控制石油地质储量（万吨）	4321	4989
二维地震（千米）	500	—
三维地震（平方千米）	200	420
探井（口）	58	89
开发井（口）	754	991
钻井进尺（万米）	163.24	171.08
勘探投资（亿元）	13.76	15.69
开发投资（亿元）	63.28	61.68
资产总额（亿元）	546.15	522.74
收入（亿元）	516.9	409.29
利润（亿元）	8.03	−115.32
税费（亿元）	59	46.55

【油气开发】 2018年，辽河油田优化开发部署，细化运行组织，严格生产督查，强化产、运、储、销系统联动，深化生产与经营协调互动，开展上产劳动竞赛，原油日产连上22个百吨台阶，保持千万吨规模稳产。产能建设实现提速提效，新建产能110万吨，年产油47.2万吨。方式转换实现新老区块、新老方式有序接替，新转蒸汽驱、深部调驱、火驱等各类井组59个，转换项目年产油264万吨。注水油田日产水平保持在万吨以上，自然递减率稳定在13.5%。稠油吞吐油汽比稳定在0.28，年产油334万吨。实施大修、侧钻等进攻性措施1339井次，年增油39.2万吨；恢复长停井988口，年增油28.4万吨。全年治理长停井及低产低效井1663井次，日增油3020吨，年增油42.8万吨，对油区开井率贡献2.1%；冷家油田和月东合作开发区完成产量96.86万吨，超计划2.26万吨。柴达木采矿区生产原油3.98万吨。加强采油生产管理和水、电、信等生产保障，有序组织钻井作业调配施工。提高油井开井率，检泵周期、泵效、吨液耗电、躺井率等指标均创近年最好水平。双6储气库实现扩容上产，建成国内第二大储气库；开展双台子储气库群及雷61区、马19区和黄金带储气库规划研究，为调剂和扩大能源储备做好规划布局。

【科技创新】 2018年，辽河油田加大科技工作力度，科学技术支撑油气勘探与开发的作用更加显著。承担国家科技重大专项5项、集团公司重大科技专项3项、集团公司科技项目6项，组织实施油田公司科技项目40项，计划执行率95%以上。实施国家科技重大专项稠油/超稠油开发技术示范工程，通过国家层面中期检查；推进股份公司“千万吨稳产”重大科技专项（二期），攻关取得9项创新成果；开展“辽河柴达木矿权区天然气规模增储关键技术研究”等3个项目经理负责制项目，效果初步显现；推进国家稠（重）油开采研发中心建设，通过集团公司稠油开采先导试验基地第二轮运行评估。获省（部）级科技成果12项、国家授权专利421件。攻关形成“沉积型潜山内幕勘探”“稀油、高凝油提高采收率”“蒸汽驱中后期稳产”等关键技术，助推油田实现增储稳产；创新形成“井下液压动力工具”“旋转导向钻井”等配套技术，提升工程施工效率；培育形成“低成本防砂”“小套管套损井修复”“大管径自动焊接”等特色技术，增强市场竞争力；突破形成“油泥减量化、资源化、无害化处理”“无污染修井作业”等节能减排技术，保障清洁生产。应用勘探开发梦想云平台、采油与地面工程运行管理、油气生产物联网等系统，强化档案资源共享，推进信息化建设。推行科技项目经理负责制，集中攻关“柴达木天然气增储”“超稠油开发提效”“低成本高效压裂”3个重大项目；依托国家能源稠（重）油开采研发中心，探索开放性研发模式，激发科研队伍创新活力。勘探开发核心配套技术实现新进展，保持基岩潜山勘探技术、稠油开发技术和高凝油开发技术的领先优势，完善推广15项关键技术，支撑辽河油田降本增效6000万元以上。

【经营管理】 2018年，辽河油田深化经营管理，全面实现扭亏为盈。推进开源节流降本增效工程，实施三年降本行动计划，落实降杠杆减负债方案，深化月度预警和对标分析，全方位提高经营管理水平。上市、未上市系统均保持正现金流、实现全面盈利，未上市部分自重组整合以来第一次实现盈利。加强投资管控，勘探开发主营业务投资比重达95%；通过加强前期论证、严格经济评价、推进钻井地面标准化等措施，优化投资4.73亿元；产能建设、生产辅助增值业务投资收益率分别超过10%、20%。精细成本控制，发挥财务"价值工程"、采油工艺"降本工程"作用，推进电商平台和全生命周期采购，落实"两金"压控措施，利用市场化机制降低钻井压裂费用，桶油完全成本控制在集团公司预算之内。靠实挖潜效果，通过原油分时分质分销、资产轻量化、集约利用土地等措施，挖潜增效29.66亿元；落实节能措施，实现节能4.86万吨标准煤、节水58.2万立方米，创效1050万元；争取集团公司资金支持，上市部分业务存量长期负息资金103亿元一次性转为资本金，减少利息支出3.95亿元；按照"减亏增效、两金压控和自由现金流管控"相挂钩的注资减债政策，获集团公司注资3.52亿元，降低资产负债率2个百分点；争取折旧返还资金1.38亿元，用于设备更新改善；积极纳税筹划，减少税负3.67亿元。规范企业管理，落实集团公司要求，高质量完成管理体系融合试点任务，建成集中统一、覆盖全面业务的综合管理体系；加强内控与法律风险防控、审计、概预算、招投标、资本运营等管理。多种经营企业实现收入137.1亿元，实现利润1520万元，比2017年增加收入10.6亿元，改善经营状况。

【市场开发】 2018年，辽河油田加强市场开发力度，提升创效能力。坚持经济激励、目标考核、责任分解多管齐下，外部市场实现收入146.5亿元、同比增长33%，主体收入63.2亿元、边际利润11.2亿元，用工规模超过8000人；积极拓展海外市场，中标哈萨克斯坦注汽服务等项目，扩大混合芳烃、轻循环油、北阿德配件采购等项目贸易规模，实现国际市场收入7.28亿元；全面升级国内油气田市场开发范围、规模和模式，从单一劳务型转向区块运维，推进浙江苏北采油厂整建制承包、吐哈鲁8块整体承包等重点项目，实现市场开发额13.38亿元；扩大地热技术行业影响力，实现收入600多万元。同步推进基建市场在建项目与新增项目，中俄天然气管道东线提前完成主体焊接任务，实现天然气互联互通4站1线当年开工、当年投产；中标涩北气田增压集输、昆明天然气EPC总承包、威远页岩气钻前工程等一批重点项目，开发工作量35.72亿元，实现收入45.17亿元；国内燃气市场由建设期转向经营期，辽宁省朝阳市、鞍山市和海城市支线建设全线贯通，基本完成覆盖辽宁省、辐射周边的管网布局；新开发贸易用户107个，实现收入34.24亿元，实现利润2660万元，燃气业务实现全面盈利。

【企业改革】 2018年，辽河油田落实集团公司改革总体部署，制定油田人事劳动分配制度改革总体方案和"1+N"配套政策，细化8项改革工程50项具体措施，下放部分开发方案审批权、月度修理计划审批权、部分房屋场地及应急设备租赁审批权、一定比例的零购应急资金自主支配权、合同审查权、部分关联交易管理权限，以及科技项目内经费调整审批权和二级单位自筹科技经费计划下达权等7项自主权，推动三年深化改革方案，打赢"老油田生存发展、提质增效攻坚战"，做好顶层设计和整体规划；优化组织结构，盘活未动用储量等低效油气资源，整合未动用储量项目部与油气合作开发公司，撤销低效油气资源利用部，全年撤并处级机构3个，压缩科级机构111个。压缩机关科室75个、科级职数117个、管理人员编制286个，实现"压缩3个20%"。优化队伍结构，盘活用工存量，实施"十一项"分流措施，分流安置6606人；严控用工总量，全年净减少3384人，实现负增长；严控机关编制、严格补员限期履职考评，推行公司机关"客座制"招聘，机关全年11个处室和部门通过"客座制"进行补员；基本完成"三供一业"分离移交任务，正式分离移交供水、供电、供暖业务和资产划转及物业协议签订，医院改革、药材药业股权处置、社保和重点市政业务移交取得实质进展。加大激励约束力度，建立绩效联薪机制，突出工效挂钩效益导向，加大增储超产、经营现金流、人员走出去考核力度，严格分配兑现，运用经济杠杆激发超产增效活力，调动全员工作热情。

【安全环保】 2018年，辽河油田推进责任建设、制度建设、体系建设和双重预防等工作，从严管控安全基础工作，落实"五严五狠抓"要求，坚持从严监督、铁腕整治，全面强基础、补短板、控风险、除隐患、防事故。突出"党政同责、一岗双责、齐抓共管、失职追责"，推动全员安全环保责任归位，完善风险分级管控、隐患排查治理双重预防机制，深化监督机制，开展承包商专项治理，强化外部市场安全监管，突出井控、消防、海上、交通等重点管控；投入 2.3 亿元，实施井场占压清理、油泥处理厂升级改造等 130 项治理工程，推进管道完整性管理，完成坨（坨子里输油站）—曙（曙一联合站）线、锦（锦州采油厂欢三联合站）—沥（辽河石化分公司）线穿越改造。推进 HSE 体系建设、基层站队标准化建设，突出教育培训，深化改进“三位一体”监督，增强专职与专业、直线与属地的联动监管水平，强力整治习惯性违章和低老坏行为，开展工程技术、基建、炼化等 13 次大型检查，组织承包商、电气火灾和危险化学品专项整治行动，检查曝光问题 7590 个，追责问责 137 人、违章处罚 33.7 万元；推进存量油泥处理、污水处理、自然保护区退出和先进技术研发应用，新建 10 套固废综合利用设施，治理储存池、“三防”（防火、防灾、防事故）设施隐患 32 处，合规处置 13.9 万吨油泥，2 座污水处理厂稳定达标排放；自然保护区退出 239 口井、弃置封井 105 口；完成绿色修井 2.16 万井次、钻井液不落地处理 837 井次。加强绿色矿山建设、生态保护区规划调整等工作，全年减排氮氧化物 4.8 吨，通过中央环保督察“回头看”专项督察，提升清洁生产水平；健全质量管控流程，抬高检验、测量工作标准，实施产品和工程施工质量控制闭环管理，查处质量问题 811 个，清退劣质产品 95 批，清退不合格企业 12 个，吊销质量认可 88 项，提高产品质量、施工质量和服务质量。

【企业党建工作】 2018 年，辽河油田加强党的政治建设，深入学习领会习近平新时代中国特色社会主义思想和党的十九大精神，实现两级党委中心组学习制度化、处级干部专题培训全覆盖，树牢“四个意识”、坚定“四个自信”；开展“四个诠释”岗位实践活动，增强党员干部的责任担当；配合集团公司开展巡视工作，采取措施整改存在问题。加强领导班子和干部队伍建设，突出政治标准选干部、配班子，强化年轻干部培养选拔；落实“三重一大”决策制度，发挥各级班子整体功能，增强两级班子和干部队伍的政治定力、改革魄力与综合能力；开展“百日作风整治行动”，转变机关干部队伍的整体形象。开展宣传思想和基层党建工作，推进形势任务主题教育，组织庆祝改革开放 40 周年、重塑形象活动周系列活动和新媒体创作、员工第一届艺术节等活动；加强意识形态管理，推进党建工作责任、制度、保障三个体系和研究、交流、信息三个平台建设，提升基层党组织规范化建设水平。深化党风廉洁建设，落实全面从严治党责任，出台“三不腐”（不敢腐、不能腐、不想腐）机制推进方案，落实中央八项规定精神实施细则；探索开展上下联动巡察，巡察监督 11 个基层党委及 15 个多种经营企业党组织；加大纪律审查力度，受理信访举报 168 件、处置问题线索 217 件、立案 70 件、处分 115 人；严格落实中央八项规定精神，推动两级机关作风、管理人员及其亲属违规经商办企业、办公用房专项治理，强化正风肃纪。加强员工队伍建设，大力弘扬石油精神；实施精准培训和基本素质达标工程，举办第十届技能竞赛；加强“创新工作室”建设，深化“双千双亿”挖潜活动，开展青年油水井分析，搭建三支人才队伍成长创业平台；探索“首席职工代表”制度，全方位加强民主管理。广大员工立足岗位、敬业奉献，涌现出获“中华技能大奖”的工人技师赵奇峰、启动最后一次“双闪”的“辽宁好人”张善哲、退职不褪色的管理干部张怀昌等优秀员工。

【和谐建设】 2018 年，辽河油田巩固稳定发展局面，实现发展成果全员共享。跨入集团公司盈利企业行列，员工工资收入同比增长 12%，创近年新高。全面推进偏、远、散小矿区搬迁和养老、托幼场所改造，把网购特惠平台、优惠观影、民用宽带提速降费措施落到实处，投入 4290 万元开展员工大病、创业、生活保障支持等，帮扶 1.38 万人次。落实信访维稳责任，建立油地信访联席机制，信访总量和进京上访量明显下降。组织开展油区“扫黑除恶专项斗争”，取得阶段性成果，坚持政法主导、油地协作、警企联动，全面整治恶意干扰、阻挠油田生产建设行为，矿区治安综合治理见到新成效。履行社会责任，保障扶贫投入，支持驻村工作队开展活动，选派 15 名干部担任驻村第一书记，全员参与盘锦市“全国文明城市”创建推进工作，树立负责任的国有企业形象。

（田　英　高　剑）

中国石油天然气股份有限公司长庆油田分公司
（长庆石油勘探局有限公司）

【概况】 中国石油天然气股份有限公司长庆油田分公司（长庆石油勘探局有限公司）简称长庆油田，成立于1970年，主营鄂尔多斯盆地油气及伴生资源的勘探、开发、生产、储运和销售等业务，工作区域横跨陕西、甘肃、宁夏、内蒙古、山西5省（自治区），矿权面积20万平方千米，2013年油气当量产量突破5000万吨，连续6年保持5000万吨以上稳产。有采油单位13个、采气单位10个、输油单位3个以及其他科研、生产辅助单位，用工总量7万余人。2018年，生产原油2377万吨，实现“十三五”期间止跌回升；生产天然气387.5亿立方米，创历史新高。油气当量达到5465万吨，同比净增149万吨，增幅为近年最高。收入1338亿元，同比增长19.8%；利润总额313亿元，同比增长71%；现金贡献115亿元，同比增加32%；税费237亿元，同比增长22.8%。

长庆油田主要生产经营指标

指　标	2018年	2017年
原油产量（万吨）	2377.02	2372.02
天然气产量（亿立方米）	387.48	369.43
新增原油产能（万吨）	264.4	244.7
新增天然气产能（亿立方米）	83.28	86.69
二维地震（千米）	3849	5500
三维地震（平方千米）	879	160
探井（口）	540	470
评价井（口）	379	320
开发井（口）	7228	6747
钻井进尺（万米）	2143.63	1912.71
勘探投资（亿元）	51.19	47.14
评价投资（亿元）	18.18	19.63
开发投资（亿元）	487.49	374.3
资产总额（亿元）	3532.37	3310.61
收入（亿元）	1338	1117
利润（亿元）	313	183
税费（亿元）	237	193

【油气勘探】 2018年，长庆油田持续推进储量增长高峰期工程，全年新增探明石油地质储量3.28亿吨，探明天然气地质储量2081亿立方米，超额完成年度任务。石油勘探在盆地南部延长组下组合，以及环西—彭阳地区发现多个含油富集区带。天然气勘探首次在陇东地区提交探明储量319亿立方米，在盆地中部盐下首次提交预测储量722亿立方米，在盆地东部本溪组累计发现16个含气富集区。高效勘探在长3以上浅层、靖西奥陶系新增优质油气探明储量5000万吨和500亿立方米，实现高效储量当年建产。4项成果获集团公司油气勘探重大发现奖。勘探技术持续深化，推广可控震源三维地震技术，加强复杂油气层测、录井判识技术攻关，强化烃源岩再评价，深化油气成藏规律研究，助推新区新领域再获新发现；开发技术持续升级，井网优化、优快钻井及压裂改造技术不断突破，为产能建设提供保障；超短水平井加密调整技术攻关初见成效，初期单井产能较定向井提高2倍以上；致密油长水平井体积压裂多项技术指标创历史新高，全可溶金属球座压裂工具被评为集团公司工程技术利器。地面工艺技术持续创新，一体化橇装设备全面应用，建设成本降低6%；完成ERP2.0系统和云计算中心一期建设，建成中心站124座、无人值守站637座，智能化油田建设迈出新步伐。

【油气开发】 2018年，长庆油气田开发亮点纷呈，全面推广“大平台、多井型、立体式、工厂化”作业模式，油田钻井周期缩短20%，气田水平井钻井周期下降15%，单井产能较计划提高5%—7%，油气新井贡献率分别提高4个百分点和5个百分点，全年累计完钻井8000口、进尺2100万米以上，创近年新高。狠抓以精细注水为核心的降递减工程，精细注采调整，规模实施调剖调驱，自然递减率硬下降1个百分点，含水上升率保持稳定，主力油田开发形势持续向好。深挖原油增产潜力，加快推进万口井评价挖潜和套损井治理工程，当年增产23万吨。天然气产能建设突破百亿立方米，盆地东部规模建产28.5亿立方米，陇东、宜川评价首获百万立方米高产气井。边远气井综合利用取得突破，措施增产与千口气井评价挖潜增加气量25亿立方米。理顺轻烃生产管理机制，生产轻烃27万吨。主力气田生产平稳，全年超产19亿立方米。油气合作完成油气当量产量598万吨，超产28万吨。

【重点项目】 2018年，长庆油田百万吨整装致密油示范区初具规模，致密油水平井钻井周期、水平段长度、压裂规模等多项指标创国内第一，单井产量达到18.1吨/日。重点推进万口油井、千口气井评价挖潜和套损井治理工程，复产长停、长关油气井1000余口，综合挖潜油气当量48万吨，边远气井综合利用增产1100万立方米。岭二联合站、神木第二天然气处理厂等一批重点场站如期完工，上古天然气处理总厂建设前期工作落地。

【经营管理】 2018年，长庆油田坚持效益优先，把降本增效贯穿生产经营全过程，制订完全成本控降三年行动计划及运行方案，出台专项奖励办法，落实“横向到边、纵向到底”的控降责任，加大方案执行督导力度，打好控本降费“组合拳”，油气运行成本实现硬下降。严格投资成本管控，投资回报率11.45%，同比提升5个百分点；落实资产轻量化战略，深挖资产创效潜力，调剂各类资产1.4亿元，报废资产31亿元，减轻资产负担；强化生产经营一体化管控，创新预算管理模式，财务状况更加稳健，发展质量效益实现双提升。

【企业改革】 2018年，长庆油田优化生产经营机制，构建服务企业“关联交易+”新模式，深化产能建设管理，钻井、测井综合服务成本分别下降10%和9%。优化土地资源综合利用，生产用地减少20%；推进“三项”制度改革，加快机构调整和简政放权，撤销调整处级单位6个，劳动组织结构更趋扁平化，盘活用工1900余人；完善工效挂钩政策，薪酬考核体系进一步健全；完善内部管理机制，修订管理制度187项，内控体系实现全覆盖；加快构建纪检、组织、财务、内控、审计一体化的“大监督”体系，发现并整改各类管理问题2800余个，避免经济损失2500余万元；实施“三商”四级管理，优化招投标管理机制，确保市场管理风险受控；搭建共享合作平台，与11家科研院所、兄弟单位签订战略合作协议，支持共享服务西安中心建设，实现人事、财务等工作流程的优化再造；巩固特困企业专项治理成果，推进扩大经营自主权改革，未上市业务盈利能力显著提高；平稳有序实施“三供一业”分离移交和医院重组改制，社区管理职能及市政设施全部实现属地移交，按期完成集团公司下达的改革任务。

【科技创新】 2018年，长庆油田创新突破关键瓶颈技术，优化提升常规技术，规模推广先进成熟技术，获省部级科学技术奖15项、集团公司油气勘探重大成果奖4项、授权专利263件。油气勘探技术创新推动勘探发现，攻关形成黄土山地“大面元、宽方位、高覆盖”三维地震技术，提升低幅度构造圈闭的预测精度，为井位部署、水平井导向提供重要依据；建立双电阻对比法、中子曲线叠合法等测井识别技术，符合率80%以上；规模应用液氮增能体积压裂、定点多级压裂等提高单产技术，探井评价井试油成功率和高产井比例明显提升。油气开发工艺技术创新推动稳产增效，深化超低渗油藏加密调整试验，平均单井日产油提高0.3吨；完善提高采收率技术体系，微生物活化水驱、空气泡沫驱、二氧化碳驱累计增油7.5万吨，自主研发聚合物微球深部调驱技术增油27.4万吨，提高区块采收率6%以上；完善致密气藏井网优化评价技术，先导试验提高采收率6%。研发应用一体化集成装置16类294套，替代72%的中小型站场，减少占地35%，缩短建设周期35%；创新形成长庆特色的地面系统布局模式，建设投资和系统能耗分别下降20%、30%以上。关键工程技术利器优化升级推动提速提效，攻关致密油长水平井体积压裂技术，创造国内多项纪录。完善天然气开发小井眼钻井技术，单井钻井成本下降35万元，最短钻井周期6.8天。自主研发数字式分层注水技术，单井年节约测调成本3.8万元。数字化技术创新应用推动智能化油气田建设，云计算中心一期已投运，建成中心站124座、无人值守站637座，盘活用工1900余人。油气田部分区域实现无人机矿权巡护、井站巡检、管线巡查，部分厂站推进智能机器人巡检。油田数字化覆盖率93.4%、气田覆盖率100%。

【质量安全环保】 2018年，长庆油田成立质量安全环保巡察办公室，强化过程管控、事故预防和监督考核，构筑责任清晰、风险可控的安全责任体系。开展地质灾害等专项排查8次，查改隐患问题1550项；完成场站压力容器、油田套损井、管道泄漏等隐患治理工程；建成作业废水集中处理站7座、环境敏感区一线倒班点生活污水处理设施40套，油田环保基础更加牢固，安全环保隐患持续削减。加大审核检查力度，问责监管人员301人次；组织关键领域专项督查，查改不符合项1057个；狠抓承包商安全监管，全年处罚队伍1008支，安全环保重大风险全面受控。安塞油田、西峰油田、南梁油田分别通过国家级、省级绿色矿山创建评估；创建生态文明示范区，打造五种生态保护模式；狠抓突出问题整改，通过中央环保督察“回头看”，推进绿色矿山及示范区建设。建立产品、工程和服务质量督查、通报、曝光、考评机制，健全“黑名单”制度，处理“三商”（供应商、服务商、承包商）860家，关键产品质量抽查合格率同比提升12%，挽回可测算费用1.67亿元，质量管控水平显著提高。

【企业党建工作】 2018年，大庆油田认真组织“四个诠释”和“三亮四比一创建”岗位实践活动，持续完善党建制度体系、责任体系和考评体系，不断推进标准化党支部建设，推广应用党建信息化平台，基层党组织的战斗堡垒作用得到有效发挥。深入推进党风廉政建设和反腐败工作，深化“三不腐”机制建设，从严从实逐项整改集团公司巡视反馈问题，推进党内巡察三年全覆盖，积极实践运用“四种形态”，长庆油田政治生态持续向善向好。大力弘扬石油精神，打造特色文化品牌，坚持宣传舆论工作“六个必须”，长庆油田发展的好声音和正能量得到广泛传播。尊重群众首创精神，强化“五型”班组创建，深化民主管理和厂务公开，开展主题劳动竞赛，打造青春建功品牌，群团工作优势得到充分发挥。

【惠民工程】 2018年，长庆油田认真落实以人民为中心的发展思想，大力实施民生工程，稳步推进员工住房建设，湖滨花园三期、西峰基地三期和银川燕鸽湖续建项目顺利实施。一线住宿、饮水、如厕、洗澡、就餐等问题得到解决，长庆科技楼员工食堂建成投运，启动苏里格大厦员工食堂建设。健全基层“一库一中心”医疗体系，员工健康保障能力持续增强。抓好“一老一少”服务，落实离退休老同志各项待遇，解决油田子女就业737人，搭建“长庆鹊桥”，员工后顾之忧得到解决。启动三年员工关爱计划和十大普惠行动，持续推进扶贫帮困，困难群体总量同比下降18.2%。

【矿区建设】 2018年，长庆油田持续深化矿区业务改革，剥离企业办社会职能基本完成，“三供”业务分离移交协议签订率、维修改造费用申请率、资产移交率均100%，管理服务职能移交率94.5%；矿区11家单位21个社区管理职能、6项市政设施及2座场馆全部移交当地政府，社区管理职能及市政设施移交全面完成。深入实施惠民工程，企业发展成果进一步惠及职工，推进安居工程、基地配套、矿区服务质量提升及“一老一少”关爱等4大类10个项目。调整油田住房产权证办理模式，办证率71%；抓住矿区改革政策窗口期，实施基地配套工程项目，全年新增住宅小区停车位1512个，安装完成电动车充电设备44台套、充电接口473个，新增绿地面积146万平方米，油田绿化覆盖率35.36%；庆城引黄入庆工程全线贯通，试水运行。创新开展“一老一少”服务管理，17个社区餐厅解决3000余名居家老人吃饭难问题，引进社会机构开展老人照料、家政、月（育儿）嫂等服务850余户；集中开展作业辅导、教育广场、“五点半学校”、全托管等留守儿童托管托教服务，近4000名儿童受益；新增投运1所幼儿园，安排494万元升级改造16所幼儿园视频监控系统，儿童教育品质持续提升；离退休职工“两项待遇”有效落实，新增体检项目2项，实施差异化服务及“一人一策”精准服务；进一步释放社会保险及住房公积金政策利好效应，油田定点医疗服务机构增至83家，职工基本医疗保险最高支付限额增至39.4万元，提取支付公积金8.26亿元、装修贷款12.28亿元。实施服务质量提升工程，矿区服务满意度稳中有升，2018年矿区居民综合服务满意度达94.7分。拓展前线医疗保障服务项目，增设前线医疗点2个，全年开展送健康到一线巡回医疗服务165次、健康讲座189场次，服务前线员工近2万人次。实施矿区“服务质量提升工程”，开展“群众性服务质量提升合理化建议”活动，组织集中培训87期，协助外包队伍培训28场次，矿区物业与公用事业服务标准规范综合达标率94.84%；针对居民反映较为集中的保安服务、绿化环卫、出租房管理等顽疾开展专项治理，查找问题81项，落实针对性改善措施163条；强化服务过程的跟踪考核和奖惩兑现，全年扣减外包费用约48万元，处罚监管人员249人；针对供暖业务移交过渡期的质量问题，加强协调督办，完善技改措施，全力保障油田居民温暖过冬；整合发挥网格化管理优势，巩固发展“1510”服务模式，开展智慧社区建设试点；持续提升医疗服务质量，两所医院全年门急诊总量超80万人次，住院患者2.7万人次。

（卢晓东）

中国石油天然气股份有限公司塔里木油田分公司

【概况】 中国石油天然气股份有限公司塔里木油田分公司（简称塔里木油田）前身是1989年4月成立的塔里木石油勘探开发指挥部，主营业务包括油气勘探开发、炼油化工、油气销售、科技研发，是中国石油的地区分公司。总部位于新疆维吾尔自治区巴音郭楞蒙古自治州库尔勒市，作业区域遍及塔里木盆地周边20多个县市，有探矿权面积14.7万平方千米、采矿权面积8824平方千米。2018年底，塔里木油田设机关职能处室16个，直属机构3个，附属机构4个，二级单位29个；员工总数10735人，其中女员工3302人、少数民族员工2311人。

塔里木油田主要生产经营指标

指　标	2018年	2017年
原油产量（万吨）	551.53	520.21
天然气产量（亿立方米）	266.21	253.27
新增原油产能（万吨）	86.2	59.89
新增天然气产能（亿立方米）	23.9	21.47
二维地震（千米）	2264	3184
三维地震（平方千米）	3386	1534
作业探井（口）	89	86
作业开发井（口）	198	158
钻井进尺（万米）	107.14	97.55
勘探投资（亿元）	62.33	45.66
开发投资（亿元）	97.64	73.61
尿素产量（万吨）	48.96	66.64
资产总额（亿元）	819.92	855.77
工业总产值（亿元）	416.89	367.53
收入（亿元）	441.36	397.52
税费（亿元）	77.16	71.74

2018年，塔里木油田深入贯彻落实习近平总书记重要指示批示精神，瞄准3000万吨大油气田建设目标，组织开展库车山前勘探开发会战和老油气田综合治理会战，加快资源落实和产能建设，各项部署高效实施，勘探开发实现质量效益双跨越。全年生产石油液体551.53万吨、天然气266.21亿立方米，油气产量当量2673万吨。实现工业总产值416.89亿元，销售收入441.36亿元，上缴税费77.16亿元，绩效考核位居集团公司和上游板块前列。

【油气勘探】 2018年，塔里木油田把资源战略摆在更加突出的位置，持续加大勘探力度和投入，强化新区新领域风险勘探，大力实施集中勘探、精细勘探和风险勘探，重点实施库车山前勘探，油气储量保持高峰增长，获股份公司油气勘探重大发现特等奖、一等奖、二等奖各1项。全年完成二维地震2264千米、三维地震3386平方千米，完钻探井47口、进尺32.21万米，在20口井获工业油气流，油气勘探获得一个重大突破、三个重要发现、一个评价进展、一个发现苗头。其中“一个重大突破”是12月12日秋里塔格构造带上的中秋1井在白垩系巴什基奇克组6073—6182米井段进行酸压测试，用5毫米油嘴放喷求产，油压81.50兆帕，折日产天然气33万立方米、凝析油21.4立方米，发现一个千亿立方米级凝析气藏，库车坳陷打开一个新的油气富集区带。“三个重要发现”包括：温宿凸起古木别兹构造带上的古木1井在1350米的浅层获工业油流，新发现一个千万吨级稠油油藏；塔中隆起塔中北斜坡的中古70井在奥陶系鹰四段首次获得发现，开辟塔中勘探新层系；库车坳陷克拉苏构造带大北12号构造上的吐北401、库车坳陷克拉苏构造带阿瓦5号构造上的阿瓦5井获工业油气流，展现良好勘探潜力。“一个评价进展”是克拉苏构造带气藏评价进展顺利，新发现圈闭117个、重新落实圈闭39个。“一个发现苗头”是昆仑山前柯东构造带白垩系见良好发现苗头，甫沙4井、柯东5井见到良好油气显示。

【油气开发】 2018年，塔里木油田以老油气田综合治理会战和新区上产为重点，转变开发理念、强化低成本开发，积极构建合理开发秩序，产能建设集中统一管理，油气生产高效组织，油气产量大幅攀升。全年完成油气产量当量2673万吨，其中生产原油551.53万吨、销售原油550.39万吨，生产天然气

266.21亿立方米、销售天然气251.2亿立方米（通过西气东输管网销售215.61亿立方米）。井位部署不断加快，3月底完成2018年井位部署，12月底完成2019年井位部署。针对严峻的天然气保供形势，强化产运销一体化协同，天然气生产高位运行，高峰日供气量超8300万立方米。开展老油气田综合治理，加强措施挖潜和长停井治理，累计实施措施井176井次，措施有效率92.6%，年增油26.1万吨、增气13.6亿立方米，恢复年原油生产能力39.2万吨、天然气生产能力26亿立方米。强化注水注气，碎屑岩油藏、碳酸盐岩油藏分别注水504.30万立方米、167.90万立方米，注气开发油气田累计注气9.36亿立方米。实施开发专项治理，稳步推进开发提采工程，原油综合递减率11.0%，自然递减率16.1%，综合含水率70.0%。成立油气田产能建设事业部，集中管理油藏评价、钻井组织、新井投产、地面建设，全年完钻开发井150口，新建产能原油86.2万吨、天然气23.9亿立方米。

【石油钻井】 2018年，塔里木油田加快探井、评价井转开发井节奏，持续推进钻井提速提效，不断加大工程技术攻关力度，形成井筒解堵等一系列配套技术。全年作业井合计287口（含跨年度顺延井83口），总进尺107.14万米，作业井数量同比增加43口、总进尺同比增加9.59万米。作业井中，探井53口、评价井36口、开发井198口；直井121口、定向井100口、水平井66口；开钻205口、完钻187口、完井187口。全年动用钻机1085.02台·月，平均钻机月速987.38米/（台·月），平均机械钻速4.79米/时；生产时效92.12%，进尺工作时效49.69%，纯钻时效28.64%，事故时效2.78%，复杂时效3.40%；完成井平均钻井周期150.62天，平均完井井深5868.78米，平均完井周期150.62天。

【炼油化工】 2018年，塔里木油田推进炼化业务转型升级和控亏减亏，发挥上下游一体化优势，关停塔西南炼油化工厂，扎实推进乙烷制乙烯项目前期工作，调整优化产业结构和人力资源。塔石化分公司在3月4日至9月17日开工生产，其余时间停产，生产合成氨28.6万吨、尿素48.96万吨，销售尿素46.44万吨，营业利润8006万元，合成氨综合能耗32.75吉焦/吨，原料和燃料天然气消耗1150.68米^3/吨氨，尿素氨耗569.34千克/吨，尿素产品优级品率99.5%。塔西南公司炼化装置全年未开工生产，重点开展隐患治理与装置设备维护工作。11月13—14日，塔里木油田召开党工委常委（扩大）会议，决定彻底关停塔西南公司炼化装置，推进炼化业务转型升级。成立塔里木乙烷制乙烯前期项目经理部，加强与国家部委、地方政府和相关企业沟通协调，高效组织方案设计、人员培训、物资采购等前期工作，完成原厂址初勘、乙烯装置详勘，完成乙烯工艺包设计、燃料天然气方案设计、甲烷氢回注方案编制；截至2018年底，项目安全预评价和环境评价等专项评价通过审查，工艺包引进、乙烯装置基础设计、铁路专用线方案设计等工作同步启动推进。巴州塔里木能源公司首个完整年生产混烃42万吨，超产2万吨，创造利润1.7亿元，上缴税费1亿元。

【科技创新】 2018年，塔里木油田以战略目标和生产需求为导向，加强关键技术攻关，加快数字化油田建设，支撑高效勘探开发。勘探技术方面，持续加强综合地质研究，深化秋里塔格构造带、古木别兹断裂带和台盆区碳酸盐岩地质认识，创新完善复杂山地和大沙漠区地震处理解释技术，有效支撑圈闭落实和井位部署。开发技术方面，推进老油田注气提采主体技术攻关，塔北碳酸盐岩注气吞吐试验规模和东河油田注气规模持续扩大，塔中4油田注气开发试验进展顺利，注天然气重力混相驱提高采收率技术入选中国石油2018年十大科技进展；强化库车前陆冲断带气藏高效开发技术攻关，取得裂缝性致密砂岩储层描述及气藏地质建模技术等4项关键技术，推动库车天然气快速上产。工程技术方面，建立山前提速模板，试验精细控压钻井，攻关形成“钻头优选+提速工具组合+钻井参数强化”钻井提速技术，配套完善大斜度井钻井技术、高压气井井筒解堵技术和缝网压裂储层改造技术，持续改进老区碎屑岩固井技术，助力勘探开发提质增效。信息化建设方面，完成数字化油田建设总体规划和建设方案，实现基地至前线骨干网400吉字节扩容升级，建成2个钻完井决策支持中心，推广应用综合办公系统、勘探开发梦想云平台，数据集成共享和系统集成应用进一步深化。组织实施国家项目（课题）17个、集团（股份）科技项目（课题）7个、勘探与生产分公司课题18个，实施油田公司研究项目24个，重大先导试验项目9个。获省部级科学技术奖励19项，获国家授权发明专利48项、实用新型专利268项、软件著作权92项。江同文获第二十七届孙越崎能源大奖。

【企业改革】 2018年，塔里木油田以管控模式和管控能力现代化为引领，加强顶层设计，搭建“1+4”改革总体框架和辅助业务市场化改革“1+N”总体设计，突出重点领域和关键环节改革，健全完善管理体制机制，扎实推进企业改革。业务结构优化方面，组建炼化处和乙烷制乙烯项目经理部，健全炼化业务管理机构、推动炼化业务转型升级；专题研究塔西南改革发展稳定问题，彻底关停塔西南炼化业务，提出“建设现代化大油气田战略接替区、现代化工业生产基地、国家稳定南疆发展南疆战略支点”的发展定位，内部分流人员1016人；加快推进“三供一业”、医疗服务等业务的分离移交，签订“三供一业”分离移交协议，完成宝石花物业管理有限公司巴州分公司注册，启动分离移交业务施工改造工作。组织结构优化方面，深化机关改革，将采油气、井下作业管理职能从开发处划入工程技术处；基建工程处更名为地面工程处，将开发处的地面工艺，设备物资处的仪表自动化、管道与站场完整性等管理职能划入地面工程处，构建地面系统全过程、全生命周期管理体制机制；组建监督中心，构建“大监督”体制机制；成立油气田产能建设事业部，实现产建集中统一管理，推进钻完井和地面建设业务重组；优化调整开发生产单元，形成油气开发部—生产站队的开发生产管理改革方案。队伍结构优化方面，实施人事劳动分配制度改革，制定出台“1+11”配套政策；系统调整和厘清机关职能，完成劳动“五定”工作，核减处科级机构12个、处科级职数11个，减少机关定员41人。

【哈拉哈塘油田外围区块地面骨架工程投产】 2018年8月30日，哈拉哈塘油田外围区块地面骨架工程建成投产。该工程是为解决跃满、富源、哈得23三个区块试采井所生产油气的处理问题而实施的工程，工程总投资7.98亿元，设计原油年产量规模45万吨，天然气日处理规模45万立方米。原油集输管道97千米，天然气集输管道155千米，输电线路64千米，道路98千米。工程2017年7月31日开工建设，采用和推行的管理模式为“业主+E+P+P+C”（业主+设计+采购甲+采购乙+施工）。主要新建哈得23区块计转站及凝析油外输管道工程、跃满转油站及天然气外输管道工程、跃满转油站至哈得一联合站油气管道、富源区块计转站工程、跃满转油站倒班宿舍工程、供配电工程和道路工程，改扩建哈得一联合站。

【南疆天然气利民工程两条新增支线建成】 2018年，南疆天然气利民工程新增的阿瓦提支线投产、乌什支线建成。两条新增支线于2013年塔里木油田第三次总经理办公会议决定建设，2014年12月可行性研究报告获股份公司批复，2015年3月由国家发展和改革委员会办公厅复函同意纳入南疆天然气利民工程。2017年3月2日，阿瓦提支线工程初步设计获批，10月16日，乌什支线工程初步设计获批。两条支线均起自南疆天然气利民工程干线8号阀室，设计压力6.3兆帕。其中：阿瓦提支线工程投资5967万元，全长44.5千米，设计输气规模16.31万米^3/日，2017年7月20日开工建设，10月30日建成，2018年10月27日投产成功；乌什支线工程投资1.03亿元，全长98.2千米，设计输气规模13.97万米^3/日，2018年4月6日开工建设，11月2日通过交工验收。随着两条支线建成投产，南疆地区除了塔什库尔干县、阿合奇县以外，其余县（市）和24个兵团农场均实现气化。

【安全生产“大讨论、大反思、大排查、大整改”活动】 面对2018年上半年安全生产严峻形势，5月3日起，塔里木油田开展“大讨论、大反思、大排查、大整改”活动。发布实施“十条禁令”，推广“四条红线”事故现场处置管理办法，采取分片包保、干部下沉等系列措施，突出强化“两个总监”责任归位。全面梳理安全管理工作存在的薄弱环节和业务范围内的事故隐患，建立各级风险清单，明确整改措施、时间节点和责任人，并逐级签字背书，加强风险分级管控和隐患集中排查治理。组织全体干部员工学习党中央、新疆维吾尔自治区党委、集团公司党组关于安全生产的系列新政策新法规新要求。按照“全员在岗在位在状态”的要求，领导班子深入生产一线检查督导，机关部门主动帮助基层整改问题，各级领导干部认真落实分片包保责任，全体员工严格执行相关决策部署。通过活动的开展，甲、乙方干部员工安全生产意识和能力得到巩固和提高，风险隐患得到有效整改，下半年未发生安全事故。

【加强和改进党工委统一领导】 2018年，塔里木油田研究制定《中共塔里木油田公司工作委员会关于加强和改进统一领导的十条意见》《中共塔里木油田公司工作委员会工作规则（试行）》，从强化党工委统一领导、优化党工委油服成员单位组成、完善党工委统一领导工作制度、加强政治思想引领、加强干部队伍管理、加强生产经营整体协调、加强基层党组织建设、强化考核评价、深化战略联盟合作、加强非油服成员单位的管理十个方面，对加强和改进党工委统一领导进行谋划部署，从严从实加强油田党的建设。

（张　露　滑晓燕）

中国石油天然气股份有限公司新疆油田分公司（新疆石油管理局有限公司）

【**概况**】中国石油天然气股份有限公司新疆油田分公司（新疆石油管理局有限公司）简称新疆油田，前身是1950年成立的中苏石油股份公司，主要从事准噶尔盆地及其外围盆地油气资源的勘探、开发、集输、销售及生产服务、矿区服务和其他辅助业务，总部位于新疆维吾尔自治区克拉玛依市。截至2018年底，累计探明石油地质储量28.8亿吨、天然气地质储量1735.88亿立方米，油气资源探明率分别为30.3%和7.5%；累计生产原油3.76亿吨、天然气845.5亿立方米。形成环准噶尔盆地油气输送环网，原油输送管道46条，总长2374千米，年输送能力2000万吨；天然气输送管道54条，总长1663千米，年输送能力120亿立方米。设机关处室18个，直（附）属单位10个，基层单位35个；用工总量37520人，其中管理和专业技术人员13903人、女员工14108人。

新疆油田主要生产经营指标

指　标	2018年	2017年
原油产量（万吨）	1147	1131
天然气产量（亿立方米）	29.1	28.42
新增原油产能（万吨）	251	202.78
新增天然气产能（亿立方米）	1.67	1.4
二维地震（千米）	1238	2550
三维地震（平方千米）	2194	1568
探井（口）	123	132
开发井（口）	1709	1539
钻井进尺（万米）	279	259.96
勘探投资（亿元）	38.18	38.88
开发投资（亿元）	149.13	104.43
资产总额（亿元）	1321.19	1198.95
收入（亿元）	510.55	395.89
税费（亿元）	77.2	55.39

2018年，新疆油田围绕“掌控资源、配套技术、控制成本、做强人才、维护稳定”五项核心任务，抓住油价平稳回升有利时机，全力打好勘探开发进攻仗，持续强化技术和管理创新，大力推进低成本发展和精细化管理，全面加强安全环保和维稳防恐工作，超额完成集团公司下达的各项业绩考核指标，再次实现绩效考核、薪酬兑现“双封顶”。2018年生产原油1147万吨、天然气29.1亿立方米。

【**油气勘探**】 2018年，新疆油田推进高效勘探、规模增储，油气勘探获多项成果。玛湖地区规模勘探获重要进展，玛南斜坡上乌尔禾组落实三级石油地质储量5亿吨，玛湖1井区下乌尔禾组新获工业油流16井16层，达18井、克205井、风南409井在中—下二叠统均获工业油流，玛湖凹陷整体含油格局全面形成。风险勘探连获突破，沙湾凹陷沙探1井在二叠系、三叠系、侏罗系钻遇良好油气显示，在二叠系上乌尔禾组获得工业油气流，展现出与玛湖凹陷类似的多层系勘探潜力。南缘高泉构造高探1井在白垩系清水河组钻遇良好油气显示，该井在2019年1月4日试油获高产工业油气流，日产原油1213立方米、天然气32.17万立方米，创国内陆上碎屑岩单井高产纪录，展现出南缘下组合大构造良好勘探前景。准噶尔盆地中浅层勘探获重要发现，玛湖015井在侏罗系八道湾组获日产406立方米工业油流，红车断阶区车排18井在二叠系佳木河组获日产221立方米工业油流，阜东斜坡阜32井在侏罗系头屯河组获日产101.49立方米工业油流，展现效益勘探良好潜力。

【**油气田开发**】 2018年，新疆油田坚持效益开发，油气产量连续4年超过下达计划指标。优化产能结构和方案部署，新建原油产能251万吨、天然气产能1.67亿立方米，分别同比增加48.22万吨、0.27亿立方米。在178个平台472口井实施“水平井＋体积压裂”和“大井丛、平台式、工厂化”产能建设模式，减少征地2600余亩，节约投资及后期运行成本9329万元。推进老区稳产工程，精细注水，优化注汽，稀油自然递减率控制在9%，稠油油汽比稳定在0.12；实施措施井1420口，措施有效率85%；复产长停井

277 口，恢复产能 20 万吨；推进聚合物驱、火驱工业化应用等重大开发试验，进一步配套中高渗砾岩油藏“二三结合”、稠油火驱、超稠油 SAGD、二氧化碳驱等提高采收率技术；全油田综合递减率 1.9%，含水上升率控制在 1%。呼图壁储气库平稳高效运行，新增采气能力 150 万米^3/ 日，最大调峰能力达 1900 万米^3/ 日，累计注气量、库容量均突破 100 亿立方米。

【生产服务】 2018 年，新疆油田加大重点区块增储上产保障力度，在玛湖地区推广应用“直井段定型防斜打快、造斜段应用旋转导向、水平段攻关常规定向”技术体系，玛 131 井区平均工期 41.8 天、同比缩短 18.9 天。在吉木萨尔页岩油推广应用二开井身结构，平均工期 58.4 天、同比缩短 28.6 天。加强裂缝启裂机理及扩展规律研究，强化现场工序无缝衔接，玛湖和吉木萨尔页岩油压裂效率分别由 1.7 级 / 日、2.5 级 / 日提升至 2.4 级 / 日、3.3 级 / 日。开展“小井距 + 密切割”、石英砂替代陶粒、水平井暂堵体积压裂等试验，节约成本 3.3 亿元。成立水平井轨迹控制专家团队，深化轨迹管控要素研究，油层钻遇率 88%，同比提高 2%。生产井口、抽油机 1484 台套，挖潜闲置设备 421 台。全年发电 14.8 亿千瓦・时，用电 13.3 亿千瓦・时。设备完好率 98%，重点物资保障率 100%。

【科技创新】 2018 年，新疆油田深入推进“大科技工程”，健全完善科技大联合研发体系，组建准噶尔盆地研究中心，攻关形成优质储层分类评价与预测、开发部署优化设计、水平井优快钻完井与一体化压裂优化设计等技术，配套吉木萨尔页岩油水平井动用开发模式和甜点评价技术，油田勘探开发建设得到有力技术支撑。完善浅层稠油热采后火驱配套技术，火驱点火、监测等关键技术达到国际先进水平，盘活废弃稠油资源 1520 万吨，区块采收率提高 31.5%。中国石油数据中心（克拉玛依）正式投运，成为集团公司“三地四中心”之一。获省部级及以上科技成果 36 项，“凹陷区砾岩油藏勘探理论技术与玛湖特大型油田发现”获国家科学技术进步奖一等奖，“玛南斜坡区二叠系上乌尔禾组厚层砂砾岩规模成藏模式与整体突破”获集团公司科学技术进步奖特等奖。加强知识产权管理和新技术推广应用，申请专利 271 件，获专利授权 143 件、软件著作权 9 件。

【企业管理】 2018 年，新疆油田深化开源节流降本增效，实施 10 大类 50 项提质增效措施，实现增效 6.68 亿元、控减投资 13.1 亿元。推进玛湖、吉木萨尔地区建设项目全生命周期管理，推进三年降本行动，油气单位操作成本、桶油完全成本分别控制在 13.89 美元 / 桶和 44.03 美元 / 桶。启动扩大经营自主权改革，下放措施费用审批权，措施增油量同比提高 14 个百分点，措施有效率 85%。开展低效无效资产及闲置土地处置工作，增收 0.89 亿元。加强物资管理，推行集中招标和代储代销，推进降库利库工作，降库率 5%。司库 2.0 系统正式上线运行。健全完善市场招标合同一体化管理体系，节约资金 4.3 亿元。开展安全管理、经营合规、政治生态等领域风险研判、评估定级，整改问题 260 余项。

【企业改革】 2018 年，新疆油田坚持“油公司”发展方向，编制完成公司高质量发展实施方案，加快剥离企业办社会职能，完成供水、供电、供热、燃气业务及 1 家医院、1 座体育馆、13 座清真寺分离移交。推进仓储物流、值班用车、档案管理、员工培训、应急消防、后勤服务等业务专业化整合，推进数据信息、财务核算、人力资源、法律事务等共享中心建设，管理运行效率效益得到提高。持续优化组织结构，减少副处级机构 1 个、科级机构 31 个、定员 1511 人。通过国务院国资委“处僵治困”专项审计，新疆石油管理局有限公司主体完成“处僵治困”工作。推进企业综合管理体系一体化融合试点建设，梳理优化业务流程 1071 项，制修订规章制度 976 项、废止 95 项。推进人事劳动分配制度改革，制订深化人事劳动分配制度改革框架方案。

【安全环保】 2018 年，新疆油田狠抓安全环保生产责任制落实。持续推进 HSE 管理体系建设，制修订安全管理制度 12 项，顺利通过集团公司 2 次 HSE 管理体系审核，定级为良好；开展公司体系量化审核，发现问题 3207 项。推进班组自主化建设，702 个班组通过验收。对 215 名处级干部、1040 名科级干部开展 HSE 履职能力评估，实现关键岗位全覆盖。开展“大讨论大学习大反思大检查”活动，推进风险分级防控和隐患排查治理机制建设。推进历史遗留环境隐患治理，完成卡山保护区油气设施退出和 1311 口“两漏井”治理，风城密闭集输工程一期工程建成投用。持续攻坚含油污泥治理，累计处置超 200 万吨，超额完成年度治理计划。推进绿色油气田及美丽场站建设，划分一类场站 176 个、二类 294 个、三类 36 个，打造公司级示范点 10 个。开展专项体系审核，345 项问题全部整改销项。实施节能技术改造 4 项，投入资金 1.76 亿元，节能 4.7 万吨标准煤、节水 66 万立方米。

【社会责任】 2018年，新疆油田依法缴纳税费77.2亿元，同比增加21.81亿元，其中贡献克拉玛依市财政26.2亿元，同比增加7.07亿元。推进油气合作开发，生产原油65.6万吨。投入资金2000万元，支持地方脱贫攻坚和灾后重建。选派76名干部参加南疆“访惠聚”驻村工作，投入资金633万元，开展维稳惠民助贫，妥善安置转移性就业200余人，协助建设保障性安居房472套，泽普县5个村全部通过地区脱贫“摘帽”初审，公司被评为新疆维吾尔自治区“访惠聚”年度优秀组织单位。发挥驻新疆企业协调组作用，争取征地环评、生态红线划定等政策支持，推动企地融合发展。协同政府持续做好“四供”业务维修改造工作。实施23栋住宅楼抗震及外墙保温，升级完善81个小区视频监控系统，推进物业管理和供热采暖货币化改革，矿区服务综合满意度96%。

【企业党建工作】 2018年，新疆油田深入学习贯彻习近平新时代中国特色社会主义思想和党的十九大精神，学习教育实现全员覆盖。加强党务干部队伍专业培养，实施党建工作责任制考核评价，开展党组织书记抓基层党建述职评议考核，实行基层党支部书记资格认证，推动党建工作责任落实。推进基本组织、基本队伍、基本制度建设，星级标准化党支部创建达标率87%，《“1+4+1”党员意识提升工程》案例获全国基层党建创新优秀案例，5项成果被评为集团公司优秀党建研究成果。推进党风廉政建设，开展党委政治巡察工作，对18家单位开展巡察、4家单位进行“回头看”检查，落实整改制修订制度168项。制定实施《公司党委进一步贯彻落实中央八项规定精神实施细则》，开展预警提示和监督检查，持之以恒纠正“四风”，加大纪律监督问责力度，巩固反腐败斗争压倒性态势。加强重点领域和关键环节合规监察，向8家单位下达监察建议书，向2家单位派驻纪检组。坚持党管干部原则，开展处级领导班子结构分析和空岗研判，调整处级干部120人。加强优秀年轻干部培养选拔，推进“百名优秀年轻干部重点培养计划”，提拔选用8人。健全人才工作机制，持续推进“专业技术、行政管理岗位”双序列改革，选聘二级工程师211人、三级工程师362人。推进百名石油工匠培育，评聘首席技师以上高技能人才125人。开展“形势、目标、任务、责任”教育和“重塑良好形象”活动，“一元捐”石油助学资助贫困大学生121人。推进民族团结“结亲周”活动，6416对结对亲人走亲入户15万人次，获评新疆维吾尔自治区总工会民族团结一家亲“最亲对子”7对。深化企业民主管理，厂务公开建制率100%，开展“夺油上产”“开源节流”“环保卫士”等主题劳动竞赛，做好计生工作服务，推进“青”字号品牌创建，发挥工团组织创新创效作用。

【推进玛湖和吉木萨尔地区勘探开发建设】 2018年，新疆油田扎实推进玛湖和吉木萨尔地区高效勘探、方案优化、技术配套、管理提升，玛湖地区全年新增三级储量3.3亿吨，新建产能95万吨，产油95.6万吨，吉木萨尔地区全年新建产能15.75万吨，产油4.5万吨，两个地区合计新建产能110.75万吨，产油100.1万吨。

【准噶尔盆地沙湾凹陷风险探井沙探1井获重大突破】 2018年，准噶尔盆地沙湾凹陷风险探井沙探1井在二叠系上乌尔禾组5344—5375米井段试油，压裂后3毫米油嘴日产油30.25立方米，进一步拓展盆地二叠系上乌尔禾组勘探新领域，同时该井在三叠系百口泉组、克拉玛依组和侏罗系八道湾组均钻遇良好油气显示，展现出与玛湖凹陷类似的多层系立体勘探潜力。

【化学驱重大开发试验成效显著】 新疆油田持续深化以聚合物驱和复合驱为主的化学驱技术研究与应用，2018年运用化学驱技术动用储量3993.8万吨，同比增加2001.7万吨；年产油41万吨，同比增加12万吨。其中：七东1区聚合物驱工业化扩大试验累计注剂0.34PV，累计产油88.05万吨，2018年产油10.7万吨，聚合物驱阶段采出程度8.8%；七中区二元复合驱先导试验区累计产油13.04万吨，含水率最高下降47.5%，提高采出程度16%，超过预计指标0.5%，工业化扩大试验2017—2018年完钻新井181口、新建产能9.6万吨，2018年产油5.1万吨；七东1区三元复合驱处于先导试验阶段，累计注剂0.252PV，2018年产油1.8万吨，阶段提高采出程度12.03%。

【呼图壁储气库首次实现累计注气量、库容量均突破百亿立方米】 截至2018年底，呼图壁储气库经历6个注气周期和5个采气周期，安全平稳运行1947天，累计注气量达100亿立方米，库容量首次突破100亿大关，达100.1亿立方米，达容率93.6%，首次实现累计注气量、库容量“双百”突破，形成工作气量38.2亿立方米、调峰能力21.9亿立方米，为进一步保障北疆地区天然气供应和国家能源战略储备奠定坚实基础。

【全面完成卡山自然保护区油气生产退出】 新疆油田牢固树立绿色发展理念，深入贯彻落实国家、新疆维吾尔自治区、集团公司有关环境保护法律法规和工作要求，全力做好环保隐患排查治理工作，引导油气生产主动为生态保护“让道”。按照新疆维吾尔自治区要求，自2017年8月启动卡拉麦里山有蹄类野生动物国家自然保护区油田生产退出工作，2017年10月31日实现油田生产全面关停，2018年继续实施石油生产设施拆除工作，2018年11月，卡拉麦里山有蹄类野生动物国家自然保护区油气生产退出全面完成，累计关停油水井284口，封井220口，立碑248座，拆除生产设备设施420台，地表修复35.2万平方米。完成退出后每年减少原油产量6.9万吨，1273.4万吨石油地质储量不再动用。

【有效抗击强大风天气】 2018年11月25日和12月1日，新疆克拉玛依市连续遭遇两场强大风天气，最大风力均达14级，10级以上大风分别持续9小时、13小时，对油田生产影响严重。两次大风分别影响油井19511口、17269口，燃气注汽锅炉218台、211台，循环流化床燃煤锅炉6台，各类输电线路82条、79条，220千伏变电所1座，影响原油产量5万吨。新疆油田组织做好预警预防、应急处置、恢复生产等工作，先后在80小时、55小时内全面恢复生产，将大风影响降至最低。为确保顺利完成全年油气产量任务，组织开展上产会战，加强进攻性增产措施实施和现场管理，保障产量迅速回升，全年实现原油超产10万吨、天然气超产1.5亿立方米。

（杨　波）

中国石油天然气股份有限公司西南油气田分公司（四川石油管理局有限公司）

【概况】 中国石油天然气股份有限公司西南油气田分公司（四川石油管理局有限公司）简称西南油气田，为中国石油所属地区公司，于1999年由原四川石油管理局改制重组后成立；天然气销售西南分公司为2017年集团公司销售业务整合时成立，与西南油气田实行一体化管理。2018年11月，股份公司调整天然气销售管理体制，天然气营销系统实行一系列机构整合与区域调整，中国石油天然气股份有限公司天然气销售西南分公司更名为中国石油天然气股份有限公司天然气销售川渝分公司，不再与西南油气田实行一体化管理。西南油气田主要负责四川盆地的油气勘探开发、天然气输配及终端销售业务，具有天然气上中下游一体化完整业务链优势和特色，为西南地区最大的天然气生产供应企业。2018年底，有二级单位43家，合同化员工3.24万余人。有川中、重庆、蜀南、川西北、川东北5个油气主力产区，投入开发的气田111个，有生产井1500余口，天然气年产能超过230亿立方米，石油年产能5万吨。历年累计生产天然气4526亿立方米、石油539万吨。有集输和燃气管道4.2万千米，年综合输配能力300亿立方米以上，建有西南首座应急日采气能力2850万立方米的储气库，区域管网通过中（卫）贵（阳）线和忠（县）武（汉）线与中亚、中缅、西气东输等骨干管道连接，是中国能源战略通道的西南枢纽。天然气用户遍及川、渝、滇、黔、桂五省（自治区、直辖市），有1000余家大中型工业、2500多万户居民家庭以及1万余户公用事业单位，在川渝地区天然气市场占有率76%。2018年，其产量、销量、收入、利润等关键业绩指标均创历史新高，天然气产量、销量分别达226.33亿立方米和291.8亿立方米，生产石油液体5.95万吨。

西南油气田主要生产经营指标

指　标	2018年	2017年
原油产量（万吨）	5.95	7.38
天然气产量（亿立方米）	226.33	210.25
新增天然气产能（亿立方米）	25.55	18.63
新增探明天然气地质储量（亿立方米）	1296.3	2248.4
二维地震（千米）	3103.84	7163.33
三维地地震（平方千米）	3212	831.23
探井（口）	25	15
开发井（口）	58	33
钻井进尺（万米）	93.9	39.24
勘探投资（亿元）	38.77	30.16
开发投资（亿元）	123.43	59.84
资产总额（亿元）	866.82	941.35
收入（亿元）	410.9	450.01
利润（亿元）	72.7	27.19
税费（亿元）	39.15	41.91

【油气勘探】 2018年，西南油气田实施盆地整体勘探、立体勘探和重大接替领域风险勘探，相继获得一系列具有战略意义的重大发现，新增探明储量1296.3亿立方米，SEC储量225.6亿立方米，连续15年保持高峰增长。川西南部永探1井获测试日产量22.5万立方米，开拓四川盆地火山岩气藏勘探新领域，获集团公司油气勘探重要发现一等奖。川中高石梯—磨溪地区震旦系集中评价勘探取得重要新进展，整体探明灯四台缘带，南北两端多口探井均获高产工业气流，台内含气区实现储量规模升级。川西北部深层海相勘探取得重要新成果，基本明确龙门山北段栖霞组千亿立方米级大气田格局。川东地区五探1井测试日产量82万立方米，展示出川东向斜区茅口组良好勘探前景，获集团公司油气勘探重要发现三等奖。

【常规油气开发】 2018年，西南油气田天然气净产量226.33亿立方米，同比增长7.7%，再创历史新高。生产组织中克服装备不足、新井少投产、晚投产困难，自营常规气超产11.3亿立方米，天然气产量五年跨越式增长100亿立方米。面对高石梯—磨溪地区震旦系复杂气藏高效开发难题，开展大斜度井、水平井差异化分段酸压技术等精准攻关，平均单井日产量升至25万立方米，是设计方案的1.8倍，使近于边际效益的气藏成为效益建产的主战场，建成年产能25亿立方米。精细开发磨溪龙王庙组气藏，制定整体治水、低渗动用和外围接替评价等稳产措施3项，年产天然气98.3亿立方米。抓老区气田精益生产，综合递减率控制在8%以内，老区效益产量比重97.6%。稳步推进川西二叠系下统气藏试采评价，启动10亿立方米试采工程建设。川东北高含硫项目实现安全平稳开采，年内生产天然气18.7亿立方米；有序推进雪佛龙公司将川东北天然气项目作业权移交给中国石油的相关事宜；川中致密气日产气规模120万立方米，年内生产天然气3.2亿立方米，超额完成计划目标。

【页岩气开发】 2018年，西南油气田在页岩气开发中全面落实“五个不等”（部署不等方案批复、钻前不等井位批复、钻机不等平台、压裂不等供水、生产不等配套）政策，钻机由年初的38台增至143台，压裂车组由年初的5套增至22套，连续油管由年初的5套增至19套，旋转导向工具由年初的12串增至67串，钻试设备最大限度得到保障。全年生产页岩气31.2亿立方米，最高日产量突破2000万立方米，形成页岩气会战新局面。实施地质工程一体化，持续完善高产井培育模式，试验推广新一代体积压裂技术，全面实施钻井提速工程，长宁区块单井获最高测试日产量62万立方米，威远区块新获3口井日产量超50万立方米、2个平台日产量超100万立方米；单井、平台钻井周期最短分别降至27天和167天，坚定页岩气加快发展的信心。深层页岩气评价攻关取得新突破，深层评价井黄202井、足202-H1井分别获测试日产量22万立方米和45万立方米，进一步夯实快速上产资源基础。

【市场营销】 2018年，西南油气田贯彻国家“压非保民”指示精神，进一步强化天然气产、运、储、销联动，保障区域安全平稳用气，全力支援北方采暖，为全国冬季保供作出积极贡献。优化天然气销售结构，利用居民与非居民价格并轨政策，实施调峰价格、顺价销售额外气资源等举措，销售均价同比上涨7.4%，增收63.7亿元，推价工作取得实效。打造黄金终端，延伸天然气产业链和价值链，营业收入145亿元、利润10.5亿元，均创历史新高。持续优化管网布局，完成楚（雄）攀（枝花）线、龙（岗）巴（中）线、万（州）云（阳）线等重点工程，管网输送能力和保供能力得到持续提升。

【安全环保】 2018年，西南油气田全面开展“大反思、大排查、大整改”主题活动，公司领导班子成员带头开展“四不两直”检查，现场考核、现场讲评、现场整改，处级及以上领导干部累计开展检查2352人次，安全环保执行力进一步增强。落实“五严五狠抓”要求，推动基层站队QHSE标准化建设，加强承包商全过程动态监管，一线风险管控能力持续提升。推进管道完整性管理，管道失效率、动设备故障率大幅下降，生产系统本质安全保障水平不断提高。推进污染排放对标升级，加强环境隐患治理和环境风险防控，主要污染物排放实现增产不增污、增量不增排。高效完成连山—彭州鸭子河过江管道段应急抢险工作，体现中央企业的社会责任感，获集团公司通报表扬和四川省人民政府专项奖励。

【科技与信息】 2018年，西南油气田实施科技项目270项，发布国际标准1项，授权专利47项，获省部级以上奖励10项。突出深层油气、页岩气等重点领域，攻克钻井提速、井漏、深层体积改造等技术瓶颈，长宁区块水平井平均机械钻速同比提高20%，高石梯—磨溪区块25口井钻井液漏失量同比下降80%。创新古老碳酸盐岩储层精细描述、复杂山地地震成像等技术，支撑勘探领域进一步扩展，40余口新井测井解释符合率由85%提高到95%，15口开发井有效率100%。五探1井完钻井深8060米，刷新中国石油陆上最深钻井纪录，同时创8000米以深小井眼成功取心纪录。推进“两化”融合，完成作业区数字化管理平台建设，并在“五矿一处”全部41个作业区454个中心站、有人值守站上线运行，开发生产组织架构向“油公司”转型升级，西南油气田作业区整体实现自动化生产，基层一线实现“岗位标准化、属地规范化、管理数字化”。

【经营管理】 2018年，西南油气田推进开源节流降本增效，实施9个方面58项措施，全年增收34.8亿元，降本4.6亿元，控制投资5.3亿元，实现单位操作成本、桶油完全成本、员工总量“三个硬下降”。推进“处僵治困”等3项专项工作，完成集团公司下达的指标。推动票据池业务，成为集团公司首家票据池出库单位。持续推动账户清理工作，撤销银行账户58个，将西南油气田上市22家单位纳入集中结算，促进共享模式专业化分工，提高资金结算效率。开展“边老散”小区的有偿处置和无偿移交，轻量化资产27.6亿元。加强物资采购管理，两级物资集中采购度98%以上，年节约采购资金5%。

【企业改革】 2018年，西南油气田持续深化矿服系统改革，四川宝石花医院挂牌运营，233个职工家属区“三供一业”业务分离移交，物业服务市场化收费率85%。推进双序列改革，形成13名首席专家领衔、约2000人的科研骨干团队，激励调动科研人员创新活力。与集团公司科研院所合作成立西南物探研究院、四川盆地研究中心，利用所属华油公司和四川省华鑫盛油气运营管理有限公司等平台引进成熟技术人才，部分化解快速上产和专业人员紧缺矛盾。引进战略合作方，组建成都市简州新城投资集团有限公司、自贡市东部燃气有限责任公司，有效利用社会资本，创造良好外部发展环境。召开人事劳动分配制度改革推进会，研究制定“1+8”行动方案和配套制度，稳步推进各项改革工作。

【企业党建工作】 2018年，西南油气田党委坚持把党的政治建设摆在首位，学习贯彻习近平新时代中国特色社会主义思想，强化政治责任和政治担当，党委成员以“大学习、大宣讲、大落实”为主题，带头讲党课、带头参加学习培训。认真开展集团公司党组巡视反馈问题整改，完善制度3项，责任追究73人次，挽回经济损失147万元。研究制订党建工作三年行动计划，扎实开展党建制度评估、党群岗位“五定”、党组织书记专项述职等工作，进一步提升党的建设整体水平。坚持正确选人用人导向，加强各级领导班子配备和优秀年轻干部选拔培养，干部队伍结构持续优化。贯彻全面从严治党要求，坚持开展党内巡察，持续加大纪律审查力度，实现由“惩治极少数”向“管住大多数”拓展，风清气正的政治生态巩固发展。班子成员带头履行主体责任，组织逐级签订责任书共3575份、承诺书8252份。运用监督执纪“四种形态”处理273人次，受理反映“四风”问题的信访举报12件，查实7件，给予10人党纪政纪处分，给予组织处理19人次。深入推进不敢腐、不能腐、不想腐机制建设，受理信访举报和问题线索99件，转办问题线索处置85件，完成核查85件，其中查实41件。立案25件，结案24件，处分57人。安排实施16个合规管理监察项目，发现问题646个，提出整改建议475条，建立健全制度15项，责任追究22人次。

（姚宇飞　林　勇　闵　军）

中国石油天然气股份有限公司吉林油田分公司（吉林石油集团有限责任公司）

【概况】 中国石油天然气股份有限公司吉林油田分公司（吉林石油集团有限责任公司）简称吉林油田，为中国石油下属的地区公司，总部位于吉林省松原市。勘探开发和生产区分布在吉林省37个市、县（区）。吉林油田于1959年9月29日发现，1961年1月17日建矿并正式投入开发建设。2018年底，有机关职能处室16个、机关附属机构3个、直属机构7个、矿区事业部机关1个，所属二级单位55个。用工总量38828人，其中合同化员工32635人。2018年，公司以落实《吉林油田发展战略与规划纲要（2018—2025）》为主线，振奋精神、解放思想、担当作为、真抓实干，实现各项工作目标。完成原油产量393.72万吨，天然气产量10.02亿立方米。

吉林油田主要生产经营指标

指　标		2018 年	2017 年
原油产量（万吨）		393.72	390.01
天然气产量（亿立方米）		10.02	10.21
新增原油生产能力（万吨）		29.42	36.84
新增天然气生产能力（亿立方米）		1.02	1
新增探明石油地质储量（万吨）		3411.61	2010.59
新增探明天然气地质储量（亿立方米）		247.61	—
二维地震（千米）		1076.49	908.98
三维地震（平方千米）		236.69	395
探井完成井（口）		62	70
开发井完成井（口）		803	850
钻井进尺（万米）		150.74	180.15
勘探投资（亿元）		12.34	13.42
开发投资（亿元）		41.34	38.85
资产总额（亿元）	上市业务	449.03	483
	未上市业务	45.97	62.38
收入（亿元）	上市业务	128.86	98
	未上市业务	54.23	52.18
利润（亿元）	上市业务	–46.6	–175
	未上市业务	–5.74	–2.94
税费（亿元）	上市业务	20.39	10
	未上市业务	1.23	2.73

【油气勘探】 2018 年，油气预探业务设立非常规勘探项目、松辽盆地南部天然气勘探项目和东部盆地群油气勘探项目等三个预探项目，按照突出效益勘探，加快规模勘探，坚持风险勘探的原则实施各项工程，全年完成探井 62 口（其中勘探 26 口、评价 36 口），进尺 7.54 万米。完成二维地震 1076.49 千米，完成三维地震 236.69 平方千米，超额完成股份公司下达的石油三级储量任务。

实施一体化高效勘探，苏家地区快速落实效益储量、德惠断陷取得重大突破：苏家地区营一段 2018 年试油 5 口井 6 层获得工业油气流，其中 3 口井 4 层获高产，形成日产天然气 10 万立方米能力，提交天然气、石油探明储量；苏家地区营二段 4 口井 4 层获高产，营二段落实有利面积 85 平方千米；鲍家洼槽营城组致密气有利面积 200 平方千米，勘探潜力 500 亿立方米。2018 年，德深 80 井日产天然气 21 万立方米，德深 83 井日产 30 万立方米，稳产 10 万立方米，提交天然气预测储量。

攻关页岩油松南青一段页岩油勘探取得重要突破：青一段页岩油试油 10 口井均获油流，2 口井获高产油流，证实青一段页岩储层的含油性，也展现良好的勘探潜力，进一步坚定页岩油勘探的信心，初步落实有利面积 5000 平方千米，资源量 53 亿吨。

新区新领域风险勘探取得新进展：拓展基岩潜山新完钻的伊 79 井试油日产油 30 立方米，试采产量 8 吨，伊 56-2 井试采 1.5 年，目前稳定日产 4.5 吨，证实潜山油藏具有开发动用的潜力，初步落实 3000 万吨储量规模；探索通化盆地首次获得工业气流。2018 年完钻通地 17 更井，在 750—758 米井段获 1800 米^3/ 日的工业气流，证实通化盆地具有较好的勘探前景。

2018 年，油藏评价围绕扶余致密油、大情字井及伊通梁家构造三个富油区带持续推进再评价工作，取得三项重要进展。梁家构造带突出进攻性评价，通过油藏精细再认识和一体化部署，评价井试油试采获较好效果，昌 12-2 井于万昌组获 54.5 立方米高产油流，6 口评价井试采获日产原油 9.4 吨、天然气 8200 立方米的较高稳定产量。多套含油层系的突破证实效益开发潜力，整体落实探明储量 29.11 亿立方米，凝析油 160.82 万吨，指导部署开发井 13 口，新建产能 3.58 万吨。

精细评价富油区带，常规油落实一批效益建产目标。通过精细储层认识，落实青一段外前缘 2500 万吨评价资源；乾东青三段Ⅷ、Ⅹ砂组外前缘岩性油藏区水平井大规模压裂试验获得成功，落实面积 40 平方米，探明储量 1000 万吨，规划部署水平井 30 口，预建产能 6.3 万吨；青三段Ⅻ砂组乾 188-51 井试油获 50 立方米高产油流，初步落实效益储量 500 万吨。2018 年大情字井油田在黑 51 等区块提交探明储量面积 9.36 平方米，石油地质储量 377.90 万吨，经济可采储量 70.40 万吨。

乾安致密油实现规模增储和快速上产。立足乾安 560 平方千米整装亿吨级储量规模，近 4 年来，致密油整体探明储量 5975 万吨，新增经济可采储量 360 万吨。让 58 区块实现快速落实、快速建产，2018 年提交探明储量 2828 万吨，新增经济可采储量 167.5 万吨，完钻水平井 22 口，油层钻遇率 85.3%；乾 246 与让 70 区块超前开展潜力层提产试验，形成产能接替。通过兼探部署、立体评价，超前部署7口试验水平井，两个目标潜力层超前落实2019年产能方案8.4万吨。

【油田开发生产】 截至2018年底，吉林油区已探明油田27个，含油面积2938平方千米，探明石油地质储量15.87亿吨，技术可采储量3.36亿吨，标定采收率21.2%。已探明的油田中，长春油田和莫里青油田位于伊舒地堑，套保油田位于松辽盆地西部斜坡区，四五家子油田位于松辽盆地东南隆起区，其余油田均位于松辽盆地中央凹陷区。其中已开发油田26个（永平油田未投入开发），动用石油地质储量10.76亿吨，动用石油可采储量2.38亿吨，已开发油田绝大部分属低渗透或特低渗透油藏。

截至2018年底，累计生产原油17064.23万吨，累积产液量85351.73万吨；累积注水量125940.38万立方米，累计注采比1.22。地质储量采出程度15.86%，剩余可采储量6738.02万吨，可采储量采出程度71.7%，综合含水率89.35%，储采比17.11。

2018年，吉林油田有采油井26833口，开井18200口，注水井8451口，开井6139口，年产油速度0.36%，年产原油393.70万吨，年产液量3721.10万吨，年注水量5498.87万立方米，年注采比1.30。平均单井日产油0.6吨。

2018年，在大情字井外围、苏家和让字井油田新区域，新增原油地质储量3412万吨，增加可采储量327.5万吨；老区增加可采储量23.18万吨，2018年储采平衡系数0.91，基本保持储采平衡。2018年油田自然递减率11.5%，综合递减率6.8%，老井含水上升率0.7%，主力油田的平均地层压力恢复至原始地层压力的80%以上，基本上保持相对稳定。2018年通过建立采油单位产能建设项目部管理模式，精细后期生产管理等工作，新建原油产能29.4万吨，保持适度的建产规模。2018年通过下发不正常井管理的最新要求，强化严考核、硬兑现，不正常井影响产油率2.3%，比2017年指标减少0.7个百分点。

【天然气开发生产】 2018年，股份公司下达吉林油田年度天然气产量计划10.0亿立方米，商品量6.7亿立方米，实际完成天然气产量10.02亿立方米，完成商品量7.09亿立方米。股份公司下达吉林油田公司年度天然气产能建设计划钻井20口，进尺5.14万米，新建产能1.0亿立方米，投资3.0亿元。根据产能建设区块整体部署安排及区块评价需要，实际在王府、德惠、伏龙泉、英台、长岭等地区完成产能建设井位20口，同时实施苏家地区及英台地区风险评价井2口，总进尺6.56万米，新建产能1.16亿立方米。

截至2018年底，已投入开发气田7个，全油区投产气井378口，开井194口，年生产天然气10.02亿立方米，累计生产天然气196.83亿立方米。配套能力9.65亿立方米，负荷因子0.97。气层气井口年产气11.3810亿立方米，井口累计产天然气177.63亿立方米，已开发气层气可采储量345.85亿立方米，采出程度51.36%，采气速度3.3%，储采比14.7。

【科技创新】 2018年，页岩油气提产技术攻关快速推进，第一口页岩油水平井完钻，水基压裂在大情字井外前缘取得重要进展，二氧化碳干法压裂在页岩储层见到好苗头。“致密油一体化集成配套技术”获中国石油石化科技成果转化与推广银奖，油层钻遇率82%，水平段突破1206米，压裂提产超过9%。三采技术攻关取得新进展，二氧化碳驱防控气窜、安全生产工艺体系成型，氮气泡沫驱实施29个井组。工程技术攻关见到新成效，水平井一趟钻试验成功，适应不同储层的体积压裂、缝网压裂技术已经形成，带压作业、大小修作业自动化更加成熟，降温集输试验效果显著。智能油田建设稳步推进，1.4万口油井接入物联网，勘探开发新数据及时入库，基层建设等信息系统在搭建阶段。推广群众性技术创新成果185 项，“提高高压油水井带压开孔装置的安全性”项目获首届中国创新方法大赛银奖。

【工程技术管理】 2018年，吉林油田完井773口，累计完成钻井进尺135.84万米，平均机械钻速13.39米/时，钻井井身质量合格率99.87%，固井质量合格率98.84%，油藏开发井累计压裂施工1944口/3511层，压裂一次成功率97.55%。机采系统效率22.13%，同比提高0.13个百分点。抽油机井泵效42.5%，同比提高0.1个百分点。注水井分注率93.9%，同比提高1.1个百分点，地质需求有效注水合格率77.5%。油水气井各类大小修16540井次，推广带压作业1005口，完成隐患井治理163口。刚性落实高频作业井治理和返修率控制，油井免修期达到670天，同比提高10天。公司未发生井喷失控事故和因井控相关工作管控不到位引发的环境事件。

【安全环保与质量节能】 2018年9月27日，发生1起水上抢险船只意外事件，死亡5人；生产安全责任事故2起，轻伤2人；无新增“职业病”病例；未发生井喷失控事故和环境污染事件，未发生较大及以上质量事故。技措节能量1.42万吨标准煤，完成集团公司考核指标的101.4%；节水12.32万立方米，完成集团公司考核指标102.7%；2018年全公司综合能耗

88.82 万吨标准煤，同比节约 11.42 万吨标准煤，下降 11.4%。检定计量器具 34970 台，强制检定计量器具周检率 100%。深入开展大检查大讨论活动，整改问题 1172 个；开展四轮 HSE 体系量化审核，整改问题 2591 个，对相关人员追溯问责；坚决整改中央环保督查组反馈问题，查干湖缓冲区彻底封井并恢复地貌，莫莫格环保区油水井有序弃置。

【企业管理】 2018 年，吉林油田落实新一轮扩权改革方案，压减公司机关机构和人员超过 20%，组建非常规资源开发公司和多元产业集团，平稳推进建设公司业务重组和人员分流，启动实施“双序列”改革；“四供一业”移交协议全部签订，实质性移交达 80%；依托宝石花医疗平台，完成医院改制；医疗、工伤、生育保险纳入地方管理，物业供热收费改革平稳落地；专项治理工作成效显著，2 家特困企业全部扭亏，本体法人注销 1 户，未上市注资减债、资产负债率完成国务院国资委控降指标，存货压降。坚持开源节流并重，降本增效 6.7 亿元，工程技术服务市场持续扩大，与 10 个油田签订合同；外输劳务规模 3300 人，多元产业有效发展，安置油田富余用工 129 人。持续深化合规管理，完善规章制度 88 个、工作程序 7583 个，业务流程再造通过专家验审；加大效能监察和审计监督力度，挽回损失；招标、造价、合同、物资和土地管理进一步规范，社保中心办公楼纠纷等案件实现依法维权。

【企业党建工作】 2018 年，吉林油田深入学习习近平新时代中国特色社会主义思想和党的十九大精神，组建 14 个宣讲团赴基层辅导。狠抓党建责任落实，深化自查自纠和专项督查，开展 35 个单位党委书记现场述职评议，约谈 1 个 B 级单位党政主要负责人。加强基层党组织建设，新设党委 2 个、党支部（总支）26 个，开展线上“三会一课”3896 次。加强干部队伍建设，完成首批 20 名年轻干部赴大庆油田挂职锻炼，建立起处级、科级千人后备库。持之以恒正风肃纪，巡察部门 29 个、单位 19 个，加强意识形态建设，深入开展推动《吉林油田发展战略与规划纲要（2018—2025）》落地主题教育实践活动，精心打造故事会品牌，历史文化展厅被命名“松原市爱国主义教育基地”。开展主人翁立功竞赛活动，组织青年突击队挑战赛，集聚助推发展正能量。

【人才队伍建设】 选聘公司级“双序列”技术专家 17 人，选拔集团公司级和公司级技能专家 24 人、技能人才 2606 人，培训员工 4.1 万人次。

【和谐企业建设】 2018 年，吉林油田精心办好民生实事，4 个小区整体改造基本完成，543 个震损构建物得到维修加固；投入 1 亿元，更新医疗设备设施，购置垃圾清运车，清洗生活水管线，解决住宅楼顶防水等问题；积极协调地方政府，办理不动产证 9719 户，将 39 栋危楼纳入吉林省 2018—2022 年棚改计划，稳步推进供应中区、源江小区危房改造；加强社区环境综合治理，居民诉求处理完成率 99.7%；实施精准帮扶，发放慰问金 2279 万元，救助困难家庭 1.7 万户次。依法推进维稳和安保工作，个体访、群体访、进京访人数大幅下降。

（李冬梅）

中国石油天然气股份有限公司大港油田分公司（大港油田集团有限责任公司）

【概况】 中国石油天然气股份有限公司大港油田分公司（大港油田集团有限责任公司）简称大港油田，是中国石油所属的以油气勘探开发为主的地区分公司，总部位于天津市滨海新区。大港油田勘探开发建设始于 1964 年 1 月，矿权面积 18717 平方千米（滩海 2030 平方千米），地跨津、冀、鲁 3 省（直辖市）的 25 个区、市、县。截至 2018 年底，大港油田有员工 2.44 万人，设 16 个机关部门、5 个直属单位、41 个所属单位，资产总额 578.65 亿元。

2018 年，大港油田落实集团公司总体工作部署，实施“增储上产、改革创新、提质增效、固本强基”四大战略，完成集团公司下达的各项任务指标，并在推动原油产量 500 万吨上产中迈出重要步伐。

【油气勘探】 2018 年，大港油田页岩油勘探取得重大突破，官东 1701H 井、1702H 井高产稳产，初步形成 5000 万吨级效益增储规模，在国内率先实现陆相页岩油工业化开发的突破，并获“中国石油 2018 年油气勘探重大发现一等奖”。乌马营、孔店潜山带勘探取得重大发现，整体形成300亿立方米天然气规模增储区，在渤海湾盆地深部发现具有相当规模的含油气系统，开创古生界原生油气藏勘探新局面；滨海断鼻成熟区精细勘探取得重要成果，形成2000万吨级高效增储建产区，实现“藏间、藏内和藏下找藏”（在上下两个已开发油藏中间找到新的油藏、在已开发油藏内部发现新的油层、在已开发油藏下部发现新的油层或新的含油气系统）。2018年，大港油田钻获百吨高产井7口，新增原油三级储量8064万吨、天然气预测储量315.6亿立方米、SEC储量229万吨，分别完成年度计划的134.4%、105.2%和114%，在新增储量区建成3个日产百吨示范区。

大港油田主要生产经营指标

指　标	2018年	2017年
原油产量（万吨）	407.02	402.78
天然气产量（亿立方米）	5.21	5.09
新增原油产能（万吨）	85	74.6
新增天然气产能（亿立方米）	1	1
新增探明石油地质储量（万吨）	845.86	1874.46
三维地震（平方千米）	190.03	387.54
钻井（口）	402	496
钻井进尺（万米）	93.48	128.39
勘探投资（亿元）	12.61	14.07
开发投资（亿元）	43.85	40.28
资产总额（亿元）	578.65	543.66
收入（亿元）	248.53	198.25
利润（亿元）	6.98	-6.35
税费（亿元）	23.5	16.46

【油气开发】 2018年，大港油田推进未动用储量分类评价，明确陆地可动用储量1.66亿吨，在舍女寺、沈家铺等区块新建产能5.6万吨，产能到位率提高3.6个百分点；实施老油田二次开发和注水专项治理，水驱储量控制程度提高1.6个百分点，自然递减率下降0.7个百分点；推进井丛场建设，建成以港西一号为代表的井丛场79个，减少临时和永久征地2912亩；开展“二三结合”（二次开发与三次开发相结合）工业化试验和三次采油规模推广，试验区块阶段采收率提高5.5个百分点，三次采油聚合物注入区块日产油突破1000吨；签订赵东对C/D油田延长生产期协议，并连续钻获4口百吨高产井；滩海自营区“海油海采”首口产能评价井—埕海6-H1产油228吨。2018年，大港油田生产原油407.02万吨、天然气5.21亿立方米，分别超产1万吨和1.3亿立方米，呈现“油气双增”良好局面。

【提质增效】 2018年，大港油田坚持以经济效益为中心，深化实施开源节流降本增效战略。油气及其附加产品销售增收1.4亿元；外部市场创收21.8亿元，增长23.9%；盘活存量土地资源创效1.7亿元，资产轻量化减负15亿元，财税减免补助政策节支5196万元；设备调剂利用和修旧利废节支5138万元，并获评“第十一届全国设备管理优秀单位”；坚持强前期、优方案、控规模、调结构，全方位加强投资管理，降低钻井综合成本10个百分点、节余基建工程投资8.4个百分点；抓住电费、措施作业费、非生产性支出等关键环节，全过程细化成本控制，油气单位运行成本下降0.21美元/桶。上市业务桶油完全成本、单位操作成本、员工总量连续5年下降，未上市业务2008年重组整合以来首次扭亏为盈。2018年，上市、未上市、矿区服务、多元投资四大业务板块收入248.53亿元。

【科技创新】 2018年，大港油田扎实推动科技创新，股份公司三期重大科技专项——“复杂断块老油田增储上产关键技术研究”立项并启动，页岩油研究成果入选“2018年中国石油国内十大科技进展”，油井含水在线监测、海水基压裂液等重点科研项目攻关与现场试验稳步实施；数字油田“王徐庄模式”在23个场站推广，劳动生产率提高28个百分点；勘探开发研究云项目覆盖率98%，280口重点油气井视频监控全覆盖。2018年，大港油田获省部级科技奖26项；获国家授权专利160件，其中发明专利48件；信息化工作获“中国能源企业信息化管理创新奖”，“二三结合”开发管理成果获集团公司“2018年度管理创新一等奖”。

【合规管理】 2018年，大港油田以集团公司巡视反馈问题整改为契机，梳理各类规章制度780个，修订完善规章制度72个，为各项工作依法合规开展提供制度遵循。强化内部巡察监督，开展18个所属单位的常规巡察、15个已巡察单位问题整改专项督查及31个多元企业的专项巡察，发现问题499个，移交问题线索和信访举报61件，党政纪处分9人。持续加强招标、合同、市场准入、物资采购等重点领域合规管理，多元业务纳入统一招标范畴，合同审查中心正式成立，清退战略合作供方97家、不合格供应商393家，两级物资集中采购度99.7%、公开招标率97%，事后合同占比下降15个百分点。

【安全环保】 2018年，大港油田推进绿色矿山建设，开展承包商安全环保专项评估，组织安全环保专项巡视，加强海上、消防、交通等重点领域监督检查，查改各类问题隐患1.2万余个，投入1.9亿元实施埕海油田路岛破损改造、羊三木大站国控源改造升级等重点安全环保隐患治理项目127项，投入3150万元集中清理整治区域性违建17.9万平方米、圈占62.5万平方米、鱼池787万平方米，钻井作业100%实现随钻钻井液不落地，井下作业清洁生产应用率70%以上，标准化改造老旧井场21个；港狮小区屋顶光伏发电项目并网发电202万千瓦·时，节能1.07万吨标准煤、节水10.2万立方米，圆满实现"七个杜绝""六个不超"和"四个100%"的工作目标（"七个杜绝"指杜绝井喷失控事故，杜绝重大油气泄漏事故，杜绝一般A级及以上生产安全责任事故，杜绝较大及以上环保事故事件，杜绝新增职业病，杜绝海外业务因社会安全原因造成员工被绑架或致死事件，杜绝安全环保违法行为；"六个不超"指生产安全责任事故百万工时死亡率不超过0.01，百万工时重伤率不超过0.12，千台车死亡率不超过0.1，接害人员千人职业病发病率及四项主要污染物排放总量不超过上级下达的控制指标，节能节水完成上级下达的考核指标；"四个100%"指废水外排达标率、废气外排达标率、工业噪声达标率和固体废弃物规范处置率继续保持100%，安全、环保、节能、职业健康检测和接害人员健康查体计划完成率100%，安全环保重大隐患治理率100%，建设项目安全环保"三同时"执行率100%）。

【储气库运营】 2018年6月30日，根据集团公司决策部署，大港储气库业务正式由中国石油北京天然气管道有限公司移交大港油田公司管理。大港油田储气库由大张坨、板中南、板中北等9座储气库组成，是北京市、天津市、河北省天然气季节调峰的主要气源，工作气量22.8亿立方米，调峰能力2400万米^3/日，工作气量和调峰能力均列全国储气库之首。2018年，大港储气库采气118天，日均采气1525万立方米，超采2800万立方米，完成计划采气量的102%。2018—2019年供暖期，采气17.95亿立方米，供气高峰期气量调整幅度超1000万立方米，为京、津、冀三省（直辖市）气量调节和清洁供暖发挥重要作用。

【天津大港枢纽站联通工程】 2018年，天津大港枢纽站联通工程建成并投产运行。该工程为国家发改委"2018年天然气基础设施互联互通重点工程"，分为"大港油田滨海分输站与中国石化南港阀组间互联互通工程"和"大港油田滨海分输站与中国海油蒙西煤制气管道互联互通工程"两个项目，投资总额9666万元。主体工程为两条总长6千米的DN800天然气管道，压力均为10兆帕，输气能力共5000万米^3/日。截至2018年12月31日，两条互联互通管道向华北地区干线管网转输中国石化、中国海油的天然气3.64亿立方米，输气量超1000万米^3/日。该工程的投产运行，实现中国石油、中国石化、中国海油三大公司天然气管网互通与天然气源互补，为京、津、冀三省（直辖市）天然气供给作出积极贡献。

【院士专家工作站】 2018年12月18日，大港油田院士专家工作站正式挂牌成立。该工作站是以油田公司创新需求为导向，依托"两院"（中国科学院、中国工程院）人才与科学资源，进行科学技术研究的高层次科技创新平台，也是中国石油首家、天津市规模最大的院士专家工作站。苏义脑、罗平亚、郝芳、韩大匡、赵文智、孙金声、刘合7名进站院士率领其团队及油田公司技术专家，围绕股份公司三期重大科技专项——"复杂断块老油田增储上产关键技术研究"项目进行联合攻关，为推进大港油田原油产量500万吨上产、助力中国石油高质量发展提供智力支持。

（刘朝晖）

中国石油天然气股份有限公司青海油田分公司

【概况】 中国石油天然气股份有限公司青海油田分公司（简称青海油田）前身是成立于1955年6月1日成立的青海石油勘探局，经营范围包括石油天然气勘探开发、工程技术、工程建设、装备制备、炼油化工、生产保障、矿区服务和多种经营等业务。主力油田有尕斯库勒、英西、昆北、英东等；主力气田有涩北一号、涩北二号、台南、东坪等。年原油生产能力235万吨、天然气生产能力77亿立方米，原油加工能力150万吨。建成9条输油气管线，年输油能力300万吨、输气能力107亿立方米，天然气输送到西宁、兰州、银川等地。

青海油田的勘探始于1954年，主要勘探开发领域在素有“聚宝盆”之称的柴达木盆地，地理面积约25万平方千米，沉积岩面积12万平方千米。油气总资源量70.3亿吨，其中石油38.17亿吨（包含致密油8.58亿吨），天然气32126.99亿立方米。工作区域平均海拔3000米以上，是国内陆上自然条件最为艰苦的油田。已建成敦煌教育生活科研基地、格尔木炼油化工基地、花土沟原油生产基地。

2018年底，青海油田有合同化员工12410人（不包括市场化用工），其中男员工8410人、女员工4000人。在职党员7558人，新发展党员231名。

2018年，青海油田生产原油223.3万吨，管道输送215.91万吨，汽车拉运4.22万吨；原油加工量143.38万吨。原油销售量11.18万吨，其中轻质油3.51万吨。生产天然气64.05亿立方米。油田综合递减率7.49%，气田综合递减率11.12%。产能建设：油田钻井304口、进尺68.98万米；气田开钻159口，进尺22.22万米。

青海油田主要生产经营指标

指　标	2018年	2017年
原油产量（万吨）	223.3	228
天然气产量（亿立方米）	64.05	64.01
新增原油产能（万吨）	41.66	48.45
新增天然气产能（亿立方米）	10.36	6.5
新增探明石油地质储量（万吨）	775.35	2279.92
新增探明天然气地质储量（亿立方米）	286.32	100.58
二维地震（千米）	806.8	1955
三维地震（平方千米）	857	671
探井（口）	42	60
开发井（口）	463	646
钻井进尺（万米）	91.2	119.6
收入（亿元）	217.31	200.95
利润（亿元）	28.97	25.19

【油气勘探】 2018年，青海油田在英雄岭集中勘探获得新成果。英中狮新58井日产原油204立方米、天然气7万立方米，狮58-1井等多口井见到良好显示，提交预测油气地质当量储量3635万吨，获股份公司油气勘探重大发现二等奖。英西含油规模继续向外甩开，狮61井等5口井获工业油流后，分别向北、南、西三个方向扩展含油面积，开发效果较好的狮38、狮41和狮49井区，提交探明油气地质储量2690万吨。英北低饱和度气藏黄瓜峁地区完成试油的4口探井均获工业气流。阿尔金山前冷北斜坡昆2井加深后在井筒不完善条件下获11.8万米^3/日的工业气流，冷北4井在基岩获工业油流，新增控制天然气地质储量410亿立方米，获股份公司油气勘探重大发现三等奖。

【油气开发】 2018年，青海油田以“产量”为核心任务，做细做实上产工作，夯实稳产基础。持续推行产运销一体化联动机制，坚持上下游一体化，优化管线输气配比，严格控制外输压力，以严控老井递减、加快新井投产、提升措施产量、回收试采气、完善地面配套等多项举措，全力保障气区供气能力。坚持“生产、科研、服务”三个靠前，加强“地质与工程、科研与生产、技术与效益”三个结合。地质研究以剩余气描述为核心，建立涩北水淹层测井评价体系，开展剩余气描述，指导措施挖潜、整体部署调整产能。深化气藏经营管理、低效区块治理和低产井增产，因井施策、因藏施策，严格控制老井递减在10%以内。涩北气田年产气50亿立方米以上连续第9年稳产。持续挖潜老区潜力，加大薄差层试采，做细做实新区评价，在尖北、英中、冷北等区块开展评价，建设试采气回收地面配套流程，实现平台、冷90、坪西等小气田有效动用。

【炼油化工】 2018年，青海油田原油加工143.38万吨，生产汽油45.83万吨，柴油61.17万吨。轻质油收率78.02%，综合商品率90.64%，加工损失率0.58%，炼油综合能耗69.68千克标准油/吨。生产甲醇6.87万吨、聚丙烯2.28万吨、苯0.78万吨、硫黄0.28万吨。生产管理注重整体协调组织，修订完善工艺卡片，投用安全管控网络平台，隐患辨识、电子巡检、电子作业票等系统相继上线，实施“日分析、周讨论、月总结”长周期运行攻关，装置无非计划停工，装置工艺安全联锁投用率99.75%。强化“机电仪管操”五位一体管控，设备故障率同比下降3.57个百分点，仪表控制率高于炼化板块指标2.69%。风险分级管理机泵872台，10万吨/年甲醇装置实现全流程自动化控制。

【油气管输】 2018年，青海油田油气管输完成输油量 215.91 万吨，输气量 17.13 亿立方米，输油商品率 99.97%，输气商品率 100%，输油综合能耗 209 千克标准煤 /（万吨·千米）；油气管输挖潜增效 170 万元。单位输油现金成本 137.76 元 / 吨，单位输气现金成本 0.068 元 / 米^3。油气管输安全管理聘任 55 名“安全监督哨”，发现整改安全隐患 128 条；管道巡查监督第三方施工 28 起，识别高后果区 30 处。油田管输实现连续 10 年打孔盗油“零发案”。

【工程技术】 2018 年，青海油田动用钻机 82 部，其中青海钻井公司 54 部、渤海钻探公司 13 部、长城钻探公司 8 部、川庆钻探公司 7 部。油田平均机械钻速 11.59 米 / 时，井身质量合格率 99.55%，固井质量合格率 99.85%，取心收获 96.85%，平均钻井周期 17.29 天，平均完井周期 23.44 天。水平井开钻 40 口，完井 29 口，进尺 15.83 万米，平均机械钻速 4.17 米 / 时，平均钻井周期 93.01 天，完井周期 110.54 天。

采油气工艺。完成油井维护作业 1437 井次，老井措施作业 614 井次，油井老井措施有效率 86.68%，油井老井措施增油 13.65 万吨。

井下作业技术。试油气 147 层组，大修 150 井次，投产维护作业 5307 井次，压裂酸化 934 层段（压裂 526 层段 /261 井次，酸化 408 井次），水井带压作业 40 井次，连续管作业 458 井次，完成弃置井处置 68 井次。

【安全生产】 2018 年，青海油田坚持深化体系运行，强化源头控制，推进风险管控，狠抓责任落实，严控污染减排。建立设备风险分级防控体系，检验特种设备、燃烧器安全联锁保护装置 7806 台套；检测压力管道 256 千米、更新 3840 千米管道数据，治理管体缺陷 17 处，清理管道占压 15 处。组织承包商专项检查，整改问题 742 项，下发通报 24 份，停工整顿队伍 8 支，约谈负责人 6 次，绩效考核末位淘汰队伍 3 支，取消市场准入队伍 21 支。百万工时死亡率为零，万台车死亡率为零，上报生产安全事件 2076 起；生产安全事故 4 起，重伤 1 人，轻伤 2 人。职业健康体检率 100%，职业病危害因素检测率 100%。

【企业党建工作】 2018 年，青海油田坚持两级党委集中学、党员干部带头学、基层员工拓展学的思路，分类分级举办学习班、报告会，邀请党的十九大代表、专家进行专题辅导，强化对全体党员和广大干部员工的学习教育，实现学习培训全覆盖。坚持把生产经营的一线作为党建工作的主战场，持续开展党员责任区、党员立项攻关、党员岗位讲述等活动，围绕油田生产建设难点问题，实施“抓、攻、树”项目 338 个，创效近 2000 万元。探索“党建 +HSE”运行模式，在基层党支部建立安全工作站，将基层站队标准化建设的各类指标纳入基层党组织工作目标任务，将安全工作与党员责任区、先锋岗等实践相结合，党员立足岗位，带头识别风险。党群部门联合开展“安全监督哨”活动，聘任 1000 名岗位员工查找身边隐患，查找整治安全隐患 2618 项。

【巡察监督】 2018 年，青海油田配合集团公司巡视工作，协助完成个别谈话、调研座谈、资料查阅等工作，并与巡视组联合组成 2 个巡察组，对格尔木炼油厂、井下作业公司等 6 家单位进行巡察。下发油田公司党委 2018—2022 年巡察工作规划和 2018 年工作计划，制定油田公司党委巡察工作规定等 3 项制度。完成两轮 10 家单位巡察工作，发现问题 300 个，移交线索 5 个。开展花土沟社区管理中心专项巡察和劳动服务公司机动巡察，发现问题 31 个。开展巡察成果运用专项督导检查，各单位自查自纠问题 565 个，检查组发现并督促整改问题 282 个。

【执纪问责】 2018 年，青海油田受理信访举报案件 61 件，同比下降 37.8%；处置问题线索 55 件，同比下降 62.8%；党政纪处分 56 人次，同比下降 35.6%；挽回经济损失 15.2 万元。组织开展重复举报专项治理，排查处理重复举报案件 9 件。下发监察建议书 28 份、纪律检查建议书 23 份、剖析典型案例 14 起。处理酒驾、醉驾案件 19 起，赌博案件 1 起，其他违法案件 1 起，按照干部管理权限，立案 10 件，点名道姓通报 17 起，给予党政纪处分 13 人。针对安全环保责任落实不到位、环境治理工作滞后等问题，严肃追究相关干部责任，形成安全环保工作失责必问的强大震慑，处理安全事故环保事件 6 起，给予政纪处分 21 人。

【科技管理】 2018 年，青海油田科技工作以创新驱动发展为宗旨，以攻坚克难，提质增效为目标，着力提升立项、运行、考评、验收、成果转化 5 个环节管控水平，开展各类科研攻关项目 258 项（含省部级及以上 18 项）。科研项目完成率 95.1%，科研成果应用率 95%，获省部级及以上科技奖励 11 项，向股份公司申请专利 29 件（发明专利 8 件），授权专利 39 件（发明专利 4 件）。新技术、新产品推广应用 12 项，创效 4000 万元以上。通过科技攻关及技术创新，助力油田新增三级储量当量 2.32 亿吨，其中探明油气地质储量当量 6372 万吨。“柴达木盆地英中地区油气勘探新发现”“冷北地区油气勘探新发现”分别获中国石油 2018 年度油气重大发现二等奖、三等奖。

【信息化管理】 2018年，青海油田加强信息化工作组织实施，推进专业化管理，结合集团公司信息化发展新要求，修订油田公司《信息化管理制度汇编》，整理信息化管理办法征求意见稿26项，编制新制度1169条。完成钻井、录井、测井、试油试采、分析化验非结构化数据录入及审核入库，入库数据14872份，新井正常化入库496口，加载入库137张表，结构化数据1986703条记录。强化信息化工作考核，统建信息系统考核平均得分97.67，在集团公司排名第7，油气田企业排名第2，其中19个系统达到95分以上。举办内部信息技术培训班15期491人次，参加集团公司及送外培训45人次。

【精神文明创建活动】 2018年，青海油田加强精神文明创建工作，积极开展社会主义核心价值观学习教育，组织开展“五星最美家庭”创建评选活动，表彰2017年度青海油田“五星最美家庭”，油田135个家庭申报，37户家庭受到表彰，对刘天武、刘梦娟等事迹特别突出的家庭在《中国石油报》《青海日报》《青海石油报》和油田门户网站等内外媒体进行广泛宣传，推进油田“家庭、家教、家风”建设。培育、挖掘油田精神文明先进典型，组织省、州级文明单位自查、检查和考核工作。开展道德的力量宣讲展示活动，第三届“最美青海人”和首届“海西道德模范”推荐评选活动，推荐上报“海西道德模范”6人，第三届“最美青海人”5人，3人获第三届“最美青海人”提名，1人获青海省“孝老爱亲”先进提名。许正祥职工技术创新工作室获第三届“最美青海人”称号，兰勇获首届“海西道德模范”称号。

【工会扶贫助困】 2018年，青海油田为油田359户420名低保人员发放低保金138万元；为245名低保人员参加基本医疗保险交纳个人承担部分资金3万元；发放低保户冬季取暖费5.9万元。春节、国庆节为2635名油田困难家庭发放慰问品、慰问金758万元。一次性救助困难家庭94人，救助资金44万元。帮扶死亡人员家庭310人，救助资金155万元。救助特困学生56人，发放助学金15万元。接待群众来信来访260人次，回复率100%。

【扶贫工作】 2018年，青海油田将定点扶贫与对口支援作为油田履行“三大责任”的重要平台，配合地方政府做好扶贫工作和高原美丽乡村建设，投入扶贫帮扶资金375.79万元，对口支援格尔木农牧区建设资金2776万元。

2018年，青海油田安排4名干部组成第一书记和驻村工作队驻村（青海省民和县马莲滩村和都兰县察汗乌苏镇）帮扶。按照青海省海西州“联企兴村1+1”要求，油田承担10个村的帮扶任务，安排9个二级单位进行帮扶，捐赠100万元帮扶资金，用于发展村集体经济。帮助农牧民推销其特色农牧产品，如牛羊肉、藜麦、枸杞等，倡议油田职工踊跃购买；帮助农牧民发展特色产业、休闲农业、乡村旅游、农村电商等新产业。加强与青海省格尔木市政府联系，捐赠帮扶资金40万元，用于格尔木市郭勒木德镇红柳村高原美丽乡村共建工作，共同协商美丽乡村建设内容，按照“田园美、村庄美、生活美”的要求，发展休闲农业，增加农民收入。

【文联工作】 2018年，青海油田文联大力开展组织建设、队伍建设、素质提升和文创活动，起好步、开好局。组织“这个冬天很温暖”和“天际线上的石油人”大型文创活动。作家协会10人次在外部期刊发表作品24篇（首）计32万字，1人获《儿童文学》“金近奖”，2人获《文艺报》与中国石油联合征文奖，4人获中国石油新媒体大赛文学类二等奖、三等奖；摄影家协会12人次在油田外部期刊、网站发表作品105幅，2人次获“三北工程生态类”全国摄影大赛二等奖和优秀奖，6人次获中国石油摄影竞赛奖；民间文艺家协会64人次获全国剪纸大赛一等奖、二等奖、三等奖；书画协会16人次入展省部级书法展；文联微刊《风从高原来》推出 10个栏目，刊发文图215篇，点击率22万人次，转发8.4万次。

【对外宣传】 2018年，青海油田发挥外媒宣传优势，外媒刊发宣传报道350余篇，电视新闻155条，集团公司门户采用信息589条，在中国石油各单位排名第五。组织新华社和《工人日报》《中国青年报》等40家国内主流媒体，以及《青海日报》《西宁晚报》和青海新闻网、青海电视台等14家省内媒体开展“新春走基层”“走进新石油·媒体记者西部行”主题采访、“强国一代，为梦想加油——大学生暑期新闻实践”和“奋斗·足迹·成长”——青海油田改革开放40周年主题采访活动，采访报道油田40年来勘探开发成果。新华社和《工人日报》《中国青年报》等各媒体相继刊发《从背井离乡到建设家乡——三代青海石油人的奋斗芳华》《青海涩北气田上的保供人》《闻不到石油香，我怎能轻易老去》等文章。组织参加集团公司“技能西部行”劳动模范事迹宣讲和“弘扬石油精神、重塑良好形象”石油精神（劳模·青年）论坛，《学习十九大、践行新思路、瞄准新目标、奋力建千万》《英雄岭上石油人》两篇宣讲稿被评为集团公司第十六次“形势、目标、任务、责任”主题教育优秀宣讲课件，油田员工王楠被评为优秀宣讲员。

【民生工程】 2018年，青海油田坚持重质量、重品质、重效果，做好矿区民生项目的设计审查、施工管理、沟通协调工作。组织参与方案及施工图审查会议40次，审查覆盖率100%。东坪油苑住宅二期总图配套建设、祁连路改造、文体室改造等3项跨年工程完工。利用青海省棚改资金对76栋楼2858户老旧住宅实施外墙保温和窗户更换；购置职工总医院防疫站设备和医疗设备，优化职工家属就医条件；对敦煌基地柴达木路等8条道路进行维修改造；敦煌基地第一职工餐厅11月30日开始运营；实施公共活动设施维修、文教路与昆仑路交汇十字路口区域整修工程；升级改造北京离退休基地废弃的自行车棚为多功能活动室；基地安防系统完善工程助推平安社区建设，提升员工群众的安全感；完善主要道路两侧配套设施、花土沟和格尔木石化基地部分楼宇亮化工程。

【青年文化活动】 2018年，青海油田团委丰富文化活动载体，为油田广大团员青年搭建展现青春风采的平台。开展“为青春喝彩、励志在高原”五四系列活动，在共青团格尔木、花土沟协作区开展五四颁奖晚会、青春榜样分享会。围绕油田安全环保形势，组织开展“青春与安全同行”演讲比赛、“青年安全生产示范岗”创建、安全经验分享、“安全隐患随手拍”、青工安全知识培训等安全文化活动。举办青海油田2018“爱在油田·情定柴达木”青年集体婚礼，21对新人参加。

【退伍军人信息采集工作】 2018年，青海油田根据《国务院办公厅关于做好退役军人和其他优抚对象信息采集工作的通知》以及《青海省退役军人和其他优抚对象信息采集工作的通知》要求，青海油田退伍军人因特殊的地理位置及工作环境，都离户籍所在地较远，海西州人民政府将青海油田的青海省退役军人和其他优抚对象信息采集工作委托青海油田工会办理。青海油田信息采集工作至青海省第一阶段结束时已采集1701人，协调异地采集对象506人。采集对象中年龄最大的95岁、最小的22岁。

（曹　芳）

中国石油天然气股份有限公司华北油田分公司（华北石油管理局有限公司）

【概况】 中国石油天然气股份有限公司华北油田分公司（华北石油管理局有限公司）简称华北油田，前身为1976年1月成立的华北石油会战指挥部，总部位于河北省任丘市，主要从事石油天然气和煤层气勘探开发、储气库建设管理运营、燃气市场开发利用、对外技术服务与劳务承包、多种经营以及与之配套的矿区服务、社会服务等业务。油气勘探区域主要集中在渤海湾冀中坳陷、内蒙古二连盆地、巴彦河套盆地和山西沁水盆地四大探区。截至2018年底，有油气资产原值838.33亿元，净值270.94亿元；累计探明石油地质储量14.50亿吨、天然气地质储量374.33亿立方米；累计生产原油2.83亿吨，天然气128.81亿立方米；累计煤层气产量63.35亿立方米；累计工业总产值（现价）3156.83亿元。2018年底，设机关职能部门14个，直属单位4个，直管单位8个，二级单位39个。有员工3.43万人，其中：管理人员7576人，专业技术人员7066人，技能操作人员18727人；研究生以上学历人员731人，大学文化程度人员11462人。

2018年，生产原油407.20万吨、天然气3.25亿立方米、煤层气10.35亿立方米，实现收入231.33亿元、利润16.35亿元，比集团公司下达的利润指标增加7.3亿元，上缴税费29.54亿元。其中：上市业务收入159.1亿元、利润21.06亿元；未上市业务收入72.23亿元、利润-4.71亿元。

【油气勘探】 2018年，华北油田强化资源掌控，油气勘探获得重大突破。坚持预探与评价紧密衔接，规模与效益并重，新区与老区并举，取得一批重要发现，超额完成储量任务，新增探明石油地质储量、控制石油地质储量、预测石油地质储量分别为2782万吨、3739万吨、1.15亿吨；新增探明天然气地质储量60.95亿立方米。加快巴彦河套盆地勘探，优选吉兰泰构造带。先后有5口井获高产油流，其中吉华8井自喷日产油301立方米，该区带整体上交预测储量超亿吨；巴彦河套盆地石油勘探获股份公司勘探重大发现特等奖，被誉为中国石油新区新盆地高效勘探的典范；深化饶阳富油凹陷勘探，间41井、强70井等多口井获高产；马西洼槽杨武寨构造石油勘探获股份公司勘探新成果三等奖；实施杨税务潜山勘探开发一体化，继安探1井、安探3井两口井成功钻探后，安探4井再获高产油气流，日产原油101立方米、日产天然气16.6万立方米，该区域有望形成100亿立方米天然气探明储量规模。

华北油田主要生产经营指标

指　标	2018年	2017年
原油产量（万吨）	407.20	403.10
天然气产量（亿立方米）	3.25	2.40
煤层气产量（亿立方米）	10.35	9.0
新增原油产能（万吨）	70	56.01
新增天然气产能（亿立方米）	1.0	1.0
新增煤层气产能（亿立方米）	1.7	2.3
新增探明石油地质储量（万吨）	2782.23	3136.03
新增探明天然气地质储量（亿立方米）	60.95	0
新增探明煤层气地质储量（亿立方米）	122.02	104.8
二维地震（千米）	1475	1518
三维地震（平方千米）	654	704
探井（口）	120	132
开发井（口）	578	662
钻井进尺（万米）	138.1	140.0
勘探投资（亿元）	18.47	20.34
开发投资（亿元）	40.16	40.34
资产总额（亿元）	572.23	530.99
收入（亿元）	231.33	177.39
利润（亿元）	16.35	–18.2
税费（亿元）	29.54	22.39

【开发生产】 2018年，华北油田实施精细开发，原油产量保持稳中有升。全年生产原油407.20万吨，超额完成任务指标。持续抓好效益建产，突出“四个统筹”，严格经济评价，整体排队优选，打破新区与老区、新建与恢复界限，新建原油产能70万吨。持续加强措施挖潜，以重点油藏和低效区块治理带动油田整体开发，深化精细注水工程，统筹重点区块治理、深部调驱和长停井恢复，深挖油藏潜力，夯实稳产基础，累计增油24万吨、超计划4.5万吨，油田自然递减、综合递减稳中有降。持续优化生产运行，综合平衡产、运、销、储，周密组织工程建设，及时解决工业用地协调问题，切实减少钻机等停，油田生产建设平稳高效。

【天然气业务】 2018年，华北油田突出规模效益，增气战略取得显著成效。煤层气业务着力夯实资源基础，吉尔嘎朗图储量区整体控制，马必东储量规模进一步扩大，新增探明煤层气地质储量122.02亿立方米；精细老区开发调整，强化措施挖潜，盘活低效区块，煤层气产量首次突破10亿立方米大关，实现收入14.5亿元、利润2.6亿元。常规天然气业务强化气藏开发管理，产气量3.25亿立方米。储气库业务积极适应新体制新要求，顺利完成京58、金坛和刘庄储气库群生产管理权接收，稳步推进苏桥储气库群扩容达产，三大储气库群保持平稳运行，公司总库容实现翻番，全年注气17.2亿立方米、采气12.2亿立方米，应急调峰能力大幅提升。燃气业务着力构建多元化资源保障体系，多渠道增加管道气和LNG资源，民生保障能力进一步增强；有序退出低效无效市场，大力开拓湖北、安徽等新燃气市场以及分布式能源项目，持续推进气化农村工程，销售管道气和CNG 12.5亿立方米、LNG 100万吨，实现收入75亿元、利润1亿元，收入连年保持大幅增长。

【市场开拓】 2018年，华北油田优化市场布局，积极拓展新领域新空间。巩固油田内部市场，生产服务系统牢固树立市场意识、服务意识，持续增强生产保障能力；拓展国内油气市场，完善技术服务、区块承包模式，加快迈向高端高效领域，苏43区块进入试采阶段，苏75合作区块连续8年稳产8亿立方米，新获得塔里木油田英买力、轮古等5个区块综合治理项目，成功开辟柳林煤层气技术服务市场，全年创收11.6亿元；进军海外市场，健全完善以中东、南美、非洲为重点的市场格局，谋划推动迪拜、阿布扎比技术支持中心建设，成功中标秘鲁、阿尔及利亚等技术服务项目；布局地热供暖市场，渤海职院、河间书苑居小区供暖项目全面建成，石油新城、华隆矿区供暖项目加快落地，华北油田成为雄安新区地热联合供暖重要成员单位。

【提质增效】 2018年，华北油田加强经营管控，提质增效结出丰硕成果。经营业绩显著提升，上市业务四年来首次扭亏为盈。油气完全成本、操作成本分别比预算降低 0.85 美元 / 桶和 0.02 美元 / 桶，呈逐年下降趋势。加强投资管理，严格项目效益评价和排队优选，强化跟踪分析和动态调整，大力推进标准化设计和钻井总承包，百万吨产能建设投资降低 4 亿元，当年投资完成率 90%，跨年投资减少 14 亿元。优化系统运行，深入推进区域功能整合，将 21 座联合站降级为转油站，彻底解决多年以来的“大马拉小车”、联合站功能过剩问题；实施三管伴热井工艺改造 1639 口，停运燃油加热炉 118 台，节约燃油 7.2 万吨，年运行费用降低 1.43 亿元。强化运销协调，推进原油保档提价，做好煤层气自主推价，优化油气销售，实现创效 1.6 亿元。加强物资管理，推行网上招标，扩大电商采购规模，加大库存积压物资调剂力度，增效 1.8 亿元。推进三项专项工作，压减法人 4 家，提前完成集团公司下达的压减任务指标。

【改革调整】 2018 年，华北油田注重稳准推进，全面深化改革多点突破。认真贯彻集团公司改革部署，坚持问题导向，聚焦重点领域，各项改革任务平稳有序推进。实施扩大经营自主权改革，调整资金配置政策，加强生产单位利润中心管理，确立基层单位经营主体地位，上市业务自主经营模式初步建立。深化公司制改制运行，健全完善未上市单位法人治理结构、市场化经营机制。加快剥离企业办社会职能，“三供一业”移交基本完成，相关维修改造加快实施，部分矿区市政、社区管理职能移交与属地政府达成共识。深化科研体制改革，推行“双序列”和完全项目制运行，选聘各类专家 113 人，将 762 名研究人员纳入技术序列管理，科研单位创新活力有效激发。调整优化组织架构，通过重组整合、合并撤销等方式，压减处级机构 14 个、科级机构 93 个；紧跟业务发展，新成立处级单位 3 个，设立临时项目部 3 个，产业支撑、市场开拓和服务保障能力显著增强。

【科技信息】 2018 年，华北油田聚焦专项攻关，科技创新作用更加突显。抓好重大科技专项研究，依托国家、股份公司重点科研项目，着力突破制约勘探开发效益提升的技术瓶颈，丰富完善 6 项理论认识，攻关形成 11 项配套技术；加强创新成果管理，23 个科研课题获省部级奖励，3 项成果被认定为集团公司自主创新重要产品，优选研究项目参加河北省创新大赛斩获 1 金 3 银、参加全国创新大赛获二等奖，59 名员工通过国家创新工程师认证；加快信息化建设，冀中“两点一面”智慧油田示范区、二连油田油气生产物联网系统全面建成，公司 60% 的区块实现油气生产物联网覆盖，劳动用工进一步优化；在单井能耗管理等领域开展油气数据资源高效应用，油井系统效率整体提升，推动生产组织方式的转型升级。

【安全环保与节能】 2018 年，华北油田始终严抓严管，安全环保态势总体平稳。连续 10 年被评为集团公司安全环保先进单位。突出重点领域监管，完善风险分级防控措施，对雄安新区等环境敏感区域实行升级管理，全面推广钻井泥浆不落地、无污染修井作业等清洁生产技术，顺利完成赵兰庄含硫化氢井地面监控、电力系统隐患治理等 11 项集团公司挂牌督办项目；着力提升体系审核的深度和广度，梳理、整改各类问题 7900 个；深入开展基层站队 HSE 标准化建设，达标率超过 80%。强化应急能力建设，推行调度应急一体化管理，组织各级演练 670 余次，应急处置能力进一步增强。

【和谐矿区建设】 2018 年，华北油田持续改善民生，和谐稳定大局日益巩固。加快推进重点民生工程，东风新区 1550 户居民入住新居，石油新城一期主体基本完工，创业家园 F 区签订团购协议，石油新城二期三期、万达广场项目推动实施。积极解决员工关注的焦点、热点问题，扩大重病、大病报销范围，提高 20 万元以上医疗费报销比例，启动社保便民缴费平台，为 3244 套集资房、回迁房、房改房补办不动产登记，存在多年的“老大难”问题得以解决。全力抓好居民综合服务保障，确保业务移交过程中服务标准不降低，综合服务满意度达到 85% 以上。持续深化关爱帮扶，走访慰问、帮扶救助一线员工、困难家庭 2.7 万人，发放慰问金、救助金 2900 余万元。严格落实维稳信访安保防恐责任，全力推进信访积案“瘦身减量”，严厉打击涉油违法犯罪，及时化解不稳定因素，公司在全国“两会”、改革开放 40 周年纪念活动等敏感时段工作突出，获集团公司嘉奖。

【企业党建工作】 2018 年，华北油田坚持全面从严治党，党的建设水平不断提升。落实党建工作责任，修订公司党委工作规则，制定管党治党工作体系，“大党建”工作格局逐步完善。持续深化“两学一做”学习教育，举办局级、处级领导干部党的十九大精神轮训班和科级干部网络学习班，组建宣讲团层层巡回宣讲，实现教育培训全覆盖。加强干部队伍建设，对新提任干部实行任期制管理，建立“能上能下”的工作机制，全年提拔处级干部 56 人，其中“80 后”优秀年轻干部 11 人。持续深化“建合格党支部、做合格党员”活动，认真实施党支部达标晋级管理，广泛开展“特色党建活动品牌”创建，战斗堡垒作用有效发挥。加大巡察监督力度，制定巡察五年规划，完成4轮14家基层单位巡察，对7个党总支派驻纪检组，在3个二级单位试点开展内部巡察；针对管理人员及其亲属经商办企业、物资采购、工程建设等领域违规违纪行为，严格纪律审查，保持反腐败高压态势。大力弘扬石油精神，推进主题教育和系列宣传实践活动，评选表彰先进典型，持续深化精神文明创建，连续三届获评“全国文明单位”。

（鲜　勇　杨　英）

中国石油天然气股份有限公司吐哈油田分公司（新疆吐哈石油勘探开发有限公司）

【概况】 中国石油天然气股份有限公司吐哈油田分公司（新疆吐哈石油勘探开发有限公司）简称吐哈油田，是集油气勘探与生产、石油工程技术服务、矿区后勤服务等多种业务于一体，跨国、跨地区经营的大型石油企业，前身为1991年2月成立的吐哈石油勘探开发会战指挥部，总部位于新疆鄯善县火车站镇。主要从事油气勘探开发、科研服务、井下作业、油田建设、水电讯保障、机械制造、物资采购等业务。吐哈油田勘探领域包括吐哈、三塘湖、民和、银额、总口子等5个中小盆地，盆地总面积22万平方千米，登记13个探矿权区块，探矿权面积3.8万平方千米。2018年底，有机关职能部门14个、机关附属机构4个、直属机构8个、二级单位25个，用工总量11145人，其中合同化员工9043人、市场化用工2102人。累计探明石油地质储量58723.62万吨（含凝析油），探明天然气地质储量1253.42亿立方米（含溶解气）；累计生产原油5805.0万吨、天然气246.48亿立方米；上市业务资产总计158.75亿元，未上市业务资产总计37.76亿元。

2018年，吐哈油田坚持稳健发展方针，全力打好勘探开发、改革创新、提质增效攻坚战，着力加强党的建设，发展动力活力显著增强，生产经营任务圆满完成。深化改革工作稳步推进，“双百行动”综合改革完成顶层设计，扩大经营自主权改革初见成效，体制机制不断完善，发展内生动力明显增强。推动高效勘探和低成本开发，新增探明石油地质储量1950.61万吨，生产原油185万吨、天然气5.02亿立方米，均完成股份公司调整计划。大力实施开源节流降本增效和降低（油气）完全成本三年行动计划，油田亏损额从2017年的18亿元降到3.2亿元，较下达指标（剔出资产报废损失）减亏4.1亿元。争取到矿权流转、储气库建设项目等有利政策，逐步解决制约油田发展的资源和提高天然气发展效益等问题。深入学习贯彻党的十九大精神，落实全面从严治党要求，持续开展“四个诠释”岗位实践活动，通过集团公司党组巡视工作“体检”，党的建设持续加强。推动民生工程建设，员工群众获得感不断增强，生产生活条件不断改善。

吐哈油田主要生产经营指标

指　标		2018年	2017年
原油产量（万吨）		185	190
天然气产量（亿立方米）		5.02	6
新增原油生产能力（万吨）		40.93	48.48
新增天然气生产能力（亿立方米）		0.56	0.5
新增探明石油地质储量（万吨）		1950.61	1598
二维地震（千米）		200.8	0
三维地震（平方千米）		200.33	345
完成钻井（口）		305	266
钻井进尺（万米）		82.22	76.25
勘探投资（亿元）		7.44	7.53
开发投资（亿元）		27.66	28.33
资产总额（亿元）	上市	158.75	181.03
	未上市	37.76	36.87
收入（亿元）	上市	70.51	57.7
	未上市	33.02	31.01
利润（亿元）	上市	−23.22	−18.02
	未上市	−0.71	−6.31
税费（亿元）	上市	11.23	5.17
	未上市	3.34	3.35

【油气勘探】 2018年，吐哈油田推进高效勘探，石油及天然气预探完成三维地震200.33平方千米、二维地震200.8千米，完成探井37口，完成进尺9.86万米；油藏评价完成钻井15口，完成进尺4.48万米；滚动评价完成钻井9口，完成进尺2.75万米。石油及天然气预探试油交井20口30层，新获工业油气井10口，综合探井成功率37.04%；油藏评价试油交井12口，新获工业油气井8口，综合评价井成功率66.67%；滚动评价试油交井9口，新获工业油气井7口，综合评价井成功率77.78%。新增探明石油地质储量1950.61万吨、控制石油地质储量2104万吨、预测石油地质储量2206万吨。

油气勘探加大区域勘探力度，深化三塘湖盆地成藏特征认识与有利区带优选，三塘湖条湖凹陷条34井、条3401H井分别获21.5立方米、44.4立方米工业油流，发现芦草沟组页岩油藏；天草凹陷勘探重点向北部缓坡带转移，部署天7井常规试油日产32.5立方米，发现高渗砂岩稀油油藏，控制石油地质储量517万吨。实施富油洼陷精细滚动勘探，“两宽一高”地震技术应用发现葡北2、神11、温201等优质建产新区块，带动西部弧形带优质油藏的规模发现。启动与中石油煤层气有限责任公司和哈密市政府的战略合作，推动技术与资源深度融合，煤层气勘探进度加快，塘1井组、核5井展现良好苗头。

勘探开发一体化压实勘探储量发现责任，促进地质储量向效益产量快速转化，首次由勘探系统负责实施新发现区块的建产工作，葡北2区块和马216区块动用储量270.9万吨，新建产能3.72万吨，百万吨产能建设投资控制在40.5亿元以内，其中葡北2区块产能贡献率57%。

勘探管理坚持开放理念，积极引进外部研究力量，加大科研项目风险考核力度，探井、评价井成功率稳步提高。推进探井提速工程，全要素优化钻井、录井、测井、试油工程方案，积极探索区块总包、完全市场化，建立勘探产能建设和油气生产管理新模式，油气发现成本降低到每桶4.7美元，勘探效益效率明显提升。

【油气开发】 2018年，吐哈油田坚持产量效益并重，以控制自然递减率和提高采收率为核心，强化油藏地质研究，扎实开展精细注水、产能建设、滚动评价、重大开发试验等工作，开发效果逐步得到改善。

老区高递减态势有效控制。开展以精细注水为核心的油藏综合治理，持续完善注采井网，开展欠注治理和水质提升，油田自然递减率控制到16.8%，同比降低1.7%。转变措施增产方式，完成油水井措施875井次，增油6.3万吨。启动鲁8区块整体承包技术服务，实现老油田低效无效区块低成本开发。创新提出多种风险服务模式，引进外部工程技术和科研力量，在单井增产和井组综合治理等方面开展合作，努力突破难动用储量开发和提高采收率技术瓶颈。

提高采收率矿场试验取得重要进展。按照技术攻关、先导试验、规模推广的思路，配套形成不同类型油藏提高采收率主体技术。稠油减氧空气泡沫驱+注气吞吐技术逐步完善，应用规模不断扩大。三塘湖非常规油藏细分切割体积压裂工艺日趋成熟，实践注水吞吐补能和以井组为单元的“渗析+驱替”开发技术，采油速度达到1%，采收率提高到10.2%，基本实现效益开发。玉果油田减氧空气泡沫驱油井见效率80%以上，试验区采油速度由1.6%提高至2.5%，稀油提高采收率技术攻关初见成效。

滚动评价和达标建产成效显著。从老井再评价入手，围绕葡北、温吉桑、马朗等重点区带，重新开展构造圈闭落实及砂体分布研究，新增优质稀油储量358万吨。落实葡北23、温15等6个建产区块，葡北油田实现连片含油，一定程度上弥补当年建产区块不足的矛盾。积极推进达标建产，持续优化方案，优先实施单井产量高的致密油、火山岩和稀油滚动新区，加大水平井应用规模，投产油井219口、建产能40.93万吨，投产气井21口、建产能0.56亿立方米，平均单井产量达到方案设计指标。

工艺技术保障能力持续提升。实施生产组织、技术标准、力量调配、方案优化、降本增效“五个一体化”，开展钻井工程管理优化，攻关提速提效技术，钻井速度整体提高12.3%。创新发展水平井体积压裂技术，提高滑溜水、石英砂使用比例，推广可溶桥塞，形成以“蓄能+压裂”为主体的非常规油藏压裂工艺技术体系，成本同比小幅下降的同时增产效果明显提升。

【改革创新】 2018年，吐哈油田推进扩大经营自主权改革，编制总体方案和13个专项方案，下放35项权力及配套政策，提升企业发展能力。

投资有效管控。持续优化投资结构，严控投资规模，实施井筒瘦身、“一串测”、钻修动力电驱化，开展抽油机等设备调剂和修复利旧，严格估概算审查，推进工程技术服务价格市场化，在材料价格上涨、水平井增多等情况下，百万吨原油产能建设投资同比下降9.4%，亿立方米天然气产能建设投资同比下降14.4%。

全方位开源节流降本增效取得实效。通过土地房产有效利用、设备设施升级改造和优化运行、水电直购分类计价、电商采购、"让市场不让价格"等措施，基本运行费大幅降低。通过推行"谁设计、谁监督""我为安保作贡献"等措施，人工成本有效降低。通过将长期负息资金转为资本金、提高"商信通"支付比例，财务费用大幅降低。通过"低价多储、高价多销"和副产品自销，营销收入持续增长。通过设立市场开发专项奖，鼓励拓展外部和海外市场，效益不断提升。油气单位完全成本 61.45 美元 / 桶、操作成本 16.71 美元 / 桶，均控制在预算指标以内。

未上市业务自我发展能力不断增强。以提升服务保障能力、加强"五自"（自主经营、自负盈亏、自担风险、自我发展、自我约束）经营为目标，持续优化业务结构，强化工效挂钩，激发活力动力，在内部服务价格大幅下降、收入减少 2 亿元的情况下，未上市业务（剔除"三供一业"移交改造费用）整体实现盈利。

企业管理水平不断提高。全面推进依法治企，强化重大事项法律审查，扎实开展岗位责任制建设，严格检查考核，夯实基础管理工作。取消无效率、无效益和无责任的审批节点，管理运营更加顺畅。加强信息化建设，开展 A11 物联网和云平台建设，提高生产效率。

人力资源优化调整稳步实施。整合 3 个后勤服务单位、撤销 3 个驻外单位，撤并新闻中心，全面规范二级单位机关科室设置和人员编制，压减基层机构和科级职数，全年减少处级机构 6 个。优化劳动组织模式，全面推行"五班三倒"，深入盘活人力资源，开展对外劳务输出 130 人，人力资源效率不断提高。强化三支队伍建设，加强人才培训、培养和交流使用，建立油田公司机关与基层单位人员交流置换机制，完成技术专家、技能专家和技师选聘。完善绩效考核管理制度，"岗位靠竞争，收入凭贡献"的机制逐步形成，充分调动员工积极性和主动性。

剥离企业办社会职能工作取得重要进展。"三供一业"分离移交按政策要求完成业务职能移交，服务平稳接续，维修改造顺利实施。吐哈石油医院平稳完成与宝石花医疗集团的重组改制，哈密基地社区管理、托幼业务、消防业务实现社会化市场化，油田员工及家属由"居民"变"市民"，切实享受政府普惠政策。

【安全生产】 2018 年，吐哈油田构建平稳有序、运转高效的安全生产运行体系，推动从传统生产向精益生产转变，实现 HSE"零"事故，连续 13 年被评为集团公司安全生产先进单位。

安全环保强化 HSE 制度体系建设，建立季度内部审核机制，开展员工 HSE 需求培训、处级干部安全环保履职能力评估，加强应急体系和平台建设，安全环保管理基础不断夯实，被集团公司评为良好 B1 级，位居上游业务前列。推行全覆盖全过程监督检查，建立事故隐患及不安全行为判定标准清单，深化"联责、联管、联动"的井控管理机制，落实外部承包商安全监管五项措施，加大安全环保隐患排查和治理力度，有效管控安全生产风险。推进绿色矿山创建，推广钻井液不落地及井下作业清洁生产技术，应用绿色环保型钻井液体系，减少危险废物 7.32 万立方米。前移质量管控关口，坚持大宗物资及关键阀门仪表驻厂监造，确保产品质量。

生产运行保障聚焦生产运行计划管理和过程管控，着力构建"大运行"管理机制，实施资源统一协调、节奏统一把控，建立钻机运行、提高采收率、措施作业、重点工程四张大表，实现生产运行全面受控，生产效率不断提高。完善钻井与井下作业管理和防风作业方案，整体时效提升 10% 以上，实现 8 级大风安全施工，有效缓解钻修动力不足矛盾。加强地方关系协调，保障勘探开发建设用地需要。提升电力基础管理水平，提高道路养护标准，完成 5 项防洪工程，有效应对 2 次较大洪水冲击。优化完善地面系统配套，开展管道场站完整性管理，推进鲁克沁地面油水处理、老化油处理、三塘湖区域供水与集输流程等重点项目，保障油田正常生产。加强设备精细化管理，规范防爆电气与特种设备运行，科学组织设备更新与视情维修，完善自动化控制系统升级改造，保障能力不断提升。

【民生工程】 2018 年，吐哈油田坚持把保障和改善民生作为工作的出发点和落脚点，切实将发展成果惠及广大员工。建成鲁克沁前线员工宿舍，改善鄯善基地宿舍条件，增开哈密基地南区食堂，开展设施维修、绿化改造，补充健身休闲设备，鄯善、哈密两个基地面貌焕然一新。开通员工异地医疗结算和疆外居住人员个人账户提现功能，开展"送健康到基层"，邀请专家坐诊，调整员工体检周期，员工职业健康充分保障。引入"昆仑好客"，开通京东企业购，落实员工生活物资采购大客户待遇，在京东智采平台发放小劳保和防暑降温用品，员工购物经济实惠。

积极落实社保和住房惠民政策。用好社会保险政策，员工"五险"待遇持续提升，失业金和生育津贴同比增长 17.5%，退休职工养老金增长 5.5%，工伤保险待遇增长 4.5%。加强住房和产权产籍管理，通过清理出售房改房、推动产权房上市交易、规范公寓出租等措施，解决 655 户员工住房问题。修订员工物业及采暖收费货币化管理办法，全年增加费用补贴 1636 万元。

加大帮扶和送温暖力度。帮助 134 名家庭困难的内退员工重新上岗；投入 2050 万元用于扶贫帮困、大病救助、“金秋助学”和离退休职工送温暖，慰问 2.3 万人次，帮助 1083 户困难群体渡过难关。开通敬老爱老服务车 5 辆，探视住院老人 402 人次、走访 1.16 万人次。建立“空巢”、重病在床及生活不能自理老人的家庭档案，结成帮扶对子。

【企业党建工作】 2018 年，吐哈油田党建工作落实全面从严治党要求，提升党建质量，促进深度融合，为油田改革发展和生产经营任务全面完成提供有力保障。

突出党的政治建设。坚持用习近平新时代中国特色社会主义思想武装头脑，发挥两级党委中心组引领作用，教育引导各级党员干部树牢“四个意识”，坚定“四个自信”，做到“两个维护”，把党委研究讨论作为油田公司决策重大事项的前置程序，确保企业改革发展的正确方向。

坚持正确选人用人导向。坚持“德才兼备、以德为先”原则，选拔处级干部 11 名，调整交流处级干部 26 名，选派 97 名处级干部参加领导力培训班，强化日常监督考察，严格考核兑现，干部队伍整体素质不断提高。加大年轻干部选拔培养力度，建立近期使用、轮岗锻炼、墩苗培养“三个名单”130 人。

加强基层党组织建设。扎实开展党支部工作规范提升年活动，出台《党建责任制考核评价实施细则》《构建“大党建”工作格局 17 条》，党建信息化平台推广应用进入集团公司先进行列，党建规范化、科学化、信息化水平不断提升。围绕重大项目、重点工程和生产经营重点难点，两级党委成立党员先锋队 51 支，在急难险重任务和上产会战中以实际行动践行“四个诠释”。

深入推进党风廉政建设和反腐败工作。制订建立健全不敢腐不能腐不想腐有效机制工作方案、签订党风廉政建设责任书、修订“两个责任”清单、严肃责任考核追究，不断压实基层管党治党责任。常态化开展党内巡察，建立监督部门例会制度，“大监督”格局初步形成。召开监督发现问题讲摆暨强化队伍作风建设会，促进合规管理和干部作风持续转变。严肃查处违反中央八项规定精神问题以及其他违纪违规问题，立案 14 件，给予 23 名党员干部党纪政纪处分。强化纪律教育，组织党风廉政教育月活动，开办“纪律大讲堂”，推出“火洲清风”微信公众号，通报典型案例，教育覆盖面和针对性不断增强。

强化思想文化建设。落实意识形态工作责任制，强化阵地管理，形成齐抓共管良好格局，主流意识形态影响力显著增强。大力弘扬石油精神，开展“讲形势、提信心、促改革”形势任务教育，精心策划各类重大主题宣传，组织重塑良好形象活动周系列活动，队伍士气有效提振，石油战线优良作风得到继承弘扬，为油奉献、干事创业的正能量进一步凝聚。

加强党对群团工作的领导。构建以职代会、职工代表巡视、厂务公开、员工座谈会等为载体的多元维护员工合法权益机制，开展主题劳动竞赛、5 项专项竞赛和青年先锋队活动，深化节日慰问、大病救助、“金秋助学”、健康讲座等关怀帮扶工作，群团组织桥梁纽带作用进一步发挥。

【维护稳定与精准扶贫】 聚焦新疆社会稳定和长治久安总目标，推进安保反恐标准化建设，投入安防费用 1680.56 万元，隐患整改实现 8 个 100%，防范能力得到增强；抓好集团公司定点扶贫巴里坤县奶酪加工厂项目，筹措 400 多万元支持吐鲁番市维护社会稳定工作，中央精准扶贫要求落实落地；选派 25 名干部驻村、6 名干部担任深度贫困村第一书记，筹措 100 多万元开展 3 个帮扶项目，接收 143 名南疆转移劳动力在油田就业，持续开展“民族团结一家亲”活动，促进民族团结，树立良好社会形象。

（李　勇　朱晓龙）

中国石油天然气股份有限公司冀东油田分公司

【概况】 中国石油天然气股份有限公司冀东油田分公司（简称冀东油田）成立于 1988 年 4 月，位于河北省唐山市。冀东油田有油气矿业权 6 个，总面积 7059.626 平方千米，集中在唐山市东南部（包括渤海湾海域部分）。其中，探矿权 1 个，面积 6429.113 平方千米；采矿权 5 个，面积 630.513 平方千米。2018

年底，冀东油田主营业务包括油气勘探、油气开发、科研、油气集输、油气销售以及油田工程技术、机械制造、物资供应、电力通信、油田化学、矿区服务等为油田配套、保障、支持和服务业务；设24个二级单位（分公司）、13个机关处室、4个直属部门，员工6782人（合同化员工4607人、市场化员工2117人、其他用工58人）。

2018年，面对生产经营的巨大压力和严峻挑战，冀东油田深入学习贯彻习近平新时代中国特色社会主义思想和党的十九大精神，全面落实集团公司党组决策部署，克服重重困难，苦干实干，以加强党的建设为统领，进一步突出油气勘探开发主业，强化技术创新，稳准推进改革，狠抓降本增效，提升生产保障与市场竞争能力等各方面工作取得新进展、新成效。2018年，新增探明石油地质储量1227.9万吨、控制石油地质储量1189万吨、预测石油地质储量1018万吨；生产原油130万吨、天然气2.75亿立方米，油气当量产量151.9万吨。

冀东油田主要生产经营指标

指　标	2018年	2017年
原油产量（万吨）	130	136
天然气产量（亿立方米）	2.75	3.64
新增原油生产能力（万吨）	21.6	22.47
新增探明石油地质储量（万吨）	1227.9	1403
钻井（口）	123	112
钻井进尺（万米）	41.68	37.51
勘探投资（亿元）	4.19	5.64
开发投资（亿元）	20.05	13.46
资产总额（亿元）	223.3	228.37
收入（亿元）	54.1	45.66
利润（亿元）	-65.1	-16.90
税费（亿元）	7.78	4.29

【油气勘探】 2018年，冀东油田精细开展勘探评价，储量保持稳定增长。以实际油价评估，增加证实已开发储量（PD储量）123.73万吨。

深化浅层、中深层精细勘探评价，增储建产效果显著。南堡4号构造南堡402X2井东一段试油获日产86.5立方米高产工业油流；南堡203X25井明化镇组解释油层14.6米，油水同层26.4米，试油日产21立方米，投产日产12—30吨；高24断块滚动落实探明石油地质储量357.7万吨；南堡2号构造南堡2-56井东二段钻遇厚油层，增加预测石油地质储量292万吨；南堡306X3井老井试油东三段落实控制石油地质储量367万吨；南堡4号构造北部东二段预探评价一体化，增加控制石油地质储量256万吨。

高尚堡中深层、深层整体再评价，实现规模增储。高南斜坡东营组高179X2井东三段试油获日产34.2立方米高产工业油流；高北斜坡6口井钻遇厚油层，平均单井钻遇油层41米，油水同层12.3米。高尚堡中深层、深层增加三级石油地质储量1683万吨，其中探明石油地质储量784万吨。

开展老井复查，老井试油成果突出，南堡306X3井、高31井、高40井试油分别获日产15.42立方米、22.442立方米、7.072立方米工业油流。

南堡5号构造呈现重要发现苗头。南堡5-29井第Ⅲ期火山岩试气，折算日产气3.7万立方米。风险探井堡西1井馆陶组至东二段钻遇较好油气显示，预示南堡5号构造海域主体区中浅层勘探潜力较大。

秦皇岛探区战略勘探取得进展。东升3井东三段钻获油流，拓展东升4号走滑构造带含油气范围，东营组构造—岩性油藏勘探潜力显现。

深化地热资源量评价，开发利用进入实质阶段。开展唐山市曹妃甸新城230万平方米地热供暖项目的方案优化设计，并以地面地下一体化的形式快速推进冬季供暖的平稳运行。编制地热利用中长期发展规划，组织老爷庙地热综合利用方案论证。

【油气田开发】 2018年，冀东油田推动开发理念由开发油田向经营油藏转变，生产组织由任务导向向价值导向转变，发展动力由投入拉动向创新驱动转换，努力构建合理开发秩序。

持续深化精细注水工程，注水开发效果持续改善。实施水井措施360井次，自然递减率、综合递减率分别降至25.2%、13.4%，同比降低0.1个百分点和0.7个百分点；水驱储量控制程度、水驱储量动用程度分别达67.3%、48.4%，同比提高3.2个百分点和3.4个百分点；油井、注水井开井率分别达80.3%、81.3%，同比提高8.4个百分点和7.9个百分点；油井多向来水比例达60.4%，同比提高6.2个百分点；地层压力系数0.81。

坚持油水井同步建设、同步投产，增加“动

用石油地质储量”228.8 万吨，建设原油生产能力 21.6 万吨，新井产量 12.65 万吨，增加“石油可采储量”143 万吨。

开展 13 个区块精细油藏描述工作，覆盖石油地质储量 1.27 亿吨，一次精细油藏描述做到全覆盖，并启动二次精细油藏描述工作。加大油藏监测工作力度，组织分层压力监测 65 口井，实施注采剖面测试 618 井次，促进综合治理与精细注采调控工作。

精心组织油水井措施优化，措施经济有效率 74.1%，同比提高 13.2 个百分点。实施老井压裂 91 口井，增油 1.2 万吨、增注 5.6 万立方米。

加强采油精细化管理，推广应用耐磨衬里油管、防污染管柱，优化举升工艺，偏磨检泵井比例同比下降 3 个百分点，检泵周期达到 751 天、延长 20 天。治理低泵效井 91 井次，油田平均泵效达 50.3%。强化大修作业能力建设，推广带压、连续油管作业技术，井下作业提速 2%。

开展地质、地面工程、长关井和套变井情况调查，明确注水开发油藏水驱未动用石油储量 6226 万吨，可增加“动用石油地质储量”2600 万吨。实施南堡陆地地面系统优化简化工程，治理长关井 153 口，阶段增油 1.6 万吨。

【科技创新】 2018 年，冀东油田承担国家和集团公司级科研项目 10 项，组织冀东油田级科研项目 128 项，获省部级科学技术进步奖 3 项、授权发明专利 8 项、计算机软件著作权 7 项，获集团公司科技成果转化创效奖 2 项、自主创新重要产品 2 项，评选冀东油田科技进步奖 29 项。职工创新工作室达到 45 个，其中省级 2 个、市级 13 个。冀东油田机械公司获“河北省科技小巨人”称号，被唐山市推荐为“河北省加热及燃烧设备创新中心”。冀东油田瑞丰公司建立省级院士工作站、市级特邀院士工作站。

油气勘探方面，形成中浅层低幅度构造识别、曲流河边滩砂体刻画、中深层富砂区预测、构造—岩性圈闭描述 4 项特色技术。组建勘探院专家 + 冀东油田科技人员联合团队，攻关地质目标指导下的全频保幅叠前深度偏移处理技术，通过强化地震资料分析及关键处理技术攻关，南堡 1 号、南堡 4 号、老爷庙等目标区地震资料品质明显提高，为精细目标评价奠定坚实基础。

油田开发方面，浅层高孔渗高含水油藏与中深层注水开发油藏描述、剩余油预测技术取得进展，建立不同类型沉积体系储层原型模型和地质知识库。深层油藏描述与油藏工程技术攻关取得成果，重构高深北区层序地层结构和叠加样式，完善高 5、高 65 和高 66X1 断块三维地质模型。低渗透油藏压裂开发技术取得进步，开展压裂低产井注水吞吐和自研功能型滑溜水蓄能压裂试验，明确Ⅰ类储层注水压裂开发、Ⅱ类储层注气开发和Ⅲ类储层自助吞吐开发技术政策。加强提高采收率技术攻关，定量评价浅层 11 个开发单元关键指标。密集井网条件下加密井钻井防碰绕障技术不断完善。形成以偏心投堵测试及智能分采管柱分层测压为主的油井分层压力测试工艺技术。注水井化学降压增注技术取得进展，现场应用 30 口井，有效期延长 90 天。

信息化建设方面，按照集团公司信息化工作部署，试点实施勘探开发一体化研究平台，为集团公司勘探开发梦想云、冀东油田勘探开发一体化研究平台的建设起到重要推动作用。推广应用生产物联网等 18 个项目，带动地面优化简化和开发生产日常管理方式的转变；自主研发老爷庙联合站三维可视化等 6 个项目，生产组织效率不断提高，信息化建设能力和水平得到提升。深化数据资源治理，完善数据中心主库，打通专业数据“入湖”通道，数据治理工程完成 70%。升级完善基础设施，加强信息安全防护，网络运行环境安全稳定。

【安全环保】 2018 年，冀东油田突出加强风险管控，安全环保态势稳定，未发生 A 级以上重大安全与环保事故。

HSE 基础管理不断夯实。修订事故隐患问责管理实施办法等 8 项制度，客观评估 154 名中层干部安全环保履职能力。强化对关键业务流程、高风险作业场所的 HSE 审核，发现并整改问题 1585 个。围绕“责任、标准、制度、素质、作风”5 个核心要素，创建安全环保免检单位 7 个、标准化基层站队 114 个，达标率 89.8%。推进安全环保信息化建设，搭建 HSE 智能管理系统业务模块，开发应用油气生产预警平台，标准化信息系统上线运行。以危害辨识及风险评估为基础，开展油气泄漏、着火爆炸、人员救生、高楼逃生等厂处级以上应急演练 28 次，应急处置能力不断增强。

安全风险管控能力持续加强。落实“四条红线”（可能导致火灾、爆炸、中毒、窒息、能量意外释放的高危和风险作业，可能导致着火爆炸的生产经营领域的油气泄漏，节假日和重要敏感时段的施工作业，油气井井控等关键作业）风险管控要求，明确关键风险领域“四条红线”作业目录、风险等级评估及分级管控措施，制定厂处级以上风险管控方案 50 项。强化日常现场监督和钻井、工程建设等重点作业监控，严格动火等作业许可管理，狠抓承包商HSE监管，清退承包商队伍1家。

安全环保隐患有效治理。治理油气管道、二氧化碳吞吐井、废弃预探井、防爆电器设施等隐患，建成投运高37油泥综合处理厂、高76钻井废弃物综合处理利用工程，实现污染物源头消减、过程控制和存量治理。

节能减排取得成效。有序推进绿色矿山创建工作，持续开展大气污染防治攻坚行动。生化水排放达标率100%，达到城镇污水处理厂一级A标准。开展第二次污染源普查，摸清底数、建立台账、动态监测。全年节能5302吨标准煤，化学需氧量、氨氮、二氧化硫、氮氧化物排放量均低于控制指标。

深入开展群众性QC小组活动，20项成果被评为省优，2项成果分获集团公司一等奖、三等奖，1个班组被授予“优秀质量信得过班组”。

【经营管理】 2018年，冀东油田收入68.2亿元。其中：油气主营业务收入54.1亿元、比2017年增加8.4亿元，较预算增加11.6亿元；剔除资产报废、计提减值损失等因素，实际亏损14.4亿元，较集团公司预算控亏指标减亏1.6亿元；非油气业务收入14.1亿元、利润6169万元。

精细投资管理。强化方案审查，严把立项关口，源头审减各项投资1.39亿元。强化投资过程管理与控制，深化钻井区域总承包、网电钻井等措施，节约钻井投资2亿元。优化施工设计、强化现场监管、实施修旧利旧，节约工程投资1200万元。加强闲置低效资产盘活利用，内部调剂资产265台套、节省投资8500万元。加快推进资产轻量化步伐，通过资产报废、计提减值、移交矿区服务业务等方式，减轻资产包袱50.19亿元。

精细成本控制。强化油水井效益评估，优化措施方案，控减低效、无效措施107井次，节约成本4851万元。进口压缩机配件国产化替代率30%，配件消耗成本下降46%。推进电力直接交易和购电方式调整，节约电费1290万元。地面工程优化简化，节约电309万千瓦·时，节约天然气173万立方米。加大公车集中调派力度，减少小车运费575万元。严格控制非生产性支出，管理性费用下降6.67%。

精细挖潜创效。加强原油、轻烃市场行情预判，坚持高销低储，增收1.12亿元。科学精细财务运营管理，节省财务费用1350万元，减少所得税支出与争取消费税返还3501万元。推进闲置土地有偿处置，收回补偿费9778.75万元。法人企业外拓市场取得新成效，机械公司、瑞丰公司外部市场收入分别达到1.1亿元、1.06亿元。强化公开招标，节约投资、成本1.36亿元。审计、造价核减资金4.27亿元。建立减员增效机制，持续清理长期在册不在岗人员，妥善做好符合条件人员有序退岗工作，采取内部退养、离岗歇业、协议保留劳动关系等方式分流安置34人，解除劳动合同42人，节约无效人工成本842万元。

持续强化合规管理。建立监督部门联席会议制度，推动财务、人事、企管、内控、审计、纪检监察、巡察等监督力量形成合力，构建大监督格局，依法合规治企更加严格。

【企业改革】 2018年，冀东油田按照集团公司深化人事劳动分配制度改革实施方案及配套政策，制定改革行动方案，启动机构及相应业务领域改革调整工作。

着眼于“减机构、优职能、转作风、提效率”，推进机关机构改革，职能部门由16个减为13个，保留4个直属机构编制，撤销3个附属机构。实施管理职能优化重组，强化评价、产建一体化，经营、管理一体化，以及生产运行调度指挥、党委巡察、合规管理监察、意识形态管控等职能。相比核定编制，调整后处级机构减少6个、压减26.1%，人员编制减少116人、压减28.9%，处级职数减少4个、压减6.5%，科级职数减少53个、压减34%，科室减少27个、压减27.3%。

优化重组勘探开发研究院业务，搭建科研生产架构，科级机构由21个整合为14个，科级干部编制由67个压减到32个；拓宽专业技术人才发展通道，实施“双序列”改革，选聘10名一级工程师。

矿区服务业务市场化、社会化改革平稳推进，移交水电气暖管理职能，签订物业服务移交协议，曹妃甸基地市政设施、场地移交驻地政府；医疗业务实现重组，成立宝石花冀东医疗健康管理有限公司；实施矿区收费制度改革，保障员工家属利益。

整合人才交流中心等4个机构，成立人事与财务服务中心；整合安全环保监督中心和工程监督中心，构建质量、安全、环保一体化监督模式。

完善绩效考核管理体系，突出核心业务和效益导向，加大绩效合同关键指标权重，取消不相关和弱相关指标；薪酬分配继续向基层一线倾斜，提高一线关键艰苦岗位津贴待遇；对法人企业实行超额利润30%提成激励，增强创效单位积极性；实行动态专项激励，特别是加大夺油上产、应急抢险过程中的专项激励力度。

【队伍建设】 2018年，冀东油田人才队伍建设持续加强，完善技术人才激励政策，加大操作技能人才队伍培养力度。

加强干部队伍建设。强化干部理论武装，举办6期学习贯彻党的十九大精神专题研讨班、管理能力培训班、优秀中青年干部培训班；严格控制干部队伍规模，从编制上压减处级、科级职数101人，下降8.1%；严肃干部考核评价，约谈年度业绩考核排名靠后的2家单位、2名处级干部，谈话提醒选人用人报告、评议排名靠后的3家单位；选优配强二级单位领导班子，优化领导班子结构，加强岗位交流，党政干部交流任职29人，机关基层及横向交流38人，19个单位党政主要负责人实行交叉任职；严格选人用人标准，从严选拔处级干部13人、科级干部82人，其中40岁以下年轻干部分别为8人和63人。

强化专业技术和操作技能人才队伍建设。加强领军人才培养，选拔推荐集团公司青年科技英才培养人选5名；涌现出4个功勋集体、4名功勋员工、10个模范基层队、10名劳动模范等优秀典型；加强科研、生产单位岗位交流，20名优秀青年技术人才在实践中得到历练和成长；搭建技能人才成长平台，培养3名集团公司技能专家、5名冀东油田技能专家、11名首席技师、77名技师、32名助理技师；组织采油、测试工种技能竞赛，51人分获个人、团队和单项赛奖励；强化岗位适应性培训，冀东油田层面组织培训班110个、培训6468人次；扎实从严推进职业技能鉴定、通过率45%。

【和谐企业】 2018年，冀东油田完善社区管理，配套服务设施，努力保障改善民生，增强员工家属的获得感、幸福感、安全感，和谐稳定局面持续巩固。

持续完善矿区配套功能。投入780万元改造家属区监控、消防、客服、车辆识别系统，改善员工家属生活环境。

持续深化“标准化管理、亲情化服务”工作。创新服务方式，完善微信快讯、客服中心平台功能，继续推行智能快递包裹柜、自助存取款机、失物招领台、充电桩等人性化项目，方便员工家属生活。不定期召开业主座谈会，倾听意见和建议，改进服务质量和作风。弘扬崇德向善正能量，全面推行“爱心工作室”建设，开展爱心志愿活动200余次。

精心做好离退休服务工作。保障离退休人员养老、医疗待遇，老年大学保持7个专业课程，常态化组织健康讲座、文艺汇演等活动。

高度关注员工身心健康。全面落实带薪休假、健康体检、职业病防治等工作，开展员工心理健康培训、咨询等活动。继续畅通患病员工到大医院就诊的绿色通道，同17家三甲医院建立稳固医疗合作关系，聘请56名专家诊疗4600人次。

加大特困、重病等弱势群体关爱帮扶力度，援助111人次。参加职工重大疾病医疗互助活动，74人获政府补助23.95万元。

矿区保持和谐稳定。强化油地、警企联动，严密防控重点群体，有效化解不稳定因素，维稳信访安保防恐工作获集团公司嘉奖。扎实履行社会责任，推进驻村帮扶、燃气保供等工作，保持良好企地关系。

【企业党建工作】 2018年，冀东油田全面加强从严治党，党组织切实发挥“把方向、管大局、保落实”的作用，把党建与思想政治工作做到改革创新的最前沿。

旗帜鲜明坚持党对国有企业的领导。采取专题研讨、专家辅导、书记授课、组团宣讲等方式，深入学习宣传贯彻习近平新时代中国特色社会主义思想和党的十九大精神，引导党员树牢“四个意识”、坚定“四个自信”、践行“两个维护”。

严肃党内政治生活。推进“两学一做”学习教育常态化制度化，从严组织领导班子专题民主生活会，党员干部参与率100%；严格落实党支部组织生活会、党员民主评议制度，参评党员99.7%，巩固良好政治生态。

深入推进党建责任体系建设。出台《党建工作责任制实施办法》《考核评价实施办法》《意识形态工作责任制实施细则》等制度，推行党支部达标晋级管理，达标率99%，形成一级抓一级、层层抓落实的“大党建”格局。

扎实开展党内实践活动，党组织活力不断彰显，4个基层党组织、4名党员受到河北省国资委党委表彰，涌现10个红旗党支部、10名模范共产党员等一批典型。

严格履行“两个责任”，强化警示教育，巡察监督6个单位，严肃责任追究，追缴违纪所得、挽回经济损失5.46万元。

思想文化建设成效显著。牢牢把握意识形态工作主导权，明确意识形态责任清单和负面清单。强化全员思想教育和改革发展政策宣传，组织24场形势任务主题报告会。以冀东油田成立30周年为契机，打造文化工程，形成企业文化管理理念体系纲要。持续深化重塑形象建设，冀东油田党委在集团公司“石油精神”论坛上做典型发言，“石油精神”时代内涵研究被评为集团公司优秀课题，获中央企业政研成果三等奖。理论研究水平不断提升，25项政研成果获省部级奖励。推广应用石油党建信息化平台，在职党员上线率100%，党员教育管理、学习交流的载体更加丰富。冀东油田报纸、电视、网络、微信等宣传阵地持续巩固，企业形象不断提升。

工会共青团组织优势充分发挥。尊重群众首创精神，深化民主管理和厂务公开，开展主题劳动竞赛，推动职工创新活动，组织青年油藏分析大赛，动员青年建功新时代，营造全员行动、创新创效的浓厚氛围。

（刘东宇）

中国石油天然气股份有限公司玉门油田分公司

【概况】 中国石油天然气股份有限公司玉门油田分公司（简称玉门油田）主要开展勘探开发、炼油化工、井下作业、水电供应、机械加工、管道运维、综合服务、物资供应、通讯信息、保卫消防、物业管理等业务。玉门油田开发于1939年，是新中国第一个天然石油基地。先后投入开发的油田有老君庙、鸭儿峡、石油沟、白杨河、单北、青西、酒东7个油田。在酒泉、潮水、雅布赖等盆地内有7个矿权区块，面积16695.64平方千米。2018年玉门油田公司在册员工10943人，其中合同化员工8901（在岗人员中管理人员1694人、专业技术人员1912人、技能操作人员3572），市场化用工2042人（在岗人员中管理人员24人、专业技术人员38人、技能操作人员1931人）。机关设14个职能处室、6个直属机构，基层设25个二级单位。2018年实现考核利润-10.02亿元，比预算减亏5.36亿元（其中勘探开发业务实现考核利润-14.52亿元，比预算减亏3.36亿元；炼化业务实现利润4.5亿元，比预算增利2亿元）。生产原油41.00万吨、比股份公司计划任务超产1万吨，加工原油201.01万吨。未发生工业生产一般A级及以上事故和影响较大的环保事件。2018年，玉门油田获集团公司节能节水先进企业，“高汽油收率低碳排放系列催化裂化催化剂工业应用”项目获国家科学技术进步奖二等奖。

玉门油田主要生产经营指标

指　标	2018年	2017年
原油产量（万吨）	41.00	40.00
天然气产量（万立方米）	452	430
新增原油生产能力（万吨）	15.01	12.71
新增探明石油地质储量（万吨）	311	—
三维地震（平方千米）	—	69.9
石油钻井（口）	60	65
钻井进尺（万米）	16.06	18.60
原油加工量（万吨）	201.01	200.93
收入（亿元）	135.69	120.87
利润（亿元）	-26.6	-16.49
税费（亿元）	36.4	37.17

【油气勘探】 2018年，玉门油田油气勘探执行“深化酒泉、突破雅布赖，滚动展开环庆”的勘探方针，新增探明石油地质储量311万吨，新增控制石油地质储量310万吨，新增预测石油地质储量355万吨，取得5项勘探成果。环庆区块矿权面积扩大，2018年12月20日，集团公司在勘探年会期间宣布，将鄂尔多斯盆地1500平方千米矿权，再次流转给玉门油田，增加有效勘探面积，解决老油田资源接替困境，加上2017年流转的460平方千米，玉门油田在鄂尔多斯盆地有优质矿权面积近2000平方千米。环庆区块勘探准备充分，2018年环庆区块按照“整体部署、分步实施、滚动建产”原则，由北向南、自东往西，滚动勘探开发，侏罗系发现三个有利区带10个油藏，试油3个油藏均获工业油流，三叠系长8区，控制东部2个砂带，面积130平方千米，储量4500万吨，落实侏罗系建产区3个、长8建产区4个，面积21.4平方千米，储量1150万吨。鸭儿峡K_{1g1}油藏高效勘探建产，鸭儿峡K_{1g1}油藏两年部署6口探井，均获工业油流。综合评价油藏面积8.4平方千米，储量规模1100万吨，2018年提交探明石油地质储量252万吨。柳北构造带展现出规模勘探潜力，按照近油源、扇三角洲前缘、裂缝发育带、顺断层定向斜井思路部署，2018年柳北3井获工业油流，3毫米油嘴初产油

48.5 米^3/ 日。柳北 3 区块 K_1g_0 新增预测储量 355 万吨。柳北 4 井发现 K_1g_1 新油层。长沙岭 K_1g_1 油藏评价勘探继续取得进展，继长 19 井、长 20 井获工业油流后，2018 年长 212 井试油获得高产，2 毫米油嘴产油 30.9 米^3/ 日，年内累计产油 3703 吨。长 19 区块新增控制石油地质储量 310 万吨。

【油田开发】 2018 年，玉门油田开发高质量发展，中深井提速周期减少 18 天，费用下降 2.67%。完成 756 口停产油水井复查，治理恢复油水井 65 井次，日增产能 22.3 吨，日增注水能力 162 立方米。完善工艺技术，老君庙油田通过配套完善储层改造，实施 56 井次，增产原油 1.5397 万吨，鸭儿峡油田作业成本下降 10%。优化机采系统，综合节电 5.81%。组织百日上产会战，完成工作量 395 井次，增产原油 5737.7 吨，增注水量 2.1 万立方米，油田日产由会战前 1076 吨上升到年底的 1127 吨，日增产 51 吨。加快增储建产节奏，2018 年投产新井 35 口，新建产能 12.477 万吨、新井产量 4.521 万吨，产能建设贡献率 37.7%。鸭西 K_1g_1 油藏 11 口新井全部投产，建产能 4.03 万吨，产油 1.54 万吨；$K_1g_1^3$ 四套砂层组投产均获工业油流，平均单井初产 15 吨以上，区块日产由 2015 年的 10 吨快速上升至 162 吨；老君庙冲断带滚动开发部署实施 16 口井，平均产量 418 吨，建成 4 万吨生产能力；酒东 K_1g_1 油藏新增含油面积 4.1 平方千米，控制石油地质储量 310 万吨。加快环庆区块建产，通过储层综合评价、复合压裂液体系优化、低成本支撑剂组合与导流能力评价、关键工艺参数监测与优化、综合控缝高等措施，环庆 19–9 井、木 224 等 26 口井压裂后初产 4—6 吨，平稳产量达到 2.5 吨 / 日以上。采用“平台式布井、工厂化作业”集中钻井、集中投产方式，全年建成 40 个平台，其中 15 个平台具备部署 60 口井的条件，节约征地 273 亩，节省钻前费用 2850 万元。强化生产运行，组织到位钻机 19 部，试油动力 18 部，压裂队伍 2 支，各类生产车辆 20 余台，完钻新井 72 口，投产 19 口，日产水平由接管初期的 4.8 吨上升至年底的 59 吨，全年生产原油 3618 吨。

【炼油化工】 2018 年，玉门油田强化安全平稳受控运行、产品结构调整和技术攻关，完成利润 4.5 亿元、比预算增盈 2 亿元、同比增盈 0.26 亿元。关键经济技术指标进步明显，综合商品收率 92.69%、同比提高 0.82 个百分点，原油综合损失率 0.58%、同比降低 0.18 个百分点，两项指标摆脱长期以来对标排名落后的局面。吨油利润完成 222 元、比预算高 97 元、同比提高 12 元。产品质量升级顺利完成，汽油、柴油质量升级项目顺利实施，柴油达到国Ⅵ质量标准，汽油达到国Ⅵ A 质量标准。转型升级积极推进，坚定推进 8 万吨 / 年烷基化项目，加快重催项目前期准备，持续推动 10 万吨高端低凝液压油及特种油品建设项目，取得不同程度进展。

【工程技术】 2018 年，玉门油田发挥主营业务与工程技术服务一体化优势，在全力服务保障主营业务的同时，立足内部市场增收、拓展外部市场创效，井下作业、水电保障、工程建设、生产运输、消防保卫、信息通讯、物资供应等着力提高服务质量和保障效率，为加快勘探开发和炼化创效提供优质高效服务，整体控亏 0.82 亿元、同比减亏 2096 万元。外部市场收益稳中有增，承揽塔里木大修市场高附加值工作量，实现创收 6204 万元，同比增加 2000 万元；巩固扩大与昆仑燃气、西部管道、西北销售、西部钻探等外部合作市场，收入同比增加 536 万元；机械厂超长冲程抽油机、抽油泵首次进入辽河油田和大港油田市场。

【对外合作】 2018 年，玉门油田加强与中国石油国际勘探开发有限公司的沟通交流，乍得上下游对口支持项目安全平稳，乍得采油厂超额完成年度原油生产任务，乍得炼油厂实现低负荷下开停厂安全、装置操作平稳、油品质量稳定的目标。签订技术对口支持框架协议，巩固技术服务业务，获 3 个勘探开发研究项目工作订单。中标 12 套游梁式抽油机系统配套合同，机械产品首次打入乍得市场。开展文化交流，发挥玉门油田精神教育基地和传统文化优势，中油国际西非公司员工到玉门油田开展爱国主义教育活动形成初步方案。

【安全环保】 2018 年，玉门油田扎实推进 HSE 体系建设，审核问题数量逐年减少，综合排名持续靠前，重点领域风险得到管控，挂牌督办的安全环保隐患治理项目全部按期完成，油田各类废水处理设施平稳运行，采出水处理后全部达标回注，作业废水统一收集转运、集中处理，废水实现零排放，炼化废水稳定达标，回用率持续保持 80% 以上，各类废气排放全部达标，主要污染物减排任务完成，涉及国家保护区勘探权退出任务全部完成，涉及省级保护区及环境敏感区油气设施全部按计划完成整改。

【经营管理】 健全完善工作制度和配套政策，以巡察发现问题为抓手，全面清理整顿商铺、商场出租管理，规范零星物资采购管理，规范驻外机构房产管理，从严治理“小金库”，消除合规风险点。强化重点领域管理，招标中心启动运行，实现招投标工作管办分离；推行“招标选商 + 电子集中竞价”新模式，提高采办效率，采购成本降低 8%；强化依法合规管理，制修订制度 49 项、废止 36 项，完善业务流程 298 项；强化法律论证把关，公司重大决策、重大项目法律审核率 100%，“七五”普法培训宣传覆盖面 100%。落实国务院国资委和集团公司的政策要求，4 家特困企业和 2 家困难企业的专项治理目标完成。加大资产资金管理，全年计提资产减值 16 亿元，报废油气水井等净额 1.58 亿元，年减少折旧折耗 6.7 亿元，处置废旧资产收入 1567 万元，玉门油田在集团公司总部存款同比增长 71.15%、达历年最高。落实国家税收优惠、减免政策，全年减免税费 2.38 亿元。

【企业管理】 推进内部改革，基层“五定”（定责、定编、定岗、定员、定岗位规范）方案全部实施，机关“五定”方案获集团公司批复，机构压缩 6.1%，人员编制压缩 10.3%；推行“去行政化”改革，单位和领导人员岗位分级分类管理开始施行。施行“双序列”改革，完善配套政策，抓好方案实施，评聘公司一级专家 3 人、二级专家 5 人，202 名科研技术人员走上技术序列岗位。“三供一业”分离移交和剥离企业办社会职能方面，供气、供电、供水、供暖和物业管理业务正式签订分离移交协议，业务及资产实现完全移交，油田医院整体移交酒泉市管理，市政道路、路灯、休闲广场、主题公园及防风林带等全部移交地方政府。

【科技信息】 2018 年，玉门油田加强科技攻关和信息化建设，工作效率和应用效果同步提高。增强科技创新能力，细分小层砂体预测、鸭西高应力储层改造、连续油管带压作业、油井“短路”高效洗井、长冲程智能抽油机等新技术新产品应用效果明显，各类技术创新获省部级科技奖励 1 项、国家授权专利 10 项。提升数字油田建设水平，数字油田建设顶层设计及总体方案基本完成，勘探开发梦想云 A6 系统一期启动运行，油气生产物联网 A11 系统平台一次性通过股份公司验收，并在酒东采油厂应用。

【民生工程】 改善员工生产生活条件，支持地方经济社会发展，树立负责任的企业形象。高度重视与地方政府的合作，与酒泉市签订企地互保共建协议，落实定期沟通交流机制，形成友好合作氛围；加大对玉门市、庆阳市环县的帮扶力度，为企业发展营造外部环境。落实员工工作生活保障性措施，让企业发展成果惠及全体员工，员工收入同比增长 13.81%；调整基层一线关键艰苦岗位津贴和夜班津贴，发挥薪酬的正向引导作用；取消补充医疗保险最高封顶线，报销比例提高到 99%；采暖费“暗补”变“明补”措施全面落实。履行社会责任，支持地方经济社会发展，上交税费 34.13 亿元；提供场地设施，支持酒泉市铁人干部学院建设，企地携手弘扬铁人精神，提升油田社会影响力。

【队伍建设】 2018 年，玉门油田制定《防止领导人员“带病提拔”的意见》等 4 个制度，抓好党政正职和重要岗位干部选拔配备，选人用人满意度达 94.2%。推进干部多维度考核，对测评排名靠后的 4 人进行诫勉谈话。注重专家队伍建设，选拔公司一二级技术专家 13 人、石油青年科技英才 3 人，新聘集团公司技能专家 5 人、公司各类技师 297 人，3 人入选酒泉市领军人才，开展创新创效活动，1 项成果获国家表彰、3 项成果获集团公司表彰，在集团公司技能大赛获 3 金 4 银 7 铜。

【廉政建设】 2018 年，玉门油田签订党风廉政建设责任书 1924 份、党风廉政建设承诺书 2078 份，组织 571 场 28000 余人次的廉洁教育和 135 名领导干部述职述廉会议，开展任前谈话、诫勉谈话和提醒谈话 42 人次，处理办结信访举报 46 件，给予党纪政纪处分 12 人。配合集团公司党组完成专项巡视，对照反馈的 7 个方面 44 个问题制订整改方案。开展公司党委巡察，发现 5 个方面 158 个问题，移交问题线索 23 个。制定公司《深入反思杨国玲等人严重违纪违法案件教训将办案成果转化为治理效能的工作方案》，贯彻中央八项规定精神，规范办公用房、公务招待、公务用车和专项奖金发放。

【企业党建工作】 2018 年，玉门油田组织 4 期处级干部送外培训、56 学时网络学习和党员网络测试答题，领导班子围绕发展开展 4 次专题研讨，撰写党建理论文章 21 篇，各级党组织书记讲党课 560 多场次，3000 多名党员听党课。制修订《基层党组织建设工作规范》等 25 项制度，党组织健全率 100%，发展新党员 99 名，处置不合格党员 11 名，开展主题党日活动 586 场次，创建优秀党支部 53 个，形成 23 篇示范党课、26 个“支部好案例”、4 篇党建工作典型经验、2 篇理论创新成果获集团公司表彰。制定《意识形态工作责任制实施细则》，开展员工思想动态调研，访谈员工 4000 余人、采集数据 5700 多个。宣传油田改革开放成就，征集散文、诗歌等作品 465 件，召开专题庆祝大会。做好维稳综治工作，建立《全面推进信访法制化建设指导意见》等 4 项制度，2 次获集团公司嘉奖。

（鲁建祥）

中国石油天然气股份有限公司浙江油田分公司

【概况】 中国石油天然气股份有限公司浙江油田分公司（简称浙江油田）于2005年7月由浙江勘探分公司与浙江石油勘探处二次重组成立。2009年11月，行政级别调整为副局级。总部位于浙江省杭州市。主要从事原油、非常规天然气勘探、开发、生产、储运和销售，以及与之配套的矿区服务等业务。2018年底，浙江油田设机关处室12个、二级单位11个；用工总量486人，其中管理和专业技术人员271人、女员工145人。

浙江油田主要生产经营指标

指　标	2018年	2017年
原油产量（万吨）	3.0	3.00
天然气产量（亿立方米）	11.54	6.16
新增原油产能（万吨）	—	0.75
新增天然气产能（亿立方米）	5.23	6.73
二维地震（千米）	—	100
三维地震（平方千米）	256.67	317.63
探井（口）	30	12
开发井（口）	59	99
钻井进尺（万米）	18.77	23.10
勘探投资（亿元）	5.25	3.84
开发投资（亿元）	19.43	17.42
资产总额（亿元）	72.86	59.83
收入（亿元）	16.22	7.62
利润（亿元）	0.81	0.24
税费（亿元）	0.68	0.44

2018年，浙江油田以高质量发展为统领，贯彻落实“创新、绿色、协调、开放、共享”五大发展理念，全面完成各项生产任务，建成首个页岩气测试日产气量峰值在300万立方米以上的双排井平台，平台中的YS108H24-7井单井日产量55.15万立方米，成为浙江油田首口测试产量突破50万米^3/日的页岩气水平井，创造2.16吨/米的黄金坝区块单段加砂强度纪录。完成外围首个埋藏深度小于1千米的浅层页岩气平台钻压施工，揭开国内首个浅层页岩气藏开发的序幕。

【油气当量突破百万吨】 2018年，浙江油田累计生产页岩气11.54亿立方米，煤层气1.2亿立方米，原油3万吨，油气当量104.36万吨，销售当量100.07万吨，顺利建成百万吨级油气田。自2005年重组成立以来，浙江油田从苏北地区不到1万吨原油产量起步，2010年创造第一个产量峰值，年产5万吨。之后将上产目标转向川滇黔地区非常规天然气，2009年打出国内第一口页岩气浅层资料井YQ1井（页浅1井）。2016年开始，在国家和集团公司支持下，浙江油田以页岩气为主，原油、煤层气为补充，实现产量的连续翻番增长，三年间油气当量从20万吨，跨越50万吨，增长到100万吨，成功建成百万吨级油气田，成为中国第三大百万吨级页岩气生产企业。

【油气勘探】 2018年，浙江油田坚持油气并举、常非兼顾，突出重点领域，在新区带、新领域、新层系、新类型获得新发现，取得4项重要成果。集中评价太阳浅层页岩气，千亿立方米储量基本控制。太阳—大寨区块多井获工业气流，直井6000—17000米^3/日，水平井62500米^3/日，优选产建区面积276万平方米，评价可开发储量1028亿立方米。甩开勘探滇黔北探区外围，在小草坝洛旺—花朗区带实施的YQ6、YQ7、YQ8三口资料浅井含气性较好，评价有利区面积2168万平方米，资源量6504亿立方米；在昭通东南部雄赫大坝—黑树向斜部署的YSL64井、YSL65井有良好显示，优选有利区340万平方米，地质资源量近千亿立方米；在昭通西南部威宁龙街背斜构造翼部区带石炭系见良好苗头，旧司组发现较厚优质页岩，预测页岩气资源量928亿立方米。精细勘探荆门区块，宜探1直导眼井遇优质页岩储层33.1米，压裂后试气产量达4万—5万米^3/日，荆门探区7年持续评价获得页岩气流阶段突破。综合评价苏北探区页岩油，苏北曲塘次凹阜二段页岩油压裂试油，获工业油流，估算苏北探区页岩油总资源量1.12亿吨，其中曲塘次凹阜二段页岩油 7700 万吨，洋心次凹泰二段页岩油 3500 万吨。

【油气田开发】 2018 年，浙江油田树立一盘棋思想，制订生产运行计划，统筹调度队伍设备资源，以地质工程一体化协同控制质效为手段，全面完成黄金坝—紫金坝 10 亿立方米页岩气产能建设，累计开钻 30 个平台，完钻井 85 口，钻井进尺 24.5 万米，完成压裂井 115 口，达到年产 12 亿立方米的生产能力。编制国内首个浅层页岩气开发方案，太阳—大寨区块 8 亿立方米浅层页岩气产能建设全面启动。2018 年钻井完成率、产能贡献率为近年新高，钻井周期、单井产量创新纪录，YS112H 2 平台 3 口井平均钻井周期 53 天，提速明显；YS112H4-3 井创造昭通区块造斜段 + 水平段一趟钻钻进 2043 米纪录，YS113H1-5 井一趟钻 2726 米，创集团公司页岩气水平井最长水平段纪录。生产页岩气 11.54 亿立方米，完成计划的 110%，同比增长 130%；生产煤层气 1.2 亿立方米，实现稳步增长。苏北油区开展“一井一法、一区一策”精细治理，油田综合递减率控制在 2.0%，好于计划指标。

【科技与创新】 2018 年，浙江油田推广国产化新技术试验应用，实现钻采提产提效：现场试验应用国产近钻头方位 GR 导向技术，部分替代进口旋转导向，缓解工具紧张局面，降低钻井投资；浅层页岩气水平井应用高性能水基钻井液技术，安全绿色环保、节约投资；国产化趾端滑套专利技术解决长水平井趾端连续油管难以下到位的问题，减少单井作业成本；井中微地震裂缝监测技术实时掌握压裂人工裂缝网动态，结合储层三维模型成果，形成可视化压裂调整技术改善分段压裂效果，提高作业效率。

承担的集团公司重大专项“昭通示范区页岩气钻采工程技术现场试验”项目形成 13 项有形化产品，六大技术系列。国家重大专项“昭通页岩气勘探开发示范工程”2018 年有序开展，太阳区块试验应用井中分布式光纤接收地震信息、3D-VSP 和井地联采地震勘探技术，对提高三维地震资料品质起到重要作用；页岩气储层地球物理综合评价与“甜点”优选、分布式光纤产气产液测井、核磁共振和成像测井、水平井分段体积压裂、工厂化高效作业等各项有形化的科技成果在现场的广泛应用，对页岩气产能建设起到较好的提质增产、提效降本的支撑示范作用。“蜀南筠连区块山地煤层气一体化高效勘探开发技术”获第三届 ECF 国际页岩气论坛 2018 年度勘探开发技术创新奖，“页岩气甜点预测与压裂工程优化技术及应用”获全国石油和化工科技进步奖三等奖，“页岩气井井网结构”“煤层气丛式井六边形井网结构”获国家实用新型专利授权，浙江油田首次拥有自主创新知识产权专利。

【信息化建设】 2018 年，浙江油田全力推进集团公司统建信息项目的实施和自建信息项目的建设，完善基础设施，强化信息管理和应用，切实提高油田整体信息化应用水平。油气生产物联网系统（A11）通过上线验收，勘探开发一体化协同研究与应用平台（A6）于年底顺利上线运行，党建信息化平台按总部计划安排按时上线运行。根据科研生产、经营管理需要，积极开展配套信息系统建设工作，先后建成统一视频监控平台、作业许可在线审批系统、承包商管理系统等。聘请专业咨询公司完成浙江油田数字油气田建设顶层设计方案，开始科技管理平台的建设工作。

【提质增效】 2018 年，浙江油田持续深化管理提质增效年工程，管理体系更加高效，稳妥推进总包模式、扁平化管理，在产量大幅提升的情况下保持员工总数不变。依法治企更加严格，设立浙江油田总法律顾问，强化重大决策事项法律论证把关，实施合规专项检查，查找整改各类不合规事项 260 项，管理基础进一步夯实。强化全过程投资成效管理，项目经济评估，投资预算管理，投资优先向效益好的页岩气项目倾斜，勘探开发投资占比 90% 以上。增效措施明显，2018 年实现账面利润 8100 万元，同比增加 5699 万元，完成集团公司下达预算 6000 万元的 135%，利润指标创历史新高，再次获集团公司对 2017 年企事业单位业绩考核“A 级企业”称号。

【绩效考核】 2018 年，浙江油田绩效管理工作以服务油田发展战略为出发点，持续优化各单位、部门绩效指标，发布《浙江油田公司组织绩效管理手册》，推行分类施策，分级负责，建立规范、有效考核体系。通过完善考核指标、细则、流程、结果公示机制，将组织年度绩效与全员年度考核挂钩，召开绩效管理工作宣贯会、沟通会等，促进全员绩效文化的形成。2018 年完成各项业绩指标，人均劳动生产率（按价值量计算）266.35 万元，同比增加 160.38 万元、增长 151%。

【合作共赢】 2018 年，浙江油田通过与物探、钻探等工程技术服务企业共同搭建开放共享平台，“一体化技术”发挥示范作用。通过产能建设风险合作、常规业务总包、专项技术合作、对口支持合作等模式，吸收同行先进技术及管理经验，促进双方在多个层面实现优势互补，降低投资成本，保证油气产量线上运行，达到合作双赢。2018 年浙江油田与辽河油田签订苏北常规业务整体外包，与大庆油田建设集团有限责任公司签订战略合作框架协议，与东方物探在杭州联合组建物探地质研究中心。在产量效益结合一体化承包模式下，长城钻探实施的 H2 平台，单井钻井周期平均缩短 19 天、单井投资较平均费用降低 162 万元，该平台 4 口井压裂投产后测试日产 115 万立方米。

【员工培训】 2018 年，浙江油田持续深化培训提速全面推进年工程，树立人才强企理念，建成职业发展及培训系统，开展各层次培训 1.02 万人次，培养高级工程师 6 人、工程师 12 人、高级工 28 人、中级工 18 人，培养并聘任 14 名公司级兼职培训师。培训人次创历年之最。公司内部、外部，各层级培训项目 1103 项，参培 10919 人次。培训承包商 1634 人次，对 40 余支承包商队伍 597 人进行井控、HSE、作业许可验证考试。制定《浙江油田公司培训评估评价大纲》，完成 69 名中层领导干部、97 名三级机构领导干部及关键人员 HSE 履职能力评估。守住“不培训不上岗、不合格不上岗”的底线。参加集团公司培训项目 90 个，参培 171 人次；公司级培训项目实施 36 项，项目实施率 129%，参培 1278 人次；各单位、部门实施培训项目 924 项，参培 8915 人次。在广州培训中心分三批对中层干部进行半个月脱产培训，提升中层干部政治素质、领导力、执行力、学习力。建成采油、采气两个实训基地，新提拔干部分批到安全环境监督中心接收培训和实习，提升安全意识和能力。2018 年“浙江油田职业发展及培训管理系统”上线运行；建立岗位矩阵 427 项；建设网络课程 254 个，课件 438 个；题库 303 个，试题 16324 道；建成承包商 HSE、井控、硫化氢试题库 150 个，试题 8000 余道。微视频《U 盘安全》获集团公司网络课件二等奖。《立足新起点，迎接新发展》被评为集团公司“优秀宣讲课件”。

【安全环保】 2018 年，浙江油田继续坚持“以人为本、质量至上、安全第一、环保优先”理念，落实有感领导、属地管理和直线责任，设置“5+1”专职安全总监，实现专人干专事、尽专责；召开 28 场“隐患就是事故”现场分析会；建立浙江油田风险防控常见问题对标数据库，编制发布浙江油田八大领域风险防控图，提升风险管控水平。打造安全管理新平台，在 135 个主要生产作业现场，布设视频监控 217 个，监控覆盖率 91%。安全生产平稳受控，未发生一般 C 级及以上生产安全事故、道路交通事故和环境事件。主要污染物全部合规处置，实现页岩气清洁生产，采取统一招标甲方管理模式引进国内先进水基岩屑不落地队伍，制定发布配套管理制度，建立不落地队伍现场标准化规范，不落地执行率 100%。浅层页岩气钻井推广高性能水基钻井液替代油基钻井液试验，大大降低环保风险。浙江油田被集团公司授予质量安全环保节能先进企业，苏北采油厂被国家应急管理部纳入第一批安全生产守信联合激励“红名单”。

【企业党建工作】 2018 年，浙江油田党建工作由重制度管理向制度管事与文化管心并重转变，制定《浙江油田公司党建工作责任制考核评价办法》，党建工作纳入绩效考核，赋予 20% 权重。规范“三会一课”等制度 22 项，建立基层党组织换届提醒机制和台账，完成机关党委、采油厂党委换届工作。基层党组织健全率 100%。发展预备党员 6 人。开展党员“红细胞工程”。调整交流中层干部 9 人次，其中提拔 5 人次、交流 4 人次；调整交流三级机构干部 26 人次，其中提拔 16 人次、交流 6 人次、免职 4 人次。问责科级以上领导干部 10 人次。出台检查考核、责任追究等 7 个制度，建立 6 个层面 30 个方面责任清单，形成 40 个业务类别 103 个事项的廉洁风险清单，对 24 个基层单位、机关处室进行巡察和合规专项检查，整改不合规事项 300 项。开展“建成百万吨、岗位立新功”劳动竞赛、管理技能竞赛、安全文化暨安全科技劳动竞赛，设立技术能手、专家“工作室”。推进“青”字号品牌建设，开展“浙江油田青年科技论文大赛”“首届青年安全文化作品新媒体征集大赛”等活动，创办“安全传递”微信群。表彰首届“优秀女职工”。制作《浙江油田公司 2018 年“形势、目标、任务、责任”教育知识汇编》。开展“一线故事”“年度亮点”“浙油榜样风采”“基层红细胞”“基层调研纪实”等宣传，开创浙江油田网上同步直播先河。2018 年浙江油田门户主页稿件数量近 2000 篇，官微发布消息 189 篇，在《中国石油报》等发表稿件 50 余篇，参加集团公司新媒体大赛获 2 金 2 铜，全年发稿数量和质量实现历史性突破。

【民生工程】 2018 年，浙江油田坚持以人为本发展理念，将发展成果惠及员工。通过超额完成经营业绩指标，员工人均收入明显增长。持续加大困难员工帮扶力度，投入 89.6 万元，大病救助、助学、生活帮扶 411 人次。推进专业化、个性化体检，规范节假日慰问品发放，帮扶困难职工 500 多人次。推进全民健身，组织各层次文体活动 20 多项，开通电子书屋，丰富员工业余文化生活。落实维稳信访工作责任，强化重大改革、重要政策的稳定风险研判，杜绝重信重访、非正常访，实现全国“两会”和中国国际进口博览会期间等特殊时段的安全稳定，获集团公司嘉奖。

（张　兰）

中石油煤层气有限责任公司

【概况】 中石油煤层气有限责任公司（简称煤层气公司）是中国石油天然气股份有限公司独资设立的从事煤层气业务的专业化公司，成立于2008年9月，总部位于北京市，主要从事煤层气和浅层气勘探、开发、生产、储运、销售、国内对外合作以及与煤层气相关的工程施工、技术服务、技术咨询、信息咨询、技术培训等业务，工作区域横跨山西、陕西、新疆、内蒙古、宁夏、湖南、贵州、黑龙江等八省（自治区），规模生产区域主要位于山西和陕西两省的鄂尔多斯盆地东缘。

煤层气公司主要生产经营指标

指　标	2018年	2017年
天然气（含煤层气）产量（亿立方米）	20.95	18.91
天然气（含煤层气）商品量（亿立方米）	20.40	18.29
新增天然气（含煤层气）生产能力（亿米^3/年）	2.37	3.0
新增天然气（含煤层气）探明地质储量（亿立方米）	734.37	1142
二维地震（千米）	0	392.10
探井（口）	17	28
开发井（口）	240	113
钻井进尺（勘探井进尺+开发井进尺）（万米）	40.45	28.62
勘探投资（亿元）	1.54	2.23
开发投资（亿元）	8.70	7.18
资产总额（亿元）	97.36	101.80
收入（不含报废资产）（亿元）	21.68	18.04
利润（不含报废资产）（亿元）	2.91	1.67
税费（亿元）	1.60	1.58

2018年底，机关设12个部门、4个直属机构、3个附属机构；设9个所属单位（勘探开发事业部、韩城分公司、临汾分公司、忻州分公司、山西分公司、渭南管输有限责任公司、工程技术研究院、勘探开发研究院、安全环保监督中心），3个项目经理部（新疆项目经理部、陕北项目经理部、新疆东疆项目经理部），3个对外项目经理部（三交项目经理部、三交北项目经理部、石楼西项目经理部）。按照股份公司授权，负责管理中联煤层气国家工程研究中心有限责任公司。用工总量1143人。

截至2018年底，煤层气公司累计生产天然气69.93亿立方米。2018年，煤层气公司实现产量20.95亿立方米、商品量20.40亿立方米，分别同比增长10.8%和11.5%。新增探明天然气地质储量734.37亿立方米、技术可采储量383.51亿立方米、SEC储量53.21亿立方米。实现收入21.68亿元、税前利润2.91亿元（不含报废资产），分别同比增长20%和74%。未发生一般B级及以上安全环保事故事件，安全环保平稳受控。保密、质量计量、档案管理等工作取得新进展。

【勘探开发】 2018年，煤层气公司勘探开发取得新成果。新疆煤层气勘探取得新进展，三塘湖区块塘1井组揭示40米以上优质厚煤层，投排见到较高套压；大吉区块致密气资源基础进一步夯实，落实大吉5-6井区—叠系山西组山2^3亚段“蜜点”区156.8平方千米、大吉18井区—叠系山西组山1段“甜点”区59.2平方千米，黄河两岸持续揭示本溪组“甜点”区；鄂东缘海陆过渡相页岩气勘探取得突破，大吉51井连续2月试井稳产6000米^3/日，初步证实具有工业产能。增储取得新成果，保德区块复算新增探明天然气地质储量30亿立方米，扩边新增探明天然气地质储量130亿立方米。产能建设稳步推进，全年完钻煤层气开发井185口、致密气开发井49口，投产煤层气井43口、致密气井47口，新建产能2.8亿米^3/年。矿权保护工作有序推进，编制19个探矿权到期延续材料，上报及时率100%，积极争取缩减生态红线划定范围，最大限度保留有利区。

【生产运行】 2018年，煤层气公司生产运行平稳向好，日产销量双破600万立方米，具备20亿立方米以上生产能力。大吉气田上产核心地位凸显，日产气量突破180万立方米；保德气田年生产水平继续保持5亿立方米以上，完成场站网电建设29座，商品率提高0.5%；韩城煤层气田综合治理见成效，稳产上产基础不断夯实，日产气量增至38万立方米；陕北地区攻坚克难，完成钻井12口，商品气量突破500万立方米；加强低产低效井综合治理，全年累计开展老井措施626井次，恢复和增加产气量2376万立方米。

【安全环保】 2018年，煤层气公司安全环保夯实新基础。持续强化责任落实，层层签订安全环保责任书582份。深入开展危害因素辨识和风险评价，识别危害因素3289项，逐级建立重点防控风险清单，严格风险分级防控。大力开展隐患排查治理，全年开展审核检查4次，发现并整改问题2438个；查处"三违"行为22起，罚款14.34万元；安排专项资金651万元，治理重点隐患18个。强力推进清洁生产，保德区块、大宁—吉县区块实现达标排放，全年节能65吨标准煤、节水320立方米，主要污染物排放总量控制在指标之内，环保管理水平持续提高。建立HSE考核问责机制，开展安全总监述职工作，推进基层HSE标准化站队建设，全员HSE责任意识和履职能力进一步提升。

【对外合作】 2018年，煤层气公司执行山西三交煤层气对外合作项目、陕西省韩城煤层气对外合作项目等7个对外合作项目和山西省石楼西、内蒙古自治区格日勒敖2个国内联营项目。合作项目产销贡献持续提升，全年产气量8.8亿立方米，商品气量8.56亿立方米，分别同比增长17.1%、16.7%；最高日产气量273.58万立方米，最高日商品气量272.54万立方米。紫金山项目ZJS10井、ZJS11井、ZJS18井、ZJS19井等4口井试气无阻流量均大于1万米^3/日，进一步扩大有利区面积；三交北项目先导试验规模稳步扩大，乔家山集气站全年总体满负荷运行，年产气量同比增长210.2%；石楼西项目持续发力，永和31—永和32井区新增280亿立方米探明天然气地质储量报告顺利通过股份公司审查，项目累计提交探明天然气地质储量超过1500亿立方米，永和45—永和18井区12亿米^3/年天然气开发方案顺利获国家能源局备案。

【市场销售】 2018年，煤层气公司以"两个用户、两个市场"，统筹考虑季节性用气差异，着重开拓和构建合理用气市场，努力形成"区域相济、产销平衡、调配灵活、协调发展"的市场格局。山西省和陕西省新增10个用气项目，累计达到40个用气项目，年用气能力最高达37亿立方米。积极开拓周边直供用户，山西地区开发投产临汾昆仑等4个用气项目，新增用气能力最高达85万米^3/日；陕西地区新开发西安临潼、澄城锅炉用气改造、蒲城工业园区及韩城钢铁炉料等项目，日销售气量最高达70万米^3/日；与陕西销售公司合作气量最高可达50万米^3/日。重点建设完成大宁—吉县区块上载西一线外输管道工程、韩渭西管道—蒲城县及韩渭西管道—西安临潼管道项目。按照"保民生、保公用、保重点"原则，采暖期累计供气9亿立方米、同比增长3%，其中直供气量2亿立方米、增长121%，全力保障山西省和陕西省居民用气。

【深化改革】 2018年，煤层气公司深化改革激发新活力。组织运行效率进一步提升，成立公司深化人事劳动分配制度改革领导小组，推进职能优化和业务整合，新组建机构9个，调整部门职责7次，优化资源配置，增强管控能力。陕西技术服务分公司转型为工程技术研究院，增强公司工程技术研发能力。薪酬分配制度改革进一步深化，全面实施工效挂钩，加大绩效考核力度，奖金增量进一步向效益好、贡献大的单位倾斜。

【经营管理】 2018年，煤层气公司强化投资和成本管控，单位基本运行费和操作成本同比下降18%和11%。验收竣工项目17个，完成股份公司重点项目竣工验收考核指标。加强合规管理，印发公司合规管理办法，全员线上合规承诺率100%；成立公司法治建设领导小组，组织法治学习3次，法治建设融入经营管理全过程；下放部分业务的管理及审批权，扩大基层自主权；完成集团公司招标率考核指标，合同检查问题率下降至5%。推动管理创新，3项成果获集团公司管理创新成果二等奖、2篇论文获石油石化企业管理现代化创新优秀论文三等奖。

【科技创新】 2018年，煤层气公司科技创新释放新动力。科技管理持续加强，国家科技重大专项"煤层气高效增产及排采关键技术研究""鄂东缘深层煤层气与煤系地层天然气整体开发示范工程"通过中期检查评审，分列被检查项目第一名和第二名。成立4个公司技术专家委员会，首次开展知识产权成果评选，成功举办非常规天然气技术研讨会。全年获省部级科学技术进步奖2项、基础研究奖1项、专利授权11

项。技术攻关取得实效，优化煤层气排采工艺，检泵周期同比延长58天；深化钻井提速工艺研究，钻速提高17%；开展致密气滑溜水体积压裂试验，平均增产18%；推广煤层气井高效捞砂等4项新技术，应用165井次，创效1781万元。标准化工作稳步推进，发布标准14项，新增立项23项，公司牵头编制的1项国际标准获批立项。

【企业党建工作】 2018年，煤层气公司学习贯彻党的十九大精神落实落地，举办专题培训班，77名党委直管干部、157名科级干部集中受训。党建责任落实得到强化，成立党的建设工作领导小组，健全党建工作责任体系，加强党建考核评价，“抓好党建是本职、不抓党建是失职、抓不好党建是不称职”的责任更加明确。党建工作基础进一步夯实，成立党委办公室、党群工作处、党委巡察办公室，党建力量得到加强。强化基层党组织建设，新成立6个基层党组织，新发展党员29名，对61名党支部书记和党务骨干进行集中培训；推广使用“石油党建”APP；开展庆“七一”系列活动，表彰6个先进基层党组织和16名优秀共产党员。深入开展企业文化建设，成功召开公司成立十周年总结大会，公司影响力和美誉度进一步提升。党风廉政建设持续深化，落实公司党风廉政建设和反腐败工作会议工作任务，“两个责任”和“一岗双责”得到落实；对两家单位开展专项巡察，发现问题93个，强化巡察结果运用，拓展巡察工作的广度和深度。各项惠民举措得到落实，持续深化“送温暖”活动，进一步改善员工福利待遇，提高一线伙食补贴、上岗和夜班津贴，完善员工大病救助医疗，公司改革发展成果惠及全员。

（纪　烨）

南方石油勘探开发有限责任公司

【概况】 南方石油勘探开发有限责任公司（简称南方公司）前身为中国石油天然气勘探开发公司，1984年在北京注册成立，1991年迁至广州；1995年以“南方石油勘探开发有限责任公司”名称在广州注册；1997年划入中国石油天然气勘探开发公司管理；2008年9月，调整为中国石油天然气集团公司直属单位，业务上归勘探与生产分公司管理；2011年10月，中国石油天然气股份有限公司正式完成对南方公司的股权收购。总部位于广州，勘探区域覆盖广东、海南、广西、云南四省（自治区）。

2018年底，南方公司设10个机关部门、7个二级单位。在职员工181人（合同化100人，市场化81人），平均年龄42岁。其中党员占52.5%，本科及以上学历占66%，中级及以上职称占59%，高级职称占34%，教授级高工3人。70%以上在油田现场工作。

截至2018年底，南方公司有探矿权5个，勘查面积6594平方千米，其中海南省2个、广东省1个、广西壮族自治区1个、云南省1个；另有采矿权1个——海南北部湾盆地花场凝析油气田，开采面积38平方千米；国土资源部油气储量评审办公室登记的南方公司探明石油地质储量3442.69万吨，探明天然气地质储量128.01亿立方米。

2018年，南方公司生产原油30.48万吨，天然气1.07亿立方米；钻井32口，进尺11.97万米；投资

南方公司主要生产经营指标

指　标	2018年	2017年
原油产量（万吨）	30.48	30.04
天然气产量（亿立方米）	1.07	1.11
新增原油产能（万吨）	4	4
新增天然气产能（亿立方米）	0.05	0.04
新增探明石油地质储量（万吨）	236.21	445.60
新增探明天然气地质储量（亿立方米）	2.48	4.3
探井（口）	7	16
开发井（口）	20	15
评价井（口）	5	7
钻井进尺（万米）	11.97	13.44
勘探投资（亿元）	2.28	3.30
开发投资（亿元）	3.62	2.59
资产总额（亿元）	48.4	45.60
收入（亿元）	12.62	10.27
利润（亿元）	4.59	2.03
税费（亿元）	2.71	1.44

5.90 亿元；收入 12.62 亿元，税前利润 4.59 亿元；上缴税费 2.71 亿元。

【油气勘探】 2018 年，南方公司海南福山凹陷深化勘探朝阳低台阶，实施探井压裂 3 口，均获成功，进一步夯实 2000 万吨规模储量；扩展勘探玉包构造，花 136x 井在流一段上亚段发现新的含油层段，揭示流一段向北扩展的潜力；精细挖潜老区，花 21x 井流三段电测解释油气层 27.1 米 /8 层、差油层 22.5 米 /16 层，展现老区效益增储潜力。花 19x 井试油获工业油气流，进一步证实火山岩遮挡成藏模式；风险勘探花深 1x 井钻探发现油气层，揭示福山凹陷北部海域流三段勘探潜力。广东三水项目开展全盆地构造、断裂及沉积体系研究和致密油领域勘探潜力评价；积极开展储气库库址筛选及论证工作，优选盐矿作为勘探与生产分公司储气库规划评价目标。广西崇左区块完成 258 千米二维地震采集和解释工作，优化区带和目标评价，确定重点探井一口。云南德宏完成重磁勘探 154 平方千米、电法勘探 63 千米的采集任务。

【油气田开发】 2018 年，南方公司立足富油区效益建产，在花场、永安地区新钻产能井 20 口，平均单井钻遇油层厚度 13.9 米 /5.6 层，新建产能 4 万吨，完成计划指标的 100%。强化措施上产，全年作业 33 井次，措施有效率 81.8%，累计增油 2.14 万吨，增气 1081 万立方米。持续加强油藏注水，新增注水井 5 口，花场地区注采井网更加完善，油田主力开发区块全部实现注水开发，注水开发断块产量稳定在日产 370 吨以上，夯实油田稳产基础。优化生产组织运行，编制油气生产运行大表，克服台风暴雨等灾害天气影响，跟踪督办重点工程。综合平衡产运储销，强化水电路信保障，提高物资供应效率，全年实现物资入库 1.15 亿元，出库 1.16 亿元，库存周转次数 7.4 次，同比增长 39.6%。

【工程技术】 2018 年，南方公司推广应用丛式井钻探，花 108-9 井场累计完钻 22 口井，总体部署超过 30 口井。优化体积压裂，推广老井增能压裂，试验精细分层压裂，全年实施压裂 21 井次，措施有效率 95.2%，累计增油 1.84 万吨，增气 150 万立方米。推广应用气井带压作业，引进国际先进智能柱塞气举技术，累计增油 1516 吨，增气 326 万立方米，夯实油田增油稳气基础。

【科研创新】 2018 年，南方公司承担上级下达科技项目 2 项，自立 21 项，投入经费 2850 万元。顺利投产二氧化碳协同开发先导试验项目，首次应用国产压缩机，结合井下节流专利技术，节约投资 6300 万元，创造地面工程三类项目当年开工、当年完工、当年投产的新速度，截至 2018 年底，日注气 18 万立方米、回收凝析油 18 立方米。试验推广电潜泵采油、内衬油管、在线酸化、水力深穿透射孔解堵等新技术和适用技术，取得较好的提质增效成果。启动实时在线三相流量计示范项目，物联网、勘探开发一体化建设应用持续深化，数字化油田系统运维和信息安全管控水平不断提升，全年无信息网络安全事件。

【安全环保】 2018 年，高标准通过绿色矿山验收，成为集团公司首家绿色矿山达标企业。落实“三同时”管理，完成永安区块地面工程 HSE 专项验收。深化随钻处理技术和井下作业清洁生产平台的应用，提高带压作业比例，首次开展清洁生产审核。主动退出生态红线敏感区域油气设施，完成 16 口井永久封井。严格落实减排措施，密闭集输率 90% 以上。完成花场油气处理中心火炬改造及降噪工程。加强承包商管理，组织承包商队伍 1576 人次参加 HSE 培训和考核评估。全年完成应急演练 3 次，组织集团公司“安全生产月”福山油田原油泄漏溢油应急演练。全年投入资金超过 4000 万元、整改隐患 3112 项。连续 13 年未发生人员伤亡事故，获集团公司 2018 年度“质量安全环保节能先进企业”称号，安全环保形势持续稳定。

【经营管理】 2018 年，南方公司持续优化资源配置，百万吨产能建设投资降低 13.5%。全年完成投资 5.90 亿元，其中当年投资 4.88 亿元，为年度计划的 93.1%；往年结转节余投资 1.02 亿元，消减 47.9%；各项指标同比大幅提高，较好完成上级下达任务。推进开源节流控本增效，全年减少非生产性支出 122 万元；加强设备安全经济高效运行，增油 600 吨，增气 240 万立方米；推动落实原油、天然气定价政策，增收 2566 万元；开展废旧物资处置工作，创收 109 万元。统筹优化资金配置，实现自由现金流为正，财务费用收入 886 万元，同比增长 31%。落实财税优惠政策，节约税费支出 313 万元。广州基地物业租赁收入 1286 万元，同比增长 19%。三亚项目全年创收 4430 万元，盈利 916 万元。2018 年度，南方公司实现人均产值 693 万元，人均利润 252 万元，位列上游板块前茅。

【企业党建工作】 2018 年，南方公司召开第一次党员大会，选举产生第一届委员会和纪律检查委员会。南方公司党委认真学习宣传贯彻习近平新时代中国特色社会主义思想和党的十九大精神，组织公司层面集中学习 18 期，全面掀起政治理论学习热潮。党委首次对广州党支部等三个基层党支部开展政治巡察，发现8个方面41个问题，全面从严治党向纵深发展。修订“三重一大”实施细则，将党委决策作为重大事项决策的前置程序。党委深入落实意识形态工作责任制，牢牢掌握公司官方微信公众号等宣传阵地，未发生意识形态领域问题。通过广东省抓机关党建工作责任落实情况测评，测评结果“优”。党建信息化平台安装使用率100%。推进“两学一做”学习教育常态化制度化，开展“践行四合格四诠释”岗位实践和主题党日活动。深入落实“两个责任”，认真践行“四种形态”，狠抓巡视、巡察、审计反馈问题整改，调查处理集团公司移交问题线索。制订工作方案，启动构建不敢腐、不能腐、不想腐的管理机制，探索“大党建”“大监督”工作格局。

【企业文化】 2018年，南方公司积极引导媒体正面报道，组织“绿色发展成就展”等5次大型宣传活动，主流媒体累计发布专题新闻报道186篇，相关报道阅读转发转载超过20万次。积极融入当地社会，在教育、扶贫、联合治安、应急响应等方面主动配合地方政府，履行社会责任。踊跃参与并协助举办地方上级工会主办的职工活动。花场油气处理中心获“全国工人先锋号”称号。全年面向广大职工开展各专业培训讲座和职工活动40余次，夺得中国石油驻广东企业羽毛球比赛冠军。关心退休老同志，认真落实“两项”待遇，组织健康体检，开展节日慰问等活动，退休职工刘能强获集团公司改革开放40周年征文一等奖。全年6个单位、集体和16人次获省部级以上表彰和奖励。

（宋　佳）

炼化企业

中国石油天然气股份有限公司大庆石化分公司（中国石油大庆石油化工有限公司）

【概况】 中国石油天然气股份有限公司大庆石化分公司（中国石油大庆石油化工有限公司）简称大庆石化，始建于1962年，历经半个世纪发展，成为东北地区资源条件最好、社会环境最优、业务门类最多的国有炼化企业。2018年底，有二级单位27个，员工2.6万人，有生产装置、公用工程及辅助设施155套，可生产54个品种438个牌号的产品。具有原油一次加工能力1000万吨/年，120万吨/年乙烯，45万吨/年合成氨，80万吨/年尿素，111万吨/年聚乙烯，10万吨/年聚丙烯，8万吨/年丙烯腈，20万吨/年丁辛醇，19万吨/年苯乙烯，10.5万吨/年ABS树脂，16万吨/年顺丁橡胶，6.5万吨/年腈纶丝等产能规模。截至2018年底，累计完成工业总产值7662亿元，收入8297亿元，上缴税费989亿元。

2018年，大庆石化坚定践行习近平新时代中国特色社会主义思想，贯彻落实集团公司决策部署，遵循新发展理念，坚持稳健发展方针，扎实推动高质量发展，全年实现营业收入473.72亿元、利润10.39亿元，上缴税费77.82亿元，各项工作开创全新局面。

【生产运行】 2018年，大庆石化积极协调资源进厂，拓宽原料渠道，原油、轻烃、天然气、石脑油等均超额完成配置计划。强化岗位日常巡检，严格管控操作变更，主要生产装置操作平稳率99.79%，非计划停工同比减少6次，裂解（二）等12套装置创造新的长周期运行纪录。持续开展标准化创建、包机包区和防泄漏工作，5套装置实现零泄漏，整体设备完好率99.89%。实施降本增效项目189项，增效9.1亿元。加大内部挖潜力度，增产尾油和重裂解原料2.1万吨；按效益最大化原则配置资源，石蜡、石油焦产量分别超年计划2.1万吨和2.3万吨，优先排产DGDB2480、QL505P等高效产品，产品优化增效明显；动态优化生产方案，适时调整炼油加工流程、裂解原料匹配和尿素装置负荷，生产组织更具灵活性；

大庆石化主要生产经营指标

指 标	2018 年	2017 年
原油加工量（万吨）	540.06	595.76
汽油产量（万吨）	135.74	153.81
柴油产量（万吨）	108.2	131.61
航空煤油产量（万吨）	28.84	26.73
乙烯（万吨）	105.81	115.83
丙烯（万吨）	64.92	71.22
ABS 树脂（万吨）	10.13	11.09
丁辛醇（万吨）	15.77	21.72
聚乙烯（万吨）	103.03	112.43
聚丙烯（万吨）	10.76	11.31
顺丁橡胶（万吨）	13.68	14.42
合成氨（万吨）	36.96	46.36
尿素（万吨）	11.47	35.78
资产总额（亿元）	220.35	208
收入（亿元）	473.72	476.63
利润（亿元）	10.39	39.38
税费（亿元）	77.82	99.29

强化原煤等能源消耗分析，优化公用工程系统运行，开展节能攻关，全年节能 1.29 万吨标准煤、节水 37.71 万吨；加强产销衔接，成品油、丙烯等过剩资源顺利出厂，市场适应能力不断增强；深化全面预算管理，细化成本核算，财务费用同比减少 6037 万元，完成“两金”压控指标。累计加工原油 540 万吨，生产合成氨 37 万吨、乙烯 106 万吨，完成全年生产任务。

【安全环保】 2018 年，大庆石化牢固树立底线思维，不断强化红线意识，严格落实“党政同责、一岗双责、失职追责”“管业务必须管安全、管生产必须管安全”的要求，修订考核细则 53 类、制度 15 项，细化职责清单，执行连带追责考核办法，安全环保职责清晰明确。基层车间 HSE 标准化建设积极推进，35 个车间通过验收。建立作业预约机制，实施危险作业升级管理，推行集中限时动火，风险管理“四条红线”有效构建。HSE 管理体系内部审核与综合大检查有效融合，周联检工作深入开展，组织公司级安全生产大检查 8 次，查改各类问题 977 个，考核金额 56.73 万元。完善承包商约谈和黑名单机制，清理承包商队伍 7 个，从严管理落到实处。加强事故隐患排查，编制专项方案，实行分级管控，申请专项资金 1.6 亿元，六大类公司级隐患得到集中整治。推进达标升级和 VOCs 治理，化工区污水处理场等项目建成投用，全面加强环境监测，规范处置危险废物，开展开放日活动，接受公众监督，主要污染物减排指标全面完成。公司全年未发生亡人及以上安全生产事故和环境污染事件，顺利通过中央环保督查“回头看”检查，被评为集团公司质量安全环保节能先进企业。

【装置大检修】 2018 年，是大庆石化历史上检修工作量最大、同步实施改造项目最多、安全环保控制最难的一次全系统检修。提前一年编制检修计划，确定检修队伍，成立检修指挥部，组建 11 个专业组，做到组织落实、人员落实、责任落实。认真抓好后勤服务、宣传报道、现场保卫等工作，深入开展劳动竞赛，发挥党员先锋队、青年突击队作用，营造“一切为了检修，一切服务检修，一切服从检修”的大干氛围。细化开停工方案，抓好开停工统筹，严格界面交接，开停工井然有序。遵循“该修必修、修必修好”原则，坚持高标准起步，紧紧抓住安全、环保、质量、进度四大环节，实现“安全、绿色、优质、高效”的目标，检修生产装置 61 套，完成检修项目 10241 项，同步对 455 台设备开展腐蚀调查，实施 40 余项节能及隐患治理项目，更新升级 18 套超期服役 DCS 控制系统，13 套操作系统迁至中心控制室。

【转型升级】 2018 年，大庆石化启动并推进大炼油项目建设，新建 MTBE、烷基化装置和加氢裂化改造项目按期建成投产，催化重整装置开工建设，进一步做实“油头化尾”。完成炼油厂二制蜡装置石蜡成型系统扩能改造、塑料厂低压装置 C 线粉末输送系统改造等项目，产品结构调整取得新进展。谋划新建石蜡生产系统、30 万吨 / 年高密度聚乙烯装置等项目，确立中长期发展规划基调，可持续发展步伐更加稳健。实施节能项目 5 个、一般性技术改造项目 91 个，装置运行质量得到改进，技术含量不断提升。开展柴汽比攻关，柴汽比降至 0.8。集团公司重大专项“炼化能量系统优化、聚烯烃新产品开发与应用”通过验收，高腈 SAN 工业化试验效果明显。开发 DMDA5104 新产品，扩大生产 DMDB4506 等 14 项新产品 41.37 万吨，新产品的持续创效能力进一步增强。加强自主知识产权管理，4 个项目获集团公司科学技术进步奖三等奖，形成国家专利局授权专利38项，科技创新成果丰硕。炼化物联网系统正式上线运行，信息化建设稳步推进。

【改革发展】 2018年，大庆石化精简处级机构2个，撤并整合科级机构64个。精简定员编制1623人，其中精简科级职数97人。精简公司机关管理人员80人。二三线人员向一线调剂210人，清退劳务用工134人。开发公司编织袋、重载膜业务划归塑料厂，科技规划与信息化业务实现一体化管理。试点组建联合车间，业务布局和组织架构不断优化。"处僵治困"通过国务院国资委检查验收，完成久隆房地产公司债转股工作，通讯中心电视、网络、固话业务全面完成移交，矿区"三供一业"分离移交完成协议签订。推进未上市业务市场化改革，适度调整下放经营自主权。检维修业务外部合同额达5.6亿元，装备制造业务外部市场拓展至西北、西南等地区，制造的新型石蜡成型机达到国内最先进水平，信息技术业务成功参与集团公司D1项目建设，实业公司高质量完成四川石化装置大检修高压清洗任务，开发公司气体产品市场覆盖200多家省内外石化企业和医疗机构。

【基础工作】 2018年，大庆石化深化对标管理，选取武汉石化、茂名石化作为目标企业，从9个专业300余项关键数据开展对标，编制对标分析报告，明确对标任务和管理措施，对13套装置、38项主要技术指标实施对标跟踪，27项能耗物耗指标好于上年，63项好于计划，8项创历史最好水平。推进依法治企，发挥法律监督保障职能，企业改革、生产经营等各方面工作全面纳入法治化轨道。强化制度建设，从适应性、有效性出发，抓好"立改废"，确保制度全覆盖、不交叉、不缺失、可操作。狠抓文明生产，制定文明生产管理标准和目视化手册，完善工作机制，加强检查考核，生产秩序不断规范，现场面貌明显改善。强化招标管理，大力推行公开选商，深入推进电子招投标平台应用，规避招标违规行为，提高招标采购效率。加强物资计划管理，统筹平衡物资需求，通过对标比价和规模采购节约资金1.99亿元，平库利库3615万元，处置积压物资收入1907万元。加强工程成本过程控制，严格工程造价和预结算管理，强化审计监督，工程结算审减6021万元，审计审减402万元。推行"标准化设计、工厂化预制、模块化施工、机械化作业、信息化管理"，项目建设更加规范，管理能力切实增强。

【企业党建工作】 2018年，大庆石化围绕新时代党的建设总要求，坚持融入中心、服务大局，党组织的政治优势充分发挥，党建与中心工作实现深度融合。认真践行习近平新时代中国特色社会主义思想，深入贯彻党的十九大精神。扎实开展党组织书记抓基层党建工作述职评议，推行党支部达标晋级，实行党员积分制管理，完善基层党支部书记岗位资格认证体系，加快党建信息化平台创新应用。强化领导班子和干部队伍建设，"四好"班子达标率96.3%。深化意识形态工作，开展形势任务教育，打造多媒体矩阵平台。对8个二级单位开展政治巡察，组织113次专项监督检查，对违规报销"两费"、领导人员及其亲属违规办企业等问题进行严肃问责，持之以恒正风肃纪。加强民主管理，开展走访慰问、帮扶救助等活动，实施青年人才提升工程，群团组织作用充分彰显。提高一线员工上岗津贴和夜班津贴、精准落实离退休人员政治和生活待遇。下达常规矿建投资项目5个，维修老旧住宅，改善通勤条件，实施生活垃圾场治理，矿区环境逐步改善。强化落实维稳责任，积极疏导化解矛盾，公司大局保持和谐稳定。

【炼油结构调整转型升级项目建设座谈会】 2018年7月7日，黑龙江省委、省政府在大庆石化炼油厂组织召开大庆石化炼油结构调整转型升级项目建设座谈会。黑龙江省委书记张庆伟指出，大庆石化炼油结构调整转型升级项目开工建设标志着中国石油落实总书记"油头化尾"重要指示、加快炼化一体化产业发展方面迈出决定性一步，取得实质性突破，是龙江发展历程中具有里程碑意义的一件大事。张庆伟对黑龙江省提出四点要求：要把石化产业摆在黑龙江全面振兴更加重要的位置；加快打造"油头化尾"产业群；不断深化企地合作；切实优化营商投资环境。黑龙江省委副书记、省长王文涛对地企合作提出三点期望：明确定位，写好"油头化尾"新篇章；综合算账，形成合作共赢新局面；密切协作，实现央地融合性发展。集团公司党组书记、董事长王宜林强调三点意见。"油头化尾"战略布局对大庆地区可持续发展意义重大，一定能够把黑龙江及大庆发展得更好，把中国石油发展得更好。企地携手推动大庆石化转型升级项目顺利实施，是企地双方优势互补、共同努力的结果，要把项目打造成效益工程、示范工程。全力支持大庆地区化工延伸产业发展，中国石油将在管理、技术、人才等方面给予地方企业和化工园区支持，助力发展精深加工业务。王宜林表示，中国石油将以习近平新时代中国特色社会主义思想为指导，深入落实习近平总书记"油头化尾"重要指示精神，充分发挥国有企业骨干作用，为保障国家能源安全、促进大庆地区可持续发展、建设社会主义现代化新黑龙江作出新贡献。

大庆市政府与大庆石化、东北化工销售签订《大庆石化炼油结构调整转型升级项目新增原料供应框架协议》。

（钟国强）

中国石油天然气股份有限公司吉林石化分公司（吉化集团有限公司）

【概况】 中国石油天然气股份有限公司吉林石化分公司（吉化集团有限公司）简称吉林石化，办公地点位于吉林省吉林市，前身是吉林化学工业公司，是国家“一五”期间兴建的以“三大化”为标志的第一个大型化学工业基地。1954 年开工建设，1957 年建成投产，1998 年上划中国石油天然气集团公司，1999 年重组为中国石油吉林石化公司、吉化集团公司，2000 年吉化集团公司与吉林石化公司正式分立运行，2007 年吉林石化公司与吉化集团公司整合管理。2010 年集团公司授权吉林石化对吉林燃料乙醇有限责任公司实施一体化管理。2017 年吉化集团有限公司完成公司制改制。

吉林石化作为新中国化学工业长子，新中国的第一桶染料、第一袋化肥、第一炉电石就诞生在这里。60 多年来，吉林石化先后为全国各地输送和培养各类人才 6 万多人，累计向国家上缴利税超 1000 亿元，取得科研成果近 800 项，获国家级荣誉 100 多项，为中国化学工业和国民经济发展作出突出贡献。

2018 年底，吉林石化原油加工能力 1000 万吨 / 年、乙烯生产能力 85 万吨 / 年、燃料乙醇生产能力 70 万吨 / 年。生产装置 73 套，能够生产汽油、柴油、航空煤油、聚乙烯、ABS 树脂、丙烯腈、乙丙橡胶、丁苯橡胶、甲基丙烯酸甲酯等 115 种主要石油化工产品。总资产 231.58 亿元。设机关职能处室 15 个，机关附属机构 6 个、直属机构 4 个，二级单位 41 个；在册合同化员工 2.22 万人。

2018 年，面对复杂多变的市场环境，吉林石化充分发挥炼化一体化程度高、化工业务比重大、创效能力强的优势，从容应对、精细管控，保持生产经营稳定态势，实现“企业增效、员工增收、社会增益”。加工原油 812.32 万吨，生产乙烯 76.68 万吨，完成商品总量 867.07 万吨，收入 613.92 亿元、利润 20.38 亿元，炼化业务盈利 25.8 亿元、三年累计盈利 100 亿元，总体上缴税金 111.73 亿元、连续 4 年超百亿，全面完成集团公司下达的考核指标。

吉林石化主要生产经营指标

指　标	2018 年	2017 年
原油加工量（万吨）	812.32	897.23
乙烯产量（万吨）	76.68	85.43
汽油产量（万吨）	167.22	176.25
柴油产量（万吨）	253.28	281.53
航空煤油产量（万吨）	26.91	29.54
合成树脂产量（万吨）	106.54	118.28
合成橡胶产量（万吨）	12.26	15.65
资产总额（亿元）	231.58	235.95
收入（亿元）	613.92	600.50
利润（亿元）	20.38	49.87
税费（亿元）	111.73	137.08

【安全环保】 2018 年，吉林石化准确把握趋势和规律，坚定不移打基础强管理，创成 51 个公司级 HSE 标准化车间，创成率 76%。引进杜邦先进管理方法，量化危险作业分级分类和风险防控措施，果断“叫停”和“退守”，保障生产运行和现场受控。扎实开展平稳率管理，稳妥处理生产异常和突发状况，运行平稳率 99.61%。加强“三年一大修”风险管控，历时 50 天，安全优质高效完成 123 套生产及辅助装置、4935 项检维修任务。持续改进设备运维技术和质量，机泵平均检修间隔时间由 46 个月增加至 51 个月，设备设施可靠性进一步提升。牢记“绿水青山就是金山银山”，坚持“喝着上游水，想着下游人”，严格落实节能减排措施，强化环保设施运行维护，实施环保 24 小时连续监测，“三废”达标排放，全面完成减排目标。

【生产优化】 2018年，吉林石化克服资源紧张等困难，灵活生产组织，实施“减油增化”相关措施137项，实现优化增效4.8亿元。破解制约装置长周期运行瓶颈，催化裂化等关键装置运行水平有效提升。组织天然气制氢装置阶段性开车，辛醇、丙烯酸酯等停车装置成功复产，炼油、丙烯腈、ABS树脂等装置高效经济运行，平均负荷率95.8%。继续实施产销研一体化攻关，全力稳定销售渠道，做好重点用户调研走访、跟踪服务，化工产品销量260万吨。全年，柴汽比完成1.51、同比下降0.09，吨油炼化边际利润1100元，炼油高效产品比例达57.7%、同比提高12个百分点，吨乙烯边际利润6500元，ABS树脂、丙烯腈、甲甲酯、聚乙烯等10大产品创效超过48亿元，对炼化业务效益贡献率200%。

【企业管理】 2018年，吉林石化坚持科学从严和精细管理，务实创新举措，进一步巩固精细管理优势。强化消耗定额管控，668项主要消耗指标保持历史最好水平，实现节能降耗增效1.5亿元。通过扩大招标、开发直采供货商等措施，保障物资需求，实现降采1.3亿元。抓好仓储物流及降库利库工作，库存资金周转次数达到17.3次。加强财务管理，全年可控费用比预算减少9000万元，三项主要成本费用指标均控制在预算内；有息债务比年初减少5.8亿元，账面实现净存款4.3亿元；资产负债率由29.1%降至27.2%，财务状况显著改善。

【转型升级】 2018年，吉林石化结合行业发展趋势和企业实际，形成炼化业务转型升级优化发展方案；召开推动高质量发展研讨会，确立发展思路和目标。坚持“盘活存量、做优增量、提高质量”，扎实推进“三个五”（五项开工、五项投产、五项批复）重点项目建设，持续开展“三十”（十大技术改造攻关、十大新产品开发、十大科技瓶颈攻关）攻关，汽油国Ⅵ质量升级烷基化、18万吨/年ABS树脂技术升级、减水剂单体技术改造等项目顺利完成，燃料乙醇通过脱瓶颈达到70万吨产能，揭阳60万吨/年ABS树脂、50万吨/年航空煤油扩建、动力一厂新建1号锅炉等项目稳步实施，ABS电镀料、耐热聚乙烯管材料等新产品推向市场。公司ABS树脂研发中心升级为中国石油ABS技术中心，强化技术研发支撑。

【企业改革】 2018年，吉林石化持续推进职能优化整合、用工替代等工作，精简处级、科级机构220个，减少用工1409人。组织开展转岗培训和竞聘上岗，向基层单位一线岗位补充员工277人。打破“三八班”传统作业模式，在36个车间推广“四班二运转”班制，优化用工14%。加强干部队伍建设，突出“选、用、管”三个环节，提拔交流处级干部63人次，进一步优化队伍结构。强化薪酬分配“三倾斜一接轨”，重点创效单位、装置和岗位员工奖金增幅明显，进一步稳定核心骨干队伍。稳妥推进矿区改革，完成供热、物业资产和管理权移交；落实总医院社会化改革方案，继续推进“处僵治困”、法人实体压减、管理体系融合等工作，取得积极进展。

【企业党建工作】 2018年，吉林石化党建与中心工作高度融合，党委“把方向、管大局、保落实”能力持续强化。坚持用习近平新时代中国特色社会主义思想武装头脑，上好“政治理论课”和“吉化实践课”，提升党员干部政治理论水平和经营管理能力。完善党委工作机制及“三重一大”决策制度，确保科学民主决策。构建“大党建”格局，开展“四合格四诠释”和“3+X”主题党日等特色活动，“党建三融入工作法”被评为集团公司党建研究成果一等奖。深入落实意识形态工作责任制，大力弘扬石油精神和吉化“四种精神”，营造积极向上的企业氛围，“改革开放40年来国有企业思想政治工作成就与经验研究”获国务院国资委中央企业政研成果一等奖、集团公司优秀政研成果特等奖。压实“两个责任”，推动“三不腐”机制建设，贯彻落实中央八项规定和实施细则精神，围绕重点领域开展合规监察，净化经营环境，确保依法合规。强化后勤保障，办好集体福利，改善班组环境，实施精准帮扶，传递组织和企业的关爱。弘扬劳动模范精神、工匠精神，有28名员工获国家和集团公司技能竞赛奖励，公司获“全国工人先锋号”等称号70多项，充分展示企业改革发展成果和良好形象。

（解瑞铭）

中国石油天然气股份有限公司抚顺石化分公司（中国石油抚顺石油化工有限公司）

【概况】中国石油天然气股份有限公司抚顺石化分公司（中国石油抚顺石油化工有限公司）简称抚顺石化，是中国炼油工业的“摇篮”，是集“油、化、塑、洗、蜡、剂”为一体的大型石油化工联合企业。位于辽宁省抚顺市。2018 年底，占地面积 1270 万平方米，有在籍全民员工 2.08 万人，集体企业在职职工 5177 人。资产总额 311 亿元，年销售收入 500 亿元以上。

抚顺石化生产主要原料主要为大庆原油和沈北原油，原油一次、二次加工能力均为 1150 万吨 / 年，化工产品生产能力为 360 万吨 / 年。主要生产装置 76 套，辅助及配套装置、设施 100 余套。设备 213894 台，固定资产新度系数为 0.61。能够生产汽油、航空煤油、柴油、润滑油基础油、石蜡、烷基苯、聚乙烯、聚丙烯、丁苯橡胶等 300 多个牌号石油化工产品，是世界上独具特色的石蜡、烷基苯、贵金属催化剂生产基地，产品畅销全国并远销到世界 50 多个国家和地区。

2018 年，抚顺石化认真贯彻落实集团公司和辽宁省、抚顺市的总体要求部署，以安全环保稳定为基础，生产经营优化为主线，着力提质增效升级，深化改革管理创新，圆满完成各项工作任务。公司创效能力在中国石油炼化企业由五年前的“垫底”前进到 2018 年排名第一，五年迈出五大步，进入国内一流的现代化炼化企业行列，公司“党政同心谋发展、干群合力促和谐”的氛围更加深厚。

2018 年，抚顺石化完成原油加工量 865.03 万吨，同比增加 79.99 万吨；汽油、航空煤油、柴油总量 416.4 万吨，同比增加 10.9 万吨；化工商品总量 342 万吨，同比增加 22 万吨。收入 518.09 亿元，同比增加 88.09 亿元。利润 37 亿元，首次在中国石油 27 家炼化企业排名第 1 位。上缴税费 113.89 亿元，同比增加 16.42 亿元；上缴抚顺市地方税收 16.4 亿元，是 2013 年的 3 倍。炼油完全单位加工费 310 元 / 吨，同比降低 34 元 / 吨；化工现金单位加工费 972 元 / 吨，同比降低 18 元 / 吨。

2018 年，抚顺石化综合业绩分值自我测试 108.23 分，业绩考核为一类 A 级企业。公司获中央企业先进集体、全国投入产出调查省级先进单位；全国石油和化工行业新闻宣传先进单位、信息化优秀示范单位；集团公司质量安全环保节能先进企业、统计工作先进单位、党的十九大维稳信访安保防恐工作贡献先进集体；辽宁省治安保卫工作集体二等功等称号。涌现出全国人大代表、中国工会十七大和中国妇女十二大代表、全国五一劳动奖章、全国工人先锋号、全国技术能手、全国石油石化行业技术能手、全国模范职工之家，辽宁省五一劳动奖章、抚顺五一劳动奖章等一批先进集体和个人。

抚顺石化主要生产经营指标

指　标	2018 年	2017 年
原油加工量（万吨）	865.03	785.04
化工商品总量（万吨）	342	320
税费（亿元）	113.89	97.47
化工商品现金加工成本（元 / 吨）	971.74	989.57
全口径炼油单位加工费（元 / 吨）	310.12	343.85
炼油加工损失率（%）	0.25	0.24
乙烯加工损失率（%）	0.13	0.2
双烯收率（%）	48.51	48.3
炼油综合能耗（千克标准油 / 吨）	67.58	64.56
收入（亿元）	518.09	430
利润（亿元）	37	30.26

【生产运行】 2018 年，抚顺石化突出固本强基，安全环保基础更加坚实。始终坚持严抓安全环保工作，坚守底线不越红线，按照“管工作必须管安全”的原则，层层签订《安全环保责任状》，强化考核。编制安全环保责任清单。迎接炼化板块两次 HSE 审核，审核问题 492 项，整改完成 448 项，整改率 91.06%；开展内部量化审核，提出各类问题 2880 项，整改率 91.94%。强化重点部位、关键领域和直

接作业环节安全环保督查，提出问题4628项，整改率98.5%；运用“停止作业卡”制止违章行为，开展各层级劳动纪律检查1.6万次，员工违纪率同比下降0.22‰，有效促进现场安全管理水平提升。强化危险化学品综合治理，完成安全生产许可证延期复审，取得安全生产标准化三级达标证书。推进双重预防机制建设，识别出各类危害因素1.51万项，逐级落实防控措施和防控责任。加大隐患治理力度，2类56项重大隐患启动治理。强化应急管理，及时修订完善应急预案，组织演练1629次，参演24712人次。举办公司级HSE培训班13期，培训各类人员1205人次。培训考核外来施工作业人员7217人次。组织开展“安全生产月活动”“安全生产公益广告创意大赛”“安全生产知识网络竞赛”等一系列活动，连续4年获辽宁省安全生产知识网络竞赛“优秀组织奖”。制定下发《公司2018—2020年污染防治攻坚方案》。加大污染监控和源头治理，落实监测项目和监测频次，各单位监测废水70091项次、废气2359项次；环境监测中心站监测废水3949项次、监测大气污染源150项次，全部实现达标排放。通过国家两次环保“回头看”督察，树立中国石油良好形象。

【安全环保】 2018年，抚顺石化突出稳产高产，生产运行持续优化。树立“大优化出大效益”理念，优资源，稳生产，深挖潜，优化调整130余次。主要生产装置高负荷运行，蒸馏装置负荷率103.47%、催化装置负荷率80.3%、焦化装置负荷率92.34%、加氢裂化装置负荷率103.67%；外购裂解原料20.36万吨，烯烃厂乙烯装置负荷率97.12%、线性聚乙烯装置负荷率97.25%、聚丙烯装置负荷率90.39%。停工4年的乙烯厂裂解、丁二烯装置复工运行。拓宽酮苯原料，开满三套酮苯装置，优化操作参数，降低结晶、过滤温度，提高石蜡收率，生产石蜡50.6万吨，同比增加6.1万吨。结合石油焦市场较好的实际，优化渣油资源加工流程，优化操作参数，提高石油焦收率，生产石油焦41万吨，同比增加8.2万吨。石蜡、石油焦、乙烯产量等创历史最好水平。加强装置长周期管理，将装置分为A、B、C类逐一进行考核，发放长周期奖励基金187万元，非计划停工10次，同比下降23%。积极推进设备现场标准化，设备完好率98.95%，主要设备完好率100%。深入开展达标对标，装置综合达标率83.7%，同比提高9.3个百分点；154项达标指标中89.6%以上同比提高或持平。炼油综合商品率94.76%，同比提高0.35个百分点；柴汽比1.53，同比降低0.09；高效产品收率完成49.91%，同比提高14.94个百分点。乙烯燃动能耗561.61千克标准油/吨，同比降低6.84个单位；损失率0.13%，同比降低0.07个单位；双烯收率48.46%，同比提高0.16个百分点。深入开展加热炉专项考核，优化加热炉操作，监测343台次，加热炉平均热效率92.63%，同比提高0.23%。开展购网电直购电工作，降低电费809万元。

【挖潜增效】 2018年，抚顺石化突出增收节支，经营管理水平稳步提升。不断优化“日核算、周测算、月分析，实时优化、快速决策”经营预警机制，以市场为导向、价格结构为依据，对从原油到产品所有加工路线进行完整的“倒序测算”，确定全流程及各生产线的最佳效益生产方案。不断丰富和改进核算方法，及时发现及时纠偏，日核算结果准确率95%以上，公司内部生产变化和外部市场价格变化对效益影响关联更加紧密，各项效益测算活动更加精准。立足市场变化和公司经营实际，不断拓展经济活动分析广度和深度，有针对性开展综合、对标、专项分析和效益测算111次，提出建议措施144条，有力促进指标改善和提质增效。牵头开展的21家炼化企业自备电厂专项对标成果在集团公司推广应用。聚焦费用管控，物资采购节约3.54亿元；清欠1.89亿元；燃动费用降低1.18亿元；财务费用降低9500万元；煤炭采购节约9178万元；落实税收优惠政策创效8500万元；“三供一业”移交降低关联交易费用6500万元。密切关注产品销售动态，强化与专业销售公司的沟通、衔接，畅通统销产品信息渠道，尽最大努力降低原料、半成品、产成品及各种物资库存。加强自销产品营销，采用石油焦视市场需求变化限产、稳供、稳价，丙烯腈市场上行时增产增销、市场下行时限产稳销等营销策略，销售石油焦37.9万吨、丙烯腈9万吨，分别同比增加5.5万吨、1.1万吨，增加效益12.2亿元。物资采购招标率80.8%，同比提高7.8个百分点，采购资金节约率9.8%。加强与三大国矿战略合作，全力稳控煤炭价格，煤炭直采率89%，同比提高17个百分点。

【科技创新】 2018年，抚顺石化突出创新驱动，科技创新成效显著。出台《开发新产品考核办法》，充分调动新产品开发各环节人员的积极性，新产品研发力度不断加大，生产14种牌号树脂新产品29.06万吨，同比增加17.29万吨，增利8994万元，产量位居炼化企业前列，创历史新高，聚烯烃新产品占比21.87%，同比提高10.89%；FHP5050、FM709M、

HPP1860、FHMCRP100N 列入炼化板块的拳头产品目录，各类新产品成功打入达能、农夫山泉、娃哈哈、美的等知名企业。“固定床渣油加氢催化剂研制开发与工业应用”“发挥石蜡基原油优势、增产石蜡创效技术攻关”“高刚性薄壁注塑专用料 HPP1850 技术开发与工业应用”项目分别获集团公司科学技术进步奖一等奖、二等奖、三等奖。国家科技重大专项“驱油剂放大试验及生产工艺参数优化”项目中试试验取得重要突破。中国石油石蜡技术中心正式挂牌成立。分别与中国科学院城市环境研究所、辽河油田签署战略合作框架协议。与辽河油田合作开发的弱碱体系主表面活性剂石油磺酸盐在锦 16 和海 1 等区块达到使用要求，经国内权威机构评价，可提高油田采收率 20%。与石化院合作，加大催化剂自主技术产品科研放大和生产力度，推动中国石油国Ⅴ、国Ⅵ标准汽油和柴油质量升级进程，加氢、重整催化剂在中国石油市场占有率 50%。转型升级和高质量发展步伐加快。全年资本性投资 6.6 亿元，项目建设 113 项。完成公司高质量发展方案编制，研究大庆油减产对策。“十三五”规划确定的重大项目有序推进，开展发挥资源优势、增产油蜡特色产品改造项目可行性研究，60 万吨 / 年酮苯脱油装置扩能改造项目开工建设，通用加氢催化剂技术升级改造项目、航空煤油生产设施及储运系统升级改造项目可行性研究正式批复，新建成品油输转设施工程可行性研究和基础设计批复，完成国Ⅵ标准汽油质量升级 C_4 综合利用项目、南催化装置 MIP 改造项目可行性研究编制。限下结构调整和节能项目按计划实施，蒸馏装置电脱盐改造等项目建成投用；重整催化剂和分子筛生产线改造等项目按计划实施；开展石蜡成型机增加自动包装系统改造、180 万吨 / 年柴油加氢增产石脑油改造、乙烯厂聚乙烯装置 16 万吨 / 年扩能改造等项目前期工作。加大安全环保隐患治理项目投入，投资 3.3 亿元。完成局域网络改造，MES、ERP 系统实现升级。

【企业管理】 2018 年，抚顺石化突出改革管理，体制机制更具活力。将集团公司 KPI 指标与企业的效益、员工的收入挂钩，制定 16 项单项承包政策，修订完善公司 500 余项专业管理考核标准，创建管理项目 816 项，考核标准 1921 条，形成强有力的激励约束机制。全面推进人才队伍建设。组织调整直管干部 78 人次，提拔 40 人，交流 20 人。评选享受国务院政府特殊津贴专家 1 人、国家科技奖励评审专家 2 人。重新选聘公司技能专家 40 人，首席技师 40 人。在全国行业竞赛中，公司获钳工专业团体一等奖、化学检验员专业团体三等奖、催化裂化专业优秀组织奖，1 名获全国技术能手、1 名获全国石油和化工行业技术能手称号。举办公司第十届操作服务人员职业技能竞赛活动。持续推进组织机构和人力资源优化。按国家要求，完成“三供一业”的物业资产划转、供电业务分离移交等各项任务。平稳有序完成物业中心 120 人的划转工作。完成矿区服务事业部等单位部分机构和岗位调整。开展“三长人员”专项清查，为 73 名不在岗员工办理岗位退出等相关手续。深化劳务管理改革，成立劳务管理中心和至城劳务公司，减少劳务用工总量 1459 人，压缩费用 1112 万元。编制《多管理体系融合实施方案》，以规章制度体系为轴心将质量、HSE、测量和内控管理四个体系手册融合成一套基础管理体系。全面梳理公司 347 个管理流程，强化流程效率管控，提升流程运行质量。通过集团公司内控体系管理层和外部审计双向测试。承办集团公司基层建设现场会议，公司基层建设“两级八星”竞赛活动得到集团公司和其他兄弟企业的肯定和认可并进行推广。强化法治建设，经济、技术、法律三项审查率 100%。处理纠纷案件 32 件，结案 13 件，挽回经济损失 3729.77 万元。加强合同管理，事后合同占比 1.65%，同比下降 0.9%。强化准入商业绩、资质跟踪考评，淘汰 54 家，新增 7 家。招标 409 项，同比增加 37 项，中标金额 26.19 亿元，节约资金 4.47 亿元，资金节约率 14.58%。工程造价审减 8920 万元，审计审减 733 万元。

【企业党建工作】 2018 年，抚顺石化突出党的建设，政治文化优势更加凸显。以学习宣传贯彻习近平新时代中国特色社会主义思想和党的十九大精神为统领，积极构建大党建工作格局。制定公司党建工作责任清单，建立党建工作基层联系点制度，推进实施党建工作责任制考核评价，各级党组织管党治党责任有效落实。深入推进党建信息化平台应用，移动端累计登录近 300 万人次。开展线上讲述活动，唱响“爱党、爱企、敬业”主旋律。实施党组织书记持证上岗考试，推行党支部达标晋级管理，党支部书记和党员集中轮训实现 100%。以“铭记历史展未来，不忘初心敢担当”为主题，在各级党组织书记中开展讲专题党课活动。制定公司党组织工作经费管理办法、党建信息化平台管理办法、公司党委党务公开工作实施细则。承办集团公司党委书记述职考核评议会议。建立每月一次的中心组“学习日”制度。理论学习“五进”活动扎实深入开展。深入开展“形势、目标、任务、责任”主题教育活动、第二个“弘扬石油精神、重塑良好形象”活动周等宣传教育活动，汇聚企业正能量。开展抚顺石化工业90周年系列宣传活动，编纂劳模事迹选编《抚顺石化·榜样》，组织开展“歌唱祖国·逐梦石化”庆祝建国69周年·抚顺石化工业90周年群众性歌咏活动和“与信仰对话·为青春导航”主题活动。全面配合完成集团公司党组第六巡视组对抚顺石化的巡视工作。建立巡视巡察上下联动模式，对13个基层单位开展巡察，累计发现7大类108项问题，提出意见建议87项。修订公司领导班子党风廉政建设责任区，领导干部和关键岗位2600余人逐级签订责任书。制订公司《建立健全“三不腐”实施办法》《所属各单位党委纪委向公司报告工作暂行办法》。坚持个性化约谈、随时约谈与重点约谈相结合，全年约谈2240人次，实现副科级以上领导干部全覆盖。开展合规监察项目22项，发现问题102个，提出监察建议64条。开展“四风”问题专项检查，发现招待费、公车使用不规范等各类问题31项，移交问题线索6条。受理信访举报85件；处置问题线索98件；立结案5件；给予党政纪处分12人。成功召开公司第二次团代会，团的自身建设基础不断夯实。深入落实省市信访矛盾减存控增三年攻坚计划部署，33件长访案件化解11件，化解率33.33%，在抚顺市企事业单位排名第一。治安综合治理迈上新台阶，全年累计发案同比下降29%。全国“两会”期间的维稳安保工作获集团公司嘉奖和省市通报表扬。

【矿区服务】 2018年，抚顺石化突出民生改善，员工群众生活更加幸福。员工人均年收入增长17.93%，创历史最好水平。员工住房公积金人均增加6%。企业年金企业缴费比例由5%调整到8%。投入750万元参加员工团体非公意外伤害保险和团体寿险，累计赔付1300万元，64名员工及其家属受益。发放健康疗养费2139.39万元。关心关爱特殊群体，修订《公司帮扶资金管理办法》，帮扶救助8039人次；组织实施“金秋助学”行动，为1376名特困员工子女提供助学救助。完成2015—2017年退休职教幼教教师补贴发放。员工后勤服务不断改善，员工就餐、通勤、体育场馆、离退休服务水平不断提高。完善《通勤服务管理规定》，开通24小时服务投诉电话；增设石化总医院VIP体检区，员工健康体检近3万人次。继续推进“花园式工厂”建设，新增绿地面积8.11万平方米，种植乔木5072棵、灌木6170株、绿篱3.3万平方米、宿根2897平方米、时令花卉2.62万平方米。活跃员工文化生活，举办爱石化系列文体活动，员工参与1.6万人次。真情关心服务离退休老同志，解决老同志异地体检困难。

抚顺石化积极履行社会责任，充分发挥中央企业龙头作用，大力推进企地融合发展，将资源优势转化为地方经济优势，为高新技术产业园区下游企业提供裂解碳五、碳九、乙烯焦油、液化气、丙烷、石蜡以及高压蒸汽等产品120万吨，年均增长20%。为加快推进抚顺老工业基地转型振兴作出贡献。

（孙　丽）

中国石油天然气股份有限公司辽阳石化分公司（中国石油辽阳石油化纤有限公司）

【概况】 中国石油天然气股份有限公司辽阳石化分公司（中国石油辽阳石油化纤有限公司）简称辽阳石化，是特大型石油化工联合生产企业。截至2018年底，设14个职能处室、5个机关附属中心、6个直属单位、22个二级单位，员工总数1.3万人。

辽阳石化位于辽宁省辽阳市宏伟区，1972年经国家批准筹备建设，1974年正式动工，经过40多年的发展，有炼油、芳烃、烯烃、聚酯、尼龙等主要生产线，炼化主体生产装置79套，辅助生产装置52套。其中，炼油部分有加工俄罗斯原油的全加氢炼油厂，原油加工能力达到1000万吨/年，为中国石油第八家千万吨级炼油基地，可年产优质柴油430万吨、汽油260万吨、航空煤油80万吨。芳烃及衍生物生产能力位居全国前列，可年产100万吨对二甲苯、40万吨苯、14万吨邻二甲苯、80万吨PTA、30万吨聚酯、14万吨精己二酸和18万吨硝酸。烯烃部分以20万吨/年乙烯裂解装置为核心，可年产7万吨聚乙烯、20万吨环氧乙烷/乙二醇。

2018年，辽阳石化坚持稳中求进工作总基调，以安全生产为核心，以从严精细化管理为主线，保安全、强管理、增效益、促发展、深改革、抓党建，夺取持续盈利和项目建设两大攻坚战的全面胜利。全年加工原油751.8万吨，销售商品748万吨，主营业务收入445.12亿元、利润3.49亿元，上缴税费78.91亿元创公司成立以来最高，辽阳石化对地方经济增长贡献率持续提升，经济引擎作用更加凸显，成为推动辽宁老工业基地振兴的主力军。

辽阳石化主要生产经营指标

指标		2018年	2017年
原油加工量（万吨）		751.8	600.55
汽油产量（万吨）		128.4	70.61
柴油产量（万吨）		342.09	294.15
航空煤油产量（万吨）		35.47	27.34
对二甲苯产量（万吨）		66.91	54.64
环氧乙烷产量（万吨）		20.32	19.12
聚乙烯产量（万吨）		5.35	4.44
上市业务	资产总额（亿元）	145.34	110.91
	收入（亿元）	445.12	298.17
	利润（亿元）	3.49	2.50
	税费（亿元）	78.91	55.77
未上市业务	资产总额（亿元）	20.22	21.57
	收入（亿元）	9.8	11.66
	利润（亿元）	0.0462	0.0036
	税费（亿元）	1.58	1.66

【习近平总书记到辽阳石化视察】 2018年9月27日，中共中央总书记、国家主席、中央军委主席习近平到辽阳石化视察，参观新建成的俄罗斯原油加工优化增效改造项目并作重要讲话，对公司工作给予充分肯定，强调指出：辽阳石化是国家的“种子队”，国有企业的“种子队”，要一以贯之坚持党对国有企业的领导，一以贯之建立现代企业制度，再接再厉，一以贯之，砥砺前行，作为共和国的“种子队”，打出更好的成绩。

【俄罗斯原油加工优化增效改造项目建成投产】 项目包含16套装置及配套工程的新建和改造任务，总投资52.65亿元，历经583天昼夜奋战，累计安装工艺设备1700余台、管线660千米、工艺焊接160万英寸，实现1500万安全工时无事故，2018年6月29日按计划实现中交，9月20日一次开车成功。开车后装置各项指标全面达标，装置运行平稳受控，每月创效1.5亿元以上，达到预期效果。

【安全环保】 2018年，辽阳石化坚持“党政同责，一岗双责，齐抓共管，失职追责”，按照“管生产必须管安全，管业务必须管安全”的原则，建立网格化责任清单，形成“人人有责、全员共担”的安全生产责任体系。狠抓安全生产责任制和风险管控措施落实，深入开展“无事故工厂”创建和“冬季百日安全生产无事故”竞赛工作，严肃追究事故事件责任，推动安全管理向系统化、体系化转变。实施作业分级管控，有效发挥安全监督站和环保监督站作用，保证作业安全受控。牢固树立“超标就是事故，超排就是违法”的理念，深入落实国家环保要求，加大隐患排查治理力度。加大环保投入，强化危废处理，完成全部7台锅炉超低排放改造，350万吨/年常减压装置通过环保验收，VOCs治理取得进展；首次举办厂区开放日活动，展现企业良好形象。

【生产运行】 2018年，辽阳石化坚持“大平稳产生大效益”理念，以“三提三降”（提高装置负荷率、提高运行平稳率、提高产品贡献率，降低设备故障率、降低消耗、降低费用）为抓手，深入推进全员优化、深度优化、精细优化，强化生产受控管理，主体装置运行平稳率99.92%，设备完好率99.96%。加强设备全生命周期管理，严格落实“五道防控”，强化状态监测，推行预知检修，设备管理逐步由事后抢修向事前预防转变。对134台频修泵专项攻关，开展108项设备瓶颈问题整治，完成350万吨/年常减压、3万吨/年脱硫等14套装置检修工作，设备设施可靠性显著提升。

【挖潜增效】 2018年，辽阳石化加大对标达标力度，173项重点技术指标中132项好于同期，97项创历史最好水平。全年召开公司级优化会议42次，编制方案80件，40项优化措施增效显著。针对生产瓶颈，组织实施16个技术攻关项目、17个“立项揭红榜”项目，增效2.25亿元。开展“红旗炉”攻关，加热炉平均热效率提高到92.2%。加大科技创新和新产品开发力度，集团公司聚酯技术中心落户辽阳石化，聚酯厂第二条生产线成功复产，PETG共聚酯生产和市场开发取得进展，超高分子量聚乙烯实现稳定生产。坚持“宜油则油、宜芳则芳、宜烯则烯”，优化芳烃、裂解原料，积极盘活存量，主要创效装置均保持满负荷生产，“三苯”、乙烯产量创历史最高。深入挖掘公用工程潜力，全年节汽80.1万吨，节能3.3万吨标准煤、节水105.76万吨。

【工程建设】 2018年，辽阳石化加快推进项目建设，完成项目中交59个、竣工验收65个。30万吨/年聚丙烯、芳烃增效改造、增产邻苯等“十三五”重点规划项目进入实施阶段；炼油、烯烃、尼龙控制室集中项目主体完工；芳烃扩能改造、乙烯改扩建项目形成初步方案。

【深化改革】 2018年，辽阳石化持续深化组织机构改革，成立商务部，优化计划处等部门职能，实现管办分开，构建起业务、管理、监督三线并举的工作机制。对公司机关机构进行改革，压缩科室42个；对相近业务进行整合，处级建制减少5个，合并基层车间7个，推动集中统一和专业化管理。外请第三方系统诊断评估业务流程，重构优化管理链条，全年优化流程95项。发布《综合管理体系管理手册》，组织两次全要素体系审核。加快信息化建设，开发无纸化办公等新系统14个，智能化工厂建设方案初步形成。加速“三供一业”实质性移交，职工医院完成混改，辽化宾馆由集体企业租赁经营。

【员工培训】 2018年，辽阳石化牢固树立“人人都是人才，人人皆可成才”理念，积极搭建员工成长平台，优化人员配置。全年组织各类培训226期，培训员工1.75万人次。推动二三线人员有序向一线流动，104名员工应聘到一线工作。开展“大练兵、大比武、评状元”活动，组织“辽化工匠”评选，评选出46名状元、157名明星、10名工匠。坚持以赛促训，选拔优秀员工参加集团公司职业技能大赛，取得6金6银1铜和2个团体第一名、3个团体第二名的成绩。

【企业党建工作】 2018年，辽阳石化扎实贯彻党的十九大精神和习近平总书记视察重要讲话精神，开展“学习总书记讲话、推动高质量发展、当好国企‘种子队’”专题教育，凝聚起新时代干事创业的新动能。深化以抓机关带基层、抓干部带队伍、抓党员带群众为主要内容的“三抓三带”活动，队伍作风明显转变。建成企业精神教育基地，发布辽阳石化“四种精神”，即七尺布精神、北方炉精神、硬骨头精神、站排头精神，持续筑牢全员奋斗的思想基础。深入开展形势任务教育，一大批先进典型脱颖而出，炼油厂加氢一车间加氢工艺乙班获“全国工人先锋号”称号，建修公司维修四车间维修五班班长岳景春获辽宁五一劳动奖章，芳烃厂芳烃联合车间制苯丁班获“辽宁工人先锋号”称号。推进“家文化”建设。全年召开4次公司级民主管理座谈会，54项意见建议均得到落实。将企业发展成果惠及全员，法定节日慰问全员，落实精准帮扶措施，走访慰问困难职工，增强全体员工和家属的归属感、幸福感和获得感，维护员工群众的合法权益，队伍保持和谐稳定。辽阳石化获“改革开放40周年中国企业文化优秀单位”称号。

【编制“十四五”发展规划】 2018年，辽阳石化结合集团公司定位和公司实际，深度谋划“十四五”产业发展。做好“十四五”规划方案编制，全力推进240万吨/年柴油裂化、芳烃扩能改造、乙烯改扩建项目，推动公司由炼油“燃料型”向化工“材料型”转型升级。

（高大卫）

中国石油天然气股份有限公司兰州石化分公司（中国石油兰州石油化工有限公司）

【概况】 中国石油天然气股份有限公司兰州石化分公司（中国石油兰州石油化工有限公司）简称兰州石化，始建于1958年，地处甘肃省兰州市，是集炼油、化工、装备制造、工程建设、检维修及矿区服务为一体的大型综合炼化企业，是中国西部重要的炼化生产基地，能源战略地位非常突出。2018年底，占地面积约27平方千米。总资产200亿元。设机关处室13个，直属单位11个，二级单位27个，集体企业2个，合同化员工1.91万人。公司原油一次加工能力1050万吨/年，乙烯产能70万吨/年、合成树脂产能122万吨/年、合成橡胶产能22万吨/年、炼油催化剂产能5万吨/年。有各类炼化生产装置90余套，可加工7种原油，生产汽油、航空煤油、柴油、润滑油基础油、合成树脂、合成橡胶、炼油催化剂、精细化工、有机助剂等多品种、多牌号、多系列石化产品。有汽油加氢、丁二烯抽提、丁苯橡胶、丁腈橡胶、碳五加氢石油树脂成套技术，炼油化工主要工艺技术和炼油催化裂化催化剂领域达到国内领先水平。有石油化工工程施工总承包一级资质、大型炼油化工施工能力，以及完备的矿区配套系统和综合服务业务。

2018年，加工原油927万吨、同比增加46万吨，生产汽油、煤油、柴油总量648.9万吨、乙烯64.4万吨、合成树脂106.5万吨、合成橡胶16.5万吨、炼油催化剂5万吨，炼油化工业务28项经济技术指标创历史最好水平；收入600亿元、同比增加87亿元，税费145亿元，连续10年成为甘肃省纳税超百亿元企业；炼油化工业务盈利20.16亿元，全面完成集团公司下达的指标任务。

兰州石化主要生产经营指标

指　标	2018年	2017年
原油加工量（万吨）	927	881
汽油、航空煤油、柴油总量（万吨）	648.9	538
润滑油产量（万吨）	86.8	99.8
乙烯产量（万吨）	64.4	64
合成树脂产量（万吨）	106.5	106
合成橡胶产量（万吨）	16.5	14.4
炼油催化剂（万吨）	5	3.9
资产总额（亿元）	163	160
收入（亿元）	600	513
利润（亿元）	20.16	22
税费（亿元）	145	153

【生产经营】 2018年，兰州石化组织开展11项专业系统对标管理，生产经营管理类一级、二级对标指标完成率分别为86.4%、74.1%，对标指标中85项创历史最好水平，17项关键指标进入中国石油炼油化工业务前3名，炼油综合能耗首次降至60千克标准油/吨以下；炼油业务推进“控油增化”“增汽降柴”工作，催化油浆进焦化装置加工9.7万吨，乙烯重油进焦化装置加工4.4万吨，炼油黑色产品收率3.13%、同比下降0.21个百分点，液体黑色产品实现零出厂，柴汽比降至1.39，航空煤油产量86.3万吨创历史新高，生产高效产品98号汽油7.6万吨、低凝柴油14.6万吨；化工业务提高产品附加值，铬系聚乙烯、医用聚烯烃、车用聚丙烯、丁腈橡胶、炼油催化剂等产品产量效益实现“双提升”；统销产品产销率99.8%，自销产品产销率100.6%、直销率64%、价格到位率99.9%。完成18项炼油化工产品质量攻关，中控合格率分别为99.84%、99.15%，炼油与化工在线质量仪表替代率分别为88%、80%，顺利通过甘肃省质量奖复评。推进炼油能量系统优化、乙烯装置能量优化等重点项目，累计节能2.04万吨标准煤、节水45.56万吨，超计划完成任务。落实开源节流挖潜增效专项攻关方案，炼油、化工完全加工费分别同比下降41元/吨、128元/吨，炼油吨油辅材同比下降6.54元，实现挖潜增效16亿元。

【安全环保】 2018年，兰州石化落实安全生产责任制和HSE目标责任，杜绝一般B类及以上安全事故，环保事件为零，获集团公司质量安全环保节能先进单位。风险管控更加精细，建立高危、风险作业清单，作业许可管理实现电子化，强化现场、专项和装置监督，公司、分厂、车间三级危险作业监督覆盖率分别为57%、89%、100%。加强隐患排查整治，完成8项重大、26项一般安全隐患治理，整改各类问题1200余项；推进装置HSE标准化达标建设，达标验收143套，达标率98%。开展环保网格化监督监测管理，加强VOCs排查治理，完成项目竣工环保验收8个，建成投运16个环保项目。环保污染物排放总量COD、氨氮、石油类、二氧化硫、氮氧化物、烟粉尘、固废分别同比下降14.65%、11.14%、8.40%、12.21%、13.48%、6.06%、37.68%，兰州石化被评为甘肃省环保诚信单位。

【降本增效】 2018年，兰州石化打好开源节流降本增效攻坚战，狠抓优化原油和乙烯原料、优化产品结构、优化加工路线、优化工艺操作、优化产供销协调“五个优化”和平稳增效、优化增效、优质增效、增量增效、研发增效、降本增效、改革增效“七个增效”，以“降三耗”降低物耗、降低能耗、降低损耗为重点，确定338项降本增效措施，增加石脑油产量8.5万吨，提高3.24个百分点；乙烯裂解原料互供量172万吨，比预算增加21万吨；催化油浆和裂解重油进焦化加工14.1万吨；车用聚丙烯SP179/EP533N产销量达6.98万吨，同比增加2.18万吨；透明聚丙烯达4.2万吨，增加1.5万吨，医用聚丙烯达3.2万吨，增加1.6万吨；新产品EP533N生产量26851吨，同比增产4倍；可比综合商品收率同比提升0.67个百分点，轻油收率同比提高1.61个百分点，原油加工损失率降低0.02个百分点，炼油综合能耗累计同比下降4.22千克标准油/吨；大乙烯装置综合耗能预计同比降低11.2千克标准油/吨；减少库存原油资金利息支出628万元；实现降本增效16亿元，完成全年目标的127%。

【项目建设】 2018年，兰州石化推进重点项目进展，公司长庆乙烷制乙烯、24万吨/年乙烯产能恢复项目迈出实质性步伐，长汀催化剂项目建设提速，90万吨/年催化柴油加氢改质项目转入工程实施，公司输送中川机场航空煤油管道建成中交，300万吨/年重油催化MIP改造加快推进，40万吨/年润滑油加氢等一批项目前期工作进展顺利。新建20万吨/年烷基化装置开车一次成功，完成国Ⅵ标准汽油、柴油生产技术改造和工艺优化，提前4个月实现汽油、柴油国Ⅵ标准升级目标。争取股份公司投资8.8亿元，完成203个投资项目后评价，累计投资10多亿元建成中交炼油催化剂三套微球尾气回收治理等32个项目，竣工验收65项、完成率94.2%。

【运营管控】 2018年，兰州石化企业管理更加坚实有力，加强制度建设，夯实基础管理，组织修订专业管理制度84项。管理创新工作再上新台阶，获省部级管理创新成果17项、优秀著作2部。健全完善法治工作建设制度体系，实现依法治企与党政重点工作同部署、同推进、同督促、同考核。建立健全法律风险防控机制，强化重大项目法律论证，有效防范法律风险。开展内控有效性评价，完成重要流程风险控制分析和公司重大风险评估75个。建成全流程招标标准化体系，完成招标项目750项，公开招标率72%、电子招标率58%，招标专项检查量化打分居集团公司第一。推进物资采购管理，物资招标率87.7%、直采率82%。实施美丽工厂建设攻坚方案8个，重点任务29项、重点举措126项，完成6套报废装置拆除、部分公用工程修缮，新增厂区绿地面积1万余平方米，生产环境大幅改善。

【设备管理】 2018年，兰州石化强化设备基础保障，加强设备长周期运行管理，标准化装置达标率100%，完成5项设备技术攻关，关键机组损工时数同比下降12%；建立设备安全评价体系，完成7250余台机泵评估，23套装置换剂检修和74套装置安全仪表SIL评估；做到特种设备、压力管道、安全阀检验率100%。加强审计监督服务，完成各类审计项目44项。加强生产波动、仪表自控。关键机组非计划损工时数对标，MTBF稳定运行53.6个月，66台苯系列单端面密封机泵隐患得到有效治理，设备保障能力不断提高。

【科技创新】 2018年，兰州石化科技工作取得丰硕成果，加大新产品开发力度，开发新产品36个、市场推广新产品10个，薄壁注塑料占25%以上市场份额，医用聚烯烃产量同比增长102%、市场占有率30%，车用料产量同比增长200%，生产各类新产品23.3万吨、增效1.82亿元。3个国家级科研项目、7个集团重大科技专项、20个中国石油股份公司常规项目、85个公司级项目取得重要进展，3项成果获省部级以上科学技术进步奖二等奖。推进信息化建设，中国石油集团公司MES2.0建成投用，完成5个专业管理系统信息集成，实现6项管理制度“五化”、24个流程考核自动化。加快培育两级技术骨干人才、青年科技英才、公司技能专家、首席技师步伐，建成国家级技能大师工作室1个、集团公司级专家工作室3个、公司级专家工作室6个、劳动模范创新工作室5个，在国家和集团公司技能竞赛中获4金8银1铜。

【深化改革】 2018年，兰州石化落实国务院国资委和集团公司深化国企改革的要求部署，制定《兰州石化公司2018年改革工作要点》，切实发挥改革领导小组监督指导作用，加强顶层设计，全面探索落实4个领域29项重点改革任务。推进广州飞天有限公司解散清算及新型材料厂工商注销，广州飞天高级润滑油厂和苏州兰江工程公司依法进入破产清算程序，并移交管理权，减少法人户数2个。签订“四供一业”移交协议，采暖、物业市场化改革和医院改革全面完成，幼教、农场等业务改革稳妥推进，物业、后勤保障、通勤客运、医疗卫生、离退休等服务品质内涵持续提升；推进兰州石化总医院与宝石花合资合作，完成工商注册、税务登记、人员分流安置和财务分账等工作，成立兰州宝石花医疗管理有限公司，执业许可证变更为甘肃宝石花医院（兰州石化总医院）。全力推进“三项”制度改革，人事制度改革方面，完成《领导班子领导人员考核评价办法》《风险领域关键岗位人员交流办法》等制度的起草，建立后备干部人才库，“双百”人才培养工程有序推进；人事制度改革方面，建设内部人力资源市场化交流平台，启动新一轮的全面定员工作，完成物业服务公司、蓝馨管理公司、健康管理中心、矿区服务事业部机关等单位的业务整合，全年撤销5个处级、20个科级机构，优化压减定员1740人；分配制度改革方面，在机关及直附属单位试行业绩奖金与定员编制挂钩的薪酬精准激励机制；实施措施减员专项奖励，探索建立区域外项目常驻员工薪酬激励机制。内部改革稳步推进，完成员工食堂业务整合，制定单身公寓住宿管理制度，停业关闭天水疗养院和刘家峡培训中心；建立内部市场化机制，优化未上市业务，健全“一对一”独立经营单位考核机制，设备维修公司、维达公司、建设公司、工程质量监督站、治安保卫部等单位完成“处僵治困”年度工作目标。

【民生工程】 2018年，兰州石化加强保洁、绿化、维修维护、门岗、车库等社区居民生活设施管理，满足员工日益增长的高质量服务需求。推进老旧街区改造，文化街区二期工程13栋楼竣工及主体工程封顶，幸福街区二期工程3栋楼开工建设，14街区等3个棚户区启动改造，旧街区拆除进展顺利。运用国家和上级惠民政策为员工群众解难题、办实事，补充医疗费报销比例提高10%，员工大病救助治疗比例提高至85%，企业年金缴费比例从5%提高到8%，提高一线员工上岗和夜班津贴，员工收入大幅提升。积极引入政府服务，提供社会保险、劳动就业、医疗教育、计划生育等8项服务，累计建成社区老年日间照料站18个、医疗卫生服务站19个、居民服务大厅19个，企业发展的环境更加宽松。

【企业党建工作】 2018年，兰州石化公司党委下设42个二级党委、11个党总支，党员11453名。加强政治理论武装，创新公司领导班子中心组理论学习方式，举办专题辅导讲座，组织学习党的十九大精神读书班，推动党员干部增强“四个意识”、坚定“四个自信”，坚决做到“两个维护”。健全完善党建管理体系，扎实推进“两学一做”学习教育常态化制度化，广泛开展“四个诠释”岗位实践、党员“三亮三评一达标”等活动，深化党建目标管理，上线运行党建信息化平台，分类定级良好及以上党支部70%。落实“两个责任”，对17个二级单位进行巡察，开展全覆盖党委督查，反对“四风”，深化“五项清理整顿”，推动从严管党治党向纵深发展、向基层延伸。着力改善领导班子结构、加强干部培养锻炼、增强干部队伍活力，多渠道选人用人，优化调整26个单位领导班子、交流97名处级干部，落实“双百”工程，培训处级、科级干部275人次。纪念公司建成投产60周年，组织开展系列活动，编撰出版展现企业波澜壮阔历史的《石化记忆》，举办“砥砺奋进60年”主题图片展和职工书画摄影文学作品展等文化教育活动。发挥劳动模范创新工作室示范辐射作用，开展青工安全技能大赛、“五小”攻关创效等活动，选树表彰10名石化工匠，推选10名“杰出员工”和30名公司劳动模范。开展“鼓干劲、比贡献、创新高”群众性创效实践活动，创效2.8亿元。

【扶贫帮困】 做好精准帮扶救助工作，全年使用困难救助专项费用1740余万元、慰问3.4万人次。履行企业社会责任，向甘肃省14个县区贫困学生发放“扶贫助困·共享阳光”奖学金200万元，1500余名贫困地区学子受益，落实甘肃省政府扶贫攻坚工作部署，联系村户人均收入大幅提高。

（马红苍）

中国石油天然气股份有限公司独山子石化分公司（新疆独山子石油化工有限公司）

【概况】 中国石油天然气股份有限公司独山子石化分公司（新疆独山子石油化工有限公司）简称独山子石化，位于新疆维吾尔自治区克拉玛依市独山子区，前身是1936年10月成立的独山子炼油厂。历经82年发展，成为西部重要的石化基地，油气引进、储运、加工的战略枢纽。具备1000万吨/年原油加工、122万吨/年乙烯生产、45万千瓦/时发电和500万立方米原油储备能力，可生产清洁燃料、芳烃、树脂、橡胶等15大类500多种产品。

独山子石化是国家环保总局授予的首批“国家环境友好企业”，是“全国守合同重信用企业”“全国绿化先进单位”，先后4次获“全国五一劳动奖状”，6次被评为“全国乙烯生产能效领跑者”第一名，2次被评为“中国石油炼油乙烯业务最佳实践标杆企业”。

2018年底，独山子石化有员工11908人。有机关处室14个，机关直属机构5个，炼油厂、乙烯厂、热电厂等二级单位22个。

【生产运行】 2018年，独山子石化外采乙烯原料97万吨、同比增长13.6%。合理确定炼油加工负荷，优化加工各组分，生产乙烯原料299万吨，汽油、航空煤油、低凝柴油分别同比增产8.2%、23.9%、31.9%，汽油、柴油全面升级为国Ⅵ标准。保持乙烯高负荷生产，新区8台裂解炉并行138天，生产管材料29万吨、环保橡胶11.5万吨，高端产品比例52.7%、同比提高8.3个百分点。热电厂优化机炉运行模式，合理确定下网电量，利用新能源替代交易减费2403万元，供电耗标准煤301.7克/（千瓦·时）、供热耗标准煤35.7千克/吉焦，排名炼化板块企业自备电厂第一和第三。

独山子石化主要生产经营指标

指　标	2018 年	2017 年
原油加工量（万吨）	727.07	738.69
汽油产量（万吨）	108.59	100.37
柴油产量（万吨）	239.47	250.62
航空煤油产量（万吨）	37.80	30.51
乙烯产量（万吨）	131.83	132.15
聚乙烯产量（万吨）	114.15	114.95
聚丙烯产量（万吨）	62.48	62.94
橡胶产量（万吨）	21.65	18.87
资产总额（亿元）	270	255
收入（亿元）	492.47	434.40
利润（亿元）	34.66	51.60
税费（亿元）	103.7	103.5

【企业管理】 2018 年，独山子石化持续完善一体化体系运行，开发应用绩效管理一体化平台，修订制度 178 份。加强标杆引领，一批“标杆”“管理优胜”车间、“明星”“十佳”班组脱颖而出。领导带队开展管理帮扶，7 个重点联系单位管理水平提升。实施开源节流降本增效措施 40 项，增效 7.6 亿元。处置闲置及报废资产 5.23 亿元，物资降库 3005 万元，“三剂”采购降本 1465 万元。瞄准行业先进，深化对标达标，30 项重点指标 15 项保持炼化板块前三，1000 万吨 / 年蒸馏、200 万吨 / 年加氢裂化、100 万吨 / 年乙烯、30 万吨 / 年高密度聚乙烯装置达国际先进。新区乙烯燃动能耗继续保持全国第一，蝉联全国乙烯能效“领跑者”第一名。

【深化改革】 2018 年，独山子石化实施深化改革重点任务 30 项。整合内部机构，减少机关附属机构 5 个、三级单位 8 个。落实集团公司“三项”制度改革部署，薪酬收入向主力生产单位、一线重要岗位、贡献大的员工倾斜，骨干收入明显增长。加快矿区服务业务社会化改革，“三供一业”、市政文体设施、职工医院全面移交。实施物资供应改革，实现物资集中管理、统一配送。整合食堂业务，推进集约管理、网络订餐、优质服务，员工满意度同比提高 10 个百分点。

【安全管理】 2018 年，独山子石化牢固树立“生命至上，安全第一”发展理念，建立岗位安全责任清单，层层落实安全责任。开展全员安全行为规范治理，削减不安全行为 8000 余项。坚持内外部滚动体系审核相结合，整改问题 1218 项。构建风险分级管控和隐患排查治理双重预防机制，专业信息平台上线试运行。运用 HAZOP、JSA 等科学手段，新识别风险 4.4 万个。推行作业预约、计划施工、集中用火，安全完成 9.9 万次作业。领导带队开展体系审核、安全检查，开展罐区作业、联锁和盲板管理、危险化学品装卸等 39 项专项整治，2377 项问题全部整改。组织全员观看《深海浩劫》等安全警示影片，学习各类事故案例，开展大讨论大反思，员工安全意识进一步强化。杜绝上报事故，蝉联全国“安康杯”竞赛优胜企业。

【节能减排】 2018 年，独山子石化落实中央、集团公司环保工作部署，推进生态文明建设。践行“绿水青山就是金山银山”理念，加强污染物源头治理，“三废”达标排放。投资 4.9 亿元，实施油气回收、污水除臭等环保提标项目 34 项，运行中国石油首套网格化监测系统，检测 176.8 万个密封点，2544 个漏点全部修复。二氧化硫、氮氧化物、VOCs、COD、氨氮排放量，分别同比下降 42%、20%、11%、20%、67%。空气优良率同比提高 3.2 个百分点，PM10 和 PM2.5 分别同比下降 10.8% 和 15.9%。公司被《中国环境报》评为“全国绿色发展典范企业”。

【科技进步】 2018 年，独山子石化承担国家重点研发计划 1 项、集团公司重大专项 3 项，获省部级科学技术进步奖 8 项，合作开发的 2 万吨 / 年己烯 -1 成套技术开发及工业应用获集团公司科学技术进步奖特等奖，溶聚丁苯橡胶中试装置投料试车一次成功。实施科技攻关 15 项、技措 48 项，全密度聚乙烯装置干粉加料系统投用后，两条线可同时生产茂系、钛系、铬系产品。开发防水卷材料 T162、耐热管材料 DGDZ4620 等 7 个新产品，燃气管材专用料 TUB121N3000B 成为国内首个入列 G5+ 协会的产品，聚丙烯注塑料通过美国保险商试验所（UL）认证。炼化 ERP 应用集成、物料优化与排产等 7 个集团公司统建项目全部建成，虚拟桌面、移动办公等 14 个自建项目上线运行，1000 万吨 / 年蒸馏、100 万吨 / 年乙烯等 11 套装置先进控制系统投用。

【队伍建设】 2018 年，独山子石化完善以需求为导向的培训计划生成机制，实施公司级年度培训计划 79 项，举办生产运行、现代管理、状态监测等培训班 563 期，累计培训 3.1 万人次。加强专家、骨干人才选拔考核评价，享受政府特殊津贴 2 人，有 9 名集团公司技能专家，35名公司技能专家，26名首席技师，105名高级技师，366名技师。公司选手参加全国催化裂化、中国石油炼化技能竞赛，获5金9银2铜。

【重点工程】 2018年，独山子石化积极推进加工哈萨克斯坦百万吨轻烃炼油及乙烯优化调整项目，5万吨/年硫黄回收装置主体基础完工，新建9号裂解炉主体吊装到位，10台轻烃球罐组对完成。金沟河引水工程得到新疆维吾尔自治区国土厅批复。铁路电气化改造项目完工。轻烃火车卸车设施改造完成，轻烃火车、汽车卸车尾气回收项目投用。推进停工大修准备，确定检修费用8.8亿元、项目2704项，272项设计完成提报，1324台设备、2.4万项材料采购全部落单，检修准备基本就绪。

【企业党建工作】 2018年，独山子石化扎实开展“四个诠释”岗位实践活动，党的建设不断加强。坚持典型引路，弘扬劳动模范精神，命名授牌徐凯军、罗灵力2个劳动模范创新工作室。举办青年大讲堂、专项劳动竞赛等系列活动，激励员工艰苦创业、拼搏奉献。召开纪念改革开放40周年新闻发布会，展示创业历程，树立良好形象。关心关爱员工，提高生活补贴、工作餐标准、倒班津贴，员工幸福指数不断提高。

【反恐维稳】 2018年，独山子石化聚焦新疆社会稳定和长治久安总目标，扎实抓好反恐维稳工作。对照法规标准，修订维稳制度，建成制度健全、要素全面、职责明晰的维稳安保体系。加强“三防”建设，配齐配强专职维稳人员，安装配备可视对讲机、身份证识别仪、一键报警装置、高清视频监控等物防技防设施，形成“智慧墙”靠近预警、视频低空覆盖、车辆人员地面巡防的全天候、立体化防控体系。密切企地企警协作，共同研判维稳信息，组织反恐应急演练。开展“民族团结一家亲”活动，结对认亲2308对，在结亲周活动中与结亲对象同吃同住同学习同劳动。组织全员发声亮剑，构筑反恐维稳的坚强防线。

【扶贫帮困】 2018年，独山子石化按照新疆维吾尔自治区部署，选派34名员工，组成4个“访惠聚”工作队及8个驻村第一书记，赴泽普县、叶城县12个村开展“访惠聚”活动，投资431万元实施“惠民生”项目31个，帮助当地发展经济，宣讲党的民族政策，维护地方稳定，受到当地政府和群众赞誉。落实集团公司扶贫工作部署，对口帮扶伊犁哈萨克自治州察布查尔县，投资300万元，新建3.2千米农田水利防渗渠，扩建红花晒场面积3800平方米，壮大红花产业链，助力当地经济发展。

（郭　楷）

中国石油天然气股份有限公司乌鲁木齐石化分公司（中国石油乌鲁木齐石油化工有限公司）

【概况】 中国石油天然气股份有限公司乌鲁木齐石化分公司（中国石油乌鲁木齐石油化工有限公司）简称乌鲁木齐石化，地处新疆维吾尔自治区乌鲁木齐市，占地18平方千米。前身为乌鲁木齐石油化工厂，筹建于1971年1月，始建于1975年4月，是集炼油、化肥、芳烃、化工生产于一体的综合性石油化工生产基地。2002年正式通过ISO 9001、ISO 14001、OHSAS 18001三项体系认证。

2018年底，乌鲁木齐石化有员工9505人。其中，少数民族员工占19.79%，女员工占33.76%。有13个职能部门，8个机关附属机构，设工程管理部等7个直属部门，炼油厂、化肥厂、化纤厂、热电厂等21个二级单位。固定资产原值234亿元。设备总台数174019台套，主要设备1485台套。炼油生产装置40套，原油一次加工能力为850万吨/年，对二甲苯生产能力为100万吨/年；2套合成氨、2套尿素装置，可年产75万吨合成氨、130万吨尿素；可年产9.6万吨精对苯二甲酸、10万吨聚丙烯和3240万条塑料编织袋；产汽能力1670吨/时，发电能力125兆瓦，工业废水处理能力3258米^3/时。具有石油化工工程设备制造安装维修、科研开发、工程监理、分析测试、计量检定、设备检验、公路运输、铁路运输、物资供应、职业教育等生产保障业务职能，以及离退休管理、员工服务等社会职能。可生产30余种石油化工产品。主要产品有汽油、航空煤油、柴油、戊烷发泡剂、液化石油气、石油焦、重交道路沥青、石油苯、石油对二甲苯、聚异丁烯、聚丙烯、硫黄、液氨、尿素、硫酸铵、精对苯二甲酸、塑料编织袋等。其中，尿素产品曾获“中国名牌产品”称号，车用汽油、车用柴油、尿素、精对苯二甲酸等产品先后获国优、部优和省优名牌产品称号。多次获国家、新疆维吾尔自治区、中国石油颁发的新产品开发奖、科学技术进步奖，并申请多项专利。先后获“全国五一劳动奖状”“全国文明单位”“全国民族团结进步模范单位”“全国环境优美工厂”称号。

2018 年，乌鲁木齐石化加工原油 600.06 万吨，生产汽油、柴油、航空煤油 443.95 万吨，对二甲苯 42.2 万吨，石油苯 19.82 万吨，精对苯二甲酸 8.6 万吨。整体实现收入 344.24 亿元，盈利 11.36 亿元，上缴税费 86.11 亿元，实现经济增加值（EVA）5.35 亿元，业绩创历史新纪录。

乌鲁木齐石化主要生产经营指标

指　标	2018 年	2017 年
原油加工量（万吨）	600.06	634.57
汽油产量（万吨）	148.32	143.3
柴油产量（万吨）	274.02	312.72
航空煤油产量（万吨）	21.61	16.91
苯产量（万吨）	19.82	17.40
对二甲苯产量（万吨）	42.2	38.58
精对苯二甲酸产量（万吨）	8.6	5.47
聚丙烯产量（万吨）	6.14	6.40
合成氨（万吨）	0.52	1.01
资产总额（亿元）	104.05	97.18
收入（亿元）	344.24	311.64
利润（亿元）	11.36	11.03
税费（亿元）	86.11	107.40

【生产运行】 2018 年，乌鲁木齐石化加大外购资源进厂力度，制订每日生产计划，推进全年生产任务的完成。按照“控油转化、一减两增”部署，充分挖掘组分价值，在原油加工量同比减少 34.51 万吨的基础上，汽油产量仅同比下降 5.02 万吨，柴汽比降至 1.85，创历史新低。提前完成国Ⅵ标准汽油、柴油质量升级，向市场供应国Ⅵ标准汽油、柴油产品，有效满足社会对清洁燃料油日益迫切的需求。新增加的 2 条航空煤油工艺路线 2 月 28 日顺利通过国家航空（舰艇）油料鉴定委员会认证。通过攻关，9 月航空煤油产量 3.5 万吨，创单月历史最好水平。第四季度低凝柴油销售首次超过 10 万吨，高附加值产品占比不断提高。对二甲苯产量提前 3 个月完成年度计划，超产 11 万吨，9 月芳烃业务单月盈利达 9715 万元，创历史新高。完成 180 万吨 / 年柴油加氢改质装置换剂，全面优化氢气资源，为炼油厂氢气自平衡积累经验。大力开展焦炭品质攻关，首次产出 7500 吨 2A 级石油焦，填补西北地区空白，黑色产品价值大幅提升。

【安全环保】 2018 年，乌鲁木齐石化面对“11・30”事故后全面停产整顿的危机，提出“不惧挫折，从头再来”的号召。全体员工积极响应，在短短 52 天的时间里，创造 150 万吨 / 年重油催化裂化装置全面恢复和在严寒天气下开车一次成功的奇迹。以超常规的工作力度，在 6 月 30 日前按时完成 23 项安全隐患“红线”项目，兑现向新疆维吾尔自治区党委、政府做出的承诺，守住安全生产底线，化解生存危机，全体员工用履职尽责谱写“忠诚、担当、实干、奉献”的“6・30”精神。针对中央环保督察提出的问题，投入资金 1.67 亿元，将问题细化分解为 10 个 VOCs 治理“红线”项目，在 11 月 30 日前按期完成全面整改工作。

2018 年，以 150 万吨 / 年重油催化裂化装置为重点，全力构建风险分级管控及隐患排查治理双重预防机制，将装置保运贯穿全年。开展“五大纪律”专项整治活动，各级领导干部紧盯现场，压实保运责任。一线班组以四班两倒的方式强化保运力量，发现隐患数量同比增加 12.59%，消除一般及以上隐患 130 项，发放查找隐患奖励 36 万元。狠抓工艺纪律管控，强化操作变动管理，对所有二级及以上操作变动实施全覆盖检查，平稳开展三级以上操作变动 886 项。严格“四条红线”管控，构建网格化安全监督体系，各类危险作业有效受控；大力推进优秀监护人评比，31 名优秀监护人脱颖而出；首次对 6 家承包商进行 HSE 体系审核，着力补齐承包商管理短板。进一步落实责任追究定量化，统一事故事件等级确定标准。全年事故事件数量同比下降 48%，人身伤害事故事件下降 59%，非计划停工频发问题得到有效遏制，安全形势明显好转。

强化环保装置日常化管控，健全完善应急响应机制，国控污染源稳定达标排放，数据上传率 100%、达标率99.98%。完成4轮泄漏检测与修复工作，累计检测动、静密封点147.7万个，修复后泄漏率降为0.23‰，VOCs排放量同比减少627.71吨。10个VOCs治理项目顺利通过新疆维吾尔自治区、乌鲁木齐市环保部门现场验收。提前完成热电厂4号、5号锅炉超低排放改造，实现点炉试运一次成功，提前3个月达到超低排放要求。顺利实现生活区用水切换至“500水库”水源。11月20日取得石化工业排污许可证，高效完成19个项目的环评批复，固体废物处置风险得到有效管控。

【设施完善】 2018年，率先在炼化板块完成在运行装置SIS系统（安全仪表系统）安全完整性评估，芳烃、催化等装置自控率提高到95%以上，机泵MTBR（平均修复时间）提升至74个月，在炼化板块排名第三。成功组织20万吨/年富芳烃加氢装置一单元压缩机改造，实现机组长期稳定运行；完成35千伏2号站10年来首次整体检修；持续开展机泵短板治理，完成高危介质泵密封系统改造36台。完成在役和新建装置HAZOP分析35套。

【节能减排】 2018年，乌鲁木齐石化以对标达标为抓手，强化技术攻关，着力提升关键技术经济指标。通过装置联合优化，炼油综合能耗同比下降4.08千克标准油/吨，150万吨/年重油催化裂化装置综合能耗首次降至50千克标准油/吨以下，部分经济技术指标持续向好。大力开展节水攻关，实施消除高水低用等4个节水项目，回用中水128万吨。地下新水采出量2012万吨，同比节水417万吨（绝对节水量），完成中央环保督查组下达的地下新水采出量小于2200万吨的目标值。优化基本电费与备容费收取方式，节约购电成本2656万元。

【科技创新】 2018年，乌鲁木齐石化科技创新成果丰硕，承担的股份公司科研专项取得重大突破，苯与甲醇烷基化、合成气完全甲烷化成套技术开发、FCC汽油硫转移等3项重大现场试验装置成功达到预期目标，自主研发的C5烯烃催化剂成功实现工业稳定应用，自主开发的试剂级正戊烷产品通过国家石油产品检验中心鉴定，形成企业标准。7月，乌鲁木齐石化申请的集团公司碳一化工特色技术中心获得批准，科技进步创新创效作用逐步显现。强化工程项目协调力度，20万吨/年低温硫酸法烷基化装置、去往乌鲁木齐地窝堡国际机场航空煤油管线等重点项目顺利推进。

【深化改革】 2018年，乌鲁木齐石化持续整合组织机构和业务，优化人力资源结构，创新管理，促进“瘦身健体”。明确检维修中心内设机构及编制定员，整合生产厂机电仪业务，将18个车间79个班组整合为8个车间44个班组。合并动力厂和净化水厂业务，成立供排水厂。精简低端低效业务，6月30日完成“四供一业”业务分离移交并稳妥运行。将矿区服务事业部的6个处级建制压减成9个科级建制，劳务输出162名员工。职工医院与宝石花医疗健康投资有限公司等合资合作得到集团公司同意批复，职工医院混合所有制改制重组取得实质进展。精简两级机关，实现炼油厂总值班室与乌鲁木齐石化生产调度处联合办公。

针对员工年龄结构偏大、冗员与缺员并存等诸多矛盾，在确保队伍稳定的基础上，落实“压总量、控增量、盘存量、调结构”的工作思路，稳步实施内部退养、离岗歇业和自然减员等措施，2018年员工总数降至9505人，同比减少494人，完成集团公司下达的2018年员工总量控制目标。开展全员履职能力评估，评估员工8124人，不合格100人。推进安全责任清单、岗位描述等工作，进一步明确岗位职责。修订员工假期、奖惩、劳动纪律及考勤管理等4项制度，强化基础管理。

深化人才培养体制机制改革，加强“三支队伍”建设。强化对生产一线及重点人员的激励，为一线车间和班组设立“信得过”专项奖励；调整生产一线的奖金系数，一线与后勤单位奖金系数差由1.69倍调增至2.03倍；调整“四班两倒”装置的员工奖励标准，倒班年限奖励上调30%；落实集团公司高技能人才待遇，调增首席技师、高级技师、技师的津贴标准，通过收入待遇的差别化，激发员工队伍活力。持续推进一线专业技术岗位序列评聘试点，在炼油厂、研究院推行“双序列”基础上，将“双序列”扩大至热电厂、检维修中心等单位。修订领导人员管理规定，制定选拔任用工作规范，完善干部选任工作流程。探索年轻干部发现培养使用途径，实施“主任助手”“专业竞技”等举措，12名青年员工走上“主任助手”平台，28名员工参加“专业竞技”，逐步构建干部成长梯队。

扎实推进绩效管理考核改革，制定下发20项预算管控措施，以及8大类27项控本降费措施，覆盖所有业务，按月推进落实，确保年底兑现定量化。开展专业管理工效激励工作，对25个专业处室和有管理职能的部门，细化制定85项重点工作工效激励奋斗目标，确保重点指标和基层工作效果与专业部门的硬挂钩，根据目标完成情况对专业部门进行奖励，充分调动各个层面主动改进、提升工作的积极性。结合安全环保重点工作，针对各类事故事件和安全环保红线项目，设立业绩过程性考核指标，按月进行考核，按季度进行兑现，促进重点工作顺利完成。乌鲁木齐石化上报的改革创新信息，得到集团公司领导肯定。

【企业管理】 2018年，乌鲁木齐石化坚持HSE体系思维，通过月度例会扎实推进基层站队HSE标准化建设。基层站队验收率86.8%，评选出10个优秀基层站队。以落实岗位责任制为核心，以优化业务流程为抓手，全年修订岗位规范2539个、管理标准138项，岗位职责、管理界面进一步明晰。完善HSE体系内审计划，将日常管理与内审紧密结合。扎实开展合规管理，完成1.73万条压力管道注册登记。危险化学品库房通过消防验收。进一步明确特种作业人员取证范围与工种要求，科学组织取证工作。狠抓采购管理，推行采购方案、结果集中评审，确保到货物资100%检验。落实购买优质产品理念，采购、招标专业与其他专业管理深度融合，为实现装置本质安全把好入口关。严肃管理考核，事后合同比例大幅下降至1.19%。发挥审计专业监督作用，逐项督办落实近2年来内外部审计反映的195项问题，企业合规管理水平持续提升。

【企业党建工作】 2018年，乌鲁木齐石化党委把学习贯彻习近平新时代中国特色社会主义思想和党的十九大精神作为首要政治任务，分级、分类抓好学习培训，完成局、处两级干部集中轮训和党委书记、纪委书记外出培训。推进“互联网+党建”模式，按期实现党建信息化平台上线。通过“戴党徽、亮身份”、党员示范岗、党员责任区等形式，充分发挥基层组织和党员作用。以高度的政治自觉与政治担当，全力配合集团公司党组为期3个月的政治巡视，借力发力做好系统整改、从严治党“大文章”。党委班子成员主动认领整改责任，按周推进巡视整改，33项问题逐一销项。首次组织基层党委书记党建工作述职，进一步压实党建主体责任。组织对5家单位开展内部巡察工作，推进全面从严治党向纵深发展，向基层延伸。员工自导自演的《博格达来信》获集团公司和全国企业电视协会微电影一等奖，成为传递民族团结的“使者”。深入开展“访惠聚”和定点扶贫工作，接收安置南疆地区60名富余劳动力转移就业人员。扎实开展青河县、疏勒县帮扶工作，精准扶贫成绩得到集团公司充分认可。完善安全保卫防恐长效机制，落实“一岗双责”，加强重点要害部位检查力度，有力保证乌鲁木齐石化和谐稳定。

（董　琦）

中国石油天然气股份有限公司宁夏石化分公司

【概况】 中国石油天然气股份有限公司宁夏石化分公司（简称宁夏石化）始建于1985年，是集炼油、化工和化肥生产为一体的大型石化企业，具备500万吨/年原油加工能力，10万吨/年聚丙烯、130万吨/年尿素生产能力。主要产品为汽油、柴油、聚丙烯、航空煤油、尿素及合成氨，截至2018年底，资产总额97亿元。设13个机关处室、8个直属部门、18个二级单位。在册员工4780人，其中，在岗员工4399人，大专以上学历员工2908人，具备初级以上职称员工989人。2018年，宁夏石化加工原油439.8万吨，生产汽油189.8万吨、柴油156.7万吨、航空煤油24万吨，合成氨12.5万吨、尿素22万吨、聚丙烯10.6万吨、甲醇1.4万吨，实现销售收入267亿元，利润18亿元，税费92亿元。纳税总额居宁夏规模以上企业首位。

宁夏石化主要生产经营指标

指　标	2018年	2017年
原油加工量（万吨）	439.8	375.2
汽油产量（万吨）	189.8	156.5
柴油产量（万吨）	156.7	135.8
航空煤油产量（万吨）	24	18.7
聚丙烯产量（万吨）	10.6	9.1
尿素产量（万吨）	22	41.5
液化气产量（万吨）	17.6	18.9
资产总额（亿元）	97	86
收入（亿元）	267	201.3
利润（亿元）	18	14.1
税费（亿元）	92	77.8

【生产运行】 2018年，宁夏石化牢固树立“大平稳出大效益”原则，强化以调度为中心的生产受控管理，持续开展生产系统优化和长周期运行攻关，装置非计划停工和生产波动次数较2017年下降78%。炼油装置实现第三阶段长周期安全平稳运行504天（截至2018年12月31日）；哈萨克斯坦PKOK炼油改扩建项目二期工程全面一次开车成功；16万吨/年烷基化项目建设开工，成功产出合格产品；45万吨合成氨80万吨尿素国产大化肥项目一次开车成功，产出尿素产品，具有自主知识产权的中国石油重大科技专项实现工业转化；一化肥装置开车及停运后的转岗支援、值守巡检、防冻保温工作平稳有序。

【设备管理】 2018年，宁夏石化扎实推进“65431”专项治理，认真落实“五位一体”特护巡检制度，持续强化设备基础管理，及时发现并消除催化油浆泵机封泄漏、一氧化碳余热锅炉省煤器泄漏等41项重点隐患，解决影响装置高负荷稳定运行的瓶颈问题。2018年设备完好率99.6%，仪表“四率”达到目标要求，因设备原因引起的事故事件18起，同比下降45%。完成烷基化项目试车、一化肥消缺检修和三化肥试车及消缺检修任务，及时处理试车过程中出现的设备问题，确保试车工作有序推进。组织实施炼油装置全流程自动化、催化烟脱PTU改造、化肥装置区S5回收等技术改造项目，有力推动炼油装置自控率提升、环保达标排放及化肥装置节能降耗。

【安全环保】 2018年，宁夏石化认真贯彻国家绿色安全发展理念，严格落实“五严五狠抓”要求，持续完善安全环保责任制，健全全员安全履职评估考核机制，完善承包商约谈和黑名单机制；深入推进安全生产标准化创建，持续抓好安全自主管理班组建设，继续推进安全里程碑活动，82个班组和4个承包商班组获“安全自主管理”班组称号，7个单位取得20万工时无事故奖励；迎接各级环保检查60次，累计排查隐患8108项，整改率97%，各类事故事件总数较2017年下降27%；组织安全生产、应急救护、环保管理、心肺复苏等培训76期，7201人参加应急演练；强化环保装置运行管控，规范处置危险废物，主要污染物减排指标全面完成；炼油烟气和尾气排放综合治理及动力锅炉外排烟气治理改造等8个环保治理项目完成自主验收。

【管理提升】 2018年，宁夏石化坚持开展重大风险评估、制度性评审、审计监察和专项治理，促进企业风险控制、合规管理。强化法律纠纷案件管理和合同管理，事后合同较2017年下降48%；财务预算管理突出严考核硬兑现，开展全业务全过程预算管控，成本费用实现全面受控；计划和营销管理突出整体统筹、高效优化、动态跟踪；招标管理突出流程优化，电子招投标交易平台上线运行；物资管理突出物资计划和库存管控，动态开展供应商考评，阳光采购得到落实；物联网覆盖范围进一步拓展，销售信息实现共享和实时监控；计划、营销、保密和档案等专业管理充分发挥对生产经营的指导支撑作用。宁夏石化通过质量、测量管理体系监督审核、能源再认证审核，多管理体系整合工作获“全国企业管理现代化创新成果”二等奖。

【挖潜增效】 2018年，宁夏石化坚持效益最大化原则，深入开展开源节流降本增效，实施原料、产品、运行、管理全面优化，增效2亿元。提高汽油、航空煤油等高效产品产率和公用系统运行效率，高效产品收率较2017年提高9.4个百分点。坚持产品差异化路线，加快推出国Ⅵ标准汽油、柴油产品，成功研发NX60S牌号聚丙烯新产品并投放市场。计划、生产、营销、油品储运和质检等部门密切协作，均衡原油进厂和产品销售，严格检验检测，确保产销平衡、质量过关，助推效益提升，2018年炼油装置实现利润23亿元。通过控制检修费用、压缩盘活人力资源、优化招标流程、物资直采直供、降库利库等措施，实现创收1.72亿元；积极争取原油资源、天然气优惠价格和冬季停工气价补贴，增效1.62亿元；安装检修公司、工业公司等独立核算单位进一步转变观念，在增效减亏、业务转型上实现自我突破，创收3228万元。

【改革创新】 2018年，宁夏石化稳步推进“三项”制度改革，开展非职务管理岗位及专业技术岗位选拔聘任和技能专家等高技能人才年度动态考核，初步建立各岗位能上能下机制；推进选人用人机制优化，引导精业务、善管理、肯实干的年轻干部逐步走向基层一线领导岗位；规范班长、技师岗序，统一操作岗岗序、上岗津贴标准，分岗位、差异化提高夜班津贴和上岗津贴标准，规范两个业务薪酬分配，激发一线员工的生产积极性。全面完成“三供一业”移交工作，医疗、幼教社会化改革稳步实施。45/80国产化大化肥项目投料试车一次成功，国Ⅵ标准汽油、柴油升级工作圆满完成，年产3万吨车用尿素项目建成中交，苯产品由535标准提高到545标准，聚丙烯高熔指纤维料NX40S新产品全面推广应用，成功开发NX60S高熔指超柔纤维料。2018年申报专利11项，内外部期刊发表论文100多篇。

【企业党建工作】 2018年，宁夏石化党委切实履行管党治党责任，着力强化党建基础工作，细化落实党建工作责任，实施党建工作责任制考核评价，初步建成“1235”党建工作监督检查考核管理体系；调整优化组织机构，持续加强领导班子和干部队伍建设，认真落实主体责任和监督责任，持之以恒正风肃纪，扎实推进“三不腐”机制建设。持续开展违反中央八项规定精神突出问题专项整治，坚持开展节前专项检查、节中监督抽查、节后全面复查，严防“四风”反弹；完成三轮巡察和一轮巡察工作“回头看”，作风建设持续推进；全面落实党管意识形态责任，各基层党组织抓意识形态工作的主动性不断增强，宣传、党建和各类文化阵地管理持续加强，主流意识形态得到持续壮大和巩固。认真履行企业社会责任，公司精准扶贫的盐池县郭记沟村提前实现“脱贫摘帽”，获宁夏回族自治区成立60周年杰出企业。

（张国荣）

中国石油天然气股份有限公司大连石化分公司（中国石油大连石油化工有限公司）

【概况】 中国石油天然气股份有限公司大连石化分公司（中国石油大连石油化工有限公司）简称大连石化，是中国石油所属的大型骨干炼化企业，前身为1933年成立的“满洲石油株式会社大连制油所”，中华人民共和国成立后先后更名为“大连石油厂”和“石油工业部大连石油七厂”等，1983年划归中国石油化工总公司，1998年划归中国石油天然气集团公司。长期以来，大连石化为国家炼油工业培养输送大量的管理和技术人才，被誉为中国炼油工业的“人才摇篮”。

大连石化主要生产经营指标

指　标	2018年	2017年
原油加工量（万吨）	1678.22	1308.5
汽油产量（万吨）	472	335.04
柴油产量（万吨）	611	465.07
航空煤油产量（万吨）	226	176.63
润滑油基础油产量（万吨）	23.79	20.35
乙苯、丙烯、苯等有机原料产量（万吨）	30.7	77.29
化工产品产量（万吨）	79.94	25.31
资产总额（亿元）	135.62	152
收入（亿元）	820.51	506
利润（亿元）	34.28	27
税费（亿元）	145.98	135

大连石化有炼油化工主体装置37套，占地面积318万平方米，具备2050万吨/年的原油加工能力和27万吨/年的聚丙烯生产能力，主要生产汽油、航空煤油、柴油、润滑油基础油和石蜡、芳烃、聚丙烯等4大类129种石化产品。有油品装卸码头5座，5000—100000吨级泊位15个，年吞吐能力超过2300万吨，85%的产品通过船运销往华东、华中、华南等市场。

2018年底，大连石化设13个机关处室、5个直属单位、21个二级单位，在册员工6149人（上市公司4551人、未上市公司1598人）。2018年，加工原油1678.22万吨，收入820.51亿元，利润34.28亿元，税费145.98亿元。

【安全环保】 2018年，大连石化夯实安全环保基础，严守安全生产“四条红线”，落实安全环保责任。组织编制1270余个岗位责任制清单，设立每周“安全生产活动日暨党建联系日”，实施机关处室挂点共建。完善企地安全沟通协调机制，定期通报隐患整改等情况，主动接受地方政府部门监管。强化巡检数据收集、分析、反馈和利用，强化退守意识。建立“班统计、日分析、周小结、旬研判、月总结”机制，逐级分析研判管控装置运行风险。实施作业风险分级管控，每周召开作业风险分析研判例会，强化“一单两表”机制落实，发挥内部和第三方监管合力，对45家承包商开展HSE体系审核。先后实施装卸船防憋压整改、消防稳高压系统整改等47个安全环保隐患项目。修订完善应急预案，加强应急演练，全年组织两次公司级应急演练和260余次车间级演练，做好演练评估改进工作。开展安全生产月、事故“回头看”

等系列活动，坚持每周安全经验分享，强化事故事件溯源分析，举办12期HSE管理系列讲座，开展监护人取证培训，各级员工的安全意识和安全技能不断提升。强化环保管控体系，加强环保指标在线监测、专业检查和异常管控，突出环境监测数据定性与定量分析，生产装置和环保设施实现稳定运行，废水、烟气保持达标排放，危险废物合规处置。举办公众开放日专场活动，通过全国人大执法检查、中央环保督察“回头看”以及地方政府环保执法检查，环保工作得到各界认可。

【生产运行】 2018年，大连石化严格执行生产受控制度，加强巡检监盘管理，完善巡检管理制度，细化巡检内容和巡检时间，推进巡检分级管理。组织完成350万吨/年催化裂化、360万吨/年加氢裂化两套装置停工消缺工作。推进国Ⅵ标准汽油、柴油产品升级，研究优化产品调和配方，实现国Ⅵ标准车用汽油和柴油、大连市国Ⅵ标准乙醇组分油和国Ⅵ标准柴油的市场供应。通过450万吨/年常减压蒸馏装置增设馏出口过滤器、聚结器，解决军用柴油低温浑浊问题，保障军用油品稳定供应。完成37套主体装置及辅助车间部分单元的HAZOP分析，对17套装置进行标定，全面掌控装置运行状态和潜在风险。开展对标达标，设立达标奋斗指标，完成三蒸馏、四催化等4套装置PID参数整定和控制器优化，强化异常参数溯源分析，持续整改顽固性报警问题，装置运行水平持续提升，平稳率99.88%。60万吨/年连续重整装置、360万吨/年加氢裂化装置、一蒸馏装置、二蒸馏装置、三催化装置、7万吨/年聚丙烯装置、20万吨/年聚丙烯装置7套装置完成股份公司级达标工作。

【设备管理】 2018年，大连石化夯实设备基础管理。健全完善设备专业管理制度及标准规范，强化设备日常维护保养，开展频修及隐患设备技术攻关，严查严防泄漏风险，全年静密封泄漏率0.04‰，设备完好率99.92%。强化仪电管理，完成3437个联锁回路SIL评估和29套关键机组状态监测系统更新。严格按照API标准，对振速超过2.8毫米/秒的机泵全部制订整改计划，整改振动机泵48台，整治工况偏离机泵24台，基本消除振速超过4.0毫米/秒的机泵。强化设备润滑基础工作，加强润滑点润滑油品质管理，以设备润滑现场实际效果为评价依据，定期抽查，发现问题及时考核指正。推进大检修准备工作，成立两级检修指挥部，围绕消除瓶颈和整改隐患，推进技改技措和检修项目的论证、立项及设计等前期工作，为2020年大检修赢得主动。

【节能减排】 2018年，大连石化坚持“抓大不放小”，深化节能降耗，采取17项优化措施，增效4930万元。实施余热回收、热进料、加热炉优化等措施，加氢裂化、渣油加氢等装置热进料比例同比提高3%，低温余热取热替代蒸汽消耗21吨/时，炼油综合能耗同比降低5.1%。推进污染减排工作，开展VOCs综合整治及LDAR定期检测工作，建成投用60万吨/年连续重整装置芳烃罐区、污水处理场VOCs改治理项目，推进储运罐区和码头VOCs治理、硫黄二期烟气脱硫等项目，有效控制VOCs气体排放，厂区异味基本消除。强化环保合规管理，通过固体废物处置全过程监督检查，危险废物合规处置率100%。碳排放通过地方政府部门现场核查，完成加工进口俄罗斯含硫原油技术改造工程等8个项目环保自主验收。完成土壤、地下水、大气、外排水的环境风险评估，解决直流冷却海水作为生产污水计入排污总量的历史问题，废水排放总量、COD等排污总量降低90%以上。

【挖潜增效】 2018年，大连石化开展开源节流降本增效工作，制定并实施13大类50项优化增效项目，实现年增效额13.32亿元，为完成全年生产经营任务打下坚实的基础。优化产品结构，优化油品调合生产方案，采取9项优化和2项激励措施，完成炼化板块“控油增化”目标和大连石化柴汽比业绩指标。系统优化二次加工物料流向，对标装置设计指标，调整装置操作，高效产品比例同比提高8.12%，柴汽比同比降低0.09。建立生产、市场快速反应机制，强化质量检验与计量把关，实施码头、船方信息“双确签”机制，装卸船效率显著提高，出口任务超计划完成，成品油出口量同比增加48.5%。将油浆用作电厂锅炉燃料，替换优质催化装置原料以生产汽油、柴油产品，有效止住最大效益“出血点”，全年利用油浆28.46万吨，实现增效7.11亿元。开展“控本降费”专项活动，完善成本费用管控机制，严控非生产性支出；坚持“轻资产、降存货”，报废处置低效无效资产1.42亿元、库存积压物资8935万元，利库物资927万元。炼油完全加工成本同比降低97元/吨。

【技术创新】 2018年，大连石化加大技术创新科研力度，实施科技开发项目10项，完成科技开发经费258.07万元。成功解决四催化再生器尾燃、催化油浆密度低等问题，二催化成功试用催化裂化再造剂。完成5个统建和6个配套自建信息化项目并上线运行，炼化信息化示范企业建设收官，被工信部确定为2018年“两化”融合管理体系贯标试点企业。国储库保密管理研究项目，通过集团公司保密委员会办公室验收评审。“一种催化裂化装置中的再生器”实用新型专利获国家知识产权局授权，“一种可以解决化工生产装置中仪表阀门定位器及其附件故障的系统”“一种镶嵌式甩油环”两项实用新型专利获国家知识产权局受理。20万吨/年聚丙烯装置开发生产新产品H39S-3，达到进口产品埃克森3155E3的水平，成为2019—2020年中国石油精品牌号产品。创新复合氧化铝载体制备、催化剂级配等技术，成功研发具有低温加氢活性优异的非贵金属重整抽余油加氢精制催化剂。与股份公司兰州化工研究中心合作，成功开发非贵金属重整抽余油加氢精制催化剂并进行工业应用。

【标准化建设】 2018年，大连石化推进标准化建设。规范管理标准化，梳理部门职责、管理界面、制度流程和考核标准，制修订管理制度126项、标准177项，各单位修订标准化制度1551项、补充完善操作卡790个；召开标准化施工现场会，编制《施工作业标准化手册》，全面推行标准化施工，各项业务管理更加规范有效。推进现场标准化，编制《“6S”目视标准手册》，发动全员参与现场标准化建设，现场面貌持续改观。各单位制作目视化标识牌21153块，拍摄标准化视频146部，45套装置通过标准化装置验收。完善操作标准化，修订完善操作规程，规范交接班记录管理，强化操作纪律监督检查；完善“机电仪管操”五位一体巡检体系，强化巡检数据的收集、分析、反馈和利用，一线员工第一时间发现处置一批不易发现的风险隐患。

【“新版”排污许可证】 2018年，大连石化通过地方环保部门审核，在全国排污许可管理信息平台进行信息公开，取得“新版”排污许可证，成为中国石油驻辽宁炼化企业中第一家取得石化行业排污许可证单位。新版排污许可证针对污染治理设施、污染物排放浓度、排放量及管理要求等进行许可。大连石化建立以排污许可为核心的固定源环境管理制度体系，理清排污许可与环境评价和事中事后监管的关系，实现环评、许可、执法“一条龙”和一体化管理。通过承诺守法的方式，落实企业治污主体责任，实现从污染预防到污染治理和排放控制的全过程监管。通过在全国排污许可管理信息平台进行信息公开，使公众掌握监督依据，企业自觉守法，真正实现社企共融。

【优质工程奖】 2018年，大连石化200万吨/年柴油质量升级项目获中国石油工程建设协会2018年度石油优质工程金奖（省部级）。柴油质量升级项目是为满足国Ⅴ柴油标准要求，生产硫含量低于10毫克/千克的高品质环保柴油产品而实施的建设项目，项目总投资43530万元，建设内容主要包括新建200万吨/年柴油加氢装置及系统配套工程。200万吨/年柴油加氢装置选用国内先进成熟的加氢工艺，采用中国石油自主开发的PHF系列催化剂。该项目2014年3月开工建设，2015年5月建成投产，2017年11月竣工验收。

【企业党建工作】 2018年，大连石化推进“两学一做”学习教育常态化制度化，改进党委理论中心组学习方式，持续开展“四个诠释”岗位实践活动，广大党员干部“四个意识”牢固树立，落实“两个维护”更加坚决。制修订《党建管理规定》等15个党建制度和制度性文件，将党建工作纳入业绩考核体系，建立党建经费保障机制，推广应用党建信息化平台，线上线下融合促进的党建新格局有效形成。对7个党总支增设29个党支部，竞聘选拔19名政工员，配强基层党建力量。推动“一线筑垒”工程，深入推进标准化党支部建设，开展党组织达标晋级，建立基层“党员活动室”，组织党组织书记述职评议，加大党费下放比例，鼓励和支持基层党组织开展各项党建活动，基层党组织工作持续规范。完善各级干部党风廉政建设责任清单，制订业务部门监管责任清单，对落实“两个责任”不力的干部严肃追责。配合集团公司党组巡视工作，全面认真整改巡视反馈问题，核查移交问题线索。开展形式主义、官僚主义问题专项整治，进行办公用房、公务用车、财务报销等专项检查，开展基层管理人员及其亲属利用中国石油平台违规经商办企业专项治理，持之以恒纠正“四风”。完成“3+1+N”宣传思想文化制度体系搭建，加强意识形态工作，社会主义核心价值观、职业道德、石油精神得以弘扬。

（张书来）

大连西太平洋石油化工有限公司

【概况】 大连西太平洋石油化工有限公司（英文简称WEPEC，简称大连西太平洋石化）是经国务院批准、由中法两国股东共同投资兴建的中国第一家大型中外合资石化企业，也是国务院授权、由中国石油全权经营管理的一家企业，成立于1990年11月，总投资10.13亿美元，占地面积2.5平方千米，1992年动工建设，1996年投料试车，1997年底全面投产，一次原油加工能力1000万吨/年。股东为中国石油天然气股份有限公司、大连市建设投资有限公司、中国中化集团公司、中化（香港）石油国际有限公司、道达尔股份有限公司。建有18套主体生产装置及配套的公用工程系统、辅助生产设施，以加工高含硫原油为主，产品全部加氢精制，其中1000万吨/年常减压、300万吨/年催化裂化、220万吨/年重油加氢脱硫、150万吨/年加氢裂化等均为中国单体加工能力较大的生产装置之一。形成系列无铅汽油、轻质柴油、航空煤油、聚丙烯、硫黄、苯、混合二甲苯、重交通道路沥青等19大类、50多个牌号产品的生产能力。各种产品不仅畅销国内市场，还远销海外10余个国家和地区。其中，聚丙烯、硫黄、航空煤油、重交沥青等产品被评为辽宁省、大连市的名牌产品。

大连西太平洋石化主要生产经营指标

指　标	2018年	2017年
原油加工量（万吨）	914.02	901.88
汽油产量（万吨）	234.10	228.97
柴油产量（万吨）	235.18	231.99
航空煤油产量（万吨）	194.56	173.29
沥青产量（万吨）	60.46	67.38
聚丙烯产量（万吨）	11.55	11.97
硫黄产量（万吨）	12.99	13.21
苯产量（万吨）	7.6	7.14
混二甲苯产量（万吨）	28.24	27.84
收入（亿元）	373.85	277.16
利润（亿元）	15.58	26.02
税费（亿元）	67.78	56.65

2018年，大连西太平洋石化围绕“管理和党建工作巩固提升年”活动主题，以平稳运行为基础，以经营优化为手段，着力挖潜提质增效，进一步提升科学化、精细化、规范化管理水平，全面加强党的建设，提升党建工作水平和保障能力。各项工作都取得较好成绩，全年加工原油914.02万吨，收入373.85亿元，上缴税费67.78亿元，利润15.58亿元。

【安全环保】 2018年，大连西太平洋石化严格落实集团公司和大连市各项规章制度，严格执行和落实“双重预防机制”“四项机制”工作要求，深化“四有工作法”及生产受控管理办法，加强承包商管理，出台《承包商管理手册》，对承包商实施全过程安全风险管控；持续加强环保治理工作，VOCs核算总量同比降低1500吨，积极助力国家打好污染防治攻坚战和蓝天保卫战。

【设备管理】 2018年，大连西太平洋石化建立完善“四项巡检”和“七项监控”体制机制，实现装置现场全方位、多层次、不间断巡检，加强对转动设备、关键机泵、大型及特护机组的实施监控和趋势分析，健全完善设备管理规章制度和考核机制，注重转机异常情况下的提前预警，加强保养、巡检、配件和检维修质量控制，充分利用智能化、信息化手段提升转动设备管理水平。

【挖潜增效】 2018年，大连西太平洋石化在已实施284余项开源节流、挖潜增效措施的基础上，全年实施19项公司级、27项部门级挖潜增效项目，增加经济效益7亿元。持续开展对标达标工作，炼油专业指标全部达标，常减压、催化裂化、加氢裂化、连续重整、聚丙烯等实现装置达标。开展节能降耗工作，综合能耗47.04千克标准油/吨原油，同比下降0.3千克标准油/吨。强化财务管理工作，各项费用指标均有效受控。

【发展规划】 2018年，大连西太平洋石化完成“十三五”发展项目专项规划方案编制工作，完成蜡油罐区改造项目的基础设计、详细设计，组织施工图会审及建设项目的安全、环保、消防、职业病防治“三同时”审批办理工作，年底建成投用。厂外陆地装车隐患治理项目完成政府备案正在环保审批中。蜡油罐区改造项目完成工程监督委员会和政府备案，正实施基础设计工作。

【基础工作】 2018年，大连西太平洋石化开展“管理巩固提升年”活动。加强招标业务的对接，成立招标中心和招标办公室，规范招标业务提高公开招标率；设立总法律顾问，聘请专业律师事务所驻公司办公，进行法律审核把关；强化财务基础工作，制修订一系列财务管理办法和规章制度；新建产品陆地出场门岗，联通门禁系统，规范人员车辆通行路径，构建长效机制，推动精细化规范化合规化管理水平持续提升。

【企业党建工作】 2018年，大连西太平洋石化持续完善党建工作责任体系、制度体系、考核体系，新成立企业文化部（党委宣传部），为7个基层单位和人数较多的设备部配备专职书记，落实两个“1%”要求。修订完善党建工作规章制度，深化党风廉政建设，落实中央八项规定精神，积极构建“三不腐”长效机制，党建工作水平和保障能力持续提升。

（车昀泽）

中国石油天然气股份有限公司锦州石化分公司（中国石油锦州石油化工有限公司）

【概况】 中国石油天然气股份有限公司锦州石化分公司（中国石油锦州石油化工有限公司）简称锦州石化，隶属于股份公司，始建于1938年，是一家以炼油为主、化工为辅的燃料化工型企业。是中国重要的润滑油添加剂科研生产基地和辽西地区最大的原油、成品油储备基地，也是国内首家生产国Ⅳ标准汽油、京Ⅴ标准汽油的炼油企业。新中国第一滴人造石油、第一块合成顺丁橡胶都在这里诞生。2018年底，有65套炼油化工生产装置，原油一次加工能力750万吨/年，固定资产总额131亿元，可生产53个品种81个牌号的石油化工产品。有长输管线、铁路、陆路、海上“四位一体”输出通道，产品畅销国内外。有员工7358人，设12个处室，48个基层单位。

锦州石化主要生产经营指标

指　标	2018年	2017年
原油加工量（万吨）	622.64	614.87
汽油产量（万吨）	240.02	231.70
柴油产量（万吨）	180.35	181.56
航空煤油产量（万吨）	67.22	54.68
化工添加剂产量（万吨）	24.5	15
资产总额（亿元）	88.68（主营）	87.89
收入（亿元）	345.7（主营）	270
利润（亿元）	24.26	14
税费（亿元）	73.3	76.97

2018年是全面贯彻党的十九大精神的开局之年，是锦州石化建厂80周年，也是企业发展史上具有里程碑意义的一年。面对深刻变化的市场形势和复杂严峻的安全稳定考验，锦州石化认真贯彻落实集团公司党组决策部署，坚持稳中求进工作总基调，按照高质量发展要求，以特色增效益、以改革添动能、以党建聚合力，全体员工勠力同心，埋头苦干，攻坚克难，各项工作成效显著，全年完成622.64万吨加工任务，生产成品油487.6万吨、化工产品24.5万吨。收入345.7亿元，上缴税费73.3亿元，主营部分营业收入、利润总额两项指标同时创造历史最好水平。获集团公司质量安全环保节能工作先进企业。

【生产管理】 2018年，锦州石化落实长周期运行方案，加强生产计划执行，计划执行率99.4%。严格操作变动审批，操作变动次数同比减少25.6%。提高监盘和巡检质量，有效遏制非计划停工，主要生产装置运行平稳率99.6%。28套生产装置安稳连续运行超过900天，创造公司生产运行最长纪录；优选原油搭配加工，科学调整物料平衡，掺炼俄罗斯原油加工实现产品质量不下降、加工效益有增长。优化原料分配，严格指标控制，精准调和配比，增产降耗成效显著；推进全流程全要素对标，调整主要装置操作条件，提高材料、能源利用效率。优化氢、电及调和组分的自产与外购比例，完善煤炭热值考核，梯级利用低温余热，组织回炼脱水污油，降低生产成本和加工损失。

【安全环保】 2018年，锦州石化全面落实责任措施，修订安全环保责任制1458个，签订安全环保责任书

7302份，完成关键岗位安全环保履职能力评估4358人，开展事故案例警示教育4600人次。全员参与，立体监护，911处现场隐患被及时发现，2万次动火作业安全无差错。有效监管，从严考核，纠正违章作业783次，事故追责55人；持续完善体系运行。组织对34个基层单位、11个在建项目进行2轮差异化精准内审，发现并整改问题2942项；引导承包商自主管理，自查整改问题数量、质量大幅提高，实现从“要我安全”向“我要安全”转变；抓污染物源头治理、环保设施运行控制和外排总量过程监测，取得排污许可证，通过中央环保督察“回头看”检查。对清污分流系统进行全面治理，实现全厂清污分离、功能贯通，汛期环保风险彻底消除。“三废”达标排放、合规处置。7项环保专业指标全部合格，4项主要污染物完成减排目标。

【设备管理】 2018年，锦州石化统筹兼顾，多措并举，认真抓好生产运行末期设备管理，实施动设备评估和静设备防腐，对关键机组、大型储罐进行主动预防性检修，关键机组故障率降至0.2‰，静密封点泄漏率降至0.1‰。开展仪表自控率提升和电气系统隐患治理，整定1044套仪表控制回路，完成3个变电所、14座配电间、6套装置高压变频设备的深度检修。仪表自控率提高到95%，预知性检修率91%，设备完好率98%；精准实施检修消缺。完成热电公司三炉两机检修改造和材质升级。完成加氢裂化、硫黄回收2套装置以及三催化烟机、二焦化压缩机、连续重整预加氢、橡胶后处理、煅烧回转窑的计划性停产检修消缺，保证主流程生产平稳；落实大修准备。成立大检修领导小组，组织检修准备对接会，逐套装置、逐个单元确认方案、图纸、资金、采购和时间、队伍、责任。制订检修计划，分类识别关键设备，分项制定检修策略，重点检修项目全部落地靠实。组织施工队伍深度对接、现场确认，专业交叉方案、检修网络计划进一步明晰细化；拆除一催化、一套制氢、一二套脱硫醇、苯酐、二氧化碳、聚丙烯等7套停产报废装置，清理系统管架管网。完成115台压力容器、93条压力管道RBI评估和17台锅炉内外部检验。为资源替代转型升级项目实施和大检修管位铺设创造条件。

【工程建设】 2018年，锦州石化重点项目稳步推进。实施4大类93个建设项目，完成固定资产投资7.64亿元。按照推进“老”项目，把住“新”项目的原则，把住招标关、合同关、准入关、检查关、评价关，重点抓好事前控制，管理关口前移，提高工程建设管理的整体水平。25万吨/年烷基化装置以及配套的系统工程建成中交；完成涉及25个属地车间，40多个罐区和装置区的清污分流系统治理项目，实现全厂清污分离、功能贯通的总体目标；针状焦工程于2018年4月开始三通一平工作，12月底完成焦炭塔基础混凝土框架、配电间砌筑抹灰、控制室主体、压缩机、SS3钢构安装等施工。煅烧装置于2018年9月开工建设，12月底完成预制桩、回转窑基础、余热锅炉基础施工；胺液再生隐患治理项目完成装置区钢结构施工、地管安装，设备除富液闪蒸罐外全部就位；热电燃煤锅炉烟气达标排放改造项目1号除尘器改造投用。废水系统改造完成主体厂房施工，脱硫塔内防腐完成，设备管线、仪电安装完成；兴海库区隐患治理工程罐主体施工完成，罐组外部管线预制安装全面收尾。

【科技创新】 2018年，“炼化企业能源管控系统研发及应用”项目顺利通过集团公司验收。“高性能合成橡胶产业化关键技术”列入国家重点研发计划，新技术获得国家专利授权，新产品通过厂家实测评价。优化完善针焦工艺，中试产品关键指标达到国外优级品水平。成功自主研发油浆阻垢剂，性能超过外购产品；落实“一建三增”工作计划，完成智能工厂建设项目总体规划和实施方案，可行性研究报告通过公司内部评审。增强完善生产运行、办公管理、基础服务三大类信息平台，部署网络隔离设备，实现公司生产网络和工业控制网络安全隔离。先进控制系统从单套试点扩大应用至6套主力装置，MES2.0系统完成500张流程图数据库更新。ERP应用集成系统、工艺参数报警系统、视频监控系统等信息平台深度服务企业安全生产运营管理。

【企业改革】 2018年，锦州石化贯彻落实集团公司深化改革工作部署，坚持稳准原则，按要求完成社会化改革任务。签订“三供一业”分离移交协议，实施方案获得集团公司批复，供水、供暖、供电业务首笔改造资金拨付到位，供暖换热站、供电设施维修改造进入施工阶段，供水经营权完成移交。物业确定托管模式，宝石花物业锦州分公司完成工商注册和人员组建；完成医疗、市政业务社会化改革。按照集团公司关于矿区医疗机构社会化改革工作的总体部署，在规定时间内，依法合规完成锦州石化医院社会化改革。依据“社会服务移交社会，政府职能回归政府”的意见要求，矿区道路交通、园林绿化、环卫清运、市场浴池等市政业务完成协议签订，陆续移交地方进行专业化管理。

【企业管理】 2018年，锦州石化以提效率、防风险、增活力为重点，与改革同步夯实基础、提升管理，初步建立持续改进的长效机制。完善制度流程管理，修订189个企业标准、169个管理制度、126项业务流程。开展36次专项审计，对34个投资项目进行全过程预结算控制，完成内控运行评价和廉洁风险防控体系梳理。组织办公用房筛查，建立台账明细。公务用车安装GPS系统，实现定位管理。及时消除违规风险，提高监督效能。理顺机构业务职能。加强顶层设计与整体谋划，完成68家单位业务调研和五定岗位测评。突出专业管理与资源整合，成立行政事务中心、焦化联合车间，规范保险中心、招标中心组织序列，调整矿区服务职能，将含硫污水汽提装置纳入化工四车间统一管理，撤销深化改革办公室。二级机构数量压减13%，机构设置和业务划分更加规范高效。增强人力资源活力，优化资源配置，及时分流关停装置留守人员，补足配齐新建装置定员。集中清理长期在册不在岗人员114人，岗位退出54人。推进一岗多能，570名操作员取得多岗资质。提高队伍素质，6人在集团公司职业技能竞赛中获1金3银2铜。

【廉政建设】 2018年，锦州石化修订“三重一大”事项决策制度，指导51家基层党组织建立重要事项议事规则。召开专题党委会，深入剖析王晓林严重违纪违法案件，全面提升公司治理效能。学习集团公司党组纪检组文件精神，组织召开专题民主生活会，深刻汲取案例教训，举一反三，警钟长鸣；认真落实巡视问题整改措施，33项处于反馈问题阶段，27项按期完成整改，6项稳步推进整改。制定推进“不敢腐、不能腐、不想腐”有效机制实施意见，使纪律成为带电“高压线”。推进岗位廉洁风险防控体系建设，新增廉洁风险控制流程141个、内控流程46个，排查廉洁风险318项。对10个基层党组织开展内部巡察，发现问题逐一制定整改措施。保持惩治腐败高压态势，受理检举信访举报21件，处置问题线索26件。

【企业党建工作】 2018年，锦州石化坚持以习近平新时代中国特色社会主义思想为指引，全面夯实党建基础，开展“四个诠释”活动，着力构建“大党建”工作格局。落实党建工作责任制，明确党建工作责任清单204项，建立较为完善的党建责任制落实体系。完善党委理论中心组学习制度，组织13次集中学习。组织指导基层党组织完成增补委员工作，调整党组织机构6个，指导基层党组织建立自上而下的各级党建联系点389个。12个机关处室与基层单位党组织结对共建，推进党建工作项目落实。圆满完成党建信息化平台全面推广应用，创新开展“三个一”活动，强化平台教育、管理和服务功能；以建厂80周年为契机，通过主题参观、老照片展、口述历史、好声音录制等系列活动，传承企业“一滴油”“一块胶”精神，凝聚全员发展共识和创效合力。持续打造企业文化品牌，月评一流“五个一”亲情活动拉近企业与员工家属距离。精心组织统战工作，充分调动各界人士建言献策的积极性。关爱员工，发放专属保温饭盒，推出营养自助早餐。关注民生热点，及时调整社会保险、住房公积金、企业年金缴费基数。提高员工取暖面积标准，完成取暖费货币化改革。丰富员工业余生活，组织开展健步走、书画展、趣味运动会等喜闻乐见的群众性文化体育活动。坚持开展“春送健康、金秋助学、冬送温暖”活动，710名困难职工和66名困难家庭子女得到爱心帮扶。以党建带工建、带团建，组织开展劳动立功竞赛，创建劳动模范创新工作室。组织“金牌师徒”、青工辩论赛、主题演讲比赛以及“写案例、学案例、讲案例、用案例、保安全”等活动，引导青工岗位成才。精神文明建设蓬勃开展，为企业高质量发展提供强大的思想动力和政治保障。

（曹继辉）

中国石油天然气股份有限公司锦西石化分公司（中国石油锦西石油化工有限公司）

【概况】 中国石油天然气股份有限公司锦西石化分公司（中国石油锦西石油化工有限公司）简称锦西石化，始建于1939年，1953年恢复生产。截至2018年底，有员工8095人（上市5475人、未上市2620人），直属单位62个，主要装置20套，原油加工能力650万吨/年。原油来源以大庆油田、辽河油田为主，直接管输进厂，另有部分进口原油及中国海油原油，由锦州港上岸。主要产品有汽油、柴油、航空煤油、苯乙烯、聚丙烯、煅烧焦等。

2018年，锦西石化主要经济技术指标创近10年来最好水平，效益排名跃升至炼化板块第12名，获集团公司质量安全环保节能先进单位。2018年，锦西石化加工原油610.01万吨，同比增加59.18万吨。收入327.85亿元，同比增加81.54亿元。上市和未上市实现税费81亿元，同比增加2亿元。上市业务盈利19.13亿元，同比增加12.53亿元。未上市业务盈利513万元，同比增加108万元。炼油完全加工费328元/吨，同比减少52元/吨。炼油综合能耗、柴汽比、高效产品收率、综合损失率等达到历史最好水平。

锦西石化主要生产经营指标（上市部分）

指　标	2018年	2017年
原油加工量（万吨）	610.01	550.83
汽油产量（万吨）	241.82	219.29
柴油产量（万吨）	188.91	179.17
航空煤油产量（万吨）	55.02	43.95
资产总额（亿元）	86.23	92.01
收入（亿元）	327.85	246.31
利润（亿元）	19.13	6.60
税费（亿元）	77.55	76.44

【生产管控】 2018年，锦西石化推进精细化管理，装置运行平稳率99.6%。实施操作变动实行每日预约和月计划管理，严格方案审批，确保操作变动安全受控，非计划性操作变动数量大幅下降。坚持波动按照事故管，生产、设备、安全环保三方联动，深挖波动根源，强化系统整改，严格奖惩兑现。开展工艺防腐，有效应对俄罗斯原油腐蚀，监测指标合格率95%。加强转动设备状态监测管理，强化大机组周检和高危泵振动全天候监测，设备完好率99.96%。开展两套蒸馏装置的腐蚀风险评估和优化工作，泄漏率下降0.03‰。仪控设备开展系统安全完整性等级评估，自控率96.58%，联锁投用率100%。强化特种设备依规使用，检验特种设备342台、压力容器47台和压力管道220条，有效保证设备本质安全。运用能量系统优化技术，形成节能增效优化方案46项，实施25项。在蒸馏装置实施控制器优化技术，装置自控率99%以上，60%以上的关键被控变量标准偏差降低30%。

【安全环保】 2018年，锦西石化落实HSE体系建设，抓板块体系审核和公司内审问题整改，整改率分别为99%和92.78%。副处级以上领导参加安全联系点活动182次，解决各类问题65项。开展安全观察与沟通1520次，解决问题745项。落实风险管控，识别公司重大危害因素13项、重大质量安全隐患8项，全部落实防控方案和管控措施。

锦西石化高风险作业全面执行预约管理，强化属地、直线部门、安全监管部门和上海博柯石油工程咨询有限公司的四方监督机制，全年开具动火作业许可证8021张，未发生一起事故。加大承包商现场违章检查处罚力度，查出违章1158起，处罚24.1万元，约谈严重违章承包商单位4次。落实环保达标，治理废水、废气100%达标排放，危险废物100%规范处置，环境污染事件为零。11项VOCs治理项目陆续投产，异味治理能力进一步增强。

【挖潜增效】 2018年，锦西石化以对标为手段，以经济活动分析会为载体，优化原油采购。全年大庆油田原油多进厂14万吨，增利3206万元；优化采购进口原油，采用转月计价结算方式降低采购成本5600万元；降低运输成本2100万元；进口原油损失率同比降低0.08%，减少损失1460吨，增效538万元；外采油浆1.31万吨，进焦化回炼，创效1172万元。优化产品结构，柴汽比完成0.78，同比降低0.04，在炼化板块排名第三，创效2611万元；增产航空煤油11万吨，增利1145万元；减少柴油额外量12.2万吨，增利5832万元；高标号汽油比例提高1.56%，增利1055万元；低凝柴油增输2.6万吨，增利2015万元。优化节能降耗，加强“三剂”管理，炼油辅材单位成本17.08元/吨，比炼化板块平均单位成本低0.46元/吨。优化全厂能量系统，加热炉效率提高0.7%，实施装置热出料热联合、蒸汽系统、氢气系统优化项目，投用废氢回收装置。炼油综合能耗完成62.93千克标准油/吨，同比降低2.48千克标准油/吨。节能1.84万吨标准煤，节水15.27万立方米，超额完成集团公司节能节水考核指标。

锦西石化优化产品销售，多销售乙醇汽油45万吨，节省辛烷值增利1729万元；提高聚丙烯在高价区分割比例，增利67万元；提高石油焦战略合作客户结算价格，增利643万元，采取石油焦移库保价策略，增利668万元；全年出口成品油127万吨，创历史新高；出口产品计量损失率同比降低0.03%，减少损失350吨，增利147万元。优化管理创效，通过开展商信通票据业务和开立银行保函代替实缴保证金，实现注资减债节约财务费用2333万元；争取国家财政贴息优惠政策，节约财务费用1457万元；严把工程审核、审计关，创新竣工决算审计方法，节约生产及建设成本3942万元；发挥集中采购优势，节约采购成本8.5%；加强库存管理，降低库存13.5%。全年创效3.7亿元。

【项目建设】 2018年，锦西石化实施续建项目12项，安排技改投资、环保专项等36项。投资6080万元新建200吨/时胺液再生装置，焦化硫黄回收隐患治理处在土建施工阶段。

2018年9月5日，总投资24.7亿元的结构调整及转型升级发展项目获得集团公司批复。该项目包括新建150万吨/年渣油加氢、100万吨/年连续重整及60万吨/年芳烃联合、2套3万吨/年硫黄回收装置，改造150万吨/年加氢裂化，并完善相关系统配套工程。

【企业改革】 2018年，锦西石化“三供一业”、医疗、幼教、市政等社会化改革进展顺利。供水、供暖业务完成实质性移交，供电业务签订移交协议，落实维修改造资金。物业移交完成协议签订，与宝石花物业管理有限公司进行人员、业务、日常管理对接。2018年12月20日，宝石花葫芦岛医疗健康公司在石化医院揭牌成立。幼教业务与葫芦岛市教育局达成共识，完成移交协议签订。完成部分市政项目移交。宏程房屋开发公司注销进入清算和收尾阶段。

锦西石化精简组织机构，撤销工程设备公司等6个机构，成立招标办公室，实现管办分离。通过内部退养、离岗歇业、协议保留劳动关系等方式分流安置89人，完成集团公司目标任务。持续完善奖金分配机制，加大主体单位效益贡献激励，坚持奖金向一线倾斜，首次出现后勤辅助单位人员向生产一线正向流动。在技师和高级技师考评指标分配方面，对主体生产工种不设限制，扩大生产辅助工种考评比例，总指标超过以往年度2倍以上。

【企业党建工作】 2018年，锦西石化加强思想政治建设。举办两期局级、处级培训班，开展宣讲254场、专题学习216次、参与知识答题活动4407人次。局级、处级领导和党员代表参观塔山阻击战纪念馆，重温入党誓词，不忘初心、牢记使命的决心更加坚定。加强基层组织建设。完善党建制度体系，建立健全《党建工作责任制考核评价实施办法》等11项制度。首次开展基层党组织书记和党风廉政建设述职评议活动。党建信息化平台上线运行，总成绩居集团公司第六名。改版党委工作简报，成为传播声音、分享经验的有效载体。深入开展“两学一做”常态化教育和讲党课评党课、党员岗位讲述等活动，广大党员履职尽责、担当奉献意识不断增强。坚持德才兼备、以德为先的标准，注重从生产一线和优秀年轻人才中选人用人，提拔交流干部55人，公开竞聘选拔6人。

（吴丽平）

中国石油天然气股份有限公司大庆炼化分公司

【概况】 中国石油天然气股份有限公司大庆炼化分公司（简称大庆炼化）于2000年10月由原大庆油田化工总厂和林源石化公司重组成立，2006年2月与林源炼油厂进行二次重组。占地12.1平方千米。2018年底，员工总数9972人，固定资产原值184亿元，生产装置54套，净值56亿元，具有600万吨/年原油加工能力和20万吨/年润滑油基础油、60万吨/年聚丙烯、15万吨/年聚丙烯酰胺、12万吨/年石油磺酸盐生产能力，可生产成品油、润滑油基础油、聚丙烯、聚丙烯酰胺、石油磺酸盐、石蜡、液化气等39个品种236个牌号的石油化工产品。先后获“全国五一劳动奖状”“国家守信用重合同企业”等30多项荣誉。

大庆炼化始终秉承“奉献能源、创造和谐”的企业宗旨，坚持稳健发展方针，以安全环保为前提，以质量效益为中心，以创新驱动为支撑，积极推进“中国石油精品炼油、中国石油油田化学品、高品质聚丙烯和高档润滑油基础油”四大生产基地建设，打造有质量有效益可持续的优秀炼化企业。

2018年，加工原油503.52万吨，收入344.29亿元，税费98.38亿元，考核利润29.09亿元，生产经营绩效创成立以来盈利最好水平。

大庆炼化主要生产经营指标

指　标	2018 年	2017 年
原油加工量（万吨）	503.52	503.67
汽油产量（万吨）	208.45	204.19
柴油产量（万吨）	143.36	140.07
润滑油基础油产量（万吨）	13.92	9.38
石蜡产量（万吨）	14.97	14.81
聚丙烯酰胺产量（万吨）	15.13	16.22
聚丙烯产量（万吨）	45.78	50.79
收入（亿元）	344.29	305.30
利润（亿元）	29.09	29.02
税费（亿元）	98.38	96.50

【生产运行】 2018 年，大庆炼化在平稳生产上，全力做好各项生产组织工作，强化运行指标控制，严格工艺过程管理，加强设备基础工作，操作平稳率 99.81%，设备完好率 99.97%，仪表自控率 97.97%，静密封泄漏率 0.03‰，大平稳出大效益理念得到践行。在经营优化上，推行“月优化、旬测算、周核算、日监控”机制，开展成本效益分析，克服负荷低、库存高等不利因素，紧盯市场灵活把握自销产品销售节奏，推进开源节流降本增效，不断优化原料配置、产品结构和操作条件，优化水电汽风氮气系统运行，节能 7488 吨标准煤、节水 5.04 万吨、节电 1878 万千瓦·时，实现挖潜增效 6.43 亿元，大优化出大效益理念有效落实。在达标对标上，细化公司、厂、车间三级对标分析，逐一落实提升项目，炼油综合能耗重新进入 70 千克标准油 / 吨以下行列，综合损失率等指标持续向好。

【安全环保】 2018 年，大庆炼化全面落实“四责”管理要求，实行安全生产责任清单管理，制修订安全环保制度 19 项，实施安全生产阶梯式奖励制度，专项奖励达 2800 余万元，有效压实安全环保责任。组织贯穿全年的“四结合”安全生产大检查，开展月安全风险预警活动，投资 1800 万元治理隐患 37 项，强化承包商管控，奖励发现隐患、避免事故员工共 18.63 万元，各单位严把安全环保关口，专业管理在安全环保生产中的作用进一步发挥，有效提高管控能力。差异化互查与集中审核相结合，开展 HSE 体系内部审查，系统分析整改集团公司 HSE 审核反馈问题 370 项，有效提升安全环保管理水平。突出源头控制与环保设施运行，积极推进丙烯腈焚烧炉尾气治理、土壤地下水勘察评价等减排项目，完成 40 座储罐 VOCs 治理，有效履行社会责任。坚持绿色发展，践行“严管就是厚爱”理念，坚守“四条红线”，重基础、严监管、控风险，实现安全环保无事故目标，企业成长基础更加扎实。

【优化创效】 2018 年，大庆炼化抢抓炼化业务转型升级发展机遇，30 万吨 / 年烷基化与 3 万吨 / 年硫酸再生装置建设抢时间、保质量、控成本，实现规范化施工、高水平中交、在中国石油率先一次投产成功，拓宽油品调合空间，增加效益贡献，提前完成质量升级目标。航空煤油及配套系统改造、降低柴汽比增产液蜡、二期聚丙烯气相共聚单元等项目基础设计得到批复，土建施工逐一展开，增产石蜡项目可行性研究获批复，结构调整项目获批。连续重整等拟建项目前期工作积极推进，大庆炼化整体转型升级发展进入快车道，未来发展思路更加清晰。积极推进转型升级，守当前、谋长远，第一轮结构调整项目全部落实、达成预期，资源利用水平再上新台阶，对于优化业务结构、释放特色优势、延伸产业链条意义深远。

【科技创新】 2018 年，大庆炼化整合专业科研力量重组研究院，中国石油驱油用油田化学品技术中心挂牌成立，成为集团公司炼油化工领域 12 个专业和特色技术中心之一，使科研人员聚焦主业搞科研、心无旁骛做研究，科研攻关再搭新平台。高性能驱油聚丙烯酰胺研究取得良好进展，中分耐盐聚丙烯酰胺工业化有序开展；石油磺酸盐生产新配方研究取得重要进展，超重力石油磺酸盐生产技术工业化现场试验启动；高模量聚丙烯缠绕管专用料 H2483 和高端纤维专用料 HP561S 新产品，市场关注度高、客户反映好，有望成为大庆炼化新的拳头产品，产品开发再迈新步伐。完成气体分馏装置丙烯脱硫单元等 36 项技术改造项目，实施两套催化与聚丙烯挤压机长周期运行、生产装置重要用电设备抗晃电等攻关措施，解决生产技术问题 152 项，技术攻关再上新水平。推进立体全信息设备管理平台、二套 ARGG 先进控制、物资采购等信息化项目，信息化建设再登新台阶。落实创新驱动发展战略，6 项专利获国家授权，以技术创新破难题、强管理、增效益，创新型企业建设稳步前进。

【企业管理】 2018 年，大庆炼化强化法治建设，设立总法律顾问，开展合规管理、保密管理、综合治理等普法教育讲座 7 场次，2000 余名干部员工接受普法合规教育。强化合规管控，严格合规论证与审查，建立合规评价体系，完善合规评估与预警机制，优化重要流程 178 个，7 个重大风险管控措施得到落实，加强招标管理，招标率同比提高 11%。强化管理提升，开展重复性问题治理和低价值无价值劳动识别工作，着力减轻基层负担，努力化解管理肠梗阻问题，修订制度 77 项。强化管理评审，从根源上找原因、提措施、落整改，发现问题同比减少 20%。深入推进精益管理与依法合规管理，在系统剖析、持续改进、有效提升上不断发力，管控能力、管控水平、管控效率持续提升。

【企业改革】 2018 年，大庆炼化稳步推进企业改革，早谋划、早部署、早行动。优化人力资源，员工总量下降到 1 万人以下；精简机构 11 个，结构调整安置 98 人；压控机关人员，编制有效靠实；以电仪运行中心、检维修中心组建为标志，“三项”制度改革正式起步。调整分配机制，将月度奖金与企业月度效益直接挂钩兑现，实现奖金基数动态管理，激发员工主动工作热情，市场和效益意识不断增强。推动矿区改革，积极与大庆市政府及相关部门沟通协调，把握政策、加快进度、兼顾各方关切，全面完成“三供一业”分离移交工作，市政设施移交也稳步推进，矿区内部管理实现机构扁平化、员工劳务输出妥善安置。坚定不移推进改革创新，脚踏实地、谨慎探索、积累经验，开展以“三项”制度改革为代表的各项改革。

【队伍建设】 2018 年，大庆炼化开展支部书记、车间主任及安全、设备、技术等管理岗位履职达标考核，月度奖金 10% 用于培训工作专项考核，出台高技能人才绝技绝活传承奖励办法，开展第一批 42 人的双向挂职锻炼，实施一线倒班大学生岗位交流，人才培养与成长通道不断拓展。出台管理人员形式主义、官僚主义监督问责制度，强化对机关服务基层等事项考核，开展员工四德与遵纪守法教育，强化“四责”管理，干部员工作风持续加强。坚持“请进来”与“走出去”相结合，培训干部员工 2.6 万余人次，深入推进操作技能系统化及一岗精二岗会培养，系统化操作达标人员 617 人，管理水平、业务能力、综合素质进步明显。坚持人才是第一资源战略，立足当前、放眼长远推进队伍建设，一支政治坚定、技能过硬、作风优良的好团队正在形成。

【企业党建工作】 2018 年，大庆炼化把政治建设摆在首位，通过强化政治理论学习、深入基层调查研究、集思广益研究讨论等方式，党委领导作用、支部战斗堡垒作用、党员先锋模范作用有效发挥。把坚定理想信念教育作为思想建设的首要任务，强化意识形态领域掌控，通过持续开展“形势、目标、任务、责任”教育、解放思想推动高质量发展大讨论、典型选树、扶贫帮困、文化体育和维稳综治等工作，统一思想、凝聚共识、鼓舞干劲。把全面从严治党“两个责任”扛在肩上，全力支持配合集团公司党组巡视，全盘接收整改巡视反馈问题，主动作为开展内部巡察，强化“四风”问题监督检查，深化纪律审查和合规监察，严肃践行监督执纪“四种形态”，营造风清气正的干事创业氛围。严格落实全面从严治党要求，引领全局、全面融入，企业党建工作更加有力、更加有为、成果更加显著。

（贾　楠）

中国石油天然气股份有限公司哈尔滨石化分公司

【概况】 中国石油天然气股份有限公司哈尔滨石化分公司（简称哈尔滨石化）是以石油炼制为主的炼化企业，厂址位于黑龙江省哈尔滨市，是黑龙江省百强企业、哈尔滨市财源骨干企业。前身是哈尔滨炼油厂，1970 年筹建，1976 年建成投产，1983 年划归中国石油化工总公司管理，1998 年划归中国石油天然气集团公司管理，1999 年重组为中国石油天然气股份有限公司哈尔滨石化分公司和哈尔滨石油化工服务公司（2000 年更名为哈尔滨炼油厂），2005 年，这两家公司二次整合重组为中国石油天然气股份有限公司哈尔滨石化分公司。

2018 年底，哈尔滨石化设 11 个机关职能部门、5 个直属机构、8 个二级机构。有员工 1823 人。有各类生产装置 22 套，分别是 420 万吨 / 年常减压蒸馏装置、120 万吨 / 年重油催化裂化装置、60 万吨 / 年重油催化裂化装置、80 万吨 / 年柴油中压加氢裂化装置、75 万吨 / 年汽油连续重整装置、10 万吨 / 年苯抽提装置、90 万吨 / 年催化汽油加氢精制装置、100 万吨 / 年柴油加氢精制装置、50 万吨 / 年催柴加氢精制—临氢降凝装置、35 万吨 / 年气体分馏装置、5 万吨/年甲基—叔丁基醚（MTBE）装置、4万吨/年甲乙酮装置（MEK）、4000吨/年硫黄回收装置（环保备用）、1万吨/年硫黄回收装置、8万吨/年聚丙烯装置、15万吨/年饱和烃装置、15万吨/年烷基化装置、60吨/时酸性水汽提装置（环保备用）、100吨/时酸性水汽提装置、20万吨/年催化重整装置、1万米³/时氢气膜分离回收装置（PSA）、15万吨/年饱和烃脱硫精制装置等。能够生产满足国家标准的汽油、柴油、航空煤油、石脑油、液化石油气、饱和烃、丙烷、丁烯、MTBE、苯、甲乙酮、硫黄及聚丙烯等14类27种产品。

哈尔滨石化主要生产经营指标

指　标	2018年	2017年
原油加工量（万吨）	390.36	379.01
汽油产量（万吨）	137.65	129.61
柴油产量（万吨）	124.28	120.25
航空煤油产量（万吨）	34.97	30.33
资产总额（亿元）	58.88	47.18
收入（亿元）	222.08	188.45
利润（亿元）	15.77	16.35
税费（亿元）	64.83	67.62

2018年，哈尔滨石化结合企业实际，贯彻集团公司工作会议精神，各项工作稳中有进。原油加工量创历史新高，主要KPI指标稳步改善，员工收入实现稳定增长。主要做了七方面的工作：注重安全环保；着力生产运行平稳；开展降本增效；贯彻集团公司高质量发展总体部署；提升合规管理水平；加强领导班子和队伍建设；加强党建和员工思想政治工作。

【生产经营】 2018年，哈尔滨石化通过加强关键指标监控和考核，夯实长周期安稳运行基础，生产计划执行率99.56%，操作平稳率99.87%。抓好以生产工艺、设备运行和应急响应为核心的全员岗位练兵，细化“叫停”“退守”和升级管理规章制度，减少生产波动。瞄准集团公司内部同等规模企业，开展全方位、深层次对标，炼油7项主要经济技术指标同比提升。完成Ⅰ催化烟机、MTBE改造换剂及甲乙酮检修换剂停检开工作，加强大机组和关键设备状态监测和故障分析，确保平稳运行。加强技术攻关和科研管理，完成茂金属聚丙烯催化剂首次工业应用试验，作为集团公司重大科技专项受到科技部表彰，“高辛烷值和低碳烯烃选择性催化裂化催化剂的研发和应用”获集团公司科学技术进步奖二等奖，3项技术获实用新型专利。

【安全环保】 2018年，哈尔滨石化发生一般生产安全事故A级及以上生产安全事故为零，百万工时死亡率为零，安全生产形势总体稳定。主要环保指标不断优化，实现主要污染物总量控制目标，环境污染事故为零，COD、氨氮、二氧化硫、氮氧化物排放量均符合年初炼油与化工分公司下达的污染物总量指标要求。继续坚持“党政同责、一岗双责、照单履责、失职追责”的原则，组织编制岗位安全生产责任清单528份，将“管工作必须管安全、管业务必须管安全”的要求融入岗位职责。以集中培训、自学、演练等多种形式开展安全环保专业培训。在哈尔滨市组织的安全知识竞赛中，获个人1金1银，团体第一名；在集团公司的安全员竞赛活动中，获3枚铜牌和团体优秀组织奖。对照重大、较大隐患判定标准，开展专项排查整改。

【降本增效】 2018年，哈尔滨石化突出效益目标，实施31项开源节流降本增效重点项目，增效1.7亿元。按照集团公司效益最大化原则，全力做好区域原料互供，累计互供乙烯料30.8万吨、油浆3.5万吨，互供计划执行率99.94%，位居炼化板块前列；综合施策降低资源成本，科学统筹大庆原油、俄罗斯原油、石脑油均衡进厂，保证装置满负荷加工。落实产品转型方案，实现高效产品收率75.46%，同比提高18.97%；系统推进公用工程优化，开展节能节水诊断，制订节能专项方案，实施节能优化项目，实现炼油综合能耗58.29千克标准油/吨、新鲜水单耗0.41吨/吨，分别排在炼化板块第六位、第七位；加强成本控制，加大平库利库力度，处置芳烃抽提项目剩余的积压物资。加强招标和物资采购管理，采取代储代销、招标竞价等方式，降低采购成本。

【推动高质量发展】 2018年，哈尔滨石化根据集团公司高质量发展的总体部署，根据实现资源转型、产品结构转型、绿色低碳转型的客观需要，制定《城市炼油厂高质量发展指导意见》。为充分利用石油液化气，决定对气体分馏装置进行50万吨/年产能增容改造立项、对相关装置进行增产航空煤油技术改造。15万吨/年烷基化装置于9月29日建成中交，11月4日开车成功并稳定运行。作为集团公司建成投产的第一套离子液烷基化装置，为同类装置的开工积累经验。持续推进绿色发展，加快环保提标改造，污水场升级改造项目建成投产，酸性水汽提—硫黄回收隐患治理项目达标投用，挥发性有机物（VOCs）治理项目按期投产。

【依法治企】 2018年，哈尔滨石化贯彻落实法治建设第一责任人职责，成立法治建设领导小组。法律人员列席总经理办公会议，对所有审议的议题进行合法性论证。建立“采招分离”的新机制，由合同承办部门组织编制招标方案，法律部门组织审查招标方案，并编制招标文件及组织发标、开标和评标工作。完成招标项目47个，节约资金3.25亿元。完成合同竞价项目736个，节约资金1.49亿元。落实法律、技术、商务三项审查制度，严把合同订立关，减少交易风险。

【队伍建设】 2018年，哈尔滨石化选送27名优秀干部参加集团公司“领导力”培训班，干部政治素质和管理能力有效提升。突出忠诚干净担当标准，严格干部选任，加大青年干部培养力度。完善管理岗位层级和梯次设置，提拔聘任非领导职务干部25人，加强年轻干部选拔任用，队伍结构持续优化。“林树国工作室”获哈尔滨市“示范性劳模工作室”和“技能大师工作室”称号。聘任陈永昕为公司技能专家，董利、李云广为公司首席技师，4名参加国家及集团公司竞赛获奖人员直接晋升技师。在全国催化裂化技能竞赛中，获团体总分第6名，列集团公司第2位，赵晓东获金牌，黄亮、张伟获铜牌。在集团公司级技能竞赛中获班组长团体三等奖，个人赛获3银6铜。继续开展技能竞赛，评选出7个操作状元、6个操作标兵和34个操作能手并给予重奖。

【党风廉政建设】 2018年，哈尔滨石化建立“1+6”联合监督机制，形成联合监督项目8项、专项检查9项，日常监督12项。对8个基层党支部开展内部巡察，巡察移交问题线索2个。处置8件问题线索，提醒谈话4人次，批评教育2人次，行政处分5人次，提出监察建议16条。对办公用房面积、车库、公务用车、公务接待和员工餐厅全面普查。开展消防队设备合规管理监察，提出监察建议10条，协助建章立制2个。新增党政正职、副职、附属机构负责人与分管党员干部202人签订责任书。参加集团公司“学《条例》、守纪律、明底线”答题活动，取得集体人均答题次数、万人综合得分、个人答题用时和答题次数4项排名第一，26人跻身集团公司万人榜前100名，4人进入前10名。参加集团公司《监察法》网上答题竞赛活动。

【企业党建工作】 2018年，哈尔滨石化党委深入学习贯彻党的十九大精神，班子成员带头层层进行宣讲，实现全员覆盖。持续开展“四个诠释”岗位实践活动，各支部结合实际开展创建党员先锋岗、主题党日等活动，引导党员站排头、争一流、当表率。进一步发挥网络、党建信息化平台阵地作用，广泛推举和宣传“第二届杰出青年”“高技能人才”的先进事迹，弘扬工匠精神，展现员工风采。举办第26届职工田径运动会，展示员工团结、拼搏、进取的精神风貌。为哈尔滨市春蕾助学行动捐款10万元，助力贫困学子圆梦成长。关爱留守儿童，各党支部与哈尔滨市道外区永源小学39名留守儿童结成帮扶对子，送上企业及员工的关心关爱，树立企业良好社会形象。

（杨岸冰）

中国石油天然气股份有限公司广西石化分公司

【概况】 中国石油天然气股份有限公司广西石化分公司（简称广西石化）是中国石油于2005年9月建设中国石油广西石化1000万吨/年炼油工程而设立的地区公司，厂址位于广西壮族自治区钦州市钦州港。主要装置有1000万吨/年常减压蒸馏、350万吨/年重油催化裂化、400万吨/年渣油加氢脱硫、220万吨/年蜡油加氢裂化、240万吨/年柴油加氢精制、200万吨/年柴油加氢改质、220万吨/年连续重整、20万吨/年聚丙烯、120万吨/年汽油精制、100万吨/年汽油加氢脱硫、40万吨/年轻石脑油异构化、10万吨/年MTBE、80万吨/年航空煤油加氢精制、26万吨/年硫黄回收、5000万吨/年轻汽油醚化、14万米^3/时制氢、氢气回收等23套主体生产装置，以及公用工程、罐区、码头及码头库区、铁路专用线、100万立方米原油商业储备库等配套项目。广西石化组织机构扁平化、辅助业务市场化，设10个机关处室、3个直属部门、8个生产及辅助单位。代管广西中国石油储备油有限公司、广西东油沥青有限公司。2018年底，有员工938人。

2018年，广西石化加工原油958.6万吨，销售产品906万吨（其中出口332.6万吨），收入442.3亿元，实现税费75.1亿元，盈利25.1亿元。

广西石化主要生产经营指标

指　标	2018 年	2017 年
原油加工量（万吨）	958.6	913
汽油产量（万吨）	293.7	273.7
柴油产量（万吨）	322.2	343.7
航空煤油产量（万吨）	113.5	100.5
聚丙烯产量（万吨）	21	18.3
资产总额（亿元）	174.6	176
收入（亿元）	442.3	338
利润（亿元）	25.1	24
税费（亿元）	75.1	78

【安全环保】 突出专业管控、系统防范，加强源头治理。完善和落实安全生产责任制，修订 42 项制度。开展 HSE 履职能力评估、危害因素识别与风险评价、现场风险辨识。开展 HSE 体系内审外审，严格执行作业许可、工作前安全分析、能量隔离，危险作业全面受控。实施第三方监督，建立安全监督体系，强化现场安全监督、安全检查、隐患排查，现场作业安全合规、文明施工。开展专项应急演练 23 次，参加集团公司总部安全管理人员技能大赛，获团体银奖。强化废气、废水排放的在线监测，数据上传率 99.7%。合法合规处理、处置和利用固体废弃物。COD、二氧化硫、氮氧化物、颗粒物排放量均同比下降，获广西壮族自治区“清洁生产企业”称号。积极推进 VOCs 综合治理等重点环保项目的实施，进一步减少污染物排放。

【项目建设】 氢回收项目二期如期建成投产。稳步推进 VOCs 治理项目。完成柴油加氢改质装置多产石脑油改造等一批重大技改技措项目。三墩岛原油码头至 420 库区原油管道项目、钦州至南宁航空煤油管道项目持续推进。烷基化项目技术路线初步确定。转型升级项目前期研究取得阶段性成果，初步确定建设规模和产品方向、结构。

【生产运行】 坚持“以市场为导向、以效益为中心、以安稳生产为基础”的经营管理理念，优化产品结构，提高高效化工产品产销量，积极推动供给侧结构性改革。目的产品收率 89.6%，高效产品比例超过 68.2%。优化原油采购，提高劣质原油加工比例，降低原油成本。

加强设备管理，实施操作、监控、巡检、维护、检修五位一体的管理机制。建立机泵风险管理制度，实现风险识别、风险评价、风险控制的全过程闭环管理。实施设备动态监测、大机组特护、腐蚀监测、检验检测，提高巡回检查覆盖率和质量，设备经济技术指标保持良好。“三预”管理工作深入推进。加强生产受控，完善生产管理体系，以问题为导向，全面推进生产工艺安全管理提升工作，细化工作流程，强化生产运行、工艺技术管理，炼油专业指标全部达标。常减压、连续重整、加氢裂化等装置 APC 先进控制系统陆续投用，自控率逐步提高，装置运行的平稳性和可靠性不断提高。完成渣油加氢装置单系列换剂工作，如期生产国Ⅵ标准成品油。改善燃料气品质，全厂加热炉热效率平均提高 0.2%。动力站锅炉烧催化油浆，降低蒸汽成本。“三剂”消耗总体同比下降。

【企业党建工作】 2018 年，广西石化着力构建“大党建工作”格局，健全完善党建工作责任体系，政治、思想、组织、制度、纪律、作风等党的建设全面加强。不断完善党建工作制度和方案，建成“明责履责考责问责”党建工作责任体系，全面从严治党进一步向基层延伸。以规范化建设为突破口，全面推进党支部达标晋级工作，党支部达标率 86%。积极推进党建特色载体建设，准确运用“四种形态”，强化监督执纪问责，开展巡察工作并发挥其震慑作用。强化教育培训，举办 2 期党的十九大精神培训班和 1 期党支部书记培训班。认真整改巡视反馈问题，整改率 90%。召开党员代表大会，明确工作思路和目标任务。积极履行社会责任，扎实做好定点扶贫、捐资助学、企地共建、无偿献血、献爱心志愿者活动。

（胡　林　王洪娟）

中国石油四川石化有限责任公司

【概况】 中国石油四川石化有限责任公司（简称四川石化）是由集团公司和四川省人民政府合资组建的西南地区首个特大型石油化工企业，于2007年成立，总投资373亿元，双方股比90：10，建设规模包括1000万吨/年炼油和80万吨/年乙烯两部分，厂址位于四川省成都市所辖彭州市，总占地400余万平方米。

四川炼化一体化项目总计21套主体装置，同时承担国家100万立方米原油商业储备库建设运营任务。设计年产汽油、航空煤油、柴油600余万吨，化工产品300余万吨。

四川石化坚持走现代企业管理道路，人员精干，实行"机关处室—联合装置"两级扁平化管理架构，并采取检维修、辅助操作、后勤服务劳务外包一体化模式。

2018年，四川石化加工原油650万吨，生产汽油、航空煤油、柴油373万吨，化工产品207万吨；收入399亿元，税费89亿元，盈利10亿元；创造社会贡献值81亿元，规模企业工业增加值118亿元。

【企业经营】 2018年，四川石化全力发挥大检修后创效能力全面提升一系列新优势，抓好大负荷生产，9—11月连续三个月，分别盈利5.9亿元、5.1亿元、6500万元，利润水平均位列炼化板块炼化一体化企业首位。同时，大力开展挖潜增效攻关。成功开发4个合成树脂专用牌号；出厂成品油全部达到国Ⅵ标准；保税航空煤油流程基本打通；固体化工产品成功"走出去"，充分参与华东、华南市场竞争，环氧乙烷区内销量同比接近翻番，达到13000吨/月。

【HSE管理】 2018年，四川石化牢固树立安全环保首位意识，狠抓HSE管理不放松，全年无任何安全环保事故发生，企业良好形象更加牢固树立。持续深化HSE体系建设、基层站队HSE标准化建设，安全生产"党政同责，一岗双责"扎实执行，安全生产岗位责任制有效落实。按期完成第二批9个环保提标治理项目，污染物排放量全部优于新标准。统筹抓好HSE体系内外审工作，内审员作用发挥明显，年度化内审任务高效完成，顺利通过集团公司上下半年两次外审。炼化一体化项目环保验收经过4年的不懈努力，于2018年5月3日顺利完成自主验收。

【首次全厂停工大检修】 2018年，四川石化把首次全厂停工大检修作为提高企业发展质量的绝佳机遇。坚持"该修必修，修必一次修好"原则，精细管理开停工，高效组织高峰期超9000人施工作业，完成全部33565项检修项目，首次全厂停工大检修高质量完成，"安全绿色、经济高效，一次检修保四年争五年"目标全面实现。

与大检修同步实施四大改造，产品结构调整优化。投资3.5亿元，完成蜡油加氢增产航空煤油改造、柴油加氢改质改造、PX扩能改造和新建70万吨/年直馏航空煤油加氢装置甩头工作。以四大改造为标志，四川石化成为炼化板块第一家落实转型升级、结构调整部署的企业。

经过大检修，企业运行质量显著增强。投资1.9亿元，与大检修同步，完成全厂增设热水外管网、自备电站4号机组改造、乙烯裂解炉增加空气预热器改造、常减压加热炉燃烧器改造等一批节能降耗项目，生产运行质量实现大提升，主要装置月度达标创出新水平。炼油综合能耗由60千克标准油/吨降至53千克标准油/吨，乙烯收率由31.5%提高至32.4%、能耗由555千克标准油/吨降至526千克标准油/吨，重要经济技术指标全面实现国内领先。

【企业管理】 2018年，四川石化开展规章制度全员修订活动，采纳合理化建议60余条，修订制度58项。鼓励员工主动管理、负责管理，对及时排除重大安全隐患的5名员工给予总经理专项奖励。加强物资管理，圆满完成大检修物资保供任务，库存水平降低1.2亿元。加强招投标管理，合规招标、专业招标、电子招标有力推进，招投标管理水平显著提高。加强队伍建设，狠抓"三基"工作、"三大纪律"，有力促进作风转变和能力提升。深化绩效考评，全面开展以装置为核心的成本核算工作，"我的奖金我争先"意识进一步树立，员工奋勇创效的劲头更足。

强化炼化一体化项目竣工验收管理。竣工验收是对8年建设周期的全面验收，对全部90个工程子项建设质量和投资控制的全面验收，具有很强的严肃性、复杂性和艰巨性。工程、技术、财务、审计等职能部门和各生产部本着对国家负责的态度，通力合作，国家重点工程顺利建成投产，竣工验收。整个工程建设质量优良，投资控制有力，各套生产装置全部达到设计要求。

强化南充厂区延伸发展管理。南充 PTA 项目五方协议正式签订，最终模式确定为四川能投租赁运营，原各投资方继续保持原始持股比例。租赁运营模式的确定，意味着四川石化参与生产运行方式全面转变，同时也意味着 PTA 项目正式转为开工阶段。PTA 项目生产准备有序进行，计划今年春节后正式投料，南充厂区即将迎来新的发展机遇。

【企业党建工作】 2018 年，四川石化深入领会习近平新时代中国特色社会主义思想。完整建立基层党委和基层党支部，企业党的核心领导地位更加突出，战斗堡垒作用有力发挥。开展基层单位党建达标考核，进一步促进基层党建工作制度化、标准化。制定发布《四川石化关于构建“大党建”工作格局的指导意见》等 21 个制度，制度建设进一步加强。组织开展党员领导干部集中轮训和基层党支部书记集中培训，理论素养、业务素质持续增强。广大共产党员牢记使命，在大检修、抗击洪水、挖潜增效等工作中带头冲锋陷阵，有力发挥先锋模范作用。修订《四川石化党政班子议事规则》，确保民主集中制原则严肃落实。按计划完成 4 个基层单位党内巡察，风清气正的政治生态巩固提升。

（朱 磊）

中国石油天然气股份有限公司广东石化分公司

【概况】 中国石油天然气股份有限公司广东石化分公司（简称广东石化）是中国石油天然气股份有限公司下属的地区分公司，由中国石油集团公司与委内瑞拉国家石油公司（PDVSA）协议筹建，按股份制企业模式进行管理和生产，股份比例为中国石油 60%，PDVSA40%。2009 年 5 月 20 日，广东石化项目筹备组成立，项目选址广东省揭阳市大南海石化工业区。

2018 年底，广东石化在册员工 421 人，其中管理及专业技术人员 193 人，操作技术人员 228 人，设 10 个机关处（部）室、5 个直属单位（中心）、13 个基层项目管理组（PMT）。固定资产 491.51 元，无形资产 9.62 元。

2018 年 4 月 26 日，集团公司印发《关于成立中国石油天然气集团有限公司广东石化炼化一体化项目工程领导小组的通知》（中油办〔2018〕203 号文），成立项目工程领导小组，全面推动炼化一体化项目建设。在项目工程领导小组的领导下，广东石化落实集团公司炼化业务转型升级总体部署，将 2018 年确定为炼化一体化项目的复建之年，全力推进项目核准、环评变更批复等前期工作。7 月 18 日、7 月 23 日，经国务院总理办公会议、国务院总理常务会议研究决定，广东石化炼化一体化项目正式列入国家石化“十三五”产业规划。10 月 31 日，广东省发展和改革委员会印发文件，正式批复中委广东石化 2000 万吨 / 年重油加工工程项目核准变更。11 月 22 日，项目环评变更报告报送国家生态环境部获受理。12 月 4 日，在广东省委书记李希，集团公司党组书记、董事长王宜林等领导见证下，广东石化党委书记、总经理陈俊豪与揭阳市市长叶牛平签署企地合作协议，明确进一步深化双方合作，携手推进炼化一体化项目建设。12 月 5 日，中委广东石化 2000 万吨 / 年炼化一体化项目建设启动仪式在项目现场举行，王宜林宣布项目建设正式启动。

【项目建设】 2018 年，广东石化项目现场施工的工程包括原油码头、产品码头、雨水收集池、厂前区等。截至 2018 年底，原油码头工程累计完成 49%，产品码头工程累计完成 70%，雨水收集池工程累计完成 82.68%，厂前区按计划施工。

【安全质量】 2018 年，在安全管理方面，广东石化深入贯彻落实集团公司关于安全环保工作的重要指示精神，以安全风险管控为重点，紧抓关键部位和环节不松懈，紧盯现场，坚持日巡检、周专项检查和月度综合检查，遵循“不安全、不作业”原则，以检查促问题发现，以检查促问题整改。实现全年无安全事故发生，成功应对“山竹”台风等极端天气，炼化一体化项目环评变更公示顺利完成。在质量管理方面，通过组织开展质量宣传、质量培训、体系审核、“质量月”、质量排查和专项检查等质量活动，紧盯工程现场，加强日常巡检，组织第三方监督抽验，不断提升质量管控能力。2018 年落实及跟踪验证问题隐患整改率 100%。全年验收检验 1526 批次，合格率 100%，验收分项工程 84 个，合格率 100%。

【企业管理】 2018 年，随着项目延期，原来已经招标和签订合同的项目无法正常履行，广东石化面临合同纠纷法律风险，针对存在的风险，注重风险防控，加强法律风险识别，梳理项目变更后已签合同纠纷风险，制定专项措施以防范风险。通过开展全面风险管理，2018年无风险事项。围绕炼化一体化项目建设，进一步明确各方工作界面与职责范围，理清各部门职责分工，突出责任主体，落实直线责任与分级管理。以合规为前提，以效率最高为目标，简化相关程序，减少重叠交叉，提高工作效率。优化工程建设协调会例会召开方式，坚持问题导向，厘清工程建设“十大焦点问题”，实施月度重点工作计划管理，突出重点工作的总结与部署，明确任务，压实责任，精简会议提高效率，建立工作督查机制，确保各项工作按节点完成。

【队伍建设】 2018年，广东石化根据项目建设需要对组织机构进行调整优化，成立4个专项工作组为重点工作落实提供组织保障。启动系统内人才引进和大学生招聘工作，2018年引进各类人才26人，招聘2019届大学生208人。部分操作服务人员从云南石化转场至华北石化继续实习培训。2018年，生产运行六部获“全国工人先锋号”称号。

【企业党建工作】 2018年，广东石化针对项目缓建造成的人员思想懈怠、人力资源不足等实际问题，找准薄弱环节，不断加强党的政治建设、思想建设、组织建设、作风建设、纪律建设，夯实党建基础。召开公司第二次党员代表大会，严格按照程序规定完成公司党委换届。结合公司组织机构调整情况，将10个联合党支部优化调整为19个基层党支部。制定《广东石化公司党支部建设规范》等党建工作制度规范16个。配合集团公司党组第八巡视组完成对公司巡视工作，针对问题制定73项整改措施，制定《巡视反馈意见整改落实方案》和《巡视反馈意见整改落实工作运行表》，明确整改责任部门、责任人、整改措施、整改时限，建立《巡视反馈意见整改落实台账》，形成逐项整改确认的销项机制，每2周召开整改落实督导会，梳理评估每项整改措施取得的实效，推进整改落实工作。在党风廉政建设方面，公司主要领导与分管领导，分管领导与下属26个单位、235名干部签订党风廉政建设责任书，56名党员领导干部签订廉洁自律承诺书，逐级分解责任，全面落实“一岗双责”。继续保持对反腐败工作高压态势，纪律审查坚持无禁区、全覆盖、零容忍，遏制腐败发生。

【企业文化】 2018年，广东石化围绕项目建设中心工作，牢牢把握正确舆论导向，坚持团结、稳定、鼓劲、正面宣传为主的方针，积极开展“政策宣传，舆论引导，典型塑造，形象传播”工作，全年在门户网站发表各类稿件400余篇，营造积极向上的舆论氛围，传递正能量。在群团工作方面，依托协会和基层工会组织开展各项活动，活跃员工队伍。大力帮扶困难员工，全年开展帮扶救助17人次6.15万元。

（杨　昕）

中石油云南石化有限公司

【概况】 中石油云南石化有限公司（简称云南石化）成立于2011年5月25日，位于云南省昆明市安宁市，主要承担云南炼油项目的建设和运营任务，是中国四大油气进口通道之一——中缅油气管道的重要配套项目。设计原油加工能力为1300万吨/年，建有常减压蒸馏、重油催化裂化、渣油加氢脱硫、蜡油加氢裂化、硫黄回收等17套主要工艺装置，有完备的环保、消防、储运、公用工程及辅助设施，是一座燃料型炼油厂。主要生产装置采用UOP、雪弗龙、德希尼布、KTI等公司国际先进技术，可生产符合国VI标准的汽油、柴油及航空煤油等清洁燃料，产品主要服务于云南省，辐射西南地区。2018年，云南石化全面转入正常生产经营，累计加工原油1010万吨，生产汽油、柴油、航空煤油、液化气等产品980万吨，实现工业总产值600亿元，税费175.09亿元，账面利润28.7亿元，为保障西南地区油品稳定供应、促进云南地区经济社会快速发展作出突出贡献。云南石化实行扁平化管理模式，设10个机关处室、2个机关附属机构、3个直属部门和10个二级单位。2018年底，定员824人，实际在岗776人。其中，经营管理人员173人、专业技术人员117人、技能操作人员486人。大专以上学历718人，占员工总数92.5%，平均年龄36岁。公司党委下设23个党支部，党员人数363人，占员工总数的46.9%，党支部设置与行政机构一一对应，实现组织全覆盖。

云南石化主要生产经营指标

指　标	2018 年	2017 年
原油加工量（万吨）	1010	401.93
汽油产量（万吨）	347.31	103.76
柴油产量（万吨）	406.35	156.23
航空煤油产量（万吨）	96.11	21.84
沥青产量（万吨）	1.7	1.06
燃料油产量（万吨）	1.92	7.57
液化气产量（万吨）	31.5	14.84
有机原料产量（丙烯、苯、二甲苯、丙烷等）（万吨）	46.71	18.03
无机原料产量（硫黄、液氨等）	21.61	5.29
石油焦（万吨）	27.8	—
资产总额（亿元）	250.43	293.26
收入（亿元）	598.68	172.82
利润（亿元）	28.7	–7.66
税费（亿元）	175.09	48.88

【安全环保】 2018 年，云南石化牢固树立“安全压倒一切，一切服从安全”的思想，认真贯彻落实集团公司“五严五狠抓”“抓大抓小并重”以及公司“五有、三不、三必须、三不让”“叫停、退守”等安全环保管理要求，形成严管高压态势。持续完善全员岗位安全生产责任制，完成 114 名领导干部和安全管理人员安全环保履职能力评估。设置曝光台、曝光板，加大考核惩处力度，强化震慑作用。持续推进 HSE 体系建设和有效运行，认真组织开展 HSE 体系内外部审核；持续开展隐患专项排查和治理；持续加强承包商管理，建立起“两零”管理要求、“六位一体”监督体系和承包商违章积分制度，确保现场作业和承包商管理安全受控。持续加强环境治理，开展异味点源专项整治，开发应用“环境在线”APP，建成两级自动监测站，污染物全部稳定达标排放。

【生产运行】 2018 年，云南石化全面加强生产受控管理，落实推进“稳得住、长周期、创效益”30 项攻关举措，制定重质化、劣质化加工方向，实施“机、电、仪、管、操”五位一体巡回检查体系，装置操作平稳率 99% 以上、自控率 93% 以上。按照“宜催则催，宜焦则焦”原则，确定单输单储单炼加工方案，主动承担 81 万吨海外份额油加工任务；实施加工流程优化和装置操作优化，航空煤油加氢、重整芳烃、常减压等 6 套装置应用“流程模拟与优化系统（APC）”，提高催化汽油干点，控制柴油硫含量，消除质量过剩。加强过程管控和成品油质量管理，产品出厂合格率 100%，馏出口合格率 98.5%，水汽质量合格率提升至 98% 以上，成品油一次调和合格率 96% 以上。

【开源节流降本增效】 2018 年，云南石化扎实推进开源节流降本增效工程，着力在“保平稳、压两金、提三率、降四耗、控五费、六优化”上下真功，取得显著成效。截至 12 月底，柴汽比由设计值 1.64 降至 1.17；炼油加工损失率累计 0.29%，比业绩目标下降 0.16%；高效产品收率累计 86.6%，比业绩目标提升 3.2%；综合商品率累计 94.6%，比业绩目标提升 2.5%；炼油单因耗能累计 7.17 千克标准油 / 吨，比业绩目标下降 1.63 千克标准油 / 吨；新鲜水单耗累计 0.49 吨 / 吨，比业绩目标下降 0.06 吨 / 吨；吨油完全加工费累计 344 元，比业绩目标下降 104 元，“三类奋斗目标”均好于设计、预算和奋斗目标。建立健全“六会”闭环机制，统筹原油采购、综合计划排产、部署重点工作、对标分析差距、落实优化措施、开展业绩考核激励，促进各项工作任务得到有效落实。建成投用班组成本及绩效管理系统，实施全员量化考核，增强基层班组自主管理能力。积极实施库存优化，压降“两金”占用，实现自由现金流 46 亿元，归还长负资金 40 亿元，资产负债率降至 36.5%。

【产品营销】 2018 年，云南石化按照“以销定产，以产促销，全产全销”原则，坚持市场导向，扎实开展产销衔接工作。建立沟通协调机制，定期与相关单位召开营销例会，及时解决产销难题，保障产销衔接顺畅。根据市场及重要节假日限制危险化学品运输实际，积极协调省市相关部门，科学编排产销计划，合理控制产销节奏，确保产品后路畅通。不断调整石油焦产品自销策略。探索建立市场价格预测机制，加大终端市场自销力度，及时动态调整自销价格，努力实现自销产品推价创效。云南石化、云南销售、西北销售签订成品油出厂诚信交接运行方案，各方有效履行诚信计量交接承诺，促进运行效率大幅提升。与云南销售合作，在云南提前推行国Ⅵ标准油品，树立中国石油油品高品质形象，同时协调省政府从 2018 年 1 月起全省封闭推广国Ⅵ（b）标准汽油，为云南石化生产汽油在省内全产全销创造条件。成功打通航空煤油保税油出厂流程，为航空煤油增产上量奠定基础。发挥区位优势，打通云南边境全部 13 个通商口岸汽油、柴油出口通道，成品油出口量逐月提高，以实际行动融入“一带一路”建设。

【基础管理】 2018年，云南石化全面开展HSE标准化基层站队创建验收工作，完成14套联合装置、7个基层站队验收。推进设备管理标准化创建，完成30套装置、22个机泵房、27个变配电室、16个控制室、4个罐区验收。不断完善绩效目标管理体系，以月度生产经营计划和设计参数为基础，逐月调整目标值，充分发挥考核激励作用。持续强化内控与风险管理，业务流程不断简化优化，运行合规高效，顺利通过2018年度管理层测试及外部审计。深化三级预算管控，加强三级生产经营经济对标分析，寻找差距、厘清短板，研究制定改进措施，各项经济技术指标持续改善。建立计量管理体系，严把计量检测关，开展单套装置物料、能源计量仪表大检查，保证计量数据真实准确。加强质量过程管控和成品油质量管理，产品出厂合格率100%，馏出口合格率98.5%，水汽质量合格率从年初的不足50%提高至98%以上，成品油一次调和合格率96%以上。严格执行“三重一大”决策程序，全面加强招投标管理，开展内部专项审计调查，认真落实厂务公开、党务公开等各项制度要求，实现企业依法合规管理。

【项目管理】 2018年，云南石化不断完善制度体系、明确责任落实、加强过程管控、严格管理考核，实现过程资料、费控管理和项目转资工作与工程同步开展；消防验收、环保验收、档案验收、职业病防护设施、安全设施、水土保持设施验收以及工程结算、竣工结算、审计等专项工作高效推进。投产一年内通过项目竣工验收，创造国内大型炼化项目建设最快纪录，圆满完成集团公司督办任务。对标国际先进水平，提炼项目管理经验和特色，项目获2018年IPMA国际项目卓越管理奖特大型项目银奖。制订工程创优计划，组织申报8个省部级科学技术进步奖，启动前期准备，为争创国家优质工程奖打牢基础。高效完成施工尾项、设计变更、“三查四定”和低标准整改等3000多个销项工作；常减压装置常顶循改造、硫黄装置碱洗、厂前区仓储等项目改造顺利推进，工程安全、质量、进度、投资全面受控。

【科技创新】 2018年，云南石化主动承担81万吨海外份额油加工任务，组织技术攻关，确定单输单储单炼加工方案，有效摊薄加工成本。开展全厂工艺防腐技术攻关，工艺防腐合格率接近100%水平。增产高效产品，优化装置运行参数和加工流程，通过技术攻关，常减压石脑油收率提高1%、加氢改质石脑油收率提高5%、加氢裂化石脑油收率提高3%，汽油和丙烯收率提高2%。消除装置达标瓶颈，常减压、催化裂化、加氢裂化、连续重整四套装置完成达标任务。制订一炉一策方案，开展红旗炉竞赛，提高加热炉热效率至92%以上。优化重油加工路线，成功用高硫油生产出低硫石油焦。军用航空煤油顺利通过资质认证。成功试生产3号、5号工业粗白油。完善重质原油生产沥青工艺方案，稳定产品质量。逐一诊断、调整关键PID参数，提高在线仪表使用，自控率96%以上。平稳推进常减压、催化、重整等6套关键装置先进控制与优化系统，操作平稳率99%以上。全厂27套生产装置推广使用流程模拟与优化系统，三维数字化工厂系统上线运行，为优化加工方案、指导装置操作、诊断设备故障等提供准确的数据支撑。

【队伍建设】 2018年，云南石化坚持“民主、公开、竞争、择优”的原则，畅通晋升渠道，提拔调整中层干部22人，完成33名装置主任、装置副主任和主管工程师竞聘工作。打通操作岗、技术岗、管理岗的交流通道，24人完成转岗交流，不断优化人力资源配置，促进人才内部流动。进行中层干部、新提拔干部、班组长全覆盖集中轮训，增强思想素质、提升管理能力。深入开展全员“岗位履职能力大讨论”活动，编写、修订岗位说明书，增加岗位安全职责，提高广大干部员工责任意识，转变精神面貌，提升工作标准和履职能力。开展“大培训大练兵大考核”活动，通过严格考核，评选出12名工种状元、15名工种明星、26名工种能手、41名优秀选手，努力营造“比学赶帮超”浓厚氛围。在集团公司炼化专业职业技能竞赛中，获4枚铜牌，展示培训成果和队伍素质能力。

【企业党建工作】 2018年，云南石化高质量组织召开公司民主生活会、基层组织生活会，着力解决广大员工关心问题，促进管理提升。在党员人数较多的支部，配备专职书记、副书记，将群团、青年工作纳入支部统一管理，进一步强化基层党组织建设。加强“三会一课”“三联”示范点等工作部署、检查和考核，推进党建“互联网+”，上线运行党建信息化平台和党建微信公众号。开展红色主题教育、大庆精神铁人精神专题宣讲等活动，不断增强全体党员的党性意识。践行“四个诠释”岗位实践活动，以“两方案两主题一抓手”为主线，加强“思想文化”和“作风形象”系统建设，扎实开展“五个一”主题演讲活动，激发广大干部员工干事创业热情。举办“公众开放日”“我这一年”主题征文活动，通过主流媒体宣传报道，塑造良好企业形象。持续培育、宣贯和弘扬“团结进取、严谨务实、担当奉献、稳健高效”的云南石化精神，打造特色企业文化。坚决贯彻中央八项规定要求，加强党风党纪教育，筑牢党员干部思想防线。开展首轮巡察工作，推进“两个责任”落实，为巡察工作三年全覆盖探索模式、打下基础。完善廉洁风险防控体系，发挥电子监察作用，加强对合同招标、油品装卸等重点工作的日常监督，提高监察效能。

（姚炳强　邹纪丞）

中国石油天然气股份有限公司大港石化分公司

【概况】 中国石油天然气股份有限公司大港石化分公司（简称大港石化）是中国石油直属的炼化地区公司之一，地处天津滨海新区南港工业区，始建于1965年。截至2018年底，有员工2221人，其中管理和技术人员697人。原油加工能力500万吨/年，固定资产原值73亿元，净值36亿元，厂区占地面积193.63万平方米。全年加工原油448.99万吨，加工成品油425.53万吨，收入261.66亿元，利润26.33亿元，上缴税费93.18亿元。

大港石化主要生产经营指标

指　标	2018年	2017年
原油加工量（万吨）	448.99	385.13
汽油产量（万吨）	154.72	121.58
柴油产量（万吨）	203.8	186.32
收入（亿元）	261.66	192.00
利润（亿元）	26.33	15.60
税费（亿元）	93.18	76

【安全生产】 2018年，大港石化发布实施A版基础管理体系文件，持续开展“无事故车间”创建、安全明星评比等活动。突出HSE体系内部审核，开展现场“低老坏”和“三违”行为查处，装置HSE标准化达标率100%。加强承包商管理和施工作业现场监管，全年12000余项作业、2300余项危险作业全部受控。开展全员HSE培训，完成HSE履职能力评估。全年开展应急演练334次。

【环境保护】 2018年，大港石化完善环保监管体系，建立例会制度、日报制度、考核制度。实施原油在线水分析仪迁移改造，投好用好莱特油泥处理设施。推进“污水处理专利技术”现场试验、VOCs全区域自动监测、固废暂存库等环保项目建设。加强在线仪表管理，保证在线数据质量。开拓危险废物外部处置渠道，危险废物得到及时合规处理。加强排污许可管理，开展环保装置对标，完善环保档案，强化环保数据监测分析，天津市环境监测中心年度采样分析790项次全部达标。

【生产运行】 2018年，大港石化加强生产受控管理，严肃工艺纪律劳动纪律，提高巡检监盘质量，加强产供销衔接，全年生产计划执行率99.13%、产销率100%、装置运行平稳率99.51%。实施设备风险分级管控，完善三级状态监测体系，开展设备和电气仪表隐患治理，狠抓关键设备特保特护，设备完好率99.91%、装置泄漏率0.095‰。开展“常减压高低温腐蚀控制”等8项技术攻关。加大对标分析和生产优化力度，高附加值产品收率提高至86%，柴汽比降至1.32。继续实施催化油浆、三泥进焦化回炼，累计增效4500万元。加强产品质量检验和质量攻关，出厂产品质量合格率始终保持100%，航空煤油产品通过国产航空（航艇）油料鉴定委员会认证。加强节能节水管理，全年节能1.25万吨标准煤、节水7.33万吨。

【项目建设】 2018年，大港石化新建40万吨/年航空煤油加氢装置及配套设施项目完成“三查四定”，具备中交条件；航空煤油外输管道及汽油、柴油外输管道隐患整改项目如期实现全线贯通，具备输油条件；综合装车场隐患整改项目完成汽油、柴油部分改造，具备连头条件；固废暂存库地下施工全部完成；15万吨/年烷基化装置项目完成可行性研究、环评、能评批复；1万吨/年硫黄回收装置热备改造项目基础设计已批复；乙醇汽油配送中心等结构调整项目处于推进前期工作阶段。中俄炼化项目炼油流程优化、化工产品方案优化、重油加工方案研究及原油供应谈判等工作有序推进。

【企业党建工作】 2018年，大港石化严格按照“四同步”要求，新建党支部12个，撤销党（总）支部8个，完成19个支部支委新设和增补。开展党支部书记专题脱产培训，首次组织11名基层党支部书记进行现场述职评议。制定下发《大港石化公司党支部达标晋级管理实施细则（暂行）》，开展党员“亮身份、强引领、保落实”主题实践活动。加强干部队伍建设，调整领导班子27个、中层干部75人次，选拔任用19人。坚持巡视巡察联动，集团公司党组巡视反馈的36个问题整改完成27个，通过集中整改期现场验收，首次开展巡察“回头看”。把握运用好“四种形态”，党内警告2人、诫勉谈话6人、批评教育18人、提醒谈话3人。制修订制度16项，动态排查廉洁风险289个，签订个性化廉政责任书753份，建立干部廉洁档案50份。

【企业文化建设】 2018年，成功承办中国石油开放日启动仪式和中国石油绿色发展新闻发布会，举办大港石化环境开放日系列活动，邀请各界人士走进现场，感知公司在环境保护、绿色发展方面的新发展新变化，展现石油人的社会责任与担当，50多家中央和地方媒体对活动进行全方位报道，光明网进行网上直播，50多万网民通过网络参与，拓展活动影响，弘扬中国石油企业良好形象。在集团公司和全国石化行业技能竞赛中，获1金2银3铜，7人获“优秀选手”称号，第四联合车间、分析中心竞赛团队分获团体三等奖。组织庆祝改革开放40周年系列活动，通过主题征文、艺术作品创作展、企业改革发展成果主题展等形式，展现公司改革开放40周年发展变化，讴歌企业发展丰硕成果、激发全体员工干事创业激情。坚持做好扶贫帮困送温暖工作，发放各类慰问救助款物合计160万元。组织布贴画作品参加天津市梅江“2018中国旅游产业博览会”非遗项目展，彰显企业文化品牌。

（孙叔禹　蔡宇丽）

中国石油天然气股份有限公司华北石化分公司

【概况】 中国石油天然气股份有限公司华北石化分公司（简称华北石化）位于河北省任丘市。2018年底，设机关处室10个，直属部门5个，二级单位11个；有员工2090人，平均年龄41.2岁，大专以上学历占72.3%；有常减压、重油催化、加氢、重整、催化汽油吸附脱硫等主要生产装置46套。主要产品有汽油、柴油、液化气等30余种。

2018年，华北石化以“一二三四五”（即一年打基础，二年增效益，三年大变样，四年上台阶，五年创辉煌）战略蓝图为指引，团结带领全体干部员工，全面实现“五年创辉煌”战略任务，有效应对大建设、大检修、大碰头、大开工的各种严峻考验，各项工作稳步推进、取得长足进步。

【生产经营】 2018年，华北石化深挖提质增效潜能，克服大检修、大开工等不利因素影响，严肃工艺纪律，严格执卡操作，持续实施开源节流降本增效，健全完善对标管理体系，深入开展生产优化，7项指标同比提升，全年加工原油336.3万吨，收入170亿元，盈利4.54亿元。深化HSE体系建设，开展在建项目、大检修专项审核，完善双重预防机制，加强环保设施运行，强化大检修、大开工等特殊阶段污染减排管理，推动安全绿色发展，实现安全“零事故”、环境“零污染”，公司被评为集团公司2018年度安全环保质量节能先进单位。持续深化改革，适应千万吨级大厂需求的管控体系、运行机制、“三项”制度等九大改革稳步推进。

【项目建设】 2018年，华北石化聚焦千万吨项目及配套工程建设，完善项目管理体系，健全组织机构，加强现场作业管控，全面落实质量创优规划，克服大检修加大建设、新项目加老装置、大项目套小项目等困难，高水平开展“决战决胜”百日会战，2018年6月30日千万吨项目主体全面中交，12月“大宗产品销汇中枢”火车编组站地付系统、“小产品销储枢纽”东罐区等项目陆续建成、投用。管控中心中央控制室、综合化验楼、新消防站、100万吨/年航空煤油加氢装置等项目全部建成。11月30日顺利实现中交，完成10万立方米的混凝土浇筑，3300吨钢结构安装，44万寸焊接当量，175.5千米电气电缆及489.6千米仪表电缆敷设。

【大检修】 2018年，华北石化严格落实检修方针和大检修各项要求，完成常规检修项目11499个、技改技措项目54个，实现“气不上天，油不落地，声不扰民，水达标排放，固体废物合规处置”的总体要求。完成涉及新老厂区和后续项目的214条联络线、414个管线碰头及中央控制室搬迁等工作，实现精准接入、精准组态、精细入微、不误分毫，打通新老厂区“双系列”工艺流程，实现500万吨产能全面复产。

【大开工】 2018年，华北石化明确全面大开工攻坚战总体思路，建立全面大开工指挥组织体系，实现自上而下有效领导、自下而上高度负责。成立大开工帮服组，深入基层，绝不给基层添乱，真正解决实际困难。启动“建功新时代，决胜大开工”主题劳动竞赛。2018年9月24日，新建2号常减压装置产品合格，装置一次开车成功。3号苯抽提、硫黄回收、污水汽提、溶剂再生，老区2号3号催化、2号重整、Szorb、1号2号加氢等主体装置绿色安全一次开车成功。10月7日聚丙烯开工，实现装置检修复产一次开车成功，大开工第一阶段任务顺利完成。公用工程全部投用，未开工装置单机试运、联调联试、吹扫气密等工作完成。

【改革创新】 2018年，华北石化制定《持续深化改革总体方案》，深化适应千万吨级大厂需求的管控体系、运行机制、干部人事分配制度等改革，为千万吨建设、开工、运行提供强有力的组织保障；持续强化管理创新，实施制度分级管理、开展流程再造，推动“三基”工作常态化长效化，搭建创新成果信息共享平台，完善规范标准、制度体系、评选办法，挖掘基层内在潜力，2项成果获省部级奖励，2个基层案例在集团公司进行广泛交流。加强科技创新，2项发明专利提交国家知识产权局，1项专利获授权，1项科技项目获集团公司科学技术进步奖一等奖。全面深化分配制度改革，增设倒班员工贡献奖，绩效奖金坚持向业绩好、创效多的单位和“生产一线”“苦脏累险”“贡献突出”岗位倾斜，鼓励自主灵活的内部分配方式，形成重实绩、凭贡献、收入能高能低的激励机制。

【企业党建工作】 2018年，华北石化推进“两学一做”学习教育常态化制度化，把学习贯彻习近平新时代中国特色社会主义思想和党的十九大精神作为重中之重。深入贯彻落实国有企业党建工作会议精神，健全完善公司和基层两个层面“责任到人、上下联动、广泛参与”的“大党建”工作格局，落实党建工作责任制，制定《公司领导班子成员基层党建联系制度》，管党治党责任进一步压实。坚持把党委讨论研究作为重大事项决策的前置程序，严格执行“三重一大”制度要求，396个重大事项均实现依法、科学、集体、民主决策。组织党委中心组扩大学习15次，举办4期中层干部培训班，副科级以上干部全部脱产轮训。定制开通“手机党校学习班”，700余名党员实现网上学习和参与知识竞赛。各基层党支部高频次组织学习活动325场，支部书记讲党课144场，党员干部撰写心得体会470余篇、学习征文300余篇，精选形成《党的十九大精神学习成果汇编》，推动党的十九大精神在华北石化落地生根。制定《党支部书记述职评议考核工作实施细则》，把年度述职考核评议会作为检验党建工作基本功的“擂台赛”。驰而不息纠“四风”、树新风，印发《关于进一步贯彻落实中央八项规定精神实施细则》，紧盯关键节点，做好节前“预警”。持续深化管理人员及其亲属利用中国石油平台违规经商办企业专项治理，采集560名管理及履行管理职责人员的6100余名亲属信息。深化联合监督系统电子监察，查实问题7个，批评教育6人次，经济处罚5人，坚决刹住歪风邪气，净化经营环境。发挥巡察利剑作用，对4个主要生产单位开展政治巡察，发现并反馈各类问题87个，严格督办整改落实。全年安排党委中心组学习反腐倡廉内容9次，开展干部任前廉政谈话14人次，参观反腐倡廉基地30余人次，编发警示教育材料12期，引导全员树立正确的廉政观。

【企业文化】 2018年，华北石化组织开展以“攻坚克难、背水一战”为主题的“形势、目标、任务、责任”主题教育和“强树争”（强化岗位责任心、树立担当好作风、争当企业主人翁）大讨论活动，开展两级宣讲30余场、编发学习手册2000余本，组织19批1500余人次走进千万吨建设现场，激发干事创业激情。启动无房员工团购住宅项目，解决55名员工子女入学问题。情系项目建设者，开展系列劳动竞赛，组织现场慰问、文艺演出等活动，202名机关及附属人员投身千万吨开工一线帮服，激励广大参战将士建功立业创辉煌。关心青年员工，组织“十佳青年”评比表彰、青年大讲堂、青年志愿者服务、企地青年联谊等活动，为青年成长成才搭建舞台、开辟通道、做好服务，1人获集团公司“纪念改革开放40周年”青年演讲比赛二等奖。完成围场县2个村的扶贫项目15个，478户1449人脱贫，一个贫困村实现整体脱贫。促进企地和谐共建，共同推动完成零散居民搬迁、厂区规划调整、北环路华山道封闭等重点工作。

（郑晓云）

中国石油天然气股份有限公司呼和浩特石化分公司

【概况】 中国石油天然气股份有限公司呼和浩特石化分公司（简称呼和浩特石化）位于内蒙古自治区呼和浩特市，始建于1992年，占地200万平方米。

炼油加工规模500万吨/年，固定资产原值81.54亿元，14套炼油装置、1套化工装置及配套系统。配套建设有长庆—呼和浩特原油管道和呼和浩特—包头—鄂尔多斯成品油管道。主要生产汽油、柴油、航空煤油、燃料油、液化石油气、聚丙烯树脂、石油苯、工业硫黄等6大类13种产品，主要满足内蒙古自治区、山西省及周边地区市场需求，并出口蒙古国。2018年底，在册员工1905人，大专以上学历1169人；设11个机关处室、6个直属单位、8个二级单位。

2018年，呼和浩特石化坚持稳健发展方针，按照高质量发展要求突出工作重点，注重工作细节，强化工作落实，实现安全环保平稳生产，完成生产经营任务。全年加工原油357.37万吨，实现轻质油收率79.41%，综合商品率92%，炼油综合能耗67.4千克标准油/吨，新鲜水单耗0.46吨/吨，综合损失率0.49%。收入211.83亿元，上缴税费72.21亿元，利润15.05亿元。2018年，呼和浩特石化获全国"融媒体语境下最具品牌传播力企业""改革开放40年中国企业文化四十标杆单位"称号，以及集团公司2018年度质量安全环保节能先进企业、集团公司物资统计先进集体。

呼和浩特石化主要生产经营指标

指　标	2018年	2017年
原油加工量（万吨）	357.37	447
汽油产量（万吨）	151.54	176.54
柴油产量（万吨）	122.25	161.17
航空煤油产量（万吨）	13.03	16.97
苯（万吨）	2.03	2.49
聚丙烯（万吨）	10.85	13.10
资产总额（亿元）	83.2	75.63
收入（亿元）	211.83	225.10
利润（亿元）	15.05	19.19
税费（亿元）	72.21	88.35

【生产运行】 2018年，呼和浩特石化严格生产运行纪律管理，落实管理技术人员高点巡检、操作员工不间断巡检、操作变更和生产运行周检查等规章制度，做好物料平衡和能量平衡，加大平稳率考核力度，确保生产平稳运行。超前谋划、精心组织，顺利完成重整板换更换和国VI标准汽油、柴油升级任务。克服市场需求疲软、原油资源紧张等诸多困难，固化产销交流沟通机制，优化组织原料进厂、产品出厂，保证装置加工任务完成、生产后路畅通和经济效益的实现。强化"五位一体"特护管理，加强机组状态监测和机泵测温、测振，建立完善腐蚀监测体系，促进设备管理水平提升。推行"四班两倒"工作模式，优化调整检维修运维模式，有效缓解车间人员紧张情况，提高工作质量和效率，确保装置长周期平稳运行。

【安全环保】 2018年，呼和浩特石化狠抓责任制落实，严格安全风险管理，完善隐患排查治理体系，做到责任、措施、资金、时限和预案"五落实"，实现2018年无一般B级及以上生产安全事故的目标。严守"四条红线"，加强施工作业预约管理，每周集中限时安排危险作业，节假日实行升级管理，强化承包商全过程管理，保障施工作业安全。推进HSE体系建设，严格审核问题销项和闭环管理，体系建设水平跨上新台阶。加强安全生产标准化建设，标准化装置验收100%达标，企业安全生产标准化建设通过内蒙古自治区应急管理局二级评审。狠抓生产平稳运行，加大污水总排口、加热炉尾气排放监测力度，优化工艺操作，"三废"达标排放。完成500万吨扩能改造和催化烟气脱硫脱硝项目竣工验收，取得排污许可证，呼和浩特石化高质量发展基础更加牢固。

【挖潜增效】 2018年，呼和浩特石化坚持每月与加工长庆油田原油的兄弟单位进行全面、深入对标，向先进指标看齐。2018年单因耗能7.15千克标准油/（吨·因数），炼化板块排名第一；新鲜水单耗0.46吨/吨，创呼和浩特石化历史最好水平。优化氢气平衡，全部回收火炬放空气体，减少瓦斯损耗，2018年向中海油天野化工有限责任公司送过剩瓦斯3817吨，节省支出约156万元。控制催化产汽、停用部分蒸汽伴热，根据气温变化及时调整蒸汽伴热阀门开度，蒸汽损耗较2017年减少20吨/时。加强污水处理场运行监控和管理，提高中水回用率，处置地下水漏点，减少水损失近20万吨。加强化工原材料日常管理和监督，优化催化剂配方，化工原材料费用同比下降10%，降费1930万元。全面优化催化装置操作，降低催化干气中 C_3 组分含量至1.21%，累计节约成本约47万元。把握聚丙烯效益增长点，完成HT30S、HT40S两种牌号产品的生产任务和薄壁注塑料新产品的试生产工作，提升创效能力。2018年开源节流降本增效项目累计实现增效3957万元。

【装置大检修】 2018年，呼和浩特石化装置大检修从7月1日开始，至8月24日结束，工期56天，完成8548项检修项目和134项技改技措项目，基本解决制约装置平稳运行的安全隐患和生产瓶颈问题，实现停得顺利、交得干净、检得到位、开得成功的检修目标，全程做到"气不上天、油不落地、声不扰民"，实现"安全、绿色、优质、受控"既定目标。

【基础管理】 2018年，呼和浩特石化加强制度修订工作，规范流程，梳理适用法律法规2183项。强化产品质量全过程管理，严格装置馏出口合格率、成品油一次调合合格率和化验准确率考核，保证产品出厂合格率100%。持续加强标准化管理，完成《石油产品双烯值的测定》等4 项油品试验方法企业标准和14 项环保、水质试验方法企业标准的修订发布工作。组织开展研读操作规程、提升操作技能活动，提高员工规范化操作水平。细化计量管理与统计分析工作，加强原油控损和成品油出厂计量管理，避免效益损失。取得中国合格评定国家认可委员会（CNAS）认可证书，标志着实验室管理、技术能力实现新突破。

【企业改革】 2018年，呼和浩特石化稳步推进"三项制度改革"，精简机构、优化职能，组织机构由36个调减至32个。重视年轻干部的培养使用，修订中层管理人员退出领导岗位等相关制度，为年轻干部成长拓展空间。完善绩效工资分配体系，易岗易薪，树立"钱是挣来的"理念，调动干部员工工作积极性。推进矿区业务改革，在集团公司和地方政府大力支持下，"三供一业"分离移交基本完成，完成矿区物业管理和供热采暖货币化改革，社区管理职能完成移交，矿区业务改革做到平稳、有序。

【企业党建工作】 2018年，呼和浩特石化构建"大党建"工作格局，推行党支部区块管理，落实党建工作联系点，压实党组织主体责任，形成一级抓一级、层层抓落实，齐抓共管的党建新格局。全面落实党风廉政建设"两个责任"，以加强廉政教育、推进基层党支部巡察、强化监督检查为抓手，推进反腐倡廉工作，为呼和浩特石化高质量发展提供纪律作风保证。围绕"基层班组建设年"，狠抓班组劳动竞赛和"五型"班组创建，调动员工"比学赶帮超"的积极性，基层班组自主管理能力得到有效提升。开展"弘扬石油精神、重塑良好形象""6·5世界环境日"和环保公益植树等活动，激发干部员工爱岗敬业热情。

【和谐企业】 2018年，呼和浩特石化坚持以人为本，关心关爱员工，在完成生产经营任务基础上，千方百计提高员工收入，2018年员工平均收入实现较大增长。在符合政策的条件下，想办法增加员工福利，发放节日慰问品，提高餐饮服务标准，对生活有困难的员工给予帮扶，发放帮扶资金129.8万元。加强员工职业健康监护，组织职业健康体检；结合员工体检实际情况，按员工年龄段阶梯式增加健康体检费用标准；分批次组织特殊岗位员工进行健康疗养。组织乒乓球、羽毛球联谊赛，春夏之交登山郊游，以及庆祝改革开放40周年歌咏比赛等系列活动，丰富员工业余生活，企业向心力持续增强。

【企地共建】 2018年，呼和浩特石化重视帮扶工作，贯彻落实《内蒙古自治区党委办公厅、政府办公厅关于印发〈自治区直属机关、企事业单位定点帮扶兴安盟实施方案〉的通知》精神，对内蒙古自治区兴安盟突泉县突泉镇平新村进行对口帮扶。2018年，投资50万元支持平新村发展肉牛养殖业。拨款10万元支持新农合和积分爱心超市，为使帮扶资金用在村民身上，呼和浩特石化与平新村村委会研究，采取补助村民参加"新农合"，呼和浩特石化为每人承担90元。为激发建档立卡贫困户参与脱贫攻坚积极性和自我脱贫的主动性，培养新型农民，从参加会议及培训活动、参与公益活动、家庭卫生、发展产业、配合扶贫及村务工作五个方面，制定平新村贫困户"积分制"管理办法，在该村实施"积分管理"，该项工作在突泉县属于首例并在其他村镇推广开来。下半年结合帮扶实际，拨付50万帮扶资金，捐赠18台电脑、衣物和废旧物资，折价19万元。2018年底，呼和浩特石化对口扶贫点——平新村整体脱贫，兴安盟突泉县突泉镇党委书记到呼和浩特石化送上"精准扶贫办实事、真情帮扶人民心"锦旗，表达平新村全体村民的心声。

（何淑华）

中国石油天然气股份有限公司辽河石化分公司

【概况】 中国石油天然气股份有限公司辽河石化分公司（简称辽河石化）位于辽宁省盘锦市，前身为盘锦炼油厂，始建于1970年，1971年建成投产，经过40多年的发展建设，已成为原油加工能力520万吨/年、固定资产60亿元的炼化企业。2018年底，有常减压蒸馏、催化裂化、连续重整、汽油柴油加氢、润滑油加氢、延迟焦化、润滑油糠醛白土联合精制、气体分馏、聚丙烯、制氢、硫黄回收、酸性水汽提、干气及液化气脱硫等28套主体装置以及完善的公用工程系统和辅助生产设施。主要加工低凝环烷基原油、混合稠油、超稠油、石蜡基原油和进口稠油，主要产品有汽油、柴油、润滑油、沥青、聚丙烯、石油焦、液化气、工业硫黄等30余种。沥青产品产能达200万吨/年，是中国最大的沥青生产基地，环保型橡胶填充油等特种润滑油系列产品打入国际市场，是中国石油以加工稠油为主最具特色的炼化企业之一。设机关处室11个、附属机构6个、直属机构5个、二级机构15个，在册员工2560余人。

辽河石化主要生产经营指标

指　标	2018年	2017年
原油加工量（万吨）	457.69	457.60
汽油产量（万吨）	64.7	64.48
柴油产量（万吨）	126.34	137.83
燃料油（万吨）	11.54	11.14
石油焦产量（万吨）	22.1	24.50
润滑油产量（万吨）	3	4.07
石油沥青产量（万吨）	165.59	154
液化石油气产量（万吨）	9.51	10.35
蜡油产量（万吨）	9.4	12.62
苯类产量（万吨）	7.97	8.54
聚丙烯产量（万吨）	2.19	2.45
橡胶增塑剂产量（万吨）	23.4	15.27
资产总额（亿元）	60	58
收入（亿元）	200	182
利润（亿元）	0.32	2.26
税费（亿元）	40.4	49

2018年，辽河石化认真贯彻落实集团公司党组和炼化板块的部署和要求，坚持党的全面领导，持续打牢安全环保基础，坚持“以效定销、以销定产、以产促销”生产经营原则，全力落实提质增效措施，共同克服资源波动、成品油调运艰难、装置检修库存增长、油品市场价格连续下跌等多重困难，取得良好的生产经营业绩，配合完成经济责任审计、集团公司政治巡视任务，干部员工收入获得较大幅度增长，队伍整体稳定和谐。

2018年，辽河石化加工原油457.69万吨；收入200亿元，同比增加17亿元；完全单位加工费320.01元/吨，节约4.29元/吨；现金单位加工费175.05元/吨；实现账面利润3202万元，剔除年底跌价等影响因素，完成全年考核指标；上缴税费40.4亿元。

【生产经营】 2018年，辽河石化坚持新发展理念，坚持积极稳健发展的方针，科学分析研判形势，沉着应对压力和挑战，遵循“以效定销、以销定产、以产促销”的生产经营原则，全力落实“5+33”提质增效措施，克服资源波动、成品油调运艰难、装置检修库存增长、油品市场价格连续下跌等多重困难，采取有效措施，丰富进口原油资源，开拓高质低价原油渠道，精心组织原油入厂。加大稀油计划的落实，增加优质稀油进厂量，劣质稀油改进大混合油。打通商储油资源渠道，满足生产急需。严控生产波动，实现平稳率99.7%，比炼化板块平均水平高0.11%。科学安排生产方案，计划执行率99.89%。优化催化、焦化、2号改质等装置运行。增加高标号汽油产量。开展石油焦产品质量提升攻关，提高产品附加值。汽油、柴油产品升级到国Ⅵ标准。超额完成集团公司下达的节能节水指标。对焦化原料泵进行改造，节电效果显著。开展加热炉优化运行对标，在运28台加热炉平均热效率同比得到提高。汽油地付设施建成投用，拓展周边市场。打通精丙烯销售流程，拓宽产品输出渠道。建立与兰州石化等单位的原料互供关系，互供计划完成率100%。拓展沥青区外市场，外销沥青13万吨。严格管控成本费用，细化财务核算，严格执行审批流程。压控“两金”，减少资金占用，严控非生产性支出，累计增效1327万元。实施“5+33”提质增效措施，累计创效1.9亿元。取得良好生产经营成绩。

【安全环保】 2018年，辽河石化全面落实安全环保责任，严格执行“三严”管理要求，以风险管控为核心持续改进，保持HSE体系良好运行。以HSE体系审核问题整改为抓手，集中治理各类安全环保隐患，全面加强承包商监管，严肃实施环保达标受控管理，守住安全环保的红线和底线，为全年各项任务目标完成筑牢基础。全年接受集团公司HSE体系审核2次，开展QHSE体系内审，并认真整改问题。形成全部装置或场所的HSE标准化建设达标标准，建立风险分级管控模式。编制覆盖全员的岗位安全生产责任清单，强化检查岗位履职情况。规范执行风险作业公告制度，健全探伤作业公告模式，全年公告并严控风险作业7466项次。对255名基层管理人员进行安全监护培训取证。推进隐患治理项目，完成鲅鱼圈长输管线标识桩等问题整改和减黏、南蒸馏等装置加热炉低氮燃烧器改造等环保提标改造项目。环保风险全面受控。有效管控催化再生烟气、硫黄尾气等在线监测设备运行。对危险废弃物全部进行无害化合规处置。积极推进环保达标升级，污染物稳定达标排放。中央环保督查“回头看”实现零投诉。获批排污许可证。安全环保风险全面受控，实现年度安全环保工作目标。

【设备管理】 2018年，辽河石化实施静密封点分类管理，推进标准化管理常态化。加强大型机组维修维护，完善动设备故障诊断系统和机组在线监测系统。开展转动设备故障统计分析，排查整改电气系统线路隐患。保持设备完好率99.95%，静密封点泄漏率低于0.1‰。开展设备攻关，对所有装置进行定点测厚及数据分析。普查冷却器运行情况，延长管束使用寿命。有序推进1号罐区隐患治理，完成104号、105号罐机械清罐改造。完成西水场低压配电改造、南蒸馏电脱盐一级罐改造。对21套装置和系统单元进行检修改造，完成检修项目1906项，实施技改技措及隐患整改项目71项，检修设备2353台。做到科学统筹、重点突出、风险受控、紧张有序，所有检修装置均一次开车成功。

【科技创新】 2018年，辽河石化持续扩展新产品研发，进行润滑油高压加氢中试试验，开展产品的市场调研。实施90号A级沥青生产新工艺专题攻关并取得阶段性成果，实现A级沥青生产常态化。完成桥面改性沥青等新型沥青的研发。科技攻关有序开展，承担股份公司级项目8项、地区公司级项目14项。牵头和参与的股份公司级项目2个课题中的5个专题完成研究。7月，“中国石油稠油加工技术中心”在辽河石化落成，主要研究方向为辽河稠油和进口劣质原油加工工艺及成套技术，沥青特色系列化产品和高档特种润滑油产品。2018年，辽河石化高技能人才创新成果获集团公司一等奖1项、三等奖2项，科技成果获盘锦市自然科学成果奖7项，形成软件著作权1项，获国家专利授权2项。

【规划发展与项目建设】 2018年，辽河石化有序推进“十三五”规划项目，完成丙烷脱沥青生产光亮油项目第一步试验，多次参与总部悬浮床加氢技术交流。启动“十四五”规划前期工作，丙烷脱沥青项目被列入股份公司发展规划。项目建设高效推进，与总包单位建立对接协调机制，精心组织项目建设，全年完成投资6亿元。40万吨/年润滑油高压加氢项目建设高效顺畅，主体工程完成86%，储运工程—原料油罐区项目完成60%，完成制氮单元的土建部分施工，富氢气体回收项目完成50%。抚顺—锦州线成品油长输管道（辽河支线）按期完工。新建废弃物暂存库、VOC环保治理等项目建成投用。

【管理提升】 2018年，辽河石化落实集团公司“三项”制度改革文件要求，成立公司人事劳动分配制度改革工作领导小组，稳步实施改革。着力推进薪酬制度改革，夜班津贴、上岗津贴、奖金进一步向一线倾斜，形成员工正向流动趋势。持续推进管理制度“四不”问题的预防和整改，全年制定、修订制度50项。规范审定“三重一大”事项89项。引进第三方专业机构，开展专项招标管理、承包商管理、工程建设管理等专项测试。完善KPI指标和考核方式，加强对效益类、成本类指标的管控。设立二级机构“急难险重奖”，有效调动员工积极性。突出及时性和准确性，督办重点工作1212项次，提高工作质量。针对经营管理中存在的典型问题，制定落实整改措施。鲅鱼圈长输管线高后果区视频监控系统联网投用。强化供应商管理，推进规范化、标准化采购。举办第四期中青年干部培训班和3期党的十九大精神学习培训班。在机关处室、直属部门、附属机构选聘管理专家、主管和高级主管，增强队伍活力。获集团公司职业技能竞赛团体三等奖2个、个人1金1银1铜。

【企业党建工作】 2018年，辽河石化全面加强党的建设，党支部战斗堡垒作用和党员先锋模范作用有效发挥。大力弘扬石油精神，企业文化建设进一步深化。全面加强政治建设。牢固树立“四个意识”、坚定“四个自信”、践行“两个维护”。严格执行民主生活会制度，高质量召开两级班子民主生活会。全面强化作风建设。深入贯彻《关于进一步激励广大干部新时代新担当新作为的意见》，召开专题部署会，组织深入学习研讨，树立“讲三新、强作风、抓落实”工作导向。严格落实中央八项规定精神，制订防范“四风”问题工作方案。结合集中整治形式主义、官僚主义，开展检查，防止反弹。加强党风廉政建设。积极配合集团公司党组巡视工作，对反馈的8个方面26项具体问题，制定147项整改措施，落实完成132项。开展三轮政治巡察，对7个基层党组织进行全面体检。严格落实党建责任。切实履行党委主体责任，统筹谋划、把握重点，领导班子成员带头履行“一岗双责”。落实集团公司党组《党建工作责任制考核评价实施办法》，及时转化制定实施细则。推进“两学一做”学习教育常态化，深化“四合格四诠释”岗位实践活动，开展装置检修劳动竞赛、主题党日等活动。加强思想政治工作。公司党委专题研究意识形态工作，与生产经营工作同部署、同落实、同检查、同考核。加强意识形态阵地管理，细化措施，及时梳理存在的隐患点和风险源。全面落实“两个责任”，构建反腐败长效机制。严格执行《党风廉政建设约谈制度》，强化党员干部日常监督管理。有效运用执纪监督“四种形态”，抓早抓小，防微杜渐。推进和谐企业建设。治安保卫实现“四零”“四无”工作目标，打赢装置检修和新装置建设保卫战，依法合规推进维稳信访工作。开展“转型提升年”“推进高质量发展”等专题宣教。利用报纸、网站等传统形式与微信公众平台等新媒体作用，引导干部员工正视形势，聚心聚力。典型引领育化人心。挖掘、培养、选树新时代先进典型，召开劳动模范、青工座谈会，专题宣传典型人物的先进事迹，充分发挥先进典型的示范引领作用。关爱计划温暖人心。梳理制订员工关爱计划，全年完成改善员工倒班室条件等8项内容，为员工解困难、送温暖。文化活动凝聚人心。举办石化地区新年联欢会、员工排球联赛，不断增强企业的凝聚力和向心力。

【辽宁省陈健技能大师工作站】 辽宁省陈健技能大师工作站于2014年11月通过辽宁省人力资源和社会保障厅评估验收正式挂牌运行，2017年3月通过辽宁省人力资源和社会保障厅复审评估，被评为“辽宁省大师工作站示范站”，2018年被授予集团公司级钳工技能专家工作室。技能大师工作站成立以来，制定目标责任书，签订师徒协议，集带徒传技、技能攻关、技艺传承、技能推广等功能于一身，成为“孵化”机泵维修钳工专业高技能人才的摇篮，先后培养出辽河石化技能专家2人、首席技师1人、高级技师6人、技师5人。工作站成员自2002年由工作室创始人陈健首次参加比赛，其后在周强的带领下，先后参加国家、集团公司、辽宁省、盘锦市等各级比赛6次，获2次团体第1、金牌2枚、银牌3枚、铜牌5枚的好成绩。2013年获集团公司钳工技能大赛团体第1、个人1金2银的成绩，2018年10月参加第十届全国石油和化工钳工技能竞赛，获团体三等奖。2018年11月参加辽宁省暨阜新市职业技能精英挑战赛，分别获第十四、十五、十六名的成绩。

工作站每季度组织一次技能竞赛，每年进行一次奥林匹克队员选拔赛，两年选拔地区公司级和部门级奥林匹克队员20名，调动员工学习技能的积极性。工作站成员充分利用实训基地，本着“服务生产、贴近现场、突出实用实效”的原则，组织开展技能培训、技术交流、联合攻关、成果展示、新技术推广等技能活动，每年为大连理工大学学生进行基础知识培训，为员工进行技能培训。通过内部攻关及交流，工作站于2015年、2016年、2017年、2018年分别取得技改成果5项、19项、31项、11项，解决生产和检修方面难题20项、18项、25项、26项。还申请国家专利1项，发表学术论文获盘锦市自然科学学术成果奖二等奖。作为辽河石化高技能人才最为集中的团队，工作站通过高端带动充分发挥高技能领军人才的示范引领作用。

（马德君）

中国石油天然气股份有限公司长庆石化分公司

【概况】 中国石油天然气股份有限公司长庆石化分公司（简称长庆石化）位于陕西省咸阳市，始建于1990年，1992年投产，固定资产原值50亿元，主要生产装置17套，辅助设施12套，原油加工能力500万吨/年。长庆石化为燃料型炼油厂，产品以国Ⅴ和国Ⅵ标准车用汽油、柴油及航空煤油、液化石油气为主，有少量的丙烯、工业硫黄、石油苯、道路沥青等化工产品。2018年底，下设9个机关职能处室、5个直属机构、9个二级单位和3个机关附属机构，并托管综合服务处，在册员工1136人，平均年龄38岁，大专以上文化程度占76%。

2018年，加工原油482.4万吨，生产航空煤油60.2万吨，收入277.5亿元，税费87.2亿元，在集团公司经营政策有较大调整的情况下实现利润21.6亿元。获石油和化工行业绿色工厂，第八届陕西质量奖，集团公司2018年度炼油专业达标优胜单位、“质量安全环保节能先进单位”等称号。

长庆石化主要生产经营指标

指　标	2018年	2017年
原油加工量（万吨）	482.4	470.1
汽油产量（万吨）	173.4	163.27
柴油产量（万吨）	171.2	194.38
航空煤油产量（万吨）	60.2	38.68
资产总额（亿元）	58.15	48.09
收入（亿元）	277.5	240
利润（亿元）	21.6	21.2
税费（亿元）	87.2	92

【计划经营】 2018年，长庆石化紧盯原油配置计划，加强与股份总部及上下游企业沟通协调，确保计划刚性落实和装置高负荷运行。主动对接市场需求，强化每周产运销储衔接，精准落实配置计划，动态优化产品结构，柴汽比降至0.99，高效产品比例创历史新高，成功投放98号汽油高端产品，95号汽油和航空煤油产量分别同比增长17%、55%。完善自销产品销售机制，推进竞价销售等手段，开发3号油漆沥青新产品，满足市场需求。以“三增三降三优化、管理创效十抓手”为重点，深入开展开源节流降本增效活动。

【安全环保】 2018年，长庆石化全力推进安全生产标准化一级企业创建工作，扎实整改预评估和自评问题，当年一次通过国家现场评审验收。深化HSE体系建设，总结提炼出11个好的做法和实践。完善风险分级管控和隐患排查治理管理办法，现场风险有效受控。升级升位管理环保装置，投运硫黄尾气脱硝单元，污染物全面达标排放，厂区异味治理成效得到中央领导及省市各界人士的肯定。强化应急能力建设，获“陕西省标准化基层应急管理示范点”称号。

【生产运行】 2018年，长庆石化突出生产受控，规范工艺变更和操作变动管理，开展全系统长周期运行攻关和误操作专项整治，优化公用系统运行，将关联企业纳入生产受控管理，实现一体化运行、平稳生产。加强资源整合和生产要素衔接，全力做好20万吨/年异构化、75吨/时锅炉、天然气管道等新装置的开工投运，提前完成国Ⅵ标准车用汽油、柴油升级置换任务。强化对标管理，突出三级指标体系构建，实现炼油专业达标。强化能耗动态分析，持续开展红旗炉创建活动，炼油综合能耗在有新装置投产的情况下同比下降1.9千克标准油/吨，超额完成节能节水目标。

【设备管理】 2018年，长庆石化健全设备专业管理，充实二级单位设备管理力量，补充完善设备档案，初步形成完整的设备管理体系。加强设备运行管理，建立机泵风险等级台账，强化预知性维修，全年计划检修率90.5%。完成全公司装置及附属设施SIL评估，建立仪表系统功能安全管理体系，仪表自控率始终保持在高水平运行，联锁投运率100%。做实做细2019年大修技改前期准备工作，层层把关、逐项论证、做好“减法”，确定第一批大修技改项目，为实现卓越大修目标奠定坚实基础。

【科技信息】 2018年，长庆石化启动“两化”融合管理体系建设，编制发布8项企业级信息技术标准规范，参与两项工控安全国家标准编写，信息基础管理标准化水平得到提升。完成智能工厂顶层设计方案，启动企业级工业4G专网、三维数字化工厂及桌面云、IEM智能监测系统建设等9项工作。入选全国“智能制造试点示范”和“两化融合贯标试点”单位。开展集团公司课题研究4项，形成城市型炼油厂风险可接受标准、环保排放标准等8个成果，取得专利授权8件、发明专利1件。

【项目建设】 2018年，长庆石化全面把控重点项目建设设计、采购、施工进展，异构化装置用时77天顺利建成中交，并用18天一次开车成功，创造同类装置最短开工纪录；动力锅炉达标排放改造项目创造同行业锅炉本体附件、工艺最快安装速度。全力推进天然气管道、航空煤油管道两条“生命线”建设，消除冬季天然气运行瓶颈，奠定百万吨级航空煤油基地建设基础。储罐隐患治理及VOCs升级改造、火车密闭装车系统改造和汽车装卸车隐患治理项目顺利完成，原油密闭装车系统改造项目迅速启动，公司储运系统本质安全和排放治理水平显著提升。

【企业管理】 2018年，长庆石化深入推进“管理提升年”活动，完善和补充工作流程、工作规范和工作制度，管控能力进一步提升。优化调整二级单位关键业绩指标25项，修订考核细则21条，绩效管理激励导向作用明显。优化招标管理流程，推行电子化招标，公开招标率97.4%。物资管理突出物资计划和库存管控，开展供应商考评和现场考察，清退不合格供应商30家。推进员工职业化二期工程，建成网络学院，完成公司一级技术专家、首席技师等选聘工作，新增1个劳动模范和工匠人才创新工作室，涌现出全国青年岗位能手、集团公司技能竞赛获奖选手等一批先进典型。

【企业党建工作】 2018年，长庆石化认真学习宣传贯彻习近平新时代中国特色社会主义思想和党的十九大精神，着力在学懂、弄通、做实上下功夫。强化基层党支部建设，完善党建工作综合考核、责任制实施等制度19项，坚持全覆盖开展党建督查调研，压实党建工作责任。以“三会一课”为载体，深化“党建+”模式，“四个诠释”岗位实践活动持续深入，党建信息化平台应用成效显著，基层党支部活力得到有效释放。落实意识形态工作责任，编制《企业文化手册》和《安全文化手册》，获“改革开放40年中国企业文化优秀单位”称号。深入推进“三不腐”长效机制建设，全力配合集团公司党组巡视，完成4家单位巡察。充分发挥工会、共青团作用，开展丰富多彩的业余文体活动，开展“青”字号志愿者服务，组织长庆石化首届JSA（作业安全分析）大赛。

【和谐发展】 2018年，长庆石化持续加强矿区环境改善，完成住宅楼排水系统、小区景观绿化、休闲广场等改造项目，“三供一业”分离和社区职能移交基本完成。全力做好维护稳定工作，加强重点防控，困难员工帮扶工作常态化，离退休服务丰富多彩。坚持开门办企业，常态化举办人大代表、政协委员、媒体记者和周边居民等多层面的“公众开放日”活动，坚持组织“萌动健步走”和“长庆石化杯”羽毛球大赛，持续加大社会公益资金投入，支持举办陕西省第十六届运动会，首次发布社会责任报告，获中国石油和化工行业责任关怀最佳实践单位，受到省市多家主流媒体关注。

（吴选化）

中石油克拉玛依石化有限责任公司

【概况】 中石油克拉玛依石化有限责任公司（简称克拉玛依石化）始建于1959年，利用新疆油田环烷基原油资源，发展成为中国石油重要的高档润滑油和沥青生产基地，也是西北地区低凝柴油、喷气燃料的主要生产基地，加工能力600万吨/年。按照深化合资合作框架协议，于2015年7月完成中国石油与新疆维吾尔自治区合资合作工作。由中国石油天然气股份有限公司克拉玛依石化分公司正式更名为中石油克拉玛依石化有限责任公司，中国石油占股99%，新投集团占股1%。2018年底，设机关处室12个、机关附属 6个、直属机构3个，二级机构20个。有员工3476人，其中少数民族员工500人、女员工1435人。有主体装置32套，资产总额109.92亿元，可生产各类石油化工产品160多种，主导产品40余种。自备热电厂产汽能力500吨/时。

2018年，克拉玛依石化加工原油500.02万吨，同比下降 9.27%，其中稠油323.06万吨。铁路专用线发运沥青、润滑油等各类物资73万吨。实现收入229.19亿元，上缴税费62.02亿元。

2018年，股份公司及炼化板块下达投资计划项目25项（炼化项目10项，节能减排项目2项，安全环保隐患治理项目13项），下达投资计划8.18亿元；完工投用16项，续建项目9项，完成投资7.83亿元。

克拉玛依石化主要生产经营指标

指　标	2018年	2017年
原油加工量（万吨）	500.02	551.08
汽油产量（万吨）	92.79	101.02
柴油产量（万吨）	138.59	155.55
航空煤油产量（万吨）	24.19	25.90
润滑油产量（万吨）	45.51	54.81
沥青产量（万吨）	84.55	102.60
资产总额（亿元）	112.49	109.92
收入（亿元）	229.19	229.62
利润（亿元）	22.37	34.41
税费（亿元）	62.02	79.27

2018年，克拉玛依石化获新疆维吾尔自治区2018年度安全生产工作先进单位、集团公司2018年度质量安全环保节能先进企业，连续第五年获全国“安康杯”竞赛优胜企业称号。

【生产运行】 2018年，克拉玛依石化坚持精细化管理，狠抓计划执行，全年生产计划执行率99%。突出“大平稳”，大力开展对标达标，强化操作受控管理，坚持生产问题24小时受控处置，积极推进HAZOP、先进控制，装置平稳率99.87%，高于炼化板块平均水平0.17个百分点；自控率99.91%，超公司制定的目标值0.91个百分点，生产波动同比下降5起，“安稳长满优”运行效益逐渐凸显。

【安全生产】 2018年，克拉玛依石化全面实现新疆维吾尔自治区、集团公司下达的年度HSE指标。完成杜绝一般事故A级及以上生产安全事故、杜绝一般及以上环境污染责任事件、新改扩建项目安全环保健康“三同时”执行率100%、职业健康体检率大于99%、职业病危害检测率100%的HSE工作目标。分级签订HSE目标管理责任书，编制印发《公司2018年HSE重点工作计划》，持续开展安全观察与沟通和安全经验分享活动。紧紧抓住风险管控这一核心，关口前移、主动预防，制定“四条红线”作业目录，推行高危和风险作业预约备案管理，完善电子签票、物联网安全受控系统运行。深入开展两级隐患排查，加大典型隐患专业化分析力度，提升除隐患奖励金额和评比频次，全年发现隐患315起，奖励金额10万元。积极推进HSE标准化管理，倡导上标准岗、做标准事、干标准活，全年查处考核各类违章3500余起。认真组织内、外部HSE体系审核，坚持领导班子带队，举一反三查改问题243项。全年完成各类应急演练844次。

【节能减排】 2018年，克拉玛依石化提前完成中央环保督察问题整改，顺利取得石化行业排污许可证。投入1.45亿元，建成投用白土装置粉尘治理等7个环保项目。制订大检修污染防控方案，实现“零污染、零投诉、零处罚”。优化水电气风运行，实现炼油综合能耗61.28千克标准油/吨，同比降低0.71千克标准油/吨，新水单耗0.45吨/吨，同比降低0.02吨/吨。全年完成节水量8.6万吨，节能0.54万吨标准煤。COD、氨氮、二氧化硫、氮氧化物等4项主要污染物排放总量控制在指标范围内，未发生超标排放及环境污染事件。

【工程建设与大检修工作】 2018年，克拉玛依石化投资7.2亿元的变压器油质量升级和润滑油结构调整项目——Ⅲ套高压加氢装置及配套工程于4月13日正式开工，预计2019年9月建成投产，届时公司将建成百万吨级高档润滑油生产基地；投资6亿元的国Ⅵ标准汽油、柴油质量升级项目在大检修期间建成投产，成功向市场供应国Ⅵ标准汽油、柴油；15万吨/年白油加氢项目完成可行性研究报告编制；100万吨/年悬浮床加氢项目可行性研究有序推进。

在大检修工作领导小组的领导下，按照安全、环保、质量、进度全面受控原则，8月2日至9月20日实施并完成大检修工作，投入资金7.5亿元、检修人员9000余人，涉及全厂47套装置，包括6200项常规检修项目和69项技改技措项目，检修规模、任务量、人员数量均创历史之最。

【科技创新】 2018年，克拉玛依石化完成集团公司级及公司级科研项目30个。完成高性能机场改性沥青等9项新产品（新工艺）工业化生产。集团公司稠油加工技术中心（克拉玛依）成功落户公司。公司参与申报的“换流变压器油在特高压直流输电工程中的应用”获集团公司科学技术进步奖一等奖，单独申报的“NAP47135高档环烷基白色橡胶填充油的研制”获集团公司科学技术进步奖二等奖，“大型石化装置智能控制关键技术及应用”获中国石油和化学工业联合会科技进步奖一等奖。全年获发明专利9件，同比增加3件。

【降本增效】 2018年，克拉玛依石化坚持问题导向、效益优先，多部门联合、全员联动，深入推进挖潜增效。紧跟价格变化，强化润滑油、轻质化方案效益对比，科学安排资源流向，确保“每一滴油产生最大效益”；全面从严、自主加压，持续树牢“勒紧腰带过苦日子”思想，按照项目、措施、目标、责任人、工作节点“五落实”，将预算编制延伸到生产经营各环节。全年组织挖潜增效项目46项，挖潜增收5.1亿元。

【设备管理】 2018年，克拉玛依石化开展设备标准化管理活动，44个装置、128个机泵房、34个罐区、49个机柜室、46个变配电室实现达标。依法合规做好特种设备管理，确保新建装置压力容器及压力管道当年建设当年完成注册，持续做好压力容器及压力管道的检测、检验工作。加强临时增加工艺流程管控，做到有设计、有监测、有检查、及时办理使用登记。强化大型机组的机、电、仪、管、操特护管理，对静设备、电气设备、仪表设备和特种阀门进行评估，增加特护设备管理范围，定期组织检查和分析，及时消除设备运行隐患。加强检维修承包商管理及检维修作业 HSE 管理，确保作业过程全面受控，完成检维修作业 1637 项。完成 11 项公司级及 20 项车间级设备技术攻关项目。

【物资采购管理】 2018 年，克拉玛依石化签订采购合同 1615 份，总金额 11.74 亿元；到货入库物资额 8.94 亿元，出库物资额 9.18 亿元；年底库存余额 1.63 亿元，同比下降 11.08%。持续推进“零库存”管理，不断梳理扩大代储代销和框架协议采购范围，全年代储代销出库同比增加 1548.35 万元。落实集团公司关于开展区域协同采购工作和非生产性物资电商采购工作要求，完成防爆灯具的协同采购工作。危险化学品库建成投用，结束公司无专用的危险化学品甲、乙类库的历史，解决公司危险化学品储存安全距离不足、危险化学品储存不符合规范等问题。

【信息化建设】 2018 年，克拉玛依石化稳步推进物联网项目建设，完成覆盖公司生产区域 4G 无线虚拟专网建设、人员安全管理模块搭建，实现属地车间人员和维保、外部访客等人员的安全管理。完成视频监控项目改造一期部署和调试联网工作。完成沥青防伪打假信息查询平台优化、价格信息管理平台功能扩展、违章管理平台开发等工作，信息化建设水平进一步提高。

【企业管理】 2018 年，克拉玛依石化狠抓公司组织绩效、全员绩效合同的建立、实施，对集团公司下达的 21 项业绩指标进行梳理、分解及归位，对公司年度 21 项重点工作任务层层分解，各项管理责任逐级落实，优化、整合 50 项绩效指标的考核内容、考核权重。对公司 3000 多项程序、制度和文件进行逐项梳理，做好合并、修订、整理工作。新建各类制度 21 项，修订现行制度 32 项，废止 35 项。审查签订各类经济合同 1873 份，合同总量同比上升 23%。QHSEM 体系有效运行。编制、上报《内部控制有效性自我评价报告》，完成 2018 年度风险报告编制，完成内控手册修订及培训。

【财务管理】 2018 年，克拉玛依石化持续推进预算全过程管理，并通过完善成本预算分析架构，强化装置对标，加大成本费用管控力度等有力措施，确保公司各项成本费用指标受控运行。强化财务效益测算“指挥棒”作用，及时根据市场变化等，丰富财务效益测算方案及内容，完善 APS 信息系统参数，提高测算的准确度，提升决策支持能力。开展资产清查工作，抓好新建项目及新增装备转资，不断提高资产管理质量。推进财务信息系统建设，实现电子会计档案管理系统、司库平台系统上线运行。

【审计工作】 2018 年，克拉玛依石化完成审计项目 8 项，发现问题 59 个，提出审计处理意见 59 条，审计建议 24 条。专项审计计划完成率和工程项目结算审计覆盖率均 100%。专项审计取得经济成果 208.76 万元，工程结算审计核减金额 144.38 万元。

【人事管理】 2018 年，克拉玛依石化任免干部 63 人。完成 956 名管理、专业技术人员年度考核的定档及归档工作。完成 4 名集团公司技能专家、15 名企业技能专家年度考核工作。确认通过 2017 年职称评审的工程、政工、经济的初级、中级、高级专业技术人员 70 人的技术职称任职资格。

【教育培训】 2018 年，克拉玛依石化组织内外部培训 1208 项，培训人员 7 万余人次，其中网络培训 1140 人次、仿真培训 17363 人次、岗位练兵及考试 8369 人次。完成 598 名员工的技能鉴定，其中初级工 105 人、中级工 64 人、高级工 390 人、技师 26 人、高级技师 13 人。

【企业党建工作】 2018 年，克拉玛依石化扎实做好党的十九大精神和习近平新时代中国特色社会主义思想教育培训，组织举办两期领导干部专题学习班，81 名局级、处级干部及各基层单位党政正职参加培训；组织 3 期基层党支部书记集中轮训班，62 名基层党支部书记、副书记参加培训；邀请中央党校教授为公司 200 余名党员干部进行党的十九大精神学习辅导。制定印发《公司党建工作责任制考核评价实施办法》《公司基层党组织书记抓党建述职评议考核实施办法》，完成对各基层党组织年度党建工作检查和 14 个基层党组织书记述职评议考核工作。发展新党员 12 名，17 名预备党员转正为正式党员。选派 27 名党员干部，持续开展“访惠聚”工作。

2018 年，克拉玛依石化工会征集职工提案 119 条，全部答复。为 821 人次办理发放扶贫帮困资金 125 万元。组织开展“迎新春”职工羽毛球比赛、国学讲座等活动，丰富职工业余文化生活。完成职工非职业健康体检和女职工妇科体检工作。完成克拉玛依市“健康企业”创建工作，检验检测中心获新疆维吾尔自治区“工人先锋号”称号，3 个职工家庭获克拉玛依市“最美家庭”称号，3 名员工获克拉玛依市“三好职工”称号，工业保洁车间杜学光获新疆维吾尔自治区 2017 年“最亲对子”称号。

团委（青工委）召开第三次团代会暨第二次青工代表大会，选举产生新一届团委、青工委委员会。持续开展“安全生产、青年当先”安全主题活动、青年志愿者活动等。

【纪检监察】 2018年，克拉玛依石化纪委受理举报及问题线索8件，均了结和结案。组织对两个公司机关部门党支部和两个基层党委开展巡察。在工程建设、工程技术、化工及炼油小产品销售、物资采购等4个业务领域开展电子监察，查出疑似问题5项，下发《监察通知书》5份、《监察建议书》1份。召开公司2018年党风建设和反腐败工作会议，逐级签订党风廉政建设责任书786人，实现逐级签订全覆盖。开展“六个一”廉洁从业教育，对新提拔的33名领导干部开展任前考廉、廉政谈话，签订廉洁从业承诺书。强化关键节点和关键事宜警示教育，每逢关键节点，必进行反“四风”廉洁自律提醒教育。开展基层管理人员及其亲属利用中国石油平台违规经商办企业、扶贫领域腐败和作风问题专项治理工作。深入开展“党规党纪”专项学习教育活动、廉洁从业教育、意识形态、防恐维稳督导工作。

【企业文化建设】 2018年，克拉玛依石化大力推动党的十九大精神进机关、进车间、进班组。全面落实意识形态工作责任制，开展9次意识形态领域专项督导。开展第十七次“形势、目标、任务、责任”主题教育活动、第二个“弘扬石油精神、重塑良好形象”周活动及“环境公众开放日”活动。制订发布公司新媒体管理办法，修订完善《新闻媒体突发事件专项应急预案》。在各类外部媒体发表文章403篇，微信公众平台制作发布160期，门户网站发布新闻信息4800篇、图片5200多张。官方微博开通上线，“一网两微”的媒体发布平台正式形成。扎实推进安全文化建设，制作发布《安全克石化》12个安全文化系列短片，开展安全亲情寄语征集和“我身边的安全故事”主题征文活动。

（王金平）

中国石油天然气股份有限公司庆阳石化分公司

【概况】 中国石油天然气股份有限公司庆阳石化分公司（简称庆阳石化）位于甘肃省庆阳市西峰区董志镇工业园区，占地面积1360亩（约91万平方米）。前身为庆阳石油化工厂，随着长庆油田开发于1971年9月成立，2001年8月整体划转中国石油天然气集团公司。2004年12月划转中国石油天然气股份有限公司。2010年10月原150万吨老厂关停，300万吨新厂建成开车，全体职工及家属整体搬迁至庆阳市西峰区。2016年5月25日甘肃省和集团公司认定庆阳石化加工能力370万吨/年。2018年底，设机关管理部门10个，直属部门4个，二级单位10个，在册员工1231人。公司为炼化一体化企业，主辅装置20套，主要产品汽油、柴油、航空煤油、聚丙烯等3大类10种21个牌号。汽油柴油产品达到国Ⅵ标准。

2018年，庆阳石化深入学习贯彻落实党的十九大精神和习近平新时代中国特色社会主义思想，深入学习贯彻落实习总书记在辽阳石化视察时的重要讲话，按照集团公司工作会议、领导干部会议部署，坚持稳健发展方针，应对国际油价大幅震荡、国内需求增速放缓、成品油价格“五连跌”和装置停工、大检修、开工特殊敏感时段、关键环节各类挑战，理顺体制机制、强化提质增效、促进转型升级、优化产品结构、加快动能转换，全面打赢长周期运行、大检修、提质增效、精益管理“四大攻坚战”，继续保持“零事故，零污染，零伤害，零投诉”。加工原油312.01万吨，收入180.77亿元，实现税费62.34亿元，利润总额15.44亿元。

庆阳石化主要生产经营指标

指　标	2018年	2017年
原油加工量（万吨）	312.01	355.02
汽油产量（万吨）	125.49	142.66
航空煤油产量（万吨）	11.65	15.61
柴油产量（万吨）	125.03	141.86
聚丙烯（万吨）	7.05	4.34
吨油利润（元）	491.61	618.29
资产总额（亿元）	62.13	60.18
收入（亿元）	180.77	182.32
利润（亿元）	15.44	22.11
税费（亿元）	62.34	73.79

【生产运行】 2018年，庆阳石化以“大平稳出大效益”“大协作出大效益”“大优化出更大效益”理念，

充分发挥生产调度作用，加强管理人员、操作人员、维保人员走动式管理，加强工艺纪律，严格执行操作变动、工艺变更纪律。开展检修后的生产工艺、经济技术指标分析评价，抓好对标达标提标，按照“四年一修”的标准推进全流程平稳优化，强化供、产、储、销、运、检修保障全过程管控，继续强化以调度长为核心的生产指挥体系建设，依靠专业研究及设计单位，装置平稳率99.90%，岗位巡检率99.8%，装置长周期运行1111天。

【安全环保】 2018年，庆阳石化牢固树立“安全先于一切、高于一切、大于一切、影响一切”理念，全年优化完善HSE制度24项、废止15项，编制岗位HSE责任清单646个，体系审核发现问题全部整改，对2012年以来问题整改情况开展“回头看”。领导带头落实“一岗双责”“三管三必须”，严格节假日、周末升级管理及关键风险领域“四条红线”管控。制定《生产装置长周期运行方案》，梳理运行风险61项并严格管控，杜绝非计划停工。推行检修“工单制”、高风险作业“预约制”，加强预知性、计划性、故障性维修的分析统计和考核；投入资金1.78亿元完成安全环保隐患治理；完成基层站队建设目标，24个站队全部达标；修订安全生产事故应急预案和政府备案，加强应急救援队伍建设；VOCs综合治理效果明显，二氧化硫、氮氧化物、COD、氨氮达标排放，环保减排指标全面完成，外委处置危险废物比计划减少约4000吨；产品出厂合格率100%。

【设备管理】 2018年，庆阳石化推动“2+1”设备管理体系，全面完成大检修准备及组织实施，坚持“146”工作主线推进大检修准备，完成全系统16套生产装置和6套公用工程系统检修。全面开展大机组故障停机、高故障率机泵、电气UPS及晃电、设备腐蚀、关键部位泄漏等5个专项设备治理。巩固现场标准化建设，稳步推进基层站队HSE标准化建设，不断夯实基层管理和基础性工作，标准化达标创建活动任务圆满完成。15套主体装置、14套辅助装置均达标，达标率100%；1686台工艺备达达标率92.5%，38个机泵房达标率95%，7个标准化罐区达标率100%，9个标准化仪表控制室达标率100%；27个标准化变配电室达标率100%。

【重点项目】 2018年，庆阳石化完成矿区“三供一业”移交、“闲置资产处置”等工作。扎实推进质量升级项目工作，40万吨/年航空煤油液相加氢工业化应用项目、20万吨/年异构化项目于9月30日中交，13万吨烷基化装置于10月31日中交，废酸再生单元于12月20日中交，异构化装置一次开车成功，中国石油拥有首套自主知识产权的航空煤油液相加氢工业试验装置顺利投产并一次开车成功，企业产品结构进一步优化。

【大检修工作】 2018年，庆阳石化严格落实开停工方案，停工期间实现“气不上天、油不落地、声不扰民、环保无污染”；检修阶段，落实《炼化装置检修现场管理100条》，坚持“三个严守”（严守安全底线、环保底线、质量红线），“三个强化”（强化责任落实、“传帮带”、协调保障），“五个到位”（启动工作、项目论证、方案编制、物资准备、人员培训到位），运用杜邦先进理念和管理工具对检修质量、费用、进度全方位量化考核，用50天时间完成16套主体装置、6个公用工程及配套辅助系统11877项检修任务和流程改造、结构优化，首次实现“三年一修”；坚持“平稳推进、全程受控、不越程序、步步确认、监护到位、保障有力”总体原则，强化调度统一协调指挥，做好界面交接、安全检查、盲板管理、条件确认、责任落实、人员培训等各项工作，所有检修装置一次开车成功。

【科技创新】 2018年，庆阳石化召开技术交流会54次，完成技术攻关24项，科技论文54篇，科技成果34项。在中国石油炼油化工科技成果交流与推介会上做经验交流，并与石化院签订《应用多产高辛烷值汽油降柴汽比的柴油催化转化工艺（DCP）技术》备忘录；与石化院合作，实施降烯烃催化剂及轻汽油回炼，混合汽油烯烃降至31%以下；与石化院兰州中心合作研发聚丙烯新牌号QY36S，聚丙烯产品增加到4个。

【提质增效】 2018年，庆阳石化可比轻油收率84.18%、同比降低0.49个百分点，综合损失率0.54%、同比降低0.01个百分点，综合能耗完成61.81千克标准油/吨、同比降低0.71千克标准油/吨，高效产品同比提高16.97%，坚持开源节流降本增效工程，全年增收1873万，节支3192万元，累计增效5065万元。

【精益管理】 2018年，庆阳石化加强依法合规管理，成立法治建设领导小组，增设总法律顾问，细化落实《领导干部履行推进法治建设职责实施办法》和责任清单，优化制度，简化业务流程，推进“管业务必须管合规”的责任机制，公司管理的二级物资供应商减少到13家；加强岗位职责管理，修订完善《员工岗位职责描述》648个，开展“强化全员岗位责任心，提升安全生产责任制履职能力和水平”为主题的岗位责任制大检查，强力推进问题整改。

【人才建设】 2018年，庆阳石化大力培养优秀年轻干部，全年提拔任用干部11人，调整交流12人，退出干部岗位6人，通过中国石油招聘平台引进大学生9人，全部补充生产一线。员工总量控制在集团公司下达的计划范围内；举办公司级培训41期、74班次，基层单位实施培训276项、544期。培训计划完成102%，技能鉴定计划落实100%，员工持证上岗率100%；对164名一般管理人员、110名专业技术人员和612名操作人员完成评估。

【企业党建工作】 2018年，庆阳石化举办学习贯彻党的十九大精神轮训班，党委中心组带头学习，不忘初心，牢记使命，践行“四个诠释”；严格落实意识形态工作责任制，层层开展“形势、目标、任务、责任”主题教育，不断增强“四个意识”、坚定“四个自信”、坚决做到“两个维护”，打造绝对忠诚可靠的石油队伍。推进党建工作规范化，细化各级党建责任清单和党风廉政建设责任清单；积极应用党建信息平台，推进党建工作规范化、信息化。开展党支部达标晋级检查验收，落实“三会一课”，深化“创岗建区”和“主题党日”活动；加强班子建设和干部教育，完善干部考核评价制度。坚持问题导向，实施“作风建设整治年”活动，持续改进会风文风，规范会议、公务接待和公务用车管理，推进首问负责制和限时办结制，形成“五查五比五看”浓厚氛围，实现机关办事提速、服务提质、工作提效、能力提升。

【民生保障】 2018年，庆阳石化紧紧围绕员工普遍关心的“三供一业”分离移交、养老保险缴纳等热点问题开展政策解读，坚持“五必访六必谈”，答员工疑，解员工难，聚员工心，十五届二次职代会代表提出的5条立案提案落实3条，2条在落实阶段，举办庆祝改革开放40年系列活动，坚持“开门办企业”，举行“媒体开放日”，举办“工匠大讲堂”，利用“三微一端”宣传劳动模范、先进人物事迹，庆阳石化获“改革开放40年中国企业文化优秀单位”称号。

【社会责任】 2018年，庆阳石化切实履行企业“三大责任”，持续推进省市精准扶贫工作，组织成立驻村帮扶工作办公室，向对口帮扶的镇原县马渠乡红光村、景塬村、三合村、四坪村、汪庄村、花岔村和宁县中村乡政平村7个村资助160万元，用于农业种植产业发展；向7个村的8所小学资助35万元，用于教学设施、图书资料、文体器材购置；对7个村的1—9年级贫困学生进行助学帮扶，投资44.75万元资助772名贫困学生，先后派7名干部专职驻村帮扶，截至2018年底，帮扶的7个村稳定脱贫536户、2298人；开展“圆梦大学、庆化助力”助学捐赠资金50万元，帮扶100名贫困大学生。用于支助教育事业、文化事业、公安消防等支助90万元。

（邹宝应）

中国石油天然气股份有限公司东北化工销售分公司

【概况】 中国石油天然气股份有限公司东北化工销售分公司（简称东北化工销售）成立于2006年6月，主要负责中国石油东北地区11家炼化企业化工产品销售、东北区域外销售产品调运组织和区域产品互供管理等业务，销售产品广泛应用于塑料、纺织、橡胶、化工、医药、农业等行业。机关驻地在辽宁省沈阳市。2018年底设机关职能部门17个，基层分公司7个。合同化员工总数456人，固定资产总额8.61亿元。截至2018年底，累计销售化工产品5680万吨，完成产品调运量10054万吨，营业收入3100亿元，利润16.3亿元，调运计划完成率100%。

【市场营销】 2018年，东北化工销售积极践行“站排头、争第一，确保效率效益双优先”经营理念，狠抓资源配置的科学性、产品销售的均衡性、优质客

东北化工销售主要经营指标

指　标	2018年	2017年
化工产品销量（万吨）	606.21	611.07
调运量（万吨）	1016.8	1012.2
调运计划完成率（%）	100.00	100.00
购销率（%）	100.04	99.81
直销率（%）	79.80	79.55
价格到位率（%）	100.31	100.13
资产总额（亿元）	22.41	19.11
收入（亿元）	382.24	344.54
利润（亿元）	1.84	2.17
税费（亿元）	1.15	1.50

户的稳定性、营销策略的针对性，全力推动增量、增效。

着力推进资源优化。高度重视产销协调，建立定期参加生产企业调度例会运行机制，及时反馈市场信息，多产多配高效产品，全年增加橡塑产品配置量12万吨。始终将均衡销售视为提高营销质量的生命线，针对性引入“均衡率指标”，产品库存始终处于合理水平。坚持互供优先原则，狠抓互供计划的刚性执行，实现互供量107万吨，同比增长7.5%。按照集团公司战略部署，相继完成辽河石化丙烯及哈尔滨石化3个品种聚丙烯的统销工作，市场交割和资源内耗有效减少。

着力推进门口销售。紧紧围绕固体、液体两条主线，以竞争对手、空白市场、资源缺口、潜在客户等为重点，开展覆盖东北全境的市场摸排，累计调查下游客户790家，其中发现新客户361家，占45.7%。积极做好市场调研成果的分析运用，以开发增量、激活存量为重点，坚持“走出去”，步步“蚕食”高效市场，全年新开发抚顺天晖塑料制品有限公司、盘锦晟腾石油化工有限公司等工业直供户96家，实现东北地区高效市场销量496万吨，同比增长3.7%。特别是辽阳分公司年度销量率先突破百万吨大关，在东北化工销售发展史上具有里程碑意义。

着力推进策略营销。持续深化对产品价格的研判分析，灵活实施批量优惠、挂翻牌等价格政策，大力推广月均价结算、公式定价等合作模式，市场控制力不断增强。突出做好环氧乙烷产品销售格局调整，进一步强化应对市场的合力。高度重视煤化工“入侵”，以保存量、保份额为原则，服务质量、客户黏性两手抓，全力抵御煤化工冲击。高度关注辽阳石化新建项目开车进展情况，针对辽阳石化丙烯含硫量高、罐存能力相对不足等实际特点采取有效措施，确保新增丙烯及时外运出厂。

着力推进客户服务。牢牢把握“服务营销”理念，高度关注战略客户的“保供”“优供”和服务跟踪，高效解决销、用环节各类问题200余次，合成树脂产品五大战略客户累计提货14.6万吨。深度挖掘直供客户潜力，严格落实资源、价格、服务政策，找短板、挤水分、补不足，在工贸一体户计算比例持续下降的情况下，直销率实现稳中有升。积极推进高端化、差异化专用料的立项落实，共筛选确定新产品开发项目25项，累计实现新产品增量5.11万吨，增效1000万元以上，“T36FD直供户开发项目”获炼化板块新产品开发二等奖。

着力推进电商发展。进一步加大电商业务的宣传推广力度，开展面对面专题培训3场，派发宣传页500余份，电商平台影响力稳步提高。充分发挥电商平台价格发现、价格指引、客户开发的重要作用，逐步打通协议料、过渡料、部分液体优级品线上销售流程，通过网上竞拍，指导线下推价到位；通过公平竞价，彻底消除廉洁风险，电商平台应用取得实质性进展。2018年，共新增入网客户543家，实现线上交易量57245吨，加权平均推价190元/吨，累计创效1088万元。

【调运组织】 2018年，东北化工销售积极推进现代物流体系建设，突出产销运整体协同运作，千方百计提高物流、仓储、自备车等各环节质量，以高效、专业的服务为营销工作助力。

抓结构，持续做好运力优化。以满足销售、服务市场为标准，进一步加强物流结构分析，最大限度争取铁路资源，积极探索和尝试高效低成本的运输方式，全年完成统销产品调运量409.9万吨，公路、铁路、航海运输比例9：56：35。牢固树立“大物流”理念，按照统一布局、属地管理原则，深入推进仓储布局的优化调整，盘锦地区库房租赁工作率先启动。积极开展辽阳石化精己二酸产品散货运输，拓展陆海联运新渠道，并客观上制约中远海运集装箱运输价格，海运成本有效降低，全年累计发运精己二酸44130吨。

抓过程，强化物流环节管控。持续深化调运系统过程监控分析，从装车、封车、卸车、搬运等环节入手，有效控制商务纠纷，发生商务案件8017起，商务发生率0.17‰。制定固体产品库存管理预警机制，根据企业库存、市场库存、销售节奏、生产计划、调拨计划等因素科学组织移库、发运，进一步提升物流科学化水平。提前制订特殊时期、敏感时段危险化学品运输预案，严格落实人员责任，确保各时期调运工作平稳顺畅。

抓节点，提高资产利用效率。着力强化营口分公司中转、蓄水、应急作用，以服务营销为方向，千方百计盘活闲置资产，罐区产品双向接卸完成相关认证，石蜡转运等项目的可行性调研按计划有序推进。充分发挥自备车自有资源优势，努力提高可控节点运行效率，2018年累计发车17120车次，实现租金收入6982万元。

【企业管理】 2018年，东北化工销售以持续深化改革为牵动，进一步夯实合规基础，优化管控模式，提高工作成效，全方位、全要素、全过程提升企业运营管控水平。

改革创新迈出新步伐。从解决制约营销业务发展矛盾入手，按照“营销做强、业务做精”原则，深入推进合成树脂产品管销分离工作，进一步强化纵向管控水平，有效提升机关、分公司“两个积极性”，确保资源配置最优化、整体效益最大化。制订年度开源节流降本增效方案，科学审定立项42项，累计创效6793万元。

依法治企呈现新气象。全力推进法治央企建设，设立东北化工销售总法律顾问，制定《合规管理办法》，实现合规培训、合规承诺全覆盖。组织各级干部员工参加辽宁省国资委法治讲堂3场，150人次接受法制宣传教育。按照“精简、高效、全面、可操作”原则，迅速启动制度优化项目，重新构建制度体系，内容增补40%以上。

HSE体系建设取得新进展。坚持“严守四条红线”不动摇，进一步强化关键风险领域和重要敏感时段安全生产管控，累计查摆问题126项，顺利通过质量、HSE体系外审和炼化板块HSE体系审核。在集团公司风险管理系统率先完成2019年度重大风险评估工作，确保公司风险管理始终可控、在控。

管控水平得到新提升。进一步加强预算指标完成情况的监控分析，摸准摸清企业运行脉搏，努力实现效益链全程管控。推进基础管理信息系统上线运行，新增流程类、业务报表类、功能类等特色模块115个，新增对应业务功能217个。深入推进资产轻量化工作，对内部低效无效资产进行全面清理处置，有效提升资产运营水平。

【企业党建工作】 2018年，东北化工销售充分发挥党委政治核心作用，坚持“围绕中心抓党建，抓好党建促发展”，切实以企业改革发展成果检验党组织的工作和战斗力。

聚焦政治合格，新思想学习活动深入开展。深入学习贯彻习近平新时代中国特色社会主义思想，开展理论中心组学习、领导班子宣讲、党组织书记主题党课、集中培训、“三会一课”、专题研讨等形式多样的学习教育活动，2018年组织党的十九大精神培训班2期，开展各级形势任务教育宣讲40场次、集体学习84次、专题研讨22次、知识竞赛6期。深入贯彻新时代党的建设总要求，组织召开东北化工销售第二届党代会，确保企业正确的发展方向。

聚焦素质提升，干部队伍建设扎实有效。强化领导班子日常教育、管理、考核机制建设，“四好班子”达标率100%。着力建立干部培养、选拔、任用、交流、管理长效机制，2018年提拔任用干部6人、交流干部18人。严格干部选拔选任标准程序，做到“凡提四必审”，选人用人公信度不断提高。推进年轻干部培养选拔工作，组织开展青年干部全脱产培训班，进一步提升年轻干部的综合素质。积极履行社会责任，选派政治坚定、能力突出、作风过硬的扶贫干部2名，切实为扶贫攻坚战略贡献力量。

聚焦载体驱动，基层党组织作用更加突出。层层压实党建责任，制定党建工作责任制实施细则和定量考核清单，以“全”定责、以“实”明责、以“严”问责的党建工作机制规范运行。全面开展“党支部达标晋级”活动，选树“典型党支部”6个。高标准启动党建信息化平台上线推广应用工作，采取“老带新”“一帮一”形式，实现平台培训覆盖率100%，在职党员上线率100%，平台上线推广应用工作受到集团公司通报表扬。采用“五有”“五上墙”的模式全力打造党组织综合服务阵地，实现基层“共产党员之家”建设全覆盖。

聚焦正风肃纪，党风廉政建设不断深化。贯彻全面从严治党要求，坚持严字当头、实字托底，把教育、制度、监督、惩处统一于党风廉政建设全过程。突出做好集团公司第二轮巡视反馈问题的整改落实，立查立改问题18项，针对巡视意见制修订相关制度8项。推动开展东北化工销售第一轮政治巡察工作，发现各类问题19个，巡察速办问题线索2个，批评教育1人、问责2人。开展“违反中央八项规定精神共性问题专项治理”自查工作，持续释放越往后执纪越严的强烈信号。深化运用监督执纪“四种形态”，2018年查办举报件6件。

聚焦宣传引领，企业文化建设成果丰硕。坚持政治方向、舆论导向、价值取向的正确引领，认真推动意识形态工作责任制有效落实，牢牢掌握意识形态工作的主动权和话语权。培育和践行社会主义核心价值观，组织开展“弘扬石油精神、重塑良好形象”“五个一”系列活动，开展集体学习、研讨和答题等活动72场次，参与677人次。以门户网站和《东北化工销售报》等为主要载体，大力宣传先进典型和先进经验，对内、对外发稿634篇，人均发稿1.5篇。

聚焦服务群众，群团组织工作深入开展。紧扣东北化工销售高质量发展任务，组织开展劳动竞赛、合理化建议等活动，表彰劳动竞赛优胜个人18人次、征求优秀合理化建议26条。注重民生工程建设，落实员工休假、疗养、体检、慰问等制度，累计投入扶贫帮困资金7万元，发放职工健康疗养费38.45万元。顺应职工群众健康文化需求，建立员工健康服务角，举办健康知识大讲堂，开展“迎春徒步走”等各类文体活动。积极组织“青年学思践悟”“青年拜师”等活动，切实提高广大青年的综合素质。

（倪　玉）

中国石油天然气股份有限公司西北化工销售分公司

【概况】 中国石油天然气股份有限公司西北化工销售分公司（简称西北化工销售）成立于2006年6月8日，总部设在甘肃省兰州市，整合了中国石油在西北地区的化工营销资源和网络，负责中石油在西北地区的兰州石化、独山子石化、乌鲁木齐石化、宁夏石化、庆阳石化、塔里木石化、克拉玛依石化、长庆石化、青海油田炼油厂、玉门油田炼油厂等石化企业，以及四川石化等其他石化企业的化工产品在陕西、甘肃、青海、宁夏、新疆、内蒙古等地区的销售业务，其中尿素在除东北三省及内蒙古东部以外的地区销售，丁腈橡胶在全国销售，负责西北地区石化企业化工产品向其他五家化工销售公司的运输、配送任务。

2018年，销售化工产品320.45万吨，区内销量209万吨。收入195亿元，利润2.24亿元，盈利能力连续3年迈上新台阶。价格到位率100.18%，产品购销率100.6%。产品直销率62.45%，合成树脂直销率37.4%，稳定在C级；合成橡胶直销率75.5%，稳定在A级；化工原料直销率86.3%，稳定在B级。“两金”压控指标超额完成，年底库存3.7万吨、库存商品金额2.89亿元、资产负债率12.99%，均为历史最低，经营质量显著提升。

西北化工销售主要经营指标

指　标	2018年	2017年
销售总量（万吨）	320.45	336.59
区内销量（万吨）	209	229.24
购销率（%）	100.6	99.86
直销率（%）	62.45	68.94
价格到位率（%）	100.18	100.16
运输总量（万吨）	542	567.70
区外运量（万吨）	259	243.10
收入（亿元）	195	185.98
利润（亿元）	2.24	2.69

【市场营销】 2018年，西北化工销售合成树脂克服资源不足，增加高效市场销量，总销量98.9万吨。合成橡胶坚持多方式多渠道销售，总销量17.06万吨，同比增长13.7%。橡塑产品总销量与2017年基本持平。化工原料优化区内外资源配置，总销量116.93万吨，产品效益贡献进一步提高。化肥采取日订单新模式，总销量87.57万吨。

大力推进销售贸易一体化发展，2018年贸易量35.17万吨，同比增长244%。合成树脂、化肥2017年贸易量为零，合成树脂扩销2.52万吨，化肥扩销17.59万吨，弥补区内资源不足。合成橡胶扩销2.47万吨，同比增长29%。液体化工产品扩销12.59万吨，同比增长51%。

积极探索“互联网+”营销模式，对零散小产品、固体化工协议品全部进行电商竞价销售，打通大宗化工正品料的电商流程，实现聚丙烯、硫黄、丁腈橡胶、化肥正品的网上竞价销售，全年电商竞价销售227次、3.92万吨，成交客户39家，年度新增25家。期现结合销量2.61万吨，同比增长40%。产品出口量2201吨。

【分公司橡塑销量再创新高】 2018年，兰州分公司新增客户12家，销量1.98万吨，同比增长142%。乌鲁木齐分公司实现近30个品种和牌号销售，销量1.66万吨，同比增长259%。独山子分公司开发新客户14家，销量6.05万吨，橡胶产品较去年同期增长231.52%。宁夏分公司开发客户32家，销量0.96万吨，同比增长439%。庆阳分公司实现四大类33种牌号产品的销售，销量1.75万吨，增长539%。

【资源保障】 推进与中国石化、中联油及煤化工企业等实施战略合作，积极争取大庆石化、四川石化BR9000资源，组织丁苯橡胶1723、聚丙烯S1003等集中生产、分批次销售保供区内市场。积极主动运作，实现对玉门油田、格尔木炼油厂、长庆石化、独山子石化等生产企业新统销产品的销售。签订“四方协议”，推进无锡兴达EPS项目建设。

【新产品开发推广】 2018年，西北化工销售开发推广新牌号 13 个，实现销售 3.16 万吨。大力推进防水卷材 SBS 新产品开发，SBST162 在东方雨虹推广应用，热灌装聚丙烯 RPB10I 等多个产品实现首次生产。铬系产品在背心袋、中空容器等领域应用良好，L5050 在甘肃、新疆等终端用户使用并得到认可。丁苯橡胶 1723 成功进入世界一流轮胎企业特瑞堡并稳定供应。丁腈橡胶环保化项目通过集团公司项目验收，异戊二烯橡胶进入杭州中策采购，乳聚丁苯橡胶、溶聚丁苯橡胶新产品在昆仑轮胎和延长轮胎开展评价试验。

【运输保障】 2018 年，西北化工销售与中铁乌鲁木齐公司签订战略合作协议，克服铁路系统大面积改造停运、生产企业栈桥库房改造升级、恶劣气候影响，全年调运产品 541.8 万吨，调往各区外销售公司产品 258.8 万吨，调运计划完成率 100%。深入组织开展“提升产品运输质量、减少商务理赔纠纷”全过程服务活动，全面推广使用电子防盗锁，未发生吨级产品损失，商务理赔投诉笔数、吨数分别同比下降 12%、15%。

【降本增效】 2018 年，西北化工销售制定降本增效措施 56 项，全年实现降本 10243 万元，增效 2776 万元，合计 13018 万元。持续加强自备车和仓储管理，自备车周转率 0.79 次，自备车发运液体产品 76.18 万吨；固体产品单位仓储费为 32.4 元 / 吨，同比下降 6.2 元 / 吨；实现物流效益贡献 6264 万元。平均存货周转次数同比增加 9.12 次、增长 22.12%；平均库存商品金额同比减少 0.55 亿元、下降 13.21%。加强财务管理，降费 2193 万元。“五项”费用 658 万元，比预算减少 47.39%，同比减少 21.95%，创公司新低。

【改革攻坚】 2018 年，西北化工销售建设投用绩效管理信息系统，提升考核精准度、针对性、指标化、即时化和数据化，实现对单位、岗位和个人的全维度量化考核。修订完善《员工绩效考核细则》，拉开员工间考核得分差距。将固定薪酬分配基数调整为以公司经营效益为依据、上下浮动 10% 的变动基数。全面启动并稳步推进人事“三项”制度改革，持续优化机关处室机构设置，将合成纤维处销售业务和人员整体划转化工原料处，实现液体化工产品集中销售，将市场信息与价格处职能分别划转规划计划处和技术服务处，实现产品资源、价格“一条线”优化管理。完成业务处室更名，为综合发展奠定基础。平稳顺利完成陕西市场划转，稳妥做好人员资产划转和交接，陕西分公司挂牌运行，充分调研、全面布局陕西市场销售。规范分公司科室机构，撤销所有销售部。员工总量减幅超过 5%，完成上级控制指标。

【安全管理】 2018 年，西北化工销售落实安全专项检查联络单制度，组织安全专项检查 55 次，及时发现并整改问题。开展安全生产月“十个一”系列活动，组织安全知识技能竞赛，梳理修订 13 个专项应急处置程序。改造乌鲁木齐分公司食堂，完善独山子、库尔勒分公司防恐器材配备。被兰州市禁毒委评为先进单位。合规管理持续深化。签订全员合规承诺书，开展诚信合规手册内容宣贯。成立风险管控小组，开展贸易风险评价，制定完善贸易风险管理制度。全年制修订规章制度 56 项，建立规章制度评审月例会工作机制。信息化建设持续推进。移动办公平台提前上线，大幅提高工作效率，在公司机关和兰州、庆阳、陕西分公司完成云桌面部署。

【企业党建工作】 2018 年，西北化工销售构建党政齐抓共管的“大党建”工作格局，开展全覆盖党建“体检”，编制《党支部标准化工作手册》，组织“不忘初心，牢记使命”党建知识竞赛，大力推广集团公司党建信息化平台运用，制定实施《党建工作责任制及考核评价管理办法》。建立以《党委巡察工作规划》为制度基础的巡察工作长效机制，编发党风建设宣传简报 10 期，召开警示教育专题会 7 次，实施 9 个联合监督项目、3 项专项治理工作，对重点领域组织 7 个专项审计，堵塞管理漏洞。客户对公司党风廉政建设、落实中央八项规定“背靠背”打分满意率均 100%。制定《意识形态工作责任制实施细则》，加强新闻宣传工作，内外部媒体发布新闻 1063 篇，微信公众号创编微文 17 期 33 条。持续开展“不忘初心、牢记使命、建功新时代、争做新铁人”创先争优主题实践活动。组织扶贫帮困和走访慰问工作，全年发放各类慰问补助、困难补助和奖励 59.63 万元。组织瑜伽、羽毛球等协会活动 160 余次，组队参加全国石油职工协作区羽毛球邀请赛、第二届乒乓球比赛。搭建“职工电子书屋”。开展“宝石花”青年志愿服务活动。加强扶贫驻村工作队力量，开展扶贫攻坚工作。

（杨　成）

中国石油天然气股份有限公司华北化工销售分公司

【概况】 中国石油天然气股份有限公司华北化工销售分公司（以下简称华北化工销售）成立于2006年2月，总部设在北京市，主要负责中国石油所属企业生产的石油化工产品在华北区域的统一销售业务，销售网络全面覆盖北京、天津、河北、河南、山东、山西、湖北、内蒙古8省（自治区、直辖市），主要经销合成树脂、合成纤维、液体化工和合成橡胶共四大类、数十个品种、上百个牌号的产品，产品销量和销售收入逐年增长。

2018年底，华北化工销售机关设15个处室，下辖湖北、河南、山东、天津、内蒙古和任丘6个分公司（调运部），太原销售部、秦皇岛代表处和大港调运部。员工总数195人（其中党员129人），本科及以上学历占84%，中级以上职称占65%。资产总额14.61亿元。

2018年，华北化工销售累计销售各类化工产品259.09万吨，收入217.01亿元，账面利润1.22亿元；购销率97.73%，欠进度0.77个百分点；直销率58.4%，超预算4.4个百分点；全面完成KPI指标。

华北化工销售主要经营指标

指 标	2018年	2017年
化工产品销量（万吨）	259.09	256.29
资产总额（亿元）	14.61	16.23
收入（亿元）	217.01	210.2
利润（亿元）	1.22	2.23
税费（亿元）	1.22	1.57

【市场营销】 2018年，华北化工销售坚持稳中求进基调，把握稳健发展方针，瞄准做强做优目标，聚焦改革创新提质增效主线，扎实做好“六个坚持”，弘扬石油精神，牢记使命担当，推进更高质量、更加和谐发展，倾力打造一流化工销售企业。加强资源优化保障。积极应对五家企业检修影响，制订具体保供方案，确保年度预算指标完成，实现购入量265.1万吨，超预算4.96%、同比增长2.99%。深化市场研判应用。全年完成化工市场周报52份、定期专项市场分析材料27份，有效支持销售策略制定。扎实推进重点产品增销增效。对重点高效产品紧盯不放，积极协同优化排产，加快重点产品推广力度，实现重点产品销量102.23万吨，同比增加8.58万吨、增长9.16%，实现增效6969万元，并实现重点产品和销售板块销量首次双双突破百万吨。全力推进直销率提升。明确直销率提升任务，强化指标考核，促进直供客户开发力度，新增战略伙伴6家、销售代表客户30家，实现直销率58.4%，超考核指标4.4个百分点。强化客户管理考核。持续加强客户分析评价体系，提升客户管理水平和客户忠诚度，核心客户和战略合作伙伴客户计划执行率和均衡性稳步提升；加快商务处理效率，不断提高售后服务质量，共受理质量投诉48起，已结案46起，2起正在处理中。全力做好华北石化扩能改造项目顺利投产的保障工作。年初成立专项工作领导小组及工作小组，制定《保障工作方案》，有效推进方案落实；组织召开专题产销运衔接会，提前筹划销售应急预案、保运方案，有效保证产销运的顺利开展。

【改革创新】 2018年，华北化工销售持续加强深化改革力度，不断发挥创新作为引领发展第一动力的作用，有效提升公司高质量发展水平。加快“三项”制度改革步伐，对7名中层干部及8名员工进行交流调整；制订公司未来三年“三项”制度改革工作方案；全面加强干部考核测评，深入推进全员绩效考核，进一步完善公司专项考核方案和细则，实施中层干部单独考核，开展总经理特别奖励事项，加大对关键岗位、核心骨干的精准奖励，切实体现“分配凭业绩，收入凭贡献”的激励导向作用。推进分公司扩大自主经营试点，强化扁平化管理，撤销沧州和临沂两个销售部，开展任丘调运部、湖北分公司改革试点，实现河南、湖北分公司年销量21万吨的新突破。全力推进营销模式创新，持续推进电商销售业务，实现电商销售6.58万吨，创效532万元；积极开展期现结合和扩销业务，实现期现结合增效270万元，扩销销量14.03万吨，有效保证全年预算指标完成。

【精细管理】 2018年，华北化工销售着力夯实基础管理，强化先进企业对标，构建管理提升长效机制。不断提升体系建设工作质量，强化关键安全风险领域的隐患排查整治，着重加强危险化学品各环节安全管控，强化对危险化学品客户资质的管理，完成从业人员取证27人次；扎实做好体系内外审发现问题的整改。加强合规管理，严格执行监督，全年制修订制度42项，着力抓好制度宣贯、执行和考核，开展合同管理专项审计和原湖北分公司总经理离任经济责任审计；推进物采管理工作和招标工作质量全面提升。加强财务职能发挥，不断强化经济活动分析质量和分析问题的落实；完成司库2.0系统上线，资金运行使用效率稳步提升；加强流程制度建设，发挥财务监督保障作用，加强各项费用的规范管理和严格管控；推进公司财务集中共享。管理创新工作成果显著。“发挥‘产销研用融’产业链协同创新力实现化工产品增销增效”管理创新项目顺利通过集团公司验收；全面推进QC小组活动，项目数量和质量大幅增加，注册13个QC小组，开展13个项目，其中5个项目通过专家评定，量化打分均90分以上。持续推进开源节流降本增效，不断优化运输方式，节约运费310万元；合理优化仓储布局，实现降费212万元；其他营运费用较预算减少674万元；严控“两金”压降，实现财务费用比预算节约1507万元。

【企业党建工作】 2018年，华北化工销售充分发挥党委政治核心领导核心作用，坚持“围绕中心抓党建，抓好党建促发展”，党建工作有效提升领导班子的整体合力、党员干部的执行力、员工队伍的战斗力、企业发展的内生动力。以巡视问题整改为契机，全力推动党建工作上水平。集团公司党组巡视反馈6个方面17项问题，公司党委针对巡视提出的问题，举一反三，做到即知即改、立行立改、全面整改，整改工作顺利通过巡视组检查验收。加强班子建设，深入学习贯彻党的十九大精神和习近平新时代中国特色社会主义思想，着力加强班子政治建设，准确把握“政治核心”定位，坚决贯彻落实党中央、集团公司党组决策部署，全面推进“大党建”工作格局建设，严格执行“三重一大”制度，认真履行党建“一岗双责”责任，在把方向、管大局、保落实上下功夫，不断提高党委班子成员谋大事、议大事、抓大事的能力，强化以身作则、率先垂范、头雁效应；加强党建基层联系点工作，取得实实在在的成效。加强干部队伍建设，加快年轻干部培养任用。坚持科学培养、动态管理、选用结合的理念，完成2名总经理助理、6名部门副职的推荐、考察、任职，保证干部梯队的结构优化和合理配备；加强干部监督考评管理，持续加强对干部履职和岗位绩效的综合考核评价，强化评价结果应用。加强基层党组织建设，战斗堡垒作用不断增强。开展党支部书记、中层干部及后备干部集中培训，并启动普通党员培训3年全覆盖机制，全面提升干部员工综合素质；积极开展党支部达标晋级评价和“七一”表彰工作，推动党支部特色活动开展，党员先锋模范作用得到充分发挥。扎实推进党风廉政建设。全面落实从严治党要求，落实党委主体责任和纪委监督责任，持续深化政治生态建设，有效开展公司党委首轮对山东和湖北分公司巡察工作；深入落实惩治腐败责任，开展“违反中央八项规定精神共性问题专项治理”自查工作，加快构建不敢腐、不能腐、不想腐有效机制；落实正风肃纪责任，强化纪律和规矩意识，开展警示教育，紧盯重要节点，深化运用监督执纪“四种形态”，营造风清气正良好政治生态。加强思想政治、群团工作，凝聚发展合力。坚持政治方向、舆论导向、价值取向的正确引领，有效落实意识形态工作责任制，牢牢掌握意识形态工作的主动权和话语权。深入开展主题教育和活动周活动，推动企业形象建设常态化长效化发展；积极开展“金点子”合理化建议、“为中国梦加油”主题实践活动和丰富多彩的文体活动；组织青年参加专题讲座和典型选树活动；开展扶贫帮困活动，发放慰问金8.4万元；组织退休职工重阳节登山活动和走访慰问，有效营造公司全体干部员工凝心聚力、热爱和关心公司发展的良好氛围。

（迟云峰）

中国石油天然气股份有限公司华东化工销售分公司

【概况】 中国石油天然气股份有限公司华东化工销售分公司（简称华东化工销售）成立于2005年12月，是在2000年成立的化工与销售华东分公司基础上整合升级而来的地区公司。总部位于上海市，党组织关系隶属于上海市经济与信息化工作党委管理，业务归口炼油与化工分公司领导，主要负责中国石油13家炼化企业生产的合成树脂、合成橡胶、合成纤维及有机化工等共计4大类、22个品种、120余个牌号的化工产品在上海、浙江、江苏、江西、安徽的营销工作。

2018年底，华东化工销售设8个管理处室、7个业务处室、3个直属单位和受股份公司委托管理的全资子公司——上海中油石油交易中心，在上海、江苏、杭州、宁波、合肥、南昌设6个销售分公司，在上海、余姚设两个总库容4.8万平方米、年吞吐量81万吨的固体仓储库房。员工总数322人，其中党员232人，党员比例72%，203名员工具有中级、高级专业技术职称。2018年底，总资产21.6亿，资产负债率26.3%。

华东化工销售先后获“全国企业文化建设优秀单位”“上海市文明单位”“上海市陆家嘴金融贸易区经济发展突出贡献企业奖”，集团公司“模范职工之家”“企业精神教育基地”“安全生产先进企业”称号，所属上海仓储分公司党支部被国务院国资委党委授予“先进基层党组织”。

华东化工销售主要经营指标

指　标	2018年	2017年
化工产品销量（万吨）	261	266
购销率（%）	99.4	100
直销率（%）	62	64.6
价格到位率（%）	100.3	100.3
直发、断卖比例（%）	31	33
资产总额（亿元）	21.6	23.3
收入（亿元）	234	227
利润（亿元）	0.88	2.5
税费（亿元）	1.7	2.3

2018年，华东化工销售立足新时代新起点，秉持“发展企业、惠及员工”双赢宗旨，以全面加强党的建设为统领，聚焦高质量发展方针，围绕建设具有核心竞争优势销售企业的战略目标，深入践行“1225”工作思路（坚持稳健发展方针；抓住资源、用户两个核心关键；破解人才战略缺失两个难题；深化渠道结构性改革工程，做优企业管理工程，做专、做优电子商务工程，全面加强党的建设工程，塑造优秀企业文化工程），坚持稳中求进，强化战略把控，科学统筹协调，抢抓有利机遇，深化渠道结构性、优化企业管理、做专做优电子商务、全面建设党的建设、塑造优秀企业文化五大工程扎实推进，三项工作富有成效。全年完成销量261万吨，实现销售收入234亿元，实现利润8800万元，综合指标考核分值108.85，在六个销售大区排名第三位，在高质量发展的道路上展现新作为、创造新业绩。

【经营工作】 2018年，华东化工销售积极落实集团公司对化工销售提出的“优化资源配置，增产增销高附加值化工产品”的总体要求，细化分解炼化板块对营销工作“五条主线”和“三项管理重点”的部署安排，把握“闯市场、保后路、创效益、树品牌”十二字定位，重点关注国家经济走向、产业升级、消费变化和贸易争端影响，始终坚持以市场为中心，以需求为导向，始终致力于培育强大营销能力，着力提高营销质量和经济效益。

以市场为中心，持续推进渠道结构性改革，优化量价配合，踏准均衡销售节奏。进一步调结构、补短板、挤水分，全年新增有效直供用户44家，直销率创3年来最好水平；深入研判市场，把握价格，扩大效益，摆脱参考、跟随的定价束缚，逐步建立价格自信，提高区域价格话语权，对外保障客户出货顺畅，对内降低公司跌价损失，对标比价的胜出率稳中有升，量价剪刀差逐步缩小，月购销相对均衡，全年企业库存、在途库存、市场库存的合理性、匹配度有一定改进，前10个月的均衡销售效果比较显著。

以需求为导向，以资源为龙头，持续深化产销研用一体化，体现合作创新成果。大力实施产品创新，进军高端市场，推动品牌工程、效益工程落到实处。聚丙烯瓶盖料、汽车专用料、高压聚乙烯电缆料和溶聚丁苯橡胶等一批新产品得到用户认可；公司作为主要完成单位参与的产品及技术开发项目，获集团公司科学技术进步奖8项、炼化板块新产品开发奖7项；全年采购高效产品50.4万吨，同比增加6.6万吨；PX、K9928H等产品成为公认的明星品牌，单位利润贡献突出；4506、5000S、2911/2911FS、8008等在低压产品价格大幅下滑的逆势中仍实现较大盈利；瓶盖专用料、IBC专用料销量分别同比增长55%和136%，巩固和拓展市场占有率。

以保证上游炼化生产后路畅通为己任，体现销售企业的价值。克服中高熔共聚丙烯试产带来的牌号多、配置量大等压力，兑现生产企业生产多少就销售多少的承诺；为抚顺石化、四川石化等多家企业首次试产产品找准市场定位，首次推广价格远高于其他区域，成功将HMS1602在发泡聚丙烯领域逐渐打开市场；实现吉林石化、大庆石化SAN新产品推广销售的双赢；将个别“优等品难求、合格品摇头”产品的负面影响降到最低，做到产的出、销得动；面对液体产品计划的不确定性，较好完成销售任务，在膜聚酯切片销售上也为生产企业提供有力支撑。

以厚植服务赢得市场，赢得客户的尊重。进一步增强服务力度维度，给客户以温度；引入“共享托盘”模式，解决运输亏吨、包装污染问题；协调中策橡胶投标入围集团公司集中采购，得到客户的高度肯定与感谢，稳定橡胶产品销售局面；利用产融结合优势，支持客户渡过难关。供货的连续性、稳定性，产品质量、包装以及服务水准和服务质量的改进提升得到客户进一步认可，增加双方合作的认可度、紧密度、忠诚度，与德国舒驰、金富科技等新老客户的合作进入一个稳定良好的阶段，成为达能集团年度唯一新增优秀供应商，被中策橡胶、中财管道、TCL 等知名企业评为“优秀供应商”。

【电子商务】 2018 年，华东化工销售持续发展壮大电子商务平台。推动落实炼化板块目标任务，全年线上成交 40 万吨；公司成交量 12 万吨，完成预算的 120%，推价创效 47 万元，新增电商客户 46 家。根据大区公司和用户需求逐步完善升级平台功能，制订电商固化资源销售方案，网上竞价拍卖模式取得实效，现货专场和网上商城交易模式交易量逐步放大。

【改革创新】 2018 年，华东化工销售贯彻落实集团公司关于深化改革的重大决策部署，扎实推进“三项”制度改革。以集团公司深化人事劳动分配制度改革推进会精神统一思想，结合公司当前和今后一个时期的发展定位与现状，明确“三项”制度改革的时间表和路线图；外聘咨询机构对公司各岗位劳动生产率、组织架构、岗位职责、岗位价值等方面进行系统分析评估，为“五定”工作打下基础，启动“三项”制度改革，制订改革方案上报集团公司审批；继续完善全员绩效考核制度，加强考核结果运用；突出薪酬分配的激励作用，加大对关键岗位、核心骨干的精准奖励，切实体现“分配凭业绩，收入凭贡献”的激励导向，改革红利持续释放。

【企业管理】 2018 年，华东化工销售安全环保稳定的基础更加稳固。落实“五严五狠抓”要求，推进安全生产、绿色发展；重视安全理念的宣贯，培育安全文化的养成，强化安全技能的提升，应对自然灾害和意外伤害的应急防控措施更加严密科学；抓好 HSE 体系审核和问题整改，组织开展隐患排查治理，继续保持“零事故、零污染、零伤害、零缺陷”。

提升精细管理水平，打造经营管理升级版。践行管理出效益、科学管理出大效益理念，突出抓好合规管理，开展开源节流降本增效。找盲点、补短板，经营管理风险得到有效管控，推动构建以依法治企、合规管理为遵循的管理制度、业务流程和管理标准，坚持开展经济责任审计和专项审计，推进内控体系有效运行，事后合同和应招未招问题得到有效整改，完善和发挥客户考评体系的引导性作用，减少返利剔除因素。推进管理创新，“炼化企业化工产品电子商务平台建设运营中的创新实践”课题获集团公司管理创新成果三等奖；经济活动分析质量进一步提升，后评价体系发挥出促进提升营销质量的管理效能，信息研判质量提高，精准预测 10 月以后塑料市场的走势；CRM 系统成功上线，提升客户考核的准度精度；调整分公司买断定价，差别化制定销售价格；业务处与分公司加强融合，开启联合维护终端客户新模式，共同提高营销能力。以持续改善经济增加值为重点，强化成本费用管控，多措并举降本增效，制订对标工作细化方案和成本削减三年计划，突出关键指标实质性改善；有效发挥财务价值管理职能，前移降本增效关口；进一步提高直发断卖比例，优化运输方式，减少短驳接卸。获浦东新区政策性补贴近 3000 万元，全年开源节流创效约 1.8 亿元，成效显著。

【企业党建工作】 2018 年，华东化工销售全面提升党建工作质量，以党建促发展，以发展强党建。公司党委认真贯彻落实党中央的大政方针和集团公司党组、上海市经信工作党委的部署要求，以强烈的责任感使命感构建管党治党的制度、责任、保障“三个体系”。深入开展“两学一做”学习教育和“四合格四诠释”活动，促进党员领导干部坚决同以习近平同志为核心的党中央保持高度一致，把上级精神不折不扣落实到企业管理中。宣传思想工作牢牢掌握意识形态主动权，始终突出正确舆论导向，讲好公司发展故事、传播公司好声音。坚持孕育“家文化”，始终把员工放在心中最高的位置，关心、关注、关爱每一名干部员工的思想、收入和成长，建成职工周转住房，开展系列文体活动，组织扶贫帮困送温暖，实施“青”字号工程，吸纳合理化建议，满足合理化需求，立足于为企业谋发展、为员工谋利益，立足于大局和队伍的和谐稳定。抓基础强堡垒，抓融合促发展，推广应用党建信息化平台，制修订党建制度 21 项，开展基层建设专项调研，形成的高质量调研报告列入集团公司基层建设调研成果汇编并被首期刊登交流，对公司固本强基导向作用突出；坚持开展培训教育，多方面提升干部员工综合素质；组织党支部书记和党员骨干走进大庆精神铁人精神发源地接受“不忘初心、牢记使命”主题教育，就如何提升党性修养、如何坚定理想信念、如何抓党建、强党建深入分享，反响强烈，认识深刻；基层党组织强特色、树亮点、抓服务、促融合，围绕业务发展和战略思路开展解放思想、创新实践讨论活动；奋战在生产经营一线的共产党员发挥先锋模范作用，闯市场、保后路、创效益、树品牌，以实际行动诠释对公司的奉献、忠诚与热爱。抓考评促提高，抓队伍育人才，建立党建工作责任制考核评价体系，与业绩指标挂钩，与干部能上能下挂钩，与评先选优挂钩，破除党务工作是“虚的”、是“软指标”伪命题；开展党支部书记、纪检委员述职评议，推动基层组织主体责任监督责任的落实；坚持党管干部、党管人才，改进、完善领导班子和领导人员综合考核评价办法；重视优秀年轻干部培养选拔，一批德才素质好、发展潜力大的优秀年轻干部进入组织的视野。抓执纪立规矩，抓作风树新风，落实全面从严治党要求，准确运用“四种形态”，启动党的十九大后首轮对7个业务处室的政治巡察，深化成果运用；制定印发《公司党委进一步贯彻落实中央八项规定精神实施办法》，持续开展“四风”问题自查自纠，集中整治形式主义、官僚主义，按照时间节点，集团公司巡视反馈问题得到全部整改。领导干部作风建设持续向好，公司政治生态不断净化，取得党风廉政建设和反腐败工作新成效。

（王　哲）

中国石油天然气股份有限公司华南化工销售分公司

【概况】 中国石油天然气股份有限公司华南化工销售分公司（简称华南化工销售）前身是中国石油天然气股份有限公司化工与销售华南分公司，于2004年5月18日正式成立，负责中国石油统销化工产品在广东、福建、广西、海南四省（自治区）的市场营销业务和广西石化生产的化工产品向各地区化工销售公司的调运任务，主营合成树脂、合成橡胶、有机和无机化工产品。2018年底，设15个处室，下设厦门、汕头、深圳、南宁、海口和钦州6个分公司。2018年，华南化工销售坚持稳健发展方针和高质量发展，在“四有”愿景引领下，聚焦主营业务，开创改革发展新局面。

华南化工销售主要经营指标

指　标	2018年	2017年
化工产品销售量（万吨）	252.88	249.86
购销率（%）	99.5	99.2
直销率（%）	67.91	70.01
推价到位率（%）	100.25	100.55
资产总额（亿元）	13.09	18.31
收入（亿元）	201.84	192.62
利润（亿元）	1.22	2.77
税费（亿元）	1.31	1.74

2018年，外部环境十分复杂，经济增长乏力，四季度化工市场单边连续下行，经营压力凸显。克服资源远离市场、上半年资源缺口四季度集中增配、部分时段前沿一度缺货等诸多困难，保持策略定力，坚持计划销售和均衡低库存销售，迎难而上，较好完成上级下达的业绩考核指标。2018年购入化工产品254.16万吨，资源量稳步增长；销售252.88万吨，创公司成立以来最高销量；营业收入首次突破200亿元大关。营销成本总额连年大幅下降，在销量增长、人工成本增加的情况下又减少157万元；合成树脂直销率保持六大区第一。高端产品增配7%，在自加压力的情况下销售15.79万吨，超预算7.7%；高效产品增配4%，销售33.7万吨，超预算3.2%。

根据《集团公司2017年企业发展能力评价报告》，华南化工销售综合得分及个人获利能力位居六大区第一，企业竞争力在炼化板块28家企业中排名第一。承办2018年中国石油化工营销工作研讨会。参与的2个科研项目分获集团公司科学技术进步奖特等奖和三等奖。南宁分公司被评为集团公司绿色基层站（队）。公司绩效管理、物资采购、综合统计、信息报送等工作走在六大区前列。

在历经两年多的研究论证和反复征求意见的基础上，通过转聘、竞聘、评聘三种形式分别完成高级主管、主管、主办和助理主办岗位序列改革，理顺干部管理序列，建立层次清晰、梯次有序的岗位晋升通道体系，拓展人才发展空间，优化人才成长环境。

【主营业务】 客户开发方面。坚定不移推进市场再开发，连续4年每年开发新客户100家以上。2018年新增客户111家，其中直供工厂85家，包括2家战略客户，销量在200—1000吨的有8家，淘汰客户215家，销售渠道深度优化调整，助力直销率提升2.58个百分点。在炼化板块2018年化工新产品直供用户开发奖评选中获一等奖3个、二等奖2个。

新产品开发方面。由成本创效转向高端创效，联合生产企业主动调整产品结构，0215H、FC709M、H39S-3等拳头产品展示良好的溢价功能和示范效应，21个新产品推广和9个提档创优产品顺利收官，华南化工销售首次新产品发现成果评审遴选出7个优秀项目，0215H等8个项目获炼化板块2018年化工新产品开发奖。

营销管理和价格管理探索创新方面。面向市场、解放思想，推行周均价、半月均价、全月均价及合同定价等多种定价模式；制定合成橡胶“一企一策”销售新政策，贸易类客户实行周考核并推行合约销售模式，合成橡胶直销率提升至炼化板块A级，丁苯橡胶、顺丁橡胶和SBS油胶比价成绩列六大区第一。电商销量4.89万吨，同比增长1.26万吨。同时，严肃定价纪律，规范价格折让工作。

物流仓储方面。东北产品运输周期17天，工厂日平均库存降低7%以上；协助推进产品包装质量改进和运输质量改善，商务理赔发生率下降24.4%；通过加强仓储达标管理和监督考核、优化库房布局等措施，使液体产品卸货和仓储损耗率降低31%，吨仓储费低于考核指标10元。

客户服务方面。产销协同树品牌，靠前技术服务，带领14家客户走进企业，举办客户洽谈会和产品推介会，对58家客户开展银行承兑汇票业务的同时，明确客户理赔先行垫付政策，妥善处理3起投诉，客户反响积极。

【开源节流】 2018年，华南化工销售经营工作坚持“向着市场干、围着效益转”，扎实推进开源节流降本增效工程，资源配置看效益，产品调运看速度，销售定价看市场，客户开发看用量，各专业线密切协同、多管齐下，全年增效6005万元。经济活动分析创新思路方法，多维度开展大区之间横向对比分析，有效发挥价值导向作用。全面预算管理持续加强，有效控制成本费用开支，“五项”费用比预算降低23%。财务稽查全覆盖，提升公司整体财务管理水平。利用产融结合平台开展全面风险评估，对例外事项严肃考核，举一反三切实落实整改措施。

【基础管理】 2018年，华南化工销售始终把安全环保作为经营工作的重中之重，强化“四条红线”意识，坚持安全销售、绿色销售。编制安全生产责任清单，狠抓危险化学品运储销等重点领域、关键环节、要害岗位和重要时段风险管控，持续开展全员“写风险、查隐患”和“风险预警”提示活动，较好完成2018年HSE管理体系内部、外部审核工作，实现零事故零伤害零污染目标。

围绕“强筋健体”，在加强基础管理方面投入大量精力。加强法治建设，落实法治建设领导职责，召开依法治企工作会议。修订完善公司合规管理办法，按照全面合规基本定位和“管业务必须管合规”总体原则扎实推进合规体系建设。加强基础工作建设，扎实推进合同管理、标准化、法律事务等工作，新版质量管理体系换证审核顺利通过。加强对标管理建设，编制对标工作方案，制订《2018年对标工作重点任务清单》，探索对标管理工作机制。加强制度建设，开展全员学制度、全员查制度活动，“处长上讲台”宣贯制度11项，“员工查制度”收集有效意见182条，新增制度17项，修订制度36项。加强管理创新建设，下发《推进管理创新鼓励创新实践实施办法》，首次评选管理创新成果。加强采购管理建设，不断完善招标采购办法，完成服务招标项目13项6809万元，办公用品采购费下降16%。加强信息化建设，实现CRM系统上线运行，实现ERP系统与制度相融合，分公司网络带宽大幅提速，全年网络事故为零，信息化工作水平不断提高。橡塑产品价格折让和销售费用审计工作按计划高质量完成。

【企业党建工作】 2018年，华南化工销售坚持政治建设为统领，引导党员和干部筑牢“四个意识”，坚定“四个自信”，做到“两个维护”。突出把方向管大局保落实，召开党委会37次、总经理办公会31次，民主议事、科学决策；选拔和交流中层干部3人，建立平均年龄36.5岁的后备干部队伍。加大落实中央八项规定精神、党建工作责任制考核、党员干部教育培训、意识形态及宣传报道、群团工作、制度建设和党风廉政建设等方面工作力度，建立公司党建思想政治工作体系。2018年实现很多个第一次，召开首次党代会，启动首轮政治巡察，组织首次红色革命教育，举办首次职工运动会和歌咏比赛。创办《华南化工销售报》，建成企业文化展厅，开设微信公众号。党员佩戴徽章宣示“向我看齐”，业务骨干赴大庆油田学习石油精神，“互联网+党建”助力党支部建设提速增效。党建工作开启“加速度”，步入“上升期”。

华南化工销售坚持全心全意依靠员工群众办企业，党委带头开门纳谏，持续推进民主管理和厂务公开，保障员工的合法权益。用心建设“家文化”，开展亲情团聚、子女助学、扶贫帮困、生日送祝福等关怀活动，举办健步走、运动会等形式多样的文体活动。

（叶婉英）

中国石油天然气股份有限公司西南化工销售分公司

【概况】 中国石油天然气股份有限公司西南化工销售分公司（简称西南化工销售）2000年按照中国石油化工统销战略部署整合成立，原名为中国石油天然气股份有限公司化工与销售西南分公司，2009年4月机构规格由处级调整为副局级。主要负责中国石油在四川、重庆、湖南、陕西、云南、贵州、西藏7省（自治区、直辖市）的化工产品统销业务，同时承担四川石化和云南石化的化工产品调运业务，经营中国石油所属炼化企业生产的合成树脂、合成橡胶、工程塑料、有机化工4大类近200个牌号的化工产品。

西南化工销售总部在四川省成都市，设15个职能处室和四川、重庆、湖南、陕西、云南、贵州6个销售分公司及彭州、安宁2个调运部。2018年底，员工总数228人，平均年龄40岁，其中本科以上学历占84%，中高级职称人员占45%。党员154人，占员工总数的67.5%。

2018，西南化工销售销量313.2万吨，同比增加11.4万吨、增长3.8%；收入222亿元，同比增加15亿元、增长7.2%；全年实现利润1.78亿元，完成KPI指标的237%；直销率72.3%、同比提高6.3个百分点；购销率100.5%，价格到位率100.55%。

按照炼化板块总体安排，2018年底西南化工销售陕西分公司成建制划转西北化工销售。

西南化工销售主要经营指标

指　标	2018年	2017年
化工产品销量（万吨）	313.2	301.8
购销率（%）	100.5	99.6
直销率（%）	72.3	66
价格到位率（%）	100.55	100.32
资产总额（亿元）	18.77	17.95
收入（亿元）	222	207.1
利润（亿元）	1.78	3.42
税费（亿元）	1.08	1.95

【营销工作】 2018，西南化工销售销量规模实现新增长。在四川石化“四年一修”和延迟开工、资源紧缺情况下，公司销量仍然实现正增长，剔除检修因素销量排名进入六大区第二，实现销量规模逐年提升晋位。全年橡塑产品销量146.7万吨，同比减量3.6万吨；有机化工产品销量166.4万吨，同比增量15万吨。公司保持低库存常态化运作，产品周转天数9.5天、同比减少0.5天，加快资金周转，降低跌价风险。

就地销售取得新进展。把产品就地销售作为战略任务来抓，按照总体方案和年度目标，持续提高就地销售比例，努力缩小销售半径，降低流通费用。2018年四川石化橡塑产品区内销售比例86.1%，其中线性97.1%、低压94.7%、聚丙烯85.9%；全年有机化工产品区内销售比例86%。

终端开发获得新成果。坚持“四个一批”“两轮驱动”工作措施，细化分解责任、专项推进，努力开发终端客户。全年新开发终端87家、增量19万吨，直销率在逐年靠实基础上提高到72.3%，其中有机化工保持A级，合成橡胶直销率从C级跃升到A级，合成树脂达到B级高值段。

高新专推广完成新目标。把高效产品、新产品和专用料推广销售作为推动炼化转型升级的重要抓手，制定“高新专”三年推广方案和年度目标任务，组织专项推进。全年公司高新专产品总销量达到83.97万吨，超额完成目标任务，其中高效产品销量47.51万吨、新产品销售5.7万吨、专用料销售30.76万吨。

【管理创新】 2018，西南化工销售抓好“三个优化”“三个对接”。狠抓资源配置、产品结构、调运仓储“三个优化”，加强公司与用户、生产企业和板块“三个对接”，密切产销研用沟通衔接，与炼化企业就重点产品开发进行合作，形成大宗资源保川渝、特色资源向高效市场配置的机制。

推行“四个精准”管理。运用关联模型深化市场精准研判，有效指导经营业务开展。坚持日预测周通报月分析，深化财务精准导航，公司价格保持较高水平。多渠道全方位深化挖潜增效，加强资金运行监控，加强自备车运营管理，落实仓储中心降费措施，全年挖潜增效5800余万元。

全方位开展对标工作。按照炼化板块对标模式，制定下发公司“1+4”对标工作实施方案，涵盖“一个主体、四个附标”，设立8个对标模板，开展与外部同类企业、板块大区公司、内部二级单位多个维度对标，定期分析指标差异、研究改进措施，建立对标长效机制。

严格依法合规管理。滚动开展内控体系审核，组织财务、价格联合检查，有效防控经营风险。推进管理创新项目实施，4个项目获成都市管理创新成果奖。强化HSE体系标准化运行，突出运输仓储重点风险防控，2018年首次获集团公司“质量安全环保节能先进企业”称号。

【专题研讨】 2018年，西南化工销售贯彻集团公司炼化对标工作会议和化工营销研讨会精神，先后组织开展“找差距、理思路、定措施”和“问题与对策”专题研讨，梳理5方面24项问题，制定3方面21条对策，形成“问题与对策”专题研讨报告。配套出台公路和铁路运输优化、自备车配置优化等系列方案，逐项落实问题对策，促进营销创效能力提升。

【内部改革】 2018年，西南化工销售按照集团公司全面深化改革总体部署，理顺管理职能，制定“三项”制度改革实施方案，稳妥有序推进。严控进人入口，优化岗位设置，充实销量力量，公司用工总数从256人降至228人。树立正确的用人导向，组织一般管理人员岗位竞聘。多维度开展岗位综合评价工作，为推行分级管理和岗位绩效工资制，搞活内部收入分配提供依据。

【企业党建工作】 2018年，西南化工销售强化思想理论武装。公司党委认真学习贯彻党的十八大、党的十九大精神，以习近平中国特色社会主义思想为指针，把党的政治建设摆在首位，旗帜鲜明坚持党的领导，扎扎实实加强党的建设。

压实压紧“两个责任”。全面落实从严治党要求，压实党委主体责任和纪委监督责任，认真执行“三重一大”制度，坚决匡正选人用人风气，严格开展服务采购招标，巡视和巡视“回头看”问题全部整改完毕。

强化执纪监督问责。巩固落实中央八项规定精神成果，加强廉洁警示教育，驰而不息纠治“四风”。发挥巡察“利剑”作用，推动从严治党向基层延伸，实现分公司、调运部党内巡察全覆盖。

扎实开展支部达标晋级工作，着力增强基层组织力，3月召开动员会，7月完成调研检查，召开支部达标晋级推进大会。以党建信息化平台应用为载体，线上线下配合开展，加强党员学习教育，严格规范组织生活，推进党建与业务有机融合，根本扭转基层党建淡化弱化的局面。

【企业文化】 2018年，西南化工销售连续第2年开展“凝心聚力塑造形象”主题活动，建立长效机制。组织开展“形势、目标、任务、责任”主题教育，运用新媒体讲好西南化工故事，选树青年先锋，开展各项文化体育活动，充分调动员工工作积极性。先后组织开展“颂歌献给党”MV歌咏摄录展播、凝心聚力宣讲报告会等活动，获得良好反响。

（梁 东）

销 售 企 业

中国石油天然气股份有限公司东北销售分公司

【概况】 中国石油天然气股份有限公司东北销售分公司（简称东北销售），组建于1998年6月，总部设在辽宁省沈阳市。是中国石油在东部地区的派出机构，主要负责东北、华北地区13家直属炼化企业和部分地炼企业成品油资源的统一采购、配置、调运和结算；负责23个省（直辖市）成品油销售企业和12家专项用户资源的全部或部分供应和一次物流组织，负责东北三省和内蒙古自治区东部二次物流的主动配送；负责东部地区成品油出口业务的组织协调和实施；负责东部物流区域内沿海、沿江、沿成品油管线具有集散和储备功能的大型油库的建设和管理。2018年底，机关设13个处室，在黑龙江、吉林、辽宁、河北、天津、山东、江苏、浙江、广东9个省（直辖市）设21家分公司，在职员工2099人。管理运营油库17座，库容337万立方米；成品油铁路罐车6121辆，其中产权车3901辆、租赁车2223辆。作为国内最大的成品油物流中心之一，东北销售多年来始终坚持发挥衔接上下游、协调产运销的物流枢纽作用。年成品油销售量约占中国石油成品油年产量的50%，占全国成品油市场表观消费量的18.1%。

2018年，东北销售有效发挥一体化运作优势，全面推进服务型、效益型、综合型企业建设。销售成品油5172.53万吨，同比减少128.37万吨；运输成本72.74亿元，费用总额21.52亿元，实现利润-50.13亿元。

东北销售主要经营指标

指　标	2018年	2017年
成品油销量（万吨）	5172.53	5300.90
汽油产量（万吨）	2400.08	2601.35
柴油产量（万吨）	2473.06	2416.23
航空煤油（万吨）	293.71	278.48
运费成本（亿元）	72.74	70.62
商流费用（亿元）	21.52	20.10
吨油费用（元）	41.60	37.91
油库数量（座）	16	16
库容（万立方米）	338.11	338.11
资产总额（亿元）	131.97	124.24
收入（亿元）	3425.24	3009.26
利润（亿元）	-50.03	1.41
税费（亿元）	3.22	12.08

【服务炼销企业】 2018年，东北销售面对严峻复杂的产销形势，坚定不移落实“两个确保”中心任务。坚决贯彻“直炼资源刚性兑现”的工作要求，全年直炼资源购进4571万吨，直炼资源计划完成率100%，保障炼化企业后路畅通。积极应对东陵管线停输、大港—济南—枣庄成品油管道汽油停输等突发情况，编制华北石化千万吨投产后路保产方案和抚顺—锦州—郑州成品油管线投产方案，应急保障能力显著增强。坚决支持销售企业应对市场挑战、扩销增效，成品油配置完成5172.5万吨，配置计划兑现率100%，保障重点地区、重点时段的资源供应。面对成品油市场竞争白热化的严峻态势，加强与省市销售企业的资源对接，组织资源向市场前移。贯彻大局意识，落实上级公司营销策略，承担销售奖励补贴91.44亿元，比预算增加15.24亿元，全力支持销售公司抢占市场份额、扩销上量。承担炼化企业汽油、柴油出口补贴18.43亿元，比预算和同期均增加6.76亿元，全力保障国内资源平衡、油品出口顺畅。2018年炼销一体化利润完成431.8亿元，以担当作为诠释大区公司作用价值，为产销价值最大化做出最大努力。

【提高发展质量】 2018年，东北销售坚持把发展作为第一要务，推进公司由单一调运结算业务向服务型、效益型、综合型企业转变。立足“两种资源、两个市场”，狠抓主动配送、地炼集采和扩大出口三项业务。在主动配送上，持续优化配送路径，全年区内配送总量1598.56万吨，吨油运费111.72元，有效控制物流运费增长。在地炼集采上，加强外采组织，增强议价能力，实现与中国石化同一地区同价采购，集采资源565.84万吨，创效65.27亿元。在扩大出口上，遵循“计划统筹、出口优先、规范运作、注重效率”原则，完成出口1253.55万吨，同比增加151.2万吨，创历史新高。按照“整体适销对路、区域产销匹配”原则，持续推进订制化生产模式，贴近市场需求生产适销对路和高附加值产品，全年发送订单63份，调整产品结构202.62万吨，创效7.21亿元。购进高标号汽油478.68万吨，占直炼汽油购进总量的26.04%；航空煤油完成293.71万吨，同比增加15.23万吨，增长5.47%。用好直炼汽油、柴油额外量补贴政策，加强沟通，优先结算，直炼额外量完成265.81万吨，减少采购成本17.56亿元；低价购入大连西太平洋石化柴油110.98万吨、直炼企业98号汽油12.55万吨，创效2.44亿元。下调乙醇采购价，增利5.95亿元。全年资源购进成本节约率9.11%，优于考核指标6.11个百分点，推动公司高质量发展。

【降本增效】 2018年，东北销售持续开展开源节流降本增效活动，狠抓指标和过程管控，全年商流费用比考核指标节约0.48亿元，“五项”费用同比下降22.2%。加强物流组织与优化，全年提升下海一次直达比例1.8%，区内主动配送提高一次进站量1153.5万吨，单车装载容积率提升至94.03%，运输成本

77.5亿元，比考核指标减少11.26亿元。加强损耗全过程管理，健全诚信交接服务体系，全年水运入库综合损耗率0.9‰、铁路入库综合损耗率0.03‰、水运油品离港差率0.33‰，分别比考核标准低0.05、0.07和0.27个千分点，累计降耗增效1813万元。加强自备车管理，推行管用分离，坚持“四能四不”原则，提高检修效率，节约返空费用，强化到期车辆检修安排，加强与铁路部门协调，1115辆自备车延迟报废，节省检修、停放费用，全年节费增效1.05亿元。争取集团公司政策支持，对部分短期付息资金予以五年免息并继续注资38.16亿元，节约财务费用5.3亿元，成本费用得到有效管控。

【安全环保】 2018年，东北销售落实“五严五狠抓”工作要求，组织安全环保专项检查，完成6座油库在役装置HAZOP分析，开展9座油库消防安全专项检查，发现问题183项。完成91项油库安全隐患治理，启动油库全流程诊断与优化，诊断设备隐患584项，完成整改425项，列入2019年维修计划60项，开展油库储运能力测算，对“超能力、超强度、超越程序组织”行为严格管控。开展安全环保履职能力评估，完成公司系统463名主管及以上管理人员现场评估。加大安全责任事故追责力度，对大厂油库、济南油库公路油罐车冒顶事故严肃追责，对16名责任人做出处分。加强重点领域安全环保监管，设立事故隐患、事故事件举报平台，开展员工脱岗、睡岗检查，加强工程项目现场安全监督检查，加大“反三违”及奖惩力度。

【规划计划】 2018年，东北销售加强规划计划管理，开展“十三五”规划中期评估与调整，强化综合计划执行严肃性。全年组织实施70项工程建设项目，完工68项、在建2项。新港油库、龙凤油库、济南油库、宁波油库一期安全隐患治理项目完工投运，6座油库储罐紧急切断安全隐患治理全面实施，南沙油库储罐液位连锁停机切断系统隐患治理项目完工，大厂油库、千米桥油库、宁波油库二期安全隐患治理项目稳步推进。油品监督检测中心“五大中心”建设完成培训中心、技能鉴定中心项目设计方案。规范承包商管理，严格承包商安全生产许可等资质审核，强化备案审查，开展承包商专项检查，修订承包商管理实施细则，通过加强制度建设，有效堵塞管理漏洞。

【合规管理】 2018年，东北销售加强公司法治建设，成立推进法治建设工作领导小组，设立总法律顾问，组织地炼集采合规风险识别，开展招待费及差旅费合规管理专项监察，在重点风险领域和关键环节，推进法治工作与生产经营高度融合。加强质量监督，对直炼油品开展装置检修专项监督抽查，集采油品强化风险控制，开展质量关口前移第三方检测机构入围评价。加强油库管理，推进布局优化，退租江阴临江油库，新租常熟国邦油库，协调推进烟台油库投用，南京三江口油库被集团公司授予“十大标杆油库”。加强信息安全管理，检查分析网络行为，开展“护网2018”行动和集团公司网络安全检查。深入推进三项专项工作，中油（珠海）石化有限公司85%股权在北京产权交易所二次挂牌，广州中石油鸿业储运有限公司股权收购取得进展。大庆、哈尔滨、鞍山和公司机关“三供一业”分离移交任务按期完成。

【企业党建工作】 2018年，东北销售发挥党委领导核心和政治核心作用，切实增强管党治党责任意识，建立“明责、督责、考责、追责”一体的党建工作机制，理清公司党委把方向、管大局、保落实的具体内容和要求。把加强基层党支部建设作为基础性工作，着力加强党支部标准化、规范化建设，扎实开展“党支部建设规范年”主题活动，推动全面从严治党向基层延伸。严格执行监督执纪“四种形态”，持之以恒正风肃纪，全年党纪政纪处分6人，诫勉谈话14人，批评教育16人。坚持服务生产经营不偏离，把改革发展中的难点热点作为党建工作的重点。攻坚克难完成维稳任务，为公司改革发展稳定提供坚强保障。

（申　增）

中国石油天然气股份有限公司西北销售分公司

【概况】 中国石油天然气股份有限公司西北销售分公司（简称西北销售）前身是成立于1946年9月的中国石油有限公司兰州营业所，1998年成建制上划中国石油天然气集团公司，总部设在甘肃省兰州市，是中国石油销售公司在西部地区的派出机构，主要负责西部地区14家直属炼化企业成品油资源的产销衔接、收购、调运和结算以及地炼资源的集中采购；负责中西部21个省（自治区、直辖市）成品油销售企业，以及铁道、民航、兵团等9家专项用户成品油资源的均衡稳定供应、物流调运组织、质量计量监督和结算；负责西部地区沿江、沿成品油管道具有集散和储备功能、需跨省调拨油品大型油库的建设和管理，业务范围覆盖陆上国土面积的80%。2018年底，机关设12个职能处室、3个直属单位，在中西部12个省（自治区）设15家直属分公司；管理运营成品油库10座，总库容247.5万立方米；有铁路专用线近20千米，自备罐车6579辆；在职员工1780人，离退休职工1100余人。

2018年，销售油品5186万吨，调运油品8634万吨，实现销售收入3448亿元，缴纳税费7.3亿元，盈利5.66亿元。直炼生产量和公司配置量、销售收入均创历史新高，资源配置量首次突破5000万吨，配置总量占中国石油整体50.1%。安全环保实现“三个为零”（工业安全生产事故为零、道路交通事故为零、火灾事故为零）。

西北销售主要经营指标

指　标	2018年	2017年
成品油销量（万吨）	5186	4929
调运总量（万吨）	8634	8219
油库数量（座）	10	10
库容（万立方米）	247.5	247.5
吨油费用（元）	155.11	164.26
资产总额（亿元）	155.44	155
收入（亿元）	3448	2796
利润（亿元）	5.66	4.1
税费（亿元）	7.3	7.6

【产销运行】 2018年，西北销售落实“保后路、保市场”政治责任和“直炼资源刚性兑现”要求，足额接收直炼资源，稳定炼厂加工负荷，西部地区5家炼油厂检修期间产销保持平稳运行。2018年出口成品油336万吨，计划完成率100.2%。深入研究云南石化投产上量后资源布局变化，全面统筹资源集散，助力云南石化成为中国石油第2家年内加工量突破千万吨的炼化企业。注重开发高效市场，西南地区配置量同比增加207.6万吨，配置四川资源944.6万吨，助力四川销售率先建成中国石油首家千万吨级销售企业。在西部炼油厂生产量同比增加420万吨情况下，公司交货计划完成率100.4%，超目标2.4个百分点。精心组织国Ⅵ标准油品升级置换，较计划提前15天完成升级置换工作。主要长输管道完成输转1800万吨，同比增加125万吨，云南管网、钦南柳管道和南宁油库全部顺利投运，累计输送油品285万吨。召开产运销协调会和专项用户恳谈会，编写《专项用户服务手册》，推出客户经理制等四大服务举措，巩固深化合作关系，专项用油销量同比增长25.5%，炼销企业服务满意度99%。

【经营创效】 2018年，西北销售深入开展“开源节流降本增效”工程，落实4大类28项工作措施，创效创利成果显著。把握库存运作节奏，在有效缓解产销波动的同时实现增值增效，库存运作创效27亿元。增产增销厚利产品，汽油交货1946万吨，超预算108.5万吨；航空煤油配置481.7万吨，同比增加25%；高标号汽油贡献毛利5.6亿元；收储–35号柴油11.7万吨，创效1.6亿元；兑现额外量贡献毛利20.3亿元；资源大串换完成87万吨，优化降费2.6亿元，集采完成316.6万吨，实现毛利27亿元。研究实施一二次物流整体优化，在青海、宁夏首次实现从资源地至加油站的全过程物流配送组织，两省整体运费节约9674万元，5家主动补货省区吨油运费同比降2.98元。自备车周转率3.226次/月，同比提高0.205次/月。应收款项指标综合完成率132%，油品库存占压资金指标控制在合理范围之内。开具和转移商业承兑汇票26亿元，节约财务费用2274万元；争取到云南管网昆明支线、钦南柳管道等铺底油资金13.41亿元；取得地方政府财政返还和税费减免3427万元。统筹税收平衡，合理调节油品结算关系，减少税费支出4亿元。4年来累计延期鉴定自备车1317辆，节约用车成本近1亿元。

【风险综合防控】 2018年，西北销售组织完成15个专业68项程序文件修订完善，开展全系统风险辨识，推进风险综合防控体系文件与党的建设、党风廉政建设、HSE、应急预案等深度融合。认真贯彻新时代安全环保管理要求，靠实“一岗双责”责任，践行有感领导，强化属地管理。建立油库安全环保预防性管理标准，完成风险防控信息系统二期项目建设与推广，实现所有油库作业现场“风险步步有提醒、操作步步有确认”。开展“安全生产月”、HSE知识学习考试等活动，完成应急预案评审，开展防汛、防恐、消防等各类应急演练500余次。所属青藏、云南、长沙分公司取得成品油批发证书，有效消除经营风险。开展“四不两直”检查和暗查暗访41次，接受销售板块HSE体系量化审核，所属15家分公司均由2017年审核档级B2级提升到B1级，公司HSE管理业绩综合评定首次进入良好级（B1级）。接受集团公司内控测试、财务报告审计，开展公司年度体系量化审核，开展4个单位离任经济责任审计和5个项目审计，实现全覆盖、无死角风险防控。所属新疆分公司获集团公司“2017—2018年度安保防控工作先进集体”。

【改革创新】 2018年，西北销售充实完善公司“十三五”规划发展战略，实现与党的十九大精神、集团公司要求高度契合。充分发挥公司综合营运指挥中心功能，建立多部门业务协商机制，编制“智慧物流”建设方案并稳步推进实施。管理创新成果“石油企业基于多体系融合的综合风险防控体系建设与实施”，获第二十五届全国企业管理现代化创新成果（国家级）二等奖，是公司在创新领域获得的最高奖项和荣誉。推进“三项”制度改革，制定《二级单位机构设置及定员标准》，推进机构重组整合，减少定员13.5%；推行按编制核定奖金方案，激发减员增效的主动性和积极性；实现薪酬差异化分配，有效拉开主体、辅助、服务岗位收入差距；在西安建立西北销售财务共享中心，为纳入集团公司总部共享中心奠定基础；接管中国石油湖北销售公司武汉化验室，整合质量计量检测机构，成立公司质量计量管理部。下放物资和服务采购权限，采购效率进一步提升。在9座油库实施全流程诊断与优化，制定针对性优化措施80项，深入推进现场标准化工作。组织召开世界一流油库创建推进会，总结成绩经验，明确下一步工作措施。全面完成兰州和宝鸡地区“三供一业”分离移交协议签订，稳步实施物业采暖市场化改革，剥离企业办社会职能工作顺利推进。开展档案标准化评价，被评为甘肃省档案工作规范化管理“省特级单位”。

【投资建设】 2018年，西北销售落实投资项目23个2.29亿元；安排费用化项目68项，下达计划3774万元；安排零购资金项目237项，下达计划2867万元，开展武汉码头计量设施改造等8个项目前期工作，圆满完成所属郑州油库扩建工程竣工验收。新购置400辆自备车提前30天上线运行，2019年300辆购车指标提前获批。所属郑州油库综合办公楼改造等6个技术改造项目完成改造，46个隐患治理项目全部完成，所属西固油库消防控制系统改造等3个隐患治理项目有序实施。结合油库清洗与检测任务，6座油库9个储罐防腐项目顺利完成。在6座油库推广实施无线网络建设，在8座油库完成工控系统信息安全防护项目。公司申报的“面向油库安全运营的工业互联网态势感知系统”获批为国家工信部工业互联网试点示范项目；参与实施销售应用集成配套项目移动应用并上线，建设成果获集团公司科学技术进步奖二等奖；油库物联网建设方案中部分项目纳入销售物联网建设总体规划。所属兰州、新疆监督检验站通过国家实验室第四次复审，所属武汉监督检验站实现外采油质量关口前移，履行对湖北销售公司的承诺，乌鲁木齐质监中心法人授权申请获得集团公司批准，LIMS2.0项目在3个质监站和7座油库全面实施。开展云南管网混油在线掺混试验，开启管输混油处理新模式。公司获“集团公司2018年度质量安全环保节能先进企业”，所属武汉分公司武汉油库码头装卸班获集团公司2018年度“先进HSE标准化站（队）”，所属陕西分公司咸阳油库获集团公司2018年度“绿色基层队（站）”，所属兰州分公司西固油库获集团公司2018年度“节能节水先进基层单位”。

【队伍建设】 2018年，西北销售秉持“干字当头、业绩领先”工作理念，完善绩效考核、综合计划管理和督查督办制度，实行处级干部年度绩效分级分类管理，动态调整季度奖金系数，单项奖励14个成绩突出的专项工作，有效激发广大员工主动作为、勇于担当。以培养“好干部”为目标，完善领导人员管理制度，健全领导人员能上能下的管理机制，推荐确定处级班子正职后备干部30人、副职后备干部35人，公开招聘选拔和调整处级干部42人，推荐10名处级干部转任技术专家、督导巡查员。配强专兼职党务干部，开展党建基础、信息系统专题培训3批181人次，开展党建“送培训下基层”6次。组织完成党建课题研究37项，3项成果获集团公司表彰，1项党建思想政治课题获集团公司第九届党建思想政治工作优秀研究成果优秀奖。与广州石油培训中心等签订校企合作协议，搭建起产学研培一体化平台。成功举办公司第六届职业技能竞赛及公文写作知识竞赛，推进专业化队伍建设。开展基层建设调研，在中国石油集团公司销售业务基层建设现场会上做经验介绍。成立公司技师协会，建立2个技师工作站，每季度举办技能人才大讲堂，形成人才统一管理机制。开展职业技能鉴定18批308人次，累计组织培训3852人次。公司制作的远程培训网络课件《立式便拆式管道泵现场拆解及检维修培训》获集团公司远程培训网络课件三等奖。市场化用工奖金基数由合同化的90%调整到100%，月奖金人均增加420元，制定劳务用工薪酬指导意见，劳务用工月人均收入增加454元，增长17.2%。认真执行新个人所得税政策，员工个税平均下降61%，全公司人均月收入同比增长11%，其中市场化员工月收入增长15.7%、合同化员工月收入增长8.5%。公司获“集团公司2018年度信息工作先进单位”，公司人事处（党委组织部）获“集团公司2018年度人事信息报送工作先进单位”。

【企业党建工作】 2018年，西北销售坚持把党的政治建设作为根本性建设，始终坚持“抓好党建就是最大政绩”的理念，严格落实“党政正职负总责，分管领导各负其责，班子成员‘一岗双责’”党建工作机制，完善党委议事规则和决策程序，按照“三重一大”决策要求审定（议）重要议题157项，落实率100%。党政综合办公会议安排部署工作，党委委员每季度向党委进行专题汇报，党委班子成员人均赴基层开展“三联”工作18次，深入学习贯彻党的十九大精神，124名两级党委班子成员围绕8个专题开展学习研讨，党委书记和党委委员带头讲党课8次，结合基层工作调研宣讲党的十九大精神24次，举办3期处级及以上干部学习党的十九大精神轮训班，编印学习党的十九大精神专题简报17期，各级党组织开展专题学习分享近3000人次。持续推进“两学一做”学习教育常态化制度化，开展党课宣讲268次，组织开展“全年通读10本书”活动，为全体党员配发书籍13000册。开展“四强”党组织、“六个一”党支部和“四优”共产党员创建验收，命名示范党支部4个、示范党建阵地4个、共产党员示范岗28个，开展2017—2018年度“双优一先”评比，表彰党建优秀成果6项，为基层党组织拨付党建活动和阵地建设经费86万元，开展首次党建工作基础资料展评和党建工作交流研讨。所属新疆分公司党委、陕西分公司咸阳油库党支部获“集团公司先进基层党组织”。组织召开党风廉政建设和反腐败工作会，制定《纪委三年工作规划（2018—2020年）》。党委书记集体约谈89名处级干部，班子成员对分管部门和联系单位预防提醒266人次，对新提拔的45名处级、科级干部开展“六个一”廉洁教育，建立科级后备干部廉洁档案397份。“永登分公司原经理离任经济责任审计”项目获集团公司2018年优秀审计项目三等奖。

【工团工作】 2018年，西北销售坚持党建带工建、带团建、带群建，制定两级工会委员会委员责任清单，举办工会骨干培训班，创新“五比五保”劳动竞赛方式，7项职工提案办理完成率100%。印发《加强和改进工会工作的决定》《加强和改进基层团组织建设的决定》，编制《基层工会工作指导手册》《共青团工作指导手册》，成立青年工作委员会，召开公司第四次团代会，完成两级团组织机构调整和换届。举办参赛人数最多、竞赛项目最全的第六届职工运动会，网络直播点击量18.7万次。公司团委被评为集团公司纪念改革开放40周年青年演讲比赛优秀组织单位，2名选手分获一等奖和三等奖。两级工会组织深入基层开展走访慰问活动，发放慰问金325.74万元，领导带头资助春蕾女童27名。

【宣传思想文化工作】 2018年，西北销售召开宣传思想文化工作会，开展“重塑良好形象活动周”，邀请石油精神宣讲团做专题宣讲，组织113名党员领导干部参观“伟大的变革——庆祝改革开放40周年大型展览”，开展“纪念改革开放40周年，同心共筑中国梦”新媒体作品及征文大赛、书画展，首部微电影《手机里的油爸爸》获集团公司新媒体大赛一等奖、亚洲微电影节“金海棠”奖，H5作品《石油老兵》、沙画作品《一座老油库的涅槃》分获二等奖、三等奖。建成公司职工活动室、棋牌室、书画室、图书阅览室、演播室、企业文化墙，实施公司展览馆升级改造，发布《纪念改革开放40周年征文集》等文化作品，公司获改革开放40年中国企业文化“优秀单位”。发挥“四位一体”宣传平台优势，全年在《中国石油报》等行业媒体刊发稿件70余篇，其中头版、整版6篇。公司降低物流运输成本的做法在中央人民广播电台“新闻和报纸摘要”栏目播报，公司党委书记刘守德署名文章《全面从严治党永远在路上》在《石油政工研究》发表，微信公众号多条内容被中国石油、《中国石油报》官微和“西部石油”“每日甘肃”等公众号转发。公司企业文化处（党委宣传部）获“集团公司宣传思想文化工作先进集体”，公司综合营运指挥中心获集团公司“青年文明号集体”，所属郑州油库生产运行班获甘肃省“工人先锋号”称号，武汉油库生产运行班被评为“甘肃省创新型班组”，咸阳油库被评为“中国石油十大标杆油库”。开展以培育践行社会主义核心价值观为主线的精神文明创建工作，完善15大类44项基础资料，顺利通过“省级文明单位”验收并命名，促进公司“两个文明”协调发展和共同进步。

【脱贫攻坚】 2018年，西北销售将脱贫攻坚工作重点落实到为贫困群众解决实际问题上，印发《关于在公司精准扶贫工作中进一步发挥党支部和帮扶干部作用的通知》，确定“企业+支部+贫困户”扶贫工作模式，落实“公司党委抓总、机关党委组织、支部具体落实、党员干部帮扶”的四级联动工作机制。认真履行帮扶单位和工作队职责，实现人员到位、责任到位、工作到位，完善“一户一策”工作机制，落实贫困户精准识别、精准帮扶、精准退出，公司机关党委等4个党委对贫困人员集中走访慰问4批次69人次。开展扶贫资金专项审计及扶贫项目监督检查，促进扶贫工作合规开展，为扶贫村党建共建联建拨付扶贫经费6万元，使党员群众学习有场所、活动有阵地，作用发挥有舞台。西北销售被评为甘肃省2017年度脱贫攻坚帮扶单位“优秀”等次，获“2018年度甘肃省脱贫攻坚先进集体”称号。贫困户由118户减少到15户，3个村经县市验收整体脱贫，扶贫工作被新华网、中国扶贫网等主流媒体刊发报道。

（高　越）

中石油燃料油有限责任公司

【概况】 中石油燃料油有限责任公司（简称燃料油公司）前身是中油燃料油股份有限公司，成立于1997年1月，是中国石油天然气股份有限公司的全资子公司，主要从事重质委内瑞拉原油（简称重质委油）、其他进口原油、少部分中国石油自产原油在国内市场的销售和配套仓储中转，重质委油一次加工及沥青等产品销售，中国石油炼油小产品统一销售，期货套期保值，催化油浆及重质原油加工技术研究，沥青、船用燃料油产品研发等业务，是一家集资源进口、销售、加工、仓储、物流、期货、服务等为一体的专业化能源公司。2018年底，有员工2080人，在秦皇岛、佛山、温州、无锡等地经营4个沥青生产企业，年加工能力505万吨；在湛江、青岛、宁波等地有3个仓储公司，库容总量316万吨；在东北、华北、西北、华东、华中、华南、西南布局7个销售公司，有上海中石油燃料油公司、研究院、舟山自贸区公司3个子公司，参股管理山东东明石化等5个公司。

燃料油公司主要生产经营指标

指　标	2018年	2017年
进口原油采购总量（万吨）	2300	2715
委油采购总量（万吨）	1539	1994
在营油库数量（座）	3	3
库容（万立方米）	332	332
自加工原油（万吨）	276	399
中转原油（万吨）	5058	5580
销售油品（万吨）	3294	3390
统销直属炼油厂小产品（万吨）	441	482
沥青销量（万吨）	1029	853
燃料油销量（万吨）	258	249
吨油费用（元）	36.18	30.28
收入（亿元）	1080	810
利润（亿元）	20.32	20.18
税费（亿元）	18.26	22.99

2018年油品总销量3294万吨，同比减少2.8%。原油进口量2300万吨，同比减少15.3%。沥青销量1029万吨，同比增长20.6%，国内市场份额扩大至34%。燃料油销量258万吨，同比增长3.6%。原油中转量5058万吨，同比减少9.4%。收入1080亿元，同比增长33.3%，利润20.32亿元。

【原油贸易】 2018年，燃料油公司在紧盯重质委油的同时，积极拓展贸易种类，重质委油以外重油销量达到182万吨，有效弥补公司重质委油资源缺口。全年一体化供应原油1924万吨，回购产品684万吨，回购率同比增加15.7%，一体化原油销量占原油总销量的94.8%。实施量价联动、翻盘优惠等措施，实现整船模式销售363万吨，同比增长43.9%。在重质委油销售困难期间，调整代理费，开展地毯式客户走访挖潜，促销重质委油157万吨，新开发7家原油客户。打通烟台联储管输模式，为客户节省运费30元/吨，管输销售重质委油177万吨。分别销售管输俄罗斯原油、辽河重油56万吨、13万吨，确保中俄原油管线和辽河油田后路畅通，在宁波实现公路销售原油90万吨。成为国内原油期货首批6家交割企业之一，实现前三批中的两批交割参与，通过套保工具降低原油采购成本8.01亿元。

【沥青营销】 2018年，燃料油公司丰富资源渠道，回购资源226万吨，交付率同比提升7.6%，外采沥青260万吨，同比增长200%，外部资源量占总销量的47%。针对PPP项目清理尤其是新疆地区需求萎缩的形势，实施“一促一降”。深化战略合作，与15家客户签订战略合作协议，新开发战略客户7家，供应量超150万吨。灵活采用投标方式，昆仑沥青成功应用到雄安新区、北京新机场、2022年冬奥会场馆等示范项目，华中区域销量突破100万吨，西南地区销量同比增长78%，华东地区汽付销量达到73万吨，吉林区域中标量36万吨，广西、福建、江西区域销量累计同比增长43%。实现终端销量562万吨，终端率61%，同比提升2%。坚持高端化差异化路线，打造RA25特色产品，较单独销售重交沥青或蜡油增效135元/吨。在高效市场租赁前沿库42座，形成覆盖20余个省（直辖市）、总库容超90万吨的外部仓储能力，收储资源92万吨，完成库销量83万吨。创新套利交易模式，沥青期货增利2785万元。

【馏份油营销】 2018年，燃料油公司实行公式化销售和竞价销售相结合，油浆、馏份油销价屡创新高。全年自产馏份油销价始终高于市场同品质产品约300元/吨。坚持提升炼化企业油浆资源交付积极性和实现二次加工原料定制化供应相结合，销售油浆46万吨，外采资源供应原料23万吨，平均增效153元/吨。提升外部资源附加值，外采12万吨油浆供辽河油田换烧及高富公司单炼，创效8317万元。借助“蓉欧班列”，从哈萨克斯坦首次进口4000吨蜡渣油，满足四川石化加氢原料需求。首次启动石脑油含税贸易，供应9.9万吨、增效约300元/吨；首次向广西石化直供低硫渣油3.9万吨，创效197万元；油浆竞价销售向针状焦等高附加值客户倾斜，平均溢价250元/吨，销价高出主要竞合伙伴200元/吨以上。船燃业务取得突破，调和销售5万吨，创效300万元。

【原油加工】 2018年，燃料油公司建立产研销联动机制，提升整体高效应对市场的协作能力。秦皇岛公司、温州公司装置改造一次开车成功并实现平稳满负荷运行，积极推动江苏公司卫生防护距离不足问题整改，成功掌握加拿大重质原油加工方案，争取到集团公司对公司自加工业务转型发展的支持。综合能耗17.12千克标准油/吨，同比下降0.17千克标准油/吨。紧贴市场，成功开发不粘轮乳化沥青、新型RA250防水卷材沥青等10类新品，“硬质沥青生产技术研究”“玛瑞、波斯坎原油生产SBS改性沥青技术研究”分获集团公司科学技术进步奖二等奖、技术发明三等奖，科技支撑作用日益增强。

【仓储配送】 2018年，燃料油公司与客户联合租罐，大力提高运行效率，同港口商谈实施码头作业费阶梯定价，节约费用290万元。推动湛江油库、宁波油库对外商储，湛江油库累计接卸222万桶期货交割原油，实现国内交割原油接卸总量、库存量“两个第一”，实现3200万元仓储收入，平稳高效接卸PXB权益油首次回国。总投资5.4亿元的董家口60万立方米油库新建项目获集团批复并进入初设阶段，高富公司码头、普兴沥青库顺利投用，消除安全隐患，宁波公司首次平稳组织含硫化氢巴士拉油外轮接卸和装车发运。公路配送257万吨，同比增长125%，原油配送节省运费440万元。打通沥青公铁水多式联运和集装箱运输新流程，在降本的同时为客户提供更为便利的服务。

【HSE管理】 2018年，燃料油公司作为集团公司“安全、环保双一类风险企业”，牢固树立“风险就是事故，隐患是更大的风险”理念，慎微勤辨，学习炼化企业经验，制定事故隐患判定标准，高富公司“写风险”活动经验入选集团公司《HSE管理经验汇编》。细化HSE奖励管理规定，其中增加事件管理、体系审核奖励2.53万元；严格日常监督考核，月度累计扣罚21.58万元、奖励5.4万元；安全风险抵押金少兑现奖金4.5万元。认真接受集团公司专项督查、量化审核，举一反三组织内审和承包商检查，发现问题1956项，整改率95.8%，完成13项重大隐患和8项一般隐患治理。开展897次应急演练，成功应对“山竹”等10余次台风侵袭。

【改革创新】 2018年，燃料油公司制订推进高质量发展方案、管理精细化三年行动计划，围绕深化改革和加强管理创新主题推进41个事项的落实。开展全员“五定”工作，撤销信息管理中心、行政事务中心，注销兴能公司，设立董家口合资公司，申请成立舟山自贸区公司获批。盘活人力资源，调剂江苏公司富余技术和操作人员支援温州公司和其他二级单位。坚持发展成果真正惠及员工，全员平均收入同比增长14.6%。发挥单项奖、创新奖、表扬事项、风险抵押金等8大类奖励体系作用，累计兑现1685万元。新续建项目34个，共批复投资10.47亿元，所有历史遗留项目全部清理完毕。强化合规管控，开展招标、沥青营销等4个专项审计。完成共享平台上线，确认客户票据利息2.05亿元，获得地方返还5442万元。ERP系统、物流系统实现集成，ETRM系统试运行。

务虚研讨形式更加完善，成果显著，督查督办和看板管理执行力大幅增强，督办工作1312项，办结率同比提升5.4个百分点。

【企业党建工作】 2018年，燃料油公司党委坚持政治建设为统领，通过中心组学习、党委班子成员分片区宣讲、处级干部轮训、“践行十九大，岗位建新功”主题报告会、“新时代、新征程、新作为”知识竞赛、“微党课”等形式，深入学习贯彻习近平新时代中国特色社会主义思想和党的十九大精神，并组建党的建设工作领导小组，强化党建工作顶层设计。狠抓意识形态工作，出台《公司意识形态工作责任制实施办法》《公司党委意识形态工作清单》，首次将意识形态监督检查纳入党委政治巡察范围。建立“大党建”工作格局，建立党建责任制考核评价体系、党支部晋级达标机制，开展党建工作集中排查整改，严格落实党委委员责任分工及党建联系点制度，组织8家基层党委书记述职。10个二级党总支升格为党委，各二级单位均成立党群纪检监察部。强化干部队伍建设，提拔6名、交流4名中层领导人员，调整新任纪委书记13人，落实优秀年轻干部培养选拔方案，成功举办公司首期中青年班。出台《高技能人才管理办法》等4项制度。积极配合国家审计署专项审计、财政部专项检查和集团公司党组第七巡视组巡视，集中检查16个二级单位落实党风廉政建设责任制情况，建立季度监督联席会制度，首次举办党风廉政建设培训班。深化公司文化建设，制定《公司文化手册宣贯十条》，举办公司文化知识竞赛，公司文化建设入选集团公司企业文化建设案例，获中国石油在京单位“纪念改革开放40周年”歌咏比赛二等奖，微信公众号订阅量突破22万人，刊发《燃料油报》22期，公司形象显著提升。

（王雪茹）

中石油昆仑好客有限公司

【概况】 中石油昆仑好客有限公司（简称昆仑好客），于2017年9月在北京注册成立，是中国石油天然气股份有限公司设立的全资子公司。作为销售版块非油品业务的管理运营和合资合作平台，承担非油品业务的管理协调与考核职能，主要负责非油品业务的顶层设计、标准规范制定、品牌管理，指导省区销售公司非油品业务专业化运营，同时承担商品统采统配、物流优化、合资合作、自有商品开发等业务。2018年是公司专业化运行的第一年，有员工26人，设综合部（党委办公室、人事处）、财务部、商品部、经营部、市场部、项目开发部等6个部门，控股福建武夷山水食品饮料有限公司1个专业公司。有固定资产140万元，净值92.3万元。全年非油品业务收入245.3亿元，利润24.1亿元。集采收入10亿元，自有商品收入2.7亿元，实现利润1192万元，人均创效40余万元，全面完成各项任务目标，QHSE工作形势持续稳定。

【重点工作】 2018年，昆仑好客坚持把提升便利店经营管理作为重要抓手，发挥专业化优势，大力推进精准化营销、专业化运作、精细化管理。狠抓便利店提质增效。督导省区销售公司深入实施店面优化，实现50万元以上店全覆盖，总数达9793座，占比超过50%，同比增长17.7%；强化营销组织，开展“油卡非润”月度主题营销、四季营销主题营销、世界杯主题营销等特色营销；引入精益零售管理，成立项目组，围绕商品、运营、供应链、门店四个方面职能，在云南、福建、陕西、甘肃、吉林5个省的160座便利店试点，运营效率大幅提升，新品引进周期从2—3个月缩短到21天以内，门店库存周转率明显提升，销售结构持续优化，试点便利店销售收入平均增长35%。大力推进集采业务。与39个品牌建立合作关系，与302家供应商及31家地区公司签订采购合同，加大竞品清理力度，采购成本同比下降10%。狠抓自有商品开发运营。统筹“昆悦纸”“优斯麦尔”等自有商品运营，实现收入7000万元；合作开发6款“优选+”大米，实现收入8500万元，毛利率均超过30%；规范自有商品管理，排除9款56种竞品，优化自有商品结构；制定自有商品发展规划，明确未来5年发展方向。研究探索供应链与物流优化，推进内蒙古、吉林、宁夏等省（自治区）实现跨省配送。注重人才培养。以推进店面优化、提升店销能力为出发点，组建由行业专家、内部名师、业务骨干等近百人组成的讲师队伍，开展6期系统化的理论和实操课程，培训各省区销售公司业务骨干800多人，促进省区销售公司二次培训超过6000人次。

【新业务开发】 2018年，昆仑好客依托全国2万座便利店，围绕“人·车·生活”生态圈，多种方式拓展业务，持续培育新动能。优化自有品牌水运营。完成武夷山水公司股权划转，武夷山水全年生产329.5天，投产新水井1口；积极寻找新水源，开发东北冰源水，支持西藏销售开发格桑泉水，初步形成三个水源地、两个价格带的产品体系。大力开展汽车服务业务。制定业务发展规划，加快汽车服务网点建设，运营汽车服务店710个，实现收入1.94亿元。积极探索整车销售新模式，在广州建立中转仓，月周转量近千台，在云南试点整车销售、实现收入750万元，全面打通整车销售业务流程，形成完整的汽车服务业务体系。稳步推进快餐业务试点。积极与肯德基、麦当劳等品牌企业合作，在河北、黑龙江等地打造汽车穿梭餐厅。探索社区店开发运营，开发投运石油大厦、恒毅大厦等3座便利店。鼓励探索化肥业务。在吉林、河北等地推广自有品牌化肥销售，实现收入2.3亿元；牵头组织宁夏、黑龙江、内蒙古等销售公司开展化肥业务，实现收入2.9亿元。在广告、包装水、保险、电子销售平台等业务领域探索合资合作运营。

【改革优化】 2018年，昆仑好客持续完善管理体制机制，专业运营能力显著提升。推行“部门+管理团队”的扁平化管理模式，不断提升对省区销售公司非油品业务的服务质量及效率；固化非油品业务月度视频例会制度，形成全国非油品专业线定期沟通协作、“比学赶超”的良性局面；建立常态化对标机制，通过每月开展内部分组对标、与中国石化易捷对标、与行业先进水平对标，深入查摆经验与不足，科学优化工作方向；完善激励机制，从薪酬、考核、分配、兑现等全流程，总结提炼一整套正向激励工作法，推动全员营销落地；优化督导机制，定期组织专项销售竞赛，日跟踪、周总结、月分析，层层抓落实，组建地市级督导团队，督导与帮扶并重，触角延伸到加油站；完善人才培养机制，通过送教下基层、培训师队伍建设、技能比武、营销竞赛、专项培训等方式，形成理论授课与实际操作融合、现场帮扶与检查督导融合、业务培训与岗位竞赛融合的队伍培养建设机制。

【企业党建工作】 2018年，昆仑好客坚定不移全面从严治党，打造专业化人才队伍，凝聚力、战斗力持续增强。党的建设迈上新台阶。不断加强党的领导和六大建设，通过专题培训班、党委中心组理论学习等形式深入贯彻学习习近平新时代中国特色社会主义思想和党的十九大精神，认真开展党建工作责任制考评，压实党建工作责任，充分发挥企业党组织把方向、管大局、保落实的核心作用。班子建设取得新进步。综合考虑班子成员年龄结构、工作经历等，科学合理分工，压实工作责任；班子成员严格执行民主集中制、落实“三重一大”制度，同心同德、协作配合，凝心聚力推动公司及非油品业务发展。队伍作风建设呈现新气象。广大党员干部持之以恒落实中央八项规定精神，大力弘扬传承石油精神。开展创先争优活动，发挥典型引路作用，激发员工队伍干事创业的积极性、主动性。

（关志强）

中国石油天然气股份有限公司润滑油分公司

【概况】 中国石油天然气股份有限公司润滑油分公司（简称润滑油公司）成立于2000年12月19日，集生产、研发、销售和服务为一体的专业润滑油公司。2018年底，设2大研发中心、1个产品设计中心，8个产销一体化公司，8个销售公司，2个添加剂专业公司，2个生产厂。资产总额61.9亿元，固定资产净值12.7亿元，员工总数4314人。

2018年，销售163万吨，同比增长14%。其中，车用油24.2万吨、工业油31.5万吨、特种油60万吨、车辅产品23.5万吨、船用油3.3万吨、润滑脂3.5万吨；市场占有率18%，同比提升2个百分点；利润4.6亿元，收入123亿元。

润滑油公司主要经营指标

指　标	2018年	2017年
销售总量（万吨）	163	142.6
车用油（含车辅）销量（万吨）	47.7	35.9
工业油销量（万吨）	31.5	28.3
特种油销量（万吨）	60	52.8
船用油销量（万吨）	3.3	2.6
润滑脂销量（万吨）	3.5	3.2
资产总额（亿元）	61.9	64.8
收入（亿元）	123	110
利润（亿元）	4.6	5.1
税费（亿元）	4.3	6.6

【营销服务】 2018年，润滑油公司打破传统模式，重塑业务链条，促进商业模式转型升级。车用油业务，以互联网为载体，应运二维码技术，通过异业联盟、线上线下等方式，促进客户、门店、修理厂、经销商、省公司、润滑油公司五个环节协调一致、有机结合、利益共享，内外部市场“双轮”驱动，打通加油站与终端联动营销的全流程，打造车用油营销模式2.0版；建设新零售平台门店管理系统，与二维码实现有机融合，成功注册终端1870家，动销率40%以上，提升客户体验，增强客户黏性。工业油业务，持续推进“管家式服务”“360服务”“保姆式服务”，利用大数据、云技术、信息化等手段，着力推进“智慧润滑”服务模式转型升级，实现定制化服务，全面提高服务水平。

大力拓展市场，实现增量增效。坚持抓客户、抓渠道、抓计划落实，加快销售进度，产品销量大幅提升，在济南、厦门、武汉市场销量同比增长70%、37%、35%。大力推动昆仑润滑油在集团公司内部单位的使用和替换，销售总量5.12万吨，同比增长15%，内部市场占有率70%，22家占比超过80%。深化与省公司合作，加快推进终端建设，大力开发车队卡客户，省公司渠道车用油业务销量同比增长7%，车辅产品销量同比增长74%。

开展精准营销，实现提质增效。高档汽机油销售7816吨，增长58%；高档柴机油1.92万吨，增长11%；汽油柴油复合剂1023吨，增长15%；新特产品4万吨，增长7%；润滑脂3.5万吨，增长7%；添加剂5564吨，增长60%；车辅增量8.8万吨，增加毛利1.2亿元；特种油增量7.7万吨，增加毛利3905万元。

【科技创新】 2018年，润滑油公司创新研发驱动，加快成果转化。自主研发高铁齿轮箱油，走第三条技术路线，解决世界性难题，打破国外技术垄断，填补国内空白，成功应用于“复兴号”动车组列车，护行总里程超5000万千米；直流变压器油，成为世界首条±1100千伏输电工程唯一指定用油，成功应用于巴西美丽山特高压工程、巴基斯坦默卡水电工程、斯里兰卡国家电网工程、土耳其凡城柔性直流联网工程，出口量6500吨；长寿命汽轮机油成为润滑油行业唯一成功应用于大亚湾、岭澳、红沿河、宁德、福清、方家山等核电站用油；自主研发的机器人减速器脂在沈阳新松机器人上完成8000小时极限工况性能测试，作为初装脂实现量产；工业齿轮油成功应用于全球仅有的2台聚丙烯挤压机之一；承担润滑油行业唯一一项国家重点研发项目；科研成果转化率76%。

【品牌建设】 2018年，润滑油公司全面深入落实“技术、服务、品牌”三大定位，品牌从“昆仑润滑油”升级为“昆仑润滑”，企业定位从“生产型”向“服务型”转变、从“业务型”向“平台型”转变，从卖“产品”向卖“技术”、卖“服务”卖“品牌”转变，发布“提升客户体验、为客户创造价值、守护青山绿水”品牌发展三大新主张。昆仑润滑百度指数历史峰值达4.3万；微信指数历史峰值达35万，平均月环比增长805%。

借势顶级热点，打造品牌形象。结合具有行业高关联度、高专业性、高瞩目度的赛事、活动进行冠名，提升品牌知名度。连续两年冠名CCPC中国量产车性能大赛，央视进行4场90分钟直播，受众上亿人次；在上海虹桥站举行“昆仑润滑号”高铁首发仪式，春运期间在京沪线36组288节车厢进行品牌传播，广告投放占比50%，覆盖客流量6220万人次，视频报道第一时间突破10万；连续9年冠名“中国心”十佳发动机评选，共同推进行业迭代升级；在张家口发布“昆仑润滑油—北京2022年冬奥会官方润滑油”冬奥会权益，央视中国财经等媒体形成破亿级曝光，并联手多位冬奥冠军，共同发声，形成名人影响。

主动发声造势，彰显国企实力。充分借助各种形式展示中国石油昆仑润滑雄厚实力和高质量发展的硕果，在上海举办“质在新高度”昆仑天润产品升级发布会，全面升级汽油机油产品线，新华社等140家主流媒体广泛传播；在成都举办“超长里程解决方案”发布会，中国新闻网等50家媒体传播频次286次；在沈阳举办“智领时代、脂引未来”主题发布会，与新松机器人达成战略合作；在北京举办“人·车·生活”主题发布会，与京东达成战略合作。

形成生态共鸣，扩大纵深发展。不断延伸触角，积极参与各行业展会，形成军工、高铁、特高压、核电、船舶、机器人等六大高精尖行业，拓展为全行业提供润滑支持的战略布局。全年参与石油石化、电力、汽车、机械制造等行业12场次展览展会，与行业伙伴达成合作共识，获得更多商机。

【改革创新】 2018年，润滑油公司优化组织机构，提升管理效率。整合云南和贵州销售业务，成立昆明销售分公司；重组福建、江西市场业务，成立厦门分公司；合并华东润滑油厂和上海销售分公司，成立一体化销售分公司，销售力量进一步加强；合并技术和大客户业务，成立技术开发与大客户部，并将车用油大客户、军用油业务划归技术开发与大客户部，工业油大客户业务调整到工业油部，强化车用油业务大客户整体开发水平；成立互联网科技公司，网络营销得到有效推进；设立复合剂项目部，着力培育新的效益增长点；组建产品设计中心，服务更加贴近市场。

推进考核改革，坚定发展信心。完善激励机制，制定生产定额、销售量、科研创效等量化指标考核发放办法，内部分配加大按贡献分配力度，逐步减弱按岗位系数分配奖金；优化内部对标分析，在KPI指标考核基础上，细化相关考核项目，按不同单位设置重点考核项目，通过差异化分配，员工平均收入同比增长20%以上，激励想干事、能干事的员工队伍。设置各产品线7大类共20项专项奖，累计发放专项奖金927万元，坚定干部员工的信心和底气。

【企业管理】 2018年，润滑油公司开展管理创新，增强保障能力。按照管理创新要求，着眼于公司业务需求，运用新时代理论创新成果，首次开展管理创新成果评选，评选出水平类创新成果18项，降本增效类创新成果7项，累计发放成果奖20万元。集团公司企业发展能力评价中，得分81.31分，名列销售板块第1名。

强化风险管控，提升运营水平。重点针对管理薄弱、流程复杂、易出风险等方面，对机关及所属11家单位的全部业务进行内控测试，发现例外事项206个，加大督促考核力度，年底前全部事项整改完毕；确定十大风险防控目标，每季度监督检查通报，组织开展合同管理、包装物管理专项检查；对475项法律法规、地方性法规、标准、制度进行全面梳理，为生产经营奠定坚实基础。

狠抓安全环保，筑牢发展基础。完成QHSE管理体系转版融合和第三方换证审核；完成销售板块HSE量化审核，评分82.5分，保持量化评级B2档；严格产品质量管理，产品出厂合格率100%，被评为集团公司质量管理先进企业，并连续3年获集团公司安全环保先进单位。

【企业党建工作】 2018年，润滑油公司全面加强党的建设，大力弘扬石油精神，创新出符合润滑油公司实际的“两学”“两抓”“两查”“四讲”的“2224”党建工作方法体系，在基层党的建设工作、安全管理、合规管理等方面广泛应用，充分发挥党建“压舱石”和“动力源”作用，厚植润滑油公司高质量快速发展的“根”和“魂”。

（任建伟）

中国石油天然气股份有限公司四川销售分公司

【概况】 中国石油天然气股份有限公司四川销售分公司（简称四川销售）前身是四川省石油总公司，成立于1952年9月，1998年成建制上划中国石油天然气集团公司。主要从事成品油批发和零售业务，以及便利店、润滑油、天然气、广告和化工产品等非油品销售业务，是四川成品油市场的主渠道供应服务商。2018年底，设12个机关处室，5个附属机构，下辖28个二级分公司，员工11622人，资产总额144.51亿元，在用油库22座，有加油站1717座、运营1662座，经营机构和营销网络遍布四川全省。

2018年12月28日15时17分，四川销售提前跃上千万吨，成为中国石油首家千万吨级销售企业。销售成品油1008.76万吨、同比增长6.7%，零售总量725.2万吨、同比增长1.1%；非油品业务收入15.96亿元，增长10.5%；非油品业务利润2.06亿元，同比增长23.4%。全省在用油库年吞吐量1971万吨、排名省区公司首位，人均吞吐量首次突破2万吨。

四川销售主要经营指标

指　标	2018年	2017年
成品油销量（万吨）	1008.76	945.48
汽油销量（万吨）	523.05	495.57
柴油销量（万吨）	485.71	449.88
润滑油销量（万吨）	2.17	0.02
加油站总数（座）	1717	1688
油库总数量（座）	108	108
在用油库数量（座）	22	22
在用油库库容（立方米）	80.54	79.90
纯枪销量（万吨）	667.66	666.17
非油品业务收入（亿元）	15.96	14.44
非油品业务利润（亿元）	2.06	1.67
吨油费用（元）	310.62	319.82
资产总额（亿元）	144.51	128.33
收入（亿元）	739.28	626.52
利润（亿元）	4.17	11.61
税费（亿元）	5.35	6.58

图 1 2018 年 12 月 20 日上午 11 点，四川销售非油品业务收入突破 20 亿元、利润突破 2 亿元 （曾宇 提供）

图 2 2018 年 12 月 28 日 15 点 17 分，四川销售汽油柴油销售总量正式突破 1000 万吨，率先建成中国石油首家千万吨级销售企业 （曾宇 提供）

【油气销售业务】 2018 年，四川销售全面落实战略营销、精准营销、理性营销。以市场情报为基础，以“量价效率动态模型”为支撑，强化策略调整、价格管控、区域联动、竞合关系等顶层设计，全年调整直批策略 106 次，实现直批销量 341.1 万吨、贡献增量 56.6 万吨。净化市场环境，省市两级公司上下联动，提供免费检测、免费停车、免费储存等优惠条件，协调政府、联络同行、沟通媒体，精准打击黑加油站、黑加油车、黑窝点等“三黑”现象，全年拔掉“三黑”窝点 40 余个，查扣劣质油品 2000 余吨。

【加油站管理】 2018 年，四川销售突出挖潜增效，深化全流程诊断与优化，1240 座站实施卸油不停枪作业；强化技改站客户分流回流，平均销量恢复期缩短 5 天。抓两头带中间，新增 5000 吨级加油站 14 座，其中万吨站 6 座；“双低站”同口径同比减少 73 座、减亏 200 万元；197 座站恢复 24 小时营业，日均贡献纯枪增量 61 吨，相当于新增 2 座万吨站。关注客户体验，推进 809 座加油站“厕所革命”、着力解决电子发票推广问题，神秘顾客访问同比提升 3.2 分，95504 电话投诉同比下降 50.8%，95504 电话零有效投诉单位 18 家、同比增加 5 家。

【非油品业务】 2018 年，四川销售着眼非油品业务“做大、做强、做专”目标，加快便利店上档升级，加大“昆仑”全系列产品销售，推动中油优途从纯电商向异业合作平台跨越，开通话费充值服务，打造转型升级新引擎。成都公司非油品业务收入突破 2 亿元，成品油、德阳、南充、绵阳、广元 5 家公司非油品业务收入突破亿元，成都燕塘、成品油元华、乐山城西、岷江迎宾、泸州龙马、油料李家沱等 10 座加油站便利店迈入千万元店矩阵。

【投资建设】 2018 年，四川销售制订年均 100 座滚动计划，实施自主开发、合资合作、存量挖潜、资产置换四轮驱动，新开发加油（气）站 105 座、同比增加 39 座、超额完成年度目标，新投运 71 座、贡献增量 15.2 万吨。稳步推进低成本发展，主动与具有一定规模、价值观趋同的社会站开展品牌输出，合资合作开发加油（气）站 35 座、发展特许加盟站 20 座。打好防渗治理攻坚战，全年完成 402 座站双层罐更换，改造进度由年初的 29% 提高到 55%，平均改造工期较销售板块标准节约 5 天、减少纯枪销量损失 2.2 万吨。

【质量计量安全环保】 2018 年，四川销售始终坚持“严管重罚”总基调，实施“分类管理、重点监控、风险预警”工作机制，抓关键领域、关键环节和关键时段风险防控，确保 387 处施工现场、2200 余项重大作业安全受控，有效处置汛期 4 次特大暴雨、洪涝灾害，成功应对中央环保督察“回头看”，积极迎接外部质量抽检 1218 次，完成国Ⅵ标准油品升级检测 5559 次，实现升溢油利润约 2.3 亿元。创新开展“3·15”宣传活动，参与人数 500 万人次，助力品牌建设，连续 4 年获集团公司“安全生产先进单位”称号，全年实现安全零事故。

【改革创新】 2018 年，四川销售完善激励机制，提出 12 项配套方案，开展“大干一百天、打好攻坚战、决胜千万吨”主题活动，拿出 2250 万元对纯枪上量、店销增收、网络开发进行精准奖励，落实一线岗位和夜班津贴，一线员工收入同比增长 14.6%。推进管理创新，制定 25 项增效攻关措施，业务外包、劳务派遣、委托管理减少用工 300 人，基本完成“三供一业”分离移交，18 项创新成果（论文）获行业部级表彰。资阳公司与四川远德公司合作研发的“一种 RFID 油罐车监管系统”，共同取得国家知识产权局下发的实用新型专利授权，专利授权号为201720897579.5。

【企业党建工作】 2018 年，四川销售举办 12 期中心组学习、2 期领导干部读书班、2 期党支部书记示范培训班，组织 529 名党员干部赴延安接受红色教育。召开第三次党代会，选举产生新一届党委、纪委班子。深入推进大监督体系建设，构建“三不腐”有效机制，综合运用监督执纪“四种形态”，严格执纪问责。提供资金 255 万元开展精准扶贫，选派 3 名年轻干部到若尔盖县驻村帮扶。调整任免中层干部 63 名，其中公开选拔副处级以上干部 19 名，“75 后”处级干部比例提高到 20.9%。经理人学院全年办班 23 期，其中与宁夏、云南、黑龙江等销售公司联合办班 7 期，累计培训学员 1012 名。

（陈　晶）

中国石油天然气股份有限公司辽宁销售分公司

【概况】 中国石油天然气股份有限公司辽宁销售分公司（简称辽宁销售）成立于 1955 年 2 月，前身为中国石油辽宁省公司。1998 年成建制上划中国石油天然气集团公司。主要从事成品油批发、零售，以及便利店、天然气、广告和化工产品等非油品销售业务。是辽宁地区成品油市场的主渠道供应商。2018 年底，机关设 14 个职能处室，4 个附属机构；下辖 20 个二级单位，其中地市分公司 14 个、专业分公司 6 个。有员工 1.43 万人。资产总额 104.16 亿元。运营加油站 1360 座，占辽宁省运行加油站总数的 37%，成品油市场份额 67%。在用油库 18 座，库容 59.63 万立方米。经营机构及营销网络遍及辽宁省。

2018 年，辽宁销售成品油销量 708.11 万吨，同比减少 0.1 万吨，下降 0.01%；实现纯枪销量 548.15 万吨，同比增加 3.76 万吨（剔除高速站销量因素），增长 0.69%；实现利润 -15.43 亿元，同比减少 16.47 亿元；实现非油品业务收入 17.29 亿元，同比增加 1.34 亿元，增长 8.4%；实现非油品业务利润 0.98 亿元，同比减少 0.10 亿元，下降 9.26%。上缴税费 5.75 亿元。未发生安全环保等级责任事故。

【油气销售业务】 2018 年，辽宁销售实现汽油、柴油销量 668.42 万吨，同比增长 0.84%。实现批发汽油、柴油销量 120.27 万吨，同比增长 1.55%。其中：汽油 27.97 万吨，同比下降 9.36%；柴油 92.3 万吨，同比增长 5.4%。年初确定一季度要量营销策略，通过大力扩销，对冲季节性因素影响，实现淡季旺销。开展中小微客户专项考核，以刚需销售提质为主，最大程度避免回流，冲击零售市场。稳步扩大润滑油业务优势，优化销售结构，做优昆仑润滑油品牌，昆仑车用油和车辅产品销量处于销售板块领先地位。2018 年，实现昆仑车用油销量 2.16 万吨，同比增加 0.44 万吨，增长 25.58%。

辽宁销售主要经营指标

指　标	2018 年	2017 年
成品油销量（万吨）	708.11	708.21
汽油销量（万吨）	341.49	363.53
柴油销量（万吨）	326.93	299.29
润滑油销量（万吨）	39.69	42.01
加油站总数（座）	1360	1337
油库数量（座）	18	16
库容（万立方米）	59.63	53.33
纯枪销量（万吨）	548.15	544.39
非油品业务收入（亿元）	17.29	15.95
非油品业务利润（亿元）	0.98	1.08
吨油费用（元）	375.73	355.31
资产总额（亿元）	104.16	115.02
收入（亿元）	505.74	450.52
利润（亿元）	-15.43	1.04
税费（亿元）	5.75	6.7

【加油站管理】 2018 年底，辽宁销售运营加油站 1360 座，占辽宁省运行加油站总数的 37%。开展多种形式电子券促销活动，开展传统节日、热点事件、

主题活动类促销16项，发放电子券1088万张，核销电子券635万张，核销率58%，活动支出3.4亿元，间接拉动油品销量15.1万吨，带动非油品销售1.1亿元。强化跨行业联动营销，先后与中国移动、中国人寿、中国平安保险、中国建设银行等单位开展异业合作，实现二维码卡销售额1.6亿元，核销1.3亿元，新增沉淀资金0.3亿元。依托"油惠星期六"促销品牌，联合中国建设银行、中国工商银行、华夏银行开展加油卡95折充值惠和9折加油主题促销活动，实现加油卡充值额3860万元，促进各自客户相互转化。拓展小额配送业务，地市公司结合实际制定完善小配送管理办法，将任务分解到站、到人头，2018年全系统实现小配送、以站代库销量30万吨。强化市场整顿，维护公平竞争秩序，打击非法油罐车236辆、黑窝点65个、查获涉案油品2500余吨、处理非法人员114人；抽检个体加油站505座、抽检油品244批次。推进站外售卡业务，全省成立97组332人的"流动宝石花"队伍，走访单位500家，实现站外售卡7.6万张，新增储值额7530万元。开展春耕秋收惠农，全省规划春耕秋收用油网点545座，销售春耕秋收用油7.1万吨，同比增长158%，带动化肥销售收入700万元、柴油机油收入520万元。开展加油站环境服务整治提升活动，制定下发《加油站环境服务整治提升活动方案》，累计检查站次143座，发现问题407个，单站平均得93.5分，提升现场环境及服务水平。

【非油品业务】 2018年，辽宁销售提升非油品主营业务地位，以营销规模向营销质量转变为目标，提高便利店专业管理和精细营销能力，拓展多元化经营与业务新渠道。

扩大年货商品销售。提前策划年货大集促销方案，与30家供应商谈判精选270种商品入围年货大集，印刷2万份年货大集手册发放一线加油站和机构用户，提前与团购用户达成采购意向。与辽渔集团等省内著名水产企业合作推出"渔宴""海大厨"等加油站渠道专供海鲜大礼包，实现销售收入4500多万元。

提升便利店专业化运营能力。利用外部咨询团队专业力量对全省50万元以上便利店进行现场诊断和专业指导，咨询团队目标管理的便利店销售收入增长超过30%，促进一线员工非油工作技能全面提高。深化"三类六型"便利店分类管理，利用远程监控系统加大现场日常运营监督巡查，提高商品陈列、规范服务等基础管理水平。

提高供应链运行效率。建立以"集采为主、统采为辅、地采为补"的商品采购体系，落实昆仑好客集采在辽宁销售全面落地，采购品种近200种，采购金额5000余万元。优化中央仓运行质量，配送商品实现1件起订，商品配送周期缩短至7天，部分城市站缩短至5天。

加强自有商品开发。"渔夫尚选"品牌得到国家工商行政管理总局商标局受理，辽宁销售授权辽渔集团量身打造的金枪鱼罐头系列产品10月底正式上市。

加快推进快餐业务。推进与麦当劳快餐跨界合作业务，4月30日，辽宁销售首家麦当劳"得来速"汽车餐厅在所属鞍山分公司民生路加油站正式开业，消费者不下车即可完成购物全过程，耗时仅3—5分钟。投入运营2个月快速达到投资标准，引起麦当劳方面高度认可。自有品牌"好客优食"盒饭在大连分公司加油站试点销售，多种口味、多价格带商品满足不同顾客群体需求。

参与石化企业后勤采购招标。与辽阳石化、大连石化、锦州石化、抚顺石化等中国石油驻辽宁石化企业后勤采购全面合作，提升放心厨吧和自有品牌粮油销售量。

加快发展线上业务。2018年与"美团""饿了么"等平台合作，打通顾客消费"最后一公里"，225座便利店实现线上收入1760万元。其中"五一"大型促销活动5天实现销售收入360万元，在外卖平台引起轰动效应，品牌影响力快速提升。

【安全环保】 2018年，辽宁销售落实安全环保责任，开展《生产安全事故与环境事件责任人员行政处分规定》和《较大及以上安全环保事故隐患问责管理办法（试行）》宣贯，印发《辽宁销售安全环保绩效考核办法》，开展全员重温安全环保职责活动，制定公司领导班子成员安全职责，修订机关处室和员工安全环保岗位职责。强化风险隐患治理，2018年开展隐患排查4次，投入安全生产费用9122万元，整改安全环保隐患168项；组织机关各处室轮流开展例会前安全经验分享41期。提高库站安全环保水平，截至2018年底，"十三五"以来累计投资6378万元，完成314座加油站、6座油库油气回收改造和验收，公司所有油气回收装置全部安装完毕并投入运行。落实锅炉改造要求，2018年投入资金1.65亿元，对499座加油站燃煤锅炉实施改造，完成全部应改造数量的79%。

【体系融合】 2018年，集团公司确定辽宁销售为管理体系融合试点单位。4月3日，召开管理体系融合暨建设综合管理体系启动视频会议，下发辽宁销售综合管理体系建设实施方案，成立以党政主要领导为组长的工作领导小组和办公室，对综合管理体系建设试点工作做出全面安排部署。从3月开始，分为“融合建设”“体系试运行”“体系完善”三个阶段，利用3年时间完成全部建设工作。2018年底，编制完成辽宁销售《综合管理体系手册》，对制度和流程进行修订。公司制度从体系融合前的405个减少到338个，其中修订62个制度，废止95个制度，合并7个制度，新增天然气采购、加气站管理等17个制度；新增业务流程42个，修订业务流程179个；制度替换率48.5%，流程优化率47.8%，涵盖公司20个专业、295个业务流程。

【法制工作】 2018年，辽宁销售推动法治企业建设，制定《辽宁公司领导人员履行推进法治建设职责实施细则》《辽宁公司关于进一步加强企业领导人员履行法治建设职责的指导意见》，细化分解工作任务，压实依法治企主体责任。制定《辽宁分公司授权管理实施细则》《管理权限清单》，将权限目录、审批主体、相关制度依据、具体审批流程等以清单方式加以规范，打造依法治企管理新模式。将普法学习纳入两级领导干部中心组学习内容，开展全员“普法学习主题活动月”，全年普法学习超过9000余人次。6月开通“法治辽销”微信公众号，累计发帖34篇，点击量12434次。

【投资建设】 加强投资计划管理，2018年下达投资计划9.9亿元；安全生产费用3653万元，解决库站重点隐患77项；安排零购资金566万元。2018年开发加油站61座（其中新开发46座、续租15座），新增零售能力25.6万吨，确保5.8万吨续租站销量不丢；投运加油站39座，新增零售能力16.5万吨，停滞多年的沈阳南塔街、大连黄海西路两座加油站实现投运。2018年批复成立合资公司10个，载体加油站13座，新增零售能力4.2万吨，合资公司首座新建站土地实现落地。强化加油站防渗改造项目前期规划、施工现场安全和后评价管理，编制《加油站防渗改造项目施工指导意见》，培训工程管理人员170余名；编制《工程建设管理考核标准》，建立省、市、现场三级监管体系，对施工安全、质量、进度情况进行监控，降低施工风险。2018年完成防渗改造加油站476座（2016年以来累计完成687座），单站平均工期48.6天，同比缩短9.2天。按期完成王屯油库乙醇卸车管线专项改造。

【信息化建设】 2018年，辽宁销售深化信息系统应用，提升企业综合管理水平。利用信息系统加强油品超耗过程管控和源头治理，升级站级系统功能，实现加油站收油数据全过程监控；升级站级系统和二配系统，实现收油密度自动集成库发标准密度，提高加油站收油数据准确性和及时性，被销售板块在全国范围推广实施。强化网络安全管理，组织开展信息系统账号梳理及弱口令整改，全省吊销U-KEY证书598个，生产系统和办公系统累计删除、停用账号8004个，整改824台终端计算机弱口令和安全基线隐患问题。

【薪酬管理】 2018年，辽宁销售以强化激励为目标，完善薪酬考核分配政策。坚持以绩效奖为主、专项奖为辅的考核兑现机制，重点向一线岗位、艰苦岗位、贡献大的岗位倾斜，通过控减员工总量878人，盘活工资总额1807万元，在工资增量有限情况下实现员工收入普遍增长，其中一线员工人均收入平均增长超过13%，部分加油站经理绩效奖金高于处级人员绩效奖金，一线员工收入高于一般管理岗位收入，调动基层一线员工积极性。突出重点经营工作定向激励，出台《增量超额专项考核办法》，纯枪销量完成情况与各分公司工资额、班子业绩奖金基数双挂钩，引入加速激励系数，突出对纯枪、直销、非油品等重点经营工作定向激励。2018年兑现增量超额奖励5207.92万元，有效调动各单位扩销增效积极性。调整完善一线人员上岗津贴，按照所处地理位置和岗位关键程度，偏远乡镇、农村库站员工每人每年最高增加720元。推行员工转制委托管理、优化排班、并站管理等措施，2018年减少员工总量878人，比上级下达计划减少277人。

【企业党建工作】 2018年，辽宁销售压实党建工作责任，形成党建责任体系，党委领导作用进一步发挥。

强化思想理论武装。落实党委理论学习中心组制度，为省市公司党委理论中心组配发《习近平谈治国理政（第二卷）》《梁家河》及宪法修正案、新版《中国共产党纪律处分条例》等学习书籍1000余册。邀请辽宁省委党校副校长佟玉华教授以“新思想领航新征程”为题做专题辅导，设立主会场和16个分会场，900人聆听辅导。

加强干部员工队伍建设。强化干部考核评价工作，2018年，有1288名员工参与对中层干部考核打分，占员工总量的10%以上。用好干部年度考核结果，对19个二级单位分别进行考核结果反馈，对2名干部开展提醒谈话。推进加油站经理积分制管理，构建“薪酬看绩效，成长靠积分”的加油站经理人综合评价体系，实现横向转换顺畅有序的人才培养选拔机制。全年评定 10 名首席站经理、83 名资深站经理和 159 名高级站经理。

加强基层党组织建设。强化党员活动阵地建设，建成公司党校，9 月 11 日在大石桥培训中心举行党校揭牌仪式。新建“共产党员之家”综合服务阵地 26 个，开设新时代工人讲习所 16 个，形成党校建设、“共产党员之家”综合服务阵地建设和党支部规范化建设“三位一体”阵地建设模式。制定下发《关于进一步加强党支部书记队伍建设的实施办法》，开展党支部书记轮训，实行党支部书记持证上岗。印发《党支部达标晋级管理实施细则（试行）》，按照“未达标党支部、达标党支部、优秀党支部、示范党支部”四个级别，对党支部开展达标晋级。坚持党费向一线党支部倾斜，全年下拨经费 104 万元。

做好对内对外宣传工作。依托企业内部报纸《辽宁石油销售》报，重点加大提质增效、降本压费、安全环保、和谐稳定、党建工作等宣传力度，发挥“辽宁石油之声”新媒体作用。截至 2018 年底，“辽宁石油之声”推送新闻稿件 280 余篇，阅读人数 11.6 万次。“党旗飘飘”推送新闻稿件 261 篇。其中，被集团公司党建信息化平台“党建快讯”栏目采纳 24 条。

加强企业文化建设。组织开展“弘扬石油精神、重塑良好形象”活动周。建成辽宁销售企业文化展馆，6 月 29 日，举行辽宁销售企业文化展览馆暨企业精神教育基地揭牌仪式。开展文化创意设计及创新创效活动，2018 年征集文创产品 51 种、创新创效成果 121 个、企业卡通形象与微信表情包 4 套。抓好文明单位创建活动，营口、抚顺分公司等单位继续保持“全国文明单位”称号。

【纪检监察工作】 2018 年，辽宁销售落实中央纪委二次全会部署和集团公司党组纪检组要求，强化监督执纪问责，驰而不息纠正“四风”，发挥巡察利剑作用，有效运用“四种形态”，企业政治生态持续向好。2018 年，公司党委研究制定巡察工作规划等 6 个制度文件，对今后 5 年巡察工作做出具体部署。6 月 6 日起启动新一轮党委巡察工作，对 3 个所属分公司和 8 个经营部、片区开展 3 轮巡察，发现问题 406 个，其中立行立改 70 个，移交问题线索 8 个。打通党风廉政建设“最后一公里”，惩治群众身边“微腐败”，公司纪委督促业务部门先后出台《关于严肃对外开具发票的通知》《加油站运营监控考核细则》等管理制度 11 项，覆盖加油站管理、非油品管理、加油卡管理等业务领域。查处违规违纪人员 183 人，其中因刷卡套现、虚开发票等问题解除合同 42 人，免除站经理职务 3 人。

【信访维稳工作】 2018 年，辽宁销售做好信访维稳工作，维护企业和谐稳定大局。全国“两会”期间，成立专项工作组赴京，会同属地公安机关，第一时间到国务院国资委、国家信访局等重点单位，多种途径密切排查被列为集团公司积案重点人员动向，实现对维稳目标 24 小时不间断监控。2018 年发生信访事项 20 起（其中群体访 2 起），同比下降 17%。进京访 4 起（没有群体进京访），同比下降 12%。2018 年被辽宁省公安厅授予安保防恐先进集体，被集团公司授予党的十九大期间维稳信访安保防恐特别贡献集体称号。

（张凤春　陈占凤）

中国石油天然气股份有限公司广东销售分公司

【概况】 中国石油天然气股份有限公司广东销售分公司（简称广东销售）前身为广州经济技术开发区中油油品销售中心，成立于 1998 年 9 月 7 日，主要负责中国石油在广东地区油气销售、网络开发建设工作。2018 年底，投运加油站 1142 座，运行资产型油库 12 座，总库容 149 万立方米，资产总额 154 亿元。设 13 个机关处室，4 个附属机构，16 个地市（区域）分公司、2 个专业分公司，1 个综合服务中心，84 家股权企业，有员工 11461 人。公司党委下设 20 个基层党委，15 个党总支，198 个党支部，党员 2206 名。

【油气销售业务】 2018 年，广东销售成品油销量 831.1 万吨，同比增加 57.1 万吨，增长 7.4%，销售规模在公司独立运行以来首次迈上 800 万吨台阶，实现历史性重大跨越。接卸直炼油品同比增加 74 万吨，为炼油厂后路畅通和集团公司产业链整体效益提升作出积极贡献。统筹推进、有序组织，按期完成国Ⅵ标准油品置换工作。坚持研判大趋势，把握大节奏，实现直批销售 310.56 万吨，同比增加 74.84 万吨，增长 32%。茂名公司直批计划完成率 223%，湛江、揭阳、佛山、中山公司计划完成率在140%以上。突出抓好集团客户和终端客户开发维护，机构用户及社会油站销量分别同比增长11%和22%。开展“市场大调查，客户大摸排”活动，开发社会油站类客户535家、参股特许油站27座，实际交易终端客户数达1475家，同比增长9.7%。韶关、河源、珠海公司新增客户数在50家以上，深圳公司新增销量2.1万吨，客户开发成效显著。

广东销售主要经营指标

指　标	2018年	2017年
成品油销量（万吨）	831.1	774
汽油销量（万吨）	463.81	454
柴油销量（万吨）	367.28	320
加油站总数（座）	1142	1113
油库数量（座）	12	10
库容（万立方米）	149	99.80
纯枪销量（万吨）	520.31	538
非油品业务收入（亿元）	15.12	12.3
非油品业务利润（亿元）	2	1.77
吨油费用（元）	388.95	366.03
资产总额（亿元）	154.09	143.43
收入（亿元）	592.71	483.20
利润（亿元）	-20.55	1.02
税费（亿元）	13.68	12.86

【非油品业务】 2018年，广东销售坚持营销一体化、运营品牌化、顾客渠道化、商品服务化，以加油站便利店为主战场，以项目孵化和品牌营销为指引，深挖大客户增量价值，全力孵化“人·车·生活”综合服务平台项目，实现非油品业务收入15.12亿元、利润2亿元，分别同比增长22.9%和13%，均创历史新高、双双保持区外销售公司首位，非油品毛利总额排名销售板块第一。持续提升便利店质量和效益，单店平均年收入138万元，同比增长112%；50万元以上优质店同比增加180座。打造重点品类初步见效，家庭食品、包装饮料、日用日化销售收入都在7000万元以上；香烟销售收入1.16亿元，同比增长75%。韶关分公司与烟草局深入合作，成为其非烟商品独家供货商并提供管理服务，销售收入同比增长12倍。加大“昆仑”自有商品销售，实现销售收入1.3亿元，同比增长40%。依托“好客广东”载体，引进ETC充值、保险、彩票等异业项目，实现各类收入2.3亿元，广州分公司非油品业务收入首次突破1亿元。

【加油站管理】 2018年，广东销售坚持做大做强零售保效益，分地区、分类型、分季节、分时段制定精准营销政策，完成零售量520.31万吨。自运营纯枪销量同比增加6万吨，连续9年保持增长。惠州分公司纯枪销量同比增长11.3%，佛山、河源、韶关、阳江、江门分公司纯枪销量增长在5%以上；中油碧辟公司转变经营思路、合理控制折扣，实现税前利润10.64亿元，创历史最好水平。妥善处理竞合关系，零售价格到位率逆势同比提高1.35个百分点。精心设计、不断改进电子券营销方案，形成特色“营销日历”，总计派发电子券2.8亿元、充值28.5亿元、新增沉淀资金1.03亿元。微信粉丝数159万人，增长201%。发卡60万张，增长41%，记名卡活跃卡总量突破100万张，线上客户数达553万。按照“3+1”模式治理“双低站”，基础标准和评价标准“双低站”减少82座，实现增量1.1万吨。河源分公司创新经营理念，采取“客户保销量、我方强管理、增效无风险”方式治理“双低站”成效突出，梅县红光加油站销量从0.8吨提高到16.2吨。狠抓服务提升，神秘顾客平均得分89.49分，肇庆、韶关、深圳、惠州分公司在90分以上，客户服务水平持续提高。

【油库管理】 2018年，广东销售物流组织深度优化，加大西北资源供应、增加一次配送及外采直入二级库，提高东莞建兴油库周转效率，减少费用6600万元。加强配送监控，严格承运商和租赁库管理，公路配送损耗率由0.3‰降至0.22‰，创历史最低水平。加强技术创新，华联油库获得全国高新技术企业资格认定。中山民众等4座油库加装95号、98号汽油自动加剂装置，为中油碧辟公司品牌促销上量提供有力支撑，综合创效2160万元。

【投资建设】 2018年，广东销售坚持终端致胜理念，组织召开7次网络开发推进会，采取“广泛撒网、重点培养、择优选择、有效开发”策略，新增投资5.8亿元，投运油气站62座（含中油碧辟12座、南粤交通8座），开发加油站52座，公司在运营油站总数达到1142座，网络布局进一步完善。肇庆分公司投运油站6座，广州、惠州、揭阳分公司分别投运加油站4座。加大战略重点项目开发力度，成功取得东莞麻涌、韶关莲花大道和乐昌乐园项目土地使用权，清远回澜服务区1对加油站经营权。拓展合资合作范围和方式，探索网络联合经营、资产混合所有等模式，突破开发瓶颈，开发惠州3座股权项目，成功取得佛山一环4对高速公路加油站项目经营权。完成加油站防渗改造35座。历史遗留问题处理取得阶段性成效，揭阳龙眼城加油站重新营业，江门江睦北加油站开始施工建设。

【质量安全环保】 2018年，广东销售落实“五严五狠抓”要求，扎实打好“风险防控防御战”，投入安全生产及隐患治理费用4075万元，公司经营本质安全得到有效保障，全年未发生重大安全风险事件。配合国家第五环保督查组在广东“回头看”督查行动，扎实开展HSE管理体系审核发现问题整改，销售板块HSE体系审核得分从2017年的70.3分提高到86.1分，从C1级提升至B1级，取得实质性进步，排名销售板块前列。编制《防渗改造施工指导手册》，培训636人次，内部从业人员和承包商专业技能得到显著提高。加强东莞化验室建设，完成各类检验2434批次，出具数据23252项，节省检测费633万元。严格把关国Ⅵ标准油品升级，推进外采油质量抽检关口前移，接受地方政府产品质量监督抽查724批次，合格率100%，全年无数质量事件。

【企业党建工作】 2018年，广东销售持续深入学习宣贯习近平新时代中国特色社会主义思想和党的十九大精神、习近平总书记视察广东重要讲话精神及对广东做出的重要指示批示，把政治建设摆在首位，各级党组织和党员干部牢固树立“四个意识”、坚定“四个自信”、坚决做到“两个维护”，中央精神和集团公司党组决策部署得到全面贯彻落实。成功召开第一次党代会。突出抓好宣传思想文化和意识形态工作，加强主流舆论阵地建设，牢牢掌握住意识形态工作主动权。加强基层党组织建设，实施党建工作责任制考核评价，开展党委书记抓基层党建述职评议，在二级单位增设党群工作部并择优选配14名负责人，建立党支部达标晋级机制，全面贯彻执行党的纪律处分条例和党支部工作条例，下拨153万元基层党组织活动经费，基层党组织组织力和战斗力显著提升。加强企业文化建设，发挥群团合力，获“改革开放40年中国企业文化优秀单位”称号，21个集体、8名个人分别受到广东省、集团公司表彰，3项课题论文在集团公司获奖。持之以恒正风肃纪，保持惩治腐败高压态势，巡察河源、茂名两家分公司，开展“作风建设年”活动，严肃整治和处理“四风”问题，公司风清气正的良好政治生态得到进一步巩固。

（徐　彬）

中国石油天然气股份有限公司内蒙古销售分公司

【概况】 中国石油天然气股份有限公司内蒙古销售分公司（简称内蒙古销售）成立于1951年，1998年上划中国石油天然气集团公司，主要负责内蒙古自治区成品油、天然气销售业务和非油品销售业务，是内蒙古自治区成品油市场的主渠道供应服务商。

内蒙古销售设12个分公司、3个控股公司、2个参股公司、84个经营部、运营加油站1414座、便利店1342座，运营油库19座，库容91.30万立方米，市场份额65.66%，价格到位率94.68%，资产总额79.05亿元。

2018年，销售成品油465.78万吨，纯枪销量355.90万吨，利润-9.66亿元，非油品业务收入7.83亿元，非油品业务利润0.8亿元，上缴税费3.92亿元。获内蒙古自治区“五一劳动奖状”。

内蒙古销售主要经营指标

指　标	2018年	2017年
成品油销量（万吨）	465.78	492.85
汽油销量（万吨）	248.31	263.88
柴油销量（万吨）	217.47	228.97
润滑油销量（万吨）	1.98	1.50
加油站营运总数（座）	1414	1427
油库数量（座）	19	21
库容（万立方米）	91.30	95.38
纯枪销量（万吨）	355.90	389.72
非油品业务收入（亿元）	7.83	6.05
非油品业务利润（亿元）	0.8	0.79
吨油费用（元）	490	416
资产总额（亿元）	79.05	86.20
收入（亿元）	345.41	318
利润（亿元）	-9.66	2.53
税费（亿元）	3.92	5.22

【油气销售业务】 2018年，内蒙古销售围绕“直销增量保额、零售稳量保效”的总思路，紧贴市场、积极主动组织营销。细化资源运作，通过库存优化增

值、提升油品品质、争取资源外采等举措，实现资源创效9600万元。把握销售节奏、灵活价格策略、完善客户服务、优化激励机制，实现直销量110.6万吨，同比增长7.3%，直销客户同比增加188户，购油量增加3.8万吨。加大市场清理整顿力度，打击“三黑”行为122起，清理商标侵权80起。树牢客户思维，抓农用柴油、物流等客户群体，柴油销量降幅收窄至10%以内。寻找对手痛点有针对性地开展竞争，局部地区取得较好效果。取消普惠式加油卡折扣，优化电子券促销，减少价格直降和叠加优惠，积极应对竞争。发挥加油卡聚拢客户效应，累计发放加油卡123万张，沉淀资金14.4亿元。开展现场管理和服务专项整治活动，加油站现场效率不断提升；实施全流程诊断优化工程，诊断问题优化率51%，优化加油站单站日销量提升3吨以上，稳住部分地区柴油纯枪销量下滑局面。

【非油品业务】 2018年，内蒙古销售着力在“规模化经营、精细化管理、专业化运作、高质量发展”上下功夫。聚焦店内提升，完成251座便利店的硬件升级改造和52座低效便利店的脱贫“摘帽”。持续做好“假日文章”，深入推进“油卡非润”一体化营销，组织开展主题促销296次，实现非油品促销收入3365万元，同比增长56%。聚焦店外拓展，开发客户479家，实现销售收入1.1亿元。积极争取化肥供应权，实现化肥销售7403万元。销售北奔重卡汽车184台，实现整车销售收入5624万元。聚焦自有商品，开发“昆享”品牌牛肉干、奶食、燕麦、小米等23个单品，实现销售收入260万元。灵活运用价格杠杆，润滑油、车辅产品实现销售收入2.3亿元，同比增长35.3%。实施吉林、宁夏等地跨省配送，有效解决内蒙古自治区部分地区商品配送难的问题。

【投资建设】 2018年，内蒙古销售坚持“自建为主、合作为辅、租赁补充、精准收购”的开发原则，全年加油站新建7座、新增租赁1座、续租3座、投运7座，新增年零售能力2.2万吨。呼和浩特分公司塔利西路加油加气站、鄂尔多斯分公司青椿加油站及阿拉善分公司东风航天城加油站等重点项目取得重大突破。按照“预制化生产、模块化施工”的工程建设模式，扎实推进加油站防渗改造工作，全年防渗改造项目批复615个，完工623个，投运611个，计划完成率100%，改造天数控制在39天以内，最大限度地减少对销售的影响。积极发展加气业务，加大与昆仑能源、天然气销售西部分公司深度合作，达成合作意向29座，投运10座。全年销售天然气3500万立方米。油库项目稳步推进，赤峰油库迁建项目竣工。

【安全环保】 2018年，内蒙古销售坚持从严监管，突出问题导向，强化标本兼治，HSE管理工作整体实现提档升级，销售板块量化审核定级由基础级C1档提升为良好级B2档。组织开展两次全覆盖的HSE体系审核及质计量大检查工作，加大考核力度。加大施工安全监管，组织监督站检查446站次，严控作业安全和工程质量。筹措专项资金4442万元集中治理隐患项目，基础设施保障能力不断增强。修订完善公司“1+18”应急预案，在乌兰察布市苏集油库成功举办油罐车冒顶火灾突发事件应急演练。规范散装油品销售，自建散装汽油销售系统在加油站全面上线运行。有序推进并按时完成国Ⅵ标准油品置换升级工作。完成5座油库、135座加油站的燃煤锅炉改造，超额完成销售板块下达的节能节水指标。加快推进安保防恐风险目标达标建设工作，开展领导干部“大接访大下访”活动，企地协同联动，圆满完成重点时段维稳任务，获集团公司嘉奖。

【精细管理】 2018年，内蒙古销售强化过程管控，一次铁路及公路运输损耗率分别控制在0.18‰和0.14‰以内。超额完成集团公司下达的人员优化任务。积极争取相关政策，减免水利、土地等税费4300万元，争取各类补贴860万元。盘活闲置资产，实现创收1700万元。全面实现财务“三集中”，完成财务共享服务平台上线工作。强化依法合规管控。全面梳理投资、资金、股权、非油商品等管理制度流程，开展专项检查和库存盘点，狠抓发现问题跟踪整改。有效处理各类纠纷案件，不断提高依法维权能力。深化审计项目全覆盖，开展专项审计22个，被采纳审计建议14条。人事制度改革再推进，5家单位完成基本工资制度并轨，5家单位完全实现同工同酬。深入推进新发票系统升级、完成油品损溢系统及业务运行综合管理平台上线运行。

【企业党建工作】 2018年，内蒙古销售持续开展“形势、目标、任务、责任”主题教育活动，将意识形态工作纳入党建工作量化考核和党内巡察。以狠抓落实党建责任和集团公司党组巡视发现问题整改为切入点，组织开展基层党建工作专项督导，层层压实责任，深化从严管党治党。深入开展“不作为、慢作为、乱作为”问题专项整治工作，完成8家分公司的首轮党内巡察。举办以“畅享人车蝶变·牵手美好生活”为主题的媒体推介会，展示中国石油良好形象。明确时间表、线路图，有序启动人事“三项”制度改革。全年组织各类培训26期，培训1300人次，完成技能鉴定3060人次，队伍素质进一步提升。

（巴音巴特）

中石油新疆销售有限公司

【概况】 中石油新疆销售有限公司（简称新疆销售）前身是1954年成立的新疆石油总公司，经历上划、重组、改制三个重要历史阶段，1998年上划中国石油天然气集团公司，1999年重组至中国石油天然气股份公司，2015初改制为全资子公司。改制整合后，中石油新疆销售有限公司业务范围覆盖成品油销售、润滑油等石油副产品销售、食品销售、餐饮服务、日用百货及家电销售、办公用品销售、化肥等农用物资销售、汽车服务等多个领域，成为一家经营范围全面的销售服务企业。2018年底，有分公司17家，其中零售公司14家、专业公司3家，在册员工5180人、外包用工4815人，资产总额88.99亿元，运营油库8座、运营加油站884座，其中纯枪万吨站64座，百万元便利店345座。

2018年，新疆销售以集团公司在疆石油产业链价值最大化为己任，研究调整营销策略，优化考核机制，开展“油卡非润气”一体化促销，提升非油品和车用燃气销售规模和质量。专题研究部署“做实服务2.0”体系建设，积极组织加油站经理论坛、研究论坛成果应用，完善加油卡客服中心服务标准，售卡242万张、同比增长78%，卡销比58%、同比增长2.5个百分点，完善以卡为媒的消费者无形网络。组建非油品分公司，整合非油品中心、商采部、调运处、优品公司的非油品管理和运营职能，推行业务外包，强化工效挂钩，促进管理效率提升。2018年新疆销售获股份公司劳动竞赛综合评比和组织工作先进单位，获营销类、零售类、“油卡非润气”一体化类、劳动效率类、提质增效类先进单位；两篇课题获中国石油党建思想政治工作研究会课题研究一等奖；“访民情惠民生聚民心”驻村工作获新疆维吾尔自治区“优秀组织单位”称号。

【成品油销售】 2018年，新疆销售以客户为中心，持续提升精细营销和客户服务质量。做到零售市场分区域、分站型，将91个县市划分为饱和、竞争、主导市场，按油站位置和环境区分为服务、促销、竞争型，营销方案具体落实到站和客户群体。巴州公司综合运用直降、加满折、分时错峰等促销手段，在国省道加油站与竞争对手开展针锋相对地竞争，纯枪销量同比增长4.34%，纯枪市场份额提升0.29百分点，差异化营销策略运用不断深入。借助加油站WIFI设备布设和社会信息网络提速，大力推广油卡非电子券组合促销，个人活跃卡客户同比增长62.7%，线上绑卡量突破35万张，线上充值同比增长856%，拉动非油品店销收入4900万元，卡券联动促销效果显著。各直属企业按照公司2018年《加油卡营销指导意见》，深入推进客户开发，汽油重点围绕企事业单位开发团购卡，柴油紧盯物流企业开发车队卡，卡销比同比提升2.5个百分点，沉淀资金同比增长17.5%，新增车队卡客户2.1万个，开发团购客户20.2万人，带动汽油销量23.3万吨。全面推进新疆生产建设兵团石油有限公司、基钰公司的加油卡业务一体化运作，消费加油卡9.2亿元。成立新疆销售公司油田企业保障服务领导小组，油田自用销量同比增加2.25万

新疆销售主要经营指标

指　标	2018年	2017年
成品油销量（万吨）	564.47	614.52
汽油销量（万吨）	208.79	212.11
柴油销量（万吨）	355.69	402.41
运营加油站总数（座）	884	850
油库数量（座）	8	7
库容（万立方米）	49.7	44.94
纯枪销量（万吨）	380.20	400.58
非油品业务收入（亿元）	10.81	9.12
非油品业务利润（亿元）	1.12	1.11
吨油费用（元）	373.70	368.97
资产总额（亿元）	88.99	80.98
收入（亿元）	410.60	383.92
利润（亿元）	0.51	7.71
税费（亿元）	3.83	8.14

吨。强化与中泰蓝天、电信翼支付、紫金矿业、保利矿业等集团企业的沟通协作，推进与中国银联“云闪付”、昆仑银行加油信用卡的整合营销，带动进站客户29万人次，集团客户服务和整合营销迈上新台阶。

【网络建设】 2018年，新疆销售科学研判、精准布点，明确“十三五”后三年开发加油站目标，有效填补网络空白，为公司抢占市场份额、提质增效夯实基础。全年下达投资计划5批1725项，总投资12.2亿元，下达非安设备投资计划3批168项，总投资857万元；下达项目化维修费用项目2批13项，总资金452万元，下达安保基金计划2批53项，总投资516万元。加快网络布局，有序推进开发，2018年新开发网点126座，召开项目评审会12次，评审项目121项，下达立项批复101个，投运加油站35座。参与土地竞拍12次共15宗，成功拍得加油站建设用地11宗。加强合资合作，拓展网络规模，以收购、合资、租赁等方式，选择业绩好、潜力大的个体和民营企业合作，注册成立3家合资公司，与新疆交投公司完成白山泉、葡萄沟两对服务区加油（气）站协议签订，批复成立石河子中油信合能源有限公司，完成若羌油库及铁路专用线可行性报告编制。

【非油品业务】 2018年，新疆销售非油品业务借鉴便利店行业模式和系统内先进单位经验，建立和完善部门+团队的组织架构和运营管理机制；优化提升商品采购和品类管理的效率与效益。扩大北京集采商品规模和范围，有条件下放地采权限，推行商品价格动态管理，按照ABC商品分析法加快SKU清理、更新和集中统一管理，清理低效商品1873个，引进新品853个，集采价格平均下降4%，品效提高77元，库存周转天数下降15天。按期投运克拉玛依中央仓，中央仓配送覆盖加油站达到400座；完成6座周转仓招标采购，2018年一季度实现全疆配送全覆盖；强化店面管理和培训，组织检查培训加油站89座，起到以查代训的目的，全年新增百万元店79座；营销非油品一体化促销团队按照“卡券联动、围绕核心品类”的原则，不断挖掘系统促销工具的运用，创新促销方式的组合，统一编制下发促销方案，统一培训督导促销过程，统一分析评价促销效果，有效带动店销核心品类收入的快速增长，其中包装饮料同比增长20%，家庭食品同比增长77.5%，车辅产品同比增长32.4%，优斯麦尔自有商品同比增长173%，促销品类收入同比增长77%；优化电子券促销方式，将“10惠”主题促销升级为“10惠购物节—会员专属日”，在快速提升线上客户规模的同时，卡非油品客户增加19.07万人，油非转换率同比提升5.7个百分点。狠抓店外业务的拓展和客户开发，推进与锦盛公司合资公司组建和业务融合，各单位及加油站深入农村、农耕客户一线，积极开发新客户，丰富农资品类，化肥收入同比增长149%，毛利率同比提高0.25百分点；各单位积极拓展系统内单位非生产性物资采购和机构客户直销业务，业务范围基本覆盖新疆销售所有单位，2018年，非油品业务收入10.81亿元，超年度任务7618万元，非油品业务利润1.12亿元，超年度任务119万元。

【车用天然气销售】 2018年，新疆销售因气源纳入销售板块资源配置计划管理，上下游沟通协调渠道逐步顺畅，资源保障能力大幅提升。组织召开首次天然气业务发展专题研讨会，完善HSE管理体系，卡机联动加气机试点成功，油气合建运营和加油（气）卡的竞争优势逐步显现。组织开展全疆车用燃气市场调研，细化区域市场CNG、LNG网络发展规划，新建和储备一批加气网络，车用燃气市场竞争力显著增强。2018年，销售天然气8546万立方米，同比增长61.7%，实现利润1086万元，创历史最好水平。巴州分公司经过不懈努力，逐步取得市场竞争的主导权，克拉玛依分公司实现零的突破，完成销售392.7万立方米，乌鲁木齐、哈密、吐鲁番、昌吉分公司燃气业务销售量稳步提高。

【资源运行】 2018年，新疆销售紧紧围绕营销策略组织资源，不断升级物流管理水平，有效保障成品油市场稳定供应。以为新疆维吾尔自治区各族人民加好油、服好务为宗旨，与地方管理部门沟通协调，积极应对资源组织和调运难题，全年购进成品油573.85万吨，其中直炼配置509.76万吨。增大景区站点库存监控频次，日均满足66座改造加油站低库存运行，加油站脱销率0.16‰，同比下降1.64个千分点，脱销站次减少371座。实现流动加油车外包，新增车辆40台，满足终端延伸需要，年送油总量21.1万吨，同比增加10%，配送服务满意度同比提升0.51个百分点。创新结算方式，节约购进成本1.27亿元。减少串换资源入站比例，降低运费756万元；减少资源跨区调拨，跨区运费节约2271万元。全年处理配送舞弊143起，清出配送队伍19人，挽回损失99.87万元，油品损耗同比下降14.7%。

【防渗改造】 2018年，新疆销售把加油站防渗改造作为助力污染防治攻坚战的一项重要举措，在年初工作会上对全系统防渗改造进行部署，要求各部门把问题想在前面、把工作做到前面。新疆销售领导担任防渗一体化改造领导小组组长，统筹协调各项工作，提出“四不开工原则”，并前往供应商厂家实地调研，狠抓甲供物资到货情况，提高整体进度。改造过程中重视施工安全，采取“四不两直”的方法检查施工现场，保障项目安全平稳实施。注重交流，建立防渗一体化微信群，提供平台让各单位晒经验、比进度、提问题、互通有无，形成浓烈的“比学赶超”的氛围，涌现出很多典型单位、典型项目和典型做法。在吐鲁番、乌鲁木齐、阿勒泰等分公司试点项目委托管理，将项目管理人员的工作重心转向办理项目前期手续和与政府职能部门协调方面，提高工程管理质量和效率。2018 年加油站防渗改造项目共开工 555 座，完工 551 座，平均工期 42 天，较 2017 年 47 天节约 5 天；平均非施工停业时间 8 天，较 2017 年减少 10 天。

【纪念改革开放 40 周年演讲比赛】 2018 年 8 月 28 日，新疆销售举办纪念改革开放 40 周年演讲比赛，演讲比赛以“打造强大现场、服务创造价值”暨“做实服务、提量增效”为主题，14 家直属企业 31 名加油站经理代表同台竞技。此次比赛参赛站经理认真总结、提炼、交流各自做实服务、提量增效的观点、方法和技巧。集团公司劳动模范张玲玲讲述巴州龙山加油站用 4 平方米临时便利店，日均实现 11805 元的收入的故事。哈密分公司的王雪娇，讲述骆驼圈子加油站“服务只有起点、没有终点”的故事。昌吉分公司的杨凤娥，以做好 5A 级景区的 5 星级服务为信念，交流景区加油站如何提服务、树形象的“妙招”。博州分公司的吴效义以“孤岛不孤独、孤单不辜负”为题目，讲述自己的团队在 70 千米范围内与 11 座系统外站点顽强拼搏的战略战术。最终，来自哈密分公司王雪娇以《了不起的圈子》夺得冠军；来自塔城分公司的马春梅以《做服务、满需求、提销量》、阿勒泰分公司廖丽华以《精细化管理与精准营销完美融合》获二等奖；哈密分公司任亚妮《行走戈壁，花开新疆遍地》、吐鲁番分公司陶川《巧用国学经典，促进油站发展》、克拉玛依分公司邓晶晶《一丝不苟做服务，呕心沥血治双低》获三等奖。克拉玛依分公司、塔城分公司获最佳组织奖。演讲比赛不仅是对“打造强大现场，服务创造价值”“做实服务、提量增效”理念落实的一个阶段性总结、交流，也是把加油站经理论坛引向常态、深入的一种形式，对加强加油站经理人队伍建设，提升加油站管理水平，促进公司高质量发展具有重要意义。

【工程建设】 2018 年，新疆销售新建及重建项目 36 座，完成喀什油库竣工验收工作，北屯油库正式投产运行。为健全工程制度体系，确保管理行为规范，新编制五项管理细则，明确八个方面 42 个主要流程管理职责，确保工程建设各阶段、各环节受控运行。为减轻一线管理人员管理难度，培训新入围工程及监理承包商人员 263 名。为抓实前期准备工作，按照“储备一批、建设一批、投运一批”的思路，年初完成 60% 项目设计和选商工作，提前预判并解决承包商力量不足问题。强化安全质量监管，开展联合督查三次，各类单项检查 63 次，共发现问题 1346 条。利用视频监控系统和微信扫站，实时掌控项目进度及相关方履职情况。强化承包商考核，全年下达考核罚单 74 张，处罚金额 27.6 万元，清退或暂停承包商资格 7 家。优化方案严控成本，开展全流程诊断，严控建设规模，充分利用土地资源，扩大经营场所面积，预留燃气及汽服业务。全年再评审项目 150 个，审减概算 5001 万元。完成工程建设项目结算复审 232 项，完成率 91%，复审费用 5.5 亿元，核减 996 万元。

【加油站管理】 2018 年，新疆销售以提升市场份额为目标，研究部署“做实服务 2.0”体系建设，优化服务流程和标准，提高服务效率和质量。完善加油卡客服中心服务标准，卡销比同比增长 2.5 个百分点，形成以卡为媒的消费者无形网络。着力解决加油站运营效率，专项研究并优化加油站运营天数，从防渗改造、一体化改造、政府强制关停、季节性关停等方面进行数据分析和比对，每月定期通报关停管理进展，明确优化方向。专项研究长期永久关停加油站的重启问题，对 9 座申报关停的加油站进行专项审批，并全面梳理、摸排出 51 座具备可重启条件的加油站，截至 2018 年底，有 12 座加油站正式重启，为公司网点布局提供支持。针对乌鲁木齐、昌吉公司排队较多的 12 座加油站开展专项效率优化试点工作，实施数据比对、原因分析、流程优化等一系列措施，优化后的数据显示试点加油站的进站车辆数量比试点前提升 5%。组织开展送服务下基层活动，开展现场培训 14 期、开口营销话术竞赛 15 场、帮扶加油站 42 座，有效落实机关服务基层机制要求；先后开展“服务七禁大排查”和卫生间管理专项活动，彻查并整治加油站人为降低服务标准、故意关闭卫生间的现象。积极参与第三届加油站经理论坛，认真组织落实“百日争先赛”、营销话术竞赛，24 位站经理受论坛表彰，充分展示新疆销售良好的精神面貌；全年对 9300 位顾客开展客户净推荐值调查工作，全年客户净推荐值为70.9%，同比提高11个百分点，进一步提升社会形象。

（罗丽戈）

中国石油天然气股份有限公司陕西销售分公司

【概况】 中国石油天然气股份有限公司陕西销售分公司（简称陕西销售）是股份公司所属地区公司，2018年底，下辖10个分公司、昆仑好客分公司和油品质量监督检验中心；机关设14个职能处室，4个机关附属机构。运营加油站995座，油库7座，总库容30.22万立方米，员工总量为7936人，资产总额50.72亿元。

陕西销售主要经营指标

指　标	2018年	2017年
成品油销量（万吨）	393.79	423.69
汽油销量（万吨）	194.68	200.27
柴油销量（万吨）	199.11	223.42
加油站总数（座）	995	998
油库数量（座）	7	7
库容（万立方米）	30.22	27.27
纯枪销量（万吨）	320.29	328.9
非油品业务收入（亿元）	10	8.44
非油品业务利润（亿元）	0.96	0.69
吨油费用（元）	456	388
资产总额（亿元）	50.72	43.98
收入（亿元）	290.45	265.99
利润（亿元）	-4.13	-6.72
税费（亿元）	4.22	4.38

2018年，陕西销售成品油销量393.79万吨，同比减少7.1%，其中纯枪销量320.29万吨，同比减少2.62%。实现非油品业务收入10亿元，同比增长18.48%；非油品业务利润0.96亿元，同比增长39.13%。收入290.45亿元，同比增长9.2%；账面利润-4.13亿元。新开发加油站43座、新投运37座，储罐防渗一体化改造项目完成451座。

面对2017年断崖式的亏损局面，坚持稳步发展方针，加速“油卡非润气”一体化融合，价格到位率同比提高0.27个百分点，利润同比增加2.58亿元，实现大幅减亏。

【油品销售】 2018年，陕西销售坚持量效平衡抓营销，盈利能力不断增强。向市场营销要效益。坚守市场份额，与各分公司签订市场份额《责任状》，实行严考核、硬兑现，市场份额巩固在当前的48.6%，有效遏制住逐年下滑的态势。精准价格策略，建立包茂高速、连霍高速、310国道、交界市场零售价格联动机制，实现量效兼顾，柴油价格到位率同比提高0.77个百分点。提升销售质量，应用量本利模型精细营销，纯枪销售增利1.84亿元，直批减亏2.62亿元。安康、铜川分公司分别完成年度销售任务的106.21%、102.27%，安康分公司纯枪销售同比增长1.12%。向客户开发要效益。深入“六进”客户开发，从单户分散开发转变为集团性开发，重点跟进系统内企业、政府、学校、医院开发办理个人团体卡。为长庆油田66家下属单位办理员工记名卡1.02万张。全年记名活跃卡达85.3万张、同比增长1.4%，累计充值126.4亿元、同比增长2.9%，沉淀资金17.6亿元、同比增加7.2%。开展跨界营销，依托电子券和“中油好客e站”与中国移动、工商银行、昆仑银行等第三方开展联合营销活动，“中油好客e站”微信公众号用户达110.7万人，提升营销的精准度。西安分公司结合一体化改造，精准派发分流电子券和回归电子券，改造站投运后客户迅速回流，汽油纯枪销售同比增长0.29%。向内部挖潜要效益。围绕“服务管理提升年”主线，倡导精细管理、用心服务。对575座加油站进行现场综合检查，强化神秘顾客访问结果应用，带动整体服务水平稳步提升。“厕所革命”补齐服务短板，在销售板块加油站卫生间单项考核中成绩同比提高12分，高于全国平均水平。强化加油站运营天数管理，做好存量挖潜，全年单站改造施工停业天数同比减少19.9天。组织开展“服务达人”技能竞赛，营造现场氛围，提升实战能力。

【非油品业务】 2018年，陕西销售持续加大油非互促力度，实现非油品效益持续提升。做强店面提质量。树立“便利店是加油站非油品业务的核心，是非油品业务成败关键”的理念，推进便利店改造升级，加强“油卡非润”互动，顾客体验感持续增强。以精益零售项目为抓手，强化单品、优化店面；以快餐鲜果业务推动运行模式、促销活动等方式创新。单店日均收入 2894 元、同比增长 19%；油非转换率 8.6%、同比增长 29%。做精品类创效益。全力打造润滑油支柱品类，深化与润滑油公司战略合作，共同整合社会经销商资源，推进车队卡客户开发，开展润滑油、车辅产品销售竞赛及促销活动，挖掘“昆仑”品牌价值。新增柴油尾气净化液加注站点 28 座。实现润滑油及车辅产品销售 2.38 万吨，同比增长 40%；销售收入 2.09 亿元，同比增长 31%；毛利 2752 万元，同比增长 17%。做优项目亮品牌。突出汽车服务项目，健全管理制度，规范业务有序、有效发展。目前运营汽车服务门店 51 座，实现收入 1977 万元，同比增长 366%。突出自有商品，打造“昆仑好客优选 +”、特色产品、自有品牌三级商品架构，重点开发自有品牌“昆仑好客西凤酒”，上市 2 个月销售 2.1 万瓶，实现收入 428 万元。

【投资建设】 2018 年，陕西销售坚持网络攻坚强终端，市场份额持续巩固。在网络拓展方面，主动出击，积极作为，高效开发城市中心加油站，投运西安航天西路、榆林广榆、延安宝塔二庄科等城市中心站。有效占领高速市场，取得宝汉高速石门服务区等 8 座加油站经营权，顺利续租靖王高速 6 座加油站，成功获取神佳米高速高家堡服务区 10 年承租权。积极发展油气合建站，立项加油加气站项目 6 座，投运 7 座。在优化改造方面，严抓项目评审和方案设计，执行两级评审制度，在不逾越工作程序的前提下加快工作节奏，评审储罐防渗改造项目 398 座。各分公司不等不靠、主动作为，积极与地方政府沟通协调，确保防渗改造有序推进。以业务为主导，开展全流程诊断，坚持“一站一策”的原则，提高投资效能。西安西万路加油站将非承重罐区改为承重罐区，扩大经营场地，增设 1 台 6 枪自助加油机，纯枪销售能力提高 5000 吨。在工程监管方面，完善工程管理制度，梳理工作流程，修订《工程建设承包商管理实施细则》等 4 个管理办法。加强承包商管理，更新承包商资源库，将 5 家监理承包商和施工承包商列入黑名单，取消 3 家施工承包商投标资格。严格施工现场管控，落实“1+2+4”施工现场检查制度，通过视频检查施工现场 1.8 万余次，每月通报检查情况、约谈后三名，处罚违规行为 70 次、扣罚 40 万元。及时组织竣工验收工作，完成中交验收 230 个，试运行 219 个。

【风险管控】 2018 年，陕西销售坚持从严管理防风险，安全环保平稳受控。严格落实安全环保责任。全年共检查发现问题 6212 个。编制公司安全生产责任清单，促进安全环保责任落实。首次采用量化审核标准和交叉审核方式开展 HSE 管理体系审核，安康、咸阳、西安分公司综合排名靠前。推进库站 HSE 标准化建设，达标率 85.3%。提升应急管理能力，修订公司总体应急预案和 13 个专项应急预案，在汉中石马坡油库成功举办油品泄漏着火事故应急演练。坚决打好蓝天保卫战。组织召开工作部署会，制定《打赢蓝天保卫战实施方案》，明确 10 项重点工作任务。对中央环保督查重点区域加油站开展油气回收专项检查 845 站次，累计完成三次油气回收改造 936 座，接受各级督查 359 站次。对生态环境部督查发现的两起环境事件进行调查，对相关责任单位和责任人进行问责处罚，吸取教训，提高全员环保责任意识。持续加强油品数质量监管。完善《油品损耗一体化管控实施意见》等制度，形成“1221”计量制度体系，初步建立油品损耗管控长效机制。改变远程地罐交接系统管控模式，有效控制随意剔除行为。规范 TS 权限使用，强化加油站收油环节损耗管控。强化质量计量管控基础工作，培训计质量人员 279 人次，接受外部油品质量抽检 742 批次，全部合格。12 月 1 日顺利实现国 VI 标准油品的置换升级。

【开源节流】 2018 年，陕西销售坚持资产轻量化管理，挖潜增效。对闲置土地动态跟踪管理，规避出租的过程风险，合规管理，多渠道宣传推广，多途径整合盘活，及时做好租赁到期的合同续签及再次招租工作，发挥闲置土地和闲置资产最大效能。全省闲置土地出租率 76%，宝鸡、铜川分公司达 100%，闲置资产出租收入 1270 万元，土地处置收入 2369 万元，全年出租收入超目标，出租率未达到年初目标。

坚持低成本战略，降本增效。持续开展油品损耗专项整治工作，加油站送货损耗率由整治前的 4.0‰下降到 1.62‰。严格贯彻执行中央八项规定和集团公司实施细则，“五项”费用下降。税企沟通，合理筹划退税，税费、运费、财务费用等支出同比下降。

【改革创新】 2018 年，陕西销售坚持深化改革转机制，创新活力持续迸发。全面推进各项改革落地。深化组织机构改革，坚定压减机构 20% 的目标，压减、撤销 17 个原科级单位编制。推进管理人员“能上能下”，规范两级公司中层管理人员的竞争性选拔，加强非领导职务管理和优秀年轻干部培养，激发队伍活力。规范员工“能进能出”，强化减员增效，鼓励两级机关员工向一线流动，坚决压减库站外非直接生产人员占比。实施收入“能增能减”，开展全员360度考核，建立绩效薪酬包机制，同部门人员收入差距最高达10%，初步打破分配中的“大锅饭”。全面提升人才队伍素质。首次召开组织干部暨人才工作会议，制定“十百千”人才培养工程实施意见等办法，系统研究规划人才队伍长远发展。举办中层管理人员培训班2期、培训81人。采取“送出去、请进来”的方式，对385名站经理开展业务轮训。形成以西安高新“巾帼女子”加油站、安康高速汉阴服务区加油站“生活驿站”为代表的创新团队。4名加油站经理和油库业务骨干被聘为销售板块“培训师”。组织77名优秀站经理开展“岗位讲述大PK”活动，在第三届加油站经理论坛中获8项集体、22项个人奖项。“三供一业”分离移交工作完成既定目标。编制分离移交实施方案，签订目标责任书，多次与陕西省国资委沟通，协调解决移交中存在的问题，45个家属区3279户按照“先移交、后改造”原则全部签订分离移交协议，实现专业化、社会化管理。

【队伍建设】 2018年，陕西销售突出担当作为，干部人才队伍建设取得新加强。始终坚持政治标准，鲜明选人用人导向，先后三次修订公司《中层管理人员管理办法》等选拔任用工作制度4个，为选、用、管、育干部提供了系统的制度遵循。大力推进优秀年轻干部选拔培养，先后出台《关于进一步加强和改进优秀年轻干部培养选拔工作的实施意见》《中层管理人员退出实职岗位实施意见》，截至2018年底，公司中层干部平均年龄较2015年底下降3.7岁，分公司领导班子成员平均年龄较2015年底下降4.2岁。强化干部教育监督，实施《责任状》《聘任职承诺书》，连续3年举办公司中层管理人员全覆盖培训班，已经开展8期，累计培训365人次；举办2期中青年干部培训班，培训80人次。首次召开组织干部暨人才队伍建设工作会议，制定《加油站经理管理办法》《十百千人才培养工程实施意见》等11项制度，为公司高质量发展夯实人才基础。

【企业党建工作】 2018年，陕西销售抓牢理论学习，党员干部政治意识显现新变化。坚持将学习贯彻习近平新时代中国特色社会主义思想和党的十九大精神列入两级公司党委中心组和各级党组织的首要学习任务，制定学习宣贯方案和运行大表。公司党委中心组开展专题研讨4次；党委班子成员成立8个宣讲组，深入党建责任区开展报告式集中宣讲11场次；邀请中央党校教授、党的十九大代表现场视频宣讲2场次，参与学习1400多人次；分公司党委成员深入库站一线报告式宣讲124场次，参与学习2049人次；219名党支部书记以“三会一课”等为载体开展宣讲，实现学习宣贯全覆盖。抓实支部建设，基层党组织组织力实现新提升。公司首次召开党建工作会，制定《关于进一步加强基层组织建设的实施方案》《党支部达标晋级管理实施细则》等5个方案制度，从书记抓起，从支部发力，新成立的2个合资合作控股、参股企业同步明确党支部设置，对14个届满的支部进行按期换届提醒，做到应换尽换，全年评定示范党支部11个、优秀党支部23个。制定《党组织负责人党建责任述职管理办法》，组织12名党组织书记、168名党支部书记开展党建责任述职评议考核工作。借力地方党校资源，企地共建党员教育基地9个，借力抓好党员教育培训，累计培训88期7775人次。出台《党组织工作经费管理办法》等5个费用类制度，按要求计提党组织工作经费500余万元，为每个片区党支部办理一张党群信用卡，打通基层党建费用使用“玻璃隔断”。聚焦主责主业，党的建设质量迈上新台阶。制定《党建工作责任制实施细则》，明确各级党组织及党员考核清单和负面清单。编制党委工作要点和责任清单，明确六类67项任务。下发《提高基层党建工作质量排查整改方案》，对5个方面28项具体工作进行比照弥补。聚焦党委成员“一岗双责”落实，明确党建分工责任清单及负面清单，出台《党委委员履行党建责任述职报告规定》《党建责任提醒函规定》，两级公司61名党委班子成员提交年度党建责任述职报告，对两名公司党委班子成员发送提醒函3份。建立完善党建和经营工作“双百复合、一体考核”绩效管理体系，2018年扣减党建绩效薪酬438万元，同时对排名末位或环比下降超三名的4家分公司党政正职8人进行提醒约谈。高质量召开民主生活会，集团公司党组副书记、副总经理徐文荣到会指导并给予充分肯定。成立7个督导组对所属各单位民主生活会进行督导指导。推进党建制度建设，制定《深化党的建设制度改革实施方案》，2018年共制修订党群制度29项，有效弥补制度缺项。组织开展半年调研督导、年度大检查，推动党建责任在基层落地生根。

【监督执纪】 2018年，陕西销售持续正风肃纪，基层政治生态呈现新气象。突出政治巡察，巡察利剑直插基层，研究制定“3+2+1”巡察制度体系，制定《巡察工作管理办法》等3 个办法，建立174人的巡察人才库。开展常态化巡察向基层组织延伸。全年开展3轮常规巡察、1次专项巡察，对5个分公司党委以及所属86个党（总）支部、405座加油（气）站、5座油库巡察全覆盖，发现问题457个、移交问题线索20个，147人受到问责，提出管理建议32条。始终保持查处违纪违规的高压态势，践行运用"四种形态"，持续形成强大威慑。旗帜鲜明向基层"微腐败"宣战，检查片区92个、加油站884座，收缴违纪所得713万元，202人受到轻处分或责令辞职等组织处理、29人受到重处分或解除劳动合同等处理，净化基层营销生态。开展落实中央八项规定精神情况专项检查，将巡察利剑直指领导干部和机关作风，持续释放越往后执纪越严信号。连续两年开展"作风建设年"活动，开展"3331"活动和9个专项治理，突出形式主义、官僚主义整治，狠抓"三禁令"落实，将4月确定为无会月，2018年，会议费同比下降40%，招待费比2017年下降13%，比2016年下降26%，发文数量同比减少22件，干部作风形象显著增强。

【思想政治和企业文化】 2018年，陕西销售把牢思想之舵，意识形态工作彰显新成效。制定《意识形态工作责任制实施细则》，将意识形态工作纳入巡察范围，对2家分公司形成《意识形态工作责任制落实情况的报告》，推动意识形态工作落地见效。建立"一网三微一端"媒体矩阵，密切与宣传主管部门、主流媒体沟通联系，全年召开媒体座谈会10场，在中央、陕西省主流媒体和《中国石油报》刊稿96篇（条），同比增长超过20%。健全舆情监测研判报告会商机制，成立百人网评员队伍，全年有效监测、处置舆情19起，无一起负面舆情热点。推动企业文化"3+1"工程，制定《企业文化手册》等4个手册、方案，打造具有陕西特点的企业文化体系。

【服务民生】 2018年，陕西销售稳步提升员工福利。业绩导向作用凸显，通过强化营销创效、降本增效、减员增资等一系列措施，保证员工收入稳步提升。持续加大对基层一线激励和专项奖励力度，全年总经理奖励基金用于库站员工专项奖励1928万元，占比71%；调升一线岗位上岗津贴标准，建立加油站夜班绩效薪酬，将补贴政策与工作绩效挂钩，投入资金2253万元。安康分公司通过完成纯枪销量等关键业绩指标，员工平均收入同比增长17.4%；延安分公司实现减亏，员工平均收入同比增长16.3%。提高门诊医疗报销标准，人均提高120%—133%。建立夜班绩效薪酬考核兑现机制兑现2012万元；调升一线上岗津贴，兑现补差额241万元。着力提高员工收入，2018年同比人均增长16%。提高员工节日慰问标准，大力实施暖心工程，持续改善站库工作生活环境，关心关爱离退休人员生活，多项惠民措施相继出台。

全面履行社会责任。协同延长集团、中国石化推动全省成品油市场整顿工作，汇总上报违规违法线索信息266条，净化经营环境。启动"爱心驿站"公益项目，在50座加油站设置服务点，得到社会公众的广泛认可。大力实施暖心工程。全年投入资金132.5万元、帮扶慰问875人次。投入600多万元，对192座加油站进行"五小"工程改造。稳步推进精准扶贫项目。投入专项资金43万元，助力打好脱贫攻坚战。积极履行社会责任，公司全年投入专项资金43万元，协调集团公司拨付扶贫资金950万元，确定驻村干部16名，助力地方打好脱贫攻坚战。启动"爱心驿站"公益项目，累计服务环卫工人1200多人次，协助农用、应急车辆加油200余辆，捐赠爱心书籍1100多本，救助走失儿童2人次、走失老人5次，得到社会公众的广泛认可，公司连续6年蝉联陕西顾客满意度测评同行业全省第一。

（董　慧）

中国石油天然气股份有限公司甘肃销售分公司

【概况】 中国石油天然气股份有限公司甘肃销售分公司（简称甘肃销售）前身为甘肃省石油总公司，成立于1953年，1998年划入中国石油天然气集团公司，1999年8月集团公司实施内部重组改制时划入股份公司，本部位于甘肃兰州市。主要从事成品油批发、零售业务，经营范围包括汽油、柴油、航空煤油、润滑油及车用天然气的批发及零售，烟酒、副食、日用百货、土特产、汽车用品、农副产品经营，土地、房屋、广告位租赁，汽车服务、汽车充电，加油（气）站及相关设备设施建设改造等业务。2018年底，加油（气）站网络份额68%，成品油市场份额92.5%，是甘肃省成品油主渠道供应商。设管理处室11个、4个附属机构，下辖分公司14家、直属公司4家，控参股公司8家，资产总额53.97亿元，在册员工6778

人，离退休人员4222人。运营油库13座，总库容45.25万立方米，运营加油（气）站707座（其中纯气站10座、油气混合站19座）。

2018年，实现油气销量431.71万吨，实现纯枪销量343.5万吨，零售市场份额85%。收入315.24亿元，同比增加26.91亿元，利润3.42亿元。实现非油品业务收入9.84亿元，同比增加2.15亿元；实现非油品业务利润9100万元，同比增加800万元。单站日销量14.13吨、人均销量620吨、人均创效4.92万元。

甘肃销售主要经营指标

指　标	2018年	2017年
成品油销售（万吨）	424.31	448.55
汽油销量（万吨）	185.99	193.53
柴油销售（万吨）	234.98	252.60
昆仑车用润滑油销量（万吨）	1.37	0.73
运营加油（气）站总数（座）	707	748
纯枪销量（万吨）	343.5	361.04
油库数量（座）	13	13
库容（万立方米）	45.25	45.25
非油品业务收入（亿元）	9.84	7.69
非油品业务利润（亿元）	0.91	0.83
吨油费用（元/吨）	437.86	332.32
资产总额（亿元）	53.97	46.16
收入（亿元）	315.24	288.33
利润（亿元）	3.42	11.12
税费（亿元）	6.89	5.43

【主营业务】 2018年，甘肃销售坚持“精耕市场、精打细算、精益求精”的思路，全面推进战略营销、精准营销、理性营销，统筹处理量价效关系和竞合关系，审慎使用价格策略，持续提升市场整体价值，不断增强公司核心竞争力和盈利能力。巧打营销“组合拳”。细化量价分析，突出品牌营销，深化跨界合作，全年核销电子券4710万元，微信客户突破125万人；记名活跃卡147.5万张，卡销比60%、同比提高13%，折扣率0.16%，排名销售板块第二；沉淀资金11.8亿元，同比增长4.5%。严抓网格“管控点”。搭建“省市县”分级、“点线面”结合的网格化模型，细分责任市场87个，梳理客户4万余家；完善客户管理体系，签订责任书15份，开发客户425家，新增销量5.95万吨。提升客户“体验感”。以“服务提升年”活动为主线，强化“五位一体”监督考核，销售板块7次神秘顾客暗访均排名前四，客户满意率同比提高2.7个百分点，有效投诉同比减少22起。制定“消高峰”措施10项，治理加油站153座，18座万吨站日均销量同比增加1.9吨。投身市场“阻击战”。主动构建“非标罚没、合规迟滞”整治体系，累计出动人员1.74万人次，检查车辆6976台次，关闭非法网点181个，拆除油罐96具，查获非配油品0.44万吨。

【非油品业务】 2018年，甘肃销售依托加油站网络平台，按照“1234567”的工作思路，突出店销、润滑油和新业务三项重点工作，立足店销促进精益零售，拓展渠道做大市场，创新模式跨界融合，提升效率保障运行，以打造加油站3.0升级版为契机，努力建设“人·车·生活”综合服务平台。抓店面提质量。百万元以上店同比增加30座、增长16%，新增uSmile标准店44座、单店日均增收970.3元，便利店平效52.9元、同比增长10%；常态化开展“四季”主题营销，举办客户推介会80场，增收2856万元。抓品类创效益。引进新品823个、淘汰滞销品547个，单品品效519.26元、同比增长15%；融合润滑油资源、客户和渠道，实现收入1.49亿元，同比增长31%。抓平台拓业务。积极开展品牌合作代理，实现化肥、轮胎及习酒销售收入2923万元；拓展站外店8座，增收2284万元。抓管理夯基础。库存商品占用资金较年初降低4000万元，库存周转天数同比缩短15天；商品配送综合费率5.6%，同比降低0.2个百分点；吨油非油品业务收入277.8元，同比增长30%；油非转换率7.7%，同比提高1个百分点。

【网络建设】 2018年，甘肃销售秉持“渠道为王、终端制胜”理念，畅通网络开发、品牌输出、批发直销、纯枪销售、油非转换、线上线下等销售泛渠道，立体式拓宽增量空间，全方位开辟创效路径。网络开发多点突破。全年落实投资6.98亿元，储备项目41个，开发加油（气）站50座、投运26座、在建4座，新增零售能力12.97万吨，投资回报率28.6%。优化设计多维控本。实施小改大项目107个，新增营业场地3.2万平方米，扩展便利店面积3400平方米；盘活闲置土地，置换建设用地52亩，获得经济赔偿570多万元；推行工程物资集中采购，落实三级造价审核制度，新建、改造单站投资分别同比减少5.6%

和9.2%。工程施工多面受控。平均单站工期缩短5.8天，新增运营时间640天；严格落实“四证实名”锁证、远程视频扫站、执法仪全程监督等管理，开具罚单58个、罚款6.7万元。紧密企地关系，主动与兄弟企业、地方国企、社会单位加强合作，全方位整合项目、土地、政策等优势，实现抢占优势市场与优化发展环境的“双融合”。

【资源运作】 2018年，甘肃销售严守质量、计量、安全、环保“四条”红线，前三季度，所属油库吞吐量349.94万吨，周转量174.82万吨，顺利完成“零事故、零伤害、零污染”的HSE管理目标和各项运营指标。精心调运创效益。严格执行资源切块计划，兑现率97.3%；关注油价走势，把握波动规律，调控运行节奏，全年高低位库存实现潜盈2.46亿元；认真研究销售板块营销策略，获额外量补贴2.92亿元；紧贴市场需求变化，发挥主动配送优势，实现资源创效0.18亿元。优化物流控成本。积极推进“大物流”体系建设，持续优化资源调运，管道进货同比提高3.6个百分点，铁路接卸同比减少2836车次，返空及杂费同比减少1393万元、下降59%；优化配送结构，一次进站比提升至45%，节约运费272万元；持续完善配送服务，车辆工作率、配送准点率分别同比提高5.4个百分点和3个百分点。科学调控提效率。严格执行库存优化策略，完善付油设施、改进工作流程，酒泉、张掖等5座油库、11具储罐柴改汽，增容2.5万立方米，柴汽比降至1.86；酒泉、白银等8座油库增设上装付油设施；协调西固、永登和达西油库提前付油1小时，有效节约配送时间成本。

【安全生产】 2018年，甘肃销售强化红线意识、健全责任体系、落实主体责任、加强应急救援、遏制各类事故，为公司安全环保发展谋篇布局，全年未发生任何事故，质量安全环保总体平稳受控。安全责任有效落实。率先在销售板块制定全员岗位HSE责任清单，配套建立指标考核机制，倒逼责任落实；划定管理、操作层面“红线”，杜绝“三违”行为；开展安全承诺社会公告，树立主动履行安全责任的企业形象。风险管控稳步提升。全面实施HSE标准化创建，开展内外部量化审核及专项审核6次，760座加油站、13座油库通过内部达标验收；投入改造资金3252万元，淘汰燃煤锅炉99台，完成9座油库、179座站隐患治理；实施防渗改造站166座，累计完成率68%。应急响应高效得力。开展站库突发事件风险评估，全面启用《应急指挥及演练评估卡》，制定下发《季节性安全生产方案》，全年开展应急演练1.26万次，成功处置突发事件及险情160起。数质量总体受控。建立炼油厂出库密度协调和日动态监控机制，实施分环节管控，管输补库933吨，油品综合损溢率同比提高1.02个千分点；修订下发新版《质量管理体系手册》，稳步推进国Ⅵ标准油品升级置换，接受内外部质量抽检9327批次，合格率100%。

【基础管理】 2018年，甘肃销售统筹处理稳增长与防风险的关系，持续健全风险防控体系，发挥大闭环监督、小闭环纠错功能，实施多角度防范、系统性控制，增强自我免疫、自动修复机能。依法合规深入落实。全年审查合同2878份，新增制度规范32项、修订9项，优化流程63个；开展离任经济审计8项，专项审计2项，发现问题63个，提出审计建议94条，网络建设和检维修结算审计300余项，审减率18%。精细管理全面深化。协调落实“降税减负”政策，节约税费3480万元；争取流动资金3.58亿元，创效1168万元；推广电子票据业务，节约财务费用488万元；报废处置低效、无效资产净值1.16亿元，资产质量和资产创效能力显著提升；基本完成全省“三供一业”分离移交，协议签订率97%，落实专项维修改造资金7030万元。信息化建设稳步推进。推广应用移动办公APP，实现7大功能模块上线运行；投资965万元，为13座油库、385座加油（气）站更新办公电脑等设备；投资227万元，完成14家分公司视频监控平台功能扩展；全面开展“2018护网行动”，全员网络安全意识明显增强。

【队伍建设】 2018年，甘肃销售坚持问题导向和目标导向相统一，坚持试点先行和全面推进相促进，聚焦突出矛盾和重大问题，持续推进体制、机制、模式及理念等一系列创新，提高全要素生产率。组织机构运行高效。整合信息化建设与投资工程管理职能，成立投资建设（信息设备）管理处；重新划分处室业务职能，新修订机关“三定”标准及工作职责11个；推行大部制管理，精简机构34个，减员351人。干部队伍持续优化。公开选拔任用副处级及以上干部15人，调整交流41人，离岗休养8人；举办领导力培训班9期，与兄弟单位联合举办中层干部培训班1期，优选91名业务骨干赴云南销售、四川销售交流学习，选派5名干部到政府部门挂职锻炼，干部队伍结构更趋合理、业务能力得到锻炼。员工素质显著提升。全面实施“511工匠”培育计划，16名员工取得技师鉴定资格，2名员工破格晋级技师，中级工以上员工比例同比提高4%；举办各类培训256期，参培1.32万人次；拓宽专业技术晋升通道，31人通过中级评审，职业技能培训师达到153名。激励机制更趋合理。聚焦营销服务、非油品创效、网络开发等重点工作，全年兑现专项奖金1633万元；发挥薪酬正向激励作用，全员人均收入同比增长8.8%，一线员工同比增长9.82%，基层员工立足岗位建功立业热情持续高涨。

【企业党建工作】 2018，甘肃销售围绕新时代党的建设总要求，坚持和加强党的全面领导，以党的政治建设为统领，实施思想建党、纪律强党、制度治党同向发力，不断提高党的建设质量，筑牢企业的“根”与“魂”。管党治党纵深推进。深入学习贯彻党的十九大和习近平新时代中国特色社会主义思想，开展党委中心组学习13期，专题研讨3次；严格执行“三重一大”议事规则，全年召开党委会、总经理办公会63次，研究议题231项；制定印发《公司工作规则》，明确各级职责，坚持督查督办，公司运转高效有序。党建责任层层落实。持续完善“一岗双责”考评机制，重新修订《党群工作体系文件》，制定下发《党建工作责任制考核实施细则》等制度5项；组织开展党建专项检查2次，发现问题8类41条，下发整改通报2期，20名党组织书记进行基层党建述职评议。从严治党全面深化。常态化推进作风建设年活动，全面落实首问负责制、限时办结制，两级机关作风持续好转；严格执行中央八项规定精神，深入推进党风廉政建设和反腐败工作，组织廉洁谈话223人次，警示教育1.44万人次，“两书”签订率100%；启动党内巡察工作，发现问题84个，提出工作建议24条；全年受理信访举报22件，核查率100%。典型选树成果丰硕。霍红梅获“中国石油榜样·好工匠”“中国石油十大模范加油站经理”称号，何晓玲获“甘肃省五一劳动奖章”，杨泽宇、何喜龙等12名同志获第三届加油站经理人论坛13项表彰，兰州桃树坪加油（气）站获甘肃省“工人先锋号”，提振士气、展示形象。舆论宣传导向鲜明。组织开展庆祝改革开放40周年、重组改制20周年“忆光辉岁月、谱发展新篇”系列主题活动，征集优秀论文18篇，拍摄电视专题片3部，微电影《麻沿记事》获中国石油第三届新媒体内容创作大赛微电影二等奖；高规格举办媒体开放日、丝路卫视国际联盟走进甘肃销售等活动，《人民日报》等40多家媒体聚焦站库一线，中国石油品牌享誉陇原。群团组织活力迸发。开展青年文明“号、手、岗”创建及创新创效活动，白银分公司会宁片区团支部等3个集体、天水分公司申晓红等4名个人分别获团省委、集团公司团工委表彰；劳动竞赛贯穿全业务、覆盖全员，发放奖金247.65万元；组织职工书法绘画（摄影）、小型健身项目、广播操等文体活动，队伍风貌朝气蓬勃。亲情关怀温暖人心。全年走访困难群体1874人次，发放慰问金174.2万元；积极争取政策，提高员工物业补贴、健康体检、补充医疗等福利标准；五星坪职工住宅小区二期项目进入分配方案落实阶段；投资147万元，为甘南10座高海拔站配备制氧设备；全面落实离退休人员“两项待遇”，发放节日慰问金1148万元；严格执行维稳信访责任制，矛盾问题有效化解，企业发展和谐稳定。

（白生虎）

中国石油天然气股份有限公司山东销售分公司

【概况】 中国石油天然气股份有限公司山东销售分公司（简称山东销售）是中国石油天然气股份有限公司在山东省设立的全资分公司，主要从事成品油（气）与非油品销售业务，于2000年成立，本部设在济南。2018年底，山东销售总部机关设职能处室13个，全省设地市分公司17家、专业分公司2家，控股公司14家、参股公司1家；运营油库9座、库容20.10万立方米；运营加油站1030座，占全省加油站总数9.36%；在册员工5829人，库站员工占比87.37%；资产总额84.61亿元。

【成品油销售】 2018年，山东销售面对油价震荡、资源过剩、“两票油”困扰等不利局面，积极进取、顽强拼搏，销售能力和服务水平实现显著提升。坚持“量先价上”营销原则。按月制定目标，分片实施督导，采取以直补总、以柴补汽等营销方式，全年销售成品油394.80万吨，其中零售量331.86万吨、同比增加1.58万吨。践行“好价格就是好销售”营销理念。强化合作共赢，开展汽油画圈、柴油画线，全年汽油零售量154.83万吨，其中高标号汽油38.43万吨。多点发力做强现场服务。坚持“打造强大现场，服务创造价值”理念，定期举办现场服务挑战赛；以客户为中心，紧抓防渗改造的客户分流、回流、引流工作，卡客户分流率、回流率分别达67%、72%以上；利用远程监控稽查、神秘顾客访问、95504电话强化服务监督，在销售板块7次神秘顾客访问中6次排名第一。充分发挥加油卡功能优势。坚持以卡为媒、以卡“锁”客，举办发卡10周年活动，全年发行记名卡74.9万张，卡销比64.6%、销售板块第一，累计沉淀资金20.17亿元。深入探索加油站3.0建设。召开站级客户营销体系推进会，制定站级服务标准化专业化手册，试点站级主动核算，中油好客e站APP注册量227.80万人，地市公司“V会员”注册量达245万人。科学摆布运力。配合东北销售集采资源333万吨、与中国石化串换34.56万吨，顺利完成上海合作组织青岛峰会等特殊时期的保供任务。

山东销售主要经营指标

指　标	2018年	2017年
成品油销量（万吨）	394.80	404.22
纯枪销量（万吨）	331.86	330.28
加油站总数（座）	1030	968
油库数量（座）	9	10
库容（万立方米）	20.10	20.80
非油品业务收入（亿元）	13.57	11.37
非油品业务利润（亿元）	1.20	1.1
单站日销量（吨）	9.97	10.17
吨油费用（元）	453	416
资产总额（亿元）	84.61	70.14
收入（亿元）	267.09	241.80
利润（亿元）	-17.39	-11.80
税费（亿元）	2.86	6.64

【非油品业务】 2018年，山东销售不断强化非油品主业意识，在便利店大面积停业情况下，全年实现非油品业务收入13.57亿元、利润1.20亿元，分别同比增长21%、10%。坚持做大自有品牌。新开发昆悦洗衣液、洗洁精等12款自有商品，销售推广至全国17个省（直辖市），累计实现收入5438万元、同比增加83%，毛利1783万元、毛利率33%。持续做大店内销售。实施店面优化提升，开展节日主题、重点品类营销，强化油非互动，全年店内销售收入达8.70亿元、同比增长5%，平均油非转化率20.65%、同比增加4个百分点。加大“昆仑之星”车辅产品销售。销售车辅产品1.60万吨，完成销售板块预算的158.2%，同比增长129%。深挖新业务发展潜力。ETC充值、快餐、彩票等服务型收入达4.83亿元，定制香烟、啤酒实现收入778万元、同比增长92%。强化产品宣传推广力度。举办非油品推介会80场次，实现收入8312万元。推进多维跨界合作。支持分公司与美团拓展线上销售、打造“海尔智慧云店”，增收110万元。

【网络建设】 2018年，山东销售面对竞争日益激烈的网络开发市场，集中力量、主动出击，打造零售生命工程，着力攻坚合资合作和防渗改造，新开发加油站18座，新投运加油站44座。提前谋划网络建设工作。组织召开2018年投资与工程建设工作会议，明确目标、制订方案、部署措施，全年投资完成14.90亿元，完成率92%。创新合资合作方式。因地制宜、分类开展合资合作，对万通、富海等地炼采取合资租赁模式，对济宁中油等民营企业采取先租赁后控股模式。全力推进项目进展。中海新能源25座加油站租赁打包项目进入改造运营阶段，与青岛蓝谷管理局所辖企业签订加油站战略合作协议。展开防渗改造会战。集中力量完成646座加油站防渗改造，整体完成率95.30%，平均改造工期由55天减少至30天。坚决守住存量站。网络规模建设、巩固双管齐下，及时跟进加油站续租工作，全年续租加油站12座，解决纠纷项目65座。

【安全环保】 2018年，山东销售牢固树立红线意识、兜底思维，强化体系量化审核、安全履职能力提升、环保数质量管控，实现质量安全环保责任事故为零，被评为山东省“安康杯”竞赛优胜单位。创新安全管理机制。融合QHSE体系与“6S”管理标准，成立5个专业分委会，推进“双体系”建设，公司体系量化审核得分率86.1%，达到良好B1级。强化安全监督检查。建立日检查、月通报的常态化督查机制，紧抓“管理漏项”“重点时期”“偏远站库”安全问题，全年督查各级单位156个，发现问题944项，处罚4.77万元。组织开展“质量月”活动。完成国Ⅵ标准汽油、柴油升级置换，累计检验油品1.10万批次，在国家和集团公司质量监督抽查中合格率100%。开展损耗攻关。严格控制管输、铁路、下海运输损耗，公路运输实现零损耗入库。丰富安全培训模式。举办“安全大讲堂”9期，专业培训机构承办管理人员培训1期，安全培训模式被集团公司列入《2018年HSE管理经验汇编》予以推广。精心部署2018上海合作组织青岛峰会期间安保防恐工作，获集团公司、山东省政府嘉奖。

【精细管理】 2018年，山东销售持续打造全员创新和“6S”管理双引擎，公司管理更加节约、高效、精细、合规。着力强化双引擎驱动。编发全员创新成果手册、加油站“6S”管理提升手册，全年收集创新建议及成果2.36万项，评审创意创行奖3580项，分别同比增长26%、19%，推广应用1100余项，“6S”管理“一册在手、统管所有”较好落地。狠抓开源节流降本增效。全年招标采购降低成本约3000万元，非油品采购开具商业承兑汇票减少财务费用300万元，优化信息系统运维节约费用200万元。规范合同、法律、股权管理。按进度压减法人户数2个，成功接收大连星航石化管理权。强化合规管理。迎接财政部专项检查，开展经济责任、资金管理、非油品采购等专项审计，举办“护网2018”等活动，保障公司安全平稳运行。推进信息化管理。创新成果“以大数据分析平台为基础的加油站升级管理”获第十三届全国石油石化企业管理现代化创新优秀成果一等奖。

【企业党建工作】 2018年，山东销售坚定不移落实集团公司关于“重塑中国石油良好形象”的工作部署，为山东省及周边地区社会经济和谐发展贡献力量。深入学习贯彻党的十九大精神。举办处级干部专题培训班，实现学习培训全覆盖；制定党风廉政建设责任清单和运行表，开展党建督导检查和党建联系点工作，全面落实党建“一岗双责”。强化对外联络。主动加强与地方政府、主流媒体沟通交流，建立日常协调机制；开展媒体开放日活动，强化新闻舆论宣传。提升员工归属感。成立退休人员管理中心，持续开展困难员工走访慰问、扶贫帮困、“金秋助学”等活动，全年发放困难补助174.50万元，帮扶困难人员357人次，资助12名困难员工子女就学。认真履行社会责任。坚持打造“四爱”企业，持续深化“爱心驿站”内涵，第一时间向潍坊灾区捐赠60吨柴油、募捐11万元爱心善款，助力灾区修复工作。大力弘扬石油精神。组织“榜样的力量”十大杰出员工巡讲活动；潍坊分公司高才被评为集团公司首届“感动石油”十大人物、山东省“劳动模范”；认真组织开展选拔、集训，在销售板块第三届加油站经理论坛上获11项奖励。

（郭见昌）

中国石油天然气股份有限公司江苏销售分公司

【概况】 中国石油天然气股份有限公司江苏销售分公司（简称江苏销售）成立于2003年9月，前身系中油销售江苏有限公司成品油分公司。2008年12月，江苏销售由中国石油华东销售公司管理上划中国石油集团公司直接管理。2009年9月，中国石油上海销售苏州分公司划入公司，标志着公司在江苏地区成品油销售业务实现统一管理。2018年底，机关设12个职能处室，3个附属机构（采购中心、结算中心、职业技能鉴定站），下辖13个地市公司，2个专业分公司（仓储分公司、非油品业务分公司），39家股权企业（并表股权单位35家）。有员工5820人，其中合同化用工87人、市场化用工5733人。江苏销售党委下属基层党委13个，党总支5个，党支部83个，党员1015人。有加油站766座，在用油库14座，库容67.50万立方米。资产总额97.09亿元。

【资源调配】 2018年，江苏销售牢固践行“物流持续优化战略”，围绕“资源创效、保障服务、优化控费、损耗管理”四项重点工作。全年购进466万吨

江苏销售主要经营指标

指　标	2018年	2017年
成品油销量（万吨）	444.64	423.50
汽油销量（万吨）	251.16	219.56
柴油销量（万吨）	193.48	202.88
加油站总数（座）	766	774
油库数量（座）	14	13
库容（万立方米）	67.50	69.50
纯枪销量（万吨）	267.14	270.85
非油品业务收入（亿元）	10.34	7.50
非油品业务利润（亿元）	0.95	0.79
吨油费用（元）	314.42	325.88
资产总额（亿元）	97.09	75.00
收入（亿元）	318.36	261.48
利润（亿元）	1.22	3.70
税费（亿元）	4.37	4.39

（含合资公司，汽油 260 万吨、柴油 206 万吨），其中配置购进 343.2 万吨（汽油 185.2 万吨、柴油 158 万吨）。本部实现外采 21.3 万吨，降本 3.3 亿元。累计发生运输费用 1.82 亿元，吨油费用 70 元，同比减少 1053 万元。坚持淡储旺销，实现库存资源增值，2018 年因价格上涨库存油品额外增值 7100 万元。按照“效益最大、流向最优、费用最省、效率最高”的原则，建立以站找库的物流模式，全面开启与中国石化的资源共享、油库共享、系统共享和运力共享，增加苏北地区资源串换量，加大外采资源量和集采直接入站量，解决沿江“南油北调”难题。

【油品销售】 2018 年，江苏销售组织开展大摸排、大回访、大开发、强管理“三大一强”活动，直批开发新客户 2027 家，新增销量 22.26 万吨。梳理 1.76 万个物流客户，成功开发单位客户 9020 个，新增消费额 6942 万元。组织“六进”活动 1912 次，新增汽油卡客户 4.1 万人，充值 4515 万元；“10 惠”和会员日主题活动拉动记名活跃卡同比增长 30.24 万张，线上客户数 600 万个。借助股权单位平台优势，利用市场价结算优势，开发大单水路客户，维持公司体量规模；控股企业 2018 年直批销量 49 万吨，同比增加 40 万吨。

【开源节流】 2018 年，江苏销售围绕调结构、增网络、抓投运、降库存、优物流、提质量、扭亏损、促改革制订方案，与劳动竞赛相结合，同中国石化对标对表、找差补短，激发员工提质增效、降本控费。2018 年吨油费用 314 元，同比下降 12 元，为区外销售企业最低。在销售板块劳动竞赛中获降本控费、提质增效奖励 6 次，在集团公司开源节流降本增效工作会上做先进经验交流。

【加油站管理】 2018 年，江苏销售坚持效益优先，不断增强零售创效水平。通过完善市场监督和预警跟踪机制，实时掌握市场动态、“红黄绿”预警优化促销站点，普惠制促销，引导分公司转变经营思路，全省综合价格到位率提升 1%。充分发挥电子券优势，取消个人卡优惠折扣和价格折让，累计减少降价折扣站 356 座，减少价格折让超 2 亿元，吨油降价折让比中国石化低 38 元。在客户开发上，细分客户群体，推进分级管理，加强客户关系管理和维护，开展“三大一强”客户开发活动，全省累计梳理 1.76 万个物流客户，分解至各个地市逐个拜访，成功开发单位客户 9020 个，新增消费额 6942 万元。

【网络开发】 2018 年，江苏销售牢固树立“网络建设是生命工程和黄金终端”的理念，按照公司“十三五”发展规划目标，落实各项措施，大力推进网络拓展“四大战役”实施，增量站开发持续推进。全年开发加油站 30 座，年新增零售能力 26.9 万吨。全年新增投运加油站 22 座，年新增零售能力 19.9 万吨。全年续租加油站 5 座，续租率 83.3%。实施防渗改造、“油卡非润”一体化项目 20 座，年新增零售能力 0.7 万吨。全年新建加油站 4 座，完工投运 2 座；累计完成加油站防渗改造 219 座，整体任务完成率 40%，超年度计划完成 19 座。编制《江苏公司加油站防渗改造方案》，明确防渗改造实施原则、改造内容、实施要点、部门职责，修订《加油站防渗改造实施指导手册》。

【安全环保】 2018 年，江苏销售一直把质量、安全、环保作为公司基础性保障工程来抓，完成 586 座加油站和 5 座油库的 HSE 标准化创建任务，达标率超过 80%。全年紧盯加油站双层罐改造风险，探索“互联网 + 安全”信息化监管应用，使施工现场“看得清、管得住”。完成全国“两会”、上海合作组织青岛峰会、上海进博会等国家重要活动期间的安保、防恐、环保任务，获集团公司嘉奖。在销售板块 HSE 量化审核中名列前茅，连续 3 年被集团公司授予“质量安全环保节能先进企业”称号。

【股权企业管理】 2018 年，江苏销售坚持股权企业规范化管理、市场化运作、独立化运营、一体化营销，受托管理股权企业 35 家，其中独资企业 4 家、控股企业 19 家、参股企业 12 家，并表股权企业累计实现销量 110.53 万吨，实现净利润 3.69 亿元，完成投资收益 2 亿元，被集团公司评为 2013—2018 年资本运营工作先进单位。

【企业党建工作】 2018 年，江苏销售全面加强意识形态、新闻宣传、EAP、文化建设和群团工作，以“新时代、新使命、新作为”为主题，开展第 16 次主题教育。两级公司开展宣讲 63 场次，受众 3400 多人次。组织中心组（扩大）学习 13 次，参学人数 210 人次，中心组成员出勤率 99%。加大对内和对外宣传力度，围绕“高质量发展”这个主题，重点挖掘经验案例和典型做法。《江苏销售报》发行 36 期，“中油苏声”公众号策划推送“致敬加油站经理人”“优秀典型系列”等专题 40 个；门户网站更新稿件 780 余篇，制作“工作会”“贯彻落实党的十九大精神”等专题网页 8 个。确立“一体两翼三融合”EAP 工作思路。“EAP 激发思想政治工作“心”活力”获中国石油党建思想政治工作研究会政研成果一等奖。公司员工成长指导师袁志浩还在集团公司基层建设现场会上交流EAP工作经验。在泰州召开EAP工作现场会。开展组织第五届职工乒乓球比赛、纪念改革开放40周年职工书画摄影比赛。冬送温暖夏送清凉节日送慰问活动，全年发放慰问金80万元，慰问困难职工280多人次。职工互助互济会发放互助金13.4万余元，有8名员工得到帮助。

2018年，江苏销售党建工作围绕强化党组织建设为根本，开展各项党建工作。认真组织党的十九大精神学习培训，建立基层党组织按期换届提醒督促机制，督促苏州分公司等7家单位完成换届选举。推进标准化党支部建设，制定《基层党支部达标晋级管理办法》《党支部标准化建设考核细则》，部署开展年度考评定级工作，建立动态管理机制。印发《党建工作责任制实施办法》等10余项党建工作制度，提高党支部工作质量和水平。按照"述、问、评、测"四个环节，全面实施基层党委书记述职评议工作。开展党内创先争优，对3个先进党委、15个先进党支部、15名优秀党务工作者和50名优秀共产党员进行表彰。择优选拔13名优秀基层骨干充实到党务管理岗位，专职党务人员达79人，占职工总数1.36%。制定党组织工作经费管理办法，按上年度工资总额1%计提、划拨，全年使用128.3万元。着力加强领导班子和员工队伍建设。一批管理经验丰富、工作业绩突出的优秀年轻干部走上领导岗位。开展全员定岗定编工作。严控用工总量，实施"员工进出两条线"管理，新增用工计划主要用于引进高层次紧缺人才，2018年招聘20名大学生，有效充实基层经理人队伍。

（薛　涛）

中国石油天然气股份有限公司河北销售分公司

【概况】 中国石油天然气股份有限公司河北销售分公司（简称河北销售），成立于2000年5月，主要负责中国石油在河北省的成品油批发、零售，便利店、润滑油、化工产品和汽车服务等非油品业务以及市场网络开发工作。2018年底，设11个职能处室、13个地市分公司、2个专业分公司、18个股权企业。公司有员工5749人。投运加油站915座，市场占有率13.7%，占有市场销量份额17.5%，投运油库11座，总库容33.70万立方米，昆仑好客便利店868座，总资产66.20亿元。

2018年，公司累计销售成品油381.03万吨，其中汽油销量153.32万吨、柴油销量227.65万吨；非油品业务收入10.16亿元、非油品业务利润9052万元，分别同比增长38.04%、37.87%；发生商流费15.43亿元，同比增加6400万元，同比增长4.32%；累计发卡79.3万张，沉淀资金9.82亿元，卡销比47%，记名卡突破500万张。

【营销调运】 2018年，河北销售优化油库运行，统配资源配置，完成销售总量381.03万吨，预算完成率102.4%，同比下降0.38%。其中，汽油153.32万吨，增长1.79%；柴油227.65万吨，下降1.81%；完成直批销量156.96万吨，预算完成率105.4%，同比增长3.29%；其中，汽油39.46万吨，增长65.73%；柴油117.5万吨，下降8.31%。直批客户2506家，同比增长5.87%，实物直批销量121.25万吨，同比增长2.72%；其中，直销客户2373家，增长14.1%，销量62.3万吨，增长11.3%。购进资源总量379.51万

河北销售主要经营指标

指　标	2018年	2017年
成品油销量（万吨）	381.03	382.48
汽油销量（万吨）	153.32	150.63
柴油销量（万吨）	227.65	231.85
运营加油站总数（座）	915	1040
油库数量（座）	11	16
库容（万立方米）	33.70	47.27
纯枪销量（万吨）	227	230.53
非油品业务收入（亿元）	10.16	7.36
非油品业务利润（亿元）	0.91	0.66
吨油费用（元）	423.79	403.30
资产总额（亿元）	66.20	60.80
收入（亿元）	257.63	223.02
利润（亿元）	–14.37	–9.54
税费（亿元）	1.18	3.12

吨，预算完成率 103.41%。其中统配资源购进 334.6 万吨，预算完成率 102.95%。地付直接配送入站量 129.34 万吨，占比 61.37%；油库配送入站量 81.41 万吨，占比 38.63%；二次配送整体吨油运费 65.51 元 / 吨，同比减少 1.75 元 / 吨，下降 2.6%；二次配送损耗率 0.06‰，连续两年销售板块排名第一；一次铁路运输油品损耗率 0.28‰，同比下降 0.21 个千分点。强化市场研判，扎实“市场大调查、客户大开发”百日服务行动，直销客户、小微客户均同比增长 15%，实现直批销量 154 万吨，实物直批同比增长 2.3%，直批综合价格到位率同比提升 1.17 个百分点。

【加油站管理】 2018 年，河北销售公司精细营销策略，纯枪销量 227 万吨。精益现场服务。持续推进加油站定置化管理、“厕所革命”100% 达标。发生 95504 电话客户投诉同比减少 75 起，下降 85%，其中 4 个月实现零客户投诉，客户回访满意度全年保持 100%。精严“双低站”治理。采用“3+1”（3 是针对现有自营加油站的目标责任制、委托管理和出租经营模式；1 是针对社会加油站的品牌输出模式）治理模式，74 座站实现“摘帽”、30 座站负效扭亏。精研发卡质量。深化“五进”（进单位、进厂矿、进社区、进车场、进展会）发卡、联合促销，“零违法 · 油奖励”美誉度不断扩大，累计发卡 79.3 万张，沉淀资金 9.82 亿元，同比增长 1.27 亿元，卡销比 47%，记名卡突破 500 万张。精准客户开发。“零违法 · 油奖励”文明驾驶人自律挑战赛活动，近 30 万驾驶人积极参与，其中 22.5 万名驾驶人保持 100 天零违法，零违法率 85%，较 2017 年提升 5%。不断深化应用 CRM 系统，通过 95504 电话客户服务平台发送短信 60 余次，精准推送目标客户 141 万人次。开展“市场大调查 · 客户大开发”客户百日服务行动，累计走访客户 1.55 万家，开发客户 0.6 万家，实现销量 3.25 万吨。

【非油品业务】 2018 年，河北销售实现非油品业务收入 10.16 亿元，同比增加 2.8 亿元。深化优质店打造力度，持续丰富服务体验，累计打造优质店 450 座，其中百万元店 165 座，同比增长 80%，占比达到 17%，平均单店日收入近 2000 元，同比增长 23%。保定、华奥控股收入突破亿元，车润、车辅产品分别销售 1358 吨、7833 吨，同比增长 34.6%、96.7%。突破经营边界，第一座智能便利店落地雄安 1 站、唐山友谊路站肯德基店日均收入 1.1 万元，中油书店、雄安市民服务中心店等特色店精彩绽放。以创新为引领，开展快餐、生鲜水果、化肥、洗车、自主产品五项业务，持续创效提升。同时积极开展跨界合作业务，参加以岭药业健康论坛、承办马戏嘉年华活动，多渠道拓展非油品销售业务。新增整车销售、ETC 储值及汽车租赁业务，开发蔚县剪纸、黑麦面粉等特色商品，累计增收 1.1 亿元。

突出非油品品牌特色。创新工作思路，立足“昆仑好客”品牌，将旅游资源、地方土特产、民族文化等元素有机融合，打造特色店专区店 122 座。

【油库管理】 2018 年，河北销售全面夯实安全管理，杨官林油库成功投运、有序组织低效油库关停，扎实组织各项工作推进和落实。2018 年整体周转量 314 万吨。所属各油库累计周转量完成 162 万吨，同比增加 19 万吨，人均周转量 7570 吨，与销售板块平均数有一定差距，地付业务部累计配送油品 142 万吨；平均库存保持在 15 万吨以内；油品出库计划完成率 100%，累计盘点盈余 207 吨，盈余率 0.12‰。安全质量环保实现“零伤害、零事故、零污染”，较好完成各项任务指标。

【投资建设】 2018 年，河北销售着力网络开发，投资建设平稳有序。网络开发稳定发力。围绕“人 · 车 · 生活”生态圈打造，完成唐山 5 座站等 50 个重点项目建设，新投运加油加气站 13 座，新增销售能力 8.6 万吨。京石、保津高速站达成组建合资公司共识，绥中 29 座站成功续租，荣乌高速 10 座站取得委托经营权，张承高速莲花滩实现区站整体租赁。双层罐改造集中有序。全面铺开双层罐防渗改造，规范招标模式、优化物采管理、精细施工组织，扎实施工劳动竞赛，打造“五位一体”工期管理体系，累计投资 6.1 亿元，全年开工 626 座、完工 597 座、投运 540 座。新能源项目有效拓展。强化加气项目合作，累计投运加气站 17 座；与北京动力源科技公司拓展充电业务，雄安 1 站充电项目落地运营；与张家口交通建设投资控股集团有限公司、亿华通动力科技有限公司开展加氢业务合作，项目可行性研究通过评审。

【安全数质量】 2018 年，河北销售强化严格管理，安全环保平稳受控。安全责任有效落实。深化“六个一”安全文化（每日交接班安全提示、每周安全例会、每月应急演练、每月安全经验分享、每季安全隐患管理台账、每年安全生产工作计划）培育，签订质量安全环保责任书、HSE 承诺书 7750 份。扎实质量、HSE 体系有效运行，全面推行量化评估，库站标准化达标率 99.2%。突出“四不两直”，开展隐患排查 402 站次，问题整改率 96%。重点管控持续夯实。严格施工现场安全管理，处理违规作业承包商 25 家。

强化环保管理，446座站完成环保手续补办。规范油气回收运行，开展两轮自查自检，在线监测远程数据试点成功。数质量管理更加严实。开展诚信监管、自律承诺950人次，强化数据分析通报，严格25条管控措施，一次损耗率、二次损耗率分别同比下降0.23‰、0.04‰。扎实"手指口述"三项管控措施，试点乙醇汽油在线密度测量，严查入库质量验收，国家和集团公司质量抽检合格率100%。扎实开展"好车加好油、好油在中油"宣传活动，建立打击"三黑"窝点举报奖励机制，品牌质量稳步提升。95504电话客户投诉率连续下降，客户满意度持续提升。

【基础管理】 2018年，河北销售注重风险防控，基础管理不断加强。财务管控严格有序。科学预算引领，强化经营分析，严格对标对表，深化扭亏治理。强化资金管控，司库2.0系统顺利上线。优化"三集中"管理，着力降杠杆、减负债，加大"两金"压减力度，承兑汇票节约费用440万元。试点资产管理一体化平台，推动"减负瘦身"。合规经营更趋严密。狠抓内控测试和证照印章管理，实施重点项目风险防控，发展基础不断夯实。精细股权企业经营，完成法人户数压减任务，公司实收股利4850万元。严格集中采购管理，节约金额1054万元，节约率8.5%。信息化建设更加稳健。强化ERP2.0升级集成，深化物流2.0提升，搭建油气回收在线监测、手机移动监控、新即时通讯三个平台。落实"护网2018"行动要求，保障经营平稳运行。

【企业党建工作】 2018年，河北销售突出党建引领，队伍建设有效提升。基层党建持续加强。深入学习党的十九大精神，组织"居危思危、居危思变、居危思进"主题大讨论，凝聚全员共识。搭建"点线面"党建工作体系，配齐片区专职副书记，推广"三个三工作法"（三知：知员工基础信息，知员工特殊信息，知员工亲疏敬畏；三联：联系员工，联系员工重要家庭成员，联系员工重要社会关系；三观：观察员工工作表现，观察员工思想动态，观察员工周边环境变化）。深化"互联共建""三化三一"（党建工作规范化、精细化、可视化；一套制度、一个清单、一张报表）。标准化党支部达标率95%。落实"两个责任"，启动党委巡察工作，党风廉政建设持续深入。队伍建设不断增强。着力两级机关"五定"管理，压减机构26个、分流259人。优化用工结构，有序推进第三方劳务派遣转换用工方式，员工收入保持稳步增长。移动学院正式上线运行。强化"一合同三办法"及"结对子"考核，加强典型选树，97个集体和个人获集团公司、河北省委表彰，首届基层经理人论坛异彩纷呈，刘运峰等"十大模范"、刘慧慧等"五朵金花"榜样选树靓丽光彩，凝聚起公司发展磅礴力量。品牌形象持续提升。微电影《开往春天的大巴车》摘得"优秀品牌微电影奖"、金海棠"好作品"两项大奖。组织"春耕""三夏"保供，着力驻村帮扶、学雷锋，开展扶贫帮困送温暖活动，慰问困难员工210名。着力"五小"文化建设，开展健康体检，发放各类书籍，组织健步走、球类比赛，员工凝聚力和获得感不断增强。

（韩　锐）

中国石油天然气股份有限公司北京销售分公司

【概况】 中国石油天然气股份有限公司北京销售分公司（简称北京销售）前身是1999年4月成立的中国石油华北销售公司。2009年12月，华北销售公司机关与原北京销售公司整合，上划中国石油天然气股份有限公司直接管理，主要负责中国石油在北京市的成品油和非油品销售、网络建设和市场开发等工作。2018年底，北京销售资产总额35.19亿元，在用油库3座，库容8.23万立方米，累计投运加油站211座，投运橇装站152座，便利店167座，有员工2423人。

2018年油品销售193.53万吨，其中成品油销售184.2万吨，纯枪销售96.11万吨，LNG销售6.97万吨。非油品业务收入4.44亿元，同比增长7.5%，其中便利店销售收入1.78亿元，同比增长8.8%，非油品业务利润4320万元。全年IC卡发卡29.8万张，其中记名卡26.2万张，卡销比44.3%。新增立项加油站4座，新开3座，新投运加油站4座。

【营销管理】 2018年，北京销售着力增强营销能力，开展四个季度不同主题劳动竞赛，紧盯开发终端客户，不断提高批发效果；密切跟踪油价变化，逐笔测算批发毛利，实施积极灵活的营销策略；优化内部结算定价模式，制定批发销售货款收取管理办法，激励开发股权内部市场；细化特许管理，组织与31

座特许站签订合同，完成销量14万吨，占库销总量的22.4%；坚持客户分级管理，评定尊级客户53个。获销售板块上半年劳动竞赛营销项目“先进单位”称号。

北京销售主要经营指标

指　标	2018年	2017年
成品油销售（万吨）	184.22	199.83
汽油销量（万吨）	115.98	108.12
柴油销量（万吨）	68.24	91.72
加油站总数（座）	211	210
油库数量（座）	3	3
库容（万立方米）	8.23	15.15
纯枪销量（万吨）	96.11	103.03
非油品业务收入（亿元）	4.44	4.13
非油品业务利润（万元）	4320	3203
资产总额（亿元）	35.19	37.92
收入（亿元）	140.95	136.99
利润（亿元）	−1.67	0.56

【加油站管理】 2018年，北京销售以市场为导向，围绕客户需求，全年开展24次“10惠”“惠员日”品牌营销活动；与银行、电台等开展跨界合作，发挥网络和客户优势，实现合作双赢；有效应对市场竞争，开展有针对性点对点促销，不断完善零售结构，高标号汽油逆市上扬，同比增长6.7%，零售价格到位率居于全国第五、区外第二；优化卡营销政策，开展微信公众号、手机APP充值赠电子券活动，微信粉丝量达95万人，发放电子券268万张，带动线下业务增长；系统梳理全流程诊断与优化经验，对57座加油站进行全流程诊断，在集团公司基础管理工作会议上做典型交流；更新95504电话客服知识库，提升投诉快速处理能力，北京地区投诉125件，同比减少24.7%。

【非油品业务】 2018年，北京销售开展四季主题促销，核心商品收入1122万元，占比6.7%，武夷山水、东北冰源销售651.2万元；着力降低库存总量，提高周转效率，整体控制在1800万以内，平均周转天数由53天降至42天；积极拓展汽车服务业务，新增3座汽车服务门店，累计达12家，汽车服务收入803万元；积极拓展多元业务，全年广告收入234万元；试行非油品批量销售17单、150万元，发放奖励9万元；开展三期内购会，累计销售43.4万元，新增上线寰球工程公司站外便利店；积极开拓自有商品，完成商标注册并开展选品工作，车辅产品销售1212吨，同比增长57.4%。积分商城完成兑换订单42.25万笔，实现交易额2442万元，同比增长27.8%。

【油库管理】 2018年，北京销售优化罐容、完善流程，提高出入库及时率，全年周转13.9次，同比增加2.75次；科学组织人员、设备，有效应对新增黄村、住海、晟德三个发油点，出库达44.52万吨；深入开展“6S”管理，实施服务三步法，提油客户满意率100%；强化卸油违章、危险区域管控和油气浓度超标控制，开展视频检查262次，发现问题30人次，开展现场检查179次，发现问题20人次；石楼油库与房山消防支队联合开展消防演练，被北京市消防总队和房山区消防支队确定为标准化建设试点单位；质检中心通过CNAS年度复审，节约外送检测费用64万元。

【投资建设】 2018年，北京销售平稳控制投资节奏，“一站一策”开发网络，实现2018年到期站续租率100%；坚持在政策和法律框架内，稳妥处理在营加油站纠纷，全力维护合法利益；积极推进续建工作，完成北七家、大狼堡加油站环保验收，实现平蓟路南北站迁址立项批复和土地规划。参与编写销售板块《防渗改造指导手册》，在销售板块投资工程建设工作会和精细化工作会上分享经验；加油站防渗改造累计完成193座，完成全部任务的96%，在销售板块名列前茅；优化北方油库改造施工，抢抓工期管控，提前20天完成改造任务。刚性控制投资计划，均衡安排全年项目，投资计划完成1.14亿元，符合考核要求；提升实物资产使用效率，资产完好率96%；获集团公司“统计先进单位”称号。

【资源运行】 2018年，北京销售不断提高资源调运能力，通过深化同中国石化互供业务，有效解决北方油库、大厂油库相继改造的保供难题；积极与东北销售、西北销售及相关销售公司协调，理顺“总部经济”京外用油渠道，确保项目用油；持续优化运行组织，直炼配置计划执行率103%，加油站实现平稳供油；强化铁路运输组织，积极协调东北销售、西北销售及相关炼油厂，快速处理突发状况，沟通解决运输超耗5次，超耗处理及时率100%。获销售板块上半年劳动竞赛物流优化项目“先进单位”称号。

【安全质量计量环保】 2018年，北京销售运行安全平稳，连续14年被评为集团公司“安全生产先进单位”。在全国“两会”、中非合作论坛等重大政治活动期间，较好地完成安保、维稳、防恐各项任务；在集团公司量化审核中得分率87%，位列销售板块第二；组织开展油库泄漏着火、加油站质量事件应急预案桌面推演，大厂油库和兴福加油站等站库快速扑灭站外火灾、积极救助受困顾客，体现良好的应急抢险能力；实地勘探制订报废处置方案，圆满完成石燕管线隐患整改。积极践行“有感领导”，制订安全生产月活动实施方案，组织开展领导安全授课等活动。107座加油站按时上线油气回收在线监控系统，制订“蓝天保卫战”等工作方案，开展生态环境问题排查，定期跟踪环保隐患治理。迎接集团公司质量抽检33站次，自检438站次，合格率100%；规范损耗管理，盘点及交接损耗率显著下降，纠纷仲裁效率及索赔成功率明显上升。

【人才队伍建设】 2018年，北京销售进一步加强和改进领导人员日常教育和管理监督，严格执行干部选拔任用工作流程和规定，组织完成9个处级岗位、22个科级岗位任免工作；调整董事、监事31人次，股东代表8人次。全面完成三级培训计划，参加上级培训班94个，累计138人次，组织公司一级培训35期、2688人次，二级培训75期、1916人次；组织开展党的十九大精神学习，开展两期处级以上干部“学习贯彻习近平总书记系列重要讲话精神”和党的十九大精神专题培训班，1029人参加集团公司“全国两会会议精神解读”远程培训，450人参加《中国共产党纪律处分条例》学习；组织加油站经理综合素质提升、储备站经理、信息化管理提升培训班，进一步提高加油站经理整体素质；全年371人参加技能鉴定，6人取得销售板块技师资格证书，218人取得公司相应资格证书。

【企业管理】 2018年，北京销售积极落实法制建设要求，制定全面履行法治建设实施细则，推进合规登记报告，强化制度建设，新增制度12个，修订19个；在集团公司2018年度财务报告控制测试中取得零例外事项的成绩；完成合同审查1067份，签订合同847份，合同法律审查率100%；开展商标维权工作，调查确定5座侵权站，整改4座，1座在维权中；坚持物资集中采购、招标统一管理，全面提升合作方资源质量，组织采购竞争性谈判6次，优化供应商21个、承包商4个、服务商22个。坚持优化结构，制定实施“人员薪酬费用”联动机制，有效管控人工性成本，提高投入产出率；强化分公司和控股公司年度、季度差异性指标设置，抓好机关处室联动指标考核，发挥考核引导性和激励性；公司全年薪酬总体增长2.75%，一线人均增长9.86%；组织240名员工参加北京市首批积分落户申报，10名员工获落户资格。突出“开源节流、降本增效”，制定52条具体措施，按季跟踪目标进度；实行纯枪超量、效益超额等激励政策，强化业财融合，运输费同比减少405万元，下降10.3%，广告促销同比减少385万元，下降36.2%，“五项”费用同比减少512万元，下降34.6%；加强“两金”压降，增加先款后货率、综合收款率指标，应收款同比下降2835万元，股权单位负息资金同比减少1056万元；财务决算报告无差错无调整数量由96.7%提高至99.1%。严格组织议案审查，组织“三会”91次，审议议案300项，“三会”召开率保持100%，合计分配2017年利润3.62亿元；及时完善股权企业法人治理结构，顺利完成7家公司董事会、监事会换届，积极推进5家总部经济公司零售资质年审。有序推进信息化项目，167个加油站顺利上线发票系统，应用移动协同办公平台，上线即时通信系统，完成系统运维8890站次、现场运维385站次，配合项目组完成系统升级25次，应急演练7次；在国务院国资委软件正版化督查中，取得杀毒软件、办公软件、操作系统正版率100%的好成绩；在“护网2018”行动中网络设备、服务器与信息系统未受到入侵破坏。完成审计项目11项，开展工程审计48项，审减额28万元，有效发挥审计职能，持续跟踪历史问题，督促立行立改，提高审计效果；加强外部委托审计，加大工程现场审计次数，提高审计质量。

【企业党建工作】 2018年，北京销售着力构建“大党建”工作格局，印发系列制度文件，提供制度依据和方向指引；9家单位围绕党建课题完成11项研究成果；实行党务干部备案制，优选配强党务干部52人；10个基层党组织、44名个人获公司党委创先争优表彰，2个基层党组织、6名个人获集团公司直属党委创先争优表彰；全年发展新党员16人，公司党建信息化平台建设试点工作经验在集团公司进行会议交流。扎实开展党风廉政建设和反腐败工作，努力推动巡视巡察上下联动，顺利完成集团公司第二轮巡视的迎检工作，开展巡视反馈意见和有关审计整改落实情况“回头看”；制定巡察工作实施细则等5项制度，组建55名巡察人才库，完成对6家分控股公司两轮巡察。不断强化思想文化工作，召开意识形态工作推进会，明确各级管理责任、阵地责任，实施“双清单”管理，有效落实意识形态责任制；推进各级党委理论学习、中心组学习制度化、规范化，全年组织党委中心组集中学习9次；政研课题“发扬新时代党支部战斗堡垒作用，打造一流成品油零售公司”获中国石油政研成果三等奖。刘世敬获中国石油成品油销售“十大感动人物”，张洪斌获“十大模范经理人”，王华樑获“十大加油明星”，梁学峰获“十大模范客户经理”，石楼油库获“十大标杆油库”，白秀元、王建康获“百名功勋加油站经理”，王越、曹莹莹获“百名明星加油站经理”，刘彦获“百名好客之星”，科大加油站、方深加油站获“百名示范加油站”称号，王华樑和张艳华被评为现场服务竞赛优胜选手。认真开展送温暖工程，帮扶困难员工34人次，重大节日看望困难员工和党员354人次，慰问388库站次、橇装站398站次。开展青年文明号开放周活动，12个青年文明号集体向社会公众开放；叶红代表中国石油参加共青团中央企业代表会议，王慧获集团公司直属机关“十佳青年岗位能手”称号。北京销售志愿服务队获北京市“学雷锋志愿服务示范站”称号，南湖加油站获全国“工人先锋号”称号，北京销售获“首都文明单位标兵”称号。

【承办销售板块第三届加油站经理论坛】 2018年，北京销售承办销售板块第三届加油站经理论坛，负责场地勘察、设计布置、会务安排、技术支持、商品展销、后勤保障等。公司根据实际内容分为会务、会场、表彰和加油站现场四大类共23个小组，精心打造8座现场服务竞赛加油站。全体参与人员沉浸在“打造强大现场，服务创造价值”的轻松活泼氛围中，论坛受到集团公司、销售板块和兄弟单位领导的高度评价。

【构建和谐发展环境】 2018年，北京销售分层级构建与地方政府汇报沟通机制，积极推动油库改造、加油站网络维护和新能源发展，有力推动企地互惠共赢。积极推动规范市场秩序，创新首都成品油流通行业协会的管理机制，为首都市场规范经营、提升效益做出探索。与寰球工程、东方物探、北京首汽、工商银行和华油集团分别签署战略合作协议，实现强强联合、优势互补，促进双方共同发展。分业务、分层次建立协作调研机制，通过快捷沟通平台，实现上下高效沟通；在分公司和股权企业间开展经验分享和问题通报，强化横向交流与对标。

（薛　云）

中国石油天然气股份有限公司上海销售分公司

【概况】 中国石油天然气股份有限公司上海销售分公司（简称上海销售）前身为中国石油华东销售公司，成立于1998年5月，是中国石油在区外成立的第一家销售企业。“十一五”期间历经多次改革重组，2009年底调整成立上海销售公司。主要负责中国石油在上海市辖区的油气销售、市场开发和终端网络建设业务。“十二五”期间累计销售成品油1022万吨，销售收入731亿元，缴纳税费8.49亿元，实现考核利润8.5亿元，为保证上游企业生产后路和产品价值实现，保证社会能源供应，促进地方经济发展作出应有贡献。

2018年底，上海销售组织机构实行二级管理，有员工1801人，平均年龄37岁，设12个处室、1个非油品销售分公司。有资产型油库3座，库容25.6万立方米；下辖6个全资分公司、直管7家股权企业，管理158座加油站，其中全资加油站91座、股权加油站67座，年销售能力155万吨。有党员378人，占员工总数的20%；公司党委下设直属机关党工委（下辖党支部6个）、6个分公司党委（下辖党支部18个）和6个股权企业党支部（由上海销售公司党委直管）。上海销售主动适应管理体制深度调整、

上海销售主要经营指标

指　标	2018年	2017年
成品油销量（万吨）	156.18	150.13
汽油销量（万吨）	87.495	74.50
柴油销量（万吨）	68.686	75.63
非油品业务收入（亿元）	3.5	2.84
非油品业务利润（亿元）	0.3653	0.30
资产总额（亿元）	36.99	37
收入（亿元）	112.70	91.75
利润（亿元）	1.18	1.70
税费（亿元）	8.49	2.14

管理职能深度转型、增长方式深刻转变，坚持“不求最大，但求最好”的发展定位，明方向、定战略、抓经营、强党建，各项事业取得辉煌业绩。

【油气销售业务】 2018年，在集中改造的情况下，纯枪零售量创5年最好水平，历史性跨过90万吨大关，销售结构进一步改善。新增4座万吨站，方皇站成为公司首座郊区双万吨站；发卡增量、总发卡量均创历史最高水平。精准研判市场走势，把握好量效关系，抢先抓早销售，批发市场份额基本与主要竞争对手相当。1—10月基本完成全年销售任务，规避11—12月油价断崖式下跌带来的巨大风险。完善客户经理管理办法，激发客户经理积极性，新增直销客户61家，增加直销销量3万吨。妥善利用资源互供创效。建成成品油直销管理平台，优化客户购油体验，增强客户黏性。

【非油品业务】 2018年，非油品销售额累计实现3年增长1.2倍；新增千万元以上便利店5座，振兴站成为中国石油首座、上海首座超2000万元的加油站便利店。打造“油卡非润”一体化特色营销，开展各类促销活动58次，创收5000万元。深挖加油站优质资源，打造优品店，店销规模迅速增长，百万元以上便利店占总数的54%，居销售板块首位。细化品类管理、开展精准促销，粮油、奶制品、包装饮料、酒类等核心单品单店销售能力居销售板块首位，昆仑产品销售额增长43%。单店日均收入、吨油非油品业务收入、人均非油品业务收入居销售板块第一。优化中央仓运营，配送商品同比增长57%，综合费率降低28%。加大异业合作，与21家单位签订互采协议，完成自有特色商品销售486万元，与光明集团、中国电信、中国银联等跨界合作新增销售2000万元。开展员工内购节、手机销售专项劳动竞赛，推广进口高端商品，试水缤果盒子无人零售，探索非油品业务新空间。

【加油站管理】 2018年，在53%的运营加油站改造的情况下，纯枪销量不降反升，同比提高2.5%，单站日销量提升11%，零售价格到位率比预算提升0.5个百分点。以卡为媒，开展百日上量客户开发竞赛、加油卡“六进”等活动，新增小微客户1500余家，记名卡发卡增长24.8%，卡销比增长12%，引流客户成效显著。以差异化营销拓市场，电子券投入产出位居销售板块前列，汽油纯枪销量增长9.9%。开展第三批振兴式加油站打造，优化流程200余项，新增万吨站4座、双万吨站1座。多措并举促进改造站投运后快速上量，82%的改造站恢复到停业前水平。完成11座“双低站”委托经营，5座“双低站”成功“摘帽”。

【投资建设】 2018年，上海销售坚持项目储备发展规划与重点开发项目攻关协同并重，拓展社会资源，与多家地方国企发展合作，网络“攻坚战”连续告捷，全年完成新立项加油站6座、开发3座，近10座存量项目进入土地收储阶段，松卫北路、沈砖、华东路等多个项目取得重大突破。与出租方建立常态化沟通机制，7座加油站完成续租，中油浦东、中油农工商成功实现二次合作，网络“保卫战”步步为营，确保站点不丢。多措并举推进投运攻坚，华辉站、金朝油气站项目取得实质性推进，灵广站投运在即。将加油站达标升级与防渗改造有机融合，72座站同步实施一体化改造，21座站扩大便利店经营面积，网络“挖潜战”推动加油站能级进一步提升。强化组织协调，组建双层罐改造工作领导小组，成立专项工作组，推进改造攻坚任务落实。严格三级评审，全年完成改造立项评审102座。明确现场监管职责，落实属地管理责任，严格“三查一控”，组织128次专项检查，整改问题400余项，约谈6家触及黄线承包商，确保施工现场平稳受控，单站改造工期缩短5天。79%的运营站完成防渗改造，多次获政府好评。

【资源运行】 2018年，上海销售水上市场取得突破，加大与上港集团合作，新增2个水上客户，水路供油2.6万吨，同比增加37%。天然气业务顺利推进，中油同盛公司与天然气销售东部分公司签订LNG购销合同，新开发天然气机构用户2个，完成天然气销量922万立方米，完成预算的218%。持续推进清洁能源及新能源领域油气合建项目开发，金朝站增设LNG项目完成土地租赁合同的签订，取得政府批复。理清B5生物柴油全业务链条，为销售B5生物柴油做好准备。

【企业管理】 2018年，上海销售坚持依法治企，成立法治建设领导小组，召开法制工作会议，全面推进公司法治建设。强化合规管理，梳理制度145项，制（修）订制度19项，审查合同615份，参与重大项目法律论证24项。依法维护公司权益，中油华鑫公司合作纠纷案历经5年三审终于胜诉，挽回损失3550余万元。加大政策研究，对成品油消费税和增值税两项新政开展研究，向销售板块提出加油卡跨省消费开票问题解决方案。强化内控监督，开展重大风险评估，新版内控手册修订260余处。加强审计监督，开展4次离任审计、2次专项审计，外委审计54项，有效预防和化解经营风险。瞄准世界一流，对标行业领先，出台《上海销售公司高质量发展实施意见》，编制《上海销售公司纯枪百万吨工作规划》，明确高质量发展的目标方向。“三项”制度改革有序推进，出台“1+14”制度体系，两级机关机构总数压减16个，管理人员减编73人。理顺干部成长通道，解决历史遗留问题，65名管理人员实现岗级晋升。加大薪酬与业绩考核挂钩，让“工资是靠挣出来”的理念深入人心，以公司的优异业绩提升全体员工的收入，以基本业绩考核和点对点精准考核拉开收入差距，充分调动员工争创业绩的积极性。大力推进信息化建设，升级五大业务系统，办公网络直通加油站，大运维体系全面构建，移动办公平台投入应用。大数据应用初步落地，探索为客户画像，精准推送促销卡券，差异化客户关系管理。推行财务管理“三集中”、非油品业务公司化运作、物流配送引入第三方竞争、“双低站”全面委托经营，管理效能进一步释放。

【质量计量安全环保】 2018年，上海销售梳理150个岗位HSE任务清单，完成四期151名站经理HSE轮训，启动两级机关HSE履职能力评估，坚持领导干部HSE年度述职报告，责任意识和履职能力明显提升。HSE审核两级机关全覆盖，发现整改近2000个问题，体系运行达到良好B2级。贯彻“问题不整改就按事故处理”的理念，举一反三，杜绝屡改屡有。推进HSE标准站建设，试点推进6个HSE2.0样板站打造。对加油站改造实施动态监测，防控六大风险，油气回收检测合格率97%。创新建立四色预警机制，强化应急管理，风险防控和综合应急能力稳步提升。首届中国国际进口博览会期间杨思站圆满处置顾客私自打桶事件，受到政府表彰。上海销售连续第8年获上海市“安全生产优胜单位”称号。

【企业党建工作】 2018年，坚持抓实“三个全面”，党组织把方向、管大局、保落实的作用有效发挥，促进公司改革发展的成效更加显著。以党的十九大精神为指引，全面加强党的领导。将学习贯彻党的十九大精神和习近平新时代中国特色社会主义思想作为首要政治任务，七项专项活动贯穿全年、融入全业务，引导全员增强“四个意识”，坚定“四个自信”，做到“两个维护”。修订完善《“三重一大”决策制度实施细则》，将党委研究作为前置程序，切实发挥党委领导作用。全面加强两级班子建设，调整干部17批次、44人次，干部队伍年龄结构、知识结构明显改善，政治素质、业务能力明显提升；选拔培养优秀年轻干部，形成70后、80后、90后梯次合理的后备干部队伍。全面加强意识形态工作，党群工作处加挂党委宣传部，有效应对舆情。制定《加强和改进公司工团工作实施意见》，全面加强党对工团和统战工作的领导。6个股权企业和29个股权加油站全部完成党建入章程工作。编制《党支部组织生活记录》《党支部基础工作记录》等工作手册，全面推广党建信息化平台应用，线上线下全过程、全维度严肃党内政治生活，12个支部按期换届。常态推进作风建设，制定《机关作风建设工作管理办法》，查处基层小微作风问题11个。完成5家单位巡察和1家单位巡察整改督察，发现问题76条，移交问题线索5条，诫勉谈话4人。准确运用“四种形态”，盯住重点人、重点事、重点问题，强化不敢腐的震慑；瞄准弹性空间和空白区域，对79个例外事项销项整改，梳理制度漏洞14个，筑牢不能腐的堤坝；正面教育培养廉洁文化，反面教育提升廉洁意识，备案领导干部个人有关事项4份，不想腐的自觉不断提升。印发《党建工作责任制考核评价实施细则》，实行“千分考”、层层考。成立党的建设领导小组，制订《党组织工作经费计提、使用管理办法》《领导班子成员基层党建联系制度》等党内制度，建立党员活动室9个，配强党务工作力量，党建工作保障机制进一步完善。连续两年开展党建督查，全覆盖开展党建责任考核，开出整改通知单18份；实施党支部首轮达标晋级，评定“示范党支部”3个、“优秀党支部”9个。持续深化“四合格四诠释”岗位实践活动，浦西北区党支部获评上海市“党员示范岗”，王永利获评市委组织部“进博先锋”优秀共产党员。

【员工队伍建设】 2018年，上海销售完善三级培训体系，全年内部培训36班次，培训员工1223人次。举办加油站经理人管理能力提升班4期，2名优秀站经理骨干成为销售板块“百名优师”。采取业务交流、模拟演练、实训讲解等多种形式，全面提升党务干部履职能力。完成集团公司17家单位256人职称考试组织工作，全年推荐正高职称1人、副高8人，晋升中级11人、初级4人，以考代评15人。提高基层员工操作水平，技能鉴定双科通过率94%，晋升高级工20人、中级工77人、初级工249人。

【企业文化建设】 2018年，上海销售以公司成立20周年为契机，编发《中国石油天然气股份有限公司上海销售分公司志2008—2017》和《奋进又十年》画册，开展“铭记历史、薪火相传”企业文化教育基地参观活动，弘扬石油精神，增强文化自信。“重塑良好形象活动周”七个系列活动有序开展，“公众开放日”常态推进，成为传播石油文化、重塑良好形象的媒介和桥梁。两件员工作品在集团公司第三届新媒体大赛中获奖。苏国明获上海市“五一劳动奖章”、鲁叶获上海市“巾帼文明标兵”、史宇轩获上海市“优秀志愿者”，人民西路站获上海市“巾帼文明岗”、振兴加油站获上海市“先进志愿集体”称号。加油站成为首届中国国际进口博览会宣传阵地，文明单位复审、文明行业创建稳步推进，嘉定第四站和振兴站获上海市“最美服务窗口”，上中路加油站获上海市经济和信息化委员会“最美服务窗口”。坚持把企业发展成果惠及广大员工，全年人均收入提高9.6%。坚持常态帮扶与集中帮扶结合，慰问困难员工240人次，发放慰问金180余万元。为全体工会会员办理会员卡、发放生日蛋糕和年节慰问品，为女员工送美丽、送健康，为困难员工家庭开展助学，为员工活动室增加运动器械，为基层完善“五小”工程建设，冬送温暖、夏送清凉，千方百计为员工谋实事、办好事。关注站库员工职业健康，全员享受健康体检，全员购买健康保险。文联体协月月有活动，首届员工文化艺术节精彩纷呈，成为员工文化活动的盛事、客户交流的平台。

（安明珠）

中国石油天然气股份有限公司黑龙江销售分公司

【概况】 中国石油天然气股份有限公司黑龙江销售分公司（简称黑龙江销售），前身是成立于1954年的黑龙江省石油总公司，1998年划归中国石油天然气集团公司管理。主要承担黑龙江省汽油、柴油、航空煤油、润滑油、化工产品、便利店商品、农用物资等销售业务。2018年底，设14个处室，下辖18个分公司（15个地市分公司、3个专业分公司），运营加油站1141座，在用油库18座，库容量45.68万立方米，资产总额64.28亿元，员工总数11742人。2018年，销售成品油总量435万吨，市场份额71.5%，非油品业务收入7.37亿元，非油品业务利润6473万元，始终保持黑龙江省成品油销售市场的主渠道地位。

黑龙江销售主要经营指标

指　标	2018年	2017年
成品油销量（万吨）	435	450.83
汽油销量（万吨）	235.2	250.06
柴油销量（万吨）	199.68	200.77
润滑油销量（万吨）	1.28	1.16
加油站总数（座）	1141	1101
油库数量（座）	18	20
库容（万立方米）	45.68	48.83
纯枪销量（万吨）	319.67	335.80
非油品业务收入（亿元）	7.37	5.38
非油品业务利润（亿元）	0.65	0.6
吨油费用（元）	406.87	413.49
资产总额（亿元）	64.28	65.85
收入（亿元）	319.47	289.39
利润（亿元）	−7.69	1.20
税费（亿元）	3.37	4.74

【成品油与非油品业务】 2018年，黑龙江销售面对异常复杂多变的市场环境，努力寻求量效平衡发展。全面打响“市场份额保卫战”，建立一体化营销体系，在竞争策略、市场管控、创新营销等方面，实施动态调控，协调联动，主动应对竞争，市场份额同比增长0.76%。实施合纵连横，强化市场把控。牢固树立主渠道意识，采取积极策略引导市场。联合同行稳定市场，针对无序竞争乱象，在竞争激烈区域和春耕秋收等重点时段精准施策，发挥石油商会等平台作用，以竞促合，下半年竞争价差收窄幅度达45%，市场良性运行机制初步显现。积极协调配合政府部门开展市场专项整治活动，查处非法运营车辆199台，收缴不合格油品616吨，取缔商标侵权站点40个，市场秩序得到净化。注重整体运作，精准收放资源。全力进货直炼油品395万吨，有效保障上游炼油厂后路畅通，为集团公司产销一体化作出积极贡献。在竞争激烈地区投放外采资源，实现创效6000余万元。根据季节梯次投放低凝点0号和+5号柴油30万吨，进一步增强市场竞争力。强化异业合作，提供多元服务。搭建电子营销平台，全年自建平台派券38.7万张，整合异业促销资源500余万元，带动零售额5000余万元。与黑龙江省中国移动、建设银行、中国邮政等5家大型中央企业签订战略合作协议，共同推出跨界营销产

品和综合服务，打通中国银联、和包扫码支付业务，引入无感支付技术。注重非油品业务高质量发展，润滑油销量同比增长166%；积极拓展增值业务，深化与麦当劳商业合作，创办黑龙江首家加油站“得来速”汽车穿梭餐厅，推出非油自有品牌商品，经营创新模式凸显成效。

【网络建设】 2018年，黑龙江销售发出“网络开发攻坚战”动员令，3月初，公司召开投资建设工作会议，强调举全公司之力实现网络建设重大突破，从解决企业生存和员工“饭碗”问题的高度来谋划网络建设工作，把缺失的布局补上来，把滞后的进度夺回来。推进“油头化尾”项目落地，紧紧抓住黑龙江省“油头化尾”战略规划及集团公司与黑龙江省政府签署框架协议有利契机，主动加强与哈尔滨、齐齐哈尔、大庆等多地市政府沟通联系，率先与大庆市政府签订战略合作框架协议，成立合资公司，企地共建实现新突破。完成加油站开发20座、投运25座，储备项目60座，相当于1年干了过去3年的工作量。建立专项奖励机制，严格考核兑现，全年兑现奖励368.5万元，有力调动网建工作积极性。按计划完成防渗一体化改造，全年完成改造投运站222座，既完善功能、提升形象，也实现加油站的本质安全。通过精心组织、强化管理，施工时间和停业时间分别同比减少15天和9天。网络开发攻坚许多“不一定行”的想法变成“一定行”的现实，公司的生命工程更加坚实，员工的“饭碗”端得更牢。

【企业管理】 2018年，黑龙江销售党委本着尊重历史、着眼长远的态度，以“新官理旧账”的责任和担当，不回避、不推脱，化解一些长期积压的矛盾。加大历史遗留企业清理力度，严格按照市场化运作启动交易程序，深圳龙华公司处置取得重大突破，预期取得较大收益。完成五大连池、镜泊湖培训中心资产评估，最大限度保证国有资产保值增值。压减企业法人8户，超额完成集团公司下达的考核指标。通过退出低效无效投资，更加聚焦主业发展，有效规避风险，为黑龙江销售实现高质量发展卸下历史包袱。依法依规维护企业权益，高谊街办公楼装修案、黑龙江省外事办欠款案等多起案件诉讼、仲裁均获胜，挽回和避免经济损失1000余万元。有效化解影响企业稳定问题，积极争取集团公司和地方社保部门政策支持，以生活困难补助金方式，为符合条件的大集体人员解决养老保险7000余万元，长期困扰黑龙江销售的稳定问题得到有效处理。把当前面临的问题解决在当下，把历史遗留的矛盾变成历史，全面营造健康良好的发展环境。

【安全环保质量计量管理】 2018年，黑龙江销售持续强化HSE体系运行，不断压实责任，加强风险管控，始终严守安全环保、质量计量“红线”，HSE体系量化审核由C1级晋升为B2级。实施质量安全环保专项考核制度，“红线”责任考核机制进一步健全。坚持预防导向，注重能力提升，充分发挥两级预警机制，极端天气和汛期安全得到有效防控。在富拉尔基油库举办政企联动火灾事故应急演练，增强应急处置和协同作战能力。坚持问题导向，瞄准薄弱环节，梳理关键领域、重点时期8个方面23个事项全面升级管控。投资4051万元治理各类隐患38项，确保公司安全受控运行。坚持合规导向，完成128座站库环评手续补办，818座站库油气回收系统检测，检测合格率100%；完成896座加油站和20座油库防雷检测，全部运营站库防静电、职业危害检测合格率100%。强化油品质量计量工作，实施油品质量动态管理，质量监测合格率100%；狠抓油品全流程计量管理，全面推进地罐交接，运输损耗同比下降63.9%。35名计量培训师、850名站经理计量业务培训考核合格，持证上岗，专业队伍进一步发展壮大。

【改革创新】 2018年，黑龙江销售不断强化公司打好“深化改革攻坚战”的担当和勇气，谋篇布局，稳扎稳打，善作善成，将改革的重点难点、热点焦点，变为发展跃升的拐点，全面深化改革赢得干部员工的广泛支持和拥护。抓住重点，坚定推进机构整合，优化整合哈尔滨分公司与实华分公司，成立新的哈尔滨分公司，解决十多年来在同一区域并存两家销售企业，核心竞争力不强、运营效率与发展质量不匹配等问题，为打造“省会城市一流销售公司”奠定坚实基础。优化整合昆仑好客分公司和润滑油分公司，成立非油品销售分公司，彻底打通非油品业务全链条，实现专业化、一体化运作。破解难点，全力提升劳动效率，通过规范用工、委托管理、业务外包、清理在册不在岗人员等措施，优化用工1021人。推进与中油农垦公司深度合作，完成虎林、嫩江油库及部分加油站委托经营，为提高资产运营水平和网络价值闯出新路子。聚焦热点，积极实施薪酬制度改革，建立以薪酬分配、绩效考核、专项激励、劳动竞赛“四位一体”的综合激励体系，调整薪酬分配结构，将绩效工资占比提高到50%。实施升油含量工资和万吨级站经理年薪制，工资向一线倾斜，基层员工年收入平均增长16.2%，“收入凭贡献”的理念得以树立，员工的获得感、幸福感显著增强。直击焦点，稳妥开展干部选用工作，坚持“德才兼备、以德为先”的原则，制定出台优秀年轻人才选拔培养和领导干部交流、退出等多项制度，解决干部多年不交流、活力不足等问题。公开竞聘、组织选拔领导干部21人，交流调整49人，面向中国石油公开招聘选拔专业技术干部6人，树立起“五湖四海、任人唯贤”的鲜明用人导向，一批德才兼备、年富力强的干部走上领导岗位，干事创业的热情得到极大激发。率先在公司机关开展“五定”工作，借助第三方人力资源咨询机构应用科学方法实施选聘，管理岗位压缩12.1%，入围基层员工占竞聘成功人员的34.3%，“有为才有位，有位更有为”的新风正气正在形成。

【企业党建工作】 2018年，黑龙江销售党委始终坚持“两个一以贯之”，充分发挥党委把方向、管大局、保落实作用。主要领导率先授课，党委委员赴基层宣讲，举办3期处级干部学习贯彻党的十九大精神培训班，邀请专家培训辅导，分层次多形式的学习培训全面覆盖，使广大党员“四个意识”牢固树立，“四个自信”全面增强。认真组织学习宣贯习近平总书记在深入推进东北振兴座谈会上的重要讲话和考察黑龙江的重要指示精神，组织召开党建工作座谈会，明方向、增信心、鼓干劲。制定“三步走”全面振兴发展战略，自觉将公司的发展规划融入黑龙江省全面振兴全方位振兴的发展大局当中。严格落实党建工作责任制，认真执行民主生活会和组织生活制度，不断强化“三会一课”，318个党支部全部开展组织生活会，民主评议党员4404名，党内政治生活进一步规范和加强。深入推进“互联网+党建”，“石油党建APP”手机终端全面上线，“党委用网、支部靠网、党员上网”的新局面初步形成。建立意识形态工作责任制，注重加强企媒战略合作，积极在《黑龙江日报》、新华网、东北网及“党风政风热线”等主流媒体主动发声，展示公司担当负责、守法合规、积极稳健的良好形象。

（冯　乐）

中国石油天然气股份有限公司吉林销售分公司

【概况】 中国石油天然气股份有限公司吉林销售分公司（简称吉林销售），前身为吉林省石油总公司，始建于1949年，1998年6月年上划集团公司，1999年重组改制划入股份公司，主要承担吉林省行政区域内的成品油批发、零售业务，以及昆仑好客便利店、汽车服务等非油品业务。2018年底，下辖9个市（州）分公司、4个直属公司、4个合资公司，员工7533人，运营加油站986座，在用油库12座。

【油气销售业务】 2018年，吉林销售着力建设以信息化为支撑的“大营销”体系，突出“一盘棋”思想，强化批零一体化运作、“油卡非润气”一体化营销，整合营销资源，建立一体化客户档案，实施全产品客户经理制，推行统一营销策划、统一广告宣传，所有力量共同提量增效。全面开展“万千百十”大营销工程，从基层到机关的每名员工都承担一定量的油品、非油品、润滑油等任务，配套相应奖罚机制，促使全员成为“销售员”。全力抓好资源组织与调度，加大对外协调与市场整顿力度，推进0号柴油反季销售、全流程诊断与优化、万吨站培育、“双低站”治理、运营天数管理、电子券营销等重点工作，以“点”连“线”带“面”，持续提升整体竞争实力。

吉林销售主要经营指标

指　标	2018年	2017年
成品油销量（万吨）	354.90	375.82
汽油销量（万吨）	185.06	197.77
柴油销量（万吨）	169.84	177.48
润滑油销量（万吨）	0.36	0.56
加油站总数（座）	986	982
油库数量（座）	12	12
库容（万立方米）	39.69	37.79
纯枪销量（万吨）	272.19	297.06
非油品业务收入（亿元）	8.54	5.72
非油品业务利润（亿元）	0.80	0.60
吨油费用（元）	441.63	414.27
资产总额（亿元）	56.33	66.12
收入（亿元）	262.75	243.68
利润（亿元）	-8.36	0.55
税费（亿元）	3.45	4.60

全方位提升营销手段运用的科学化和实效性水平，强化精准营销，从算账、督导、日分析、促销 4 个层面 12 个维度进行综合分析，对全部 986 座加油站按照保量、保效和量效兼顾三个类别进行市场细分，对 318 座重点站实行省公司直接日分析、日督导，推进营销由被动应变向主动引导转变；强化创新营销，突出抓好“中油驿站”的培育，将国省道路符合条件的加油站建设成具有服务区功能的“中油驿站”，投运的 30 座“中油驿站”柴油平均销量同比增长 45%；强化亲情营销，建立班子成员参与的对重点客户定责任人、定时间、定进度的“三定”制度，在区内企业率先上线直销 APP，推进全覆盖式的亲情服务、换位思考式的管家服务、见缝插针式的延伸服务“三个增值服务”，为公司提量增效注入新动能。

吉林销售长春普庆加油站，积极践行以“家·和”文化为核心的企业文化，把加油站当作“家园”来建设，全员共同爱家、建家、兴家 （苏杭 摄）

【非油品业务】 突出做强店面销售增效益，实施店面诊断与优化、样板店打造和非油品专项改造工程，484 座店面得到优化，样板店、三百万元店和百万元店分别达到 28 座、16 座和 135 座；加大“油卡非润”一体化促销力度，不断完善“10 惠”和各种主题促销、节日促销活动，提升“昆仑好客”知名度及便利店量效水平。突出做精大宗商品上规模，推广 2017 年以来化肥销售的好做法好经验，全年实现化肥销量 10.2 万吨；试点饲料销售，深入开展市场调研，办理粮食经营增项，全年实现饲料销量 2.1 万吨；有序推进柴油尾气净化液橇装站项目，全年投运站点 19 座，实现销量 209 吨。突出做优供应产链降成本，完善选商思路，国内商品优先与生产商洽谈、直签，进口商品优先选择区域总代理，通过资质审核、入围评议、后续考核评分等方式实现供应商的优胜劣汰；完善与供应商沟通机制，组织供应商视频交流会和商品推介大会，加大日常交流互动力度，把握主动权，努力提升供应商培育和管控水平。突出做实基础管理提效率，积极推进精益零售，认真学习和实践精益零售运营体系的核心内容，从整体推进上的方案制定、思想宣贯、岗位职责确认，到具体操作中的数据分析、店面微改造、顾客行事历和营销计划的编制等，都有动作有实效；同时进一步规范日常管理行为，强化库存管理、配送管理、质量管理和商品品类管理，严控库存规模，试点一周双配模式，确保非油商品质量安全和非油品业务运行顺畅。

【安全环保】 2018 年，吉林销售强化企业安全思维与管控举措，推动安全环保工作的认识升级、措施升级、效果升级。在思想认识上，牢固树立“安全不能成就一切，却能使一切归零”的理念，做到“五个第一”（每年召开的第一个管理层会议是 HSE 委员会会议、每年召开的第一个全局性会议是安全环保大会、每年下发的第一个文件是安全环保文件、每项工作的第一条要求是安全环保要求、干部下基层第一个要检查的是现场安全环保情况）。在责任落实上，深入落实全员安全环保责任制，建立健全隐患排查治理长效机制，完善制度流程，加强监督考核，实行人手一卡（岗位 HSE 责任卡）、人手一书（岗位安全承诺书）、人手一合同（岗位安全合同），把每一项安全管理责任、每一个隐患风险点都落实到人头、管控到岗位，实现全员岗位安全环保责任落实率 100%、全员安全环保合同签订率 100%、全员安全环保承诺率 100%、全员安全培训覆盖面 100%、管理人员制定《个人安全行动计划书》执行率 100%、管理人员安全环保履职能力评估率 100%。在过程管控上，突出管理重点，强化步步确认可追溯，加强对承包商及施工作业环节的严格监管，加大现场督促检查力度，提高安全自控信息化程度，努力提升本质安全水平。吉林销售连续 2671 天保持安全平稳运营良好局面。

【站库管理】 2018 年，吉林销售围绕服务加强站库管理，突出服务标准、加油站经理在站率、典型示范引领、“卫生间革命”、稽查检查、领导包保等六个关键环节，推动站库服务水平有质的提升。提升服务标准，在加油“十三步曲”“六步曲”基础上，因地制宜打造吉林销售服务特色，明确员工“眼、耳、口、手、腿”服务艺术、礼仪和动作，形成长期实施和考核的硬规定。提升站经理在站率，加强站经理在站率考核，保证站经理 24 小时轮班在岗。提升典型示范引领作用，推行星级加油站、星级站经理和星级加油员的评比，在员工中营造争先服务、提升水准的工作氛围。提升“卫生间革命”覆盖面，做到24小时开放，禁止上锁、禁止拒绝客户使用、禁止超时不打扫，让小“卫生间”成为升级服务的“软实力”。提升稽查检查震慑力，加大日常稽查检查、神秘顾客暗访、视频巡查等力度，创新监督手段，加大考核力度，以有效监管提升站库窗口形象。提升领导包保效果，完善两级机关干部挂点责任制，将个人业绩与站库业绩挂钩，形成服务“千人包千站、千站共提升”的态势。

【投资建设】 2018年，吉林销售有序推进网络开发建设，瞄准高效市场与高效网点，加大新网点的开发建设力度，全年累计新开发加油（气）站12座，其中油气合建站1座、加油站11座，持续优化网络布局。拓展网络开发视野，将利用闲置资产置换优质网点作为拓宽开发渠道、解决矛盾的重要途径，顺利完成长春东油库、辽源东丰油库、松原长岭油库的闲置资产置换项目。高效做好存量改造工作，136个改扩建加油站、279个双层罐防渗改造项目年底前全部投运。进一步规范合资合作管理，择优择强同地方政府、国资平台、优秀民企等开展合资合作，发挥好现有合资企业优势，加快推进合资公司项目实施，促进合资公司健康发展。理顺投资建设管理制度，完善投资建设指导、投资管理、检维修管理、后评价管理等方面的规定，进一步下发管理权限，优化投资行为。强化“三商”考核，进一步完善与承包商、服务商、供应商的协议内容，重点明确物资及服务保障措施，强化考核评价及约谈、处罚、清退等措施，保证“三商”管控到位。

【企业党建工作】 2018年，吉林销售充分发挥政治建设的统领作用，深入学习贯彻习近平新时代中国特色社会主义思想和党的十九大精神，认真落实意识形态工作责任制，开展“十人集中宣讲、百人深入辅导、千人面对面交流、万人接受教育”活动，以及纪念改革开放40周年系列活动、“形势、目标、任务、责任”主题教育等，推动党的十九大精神进站库、进班组，为公司发展提供强大的智力支持和精神动力。全面提升党建工作质量，结合“大党建”要求，先后编印《党委工作要点》《党委工作综合考评实施细则》等制度办法，形成履责考责、问责追责的完整闭环，并深入创建“三型”党支部，开展“四个诠释”岗位实践活动，用好集团公司“石油党建”信息化平台，始终燃旺党内生活熔炉。营造风清气正的浓厚发展氛围，深入贯彻中央八项规定精神，做好“四风”舆情监控，构建“6+1”大监督管理体系，创新加油站管控平台等监管手段，全面启动巡察工作，有力塑造和维护风清气正的发展氛围。

【企业建设】 2018年，吉林销售加强信息化建设与应用，建立全省大数据运维中心，深化63个信息系统的融合应用，在精准营销、风险管控、降本提效三个方面搭建“三大平台”，实现对管理单元、经营领域、业务流程的全环节、全流程的全覆盖，切实提升信息化对企业高质量发展的推动与支撑作用。加强工程项目管理，成立全省工程建设管理中心，作为全省投资建设和检维修项目的唯一现场指挥系统，有效督导现场“四大控制”，确保工程项目安全、质量、投资、进度全程可控。同时深入落实集团公司“经营机制市场化”要求，推进与寰球工程公司合作框架协议的实质性落地，在技术改造、安全隐患整改、检维修、工程设计等多个方面进行合作，率先实现销售企业与工程建设企业的业务全面对接，项目建设如期完成，工程建设事故为零，工程质量合格率100%。

（杨冠宇）

中国石油天然气股份有限公司河南销售分公司

【概况】 中国石油天然气股份有限公司河南销售分公司（简称河南销售）成立于1999年2月，主要承担中国石油进入河南省的成品油资源配置、批发、零售以及销售网络开发、建设、管理等职责。2018年底，设12个职能部门，下辖19家分公司和17家控参股公司，有员工5560人。

【油气销售业务】 2018年，河南销售在油品销售方面转变思想观念，强化成本效益意识，以毛利最大化为原则，根据市场要素变化，动态调整营销策略，提升营销质量，在量效矛盾中寻求平衡发展。直批工作理顺业务流程，转变运行方式，充分发挥“豫油通”APP数据分析功能，对客户进行分级分类管理，终端客户销售占比达75.65%，召开客户座谈会，新开发客户623户，新增销量6.14万吨，全年实现直批销量93.72万吨。零售工作坚持“油卡非润”一体化运作，开展阶梯储值优惠，全年新增发卡92万张，卡销比 51%，同比增长 5.4 个百分点；电子券核销率 60.8%，带动油品销量 11.2 万吨、非油品业务收入 5800 万。开展客户大普查、大拜访、大拉拢活动，强化跨省物流客户开发维护，跨省物流客户 23 家，消费 1.6 亿元。以全流程诊断为抓手，加强竞争性加油站打造，开展“亮品牌、树形象、比服务”活动，规范标识标牌，亮化美化加油站形象，改善消费体验，全年实现零售销量 209 万吨。

河南销售主要经营指标

指　标	2018 年	2017 年
成品油销量（万吨）	317.25	352.40
汽油销量（万吨）	150.88	171.40
柴油销量（万吨）	166.37	181.0
润滑油销量（万吨）	0.5	0.50
加油站总数（座）	848	882
油库数量（座）	9	9
库容（万立方米）	19.4	19.40
纯枪销量（万吨）	209.07	255.55
非油品业务收入（亿元）	7.04	6.4
非油品业务利润（亿元）	0.95	0.8
吨油费用（元）	460.46	377.14
资产总额（亿元）	67.57	60.1
收入（亿元）	219.06	212.33
利润（亿元）	-14.78	-6.99
税费（亿元）	1.42	2.59

【非油品业务】 2018 年，河南销售狠抓店内销售，推行开口营销，店内收入同比增长 37%，油非转化率 28%，位居销售板块第三。通过加强库存管控，优化商品结构，存销比同比下降 30%。全年累计开发自有商品 13 种，实现销售收入 457 万元，单品毛利率 30%。结合重大节日开展团购会 60 余场，收入超过 1100 万元。深化跨界合作，与羚锐制药联合打造中国石油首家 24 小时便民药店，系列产品累计实现收入 761 万元。投运汽车服务 2S 店 19 座，实现收入 600 万元。

【投资建设】 2018 年，河南销售加大网络开发力度，新增投运加油（气）站 23 座，新增零售能力 11 万吨。积极探索自主开发，尝试 100% 股权收购，成功竞拍土地 6 宗。加大合资合作力度，批复合资项目 5 个，开展前期工作 4 个。加强工程项目建设，实施 394 座加油站防渗漏、形象升级和安全隐患改造，完成 6 座油库改造。加强防渗改造管理，严格落实“四不”开工政策，强化过程管控，严控施工工期。完成历时 9 年的小李庄油库扩建工程竣工验收，取得批发经营批准证书。

【安全管理】 2018 年，河南销售落实安全生产主体责任和监管责任，全年安全环保、计质量、环境污染等级责任事故为零。加强双重预防机制建设，推动基层库站 HSE 标准化创建工作，在营库站 90% 通过验收，超额完成集团公司目标。深入开展 HSE 体系审核，加大隐患排查力度，强化应急演练，审核发现并整改问题 3527 项，整改率 100%。强化油品抽检力度，累计抽检 3359 批次，合格率 100%。创新检测方法，甲醇检测获国家发明专利，硅含量检测确定为集团公司企业标准，中红外快速检测成功应用于加油站现场。

【资源运行】 2018 年，河南销售积极落实社会责任，克服库容小、品种多、时间紧、压力大等困难，提前 5 天完成国Ⅵ标准油品升级置换工作。加强运输过程管控，提高配送效率，公路配送实现“双百”目标。争取国储柴油轮转出库 3.18 万吨、集采资源一次入站 4.39 万吨、中国石化串换公路出库 34.9 万吨，节约运费、仓储费 1500 万元。紧盯国际油价走势，积极争取代储资源，合理把控销售节奏，深化低库存运作，有效减少跌价损失超过 1 亿元。

【基础管理】 2018 年，河南销售狠抓合规管理，加强制度建设，全年修订完善制度 22 项，废止 9 项。加强合同管理，依法打假维权，全面防控法律风险。加强招投标管理，清理招标代理机构，启用中国石油招标投标平台，规范选商管理，优化物资采购流程，节约采购资金 1300 万元。加强合资企业管理，明确“四不准”要求，清理相关资产，保障河南销售权益。着力提升法治工作“四个能力”，加大纠纷处理力度，结案 13 件，胜诉 11 件，减少损失 3474 万元。深入挖潜增效，强化重点业务环节管控，突出量化控制和定额管理，非生产性费用实现“硬下降”，同比下降 2%。全力压减“两金”，应收款项、存货综合完成率分别为 110% 和 146%。实施单站模拟核算，制定应用模型，开展对标分析，促进管理提升。全面推动综合管理平台项目实施，实时展示业务数据，完成广武油库物流 2.0 系统升级与上线，实现业务运作流程化、可视化。推动库站视频监控系统高清化改造，四级联网覆盖率超过95%。

【队伍建设】 2018年，河南销售坚持德才兼备、以德为先的用人标准，按照民主、公开、竞争、择优原则，提拔交流干部28人。严格落实培训计划，举办各类培训班187期，培训人员1.3万人次。关心关爱员工，严格落实各项福利待遇，全员建立“五险一金”，增加一线艰苦岗位津贴，完善工资定期晋级晋档制度，提升员工归属感。持续壮大先进典型群体，洛阳分公司吴世军获销售板块“十大模范客户经理”称号，开封五站被评为销售板块“十大标杆站”。

【企业党建工作】 2018年，河南销售持续加强党的建设，夯实党建基础，落实两个责任。推进股权单位党的建设，将党建工作写入控参股公司章程。开展基层党支部达标晋级工作，提升党支部战斗堡垒作用。加强党员培训，依托“五基地三党校”组织开展培训7期，累计培训党务工作者、党员350余名。推进“石油党建信息平台”上线运行，实现基础工作在线操作。加强政治理论学习，推进意识形态责任制落实，开展党员大调研、大走访活动，实施三级量化考核。按照要求完成党费补缴工作。党内巡察规范化制度化，2018年完成6家单位巡察任务。

【定点扶贫】 2018年，河南销售扛起扶贫责任，落实扶贫工作。分别拨付422万元、445万元扶贫款项用于中国石油台前县、范县乡村旅游扶贫示范项目建设，派出分公司副经理、驻村第一书记、工程业务骨干专职督导指导项目，协调解决问题，确保项目落地。严格落实《中央单位定点扶贫责任书》要求，积极开展消费扶贫工作，以购买和帮助销售的形式，累计购销帮销农产品101.72万元，超额完成台前县、范县消费扶贫任务。深入落实“智力扶贫”举措，从帮扶地区实际需要出发，组织两县干部、教师和企业管理人员参加医疗、电商、旅游、合作社、教师等培训，累计培训200余人。在濮阳市农村党支部书记学院举办两期中国石油定点扶贫新疆地区农村基层青年干部培训班，进一步提升新疆地区基层干部的综合水平，得到边疆地区政府的赞扬与肯定。

（王南雨）

中国石油天然气股份有限公司云南销售分公司

【概况】 中国石油天然气股份有限公司云南销售分公司（简称云南销售），前身是成立于1999年2月的中国石油西南销售公司。2008年底股份公司销售管理体制调整后，改名为中国石油天然气股份有限公司云南销售分公司，主要负责中国石油在云南省的成品油批发和零售业务，以及便利店、润滑油、化工产品和汽车服务等非油品销售业务。2018年底，设13个机关处室、2个专业机构、16个地市分公司、15个控参股公司，员工总数5648人，资产总额118亿元，营运加油站720座，油库9座、库容43.1万立方米。

2018年，销售成品油452.8万吨，同比增加45.73万吨、增长11.23%，市场占有率40%。其中，纯枪销量248万吨，同比增加14.03万吨、增长6%，纯枪比例54.8%，平均单站日销量10.4吨；直销量140万吨，同比增加2.4万吨、增长2%。累计发售昆仑加油卡76.71万张，沉淀资金10亿元，同比增长23%；卡销比41.2%。完成投资9亿元，开发加油站33座，投运57座，扩建加油站98座。收入331.3亿元，利润总额1.2亿元，税费总额2.9亿元。非油品业务收入13.1亿元，非油品业务利润1.05亿元，分

云南销售主要经营指标

指　标	2018年	2017年
成品油销量（万吨）	452.8	407.07
汽油销量（万吨）	190.3	156.11
柴油销量（万吨）	262.5	250.48
煤油销量（万吨）	0	0.48
纯枪销量（万吨）	248	233.97
润滑油销量（万吨）	1.03	1.59
非油品业务收入（亿元）	13.1	9.09
非油品业务利润（亿元）	1.05	0.94
吨油费用（元/吨）	390	403
资产总额（亿元）	118	107
收入（亿元）	331.3	264.37
利润（亿元）	1.2	1.81
税费（亿元）	2.9	2.74

别同比增长 44.11%、11.70%。

【战略调整】 2018 年，云南销售坚持战略引领，根据发展形势和市场环境的变化，评估“十三五”规划实施情况，调整发展规划和目标，明确坚持“四个导向”（战略导向、市场导向、基层导向、问题导向），突出“四大战略”（市场战略、品牌战略、创新战略、人才战略），打好“三大攻坚战”（网络开发攻坚战、营销提质攻坚战、信息化提升攻坚战），构建“五大保障体系”（“三纵两横”营销体系、控本降费体系、安全环保数质量体系、人才保障体系、党建与思想政治保障体系）的战略架构，提出到“十三五”末运营加油站 900 座以上，实现成品油销量 550 万吨，建设与云南石化相匹配的销售网络，争当区外销售企业新标杆的总体目标和方略。分别制定《市场战略五年行动计划》《品牌战略五年行动计划》《人才战略五年行动计划》《创新战略五年行动计划》，为公司各项业务高质量稳健发展指明方向。

【成品油业务】 2018 年，云南销售坚持批零统筹、量效并举，积极应对市场竞争，纯枪销售实现逆势增长。灵活价格竞争，抢夺主要竞争对手月消费 50 万元以上客户 78 家，柴油同比增长 9.76 万吨，增长 9.5%，相对市场份额同比提升 1.47 个百分点。“10 惠”营销品牌受到客户青睐，异业合作拓客引流，线上客户突破 370 万家，实现卡充值 96 亿元，沉淀资金突破 10 亿元，同比增长 23%，卡销比 41.2%。精心培育吨级站，全年新增万吨站 17 座，增长 63%。惠购油 APP 营销不断完善，2527 家客户全部实现线上销售，新开发客户 1200 家，终端客户同比增长 17.5%，集团客户销售占比提高 2.1 个百分点。客户经理营销能力大幅提升，全年销售油品 81 万吨，人均销售 7300 吨。加强与中国石化的资源合作，全年串换油品 65 万吨。公司总体市场份额达 39%，同比提升 3.5 个百分点。特别是通过艰苦协调，促成云南省委省政府从 2019 年 1 月 1 日起在全省推广国Ⅵ（B）标准汽油。

【市场环境净化】 2018 年，云南销售为有效打击成品油市场违法销售行为，进一步规范市场经营秩序，强化沟通协调，促成云南省公安厅牵头，自 2018 年 8 月起在全省深入开展“云油利剑”成品油专项整治行动，设立长期查缉点，推动走私和非法销售入刑，提高打击震慑力度；同时，设置专项奖励，协调云南石化开通罚没非标油回炼加工绿色通道，畅通整治后路，取得显著成效。截至 2018 年底，全省共查获涉油案件 1071 件，行政拘留 350 人、刑事拘留 67 人、逮捕 22 人，罚没不合格油品 6621 吨，省内成品油市场经营秩序进一步规范、市场环境显著改善。

【非油品业务】 2018 年，云南销售坚持做大做强非油品业务不动摇，非油品业务收入突破 13 亿元、利润突破 1 亿元。推行项目制管理，组建精益零售、汽车服务等 12 个项目团队，破解专业人员不足、项目落地难等问题，业务运行从“大兵团”模式向“小团队”模式转变，激发队伍活力，释放发展潜力。精益零售 KOS 项目初见成效，实现店销收入 7.41 亿元，同比增长 19.7%；单店日均收入 4221 元，同比增加 670 元；客户转换率 18.3%，同比提高 3.2 个百分点。联合阿里大搜车、深圳海淘城，系统内独家试点建成“好客搜车”“好客海淘城”营销平台，启动整车销售、跨境电商业务，新增销售收入近千万元。广告、餐饮、资产租赁等业务创效 1780 万元。

【润滑油销售】 2018 年，云南销售坚持以油带非、以非促油、油非互促，统筹“油卡非润”一体化营销，不断拓展技术营销手段，持续加大润滑油销售，车润车辅实现全渠道销售，全年累计销售车用润滑油 10304.4 吨，同比增长 46.6%，完成销售板块计划进度的 126.7%。昆仑车管家汽车服务平台上线运行，签约服务商户 328 家、会员 7600 人，中标昆明公交集团有限责任公司、云天化有限责任公司采购项目，全年实现收入 8100 万元，毛利 2534 万元。

【自有商品开发】 2018 年，云南销售基于“自有商品不仅是非油品业务平台式发展的重要支撑，更是产品核心、创效核心”之认识，始终坚持把开发自有商品作为破解非油品业务发展瓶颈的关键。研究形成以云烟、云药、云茶、云咖、云菌、云果等为核心的“好客雲品”系列商品开发体系，全力推动“雲品”出滇。成功开发大理沱茶、曲靖爨文化、红河建水紫陶、德宏翡翠文创等云南特色产品，进驻集团公司总部大厦、雄安新区及加油站经理人论坛现场，实现销售额 366 万元。

【网络建设】 2018 年，云南销售始终把网络开发作为生命工程，积极争取政策支持，有效破解网建瓶颈，运营站突破 700 座。协调促成云南省委书记亲自主持召开现场调研会，研究解决云南石化达产、配套加油站网络建设问题，并纳入云南省委督办项目。全年开发加油站 33 座、投运 57 座，消除空白县 5 个、空白县城 4 个，位居销售板块前两位；尤其是昆明地区，新投运站连续两年超过 20 座。制定股权企业三年发展规划，大力发展合资合作，先后与云南基投、云特石化等 7 家企业签署合作协议，云南销售与省市两级政府投资平台及民营企业合资合作工作进入实质性推进阶段。突破外输管线征地阻力、长周期降雨和复杂地质影响等难题，仅用7个月时间完成集团公司重点工程秧田冲航空煤油库建设，并彻底解决长期以来制约秧田冲油库合规运行的外部手续问题。防渗一体化改造项目克服点多面广、时间紧、数量多和周期长等因素，全年开工173座、完工159座，超计划完成年度任务。

【资源运行】 2018年，云南销售坚持优化物流提效率，积极应对管道投运和油品升级，取得良好成效。克服炼油厂生产不稳定、管输油品沉淀时间长等困难，统筹优化公路、管输、铁路联运模型，资源调运量大幅提升，全年调入资源452.45万吨，同比增加54.19万吨。全面打通安保、安曲、安蒙3条管道，推动全品种、小批量、多批次灵活输送，全年管输油品186.46万吨，12月管输量突破20万吨。先后打通中国石化地付提油、炼油厂98号汽油出库、地付外销出库，地付运行效率全面提升，全年地付油品97.33万吨。重构二次配送物流优化模型，平均运距176千米，同比下降18千米。深入推进主动配送、提油“一卡通”和电子运单，有效应对中国石化罢运、玉溪通海地震、金沙江堰塞湖泄流等不利情况，未发生加油站脱销断档。油库发油效率不断提升，万吨周转用人0.6人次，同比减少0.11人次，排名销售板块前列。

【企业管理】 2018年，云南销售坚持向管理要效益，不断创新管理方式，提高运营效率，取得长足进步。挖潜增效成绩斐然，吨油商流费同比减少19.4元，减少行政支出1231万元，减少物流费用3341万元，节约采购资金2600万元，节税6914万元。精准资源运作，有效应对年底油价“五连降”，月均库存较同期减少1.6万吨，避免跌价损失710万元。

【安全环保】 2018年，云南销售全面推行HSE体系内部量化审核，强化“双闭环”管理和安全环保绩效考核，突出防渗一体化改造风险管控，建立驻云南企业联合响应机制，有效应对各类突发事件，安全形势总体稳定。实施领导干部HSE履职能力三年提升工程，完成首轮评估。全面完成国Ⅵ（A）、国Ⅵ（B）标准油品升级置换，各级质量抽检合格率100%。加强地付、管输质量管控，杜绝不合格油品入市。开展加油机计量防作弊专项整治，坚守诚信经营底线。狠抓分环节损耗管控，油品综合损耗排名销售板块前列。

【企业党建工作】 2018年，云南销售深入贯彻党的十九大精神，全面提升党建水平。全力推广应用石油党建平台，实现组织生活、党费缴纳等五大业务全面上线，工作进度排名销售板块第一位。将党建工作纳入业绩合同，建立党建KPI指标体系，健全党建工作责任制考核评价机制，推动党建工作责任制全面落实。按照两个1%要求，配强专职党务人员，计提党组织工作经费，党建力量进一步巩固。党风廉政建设和反腐败工作取得新进展，持续完善教育、监督、巡察和制度体系，全年完成4家二级公司党委巡察，制定出台10项制度；狠抓纪律建设，接收处置信访举报、问题线索18件，立案查处3件；给予党纪、政纪处分4人，批评教育12人，诫勉、提醒谈话及警示性约谈10人。完成集团公司基层建设现场会承办任务，全面展现云南销售基层建设成果，得到与会代表的充分肯定。系统推进企业文化建设，编制《企业文化手册》《中国石油云南销售公司志1999—2018》等系列文化产品，制作一批以孔雀、大象为元素的文化营销商品，丰富中国石油品牌内涵。

【队伍建设】 2018年，云南销售坚持依靠员工办企业，积极搭建成长成才平台，激发队伍活力。突出零售核心地位，成立零售业务处，机关处室职能从管理向服务转变。组建云南销售大项目部，撤销昆明地区集团项目推进组及加油（气）站项目开发经理部，昆明公司职能从综合管理向专注经营销售转变。完善领导人员有序退出机制，7名领导干部提前退出领导岗位。建立以公开竞聘为主要方式的选人用人机制，52名领导干部、12名业务骨干和加油站经理走上新的管理岗位，创造公开公正公平的人才成长环境。出台人才引进政策，22名大学毕业生充实到基层队伍。全年举办各类培训班276场次，培训17813人次，员工专业技能和综合素质得到全面提升。

（刘承栋）

中国石油天然气股份有限公司重庆销售分公司

【概况】 中国石油天然气股份有限公司重庆销售分公司（简称重庆销售）的前身是1950年成立的中国石

油公司西南区公司，历经多次重组改制，于1998年成立重庆石油（集团）有限公司，1999年重组成为中国石油天然气股份有限公司下属的省（市）级销售企业。主要从事成品油批发零售业务和非油品销售及服务，是重庆市最大的国有石油企业，负责全市成品油供应主渠道责任。2018年，机关设15个处室，下辖7个地市分公司、2个专业分公司、7个直属股权企业。在岗员工5290人；总资产70.13亿元，净资产41.78亿元，资产负债率40.42%；营运油库8座，总库容47万立方米，库容量占全市总量的39.1%；营运加油站591座，占全市营运站总数的33.5%。2018年实现总销量389万吨，纯枪销量275万吨，其中自营纯枪销量259万吨；实现非油品业务收入8.08亿元，非油品业务利润8633万元；整体实现利润1181万元；新开发加油站20座，投运20座；安全环保和数质量事故持续为零。

重庆销售主要经营指标

指　标	2018年	2017年
成品油销量（万吨）	386.57	378.06
汽油销量（万吨）	196.17	192.56
柴油销量（万吨）	190.4	185.05
润滑油销量（万吨）	0	1.52
加油站总数（座）	590	573
油库数量（座）	8	9
库容（万立方米）	43.52	47
纯枪销量（万吨）	259.38	273.19
非油品业务收入（亿元）	8.08	6.15
非油品业务利润（亿元）	0.86	0.71
吨油费用（元）	344	338
资产总额（亿元）	70.13	67.22
收入（亿元）	290.33	247.88
利润（亿元）	0.12	2.53
税费（亿元）	2.47	3.03

【油品销售业务】 2018年，重庆销售坚持以市场为导向、以客户为中心，强化市场、客户、对手三个研究，适时调整营销策略，大力推进精准营销，有效提高市场反应速度和竞争力。突出纯枪销售的核心地位，全力抓好纯枪上量，制定吨油利润补贴政策和梯度补贴标准，持续抓好两级促销，积极发展会员客户，稳步推进与银联、滴滴、国通等单位的合作，全年实现自营纯枪销量259万吨，“中油好客e站”关注客户达219万人，昆仑卡绑卡人数达40.7万人，沉淀资金17亿元。量效兼顾开展直批销售，该突量时坚决上量，该要效时果断提价，以我为主调整指导价格，加强小微客户的开发与维护，全年实现直批销售129万吨，同比增长23.6%，较好地发挥销量“调节阀”作用。

【非油品业务】 2018年，重庆销售从“强规范、打基础、优运作、调结构、可持续、增效益”六个方面发力，狠抓非油品供应链管理、商品品类管理、门店管理和“油卡非润”一体化促销，推动非油品业务保持高速增长，全年获销售板块7面劳动竞赛红旗。公司百万元级便利店增加69座，全年店销同比增长47.5%；商品库存周转天数同比减少14天，商品品效同比增长28%；开通“好客重庆”网上商城，实现线上销售零突破；集采完成率排名销售板块第二，武夷山水及东北冰源销售任务完成率排名销售板块前五。

【加油站管理】 2018年，重庆销售持续加强加油站现场管理，全面推进加油站“6S+服务”管理，全年完成加油站“6S+服务”管理实施157座，累计完成率91.2%；拟定《加油站综合考核评价办法》，探索建立加油站管理长效机制；强化神秘顾客访问、日常稽查及投诉管理，引导员工提高服务质量和效率，全年开展神秘顾客访问5861站次，单站平均得分同比提高2分；组织开展年度加油站达标创星及综合检查，单站平均得分同比提高34分。

【油库管理】 2018年，重庆销售修订完善仓储分公司HSE管理制度和油库58个岗位“一岗双责”责任清单，有效促进油库安全环保责任落实。组织开展油库全覆盖的HSE管理体系量化审核，对历年来审核发现的问题落实闭环管理，提升油库体系运行质量。持续完善安全绩效考核办法，根据油库不同岗位承担的安全风险不同，合理确定各岗位HSE绩效基数；初步建立涵盖油库各岗位的全员风险金制度，对发生事件的班组、个人取消年底风险金兑现，有效激发全员安全环保履职主动性。加强设施设备升级改造，3座油库防腐、黄桷嘴油库罐区防渗治理等工程相继完工，朝阳河油库抗洪专项工程、朝阳河油库改扩建工程等3个历史遗留项目完成送审，自动计量系统在伏牛溪、朝阳河油库基本运用成熟，实现发油密度自动采集，质检中心具备国Ⅵ标准油品指标检测能力，完成国Ⅵ标准油品置换。

【投资建设】 2018年，重庆销售按照速度与质量并重、规模与效益统一原则，大力抓好新站开发建设和存量站改造，销售网络不断拓展，为扩销上量奠定坚实基础。全年签订合资合作框架协议5个，出资协议1个，新成立合资公司1个，合资公司开发加油站11座，投运加油站12座。实施加油站防渗改造项目245个，除部分涉及迁建问题的站外，所有加油站均完成防渗改造，改造完成率在销售板块排名第一。实施完成加油站扩能改造项目28个，解决一批老站形象旧、设备老、功能少、布局差等问题。修订工程项目管理和承包商管理两个实施细则，不断夯实管理基础。强化承包商管理，开展两轮专项检查，对65家承包商的资质进行清理、审查及公示，召开6轮承包商约谈会，将3家承包商列入黑名单，进一步督促承包商加大施工现场监管力度。

【资源运行】 2018年，重庆销售统筹购销存一体化运作，优化资源配置，资源保障和创效能力不断提高。围绕市场保障、平稳运行和物流优化目标，统筹资源配置，扩大资源保障渠道，科学把握资源调进节奏，克服油库改造、管道抢险、洪峰过境、资源阶段性不均衡等困难，实现平稳保障和降费增效。全年调进直炼资源351万吨，协调启动彭州油库公路地付工作，并通过物流优化、加大互供、争取大区费用补贴等方式，降费增效4211万元。特别是针对年内油价的大幅波动，掌控好资源调进节奏和结算节点，涨价期间超前组织资源调进增加效益；后两个月油价断崖式下跌期间减少资源调进，减少跌价损失。

【企业党建工作】 2018年，重庆销售坚持以政治建设为统领，深学笃用习近平新时代中国特色社会主义思想，学习贯彻党的十九大精神轮训实现处级、科级干部全覆盖。制定党委工作规则，完善和规范全资公司、股权企业“三重一大”决策制度，推进股权企业党建工作要求进章程，党的领导融入公司治理逐步制度化。把2018年确定为“党建责任落实年”，制定完善5个考责追责办法，出台加强新时代基层党建工作、党支部标准化建设及达标晋级管理等文件，创造性提出党支部建设“六个标准化”，首次开展党组织书记现场述职评议考核，落实党建责任现场督导检查和工作约谈实现制度化，党的建设全方位加强，全面从严治党实效性不断提高。加强干部人才战略储备，建立“一队两库”和4类重点跟踪的处级、科级后备人选名单，成立公司人才工作领导小组，制定《党委联系服务专家实施方案》，做出推进公司人才队伍建设的具体部署。推动具有重庆销售特色的廉洁从业“玻璃房子”建设，“玻璃房子”建设写入集团公司党组纪检组《关于加强成品油销售领域廉洁风险防控的实施意见》之中，为销售企业一体化推进“三不腐”体制机制积累实践经验。

（俞利强）

中国石油天然气股份有限公司湖北销售分公司

【概况】 中国石油天然气股份有限公司湖北销售分公司（简称湖北销售）以省属公司模式运营管理，负责中国石油在湖北省的成品油销售、市场开发、网络建设等业务。办公地点位于湖北省武汉市。按照集团公司的安排，湖北销售公司为中国石油驻湖北企业协调组长单位，负责中国石油在湖北企业与地方政府的联络与总协调。2018年底，湖北销售机关设13个职能处室、4个附属机构，下辖13个地市销售分公司，以及非油销售分公司、高速销售分公司和仓储分公司3个专业分公司、9个控股公司。有员工5795人，其中合同化123人、市场化5672人，平均年龄35.4岁，实行同工同酬。累计运营加油站849座（含加气站4座），占全省加油站总数的18.5%。运营油库12座，总库容61.02万立方米，其中资产型油库6座，库容43.65万立方米，占全省库容总量的30.55%。

18年来，湖北销售较好地履行经济、政治、社会三大责任，成为湖北最受信赖的成品油供应商之一。先后获全国模范职工之家、全国职工职业道德建设先进单位、全国工人先锋号、湖北五一劳动奖状、湖北省文明单位、湖北省职工职业道德建设十佳单位、湖北省最具爱心十大国有企业、中华慈善突出贡献单位、全国石油石化企业信息化先进集体单位等称号。

近3年，湖北销售用20%的库站规模，牢牢占据湖北33%以上的市场份额，实现“三分天下有其一”的初期发展目标。累计销售成品油891万吨，其中纯枪销量659万吨，零售比例74%；汽油销售403

万吨，年均增长 2%。累计非油品业务收入 23 亿元，非油品业务利润 2.72 亿元，分别保持每年 40% 和 36% 的快速增长。累计发生商流费用 43.54 亿元，吨油营销成本 488 元；坚决贯彻落实集团公司降本增效工作部署，商流费总额年均降低 4.6%。资产总额 97 亿元，资产负债率 39%，低于销售板块平均水平近 10 个百分点。

湖北销售主要经营指标

指　标	2018 年	2017 年
成品油销量（万吨）	290.59	290.28
汽油销量（万吨）	160.24	161.08
柴油销量（万吨）	130.35	129.20
润滑油销量（万吨）	0.4508	0.2013
加油站总数（座）	820	845
油库数量（座）	12	14
库容（万立方米）	61.02	37.5
纯枪销量（万吨）	216.75	221.36
非油品业务收入（亿元）	10.06	7.87
非油品业务利润（亿元）	1.02	0.96
吨油费用（元）	497.09	480.76
资产总额（亿元）	97.28	94.68
收入（亿元）	220.14	189.80
利润（亿元）	−8.27	0.32
税费（亿元）	1.75	1.51

【油气销售业务】 2018 年，湖北销售加大力度推进加气终端划转业务。10 月 12 日，销售板块确定湖北销售是车用及船用加气终端业务划转的试点之一。公司在营加气站 4 座，立项未投运加气站 15 座。加速推进昆仑能源加气站终端划转整合，围绕昆仑能源武汉、宜昌、十堰、孝感加气母站，在周边城市区域开展加气站建设，实现加气母站与子站、加油与加气配套协调发展。加快推进已立项加气站及高速等重点区域加气项目实施进度，对 15 座已经立项的加气站项目加快实施。对建设完毕的宜昌东山三路、咸宁银泉大道加气站、随岳高速 LNG 加气东站及西站、宜昌枝江 CNG 母站进行试运营。对在建丽水 LNG 及五里界油气合建站积极协调政府部门办理规划、用地等手续，加快实施进度。对于地方政府按照油、气、电统一规划的项目，积极参与规划、土地竞拍，争取项目。对各地市现有经营的加油站进行调查和梳理，论证是否具有市场需求及具备改造成油气合建站的潜力，充分利用现有加油站网络资源增设加气设施。

【非油品业务】 2018 年，湖北销售坚持突出主业，多元发展，加快构筑“油 + 非油品 + 气”新业态，推动从单一的成品油经营到混合经营的转变，从油企到能源公司的转变。大力推动非油品业务、“互联网 +”、跨界合作深度融合。通过打造“三百工程”，店销过百万的便利店达 101 座，店销过百万的单品达 100 个，专职便利店经理和主管达 300 名。积极推进“互联网 +”建设，线上平台初具雏形。打造宜昌、武汉润滑油销售样板分公司，润滑油和车辅产品销售收入分别同比增长 62.7% 和 47%。推动非油品样板片区建设，新增汽车服务站点 14 座，收入同比增长 286%。加大新业务拓展，引进 ETC 代储业务，整车销售 16 台，彩票销售实现全覆盖。坚守“乙方思维”，克服重重困难，物资贸易销售收入 5.07 亿元，同比增长 130%。

【库站管理】 2018 年，湖北销售分析市场特点，通过分区域、分类别、分品号进行精准施策，围绕保量促效区、稳量保效区、促量稳效区三个价区，实施差异化营销策略。对全省站点进行全流程诊断，将营运站点细分成稳量保效和挖潜增效两种类型进行分类打造，提高运营质量。“双低站”摘帽计划完成率 105%，加油站运营率 93.43%。汽油零售日均销量 3695 吨，超过预期。新开发加油站 33 座，一二类站占比 60.6%，新投运加油站 16 座，“一主两副”地区占比 62.6%，连续 2 年获网络开发先进单位。联合营销引流客户，全年新增记名卡 45.5 万张、新增零售签约客户 1886 家，加油卡沉淀资金同比增加 4%。持续打造强大现场，4 座加油站获“百座示范站”称号，神秘顾客访问排名保持销售板块前三。针对批发市场汽油价差不断拉大的局面，果断调整汽油、柴油销售结构，合计减亏 1363 万元。面对全年施工项目多达 309 个、防渗改造项目多达 227 个的严峻形势，有针对性地制定施工防护措施，编制模块化方案，为防渗改造架起防护罩，未发生一起安全责任事故和环境保护敏感事件。防渗改造贡献额外营业天数 1607 天，顺利完工 211 个，安全高效完成年度任务。全年发生费用 13.72 亿元，较预算减少 0.25 亿元，实现既定目标。

【投资建设】 2018 年，湖北销售按照“宁缺勿滥、宁舍勿就、宁过勿欠、宁缓勿躁”的原则推进高质量网络建设，从过去“拼速度、拼数量、拼资金”转向“拼质量、拼合规、拼达销”。截至2018年底，湖北公司先后与多家政府国资平台、大型民企签订战略合作协议，成立合资公司9家，开发合资合作项目28座。2018年新开发加油加气站20座，投运20座。围绕武汉、宜昌、十堰、孝感加气母站，在周边城市区域开展加气站建设，实现加气母站与子站、加油与加气配套协调发展，立项15座加气站。克服油库布局短板，资产型油库，立项2座油库。

【资源运行】 2018年，湖北销售以资源串换为抓手，物流全流程诊断，一体化运行，精细组织多措并举，坚决打赢物流降费增效攻坚战。全年水路运费、加油站配送费、铁路到站杂费等三项物流费用1.62亿元，同比减少1907万元，较预算节省1216万元。利用低价进口资源和广东国投新增产能，拓展6家乙醇供应商，稳定供应渠道，在销售板块率先打破原国家定价机制，清晰掌握资源供求情况，全面市场化竞价采购低价乙醇。全年采购7.24万吨，均价6265元，位列销售板块乙醇低成本前三，较销售板块均价低185元，降本1139万元；较国家定价机制吨油均价低834元，降本6038万元。推动库容共用共享优化物流运行，运输费同比节约1907万元，实现10%以上的降费目标。推行油品“一键盘点”，在串换库执行“中油标准”，实施铁路诚信交接，油品综合损溢率同比下降0.2个千分点。防渗改造实行模块化天数考核管理，工期节约8天，创效583万元。变性乙醇率先实现竞价采购，位列销售板块低成本前三。

【安全环保】 2018年，湖北销售创新加油机抽检工作方式，建立“内外联动”工作机制，在“3·15”、质量月、双随机等敏感时期组织自检加油机累计达14832把次，调校不合格加油枪720把。在双随机抽检中，公司所属38座加油站76把加油枪现场抽检合格率100%，外部计量检查无例外事项出现。落实“长江大保护”的方针，对5座全资油库、79座加油站进行危险废物专项检查，累计发现整改问题51项，确保危险废物处置合法合规。年初湖北地区出现的大范围降雪，开展抗灾救灾促生产的攻坚战，灾后申请安保理赔40.96万元，保障库站的正常经营与员工的人身安全。

【改革创新】 2018年，湖北销售改革人事劳动分配制度。自集团公司“三项”制度改革工作启动以来，湖北销售不等不靠、敢闯敢试，成立公司深化人事劳动分配制度改革工作领导小组，强化职责分工，修订完善分类分级办法，起草湖北销售机关和分公司机构改革方案。建立全员绩效考核管理模式，机关通过KPI指标、重点工作考评、管理效率评价、专项奖惩考核模块落地。按照量效导向制订工资分配方案，机关、专业分公司挂钩利润指标，实现工效挂钩。地市销售分公司挂钩零售、非油品业务四个指标，实现量效定薪，同时简政放权，实现分公司工资总额自主分配、自主管理。推进分配改革，推行两级机关非领导人员绩效薪酬打乱岗级分配模式，由原来的核定到人变为按标准打包核拨到部门，由所在部门综合考虑员工工作量、工作难度、工作完成质量等因素，合理进行二次考核分配，通过打破部门内部“大锅饭”，强化以绩定酬的正向激励，引导机关员工“真负责、敢担当、作贡献”。研究出台加油站纯枪上量、非油品劳动竞赛等专项奖励政策，激发一线员工工作热情。

【企业党建工作】 2018年，湖北销售推进“四大工程”（主体工程、堡垒工程、双带头人工程、先锋工程），建强“五型组织”，为推动公司实现高质量发展提供有力保证。编发《“不忘初心 牢记使命”主题教育活动简报》5期，分解督办重点工作24项，成立党建“四大工程”专项督导工作领导小组及4个督导组，对所属16个分公司开展专项检查督导，分公司开展特色工作、组织特色活动13项，发现问题14项，制定整改措施15项，有力保障党建“四大工程”各项举措落地。以建设“四大工程”为抓手，创建以学习型、创新型、服务型、合规型、安全型为目标的“五型组织”，制定党委办公室争先创优方案，“五型组织”课题研究入选集团公司优秀党建研究论文。坚持党组织“把方向、管大局、保落实”的定位。根据《中国共产党支部工作条例（试行）》，修订完善加强党支部建设“1+5”体系文件，深化支部达标晋级管理，不断增强组织功能，深化党业融合，切实发挥基层党组织战斗堡垒作用。为贯彻落实集团公司党组和公司党委年度工作部署，印发《中国石油湖北销售公司党委2018年工作要点》《中国石油湖北销售公司2018年党的建设工作要点》，对党务部门职责分工、重点党务工作流程进行梳理明确并形成清单，制定38项党委工作要点和29项党建工作要点。

【信息化建设】 “数字湖北”是湖北销售近年来持续向纵深推进的一项重点工作，始终坚持统一接入数据、统一数据标准、统一数据建模、统一应用平台，将数据的“涓涓细流”汇聚成“汪洋大海”，实现智能化销售、数字化管理，大数据应用成为推进湖北销售转型发展的利器。通过3年多的努力，构建一套覆盖各层级、各业务条线和应用场景的XBRL大数据平台，建立30多项经营数据模型，在风险防控、预算预测、精准营销、精细管理等方面取得显著成效。大数据连通转型发展的“蓝海”，数据的融合推动组织和机制的融合，成立湖北销售分公司共享中心，建立公司层面的数据研究小组，打破专业线之间的壁垒，站在公司整体视角对各类数据进行统一管理、统筹利用，对整体经营情况进行分析诊断。利用数据监控到生产经营的微观体系，一键点击即可实现全省加油站油品“一键盘点”，全口径折扣折让数据每日自动汇总，以数字化的神经网络统领整体经营。多次获集团公司、销售板块信息化先进工作单位，在“XBRL+大数据”方面的探索应用得到财政部、国务院国资委、信息协会、石油企协、XBRL国际组织的高度认可。湖北销售已搭建成品油网上交易平台、楚油惠APP，打通成品油线上交易全业务环节，实现油品批发业务的信息公开、客户认证、网上下单、客存对账、风险防控功能，提高客户黏度、强化在线管控、规避潜在风险，线上交易量占比达100%。全面推广加油站管理系统2.0，优化油品、非油品、卡业务流程，开通互联网支付，拓展支付渠道，实现零售业务线上+线下的转变，提升服务能力。基于加油站最佳配送路径，综合考虑油库二次物流中转费用、油库仓储费用等信息，建立不同流向下的油库与油站、油库与客户的多套优化模型，形成一、二次物流平衡最佳方案，开展整体物流优化，实现整体物流费用最低，利用现有北斗系统、车载GPS、电子锁控等技术手段，对运行路线偏移、配送到站时间超长等进行实时监控和预警，实现配送全过程的数字化监管。

（罗　婕）

中国石油天然气股份有限公司广西销售分公司

【概况】 中国石油天然气股份有限公司广西销售分公司（简称广西销售）成立于2000年10月，负责中国石油在广西地区的成品油市场开发、销售以及非油品经营和车用天然气终端销售工作。2018年底，机关设13个职能处室、4个直附属机构，下辖14个地市分公司和2个专业分公司，17个控（参）股公司。在册员工4762人，资产规模73.6亿元。运营加油站总数508座；油库8座，其中租赁库1座，合计库容40.62万立方米。

【油气销售业务】 2018年，广西销售按照“咬住目标、底线思维、整体部署、倒逼机制”的工作思路，聚焦提质增效，全力拓市场、提纯枪、增效益、塑形象，全年实现销量265.47万吨，同比增加18.72万吨。践行客户至上服务理念，加油站形象提升活动圆满收官，544座加油站通过验收，“五化现场”打造取得初步成效，树立品牌形象。完善“油卡非润”一体化服务功能，做强“10惠”等品牌促销，立足商圈特点深化“一站一策”差异营销，开展跨行、跨界联合促销，撬动零售增量2.1万吨。加大市场“打非治违”整顿力度，力促广西壮族自治区出台《全区成品油非法经营专项整治工作方案》，主动协助商务、公安查处非法油品5000余吨，关闭黑窝点、小油罐车200余处，有效净化区内市场环境。零售质量持续提升，开发跨省物流客户43家；实现零售178.84万

广西销售主要经营指标

指　标	2018年	2017年
成品油销量（万吨）	265.47	246.75
汽油销量（万吨）	131.58	130.77
柴油销量（万吨）	133.89	115.98
润滑油销量（万吨）	0.06	0.42
加油站总数（座）	508	507
油库数量（座）	8	7
库容（万立方米）	40.62	20.22
纯枪销量（万吨）	178.74	179.54
非油品业务收入（亿元）	6.03	3.36
非油品业务利润（亿元）	0.43	0.41
吨油费用（元）	385.34	399.64
资产总额（亿元）	69.75	71.66
收入（亿元）	195.52	161.98
利润（亿元）	-2.94	0.43
税费（亿元）	2.15	2.17

吨。建立面向市场和客户的快速反应机制，积极实施点、线、面价格协同策略，全年实现直批销量 88.1 万吨，同比增加 23 万吨。重点围绕客户价值，精准客户销售策略，成功开发贵南高铁、北港集团、新发展等一批优质大客户，新增直批终端客户 558 家，直批市场份额增长 5 个百分点。

【非油品业务】 2018 年，广西销售树立“领跑”意识，坚持立足店内，拓展线上，做精品种，做大平台，打造创新发展的新高地。强化标准店面打造，深入开展“后备厢计划”，新增高效店 64 座，百万元店达 89 座。超额完成 6 亿元非油品业务收入目标，同比增长 87.5%，其中店销收入增长 31.5%。优化商品品类管理。加快“壮乡桂品”自有商品体系建设，承办 2018 年昆仑好客商洽会，开展“昆仑好客优选 +”商品推广，与四川、云南、安徽等 13 家地区公司达成互采协议，积极拓展店外业务，店外非油品业务收入同比增长 258%。推进“壮乡桂品”线上团购业务，开展生鲜水果促销 39 期，销售收入实现翻番。强化非油商品供应链管控，加速商品迭代升级，便利店商品品效同比提升 49%。推动汽车服务业务成长。全面落实汽车服务规划，增设汽服服务部，钦州海湾“咔咔”汽车服务店建成投运，12 座自助洗车店正式运营。加强润滑油机构客户开发，扩大高效市场，开拓潜力市场，填补空白市场，实现润滑油销售 2768.2 吨，同比增长 54%，车用尿素完成预算 237%，车辅产品销量综合排名全国前列。

【加油站管理】 2018 年，广西销售认真落实“五严五狠抓”要求，加强重点领域、特殊时段安全管理，确保公司生产运营平稳、大局和谐稳定。建立安全总监现场稽查制，推进 HSE 履职考评全覆盖，强化安全动态监管，查处关键环节违章行为 452 起。以 HSE 体系审核为抓手，深入开展隐患排查和治理，认真抓好清罐、卸油、动火、登高等关键环节风险管控，全面开展防渗专项检查，建立隐蔽工程质量验收清单，妥善处理北海西路站、桂林桂荔站等漏油事件，36 个库站防渗改造项目无安全责任事故，库站 HSE 标准化建设达标率 100%。加强国庆节、广西壮族自治区 60 周年大庆等敏感时期管控，完成全年安保维稳各项任务，无一起例外事项发生，获集团公司嘉奖。坚决兑现诚信计量承诺，加强数质量监督检查，开展加油机计量专项稽查，深化损耗全过程管理，找准损耗“出血点”，综合损耗控制在 -2.86‰。把牢油品质量关，有效应对管输、国Ⅵ标准置换等带来的质量管控挑战，杜绝不合格油品流入市场，全年安全、环境污染事故为零，出入库油品质量抽检合格率 100%。坚持“围绕销售育人铸魂、打造精英创造价值”理念，完善全员培训体系，科学编制新入职员工培训方案，建立线上学习、线下实操的管理模式，引导加油站经理当好入职员工的“第一任导师”，提升培训效能。强化培训成果应用，建立“金扳手”创新工作室，抓实创新性职业经理人队伍培养，成功举办 6 期“飞鹰”训练营和 1 期“逐峰者”中级经理人培训班，累计参训 338 人次。

【油库管理】 2018 年，广西销售严守“安全红线”高压态势，库仓开展风险评估 12 次，全年新增评估风险项 20%；查处整改油库隐患 145 项，隐患监控率 100%，联合当地政府、安监、消防举行大型联合演练 32 次，通过集团公司 HSE 体系审核检查。按月开展油库流量计自检，加强油库系统数据核查，确保库存数与系统数账账相符、账实相符，油库发油准确率 98%。严格执行商品入库相关管理规定，杜绝假冒、伪劣、变质等商品，商品入库质量合格率保证 100%。历经 10 年攻坚，钦南柳管线和柳州油库顺利投运，广西销售正式迈入“管输时代”。

【投资建设】 2018 年，广西销售牢固树立“渠道为王、终端致胜”理念，抓牢网络命脉，紧盯重大项目、关键网点和战略市场，积极拓展零售终端，有效巩固发展根基。加大新项目攻坚，全年投入网络开发资金 9000 余万元，成功自主开发加油站 7 座，投运 11 座，新增零售能力 5.75 万吨，平均投资回报率 12%。坚持“宜控则控、宜参则参、不求所有、但求所用”原则，将土地落实作为合资合作前置条件，与崇左城投、南丹国投、黄姚管委会等达成合作，新开发合资项目 14 座，储备项目 14 座。钦祥公司强化企地协同，一举取得金岭、扬帆南等 6 块加油站建设用地。转变工作思路，强化一站一策分析，集中精力加大历史项目清理，妥善解决河池城西、防城港企沙等历史项目，全年投运项目 4 座，3 座进入正常建设阶段。紧盯重点工程，强化承包商施工管理，推进质量终身负责制，加强隐蔽工程现场环节管控，将风险消除在萌芽状态。发挥项目经理人作用，优化施工安排，严格工期管控，全年开工新建油站 10 座，完成防渗改造 19 座，防渗改造停业时间平均控制在 33 天。

【资源运行】 2018 年，广西销售统筹计划、市场、库存动态平衡关系，完成配置资源 227.33 万吨，计划完成率 99.92%，有力保障炼油厂后路畅通。推进小额配送集中管理，配送量同比提升 5.95 万吨，车辆运行效率提升58%，运行费用较预算节约80万元。以钦南柳管道和柳州油库投运为契机，依托大数据系统深入开展物流配送分析，主动配送上车率、计划执行率提升至92%，单车配送时间降低29分钟，全年实现地付入站83.04万吨，降低物流成本7824.5万元，物流优化水平居销售板块前列。

【企业党建工作】 2018年，广西销售深入落实党建质量提升年各项部署，引导广大干部员工不忘初心、强根固魂、尽责奉献。出台党建工作责任制实施细则，层层签订《党建目标责任书》，将从严治党责任纳入分公司班子“责任状”，将考核延伸至支部。公司领导以上率下，带头学习、宣讲党的十九大精神，各级党组织和广大党员干部坚定执行党的政治路线、严守政治纪律和政治规矩，在思想上、行动上同党中央、集团公司党组保持高度一致。加强党建标准化体系建设，修订下发组织建设、队伍建设、党务管理等19项党务制度，开展基层党支部专项培训，规范执行“三重一大”、民主生活会制度，100名党支部书记通过资格考试领到了“上岗证”，成立62支党员先锋队、73支党员抢险突击队，支部堡垒作用进一步凸显。推广党建信息化平台，开展党的十九大精神线上答题活动，构建起“集团建网、党委靠网、支部用网、党员上网”新模式。党建成果“以党支部标准化建设促党建质量提升探索与实践”获集团公司党建思想政治工作研究二等奖。党风廉政建设扎实推进，以集团公司巡视为契机，逐级落实“两个责任”，以钉钉子精神推进问题整改，反馈问题整改完成率96.8%。监督执纪问责工作持续强化，受理信访13件，立案6件。

（刘正伟　谭建安）

中国石油天然气股份有限公司浙江销售分公司

【概况】 中国石油天然气股份有限公司浙江销售分公司（简称浙江销售）成立于1999年1月，2008年12月上划由股份公司直接管理，主要承担中国石油在浙江地区的成品油零售、批发和非油品业务，负责浙江地区销售网络的开发建设和管理工作。

2018年底，设12个机关处室、1个直属机构、13家全资分公司、3家参控股公司。有员工4323人，本科以上学历894人，高级职称41人，中级职称113人。有运营加油站473座，其中全资加油站213座，占全部加油站的45%；控股加油站112座，占全部加油站的24%；租赁加油站148座，占全部加油站的31%。2018年成品油销量275.01万吨，其中纯枪销量225.03万吨、批发销量51万吨。非油品业务收入7.69亿元，非油品业务利润0.81亿元。1—10月账面实现利润4524万元，受后两个月成品油价格“五连跌”等因素影响，全年账面亏损5.33亿元。

【油气销售业务】 在零售方面，浙江销售分公司全年纯枪销售汽油180.65万吨、柴油43.36万吨；纯枪单站日销量14.18吨，同比增长5.36%。主题营销活动贯穿全年，打响“10惠”“周末欢乐享”两大营销品牌，“10惠”日累计充值17.56亿元，其中80%以上线上充值，缓解现场压力；“周末欢乐享”累计参与客户450万人次。活跃卡增至80.7万张，计划完成率111.3%。以打造差异化优势为方向，以电子券为

浙江销售主要经营指标

指　标	2018年	2017年
成品油销量（万吨）	275.01	273.58
汽油销量（万吨）	200.43	191.10
柴油销量（万吨）	74.58	78.41
加油站总数（座）	473	478
油库数量（座）	14	16
库容（万立方米）	36.71	85
纯枪销量（万吨）	225.03	227.32
非油品业务收入（亿元）	7.69	5.89
非油品业务利润（亿元）	0.81	0.70
吨油费用（元）	557	514.86
资产总额（亿元）	75.12	69.63
收入（亿元）	215.38	185.14
利润（亿元）	–5.33	0.23
税费（亿元）	3.25	4.77

纽带，继续携手阿里巴巴集团，从支付宝、天猫商城等高流量平台引流，吸引100多万人次顾客进站消费，带动汽油消费1.98亿元（约合2.17万吨）；与中国银联、平安保险等公司合作，借助第三方发放电子券，实现共赢。浙江销售线上平台客户达556万人，排名销售板块第四；官方微信公众号粉丝量超352万人，单条作品阅读量80余万次，影响力排名居集团公司前列。浙江销售在中国石油第三届站经理论坛上作的智慧营销经验交流得到认可。

在批发方面，浙江销售统筹抓好“扩销、稳价、控库”，主动应对浙江地区激烈的市场变化，提前1个月完成全年指标，年度预算完成率113.30%，超预算6.44万吨。持续加强客户经理队伍建设，重点稳定优质客户。87名专兼职客户经理维护客户1654个，新开发客户455个，销售油品16.60万吨，占直销总量的33.10%。加大高效市场、优质客户销售力度，终端客户销售占比达76.70%。台州分公司、宁波分公司、丽水分公司9座委托加盟站实现销量6.97万吨，增长38%，其中柴油增长9.70%。不断完善激励机制，重点提高销售质量。销售指标向前三季度前压，结合市场走势实施分段结算奖励杠杆机制。在具备物流优势及旺销区域，增设专项销售激励计划，实现直批销量32.90万吨，同比增长25.40%。突出超量激励、优价奖励，提高经理人销售积极性，提升销售量价水平。

【非油品业务】 2018年，浙江销售做强店内业务。店销业务与油品业务同频共振，开展油非互动、互促，油非转化率17.48%，年均增长2.88个百分点。精心设计“10惠”、开口营销和堆头陈列大赛，“10惠”日礼包数量增至15万份/次，“花小钱旺大年”等四季主题活动广受客户青睐。做大店外业务。紧盯润滑油、车辅产品销售，销售昆仑润滑油830吨，指标完成率103%。与8家企业深化战略合作，共享客户和市场资源。修订完善“居间”业务制度，累计实现居间业务收入1.4亿元。结合防渗改造，积极创造条件增设汽车服务功能，洗车服务网点突破50家，实现非油品业务收入500万元。做优自有商品。昆仑好客西湖龙井、水杯及汽车反向伞等特色商品赢得客户好评。2018年燃油精销量占销售板块总销量近7.5%，位居销售板块第三、区外第一。非油商品集采计划完成率排名全国第一。非油品综合评价指标在销售板块排名第六。

【加油站管理】 2018年，浙江销售严把油品出入库关，重点是严把储运管理关，强化过程控制，严防混油等问题。推进加油机水探测型滤芯的安装，确保加油不含水。强化加油站资金发票安全制度执行，切实提高资金发票安全管理意识；稳步推广电子发票上线应用，进一步降低虚开风险。关注加油卡异地消费专用发票开具问题，坚决杜绝管理漏洞。完善三级培训体系，开展岗位专项培训，提升员工基本素养和专业能力。建立健全考核激励办法，客户服务质量稳步上升，客户满意度不断提高，神秘客户检查、U监测任务考核排名销售板块前三。

【投资建设】 2018年，浙江销售开发投运攻坚啃硬。加油站开发投运取得新进展，2018年新增年零售能力16.04万吨。利用集团公司产业一体化优势，借助昆仑信托资源，推进产融结合，以较低成本获得台州、宁波项目合作，新增高速公路服务区加油站12座、续租加油站2座。存量挖潜逆势而上。发扬“钉钉子精神”，历时9年，湖州分公司草子槽加油站迁建项目土地得到落实。舟山分公司力保拆迁区域加油站点不丢失。因低销负效被列入处置项目的金华兰溪礁石码头加油站成功实现扭亏为盈。防渗改造组织有序。采用立项一批、设计一批、施工一批、验收一批的方式，循环滚动推进防渗改造项目实施；组织编写《加油站防渗改造项目运行管理手册》，为地市公司提供工作指导；修订下发《工程项目选商发包实施细则》《开工管理办法》，简政放权，提升效率。2018年完成改造201座站，超计划完成43座站，完成率53.6%。统筹推进标杆站打造、防渗改造和信息化改造，库站改造组织有序。

【资源运行】 2018年，浙江销售以问题为导向，迎难而上，解决嘉兴油库外海码头靠泊能力不足的问题，为嘉兴油库吞吐量重上百万吨奠定基础，也为公司进一步优化物流、降低中转库中转量创造条件。提前谋划，真情沟通，大幅提高温州、台州地区一次配送直达率。建立物流成本模型，进行跨区配送，公路运距同比减少5千米，吨公里运费下降3.4元，同时坚持推广两票制，真实反映市场价格。加大与中国石化互供力度，2018年累计串换油品30.6万吨，相比下海油节约运费1069万元。深入降耗管理，通过“治耗、控耗”两条途径，助推库站运行提质增效。全年铁路、下海油、公路运输损耗率分别降至0.013%、0.086%、0.011%。在保质保量完成配置任务前提下，2018年同比节约运费2392万元、仓储费1068万元。

【精细管理】 2018年，浙江销售在开源节流降本增效方面，坚持基调不变、频道不换、久久为功，突出专业线控制，增强指导性和引领性。实施业财融合，多维度开展对标分析；连续10年召开驻浙江税企座谈会，企税关系更加融洽；积极开展纳税筹划，累计争取节税减免1579万元。强化算账意识，认真抓好工程结算审核，降低工程造价成本，全年结算审计项目269项，审减金额951万元，审减率18.34%。严格落实中央八项规定精神，持续规范公务接待、会议、办公及差旅费管理，严控各类非生产性支出，“五项”费用同比减少11%。在油站管理模式创新方面，嘉兴、杭州分公司6名员工转制成立4家公司，管理7座站，在创新加油站运营管理模式上迈出重要一步。其中嘉兴海王站委托管理后，日销量从3吨增加到8吨，用工数从4人减少到3人，员工收入翻番。嘉兴公司试运行首座全自助闻澜加油站，“聂伟连片管理”“薛丽玲经理人团队”等基层智慧在油站一线结出硕果。在管理经验总结推广方面，两级机关学习推广台州分公司机关服务基层、精益管理、开源节流降本增效的经验做法。公司总结提炼管理创新成果16项，“‘互联网+’背景下预算管理创新应用”“销售企业物流优化策略应用”在集团管理创新成果评选中获奖。《基于平衡计分卡的成品油销售企业绩效管理体系构建》论文获中国总会计师协会二等奖。

【运行风险】 2018年，浙江销售油品质量管控进一步加强。严格落实油品抽检计划，集团公司抽检和公司自检全部合格。持续提升油品标准，全面完成国Ⅵ标准油品检测工作，保证公司销售油品提前达到国Ⅵ标准油品质量标准。顺利通过质量体系认证，45人获得公司内审员资格证。财务风险进一步降低。加强货币资金管控，确保在途资金真实可控。狠抓资金发票安全稽查，梳理风险点479个，全年累计稽查2009站次，覆盖率和整改率均为100%。顺利完成司库2.0系统上线，为融入集团财务共享打好基础。内控体系建设进一步完善。落实“制度符合企业发展”要求，全年修订完善和新建制度27项，完成2019年内控手册的修订及自我评价，删减变更66条流程，加大各类审计和检查发现问题的整改力度，重点做好事后合同专项整治。开展覆盖全公司、全业务流程的内控自测；顺利通过股份公司管理层测试，成绩名列前茅。维权意识能力进一步提高。坚定司法维权，重点推进执行，较好处理一批合同纠纷案件，切实维护公司利益。做好法律服务，提高风险防范能力，支持公司各项业务稳健发展。

【企业党建工作】 2018年，浙江销售强化习近平新时代中国特色社会主义思想系统学习培训。统筹理论中心组学习，举办领导干部党的十九大专题培训班，全面学习习近平新时代中国特色社会主义思想和党的十九大精神。“网络学院”推出党建课程17门、中层以上管理人员在线学习1646人次。加强党组织建设。胜利召开第三次党代会，选举产生公司新一届党委和纪委，动员公司各级党组织、全体党员和广大员工，大力弘扬石油精神，发挥政治优势，全面推进高质量发展。总结推广“机关+库站”联合党支部模式，强化支部工作规范化，发挥支部堡垒作用，浙江销售案例获中国石油党建思想政治工作研究会销售分会一等奖。大力推进党务与行政双培养工作，打通机关与基层、行政与党务、业务骨干与党务骨干三条交流渠道，一批综合素质好的机关部门负责人和站经理当选支部书记。浙江销售党建工作得到集团公司党组肯定，在集团公司党建工作会议上做经验介绍。加强领导班子和干部队伍建设。突出政治标准，严格任用程序，落实竞争性选拔要求，提高选人用人公信度。将中层副职竞聘参与范围扩大到油库主任和站经理层面，一批政治素质优、业务能力强、有丰富基层和岗位工作经验的同志走上更加重要岗位。持之以恒正风肃纪。认真履行“一岗双责”，搭建党风廉政建设“玻璃房子”，制订下发“三不腐”一体化联合运行监督机制工作方案。对绍兴、湖州分公司开展巡察，落实中央八项规定精神，营造良好的企业政治生态。持续推进库站廉洁联络员队伍建设，推行联络员“连片承包”，重新修订形成库站风险点及防范措施。

（凌　琳）

中国石油天然气股份有限公司安徽销售分公司

【概况】 中国石油天然气股份有限公司安徽销售分公司（简称安徽销售）负责中国石油在安徽省的成品油销售、市场开发、非油品销售业务。2002年6月成立中国石油天然气股份有限公司安徽销售分公司筹备组，2002年9月正式注册成立中国石油天然气股份有限公司安徽销售分公司。2018年底，设12个职能处室和4个直（附）属机构，下辖14个全资分公司。公司资产总额58.73亿元，加油站总数569座，其中全资加油站440座、租赁加油站98座、控股加油站31座。在用油库13座，总库容29.3万立方米，其中：资产型油库8座，库容23.41万立方米；租赁油库3座，库容2.23万立方米；代储库2座，库容4万立方米。员工总数4004人（合同化员工37人、市场化员工3967人），其中管理人员605人，操作服务人员3399人。2018年，安徽销售动员广大干部员工凝心聚力，坚定高质量发展不动摇，狠抓精细化运行不放松，筑牢发展基石，强化责任担当，推动建设质量效益型企业迈上新台阶。

安徽销售主要经营指标

指　标	2018年	2017年
成品油销量（万吨）	258.64	254.13
汽油销量（万吨）	129.82	122.68
柴油销量（万吨）	128.83	131.33
润滑油销量（万吨）	0.276	0.24
加油站总数（座）	569	555
油库数量（座）	13	12
库容（万立方米）	29.3	32.54
纯枪销量（万吨）	193.25	204.87
非油品业务收入（亿元）	5.55	5.19
非油品业务利润（亿元）	0.79	0.76
吨油费用（元）	429.26	415.33
资产总额（亿元）	58.73	58.73
收入（亿元）	184.82	159.96
利润（亿元）	–7.49	0.75
税费（亿元）	0.94	2.03

【市场营销】 2018年，安徽销售坚决落实集团公司党组和销售板块决策部署，坚持“1224”工作方略不动摇，厚植企业党建发展，以高度的政治站位，坚持稳健发展，强化使命担当，弘扬石油精神，为集团公司产业链整体价值提升作出应有贡献。全年，实现销量258.64万吨，同比增长1.8%，其中纯枪销量193.25万吨；非油品业务收入5.55亿元，非油品业务利润7939万元；新开发加油站30座，投运加油站19座；利润总额–7.49亿元；实现安全环保“四零”目标。全省范围内持续开展“一站一周一客户”五走进活动，配套制订机构客户开发专项奖励方案。蚌埠公司深挖潜在客户，全年通过活动办卡3316张，实现充值1000万元。芜湖分公司成立营销小组，深入大专院校及医院，办理教师卡和天使卡1600余张，累计充值300万元。强化信息支撑，提升决策水平。自建零售电子地图系统，深化信息融合运用，为精准营销提供决策依据。马鞍山分公司精准油站定位，成功打造交通广播主题营销品牌，活动站点日均销量同比增长27%。创新共享发展，开拓零售新空间。运用微信朋友圈，投放电子券营销广告，参与互动用户23万人次，发放电子券近30万张，带动汽油销量增长1200吨。与中国电信探索积分互换，打通电信积分兑换油品代金券通道。试点开展零售客存油业务，丰富零售业务渠道，全年销售客存油4200吨。

【非油品业务】 2018年，安徽销售强化专业运营，非油品增收创效能力不断增强。坚持规模效益并重，创新商业模式，专业化经营能力持续提升。突出便利店业务运营，不断提升创效能力。深入开展店面优化，分级分类制订运营方案，实现单店日均收入2900元，同比增长3%。百万元店增加26座，总数达190座，同比增长16%。强化专业管理，有效降低运营成本。坚持厂家直采为主，采取竞争性谈判，签订直采合同70余家，与华润苏果等大型商超合作，引入适销商品200余种，降低采购成本20%。建立非油品专业培训机制，全覆盖开展培训下基层活动。拓展多元化经营，持续培育新动能。坚持品牌引领，围绕“人·车·生活”生态圈，整合市场资源，平台运作能力不断提升。全年销售沥青2万吨，实现收入5500万元，利润80万元。销售车用尿素5700吨，实现收入1622万元，毛利273万元。积极探索整车销售新模式，宿州分公司全年销售汽车24辆，实现收入123万元。

【网络建设】 2018年安徽销售多措并举拓网络，开发投运取得新突破。坚持主动出击，全力抢占优质网点，稳步推动终端建设。开发质量持续提升。全年新开发网点中，城区站占比60%，网络结构进一步优化，合肥分公司、六安分公司完成开发投运双重指标。全面梳理现有网络布局，提前商谈续租事宜，滁州分公司成功续租汽运公司4座站点，有效巩固市场份额。深化合资合作，与和县城投、铜陵交投、合肥宝湾等国有企业达成合资意向，拟开发加油站7座，全面拓展可持续发展空间。坚持迁建原则不让步，合肥天成站实现“拆一还二”，合肥金盛站、六安西环站实现“拆一还一”。稳步推进历史遗留项目清理，顺利解决宿州、黄山地区8座站点遗留问题，收回已付款项2004万元。成功外租6座站点加气业务，实现创效3180万元。工程建设平稳有序。狠抓施工进度和安全管理，实施承包商信息化考核，坚决淘汰不达标单位。克服天气影响及施工困难，积极组织协调六安油库改扩建项目，高效完成消防管网更换，库区防腐及隐患改造等安改技改项目。33天完成宿州油库灾后抢修，迅速恢复投运，高效保障运行。双层罐改造项目克服点多面广、时间紧、任务重等困难，全年完工136座，计划完工率136%，改造总体完工率57%，在销售板块排名靠前。

【安全环保】 2018年，安徽销售抓严抓细抓实，安全风险防控能力显著增强。着眼识别大风险、消除大隐患、杜绝大事故，为增量创效营造良好环境。安全环保基础不断夯实。根据季节和风险特点，开展主题安全检查，全年检查发现问题632项，全部完成整改。采取专项与量化结合方式，开展HSE体系内部审核，发现并整改问题2663项。狠抓双层罐改造各环节风险控制，重新梳理清罐流程，严格作业方案和许可证审批。加强风险过程管控，坚决把隐患排查治理挺在事故前面，全年问责员工2名、处理承包商5名。实施全天候全环节数质量管控。强化制度宣贯和损耗标准执行，深入推进诚信计量交接。地罐交接实行零偏差付油，开展远程监控，严格公路运输损耗管理。新增17台油品化验设备，提升油品检测分析能力。全年油品送检抽检1669批次，合格率100%。资金风险管控能力持续加强。对516座站点进行保险柜升级改造，实现全程动态监控。紧盯日常资金及时入账，加大对月末及节日在途资金跟踪，确保资金安全回笼。

【精细化管理】 2018年，安徽销售实施全面预算管控，全方位对标分析，为精细化管理和精准决策提供有力支撑。狠抓物流优化，兑现集采资源34.81万吨、串换资源29.3万吨、主动配送资源7.4万吨，节约物流和仓储费1126万元，全年吨油物流费同比减少8.26元。建立损耗管理奖罚机制，将管理责任传递到承运商，损耗管理创效同比增加505万元。推进燃料乙醇市场化采购，节约采购成本460万元；推行“1+1”供应商管理，采购节约率8.22%。开展第三方对标，实现监控设备采购、工程造价等成本进一步下降。挖掘存量资产价值，资产调拨节约成本965万元；资产租赁、转让增加收益646万元。加强税收和长期付息资金筹划，节约财税费用2978万元。提升信息化支撑能力，完成站级系统升级、主动配送系统集成、CRM系统应用等，有序推进库站综合信息展示平台、零售电子地图建设，提高运行效率。

【企业党建工作】 2018年，安徽销售坚定不移强党建，企业发展和谐稳定。以党的政治建设为统领，党委把方向、管大局、保落实的作用进一步发挥。始终把加强党的建设放在突出位置。通过开展中心组学习、举办领导干部读书班、开设贯彻党的十九大精神专题研讨班等多种形式，提高干部员工干事创业向心力。全面开展“形势、目标、任务、责任”主题教育活动，领导干部带头到基层联系点开展专题宣讲活动24次，覆盖员工2000余名。制订实施分公司党建“3+1”方案，健全基层党建岗位人员配备，制定党建“1+6”管理制度，全面提升基层党建工作质量。企业形象进一步彰显。狠抓新媒体建设，“中油安徽”与“中油徽韵”微信公众号粉丝量突破16万人。开展以“中国石油·为梦想加油”为主题的开放日活动，为媒体和消费者感知中国石油搭建平台。与安徽广电联合开展“石油文化探源”活动，让客户切身感受石油力量。积极履行中央企业社会责任，委派10名扶贫干部驻村定点帮扶，全年捐助扶贫资金83万元，帮扶8个贫困村，带动扶贫项目18个，累计实现1080户困难户脱贫，助力国家打赢脱贫攻坚战。

（赵　津）

中国石油天然气股份有限公司福建销售分公司（中国石油天然气股份有限公司天然气销售福建分公司）

【概况】 中国石油天然气股份有限公司福建销售分公司（简称福建销售）成立于1999年2月，2008年12月上划股份公司直接管理，主要负责中国石油在福建的成品油销售、非油品业务与网络建设工作。中国石油天然气股份有限公司天然气销售福建分公司（简称天然气销售福建分公司），业务归属天然气销售板块管理，成立于2016年12月，与福建销售公司实行“两块牌子、一套人马”，负责中国石油在福建的天然气销售工作。2018年底，设13个职能处室、下辖9个地市分公司和非油品分公司、仓储分公司，加油站498座，在用油库5座（总库容33.9万立方米），有员工2465人。完成油气总销量273.4万吨，其中成品油销售199.9万吨（纯枪销量144.40万吨）、车用天然气2858万立方米、管道天然气7.06亿立方米，非油品业务收入4.71亿元。纯枪、自营纯枪销售计划完成率分别排名销售板块第一和第三；非油品业务收入、业务利润预算完成率分别排名区外第四和第七；成品油总销量排名区外第六；销售板块HSE管理体系量化审核排名第三；股份公司劳动竞赛夺旗38面，销售板块排名第四，成为五家组织工作先进单位之一；入选集团公司宣传思想文化工作先进集体。

福建销售主要经营指标

指　标	2018年	2017年
成品油销量（万吨）	199.90	190.14
汽油销量（万吨）	124.64	122.50
柴油销量（万吨）	74.88	67.23
加油站总数（座）	498	495
油库数量（座）	5	5
库容（万立方米）	33.90	37.80
纯枪销量（万吨）	144.40	136.48
非油品业务收入（亿元）	4.71	3.50
非油品业务利润（亿元）	0.50	0.50
吨油费用（元）	556.23	577.05
资产总额（亿元）	70.64	72.26
收入（亿元）	150.30	125.92
利润（亿元）	–3.09	0.24
税费（亿元）	1.54	3.33

天然气销售福建分公司主要经营指标

指　标	2018年	2017年
天然气销量（亿立方米）	7.06	3.76
天然气销售收入（亿元）	13.87	7.13
资产总额（亿元）	0.27	0.18
收入（亿元）	13.87	7.13
利润（亿元）	0.24	–0.37

【市场经营】 2018年，福建销售客户服务体系更加完善。省市两级加强商情信息沟通，集中优势资源对直销核心客户实施全生命周期服务，优化物流运行，提高配送效率，定期调整橇装流向，巩固拓展核心市场，全年核心客户销量21.5万吨，占直销总量76%，同比提升7个百分点；按照“献服务、扩声势、树形象、创品牌”的理念，深化油非互促，细化促销组织，倾力打造“10惠”“28惠员日”“周末乐享”等营销品牌。“10惠”累计实现充值10.5亿元，中油好客e站粉丝数增至142万人，新增汽油个人客户5.8万人，增加非油品业务收入6317万元。非油商品更加丰富。加快新品引入，新增单品287种；打造爆款单品，提升人气，带动销售6515万元；启动自有品牌建设，开发自有商品2种；优化品类管理，大幅压缩条码，畅通滞销商品出口。全面调整非油品定价策略，加大供应商谈判力度，推进集采，降低成本，实现商品价格比主流商超低5%—10%；探索业态创新，引进汽车服务、自助售货机、站外店及整车、彩票、ETC设备销售等新业务。微商城累计交易金额超200万元。消费体验更加舒适。根据全流程诊断结果实施加油站改造升级和便利店微改造，更新加油机等设施设备，调整油品罐容、油枪设置，优化现场布局，美化油站环境，通行效率大幅提升。强化加油站班前会，加强各级各类培训，客户服务监督机制实现常态化，推进“开口问候主动热情、微笑致意自然大方、销售术语脱口而出、跑动服务形成习惯”的基础服务日常化，实现企业与客户共赢。

【天然气业务】 2018年，福建销售发挥油气一体化优势，天然气业务打开新局面。省市联动，各部门共同担责；支线建设破冰，终端直供实现零的突破；加强协调，争取资源，开拓市场，有力扩销提效。管网公司5条支线全部取得开口批复，4条支线取得地方核准批复，三宝支线建设完工，长汀支线开工建设；昆仑能源福州4条支线取得“路条”。漳州三宝钢铁、闽光钢铁工业直供项目开创福建自建管道供气先河。与宁德市政府及福州华润、泉州新奥等地方城燃对接一揽子油气业务，在福州、漳州、莆田、宁德成功挖掘一批用气项目。天然气业务市场份额提至15%，实现大幅盈利。特别是推动集团公司启动福建LNG项目、西三线与海西管网联通项目，改写中国石油在福建省无重大项目的历史，大大提高中国石油在福建省竞争力。

【网络建设】 2018年，福建销售推进合资合作。启动龙岩龙地、长汀国投、霞浦绿岛、三明扶贫、南平土发及福州、漳州等新项目，通过扶贫、“双低站”迁建等新模式，锁定加油站22座。推动路通公司开发并建成龙岩北出入口项目，成功开辟沥青新业务，全年销售沥青9433吨、增加利润90万元。合资成立中油华海能源公司，落地绿岛项目4个。借力合作方解决泉州苏坑、梅岭项目迁建事宜。加速工程建设，加快存量项目成果转换。守土有责，成功保留部队项目6个。勇于担当，妥善解决石井油库等27个历史项目清理，收回投资款3647万元。融合各方做强经营。试点精益零售，与供应商组成价值共创团队，严格商品上下架管理，提升店销盈利能力。引入第三方在厦门油库试点油气回收，回收油品获益220万元。引入两家维修商全面推广维修外委，全年维修费用下降216万元。妥善处理竞合关系。与主营单位建立常态化协调机制，推动政府加大打私打黑力度，有力维护市场秩序。全年配合收储罚没油3.7万吨。驻福建企业合作紧密。积极履行驻福建企业协调组组长单位职能，协助昆仑能源落实福建LNG项目配套政策，推进西气东输三线和海西管网开口；帮助昆仑润滑油、渤海装备、长汀催化剂、华南化工及武夷山矿泉水解决发展问题；组织开展中国石油驻福建企业足球联赛等活动，增进交流，凝聚共识。

【安全环保】 2018年，福建销售强化“安全第一”理念，抓实内外部体系量化审核，推行正向激励，以安全督导平台为手段落实监管指导，以升级监管为举措确保施工安全，以质量管理体系为核心加强管控，构建起涵盖天然气业务的“1+11”预案体系，初步建立起安全风险分级防控和隐患排查治理双重预防机制。全年检查隐患问题2753项，完成整改2664项，综合整改率96.8%，达历年最高水平。有序推进防渗治理改造。成立防渗治理实施工作组，统一原则，统筹改造环节，协调处室、地市公司和承包商，整合管理资源，强化现场监管，施工安全受控，治理效率提升。累计完成改造270座，进度完成率53%，超额完成政府要求指标。其中，33座站混凝土包封罐获政府认可视同改造完成，节省费用约5000万元。油品保供稳定有序。贯彻政府油品质量升级、打赢蓝天保卫战部署，提前完成油品置换。扎实抓好“玛莉亚”台风等重大灾情和“数字中国”建设峰会等重要活动的安保维稳及油品供应，展现中央企业担当。

【人力资源管理】 2018年，福建销售搭建干事创业舞台。树立“真干真支持真奖励”导向，完善薪酬与绩效、贡献相匹配的分配机制，奖励实绩，主营业务关键岗位与其他岗位收入差距进一步拉大；畅通人才成长通道，建立后备干部选用培养机制，组建专家队伍，全面梳理大学生和加油站经理职级晋升工作。有2人走上高级领导岗位，10人提拔为中层领导，选聘专家11人，新增高级主管8人、主管117人，后备干部提拔使用超66%。获全国“五一劳动奖章”等荣誉8项。强化人才培养引进。建立多层次人才储备机制，对接厦门大学、福建大学等高校引进专业人才；与泉州理工学院校企共建，开展订单式培养，补充一线专业技能人才，首批实习顶岗50人。组织5期后备干部领导力培训班，有序组织操作技能员工培训，推进“互联网+培训”应用，开展移动学习达7万人次，获评优秀网络课件在集团公司数量占比第一。

【改革创新】 2018年，福建销售“三项”制度改革贡献“福建经验”。继续在“干部上与下”“岗位进与出”“薪酬增与减”上下功夫，岗位体系持续优化，库站外员工合理减控，完成非油品分公司机构搭建和流程再造，优化省公司机关岗位编制13.6%；以岗位价值为基础，完善绩效考核和薪酬分配体系，员工干事创业活力有效激发。“三项”制度改革做法获集团公司认可并做经验交流，地市公司“四部一室”基本架构列入销售板块改革行动计划方案并复制推广。以零售为核心的营销机制创新成效显著。省公司层面建立起批零价格联动、信息共享、决策共商机制，地市层面推行“创效”“上量”“量效兼顾”的差异化发展。围绕经营活动分析，推进零售、非油品数据集成应用，指导精细管理、科学决策，实现“日跟踪、周总结、月分析”，数据决策机制初步形成。灵活运用“三种战术”，实施批零客户共享，实施分地、分站、分时的精准竞争策略，开展固定客户“开发、维护、挽留”计划，提振零售量效。年零售市场份额提增2.2个百分点，纯枪销量同比增长8%。新增零售固定客户1097家、新增销量3971吨/月，销量同比增长33%；公司以零售为核心的营销机制在销售板块推广应用。率先启动基础管理工作。以厦门分公司为样板，编制基础管理1.0工作手册并推广，初步形成统一标准、统一表单、统一归档的基础管理工作规范。推进基础管理2.0建设，梳理制度流程，修订93项制度并嵌入业务流程、记录表单、作业文件，推动基础工作规范“职责细化到岗、风险管控到人”。依法合规管理水平提升。落实领导人员法治建设职责，制定法治工作规划，配置总法律顾问，明确法治建设总体要求、主要任务。修订完善合同管理制度，推行合同示范文本和合同履行模块，得到有效管控。全面完成困难企业治理、压减法人、降杠杆减负债三大专项工作任务。

【企业党建工作】 2018年，福建销售认真学习贯彻党的十九大精神，深学笃用习近平新时代中国特色社会主义思想，组织3期领导干部专题培训班，创新推行机关周三固定学习，通过集中宣讲、专题研讨、主题党课、集中轮训等方式，做到政治理论学习“五个全覆盖”。加强党的“三个基本”建设。调整优化党支部设置，建立党小组，推行党支部达标晋级管理，明确党支部职责任务，党支部主体作用更加突出。配齐配强党务干部，明确两级党委班子分工，制订两级党委、基层支部和党务工作人员责任清单，落实“一岗双责”；举办2期党建业务专题培训，党建队伍素质有效提高。加强意识形态工作，把牢思想防线。推进党建工作责任制考核和党建信息化平台运用，理清机制，规范程序，压实责任，党建质量有力提升，“大党建”工作格局初步构建。驰而不息正风肃纪。深入开展党风廉政教育，组织廉政谈话及一对一廉洁自律教育，组织2期专兼职纪检监察干部集中学习；开展廉洁风险识别，建设廉政档案，公司廉洁防控体系初步建立；深入开展集中整治形式主义、官僚主义工作，严肃处理违反中央八项规定行为，坚决防止“四风”反弹回潮。积极履行社会责任。继续开展铁骑返乡第七季行动，全面完成长汀万亩水保生态林建设，组织中国石油开放日活动，做好油品升级、防渗改造、打击走私油等对外宣传，公司美誉度持续提升。营造关心关爱氛围。完善兜底工程，提高员工补充医疗保险水平，依规为全体员工发放节日慰问品315.5万元；推进党建“三联”及安全环保联系点工作，强化沟通，解决难题；为50余座加油站添置喷淋设施，全面推广加油站弹性排班，员工生产生活环境得到改善；为支部核拨党建经费，推动以支部为单位开展日常文体活动，活跃基层氛围。全年共慰问帮扶困难员工351人次，发放慰问金74.2万元，组织“同心互助·为爱加油”公益徒步活动为7名重病员工募捐32万元。

（朱　婧）

中国石油天然气股份有限公司湖南销售分公司

【概况】 中国石油天然气股份有限公司湖南销售分公司（简称湖南销售），于2000年6月进入湖南市场，2002年10月正式注册成立，2008年12月上划股份公司管理，主要负责中国石油在湖南地区的成品油市场开发和销售工作。2018年底，湖南销售设12个机关职能部门、4个附属机构，下辖13个分公司、投运加油站657座，运营油库12座，在册员工3551人。

【资源保供】 2018年，湖南销售突出调销一体化运作，精心组织资源发运，精细安排配送保供，全年直炼兑现率98%以上，保障成品油市场稳定供应。优化库站运距，复测库站运距4217条，平均运距降低1.8千米。通过优化串换资源、购销联动，实现公路降费1681万元，铁路延时费用降低390万元。克服管输资源不稳定、国储轮换延迟等困难，结合仓储布局与柴汽比结构，提高铁路发运频次，合理编排到站计划，落实资源到站时间。优化配送路线和运力分配，坚持24小时值班，及时收集加油站突发配送需求，妥善处理突发配送情况，确保加油站供应。制订国Ⅵ标准油品置换方案，统筹推进资源组织、物流配送、质量监管，提前完成国Ⅵ标准油品升级置换。

【油品销售业务】 2018年，销售成品油222.2万吨，超预算16.2万吨，同比增加14.98万吨。纯枪量173.39万吨，同比增加5.12万吨，居销售板块第5。

湖南销售主要经营指标

指　标	2018 年	2017 年
成品油销量（万吨）	222.2	207.22
汽油销量（万吨）	119.54	109.35
柴油销量（万吨）	102.66	97.87
加油站总数（座）	657	643
油库数量（座）	12	11
库容（万立方米）	26.02	21.62
纯枪销量（万吨）	173.39	168.27
非油品业务收入（亿元）	4.94	3.41
非油品业务利润（亿元）	0.86	0.48
吨油费用（元）	550	555
资产总额（亿元）	96.69	90.06
收入（亿元）	155.49	133.47
利润（亿元）	-1.44	0.21
税费（亿元）	1.37	1.65

沉淀资金 6 亿元，同比增长 43.5%。批发预算完成率 181%，区外公司排名第 1。批发销量增长 22%，吨油同比减亏 96 元。线上充值 31.3 亿元，充值占比达到 50%。卡销比 44%，同比提升 13.5%。贯彻积极的营销策略与灵活的价格策略，量效兼顾，有序竞合。实施区域市场重点攻关，加强高速站与国省道站的协同，一站一策、一客一策灵活促销。抢抓春运等节假日高峰，突出重点站帮扶，优化现场运作，挖掘增量潜力。开展以“进政府机关、进企事业单位、进商超、进社区、进车展”为内容的“五进”活动，丰富“10 惠”“超值双休日”和“激情世界杯”“新年双份礼”“会员日”等多种促销形式，大力拓展加油卡与线上业务。综合运用现场稽查、视频监控、神秘顾客访问等手段，构建全方位的服务质量监管体系，现场管理与服务水平稳步提升。制订客户开发维系方案，出台激励考核办法，稳定小微客户 890 家，实现销量 13.63 万吨，占自营批发量的 40%。努力扩大汽油销售，积极应对低价无票资源冲击，累计批发汽油 4.3 万吨，同比增长 100%。通过情感营销锁定忠诚客户，龙骧巴士、中联重科等机构客户销量同比增长 13%。

【非油品销售业务】 2018 年，湖南销售坚持打造非油品业务利润新增长极，实现非油品业务收入 4.94 亿元，同比增加 1.53 亿元，非油品业务利润 8614 万元，同比增加 3834 万元，量效增幅位居销售板块前列。围绕打造加油站 3.0，构建“人 · 车 · 生活”生态圈，优化店面销售，开展陈列现场培训，通过开展主题促销、劳动竞赛、内购会等活动，营造商业氛围，提升顾客消费体验。优化商品品类，商品主数据控制在 2800 种以内。对积分商品、临期润滑油等积压商品进行清理，库存周转天数同比减少 15.5 天。开展“控大单、提毛利”销售活动，规范非油品销售行为。以客户需求为导向，优化商品品类，加强动态分析，加大自有商品开发力度，推出“好客之义”酒等 7 个自有特色商品，在加油站设立湖南地方特色产品销售专柜，成功引进 30 个地方品牌特产。稳步推广汽车服务业务，着力打造营业汽车服务标准站点。定期开展非油品专项稽查，积极整改发现的问题，进一步夯实管理基础。

【投资工程建设】 2018 年，湖南销售网络建设基础和开发能力大幅改善和提升。全年投运加油站 16 座，长期停业站恢复投运 37 座，完成提质改造加油站 124 座。网络建设开发实施地毯式梳理、拉网式排查，按照“储备一批、开发一批、投运一批”的思路，持续强化网络建设，全年开发空白市场站点 3 座、主动迁建站点 5 座、优质口岸站点 10 座。全面开展遗留问题清理，建立运行体系，实施目标责任制，全年清理遗留项目 9 个，清理在建工程 10.07 亿元。油库建设取得新突破，永州油库实现投运，长沙油库码头完成消防改造及验收，铁路专用线完成用地拆迁。强化承包商管理，坚持季度严考核、硬兑现，促进承包商专业化水平提升。试点推广檐面包装模块施工、油罐内衬改造等新工艺，提高建设效率，提升综合效益。

【安全环保】 2018 年，湖南销售坚持将安全环保作为企业生命线，塑造安全文化，创新监管模式，持续巩固本质安全，未发生安全等级责任事故和环境污染事件，连续 3 年获湖南省“安全生产先进单位”称号。构建三级 HSE 量化审核模式，实现在营库站、施工现场、两级机关全覆盖。严抓库站投运等关键环节，安全环保风险控制有效。有力推进防渗改造，规范油气回收设备运行，调校 500 余站库次。严格危废处置程序，组织全面清查重点库站 336 座。积极应对恶劣天气，排查山体滑坡等高风险站库 101 座。开展防盗防抢、防洪防汛、防火防爆等 12 个专项整治，各单位组织培训 100 余期，组织应急演练 150 余场，开展检查 3100 余站库次，发现并整改问题 8000 余项，夯实安全管理基础。

【质量计量】 2018年，湖南销售牢固树立“诚实守信、精益求精”管理方针，强化关键环节管控，稳步提升质量计量自动化信息化水平，油品损耗率逐年下降，顺利通过质量体系认证审核。定期开展液位仪维护保养，标定加油站油罐，有效提升计量数据准确性。组织质量计量专项稽查，发现管理漏洞，提出改进措施，确保加油站整体受控。成品油质量检验中心化验班连续3年获集团公司“质量信得过班组”称号，实现各级职能部门质量计量抽检合格率100%。

【企业管理】 2018年，湖南销售建立对标机制，狠抓优化提升，持之以恒推进精细化管理。开展加油站综合大检查，覆盖加油站496座，平均得分由88.1分提升至89.2分。优化内控流程254项，梳理13大类201项问题。强化合同签订环节风险管控，重点把控重大项目合同64份。完善证照1723个，证照管理系统排名销售板块第4。制订开源节流降本增效方案，明确8项29条具体措施，吨油商流费稳步下降。规范集中招标采购，较预算节约1375万元，节约率13%。开展加油站经理轮训12期，参训学员488人次，提升站经理队伍素质。技能鉴定610人，一线员工持证上岗率75%。新增工人技师8名，评定中级及以上职称43人。

【企业党建工作】 2018年，湖南销售面对全面从严治党的新形势新任务，坚持把深入贯彻落实党的十九大精神作为党委首要政治任务，坚持把党的政治建设摆在首位，树牢“四个意识”，坚定“四个自信”，坚决做到“两个维护”，把纪律和规矩挺在前面，营造风清气正政治生态。召开党建反腐败暨合规管理工作会议，为推动高质量发展提供坚强政治保障和纪律保障。组织公司党委中心组（扩大）集中学习16次。按照集团公司《党组（党委）意识形态工作责任制实施办法》的要求，积极开展意识形态自查管控工作。持续深化政治巡察，按五年规划全面启动党内政治巡察工作，以问题为导向突出实效，完成4个分公司党委及所属15个党支部的政治巡察任务。组织处级干部培训班，邀请知名教授专题解读习近平新时代中国特色社会主义思想。在韶山组织党支部书记培训班2期，党内教育向基层延伸。出台党建三项体系制度18个，持续夯实党建基础。按照党中央和湖南省委省政府对扶贫工作的要求，积极履行社会责任，补充完善驻村扶贫工作队，拨付精准扶贫资金，把全面从严治党要求贯穿扶贫工作全过程，为打赢脱贫攻坚战作出新贡献。

【先进事迹】 2018年6月16日，湖南销售长沙分公司岳麓大道加油站成功处置突发事故，受到湖南省委书记杜家毫、集团公司总经理章建华在内的各级领导充分肯定，获省市两级政府以及各级公司嘉奖，中央电视台、《湖南日报》、湖南广播电台、红网等20余家媒体进行专访，“6·16”英雄团队获“感动湖南十佳人物”，并入选“2018年度央企十大暖镜头”，激发正能量。

（曹爱志）

中国石油天然气股份有限公司宁夏销售分公司

【概况】 中国石油天然气股份有限公司宁夏销售分公司（简称宁夏销售）成立于1958年，前身是宁夏回族自治区石油总公司，1998年上划到集团公司，主要承担中国石油在宁夏回族自治区的成品油销售、非油品销售及业务拓展、市场开发等业务。2018年底，设12个机关处室，下辖7个地市分公司、1个仓储分公司、1个非油品经营分公司、1个润滑油分公司、5个附属部门；员工2956人；油库4座，总库容18.8万立方米；运营加油站317座；资产总额28.38亿元。2018年，销售成品油187.76万吨，纯枪销量137.99万吨。

【营销管理】 汽油销售以卡为媒打造超级“10惠”品牌，个人卡销量同比增长7.71%；柴油销售突出“点对点”竞争，不断调整促销站点数量和幅度，有效控制终端市场。把握市场变化规律，处理好“量价效”“计划、市场、库存”动态平衡关系，通过强化资源运作最大限度避免库存跌价损失。发挥“电子券”和加油卡组合营销，提升促销效果。记名活跃卡量、充值、消费分别同比增长2.07%、18.84%、3.8%，持卡销量81.13万吨；加油卡沉淀资金8.5亿元，累计实现资金沉淀利息、内部存款利息收入2762万元。抓好柴油物流单位卡客户开发，区内外消费39亿元。跨界合作实现互利共赢，第三方累计消费1.32亿元，实现纯枪销量1.41万吨。把销量和利润考核主体责任压实到分公司，按各站所处的竞争环境及商圈，实行分类分功能定量定毛利定量限亏损，把量效平衡作为加油站薪酬激励的主要依据，提升销售质量。打造首座女子加油站，营造更加温馨舒适的消费体验。市场整顿工作小组深入市场摸查30余次，收集影响公平竞争的大量信息数据；三级责任主体大力推动市场整顿，协调政府相关部门开展专项税务稽查2次；建立与周边省（自治区）兄弟单位沟通协调机制，努力构建相对稳定的营商环境。

宁夏销售主要经营指标

指　标	2018年	2017年
成品油销量（万吨）	184.33	192.31
汽油销量（万吨）	61.89	64.73
柴油销量（万吨）	122.43	127.58
润滑油销量（万吨）	0.39	0.44
航空煤油销量（万吨）	3.43	3.49
加油站总数（座）	317	317
油库数量（座）	4.00	4.00
库容（万立方米）	18.80	18.80
纯枪销量（万吨）	137.99	141.78
非油品业务收入（亿元）	5.57	4.47
非油品业务利润（亿元）	0.75	0.71
吨油费用（元）	352.75	339.99
资产总额（亿元）	29.55	28.08
收入（亿元）	136.55	123.01
利润（亿元）	−0.23	1.90
税费（亿元）	1.88	1.14

【非油品业务】 2018年，宁夏销售非油品业务收入5.57亿元，利润7525万元。以做实店销为基础，投资1169万元完成35座30万元以上便利店的优化布局和亮化改造工程。完善不同类型便利店的商品结构和定价机制，通过一体化营销，店销收入2.94亿元、单店日均收入4832元；百万元店增加8座，达104座。创新促销方式，加强营销活动策划，形成“月月有主题、天天有促销、店面全覆盖”的模式；通过参与企事业单位招标、组织员工内购会等方式，收入1961.63万元。多元经营挖掘量效增长点，经营范围扩展到汽车服务、微信商城、自助售货等多元化服务项目。开展跨界合作，拓展整车销售、店外店、旅游门票及车险等增值服务项目，油非转化率18%。推进便利店星级评定、店长负责制，评定三星级以上便利店92座。高速公路分公司通过“现销现兑”等方法激发全员营销，非油品业务收入1.13亿元，成为宁夏销售首家年非油品销售额突破1亿元的分公司。

【投资建设】 2018年，宁夏销售新投运加油站21座，其中新建10座、收购7座、租赁1座、改扩建3座，新增零售能力10万吨。突出投资回报和经济效益，新开发投运加油站综合达销率95%。坚持科学谋划、统筹兼顾，以一体化理念优化方案；强化过程管控、从严合规监督，按标准化流程组织实施。完成加油站防渗改造90座、油库安全技改项目3个，防渗改造单站停业时间平均控制在34天左右，最大限度减少对销量的影响。以运营天数管理为抓手提升运营效率，加油站运营时率98.29%。

【安全环保质量计量】 2018年，宁夏销售完成公司QHSE管理体系转版，HSE体系量化评估审核成绩明显提升，健全完善工作机制，明晰各层级职责界面，推进库站HSE标准化建设。健全绩效考核结果与安全履职能力评估、职务晋升、奖励惩处挂钩制度。加强安全职业技能培训和安全文化养成，强化非常规作业风险管控和环保管理，盯住施工、承包商和库站运行三个重点环节。完善计量管理办法，开展加油站油罐标定和质量抽检，强化体积交接和质量风险管控各环节管理职责、细化流程、规范操作。

【“三基”工作】 2018年，宁夏销售召开专题会议部署“三基”工作，出台“六型基层、强化‘三基’”工作实施方案，把“三基”工作摆到突出位置。贴近基层需求和市场竞争，持续“精简放权”，优化业务流程，下放人事财务等权利60余项、简化工作流程31项。推进加油站类别评定、站经理分级管理，加强员工职业技能鉴定，创新改革员工积分制管理，打通优秀人才成长成才通道。开展“顾客在我心、服务看我行”基础管理建设年和提升年活动，推进现场“6S”管理，开展“开口营销”竞赛，狠抓制度、流程、职责的规范管理，神秘顾客检测成绩稳步提高，客户满意度不断提升。成功举办第二届加油站经理人论坛，诠释宁夏销售对“服务创造价值，服务成就未来”的不懈追求。集中梳理、综合评价现行规章制度285项，其中新建18项、修订49项、废止58项。坚持依法依规招标，形成评委决策、公开透明、竞争有序的招投标环境。

【队伍建设】 2018年，宁夏销售对7个基层单位领导班子进行调整补充，13名处级管理干部获得提拔重用，一批敢于担当、业绩突出的干部调整到更加重要的领导岗位。组织开展管理干部亲属任职摸底调研和问题反馈工作，对388名在岗管理干部亲属从业情况进行调研，集中核查存在亲属在公司任职的164名管理干部任职回避制度执行情况。加快调整干部队伍年龄、专业、文化结构，加大后备干部选拔培养力度，累计交流调整选拔任用处级管理干部28人次，监督指导选拔任用科、处级管理干部64人。加强人才队伍建设，选派33名干部参加北京石油管理干部学院领导力基础培训班，选派16名干部参加清华大学工商管理研修班。培养30名内训师，形成11门精品课件和30门“微课件”，构建起加油站培训课程体系。举办3期5000吨以上加油站经理培训班，完成551名加油站操作工种技能鉴定。

【审计巡视】 2018年，宁夏销售对73名新提任干部开展任前岗位谈话；开展9次警示教育，共654名干部员工参加；下发警示案例12期；受理信访件11件、处置问题线索10件、立案2件、党政纪处分5人次；对4个分公司进行巡察，发现问题106个，移交问题线索9件，问责处理16人；组织4期纪检人员岗位实践锻炼；开展“三公”治理专项检查，对24项不合规事项进行治理；强化资金安全管控和员工违规刷卡行为专项稽查；完善《管理干部履职待遇及业务支出管理实施细则》，下发《进一步明确党员干部操办婚丧喜庆事宜相关要求》。

【企业党建工作】 2018年，宁夏销售基层党组织覆盖率100%，建成2个示范党支部，连续4年开展星级基层服务型党组织建设活动，建成二星级党组织32个、三星级党组织27个、四星级党组织5个。实行“双向进入、交叉任职”领导体制，在基层单位配备专兼职党组织书记132名。构建强有力的考核评价体系，确保党建工作责任制落实，专项检查9个基层党委、2个党总支、28个党支部，提出党建工作整改意见300余条。按照“党建+营销创效”等思路，推进党建项目化工作，立项73项；创新开展“主题党日+N”活动，推行“党支部委员+特长党员”组成功能小组运作模式，开展“点菜式”党员服务，开展“挂帮促”活动，实现“业务工作推进到哪里，党建工作就强化到哪里”。组织党的十九大精神培训班，处级以上领导干部93人集中学习研讨；构建“线上+线下”多样化全覆盖学习模式；推进“两学一做”学习教育常态化制度化，各级党组织书记讲党课221次，专题学习讨论328次、4800人次；评选优秀党课9篇，形成党建研究性论文5篇。制定《中国石油宁夏销售公司意识形态工作责任制实施办法》，推动意识形态工作责任制落实；构建大宣传格局，打造“塞上中油人”“中国石油宁夏销售公司”内外宣传平台，成立多媒体工作室，加大宣传力度，要闻公众号发稿715件、视频新闻15期。为符合疗养条件的职工支付疗养费用132.33万元，向困难职工发放慰问金132.12万元，为21名子女考入高等院校的职工发放助学金4.7万元，为在岗和离退休职工提高体检标准，派驻专兼职扶贫干部22人，投入资金48.8万元落实10个扶贫点的项目建设，提高职工食堂伙食费补助标准，高质量召开第七届职工运动会。

（王　倩）

中国石油天然气股份有限公司贵州销售分公司

【概况】 中国石油天然气股份有限公司贵州销售分公司（简称贵州销售）2001年4月成立，负责中国石油在贵州省的油气销售、市场开发等工作。2018年底，有12个处室、3个直属单位、3个附属单位，10个分公司；员工2542人；在营油库3座，总库容15.4万立方米；在营加油站291座，加油站服务网点遍及全省高速公路、国道、省道和中心城市、重点集镇。

2018年，销售油品211.56万吨，同比增加25.05万吨；非油品业务收入4.03亿元，同比增加1.01亿元；盈利能力持续增强，确保公司经营效益；开发加油站26座，投运加油站21座，新投运站当年达销率133%；安全环保实现“零事故、零伤害、零污染”。

【市场营销】 2018年，贵州销售认真贯彻落实集团公司、销售板块高质量发展要求，大力实施“战略营销、精细营销、理性营销”，全力做精做优营销，销售规模持续增长，盈利能力不断增强，发展质量稳步提高。精准把控市场，均衡资源进销存，资源计划满足率100%。建立与中国石化跨省互供资源机制，不断提高创效能力。精研市场商情，精准客户施策，直批销量同比增长35%；精细价格管理，理性科学营销，直批吨油收入稳步增长，全年直批盈利明显。推进业财融合，保持低库存运行，降低资金占用，规避市场风险。创新管理，加强市场研究，《云南石化资源入黔价值创造长效机制构建与实施》《基于不同市场环境和经营目标条件下成品油直批销售绩效激励机制研究》等3篇论文获第二十三届全国石油石化企业管理现代化创新优秀论文二等奖、三等奖。

贵州销售主要经营指标

指　标	2018年	2017年
成品油销量（万吨）	211.56	186.51
汽油销量（万吨）	104.96	84.43
柴油销量（万吨）	106.6	102.08
润滑油销量（万吨）	1.77	2.20
加油站总数（座）	294	280
油库数量（座）	3	3
库容（万立方米）	15.4	15.40
纯枪销量（万吨）	120.82	118.65
非油品业务收入（亿元）	4.03	3.02
非油品业务利润（亿元）	0.42	0.34
吨油费用（元）	320	366
资产总额（亿元）	44.41	40.55
收入（亿元）	157.09	120.14
利润（亿元）	0.02	1.51
税费（亿元）	2.46	1.37

【加油站管理】 2018年，贵州销售把加油站作为公司经营创效主战场，持续加强加油站建设，不断提高服务水平。加强加油站检查，以检查稽查为抓手、以神秘顾客暗访和95504电话服务监督为手段，完善加油站检查稽查标准，通过加强加油站经理值班考核管理，强化省公司、地市公司对加油站现场服务的指导和检查，不断提升服务质量。重点加强7000吨及以上加油站的现场优化工作，从加油站经理值班考核入手，强化加油站管理，提升老站挖潜增效。加强零售对标分析，理性处理竞合关系，合理把控量效平衡，从容应对市场变化，全年零售销量122万吨，同比增加1.5万吨，单站日销量同比增加1.1吨。加强零售价格管理，价格到位率98.27%。加强加油卡发卡管理，记名活跃卡18.8万张，同比增长15.1%；卡销比29.3%，同比增长10.3%，沉淀资金同比增长16.9%；充分运用现代信息技术，积极开展“互联网+”销售，中油好客e站平台粉丝86万人，同比增加60.6万人。加强零售损耗管理，管住“跑、冒、滴”，综合零售损耗同比下降0.24‰。深入开展零售课题研究，加快成果转化，创新开展“10惠”“月末狂欢”等品牌促销，持续开展“七进”活动，不断挖掘客户资源，促进活卡量、沉淀资金增加。与电信、银行、保险行业开展跨界合作，共享客户资源，增效300万元。

【资源调运】 2018年，贵州销售累计调入配置资源196万吨，完成配送1196万吨。需求满足率102%。开展资源互供15.6万吨，优化配送距离，有效节约运费。组织跨界配送资源1.7万吨，节约运费促销100多万元。注重协调资源，优化进销存结构，合理摆布资源，配置计划兑现率100.3%，资源供应持续稳定，储运工作夺得销售板块劳动竞赛流动红旗两面。强化仓储预警，不断优化配送措施，提升配送服务水平，满足零售需求，加油油罐库存维持在58%到62%的合理范围之内，有效降低断油风险，全年脱销断档同比减少5起。加强节日配送管理，建立节日配送保障机制，全年节日应急配送36车，配送油品697吨。积极协调铁路部门，开展抽测铁路到货，抽查油库到货107批1586车，确保油品数质量达到要求。强化油库管理，提高运行效率，年均周转率保持在25次以上。

【非油品业务】 2018年，贵州销售加强非油品管理，油非转换率提升至9.5%，库存周转天数减少至59天，单店日均收入同比增长37%，吨油非油品业务收入同比增长33%。注重培育非油品百万元店，非油品百万元以上店达73座，其中五百万元店4座，三百万元店4座。全年优化诊断便利店221座，培训加油站经理、便利店主管300余人。优化商品结构，淘汰商品1200余种，引进商品681种，店销收入同比增加1588万元，增长23%，毛利同比增长22%。全年整改装修便利店22座，提高店销能力。充分发挥公司的客户资源优势和润滑油公司的技术、价格优势，先后开发202家机构客户，收入1700万元。充分发挥渠道优势，车辅产品铺货率80%以上，销售收入同比增长40%。制订武夷山水、东北冰源水及优选+大米专项营销推广方案，全年销售收入250万元。销售自主开发产品习缘酒1400万元，同比增长49%。推进汽车服务业务，投用2座汽车服务店。充分发挥网点优势，与烟草企业联合打造香烟形象店20座；利用闲置场地出租，提高资产利用效率。开展水果、彩票、ATM等业务，丰富顾客消费体验。围绕人、车需求，拓展新业务，油站服务功能逐步多元化，全年增收700余万元。

【投资与工程建设】 2018年，贵州销售坚持“高效益、高质量、高回报、低成本”发展，紧盯城市新区、有潜力的县城发展规划，重效益、优布局，积极拓展零售终端，低成本获得项目土地16宗。重可研、优达销，新站投运平均达销率高于销售板块水平，其中兴筑、金南等加油站实现当年投运、当年达销。重沟通、强投运，增强公司在贵州市场话语权，全年新站贡献2.5万吨。强化施工管理，优化工作流程，完善制度标准，工程质量显著提高，完成新建、改扩建项目28个，防渗改造加油站68座，完工52座，共节约停业期272天，增加销量约3860吨。加强政企合作，借力推动发展，与政府平台公司成立合资公司9件，合作加油站55座。2018年超额完成销售板块网络开发及加油站投运工作任务，获销售板块第三季度及年度先进单位。

【企业管理】 2018年，贵州销售加强预算管理，坚持预算管理价值导向，2018年利润总额、吨油利润区外公司排名靠前，吨油商流费较预算减少14元，同比减少46元，下降13%。积极开展开源节流降本增效工作，明确分工、落实责任，在资源运作、销售结构、物流优化、成本控制等方面加强成本管控，全年6次获销售板块降本增效流动红旗。修订完善公司业务流程和风险控制制度，修订后的公司内控手册共有业务流程图335个，其中重要业务流程179个；风险控制文档226个；风险464个，其中重要风险307个；关键控制点428个；实施证据表单188个。优化合同审查流程，压减审查层级，明确审查时限，提高合同审查效率，合同审查正常流程约5个工作日完成，审查效率明显提高。开展外委选商项目，资金节约率4.98%。公司全年无应招标未招标项目。截至2018年底，贵州销售在行规章制度279项，新增制度23项，修订20项，废止33项，确保规章制度的有效性、实用性和可操作性。2018年办理股东会议案5件、董事会议案4件。

【质量计量安全环保】 2018年，贵州销售扎实开展HSE管理体系审核，严格落实有感领导、直线责任和属地管理，强化建设项目安全环保“三同时”制度执行，狠抓库站和施工现场重点部位、关键环节监管，有力保障公司生产经营安全平稳运行。紧盯质量计量主要矛盾，严控进销存各环节质量监管，油品抽检合格率100%。深化损耗治理，严格落实公路超耗赔付制度，零售损耗稳步下降，铁路损耗持续向好。按照国家“清废行动2018”总体部署，组织开展固体废物专项检查，处理含油污泥、废渣等废物51.76吨。开展职业病危害因素辨识，完成3座油库和247座在营加油职业病危害因素检测，库站现场检测值均低于国家标准危害限值。推动油品运输环节“专车专用、换号涮洗、混装必检、逐车验证”四项措施一一落地，有力保证运输过程油品质量合格。全年各级政府职能部门抽检油品120余批次，检测结果全部合格。

【信息化建设】 2018年，贵州销售紧密围绕年度重点目标，不断夯实信息化基础工作，提升系统可靠性，理顺工作流程，狠抓重点工作推进，获销售板块一季度劳动竞赛信息化类优胜单位荣誉。油库物流2.0系统上线部署，一次物流、二次物流、油库系统实现集成运行，业务数据实现无缝流转；站级系统新增上线加油站14座，系统上线率100%；11座加油站完成卡机连接部署，累计完成260座；54座加油站完成WIN7系统设备更换，累计完成203座；在营加油站全部完成站级360天擎软件安装；电子发票系统在265座加油站顺利上线运行，系统上线后实现全票种、全业务场景的发票开具信息化，提升油站的基础管理水平；中油好客E站平台实现功能拓展，增强客户黏性；非油品便利店及供应链系统试点运行，提升非油品业务管理水平；开展网络安全整改，以零缺陷顺利通过公安部组织开展的“2018护网行动”攻防演练；210座加油站完成高清视频监控系统改造，实现在营加油站高清视频监控全覆盖。

【绩效管理】 2018年，贵州销售以效益为导向，细化考核指标，深入推进全员绩效考核，将考核结果与中层干部的“面子”“票子”“位子”相挂钩，激励各级干部履职尽责、勇于作为、敢于担当。全年约谈地市公司分管领导10次、主要领导12次、领导班子集体述职9次，促进完成年度目标。强化工效挂钩，优化工资总额核定机制和分配机制，实行工资增长与效益增长联动，工效挂钩机制的牵引作用得到充分发挥，促进工资总额的稳步增长。对业绩突出的六盘水分公司、仓储分公司和投资专业线给予重奖。严格定员定编管理，实行增人不增资、减人不减资政策，节约的人员工资用于奖励减员处室。

【企业党建工作】 2018年，贵州销售持续开展“形势、目标、任务、责任”主题教育活动，采用报道、宣讲、座谈等多种方式向职工群众讲形势、讲任务、讲目标、讲责任。持续抓好“两学一做”学习教育。推进“两学一做”学习教育常态化制度化，大力弘扬石油精神，持续深化“重塑中国石油良好形象”大讨论活动，深入宣传和贯彻党的十九大集中开展主题宣传活动，进一步强化典型选树和对外宣传策划，深度挖掘亮点，讲好石油故事，充分展示中国石油巨大变化和突出业绩。把开展纪念建党97周年主题党日活动与推进“两学一做”学习教育、典型选树等结合起来，确保每个表彰对象立得住、叫得响。按照“重点监测、上下联动、分工协作、区域协调”原则，建立统一的舆情管理平台，积极回应公众关切，掌握舆情引导主动权和话语权。持续推进典型培育选树工作，在各级岗位练兵、技能竞赛、创新创效活动中发现和推出一批爱岗敬业、奉献成长的一线员工典型，引导广大员工树立劳动创造价值、奋斗成就人生的职业观念，贵州销售获贵州省“安康杯”优秀组织单位称号，观山加油站经理李光梅获贵州省“五一劳动奖章”。观山加油站被评为集团公司青年文明号。健全完善两级中心组学习制度，组织集中学习15次，组织专题研讨4次，邀请省委党校专家授课16学时。按季度组织研讨，交流个人自学经验，畅谈收获体会，中心组学习成为推动党建和经营各项工作的重要抓手。积极开展扶贫帮困送温暖活动，全年帮扶困难员工525人，发放扶贫帮困资金72.9万元，通过专项帮扶及发动员工捐款，为特困员工姜双琴筹款13.77万元。

【社会责任】 2018年，贵州销售落实贵州省、集团公司相关要求，围绕集团公司“1238”“2239”脱贫攻坚工作目标，广泛发动群众，攻坚克难，扶贫工作取得明显成效。通过精准识别找“穷人”、精准帮扶扶“穷人”、产业扶贫调穷业、美丽乡村改穷貌、党建扶贫强穷村、精准退出富“穷人”等系列措施，使脱贫成效经得起历史的检验。实施通村公路18.1千米，小康路19.96千米；硬化连户路6.4千米；实施集中式人饮工程23处，新建小水窖29口，新建抗旱应急工程2个，基本实现习水县坭坝乡南天门村安全饮水全覆盖；新建通信基站3个，移动、电信信号实现全覆盖、零遗漏，新增变压器2台，有效解决全村安全用电问题；实施危房改造124户、老旧房改造137户、人居环境整治303户，全面消除农村危房，农村人居环境得到全面改善，提前完成十三五规划目标。按照河南现场推进会议要求，理顺贵州公司、中国扶贫基金会、习水县三方责任，全力按计划推进项目建设。2018年10月16日，习水县委县政府发布红头文件，授予公司“习水县脱贫攻坚减贫摘帽帮扶贡献单位”称号，对公司定点帮扶挂职干部刘华江授予“习水县脱贫攻坚减贫摘帽突出贡献个人”称号。

（张　羽）

中国石油天然气股份有限公司山西销售分公司

【概况】 中国石油天然气股份有限公司山西销售分公司（简称山西销售）2000年9月组建成立，负责中国石油在山西省的成品油批发、零售、储运和网络开发建设及便利店、化工产品等非油品销售业务。2018年底，设13处1室，有11家分公司、2家控股公司、1家合资公司，在册员工3482人，运营加油站472座，运营油库8座，总库容22.1万立方米。

2018年，山西销售坚持“量效兼顾、以效为先”的经营思路，主动应对市场竞争，科学把握量效关系，狠抓控本降费，强化合规管理，大力解决历史遗留问题，企业活力进一步激发，各项工作持续向好，实现成品油销量151.59万吨，同比增加4.8%；非油品业务收入3.3亿元，同比增加21.8%，非油品业务利润3015万元，同比增加36.4%；网络开发立项5座、投运3座；销售板块HSE体系审核评级从C1级提升至B2级，全年实现“零伤害、零污染、零事故”；圆满完成集团公司“处僵治困”任务，在推动山西销售高质量发展上迈出坚实步伐。

【油品销售业务】 2018年，山西销售发挥一体化营销合力，圆满完成各项任务。关注国际油价和地炼价格变化，科学研判市场走势，坚持批零互动、以批促零，合理掌控销售节奏，实施趋势营销，全年综合价格到位率较周边地区高出0.4—1.7个百分点，直批柴油价格到位率在华中、华北区域居于高位，直批销量同比增长18%。增强算账意识，实现加油站和分公司毛利日监测、周通报，量效平衡能力不断提升；8—10月紧抓市场上行时机，零售柴油价格到位率环比提升4.5个百分点；开展百日汽油增量竞赛活动，12月同比增长16.6%。强化优质客户开发维护，前20大机构客户销量同比增加3.2万吨、增长22%，朔州分公司对中煤平朔供油份额提升至54%，太原控股公司对灵石恒裕供油份额提升至60%。

山西销售主要经营指标

指　标	2018 年	2017 年
成品油销量（万吨）	151.59	144.69
汽油销量（万吨）	57.42	60.69
柴油销量（万吨）	94.17	84
润滑油销量（万吨）	0.18	0.17
加油站总数（座）	472	468
油库数量（座）	8	8
库容（万立方米）	22.10	22.10
纯枪销量（万吨）	78.78	80.97
非油品业务收入（亿元）	3.3	2.71
非油品业务利润（亿元）	0.30	0.22
吨油费用（元）	500	487
资产总额（亿元）	44.86	47.53
收入（亿元）	103.75	86.70
利润（亿元）	-3.27	0.11
税费（亿元）	0.83	1.32

【非油品业务】 2018 年，山西销售强化非油品专业化管理，非油品业务收入、利润实现“双超”奋斗指标。优化 90 座 50 万元以上店面，优化比例达 68%。与新仓储物流企业合作，推进非油品配送系统上线运行，全省实现一周一配，太原地区实现一周三配，库存周转同比减少 23 天，店销同比增加 23% 以上。优化品类管理，新引进“昆仑好客优选 +”商品和集采商品 225 种，采购价格下降 6%。组织节日主题促销、企业团购等活动，效果显著；成功组织“好客市集”乐购节，实现收入 112 万元；太原分公司开展“好客市集”入社区活动，单日办卡充值突破 44 万元，实现非油品销售收入 4.2 万元。

【加油站管理】 2018 年，山西销售加油站管理水平持续提升。加油站分级分类管理实现突破，对所属加油站进行分级分类，制定加油站月度及年度考核制度，确立各等级加油站星级考核晋升方案，对站经理进行星级评定，明确各星级加油站物品配备标准，调动基层全员积极性。灵活有效应对市场变化，在汽油方面，价格不盲目跟随，6 月面对主要竞争对手大面积大幅度降价，采取以周末降价为主，打造品牌促销，周毛利稳定在 300 万元；在柴油方面，紧盯市场变化，抢抓市场机遇，适时推价带动主营单位柴油零售价格上调，价格到位率环比提升 4.5 个百分点。日监测体系日渐完善，由原来以日监测销量指标为主完善为对量、价、卡、策略效果等多维度的指标监测，每日督导排名靠后的单位有针对性地制定营销策略，达到量效齐增。会员体系建设初见成效，形成以“普通会员”“宝石花会员”和“98 号尊享会员”构成的会员体系，通过“点亮宝石花”和“乐享宝石花”会员主题促销，以及“宝石花会员充值送”“10 惠”“新开业优惠”固化的品牌促销实现会员增长，中油好客 e 站新增关注 87.59 万人，注册 115.93 万人。客户服务质量不断提升，95504 电话受理投诉 36 件，同比减少 11 件，下降 23.4%；神秘顾客访问得分提高，平均得分 81.73，同比增加 6.12 分，增长 8.1%；视频巡查发现问题 382 条，同比减少 285 条，下降 42.7%。成功承办中国石油成品油销售公司第三届加油站经理人“电子券的喜与忧”圆桌论坛，论证电子券在加油站 3.0 时代的积极作用，获“优秀组织奖”。

【投资与工程建设】 2018 年，山西销售投资和工程建设持续推进。全面完成防渗改造任务，统筹安排施工计划，兼顾经营的创效，防渗改造累计完成 427 座，完成率 95.31%，在销售板块位居前列，忻州、晋城、晋中 3 家分公司累计获得政府防渗改造补贴 148.2 万元。重点项目取得实质性进展，长治油库取得销售板块概算调整批复，完成验收手续办理和铁路专用线施工，达到中交验收条件；顿村服务区取得环评批复，完成消防设计审核手续办理和加减速车道施工；历史遗留项目阳城三站完成建设。网络布局持续优化，全年调研项目 72 座、立项 5 座、投运 3 座；太原分公司积极参与加油站土地竞拍，成功竞得阳兴南街土地，实现省会城市自主开发的突破；忻州分公司自拍土地慕山路加油站项目完成主体工程建设。租赁站实现降租金 5 座、退租 8 座，减少年租赁费 555 万元；提前续租优质项目 8 座，巩固高销高效网点布局。加强长期停业站二次开发，实现复投 4 座，日新增销量 15.6 吨。

【储运与油库】 2018 年，山西销售实施进销存一体化管理成效显著。强化资源创效，购进资源 140.2 万吨，额外量间接创效 3.16 亿元；协调订单式生产发运 +5 号和低冷滤点 0 号柴油 2.78 万吨，节约购进成本 442 万元。推进业财融合，科学制订营销计划，实现计划与实际匹配，季度计划完成率在 100% 以上；合理掌控资源发运节奏，坚持以销定进，保持低库存运行，有效减少跌价损失。建立油库分级分类管理制度，树立全流程诊断作为油库管理“抓手、平台、推手”的理念，每月开展全流程诊断与分析，及时解决与优化接卸、发付作业中的问题，优化作业流程，提升作业效率。开展“防冒顶回头看”专项治理活动，共发现问题 55 项，整改 33 项，未整改的问题已制定防范措施，并列入 2019 年隐患整改项目。持续强化设备管理，完善设备设施挂牌管理制度，定期对油库设备进行检修保养，确保设备设施完好率 98% 以上。

【企业管理】 2018 年，山西销售分级分类和合规管理持续强化。通过规模、质量、效率等指标测算，实现地区公司、加油站和油库人员编制、绩效薪酬、奖励贡献的差异化管理，配套地区公司、加油站和油库考核办法，形成内部竞争机制，营造“比学赶帮超”的良好氛围。顺利完成财务共享上线运行，实现标准化管理、合规化运行，有效防范管理风险。物资、工程和服务总招标率 90% 以上，高于中国石油业绩考核指标 20 个百分点；全年物资采购 1.14 亿元，节约采购资金 1003.35 万元。重大项目法律参与度不断深化，处理纠纷案件取得新进展，全年办结案件 10 起，减少经济损失 735 万元。保密、档案管理持续加强，未发生失泄密事件，2017 年档案归档率 100%。制度建设稳步推进，发布制度 21 项，其中新建制度 16 项、修订制度 5 项，废止制度 12 项。强化库存管控，成立专项领导小组，整改重点问题 26 项，实现日清月结、账实相符；优化非油品库存管理，清理非油品暂估挂账 1536 万元。成立在建工程清理小组，坚持周报告制度，累计梳理往来单位 127 家、项目 476 个，金额 4.5 亿元。报废低效无效资产 3081 项，提高固定资产使用效率和效益。

【质量计量安全环保】 2018，山西销售质量计量安全环保全面受控。各项指标圆满完成，生产安全事故、环境污染和生态破坏事故为零，实现废水、废气达标排放，固体废物全面依法合规处置，职业健康体检率 100%，职业病危害因素检测率 100%，站库安全标准化达标率大于等于 85%，危险化学品经营许可证换证率 100%。组织签订责任书和承诺书 7000 余份，属地责任和直线责任得到有效落实；组织 23 名一类作业许可人培训考核，平均成绩 109.6 分，在销售板块排名第六。体系运行平稳向好，完成 930 项发现问题整改落实工作。全年组织综合性安全检查及消防电气、销售环节、环保等专项检查共 8 次，排查隐患 3282 项，整改 3211 项，未整改的 71 项隐患落实防范措施；太原分公司迎宾加油站用 172 秒成功处置客户车辆自燃突发事件，社会反响良好。强化现场稽查，开展虚开发票、加油卡套现、脱机加油、油品违规回罐等专项治理活动，严肃查处违规违纪行为，全员遵纪守法意识逐步增强。明确管理责任，加强在途资金管理，确保资金安全回笼。

【信息化建设】 2018 年，山西销售信息化建设全面推进。完善信息化管理机制，建立管理制度，精细化管理水平进一步提升。全面深化信息系统应用，完善系统应用考核管理机制，业务系统应用考核成绩大幅提升。不断创新信息技术应用、合理配置信息化资源，完成微信公众号和电子券系统上线，助推信息化营销水平稳步提升。做好信息化运维保障，系统平稳运行，销售业务稳定开展，全年运维考核成绩销售板块排名第三。强化信息系统安全管理，确保系统安全运行，全年信息安全事故零纪录。强化信息安全管理，完成“护网 2018 行动”。

【人事管理】 2018 年，山西销售人事管理效果显著。规范机构设置，明确分公司机关“五部一室”，统一名称、确定职责，初步建立横向压缩、纵向扁平、简约高效的运营模式。优化干部队伍结构，抓好中层领导干部这个“关键少数”，优化调整 11 家分公司领导班子、13 个机关处室的正副职，选拔任用、交流调整干部 58 人次，其中 45 周岁以下干部新增 6 人，本科及以上学历占 84.5%，干部队伍更加年轻化、知识化。完成“五定”试点工作，核定一般管理岗位编制 319 个，部门领导职数 88 人，完成岗位岗级的套改，在太原、忻州两家分公司完成试点工作，机关管理人员整体素质提升、年龄结构优化。规范薪酬管理，制定《基本工资制度》，薪酬发放做到“有章可依，有据可查”。按照“激励为主、奖惩并重”的原则，实施多项扩销创效激励政策，全年发放专项奖金 2175 万元，人均收入同比增长 25.6%，站库员工收入同比增长 28.4%，薪酬向一线倾斜效果显著。培训效果显著，坚持“送出去”与“请进来”相结合，选派 48 名中层干部赴北京石油管理干部学院参加领导力培训，提高综合管理能力；邀请外部讲师加强内训师培训，60 人参训，取得良好效果；连续举办八期加油站经理培训班，培训 427 人，有效提升整体管理水平。

【企业党建工作】 2018 年，山西销售强化政治引领、正风肃纪，党的建设持续深化。坚持以思想建设为先导，铸就党员干部坚强党性，认真学习党的十九大精神，用习近平新时代中国特色社会主义思想武装头脑，共组织两级领导班子理论学习中心组学习 156

次，内网开辟党的十九大精神学习专栏，赴革命圣地延安、梁家河接受红色教育；开展党建知识竞赛，首次实现“石油党建”信息平台网络直播，扩大山西销售在中国石油的影响力。坚持以组织建设为根基，深化从严治党责任落实，完成分公司纪委书记、委员选举配备工作；加强处室党支部建设，处室负责人全部担任党支部书记，有力推动从严治党责任落实。严肃规范党内政治生活，认真组织各级党组织召开民主生活会和组织生活会，开展民主评议党员工作，工作质量显著提高。坚持以监督执纪问责为抓手，护航公司稳健发展，完成5家分公司离任经济责任审计，提出审计建议21条，落实问题整改45项；完成工程建设项目结算审计172个，审减金额698万元，审减率6.29%。完成对4个分公司的内部巡察，发现问题94个，移交问题线索10个，挽回经济损失25.72万元，40名违纪违规人员受到党纪政纪处分和组织处理。坚持实施温暖工程，慰问困难员工187名、一线站库103座，组织健康体检3430人；继续扩增住房公积金、企业年金参保范围，参保率分别达98%、44%。坚持开展“青年文明号”创建活动，共创建省级青年

山西销售党建知识竞赛网络直播 （张云燕 摄）

文明号28个。坚持选树典型，提升企业形象，忻州分公司党委获中共山西省直属机关工作委员会先进基层党组织，太原分公司北大街加油站经理房桂萍获山西省财贸轻纺烟草工会委员会五一劳动奖章；太原分公司北大街加油站获中国石油“十大标杆加油站”称号，太原六站团支部获中国石油五四红旗团支部，运城二站加油员董娟娟获中国石油“十大加油明星”称号，朔州分公司安家岭一站经理张国被销售板块评为“十大感动人物”。

（任海永）

中国石油天然气股份有限公司青海销售分公司

【概况】 中国石油天然气股份有限公司青海销售分公司（简称青海销售）成立于1954年，1998年上划集团公司，承担青海省汽油、柴油、润滑油等成品油稳定供应的责任。2018年底，机关设12个职能处室，下设13个二级单位，在册员工2424人；资产总额28.59亿元，运营加油站264座，直属油库4座、总库容21万立方米。青海销售连续多年名列青海省“百强企业”前10强，连续多年成为青海省上缴税收大户，获全国“五一劳动奖状”“抗震救灾英雄集体”“中央企业先进基层党组织”等称号。

2018年，青海销售面对省内成品油市场竞争异常激烈的严峻形势，以稳存量拓增量为核心，以风险防控为抓手，以网络建设为重点，积极应对市场新变化。全年销售汽油、柴油170.46万吨，同比减少4.18万吨，下降2.5%；纯枪销量124.04万吨，同比增加1.75万吨，增长1.4%。非油品业务收入3.06亿元，同比增加9350万元，增长43.9%；非油品业务利润2935万元，同比增加914万元，增长45.2%。利润总额-6697万元，同比减少2.67亿元，下降133.5%。青海销售获青海省“文明企业”。

【油品销售业务】 2018年，青海销售针对市场新变化，成立“油卡非润”决策领导小组和营销策略研究办公室，深入研究批零结构、客户结构、市场结构，采取“目标客户细分”定价、“一票制”结算、限时锁价营销等一系列营销策略，全年销售成品油170.46万吨。实施批零一体化运作，采取“战略框架”合作模式，搭建捆绑发展、跨界营销、互为平台客户关系，新增战略合作单位3家；全年9家合作单位销售汽油、柴油5.6万吨，销售润滑油698吨。打好促销“组合拳”，做实“四季主题”，做响“10惠”品牌，做精“最惠星期五”，做细“生日油礼”，销售加油卡54万张，沉淀资金5.25亿元，纯枪销售同比增加1.75万吨，增长1.4%。拓展跨界合作模式，与银行、电信、物流、彩票等行业深度合作，融入外部促销资金1200万元，同比增长17%。开展微信公众号绑卡送券、充值送券活动，微信关注量39万个，充值4.2亿元，同比增长272%。用好销售板块额外量奖励政策，制定销售总量、纯枪销量、效益“三挂钩”考

核办法，实现额外量24万吨。处理好竞合关系，不打价格战、不搞普惠制、不做赔本买卖，减少效益流失，汽油、柴油综合价格到位率96.42%。

青海销售主要经营指标

指　标	2018年	2017年
成品油销量（万吨）	170.46	174.64
汽油销量（万吨）	66.36	67.40
柴油销量（万吨）	104.10	107.24
润滑油销量（万吨）	0.42	0.74
加油站总数（座）	264	258
油库数量（座）	4	4
库容（万立方米）	21	21.60
纯枪销量（万吨）	124.04	122.29
非油品业务收入（亿元）	3.06	2.13
非油品业务利润（亿元）	0.29	0.20
吨油费用（元）	383	328
资产总额（亿元）	28.59	27.18
收入（亿元）	125.88	110.89
利润（亿元）	–0.67	2
税费（亿元）	0.95	1.55

【非油品业务】 2018年，青海销售落实非油品业务研讨会确定的“五六七”工作思路，促进非油品业务快速发展。开展“五个诊断”，对业务发展、网点布局、业务管控、营销策略、人员素质五个方面进行诊断，通过强化主业意识，新增销售网点、加大考核权重、提升运营效率，非油品业务收入突破3亿元，同比增长43.9%。推进“六个转变”，改变以往店面以租增收、中间商采购、统一配货等经营模式，向自营增收、厂家采购、差异化配置转变，店销能力有效提升，利润同比增加914万元，增长45.2%。落实“七个指导意见”，打造“人·车·生活”驿站，新建咔咔车享家汽车服务店5座、柴油尾气净化液加注站15座，收入401万元；开发青稞酒、牛肉干等4个自有商品，举办首届地方特色商品推介会，与18家兄弟单位达成互采互销协议，销售自有商品312万元。

【加油站管理】 2018年，青海销售启动加油站3.0建设，搭建大数据营销平台，100座加油站配置“大数据营销看板”，为精准营销提供决策支持。推进“双低站”运用“3+1”治理模式，通过目标责任制、委托管理、连片承包，39座“双低站”平均单站日销量7.5吨，同比增长86%。持续打造城市标杆站、旅游景区站、竞争提量站、物流服务站、特色创新站等“五型站”，138座“五型站”销售汽油、柴油89万吨，平均单站日销量18吨。强化神秘顾客检测，全年检测加油站650座次，投诉率同比下降2%，客户满意率98%。举办首届站经理论坛，锻造高素质的基层经理人队伍，在中国石油第三届加油站经理论坛上，常文静、王晓芳获平行论坛演讲比赛一等奖，杨鑫宇获主旨论坛辩论赛“最佳辩手”，常文静获现场服务“竞赛团体优胜奖”，黄河路加油站、新寨加油站获营销话术一等奖。打造中国石油靓丽名片，开展“厕所革命”，加强站容站貌整治，改造亮化老旧站39座。

【油库管理】 2018年，青海销售理顺仓储调运管理体制，成立仓储分公司，与调运处合署办公，4座油库划归仓储分公司统一管理。加快油品升级置换，按照“先集中疏散，后统一置换”的思路，分库、分区域、分站点稳步推进，库站国VI标准油品升级置换按时完成。完善调度指挥系统，以销售ERP、加油站管理、一二次物流、油库管理等五大业务系统为基础，搭建综合业务管理平台，实现业务流程化、数字化、可视化、智能化管理，4座油库均受控运行。强化作业现场管理，规范驾驶员着装，发油流程步步确认，严禁“跑、冒、滴、漏”现象发生，油品损耗控制在合理范围。严格油库进、储、销各环节管理，加强必检指标检验工作，杜绝不合格油品出入库。

【投资建设】 2018年，青海销售坚持独资、收购、合资合作、租赁经营等多种开发模式，取得西宁南绕城高速、湟源服务区、莫多吉停车区3对6座站政府立项手续，大通至门源圆山服务区1对2座站、京藏高速格尔木段4对8座站取得青海省商务厅批复函，全年新开发加油站20座，完成销售板块下达任务的133%。加快投资项目建设，全年启动工程建设项目132个，完成112个，其中完成整体改扩建项目2个、防渗改造项目79个、油库隐患治理项目4个、新建加油站站27座。强化工程投资审计监督，完成工程项目审计69项，审减投资额1029万元。

【市场拓展】 2018年，青海销售落实“全覆盖、网格化、责任制”市场份额问责制，开展客户“大走访、大普查、大调研”活动，通过“组团拓客”“单兵出击”“五进活动”，新增终端客户421家、挖掘竞争对手客户60家。利用消费大数据，分析物流运输、建筑工程、矿产开发等客户消费记录，成功开发青海正达建筑工程有限公司、金昌市顺弘物流有限公司、四川新蜀建筑有限公司等18家大客户。完善客户维护体系，重点客户升级为VIP会员客户，推出两项专属优惠、七项尊享服务，固化会员大客户4500家。净化油品市场环境，配合政府部门打击“三黑”窝点，端掉非法制油点6个，取缔非法销售点18个，查扣流动加油车37台，查获非法流通油品1146吨。

【资源运作】 2018年，青海销售严格落实配置计划，确保炼油厂后路畅通，全年调入成品油173.1万吨，其中铁路调入124.4万吨、公路调入27.3吨、管输调入21.4万吨。落实市场保供责任，针对多巴油库改造，协调西北销售调运部门，加大地付发运量，全年地付配置27.3万吨，同比增加6.5万吨。实施主动配送，定期与承运商召开业务碰头会，严格执行“五固定”配送模式，全年配送汽油55.4万吨、柴油55.6万吨。合理控制跌价风险，结合全年油价13升12降，统筹资源运作，涨价时满库运行、跌价时低库运行，资源运作创效7292万元。

【安全环保】 2018年，青海销售严格落实安全生产责任制，安全环保数质量受控运行，获集团公司安全生产先进企业和质量先进企业。开展HSE体系审核和隐患治理，全年查出各类隐患2549项，整改率99%，投入隐患整改资金1417万元，完成多巴油库等一大批隐患治理项目。加强库站风险管控，构建“人防、物防、技防”三位一体防控体系，为246座加油站安装电子巡检仪。强化油品数质量管理，加大库站油品抽检频次，内部抽检1531批次，配合政府监管部门抽检1102批次，油品质量合格率100%。搭建库站计量管理系统，推进V20体积交接工作，对264座加油站地罐进行重新标定。实施特殊敏感时期升级管控，完成全国“两会”和第二十届青海绿色发展投资贸易洽谈会及重点节假日安保维稳工作。组队参加青海省安全知识竞赛，获青海省安全知识竞赛“银奖”和“最佳组织奖”。

【企业改革】 2018年，青海销售调整投资管理体制，加强网络开发建设，省机关合并投资和工程建设两个部门，分公司设立投资建设管理部门，撤销分公司驻地经营部，转制为投资与品牌发展部。调整分公司设置，针对地市公司与政府行政区划不一致，撤销湟源分公司，组建海南分公司、海北分公司。深化“三项”制度改革，建立干部能上能下、员工能进能出、收入能增能减机制，选拔任用科级以上干部24人，转岗处级领导干部13人；实施“八项”分流政策，在岗人员减少107人；薪酬分配与单位效益和个人贡献挂钩，增加市场化员工地区补贴，全体员工收入稳中有升。

【企业党建工作】 2018年，青海销售加强思想政治建设，邀请青海省委党的十九大精神宣传组及中国石油、西宁市委党校的专家、教授授课4场次、组织党委中心组（扩大）学习15次、“党的十九大知识”答题4期，“两学一做”常态化制度化。开展党建质量提升活动，量化党建工作考核指标41项，组织基层党建工作大检查2次，6个基层党委书记进行述职考评，党建信息化平台建成并全面应用。落实管党治党责任，配合集团公司第二巡视组完成13家基层党组织巡视工作，对巡视反馈的8大类43个问题进行全面整改。开展“感知中国石油、重塑良好形象”活动，邀请青海省总工会、省交通厅等部门及《人民日报》和新华社等主流媒体了解、感知、宣传中国石油，提升中国石油社会影响力。践行“四个诠释”，发扬石油精神，培育先进典型，格尔木分公司颜世秀获青海省“五一劳动奖章”“十佳道德建设标兵”，西宁分公司常文静获共青团青海省委“青年岗位能手”。参与政府精准脱贫，选派7名党员干部驻村扶贫，拨付扶贫资金72.5万元，青海销售获青海省“脱贫攻坚先进单位”“信用与社会责任示范单位”，党的十九大代表才仁吉藏获“全省优秀驻村团干部”。

【合资公司】 2018年12月28日，青海销售与青海省交通一卡通有限公司合资组建的“青海中油交通能源有限公司”在西宁市挂牌成立。首家合资公司成立，立足高速公路服务区（停车区）加油站网络开发建设，着力提升终端市场控制能力，先于竞争对手提前锁定66座加油站开发建设项目。

（高国鹏）

中国石油天然气股份有限公司江西销售分公司

【概况】 中国石油天然气股份有限公司江西销售分公司（简称江西销售）于2002年3月成立，2002年10月正式运营，2008年12月上划股份公司管理。负责中国石油在江西地区的成品油销售和网络开发建设，以及润滑油销售等非油品业务。2018年底，设12个机关处室、2个机关临时机构、2个机关附属机构，11个分公司，2个专业分公司，有员工1582人，运营油库9座，总库容12.97万立方米，运营加油站287座。

2018年，销售油品140.92万吨，同比增长10.99%。其中，纯枪销售77.73万吨、同比增长7.42%，直销63.2万吨、同比增长15.7%。非油品业务收入2.53亿元，非油品业务利润2391万元。全年利润1060万元。质量、计量和安全环保事故为零。

江西销售主要经营指标

指　标	2018年	2017年
成品油销量（万吨）	140.92	126.97
汽油销量（万吨）	60.05	50.06
柴油销量（万吨）	80.87	76.91
润滑油销量（万吨）	0.52	0.22
加油站总数（座）	287	277
油库数量（座）	9	8
库容（万立方米）	12.97	10.67
纯枪销量（万吨）	77.73	72.36
非油品业务收入（亿元）	2.53	1.53
非油品业务利润（亿元）	0.24	0.2
吨油费用（元）	543.28	542.43
资产总额（亿元）	54.59	42.4
收入（亿元）	96.13	73.99
利润（亿元）	0.11	0.14
税费（亿元）	0.27	0.36

【油品销售】 2018年，江西销售面对油价持续下滑的严峻形势和亏损压力，多方协调，精心组织运力，积极落实资源，确保资源进得来、不脱销和资源补贴落实到位。围绕提升自我成长、自我发展能力，狠抓纯枪、直批、非油品和润滑油业务做强做优，实现销售业务“四个大幅增长”。实施精准营销，形成三级日算账体系。灵活运用电子券，客户黏性显著增强。围绕稳柴提汽，各类劳动竞赛活动蓬勃开展。通过实施一系列举措，实现纯枪销量持续增长，增幅排名销售板块第三。整体统筹，科学组织省、市两级营销。强化算账，业财融合，严控无效销售。制定激励政策，对分公司专项奖励60余万元。精细市场开发，大力推行“一户一策”“一户一价”，新增客户260余家，实现扩销7.6万吨。

【非油品销售】 2018年，江西销售强化培育百万元便利店，百万元及以上便利店达77座，同比翻番，600万元店实现零突破。推进便利店升级和“uSmile”革命，打造标准店64座，单店日均收入增长64%。开发特色商品30余种，探索开展手机销售业务。举办首届赣南脐橙推介会，成功进入17家省区公司，实现销量630万元。与润滑油公司开展战略合作，实现润滑油销量0.52万吨，非油品创效空间进一步拓展。

【网络建设】 2018年，江西销售迎难而上补短板，自主开发优质资源，狠抓项目落地投运，深化遗留项目清理，全年开发加油站11座，投运15座，贡献纯枪销量2.08万吨。紧盯城市新区和有潜力的县城发展规划，积极拓展零售终端，城区站占新开发站的64%。鹰潭、上饶地区实现城区站点零突破。将纯枪销量贡献作为主要指标，改进网建奖励办法。成立遗留项目清理小组，盘活遗留项目10座。特别是通过积极协调，实现赣州南康停车区加油站成功投运。强化信息收集，研判竞拍策略，提前沟通应对，竞得土地6块。合资公司开发项目实现零突破。

【质量计量安全环保】 2018年，江西销售扎实推进双重预防机制建设，建立风险分级防控清单，落实隐患治理资金2300万元。以HSE体系建设为主线，开展履职能力评估100人。规范体系运行，上半年执行力专项检查排名销售板块第五，下半年审核得分同比提高9.5分。组织体系内审2次，对2443个问题全部销项管理。在资源组织异常困难的情况下，坚决实施油库隐患整改。狠抓工程建设管理，构建“综合规划、超前设计、挂图作战、对表落实、销号管理”工作体系，确保大规模防渗改造项目和网建项目安全施工。开展油库设计规范学习活动，倡导树立“管住口、测好电、巡好检”的管理理念。强化数质量管理，培训计量员294名，公路运输损耗率0.16‰，接受油品抽检373批次，检测合格率100%。

【企业管理】 2018年，江西销售强化预算执行，变动费用同比减少716万元，下降7.9%。实施开源节流降本增效措施13项50条，“五项”费用同比减少149万元，下降10.4%。物资采购和招标效益显著，节约资金2000余万元。加大项目开发混合所有制改革，规范推进与市属投融资平台的合作。夯实制度流程基础，制修订制度33项。完善“三重一大”决策制度，召开总经理办公会45期，议定事项187个；召开党委会34期，议定事项73个。建立月度风险评估报告机制，对7大类425个风险点进行预警。推进法人压减，注销乐平峰下加油站有限公司，完成新奥公司股权置换。强化法治建设，进一步加强合同管理，各类业务法律风险得到较好防范。

【信息化建设】 2018年，江西销售对200座加油站主要信息设备进行更新，完善视频监控管理机制，视频监控连接率96%以上。完成电子发票建设，提升开票效率。自建加油站交易监控系统，搭建综合信息展示平台、综合办公系统、即时通讯系统，“中油好客e站”微信公众号和APP平台上线运行，信息化支撑保障能力得到稳固提升。获销售板块劳动竞赛信息化类上半年和第三季度先进单位称号。

【改革创新】 2018年，江西销售从建设高质量精品零售公司出发，启动6个方面25项改革创新工作。成立督导考核办、党委巡察办和非油品公司，组织架构持续完善。优化业绩考核，每周通报指标完成情况，对重点工作进行督导，考核激励正向作用更加凸显。建立重大事项报告制度、重大事项备案制度、经营管理月报制度和工作调研检查制度，保障企业良性运行。理顺规范79名中层干部职级。积极推进两级机关“五定”工作。出台《中层后备干部管理办法》《中层管理人员退出领导岗位暂行办法》。开展后备干部选拔工作。完善站经理队伍评价建设，制定《加油站分类分级管理办法》《加油站经理积分制管理办法》等制度。

【企业党建工作】 2018年，江西销售建立两级机关每周五政治理论学习制度，分级分类开展学习培训，实现党员干部和骨干全覆盖。深入站库开展“形势、目标、任务、责任”宣讲，推动党的十九大精神进站库。召开意识形态工作会议和宣传思想文化工作会议，带领全体干部员工摒弃“20种落后思潮”，践行“20种先进意识”。强化党建工作责任制和书记抓党建述职测评制度落实。举办“弘扬工匠精神，践行四合格四诠释”劳动模范、党员事迹报告会。党建信息化平台全面推广。开展机关作风整治，治理“怕、慢、假、庸、散”等问题。完成12家分公司党内巡察全覆盖，积极推进“三不腐”机制建设。制定《关于进一步激励广大干部新时代新担当新作为的实施意见》。加强培养锻炼，交流中层管理人员26人。完成5名副高级、118名中级职称评审。开展技能鉴定245人，2名高级工获集团公司技师称号。创办“中油赣之声”微信公众号，讲述员工故事，展现员工风采。开展游泳、健步、篮球等系列活动，首次举办新春联欢会和才艺作品展出，营造团结向上的发展氛围。继续坚持薪酬向基层一线、向贡献大的部门和岗位倾斜，一线站库员工平均收入同比增长20%、累计兑现纯枪销售奖励574万元、非油品奖励525万元。开办员工食堂，解决员工用餐难题。制定帮扶资金管理办法，持续开展“四送”活动，投入慰问金100余万元。

（杨　琛）

中国石油天然气股份有限公司天津销售分公司

【概况】 中国石油天然气股份有限公司天津销售分公司（简称天津销售）于1999年10月成立，2009年11月上划股份公司管理。主要负责中国石油在天津市的成品油仓储与销售、油库和加油站管理、库站网络建设，同时兼营燃料油、天然气、润滑油及其他非油品销售业务。

2018年底，天津销售总资产28.92亿元。运行油库4座、库容21.46万立方米，其中，全资库2座、库容为10.1万立方米，租赁库1座、库容6.36万立方米，控股库1座、库容5万立方米。运营加油站199座，其中全资站122座、股权站28座、租赁站49座。设13个职能处室，5个附属机构，7个分公司，23个股权企业（包括全资公司3个，参股公司2个，控股公司18个）。有员工2080人，其中合同化员工147人、市场化员工1933人。

2018年，共销售油品103.74万吨，其中纯枪销量47.94万吨；实现利润-1.73亿元，超脱困目标424万元；非油品业务收入1.88亿元，非油品业务利润3003万元。

天津销售主要经营指标

指　标	2018年	2017年
成品油销量（万吨）	103.74	111.32
汽油销量（万吨）	52.19	43.14
柴油销量（万吨）	51.55	68.18
润滑油销量（万吨）	0.16	0.08
纯枪销量（万吨）	47.94	54.11
加油站总数（座）	199	213
油库数量（座）	5	5
库容（万立方米）	21.46	22.94
非油品业务收入（亿元）	1.88	0.73
非油品业务利润（亿元）	0.3	0.15
吨油费用（元）	543	482
资产总额（亿元）	28.92	23.47
收入（亿元）	71.51	63.76
利润（亿元）	-1.73	0.50
税费（亿元）	0.71	1.22

【直销批发业务】 2018年，天津销售克服油库乙醇汽油改造、仓储能力受限、运力匹配难度大等困难，优化库容配置，控制调运节奏，超额完成直炼配置计划及全年批发销量。累计调入资源106.44万吨，完成计划的99%。强化市场分析和研判，前三季度推价上量，四季度控量减亏，全年实现直批销量55.81万吨，超预算3.31万吨。抓好重点时段、大型活动时期的油站保供工作，提前安排，有力保证油站的油品供应。

【纯枪业务】 2018年，天津销售在加油站数量减少18座、防渗改造量大、乙醇汽油置换等不利因素影响下，全力以赴保量增效，合理把控量效关系，纯枪综合价格到位率95.83%，同比增长0.2%，在华北地区排名第二。精心组织“10惠”、月度主题促销及会员日促销，通过线上线下同步推广，积分、换购、电子券联动，客户吸引力不断提升。

【非油品业务】 2018年初，天津销售制定加快发展非油品业务的战略部署，将非油品业务作为优化结构、推动公司良性发展的战略突破口。成立中油昆仑好客（天津）有限公司，加大考核激励力度，非油品业务收入、利润均大幅增长，同比翻番。以便利店优化诊断为抓手，打造百万元店42座，同比增加26座，非油品店销能力大幅增强。改革非油品仓储配送体制，配送周期由原来的15天缩短至6天，配送效率提升53%，费率下降4.6%，优于销售板块平均水平。

【投资建设】 2018年，天津销售石各庄高速公路双边站和高端便利店投入使用，全年投运4座加油站。在加油站增设4座LNG加气设施。处置闲置橇装设施32台。全年完成70座双层罐改造任务，是近年任务最重的一年。

【企业党建工作】 2018年，天津销售形成大党建工作格局，责任、制度、保障三大体系均建立完毕，制度化、机制化、体系化推动党建工作成为常态，党建工作质量明显提升，为公司打赢脱困攻坚仗提供坚强政治保障。党建APP实现两个100%全覆盖。人员、经费保障两个1%得到落实。4个所属控股公司党建工作总体要求全部写入公司章程。落实意识形态工作责任制，全年组织天津销售党委中心组集体学习13次，组织71名中层以上干部脱产培训和党支部书记专题培训班。加强“一网一报一微”阵地管理，连续3年获集团公司新媒体大赛一等奖。“基层党支部书记培训研究与实践”获集团公司党建研究成果二等奖。反腐倡廉工作形成压倒性态势，开展公司机关巡察工作，整改问题55项，推动机关作风持续向好。运用四种形态，聚焦监督执纪问责，加大查处力度，给予10人次党政纪处分、28人次组织处理，释放越往后越严的强烈信号。

【安全质量计量】 2018年，天津销售扎实开展每年2次的体系量化审核工作，由上年的C级水平提升到集团B级管理水平。狠抓环保管理，开展油气回收自检752站次，委托第三方抽检25站次，合规处理清罐废水78吨，获集团公司环境保护先进单位。强化油品质量管控，检验油样2770个，接受各级政府质量抽检727批次，全年未发生质量事故。

（余　童）

中国石油天然气股份有限公司西藏销售分公司

【概况】 中国石油天然气股份有限公司西藏销售分公司（简称西藏销售）总部设在西藏自治区拉萨市，主要从事西藏地区成品油及石油液化气、润滑油的批发、零售、运输、储存等业务。2018年底，西藏销售下辖7个地市公司（拉萨、日喀则、山南、昌都、那曲、阿里、林芝）、3个专业公司（非油品分公司、仓储分公司、液化气分公司），1个驻外机构（资源调配公司）。有成品油储配库8座，液化气储配库1座，加油站138座（万吨级加油站14座），资产总额65.5亿元，有员工总数1295人，其中劳务派遣用工324人、少数民族员工842人。

西藏销售主要经营指标

指　标	2018年	2017年
成品油销量（万吨）	127.9	117.91
汽油销量（万吨）	38.78	33.13
柴油销量（万吨）	83.98	77.67
航空煤油销量（万吨）	5.1	4.87
润滑油销量（万吨）	0.03	0.03
加油站总数（座）	138	126
油库数量（座）	8	8
库容（万立方米）	17.03	17.03
纯枪销量（万吨）	73.01	70.09
非油品业务收入（亿元）	0.90	0.49
非油品业务利润（亿元）	0.11	0.13
吨油费用（元）	663.15	665.01
资产总额（亿元）	65.46	70.48
收入（亿元）	101.94	78.20
利润（亿元）	2.60	4.47
税费（亿元）	2.67	2.03

【市场营销】 2018年，西藏销售坚持以“党的建设”和“改革创新”为统领，围绕“安全、稳定、发展”三大主题，推进“强基固本、和谐稳定、1115”三项工程，各项工作取得显著成绩，保持箭头持续向上、发展势头强劲的良好局面，在实现高质量转型发展的进程中迈出坚实有力的步伐。全年购进成品油总量127.4万吨，同比增加10.3万吨，增长8.8%。销售总量133万吨，其中航空煤油5.1万吨、成品油127.9万吨，同比增加14.7万吨，增长12.4%。纯枪销量73.01万吨，同比增加2.92万吨。液化气同比增长340%，沥青同比增长45%。销售收入突破100亿元，净资产收益率38.7%，实现利润2.60亿元，完成公司预算目标的260.2%。经济增加值（EVA）完成7304万元，同比增长15.2%。全年新开发加油站17座，投产运营11座。

【非油品业务】 2018年，通过优化供应链体系，实施降库提效工程，出台非油品价格、供应商管理、采购业务等指导意见，推动非油品业务有效规范发展，非油品业务收入9045万元，增长83.5%。坚持提升店销能力，油非转换率同比增长123.1%，单站日均收入同比增长57.3%，车辅产品收入同比增长146%。收入10万元以下便利店“摘帽”率95%。300万元便利店1座，200万元店5座，100万元店12座。“西藏好水”格桑泉项目通过销售板块项目评审，并在系统内外销售，为开发自有品牌商品奠定良好基础。

【资源运行】 2018年，全年销售总量133万吨，增长12.4%。坚持日监测、周报告、月分析，以信息化、规范化提升管理水平，召开全区大客户经理座谈会，不断增强区内市场掌控力，直销同比增长22.2%，提前两个月完成全年直销任务。精细开展“油卡非润”互动，全年核销电子券365.8万元，油非互动支出584.6万元，实现油品零售73万吨，增长4.2%，卡销比从年初的32%上升到年底的38.5%，累计沉淀资金1.42亿元；建立业务线专项激励机制，全年纯枪增量累计奖励687.2万元，CN98超级汽油销售累计奖励8.6万元，复合剂销售奖励75.2万元。举办首届“中油伴YOU自驾行”活动，开展“感恩客户·年终有礼”“西藏石油会员日”“踏青出游礼享不停”等促销活动，以95504电话、神秘顾客和“四声服务”为抓手，提升黏性、锁住客户，零售价格到位率99.7%。同时，加强与青藏铁路公司、西藏军区及销售板块等单位沟通协调，由2017年铁路、公路、管输占比的4：2：1，优化为6：1：1。铁路进藏资源77.3万吨，同比增加15.9万吨，增长25.9%。全年节约运费764万元。

【投资建设】 2018年，西藏销售向集团公司总部争取五批次投资计划5991万元，新开发白淀1号、察瓦龙、德嘎拉、南木林、昆莎、札达等17座加油站，增长55%；投产运营11座，增长120%。落实2018年中央企业入藏座谈会议精神，签约35个合同类项目和26个意向性项目，涉及60个加油站，金额17亿元。成立西藏中油交投能源有限公司，储备高等级公路服务区网点17座。与青藏铁路公司就日喀则铁路接卸库租赁达成初步意见，并完成集团公司可行性研究评审。

【安全维稳】 2018年，坚持安全环保底线，开展安全生产月活动，加强员工安全教育，确保全员持证上岗。加强各层级安全检查和问题整改，通过安全互查和全区量化审核，实现对所属库站安全检查全覆盖，发现问题4376项；重点对销售板块审核组发现的320项问题进行整改，10项纳入库站一体化改造中实施。落实中央环保督导组要求，加大环保资金投入，制订油库站一体化改造方案，倒排时间表，累计完成66座油库站油气回收和双层罐改造。筑牢安全维稳意识，加强重要节点和敏感期间升级管理，严格执行实名加油登记和散装油品管理规定，坚持24小时值班值守和领导干部全员在岗，深入矛盾纠纷排查与信访案件处理，落实综合治理和非生产性领域安全管理，确保各敏感阶段的安全稳定。

【队伍建设】 2018年，西藏销售推进机构整合。按照销售、配送、现场管理专业线对业务链进行整合，成立业务营运中心、仓储公司、资源调配公司、非油品公司；重新组建液化气公司，实施液化气、沥青专项营销，业务流程进一步顺畅，责任清单进一步明确。实行“三部一室”机构改革，业务人员占比达35.5%，市场快速反应能力有效提升。盘活人力资源。按照集团公司“三项”制度改革决策部署，进一步深化干部“能上能下”、员工“能进能出”、收入“能增能减”改革机制。全年调整、提拔干部40人，其中2名中层干部提拔、调整到那曲等高海拔艰苦地区锻炼，3名中层干部从高海拔地区交流到低海拔地区工作。多措并举控制员工总量，西藏销售人均利润、人均营业收入、劳动效率等指标在销售板块名列前茅。发展成果惠及广大干部员工。按照“收入凭贡献”，健全完善薪酬分配体系、升油工资制度，全员人均年收入保持两位数增长。

【企业党建工作】 2018年，认真落实集团公司党组做党和国家最可信赖的骨干力量要求，牢固树立做好党建工作是最大政绩的理念，始终将坚持党的领导、加强党的建设作为企业的“根”和“魂”。组织建设和党员党员队伍发展壮大。设公司党委1个，机关和二级党委12个。下设在职党支部37个，在职党员578人；退休党支部15个，退休党员336人。根据业务发展需要，年内将原格尔木分公司和成都分公司合并为资源调配公司，实现党的基层组织建设同时调整部署。同时山南公司结合业务需要优化党支部设置，仓储公司全面接管全区油库管理，党的基层组织同时设立。党的基层组织和党员继续全覆盖生产经营各环节、各领域，功能作用持续发挥。党建责任考核机制进一步细化健全。结合西藏自治区、自治区国资委和集团公司党组、公司党建年度重点工作，细化推行基层党建月度考核机制，并将全区考核权重由10%提升到20%，实现重点工作分时段每月安排部署，按不同时间段盯紧督促。同时，在执行“46655”基层党建创建考核体系取得较好成效的基础上，升级推行千分制考核体系，实现集团公司要求落实到基层支部，杜绝“上下一般粗”和考核标准照抄照搬的现象，基层党建考核体系进一步健全、细化。首次将季度党建工作会选址二级单位召开。2018年上半年，公司党委选址日喀则公司召开季度党建会议。各单位听取日喀则公司基层党建工作情况，特别是对基层基础工作、党建活动阵地及走廊文化、汇丰联合党支部阵地、生态园民生工程、基层党小组等工作情况有进一步了解。结合基层工作实际，公司党委明确“建强基本面建设”“推行千分制考核”“增强四力建设”“推行党建信息化平台”工作部署，为基层党建工作进一步细化要求，部署重点。推行上线集团公司党建信息化平台。5月起，在公司党委的大力支持下，人事处牵头，抽调全区5名党建业务骨干，着手准备推行石油党建系统。在参加北京培训，获得培训师资格证书后，人事处用20天时间，完成12批次培训，对全区118名党务工作者进行现场培训和系统授权，在集团公司第四批、37家单位系统推广中，成为首家实现手机缴纳党费的公司。迎接徐文荣书记现场调研，到那曲市委组织部现场观摩学习。参与西藏自治区国资委重点工作。配合西藏自治区政府相关部门，联合参与“央企助力西藏脱贫攻坚大会”，公司抽调力量全程参与支持西藏自治区国资委工作，得到自治区国资委的理解支持，迎接集团公司原总经理章建华一行赴藏调研、参加会议，展示中国石油良好形象，更得到西藏自治区国资委《致谢函》，进一步融洽企地关系。基础工作进一步完善。先后举办处级干部广州培训班、党支部书记专题培训班，进一步深入学习党的十九大精神，增强基层党建工作理论水平和综合能力。坚决贯彻落实两个 1%，实现每年工作总额计提 1%，作为党组织工作专项经费，资金更为充足。11 月，西藏自治区国资委党委书记李海波率在藏央企国企 140 余党员干部到西藏销售观摩指导，参观基层党建工作情况，对西藏销售党建工作给予高度赞扬，使公司基层党的建设工作经验进一步传播分享到西藏自治区各企事业单位。

【群团工作】 2018 年，西藏销售修订下发内部帮扶制度，进一步扩大帮扶范围，增加帮扶资金额度，增强员工安心工作、放心工作的信心。全年累计申请总工会困难职工帮扶款、医疗救助款、金秋助学款 29.4 万元；公司节日期间资助困难职工 231 人次，用于库站慰问、困难职工帮扶、大病救助以及“夏季送清凉”“冬季送温暖”金秋助学等 110 余万元，组织职工集中观看《厉害了，我的国》《李保国》《金珠玛米》《红海行动》等影片，征订并发放《习近平谈治国理政（第二卷）》《习近平新时代中国特色社会主义思想三十讲》《梁家河》等书籍 120 余册，集中学习 144 次，“三八妇女节”期间，两级工会主动邀请专家开展《宪法》《女职工劳动保护法》等知识讲座 5 次，培训人数 200 余人次，发放法治宣传资料 500 余份，有效提升职工的维权意识和合规理念。精心设计人文活动载体，先后参与组织第三届女工巧手大赛、第五届“铁人杯”篮球比赛、乒乓球比赛等，吸引 700 多人次干部员工参与，获石油体协 2018 年乒乓球比赛“体育道德风尚奖”和“昆仑润滑油杯庆祝改革开放 40 周年知识竞赛优秀组织奖”。公司团委在四川省、陕西省试点开展“你的心愿，我来实现”牵手活动，协调西南油气田、长庆油田各级团委完成西藏销售职工 40 个心愿的认领、实现，企业凝聚力、归属感进一步提升。推选出“十大模范经理人”金珠、“十大模范油库主任”扎西顿珠、“百名标杆站”部队中心站等一批先进集体和个人，持续激发员工群众干事创业热情，推动形成尊重劳动、崇尚技能、鼓励创造的良好风尚。

【企业文化建设】 2018 年，西藏销售秉承“奉献能源，创造和谐”企业宗旨，传承“爱国、创业、求实、奉献”企业精神，大力弘扬苦干实干、三老四严“石油精神”和老西藏精神，充分发挥企业文化引领作用，以企业文化凝聚战斗力、强化执行力、增强战斗力。结合公司实际、行业特色，以“6S”精益管理工作推广为契机，持续抓好以库站为重点的卫生、清洁、绿化等 6S 标准化建设工作，做好员工明理守法、谦恭友善、和谐相处思想教育，规范公司诚信经营、安全生产、热情服务的管理体系，职工文明行为、油站服务水平、公司企业形象得到进一步树立。进一步展示高原石油员工扎根边疆、为油奉献的精神风貌；围绕“改革开放 40 周年”主题，采取文化建设、文艺汇演、编印资料、主题讨论、撰写心得体会等方式，组织广大干部员工学传统、谈责任、话发展、享成果，印发手册 1500 册，征稿 200 余篇，讨论会收集关于活动开展、公司发展意见建议 57 条，进一步弘扬忠诚事业、艰苦奉献的主旋律，激发不甘落后、多作贡献的正能量，进一步筑牢全体员工共同团结奋斗的思想基础。坚持正面宣传总方针，传播正能量，展现新风貌，2018 年，累计征稿 1876 篇，其中在《中国石油报》《汽车生活报》《西藏日报》及中国新闻网、新华社等媒体投稿 31 篇，西藏销售良好企业形象得到树立。

【民生工程】 2018 年，持续加强和改善民生，研究新增 12 项民生工程，加快机关食堂改造、山南职工周转房和生态园建设，提高二级公司食堂补助标准，全年累计投入 4000 余万元实施 16 项民生工程，改善艰苦边远地区职工生活条件，其中 776 万元新建和修缮山南公司、阿里公司和那曲公司生态园；投入 2700 余万元新建、维修山南公司和阿里公司周转房，投入 640 余万元购置净水器和制氧机，解决那曲、阿里机关和部分库站饮水、吸氧、取暖问题。公司机关试点与中油阳光物业公司开展“大物业”合作，持续改善职工就餐、办公、生活环境。并投入 221 万元切实解决安全隐患，使用食品净化机，保证食品安全。持续推进厕所革命工程，累计投入资金 5000 万元建设拉萨、阿里等 7 家公司 117 座加油站卫生间。

【强基惠民活动】 2018 年，根据西藏自治区强基惠民活动统一安排，西藏销售及所属分公司驻村工作点进行调整轮换，派出 54 名党员干部在全区 15 个驻村点执行创先争优强基础惠民生工作任务，多数驻村点位于自然条件恶劣、基础设施落后、贫困程度严重的艰苦地区。广大驻村干部，围绕“七项重点任务”积极发挥作用，得到当地党委、政府及各村群众认可。各驻村工作队用“藏汉”双语向群众宣讲习近平新时代中国特色社会主义思想和党的十九大精神 126 场次。在建党日、国庆节和“西藏百万农奴解放日”等重要纪念日期间，各驻村工作队开展专题纪念活动 40 余场次，展示新西藏取得的重大成就，同时开展感恩党的教育，举行“升国旗”仪式，开展新旧西藏对比宣讲，在广大党员各族群众心中进一步巩固“四个意识”。召开精准扶贫工作会议、走村入户等60余场次，用农牧民群众看得见、听得懂的方式，宣传宣讲扶贫、异地搬迁、强农惠农富农政策和先进经验，引导贫困群众克服“等靠要”思想，树立艰苦奋斗、自力更生意识。54名驻村党员干部与驻村点173户贫困户结对子，帮助进一步转变惰性思想，解决其生活困难，加快贫困群众脱贫致富。公司本部驻村工作队向日喀则市南木林县热当乡捐赠300万元，用于产业扶贫。在驻村工作队和当地群众的共同努力下，那曲公司驻玛扎村等4个村2018年实现整村脱贫。驻村工作开展以来，西藏销售累计帮助9个驻村点，350户1700余名贫困户脱贫。

（梅朵拉姆）

中石油海南销售有限公司

【概况】 中石油海南销售有限公司（简称海南销售），前身为中国石油天然气股份有限公司海南销售分公司，成立于2004年6月，2010年9月上划股份公司管理，2015年12月改制为中国石油全资独立法人企业。2017年完成股份多元化改革，8月正式在海南省注册为有限公司，注册资本6亿元，中国石油、中国海油、海南省发展控股有限公司分别持股51%，39%、10%，成为从事海南省内库站网络开发建设，成品油、润滑油及非油品销售的国有股份制综合性油品销售服务企业。2018年底，设11个机关处室、3个附属机构、5个片区，管理8家参控股公司，有员工852人；运营加油站98座，全资和参股油库各1座，库容6万立方米；资产总额14.52亿元，负债5.86亿元。

海南销售主要经营指标

指　标	2018年	2017年
成品油销量（万吨）	61.3	50.3
汽油销量（万吨）	34.4	27
柴油销量（万吨）	26.9	23.3
运营加油站总数（座）	98	98
纯枪销量（万吨）	38.42	36.9
非油品业务收入（亿元）	1.12	0.7
非油品业务利润（亿元）	0.13	0.08
资产总额（亿元）	14.52	10.43
收入（亿元）	44.15	33.06
利润（亿元）	2.78	1.32
税费（亿元）	5.27	4.5

2018年，销售成品油61.3万吨、同比增长21.9%；非油品业务收入1.12万元、同比增长60%；利润总额2.78亿元、同比增长110.6%，上缴税费5.27亿元，取得“总量升六、日销过千、非油破亿、效益倍增”的历史最好业绩，先后获海南省国资系统“五一劳动奖状”及“第九届海南省优秀企业”“用户满意服务明星单位”。

【资源运行】 2018年，海南销售发挥市场运作优势，优化资源调运节奏，累计调入资源62.8万吨，同比增长23.5%。其中，中国石油资源11.9万吨、占比18.9%，履行保畅通责任；中国海油资源33.6万吨、占比53.5%，兑现合作承诺；自采资源6.7万吨、占比10.7%，降低购进成本；中国石化串换资源10.6万吨、占比16.9%，节约储运费用。全年平均吨汽油采购价差1264元，平均吨柴油价差658元；下海油综合差量率0.6‰，同比降低0.15个千分点；在配送量增加5.7%情况下，吨油运费74.5元，因马村油库码头原因，略有增长；公路运输综合损耗率0.2‰，同比降低0.2个千分点。

【油品销售业务】 2018年，海南销售积极应对需求不旺、竞争加剧等挑战，克服码头停用、改造集中等困难，多措并举、逆势前行，再次实现“换字头”目标，全年销售油品61.3万吨，超预算13.5%，同比增长21.9%。批直业务调整客户服务体制，强化本部统筹、片区属地开发维护职能，细分用户市场，细化客户管理，细算成本效益，以上门拜访、定期走访、全员营销争取客户，以价格优势、大单优惠、星级让利吸引客户，以签订协议、委托经营、主动配送锁定客户，拓展物流、公交、航运、电网、工程等行业合作抢占份额，全年新开发客户56家，增加销售5.1万吨，累计批直油品22.9万吨，超计划43.1%，同比增长 70.6%，在国内经济放缓、海南房地产低迷的不利形势下逆势增长，为公司完成量效目标作出积极贡献。零售业务逐区对接任务，逐站制定措施，逐日跟踪进度，多措并举开展“10 惠”“最惠周末”“会员日”等主题促销，在多座主力站完全或间歇停业、运行天数减少 757 天情况下，零售销量共 38.4 万吨，同比增长 4%，其中汽油 25.3 万吨、同比增长 7.8%；纯枪单站日销量 11.6 吨、同比增长 6.4%；日均销售 1053 吨、同比增 4.1%。全年发卡 9 万张，累计发卡 47.2 万张，活卡比 25.5%，卡销比 42.2%；公众号关注量 19.8 万，年点击量 25 万次；星级客户从 96 家增至 332 家，增量 4.2 万吨，占零售量的 22.1%。

【非油品业务】 2018 年，海南销售大力推动全员营销、“油卡非润”一体化促销和店面优化提升，探索香烟、润滑油、水果生鲜等新业务，开拓线上销售、员工内购、岛外分销等新市场，探索仓储物流外包、集中采购、香烟总仓等新模式，员工开口营销、站外促销能力明显增强，全年收入 1.12 亿元、同比增长 59%，跻身亿元阵营；利润 1252 万元、同比增长 50%。新增 300 万元店 3 座，200 万元店 10 座，百万元店 18 座，三亚九所北站迈上 400 万元台阶，百万元以上店总数达 32 座。

【网络开发与建设】 2018 年，海南销售加速网络布局，以潭牛服务区为示范，与省市县政府密切沟通，争取中线、文琼、万洋、海口绕城、三亚绕城高速和环岛旅游公路服务区，以及城市新增布点，临高金澜等 14 个新建规划点获得支持，文昌潭牛西侧服务区等 4 个项目落实规划，琼中乘坡和儋州新盈南项目实现开发，五指山畅好等 6 个项目历史遗留问题取得突破，文昌富利等 7 座社会站签订委托经营合同，填补部分地区网络空白。继成立海垦、海联公司，进一步成立海供公司、入股三沙公司，合作开发琼中乘坡、儋州新盈南、东方三家等油站和海上市场；与海汽集团、海南港航、博鳌先行区等单位洽谈合作，部分项目启动可行性研究；与海南石孚、三亚海供达成合作意向，拓展海上销售；与南方电网合作建设充电桩，三亚交协等 4 座加油站建设完工；妥善解决定安塔岭、新竹及成大公司 6 座租赁站续租问题，消除经营干扰，避免站点流失。公司各类储备项目达 82 个，其中确定开发 44 个、启动 19 个、签约 15 个。加快实施加油站改造，将防渗一体化改造周期由 3 年压缩为 2 年，年内立项 57 个、开工 39 个、完工 35 个，超额完成任务；提前完成 2019 年首批项目招标工作，为早实施、早投运、早见效创造条件。文昌潭牛、文昌冯坡、洋浦嘉洋、儋州西庆、琼中乘坡等 21 个新建和租赁站改造项目全部完工。全年投运加油站 11 座，新增零售能力 4.6 万吨 / 年。公司运营站总数增至 98 个，万吨级站 4 座，8000 吨级 5 座，5000 吨级 16 座，3000 吨级 25 座。

【企业管理】 2018 年，海南销售运行管理日趋规范。完善 KPI 考核制度，增设党建和廉政建设权重，强化业绩增量考核，给予片区、加油站考核权，及时足额兑现吨油工资、非油品提成、全员营销和网络开发奖励，并向基层一线倾斜，调动工作积极性。常态化整治现场管理，客户投诉减少 46.7%，神秘顾客访问平均分提高 8.2%。持续推进依法治企、合规管理，加强内控监管、资金稽核和合规监察，严查卡、券、票和促销品违规行为，震慑作用明显。加快信息化建设，启用调度指挥中心，推进政企数据对接，构建移动办公平台，推进数据融合利用，向数字海南销售迈出重要一步。推动全员输入输出确认工作，理清管理界面，缩短办事流程。加强预算管理，落实两个集中，销量超预算 13.5% 情况下，商流费总额较预算节约 7.6%。用工总量 852 人，单站用工 8.7 人，人均利润由 15.6 万元增至 32.6 万元。加强股权单位管理，中油海垦（海南）能源有限公司、中油海供（海南）能源有限公司等合资公司储备项目取得突破性进展，儋州西庆站实现投运；中油海南公司销售成品油 8900 吨，收入 6700 万元，利润 152 万元、超预算 24%；中油三沙公司销售油品 4.2 万吨，收入 2.3 亿元，利润 390 万元，超预算 30%。

【质量计量安全环保】 2018 年，海南销售持续落实月度安全例会和安委会制度，开展风险通报、案例分享，强化 HSE 程序文件和管理手册培训执行。扎实开展安全生产月、知识竞赛、油库火灾事故远程指挥综合应急演练等活动，强化全员安全意识，促进责任落实。以防渗一体化改造为重点，加强承包商准入和施工现场监管，明确片区、施工、监理职责，严肃考核问责，狠反“三违”行为。开展环保设备设施普查，推进防渗改造及隐患治理，落实加油站排污取证工作，推广油气回收在线监测，推进 CN98 汽油销售和国Ⅵ标准油品升级，环保水平稳步提升。强化风险评估、预案完善和物资储备，成功应对大雾、台风等恶劣天气。全年安全环保事故为零，数质量抽检合格率 100%，守住四条红线。海口洁力、海口珠龙加油站被评选为海口市“青年安全生产示范岗”，马村油库通过安全生产标准化二级企业达标评审，成为海南省首家通过交通运输部港口危险货物罐区企业安全生产标准化达标评审试点单位。

【企业党建工作】 2018年，海南销售从严治党工作取得新进展。抓基础，完成控股公司党建入章程工作，完善相关制度，上线党建信息化系统，党员队伍不断壮大。抓日常，推进阵地达标建设，开好“三会一课”，深化“两学一做”“四个诠释”主题活动，以习近平新时代中国特色社会主义思想和党的十九大精神武装头脑。抓载体，到遵义传承红色基因，在海南寻找革命记忆，开展各类实践活动，政治引领和先锋表率作用得到强化，党的旗帜高高飘扬。进一步完善“三重一大”实施细则，将党委决策作为重大事项决策的前置程序，把方向、管大局、保落实的作用充分发挥。贯彻集团公司党风廉政建设和反腐败工作会议精神，逐级签订党风廉政建设责任书，制订党委五年巡察规划，开展第一轮党委巡察和专项巡察，常态化推进巡视整改“回头看”，严厉查处违规违纪行为，加强监督，正风肃纪，队伍廉洁从业意识进一步增强。

【企业文化建设】 2018年，海南销售坚持以人为本，改善基层工作环境、劳动保护，落实健康体检、补充医疗、伙食补贴等，使员工收入与企业业绩同步增长，开展助学、助困、慰问等工作，凝聚士气。畅通职业通道，加强素质培训，开展技能鉴定，一批德才兼备的青年人才被充实到领导行列、关键岗位和加油站经理队伍，涌现出满意笑脸、服务明星、销售榜样、销售名匠等一批先进集体和个人。增强群团组织活力，加大舆论引导力度，活跃氛围、增进和谐，宣传典型、弘扬正气，获海南省国资系统“五一劳动奖状”和“工人先锋号”称号，海口洁力站跻身海南省首批青年文明号创建示范点行列。主动融入地方规划发展、环境保护和社会公益行动，投身应急救灾、捐资助学和志愿服务工作，帮助屯昌县落根村打造循环农业示范基地，援建村小学图书馆、电教室，社会影响力加大。

（周继华）

天然气销售企业

昆仑能源有限公司

【概况】 昆仑能源有限公司（简称昆仑能源）是在（英属）百慕大注册、中国香港联合交易所主板上市、由中国石油天然气股份有限公司控股的国际性能源公司，股票代码00135.HK。2012年12月10日，昆仑能源正式加入恒生中资企业指数。2008年以前，昆仑能源主要从事境内外油气勘探开发业务。2009年开始实施战略转型，将国内天然气终端销售与综合利用作为新的业务发展方向，重点发展液化天然气（LNG）业务，实施“以气代油”战略。2015年昆仑能源与中石油昆仑燃气有限公司（简称昆仑燃气）重组，实施资本整合与管理整合，昆仑能源收购昆仑燃气100%股权。昆仑燃气2016年6月正式变更为昆仑能源的全资子公司，昆仑能源成为股份公司天然气业务的融资平台和投资主体、天然气终端利用业务的管理平台，业务分布在全国31个省（自治区、直辖市），天然气年销售规模200亿立方米以上，LPG年销售规模600万吨以上，成为国内销售规模最大的天然气终端利用企业和LPG销售企业之一。2018年10月，集团公司为强化天然气业务一体化管理，发挥整体优势，统筹资源配置，完善天然气销售网络，提升整体价值创造能力和市场竞争力，将天然气业务打造成为战略性成长性价值性工程，对中国石油天然气股份有限公司天然气销售分公司、昆仑能源有限公司实施管理整合，合并机构和人员，组建专业化天然气销售公司，构建天然气销售业务一体化运营管理平台和投融资平台。整合后的天然气销售公司，内部称谓为“天然气销售分公司（昆仑能源有限公司）”，按集团公司直属企业管理，其中批发分销业务在天然气销售分公司项下运营，终端零售业务在昆仑能源有限公司项下运营，批发分销和终端零售业务实行“分别经营、分账核算”。整合后主要有天然气批发、城市燃气、天然气支线管道、LNG/CNG终端、天然气发电和分布式能源、LNG加工与储运、LPG销售等7大业务。2018年8月，昆仑能源有限公司作为集团公司三家代表企业之一，入选国企改革“双百行动”名单。

（王佳怡）

【主要生产经营指标】 2018年，昆仑能源勘探与生产业务销售原油13.27百万桶，同比增长1.61%；天然气总销售量为219.94亿立方米，同比增长17.16%；LNG加工及储运销售量228亿立方米，同比增长42.5%；销售收入1054.7亿元，同比增长18.89%；股东应占溢利46.34亿港元，同比减少2.65%。

【规划计划管理】 2018年，昆仑能源深入研究最新行业政策，结合“十三五”业务发展规划执行情况，落实股份公司高质量发展要求，发挥一体化优势，剖析影响规划目标实现的各项因素，提出相应的应对措施，组织编制完成总体发展规划、终端利用业务专项规划、LPG业务发展专项规划等10项规划研究工作。配合上级单位开展中国石油在港业务规划、中国石油雄安新区业务规划和莫桑比克国家油气工业规划等专项规划的资料收集和规划编制工作。

2018年，审查审批项目可行性研究67个，依据项目前期、工程建设进展情况，综合平衡，统筹安排天然气支线、LNG接收站、城市燃气、CNG站、LNG站和LPG项目投资。

在车用燃料专项开发工作方面，举办“中国—欧洲国际交通走廊”天然气发动机燃料拉力活动，寻求与俄罗斯和哈萨克斯坦在天然气发动机燃料领域开展合作。

【市场开发】 2018年，昆仑能源推进市场开发工作，突出城市燃气、支线管道、天然气发电和分布式能源项目开发，突出在经济发达地区、京津冀等高效市场、重点区域的项目开发。依托集团公司海外资源，在集团公司、海外勘探开发公司以及工程建设公司支持协作下，开发海外天然气终端项目，开展莫桑比克等项目前期工作，有序推进扩大合作业务范围。参与雄安新区燃气供应，与雄安新区政府部门和北京市煤气热力工程设计院有限公司等单位加强对接，落实陕京一线西山北阀室开口向保定市供气第二气源。

福州天然气综合利用、镇江燃机热电联产、襄阳樊城燃机热电一期、潮州甘露热电联产等89个项目签订合作框架协议，北京顺义、宁夏吴忠太阳山开发区、山东安丘燃气项目和连云港母站投运，周口电厂具备商业运营条件，增城电厂、成都天府国际生物城分布式能源项目按计划推进。坚持支线带终端，新建支线528千米，代输量同比增长48.6%，楚雄—攀枝花、瓦房店—长兴岛等5条支线投产，11条支线主体完工。截至2018年底共建成支线93条、2309千米。新开发居民用户90.4万户、工商业用户4939户。

（姚四容）

【资本运营】 2018年，昆仑能源推进压减和层级压缩工作，完成总部考核指标。完成压减项目208家，压减完成率118%；总压减量达昆仑能源法人户数的30%。完成法人压减户数占集团公司压减总户数的39%，法人层级减少一级，为集团公司压减工作作出重大贡献，获股份公司“资本运营先进集体”称号。推进股权投资项目，完成股权投资项目立项备案28个，股权可行性研究备案15个，完成公司设立（增资）审批12个，完成湖南省区域管网公司股权重组工作，推进区域项目整合和一体化管理进程。推动与中油资本所属国联产业基金在液化气终端零售领域的合资合作，成立平台公司，发挥产业基金在体制、机制及人才方面的优势，促进LPG终端业务发展。

（徐　军）

【天然气营销】 2018年，天然气营销业务以扩销增效为目标，以创新突破为手段，以强化管理为保障，跟随天然气市场化改革步伐，探索营销机制创新、以增强资源保障能力、推动价格到位率提升、严控天然气欠款等重点工作为抓手，推动销量与效益共同提升，2018年天然气销售形势持续向好。全年完成天然气客户开发91万户，客户总数971万户。拓展终端利用市场，加快新项目建设投产，居民用气量增长2%、工业用气量增长13%、CNG销量增长23%、LNG销量增长13%。全面启动终端市场开发3年行动计划，研究确立中期目标，制订实施方案及配套政策。落实管道开口，签订第三方和扩能协议，获得重点骨干管道沿线终端项目开口支持。132个项目取得支持性文件，签订框架合作协议项目89个、北京顺义、宁夏吴忠、山东安丘、连云港母站项目投产运行。

（庄益顺）

【LPG营销】 2018年，昆仑能源液化石油气总销售量700万吨，同比增长6.4%。液化石油气业务推进“四个延伸”营销策略。拓渠道、增资源，业务量创历史最高，国内采购稳中有升，进口业务规模同比增长41%（13.3万吨）。拓渠道、占市场，销售结构优化，终端销售占比26.8%，同比增长3.4%；多种开发方式结合推进市场网络开发，延伸液化石油气产业链，开发项目58个，落地运营19个，新增终端销售能力11.75万吨。促循环、细价格，推进资源循环利用、细分定价、价格对标和营销“一盘棋”管理，经营效益创历史最好水平。

（毛小军）

【生产运行】 2018年，昆仑能源推进信息化系统应用，提升生产管控水平。启动管道完整性管理，启动11个二级单位、44条管道完整性管理工作；选取涿州、泰州、门头沟3个试点单位，对城镇管网完整性管理进行开创性研究，开展管理程序与体系文件建设，制订3年实施计划，以全新标准提升城镇管网管理水平。创新开展维抢修体系建设，明确新时期各级维抢修队伍职能定位、机构与配置标准。开展抢修与维修2942次、检测各类管网3万千米、处理各类漏点2187处，夯实设备基础管理工作，理顺管理流程。2018年，修订《生产设备管理办法》《特种设备管理办法》，制定《操作规程编制、发布、修订管理程序》《生产用车管理程序》。协调业务部门复核投产条件，深入现场检查和指导项目投产准备情况，助推项目加快投产。

2018年，接收站生产运行平稳，调度指令执行率100%，京唐、江苏、大连3座接收站全年LNG接卸量1512.64万吨，同比增长45.17%；气化和装车量211.39亿立方米，均创历史新高。接收站全年安全平稳运行，码头利用率79.6%，同比增长24.8%，储罐周转19.5次。抓好接收站冬季保供和应急管理工作，强化设备管控，优化LNG工厂运行，建立4个共享中心，全面提升接收站协同发展效应，突出抓好LNG接收站冬供运行保障，落实LNG接收站冬季保供重点工作部署，确保设备设施完好、备品备件齐全，时刻处于临战状态，保证冬季保供任务完成，设备实施“安、稳、长、满、优”运行。

严把计量红线，坚守诚信计量，未发生重特大计量事故，未出现严重影响生产运行、交接结算的计量争议，未发生引发重大新闻危机的社会层面的计量纠纷。2018年，送检各类强检计量设备7万余台，送检率100%。严格执行24小时值班制度，节假日、重大会议（上海合作组织青岛峰会、上海进博会）等重点时期均实行升级管理，实施“零报告”制度，电话抽查各级单位值班情况2068次。每日通过视频监控系统对主要场站巡检情况进行排查，排查2325次。指导、监督有关单位进行SCADA系统升级改造，跟踪实施进度，生产值班室新增数据接入站点57个，总数112个。

（董晨光　王言英）

【安全环保】 2018年，昆仑能源健全完善HSE责任制，加强隐患排查治理，下达投资3419万元用于老旧管网和燃气设备设施改造，消减安全环保隐患存量。开展在役支线管道焊缝质量风险排查，查找源头风险，强化隐患根源治理。开展2次公司级全要素量化审核，开展危险化学品管理专项督查，剖析问题产生的根源，促进危险化学品管理提升。组织辨识和评估公司级重大安全环保风险，确定公司级重大风险13项，编制公司级《生产安全风险防控方案》，强化重大风险分级管控措施落实。修订完善突发事件应急预案，调整应急领导小组成员，形成1个总体预案+22个专项预案+44个所属单位的预案框架体系。深入开展安全环保履职能力评估，对新提拔、新任命的43名关键岗位处级领导干部和管理人员5404人进行评估，促进全员安全环保履职能力提升。强化HSE队伍素质教育，开展安全总监、部门经理培训班，宣贯学习HSE管理有关法规、标准和昆仑能源HSE理念、政策、制度。推进基层站队HSE标准建设，编制并发布《基层站队HSE标准化建设及验收规范》，强化过程监管督办，主体运行场站HSE标准化建设达标率92%。通过QHSE管理体系认证监督审核，QHSE管理体系运行有效，QHSE管理体系认证证书持续有效。

（于海娟）

【企业党建工作】 2018年，昆仑能源深化制度建设，印发27项党建制度，用制度构建各负其责、齐抓共管的“大党建”工作格局。坚持党建融入生产经营，对42家党委开展首次基层党建工作考核，用实际工作成效检验党建工作，组织首次党委书记党建述职评议，12名党委书记进行现场述职和评议考核，全面压实党建责任，推动全面从严治党向基层延伸。完成6640名党员信息上线运行工作，推进党建信息化建设，用信息化手段提升党建科学化水平。

2018年，昆仑能源纪委贯彻落实中央和集团公司党组关于全面从严治党、加强党风廉政建设和反腐败工作的有关精神和部署要求，围绕改革发展中心任务，推进全面从严治党，促进稳健发展。督促各级党组织和党员领导干部严守政治纪律和规矩，规范党内政治生活，对学习贯彻党的十九大精神、集团公司党组和公司党委重大决策和部署要求进行监督检查，加强对民主生活会、“三重一大”决策过程特别是选人用人工作的日常监督。落实监督部门联席会议制度，加强沟通联动，实现监督信息共享，增强监督合力。组织部分LNG企业开展廉洁风险防控试点推广工作，联合开展液化气领域专项检查和安全生产费用合规管理监察，提高监督的针对性有效性。

【企业文化建设】 2018年，昆仑能源围绕改革开放40周年、昆仑能源成立25周年、天然气终端业务10周年等主题，全方位立体化推进新闻宣传，发布各类稿件1943篇，在《中国石油报》《石油商报》等纸媒发稿171篇，官微和官方微博发布稿件204篇，粉丝1.7万人。开展“我的冬供故事”等专题宣传活动，举办“昆仑能源·护航绿水青山”开放日活动，四地联动、全程直播，累计观看直播人数276万人，逾10万人点赞。承办“中国—欧洲国际交通走廊”天然气发动机燃料汽车拉力活动中，全网传播量9500万。开展“砥砺十载，感动昆仑”人物评选，对涌现出的薛小平等10名感动昆仑人物进行颁奖表彰。举办纪念改革开放40周年书画摄影大赛和“我与改革开放共成长”征文，参加中国石油在京单位纪念改革开放40周年歌咏比赛获一等奖。举办昆仑能源线上线下10年成果图片展。开展群众性经济技术创新成果和合理化建议征集，15项优秀合理化建议和17项经济技术创新成果在直属工会获奖，两项获一等奖，获“优秀组织奖”。慰问困难员工876人，发放帮扶慰问金100.4万元。开展“十大杰出青年”评选等活动，涌现1名中国石油直属机关“十佳青年岗位能手”。

（陈　可　杨行美　周　琰）

【信息管理】 2018年，昆仑能源完成ERP系统在黑龙江分公司、吉林分公司、安徽分公司3家省公司和东北等5家LPG区域分公司的推广应用。开展天然气零售系统（A10）推广工作，在吉林、河北、河南、山西、甘肃、湖北、江苏、宁夏、云南等9家省公司所属65家项目公司上线应用，管理用户210余万。完成生产管理系统可行性报告编制和评审，获立项批复。根据重组要求对电子公文系统等系统进行调整优化。网络覆盖率提高，网络运行安全稳定。新建网络节点10个，二级单位网络改造2个，内网节点564个。提升昆仑能源总部网络组网性能和可维护性。统一采购多台华为交换机升级改造机关局域网办公网络环境。新增视频会议系统15个，MCU系统4个。视频会议系统204个。总部机关召开视频会议89次，总计参会4672场次，26890人次。

落实集团公司2018年信息安全大检查工作。按照集团公司“关于开展2018年集团公司网络安全及数据中心检查工作的通知”要求，强化组织保障，成立网络安全领导小组，从基本要求、网络建设、系统应用等方面，开展自查整改，安排专人负责漏洞扫描统计、修复和技术支持，做好迎检各项准备工作。

（江　鹰）

中国石油天然气股份有限公司天然气销售北方分公司

【概况】 按照2016年11月中国石油天然气集团公司天然气销售业务管理体制改革的总体部署，中国石油天然气股份有限公司天然气销售北方分公司（简称天然气销售北方公司）是以原中国石油天然气股份有限公司华北天然气销售分公司为基础，划入中国石油天然气股份有限公司管道（销售）分公司东北地区及河北省廊坊市天然气销售业务，接收中国石油天然气股份有限公司西气东输管道（销售）公司山西省天然气销售业务，整合中国石油天然气股份有限公司天然气销售大庆分公司、吉林分公司、辽河分公司组建而成，2017年1月在北京正式成立。主要负责中国石油在役天然气长输管道和各油田输气管线进入黑龙江、吉林、辽宁、北京、天津、河北、山西、内蒙古（东部）等8省（自治区、直辖市）的天然气市场开发、营销管理、资源平衡、管道运行协调，终端销售业务协同、合资合作，中国石油天然气股份公司天然气销售分公司授权下的管网规划建设等工作。主要气源来自中国石油长庆、塔里木、大港、冀东、华北、大庆、吉林、辽河等油气田的国产天然气，以及中亚长输管道进口天然气，大连、唐山LNG接收站进口LNG和大唐煤制气。区域内供气用户617个。

天然气销售北方公司位于北京市朝阳区，2018年底，设9个机关处室和黑龙江、吉林、辽宁、北京、天津、河北、山西和内蒙古（东部）等8个省级分公司。在职员工459人，其中党员占69%，平均年龄37.8岁，本科及以上学历占84.1%，中级及以上职称占56.5%、高级职称占19.7%，教授级高工2人。

2018年，天然气销售北方公司以建设“国内领先的专业化区域天然气销售公司”为目标，牢固树立“销售引领、合作共享、服务创新”三种理念，全面实施“市场、资源、能力”三大战略，科学组织“管道气、油田气、LNG”三种资源，在提质增效、保障民生上下功夫，天然气销量473亿立方米、收入879.9亿元、利润4.53亿元，各项约束类指标全部达到目标要求。

天然气销售北方公司主要经营指标

指　标	2017年	2018年
销量（亿立方米）	403.3	473
收入（亿元）	769	879.9
利润（亿元）	7.42	4.53*

注：*因2018年7月开始内部采购结算价格调整，利润水平发生变化；如按照2018年上半年采购价格同口径计算，全年利润为51.76亿元。

根据中国石油天然气股份有限公司2018年10月12日印发的《关于进一步调整优化天然气销售管理体制的通知》（石油人事〔2018〕286号）文件要求，北方公司的职能定位调整为天然气销售分公司（昆仑能源有限公司）的派出机构，内设“一室两部四中心”共7个部门，代表天然气销售分公司（昆仑能源有限公司），负责区域内的天然气销售业务规划协调、天然气资源组织、区域价格平衡、安全环保监督、审计监察等工作。协调监督范围为黑龙江、吉林、辽宁、内蒙古、山西、河北、北京、天津8省（自治区、直辖市）的15家单位。

【营销调运】 2018年，天然气销售北方公司按照推价政策执行顺价销售气量241亿立方米，增收77.5亿元。开展区域PNG和L-PNG浮动交易，上线交易PNG额外气和L-PNG分别达0.42亿立方米和6.1亿立方米，创效9.2亿元，推价交易量同比增长230%。完成7省（直辖市）用气结构和煤改气核查，通过优化增量市场的结构，增加工商业、交通行业用气比重，2018年居民气占比同比下降0.8%。通过严控营销计划管理平抑供求风险，营销计划符合率最高99%。2018年实现国内首次内航LNG海陆联运销售，利用罐箱多式联运模式开辟大连—山东，海南—山东—锦州LNG海上销运新航线，拓展LNG资源供应渠道，保障区域内LNG市场稳定。2018年销售LNG 12.4亿立方米、同比增加0.9亿立方米，增长7.8%，含税收入38.5亿元，创效4.2亿元。签订年度购销合同519份、冬季价格上浮补充协议457份，实现销售工作依法依规。

【市场开发】 2018年，天然气销售北方公司自主编制2019—2023北方区域天然气和管道业务发展总体规划和2019—2023年8省（直辖市）天然气和管道业务发展滚动规划。高质量完成中俄东线、远东管道等7条天然气干支线管道的市场报告及分输方案，涉及贯穿北方6省的管道里程4682千米，预设34座分输站、56个预留分输阀室，累计开发158个用户和项目，培育355亿立方米远期潜力市场。拓展直供直销市场，新增四平和鞍山2个管道气覆盖地市，新增太原、大连、石家庄3个副省级和7个地市级直销市场，供气地市直供直销比例超过62%，新发展雄安新区直销用户6家。通过与中俄东线天然气管道黑龙江段沿线13家用户签订长期合同，对黑龙江东部管网未辐射地区的48家用户出具前期气源支持函，提前构建直销关系。2018年投产新用户74家，销量5.55亿立方米，新投产华电石家庄热电九期和天津北辰华电2个天然气发电项目，华北石化、保利达钢铁、耀华玻璃、福耀玻璃4家直供工业年内投产，管道气用户总数较年初增长42%，新用户开发和投产的数量、规模、效率均创区域历年新高。

【冬季保供】 2018年，天然气销售北方公司多方筹措扩大冬季资源池，协调落实中国海油、中国石化新增保供资源1.66亿立方米；对接协调区域内的大庆油田、长庆油田等6家油田单位增加产能，缓解区域保供压力。与中石油煤层气有限公司共同统筹山西省煤层气资源与长输管道气资源，确保山西省的平稳供气。协调多家单位，推动唐山LNG外输管道反供冀东油田管网连通工程落地施工，联合研究连通工程的商业模式，工程于2018年冬季保供前投产。与区域内30多家液化工厂及沿海5家接收站建立长效衔接机制，协调客户与外部LNG资源建立采销渠道，提前做好资源短缺情况的应急补充方案。强化应急预案的编制和宣贯，联合天津、北京市发改委、城管委开展应急演练。分别在河北省、天津市成立应急调度指挥中心，通过信息化手段完善应急前置管理，加强全区域关键时期24小时值班调控和关键现场蹲点值守。支持地方企业建设储气设施，分解调峰储气压力，实时向各级政府企业通报冬季供应形势，构建起“企地联合、企企联合”的联动机制，到各省（直辖市）政府部门拜访洽谈42次，完成地方政府、主要用户和兄弟单位39次来访接待，处理来函150余份，收到国家发改委、天津市发改委、河北省办公厅和发改委给予冬季保供的感谢信。被集团公司授予“质量先进企业”称号。

【开源节流降本增效】 2018年，天然气销售北方公司优化资源流向，向京津冀辽高效市场和优质用户倾斜，增收13.5亿元。加大清欠力度，采取到量关阀、零预存关阀等限停气措施，2018年催缴欠款38亿元，彻底结清沧州大化全部1.37亿元陈欠，2018年9月实现天然气款无拖欠、应收账款余额为零的目标。2018年末，预收账款13.96亿元，同比增加3.46亿元。

【基础工作】 2018年，天然气销售北方公司完善组织制度建设，修订体系文件62个，有效实施的体系文件100个，汇总发布2018版《程序文件和作业文件手册》，同步编制177个内控管理流程，编发《公司常用法律词汇辑要》，编制各类标准合同文本34份。组织开展第二次岗位责任制大检查，完成全部204项发现问题的整改销项，形成30余项典型性经验做法。开展公司首次“培训月”活动，内容涵盖76项重点业务，参训学员13252人次。

【企业党建工作】 2018年，天然气销售北方公司定期开展党委中心组学习，组织开展党的十九大精神网上学习答题活动，举办第三期管理人员暨基层党支部书记党的十九大精神专题培训班。配齐配强所属6个基层党委、6个党总支的党组织负责人，新发展党员12名，推广应用党建信息化平台。开展党组织书记述职考核及党员民主评议工作，签订党风廉政建设责任书291份，建立廉洁从业档案130份。分别对河北分公司和黑龙江分公司开展巡察工作。8件作品在专业公司纪念改革开放40周年评展中获奖。天然气销售北方公司获集团公司在京单位纪念改革开放40周年歌咏比赛集体二等奖和优秀组织奖，被北京市授予“首都文明单位”称号。

（李晓宇）

中国石油天然气股份有限公司天然气销售东部分公司

【概况】 中国石油天然气股份有限公司天然气销售东部分公司（简称天然气销售东部公司）是按照中国石油集团公司天然气销售管理体制改革部署成立的区域天然气销售分公司，以原西气东输一线东段销售机构为基础组建，由原西气东输销售分公司更名而来，在上海自贸区注册，自2017年1月1日正式运营。2018年底，机关设7个职能处室，市场区域内设7个省公司，有员工约220人。

天然气销售东部公司市场区域覆盖鲁、豫、皖、苏、浙、沪等6省（直辖市），主要负责区域内天然气市场开发与营销管理、资源平衡、产销衔接、输销衔接、终端销售业务合作协同及管网规划运行具体衔接协调等工作。

2018年，天然气销售东部公司狠抓发展和管理两大主题任务，抢市场、扩销量、提价格、优经营、强党建，推动高质量发展。销售天然气463.5亿立方米，同比增长15.4%；投产用户111家，用户数量423家，实现“换字头”；销售均价2.194元/米^3，同比提高0.135元/米^3；营业收入921.9亿元，同比增长24.2%，在基准门站价格基础上增加收入89.5亿元；利润22.1亿元，完成预算的490.6%，同比增长332.7%。

天然气销售东部公司主要经营指标

指　标	2018年	2017年
销量（亿立方米）	463.5	401.6
新用户投产数量（家）	111	16
综合价格（元/米^3）	2.194	2.059
收入（亿元）	921.9	742.6
利润（亿元）	22.1	5.1

【市场开发】 2018年，天然气销售东部公司把握市场供需转换前有利形势，抓住市场开发黄金期，抢滩布局高端市场。注重质量效益，根据用户分级调节开发节奏，从源头把牢优化用户结构的方向。分别召开中俄东线山东段和江苏段工程暨市场开发对接会，优化资源配置方案，主导构筑市场雏形。支持潜在用户62家，承诺新增气量218.1亿米^3/年；新增意向书用户3家，签订意向气量17.8亿立方米；新增合同用户93家，合同气量10.7亿立方米，新增用气潜力246.6亿米^3/年。发挥LNG机动灵活特点，把LNG作为培育市场的“先锋气”，抢占管道未覆盖区域潜在市场。抓住区域内“镇镇通”工

程窗口期，面向江苏富裕村镇市场，皖南及浙南地区天然气需求，以LNG打开市场通道。预判南京、苏州、无锡等大型城市经济发展水平高、环境保护要求严，产能转移势在必行，加大LNG市场开发力度，战略布局未来天然气终端市场。抓住国家放开大用户“直供直销”政策红利，推动用户向直供转变，减少中间环节，把销售业务渗透到市场末端。瞄准重点方向，将大用户从省网中分离出来，将工业用户从城燃中分离出来，逐户筛选分析直供可操作性，列出重点发展对象。深入现场协调解决问题，增强用户信心，争取地方支持，创新城燃代输用户计量交接模式，为加快用户转直供创造有利条件，实现用户转直供88家。

【天然气销售】 2018年，天然气销售东部公司强化销售经营意识，依法合规用足国家政策，牢牢把握流量、流向、价格三大要素，提升经营水平。突出销售合同严肃性、合规性，签早、签长、签实，执行“月计划、周平衡、日指定”，严格销售秩序。提前研判市场形势，根据集团公司资源配置，掌控销售节奏，高峰日销量1.62亿立方米，高峰月销量43.2亿立方米，低谷日销量9800万立方米，低谷月销量32.2亿立方米，较好满足不同阶段“扩销增量”“稳量增效”要求。营造气电增发机会，与电厂达成“冬季欠发、春季抢发、夏季多发、秋季少发”共识，高峰日用气4700万立方米，低谷日1300万立方米，发挥削峰填谷作用。举办气电业务联合发展论坛，分享推广江苏气电经验，为电厂用户、分布式能源“开单线”“吃小灶”，形成区域气电特色。打造LNG效益增长点，实行淡旺季销量互锁，动态调整价格，探索推行“一票制”，销量10.9亿立方米。

【提质增效】 2018年，天然气销售东部公司坚持效益中心，促进发展提质增效。落实冬季保供推价政策，根据用户气量、类型等确定推价幅度，推价气量157.1亿立方米，较平均门站价格提高0.5元/米^3，增加收入72.7亿元。打破淡旺季传统区分，4—10月城燃调峰量执行线上交易价格，推价量18.2亿立方米，增加收入13.7亿元。利用线上交易平台，以市场化手段满足用户额外需求，研究市场量价平衡点，完成交易量10.3亿立方米，增加收入12.1亿元。优化资源流向，将有限资源向最优质用户倾斜，高价省份和高端用户提速增量增效、低价省份和低端用户控速调价减亏，销售结构优化。年末居民用气比例19.68%，同比优化1.9个百分点。复核山东用气结构，由固定居民气量改变为固定比例，综合居民用气比例由27.7%降至18.4%，销售价格提高0.024元/米^3，增加收入6821万元。紧盯LNG市场形势，动态调整销售价格，平均1周调价一次，最快时3天调价一次，累计调价49次，获LNG销售利润3.1亿元。推行预收账款制度，预收周期由4天延长至10天，账面余额保持增长，获利息收入1.1亿元。

【协同发展】 2018年，天然气销售东部公司以集团公司整体效益最大化为原则，为兄弟单位进入市场、拓展业务创造机会，带动天然气产业链协同发展。支持昆仑能源终端市场发展，给予资源倾斜，签订增量补充协议24份，调增气量4.3亿立方米。在中俄东线44个新项目中，优先保障昆仑项目15个，意向气量70亿立方米。推荐昆仑能源参股周口—漯河管道项目，配合完成合资公司注册。协同管道局分别与杭州燃气及振石集团进行战略合作，开展工程建设。作为华东华中产融结合组长单位，构建良性互动机制，打造协同发展平台，促进产融结合。推荐昆仑银行承办镇江电厂和仪征电厂贷款业务，取得阶段性成果。与昆仑租赁携手，为国电投常熟电厂提供“天然气资源+资金”综合服务，获用户高度评价。

【合资合作】 2018年，天然气销售东部公司围绕做大、做优、做强区域天然气销售业务，搭建管线建设、发电、政府协作和投融资等4个平台，通过管网建设扩大市场辐射和占有；通过合资合作提升对产业链的控制力和话语权；通过LNG点状渗透实现对潜在市场的培育和抢占；通过金融杠杆延伸集团公司的经营触角、扩大影响力。主动寻求合资合作，优选出江苏沿海输气管道、杭州燃气集团、丹阳华海热电、华电江苏公司及华能江苏公司等10个合资合作项目，完成华电江苏和丹阳华海两个项目审计、资产评估和法律尽职调查，有序推进股权可行性研究，形成向产业链末端延伸和发展的合资合作局面，为集团公司进入发电及能源市场进行探索和尝试。推进支线管道建设，完善管网布局，抢占高效市场，增强掌控能力。加快推进金坛—江宁支线管道项目前期工作，可行性研究报告获股份公司正式批复。支持定合复线建设，深度参与前期工作，项目开工建设。

【基础管理】 2018年，天然气销售东部公司把抓管理作为全年一大主题任务，全方位开展、深入推进，确保管理水平与市场营销需求相匹配。利用人才引进、学习培训、机关轮岗等方式，加强职业化客户经理、专业化经营管理、专兼职党群政工三支人才队伍建设。按照“五好”干部标准，选拔聘用处级干部4名，科级干部32名，打破部门界限，面向35岁以下员工，选拔12名省公司经理和主管，树立选拔任用年轻干部导向。划定工作界面，梳理工作流程，坚持依法合规，建立完善各项规章制度33项，形成决策、执行、监督、问责闭环管理。把各种测试、审计、检查作为“体检”和提升机会，虚心接受，全面整改，规避风险漏洞。服务主营业务，瞄准经营管理数字化、信息化、智能化，立项实施“市场销售智能化数据分析及可视化展示系统”等项目，完成“应对天然气市场化发展的策略研究”课题验收。推进山东省代输用户安全和计量设施改造，明确责任主体和整改期限。推行计量交接电子化，协调解决计量输差问题，提高效率、精准计量。优化销售结算及应收账款管理，建立财务资产处、营销处及省公司联合清欠模式，用户欠款稳步减少，清欠情况总体良好。

【企业党建工作】 2018年，天然气销售东部公司落实党建责任，坚持党的领导、加强党的建设，发挥党建引领和保障作用。把政治建设放在首位，分层次、多形式、全覆盖学习宣传贯彻党的十九大精神。与苏州城投公司签订党建联建协议，推动党组织联动、联建和联创，以“党建+”探索央企和地方国企的跨区域合作。开展典型选树，评选4家先进集体和5名标兵个人，予以重奖，发挥模范引领作用。坚持全面从严治党方针，制定落实党风廉政建设“两个责任”、党建工作责任制考评及党委贯彻落实中央八项规定精神等实施细则，加强党风廉政建设。坚决反对“四风”，从严从实查摆四个方面12类突出问题，集中整治形式主义、官僚主义。建立党委巡察制度，组建巡察组，启动党内巡察工作。领导监督执纪，落实纪委监督责任，把握运用“四种形态”，核查6封举报信件，谈话函询12人、通报1人、党内警告处分1人。开展企业文化活动，举办“走进新时代 携手创未来”文艺汇演，庆祝建党97周年暨改革开放40周年。杨紫月代表天然气销售东部公司参加集团公司“劳模·青年论坛”，展示负责任勇担当的石油精神。加强新闻宣传，建设天然气销售东部公司门户网站，开通微信公众号，与内外部媒体经常性沟通，扩大新闻宣传载体。内宣以相互交流、提升素质为出发点，刊发稿件586篇，累计访问近10万人次。外宣以展示形象、打造品牌为落脚点，开展燃气发电业务联合发展论坛集中宣传，发稿20余篇，其中新华社单稿阅读量超过50万人次，营造有利的舆论氛围。

（蔺军伟）

中国石油天然气股份有限公司天然气销售西部分公司

【概况】 中国石油天然气股份有限公司天然气销售西部分公司（简称天然气销售西部公司）由集团公司3家长输管道（西部管道、西气东输、西南管道）、5家油气田（长庆、塔里木、新疆、青海、吐哈）企业在西部7省（自治区）的天然气销售业务整合而成，2016年12月在乌鲁木齐注册成立，从成立运行到2018年10月，主要负责新疆、甘肃、青海、宁夏、陕西、内蒙古西部（乌兰察布以西）、西藏等7省（自治区）天然气销售（批发）以及区内天然气资源平衡、管道运行协调、管网规划建设、终端销售业务协同、合资合作等业务。2018年底，天然气销售西部公司机关设7个处室（办公室、规划计划、财务资产、人事、营销调运、市场开发、信息管理），基层设6个省级代表处（新疆、甘肃、青海、宁夏、陕西、蒙西，西藏业务暂由青海代表处代管）。用工总量259人，平均年龄41岁。

2018年10月12日，中国石油调整优化天然气销售管理体制，调整天然气销售西部公司定位为天然气销售分公司（昆仑能源有限公司）的派出机构，主要承担区内天然气销售业务的协调监督职能。业务职能调整后，设置3个处室（综合办公室、计划财务部、协调监督部）、4个中心（质量安全环保监督、审计、纪检监督、工程监督）。用工总量70人，平均年龄42岁。其中：本科以上学历57人，占比91%；中级以上职称52人，占比84%；中共党员54名，占比87%。

【主要经营指标】 2018年，天然气销售西部公司销售天然气323.4亿立方米。综合销售价格1.356元/米^3，较国家基准门站价上浮20.8%，同比增长10.80%，推价增幅在六家区域公司中最大，推价增收60.5亿元。在专业公司5次上调采购价格减利28.51亿元的情况下，全年利润5.92亿元。5家大户欠款问题基本解决，2017—2018年连续两年收回历史欠款及利息12.58亿元，预计可收回欠款28.3亿元。

【区内用户首次全面签订购销合同】 2018年，天然气销售西部公司制定实施合同签订方案，采取召开对接会、上门沟通等方式，与6省（自治区）政府沟通、用户谈判，解读合同文本及天然气价格政策，最大限度争取理解和支持，多措并举提高合同签订率。上半年区域内320家用户全部签订2018年购销合同，首次实现年度合同签订全覆盖。下半年，组织签订今冬明春购销合同补充协议，“合同签订、价格执行”首次双到位，为规范经营奠定基础。

【依靠线上线下并行推价增收】 2018年，天然气销售西部公司坚持价格市场化，制定和执行LNG用气价格与终端售价联动机制，引导额外气线上挂牌交易。线上成交49.9亿立方米，其中LNG成交34.5亿立方米，较基准门站价上浮60%；额外气2.2亿立方米，较基准门站价上浮159%。加大线下推价力度，全年分时段采取不同策略推价，冬季严格执行管控量、非管控量差异化定价，均衡气量价格上浮不低于22.7%，调峰气量价格上浮不低于37%。保持推价到位率100%，较预算指标高出12%。

【资金管理使财务费用首次变负】 2018年，天然气销售西部公司推行预收款制度，每月考核兑现，预收款执行率98%以上，日均预收款余额稳定在6亿元以上，有效降低欠款风险，减少负息资金利息支出，节约财务费用。扭转客户理念，收取由对方贴息的银行承兑汇票，通过加快票据入池、加速在体系外转移支付等方式补偿资金占用损失，财务费用首次变为“负数”。

【整体协同发展理念得到贯彻落实】 2018年，天然气销售西部公司贯彻集团公司整体协同发展理念，与西部各油田、炼油厂、管道、销售、煤层气等内部单位建立沟通机制，通过调整资源流向、优先满足用气需求、向地方推荐其为城市燃气合作伙伴等形式，支持其开拓终端市场、协调地方关系、增储上产提效。增加当地销量，畅通油田后路；支持周边用户开口用气，促进陕京四线等管道建设；支持昆仑能源开发终端，促成其与域外企业合资合作。考虑市场有效需求增长因素，向系统内供气同比增长16%。

【以大局为重平稳重组整合】 2018年10月，中国石油整合天然气销售批发分销和终端零售业务，将天然气销售西部公司下属6个省级代表处与昆仑能源有限公司相应省公司整合形成“一省一公司”。天然气销售西部公司支持省公司组建，耐心细致地指导省公司开展线上交易等业务，善始善终地落实推价、清欠等既定安排，实现业务移交平稳过渡，做到“扶上马、送一程”，用实际行动支持一体化天然气销售体制改革。

【天然气供应迎峰度冬完成】 2018年，天然气销售西部公司面对巨大用气缺口，始终把保障民生用气作为政治任务扛在肩上，从4月起开始未雨绸缪冬季保供，靠实地方政府保供责任，通过上门对接、签订协议等形式，引导地方政府“以气定改”、落实调峰用气，组织减限应急，维护供需平衡。做实冬季保供基础工作，通过调研统计分析，摸清重点城市民生用气底数、工业大户用气特性，基于历史用气规律，做好不同气温下的用气预测。不断完善1个总体预案、118项关键节点应急处置方案，分3%、5%、10%对高峰用户制定实施三级减限方案。通过分省（自治区）通报供需形势、24小时值班监控、有序压减等措施，保障乌鲁木齐、西安等重点城市平稳用气，基本满足民生用气需求，打赢迎峰度冬保卫战，维护负责任、有担当的良好形象。

【市场开发稳步有序】 2018年，天然气销售西部公司启动区内市场调研，开展西三线中段、西四线等项目前期沿线市场调研，优化新建管道分输方案，摸清一批用气市场和重点项目。把重心放在陕京四线蒙西段、西二线陕西段两条干线集中开口区域，择优推进项目开发，发掘天野化工、长安燃气等潜在直供用户，推动多家用气大户直供，提高经济效益。2018年开发项目78个，中国石油内部企业55个、占比71%。其中：昆仑能源47个，占比85%；集团兄弟单位8个，占比15%。新增投产用户26家，有17家投产用户全部执行门站价上浮37%，新增天然气销量1.3亿立方米，预计可增收0.38亿元。

【管理基础得到夯实】 2018年，天然气销售西部公司深化风险管理，评估识别十大风险，据此制订风险策略及应对方案，修订完善业务流程及控制措施。深化制度宣贯学习，采取知识竞赛、网上答题等多种形式，组织全员分层、分类学习宣贯制度。深化岗位适应性培训，选派132人次参加集团公司A类、B类培训项目，自办培训项目6期，参培261人次，基本全员覆盖。深化开源节流，制定符合天然气销售财务特点的分析报告体系，通过事先算赢，找到效益出血点和造血点，提出提质增效方向。

【企业党建工作】 2018年，天然气销售西部公司加强党的建设，采取党委中心组学习、干部培训班、讲主题党课等形式，不忘初心，牢记使命，增强“四个意识”，坚定“四个自信”，做到“两个坚决维护”。构建“大党建”工作格局，开展基层党组织达标晋级、“四合格四诠释”岗位实践、“弘扬石油精神、重塑良好形象”第二个活动周等活动，推进党建工作水平上台阶。加强党风廉政建设，发布巡察工作五年规划，开展两轮巡察，营造风清气正的政治生态和干事创业的良好氛围，干部员工队伍始终保持和谐稳定、昂扬向上。

（李金超）

中国石油天然气股份有限公司天然气销售南方分公司

【概况】 按照集团公司统一部署，中国石油天然气股份有限公司天然气销售南方分公司（简称天然气销售南方公司）2016年12月15日注册成立，2017年1月1日正式上线运行。以西气东输销售公司负责的西二线东段和忠武线销售机构为基础组建，负责广东、湖北、湖南、江西、海南5省及香港特别行政区的天然气销售业务，区域内中国石油天然气主要由西二线、西三线、忠武线供应。截至2018年，有合同用户152家，投产用户132家。其中湖北55家、湖南19家、江西27家、广东30家以及香港1家。机关设7个职能处室，下设5个省级分公司，负责管理2家股权单位，用工总数191人（含领导班子成员3人）。

天然气销售南方公司以推进一流天然气销售公司建设为目标，实施“四个优化四个高”的战略举措，即优化营销业务管理，实现高效益；优化管理机制，达到高水平；优化各方关系，谋求高融合；优化人文环境，提供高保障，开创新时代高质量发展新局面。营销开发业务稳中有进、稳中向好、稳中提质。2018年，天然气销售量143.27亿立方米，超额完成计划，同比增加20.88亿立方米，增长17.1%。销售收入283.38亿元，综合天然气销售价格2.169元/米^3，较专业公司平均销售价格高0.252元/米^3。新用户投产13家，新增天然气销售量1.024亿立方米。

天然气销售南方公司主要经营指标

指　标	2018年	2017年
天然气销量（亿立方米）	143.27	122.39
天然气销售收入（亿元）	283.38	227.57
利润（亿元）	4.02	0.34

【市场开发】 2018年，天然气销售南方公司坚持“终端为王”理念，发挥一体化优势，优化用户自主选择机制，推动佛山直供试点工程，试点以来同比增长保持80%以上。创新建立两方与多方合同主体并存、长期与短期结合的合同体系，严守合规底线，所有客户“先签约后供气”。在中国石油管道尚未通达的珠中江市场发展用户7家，为管道完全独立后的交易模式做出有益尝试。坚持“支持昆仑能源就是支持我们自己”的工作理念，推动昆仑能源南方区域用户2018年销量同比增长26%，明显高于天然气销售南方公司平均增长。协同昆仑能源开展市场调研，推介昆仑能源参与项目32个，通过项目协调使昆仑能源多个项目摆脱经营困境。

【营销管理】 2018年，天然气销售南方公司创新营销管理，利用上海和重庆两个线上平台实现竞价交易，推动LNG线上竞价交易，探索发现市场化价格，营销方式逐步多元化。推动互联互通，在广东地区初步形成常态化互供互保机制，保障资源稳定供应。坚决贯彻落实“事前算赢、增销增效”工作要求，以集团整体效益最大化为目标，线下线上相结合，因户施策推价，增收5亿元。应对冬季保供，精准压减需求气量10.65亿立方米，压减超过15%。开展信息研究中心建设，为营销策略提供支撑保障，打造学研实践基地。牢固树立“客户关系也是生产力”和“居安思危”的意识，超前布局客户管理，推行客户经理制，提供“一对一、个性化、差异化”服务。充分发挥中国石油一体化优势，促成昆仑银行向深圳燃气等客户提供资金、贷款服务。实施精准扶贫，扶持开发国家级贫困县江西省上犹县元源新材料项目，保障革命老区扶贫项目天然气供应。坚持“客户的需求就是我们努力的方向”，客户满意度99.5%，客户问题处理率100%。

【规划计划】 2018年，天然气销售南方公司加强规划引导，融入终端项目需求，建立联合工作机制，规划一体化有效推动。树立企地融合共赢、协同发展理念，编制广东省中长期天然气发展规划，参与广东省能源“十三五”中期评估调整，组织编制湖南省天然气业务发展规划和长江经济带天然气发展规划。广泛开展管网合作，有序推进参股武汉高压管网公司，组织江西管网二期工程经济效益评价，配合兄弟单位布局广东省沿海揭阳、茂名LNG接收站，通过多种方式拓宽合作渠道。

【基础管理】 2018年，天然气销售南方公司聚焦“合规管理”要求，推进综合管理体系建设，形成具有天然气销售南方公司特色的《管理手册》《程序文件》《作业文件》《流程表单》等4大类体系文件及《规章制度汇编》和《应急预案》，累计138万余字。通过ISO 9001质量管理体系认证，获集团公司“质量先进企业”称号。加强股权管理，推动广东省天然气管网有限公司健康发展，完成江西省天然气投资有限公司股权管理权划转。深入推进开源节流降本增效工作，开展对标管理，实行“先款后气”的预收款制度，所有外部用户无欠款。强化价格执行，优化资源流向，增收近8亿元。

【企业党建工作】 2018年，天然气销售南方公司按照“围绕中心抓党建、抓好党建促发展”的原则，始终强化思想引领，组织学习贯彻党的十九大精神，把党的十九大精神转化为发展动力。推进党建信息化建设，党建信息化上线运行。组织开展“两优一先”评选，充分激发优秀共产党员和优秀党务工作者榜样力量。深入开展“七一”系列活动，定期组织召开党建工作例会，落实党建责任制考核，引领全体党员树立“四个意识”、增强“四个自信”。深入推进党风廉政建设，面向中层干部开展“六个一”廉洁教育，配合驻广东销售分公司纪检组全面开展工作，组织公司党委第一轮巡察工作，确保风清气正氛围浓厚。联合专业研究机构，开展廉洁风险防控体系研究，打造阳光工程。

【企业文化】 2018年，天然气销售南方公司创新企业文化载体，为凝聚发展合力、精神动力，孕育形成企业文化手册和宣传片等一系列文化产品，讲好南方故事，为企业形象建设注入正能量。坚持党建带工建、带团建，开展“开心工作 健康生活”“金秋助学送温暖”等主题活动，举办首届员工运动会，组织五四青年节志愿活动，提升团队凝聚力。为树立中国石油品牌价值，打赢蓝天保卫战和冬保攻坚战，携手客户共同举办纪念改革开放40周年暨喜迎国庆文艺汇演，推动南方区域天然气相关企业合作共赢。

（韩　鹏）

管道企业

中国石油天然气股份有限公司北京油气调控中心

【概况】 中国石油天然气股份有限公司北京油气调控中心（简称油气调控中心）2006年5月8日正式成立，主要职能是对中国石油所属长输油气管道实施集中调度指挥、远程监控操作、维修作业协调和管网运行优化。截至2018年底，油气调控中心集中调控运行油气管道79条，总里程近6.02万千米。其中：一级天然气管道里程3.67万千米，场站444座，阀室1326座，压缩机303台；一级输油管道里程1.6万千米，场站130座，阀室512座，泵机组314台；集中监视二级管道总里程7470千米，场站127座，阀室333座。

【油气输送业务】 2018年，油气调控中心输送天然气1262亿立方米，同比增长18.3%；输送原油8030.8万吨，同比增长34.6%；输送成品油1661.5万吨，同比略有下降。在运行调度坚持信息通报、计划衔接、风险防控、资源与运行应急、定期会商“五项机制”、在监控操作中坚持精准分析预判、精准调整优化、精准监视控制、精准预警报告、精准应急“五个精准”，在设备管理中坚持故障原因分析、故障处置、仪表联

油气调控中心主要经营指标

指　标	2018年	2017年
天然气管网输气量（亿立方米）	1262	1066.98
原油管网输油量（万吨）	8030.8	5964.53
成品油管网输油量（万吨）	1661.5	1694.44
节能（万吨标准煤）	4.1	4.01

合检测、新建管道同步联调、系统运维保障“五项机制”，保证调控运行操作零事故、调度命令零差错、应急响应零失误。紧盯抚锦线建设进展，同步推进配套工程，逐项确认投产条件，科学编制投产方案，抚锦线一条干线两条支线远控投产，推进锦郑线投产准备工作。组织国Ⅵ标准油品升级置换，历时8个月，5条干线、78条分输支线及9大罐区200多万立方米油品置换工作提前完成。

【远程监控】 2018年，油气调控中心新增远控操作场站12座，远控操作输气场站总数367座，远控率突破90%。新增远控分输用户269户，远控分输用户总数626户，覆盖率68%，其中346个用户实现自动分输功能，超过远控分输用户一半以上。推动分输用户工艺及远控功能改造项目，59座场站经改造实现远控分输。配合实施远控功能提升项目，完成西气东输管道81座场站控制逻辑优化。配合互联互通工程实施，19项配套工程建设按计划推进，盘锦、盖州两座压气站实现中心远控。提前介入中俄东线天然气管道工程建设，保证新建管道符合智能调控功能要求。推动老旧管道远控改造，惠宁原油管道纳入一级调控。

【自控通信】 2018年，油气调控中心改进自控通信系统运维技术，定期开展软硬件性能检测，完善系统功能，推动现场设备更新改造，推进OTN波分复用系统二期项目建设，SCADA和通信系统综合可用率均99.99%。提高网络安全防护技术，落实主动防御措施，SCADA系统通过定级备案，在“护网2018”攻防演练中，SCADA系统网络经受住12天的靶标攻击。推动实施恒毅大厦搬迁工程，按期完成前期建设任务。PCS软件应用于大沈线盖州压气站站控系统，首次在国内实现控制系统全面国产化、站控系统与压缩机控制系统整合，以及一键启停机组、一键启停压气站远控功能。

【优化运行】 2018年，油气调控中心统筹实施天然气管网资源流向优化、运行方案优化、负荷分配优化，在周转量增长20.4%和作业量大幅增长的情况下，生产单耗同比增长7.7%。输油管道挖潜增效，优化批次计划、输送工艺、配泵方式，原油管道生产单耗同比下降7.4%，成品油管道生产单耗稳中有降。2018年油气管网节能4.1万吨标准煤。

【科技创新】 2018年，油气调控中心“天然气管网优化技术及应用研究”项目获集团公司科学技术进步奖一等奖。开展输气管道调节阀控制技术研究，实现输气管道压力、流量自动调节。“长庆热油管道工艺调整与异常工况智能识别研究”进展顺利，建立起不同工况异常数据智能化模型。完成管道光通信收费模式及标准研究，为下一步通信资源综合利用奠定基础。组织天然气管网计量专项核查，分析提出输损统一平衡建议方案。研究制定《油气管道能耗测算方法》，推进压缩机效率实时监测和运行调整，动态跟踪分析管网耗能情况。跟踪长周期故障设备修复进度，协调修复压缩机组73台次、泵机组61台次。完善技术标准，制修订集团公司企业标准7项、油气调控中心企业标准6项。

【企业管理】 2018年，油气调控中心完成E版QHSE体系升级，梳理完善133个体系文件。开展全要素量化审核，发现整改问题28项。加强风险隐患排查，86项治理工作基本完成。实施SCADA系统失效专项演练，常态化开展桌面推演，定期组织事故事件案例分享活动。落实“三重一大”决策制度，审议各类议案55项。争取投资支持，投资计划同比增长35%，完成率99%。严格费用使用管理，2018年经费结余7%。实施采购项目69个，物资采购节资率、集中采购度、招标率均高于考核指标。设立总法律顾问，依托专业机构加强法务工作，81项合同依法合规履行，内控测试无例外事项。落实审计全覆盖要求，完成16个工程项目、18个科研项目内部审计。研究制定《职业化调度岗位建设方案》，推进调度岗位“双序列”。改革住房补贴制度，出台异地调京住房补贴政策。调整薪酬激励机制，向生产一线适度倾斜，员工收入稳中有升。增设管道安全监控处，加强线路管道安全监控。

【企业党建工作】 2018年，油气调控中心开展习近平新时代中国特色社会主义思想和党的十九大精神专题学习研讨，举办“举党旗、带党徽、亮身份”活动、网上答题竞赛和党员岗位讲述活动。落实党建专项经费，保障党建工作开展。量化党建工作考核，组织党支部达标晋级、党组织书记述职评议，党建工作责任层层落实。研究制定《意识形态工作责任制实施办法》等一批制度文件。群团组织开展扶贫帮困、职工互助工作，举办家属开放日、主题征文、文体竞技等活动。

2018年，油气调控中心健全纪检监察组织，充实纪检监察力量，推动落实“两个责任”。研究确定59个岗位、106个廉洁风险点，逐项落实防控措施。集中整治形式主义、官僚主义，对照清单查摆问题、整改落实。紧盯关键节点，出禁令、早提醒、严要求，防止“四风”问题发生。加强反腐倡廉教育，通报集团公司部分党员干部违纪违规问题。从严教育管理党员干部，2018 年未发生党员干部违纪违规问题。

【队伍建设】 2018 年，油气调控中心规范选人用人工作，选好配强部门领导班子，重视干部领导力、执行力培养。加大年轻干部选拔力度，推动干部岗位交流，干部队伍结构得到优化。选拔任用中层以上管理人员 11 人，干部队伍得到充实。加强人才引进工作，系统内招聘 8 人、引进高校毕业生 10 人。创新培训形式，多层次开展培训，2018 年参培人数 270 余人次。

（周　涵）

中国石油天然气股份有限公司管道分公司（中石油管道有限责任公司北方分公司、中国石油天然气股份有限公司管道销售分公司）

【概况】 中国石油天然气股份有限公司管道分公司（中石油管道有限责任公司北方分公司、中国石油天然气股份有限公司管道销售分公司）简称管道公司，位于河北省廊坊市。主营业务涉及原油、天然气、成品油管道运输，管道运输的原油销售、仓储，油气管道运营服务、科研服务、维修抢修，压缩机组维检修等。2018 年底，用工总量 8658 人，设 17 个职能部门，下辖输油输气、管道项目建设管理、管道科技研究、压缩机组维检修、油气储运技术服务等 27 个处级生产经营单位，分布在全国 14 个省（自治区、直辖市）。

截至 2018 年底，管道公司在役油气管道 14845 千米。年输送原油能力 10600 万吨，年输送成品油能力 2671 万吨，年输送天然气能力 422 亿立方米。有输油气站场 181 座。其中，原油站场 61 座，天然气站场 81 座，成品油站场 38 座，水站场 1 座。原油管道 6108 千米，主要管道包括漠大线、漠大二线、庆铁三线、庆铁四线、长吉线、中朝线、鞍大线、铁抚线、铁锦线、津华线、惠宁线、惠银线、石兰线、长呼线、日东线；成品油管道 4502 千米，主要管道包括兰郑长线（宝鸡—长沙）、港枣线、呼包鄂线、宁石化外输线、吉长线、抚锦线；天然气管道 4110 千米，主要管道包括沧淄线、泰青威线、泰青威日照支线、冀宁线（枣庄—衡水）、平泰线（菏泽—泰安）、秦沈线、长长吉线、哈沈线（沈阳—长春）、大沈线、平山线、大连支线。水管道 125 千米。

2018 年，管道公司被集团公司授予“安全生产先进企业”“环境保护先进企业”“法律工作先进单位”“质量节能先进单位”称号；获集团公司科学技术进步奖一等奖 1 项、二等奖 2 项，技术发明奖三等奖 1 项；1 人获河北省国资委党委“第二届省国资委系统道德模范”称号；4 个基层党组织获河北省国资委党委“先进基层党组织”称号，2 名党员被评为“优秀共产党员”，3 名党员被评为“优秀党务工作者”。

2018 年，输送原油 7048.8 万吨、成品油 530.8 万吨、天然气 180.4 亿立方米，超额完成管输任务，输差损耗控制在股份公司下达的指标范围内。年节能 0.43 万吨标准煤、节水 0.42 万立方米。

管道公司主要生产经营指标

指　标	2018 年
原油管网输量（万吨）	7048.8
成品油管网输量（万吨）	530.8
天然气管网输量（亿立方米）	180.4
节能（万吨标准煤）	0.43
节水（万立方米）	0.42
利润（亿元）	26.22
税费（亿元）	13.2

【生产运行】 2018 年，管道公司按期打通俄罗斯原油通道，统筹做好炼油厂检修期间资源平衡。推进维检修作业集中监控平台建设，实现对高风险作业现场的实时监管。推广应用天然气站场泄漏激光检测技术，可探测天然气微渗漏，为无人站建设提供技术支撑。推行设备预防性维护，集中整改隐患 1912

项，设备安全可靠性大幅提升，管道非计划停输次数有效下降。通过提升自主运维能力，年节约运维成本1400万元。日东管道输量突破700万吨大关。管输任务和输差指标完成情况位居五家地区公司前列。

【管道管理】 2018年，管道公司在管道总里程、第三方施工增加的情况下，实现新增管道占压和第三方施工损伤管道事件“两个为零”，管道被打孔盗油与光缆被第三方破坏次数创近10年新低，管道阴极保护率、管道更改大修和应急演练完成率100%。新增地面标识3.78万个，开展管道宣传1024次，有效监护第三方施工1949处，完成大型水工保护工程42项，及时发现打孔盗油未遂事件3起。全面升级人防、物防、技防和企地联防，完成全国“两会”、上海合作组织青岛峰会等重点阶段安保防恐任务。识别高后果区2468段，实施管道内检测948千米、外检测2996千米，修复管体和防腐层缺陷472处。利用自主研发检测器完成锦郑线、大连支线投产前综合检测和日东线、津华线等管道打孔盗油专项检测。在国家能源局完整性管理推先工作中，所属中原输油气分公司和中石油山东输油有限公司获评A级。推进管道环焊缝排查治理，资料复核78.9万道，底片复评77.9万道，提前一年完成排查任务，开挖验证248处，修复问题焊口67处，消除部分安全隐患。

【工程建设】 2018年，管道公司完成建设项目投资120.3亿元，新建和投运管道2558千米，两项指标创历史新高。工程质量、安全、环保、工期、投资受控，完成中俄东线天然气管道中段等重大项目核准工作，项目前期完成率、项目按期完成率和竣工验收完成率均100%。中俄原油二线工程2018年1月1日建成并投产一次成功，开创国内重点工程当年投产、当年验收的先例。中俄东线天然气管道北段工程建设全面提速，跨境段2号隧道提前贯通，线路焊接完成758千米，超额完成年计划500千米焊接任务，AUT检测一次合格率95.37%，工程质量和HSE业绩取得集团公司量化审核以来最好成绩。抚锦郑管道工程统筹解决87项遗留难题中的83项，抚锦管道9月28日建成投产，保定以南段具备投产条件。国家互联互通重点工程盘锦、盖州压气站4月开工建设，11月底高质量建成投运，开创国内压气站工程当年立项、当年建设、当年取得全部合规手续、当年投产以及设备技术100%国产化的先例。汇鑫油库二期增输工程和日照、大连、南山支线投产。2018年组织项目竣工验收6项。

【安全环保】 2018年，管道公司实现安全生产、质量、职业病危害事故和环保违规事件“四个为零”，“三废”合规处置达标率、环境监测覆盖率、职业健康体检率、职业病危害因素检测率“四个100%”，化学需氧量、氨氮、二氧化硫、氮氧化物排放量实现“四个下降”。在建项目“三同时”及时办理，基层站场噪音治理、污染源排查等工作有序推进，环保风险受控。进行两次全覆盖体系审核，闭环整改问题1140项。开展风险排查和隐患治理，完善安全环保风险清单100项，识别较大隐患17项，完成集团公司督办隐患治理8项。安全实施特殊作业515次，其中一级动火30次。推进基层站队HSE标准化建设，公司级站队100%达标。强化交通安全管理，安全行驶3500万千米。

【科技创新】 2018年，管道公司高标准谋划推进智能管道建设，完成中俄东线天然气管道北段智能管道建设初步设计和施工图数字化移交，中俄原油管道二线数据逆向恢复试点工作完成率100%，“智慧管网建设运行关键技术研究与应用”完成立项建议和顶层设计。“油气长输管道及储运设施检验评价与安全保障技术”完成2项国标立项、制造新仪器和装备样机8台套，“油气管道关键设备国产化”形成5大系列43项创新技术、研制5大类96台套管道关键设备样机；盖州压气站全面应用自主产权的PCS站控软件、国产PLC系统，在国内首次实现压缩机“一键启停”与压气站“一键启站”。国家重点研发计划“重大装备标准走出去适用性技术研究”进展顺利，向塔吉克斯坦转化2项中国标准；2018年制定国际标准4项、国家标准1项，发布国际标准1项。

【队伍建设】 2018年，管道公司改革干部管理制度，新提拔副处级干部推行试用期和任期制，打通干部能上能下通道。制定《输油气单位优化劳动组织指导意见》和配套政策措施，分片区召开工作推进会，16家输油气单位全面试行“作业区和管道管理站”新的管理模式、“一岗多责、大工种、大岗位”新的劳动组织形式、“管理+技术+核心技能”新的用人方式。选聘管道公司技术技能专家（带头人）113人，1人被评为集团公司技能专家。在集团公司油气管道职业技能竞赛中获3金6银11铜。2018年举办各类培训624期，培训员工4.4万人次。

【企业管理】 2018年，组织6次国家级主流媒体走进管道公司，中央电视台《新闻联播》以及《人民日报》、新华网等对中俄原油管道二线投产、中俄东线天然气管道工程建设情况进行集中报道，配合央视录制《对话：能源新通路》专题节目。高质量完成驻村扶贫任务，展现负责任企业良好形象。召开首届工会会员代表大会，民主管理、厂务公开、扶贫帮困送温暖、文体活动有序开展，中俄东线天然气管道工程建设劳动竞赛被全国总工会确定为“全国引领性劳动和技能竞赛项目”。重点时期维稳信访工作保障有力，维稳工作 4 次获集团公司嘉奖。

【企业党建工作】 2018 年，管道公司两级党委理论学习中心组带头专题学习习近平新时代中国特色社会主义思想，处级党员干部专题培训全覆盖，支部主题活动、学习教育常态化制度化。完善党建工作责任制，健全公司党委、所属单位党委、基层党支部“三级”责任体系，明确各级党员干部的党建职责、任务、目标“三张清单”，制定党建工作责任制考核评价办法和考核评价标准，组织党建年度量化考核工作。加强制度建设顶层设计，编制制度体系框架，将党建制度全部纳入 QHSE 管理体系。推进标准化党支部和党员示范岗建设，构建长效机制。高质量建成党建活动阵地 169 个。从组织、培训、考核等方面加强党建信息化平台推广应用，上线率 99%，党建工作“线上”和“线下”同步开展。构建“大党建”格局，成立中俄东线天然气管道建设甲乙方协同联动、一体化管理的联合党工委，探索构建党群联建、服务联抓、资源联享、文化联创的工作模式。

（杜雅丽）

中国石油天然气股份有限公司西气东输管道分公司

【概况】 中国石油天然气股份有限公司西气东输管道分公司（简称西气东输公司）2000 年 3 月成立，注册地上海浦东新区，负责所辖范围内管道运行管理、项目建设。2018 年底，设 14 个机关职能部门和 3 个附属机构，下设 13 个地区管理处、1 个计量测试中心、1 个科技信息中心、2 个项目部，管理 3 个股权单位；管理 2 个国家石油天然气大流量计量站天然气流量分站（南京、广州），有员工 2800 余人，资产总额 974.5 亿元。

西气东输公司主要经营指标

指 标	2018 年	2017 年
天然气管网输量（亿立方米）	765.7	637.2
天然气管输商品量（亿立方米）	761.8	567.2
资产总额（亿元）	974.5	976.4
管输收入（亿元）	200	219.5
利润（亿元）	118	140.5
税费（亿元）	25.4	63.3

西气东输公司运营管道总长 12280 千米，途经 16 个省（自治区、直辖市）和香港特别行政区，站场 178 座，阀室 480 座。供气范围覆盖中国西北东部、中原、华东、华中、华南地区，向华北、西南地区转供天然气，形成塔里木、柴达木、长庆、川渝四大气区以及中亚、中缅、进口 LNG 联网供气格局，管网一次管输能力超 1200 亿米 ^{3}/ 年。

【生产运行】 2018 年，西气东输公司推进站场“集中监视、集中巡检”，实施西气东输一线 GE 机组控制系统升级和 103 座站场控制功能提升，设备故障和误操作日均报警率万分之 0.16。加强设备预防性维护，开展春秋检质量验证，压缩机千小时故障率 0.23，设备总体完好率 99% 以上。强化应急抢修能力，采用射线数字成像检测技术，动火作业实战练兵 35 次，焊接一次合格率 95%，完成山西黄土塬、无锡水网管道泄漏突发事件应急演练。加大管道巡护资源投入，打通山区、水网特殊地段巡检通道，两级机关干部与一线巡线工“结对子”，领导班子带队“徒步踏线”。强化第三方风险信息收集，实施现场标准化硬隔离，会同公路、铁路等部门开展联防联治，组织 4 轮第三方风险管控专项督查，第三方损伤光缆次数 1 次。推进管道完整性管理，完成内检测 2292 千米，加强全线 1149 处高后果区、419 处地质灾害风险管控。检定校准流量计 1036 台次。

【安全环保】 2018 年，西气东输公司深入实施质量、HSE 量化审核，严查 31 起较大影响事件，责任追究 12 人。以提升员工风险识别、风险管控、应急处置三种能力为着力点，以设备设施、岗位作业为核心，深化基层站队标准化建设，历时 10 个多月检查指导 188 座站队，发现 6260 项问题并全部整改。坚持严格监管不放松，开展各类现场质量安全检查 11 次，通报问责有关单位 16 家。开展管道环焊缝质量风险排查，对齐内检测数据 5775 千米，复评底片 59.97 万道，开挖复拍 1356 道，修复问题焊口 85 道。治理 10 处仪表套管与干线连接处焊缝缺陷，开展34座站场管道完整性检测，完成长沙、岳阳等4处改线。

【工程建设】 2018年，西气东输公司推行“IPMT+EPC+监理”管理模式，发挥项目部专业优势、管理处属地优势和第三方技术优势“三种优势”。成立6个项目管理机构，分批投入80余名管理人员，配齐配强工程管理力量。逐级签订责任书，推行专人负责制，周周通报、双周推进，增强工作合力。增配外协专业力量，加强企地沟通对接，解决工程用地、用林、环保报批等难点问题。实施承包商作业前能力评估，严肃焊接工艺纪律，试点应用质量管理APP，焊接一次合格率超97%。开展现场质量安全检查20余次，开具罚单105张。开展“建功互联互通、决胜民生工程”劳动竞赛，提升参建人员责任心和执行力。按期投产南昌、盐池、醴陵等7站及长沙支线，半年建成投产中卫站、广州站新增压缩机。推进闽粤支干线、定合复线，提前开工深圳LNG外输管道控制性工程，加快实施中俄东线天然气管道南段、西气东输三线中段前期工作。衢州压气站等37个项目交工验收，西气东输三线东段等5个项目竣工验收。建成投产扩能改造项目104项，新增分输用户109家，新增年分输能力100亿立方米。

【经营管理】 2018年，西气东输公司优化综合管理体系平台功能，理顺业务流程。推进依法治企，建立重大涉法事项法律论证机制，开展内控测试及合规管理专项检查，防范经营风险。发挥审计监督职能，自审项目减少工程投资2051万元，集团公司历年审计问题整改完成率超95%。强化资源市场衔接，发挥管网综合调度优势，管输收入超预期近10亿元。11座站场实现直供电交易，优化电驱站场匹配运行，实施盐池站机组节能改造，推进燃驱机组余热利用，节约支出4100万元，减少天然气损耗2000万立方米。严把项目立项结算审查关，压减支出1.9亿元。开展物资平衡代用，探索工厂回购利用，实施集中框架采购模式，2018年压降库存9300万元，常用设备材料单价同比下降超10%。

【创新管理】 2018年，西气东输公司优化生产组织模式，稳妥实施区域化管理，新成立11个作业区，实现精干高效、资源协同。稳步推进岗位管理，4家单位完成作业区岗位聘任。深化闽粤支干线智能管道建设试点，开展站场数字化三维设计，依托PCM系统搭建智能工地，实现设计、采办、施工过程全数字化移交。推进科技攻关，公司级科研项目立项实施18项。开展环焊缝异常内检测分类分级评价研究，推广光纤预警、无人机巡护、智能视频监控技术，应用高压直流干扰监测装置。完成天然气管网综合监视系统开发，试点推进巡检及“一票两卡”电子化，实施压缩机防喘阀、进口机组消耗性备件国产化试制，完成鲁山站机组变频系统国产化替代。瞄准一线需求开展技术革新，征集“GE机组维护保养‘专用’工具”等54个创新创效项目。“输气设备快装系列工具”获集团公司一线创新成果第一名，“阴极保护智能测试桩研发”获上海市产业青年创新大赛金奖。

【企业党建工作】 2018年，西气东输公司坚持学习习近平新时代中国特色社会主义思想，实现处级干部党的十九大精神培训全覆盖。高质量召开民主生活会，强化中心组理论学习，优化“三重一大”决策程序，落实意识形态工作清单，牢固树立“四个意识”，增强“四个自信”，践行“两个维护”。建立健全党建工作责任制考核评价体系，抓实党组织书记述职评议，试行党支部书记持证上岗，压实管党治党责任。推进党支部标准化建设，95个基层党支部全部达标。深化基层党建创新，“登高计划”“积分制管理”课题研究效果初显。推广应用党建信息化平台全面，实现党员日常教育“不间断”、组织生活“不掉线”。选优配强各级领导班子，加强年轻干部选拔，优化干部队伍年龄和知识结构。完成两轮党委巡察，实现所属单位“三年全覆盖”。

【企业文化建设】 2018年，西气东输完善“三级预防”体系，推广基层站队“玻璃房”建设，变“事后问责”为“事先预防”。征集反腐倡廉“微电影”“微动漫”作品，营造良好廉洁从业氛围。推进基层特色文化建设，“太行精神”“海岛坚守”“国芯创新”等站队文化体系初见成效。筹划“中国石油开放日”等外宣活动15次，在省级以上媒体发稿300余篇。评选表彰第三届劳动模范，组织先进事迹报告会。承办集团公司油气管道职业技能竞赛，获8金7银4铜。召开第二次团代会，深化“青”字号创建，书画、足球等14个文体协会活动丰富多样，站队长论坛、创新创效、员工运动会等品牌活动影响力扩大。

（赵新好）

中石油北京天然气管道有限公司

【概况】 中石油北京天然气管道有限公司（简称北京管道公司）1991年7月成立，是集团公司和北京市政府合资建立的股份制公司，主要负责陕京管道输配气系统的运营管理。1999年11月，股份公司成立后，北京管道公司出资代表改为股份公司；2011年12月，出资代表改为昆仑能源。北京市出资代表为北京控股集团。法人治理结构包括董事会、监事会、公司管理层。2018年底，机关设置15个职能处室，所属9个基层处级单位、1个控股子公司，有员工1339人。

陕京管道系统总里程5307千米，干线包括陕京一线、陕京二线、陕京三线、陕京四线。气源为长庆、塔里木油田自产气，中亚进口气。联络干线包括永唐秦管道、唐山LNG外输管线、大唐煤制气北京段，气源为大唐煤制气、唐山LNG。系统总体年供气能力753亿立方米，最大日供气能力2.83亿立方米。

2018年，北京管道公司强化战略引领，突出创新驱动和高质量发展，输送商品天然气459.67亿立方米，同比增加73.67亿立方米，增长19.08%（其中向北京市供气184.37亿立方米，同比增长13%）；投资资本回报率10.25%；全年未发生任何安全环保事故。

北京管道公司主要经营指标

指　标	2018年	2017年
天然气管网输量（亿立方米）	469.43	397.33
天然气管输商品量（亿立方米）	459.67	386

【输气生产】 2018年，陕京管道系统超2亿立方米天数23天，气量最高2.35亿立方米。完成陕京四线清管作业50次。完成与中国石化、中国海油、港北高压管道的互联互通，进气3.63亿立方米。加强设备设施预防性维护和完整性管理，设备总体完好率保持在98%以上，压缩机组可用率97.87%。投入1.2亿元，实施133项站场维修改造项目；完成陕京三线、永唐秦等7条管线焊缝质量排查，处置问题焊口18处；完成陕京一线、陕京二线等2000千米内外检测及修复作业。完成全国"两会""中非合作论坛"等党和国家重大活动期间安全平稳保供及安保防恐任务，受到集团公司嘉奖。

【安全环保】 2018年，北京管道公司开展全要素、全覆盖的QHSE体系量化审核，量化审核达到优秀A2级水平。开展风险识别和隐患排查治理，加强问题整改问责，对涉及的9个较大隐患问题、15人进行问责。全线306处高后果区，按照"一区一案"加强管控。强化作业安全管理，完成各类作业1286项。强化维抢修实战练兵，维抢修队伍实施作业47项，焊接一次合格率保持100%。推进标准化站队建设，6个站队通过一级标准化站队验收。2018年开展各类应急演练442项，参加3430人次，推进"头脑风暴"式安全经验分享，员工"三种能力"提升。

【工程建设】 2018年，陕京四线托克托压气站用7个多月时间建成投产，创造陕京管道站场建设新纪录。鄂尔多斯、乌兰察布、张家口3座压气站及密云—马坊联络线、马坊分输站前期工作、施工准备有序推进，马坊—香河支干线打火开焊。针对重点用户、成熟市场，加快分输站建设，新增直供及代输用户34个。陕京四线结算、决算、审计、验收交叉推进，按期完成。陕京三线、港清三线等项目按要求完成竣工验收。推进智能管道建设，完成陕京四线全生命周期数据跟踪收集，实施高后果区、水工保护、管道坐标等数据维护32批次，在马坊—香河支干线试点开展智能管道应用平台建设。

【管理创新】 2018年，北京管道公司明确"一套体系、一个平台"基础管理体系融合原则；建立"决策、管理、执行"三级管理体制，实施简政放权；在内蒙古、北京输气管理处开展作业区管理试点，推行由"站线管理"向"区域管控"转变。向基层单位精准补充工科大学生42名；完成低技术业务外包，减少直接用工1200余人。强化分配激励，补齐往年工资总额缺口，员工薪酬实现较大增长；专项奖励向基层一线、艰苦岗位、重大任务、关键人才倾斜，员工获得感增强。

【提质增效】 2018年，北京管道公司坚持在优化运行、增收节支、精细管理等方面综合施策，开源节流降本增效6.95亿元。坚持能耗最优原则，优化机组运行及压力控制，输气单耗106.02千克标准煤，同比下降 32.09%；采用减少放空气量等措施，节约损耗成本 1.98 亿元，节约电费 3657 万元。利用相关政策，采取内部贷款及财政专项资金贷款，陕京四线工程节约利息支出 2.8 亿元；加强对境外分红政策研究，为股东节约税费支出 8242 万元。严格落实资金计划，降低融资成本，财务费用节约 5515 万元。坚持物资两级集中采购，节约采购资金 3127 万元；落实先平库、后采购，库存下降 7.4%。科技创新取得新成果，“油气管道在线应力超声测量装置”等 5 项技术获国家专利，《多技术融合助力智慧管道》等 4 篇论文获行业部级奖励。获授权专利 19 项，软件著作权登记 17 项，省部级以上奖励 31 项。通过北京市高新技术企业认定，为获得更多政策和技术支持奠定基础。

【企业党建工作】 2018 年，北京管道公司党委坚持“把方向、管大局、保落实”，组织党委中心组集体学习研讨 12 次，举办处级以上干部学习党的十九大精神培训班 4 期。坚持抓基层、打基础，将 7 个基层党总支升级为基层党委；学习贯彻《中国共产党支部工作条例》，围绕“冬季保供”开展主题党日活动；利用党建信息平台，累计登录 9 万人次，组织在线答题 90 多套。深化党委巡察监督，构建“定责、督责、问责”闭环体系，制定完善 15 项党内制度；强化权力约束监督，修订完善“三重一大”决策制度；实施领导干部“四联点”、机关处级干部“驻站跟班”制度，转变机关作风。

【企业文化建设】 2018 年，北京管道公司践行“奉献陕京、保障首都”核心价值观，丰富理念体系内涵；落实党管意识形态责任，组织“中国石油·为梦想加油”主题开放日、陕京管道冬供专题宣传等活动；推进职工之家建设，开展经济技术创新活动，参加集团公司庆祝改革开放 40 周年歌咏比赛，组织北京管道公司篮球赛等形式多样的文体活动；共青团组织技能竞赛、师带徒等活动，提升青年员工技能水平，多人次在集团公司技能竞赛中取得优异成绩。

（王　玲）

中国石油天然气股份有限公司西部管道分公司

【概况】 中国石油天然气股份有限公司西部管道分公司（简称西部管道）2004 年 8 月成立，总部位于新疆维吾尔自治区乌鲁木齐市。西部管道有“五块牌子”，实行“一个机构、分账核算”，分别为中石油管道有限责任公司西部分公司，中石油西北联合管道有限责任公司，中国石油天然气股份有限公司西部管道销售分公司，中国石油天然气股份有限公司西部管道分公司，中国石油集团西部管道有限责任公司。根据中石油管道有限责任公司《关于中油管道吸收合并管道联合公司及东部管道公司的通知》，中石油管道联合有限公司西部分公司 2018 年 9 月 3 日注销。

西部管道发展为集管道运营、项目建设、原油销售和战略储备于一体的专业化管道企业。主要负责甘肃和宁夏回族自治区交界以西的天然气管道和甘肃兰州以西的原油、成品油管道运营管理；负责区域内的油气储运项目建设；负责所辖管道输送原油的购销工作；受托管理鄯善和兰州原油商业储备库。2018 年底，西部管道设有 13 个职能部门、11 个二级单位，6 个机关附属单位，员工总数 3142 人，管理资产总额 1386.25 亿元，运营管理西气东输一线、二线、三线西段和西部原油、成品油管道等油气管道干（支）线 63 条，管道总里程 1.63 万千米，总库容 697 万立方米。天然气、原油、成品油出新疆维吾尔自治区干线年输送能力分别为 770 亿立方米、2000 万吨、1000 万吨。西部管道接收中亚进口原油、天然气，输送新疆油田、塔里木油田、吐哈油田、青海油田所产的油气资源，以及独山子石化、克拉玛依石化、乌鲁木齐石化、玉门炼化等炼油厂生产的成品油。管输天然气配送至国内二分之一区域，管输原油服务东西部 7 个省（自治区、直辖市）13 家炼油厂，管输成品油辐射 13 个省（自治区、直辖市）。

西部管道主要经营指标

指　标	2018 年	2017 年
原油管网输量（万吨）	2155	2208
天然气管网输量（亿立方米）	774	671
成品油管网输量（万吨）	1178	1280
资产总额（亿元）	1386.25	1399
管输收入（亿元）	239.73	223.69
利润（亿元）	136.40	128.88
税费（亿元）	29.24	24.18

2018年，西部管道输送原油2155万吨，成品油1178万吨，天然气774亿立方米，利润总额136.4亿元，缴纳税费29.24亿元，管输利润连续5年突破百亿大关，业绩考核连续8年位列集团公司A级单位。

【油气业务】 2018年，西部管道瞄准建设国际先进水平管道公司的奋斗目标，构建"平安、绿色、和谐"管道，坚持一张蓝图绘到底、一以贯之抓落实，践行"稳健发展、务实创新，夯实基础、展望未来"总方针，聚焦本质安全、持续效益、人才建设、党的建设，履行输油输气天职，担当安全生产天责，稳中求进、提质增效，管网运行持续优化。在"高压力、高管存、高来气量"工况下，西气东输一线、二线、三线西段等天然气管道满负荷安全运行。阿独线、乌鄯线实现密闭运行，将西部原油管网6个水力系统整合为以鄯善为中心的三大水力系统；推进阿独线超压运行关键技术研究，完成阿独线、乌鄯线统一水力系统改造并投产试运行，具备哈—中原油管道阿拉山口计量站余压利用技术条件。完成北疆成品油管网适应性研究，开展独—703—王家沟顺序输送航空煤油安全性改造，启动乌兰成品油管线管输航空煤油论证，拓宽输送能力。推进关键设备同寿命管理，完成151台套压缩机组健康体检，压缩机组平均无故障运行时间增至4671小时。

【工程建设】 2018年，西部管道以精品工程、国优工程、标志性工程为目标，稳步推进西气东输四线建设，提前编制西气东输四线智能管道初步设计专篇，搭建西四线、王化机场改线的数字化管理建设系统（PCM）应用框架，系统上线运行。完成西气东输三线西段、兰州—定西输气管道、兰州原油商业储备库项目工程竣工验收。组织开展管道环焊缝质量排查，提前完成64万道环焊缝排查任务。完成西气东输二线、三线西段等19条线路阀室排查工作。参加专业公司CDP文件审查会31次，协调解决新疆境内剩余155宗划转土地变更工作。

【降本增效】 2018年，西部管道发布《企业创新纲要》，实施开源节流降本增效、高质量发展等专项方案。在天然气运价下降、油品资源不足的形势下，实施开源节流综合举措，管输税前利润增至136.4亿元，同比增长5.7%，税费29.24亿元。天然气同比增输101亿立方米。代输外部原油32万吨、航空煤油46万吨，增加管输收入3251万元。天然气管网能耗预测模型上线试运行，电驱与燃驱压缩机组开机组合优化，轮南—吐鲁番输气管道转供天然气87亿立方米，电力直购节约成本4596万元，全年节能2.5万吨标准煤。严控成本支出，通过自主维修、耗材国产化，节约费用1300万元。

【安全环保】 2018年，西部管道突出关口前移、源头治理，实现零伤害、零污染、零事故、零打孔，经挪威船级社国际安全评级达到8级水平。有序开展"检、判、验、评、修、防"，管道内检测完成2703千米，修复本体缺陷411处。开展"三查四定"（"三查"即查不足、找隐患、辨分险；"四定"即定整改措施、定整改责任人、定整改时间、定整改效果）"光管行动"（即清除管道本体隐患的活动）及内漏阀门治理，实施站内管道计划性检测，安全完成动火作业1487次。升级安保防恐人防物防技防措施，推广应用管道无人机技术，周界系统完好率100%。实施地灾风险点治理129处，处置水毁险情64起。开通重点物资"绿色通道"，应急保障能力得到提升，承办新疆维吾尔自治区综合应急演练。实施承包商安全准入评估、作业监督、专项审核，建立"管理+服务"模式，承包商事故预防机制逐步完善。

【科技创新】 2018年，西部管道聚焦输送工艺、本质安全、节能减排、设备维修四大领域，推进科技攻关，立项实施23项公司级科研项目，油气管道可靠运行关键技术项目通过中期检查，完成18兆瓦集成式压缩机组成套设计方案，输气管道56英寸Class900四阀座全焊接球阀通过工业性验收，"输气管道泄漏次声检测与定位技术"获石油石化科技成果转化金质奖、集团公司科学技术进步奖二等奖。优化"五大科技平台"运行机制，实施1422毫米X80钢低温止裂半气体爆破试验和低温启裂爆破试验。乌鲁木齐分站试验和检定流量计等设备262台次，阀门试验场接收外部订单160万元，牵拉试验场试验7次，科技平台支撑作用有效发挥。基层标准化管理系统试点运行，办公协同平台、流程管理平台等项目稳步推进，实施电气远程集中监控、光纤预警等项目试点，为提高生产运行智能化水平奠定基础。

【人才建设】 2018年，西部管道落实转变思想观念、提升能力素质、完善激励机制专项方案，创新完善人才"双通道"、交流互换等培养锻炼开发机制，三支人才队伍结构明显改善。专家型管理人才形成梯队，一批优秀年轻干部得到提拔使用。工匠型技术人才队伍不断充实，公司级技术技能专家（带头人）增至28名。复合型作业人才队伍实现一专多能，中级及以上职称人数比例达37%。筹建乌鲁木齐应急抢险中心，补充新增业务用工，挂牌成立集团公司高级技术专家伍奕工作室。生产技术服务中心完成压缩机组大修17台，为西气东输、西南管道提供机组检修服务。搭建完成培训矩阵及课程大纲，以干代练开展焊缝排查、故障分析等工作，三支人才队伍职业化水平不断提高，在集团职业技能竞赛中拔得头筹，创历史最好成绩。QC小组“万能防腐参数检测仪的研制”获国际QC成果大会银奖。

【企业管理】 2018年，西部管道开展国际对标，研究建立2018版国际先进水平管道公司建设标准，形成对标分析报告和实力提升研究报告。以改革创新精神，科学优化管理体制机制，探底找界、深挖细抠，探索特色管理套路和打法，形成系统解决方案。站场区域化从构想变为现实，全面推行集中监视、集中巡检、集中维护，西气东输一线西段、双兰线及阿独乌线集中监视正式运行。构建形成用人精干、管理高效的管控模式，有效解放生产力。全面实施基层标准化，岗位作业、基层管理、目视形象、员工之家标准化逐步夯实，作业核算全面推广，HSE标准化作业区（站队）达标率100%。基础管理体系融合试点取得成功，建成“一个平台、一个体系”，成为依法治企的基本法，融合经验在集团公司层面推广。完成轮南至库尔勒四条输油气管线及相关资产划转。

【企业党建工作】 2018年，西部管道深入学习贯彻落实习近平新时代中国特色社会主义思想，推进“四个诠释”岗位实践活动，实施处级干部党的十九大精神专题轮训，组织“党旗映天山”主题党日活动。实施党支部达标晋级和党组织书记述职评议，推行党建责任量化考核。发布《西部国脉文化手册》，宣传集中动火、安全评级等重点工作，解答“为什么干、干什么、怎么干”，内鼓士气、外树形象。建立实施意识形态工作责任清单，坚决肃清流毒影响，开展中央八项规定精神落实专项检查，制定实施“三不腐”推进方案，关口前移源头治理廉洁问题，实现基层单位党内巡察首轮全覆盖，营造干事创业的良好环境。履行定点扶贫、“访惠聚”驻村等社会责任，凝聚和谐稳健发展的正能量。

（刘 玉）

中国石油天然气股份有限公司西南管道分公司（中国石油天然气股份有限公司西南管道销售分公司、中国石油集团西南管道有限公司）

【概况】 中国石油天然气股份有限公司西南管道分公司（中国石油天然气股份有限公司西南管道销售分公司、中国石油集团西南管道有限公司）简称西南管道，为股份公司直属地区公司，2011年11月25日成立。西南管道按照“三块牌子、一个机构”的管理模式，负责川、渝、滇、黔、桂、陕、甘、宁8省（自治区、直辖市）油气主干管道运营。

2018年底，有机关处室12个、机关附属机构1个、基层单位12个，用工总量2560人；资产总额638.98亿元。所辖管道有中缅天然气管道（国内段）、中贵天然气管道、西气东输二线广南支干线天然气管道和兰成渝成品油管道、兰郑长成品油管道（甘肃段）、云南成品油管道、钦南柳成品油管道及中缅原油管道（国内段）、兰成原油管道等骨干油气管道10120.61千米，其中，原油管道1543.32千米，成品油管道3148.91千米，天然气管道5428.38千米。

2018年，输送原油1686.36万吨、成品油985.94万吨、天然气173.24亿立方米，收入321.37亿元，利润14.38亿元，税费10.09亿元，完成利润考核指标的120%。

西南管道主要经营指标

指 标	2018年	2017年
原油管网输量（万吨）	1686.36	1163
天然气管网输量（亿立方米）	173.24	112.10
成品油管网输量（万吨）	985.94	812
资产总额（亿元）	638.98	673.58
收入（亿元）	321.37	270.15
其中，管输收入（亿元）	76.59	57.75
利润（亿元）	14.38	24.03
税费（亿元）	10.09	10.40

【油气业务】 2018年，西南管道优化云南成品油管道运行管理，采用“小批量多批次”输送模式，提高云南成品油管道整体输量；分阶段解决兰成渝成品油管道混油处理事宜。严格计量和分输开口管理，建立跨境计量站长效管理机制，实现16处天然气新增分输开口。按计划做好电信仪春检和计量等设备设施检定，设备按计划受检率100%。8月25日，钦南柳成品油管道投产，解决建成多年未投产的突出问题。8月30日，昆明支线一次投产成功，云南成品油管道“三干一支”全线贯通。规范工作标准，升级31个生产运行相关体系文件。

【管道管理】 2018年，西南管道狠抓管道巡护管理，落实“三色预警”制度，将管道环焊缝质量风险点、地质灾害风险点与管道巡护工作相结合，落实“一点一卡一人”管理，为全线1867名巡线工配置巡检卡。突出管道本体安全，开展管道内外检测，完成704处防腐层及管体缺陷修复；推进所辖管道环焊缝质量排查治理，同步组织原施工、监理、检测单位开展中缅天然气管道疑似质量缺陷焊口的开挖验证工作。管道沿线地质灾害监测与预警平台5月上线运行，接入56个监测点位，成功预警8月13日中缅管道K321滑坡风险地质灾害。

【安全环保】 2018年，西南管道落实安全环保责任，开展QHSE管理体系建设，在重庆分公司启动国际安全评级8级试点，完成689个三级要素对标；开展风险辨识评价，录入数据3万余条，构建起四级风险防控体系，实现重大隐患风险防控全覆盖；加强高风险作业监管，完成2000余次风险作业，安全实施一级动火作业102次、二级动火作业445次；强化承包商监管，暂停3家承包商市场准入，5名承包商人员纳入“黑名单”；落实环境风险管控，建成兰成渝成品油管道、兰郑长成品油管道（甘肃段）、兰成原油管道、中贵天然气管道等4条管道环保风险数据库；制定18项工作标准，初步建成“1+5+18”的环境风险防控体系；深化QHSE标准化站队建设，修订完善站场、线路目视化标准，兰州输油气分公司、重庆输油气分公司、兰成渝输油气分公司3家单位取得省（直辖市）级安全生产“二级标准”认证。

【应急抢险】 2018年，西南管道有效处置中缅天然气管道黔西南州晴隆段“6·10”泄漏燃爆事故，开展伤员救治、隐患排查、调查配合、群众安抚等12项应急处置工作，11月4日中缅天然气管道黔西南州晴隆段恢复运行，推进黔西南州应急管道工程建设；高效处置兰成渝成品油管道“7·11”涪江漏管险情，采取三级防护措施，防控管道冲断、油品泄漏风险，7月15日，兰成渝成品油管道恢复运行。

【互联互通工程】 2018年，西南管道推进互联互通重点工程建设，10月底前按期完成河池压气站、梧州压气站、7个反向增输改造工程、9座压气站外电工程建设以及14台压缩机调试投产等任务，实现与中国石化管道在钦州、来宾的互联互通，全面打通“南气北上”西南通道，中缅天然气管道贵港至贵阳段、中贵天然气管道贵阳至中卫段最大日输送能力分别达3400万立方米、3500万立方米，西南战略通道管输能力大幅提升。

【“规范管理年”活动】 2018年，西南管道查摆生产经营管理短板，建立健全管理体制机制，完成15个规范内容和60项具体工作任务；开展内控建设和企业风险管理，排查生产经营10类风险，制定并落实风险管控措施；推进企业法治建设，成立法治建设领导小组，设置总法律顾问，制修订相关制度文件、业务流程254个，实现业务全覆盖。

【“机关作风建设年”活动】 2018年，西南管道打造“务实、清廉、高效”机关，各级机关部门梳理业务、查摆问题、建章立制、改进作风，建立服务承诺、首问负责、限时办结等工作机制，机关服务意识、工作质量效率、员工精神面貌明显提升。

【管理创新】 2018年，西南管道推进生产组织模式变革，增设陇南作业区，把兰州维抢修中心划归维抢修分公司管理，明确6个抢修中心定位，增设35个管道保护站并充实配置人员，完善“1+6+32”区域化管理组织架构；编制实施作业区管理细则和工作标准，完善作业区和维修队工作界面，实现作业区集中巡检；推进成都、南充、贵阳、梧州、贵港5个作业区改革试点，完成危险与可操作性（HAZOP）分析。依法合规推进劳动用工改革，组织两批次属地化用工考核，180名属地化操作工有序转为市场化用工，激发员工队伍干事创业活力；参加集团公司职业技能竞赛，获个人铜牌5枚、团体铜牌1枚，员工张勇被评为“中国石油榜样·好工匠”。

【科技信息化创新】 2018年，西南管道推动创新驱动战略实施，制修订16个体系文件，初步构建起科技信息化创新体系；做好科研项目立项，审查确定20个项目开题；加快通信系统、信息化系统规划实施，启动建设千兆高速广域网及相关配套项目；编制企业标准6项，通过专家审查；完成中缅油气管道数字化恢复试点项目，建成地质灾害监测预警系统平台；与西南石油大学联合成立油气管道技术研究院，搭建起科研攻关、人才培养的合作平台；参与学术、技术交流活动，成为中国石油学会四川省分会会员单位，油气储运专业委员会在西南管道正式挂牌。

【奖励荣誉】 2018年，西南管道获专利授权4项，分别是“常压管道系统液体试剂加注装置”“用于增压泵冲洗管路的过滤器”“手拉葫芦架”“一种挤压式绝缘接头堵漏夹具”。“复杂山区跨越油气管道事故预测”和“应急处置关键技术及应用”获四川省科学技术进步奖二等奖，“成品油管道内腐蚀机理与控制关键技术”获集团公司科学技术进步奖三等奖。

【企业党建工作】 2018年，西南管道加强党建顶层设计，制定印发党委工作规则、党建责任制考核评价、党支部达标晋级等13项制度办法；推进标准化党支部建设，规范设置机关、基层党支部，建成30个基层党建活动阵地，健全党员基础信息台账，规范党费收缴使用管理，举办入党积极分子、党务干部培训班，促进党员素质能力提升；推广应用党建信息化平台，党建基础工作普遍得到加强；坚持党管干部、党管人才，注重锻炼选拔年轻干部，突出员工能力提升，举办公司级培训302期，培训1.2万余人次。

（冯 灿）

海外企业

中油国际中东公司

【概况】 为构建与集团公司海外业务发展规模和发展阶段相适应、运行高效的区域化集中统一协调管理和监督体系，建立以甲方投资业务为主导的联动协调机制，合理配置资源，优化管控方式，海外业务稳健可持续发展，调整理顺中东地区业务管理体制，2015年12月，集团公司整合伊拉克公司、伊朗公司，以及中东地区工程技术服务协调组，成立中国石油天然气集团公司中东公司，统筹管理中东油气投资业务，海外勘探开发分公司直接管理的中东各项目公司划入中东公司。撤销伊拉克公司、伊朗公司、中油国际（阿联酋）公司、中油国际（叙利亚）公司、中油国际（阿曼）有限责任公司、中油国际（利比亚）公司。中东公司行政上归集团公司直接管理，纳入集团公司机构序列，业务上由中国石油天然气勘探开发公司归口管理，规格为正局级。2017年7月，根据集团公司海外油气业务体制机制改革框架相关精神，中国石油天然气集团公司中东公司更名为中油国际中东公司（简称中东公司）。

以中东公司为组长单位，中东各油气投资业务及服务保障单位为成员，组建中国石油天然气集团公司中东地区协调组（简称中东地区协调组）。中东地区协调组下设办公室，依托中东公司有关管理资源，建立以投资业务为主导、统筹各路业务发展的联动协调机制。集团公司中东地区应急救援分中心依托中东地区协调组管理，业务上归口集团公司国际部管理。撤销中东地区工程技术服务协调组，伊拉克、伊朗协调组，各国别协调组以及集团公司伊朗办事处、阿联酋办事处，伊拉克公司迪拜办事处、伦敦办事处等机构，原有职能一并纳入中东地区协调组。中东地区协调组不纳入集团公司机构序列，与中东公司合署办公。2018年11月，集团公司决定，中东地区党工委组织关系由集团公司直属党委调整至中国石油国际勘探开发有限公司党委，纪工委管理方式相应进行调整。

2018年底，中东公司机关部门有综合办公室（与党工委办公室合署办公）、中东地区党工委办公室（与综合办公室合署办公）、人力资源部、规划计划部、财务部、销售采办部、股东与法律事务部、审计监察部、技术部、HSSE部（与协调组办公室合署办公）、协调组办公室（与HSSE部合署办公）等11个职能部门。二级单位有中油国际（伊拉克）哈法亚公司、中油国际（伊拉克）艾哈代布公司、中油国际（伊拉克）鲁迈拉公司、中油国际（伊拉克）西古尔纳公司、中油国际（伊朗）北阿扎德甘公司、中油国际（伊朗）南阿扎德甘公司、中油国际（伊朗）MIS公司、中油国际（伊朗）南帕斯公司、中油国际（阿布扎比）公司、中油国际（阿曼）公司和中油国际

（叙利亚）公司（包括戈贝贝和幼发拉底两个项目）。

2018年底，中东有中国石油服务保障和业务相关单位在册员工21296人，在伊拉克、伊朗、阿联酋、阿曼、叙利亚、科威特、沙特阿拉伯、卡塔尔、也门等9个国家和地区有15个专业公司和分公司，工程服务队伍240支，业务涵盖物探、钻修井、地面工程技术、工程建设、物资装备、后勤保障等产业链。年原油作业产量规模9611万吨，权益产量4814万吨，甲乙双方直接为1.7万余名当地居民提供就业机会。哈法亚三期1000万吨CPF3建设第三季度投产，标志着哈法亚建成合同要求的2000万吨高峰处理能力；陆海项目Bu Haseer油田一季度实现首油，海上开发区块正式进入投资回收。签署阿布扎比海上两个油田区块各10%的权益，"一带一路"油气合作再添新成果。中东公司在册员工430人，下属基层党总支6个、党支部14个，党员298人。

【海外油气开发生产】 2018年，中东公司坚持生产经营指标不降、上产步伐不停，优化生产组织，注重工程建设，抓好提质增效，全面超额完成各项生产经营目标。

多措并举，保证原油生产线上运行。在OPEC限产、新井和措施工作量受限等不利形势下，10个在产项目抓好措施增产、新井投产和生产动态管理等常规上产措施，实施抓好规模注水、关键技术攻关、去瓶颈工程等中长期战略性上产措施，保持主力油田产量稳中有升。其中鲁迈拉、哈法亚、阿曼、伊朗北阿、阿布扎比陆海、陆上、海上等8个项目超计划完成产量目标。

【海外重点工程建设】 2018年，中东公司加强统筹协调和科学管理，确保重点产能建设项目按时、高质量、安全投产，为持续上产提供保障。伊拉克哈法亚项目克服安保形势严峻、工作量大、物资清关滞后、农民阻工等困难，在确保安全和质量的前提下，严格工程施工全过程管控，加强与伊拉克石油部和当地政府沟通协调，全面推进三期产能建设，9月20日千万吨产能CPF3顺利投油。伊朗MIS维修复产项目1月1日通过产量测试，达到合同约定的8000桶日产量，实现复产后提油回收。阿布扎比陆海项目Bu Haseer油田3月21日成功首油，早期生产8000桶/日，标志着项目开始步入投资回收阶段。伊拉克鲁迈拉项目150兆瓦电站和48英寸注水管线分别于1月和4月投产，游离水分离及电脱盐脱水升级改造工程按计划推进。伊拉克西古尔纳项目推进10万桶/日新建处理设施和4万桶/日橇装处理装置工程建设。

【海外新项目开发】 2018年，中东公司高度重视重大商务运作、新项目开发，一体化运作、HSSE及技术支持等工作，推动整体工作上水平。

推动顶层设计和经营策略研究，综合运用技术和商务手段，有效解决项目重点难点商务问题。伊朗北阿扎德甘签署报酬费计算方案，MIS复产后围绕提油回收开展多轮谈判，为回收奠定基础。

抢抓机遇，新项目开发取得新突破。注重加强和巩固与中东"一带一路"沿线国家的友好合作关系，抓住资源国油气对外合作契机，着眼未来更大发展，集中一定力量，有序推动新项目开发。3月21日正式签约阿布扎比海上乌纳和下扎库姆两个区块开发合同，实现中东公司在中东地区资产多元化配置。中东一号、中东二号、阿布扎比勘探和下游、卡塔尔天然气等重点项目有序推进。阿曼项目延期谈判进展顺利，中国石油与阿曼石油签署《合作备忘录》，为阿曼油气合作开辟更广阔的空间。

【海外经营管理】 2018年，中东公司充分发挥区域提油协调和管理的职能，针对各项目特点，灵活制订提油策略，伊拉克项目以足额快速提油为目标，以发票审批为基础，优化提油策略，发票回收率99%。伊朗项目确保份额油及时获批，化解美国重启对伊制裁风险，实现伊朗份额油进入中国石油国内炼油厂，在制裁豁免生效后当月及时提油。充分借鉴陆上项目提油的成功经验，超前谋划，5月和6月分别实现阿布扎比陆海项目和海上项目首次提油，项目平稳进入投资回收阶段。

【海外HSSE与风险防控】 2018年，中东公司高度重视生产安全和社会安全，坚持"员工生命高于一切"和"以人为本、环保优先、安全第一、质量至上"的理念，强化主体责任，严查各种隐患，严守"四条红线"，严格承包商HSSE管理，应对复杂生产和安保形势的挑战；突出HSSE属地管理责任，发挥区域HSSE委员会统筹协调机制，做到重要信息及时沟通、重大事项及时上报，重大问题及时处理，提高应对突发事件的能力；组织开展哈法亚、艾哈代布、鲁迈拉和伊朗片区巡查及现场安全审核，及时指导和支持各片区采取有效社会安全应急措施，保障人员和生产安全。

【油气项目运行】 伊拉克艾哈代布项目。2018年，艾哈代布项目开展老井优化、新井投产和措施作业，推进开发调整方案的批复，组织好下部层系注水工作。6月29日，OGM15油水干线穿越底格里斯河段内衬穿管施工完成并投用，标志着艾哈代布油田管线穿越河流环保水平达到一个新高度，为安全生产发挥重要保障作用。

伊拉克哈法亚项目。2018年，哈法亚项目坚持以经济效益为中心，以建设国际一流项目为目标，克服伊拉克恶劣的自然环境、动荡的社会安全形势及项目开发过程中遇到的各种技术难题等困难，推进三期产能建设工程，9月20日千万吨产能顺利投油，比原计划提前70天，建成哈法亚年产2000万吨生产能力，标志着中国石油成为伊拉克国际石油公司中第一个完成合同要求高峰产能建设的作业者。HSSE业绩保持良好，无因工业生产造成的亡人事件，未发生可记录的环境污染事件。

伊拉克鲁迈拉项目。2018年，面对伊拉克政府大选、安全局势动荡、提油形势不明朗等严峻挑战，鲁迈拉项目立足合同，与BP密切合作，通过优化钻修井机作业，推进地面重点工程进度，强化项目生产管理，项目安全平稳运行，各项主要生产经营指标完成情况良好。日均产量147.4万桶。 2018年项目安全生产平稳运行，无重大安全环保和社会安全事故，各项HSE业绩指标均完成100%。

伊拉克西古尔纳项目。2018年，西古尔纳项目在社会动荡、外输管线频繁泄漏，生产系统老化、稳定性差的条件下，较好地完成年度经营指标；HSSE无重大事故发生，保持项目的平稳运行。在中方全力推动下，中长期上产各项工作按照部署启动，联合公司按计划开始项目开发方案的调整工作，完成MISHRIF主力油藏的地质油藏研究。

伊朗北阿扎德甘项目。2018年，面对美国威胁最终决定退出伊朗核协议并重启对伊朗全面制裁，以及伊朗国内复杂的经营环境和社会安全形势，北阿扎德甘项目坚持以“现金流为王”的目标，以确保原油生产安全平稳为中心，以提油回收为重点，全面完成年度生产经营任务，超额实现全年经济效益指标。原油日产75000桶连续稳产27个月。HSSE工作连续10年保持“零伤亡、零事故、零污染”的良好安全纪录。

伊朗MIS项目。2018年，伊朗MIS项目加强组织协调，克服工作量大、施工工期紧，加强关键材料、关键路径及关键技术管理，精心准备投产方案，经过维修复产，2018年1月2日一次性通过21/30日的产量测试，项目维修复产成功，1月3日重启商业回收。2018年，获伊朗MIS市劳工部颁发的年度最佳安全与卫生委员会奖。

阿布扎比陆海项目。2018年，阿布扎比陆海项目按照“做大中东”的总体战略，通过优化开发方案、共享现有设施，实现效益开发，展现良好的国际合作运作水平，为推动中国石油在阿联酋油气合作向更宽领域、更深层次、更高水平发展奠定基础。3月24日陆海项目实现首油，5月实现首次提油，标志项目开始进入投资回收阶段。

阿布扎比陆上项目。2018年，阿布扎比陆上项目获NEB资产组领导者资格。1月1日，协议正式生效，标志着中国石油碳酸盐岩油藏开发配套技术在国际高端市场得到认可，提升中国石油在陆上项目油田开发话语权。

阿布扎比海上项目。2018年3月21日，中国石油与阿布扎比国家石油公司（ADNOC）签署乌姆沙依夫—纳斯尔油田开发项目和下扎库姆油田开发项目合作协议。该项目在产阶段，产量规模60—70万桶/日。

阿曼项目。2018年，阿曼项目全体员工贯彻落实集团公司董事长王宜林在阿曼片区调研讲话精神和海外板块、中东公司2018年工作会议及领导干部会议部署，紧紧围绕集团公司“有质量、有效益、可持续发展”的主题，通过项目全体员工共同努力，抓好油气勘探开发和油田生产作业工作，在油田钻井和水平井注水开发及措施作业等方面均取得较大进展，把握油气生产的主动权。2018年原油产量达到项目接手时日产量的11倍，达到新的历史高峰；HSE表现良好，实现全年无安全生产事故。

【企业党建工作】 2018年，中东公司坚持加强党建、队伍建设不放松，廉政建设不停步，从严治党，凝心聚力，为中东业务发展提供坚强的政治组织保障。中东地区党工委始终高度重视发挥党组织的政治核心作用，坚持从严治党，注重队伍建设，压实“两个责任”，弘扬石油精神。

加强党的建设，全面落实党工委的主体责任。通过参加集团公司和中油国际公司举办的副处级以上党员干部培训班、邀请中国人民大学教授到中东进行习近平新时代中国特色社会主义思想讲座、举办党支部书记讲党课、开展“三会一课”、在线答题等多种形式，深入学习贯彻党的十九大精神、习近平治国理政新理念，深刻领会习近平新时代中国特色社会主义思想的精神内涵。健全党的基层组织，确保党的基层组织和党的工作两个全覆盖。新成立党组织委员均为项目班子成员的中东公司6个党总支和2个党支部，保证基层党组织第一时间召开会议，研究决策“三重一大”重大事项，根据领导班子及党组织成员变动，进行党总支及党支部成员的调整和补位。有效开展党的活动。“七一”前组织开展以新党员宣誓、老党员重温党的誓词、党员座谈、讲党课、表彰党的先进为主要内容的“四个诠释”主题党日活动；组织参与集团公司举办的以“弘扬石油精神、塑造良好形象”为主题的石油精神劳模·青年论坛活动；组织阿布扎比项目18名党员到井冈山革命教育基地进行党员再教育，丰富党建活动内容，创新党建工作模式。探索“建强一个领导中枢、搭建两个议事平台、建立三级管理体系、构建四位一体格局”的党工委一体管理模式，在海外地区公司进行推广应用。推动集团公司党建信息化平台10月全面上线运行。各支部党员可以在线缴纳党费、在线学习、在线交流互动、在线处理党建业务，解决海外开展党建活动面临的诸多困难。

加强党风廉政建设，培养风清气正、干事创业的良好政治生态。召开2018年党风廉政建设工作会，对下一步党风廉政建设工作进行部署。组织中东公司领导人员和干部员工层层签署党风廉政建设责任书和廉洁从业承诺书，强化党风廉政建设责任落实。进行巡视巡察工作总体规划和部署，建立32人巡察工作人才库。组织人员到艾哈代布进行首轮巡察，查出党建、人事、合规定管理等方面存在的问题，向中东地区党工委常委会进行汇报；完成对拟提拔的62名干部进行廉洁情况核查、进行新任职干部“六个一”教育和集体廉洁谈话；落实中央八项规定精神，坚持不懈纠正“四风”，组织开展基层管理人员及其亲属利用中国石油平台违规经商办企业专项治理，进行巡视发现问题整改自查自纠，以及巡视移交问题线索的核实和处理工作，严格执行“三重一大”决策制度，落实正风肃纪责任。

【人才队伍建设】 2018年，中东公司加强干部队伍建设，打造坚强有力的人才队伍。坚持党管干部原则，加强干部培养使用，严格选人用人标准，严守选人用人程序，经中东地区党工委常委会审议任免干部96人次，充实干部队伍，优化干部结构。深化“三项”制度改革，加大干部轮换力度，统一协调人员配置，2018年完成156人次轮换调配，其中在中东地区内部交流使用32人次。加大培养选拔年轻干部力度，中东地区推荐、选拔17名年轻干部，统一协调交流使用，搭建年轻干部成长成才的平台；接收10余名毕业生到中东公司实习锻炼，为干部队伍注入生机活力。加强薪酬规范化管理，完成全员海龄履历审核、岗位津贴套改工作，为共享中心集中统一发薪提供准确的薪酬基本信息。加大人员培训力度，通过举办各类业务培训班，培训人员100余人次，与中国石油大学（华东）签署人员培训战略框架协议，拓展人员培训渠道。

（赵　双）

中油国际中亚公司

【概况】 2008年9月，集团公司在中油国际（哈萨克斯坦）公司的基础上组建成立中国石油天然气集团公司哈萨克斯坦公司。2017年6月30日，集团公司下发《中国石油天然气集团公司海外油气业务体制机制改革框架方案》（改革〔2017〕6号），将哈萨克斯坦公司更名为中油国际中亚公司（简称中亚公司），将阿姆河天然气项目、乌兹别克斯坦项目、塔吉克斯坦项目、阿塞拜疆项目等纳入中亚公司管理范围。中亚公司作为中油国际本部的派出机构，在授权范围内，承担中亚地区的协调、管理、监督、服务、党建等职能，重点负责授权范围内的项目运营协调和支持、公共关系、HSSE监督、股东事务等职能。

自1997年集团公司进入中亚油气市场以来，形成集油气勘探开发、管道建设与运营、工程技术服务、炼油与销售、石油装备制造于一体的完整上中下游业务链，建立一套符合当地法律法规和国际惯例的公司制法人治理结构及管控体系，获良好经济效益和社会效益。中亚油气合作作为国家“一带一路”倡议的先行实践，受到国家及资源国领导人的高度评价。

2018年底，中亚公司在哈萨克斯坦、土库曼斯坦、乌兹别克斯坦、阿塞拜疆和塔吉克斯坦5个国家管理和运作17个油气合作项目；在哈萨克斯坦有原油与凝析油剩余可采储量3.9亿吨（不含卡沙甘项目），在土库曼斯坦有天然气可动用储量5555亿立方米；油气生产能力近4000万吨油气当量/年，原油加工能力600万吨/年，中外方员工总数2.1万人，其中中方员工428人。

【发展战略】 2018年，中亚公司根据集团公司提出将中亚地区打造成为集“资源、供应、效益、品牌”四位一体的“一带一路”核心油气合作区的战略目标，完善和诠释中亚公司发展战略：贯彻落实党的十九大精神，以建设“资源、供应、效益、品牌”四位一体核心油气合作区为目标，坚持稳中求进总基调，坚持稳健发展方针，推进中亚油气合作高质量发展，到“十三五”末，把中亚地区建设成为集团公司海外业务效益与规模前列、上中下游全面协同发展的核心油气合作区。2018 年，考核口径利润 22.58 亿美元，净利润 17.4 亿美元，现金流 19.32 亿美元，向中油国际分红 8.81 亿美元，向中油国际贡献回收资金 17.2 亿美元，创效能力再创新高。

【油气勘探】 2018 年，中亚公司油气勘探全面完成年度任务。全年新增原油探明可采地质储量 265 万吨。PK 项目 1057 区块西部洼陷带 Ket21 井在岩性地层圈闭取得突破，Tuz35 井和 Tuz39 井甩开勘探在中下侏罗统见良好油气显示，为东西两侧下一步勘探指明方向。阿克纠宾项目在让纳若尔南、北特鲁瓦西斜坡、南部塔克尔构造共 8 口井 10 个层位获工业油流。乌兹别克斯坦项目 M15 井历时 430 天安全钻至 5918 米设计井深，完井试油在古近系获工业油气流。ADM 项目 KK10 和 KK12 井获勘探突破，获较好工业油流。

【开发生产】 2018 年，中亚公司油气生产实现稳中有升。通过有效降低油田自然递减、提高新井产量及优化措施增产等举措，原油权益产量 1142.3 万吨；天然气权益产量 216.3 亿立方米，实现自 2015 年以来油气产量的回升。阿姆河项目通过 A 区增压稳产、中部综合治理、东西并举快速建产等综合举措，2018 年天然气作业产量 141.2 亿立方米，天然气商品气量 130.2 亿立方米，凝析油产量 24.8 万吨。阿克纠宾项目调整注采结构，改善开发效果，强化储层改造，实施单井挖潜，强化老井生产管理，强化油田综合治理，推广应用先进适用技术增产，生产原油 498 万吨、天然气 68.3 亿立方米。MMG 项目通过加强注水，老井自然递减控制在 10% 以下，保障油田稳产上产，生产原油 637.5 万吨。PK 项目持续完善注采井网，有效减缓递减，加强油井管理及采油工艺配套，提高作业质量，生产原油 505 万吨。卡沙甘项目精心组织作业，缩减单井作业工期，生产原油 1320 万吨、天然气 82 亿立方米。北布扎奇项目调整生产井网、实施高含水井低效井间开工作制度，全年生产原油 136.6 万吨。乌兹别克斯坦新丝路项目修复西莎 103 井和东阿 1 井，生产天然气 5 亿立方米。阿塞拜疆项目通过调整生产井工作制度、优选层位补孔、加强大小修作业管理，生产原油 15.4 万吨。KAM 项目生产原油 23.6 万吨。ADM 项目生产原油 14.8 万吨。

【重点工程建设】 2018 年，中亚公司推进事关资源国工业现代化升级重点工程。奇姆肯特炼油厂 2014 年正式启动现代化改造工程，2017 年 6 月一期改造工程投产，2018 年 9 月二期工程投运，原油加工深度得到进一步提升，轻质油收率由原来的 56% 提升到 80% 以上，成品油质量提升到欧 IV 标准、欧 V 标准，为改善哈萨克斯坦生态环境、保障成品油供应、创造就业和促进当地经济发展发挥重要作用。亚洲钢管厂加强工程管理，严格质量、工期和投资控制，工程建设进度完成 70%；成功申请哈萨克斯坦投资优惠政策，推动中国石油螺旋焊管及防腐企业标准成为哈萨克斯坦国家标准，掌握未来市场竞争主动权。

【新项目开发】 2018 年，中亚公司新项目开发工作稳步推进。在前期新项目筛选与初步评价基础上，针对哈萨克斯坦 A 区块和里海石油两个重点新项目以及乌兹别克斯坦东方项目，配合中油国际公司收集新钻井与试油资料，开展技术经济补充评价；加快推进阿克纠宾项目杰列斯肯两个勘探新区研究部署，推动勘探计划通过哈萨克斯坦勘探开发委员会勘探设计答辩。石油合同延期取得决定性进展。历经两年 10 余轮谈判，在 2018 年上海合作组织领导人峰会期间，董事长王宜林代表集团公司与哈萨克斯坦能源部签署《关于石油合同延期及深化中哈油气领域合作的协议》，中哈双方就中国石油在哈萨克斯坦石油合同延期重大原则问题达成一致，为中哈油气合作未来 20 年可持续发展奠定资源基础。PK 项目阿雷斯库姆 337 号合同 2018 年 6 月 27 日签订补充协议，延期到 2039 年。

【油气保供】 2018 年，中亚公司统筹内外部资源，全面完成保供任务。

完成 2018 年天然气保供工作。面对多重因素叠加造成国内天然气供应严重短缺困境，按照集团公司中亚天然气保供紧急会议要求，由中亚协调组牵头成立中亚天然气保供应急小组，统筹协调天然气生产、运输和商务三个关键环节，多方同步展开行动。2017 年 11 月 1 日至 2018 年 3 月 31 日，通过中亚天然气管道进口天然气 178.18 亿立方米，同比增加 18.95 亿立方米。在兼顾各气源方实际诉求的基础上，提前落实 2018—2019 年度天然气保供工作。从增压稳产、新建产能、措施增产等方面入手，确保阿姆河项目全面完成年度生产任务。其中萨曼杰佩气田增压工程 2018 年 10 月 29 日全部投运，日增天然气 550 万立方米；对老井实施“一井一策”，措施增产 9700 万立方米。加快乌兹别克斯坦新丝路项目产能建设，西吉气田与东阿气田相继于 2018 年 5 月和 9 月投产，日产气 192 万立方米。

多措并举，增加中哈管道原油资源。在哈萨克斯坦国内炼油量同比增加 112 万吨的情况下，协调哈萨克斯坦能源部由其国家石油公司向巴甫洛达尔炼油厂供油 95 万吨，有效降低中国内销油量；通过 MMG 项目全年串换 19.8 万吨西哈萨克斯坦州原油出口至中国；向哈萨克斯坦能源部争取 6 万吨补充配额出口至中国等，2018 年向中哈原油管道输送哈萨克斯坦原油 138.6 万吨，超过哈萨克斯坦能源部年度输油计划 42 万吨，增加国内西部炼油厂的油源供应。

【经营管理】 2018 年，中亚公司坚持一体化发展，经济效益再创佳绩。考核口径利润 23.05 亿美元、现金流 19.32 亿美元、向中油国际公司分红 8.81 亿美元，考核净利润 17.66 亿美元，净资产收益率 18.3%，投资资本回报率 14.2%，创效能力保持海外业务之首。阿姆河项目围绕冬季保供和经济效益“平衡双保”目标，科学组织气田开发和生产，强化工程设计审查和施工过程管理，紧抓有利时机增产增效，严控成本费用上涨，实现利润 4.28 亿美元、现金贡献 4.41 亿美元。阿克纠宾项目动态优化销售渠道，提升油气销售效益，坚持实施降本增效，遏制成本费用反弹，实现利润 6.87 亿美元。MMG 项目通过优化生产运行管理，优化投资费用支出，稳步推进减员增效，实现权益净利润 2.9 亿美元。PK 项目制定实施稳产增油、扩销推价、成本控制、争取税收优惠等具体举措巩固提升工作成果，利润总额、自由现金流、分红超 2 亿美元。奇姆肯特炼油厂合理安排日常生产和现代化改造工期，防范计划外投资和超预算投资，帮助上游项目实现更大回报，权益净利润 7819 万美元。北布扎奇项目优化生产运营，有效应对成本上涨挑战，实现利润 5533 万美元、现金流 9497 万美元。卡沙甘项目把握油价上行区间窗口提升原油销售净回价，实现利润 2.38 亿美元。ADM 项目克服环保纠纷困难，全年利润 830 万美元。乌兹别克斯坦新丝路项目全面转入投产回收阶段，利润 833 万美元。阿塞拜疆项目彻底消化解决历史潜亏，历史投资实现全部静态回收。

【HSSE 与风险防控】 2018 年，中亚公司不断提升风险防控能力，推动企业稳健发展。HSSE 工作保持良好业绩。始终坚持“环保优先、安全第一、质量至上、以人为本”理念，从“全员参与、技能提升、制度健全、机制建立”4 个方面入手，确保生产经营安全平稳运行和员工人身财产安全，获集团公司“2018 年度质量、安全、环保、节能先进及井控工作先进企业”称号。

2018 年，推进 HSE 和社会安全管理体系建设，修订《突发事件总体应急预案》《井喷失控专项应急预案》等规章制度，实现安全管理规范化和制度化。落实社会安全和 HSE 审核，推进隐患治理。完成阿姆河项目、MMG 项目、乌兹别克斯坦项目 HSSE 管理体系审核，督促发现问题整改落实。加强承包商管理，明确地区公司、项目公司、承包商及其所属施工作业队伍的责任和义务，提高工程质量，强化安全生产，实现本质安全，量化考核指标，推行“红黄绿”牌安全管理制度。加强环保管理，开展环境影响因素评估和风险控制，密切关注哈萨克斯坦环保法典的修订情况，制定落实相关环保措施；关注“三废”排放治理，降低引发环保法律纠纷的风险。关注社会安全局势，着重抓好重点场所的安保工作，按照属地管理原则，落实各营地的安保设施升级工作，严格社会安全管理，建立和拓展社会安全和安保信息获取渠道，提高社会安全工作水平。做好员工健康管理工作，在乌鲁木齐建立员工健康体检服务中心，在阿拉木图和阿克纠宾分别开展心理健康培训与咨询，提高中方员工健康管理工作水平。防范生产经营风险。通过多种渠道和交流平台参与资源国政策制度起草修订进程，提前规避潜在政策风险。向哈萨克斯坦政府机关反馈 2018 年新版《矿产资源使用法典》等修改意见；说服哈萨克斯坦环保法修订引入国际通行的“技术性不可避免的排放”规则。通过分红与还贷安排规避汇率风险，把项目资金尽快返到中油国际公司账户，全年以分红及归还股东贷款形式，向中油国际公司回笼资金 18.39 亿美元。赢得 MMG 项目污油土环保诉讼，避免损失 8500 多万美元。解决阿克纠宾项目让纳若尔油田商业发现费行政罚款、原油出口收益税等多起历史遗留法律纠纷，避免损失近 3000 万美元。

【企业党建工作】 2018 年，中亚地区党工委探索海外党建工作新思路，逐级夯实党建责任，提升党建工作质量，推进反腐败斗争，为中亚核心油气合作区高质量建设提供坚强保证。组织副处级以上干部参加集团公司和中油国际公司举办的学习党的十九大精神培训班，培训率 100%。严格执行党工委常委会中心组学习制度，完成党工委中心组学习 12 次。健全完善党工委、纪工委领导机构、工作机构，对 11 个基层党组织实施调整 48 人次。优化班子结构，调整班子成员9人；坚持“四好班子”“好干部标准”，选优配强项目班子，交流调整项目总经理14人次，调整项目班子成员31人次，占项目班子总数的43%；调整任免105人次；推荐43人参加中油国际年轻干部选拔，7人入选，改善干部队伍年龄结构和专业结构。加大人才交流轮换力度，完成干部交流与员工轮换50人。正式组建中亚地区纪工委，加强巡察机构建设和制度建设，启动并完成第一轮巡察工作。对所属哈萨克斯坦地区三大油区9个直属项目、塔吉克斯坦项目和5家服务保障单位进行现场调研，稳妥推进纪检监察工作。全面启动中亚地区党工委和中亚公司制度制修订工作，围绕改革后中亚公司职责定位及分级授权等政策性文件，建立制度清单和时间表，全程跟踪督促推进。

【企业文化建设】 2018年，中亚公司在中国和哈萨克斯坦国家级主流媒体刊发、播出新闻20余篇，在国内重点门户网站转载新闻近100篇次；党建信息化平台应用素材被中央电视台《新闻联播》采纳，央视《远方的家》推出6期中哈油气合作专题节目；资源国当地主流媒体对中国石油正面报道120余次。在油气合作中始终坚持互利共赢合作理念，合法经营、照章纳税，创造就业岗位，各项目因地制宜参与社会公益事业，让企业发展惠及当地民生，为中国石油赢得资源国政府和当地社会的美誉。中国石油5名员工获资源国国家友谊勋章和荣誉勋章，中亚公司6个项目7次获资源国社会责任与安全环保奖项。

（耿长波）

中油国际尼罗河公司

【概况】 因海外油气业务体制机制改革，中国石油尼罗河公司更名为中油国际尼罗河公司（简称尼罗河公司），行政隶属中油国际直接管理，负责对中国石油在苏丹、南苏丹石油合作项目的统一管理和运作，本部和机关设在苏丹首都喀土穆。2018年底，尼罗河公司有中方员工287人，其中党员164名、占员工总数的57.14%。

尼罗河公司在苏丹、南苏丹运营和管理着8个项目，包括4个上游项目，分别是苏丹1/2/4区项目（中方权益比例40%）、苏丹6区项目（中方权益比例95%）、南苏丹1/2/4区项目（中方权益比例40%）和南苏丹3/7区项目（中方权益比例41%），原油生产能力1600万吨；4个中下游项目，分别是苏丹3/7区管道项目（中方权益比例2.05%）、苏丹炼油项目（中方权益比例10%）、苏丹化工项目（中方权益比例50%）、石化贸易公司（中方独资），年炼油能力500万吨、聚丙烯生产能力18000吨、编织袋生产能力2000万条；参与运营输油管道2193千米，长距离管输能力1500万吨/年。

尼罗河公司机关设有综合管理部、经营管理部、党群工作部、技术管理部、股东事务部5个部门，另外根据业务需要，将地区协调组办公室与综合管理部合署办公，党工委办公室、纪工委办公室与党群工作部合署办公。

2018年，尼罗河公司落实集团公司、中油国际各项部署和海外油气业务体制机制改革方案，紧紧围绕“一条主线，两项部署，三个发展理念，四大攻坚战”工作思路，克服诸多不利因素和严峻挑战，全面完成全年各项生产经营任务。生产原油939万吨、加工原油352万吨、生产聚丙烯1.68万吨。未发生安全环保事故和违法违纪现象，停产5年的南苏丹1/2/4区油田实现复产。

【开源节流降本增效】 2018年，尼罗河公司面对原油价格波动及成本反弹压力，开源节流降本增效工作取得丰硕成果，现金流和利润指标均超额完成年度计划。

开源方面，抓住有利时机，挖掘自身潜力，增加原油下海销售。苏丹1/2/4区项目提前谋划，与政府协商，在炼油厂检修期间实现外方伙伴57万桶份额油下海销售；苏丹6区项目密切跟踪油价走势，安排提油窗口，将原计划12月提油提前至11月，增加中方现金收入；采取减黏掺稀措施，增加35.5万桶中方稀油出口。扩销推价，足额提油，销售增效。南苏丹3/7区项目创新“固定一船油给中联油”的长期销售模式，达尔油贴水上升趋势得到有效控制；南苏丹1/2/4区项目当年复产、当年提油，快速实现商业回收。

降本方面，采取有效成本控制措施，节约成本1851万美元。苏丹上游项目坚决贯彻以收定支的经营策略，大幅压缩预算。苏丹1/2/4区项目削减年度预算22%；苏丹6区项目优化年度预算13%，实际支出下降17%。南苏丹3/7区项目将原设计的14口直井优化为大斜度井和丛式井，大大节省投资。加大合同招标力度，降低合同价格。苏丹6区项目通过招标谈判降低合同额652万美元；南苏丹3/7区项目采用最低价分标、中标后继续价格谈判等方式节约支出884万美元；南苏丹1/2/4区项目在复产中，创新对承包商大包和时间节点管控的模式，实现简约、高效、低成本的快速复产。压减库存，减少资金占用。苏丹6区项目采取库存共享模式降低库存554万美元，下降7%；南苏丹3/7区项目消耗钻修井库存材料，降库存360万美元。推动减员增效，严控非生产性支出。

【安全环保】 2018年，尼罗河公司严守红线底线，培育先进企业安全文化，实现HSSE“三零”目标。组织到位，重点项目安全实施。发挥项目主体责任和协调组协调督导职能，生产安全平稳运营。南苏丹1/2/4区项目研判油田周边安全形势，完成第三方安保评估，部署复产安保措施，安全复产；炼油厂和化工厂完善检修方案，强化施工现场监督，完成大检修任务；苏丹上游项目开展甲乙方联合检查，形成联管联治机制。执行有效，环保管控更具成效。全面落实上级要求，开展第二次污染源普查及弃置基金缴纳调查；紧盯重点环保风险，苏丹6区项目举办管道尼罗河穿越点水上溢油应急演练，首次应用生物降解技术处理油田现场的含油污土；南苏丹1/2/4区项目邀请第三方机构开展复产前油田现场环境现状调查；南苏丹3/7区项目完成Paloch蒸发池防渗膜修补及岩屑不落地方案研究。监督有序，安全基础更加夯实。配合中油国际对苏丹6区项目、化工项目和石化贸易公司HSSE审核，56项问题全部整改到位；开展南苏丹项目社会安全和健康审核，推进医疗补强工作。苏丹1/2/4区项目坚持月度领导带队到现场检查，发现整改安全隐患。措施有力，员工健康全面改善。组织员工参加健康体检评估，年度体检率和健康评估率均100%。举办心理咨询和健康讲座；强化传染病防治，严格执行“逢热治疟、逢疟治恶、联合用药”治疗原则，尼罗河公司无疟疾危重病例。

【油气勘探】 2018年，苏丹6区项目完钻Sufyan W-4井，测井解释油层15.6米/7层，获AG组油斑级油气显示；南苏丹3/7区项目Ruman L-1井作为首次针对岩性油藏部署的风险探井，在Galhak组岩性圈闭发现油流，取得岩性油气藏勘探新突破。南苏丹1/2/4区项目完成Khairat NE油田先导性研究，发现Aradeiba组中下段低阻油层。

【开发生产】 2018年，尼罗河公司生产原油938万吨，停产5年的南苏丹1/2/4油田复产，各上游生产项目均超额完成年初制定的奋斗目标。开发井经济极限初产比例和措施有效率均超过70%。新井投产效果好于预期。2018年完钻开发井56口，投产新井55口，产油417万桶。其中南苏丹3/7区项目投产的52口新井，单井平均日产油562桶，千桶井数11口。措施增油成效显著。实施增油措施204井次，增油267万桶。南苏丹3/7区项目引进砾石充填防砂工艺，7口井防砂后日产量恢复到2800桶。FG-30井和FS-17井通过过套管电阻率测井解释判断水淹层，补孔堵水后分别日增油321桶、362桶。新技术应用明显见效。苏丹6区项目投产的1口水平井初始产量达近两年新投产井的3倍；FNE油田蒸汽驱试验，8口受效井日产油559桶；加强“四注”（注天然气、注氮气、注蒸汽、注水）工作，控制含水率上升势头。苏丹1/2/4区项目在Azraq区块推广应用气举采油技术，AZK-1井增产22万桶。南苏丹3/7区项目加大产出水治理力度，含水上升率控制在1%以内，极大缓解上产瓶颈。

【管道炼化】 2018年，尼罗河公司中下游项目为全年生产经营目标的实现作出重要贡献。苏丹3/7区项目完成管道作业权移交，保障南苏丹3/7区项目原油安全平稳外输。苏丹炼油项目加大南油北炼工作力度，达尔油掺炼比47%，接近50%目标值，掺炼比创历史新高。苏丹化工项目克服生产物资不能按时到位、当地员工流失、炼油厂氮气供应不稳定等突出问题，实现安全平稳生产。石化贸易公司克服加油站油库设施老化、炼油厂检修等诸多困难，保持安全平稳运营。

【商务工作】 2018年，尼罗河公司紧抓低油价机遇，破除发展瓶颈，商务工作扎实有效推进。推动清欠工作的开展。推动与苏丹政府签订的清欠协议得到有效执行，推动中苏第七次清欠委员会会议就多项债务互抵清欠措施达成一致。南苏丹政府超提伙伴份额油全部清零。推动南苏丹政府清偿COSPA协议项下欠付中油国际预付款本息，实现预付款本金静态回收。商务工作取得新突破。签订南苏丹1/2/4区项目三费协议，费率由苏丹政府提出的26美元/桶降至14美元/桶，最大限度保障中方利益；签署南苏丹3/7区项目和1/2/4区项目EPSA/TA第一次补充协议，为中方继续投资奠定坚实的合同基础和法律保障；获南苏丹3/7区项目2012—2016年度数亿美元完税凭证；平稳完成苏丹3/7区项目作业权移交，稳妥应对苏丹2A/4区块马来西亚国家石油公司退出危机。与俄罗斯GPB公司和加拿大Africa Oil公司就埃塞俄比亚GEW区块和Rift Basin Area区块合作进行深入交流和研究。

【企业党建工作】 2018年，尼罗河公司发挥“把方向、管大局、保落实”作用，服务苏丹、南苏丹石油合作大局。召开20余次党工委常委会议，集体研讨重大事项，管好改革发展大局；提高政治站位，确保海外油气业务体制机制改革等重点任务的全面落实。严抓政治学习、严肃政治生活、严守意识形态阵地，推进“两学一做”常态化制度化。以集中学习、专题培训和在线答题等形式学习新思想，党员“四个自信”更加坚定，“两个维护”更加自觉；高质量完成2018年度领导干部民主生活会和专题民主生活会，就员工提出的8方面35项问题形成整改方案；通过《中国石油报》《信息速递》及“每日悦读十分钟”等宣传载体传播主流声音，唱响“石油人听党话、跟党走”的主旋律。强化“基本组织、基本队伍、基本制度”建设，提升基层组织力。贯彻党支部工作条例，完成各级委员增补和党组织换届选举，实现两个100%；坚持党管干部原则，调整交流副处级以上干部14名、引进人才9名，干部年龄结构年轻化；严格执行《基层党建工作考核评价实施办法》，完成基层书记述职、基层组织考核和党建督导；加强制度建设，新建党建制度3项。加强作风和形象建设。集中整治形式主义、官僚主义，王杰被推选为国务院国资委“2018年国有企业海外形象建设优秀人物”；开展“让损害形象的行为不再发生”座谈会，支持当地公益事业，树立“中苏合作典范”形象。

【企业文化建设】 2018年，尼罗河公司提升企业文化的软实力，推动企业管理不断升级进步。以文化正导向，用好“每日悦读十分钟”微信群、《尼罗通讯》、内部电视、内部网站和尼罗大讲堂等阵地。以文化聚合力，开展“我与尼罗共成长”等主题征文和大讨论，组织到第一口井等具有历史意义的场所回顾发展历程，提升高质量发展的使命感与荣誉感，坚定发展信心。以文化正风气，在“爱国奉献、温暖关爱、和谐融合、合作共赢、人本安全”五种特色文化的基础上，加强廉洁文化建设，开展经常性的“红脸出汗”关爱活动和廉洁纪律教育，促进自觉擦亮初心，使“四特队伍”建立更具仪式感。以文化创和谐，举办三八国际妇女节、五四青年节座谈会、职工运动会和各类文体竞赛活动，举办员工集体生日会和结束苏丹工作员工欢送活动，体现组织温暖。以文化塑形象，2018年在《中国石油报》等媒体发稿90余篇，加强与新华社、央视驻苏丹记者站等媒体交流，借助“中非论坛北京峰会”“2018年中国企业海外形象高峰论坛”宣传中苏、中南合作典型事例，展示尼罗河公司风采和员工风貌。与孔子学院合作开展“中国石油汉语学习和中国文化传播先进个人表彰”活动，为喀土穆大学孔子学院捐赠图书，主动履行社会责任，维护中国石油良好国际形象，助力中苏、中南务实合作。

（白　鸥）

中油国际拉美公司

【概况】 中油国际拉美公司（简称拉美公司）2017年7月成立，其前身是2008年6月成立的中国石油天然气集团公司南美公司，主要负责集团公司拉美地区投资业务及项目运营管理工作，肩负着建设集团公司海外重要非常规油气合作区和深海油气合作示范区的重任。拉美公司总部位于委内瑞拉首都加拉加斯。在委内瑞拉、秘鲁、厄瓜多尔、巴西和哥斯达黎加等5个国家（其中地区公司设在委内瑞拉，以及厄瓜多尔、秘鲁和巴西国别公司），经营管理11个项目，管理着16个区块和1个炼油项目，有生产井6000口，年油气生产能力1500万吨。11个项目（公司）分别是委内瑞拉MPE3公司、胡宁4公司、苏马诺公司、陆湖公司；秘鲁6/7区项目公司、8区项目公司和10/57/58区项目公司；厄瓜多尔安第斯公司；巴西里贝拉项目和佩罗巴项目和哥斯达黎加炼油公司。2018年底，拉美公司有中方员工212人，外籍员工2627人。

2018年，拉美公司落实集团公司决策部署和中油国际公司工作安排，围绕做特拉美战略定位，把握高质量发展方针，完成体制机制改革；坚持以效益为主线、分红为核心，推进“开源节流、降本增效”工程；持续深化创新合作，克服大选年主要资源国政局动荡、经济下滑、美国制裁等挑战，有效防控业务发展中的颠覆性风险，一些历史遗留问题和重大商务问题取得突破性进展；大幅超额提前完成新增探明油气可采地质储量、利润总额和现金分红等年初考核指标，取得优良的生产经营业绩，为优质高效创新发展奠定坚实基础。

【油气勘探】 2018 年，拉美公司深化勘探研究，风险勘探和滚动勘探取得重大成果，新增探明油气可采地质储量超额 181.8% 完成全年储量指标。风险勘探再获重大突破。巴西公司里贝拉项目充分发挥集团公司火山岩地质综合研究技术优势和经验，里贝拉项目西北区勘探再获新突破，大幅提高油田储量规模和经济价值；新增探明可采地质储量完成任务的 151%。滚动勘探效果突出。厄瓜多尔公司安第斯项目滚动勘探连年取得新成果，秘鲁公司 57 区项目通过储量复算新增探明油气可采地质储量。新勘探项目策略顺利实施。巴西公司佩罗巴项目勘探策略及部署获批准，Peroba-1 井 10 月 24 日开钻，2018 年底完钻。秘鲁公司 58 区项目完成保留区第一期义务工作量 233 千米二维地震采集，完成资料处理和综合解释工作。完成 SEC 储量评估任务。委内瑞拉 MPE3 项目 2018 年 SEC 储量评估工作，经过与第三方评估公司沟通获有利结果，证实开发可采地质储量同比增长 39.7%。

【油气开发生产】 2018 年，拉美公司克服委内瑞拉等资源国社会动荡、经济下行等不利影响，完成油气作业当量产量 1187.9 万吨。其中，原油作业产量 1003.2 万吨、权益产量 487.7 万吨，天然气作业产量 21.5 亿立方米、权益产量 11.4 亿立方米。厄瓜多尔、秘鲁、巴西等公司在产项目提前超额完成年度任务。秘鲁公司精心组织油气田生产，坚持老井与新井并重，完成油气作业当量产量 346 万吨，其中 6/7 区项目和 8 区项目分别提前 77 天和 50 天完成全年生产指标。厄瓜多尔公司安第斯项目优化新井部署，产量有序接替，强化措施效果，推进稳油控水工作，完成油气作业当量产量 243.4 万吨。巴西公司里贝拉项目实现首次海上提油作业，全年海上提油作业 3 次，完成权益产量 13.2 万吨，其中 L6—NW3 试采井获日产油气当量 5.5 万桶的产量水平，成为集团公司超深海油田开发史上具里程碑意义的成果。委内瑞拉 MPE3 项目原油产量逆势回升。MPE3 项目克服稀释剂短缺、生产物资匮乏、油区安保恶化等严峻挑战，扭转年初以来的产量下滑趋势，产量从 4 月的最低日产 6.9 万桶恢复到年底的 13 万桶以上，2018 年完成原油作业产量 572.9 万吨。陆湖项目和苏马诺项目多措并举应对面临的各种困难，维持项目正常生产。

【重点工程建设】 2018 年，拉美公司重点工程建设有序推进。MPE3 项目一期 16.5 万桶 / 日扩建工程逆势前行，6 月 30 日何塞混合油厂完成主体装置机械竣工，9 月 20 日进行空压系统的单体试运测试，12 月 27 日工业水供应系统试运一次成功，2018 年底工程建设总进度完成 95.03%。胡宁 4 项目推进热采先导试验前期合同招标、评标等工作。苏马诺项目签署融资关键条款书，1.5 万桶 / 日上产工程稳步开展。秘鲁 10 区完成地面配套设施扩建及生产保障项目。57 区完成 Sagari 气田产能建设工程和天然气压缩站工程，保障未来长期稳产。58 区天然气项目完成政府要求的环评工程技术支持报告（EIA）11 月 15 日获批准，保障气田开发按计划推进。里贝拉项目浮式生产储卸油装置（FPSO）工程建造及招标进展顺利。梅罗油田分 4 个生产单元进行开发，2017 年 12 月 14 日里贝拉项目正式签署第一个正式生产单元 Mero 1 FPSO（设计原油产量 18 万桶 / 日）建造意向书，船体改造工作 2018 年 4 月 15 日在中国大连启动，2018 年底项目总进度 25.82%，工程建造进展顺利，有力保障 Mero 1 生产单元 2021 年 3 月按计划投产。Mero 2 FPSO 2018 年 1 月 31 日正式对外招标。

【新项目开发】 2018 年 1 月 31 日，巴西海上佩罗巴项目正式签署合同，成为继里贝拉项目之后获取的又一个勘探潜力大、前景好的深海勘探区块。2018 年 6 月，中国石油与巴西国家石油公司正式签署一体化合作意向书，取得新突破，具体合作项目确定和谈判有序开展。巴西公司密切跟踪巴西盐下第四轮、第五轮勘探区块公开招标。9 月 14 日，在中委第十六次高委会召开期间，中国石油和委内瑞拉国家石油公司（PDVSA）签署《加强天然气勘探和开发合作谅解备忘录》和《阿亚库乔 6 区合作谅解备忘录》等协议，双方推动既有油气项目稳产上产，加强包括委内瑞拉天然气资源开发在内的上游项目新合作领域。

【经营管理】 2018 年，拉美公司经营效益取得显著成果，开源节流降本增效成效突出。

超额完成经营效益指标，全年利润超额完成奋斗目标。自由现金流状况超预期，大幅改善经营状况。分红工作成果突出。超前谋划、统筹推进、攻坚克难，权益分红超额完成计划，加快投资回收。各项目开源节流降本增效工作均取得好的效果，单位操作费和中方权益投资均控制在年初计划指标之内。拉美公司制定清晰明确的发展战略和经营策略设计，解决商务瓶颈问题。创新沟通交流机制，维护中方利益。针对委内瑞拉特殊生产经营环境，创新构建三级沟通平台：与委内瑞拉石油部长召开月度例会，推动解决重大油气合作、重要商务问题及需要石油部协调的重点工作；委内瑞拉国家石油对外合作公司（CVP是 PDVSA 的合资子公司）召开每周联席例会，推动合资公司按计划开展生产经营活动；与 PDVSA 定期召开技术商务研讨会，探讨解决合资公司关键技术和商务问题。在“三会”交流机制有效运作的基础上，胡宁 4 项目历史钻井服务费发票确认、早期生产延期、苏马诺项目历史遗留问题解决等事项取得重大进展。推动重大商务问题解决，防范经营风险。应对委内瑞拉汇率大幅贬值问题，通过增加美元支付比例等方式，应对通胀带来的成本上涨压力。秘鲁公司 58 区项目推进天然气外输商务谈判，为下一步开发做好充分准备；秘鲁公司 6/7 区、8 区、10 区项目合同延期工作稳步进行。厄瓜多尔公司安第斯项目利用厄瓜多尔政府出台税收豁免法案有利契机，解决历史税务纠纷，破除发展瓶颈，迈入大发展阶段。巴西公司里贝拉项目与合作伙伴紧密配合，在 Mero 油田跨界油藏开发谈判中取得重大突破，保护中方利益；加强里贝拉项目提油策略研究，不断优化提油窗口，保证提油效益最大化；抓住政府产业政策调整契机，推动里贝拉项目应用新的本地化率政策，大幅降低项目本地化率要求和罚金风险，有效控减投资。哥斯达黎加公司配合国际仲裁工作，赢得临时行政禁令诉讼。

【HSSE 与风险防控】 2018 年，拉美公司应对社会安全挑战，HSSE 工作持续改进。

成功应对重大社会安全风险事件。针对委内瑞拉总统大选、巴西里约军事管制、秘鲁总统临时更迭等重大社会安全风险事件，完善应急预案，邀请专家开展专项审核，不断提高预案有效性并常态化演练。开展“强三基、反三违、保三零”安全生产活动。组织开展安全分级防控管理和现场隐患排查，开展形式多样的“安全生产月”活动，安全生产取得新业绩。拉美公司、巴西公司、厄瓜多尔公司安第斯项目的应急管理体系，均通过集团公司和中油国际公司组织的专家评审。狠抓环境重点项目环保工作。研究制定与油气作业生命周期相对应的环境影响管理计划，确保油气作业完全符合资源国法律法规。陆湖项目组织开展湖上环境调研和历史责任厘清，厄瓜多尔公司安第斯项目有序推进历史污染清理工作，秘鲁公司 8 区项目环保纠纷国际仲裁胜诉，大幅减轻环保赔偿义务。解决委内瑞拉中方员工缺医少药的问题。针对委内瑞拉医疗条件无法保障的现实，与国际 SOS 组织签署医疗服务协议，在中方驻地配备全科医生，建立简易诊所。协调集团公司“海外送健康”团组和心理培训与咨询团组到委内瑞拉、巴西和秘鲁三国送医送药、送健康、送知识，有 300 余人次参加培训和健康咨询，改善员工的身心健康水平。高度重视员工体检和评估工作，落实重点人群“二次评估”机制和健康改善计划，员工健康风险得到有效控制。开展以风险防控为导向的经营策略研究，颠覆性风险得到有效控制。两次组织召开经营策略专题研讨会，完成拉美全区性风险及委内瑞拉各项目重大法律风险的梳理和研究，采取有效措施规避出现颠覆性风险。加强项目全生命周期和经营管理全过程的研究分析，明确各项目的战略定位、发展思路和具体经营策略，按照项目自身特点和所处阶段实施不同的策略。

【企业党建工作】 2018 年，拉美公司深化政治理论学习，推动从严治党向基层延伸。通过讲课、组织培训、看视频等形式推进学习贯彻党的十九大精神和习近平新时代中国特色社会主义思想。强化党纪教育监督，推动党风廉政建设责任落地。建设海外首个专门对党员进行廉洁从业教育的网站——“拉美清风”党员教育平台。率先启动海外油气业务政治巡察工作，为拉美公司进一步从严治党并向基层深入提供依据。加大人才队伍建设力度，为可持续发展做好人才储备。加强企业文化建设和宣传工作，展示积极进取的企业形象。组织“传承石油精神、推进拉美两个合作区建设”专题活动。推进“庆祝改革开放 40 周年，拉美创业 25 年”主题宣传，完成拉美创业 25 年专题报道 10 篇，开展“图说拉美 25 年”创业图片展，组织“我与改革开放共成长”等系列征文活动，启动石油合作先锋电视宣传片、创新发展纪实书籍等文化产品制作。配合《21 世纪经济报道》开展“一带一路”大型专题调研报道。结合生产经营重点工作全年完成宣传报道 100 余篇，充分展示拉美公司发展成果，提升企业形象。夯实群团建设，召开五四青年节座谈会，持续开展合理化建议活动。为员工多办实事，解决集中住宿、医疗诊所、职称评审、先进评选、户口及关系调入、人员提拔培养等实际问题，凝聚拉美公司干部员工创业干事的士气。

（施建中）

中油国际西非公司

【概况】 根据深化海外油气业务体制机制改革要求，按照集团公司《关于调整优化中国石油国际勘探开发有限公司部分业务组织机构设置的批复》（人事〔2017〕462号）文件精神，中油国际西非公司（简称西非公司）机关设置综合管理部、经营管理部、股东事务部、党群工作部（企业文化部）4个职能部门。2018年1月，将莫桑比克项目纳入西非公司管理；2018年6月，西非公司乍得分公司在乍得境内注册，名称为CNPCI West Africa Ltd. Chad，办公地点位于乍得首都恩贾梅纳。2018年，西非公司在乍得、尼日尔、莫桑比克、阿尔及利亚、突尼斯等5个国家经营着11个石油合作项目，业务涵盖油气勘探、开发、管道运输、LNG、炼化、油气销售等。有中外方员工2347人，其中中方889人、外方1458人。

2018年，西非公司围绕“做强非洲”战略，在所属项目的共同努力下，取得一系列成绩：尼日尔上游项目经过与政府多轮谈判，取得新开发许可，为二期产能建设打下坚实基础；乍得上游项目油气勘探获重要发现，原油产输量再创历史新高；莫桑比克科洛尔浮式LNG项目超计划推进。

2018年，西非公司生产原油500.3万吨，加工原油148.2万吨，利润总额和净现金流均超额完成奋斗目标。

【油气项目运行】 乍得上游项目。2018年，乍得上游项目以安全环保、质量、效益为中心，坚持以加快投资回收为主线，推进油气勘探、开发生产和重点工程建设。原油作业产量413.6万吨，油气销售收入13.7亿美元，利润总额6.21亿美元，超额完成全年各主要生产经营指标。

乍得炼油项目。2018年，乍得炼油项目坚持上下游统筹协调，以市场为中心，密切产销衔接，实现安全、平稳、长周期、满负荷、优质高效运行。加工原油64.2万吨，销售产品（包括聚丙烯和燃料油）51.3万吨，利润5517万美元。

尼日尔上游项目。2018年，尼日尔上游项目生产安全与社会安全风险有效管控，一期项目安全运行，二期项目顺利推进。实现原油作业产量83万吨，销售原油83.7万吨，销售收入2.56亿美元；实现利润总额2500万美元，现金流100万美元。

尼日尔炼油项目。2018年，尼日尔炼油项目以市场为导向、不断优化装置运行，安全优质完成大检修。加工原油84.23万吨，销售各种成品油（汽油、柴油、煤油、液化气）71.36万吨，成品油销售收入4.95亿美元，利润3516万美元，自由现金流10215万美元。

阿尔及利亚项目。2018年，阿尔及利亚项目坚持问题导向，稳妥有序推进各项工作，完成438B项目最终投资决策（FID）程序、退出策略研究，开展谈判的各项准备工作，完成年度计划和上级对项目公司的各项战略部署。

突尼斯项目。2018年，突尼斯项目原油生产平稳，产量243421桶，约合3.2万吨，其中中方权益54770桶，约合0.72万吨。中方权益油销售收入300.3万美元，税前利润105.3万美元，正现金流42.8万美元。

莫桑比克项目。2018年，莫桑比克项目高质量推进科洛尔浮式LNG项目工程建设和鲁伍马LNG一期工程FID前准备工作；开展M区块新项目获取工作；落实集团公司部署，推动中莫油气合作纵深发展。

【油气勘探】 2018年，西非公司加强研究，合理规划，提前部署，勘探资源基础得到夯实，油气勘探取得重大发现。乍得上游项目精心组织，2018年完钻探井、评价井6口，钻井成功率100%，发现Birrea和Raphia S-3含油构造带。其中：构造岩性勘探获新突破，Birrea-4井发现60米厚层砂岩油藏；滚动勘探再获新发现，Raphia S-3A井发现116米厚层砂岩油层，P组93米油层为2013年以来钻探P组发现最厚油层；深层低幅度构造潜山勘探取得新发现，Olax-1井获高产油气流，为埋深最深的潜山油藏。尼日尔上游项目以“规模增储提效益”为指导，围绕T/B区块圈闭及岩性目标体部署二维地震900千米，按计划进行地震采集作业。

【油气开发生产】 2018年，西非公司所属项目坚持“科学部署、精细开发”原则，科学实施各项开发工作，组织稳产上产。乍得上游项目提出开发工作“一期+2.1期硬稳产、潜山高效滚动评价开发、2.2期产能优快建设、油藏精细管理”四大关键目标，按照“快速评价、快速建产、有油快流”原则，创新应用十大特色技术系列，确保油田高效开发。2018 年，乍得上游项目完钻开发井 53 口，投产新井 41 口，平均单井日产原油 149 吨，新井产原油 101 万吨，老井递减压力得到缓解；一期油田和 2.1 期油田注水取得阶段性效果，地层压力保持稳定并逐步回升，气油比得到有效控制，区块产量递减减缓。

尼日尔上游项目确定“适当部署新井、稳定老井产量”的思路，通过夯实老井基础，加快新井投产，精细管理不断强化实现平稳生产，油井生产时率得以提高，产量任务超额完成。2018 年完钻投产开发井 2 口，新增日产原油能力 1080 桶；完成 3 个井组注水作业，增油 5.6 万桶；井下作业 13 井次。

【重点工程建设】 2018 年，西非公司各项目不断强化统筹协调和科学管理，重点建设项目进展顺利。乍得 2.2 期产能建设工程强化安全和质量管理，不断加快推进，Daniela CPF 第二列装置按期投产；Raphia 百万吨油田投产。莫桑比克科洛尔浮式 LNG 工程建设项目进度、投资可控，开始浮式 LNG 内转塔、船体及上部工艺模块建造，进入全面建设阶段；鲁伍马 LNG 一期工程 FID 前准备工作快速推进。

【管道运行】 2018 年，西非公司管道运行管理不断优化，产输平衡得以保障，管道运行安全平稳高效。

乍得上游项目通过加强沟通、合理调配组织、常态化开展清关管工作、建立管道维抢修中心、推进降凝剂筛选采购研究工作等多手段全方位保障原油外输，输油量创历史新高。2018 年外输原油 411 万吨。其中，一期管道外输 66.4 万吨，二期管道外输 344.8 万吨。两条管道安全平稳运行分别累计 2779 天、1523 天。

尼日尔上游项目通过强化管道运行参数监控；加强与上下游密切沟通，优化管道运输量；高效部署开展清管检测作业等措施，清管长效机制得以建立，管道运行隐患得以降低，管道安全运行系数得以提高，实现安全、平稳、低耗输运。2018 年输送原油 83.7 万吨。

【安全环保】 2018 年，西非公司严格按照集团公司 HSSE 业务管理高质量发展要求，应对严峻的 HSE 形势及复杂的社会安全形势，推动各项目强化隐患治理，提升风险识别和管控能力，维护企业和谐稳定大局，实现 HSE 业绩达标，企业与环境和谐共生、企业与员工共同发展。

承包商 HSSE 管理不断加强。按照集团公司国际业务 HSSE 管理西非地区工作会议精神及要求，吸取“5·23”事故的教训，结合事故暴露出的 HSSE 管理问题，开展系列整改行动，包括对乍得上游项目部分工程施工单位停工整顿、完善承包合同中对安全施工 HSSE 标准条款等；在各项目开展事故大反思活动，督促各单位对照集团公司“四条红线”要求更新高风险作业清单，进行升级管理，强化员工安全意识和红线意识，避免恶性事故发生。

社会安全管理水平不断提升。“11·29”枪击事件及时有效应对，针对暴露的社会安全管理问题，所属项目全面开展社会安全形势评估、全面梳理驻地及作业现场安防力量存在的问题、加强现金管理和信息报送工作，防范类似事故发生，避免发生人员伤害事件及造成经济损失。

员工健康管理持续强化。西非公司利用集团公司推行的体检评估措施，做好员工健康状况筛查工作；对重点人群进行日常健康跟踪，建立健全员工健康档案，开展健康趋势分析，发现共性问题，采取团体干预措施。重点加强乍得、尼日尔、莫桑比克项目疟疾防控工作和阿尔及利亚、突尼斯地区霍乱防控措施。

【经营管理】 2018 年，西非公司贯彻落实集团公司、中油国际提质增效工作的各项部署，开源节流降本增效工作深入推进，综合增效 1.16 亿美元。

扩销推价持续加大。乍得上游项目扩大销售渠道、优化销售方向，实现原油销售贴水持续低位；尼日尔炼油厂项目经过谈判获外销定价权，把握市场时机，推动成品油外销量价齐升，2018 年增收 1562 万美元。

招标管理不断加强。按照“降价扩市场”原则，对高油价时期所签合同开展复议工作，对于新招标合同，通过扩大招标范围等市场化手段，合同金额大幅下降。2018 年，西非公司各项目降低合同金额 3625 万美元。

本地化进程不断推进。乍得上游项目通过不断提高当地员工水平加快本地化进程，本地员工招聘力度加大，项目新招聘本地员工 150 名，本土化率 53%；加大本地员工培训工作。乍得炼油项目将工程部、生产调度、机动部、水处理、消防站等岗位进行职责合并，减少中方员工（对口支持）64 人，中方员工在册人数降至 347 人。

【企业党建工作】 2018 年，在西非地区党工委领导下，西非公司各级党组织围绕全面从严治党要求，结合海外项目实际，勇于担当、履职尽责，打基础补短板，党建和党风廉政建设工作持续加强，两个责任有效落实，制度建设扎实推进，廉洁教育常态化开展，引导带领广大党员干部牢固树立“四个意识”、始终坚定“四个自信”，坚决做到“两个维护”，纪检监察工作取得新的进展和成效。

政治理论学习得以加强，各项制度建设不断加快。通过 E-learning 平台、网站直播专题、电视循环播放等多种形式组织广大党员干部学习习近平新时代中国特色社会主义思想和党的十九大精神。制定党工委工作制度 6 项、纪工委工作制度 5 项、文化宣传制度 2 项。

党员干部日常教育持续强化，党风廉政建设责任有效落实。2018 年组织 9 期党工委中心组学习，近 500 人次参加。开展“弘扬石油精神、重塑良好形象”活动周学习活动，严格执行“三会一课”制度，“两学一做”学习教育常态化制度化，组织全体党员学习党章党规、系列讲话 40 余次。组织开展 31 名处级干部廉洁从业“六个一”教育。

巡察工作有序启动。党工委巡察工作领导小组组建成立，编制巡察工作制度，配合中油国际党委巡察乍得上下游项目，强化整改方案制定，具体措施得到落实。

【企业文化建设】2018 年，西非公司履行社会责任，与资源国政府紧密协作，密切沟通，共谋发展，提升西非公司国际化管理能力，共同推进西非资源国经济发展，为企业外部环境创造有利条件。

坚持正确舆论导向，打造西非新闻宣传阵地。以中非论坛北京峰会为契机，集中开展中非石油合作新闻宣传报道，国内主流媒体宣传报道各类稿件 30 余篇。2018 年向国内主流媒体、集团公司和中油国际公司内外部网站投稿 80 余篇。

公益事业适时适度开展。尼日尔炼油项目履行社会责任，与当地政府做好沟通，为企业外部环境创造有利环境，举行津德尔小区命名仪式、周边村镇捐建教室交接仪式，孤儿院、议员食品捐赠仪式等活动，做好在当地媒体宣传，有力地宣传炼油厂及中国石油的品牌形象，为西非公司发展创造良好外部环境。莫桑比克项目参与公益活动，在 Pemba 和 Palma 现场参与学校、水井、医院、道路等公益项目，受益人口上万人，收到良好的社会效益。

（杨　恺）

中油国际管道公司

【概况】 2017 年 7 月，原中亚管道公司与原东南亚管道公司合并组建中油国际管道公司，总部机关设在北京，下辖 13 个合资合作公司及独资公司，建设和运行着 6 条天然气管道和 3 条原油管道，分布在乌兹别克斯坦、哈萨克斯坦、塔吉克斯坦、吉尔吉斯斯坦、缅甸、中国 6 国，总里程 1.1 万千米，年油气输送能力近 9000 万吨油当量，管输规模占中国陆上进口能力的 75%。2018 年，中油国际管道公司统筹推进各项工作，全面超额完成绩效考核指标，实现平稳有序健康发展。管道输量实现历史性突破，全年向国内输送天然气 517.3 亿立方米，输送原油 2149.5 万吨。其中：中亚天然气管道系统年度总进气量首次突破 500 亿立方米；哈南线年输气量 84.5 亿立方米，同比增长 93.4%；马德岛接收油轮 38 船，中缅原油管道商业运行输量突破千万吨；经营效益再创历史新高，年度管输收入 41.8 亿美元，税前利润 3.4 亿美元；QHSE 业绩突出，获集团公司“安全环保先进企业”称号。2018 年底，有中方员工 771 人。西北和西南两大能源通道向国内输油 1.14 亿吨，向国内供气 2196 亿立方米，拉动天然气消费在一次能源结构中的比例增长近 2 个百分点，为优化能源消费结构，推动国内天然气市场发展作出重要贡献。中油国际管道公司所辖的中亚、中缅油气管道处于落实国家“一带一路”倡议的核心区，是中国陆上进口能源大动脉和集团公司海外油气产量保供国内的重要通道，在拓展海外油气合作、落实国家战略规划、保障国家能源安全供应中具有不可替代的战略地位和重要作用。

【重点工程建设】 2018 年，中油国际管道公司坚持中方掌控和股权管理并重，探索工程建设管理新模式，建立完善技术支持服务新体系，全面优质高效推进重点工程建设。扎实稳妥推进中亚 D 线工程建设。推动中油国际公司完成 FID 审查上报和高层论证，完成数字化管道建设总体方案编制，开展国产发电机、压缩机等重大设备调研和适用性研究，启动关键环节和技术专项研究，为工程快速启动奠定高起点。中马天然气管道公司（ATG）完成 50 亿立方米乌兹别克斯坦气接入中亚 D 线技术方案编制；中塔天然气管道公司（TTGP）实现全线线路招标和“4+1”控制性工程授标与合同签署，超额完成1号隧道掘进860米年度目标；中吉天然气管道公司（TKGP）稳妥推进调控中心征地和初步设计报批工作，新疆公司持续开展站址变更、路由优化等前期工作。坚持中方引领，强化股东协调，快速推动重点工程建设。总部与西北管道项目密切配合，全方位推动哈萨克斯坦股东加快解决设计招标、PMT成立和人员配置等问题，总部协调国内供货商，最短时间内实现管材管件发运现场，项目强化现场指挥督办，解决承包商施工组织薄弱的问题，按期实现反输改造工程一期一阶段主体完工；哈萨克斯坦南线项目完成巴佐伊压气站合同关闭，实现两座倒班村入住，稳步推进中亚AB线及哈南线管道扩容增输工程可行性研究有序开展。总结经验，坚持创新，完善工程建设管理模式。以中亚天然气合作10周年为契机，全面梳理总结中亚AB/C线工程建设经验，正式出版《“一带一路”的践行者——中亚跨国天然气管道投资与建设》专著，使10年建设管理创新成果有形化，首获行业部级著作一等奖。整合资源，统筹协调，技术支持服务体系初具规模。借鉴国内外经验，初步形成技术支持中心建设方案，逐步建立覆盖工程建设多专业的外部专家库；统筹协调编制重大技术方案，开展多层次专项技术研究，对合资公司技术支持保障作用不断增强。

【管道运行】 2018年，中油国际管道公司紧盯“世界先进水平”，抓关键、找重点、强落实，管道运行管理水平提升多点突破。跨国调控体系建设实现新跨越。立足推进区域性国际组织建立目标，增加土库曼斯坦、乌兹别克斯坦、哈萨克斯坦、中国四国协调会环节和功能，推动企业间协调机制向区域性协调平台转变；立足战略管道生产运行掌控目标，推进恒毅大厦新调控中心建设，整合各管道数据，部署在线仿真系统，实施站控功能完善，调度控制的时效性和准确度实现质的提升。运行管理模式优化取得新进展。中哈天然气管道公司（AGP）EAM系统与财务系统对接，融入合资公司管理流程，ATG完成EAM系统建设合同签署和授标，为下一步全面推进系统建设扫清障碍；关键设备自主维护技术取得重大突破，ATG成熟掌握压缩机、发电机半年级别维护技术，AGP掌握发电机季度级别维护技术；生产运行技术指标体系成熟完善，在中亚地区合资公司全面推广应用，站场管理水平和管理效率显著提升。马德岛港口管理水平稳步提升。东南亚原油管道有限公司（SEAOP）完成航道疏浚工程，恢复设计水深，确保航道安全；多次协调缅甸港务局，将VLCC油轮进港吃水限制由20.5米提升至21米，确保VLCC船型满载进港；与国际溢油应急组织OSRL签订协议，以关联成员身份加入OSRL，提升应急保障能力。成功应对“6·14”马德岛港油轮断缆事件，避免次生灾害，确保港口、管道及下游炼油厂安全生产。维护抢修业务实现内涵式发展。以完整性管理为抓手深化管道线路管理，完成PIS系统二阶段开发并扩大应用范围，制定内外检测技术标准，推动合资公司全面开展管道内外检测，2018年完成5300千米检测任务，KCP首创海外管道无人机巡线，取得良好技术效果和经济效益；推进重点隐患排查和治理工作，完成伊洛瓦底江长久治理方案研究和中油国际管道公司环焊缝质量风险排查工作方案制订。抢修保障能力持续增强，SEAOP高质量自主完成伊江穿越封堵换管作业；中哈原油管道公司（KCP）、西北原油管道公司（MT）完善维抢修能力评估办法，首次开展对运行服务商维抢修能力评估。

【经营管理】 2018年，中油国际管道公司推进“四个坚持”管理思路，深化管理方式转变，推进管理融合，推动管理效率提升，经营管理展现新作为。落实股权管理转变。推动完善“中方审批/备案清单”管理模式，优化中方内部管理流程；完成KCP章程修订和MT公司改制，优化股东决策机制与流程；完善合资公司绩效管理体系，强化股权管理正向激励作用；强化股东协调，建立与外方股东立体沟通协调机制，推动股东管理理念融合。推进降本增效工作。牢固树立高质量发展理念，逐步形成一套科学、完善、可持续优化的管理体系，降本增效成果显著。2018年降本增效2.1亿美元，其中投资控减7432万美元、生产成本控减2163万美元、管理费用控减7524万美元、财务费用控减4313万美元。高质量完成合资公司层面管输费策略研究。KCP完成中哈原油管道全线管输费策略研究，为哈萨克斯坦原油整体战略部署提供决策依据；AGP完成中哈天然气管道管输费策略研究，为中亚天然气管道管输费优化指引方向，明确方法和步骤。人才队伍建设持续加强。加快推动企业大学建设，完善培训体系，开展多层次、多种类、多专业重点培训，2018年培训中外方员工超过1.3万人次，全面提升骨干人才素质能力；以AGP为试点，初步完成站长能力素质模型搭建，为人才系统化培养奠定基础；深化校企合作，强化属地培养，塔吉克斯坦首批来华留学生完成一阶段预科学习，吉尔吉斯斯坦选拔的优秀高中毕业生开始在华本科学习，为中油国际管道公司国际化战略提供属地人才保障；试点开展内部公开招聘，9 名员工调整至紧缺岗位，促进内部人力资源盘活与双向交流轮换；启动管道运行模式研究，规划布局主营业务人员发展方案，优化资源配置，提升管理效率。投资回收与债务重组取得突破。强化多方协调，解决政策障碍，打通 SEAP 境外投资回收渠道，年内回收资金 1.5 亿美元，为后期其他项目回收投资提供有益借鉴；KCP 立足国际金融市场，超前谋划，按期、低成本完成债务重组贷款置换工作，化解合资公司长期资金断流风险。风险与合规意识增强。建立全面风险管理体系，实现重大风险全识别；建立法律风险防控体系，强化风险分析与评估能力，完善风险预警与监控机制；健全内控管理体系，提升风险防范水平。标准化管理成果显现。完成中油国际管道公司标准化发展规划编制，提升战略引领作用；创新工作机制，充分发挥专业标准化技术委员会驱动优势，完成 100 余项标准编制，合资公司 73 项标准转化；承担集团公司“油气管道合资企业标准化合作策略软课题研究”，获集团公司优秀课题奖。信息化水平提升。建成 SPI 协同办公平台并全面上线，大中方协同办公进入新阶段；完成“护网 2018”行动，实现零失守，受到集团公司嘉奖；聚焦数据资产，搭建 MDM 主数据平台，为数据共享提供基础保障；围绕大数据应用，重点开展西北原油管道多轮内检测数据比对分析，得出管道缺陷分布规律，指导修复工作，信息化赋能业务初见成效。科技与管理创新稳步推进。坚持体系先行，完成科技管理五年滚动规划编制和体系建设，评选科学技术进步奖 15 项、专利申请 19 项、著作权登记 2 件，引进集团公司自主创新重大产品技术 2 项；“境外跨多国油气运输管道基于联防联治的社会安全管理”获国家级管理创新成果奖一等奖。

【HSSE 与风险防控】 2018 年，中油国际管道公司以构建良好安全文化为目标追求，夯实基础管理，强化过程风险管控，进一步提升应急准备水平，QHSSE 风险管理迈上新台阶。强化基础管理。优化完善 HSE 监管机制，增设 5 个专业安委会，强化业务部门直线责任和属地管理责任；基本完成 QHSSE 一体化管理体系建设，首次明确安全文化目标，实现对关键风险、关键业务充分覆盖；建立股东审核与合资公司内审、外审相结合的体系运行机制，对中缅、中亚天然气管道及 D 线各公司完成全要素体系审核，体系管理更趋严谨；管理层 HSE 资质取证率 73%，各单位主要领导取证率 100%，合规管理意识持续增强；“安全生产联系点”机制实施率 100%，有感领导效果显著提升。过程风险管控更加有效。加强重点工程、敏感地段风险识别和隐患排查治理，提高风险防范水平；职业健康风险全面受控，员工年度健康体检全部完成，项目员工健康评估率 100%；海外项目极高 III 级和高 I 级风险地区安保措施升级改造完成。全年未发生一般 A 级及以上安全环保事故和社会安全事件。应急准备更加贴近实战。升级应急预案体系，全面备案合资公司关键应急预案，开展社会安全和管道运行突发事件应急演练，应急处置针对性、时效性、规范性增强。

【企业文化建设】 2018 年，中油国际管道公司抓好宣传工作和企业文化建设，提升对内对外的影响力。加强意识形态和主旋律主渠道建设，构建起以“一网一刊一微”为主体架构的覆盖全员、覆盖石油系统内外的“3+N”新闻宣传平台。依托这一平台，精准受众画像，精细宣传策划，畅通机关与海外基层、与员工家属、与国内外民众的信息和情感交流，发出基层、主业、党建、先进、中外交流各方面声音，营造良好的舆论环境。抓住重要节点宣传“向国内年输气突破 500 亿立方米”“中缅原油管道累计向国内输油 1000 万吨”“冬季保供”等履行企业责任的成果，中央电视台《远方的家》到哈萨克斯坦地区、中塔项目采访电视片相继播出，图书《走进塔吉克斯坦》正式出版，助力重塑中国石油良好形象。首次以《企业文化纲要》的形式，明确、阐释和固化企业文化体系，把国际管道人的价值追求转化为推进合作共赢的软实力。建设中油国际管道公司首个企业文化展厅，全面梳理 10 余年来两大能源战略通道取得的辉煌成就，以平面展示与声光电技术相结合的手法全景展示，生动展现中油国际管道公司发展重大成果。霍尔果斯窗口站建设基本完工，2019 年 3 月具备观展条件。

【企业党建工作】 2018 年，中油国际管道公司围绕国际管道事业的初心使命和愿景目标，创新工作方法，提升党建水平，服务中心工作，加强党的建设取得新成效。海外党建工作质量显著提升。中油国际管道公司党委深入各地区调研，在国际管道海外党建十几年艰辛探索和实践基础上，提出“一个中心，三个同心圆”（“一个中心”，就是以党组织为中心，强化政治建设，发挥政治优势，解决好国际管道事业目标方向问题，以共同的事业追求凝聚人。“三个同心圆”，就是以党员干部为半径，强化阵地建设，发挥组织优势，激发干事创业新动能，提升党员干部执行能力；以中方员工为半径，强化队伍建设，发挥群众优势，带领员工队伍提升战斗力；以中外方员工为半径，强化公司治理和企业文化建设，发挥文化优势，引领合资公司提升发展力）海外党建工作模式。以党组织为中心的核心作用发挥明显，“三个同心圆”的辐射力、工作落实的执行力得到有效提升，获集团公司党组通报表扬。基层党支部建设有效加强。把握党建资源投放的精准度和“收益率”，在“实”上打基础，在“活”上动脑筋，开发党建有形化管理工具，通过完善落实《班子成员“一岗双责”责任清单》、深入总结“六个一”党支部创建创优，倡导实践“互联网+”“3+N”党建宣传理念，促进党建责任、思想工作、组织工作、作风建设、宣传和企业文化建设有形化，海外党建资源发挥最大效用，基层党支部的战斗堡垒作用进一步发挥。领导班子和干部队伍建设持续加强。严格选人用人标准，紧依新时代新事业要求，制定《领导干部选拔任用工作规范》，完善干部管理分级授权体系，加大年轻干部选拔力度，强化干部梯次建设和优化年龄结构，2018 年提拔使用处级干部 38 人、科级干部 27 人，选取 5 个副处级岗位面向广大青年公开竞聘，为干部队伍补充新鲜血液。党风廉政建设纵深推进。完善纪检队伍建设与工作机制，规范基层党组织纪检委员工作职责，发挥“五员”作用；坚持政治巡察定位，成立 2 个巡察组，对中缅、中哈项目开展巡察工作，充分发挥巡察“慰问团、宣传队、体检队、调研组”作用；创新加大党性教育、警示教育覆盖面，引导党员干部坚定理想信念，筑牢思想防线，遵守政治纪律与政治规矩，严格落实中央八项规定，坚决防止“四风”回潮反弹，促进形成风清气正、干事创业的良好环境。

2018 年，中油国际管道公司党委通过中心组集体学习研讨、个人自学、专题培训、支部课题研究等方式方法，引导广大党员不断牢固树立“四个意识”，坚定“四个自信”，坚决做到“两个维护”。确立战略方向推进高质量发展。2018 年，中油国际管道公司立足“打造集团公司海外油气管道运营专业化公司”定位，优化体制机制助力加速发展。坚持稳中求进，强化顶层设计，完成中油国际管道有限公司工商登记、东南亚管道有限公司股东变更，理顺公司治理架构；争取重组政策，科学合理设置组织机构，明确总部机关职能定位，完成 160 余人岗位调整，确保平稳过渡和安全生产；修订“三重一大”决策事项管理办法，基本完成关键性制度和内控体系建设。探索形成海外党建纪检监察工作模式和机制。不断深化两级领导班子“两个责任”落实，健全党组织机构设置，探索形成“一个中心、三个同心圆”海外党建工作模式，以党支部差异化建设为抓手，加强基层党支部建设，海外“大党建”工作格局进一步完善。海外企业监督模式不断强化，纪检队伍“五员”建设、“互代制度”、《海外工作三十不准》等制度成为全面从严治党的有力补充。

【企业文化建设】 2018 年，中油国际管道公司强化形象建设，提升软实力。恒毅大厦 5A 级现代化智能办公楼打造，办公环境显著提升，展厅与对外网站建设稳步推进，国际化形象持续强化，文化气质进一步彰显；中亚管道建设、运行、管理 10 年经验结集成书，《走进塔吉克斯坦》正式出版，中哈天然气管道合作 10 周年多层级跨国联合表彰，中亚 C 线获詹天佑奖和国家优质工程奖，主办首届油气管道国际论坛，中国技术标准落地塔吉克斯坦。

（杨　帆）

中油国际俄罗斯公司

【概况】 为促进对俄油气合作，加快合作进程，2007 年 9 月，集团公司成立中俄合作项目部，作为集团公司直属机构，行政上由集团公司直接管理，业务上由中国石油天然气勘探开发公司归口管理，主要承担集团公司中俄合作项目的前期准备和项目执行工作。2014 年 4 月，根据集团公司专业化分工的要求和安排，为适应管理内容和管理重心的变化，集团公司对中俄合作项目部的组织形式和职能做出调整，批准中俄合作项目部加挂中国石油天然气集团公司俄罗斯公司牌子。中国石油天然气集团公司俄罗斯公司不进行工商注册，保留项目部，俄罗斯公司（项目部）列集团公司直属企事业单位序列。2014 年 11 月集团公司撤销中国石油天然气集团公司中俄合作项目部，俄罗斯公司单独列入集团公司直属企事业单位序列，作为海外地区公司，行政上由集团公司直接管理，业务上归口海外勘探开发分公司管理，不办理工商注册手续。2017 年 7 月海外油气业务体制机制改革，中国石油天然气集团公司俄罗斯公司更名为中油国际俄罗斯公司（简称俄罗斯公司），归中国石油国际勘探开发有限公司管理。2018 年 9 月，俄罗斯公司整体前移俄罗斯办公。俄罗斯公司作为中油国际本部的派出机构，在中油国际本部授权管理范围内，承担俄罗斯地区业务的协调、管理、监督、服务、党建等职能，重点负责授权范围内项目运营的协调和支持、公共关系、HSSE 监督、股东事务等职能。2018 年底，俄罗斯公司有员工 31 人，设 4 个职能部门，下属中油国际（俄罗斯）投资公司和中油国际（俄罗斯）亚马尔公司，资产总额 6131.58 万元。

2018 年，俄罗斯公司超额完成各项任务指标，实现勘探、开发、建设、生产、经营等方面的优质高效发展。

俄罗斯公司主要生产经营指标

指　标	2018 年	2017 年
天然气作业产量（亿立方米）	141.88	15.88
天然气权益产量（亿立方米）	28.38	3.18
凝析油作业产量（万吨）	75.39	6
凝析油权益产量（万吨）	15.08	1.2
LNG 作业产量（万吨）	858.18	27.15
LNG 销售量（万吨）	756.61	14.72
LNG 销售收入（亿美元）	23.6	0.39
凝析油销售量（万吨）	61.43	0
凝析油销售收入（亿美元）	3.7	0
开发井（口）	132	103

【项目工程】 2018 年，亚马尔 LNG 项目总进度完成 96.76%，完成累计进度 96% 的年度工作计划目标。亚马尔 LNG 项目第二条液化生产线 7 月 21 日投产，比商务计划提前 4 个月完成投产目标，第三条液化生产线 11 月 21 日投产，比商务计划提前 1 年完成投产目标。

2017 年启动亚马尔 LNG 项目第四条液化气生产线相关工作，2018 年底完成第四条液化气生产线基础设计，签订合同 60 个，其中长周期设备采购合同全部签订。完成第四条液化气生产线气体处理单元主工艺和外部单元桩基安装。

【勘探开发】 2018 年，在南塔姆贝凝析油气田中穹隆侏罗系部署超深大长度水平评价井 172 号井。10 月 8 日完井，11 月 1 日，经 5 段压裂后试采，172 号井获 12 毫米孔板日产天然气 52 万立方米、凝析油 118 吨（折合油气当量 532 吨）油气流。2018 年，动用 4 部钻机，开钻 26 口生产井，完井 28 口，完成进尺 89.37 万米，单井平均进尺 3200 米，平均建井周期 43.68 天。比原计划提前 7 个月完成年产天然气 250 亿立方米、凝析油 120 万吨的亚马尔 LNG 项目气田产能建设。与 FID 相比，气田产能建设投资从 27.93 亿美元降低到 21.36 亿美元，节省投资 6.56 亿美元。

【海运销售】 2018 年，8 艘 ARC7 冰级液化天然气运输船交付使用，首艘 ARC7 冰级凝析油运输船 2018 年 12 月 11 日在广州正式交船并投入使用。2018 年 4 月，亚马尔贸易公司开始向诺瓦泰克天然气电力公司、西班牙天然气电力公司、道达尔天然气电力公司、道达尔天然气电力亚洲私人有限公司履行 LNG 供货的长贸合约，2018 年按照长贸合同销售 45 船 LNG。随着第二条、第三条 LNG 生产线提前投产，2018 年股东间按照参股比例销售 70 船 LNG 现货，其中中方通过赛宁公司销售 LNG 现货 14 船，销售量 5200 万百万英热单位，销售利润 8400 万美元。2018 年 7 月 19 日，首船亚马尔 LNG 通过北极东北航道运抵中国江苏如东港，全年通过该航道向中国运送 4 船。

为减少冰级 LNG 运输船从萨别塔港至欧洲港口的往返航程，增加其运输次数，增大 LNG 产品的外运能力，2018 年 11 月 26 日在挪威霍宁斯沃格港口进行首次冰级 LNG 运输船对普通 LNG 运输船转运操作，到 12 月底完成 18 次船对船转运操作，确保 3 条生产线的 LNG 产品及时外运。

【降本增效】 2018 年，亚马尔项目计划项目融资提款 32 亿美元。通过向俄罗斯储蓄银行（Sberbank）申请开立额度不超过 2.4 亿欧元可循环使用的无担保信用证以及亚马尔 LNG 项目第二条液化气生产线和第三条液化气生产线提前投产带来的现金流入，亚马尔项目融资实际提款 12 亿美元，全年减少项目融资提款 20 亿美元。按照利率 4.7% 计算，节省亚马尔项目财务费用支出 9400 万美元。

通过开具银行保函，加快进口设备及配件的增值税返还，返还期缩短 90 天，2018 年返还增值税 5.8 亿美元，节约财务费用 725 万美元。

【股东事务】 2018 年，亚马尔项目召开董事会会议 52 次、年度股东会和临时股东会 3 次。俄罗斯公司按照中油国际给予的授权，履行董事会、股东会议题审批会签程序，协助亚马尔项目治理机构的中方代表行使决策权、知情权、监督权、投票权，维护项目和中方股东的利益：如期完成亚马尔项目中资银行、俄资银行、ECA融资的各项提款后置条件谈判，签署提款所需的股东担保份额分配表；推动新建第四条LNG生产线的相关工作；完成海运销售系列重要交易的审查、董事会会签表决、中方支持文件准备和报批工作；完成系列海运设施、上游服务合同变更、运营期技术服务合同等重要合同的审查；完成2018年度的股东联合财务审计和管理审计。

【HSSE管理】 2017—2018年，亚马尔项目3条LNG生产线相继提前投产，3条生产线完全满足环保测试要求。2018年6月通过一体化HSE管理体系（IMS）的认证审核，获由BSI颁发的ISO 14001：2015和OHSAS18001：2007监督审核证书，LNG厂首次纳入认证范围。严格执行社会责任及HSE管理计划，11月通过第三方环境顾问（IESC）的独立审核，满足国际金融组织IFC对社会责任和HSE管理要求。

【企业管理】 2018年，俄罗斯公司“能源与金融协同，行权与利益共振，成功推进亚马尔项目按期投产”获中油国际管理创新成果奖二等奖、集团公司管理创新成果奖一等奖。完成海外油气业务体制机制改革成效评估，编制《中油国际俄罗斯公司体制机制改革阶段性评估报告》。完成《中油国际俄罗斯公司对标工作方案》《俄罗斯亚马尔项目公司经营管理情况报告》。

【档案管理】 2018年，俄罗斯公司做好亚马尔项目中方档案管理，与海外板块有关部门协调沟通，做好项目融资协议、担保协议等重要协议的交接归档工作。俄罗斯公司E6系统归档文件131份，电子文件归档139份。

【企业党建工作】 2018年，俄罗斯公司实现处级以上领导干部学习党的十九大精神全覆盖，组织11次党委中心组扩大学习会，200余人次参加学习。签订责任书和承诺书，确保责任落地生根。坚持正确舆论导向，廉洁文化融入企业精神。

2018年6月，俄罗斯公司海外支部获中油国际党委“2017—2018年度海外油气业务先进党支部”称号，7月，获集团公司直属党委“先进基层党组织”称号。12月，俄罗斯公司获集团公司直属工会“2017—2018年度模范职工之家”称号。同月，中国石油亚马尔项目团队获国务院国资委第三届“央企楷模”称号，成为集团公司首个获该殊荣的集体。

（唐春梅）

工程技术服务企业

中国石油集团西部钻探工程有限公司

【概况】 中国石油集团西部钻探工程有限公司（简称西部钻探）2007年12月底成立，由原新疆石油管理局和吐哈石油勘探开发指挥部的工程技术业务整合而成，是中国石油首家专业化钻探公司。

西部钻探主要开展钻井、固井、录井、压裂、试油等工程技术服务，兼营油气合作开发、技术研发与产品研制等业务，具备9000米以内超深钻井、超高密度钻井液和固井水泥浆、超高压测试、压裂等服务能力，可为油田提供从新井开钻到投产全过程一揽子解决方案和“交钥匙”服务。年钻井能力750万米、酸化压裂10000井次、录井4000口、固井6000井次、试油450层、定向井1500口以上。

2018年，西部钻探下设机关处室15个，直附属单位12个和二级单位17个。员工总量1.53万余人。其中，本科及以上学历4778人，享受国务院津贴5人，新疆维吾尔自治区天山英才6人，集团公司青年科技英才8人，西部钻探各级技术专家90人。资产总额170亿元，工程技术服务队伍1000余支。有各类大型工程技术装备1.6万台套。其中，钻机近400部，压裂车组总计50万水马力，试油设备38台套，固井水泥车127台，综合录井仪238台。

2018年，西部钻探开钻2873口井，完井2764口，总进尺613.61万米，同比增长21.8%。其中：国内559.84万米，同比增长23.8%；国外53.77万米，同比增长4.1%。井下压裂酸化完成5534层段，同比增加2130层段，增长62.6%；大修118井次，同比增加7井次，增长6.3%；试油完成332层，同比增加26层，增长8.5%；固井4773井次，同比增加212井次，增长4.6%；定向井技术服务完成1016井次，同比减少13井次，下降1.3%；录井3233口，同比增加656口，增长33.9%。苏里格外输天然气商品量6.83亿立方米，同比增加0.44亿立方米，增长6.9%；凝析油产量13015吨，同比增加1613吨。总收入186亿元，同比增长42%，关键指标增长位居中国石油工程技术服务板块前列。

西部钻探主要生产经营指标

指　标	2018年	2017年
钻井（口）	2873	2252
钻井进尺（万米）	613.61	503.87
其中，探井	49.15	48.8
开发井	564.46	455.07
完井（口）	2764	2162
录井（口）	3233	2577
固井（口）	1774	1839
试油（层）	332	306
井下作业（井次）	2197	1677
压裂酸化（层段）	5534	3404
外输天然气（亿立方米）	6.83	6.39
外输原油（万吨）	1.3	1.14
特殊工艺井技术服务（口）	1038	1052
其中，水平井	291	240
欠平衡井	22	23
定向井	548	639
国内外新签续签合同额（亿元）	210.07	159.05
总收入（亿元）	186.18	131.54
其中，主营业务收入	183.73	129.56
其他业务收入	2.45	1.98
税费（亿元）	3.56	3.09

2018年12月31日，西部钻探专利、软件登记获授权165项（其中发明25项、软件登记5项），专利、软件版权申请受理205项（其中发明70项、软件登记13项），知识产权成果得到有效保护。2018年，西部钻探申报和参加上级科技成果评奖，获省部级科技成果7项。完成“连续油管底封拖动压裂技术研究与应用”等5项成果的新疆维吾尔自治区科学技术进步奖登记和申报，获新疆维吾尔自治区科学技术进步奖二等奖1项、三等奖3项。完成“新疆油田环玛湖钻井综合配套技术研究与应用”等4项成果的集团公司科学技术进步奖申报，获集团公司科学技术进步奖二等奖2项、三等奖1项。完成西部钻探2018年度技术创新成果申报和评奖，评出2018年度技术创新成果21项。

2018年，西部钻探获集团公司级以上荣誉主要有：西部钻探获集团公司“2018年度安全环保、节能节水先进企业”称号；西部钻探玉门钻井公司40019钻井队获集团公司“2018年度节能节水先进基层单位”；西部钻探试油公司谭文波获央视2018年“大国工匠年度人物”，以及“全国最美职工”“全国五一劳动奖章”荣誉；西部钻探李建辉获集团公司“2018年度节能节水先进个人”称号；西部钻探克拉玛依钻井公司70209钻井队阿不都热西提·依明江（维吾尔族）获开发建设新疆奖章；西部钻探吐哈钻井公司40677钻井队、准东钻井公司工程技术服务公司井控车间获新疆维吾尔自治区“工人先锋号”称号。

【市场开发】 2018年，西部钻探加快完善市场布局，创新业务发展模式，规模总量创历史新高。

主体市场地位稳固。整合资源，新疆油田、吐哈油田、青海油田三大市场平均占有率80%、同比提高11.6个百分点。在新疆油田完成钻井进尺228.41万米、压裂5097层次，市场占有率84.6%、同比提高28%，收入突破百亿元规模。在吐哈油田建立油田钻机运行动态表，市场占有率增长21个百分点，增至80%，完成钻井进尺59万米，收入11.2亿元、分别同比增长28.7%。在青海油田钻井市场占有率74.2%，收入16.6亿元、分别同比增长53.3%；压裂市场占有率100%，收入1亿元；试油、定向井等业务收入7000余万元。

海外市场持续拓展。坚持稳定中亚、发展中东，2018年新签续签合同额2.95亿美元，同比增长7.4%，大包合同比例提升到70%，专业化技术服务合同额同比增长50%。中亚市场整体向好，新开发KS OIL、EMBA、Jupiter等外部钻井市场，签约PK油田3年期固井总包；乌兹别克斯坦市场中国石油高端市场占有率100%，埃利亚日费项目持续稳定，等停设备全面盘活。中东市场实现突破，谋划形成市场开发方案，沙特阿美水井项目顺利运作，高端与传统市场协同发展；埃及市场合资公司经营许可实现延期10年，与埃方股东达成转资注资意向；完成伊朗70D钻机战略性转移，在伊拉克实现当年开发、当年创效。

国内重点市场多点突破。签订塔里木"10+5+N"钻机保障协议，进入油基钻井液市场，压裂、试油市场占有率稳居第一，元素录井业务成为新的经济增长点，市场规模扩容递增，井筒一体化发展大格局初步形成。搬安、中完速度、生产时率分别同比提高18.2%、7.8%和2%，生产综合指标油田名列前茅，5支钻井队排名进入油田前10名。获玉门油田15口井总包，合作关系持续稳固。长庆油田总包工作量大幅增长，区域钻井规模突破125万米。全面入围山西煤层气6个项目；实现新疆煤层气一体化总包；获西南、浙江页岩气53口总包工作量；新开发重庆页岩气项目。

【服务保障】 2018年，西部钻探始终坚持"成就甲方才能成就自己"的发展理念，强化担当尽责，以油田需求为导向，构建服务国内七大区域和海外市场的服务保障布局，实现集团公司整体利益最大化。

增强服务保障力量。扎实推进精准保障，班子带头沟通，优化资源、提高效率，集中调配钻机、压裂车组等主力装备200余台套，保障新疆、青海、塔里木等重点区域高效建产。新疆油田，调配深井钻机51部、压裂车组80台、旋转导向6串，开展"水平井+体积压裂"作业，加强管理力量倾斜，助力重点区块规模开发。吐哈油田，建立联合机构，实施工程优化，以68%的钻机占有率完成80%的工作量。青海油田，完善英雄岭构造防漏防喷等措施，连续两年钻井进尺突破80万米。塔里木油田，落实"10+5+N"钻机保障方案，提升压裂、试油、录井、钻井液服务能力，实现全产业链服务上产。西南页岩气，升级项目规格，12台钻机迅速到位。

推进工程提速提效。生产组织方面，设立8000万元奖金开展"三比"劳动竞赛，精益过程管控，全面开展对标竞标，完善冬季施工保障体系。钻井创日进尺3.3米、月进尺74万米最高纪录；压裂提效30%、创单队单日11级射孔桥塞联作压裂等集团公司纪录11项，刷新玛湖、吉木萨尔、塔里木山前等重点区域施工纪录95项。钻井提速方面，实施钻井队分类定级和"一队双机"平台管理，推行"40+70"钻井模式和"一趟钻工程"，优化井身结构与钻完井配套技术，完善区块提速模板，强化施工参数，开展事故复杂专项治理，在深井复杂井增多的情况下实现持续提速。其中：新疆油田玛湖示范区效果明显，整体提速14%；吉木萨尔工期同比缩短15%，加快建产进程。吐哈油田整体机械钻速、钻机月速分别提高6.1%和7.5%，钻井周期缩短13.2%。青海油田涩北台南区域钻机月速同比提高11.7%。压裂提效方面，采取三班两倒、24小时拉链式作业，探索形成"七提前、四同步、三共享"工法（即提前与甲方进行对接，提前做好井筒准备，提前做好压前准备，提前做好供水，提前制订压裂方案，提前与测井对接，提前准备施工材料；车组连接和现场配液同步进行，施工用水与蓄水同步实施，设备加油与检修同步开展，平台井压裂与射孔同步作业；信息共享，技术共享，物资共享），压裂施工效率提升1倍以上。控制压裂费用，将滑溜水比例由48%提升至70%，单井液体成本下降15%以上；推广石英砂替代陶粒，应用比例70%，单井成本下降130万元；推广现场连续混配工艺，压裂液费用下降5%以上；研发自动上砂送粉装置，降低作业费用10%。

提升保障效果。勘探方面，青海狮新210井日产液上千立方米，坚定英西效益建产的信心。塔里木玉东710井日产34吨，新增玉东7油藏储量400万吨。吐哈条34井发现三塘湖南缘二叠系致密油新领域，预测资源量2085万吨。开发方面，建立"油藏地质+工程"一体化服务模式，提高优质储层钻遇率和施工质量，水平井油层钻遇率95.8%，创历史新高。其中：新疆玛湖新投井平均日产25.5吨，吉木萨尔单井日产油最高116.8吨；青海南翼山钻压一体化总包增产显著，平均单井产量提高3—4倍，南VH10-16井最高日产15吨；塔里木克深605井日产气25万立方米、英买471H井日产油127立方米；在长庆油田推行钻试一体化服务，6口井日产量突破10万立方米；阿克纠宾H842一体化井日产118吨，是邻井的5倍以上。

【改革调整】 2018年，西部钻探强化改革调整。

打造专业化管理架构。强化市场管理职能，健全新疆、吐哈、玉门、青海、西南等区域协调部，闯市场能力全面增强。做实巴州分公司和国际工程公司，理顺责权利关系，塔里木市场施工业绩和管理水平有效提升。成立玉门钻井公司，传承铁人基因，做强总承包能力，更好保障玉门、长庆等市场。推进高端业务专项规划，完成钻井液业务专业化重组，油基钻井液实现历史性突破，打造贴近油气、比肩国际的业务结构。推动物资采购中心实体经营，打通全产业链创收重要关口。

优化人力资源配置。实施机关及直附属单位“大科室”建设，推行复合型大岗位设置，科室数量由86个减至40个，提高整体工作效能。完善处级、科级干部退岗后从事专项工作的机制，组建高级专业管理人才队伍，把主要力量用于强化现场，发挥技术指导、事故复杂处理、井控管理等方面作用，177名处级、科级干部退岗后从事专项工作，为西部钻探改革发展作贡献。优选三家人力资源公司开展合作，促进用工方式向“管理＋技术＋核心操作岗位内部员工，其他岗位劳务外包”转型升级。加快瘦身健体，推动低效业务外包，培训转岗600余人，缓解人力资源不足矛盾。推动“双序列”改革，完成企业技术专家、一级工程师选聘，完善绩效考核，加强薪酬激励，激发高端科技人才的干事创业热情。

完善薪酬分配机制。根据集团公司和中油油服务业绩考核细则，制定35项对应考核指标保障措施，确保上级业绩考核指标得到全面落实。修订业绩考核办法，突出收入、利润、市场占有率、应收账款四项考核要素，设置单位经营难度管理系数，调整考核结果与奖金挂钩比例，注重安全井控、市场开发过程考核，建立机关个性化指标，激发全员增收创效活力。坚持分配向基层倾斜，调整提高关键岗位市场化用工待遇，研究增加南疆等艰苦地区收入的措施，稳定一线队伍。

【科技创新】 2018年，西部钻探实施创新发展战略，聚焦油气田勘探开发难题，打造科技利器，加快新技术、新工具推广应用，引领作用更加明显。

科研顶层设计得到加强。梳理技术成果，规范新产品新技术命名，打造“复杂条件深井、超深井钻完井配套技术”等10项综合配套技术、“分支井钻完井技术”等14项优势特色技术、“自动垂直钻井系统”等13项工程技术利器。柱塞排水采气等4项新产品达到国际先进水平，精细控压钻井等一批新技术助力现场提速。

重点项目攻关步伐加快。旋转导向钻井系统在新疆油田TD80019井现场试验整体性能正常，精确控制液压模块推靠井壁，造斜率2.3度/30米，达到预期效果。井下安全监控系统现场试验3口井，在高温、高压工况下性能稳定性。开展玛湖低渗透油藏钻井地质工程一体化技术研究，建立地层可钻性剖面，改进Ⅱ型扭冲、旋冲等提速工具，形成强抑制、强封堵XZ胺基聚合物体系配方，MaHW6202等3口井地质建模与轨迹优化一体化导向技术应用效果良好。开展青海英西水平井优快钻井配套技术研究，建立动态地质导向模型，狮41H2-2-413井平均钻速6米/时，较设计提高2.6倍。光面电缆直读试井技术在新疆油田美006井，创集团公司作业井深（4570米）、井底实测压力（56.6兆帕）、实测温度（134.4℃）等多项纪录。

优势产品推广取得实效。扭冲工具在塔里木油田、青海油田提速效果明显，青海尖北基岩段机械钻速是设计的2.85倍；英买171-1H井平均机械钻速较邻井提高44%。精细控压钻井技术保障窄密度窗口安全高效钻进，在玛湖MHHW1004井实现零漏失、零复杂，较邻井同比缩短钻井周期57.8天；在明15井五开井段准确测量地层压力、地层漏失压力及循环压耗，能够及时发现溢流早期情况。SAGD磁定位技术仪器完成17对井技术服务，井眼轨迹质量优良，保障新疆油田稠油水平井高效开发。

【重大工程】 2018年，西部钻探历时431天打成乌兹别克斯坦重大工程明15井，攻克一开超大井眼、二开超长裸眼、三开异常高压、四开喷漏同存、五开高低压同层等23项技术难题，形成大井眼优快钻井、复杂地层防漏堵漏等8项特色技术，创区块机械钻速最快、建井周期最短、固井质量最优等7项钻探纪录。玛湖015井在侏罗系八道湾组未经压裂，日产油405.6立方米、天然气3.65万立方米，创新疆油田单井产量历史新高，展现出玛湖凹陷中浅层高效开发的良好前景，创油田单井产量历史新高。高探1井试获日产油1213立方米、天然气32万立方米，获风险勘探重大突破，带动准噶尔盆地南缘下组合天然气规模勘探。沙探1井钻至百口泉组、乌尔禾组，获重大油气发现，初步呈现沙湾凹陷斜坡区油气勘探新局面。

【精益管理】 2018年，西部钻探实施降本增效工程，细化精益管理措施，加快推进“四化”建设，扩大开放合作，提升运营效率和效益。

经营管理持续强化。强化资金管控，全面推进“两金”压控，经过与油田深入协商，回收工程款80亿元，压减存货指标完成率114.6%；坚持资金紧平衡策略，调节付款节奏，缓解自由现金流长期紧张的状况；清零国内外全部贷款，减少利息净支出8500万元。强化风险管控，细化“三重一大”实施细则，修订授权管理办法，严格合同审查和签订程序，推进电子招标平台上线运行，最大限度控制合规风险；开展税收筹划，实施境外物资当地化采购，避免汇兑损失。

开放合作领域不断扩大。扩大对外战略合作，强化与工程技术研究院合作，补齐油基钻井液等技术短板；与石油大学共建实验室，助力玛湖等重点区域钻井、压裂大提速；与海峡能源合资建立石英砂厂，开启新商业模式，降低压裂作业成本；充分发挥一体化优势，整合社会优质资源，开展长期战略合作，做大总包规模。强化内部资源共享，建立内部资源一体化统筹协调机制，集中优势资源，保障新疆玛湖、塔里木山前、四川长宁等重点区域增产。建成玛湖物资共享中心，集聚信息化管理、标准化配送、集约化仓储、零库存降本四大特征，消灭井队材料房，初步实现“五省”（省人、省时、省心、省力、省钱）目标。开展钻井队分级，实现优质管理、技术、人才、设备、物资等资源共享，提高队伍整体水平。

【“四化”建设】 专业化服务。2018年，建成玛18井区集中生活公寓，改善一线生产生活条件，降低运行费用。集中推广“制造＋服务”，与宝石机械、济柴等厂商建立玛湖设备保障中心。建立压裂备压、供应等专业化队伍，提高保障效率。机械化作业。推广各类井口自动化装备404台套，应用环保卫生间33套。建设自动化设备钻井、压裂示范队伍，作业效率分别提升20%、50%，单队年节约费用200万元。自研的自动送粉等装置降低费用150万元，提高效率30%；钻机平移装置，口井搬安时间节约2天以上，单次平移节约成本62.4万元。标准化管理。完善配套作业程序，制修订压裂、试油、固井等专业11个装备配套标准模板。推进工厂化作业设备配置，编制钻机搬安流程，单队搬家减少20车次。实施振动筛标准化配置方案，推广应用高频振动筛339台。信息化应用。远程技术支持中心（RTOC）建成投运，逐步成为信息传输枢纽、专家远程会诊平台，基本实现关键施工环节、重大项目现场试验、高风险现场远程监控全覆盖。研发应用全工序定额管理系统，物资电子商城上线运行，实现精准降本。推广高压管汇FRID身份识别、远程视频监控系统，压裂作业实现高压区无人值守、远程监控。

【质量安全环保】 2018年，西部钻探始终将安全环保井控作为根本前提和重要保障，坚持严抓细管，实现“六杜绝、一控制”。井控管理绝无一失，狠抓责任落实、风险排查与过程考核，升级井控装备，正确处置溢流21井次，杜绝重点区域“遭遇战”，增强主动防控能力。基础工作更加扎实，坚守“四条红线”，升级管理6项较大风险，实施专项奖励1500万元，提升综合管控水平；修订完善107项制度文件，实施差异化、个性化驻点审核，队站标准化建设全面达标，提高体系运行质量；加大违章查处及问责力度，不间断开展监督巡查和专项督查，夜查268次，增强基层执行力和安全意识。全面实施集中区域能源替代工程，在新疆、青海、吐哈等区域替代柴油6.95万吨，减少二氧化硫和氮氧化物等污染物排放0.63万吨，节能0.78万吨标准煤。强化生态系统保护意识，投身荒漠生态恢复工程，全面实施钻井液不落地工艺，建立全周期岩屑处置流程，加强污水处理、钻井液回收等技术应用，节水2.46万立方米，实现节能降耗、绿色生产。

【大国工匠】 2018年，西部钻探员工谭文波获“全国最美职工”“全国五一劳动奖章”，成为第一个走进央视“大国工匠”栏目的石油人，获评2018年大国工匠年度人物。经过中央电视台、《人民日报》、中国工会网等各大媒体、网站报道，在全国上下、石油系统引起广泛关注、强烈反响，充分展现石油人良好的精神风貌，树立中国石油良好的公众形象，提高西部钻探的知名度和美誉度。

【企业党建工作】 2018年，西部钻探开展中心组学习研讨，强化“四个意识”、深化“四个诠释”，推进基层党建专项治理，提升各级党组织工作水平；落实民主集中制，修订实施细则，合规决策“三重一大”事项138项。“红线”更加清晰，完善海外监管，加强履职考核与党内巡察，压实各级责任；从严执纪问责，依纪依规开展纪律审查，“不敢腐”的震慑效应充分体现。作风更加扎实，狠抓执行力建设，倡导靠前管理，形成服务基层之风，促进作风持续改进，体现高度的责任担当和为民情怀。素质更加优良，坚持党管干部、党管人才，树立正确选人用人导向，12名40岁以下同志被选拔到处级岗位，72名干部进入专业技术序列。

2018年，西部钻探贯彻落实新疆维吾尔自治区党委和克拉玛依市委维稳决策部署，做好人员、经费等各项维稳保障，驻克区域各单位专兼职人员增至2136人，维稳费用支出1.2亿元。严格落实“零报告”和24小时值班值守制度，坚持“企地联勤联动、警企联防联守”，推动安保防恐责任履行到位、制度执行到位、措施落实到位，实现管理责任全覆盖。解决就业难题，转移安置南疆四地州贫困人员50人，引进地方合作钻井队40支解决就业1600余人，加强与当地人力资源公司和石油大学联合开展人才合作，有力拉动就业率增长，促进社会和谐稳定。扎实开展“访惠聚”工作，抽调政治素质高、工作能力强的党员干部23人进驻泽普县开展“访惠聚”工作，6

名党员干部担任深度扶贫村第一书记，6人到克拉玛依五新社区帮扶，投入资金689万元，履行央企责任。深入开展“民族团结一家亲”活动，1412名党员干部结对认亲，全面促进各族干部员工在走动互动、交往交流中加深感情、增进融合，营造团结和谐氛围。

（罗 凡）

中国石油集团长城钻探工程有限公司

【概况】 中国石油集团长城钻探工程有限公司（英文缩写GWDC，简称长城钻探）2008年成立，是集团公司直属专业化石油工程技术服务公司。定位：建设国际一流石油工程技术总承包商。发展目标：打造“六个典范”，即打造中国石油海外工程技术业务的典范、打造中国石油国内油气风险作业的典范、打造油田勘探开发服务保障的典范、打造工程技术行业技术创新的典范、打造质量发展安全发展绿色发展的典范、打造心系基层群众信任的典范。2018年底，用工总量18000余人，主要工程技术服务队伍1400余支，主要工程技术装备5000余台套，资产总额366亿元。主营业务包括钻修井、技术服务、风险总承包三大板块，业务领域涵盖地质勘探、钻井、测井、录井、井下作业等石油工程技术全产业链，向油气田前期地质研究、勘探开发方案设计、天然气（煤层气、页岩气）开发、地热开发、油田生产管理等领域延伸，具备石油工程技术一体化总承包服务能力。GWDC和CNLC两大品牌在国内外石油工程技术服务市场得到广泛的市场认同，国内市场范围涉及国内近20个省（自治区、直辖市），主要服务于辽河、长庆、青海、新疆等油区；海外业务遍及非洲、美洲、中东、中亚等区域的30余个国家和地区，累计服务全球130余家客户。通过国家级高新技术企业认证，有外经贸权和对外经济技术经营权，是国际钻井承包商协会会员。

2018年，长城钻探科学把握市场机遇，从容应对行业挑战，凝心聚力，攻坚克难，高质量发展迈出坚实步伐。全年完成钻井进尺463万米，同比增长5.6%；收入189.5亿元，同口径同比增长6.7%，完成全年各项任务目标。

【改革调整】 2018年，长城钻探召开首次机关作风建设大会，成立公司层面领导小组，强力推进作风转变。各部门积极作为，大幅减少审批事项和中间环节，简化优化业务审批流程36个，下放14个业务领域56项管理权力，构建适合生产经营发展的授权管理体系，形成“放管服”新型机关管理模式。简政放权系列改革的实施，不仅为基层“松了绑、添了力”，更极大地激发基层的积极性和主动性。

推进“三项”制度改革和“三超”治理工作，打破“铁机关”固有形态，全面优化管理组织架构，收入凭贡献能增能减的机制初步建立，“三超”的历史遗留问题得到本质解决。按照集团公司《工程技术服务企业组织机构设置规范》要求，统筹开展机关部门和境内外单位组织机构压缩，撤销处级机构17个，机构设置全面达标；机关编制缩减200余人，79名处级干部退出领导岗位；劳动用工和劳动关系改革稳步推进。

贴合现代化企业管理制度，推动长城钻探管理架构和管控能力现代化国际化。调整完成企业领导体制，党的领导与公司治理相统一的管理机制全面建立。推进民主管理，修订完善“三重一大”决策制度实施细则和决策事项范围，为依法、科学、民主和集体决策提供制度保证。以提高效率效能为重点，系统调整机关职能部门和直附属机构工作职责，形成权界清晰、分工合理、权责一致、运行高效、制度保障的职能体系。结合业务发展实际，重构组织管理架构，打造总部机关统一管控，国际事业部统筹负责国际业务，东部、西部、西南3个生产指挥中心靠前支持的新型矩阵式管理架构。以效益为导向重新修订《业绩考核管理办法》，打破平均主义和“大锅饭”，内部分配指向更加清晰。

【国际业务】 2018年，长城钻探主动适应市场变化，调整固有投标策略，确立“海外项目有效益、国内单位有边际”的市场开发新原则，保证市场开发效果。CNPC市场持续稳固。运作乍得CNPCIC、哈萨克斯坦AMG、南苏丹DPOC、伊拉克哈法亚，以及乌兹别克斯坦明格15井等重点项目，有力保障集团公司海外油气业务发展。市场国际化程度进一步提高。全年非CNPC市场签约额占比超过80%。在科威特凭借良好施工业绩，中标KOC两台修井机合同。在尼日尔开拓外部市场，创造可观效益。在秘鲁实现外部钻头市场的首次突破。技术服务业务纵深发展。开拓阿曼Medco高端热采、伊拉克东巴酸化和老井测试，以及厄瓜多尔测井等一批技术服务项目，技术服务合同占比1/3，实现高附加值市场领域的新拓展。总包市场开发成果突出。在委内瑞拉取得钻井总包项目的重大突破。实施“技术咨询＋管理输出”总包模式，实现土耳其页岩油市场的“破冰”。市场开发模式创新成效显著。在阿塞拜疆创新“钻机＋维护人员”模式，盘活两部钻机。在伊拉克、阿曼，与哈里伯顿和贝克休斯联合中标多个项目，实现合作双赢。

【国内业务】 2018年，结合市场发展新业态，长城钻探明确“守住边际贡献”的运作理念，确立以“创新市场、提高效益”为主线，细分“盈利、微利、减亏、战略”市场，树立“品牌、技术、质量、服务”意识，深化“一体化”风险总包合同模式的工作思路，有力推动国内业务向好发展。在辽河油区：突出关联交易保障责任，紧紧围绕辽河油田千万吨稳产需求与生产实际，主动对接扩大经营自主权试点，共同优化施工设计，合理调配钻机，最大限度减少搬迁费用和设备等停时间，在平均井深同比下降2%的情况下，平均机械钻速同比提高6.76%，建井周期同比缩短5.85%，服务保障水平进一步提高，实现关联交易结算价格、市场占有率“双稳定”。在外部工程技术服务市场：长庆总包工作量突破120万米，同比增长35%；双110创新合作区如期完成5亿立方米产能建设，平均单井日产量1.69万立方米；长庆侧钻井规模同比增长63%。青海市场8部钻机实现满负荷运行。吉林市场总包外包5部民营钻机，新增空气钻井、近钻头服务项目。冀东市场二氧化碳混相压裂措施增产服务取得新突破。塔木察格市场获14口井工作量。复制总包外包模式，中标吐哈外围天7块产建总包20口井项目和中联煤山西致密气钻井项目。非常规天然气风险作业：苏里格自营区块年产气26.23亿立方米，落实含气富集区域5个，完钻新井71口，弥补递减产能3.5亿立方米。在气田递减速度快、气井含水率大幅增加、稳产难度大的情况下，恢复停产井25口，老井增产2亿立方米以上。四川页岩气项目年累产气4.68亿立方米，完成平台建设20个；完钻新井39口，压裂22口；地面集输和供水工程建设171千米，满足下一步气田产能建设需求。

【精益管理】 坚持把精益管理作为解决重点瓶颈问题的出发点和落脚点，进一步推进各项专业管理的实施和完善，助力提质增效。

优化生产运行，坚持各区域统筹协调，合理盘活闲置设备，有效保障页岩气等项目建设需要。特别是充分整合利用社会资源，外包队伍179支，实现资源配置从“完全自有”向“自有＋外包”模式转变，延伸市场布局的宽度和广度。优化区块提速模板，推动技术指标改善和效率效益提升。2018年平均机械钻速12.11米/时，同比提高3.41%；平均钻井周期21.91天、建井周期32.19天，分别同比缩短6.07%和3.92%；事故复杂率1.95%，同比下降3.43%。4000米以上深井平均机械钻速同比提高2.36%。实施狮52-3井、威202H55-3井、马古15井等一批高产井、纪录井。明格15井测试平稳高效推进，得到甲方的高度认可。

实施管理提升，创新降本增效手段，深入实施77项措施，变动成本占收入比例同比下降1.1个百分点。强化投资总量、效益标准和过程控制，推动核心业务发展、主力装备升级。推进“两金”压控、税收和资金管理，2018年回收工程款197亿元，各项减税退税返还2.73亿元，特别是上存资金40亿元、利息收入7000万元，彻底扭转长城钻探重组以来长期在有息负债下经营的被动局面。深化物资采购统一管理，两级物资集中采购度98.2%，集采价格较预算控制价平均下降6.76%，节约物资采购资金3亿元。严格落实“三控制一规范”，用工总量减少478人。抓好全员素质提升和人才培养，培训5.98万人次，新聘企业技能专家24人、首席技师51人。不断加强设备资质审核、配套及维修管理，新上项目设备一次验收通过率100%。推进“四化”建设，自动化设备现场应用149套，远程技术支持平台等系统应用效果良好。亏损项目减亏幅度64%。推进依法治企，加强合规意识宣贯，治理潜在问题，防控法律风险。完善质量管理与“三基”工作体系，长城钻探被授予辽宁省“实施用户满意工程先进单位”和辽宁省“质量管理小组活动优秀企业”称号。

【技术进步】 2018年，长城钻探以解决现场生产技术难题和培育优势特色技术为主攻方向，一批科研项目和技术相继取得新进展。井下随钻参数测量仪实现井下工程参数采集、传输、处理、应用一体化；随钻中子密度测井仪取得合格资料；录井实时流体分析系统分析周期和最小检测浓度均优于主流产品；全可溶式压裂桥塞坐封可靠性、压裂密封性和可溶性达到国外同类产品水平；GW-MLE综合录井仪实现软硬件升级，性能指标比肩国外主流仪器；苏里格侧钻水平井技术规模应用，成为老区挖潜的有效措施；中低渗透稠油油藏二氧化碳化学冷采技术推进难采未动用储量的经济有效开发。GW-LWD 随钻测井系统、环保型滑溜水压裂液体系等 13 项特色技术规模化应用，创造产值 6.5 亿元。牵头组建集团公司侧钻井技术中心，彰显技术实力。肯尼亚高温地热钻井技术等 4 项成果通过集团公司鉴定，达到国际先进水平。获 12 项省部级科技成果奖励，创年度新高。

【质量安全环保】 2018 年，长城钻探强化基层基础和管控问责，探索创新监管模式和培育自主意识，提高 HSE 整体管理水平。损工事件率同比下降 41%，杜绝一般 A 级及以上安全环保和重大质量责任事故，获集团公司质量安全环保节能先进企业。修订完善全员 HSE 职责，明确范围和考核标准。通过集团公司、DNV 等 HSE 体系审核，保证制度的先进性、有效性和适用性。开展双重预防性工作体系建设，主要专业 HSE 标准化示范队达标率 96%。实施监督分级、队伍分类管理，建立巡视监督区域轮换机制，生产作业实现分级受控。全年发布生产安全风险防控方案 29 项、隐患治理投入 9109 万元，做到精准施策、前端管控、源头防控。严格落实井控十大禁令，加强井控技能培训和现场应急演练，组建井控专家队伍，控制各类风险，全年处置 8 起气侵溢流事件，杜绝井喷失控事故。修订完善高风险以上国家社会安全管理方案 18 个，保持社会安全管理体系的有效运行。制订实施环境保护管理办法，开展污染源普查和排放监测，实现各类污染物排放全面达标。推进危化品和放射源民爆品监管、承包商管理、交通消防、应急管理等工作。全年涌现出 HSE 金银铜牌队 30 支、星级班组 60 个、无损工事件基层队 117 支。节能减排效果显著。

【企业党建工作】 2018 年，长城钻探开展专题研讨 520 场次，配发学习资料 7100 套，增强各级领导干部党性意识和理论武装的自觉性。开展主题教育宣讲 1700 余场次，营造“大学习、大宣传、大落实”的浓厚氛围。落实党建工作责任制，健全完善党建思想政治工作考核评价体系，建立三级党建工作联系点，各级党员领导干部到基层指导工作 5061 次、讲授党课 1081 次。发挥思想政治工作引领作用，《党建思想政治工作远程考核评价体系研究》《标准化党支部建设研究》《在推进高质量发展中彰显工会新作为》分别获央企、集团公司优秀政研成果奖和国企管理创新成果奖。获“改革开放 40 周年中国企业文化优秀单位”称号，被集团公司评为优秀政研单位，15 个基层党组织受到集团公司表彰。推进“平安工程”，组织开展三轮巡察工作，签订党风廉政建设责任书 1583 份，实现警示教育常态化。实施群众工作“三大工程”，“长城钻探工匠”培育选拔机制日渐成熟，岗位大练兵脱颖出越来越多的优秀选手，提升企业凝聚力。

【共建共享】 2018 年，长城钻探牢固树立以员工为中心的发展理念，落实发展成果共享，向一线倾斜工资总额 1.2 亿元，一线员工收入、奖金平均增幅分别达 13%、20% 以上。《心系基层服务员工八项规定》广受好评，基层智慧有效激发，革新创造成果达到 255 项，涌现出“长城钻探工匠”10 名，金银铜牌操作员工 56 人，以及劳动模范等一大批先进集体和个人。

（杨晓峰）

中国石油集团渤海钻探工程有限公司

【概况】 中国石油集团渤海钻探工程有限公司（简称渤海钻探）2008 年 2 月 27 日由原大港油田集团公司和华北石油管理局钻探业务重组成立，是集团公司全资子公司，总部位于天津市经济技术开发区。机关设 14 个处室，6 个附属单位，下设 6 个直属单位和 23 个所属二级单位。用工总量 21914 人。其中：合同化员工 17967 人，管理和专业技术人员 10189 人；研究生以上学历 379 人，大学学历 7263 人，大专学历 6588 人。

2018 年，渤海钻探坚持新发展理念，坚持稳健发展，坚持质量效益发展，加强党的建设，打好“五大战役”，协同发展“四大业务”，应对复杂严峻的形势，各项工作取得新成效。

【市场开发】 2018 年，渤海钻探国内市场收入 146.7 亿元，同比增长 14%。维护关联交易市场主体地位，强化服务保障，优质高效完成施工任务；超前谋划长庆市场，扩大总包项目，创收增速明显；优化运作塔里木市场，倾力提速提质，经营成效持续好转；科学组织页岩气市场，倾斜优质资源，创收规模扩大；稳固冀东、青海、玉门、吐哈、海南等市场，优化资

渤海钻探主要生产经营指标

指　标	2018 年	2017 年
录井（口）	3100	3027
钻井（口）	1880	1639
钻井进尺（万米）	561.11	440.36
完井（口）	1891	1583
固井（口）	2325	2068
井下作业（井次）	6498	4740
试油（层）	2414	1667
收入（亿元）	182.36	160.41
利润（亿元）	-10.23	-7.54

源部署，优选作业项目，超额完成年度任务。国际市场收入 35.7 亿元，同比增长 31%，创造新签合同额最高、单项合同金额最大、10 亿元以上合同最多 3 个“历史之最”。委内瑞拉“融资 + 服务”模式有效落地，伊拉克总包项目稳固增长，伊朗、印度尼西亚业务布局持续优化，秘鲁、科威特市场开发取得新进展。

【业务发展】 2018 年，渤海钻探钻井业务，完成进尺 561.1 万米、同比增长 6.1%，全口径创收 106.7 亿元、同比增长 16.1%，带动全产业链一体化发展。井下业务，完成酸化压裂 6220 层，试油试气 2681 层，全口径创收 40.1 亿元、同比增长 19.4%，助推增储上产。技术服务业务，全口径创收 79.1 亿元、同比增长 10.9%，提升服务保障能力和创收创效水平。油气合作开发业务：完成天然气商品量 12.96 亿立方米、凝析油 1.55 万吨，创收 12 亿元，保障完成年度经营任务。

【安全环保】 2018 年，渤海钻探修订完善制度规程 34 项，建立两级机关安全生产责任清单 4000 余份，组织开展年度综合定级审核、高风险基层“驻点”审核和重点环节专项审核，安全环保管理得到加强。开展井控考核排名、专项检查和重点井抽查、夜查，整改问题 2496 项。加强责任落实和过程监控，及时发现、正确处置溢流 32 井次，尤其是及时正确处置塔中 726-2X 井井控险情。治理重点隐患项目 74 项，实施安全技改项目 86 项，推广成熟技改项目 16 项。出台各专业“禁止作业项目清单”和“升级管控清单”，重点对外部市场进行全覆盖检查，对重要时段进行专项检查，共查改问题 1895 个。严格承包商管控，杜绝承包商事故。强化现场防渗、防污措施落实，与专业公司统一签订危废处理合同，整治生产机具“冒黑烟”问题；推广电焊除尘等装置，防控环境污染事件。实施电代油 100 多队次，替代柴油 4.5 万吨，节能 6600 吨，节水 1.85 万吨。编制 D 版应急预案，与大港油田、中石油海上应急响应救援中心联合开展井场油气泄漏及火灾爆炸和溢油回收实战演练。在海外社会安全管理上，突出风险管理，升级安防措施，确保海外人员生命和财产安全。

【施工作业】 2018 年，渤海钻探坚持区域资源一体化协调，推广两个“专打”模式（区域专打，即同一区域市场相对固定施工队伍；井型专打，即培养并相对固定水平井、深井超深井、大位移井、欠平衡井、煤层气井专打队伍），钻机利用率 85%、同比提高 4 个百分点，生产时效 98.2%、保持高位运行。工程提速上，落实中油油服钻井提速 18 项、压裂提速 17 项举措，制定 12 个油区 45 个区块提速模板，加大技术集成应用力度，在平均井深增长 7.3% 的情况下，平均机械钻速提高 8.34%，常规压裂提速 22.63%，工厂化压裂提速 18.73%。事故复杂方面，优化技术措施，强化过程控制，加大责任追究力度，事故复杂损失时率仅 0.79%。创集团公司级指标 5 项、局级指标 142 项，其中克深 21 井完井井深 8098 米，创集团公司陆上直井最深、陆上尾管固井最深等 3 项纪录；跃满 221H 井完钻垂深 7433.43 米，创集团公司水平井垂深最深纪录；伊拉克 BUCN-66H 井钻井周期 86.1 天、机械钻速 10.38 米 / 时，创米桑油田水平井钻井周期最短、机械钻速最快纪录；长宁页岩气 H23-5 井完成压裂 46 段，创可溶桥塞单井分段数最多纪录。在集团公司奖励的 25 项 2018 年度油气勘探重大发现成果中，渤海钻探参与施工的 2 项获特等奖。钻探中秋 1 井、吉华 2X 井等重大勘探发现井，打出滨 110X1 井、中古 70 井、歧古 8 井等一批高产井，为增储上产作贡献。完成大港首个页岩油先导性实验项目工厂化压裂作业，助推原油 500 万吨上产。

【科技创新】 2018 年，渤海钻探获省部级奖励 13 项，天津市专利金奖 1 项。集团公司鉴定成果 4 项、认定自主创新重要产品 2 项。通过国家高新技术企业和国家技术创新示范企业复审。钻井液研发中心被认定为天津市复杂条件钻井液企业重点实验室。扩展科技创收规模，科技创业奖获奖项目累计创收 10.18 亿元。完成 5 项新技术推广，创收 3.06 亿元。新培育科技创业项目 4 项，创收 4.35 亿元。VDT-5000 垂直钻井系统国产化率 100%，应用 8 口井，平均入井时间 190 小时，井斜控制在 0.5 度以内。伊拉克米桑水平井优快钻完井技术现场应用 11 口井，平均钻井周期缩短 40.79%。完成 A7（2.0）和 A12 系统提升推广，海外业务管理系统上线运行，两级 RTOC 值班常态化运行，完成远程监控钻井施工 247 井次、大型压裂 18 井次、定向井 24 井次。

【资源保障】 2018 年，渤海钻探长摊投资 6.2 亿元、同比增长 55%，非安装设备投资 5.4 亿元，保障重点装备购置。将天津中国石油大厦建设 6000 万元自有资金投入变为集团公司注资，缓解流动资金压力。完成页岩气市场 7 部钻机的升级改造和科威特 2 部快搬钻机的生产制造，推广应用新型高目振动筛 125 台，配置 55 套钻机平移装置，内部调剂租赁钻机、压裂车等重点装备 13 台套，提升装备保障能力。严控采购成本，严格网内选商，创新集中采购模式，加大代储代销力度，集中采购率 98.9%，采购价格低于市场价格 5.65%。加强重要物资保障，缓解不同时段资源紧张的局面。完善人力资源调剂协调机制，公司层面调剂 839 人，各单位内部调剂 4034 人次，尤其是录井单位二线支援一线取得明显效果。强化待遇激励，对近 500 名优秀市场化员工给予合同化员工待遇。深化全员培训，培训 15.4 万人次。

【基础管理】 2018 年，渤海钻探深入开展“精益管理年”活动，落实 14 个方面 50 项精益管理举措。强化内控与风险管理，严格合同审查，规范招标管理，加强审计监督，提高依法合规经营水平。强化管理创新，获省部级以上企业管理现代化创新成果 13 项。实施 15 个方面 45 条举措，降本增效 4.78 亿元。定期开展经济活动分析，深层次查摆解决问题。强力推进“两金”压控，多措并举清收账款，当年收入回款 137 亿元，一些多年遗留旧账收回。强化财务价值创造，利用政府优惠政策增效 2.92 亿元。成立巡察办公室，设立大港、华北纪检监察室和审计中心，优化库尔勒公司管理职能，强化泥浆公司科研业务指导、高端技术研发等职能，理顺管理机制，提高专业化水平。完善工资总额管理办法和专项奖励制度，强化激励引导。成立“四化”建设领导小组和 4 个专项组，推广应用自动化设备 347 台套，在塔里木 9000 米钻机成功应用管柱自动化处理系统，在页岩气市场配套自动化装备，提高装备作业能力。

（刘荣军　马　强）

中国石油集团川庆钻探工程有限公司

【概况】 中国石油集团川庆钻探工程有限公司（简称川庆钻探）2008 年 2 月 25 日由原四川石油管理局、长庆石油勘探局及塔里木油田的工程技术等相关业务单位组建成立，是集团公司全资工程技术服务企业，享有独立对外经济贸易和经济技术合作业务权。主营钻井工程、录井、固井、储层改造、试油修井及油气合作开发等业务。国内主要服务于西南油气田、长庆油田、塔里木油田，分布于四川、重庆、陕西、甘肃、宁夏、内蒙古、新疆、青海 8 个省（自治区、直辖市）。海外市场主要集中在土库曼斯坦、巴基斯坦、厄瓜多尔等国家，服务于壳牌、道达尔等国内反承包项目以及地方企业。2018 年底，川庆钻探有二级单位 25 家，机关处室 17 个；用工总量 2.77 万人，主要施工服务队伍 872 个（其中钻井队 283 个），主要设备 913 台套，资产总额 403.58 亿元。2018 年，收入 298.41 亿元，考核利润 3.39 亿元，缴纳税费 6.58 亿元。获集团公司 2018 年度“质量安全环保节能先进企业”称号。

川庆钻探主要生产经营指标

指　标	2018 年	2017 年
录井（口）	978	937
钻井（口）	1851	2210
钻井进尺（万米）	866	783
完井（口）	1837	2152
固井（口）	7895	4075
井下作业（井次）	3742	2904
试油（层）	2792	2339
新签合同金额（亿元）	326.20	268.33
收入（亿元）	298.41	288.21
利润（亿元）	-2.01	-6.72
税费（亿元）	6.58	9.81

【工程技术服务】 2018年，川庆钻探为适应油气田上产需求，针对装备队伍不足矛盾，内外并举组织资源，从土库曼斯坦以及新疆、苏里格调配13台钻机回川，在川渝、长庆地区引进外部钻机187台、压裂设备218台，推进大小钻机组合、同步作业等方式，国内钻机平均利用率80%，同比提高14个百分点。强化生产统一集中指挥，制定生产运行管理考核、协调管理办法，促进各业务紧密配合、高效运行，生产效率93%，有力支撑各区域增储上产。川渝地区常非并进，破解钻前、搬安“中梗阻”，高质量完成五探1井、双探9井、足201-H1井等一批重点井，永探1井获重大发现，支撑磨溪—高石梯、双鱼石构造加快开发，保障川南页岩气田建成国内最大页岩气生产基地。2018年完成钻井进尺92.8万米，创历史新高。长庆地区油气并重，深化钻试固一体化，高效完成致密油国家示范工程、天然气小井眼钻完井等重点项目，打成国内陆上最大丛式井组白409平台（73口）。钻井当量进尺突破910万米、固完井突破4300口、试油气压裂酸化突破10000层，有力支撑长庆油田实现第6个5000万吨持续稳产。塔里木地区稳中有进，以“快搬、快打、快试”为着力点，服务三大阵地战，钻获11口高产井，完成钻井进尺28.65万米。青海地区优质完成一批高难复杂井，狮新58井获重大油气发现，完成钻井进尺6.6万米。海外地区逆势快升，完成钻井进尺23.4万米，同比增长48%，经营效益稳步好转，扭转海外业务连续4年下滑的不利态势。

【科技创新】 2018年，川庆钻探获省部级科技奖励13项、授权专利224件、计算机软件著作权30项，获集团公司自主创新重要产品认定5项，第三次通过高新技术企业认定。编制“十三五”科技专项滚动计划，投入科研经费2.8亿元，开展156项课题研究，形成57项创新成果，旋转导向、水平井“一趟钻”等23项技术现场试验取得新突破。加快“复杂深井油气藏”等3个工程技术中心建设，页岩气长水平段钻完井施工能力提升至2000米以上，应用精细控压钻完井技术在磨溪—高石梯、双鱼石构造复杂时间分别同比下降95%、87%，推广大井丛三维水平井钻井技术缩短周期10.3%。加快“四化”（标准化、专业化、机械化、信息化）建设，完善基层管理标准化手册和作业程序，探索搬迁、钻前预制、维保外包等专业化，推广24项925台套机械化设备，推进装备、生产运行等信息系统建设应用，“四化”建设走在工程板块前列。

【油气合作开发】 2018年，川庆钻探集成各业务优势，突出地质优先，深化地质工程一体化，风险合作区块效益开发取得新突破。威远页岩气区块立足高产快建，深化地质工程一体化，探索形成“选好区、打准层、压好井”高产井培育模式。调整优化“十三五”井位部署，145口井均处于有利建产区；优选地质工程“甜点”，精细地质导向管理，龙一$_1^1$中下部小层钻遇率97.7%，同比提高5.1个百分点；集成“长水平段+密集切割+段塞加砂+优化压裂参数”等增产改造措施，系统开展套变预防治理攻关，平均单井测试日产量24.2万立方米，同比提高58.2%。高效组织产能建设，威202井区、威204井区完井周期分别缩短7天、12天，压裂效率整体提升20%以上，2018年完钻52口、压裂32口。细化气藏开发管理，老井挖潜4677万立方米，生产页岩气8.53亿立方米，同比增长36.8%，第二轮井内部收益率提高到11.1%。苏里格区块立足稳产增效，寻找产能接替，苏5区块马家沟组测试获重大发现。优化井位部署，全面提升储层改造效果和经济性，动态Ⅰ+Ⅱ类井比例88.5%。严格建产关键环节管控，产建周期缩短12.1天，新建产能4.5亿立方米。强化气井全生命周期动态管理，挖潜增产1.03亿立方米。生产天然气18.03亿立方米。

【经营管理】 2018年，川庆钻探以“精益管理年”活动为抓手，深入推进开源节流降本增效，节支降耗8.9亿元。分区域研究市场开发策略，国内有序退出新疆油田等低效市场，海外创新油田增产服务、延期付款等市场开发模式。新签合同额增长22%。优化投资、资产结构，全力向油气合作等效益较好的项目倾斜，内部调剂使用资产净值3.15亿元。启动降杠杆减负债，资产负债率控制在38%以内。加强资金管理，集中度达99.7%。严格物资两级集中采购，强化工程、服务、物资招标管理，节约资金7.11亿元。强力推进“两金”压控，回收以前年度欠款59亿元，积压库存物资下降5.57亿元。精益用工管理，内外部劳务输出1744人。狠抓解困扭亏，3家主要亏损单位大幅减亏增利。开展“瘦身健体”，关闭法人实体2家。解决历史遗留问题，4家企业注销。加强合规管理，审计取得可计量成果150万元，合规管理监督、联合监督检查挽回和避免经济损失1317万元，处理法律纠纷案件避免经济损失1050万元。依法用好税收优惠政策，节约企业所得税支出1.5亿元。撤并机关职能相近、业务单一的机构和岗位，处科级机构、人员编制分别压减20%、23%。做好培训、酒店等服务保障业务；做实越盛公司，规范多元经济管理，收入46.7亿元。

【安全环保与节能管理】 2018年，川庆钻探牢固树立红线意识，落实“五严五狠抓”要求，强化HSE责任落实，编制岗位安全生产责任清单。深化HSE体系建设，开展首次海外QHSSE审核，基层“7队1站”建设达标率95%。制定18个方面、85项措施严守“四条红线”，明确10大风险隐患管控方案。推进隐患排查监管两条线，开展系列安全检查和专项整治，强化现场安全监督，查纠违章3万余起，治理隐患17万余个，投入1.41亿元实施安全技术措施项目143项。狠抓井控、交通、承包商、输气管道等重点领域风险管控，杜绝重大事故发生。开展第二次污染源普查，实施环保风险分级管理，治理环保隐患和生态保护问题30余项。投入293万元治理职业病危害场所，职业健康体检率100%。严格环保管理，推进清洁生产、节能减排，重复利用钻井液8.5万立方米、压裂返排液50.7万立方米，“电代油”用电2.3亿千瓦·时，节能5800吨标准煤、节水1.8万立方米。

【企业党建工作】 2018年，川庆钻探采取多种形式组织学习宣贯习近平新时代中国特色社会主义思想和党的十九大精神。领导班子成员深入毛主席视察隆昌气矿炭黑车间旧址，重温入党誓词；举办4期领导干部集中培训班和党员知识竞赛活动，实现两个“全覆盖”。召开党建工作推进会，制定《党建工作责任制实施办法》，出台《党建工作责任制考核评价实施细则》，探索实践“三级联动”党建工作机制。组织开展所属单位党委书记2017年度抓党建工作述职评议，对19家单位175个党支部开展落实党建工作责任专项督查。学习贯彻《中国共产党支部工作条例（试行）》，制定党支部达标晋级管理办法和考评细则，评选示范党支部40个。举办2期党组织书记示范培训班，培训194人。突出政治标准，新发展党员283人。加强党建工作理论研究，3个成果获集团公司表彰，1个成果在集团公司做经验交流。调整交流处级干部137人次，其中提拔年轻干部17人。开展2016—2017年“四好”领导班子检查考核，评选8个先进集体。加强专家队伍建设，抓好各级专家推荐、选聘和考核工作，启动生产单位专业技术岗位序列改革试点，建立党委服务联系专家工作制度。制定《“一化五型”人才队伍建设实施意见》，举办经营管理人员能力提升、剑桥高级商务英语、项目经理和油气田开发专家培训班，培训144人次。选派72人次参加集团公司培训。举办1期中青年干部培训班。录用高校毕业生56人，引进一线紧缺人才29人，实施内外部招聘、借聘174人。严格规范职称管理，6人晋升教授级高级职称、167人晋升副高级职称、384人晋升中级职称。

2018年，川庆钻探全面贯彻落实十九届中央纪委二次全会、四川省纪委十一届二次全会、集团公司党风廉政建设和反腐败工作会议精神，安排部署重点工作115项。压实管党治党政治责任，督促所属单位完善责任清单，签订党风廉政建设责任书11739份。组织开展落实“两个责任”情况检查考核，扣减9个单位领导班子、21名处级人员绩效薪酬，对履责不力的5名党员干部进行严肃问责。配合集团公司党组巡视工作，制订巡视反馈问题整改方案，2018年末问题整改完成率50.4%；制修订制度35项；办结问题线索21件；纪律处分、组织处理等372人，挽回经济损失358.78万元。制定《党委巡察工作规划（2018—2022年）》，修订《党委巡察工作规定》等制度，启动党的十九大后川庆钻探党委首轮巡察工作，完成对6个二级单位党委的现场巡察。加强廉洁纪律教育，集中宣贯《中国共产党纪律处分条例》、国家监察法和集团公司党风廉政建设相关要求，开展预防职务犯罪专题教育，组织对89名新提任和交流的处级干部集中进行任前廉洁谈话。制定《公司党委进一步落实中央八项规定精神实施细则》，印发《关于下发落实中央八项规定精神10个“十不准”及制度依据的通知》，开展形式主义、官僚主义集中整治及“三超”“七项费用”专项检查，整改问题169项，促进中央八项规定精神落实到位。开展重点领域联合监督和合规管理监督检查193项，避免和挽回经济损失1317万元。开展基层管理人员及其亲属利用中石油平台违规经商办企业专项治理，立案审查纪律处分2人。运用监督执纪“四种形态”，纪律处分、组织处理、诫勉谈话党员干部485人次。2018年受理信访91件，处置问题线索127件、立案49件、纪律处分164人，挽回直接经济损失311万元。开展办案成果转化为国企治理效能自查自纠工作，制定整改措施15项，完善制度6项。

【精神文明建设】 2018年，川庆钻探深入推进企业文化建设，召开川庆钻探文联工作推进会和党建思想政治工作研究成果发布会，展示文化建设成果。4个单位、3名员工分别获“改革开放40年中国企业文化”优秀单位和先进工作者。开展“弘扬石油精神、重塑良好形象”“践行‘四个诠释’、争做形象大使”等活动，编选《石油精神在川庆故事集》。推出“川庆工匠”等专栏，宣传先进典型100余人。开展“破难闯关、行稳致远”主题宣讲，组织“唱享40年”MV大赛等活动。参加集团公司第三届“同心共筑中国梦”新媒体大赛，涌现出一大批优秀作品。抓好推优选先工作，涌现出“全国五一劳动奖章”1人，四川省、甘肃省“五一劳动奖状”3个、“工人先锋号”5个、“五一劳动奖章”3人、“五一巾帼”2人，四川省“五一巾帼标兵岗”集体1个，川庆钻探工会获2018年四川省“模范职工之家”称号。开展共青团系统“定建抓”工作，1个团支部被评为集团公司“五四红旗团支部”、4名员工分别被评为集团公司“优秀团干部”“优秀共青团员”。履行企业责任，落实四川省委、省政府对口扶贫工作要求，选派4名干部到石渠县挂职帮扶，投入426万元推进尼呷镇农贸市场二期工程、牦牛养殖、结对帮扶等项目。向威远、资阳捐资助学12万元。高效完成鸭子河抢险保供、广汉地方政府抗洪救灾等任务，树立良好石油形象。

（汪亚军）

中国石油集团东方地球物理勘探有限责任公司

【概况】 中国石油集团东方地球物理勘探有限责任公司（英文缩写BGP，简称东方物探）是中国石油天然气集团有限公司的全资子公司。是以地球物理方法勘探油气资源为核心业务，集油气陆上与海上勘探、资料处理解释、综合物化探、信息技术服务、物探装备制造及软件研发等业务于一体的综合性国际化技术服务公司。是国家级企业技术中心、油气勘探计算机软件国家工程研究中心，国际地球物理承包商协会核心会员，欧洲地球物理学家与工程师协会、勘探地球物理学家协会主要会员。

东方物探主要生产经营指标

指　标	2018年	2017年
落实市场金额（亿元）	292.52	233.30
新签合同金额（亿元）	217.33	156.22
二维地震采集（万千米）	10.4	14
三维地震采集（万平方千米）	7.5	5.3
收入（亿元）	178.67	143.51
其中，国内勘探	83.61	50.53
海外勘探	69.36	68.22
利润（亿元）	1.94	0.24
税费（亿元）	4.42	1.5

2018年，东方物探机关职能部门14个，机关附属机构5个，直属机构3个，二级单位24个，全资子公司2个，控股合资公司1个。在册员工27244人，其中合同化员工20876人、市场化用工6368人。按岗位性质划分，管理人员6140人，专业技术人员8732人，技能操作人员11221人，内部退养等不在岗人员1151人。具有中专及以上学历人员21136人；管理、专业技术人员中，具有中级及以上职称人员8470人；员工平均年龄42.6岁。设备资产原值74.77亿，其中国际49.85亿、国内24.92亿；资产净值24.26亿，其中国际13.23亿、国内11.03亿；新度系数0.32，其中国际0.27、国内0.44。

2018年，东方物探贯彻习近平总书记关于“今后若干年要大力提升勘探开发力度，保障我国能源安全”的重要批示，瞄准建设世界一流企业目标，聚焦找油找气、提质增效，实施“两先两化”战略。收入178.67亿元、利润1.94亿元，税费4.42亿元。国际项目分布在阿拉伯联合酋长国、沙特阿拉伯王国、科威特、尼日利亚、阿曼等39个国家和地区，国内施工区域主要分布在塔里木盆地、准噶尔盆地、柴达木盆地、鄂尔多斯盆地、渤海湾盆地、四川盆地、雄安新区及南海北部等。

【地球物理勘探】 2018年，东方物探国内动用地震仪器169套次，地面设备148万道次，测量仪器1168台次，可控震源502台次。其中，跨探区协调地震仪器103台次，地面设备104万道次，测量设备1023台次，震源418台次。国际业务动用地震仪器82台次，地面设备651万道次，测量设备1206台次，可控震源490台次。投入地震队117支，投产265队次，运作地震勘探项目265个。其中：运作二维地震勘探项目111个，完成二维地震采集工作量 103921.946 千米，生产炮 4084342 炮；运作三维地震勘探项目 154 个，完成三维地震采集工作量 75163.856 平方千米，生产炮 29392517 炮。二维、三维平均日效分别同比提高 8.1%、8.3%，项目质量合格率 100%。投入井中地震队伍 9 支，运作井中地震 VSP 测井项目 348 个，完成井位 376 口。

完成地震资料处理项目 252 个，其中国内项目 194 个、国外项目 58 个。完成二维地震资料处理项目 111 个，测线 3535 条，剖面长度 161915 千米，野外记录 3877182 炮；三维地震资料处理项目 141 个，一次覆盖面积 69527 平方千米，满覆盖面积 44386 平方千米，野外记录 11357882 炮。

完成地震资料解释及综合研究项目 369 个，其中国内项目 327 个、国外项目 42 个。完成二维地震解释 741892 千米，完成二维地震反演 67162 千米；完成三维地震解释 405589 平方千米，完成三维地震反演 86594 平方千米；完成各种成果图件 4540 张。新发现圈闭 6420 个，总面积 42187 平方千米；复查落实圈闭 4266 个，总面积 50894 平方千米；建议各类井位 9074 口，采纳 4417 口。

投入非地震队 21 支，投产 67 队次，完成 64 个采集项目。重磁力队投产 27 队次，实施 27 个重磁力勘探项目，完成海洋重力 59523.1 千米，海洋磁力 59894.3 千米，航空重力 70016.2 千米，航空磁力 70016.2 千米，陆上常规重力 43300.6 千米、物理点 100044 个，陆上常规磁力 29204.6 千米、物理点 60282 个；电法队投产 25 队次，实施 23 个电法勘探项目，完成电法剖面 6757.9 千米、物理点 32830 个；化探队投产 1 队次，实施 1 个地球化学勘探项目，完成地球化学勘探 8.3 千米、物理点 33 个；工程勘探投产 14 次，实施 13 个项目，工程勘察 969 千米、工程勘探点 37055 个。承担处理解释生产项目 35 个，其中完成 22 个、待验收 5 个、正在运行 8 个。

国内重大油气发现参与率超过 92%，海外油气重要发现参与率保持 100%。

【市场开发】 2018 年，东方物探为国内外 94 家客户提供物探技术服务，新增国内客户 20 家、国际客户 39 家。落实市场 292.5 亿元，同比增长 12.8%，其中新签合同 217.3 亿元，同比增长 20.9%。国内落实市场 100.3 亿元，其中新签合同 86.5 亿元，分别同比增长 14.7%、13.9%。国际落实市场 134 亿元，其中新签合同 82.6 亿元，分别同比增长 2.7%、14.9%。高端市场比例达 68%，合同额亿元以上项目 11 个。获阿布扎比国家石油公司（ADNOC）全球最大连续三维地震勘探项目——阿拉伯联合酋长国海上和陆上三维石油勘探项目，该项目勘探面积 5.3 万平方千米，合同额 16 亿美元，9 月 15 日开始采集作业，完成时间 2024 年。

国内走访客户 24 次，开展高层技术交流 16 场次。国际走访 50 家客户，接待访团组 64 个、362 人次，组织 19 次技术交流，参加行业会议和展览 8 次。9 月 19—20 日，举办 BGP 第十届国际技术暨市场研讨会，来自 40 个国家 45 家油公司、7 个政府和行业机构、10 家合作伙伴 110 余名代表参加。19 篇技术报告在会上发表，其中东方物探发表 11 篇。

开展客户满意度调查，涉及 94 家国内外客户，东方物探综合客户满意度 96.78%。

【科技创新】 2018 年，东方物探承担国家级科研项目 3 项、集团公司科研专项 2 项、股份公司科研专项 5 项，集团公司重点技术开发项目 19 项，承担股份公司新区新领域综合研究项目。设立公司级项目（课题）17 项、中青年科技创新基金课题 4 项、二级单位自立科研课题 109 项。投入科研经费 6.3 亿元，申请专利 163 项，授权专利 166 项，发表国际论文 35 篇，取得软件著作权 55 项。7 项成果通过集团公司鉴定，获省部级以上科技奖励 16 项，认定集团公司技术秘密 16 项。参与完成的“凹陷区砾岩油藏勘探理论技术与玛湖特大型油田发现”成果获国家科学技术进步奖一等奖。独立完成的“超大型油气地震勘探数据处理系统及重大成效”成果获河北省科学技术进步奖一等奖。可控震源超高效混叠地震勘探技术被评为 2018 年中国石油十大科技进展之一。EV56 高精度可控震源、KLSeis Ⅱ V3.0 地震采集工程软件系统入选 2018 年中国石油工程技术新产品并发布。

GeoEast 软件在高效混采处理、断层增强、多波叠前联合反演、多种测井岩石物理方法和频率合并、单程波 Q 偏移、基于压缩感知的数据重构和 VTI/TTI 各向异性建模等方面取得进展，在东方物探处理、解释应用率分别达 85%、86%；Diva 速度建模软件在华北杨税务、塔里木金跃、大庆高台子三维进行试验，形成规模应用。KLSeis Ⅱ V3.0 软件系统新增节点采集质控、气枪激发实时质控、三维声波正演等功能，在东方物探内部地震数据采集项目应用率保持 98% 以上。GeoEast-USP 非常规甜点预测地震软件 V2.0，形成地层孔隙压力及地应力预测、地震工程数据联动解释、相控分频反演、储层相控分频反演等新模块和新方法。

G3i HD 超大道数数字系统应用于科威特

西三维项目；eSeis节点地震仪器研发eSeis 2.0 “ALL in One”（检波器+采集站+电池），制造230个节点单元，在阿曼项目进行现场试验，准备进行5000个节点制造和试验；EV56高精度可控震源入选集团公司标志性技术有形化项目；MINI低频可控震源应用于川渝地区；uDAS分布式光纤传感地震仪样机现场试验成功；HAWK HD节点仪器完成研发；AHV-V480宽频可控震源完成全球商业化发布；海洋电磁勘探装备海上勘探试验成功。

陆上“两宽一高”技术在宽频激发、超大道数采集及质控、动态扫描及超高效采集、宽频处理解释等方面取得新进展；可控震源超高效混采技术在阿曼创造3.8万炮最高日效；横波地震勘探技术在青海三湖地区首次进行工业化应用；非常规地震勘探技术形成地震地质工程一体化解决方案，通过压前甜点预测、压中微地震监测、压后综合评价提高非常规油气总体开发效果；海洋节点OBN地震勘探技术掌握从节点自动收放、现场质控到数据处理的配套技术；综合物化探配套技术在大功率时频电磁、井地电磁、航空重磁、重磁电软件开发等方面取得进展。

10月22日，在中国地球物理学会第十届二次理事扩大会议上，中国地球物理学会向东方物探“院士专家工作站”授牌，东方物探院士专家工作站成立。

【企业改革】 2018年，完成大庆钻探公司物探业务重组，成立大庆物探一公司、大庆物探二公司。原西南物探研究院与西南物探分公司物探研究中心合并重组，成立新的西南物探研究院。大港物探与深海物探合并，成立海洋物探处。

专业技术岗位序列改革，完成以9名首席技术专家、76名高级技术专家为核心的专业技术队伍选聘。22名副处级以上、326名科级干部转为专业技术人员。被集团公司确定为专业技术改革标杆示范单位。有序扩大经营承包试点范围，特困和困难企业治理连续3年超额完成目标。

矿区“三供一业”移交，具备条件的项目全部签订分离移交协议，民用物业和采暖费货币化改革取得进展，物业公司完成工商注册等工作。

【企业经营管理】 2018年，东方物探通过降本增效增利8.4亿元；实施资产轻量化战略，投资管理突出战略和效益导向；强化资金一体化管控，降低有息债务，节约利息支出2752万元；管控汇率风险，汇兑净收益5811万元；超额完成“两金”压控考核指标，获集团公司1631万元奖励；利用国家税收优惠政策，依法减免、返还税费6604万元。

推进依法合规管理，为东方物探避免或挽回损失超4亿元。强化内控体系建设和财务监督、生产经营运行监测，做好股权投资、管理和处置工作，发挥审计监督和服务职能，两级审计部门完成审计项目66个，提出审计建议68条。

在标准化建设上，落实项目管理体系文件。在专业化建设上，加大跨国、跨探区装备调剂力度。在机械化建设上，自主研发轻型窄体震源、单点检波器自动化埋置等装备，引进全地形车、无人机等装备。在信息化建设上，建立完善“生产指挥中心+六大业务系统+数字化地震队”组成的物探生产管理平台。

【质量安全环保】 2018年，东方物探百万工时可记录事件率0.31，阿曼8622队连续14年2700万工时无LTI。东方物探获集团公司“质量安全环保节能先进单位”、集团公司“安全生产先进企业”称号。

强化安全文化建设，开展领导干部HSE电视论坛、优秀班组长选树、安全领导力研讨会和安全文化“七个一”等活动，修订安全生产保命法则。

发布H版HSE管理体系，修订完善突发事件综合应急预案，集成HSE管理信息化平台。加大体系量化审核力度，发现整改问题4600余项。推进全员HSE素质提升工程，实施安全环保履职能力评估工作，开展基层站队HSE标准化达标活动。

加大隐患排查治理力度，2018年识别并治理隐患12.5万余项；严抓承包商监管，强化山地、海上等重点领域，民爆物品、交通等关键环节和重要时段安全管理，组织尼日利亚“3·5”紧急转移，新疆地区做好清线工作。

开展职业健康管理，实施低效能装备和黄标车3年淘汰计划，推行绿色勘探技术，开展节能减排，2018年措施节能1471吨标准煤、节水9042立方米。

3月20日，发布质量管理体系文件（D版），4月1日起开始实施。采用分层审核的方式完成覆盖所属单位、所属场所、所有过程的质量管理体系内审工作，发现一般不符合项36个、观察项154个、问题项190个，均关闭。

8月26日—9月14日，北京三星9000认证公司对东方物探进行认证审核，发现不符合10项、需关注的问题66个，均在10月12日前关闭。审核组推荐通过GB/T 19001—2016 IDT ISO 9001：2015《质量管理体系　要求》认证。

【企业党建工作】 2018年，东方物探及下属单位党委39个，党总支72个，党支部779个。党员18884人，其中在岗党员12593人、离退休党员5523人、其他党员 768 人。2018 年发展党员 204 名。

东方物探抓实党委理论学习中心组学习制度，举办中层领导干部培训班 3 期，组织十九大精神宣讲 91 场，各级党组织书记上专题党课 620 场次，11000 余名党员参加主题党日活动。

开展“党建基础工作提升年”活动，标准化党支部达标率 94%。首次召开海外党建工作会议、东方物探党校工作会议，首次全覆盖开展党建责任制现场考核，二级单位党委书记现场述职评议 100%，完成中国石油党建信息化平台承建和试点推广任务，海外党建课题获集团公司党建研究成果特等奖。

党员干部反腐倡廉教育实现全覆盖，专题研究制定落实中央八项规定精神实施细则，组织形式主义、官僚主义集中整治。开展联合监督专项检查，完成 6 个单位党委巡察工作，发现、整改问题 126 项。受理信访举报 73 件，处置问题线索 53 件，纪律处分 21 人，组织处理 61 人，

二级单位及所属单位“四好”领导班子达标率分别达 90.5% 和 97.7%。考察、公示提拔干部 36 人，其中提拔为正处级干部 13 人、副处级干部 23 人，调整交流干部 74 人次，辞职 1 人，退职干部 42 人，试用期满转正干部 17 人。调整委派董事、监事 43 人次，按规定对 28 名行政领导进行委托离任审计。

加大优秀年轻干部培养选拔力度，分梯队建立后备干部库，举办第三期国际化青年干部培训班，45 人参加培训。

开展形势任务教育 185 场次，举办“弘扬石油精神、重塑良好形象”活动周、纪念改革开放 40 周年、“中国石油开放日”物探站等活动。编辑出版《先锋》系列丛书，《厉害了，我的勘探》《智慧党建》等新闻在中央电视台重要时段播出。

【和谐企业建设】 2018 年，东方物探各级工会学习贯彻中国工会十七大精神，推进“六项工程”（即创新创效促发展工程、提升素质强技能工程、民主管理助和谐工程、扶贫帮困送温暖工程、文化育人铸品牌工程、夯实基础强自身工程）建设，落实企业民主管理制度，维护和保障职工合法权益。取得群众性经济技术创新成果 458 项，3 项 QC 成果获集团公司一等奖，研究院库尔勒分院青春脉动 QC 小组获国家“优秀 QC 小组”称号。各级共青团组织开展理想信念教育、“青”字号品牌活动。

开展扶贫帮困送温暖活动，投入扶贫帮困资金 1195 万元，为有偿解除劳动合同人员负担社保补助及再就业补贴 2 亿元，为离退休人员和退岗家属支出各类费用 2.4 亿元。

做好信访维稳工作，维护稳定大局。全面完成帮扶村庄脱贫攻坚任务，受到地方政府表彰。

【“超深层重磁电震勘探技术研究”通过专家组审查】 2018 年 10 月 19 日，国家科学技术部 21 世纪议程管理中心在北京组织召开国家重点研发计划“深地资源勘查开采”中期检查会，东方物探承担的“超深层重磁电震勘探技术研究”通过专家组审查。该项目隶属国家深地资源勘探开发重点研发专项，由东方物探牵头，联合国内 19 家科研院所及高校开展研究工作，是东方物探承担的首个国家重点研发计划项目。2016 年立项，历时 2 年，完成项目中期预定研究任务与实物工作量。该项目在超深层重磁电弱信号高精度采集处理、大吨位低频可控震源广角地震采集技术、重磁电震约束与联合反演技术、复杂超深层弱信号高精度地震成像技术、中新元古界有力区带优选与评价、超深层重磁电震配套技术集成及技术经济适用性评价等 7 方面取得阶段研究成果和重要进展。落实和评价一批超深层目标，发现、评价和优选深层—超深层圈闭 19 个，提供采纳井位 11 口，获工业油气流探井 4 口。获授权专利 3 项，受理专利 35 项；获软件著作权 7 项，受理软件著作权 16 项，制定企业技术标准 4 项，发表论文 48 篇，出版专著 1 部。

【“中国石油党建信息化平台”获创新奖】 2018 年 10 月 19 日，由中国信息协会、国网通信联合主办的“第八届中国能源企业信息化大会”在北京召开。东方物探瑞飞公司作为国内领先的党建信息化建设解决方案服务商应邀出席，瑞飞公司承建的“中国石油党建信息化平台”成果获 2018 年中国能源企业信息化方案案例创新奖。

2017 年 3 月 2 日中国石油党建信息化平台启动，瑞飞公司引入“互联网 + 党建”理念，组建 150 余人的专业化 IT 服务团队。2017 年 10 月 9 日，具有党建基础功能的 1.0 版在 13 家试点单位上线。2018 年 7 月 15 日，平台全面推广上线，实现集团公司党组织、党员全覆盖。平台具有管理、教育、培训、监督、考评、交流、服务等功能，把支部建在网上，把党员连在线上，推进党建工作数字化转型，建立一种线上线下相互融合、促进的党建工作新方式。平台在全球 91 个国家和地区的中国石油员工中使用，入库党员超过 70 万名，基层党组织近 4 万个，在线转接组织关系 4.1 万人次，缴纳党费 99.6 万笔，记录“三会一课”17.3 万次，在集团公司各级党组织和党员中同步使用，移动端日活跃用户数单日突破 33 万人。

“中国石油党建信息化平台”在全国党建类APP中排名第2，在政务信息类APP中排名第6，获3项国家计算机软件著作权证书，入选国务院国有资产监督管理委员会公布的中央企业信息化优秀成果。

（王朝辉）

中国石油集团测井有限公司

【概况】 中国石油集团测井有限公司（简称中油测井）是集团公司独资的测井专业化技术公司，主营业务以测井技术研发、装备制造、技术服务、资料应用研究为主体，为钻井、压裂、采油等业务提供相关技术支持。2018年底，设12个机关处室、2个直属单位，有19个基层单位，其中4个技术研发单位、13个技术服务单位、2个保障支持单位。在册员工12610人。其中：合同化用工10755人，市场化用工1387人，劳务用工468人；高级职称以上1687人，中级职称以上5982人；硕士、博士720人，本科及以上5951人；集团公司技术技能专家24人，公司级以上技术技能专家209人；从事技术服务8565人、研究制造1175人。作业队伍758支。

2018年，中油测井坚持以成套装备为重点推进技术创新，自主研发快速与成像测井成套装备—EILog，推广地面系统272套、下井仪器21000多支。EILog被评为集团公司“十二五”十大工程技术利器，从根本上改变测井先进装备长期依赖进口的局面。有主要装备783套，资产总额115.5亿元，净资产68.2亿元。形成较为完整的电缆测井、随钻测井、生产测井、射孔及配套处理解释软件技术系列，获科技奖励41项，其中国家级4项、省部级21项、集团级18项；获国家战略性（重点）新产品8项、集团公司自主创新重要产品11项；授权专利736件，其中发明专利135件、软件著作权登记122件；注册商标5项，行业标准13项，集团公司企业标准8项。

2018年，中油测井国内服务市场覆盖集团公司16个油气田，队伍分布在21个省（自治区、直辖市）；海外市场主要在中亚、中东、南亚的12个国家。自主研发的测井成套装备远销俄罗斯、阿塞拜疆、伊朗、加拿大等国家。

2018年，中油测井设18个二级单位党委和机关党委，有党（总支）支部358个，党员5566名。全面落实党建工作责任制，党组织健全率100%，“六个一”党支部、“四好”领导班子达标率90%以上，有党员作业队（班组）保持在90%左右。保持“全国文明单位”称号。

2018年，中油测井完成各类作业102753井次，同比增长8.01%。其中：完井测井27465井次，同比增长5.41%；生产测井17029井次，同比减少1.44%；工程测井26882井次，同比增长8.07%；射孔30868井次；同比增长16.91%；随钻测井128口，同比增长2.4%；录井509口，同比减少1.93%。仪器一次下井成功率99.79%，测井一次成功率 97.80%。油气层解释符合率94.61%，其中探井85.60%，快速解释符合率94.66%。产能预测7273口、预测准确率81.58%。完成总产值85.12亿元，同比增长10.09%。其中：技术服务产值75.24亿元，同比增长8.57%；装备制造产值8.34亿元，同比增长19.05%；科研项目产值1.54亿元，同比增长51.34%。收入72.83亿元，同比增长8.62%；利润3.13亿元，同比增长9.25%。

【改革重组】 2017年底，按照集团公司和中油油服重组要求，中油测井与各钻探企业签订业务交接、资产划转和服务保障协议。2018年，领导班子深入油气田和钻探企业走访交流，对接技术需求，做出服务油气、保障钻探的承诺。按照“研究—制造—服务—应用”一体化思路，推进结构调整，初步建立国际一流的发展模式。推动事业部制向分公司制转型，明确分公司市场定位，理顺塔里木、冀东和国际市场管理方式，实现每个油田市场统一的测井生产组织管理。重组测井技术研究院，成立北京迅测技术有限公司，开展旋转导向、过钻具测井系统等核心技术研发。推动技术中心改革，加强测井技术研究、技术装备制造、重点实验室建设，加快生产线升级改造，实现自动化加工和核心技术自主制造。推动随钻测井中心改革，加强随钻测井仪器研发、旋转导向工程化、测导一体技术服务。组建测井应用研究院，扩大测井资料应用范围，为钻井、压裂、注水、采油等提供技术服务与支持。提出机构改革方案，优化机关职能，明确各层级工作职责和管理权限。推动操作工程师集中管理，制定五支人才队伍发展规划、青年科技英才培养方案，有序开展优秀年轻干部培养选拔工作。

【服务保障】 2018年，中油测井优化测井系列，在16个油气田283个主要区块，针对不同岩性、井型制定完善裸眼测井、生产测井、随钻测井系列，推广针对性强的先进技术，完成成像测井8896井次，为松辽、四川、塔里木、准格尔、柴达木、渤海湾、鄂尔多斯、巴彦河套、吐鲁番哈密等9个主要盆地的油气勘探，以及页岩气、致密油等非常规油气开发提供测井技术保障，一批重点井获重大突破，新增探明石油地质储量22998万吨、天然气1930亿立方米。优化资源配置。统一“井号、作业、解释、结算”的信息化生产管理流程，根据市场需求调派测井队伍，以井为中心组织生产，跨区域协调92支队伍、752人支援长庆市场测井生产；协调39支队伍支援川渝页岩气市场测井生产；协调旋转导向、高温小井眼仪器等紧缺仪器200多支，保障明15井、塔探1井、安探5井、松科2井等重点井测井任务，满足各油田测井生产需求。推动提速提效。推广一串测、过钻具、测导一体等先进适用技术，裸眼井测井综合提速1.5%。

在长庆油田，成立长庆油田测井生产服务领导小组，实行八部两点网格化生产，到井及时率提高到95%，完成工作量占公司总量的41.71%，保障大规模、快节奏生产需求；在合水—盘克地区采用一串测+核磁、电成像测井系列，评价庄286井、乐205井等一批高产井，为延长组长8、长6新增探明石油地质储量2.23亿吨发挥突出作用；开展测井、地质、井况综合复查1.5万口井，增油24.5万吨，新增浅层效益储量3240万吨。

在新疆油田，升级配套桥射联作队伍7支，在车2111、2114平台井创桥射联作单日10段作业纪录；过钻头存储式测井技术规模化应用，较传统工艺提速65%；精细测井施工、精准“测井+地质+试油”评价，助力沙探1井、高探1井获重大发现；形成低伽马火山岩岩性识别技术等储层综合评价技术系列，新增火山岩石油控制储量4117万吨、天然气控制储量512亿立方米。

在西南油气田，成立前线协调组，桥射联作一次成功率97.7%、平均泵速3300米/时、同比提速13.6%；应用超高温超高压超深井射孔技术助力永探1井等获重大发现，应用远探测声波助力6口开发井单井产量过百万立方米；深层碳酸盐岩解释符合率98.9%，产能预测符合率82.6%；长宁—威远页岩气解释符合率100%，产能预测符合率80%。

在大庆油田，规模应用0.2米高分辨率测井技术，水淹层解释符合率由75%提高到85%，实现近7亿吨表外储层定量解释评价；创新建立基岩储层评价方法，解释的隆探2井、隆平1井喜获工业油流，助力松辽盆地北部中央古隆起带基岩新领域勘探获突破；完善双城断陷登娄库组油层解释方法，助力双68井自然产能在松辽盆地外围首次突破百立方米。

在辽河油田，应用爬行器工艺，减少套管水平井占井时间60%以上；改进工艺流程，遇卡、穿心打捞分别下降43.2%、64.4%，平均占井时间减少8.3%。在东部凹陷北部沈旦堡构造、兴隆台潜山带中生界推广应用核磁测井评价技术，精准评价永3井、陈古6井、曙古169-1井等重点井，为油田区域勘探增储上产提供精准保障。

在大港油田，针对不同区块、井型和目的层推广应用先进适用测井技术，助力油田年度发现8口百吨井；在渤海湾盆地石炭系煤系地层潜山勘探应用电成像评价技术，在深层超低孔渗透致密油气层应用核磁共振提高储层及流体性质识别精度，助力歧古8井、营古1井等一批重点井获新突破。

在华北油田，应用核磁共振+阵列感应+阵列声波，优选孔隙结构储层，发现油层厚度超200米，助力吉华4X井等4口井试油获自喷高产油流，实现巴彦河套盆地40年来勘探新突破；建立储层分类图版和产能预测图版，在大王庄区块开展解释再评价，油层孔隙度下限由11%降到8%，增加油层475.8米，新增石油地质储量2176万吨。

在青海油田，应用三相流、后效体增效等射孔技术，单井产能较常规射孔提高60%；应用测井+录井，使用电成像、多极子阵列声波、综合录井、元素录井技术，配合复杂岩性、复杂油气层的测录井精细评价、定量荧光、地化等多项测录井技术，助力英西区块狮52-3井等一批井获新突破。

在吐哈油田，推广一串测，优化桥射联作工艺，开发井测井和水平井射孔作业时效分别提高30%和20%；在湖平24-26井完成4层桥射联作作业，打破油田单支作业队单日作业层数纪录；针对油田深层稠油动态监测行业难题，创新深层稠油注、产剖面测井评价技术，为油田深层稠油高效开发提供可靠技术支持。

在塔里木油田，克深134井以最高压力183.5兆帕创国内射孔施工压力纪录；应用随钻测井+旋转导向技术，储层钻遇率提高至90%以上，平均单井钻井周期缩短30天；采取直井传输测井+钻杆传输射孔方式，测准阵列感应等资料，助力中秋1井取得重大发现；形成裂缝性致密砂岩储层“三品质”测井评价技术，助力吐东2井、迪北105X井等试油喜获高产。

在吉林油田，针对页岩油和致密气，应用常规+电成像+核磁共振测井系列，开展新井精细评价和老井二次解释，强化源储配置关系研究，通过三品质评价探寻纵向甜点，解释的黑197井青一段65-72号层试油获20.4吨高产油流、德深83井火石岭组致密气试气日产5.8万立方米，赢得吉林油田高度评价。

在冀东油田，针对水平井、大位移井，推广钻具传输取心20余口、爬行器测井近50口，节约占井时间1000小时以上，较好解决施工难题；统一火工品管理，推广先锋弹200余井次，较好解决安全环保难题。

在玉门油田，参与玉门环庆区块百日上产会战，为全部72口井提供精益服务，助力该区域产建任务完成，获甲方表扬；为玉门老区青西、酒东开发成功率100%作出贡献。

在浙江油田，推广成像测井、随钻导向、光纤测试等新技术新工艺，YS117H1-6井一类储层钻遇率96.5%、日产气15.5万立方米，阳105井试气产量达到1.75万米^3/日，拉开浅层页岩气大开发的序幕。

在煤层气公司，结合煤储层差异性和复杂性特点，推广应用电成像、阵列声波、近钻头方位伽马成像等技术，为煤层气高效率、低成本开发提供技术支撑。在南方勘探开发公司，跟进新能源市场，优质高效完成海南地热科研井花东1R井的测井施工任务，花深1X井测井创油田最大井深纪录；采用CO_2驱油技术盘活福山凹陷南部斜坡高含CO_2油气藏。在国际市场，历时430天完成乌兹别克斯坦明15井测录井施工，测井一次成功率94.4%，测井资料合格率100%、优等率97.5%；完成2012年停产的孟加拉Habiganj-1井修井，确定2个新气层，试产获天然气42万米^3/日；在乌兹别克斯坦Kokchalak-21井加测核磁共振，助力深部碳酸盐岩地层新发现17米气层、测试获工业气流。

【科技创新】 2018年，突出科技创新，把测井技术路线由传统“四性”关系转变为“一量四谱”关系。瞄准打造国际一流测井技术装备，在梳理技术装备现状和市场需求的基础上，开发FILog地层成像测井系统。承担各级科研项目101项，投入2.9亿元、占总收入的3.99%，验收11项、待验收34项。

电缆测井方面，230℃/170兆帕阵列感应等6种仪器完成研制试验，175℃/140兆帕核磁共振等4种仪器完成升级改进，阵列感应与核磁共振一串测完成5口井施工作业，电成像与阵列声波一串测完成2口测井试验，测井芯片、全域测井等核心技术研发进展顺利。

随钻测井方面，自主研发的随钻测井系统与引进的旋转导向实现互联互通，随钻测录导应用30口井、平均储层钻遇率95%；建设广汉中油油服页岩气旋转导向维修保障中心，具备组装和维修保障能力。

生产测井方面，优化测井注水采油联作技术系列和套后测井系列，智能化分层采油联作技术、井下光纤永久动态监测技术等研发取得新进展，小直径固井质量成像测井仪投入应用。射孔技术方面，桥射联作技术实现升级，完善配套分簇射孔技术，自主研发的可溶桥塞实现下井试验和基本定型；超深穿透射孔器穿孔深度达到国际领先水平。

解释评价方面，加快开发智能化测井处理解释评价软件，LEAD4.0现场推广应用；参与的“凹陷区砾岩油藏勘探理论技术与玛湖特大型油田发现”获国家科学技术进步奖一等奖。方位远探测声波反射波成像测井获评“2017年中国石油十大科技进展”，7000-I型一体化智能测井系统获2018年度中国石油工程技术优秀新产品，10项成果获省部级奖励，申请专利100件、软件著作权登记14件，为解决地质工程难题提供有效手段。

【市场开发】 2018年，中油测井到16个油气田、5家钻探公司开展技术交流28批次，针对提出的56项工作建议制订具体解决方案。在长庆等12个油气田实行“一对一”服务，推动与油田、钻探公司风险共担、利益共享，主体市场保持稳定。对塔里木、冀东等区域市场整合，市场占有率分别提高到85%、80%。编制测井工程技术服务价格体系，用高端测井技术替代低质降价的测井项目，测井价格基本保持稳定。与甲方开展各层面技术交流356次，推广各类新技术、新工艺13460井次，创收14.11亿元，分别同比增长11.75%、3.91%。广泛参与竞争性市场开发，投标237项、中标158项，中标率66.67%。在国际市场上，加强与钻探公司合作，主动做好海外勘探开发公司的测井技术服务和技术支持，乌兹别克斯坦、印度尼西亚、伊拉克等市场获得新份额，新签合同3658万美元，同比增长2.83%，实现产值22146万元，同比增长18.03%。射孔器材进入美国页岩气等市场创收4300万元，首次获石油钻机仪表配套项目。

【教育培训】 2018年，中油测井投入3600万元组织52期培训，开展各级培训1.1万人次，覆盖率84.6%。

创新工程师队伍培育，成立操作工程师管理中心，将各单位仪修中心改为仪修装备中心，与石油高校合作开展应用工程师培训，正在逐步建立工程师培训晋级、轮换交流、管理服务机制，举办采集、仪修、解释、射孔等示范培训12期，5人参评教授级高级工程师职称、119人晋升高级工程师职称。加强专业技术人员培养，针对研发制造技术人员举办成像测井岗位硬件培训班，针对青年科技英才制订个性化培养方案，针对现场技术人员开展靠前培训，续聘中油测井一级、二级技术专家75人，8人晋升集团公司技能专家。强化管理人员培训，针对处级以上领导干部开展学习贯彻党的十九大精神集中轮训，针对各类经营管理业务和党群业务开展业务培训25期，针对项目管理开展项目长、作业队长轮训，交流调整85名处级干部，其中新提拔30名处级干部，一批优秀人才走上管理岗位。

【安全环保】 2018年，中油测井扎实推进“一岗双责、党政同责、齐抓共管、失职追责”责任体系建设，整合完善质量、职业健康安全、环境和能源管理体系，推进QHSE精益化、一体化管理。加强制度建设，修订完善HSE管理制度65项，以小队上井注意事项和标准化建设规范为抓手严格执行操作规程。制定《管理人员QHSE责任制及重点任务考核清单》《其他人员QHSE责任制及岗位安全操作考核清单》，修订完善7764个岗位安全职责，把体系要素、责任目标、任务清单、责任落实与考核纳入一体化管理，建立区域安全监督中心，推动责任归位、监管落位、履职到位。扎实开展安全教育，针对安全管理人员、监督人员、特种设备管理人员开展专项培训，HSE取证1992人次；开展机关处室分片包队安全教育，662支作业队伍、4830人接受安全教育，全员安全环保意识进一步增强。强化关键风险领域“四条红线”管控，再造安全环保管理流程，实现测井车辆、放射源、火工品、作业现场监督全覆盖，实时纠正违章9次、问责23人，以前所未有的力度落实禁令、整治违章。全面开展风险辨识评估与风险分级防控，投资7545万元，治理放射源、火工品等关键环节、要害部位安全隐患74项。开展应急专项预案、应急处置卡演练566次。进一步理顺承包商安全监管责任，安全环保基础更加稳固。节能70.36吨标准煤，节水216吨。全面完成集团公司下达的安全环保责任指标，获集团公司2018年度质量安全环保节能先进企业称号。

【经营管理】 2018年，中油测井坚持依法合规管理，新建修订制度30项、废止19项。从15个方面提出247项合规管理注意事项，确保诚信合规经营。全面推进精益管理，开展精益制造推广试点，推行数字化加工，强化目视化管理，采取一人双机加工模式，机械加工效率提高30%以上。生产制造仪器883支（套）、射孔弹180万发、射孔枪23.71万米，完成产值8.33亿元，同比增长16.47%。根据产值确定投资，按照作业合同确定装备选型，按项目管理方式推动实施，安排投资8.60亿元，完成验收并转资5.01亿元。推行全成本要素预算管理，细化产品、服务成本定额，从7个方面制定38项开源节流降本增效工作措施，新增收入3.5亿元、节约成本0.97亿元。全面推行公开招标、集中采购，节约采购资金1.52亿元、节约率6.73%。审计生产经营、工程建设资金145.86亿元，资产审计覆盖率49.39%。深化全面风险管理，完善内控体系建设，预防和控制各类风险，实现风险管控目标。加强基地建设，投入5692万元维修改造31个生产生活基地。推动人事劳动分配“三项”制度改革，调整企业年金企业缴费比例、一线关键艰苦岗位津贴标准，加大对科研、西部艰苦地区的精准激励，职工收入总体增长11.16%。完成“三供一业”移交。投入727.1万元开展扶贫帮困工作。

（罗连涛）

中国石油集团海洋工程有限公司

【概况】 中国石油集团海洋工程有限公司（英文缩写CPOE，简称海洋工程公司）是根据集团公司加快海洋油气资源勘探开发步伐，推进专业化重组的战略部署，整合大港油田、辽河油田滩海作业队伍，2004年11月组建的海上石油工程技术服务公司，注册地设在北京。2007年12月，与原中国石油天然气第七建设公司和原中国石油集团工程技术研究院实施重组整合。2009年11月实施持续重组，将原中国石油天然气第七建设公司划转中国石油集团工程建设公司。

业务范围涵盖海洋钻完井、海洋工程、技术服务三大领域。有海洋石油工程设计甲级，钻井工程设计甲级，海洋石油工程总承包一级，防腐保温工程承包一级，石油天然气、建筑专业工程咨询甲级，港口经营许可证，压力管道和压力容器设计等专业资质，具备120米水深海洋油气勘探开发综合服务保障能力和1500米深水钻井能力，中国三大海洋油气工程技术服务公司之一。

2018年底，海洋工程公司用工总量2696人。其中：合同化员工2198人；硕士研究生以上学历272人，大学本科1162人；副高级以上职称350人，中级职称815人；集团公司级技术专家1人，公司级技术专家14人。有7家所属单位，1家直属单位，10个职能处室。有移动式钻井平台12座，模块钻机1套，作业试采平台5座，各类船舶21艘（其中有1条铺管船适合多海域作业）。建成青岛海工建造和唐山生产支持两大基地。总资产约42.95亿元。建有海洋工程、固井技术、涂层材料与保温结构等3个集团公司重点实验室和研究室，其中固井技术研究室为国家级科技平台。有海上丛式井大位移井钻完井综合配套技术、大型导管架平台设计建造安装技术、深水钻完井与可燃冰试采综合配套技术等10大特色技术，80余项成果获国家或省部级科学技术进步奖，获专利210余项。完成深水半潜式钻井平台、深水钻完井技术、水合物钻完井和试采技术应用示范等多项国家重点研发计划及高技术船舶科研项目。

海洋工程公司主要生产经营指标

指　标	2018年	2017年
钻井（口）	25	11
钻井进尺（万米）	7.2	2.12
完井（口）	17	16
井下作业（井次）	13	16
酸压防砂（层次）	42	82
连续油管（井次）	13	7
试油（层）	10	10
钢材加工量（万吨）	0.96	0.28
治理海管（千米）	8	25
船舶出海（航天）	4370	3513
销售固井、防腐产品（万吨）	1.22	0.82
新签合同（份）	1842	1349
新签合同金额（亿元）	50.73	21.26
收入（亿元）	16.21	23.14
利润（亿元）	−6.6	−4.40
税费（亿元）	0.57	0.83

【市场开发】 2018年，海洋工程公司在市场开发领域成效显著。服务保障渤海湾海上油气勘探开发，启动停用钻井平台，撤回伊朗平台，保障大港埕海油田勘探开发。连续中标中国海油导管架、中国石化海管隐患治理、天津南港海管、福建平潭海管、海上风电项目，扭转市场下滑被动局面。开发国际市场，中油海281船远征西非，实现国际市场新突破。开发塔里木油田固井服务，突破一百井次，碎屑岩固井占有率100%，碳酸盐岩市场占有率突破50%。服务大港埕海油田勘探，做好开发方案设计，为勘探建设总包作贡献。做优海外海上油气技术服务支持，为进入海外深水油气市场做好前期准备。做好国家重大工程项目，准备可燃冰第二轮试采，针对深水浅层水平井施工世界难题，调动全球资源组织科研攻关，筹集外部科研经费近亿元。

【质量安全环保】 2018年，海洋工程公司坚守红线、不踩底线、落实责任、严格管控，确保安全环保平稳受控。全年安全生产9.44百万工时，损失工时0，污染物排放达标率100%，被集团公司评为"质量安全环保节能先进企业"。在所属单位实行党委书记兼任安全总监，强化安全工作组织领导，落实党政同责、一岗双责。完成D版QHSE体系建设，通过DNV换证认证审核。开展QHSE检查5次，督促整改问题676项；开展12个重点项目的HSE风险辨识与评估，辨识风险945项，制定管控措施2020项，审批作业许可6579项，防范海上台风9次；检查整改承包商问题79项，3家承包商纳入黑名单，管控承包商安全问题频出的难题；内部安全培训20254人次，组织取换证培训1903人次。

【科技创新】 2018年，海洋工程公司加强科技管理，推动关键技术应用和科技成果转化，开展国家及集团公司科研课题42项，获国家授权专利15项，打造技术利器4项，独立完成的《神狐海域深水天然气水合物试采工程关键技术研究与应用》、联合完成的《石油管材及装备防腐涂镀层开发与应用关键技术》获集团公司科学技术进步一等奖。水合物试采工程参加中国改革开放40周年重大成就展。在大港埕海油田，应用世界最先进钻井平台设备、旋转导向技术、精细控压工艺、精准探边方法、高效采油措施，水平井钻遇油层率100%，测试采油取得良好效果。在塔里木山前、青海英西、川渝页岩气、明15井等集团公司重点项目，采用自愈合、低密度、防气窜、早强等系列固井技术，解决生产难题。中国石化埕镇海管隐患治理项目，采用国内最先进后挖沟技术，创造沉管埋深6米国内纪录。集团公司正式批准设立深水油气与可燃冰工程技术研究中心，完成1个中心、6个分中心建设。集团公司正式批准海洋工程公司牵头成立海域天然气水合物工程重点实验室，主建3个分实验室，协管勘探开发研究院、安全环保研究院、中国石油大学（华东）分实验室。开发抗收缩材料，降低水泥石化学收缩30%；研发防渗封堵材料，高渗地层界面渗透率同比下降71.2%以上，水泥浆封堵能力提升3—8.8倍；研制适用于超深井固井的抗高温降失水剂、抗高温防窜剂，最高抗温分别达230℃和180℃；研发镁氧酸溶水泥可耐140℃高温酸溶；开发HT-500改性有机硅耐高温涂料，可在高温基材上直接涂刷施工，可用于炼油厂高温管道、高温炉、催化裂化装置（200—400℃）高温环境下不停产防腐施工；国内首创海底管道补口FBE自动涂敷装置及配套工艺技术，可解决补口质量差、效率低的关键技术问题。

【企业管理】 2018年，海洋工程公司推进精益管理，实现降本增效，坚持目标成本管理，制定6大类45条措施，降本增效6000余万元。严格控制非生产性支出，会议费、差旅费等非生产性支出同比下降1200余万元；严格物资招标集中采购，节约采购资金2400余万元；严格控制修理费，强化设备维护保养，节约设备修理费500余万元；严格控制有息资金占用，节约资金成本1100万元；严格投资计划支出，调整退回投资2700万元，重点项目节余投资逾1亿元。落实合规管理，成立法治建设领导小组，严格风险管控责任，加强诚信合规教育，规避违法违约风险，合同管理评比在中油油服排名第一，在集团公司排名第二。强化管理提效，压减管理制度109项，文件数量减少53%。取消各类会议10项，会议数量减少52%。下放管理权限7项，提高运营效率，激发基层活力。强化人才培训管理，开展各类培训660期，2018年培训6400人次，10名青年骨干参加集团公司重点培训。优化人才使用管理，在生产单位推行"双通道"、科研单位推行"双序列"；生产项目配备项目经理、副经理、主任工程师、资深工程师；科研项目配备项目经理、副经理、首席工程师、资深工程师等岗位。强化绩效考核管理，推动全员签订绩效合同，层层分解绩效指标，人人分担责任压力；加强绩效过程考核，季度预考核预兑现，年度总考核硬兑现，发挥绩效考核兑现激励约束作用，调动全体干部员工工作积极性。推动"三项"制度改革，严格控制用工总量，完成集团公司控制指标。优化组织结构，机关部门压缩17%，完成集团公司下达任务。深化薪酬分配，提高海上一线补贴标准，落实收入向艰苦岗位倾斜政策。

【企业党建工作】 2018年，海洋工程公司党委准确把握新时代党的建设总要求，落实"把方向、管大局、保落实"工作原则，加强党的建设。加强政治建设，教育引导各级党组织和党员干部，树牢"四个意识"，坚定"四个自信"，做到"两个维护"，自觉在思想上政治上行动上，同以习近平同志为核心的党中央保持高度一致。加强领导班子和干部队伍建设，坚持民主集中制，发挥领导班子整体功能，全面修订《处级干部管理办法》，实现处级干部全过程管理；加大处级干部交流力度，促进干部队伍优化融合；实行党委书记兼任安全总监，为深化党政融合提供组织保证；制定出台《关于加快优秀年轻干部培养选拔工作的实施意见》，为年轻干部培养选拔提供制度保证。强化落实党建责任，制定实施《党建工作责任制考核计分细则》，对所属单位、机关部门领导班子、处级干部，实行党建责任与经营业绩按3：7考核兑现。推进书记党建工作现场述职，实现所属单位党委书记和机关处室党支部书记党建述职全覆盖。推进基层党组织建设，扎实开展基层党支部评优活动，首批命名5个示范党支部，2018年培训基层党支部书记182人次。注重宣传思想文化建设，把握意识形态主动权，营造干事创业、积极向上良好氛围。开展合理化建议和青年文明号创建活动，做好精准扶贫工作，和谐企业建设有效推进。落实党委主体责任，两级党委召开专题会议37次，研究部署党风廉政建设工作；签订党风廉政建设责任书843份，实现应签全签；严格主体责任报告制度。落实纪委监督责任，两级纪委落实监督责任清单，建立监督联席制度，履行部门监督责任。执行约谈制度，党委、纪委领导廉洁谈话处级干部72人次，各级党组织开展谈话336人次。开展监督巡察，2018年开展3轮巡察，对所属单位、机关处室开展巡察，查阅资料4000余份，发现问题70个。对照集团巡视通报问题，开展自查自纠，发现问题9个，整改措施全部到位。从严八项规定落实，坚持不懈反对"四风"，贯彻落实八项规定实施细则，加强提醒提示督促检查，开展专项治理，集中整治形式主义、官僚主义。抓好廉洁纪律教育，加强党章党规党纪学习，两级党委中心组专题学习55次，各级党组织书记讲党课130场次，新提任处级、科级干部，完成"六个一"廉洁从业教育。

（李历欣）

工程建设企业

中国石油管道局工程有限公司

【概况】 中国石油管道局工程有限公司（简称管道局）1973年成立，隶属于中国石油天然气集团有限公司。管道局构建了从科研、咨询、融资、勘察、设计、采办、施工、防腐、机械制造到投产运营、维修维护、技术保障的完整产业链，具备油气储运工程全生命周期建设管理能力。参与建设西气东输管道系统、中亚天然气管道系统、陕京输气管道、中缅油气管道等长输油气管道，总里程超过12万千米。中亚天然气管道AB线获中国土木工程詹天佑奖。推进工程建设过程精细化管控和工程项目数字化移交，建设智能管道，打造油气"智慧管网"。2018年，有12个机关部室、6个直属机构、34个二级单位，员工25257人。

2018年，管道局实施三大战略，发展四大业务，开展三大攻坚战，工程建设稳步推进、市场开发成果明显，新签合同额296.5亿元，上市业务收入178亿元，未上市业务收入7.3亿元。改革调整工作全面推进，对机关、直属机构、部分二级单位职责及业务流程进行梳理完善，调整28个处级机构涉及906名员工。供水、供电、供暖，物业管理"三供一业"分离移交全部签订正式协议。

【工程建设】 2018年，管道局调整优化工程项目管理模式，压缩管理链条，统筹施工资源配置管理，重大工程项目由管道局工程公司直接管理，其他项目由所属工程单位独立管理。承担重点工程127项，管道建设2829千米，储罐安装59万立方米，盾构穿越5284米，定向钻穿越76千米，在役管道检测13787千米，储罐清洗224万立方米，封堵80次，抢修22次。秧田冲油库至长水机场航空煤油储运项目、乍得2.2期等20项工程按期完工，中俄东线、闽粤支干线、铁岭—丹东输气管道、孟加拉单点系泊及双管线安装等107项工程按进度推进。

【市场开发】 2018年，管道局中标西气东输三线闽粤支干线、醴陵压气站、河池压气站、陕京四线马坊—香河支干线互联互通项目，中标金坛储气库设计项目、华北石化—北京新机场航空煤油管道项目、广东揭阳天然气管道项目。维抢修业务首次进入澳门市场，检测业务中标中华煤气管线内检测项目，打破国外公司在高含硫管道内检测项目上的垄断，储罐清洗业务首次进入阿联酋市场。注重与西气东输管道公司、孟加拉石油公司等14家重点客户保持沟通，与长庆油田、昆仑能源、韩国SK工程公司等16家单位签订战略合作协议。11家境外公司完成注册，5家境外机构完成变更，3家分公司实现境外机构取证。

【科技创新】 2018年，管道局开展科研课题130项，获国家技术发明奖二等奖1项、集团公司科学技术进步奖2项、集团公司科技成果转化创效奖7项、河北省科学技术进步奖1项，取得专利88项，申请软件著作权12项。"油气长输管道及储运设施检验评价与安全保障技术""管道自动焊环焊缝质量在线监测及缺陷评价技术研究""CALM型单点系泊安装及配套管道水下成沟、回填装备技术研究""智慧管网建设运行关键技术研究与应用"通过评估论证审查。应变设计和大应变管线钢关键技术，被评为集团公司2018年十大科技进展。CPP900自动焊、机械化补口装备、第三代光纤预警系统等30余项成果应用于工程建设中。建立统一的数字设计平台，油气管道数字化恢复全套解决方案应用于中缅项目。在中俄东线应用信息系统，打通EPC数据通道，实现项目全过程信息化管理。

【质量安全环保】 2018年，管道局在工程建设领域实施安全风险"挂图作战"，对16项高危施工作业进行重点管控，风险管控图涵盖到项目部、二级单位、管道局三个层级，在49个项目推广应用。127个基层站队实现HSE标准化建设，完成率92%。质量安全环保监督中心利用可视化安全监督管理系统，对36个重点项目开展质量安全检查。审核、修订、报备国际业务中104个安保方案。

【黑龙江盾构穿越工程完工】 2018年，管道局承担的黑龙江盾构穿越工程是中俄东线天然气管道过境段控制性工程，包含4座竖井，2条长1139米、直径2.44米的盾构隧道及隧道内1420×33.4毫米天然气管道安装。2016年6月6日入场施工，克服零下37℃竖井大体积混凝土浇筑、双业主管理模式、中俄法律规范不一致等难题，2018年12月24日，比合同工期提前31天完工，为中俄东线全线按期投产奠定基础。

【中俄东线天然气管道讷谟尔河定向钻穿越工程完工】 管道局承担的中俄东线讷谟尔河主河道定向钻施工水平长度752米，管径1422毫米，X80钢级，壁厚25.7毫米，穿越曲线最大埋深27米，采用六级扩孔穿越技术。两侧河滩段含卵砾石夹层，施工难度大。2018年4月4日，谟尔河定向钻穿越工程穿越成功，填补国内同管径水平定向钻施工技术空白，刷新国内最大管径穿越纪录。

【卢展工到中俄东线黑龙江盾构现场调研】 2018年7月29日，中共中央委员、全国政协副主席卢展工到中俄东线黑龙江盾构现场调研慰问，参观施工现场，听取项目情况汇报，询问工程进展和难点问题，对一线员工秉承中石油“三老四严”的工作作风，发扬铁人精神，克服困难、迎难而上予以高度评价，对管道局保障国家重点工程建设所做工作给予充分肯定。

【机构调整】 2018年，管道局强化经营管理、市场开发、项目管理、质量安全管理等职能，对机关和部分所属单位进行改革。机构数量由60个精简到53，科级机构减少137个、压减15.4%，机关及附属机构精简560人、压减19.2%。

（杨　勇）

中国石油工程建设有限公司

【概况】 中国石油工程建设有限公司（英文缩写CPECC，简称工程建设公司）1981年1月成立，位于北京市西城区。是以原中国石油工程建设公司和原中国石油集团工程设计有限责任公司为基础，整合油气田地面工程设计和施工业务，组建的以陆上石油天然气上游工程前期设计咨询、工程承包、装备制造和运营维护为主营业务，发展海洋石油天然气工程、液化天然气工程、非常规油气工程和非油能源工程业务的专业化公司。

2018年底，员工总数27993人，其中中方员工22157人、外籍雇员5836人。员工中，本科及以上学历人员8562人、占员工总数55.6%，中级及以上职称人员6713人、占员工总数43.6%。享受政府津贴专家9人，集团公司技术和技能专家13人，各类执业资格证书持证人员2416人，操作人员持证率100%。

2018年，工程建设公司拓展市场空间，推进业务升级，提升管理水平，强化服务保障，各项工作都取得新进展、新突破、新成效。新签合同额320.98亿元、收入259.71亿元，居中油工程考核榜榜首；获全国勘察设计和境外工程总承包“双料第一”。

工程建设公司连续24年入选美国ENR排名，是连续入围次数最多的中国承包商。获省部级以上奖励592项，其中国家级科学技术进步奖6项、中国建设工程鲁班奖6项、勘察设计奖24项、国家“百项经典暨精品工程”3项、优质工程奖120项，省部级科学技术进步奖55项、勘察设计奖379项。获“全国五一劳动奖状”。

【市场开发】 2018年，工程建设公司海外新签合同额85.9亿元。签约伊拉克格拉芙原油处理项目，打入马来西亚国家石油公司市场；中标土库曼斯坦东部气田和委内瑞拉MPE3油田等项目。通过埃克森美孚供应商审核。获阿布扎比海上EPC资质，是中国石油首家获此资质的企业。签约也门原油管线设计项目，通过东非原油管线资审，推动乌干达Kingfisher油田项目，新市场开发实现突破。与壳牌集团签订设计和项目管理框架协议，在中国企业中拔得头筹。与美国嘉科公司、中国出口信用保险公司等签署合作协议，与福陆公司、日晖公司、千代田公司和中国海洋石油集团有限公司联合开发国际项目，与道达尔、京东、中国对外贸易运输总公司开展沟通交流，参加休斯敦、莫斯科等国际石油天然气展览会。首单出口买方信贷——哈萨克斯坦PK炼油厂融资项目，获TXF（提供出口贸易融资、供应链融资、大宗商品交易融资的信息和数据专业服务公司）最佳ECA奖（PKOP炼油厂融资项目获英国TXF机构欧洲中亚地区2017年度最佳ECA融资项目奖）；利用国家开发银行融资，推动土库曼斯坦哈扎尔化工厂切列肯产区碘溴厂及原料基地改造EPCC项目和东非原油管线等项目开发。

国内新签合同额235.08亿元，创历史新高。获80个EPC项目，834个设计、咨询、可行性研究项目，337个建设施工项目。签约中委合资广东石化2000万吨/年重油加工项目，重大项目总承包再添新业绩。签约沁水煤层气田马必东区块4亿米^3/年产能建设地面工程EPC总承包、新疆中泰昆玉新材料有限公司年产120万吨PTA项目1号、3号成品库工程、蒙西煤制气管道、福建申远新材料有限公司年产40万吨聚酰胺一体化项目、长宁216井区内部集输EPC工程，长宁216井区平台集中供水EPC工程等项目，中标60万吨/年乙丙烷脱氢装置、济南LNG储配站等项目，集团公司天然气、炼化传统优势持续巩固。

【工程项目】 2018年，工程建设公司海外执行项目107个，重点项目41个。在哈萨克斯坦总统见证下，集团公司海外最大炼油厂项目——哈萨克斯坦PK炼油厂二期投产。集团公司海外一次建成最大的油田——伊拉克哈法亚油田三期提前70天成功投油。集团公司冬季保供重点项目——土库曼斯坦巴格德雷B区东部气田项目开工不到半年实现投产。乍得油田2.2期、伊拉克鲁迈拉早期电站等43个项目按期投产。阿布扎比巴布油田改造、俄罗斯阿穆尔天然气处理厂、科威特瓦拉、卡塔尔三相测试分离器、阿尔及利亚炼油厂和阿尔及利亚油泵站等项目实施。

国内执行项目3383个，重点项目29个。华北石化油品升级、辽阳石化俄油加工、新疆红浅1井区开发、内蒙古赤峰油库迁建和兴洁天然气液化储配等12项重点工程中交。全国最大地下储气库——呼图壁储气库项目通过验收。以陕京四线托克托压气站为代表的冬季保供项目群按期投产。吉林、宁夏、锦州等烷基化项目群按计划完工。四川、大庆等一批检维修任务完成。国家重大科技专项——长宁一体化脱水集成装置实施。以中俄东线天然气管道为代表的天然气管道项目群屡获集团公司表扬。航空煤油管道项目群、克拉美丽气田、玛北油田等项目有序推进。

【管理提升】 2018年，工程建设公司落实“一岗双责”，层层签订责任书和承诺书，制订实施个人安全行动计划。提高HSE培训针对性和实效性，举办培训1500余期70000余人次。推广视频监督，投入摄像设备1130多台套。开展HSE监督检查1150次，排查隐患14888处。强化隐患考核，问责790人，处罚130余万元。汲取“5·23”“7·14”事故教训，开展大反思、大讨论，升级现场监管，实现268名中层领导干部对275个项目、314个区域的责任划分，拉紧安全红线。编制社会安全管理体系文件，发布海外预警信息350余次，海外风险预警APP应用率居集团公司首位。初步建立HSE监督专家库，有35个专业、216名专家。开展“安全生产月”活动，规范职业健康管理，全员安全意识进一步提升。

【深化改革】 2018年，工程建设公司整合非洲地区、中东地区机构，成立4个地区公司，明确“地区公司+项目部”两级管控模式，管理架构进一步优化。统筹新疆资源，成立中油（新疆）工程公司。8家单位确定定岗定员方案，2家海外单位压减机关定员35%，组织机构更加精干高效。科学制定四项业务系统优化方案，推动高效顺畅、协调有力的运行体系逐步落地。成立领导小组，加强顶层设计，统筹推进“三项”制度改革。完善经营绩效考核体系，制订修订《薪酬总额管理暂行办法》《海外经营单位绩效考核实施办法》等5项规章制度，市场和效益导向更加突出。推进管理体系融合，发布管理手册1份、程序文件365份、作业文件91份，初步建立“四个统一”（即统一组织、统一规划、统一标准、统一设计）运行管控机制，完成集团公司试点任务。完成宁波重工海洋工程基地产权交割、工商变更，开展混合所有制试点。推进“三供一业”移交，推动医疗社会化改革，安置辅业人员1051人，申请资金1.58亿元。

【主营业务】 2018年，工程建设公司加快设计国际化，强化国际标准对标，国际化设计作业体系建设和海外大型油气田核心技术研发不断加强，建成物资材料编码系统。启动天然气大型化技术攻关，800万吨级LNG技术方案持续完善。初步具备导管架设计建造、海上平台模块设计能力。页岩气、煤层气、致密油、地热等新领域加速发展，新签合同额13亿元，是2017年的5倍。加强集中采购，战略合作和框架协议采购取得阶段性成果。完成采购订单9448个、采购金额115.1亿元，带动国产设备材料出口28.9亿元，物资服务保障能力持续增强。采购制度体系进一步完善，合规水平不断提升，供应商分级分类管理更加细化，建成采购数据库，试点应用集团公司电子采购系统2.0。创新施工管理方式，提升自动化、智能化能力。以伊拉克哈法亚油田三期、哈萨克斯坦PK炼油厂和中俄东线天然气管道为依托，提高施工效率和精益创效水平。装备制造实现重大飞跃，成为国内首家同时有法国 Axens、美国 UOP 两大专利制造技术和业绩的企业。5000 吨起重机完成中国石油首次百米级整体吊装，1660 吨丙烯精馏塔创集团公司重型容器单台设备新纪录。环境岩土多元化特色更加鲜明，拓展三维激光变形监测、地下水评价、环境治理等新渠道。

【科技创新】 2018 年，工程建设公司动态调整“十三五”科技发展规划，完善《科技项目管理办法》等 7 项制度。执行科研项目 85 个，其中国家级 4 项、集团公司级 5 个。主编参编标准 40 项，获专利授权 91 项，技术秘密认定 33 项，省部级工法 6 项。获国家级及省部级优秀勘察设计奖 48 项，集团公司和省部级科学技术进步奖 19 项。4 项产品入选集团公司自主创新目录。推动科技成果转化，实现科技创效 8934 万元。“五化”（即标准化设计、工厂化预制、模块化施工、机械化作业、信息化管理）科技研发投入 1200 余万元，6 家单位、60 名个人、23 项成果受到集团公司和中油工程嘉奖。在集团公司认证的 15 项自主创新一体化集成装置中有 13 项，占比 87%。

【基础管理】 2018 年，工程建设公司落实降本增效 6 个方面 33 条措施，增收节支 1.5 亿元，压减应收账款和存货 139.2 亿元，回收欠款 62.37 亿元。完成新疆油建“处僵治困”和法人压减。加快优秀年轻干部培养，完成培训项目 53 个、培训 2980 人次。2 名专家申报政府特殊津贴，2 人获“全国技术能手”称号，1 个工作室入选省级技能大师工作室，14 名技能专家、9 名青年科技英才及 2 个工作室通过集团公司评定。加强质量监督检查和工程创优，舟山国家储备基地等 4 个项目获国家优质工程奖，旗台储罐区项目获省部级优质工程金奖，申报国家及省部级优秀 QC 成果 31 项，中缅管道焊接质量排查获集团公司肯定。强化重点领域、重要资金活动和关键环节审计，挽回经济损失 1.13 亿元。制定《审计项目质量管理办法》等 2 项制度，完成在线审计项目 32 个。开展实物清查，摸清辅业家底，杜绝账外资产，盘活闲置资产。成立法治建设领导小组，法治建设工作全面启动。参与企业重大决策，严把法律审核关，加强项目全生命周期的合同法律管理。健全完善合同法律组织体系，规范工作标准，经营风险得到有效管控。推进企业管理平台 2.0、云平台等应用，档案管理、集团公司信息公开试点等工作扎实开展。

【企业党建工作】 2018 年，工程建设公司学习贯彻党的十九大、十九届二中、三中全会精神，两级班子到基层一线宣讲 65 人次，组织培训班 4 期，轮训学员 280 名，基本实现副处级以上干部全覆盖。配合集团公司巡视，对反馈细化的问题，开展全面整改。开展“四合格四诠释”岗位实践活动，深化“两学一做”学习教育，扎实进行“三基”调研，稳步推进党建信息化平台应用。两级党委委员建立“三联”示范点 299 个，试点直属机关党支部规范化建设。落实“两个责任”，签订党风廉政责任书 3807 份。强化制度建设，制定《加强和规范与党委管理干部谈话工作的实施办法》等 11 项制度。加强纪律教育，对新提任党委管理领导干部 39 人集中开展“六个一”廉洁从业教育，在中东地区开展案例警示教育。对 5 家单位开展巡察，对 3 家单位开展合规管理联合监督检查，抓好发现问题整改。组织开展共性问题对照检查和会议费、业务招待费专项治理，严格纪律审查。开展“机关作风建设年”活动，两级机关执行力明显增强，逐级负责、层层落实、全员参与、持续提高的工作格局日益形成。出版《苏丹印象》等文化产品，央视《华人世界》播出 19 名海外员工事迹。多家中央主流媒体集中采访哈萨克斯坦 PK 项目融资获奖和建设成果。开展民心工程，拨付帮扶慰问金 308 万元。推进群团、离退休、民族团结、平安矿区和“职工之家”建设，企业发展成果惠及广大员工，和谐稳定局面进一步巩固。

2018 年，工程建设公司在海外完成集团公司投资的 90% 以上油气田地面以及国际公开招标的全部炼油工程，建成苏丹 3 个油田近 3000 万吨 / 年产能、500 万吨 / 年炼油厂，以及乍得 100 万吨 / 年上下游项目；承担阿克纠宾千万吨级油气田，以及阿姆河气田、中亚管道 ABC 线中方所有站场和奇姆肯特炼油厂改造工程；在伊拉克建成 3000 万吨 / 年原油生产能力。在国内，获集团公司新开与扩建油气田和炼化工程的大部分工作量以及检维修任务，完成宁夏石化首个工厂化 EPC 项目，开创 EPC 总承包新模式，获标志性的广东石化 2000 万吨 / 年炼油工程。业务遍布 24 个国家，20 余个省、自治区、直辖市，形成海外六大区域性市场和国内以油气田、炼化基地为主的发展格局。

2018 年，工程建设公司海外业务坚持稳健发展方针，构建特色运营模式和国际化风险管理体系，核心竞争力稳步提高。巩固与国际知名工程公司的战略合作，进入 BP、壳牌、埃克森美孚、阿布扎比国家石油等国际知名油公司、国家油公司高端市场，国际经营的深度和广度不断拓展。成立 1 个支持中心、4 个培训中心和 3 个合资公司，形成具有 1200 多个供应商和服务商的全球供应链，具备全球资源整合能力。打造一支国际化人才队伍，实现石油精神与国际化管理实践的有效融合。

（严　峰　高　华）

中国寰球工程有限公司

【概述】 中国寰球工程有限公司（简称寰球公司）1953年成立，2005年6月整体并入集团公司，2016年整体上市进入中国石油集团工程股份有限公司，集咨询、研发、设计、采购、施工管理、设备制造、开车指导、融资等多功能于一体，有近20000名员工，具有项目管理承包和工程总承包综合能力的国际工程公司，是智力密集、技术密集的科技型国有骨干企业。

寰球公司工程领域涵盖大炼油、石油化工、大化肥、精细化工、油田地面设施、海洋石油工程、天然气液化与接收、煤的清洁利用、新能源、轻工、纺织、医药、化学矿山采选、工程地质勘查、工程测量、岩土工程、交通、电讯、城市燃气、民用建筑、市政工程、热电工程、给排水工程、环境工程、储运设施及压力容器设计制造安装、非标设备、钢结构及管道加工制造安装、无损检测、现代物流管理等多个行业和领域。以北京总部为核心，构建完整的EPC业务链，形成覆盖华北、华东、华南、西北、东北五大区域运营中心以及建安业务中心；在海外，形成中东、亚太、美洲、中亚、非欧五大区域运营中心。2018年，寰球公司被评为“全国勘察设计行业60周年十佳工程承包企业”，获首批“AAA级信用企业”称号，被国家能源局批准为国家天然气领域唯一的国家级技术研发中心——国家能源液化天然气技术研发中心。

寰球公司主要生产经营指标

指　标	2018年	2017年
签订合同额（亿元）	301.3	321
收入（亿元）	162	164.5
利润（亿元）	6.43	4.15

2018年，寰球公司全面贯彻党的十九大精神，坚持以习近平新时代中国特色社会主义思想为指导，贯彻落实集团公司党组决策部署和中油工程“三步走”路线图，坚持党的全面领导、不断深化改革、奋力开拓市场、坚持科技创新、强化安全生产，党建与生产经营协同并进，开创“稳、进、好”的发展新面貌。2018年，新签合同额301.3亿元，收入162亿元，利润总额6.43亿元。

【企业党建工作】 2018年，寰球公司把加强党对国有企业的领导和党的建设作为党建工作的“根”和“魂”。加强学习，把政治建设摆在首位。开展习近平新时代中国特色社会主义思想和党的十九大精神学习，通过培训、专题学习和研讨等方式，推动党的十九大精神大学习、大宣传、大落实，进基层、进项目、进班组。提高政治站位，贯彻落实上级重大决策部署。根据集团公司党组部署，实现领导体制调整，把党的领导与完善公司治理统一起来，确保落实到位。积极融入中心，以党建推动中心工作。2018年召开党委会34次，总经理办公会23次，审议“三重一大”事项61项，修改完善40项制度，党委工作更加制度化、规范化。坚持党管干部、党管人才原则和正确选人用人导向，加强干部队伍建设。调整使用领导人员49人次。其中，提拔使用25人次，涉及“70后”13人，交流使用20人，建立近500名优秀青年后备人才成长档案库。发布《基层党支部达标晋级管理办法》，建立“量化考评、分类定级、动态管理、晋位升级”管理机制，推举表彰15个示范党支部（总支），发挥党支部的战斗堡垒作用。修订完善《党建工作责任制实施办法》《党建责任制考核评价实施细则》，出台《党委落实意识形态工作责任制实施办法》，党建工作目标更加明确、任务更加具体、责任更加清晰、管理更加规范。

2018年，寰球公司获国家级、省部级奖85项。其中：获国家专利优秀奖2项，省部级专利奖2项；获省部级科学技术进步奖15项（含科学技术进步特等奖2项）、省部级工程类奖66项。

【改革发展】 2018年，寰球公司坚持问题导向，抓好任务统筹，改革措施直击问题要害，实现精准发力。按照集团公司“三项”制度改革总体部署，成立推进“三项”制度改革专项领导小组，研究制定《三项制度改革行动方案》，明确“1+13”的配套政策体系，在领导干部去“行政化”和退出机制、推进二级单位分级分类管理、规范二级单位组织机构设置和定岗定编、建立多序列人才成长通道和薪酬体系改革等方面进行研究。根据选人用人专项巡视问题，公司处级干部总量较重组初期下降 7.2%，保持总量负增长。完成股权和资产划转。兰州公司、东北工程辽阳分公司划出；推进华东公司股权划转；上海公司完成股权回购并启动混改工作；吉林公司、胜寰公司整合取得重要进展，资质迁移、注册地变更等工作完成。法人压减工作全面完成。剥离企业办社会职能工作初步完成。“三供一业”分离移交完成协议签订，业务实质移交推进；桂林宝石花医疗公司正式挂牌成立，标志着六建桂林高新医院混改落地。

【市场开发】 2018 年，寰球公司超额完成年度奋斗目标。国内核心业务优势地位持续巩固。北京公司签署塔里木乙烷制乙烯，深圳、君安 LNG 接收站等 11 个大型总承包项目，以自有专利技术承揽三江石化等 6 个大型乙烯项目；东北工程签订锦州石化针状焦及煅烧装置 EPC 合同；华东公司承揽大庆石化、锦州和锦西石化等炼油结构性调整项目；吉林公司签订浙江石化二期双酚 A 在内的 8 套装置设计合同；大庆、新疆、广东、六建分别签订榆能化 LDPE/EVA 总承包项目，独山子“三供一业”分离移交改造项目、东莞巨正源一期丙烷低温储罐项目、中化泉州乙烯及炼油全厂工艺管网项目；吉林清洗依托与系统内销售企业的全面合作取得市场新增长。国际市场开发实现新突破。上海公司中标乌兹别克斯坦硝酸项目 EPC、俄罗斯尿素 PC 项目；华东公司、北京公司分别签署新加坡 Trident 项目可行性研究和 Pre-FEED 合同；东南亚公司签署马来西亚恒源炼油厂升级项目，重点跟进美国甲醇项目群、乌兹别克斯坦吉扎克炼油厂、阿尔及利亚炼油厂、美孚俄罗斯远东 LNG、巴西春天等一批战略性和综合性项目；进入埃克森美孚、壳牌合格供应商名录，签署全球服务协议；保持与福陆、德希尼布、KBR 等国际一流工程公司合作，拓展与日挥、千代田、大宇、现代等国际工程公司的合作，提升资源整合和风险防控能力。新模式和新领域业务成效初显。国内市场新签油气销售、炼化等 4 个领域 9 份协议；组建油气终端事业部，吉林化建签署油气销售终端合同额 2.5 亿元；吉林公司以南浦聚丙酰胺项目为试点，开创以小额投资撬动 EPC 的探索；与海峡能源产业基金强强联合，打开产融结合新模式；尝试在孟加拉、哥伦比亚 LNG 项目上采用 BOOT/BOO 模式推动 EPC 合同签约。

【项目执行】 2018 年，推进寰球公司重点项目，承担重点工程 23 项。辽阳石化项目一次投产成功，创造“辽阳建设速度”；华北石化项目全面建成，部分装置投产；启动广东石化项目；四川石化乙烯改造项目中交，大庆石化炼油改造项目实现进度 91%，独山子石化、兰州石化乙烯改造项目稳健推进；唐山 LNG 两台 16 万立储罐同时气顶升实现新突破，推进江苏、江阴、深圳 LNG 项目；格尔木炼油厂、哈尔滨石化、吉林石化、锦州石化烷基化项目建成投产，建成庆阳石化、乌石化烷基化单元；委内瑞拉 MPE3 项目基本建成，科威特炼油、阿尔及利亚炼油项目进入收尾和试运阶段，斯里兰卡罐区项目中交；乌兹别克斯坦 PVC 项目实现进度 89%；马来西亚 RAPID 聚丙烯项目投料试运。

【科技创新】 2018 年，寰球公司做好科技创新工作。形成新知识产权 114 件，技术转让收入近 2 亿元，专利设备销售收入近千万元，技术转让带动合同额 70 多亿元。集团公司炼油和烯烃工程技术中心在寰球挂牌成立，新疆橡胶技术研发中心获批准，国家液化天然气研发中心即将完成建设；牵头组织集团公司炼化转型升级和聚烯烃新产品成套工艺 2 项重大科技专项；高水平完成大化肥重大科技专项研发和庆阳石化航空煤油液相加氢工业试验；大炼油、大乙烯二期进展顺利。科技管理水平不断提升。2018 年发表技术论文 287 篇；增加标准 793 项，参编国家和行业标准 4 项；邀请“两院”院士及工信部业务领导开办科技报告 5 场，“科技月”创新氛围愈加浓厚。寰球技术研究院专业作用逐步显现。2018 年申报各渠道、各层级科研课题 10 项，争取科研经费 1019 万元；提出研究课题 26 项，与石化院等 11 家科研院所广泛交流，基础研究合作单位网络基本形成。

【安全管理】 2018 年，寰球公司实现 12124 万安全工时，获集团公司“质量安全环保节能先进企业”“国际业务社会安全和生产安全管理先进集体”等称号。体系建设日趋完善。自主开发的 QHSE 量化审核系统平台历时两年开发全面上线，访问量 1.63 万次；全面推动质量安全环保责任归位，逐级签订责任书 1983 份、承诺书 22876 份，落实 132 名局、处两级领导干部安全生产联系点及个人安全行动计划，对二级单位开展两轮 QHSE 量化交叉审核，完成中油工程专项体系审核和三星九千认证中心外审，QHSE 管理体系更加巩固。监督检查从严从实。落实集团公司升级管控要求，对 10 家二级单位和 12 个重点项目开展监督检查 17 场次，发现问题 956 项，全部整改关闭；规范交通安全管理，对所属574台车辆保持动态GPS监控，全年无交通事故发生；举办第一期HSE培训师培训班，29人参训并取证，建立一支高水平安全培训师队伍。质量水平有效提升。重点以采购质量问题为导向，吸取宁夏化肥项目采购质量事故教训，以采购关键五节点为引领落实质量控制；开展QC小组创建活动，在集团公司评审中获QC小组三等奖和“质量管理信得过班组”称号；12项成果获工程建设协会优秀奖项。合规风控扎实推进。扎实推进内控体系建设，编制完成13套内部控制管理手册，新增修订582个业务流程；重大风险管控主责部门和单位以纪检监察、审计监督、安全检查等多种方式，对业务活动开展过程、工作成果进行检查。

【信息化建设】 2018年，寰球公司狠抓信息化建设工作。推进信息化建设。开展“四大平台”建设，综合办公管理平台建设调研50余次，一期总部办公审批系统按期上线，CNPC邮箱全面迁移启用；充分利用3D协同设计及数字化交付成果开展攻关，推广寰球数字化交付平台部署方案；完成“管理云”基础设施建设，初步实现基础设施标准化规划、建设、共享目标；生产管理系统建设推广北京公司HQPMP及河北公司项目设计数据采集系统；采购、材料、施工管理系统建设踏点推进。智能化建设稳扎稳打。依托广东、辽阳项目，初步完成智能化工厂规划方案，形成物理信息、辅助决策等系统架构，实现炼油与化工应用集成系统综合运用；现场材料二维码管理有效运用。信息安全防护稳步提升。制订安全态势感知和防护解决方案，信息安全体系进一步加强；抽查1340余台设备，安全系统注册率、天擎防护安装率80%以上，通过集团“护网2018”行动考验。

【企业文化建设】 2018年，寰球公司坚持以党建带工建、带团建，充分发挥工会、共青团等组织作用，形成党群齐发展的良好局面。党委、工会组织参观“伟大的变革”——庆祝改革开放40周年大型展览，团委举办“逐梦石油人，建功新时代”青年演讲比赛，举办以“同唱寰球一首歌，共创美好新未来”为主题的“纪念改革开放40周年”寰球风采文艺汇演，开展“形势、目标、任务、责任”主题教育，聚焦“四合格、四诠释”，引导广大干部员工把“追求卓越、精细管理、担当实干、勇创一流”的企业精神融入工作中。通过官方微信号发布290篇文章，总阅读量突破40万，参加集团公司羽毛球、乒乓球、足球比赛，歌咏比赛和“善行者”公益活动。被中国石油和化学工业联合会评为“企业文化建设先进单位”。

【高质量发展】 2018年，寰球公司调整“十三五”及中长期发展规划，确立“三步走”的年度工作目标，形成《加快推进高质量发展总体方案》，明确高质量发展以坚持党的领导、坚持创新驱动、坚持效益优先、坚持协调发展、坚持人才强企、坚持问题导向为“六大主要原则”；以经营效益高质量、工程服务高质量、管理运营高质量、人才队伍高质量为“四大主要目标”；以坚持创新驱动、打好能力提升主动战，提升服务质量、打好炼化转型升级保障战，聚焦技术领先、打好科技创新攻坚战，集中优势力量、打好海外市场开发进攻战，严把过程管理、打好风险管控持久战，突出人才价值、打好人才培养保卫战六大战役为“六大重点任务”，绘就未来一段时期公司发展的蓝图，踏上高质量发展的新征程。

（刘　佳）

中国昆仑工程有限公司

【概况】 中国昆仑工程有限公司（简称昆仑工程公司）前身是中国纺织工业设计院，1952年9月成立，是中国纺织行业唯一的部属大型勘察设计单位，2007年7月重组并入集团公司，2009年更名为中国昆仑工程公司。2016年，按照中国石油工程建设业务深化改革的统一部署，中国昆仑工程公司重组改制为中国昆仑工程有限公司，成为中国石油工程建设业务上市公司的全资子公司。昆仑工程公司是集咨询、研发、设计、采购、施工管理、开车指导和工程监理、工程总承包、项目管理承包、技术服务等多功能于一体的国际工程公司和国有科技型骨干企业。2018年，东北炼化辽宁分公司整体划归昆仑工程公司。昆仑工程公司有5家二级单位，2家控股公司。

昆仑工程公司持有国家颁发的众多甲级资质证书；通过ISO 9001质量体系、ISO 14001环境管理体系、OHSAS 18001职业健康安全管理体系和中国石油HSE管理体系认证；有国际先进的工程设计、项目管理及办公自动化等应用软件和数据库，建有先进的计算机网络平台和应用体系；享有国家授予的对外经营权。

昆仑工程公司长期致力于石油化工、纺织化纤、煤基化工、环境工程、建筑工程等领域的建设、创新与发展。承担设计和建设完成各类大中型石油化工、化纤及其原料和民用建筑等工程数千项，国外经援、经贸工程百多项，遍布全国及29个国家和地区。获国家科学技术进步奖一等奖、二等奖，全国、省部级优秀勘察设计特等奖、金质奖、优秀奖、管理奖数百项。昆仑工程公司有雄厚的科研和技术实力，承担多项国家重大科技攻关任务，在大型连续缩聚聚酯（PET）、精对苯二甲酸（PTA）、顺丁橡胶、ABS、己烯－1、工业废水处理等领域有专有技术，获国家授权专利154项，其中PCT专利20项。主编参编国家和行业标准66项，其中国家标准35项。转制后，昆仑工程公司重点发展环境工程、纺织化纤工程业务，打造国际一流环境工程及纺织化纤综合服务商。

2018年底，昆仑工程公司在职人员1222人，其中工程技术人员967人、教授级高级工程师27人、高级工程师329人。具有各种国家执业注册资格人员227人。

昆仑工程公司主要生产经营指标

指　标	2018年	2017年
签订合同额（亿元）	40.1	30.1
收入（亿元）	25.6	27.95
利润（亿元）	0.74	0.32
税费（万元）	6699	2323

2018年，昆仑工程公司收入25.6亿元，利润7380万元。

【深化改革】 2018年，昆仑工程公司深化改革，结合实际情况和目标任务，制定中长期发展规划及系列专项发展规划。完成东北炼化辽宁分公司整建制划归昆仑工程公司管理、筹建水务运营管理中心等工作。加快总部与分公司一体化建设。推进环境工程业务并购。筹划设置区域项目部。优化部门工作流程，强化员工岗位职责，改进绩效考核方式，完善薪酬分配机制，强化工资总额事前测算安排。加强控参股公司管控力度。按年初计划，完成大连理工大学环境工程设计研究院有限公司交由吉林分公司托管、上海德赛工程技术有限公司小股东股权回购、调整江苏德赛化纤有限公司股东会、董事会派出人员等事宜。完成“三项”制度改革方案草案拟定工作。

【市场开发】 2018年，昆仑工程公司在纺织化纤、环境工程、芳烃三大领域市场开发上持续发力。

集团公司内部市场，环境工程业务方面，签署大庆石化1—6号和7—8号锅炉烟气超低排放改造、锦州石化热电厂锅炉超低排放改造、抚顺腈纶焚烧炉废气治理、呼和浩特VOC_s治理、乌石化PTA氧化装置VOC_s治理、青海油田油泥砂处理等多个EPC项目；推动环保咨询业务转型升级，排污许可申请业务持续增长，土壤地下水治理业务市场逐步打开。芳烃工程业务方面，签订辽阳石化芳烃联合装置增效改造总承包项目；催化柴油制芳烃技术与多家企业达成合作意向。

集团公司外部市场，国内签订江苏港虹、江苏恒科、福建百宏等多个聚酯项目。国外签订泛亚沙特瓶级聚酯项目。跟进俄罗斯ETANA、巴基斯坦NOVATEX、印度BHILOSA等海外聚酯项目。推介PC（聚碳酸酯）、PTT（聚对苯二甲酸丙二醇酯）等新工程产品。

【工程建设】 2018年，昆仑工程公司工程总承包排名重回全国50强。开展各类工程项目515个，其中承包项目73个、设计项目217个、咨询项目235个。

集团公司内部项目方面。环境工程项目中辽阳石化、抚顺石化超低排放改造项目点炉一次成功；抚顺石化腈纶厂污水焚烧炉废气治理项目整体中交；四川石化污水处理厂VOC_s项目中交并开车；乌鲁木齐石化氧化装置VOC_s治理项目完成中交；独山子石化炼油厂异味治理项目和乙烯厂顺丁橡胶VOC_s治理项目竣工；塔里木油田、兰州石化乙烷制乙烯污水处理项目完成总体设计。芳烃及其衍生物项目中启动广西石化芳烃中试装置工艺包设计；辽阳石化芳烃联合装置增效改造项目开展施工图设计；乌鲁木齐石化PTA改 PIA项目完成工艺包设计。

集团公司外部项目方面，国内项目中长乐山力二期、嘉兴石化、江苏兴业CP16、恒腾三期、福建百宏五期聚酯装置一次投料开车成功；濮阳聚碳酸酯项目完成施工图设计；完成新疆中泰PTA项目详细设计；完成蓬威石化PTA改造项目施工图设计工作。国际项目中开展印度BHILOSA三期、越南百宏、泛亚沙特、印度尼西亚POLYPLEX等聚酯项目，其中印度BHILOSA三期聚酯项目一次投料开车成功；印度石油公司聚丙烯总承包项目启动开车准备工作。

【处僵治困】 2018年，昆仑工程公司按照集团公司要求和规定的时间节点，完成托管企业中国纺织工业设计院控股的江苏德赛化纤有限公司的“处僵治困”工作，国有债权得到全面保障，股权价值得到大幅提升，取得良好的经济效益和社会效益。通过“大股东债转资＋小股东按原股比增资”的债务重组方式，江苏德赛化纤有限公司资产负债率由128%降至87.36%。通过强化对江苏德赛化纤有限公司的管控，精准生产高利润、市场需求对路的产品，实施降本增效工程，2018年盈利5567万元。

【科技创新】 2018年，昆仑工程公司抓技术开发，再次通过北京市高新技术企业认定，创新驱动价值进一步彰显。科技成果技术许可费收入3650万元。

通过制修订《专利管理办法》《获奖项目奖励规定》等制度，完善创新激励机制。通过成立土壤地下水修复院士专家工作站、集团公司芳烃工程技术中心、VOC_s管控中心等，推进科技平台建设。2018年开展各类科研项目28个。其中，国家级2项，集团公司和省部级11项，中油工程统筹项目11个。申报专利22件，新增授权专利10件。其中，发明专利6件，主编、参编国家标准8项。

【质量安全环保】 2018年，昆仑工程公司质安环保全面受控，全年实现690万安全工时，各项质量健康环保指标达标。QHSE体系全面整合升级，通过再认证审核。扩大安全履职能力评估范围，强化安全环保监督检查和问题整改落实，加强海外社会安全和应急管控，细化职业健康及安全需求。严格环保规定，各类污染物排放处于达标、受控状态。

【企业党建工作】 2018年，昆仑工程公司把学习贯彻习近平新时代中国特色社会主义思想和党的十九大精神作为思想政治建设的首要任务，牢固树立“四个意识”，坚定“四个自信”，坚决做到“两个维护”。两级党委发挥领导作用，把方向、管大局、保落实，坚持党管干部原则，选拔任用4名中层干部。完善党建制度，基层党组织健全率100%。落实“三会一课”、党建“三联”等工作要求，提升党支部战斗堡垒作用。推进全面从严治党，成立巡察组对2个部门（支部）进行巡察，发现各类管理问题17个。深化民主管理，对45份员工提案书归纳形成37件议案，落实责任部门进行处理。为广大员工办实事，增强广大员工幸福感、归属感。

（鲍世庆　肖春宏）

中国石油集团工程有限公司北京项目管理分公司

【概况】 中国石油集团工程有限公司北京项目管理分公司（英文缩写CPMC，简称项目管理公司）是根据集团公司发展战略要求和深化改革总体部署，在2016年9月，整合中国石油工程建设板块所属企业范围内的工程监理与项目管理业务而注册成立的专业化项目管理公司。主要开展工程咨询、工程设计、项目管理、工程监理、EPC与EPCM、HSE监督管理、设备监造等业务。具有监理综合甲级资质，化工石化医药设计/石油化工（油气库）设计甲级资质、石油化工咨询甲级资质、造价咨询乙级资质、房屋建筑及市政工程设计乙级资质。有陆上终端及处理厂设计技术，地下储气库地面工艺技术，海洋工程设计技术，滩浅海油气集输设计技术，油田采出水达标外排处理技术，LNG液化工艺技术，炼油化工碳四综合利用系列成套技术，裂解碳五—碳八综合利用系列成套技术，丁苯、丁腈合成橡胶成套技术，炼油催化裂化催化剂工程化制备成套技术。业务辐射全球23个国家和地区，与Worley parsons、ILF、Mott Mcdonald、BV等国际知名公司建立稳定的战略合作关系。秉承“提供优质服务、打造精品工程”的服务理念，赢得客户信赖，所承担的项目获IPMA国际卓越项目管理金奖1项、鲁班奖1项、国家优质工程金质奖3项、中国安装工程优质奖（中国安装之星）2项、国家优质工程银质奖10余项、中国石油优质工程金奖、“长城杯”等其他奖项300余项。是集团公司开拓国内外工程建设业务市场，发展全过程、全产业链、高附加值，实现精细化、专业化、科学化、信息化工程管理的唯一一家专业化工程项目管理企业。

2018年底，项目管理公司有机关部室6个，二级单位7个，合同化、市场化员工1674人。其中，教授级高级职称7人、副高级职称447人、中级职称924人，有注册监理工程师300人、注册造价工程师41人、注册设备监理师35人、注册安全工程师137人、一级建造师123人、省部级执业资格815人。

2018年，项目管理公司贯彻集团公司、中油工程各项工作部署，把握高质量、有效益、可持续发展主线，围绕建设具有国际竞争力的工程项目管理服务商的目标，对内深化改革强基础，对外拓展市场提效益，经营业绩实现较快增长，全年收入 67533 万元。各项改革工作稳步推进。

【持续重组】 2018 年，集团公司工程建设业务持续重组整合，将原中国寰球工程有限公司所属的兰州寰球工程有限公司、原中国石油天然气管道局所属的中国石油管道局工程有限公司天津分公司划归项目管理公司。补充项目管理公司在上、中、下游全产业链的设计资源，增强项目管理公司对项目前期咨询、勘察设计和投资预算等方面的管理能力，为保障集团公司重点建设项目提供更全面的技术支持。

【市场开发】 2018 年，项目管理公司新签合同 691 项，合同额 12.07 亿元。编制发布《天然气工程业务市场开发指导意见（2018—2019 年）》《合资合作及新业务开展指导意见》《海外业务市场规划》，提出各领域市场开发工作的思路、目标和举措，从战略角度对所属各单位市场开发提供指导。国际市场方面，开展与全球油气工程公司对标分析，签署乍得 Ronier-Kome 原油管道增输改造、泛亚沙特化纤一体化等海外项目合同。国内市场方面，斩获西气东输闽粤支干线、中国石化鄂安沧输气管道、中化泉州 100 万吨 / 年乙烯及炼油改扩建、独山子石化轻烃炼油及乙烯优化调整等重点项目，夯实在长输管道和炼化监理领域的地位。

【项目管理】 2018 年，项目管理公司运行项目 889 个，其中新开工项目 421 个、完工项目 329 个。跟踪协调华北石化项目、庆阳石化项目中交管理，协调所属单位主管领导现场督战，加强关键时期质量安全及进度管理。围绕“严”字下功夫，加强“一个平台、两个抓手”管理措施，开展“有形化、可量化、有价值、可感知”管理活动，落实“归位、履职、尽责、提升”管理要求。现场管理人员发布隐患辨识不符合项超过 22 万项，形成 227 项严格管控的典型案例。结合业务范围调整，收集梳理程序和作业文件 680 余份，组织编制完成 171 个岗位责任清单。完善应急管理体系。组织完成 2 次 QHSE 体系全要素量化审核，提出并跟踪整改不符合项 141 项。组织对 16 个重点项目进行深度监督检查，提出并跟踪整改问题 538 项。利用自主开发的无损检测缺陷分析软件，对中俄东线天然气管道工程 57427 个焊口无损检测缺陷进行大数据分析，为改进焊接设备和提升操作水平提供咨询建议。

【科技创新】 2018 年，项目管理公司承担的项目获国家优质工程金奖 1 项，获国家优质工程奖 3 项，获化学工业优质工程奖、石油优质工程金奖 7 项。获国家软件著作权 3 项。科研项目《HSE 监督项目承包商评价体系研究》获中国职业安全健康协会科学技术二等奖。科研项目《浅近海海底管道建设关键技术研究与应用》获 2018 年度集团公司科学技术进步奖三等奖；主编的集团公司企业标准规范《海底管道设计规范》填补集团公司在海洋管道领域尚无系统化集成化设计规范的空白。

【队伍建设】 2018 年，项目管理公司队伍结构不断完善，“三项”制度改革有力推进。建立以完成业绩为前提、以绩效考核结果为主要分配依据的员工薪酬总量分配机制。研究人工成本课目，拓宽薪酬增长渠道，建立科学的薪酬增长常态机制。修订各单位《绩效考核管理办法》，将考核结果与年度先进单位和工作总额挂钩，充分激发各单位发展活力。下发《总部员工绩效考核管理办法》，将各单位对总部部门考核和外语达标指标纳入考核，充分调动机关员工工作积极性。下发《赴境外工作人员薪酬福利管理办法》，规范外派员工薪酬福利管理，调动赴境外工作人员的积极性。印发《关于加强和改进优秀年轻干部发现培养选拔工作的实施意见》，对两级班子的年龄结构、首次提拔干部的年龄做出明确规定。研究制定《专业技术岗位序列设置管理规定》，畅通专业技术人员职业发展通道，激发专业技术人员积极性和创造性。

【企业党建工作】 2018 年，项目管理公司召开专题会议安排部署党建工作责任制考核工作，明确标准要求和时间节点，确保各项工作得到及时响应、不挂空挡。发布《党建工作责任制考核评价实施办法》，将党建工作直接纳入各单位绩效考核，保障党建责任有效落实。开展对党的十九大精神和习近平总书记系列重要讲话精神的学习培训宣贯，实现处级以上干部党的十九大培训和党支部书记培训的全覆盖。利用多种途径解答公司重组过程中员工思想上存在的疑虑，做好化解疏导工作，保持发展大局的和谐稳定。探索推进在北京地区两级机关党建资源和业务共享运作新模式，打造两级机关党建规范化服务新团队。

（张孝鹏）

装备制造企业

中国石油技术开发有限公司

【概况】 中国石油技术开发有限公司（英文缩写CPTDC，简称中油技开）1987年7月成立，是集团公司从事国际能源装备业务的综合服务商，是中国最大的石油石化物资装备国际贸易公司。2018年底，有员工1458人，其中中方员工588人、外籍员工870人。中油技开总部机关设12个职能处室；根据地区和专业，设有独联体分公司、亚太分公司、非洲分公司、美欧分公司、中东分公司、石化分公司、管道分公司、钻探分公司、物流分公司、中亚项目部、海洋工程项目部等11个所属单位。在52个国家和地区建立65个境外机构，覆盖1000万吨以上产油国的90%多，累计出口产品到84个国家和地区。在中亚—俄罗斯、非洲、美洲、中东、亚太等地区形成稳定的规模市场。签约370亿美元，收入2100多亿元，人均创收超2亿元，人均年创效百万元以上。获“全国五一劳动奖状”等多项荣誉，被集团公司评为A级企业。

2018年，中油技开出口签约11.37亿美元，同比增长48%；收入74.5亿元；利润4.5亿元，同比增长10%；自由现金流-1.47亿元；EVA值-1.5亿元，利润、自由现金流和EVA值均超额完成集团公司考核指标。全年HSSE平稳运行。

【市场开发】 2018年，中油技开在市场形势非常困难的情况下，在47个国家与208个客户实现1217个项目合作，签约11.37亿美元。市场开发取得进展。坚持月度市场分析制度，加强对市场开发和经营活动的分析研究，各所属单位每月对市场工作进行总结和分析，落实月度经营计划，解决市场开发、项目执行中存在的问题，6个所属单位超额完成年度签约任务。各境外机构围绕年度目标任务，抢抓市场订单，做好市场开发、客户拜访等工作，跟踪每一个标讯，参与每一个项目，16个境外机构完成年度指标。南苏丹分公司、阿克纠宾石油机械有限公司均实现签约额过亿美元。信息和项目获取持续加强。2018年收到询价信息4416份，同比增长10%，报价金额43.24亿美元，同比增长11%。获取500万美元以上大项目50个，金额7.05亿美元，签约项目数量同比增长25%，签约金额同比增长86%。获取南北苏丹电泵服务项目、伊拉克电泵服务项目、尼日利亚无缝管项目、埃及管线管项目、哈萨克斯坦油套管及催化剂项目、土库曼斯坦油套管项目、尼日尔沙漠运输服务项目、古巴液化气罐项目等超千万美元的大项目。中标雪佛龙美国炼油厂催化剂、澳大利亚尿素、乌兹别克斯坦企业资产管理系统IT服务等新项目。开发吉布提新市场，签约钻井材料等产品。客户管理和关系维护持续稳固。加强对客户动态分类管理，针对战略客户和重要客户建立多层级的客户拜访交流机制，形成各层级紧密配合、务实高效的客户关系维护体系，2018年各层级拜访客户2395次，开发新客户183个。

【欠款和库存压降工作】 2018年，中油技开开展清欠压库工作，各相关所属单位和职能部门将清欠压库放在和市场开发同等重要的位置推进，取得一定进展。年度目标全面完成。全年压降2017年底前逾期应收账款2亿美元，压降率36%。严控当年新增逾期应收账款，2018年底逾期应收账款同比减少1.3亿美元，减少24%。压减2017年底前库存7.37亿元，压降率15.2%。收款6.9亿美元，12月清收7000余万美元的逾期应收账款，收款1.5亿美元，完成全年现金流指标。基础工作扎实开展。针对重点清欠压库项目，明确责任领导、责任部门和责任人，成立两级清欠办，专门抽调1名公司助理、5名正处级干部离岗专职协调推进相关工作，形成各层级共同推动、境内外相互联动、各单位和部门协同互动的工作机制。将项目推进与业绩考核挂钩，每月通报工作目标的完成动态，研究制定推进计划和措施，使工作推进更精准有效。重点项目成效显著。收回苏丹长达7年的钻头管材欠款；清回伊朗北阿转当地化订单的部分历史死账欠款；推进阿布扎比钻机项目拖欠多年的尾款清欠。解决与北京石油机械厂的历史库存问题；美国仓储中心销售70%的库存产品；澳大利亚、苏丹、肯尼亚等机构将积压多年的存货全部销出，实现零库存。

【服务保障与出口】 保障海外油气生产。2018年，中油技开与CNODC签订战略合作协议，从物资装备供应、"产品+服务"业务合作、物流保障、人才交流等方面建立务实战略合作关系，密切与中东、中亚—俄罗斯、南美、非洲等区域的甲方客户关系。做好海外项目的物资装备供应和物流保障，14天完成中哈原油西北管道反输项目首批钢管发运；10天将土库曼斯坦甲方急需物料从国内送抵现场；供应伊拉克甲方急需的管线管和电泵设备；创造南苏丹电泵2300天的最长单井运转周期纪录。2018年为集团公司海外项目提供物资装备供应和服务6.24亿美元。带动装备制造产品出口。在数字化技术体验中心建立内部企业产品展示服务平台，加强对系统内装备制造企业形象和产品的宣传力度。2018年带动内部装备制造产品出口20余种，金额近2亿美元，同比增长56%，装备出口带动比例完成集团公司下达的任务指标。与石化院、勘探院、兰州石化、东方物探、管道局等内部企业加强合作，实现9个项目签约，推动催化剂、火驱、多元热流体等新技术在美国、哈萨克斯坦、委内瑞拉、加拿大等国家的应用。加强与供应商的关系。2018年，中油技开各层级与系统内外的供应商进行合作洽谈、技术交流、项目推进近500次，与昆仑能源、大庆化工、中国石化石油机械公司、江苏易通等企业建立务实合作关系。2018年CIPPE展会期间，组织召开近30家供应商参加的国际市场合作交流会，建立重点供应商联系人制度，加强与供应商的沟通联系与合作关系。

【基础管理和风险管控】 基础制度建设持续强化。2018年，中油技开以问题和风险为导向，开展对制度流程的梳理、优化和再造，针对管理中存在的制度缺失、不规范、有漏洞等问题，修订完善20项管理制度，总结梳理9个经营管理的关键流程，夯实管理基础。风险应对能力持续提升。实施汇率、关税等关键外贸政策监控预测指导制度，针对主要货币汇率大幅波动、中美贸易战导致的关税剧变等不利形势，全天候进行实时监控、分析、评估风险，择机高点结汇，汇兑收益7000万元。加强日常风险管理工作，2018年审理合同2674个，通过诉讼挽回损失5820万元。审计成果运用持续深化。加强审计整改，做好源头把控，压实整改责任，抓好问题销号，强化跟踪问效，针对审计发现的迟交货损失、质量索赔、税务罚款、违规报销等91项突出问题逐一细化整改方案，有56项问题完成整改。企业法制建设持续完善。按照上级要求，组织修订《公司章程》，增加依法治企规定，调整依法治企领导小组，任命总法律顾问，为公司治理结构按照法治轨道运行提供保障。为推进全面合规管理，规范公司和员工行为，组织全员深入学习集团公司新版《诚信合规手册》，100%签订合规承诺书。HSSE管理持续加强。完善高风险地区社会安全管理体系，审核备案突发事件应急预案24份，发布安全预警9次，制订项目安保方案19个，应对各类社会安全事件6起。执行承包商五条安全禁令，发布《承包商作业服务安全准入管理办法》，组织开展承包商HSSE管理大排查，全面实现年度HSSE管理目标，被集团公司评为国际业务社会安全管理先进集体。

【深化改革和业务转型】 2018年，中油技开将深化改革作为推动工作、解决问题的有效载体和重要抓手，做好改革成果总结和经验推广，为提升发展质量打下基础。推进境外改革试点。新确定11家境外机构开展搞活机制改革试点，实施境内外一体化管理和试行经营积分卡机制。通过搞活经营机制改革，大多数境外机构取得预期成效，其中8家机构全面完成经营任务。"三项"制度改革稳步推进。加强组织领导，成立人事劳动分配制度改革专项领导小组，以集团公司"1+6"系列文件精神为总遵循，结合实际，开展基层调研，制定"三项"制度改革实施方案和推进计划表。"产品+服务"业务扎实推进。发布"产品+服务"的十大模式，开展系列培训和宣贯推广工作。通过实践"产品+服务"业务，伊拉克分公司创造该地区签约历史新高，厄瓜多尔子公司成为当地最大的管材供货服务商，澳大利亚ERA公司改变连年亏损的困局实现扭亏为盈。信息与数字化建设探索推进。将原有数字化技术体验室升级为数字化技术体验中心，探索新增智能讲解、VR和MR体验、全球视频交互等功能，与中心展示平台连接的"中油易开"（E-Cat）平台利用现代数字技术手段，提档升级，使每周点击量从100次增加到保持5000次以上，2018年通过电子商务实现与美国、巴西等国家客户签约。

【班子建设和队伍建设】 两级班子能力水平提升。2018年，中油技开党委以加强两级领导班子建设为抓手，在"维树两种形象、提升五个能力、坚持七项制度”上下功夫，通过坚持中心组学习制度、编制焦点问题专项培训资料、完善两级议事规则、调整优化班子考核方式等举措，提升两级领导班子发现和解决自身问题的能力，班子工作作风持续改进，凝聚力、号召力和整体合力增强。干部队伍结构优化。党委围绕“定编、考察、建库、培训、选拔”等重点工作，统筹规划、循序推进，对干部职数进行规范化设置，出台干部退出管理办法，建立年轻骨干人才库，开展两期年轻干部培训班，组织选拔处级干部7人，其中45岁以下年轻干部占比近60%。薪酬激励作用显现。搞活薪酬分配，通过经营业绩提升实现工资总额的稳步增长，通过突出业绩导向加大专项奖励力度，通过薪酬结构调整增加员工月收入水平，通过出台优秀员工奖励培训管理办法丰富激励手段，充分调动员工积极性，队伍的凝聚力和向心力增强。

【企业党建工作】 2018年中油技开落实“中央企业党建质量提升年”部署要求，以政治建设为统领，稳步推进党建和企业文化各项工作。党委职能机构持续健全。在不增加组织机构数量的基础上，采取加挂牌子、增加职能的方式设立6个党委职能部门。在地区分公司设立党总支的方案获集团公司批准，为理顺所属单位党政隶属关系奠定基础。党建工作基础不断夯实。出台17项党建工作制度，为更加深入落实全面从严治党要求提供制度保障。抽调20余人组成两个巡察组，对5个所属单位和3个海外党支部进行巡察，做到“巡审并举、查改一条龙”。党委成员分别带队组成7个排查组进行基层党建和形式主义官僚主义双排查，组织问题整改，提升基层党建工作水平。

【企业文化建设】 2018年，中油技开宣传思想工作不断加强。出台加强宣传思想文化工作的意见，打造内外网站、微信公众号、全球视频交互等宣传阵地，广泛宣传海外员工艰苦创业、践行“四个诠释”、推进转型发展等20余个典型案例，先进典型示范作用凸显。企业文化建设持续加强。开展形式多样的帮扶慰问送温暖活动，2018年慰问员工及家属、退休员工326人次，发放慰问金49万元。开展企业文化宣贯，完成文化理念展示室、专题片、楼层文化挂图的统一更新，31个境外机构完成统一标识整改和“四个诠释”中英俄西4种语言上墙宣传，企业文化建设入选集团公司第一批交流案例。在中国石油纪念改革开放40周年在京单位歌咏比赛中取得优秀成绩，展示良好的对外形象。

（马　骁）

中国石油集团渤海石油装备制造有限公司

【概况】 中国石油集团渤海石油装备制造有限公司（简称渤海装备）是集团公司所属全资子公司，2008年4月重组成立，注册在天津滨海新区。所属13家企业，厂区主要分布于天津滨海新区，河北沧州、承德，辽宁盘锦，江苏南京、扬州，甘肃兰州，新疆乌鲁木齐，福建福州等地。占地面积932.8万平方米，用工总量9352人，其中合同化员工7248人、市场化用工2104人。2018年，渤海装备全面加强党的领导，经营实现扭亏为盈，一举摘掉连续4年亏损的帽子。平稳完成僵尸企业处置任务，踏上“双百行动”改革新征程。增加沿革、机构、人员等坚定不移谋发展、抓长远，推进精益生产与服务转型，加大对生产线投资改造力度，企业发展后劲持续增强。经营绩效优于同期，超出预期，超额完成年度计划指标，签约、回款、利润等指标完成奋斗目标，市场签约111亿元，同比增长11%；收入91.8亿元，同比增长19.5%；回款108.6亿元，同比增长23%。

【市场开发】 2018年，渤海装备市场签约111亿元。各业务板块签约全面提升。输送装备签约53亿元，同比增长12.5%；油套管工作量24亿元，同比增长33%，创历史新高；钻采装备工作量平均增长8%以上；炼化装备新增服务市场15家，烟机订单10台。内部市场区域深入拓展。签约82.7亿元，同比增长35.4%，隔热油管、钻杆、套管头等产品市场占有率显著提高；在长庆形成规模市场，签约、收入、回款均过10亿元；在川渝地区建立页岩气钻机维保基地，改造钻机26部。外部市场定点突破。社会市场新签约22.2亿元，在中国石化鄂安沧和中国海油粤东液化气项目分别中标钢管5.6万吨和3万吨，是近年来在中国石化和中国海油市场拿的最大订单。国际市场逐步打开局面，总签约3.5亿元。市场开发效益持续提升。订单毛利率同比提高0.13个百分点，争取服务订单10亿元以上。从源头加快回款，应收账款同比下降15%，创5年来新低。在大额订单上实施“带料加工”，减少资金占用4亿元。

【生产服务】 2018年，渤海装备实现工业总产值92.68亿元，同比增长21.3%。实施精益生产促进保供。开展精益生产改善项目257项，突出重点产品保供，实现生产提效与提速。钢管总产量100万吨以上，完成输送钢管70.5万吨、油套管33.8万吨，分别同比增长5.57%、23.86%；14类钻采产品实现同比较大幅度增长，保障中俄天然气管道东线、西气东输三线闽粤支干线等重点项目建设和油气田生产。拓展“制造+服务”助力保供。打造7种成熟的制造服务模式，服务收入8.68亿元，完成年度计划的125.8%，同比增长65.6%。设备租赁业务年增收入5000万元、盘活库存1.58亿元，设备运维业务年增收1.5亿元；烟机在线监测实现内部41台和地炼1台烟机入网；在煤层气公司合作开展“三抽”一体化区块总包服务。推动生产线提升改造夯实保供基础。建立固定资产投资资金集约筹措机制，在经营困难情况下，下达投资计划9417万元，同比增长3倍，建设6个重点投资改造项目，补齐历史欠账，提升保供实力和可持续发展能力。烟机叶片智能化改造和热采井口改造提升项目建成投用。巨龙钢管、南京钢管自筹资金完成防腐线改造提升，效果显著。

【技术创新】 2018年，渤海装备围绕用户需求、生产现场搞研发，技术保障作用得到发挥。科研项目高效运转。实施科研项目42项，整体完成率96.8%，形成高新产品15项，5项通过省部级科技成果鉴定，7项成果获省部级科学技术进步奖，新增知识产权70项，其中发明专利10项，完成10项国家行业标准、5项集团公司企业标准的制修订工作。新产品新技术应用创效明显。32项新产品完成推广应用，创收16.8亿元、创效2.17亿元。超高抗扭钻杆、带压作业修井机等7项产品认定为集团公司自主创新重要产品，电驱修井机、钻井岩屑不落地固控处理系统等5项新产品在现场应用节能环保效果明显。开发站场低温环境用X80 OD1422系列产品，满足中俄天然气管道东线甲方需求，填补国内空白。产品质量管控能力持续提升。吸取教训，严控薄弱环节，完善管理制度，强化专项督查，多维度开展服务回访调查，产品质量和用户满意度得到提升。取得省部级质量成果11项，被评为集团公司质量管理先进单位。物联网系统上线运行。实现4家钢管公司6条生产线的生产物流数据自动采集与监测，生产效率提升10%；具备能源数据的实时采集与监控，对关键设备的工艺、质量和理化检测数据进行自动采集监测与统计分析，为渤海装备智能制造与服务奠定坚实基础。

【深化改革】 2018年，渤海装备主动作为，将改革向深处推进。僵尸企业处置改革全面完成。5家僵尸企业人员分流、企业扭亏、资产负债率3项指标全部完成处置目标，除辽河重工清算外，其余4家企业同比增利6400万元。完成辽河重工人员分流和4座平台处置工作，按时完成税务注销，形成“五定”工作模式，受到集团公司的充分肯定。华油钢管在剔除补贴后实现真正意义的盈利。辽河热采、石油机械、中成装备在政策支持下实现盈利。启动“双百行动”改革。借鉴僵尸企业处置改革经验，完成“双百行动”改革方案的制订和报批工作，形成总体方案，明确业务发展定位，奠定企业长远可持续发展的战略基础。按照新的业务发展定位，完成机构的调整改革，适应发展需要。其他各项配套改革有序推进。长庆油田服务一体化管理体制、营销体制改革基本完成；启动共享中心建设，物资采购、不良存货、人事档案、保险等业务试点共享；人力资源进一步优化，用工总量控制在集团公司下达的指标之内。

【经营管理】 2018年，渤海装备推进“业财融合”，强化过程管控，助推企业经营改善。财务管理创效作用有效发挥。狠抓降杠杆、减负债工作，压实“两金”降控责任，资产负债率降到69%，自由现金流超额完成上级下达指标；千方百计降贷款，财务费用净减少6342万元；推行商承、银承、保函方式，办理8000余笔、55亿元，节约财务费用1.08亿元。全过程降本成效明显。落实开源节流43条举措，年度降本增效2.8亿元。其中：推动闭环管理，供、产、销、储、运全过程降本增效1.24亿元；对37个钢管大项实施目标成本管理，比历史成本降低2650万元；处置不良存货、盘活闲置资产，获租售效益8892万元；在科技研发上实施优化设计及推广新材料等措施，降本1563万元。抓风险合规管理促进提效。实行总法律顾问制度。对合规检查发现的91个问题，制订具体整改提升计划，57项整改到位。举一反三，强化制度的统一归口管理，对公司层面审核保留的161项制度予以重新标识，梳理出需修订的24项和废止的33项制度清单。强化审计与合规监察，立项7个审计项目、5个效能监察项目，完成61个问题的整改，实现管理提效。

【安全环保】 2018年，渤海装备抓住风险防控这一核心，狠抓责任落实，严格履职考评，扎实推进双重预防机制建设，安全环保基础持续夯实。深刻吸取教训。组织开展全员大反思活动，抓住重点时段，升级安全管控，实施“四不两直”，强化突击检查，开展温馨提醒，促进问题整改和安全意识的提升。突出承包商监督管理，完成评审在用承包商71家，执行统一的HSE管理标准。强化HSE体系运行与量化审核。完成集团公司2次专项审核，实施自我综合审核检查5次、抽查2次，涵盖量化审核标准的27个审核主题，发现并整改问题1529个，完善隐患管理制度与标准两个。推进基层站队标准化建设和教育培训。修订完善输送装备和钻采装备HSE建设标准，23个站队通过标准化验收。强化HSE专项教育培训，安全生产管理复审和取证培训327人，内审员取证培训229人。深化环保管理。确保关键环节受控，未发生环境事件，4项主要污染物排放达标。2018年技措节能1820万吨标准煤、节水0.41万立方米。

【企业党建工作】 2018年，渤海装备牢固树立“四个意识”，推进党的建设。政治思想建设保障有力。把学习贯彻党的十九大精神和习近平新时代中国特色社会主义思想作为首要政治任务，举办两期处级干部党的十九大精神研讨班，开展两级党委专题学习研讨231次，实现局处干部学习教育全覆盖。强化意识形态管理，把握舆论引导主动权。领导作用全面加强。发挥党委的核心领导作用，在“双百行动”和“三项”制度改革方案制定及重大事项推进落实上，强化战略引领和顶层设计，突出关键环节把控，为企业发展掌好舵、护好航。坚持党管干部党管人才，加强干部履职考核和人才培养。“两个责任”严格落实。全面加强党风廉政建设，把从严治党部署融入生产经营全过程。注重运用“四种形态”，强化监督执纪问责，给予党纪政纪处分、组织处理36人次。完成对17个基层单位和11个机关处室的巡察，实现巡察全覆盖，发现问题818个、线索20个，彰显利剑震慑作用。基层党建进一步抓实。完善党组织8项规章制度，实施138项党建项目，党建信息化平台全面上线运行，举办3期党支部书记培训班，为提升基层建设注入强大动力。群团工作得到加强。开展群众性劳动竞赛26次，开展各类“青”字号、巾帼建功等活动，凝聚广大员工干事创业力量。为35个基层车间班组完善洗衣间、洗澡房、食堂及活动场所等设施，改善员工工作生活环境。

（王迪娜）

宝鸡石油机械有限责任公司

【概况】 宝鸡石油机械有限责任公司（简称宝石机械）始建于1937年，2002年进行公司制改革，2008年成为集团公司独资设立的一人有限责任公司。是集研发、制造、集成、销售、服务为一体的综合性油气装备企业。

2018年底，宝石机械下设11个职能处室、7个直属机构、21个二级单位，总部位于陕西省宝鸡市，分（子）公司分布在北京、西安、咸阳、成都、遂宁等地以及巴西。有员工5947人，主要生产设备2400余台套，总占地面积250万平方米，总资产109.66亿元，年收入60亿元。

宝石机械主导产品包括1000—12000米全系列陆地钻机、车装钻修机，海洋钻井系统、修井机、甲板设备、水下装备，重要场合用钢丝绳、吊索具，系列钻头、井口井控设备、压裂设备，油田工程车辆，电气电控设备等。产品覆盖50余个类别、1000余个品种规格，其中14大类59项产品获美国石油学会（API）会标使用权，产品远销中东、美洲、非洲、欧洲、大洋洲、中亚、东南亚等60余个国家和地区。

宝石机械主要生产经营指标

指　标	2018年	2017年
钻机（套）	47	23
钻井泵及泵组（台套）	399	212
钻头（只）	9768	9731
钢丝绳（吨）	77828	67284
井口井控设备（套）	186	164
压裂设备（套）	21	11
油田特种车辆（辆）	15	49
电气控制设备（套）	76	50
签订合同额（亿元）	68.21	41.05
收入（亿元）	40.72	34.38
利润（亿元）	0.06	–2.45
税费（亿元）	1.19	1.35

宝石机械是国家油气钻井装备工程技术研究中心的依托单位，承担国家钻机标准化工作部、国家海洋钻采设备标准化工作部秘书处工作，新成立的博士后科研工作站开展课题研究工作。2018 年，承担国家级、省部级、集团公司科研项目近 90 项，获国家及省部级奖励 214 项，有授权专利 632 件，制修订各类标准 132 项。

2018 年，宝石机械提出“坚决打赢扭亏为盈攻坚战”工作目标，抓住油气装备市场回暖机遇，加强市场开拓、深化精益管理、推动改革创新、强化“处僵治困”，实现整体扭亏，特别是咸阳宝石、成都宝石保持盈利态势。2018 年收入 40.72 亿元，同比增加 6.35 亿元，增长 18.45%。考核利润总额 609 万元，完成集团公司下达的年度利润指标考核值的 104.31%。主要污染物稳定达标排放，企业总体保持和谐稳定。

【产品生产】 2018 年，宝石机械面对“交货吃紧、环保严控、人员减少”等诸多挑战，强化项目执行力度，钻机、钻井泵成套产品分别同比增长 104.3% 和 88.2%，钢丝绳产值同比增长 13.26%。针对新疆玛湖、川渝页岩气开发等重点项目，加大组织力度，建立“技术、采购、价格、营销、生产”一体化联动机制，实行错峰排产，柔性生产，加大对重点关键配套件、紧缺小量原材料采购、特殊表面处理等瓶颈的破解力度，做到调配合理、进程可控。

【精益管理】 2018 年，宝石机械贯彻落实《集团公司装备制造精益管理实施指导意见》，坚持“点线面体魂”工作路径，优化“项目带动、上下联动、全员发动”工作机制。精益思想更加牢固，对内抓试点、向外学经验，干部员工的思想认识不断升华，信念更加坚定。自觉改善渐成常态，设备维护 APP、订单查询系统、吊耳拉力测试装置等一批源于一线的智慧结晶，提升工作效率。七大精益信息化项目如期推进，精益设计、工艺改进、降本增效、资产轻量化有序开展，无纸化传输加快实现，材料利用率由 65% 提高到 88%，自炼钢锭节约费用 1542 万元，降本增效直接效益 8622 万元。承办“集团公司装备制造精益管理暨服务型制造现场会”，受到各方好评。

【技术创新】 2018 年，宝石机械围绕集团公司项目保供抓落实，7000 米深井低温轨道钻机研制成功，3000 米自动化钻机通过验收，固液分离系统、不锈钢阀箱、双层振动筛等价值转化水平不断提高；国家 863 项目“深水钻井隔水管系统工程化研制”高分值通过科技部验收，单机单泵固井水泥车等 8 项成果通过集团公司鉴定，制氮车等 7 项产品入选集团公司自主创新推广计划。“压裂设备系列化研制及工程应用”“钻机平移装置”“司钻控制系统”“压裂泵阀箱”受到集团公司和中国石油和化工自动化应用协会嘉奖。参与“15000 米地质勘察钻机方案设计”，加快第七代半潜式平台钻井系统研发，7000 米第二代自动化钻机研制列入集团公司重大专项。获专利授权 87 件，承担 ISO、国家、行业、集团公司和企业标准制修订 40 项，1 项标准获第六届全国钻标委标准创新贡献特等奖。获国家、集团公司、省市科技奖励 4300 余万元。

【市场开发】 2018 年，宝石机械国内市场增长强劲，跟进集团公司自动化钻机、川渝页岩气、新疆致密油等重点项目，国内钻机订货同比增长 142%、井口装置及套管头同比增长 242%、压裂设备同比增长 478%，钢丝绳在中国石化市场占有率超过 90%。开辟套管头、防喷器、钻井液循环管汇等新市场，不锈钢阀箱在页岩气压裂中“首秀”获赞。国际市场蓄势待发，新增订货 6.3 亿元，同比增长 25.25%。低温轨道钻机进入俄罗斯市场，测井车首次自营出口中东高端市场，钻井泵首次在乌克兰市场实现自营批量销售，钢丝绳在南美市场取得新收获。海洋市场稳步推进。突出“一品一策”，钻井泵固液分离橇、下灰车、泵配件在中海油市场斩获新单，钻机、钻采配件进入墨西哥湾，为稳定市场培育客户起到积极作用。服务市场日趋成熟。强化“五心”（技术研发走心、现场服务省心、远程服务放心、租赁服务贴心、检测服务安心）服务理念，建成钻机远程服务平台，建立以“泸州、大庆、环玛湖、塘沽、惠州”五大维保基地为支撑、15 个综合服务站点为呼应的国内服务网络，加快培育以中东为基点的国外服务体系。2018 年服务类收入 7.75 亿元，同比增长 53.76%。

【安全环保】 2018 年，宝石机械制定《HSE 过程管理考核办法》，推行“安全环保里程碑奖”，建立风险分级管控和隐患排查治理双重预防机制。严格承包商管理，排查整改问题隐患近 150 项，投入资金 796 万元，以良好成绩通过集团公司 HSE 体系量化审核。制定《打赢蓝天保卫战实施方案》，细化安排 11 项任务和 6 个环保隐患治理项目，保持“三废”稳定达标排放。

【质量管理】 2018 年，宝石机械建立“专项检查、月度巡查、重点抽查”多层次质控模式，启动 3 年质量品牌升级计划，倡导质量自主管理，产品一次交验合格率 99.69%。制定《外协外购产品通用 ITP 计划》，坚持试点包抓、驻厂监造、建档追踪，物资采购一次到库合格率持续提升。

【企业管理】 2018年，宝石机械落实政策优化机制。落实集团公司“五自”（自主经营、自负盈亏、自担风险、自我约束、自我发展）经营改革方案，实施二级单位“赋权”管理，生产单位获社会自营订单4900余万元。推进管理体系融合，质量、测量、HSE融合体系平稳运行。推进“三项”制度改革，调整优化机关及部分直属单位业务职能；破除干部培养壁垒，推行岗位管理。推进“处僵治困”等工作，取得实质效果。修订完善中长期发展规划，推行内部结算价格市场化，稳妥推进“三供一业”分离移交。同斯伦贝谢合资钻头厂注册投产，陶瓷缸套合作生产线改造投运；同知名高校、内部企业共同开展自动焊接技术、大功率压裂车国产化研究；坚定“协同互动利益共享”思路不动摇，同11个单位达成战略合作关系。

【企业党建工作】 2018年，宝石机械推进党的十九大精神学习贯彻，开展“形势目标任务责任”和“爱企护企兴企治企，凝智聚力共谋发展”主题教育。党支部达标晋级、党组织书记述职述廉、党建信息化平台等一系列工作抓手落地落实。加大年轻干部任用力度，开展两级专家选优评聘，设立技能专家工作室。制定《党建思想政治工作目标管理考核办法》等10余项制度，开展内部巡查、突出联合监督、强化审计监督、注重合规监察，落实中央八项规定，严防“四风”反弹，保持风清气正发展环境。

（杨亚青）

宝鸡石油钢管有限责任公司

【概况】 宝鸡石油钢管有限责任公司（简称宝鸡钢管）是中国石油天然气集团有限公司直属装备制造企业，始建于1958年，是中国“一五”期间156个重点建设项目之一，是中国第一个大口径螺旋埋弧焊管生产厂家，是中国规模较大、品种较全、市场占有率较高的专业化焊管企业。

宝鸡钢管总部位于陕西省宝鸡市，2018年底，资产总额77.06亿元，员工总数5334人；设机关处室11个、直属机构3个，所属二级单位12个（7个全资企业、2个控股企业和销售总公司、钢管研究院、生产保障服务中心），分布在中国东北、华北、华东、西北、西南和新疆“六大发展区域”，形成“九个生产基地、四个出海通道”。

宝鸡钢管主要为国内外油气长输管道建设和油气勘探开发提供钢管装备的研发、制造、服务与保障，产品覆盖油气输送管、油套管、连续管、管材防腐、焊接材料和钢管辅料等多个领域，形成输送管、油套管、连续管和技术服务“四大业务”。24种产品取得API认证，10种产品获“中国石油装备”背书品牌。钢管综合产能180万吨。2018年，生产各类钢管约2300万吨、30万千米，敷设重点管线200余条，产品出口至美国、加拿大、俄罗斯、印度、沙特阿拉伯、荷兰、土库曼斯坦、哥伦比亚等40余个国家和地区。

宝鸡钢管技术实力雄厚，是中国焊接钢管生产工艺研究、试验检测和科技情报中心，是国家和行业标准起草单位，是国家级创新型企业和国家火炬计划重点高新技术企业。2014年建成行业唯一的国家油气管材工程技术研究中心。

宝鸡钢管主要生产经营指标

指　标	2018年	2017年
钢管订货量（万吨）	152.11	138.89
钢管产量（万吨）	136.99	127.89
钢管销量（万吨）	137.62	133.62
收入（亿元）	88.99	66.60
税费（亿元）	2.13	2.86

2018年，宝鸡钢管围绕“品质提升年”总体部署，推进各路工作，保持稳健发展。钢管订货量152.11万吨，同比增长9.5%；钢管产量136.99万吨，同比增长7.1%；钢管销量137.62万吨，同比增长3%；收入88.99亿元，同比增长24.6%；上缴税费2.13亿元，同比减少25.52%。

【产品生产】 2018年，宝鸡钢管推行精益生产，产能利用率76%，提高保供水平。在宝鸡输送管、西安专用管试点，梳理672项精益改善任务，提炼精益生产工艺等“八步法”；搭建“集中检维修”共享服务平台，协调推进市场化倒逼、定量化考核、柔性化生产和机动化用工等专项管理提升；强化“产供销储运”统筹协调，保障中俄天然气管道东线、西气东输三线长沙支线、西气东输三线闽粤支干线等重点管线项目建设和长庆油田、新疆油田等勘探开发需求。

【技术创新】 2018年，宝鸡钢管完善科技项目、成果转化等专项管理，初步建设科技创新体系，项目立项19项、通过验收12项、成果鉴定2项、专利授权36件；围绕中俄天然气管道东线、川渝页岩气大开发、西部油田特殊井况需求，研发并推广应用X80 D1422系列焊管和大口径弯管，CT80S、CT120连续管和去内毛刺连续管，7英寸BJC-I型特殊扣套管和80S/95S无缝抗硫套管；在宝鸡输送管、西安专用管等试点，完成成焊离线集中控制、接箍线物料自动运输等改造和物联网项目建设。

【市场开发】 2018年，宝鸡钢管优化市场和业务结构，开拓“一基两重”市场，签约额5年首次突破百亿。承揽中俄天然气管道东线、西气东输三线闽粤支干线等重点项目订货33.81万吨，油田项目订货6.54万吨；加强区域市场分析，在社会市场斩获陕西燃气、洛阳热力、豫能电厂等130余个项目，订货58.2万吨，市场占比58%；按照统一管理、统一运作原则，初步建成国际市场营销体系，取得伊拉克和秘鲁桩管订货，连续管首次进入南美、南亚和欧洲市场。

【安全生产】 2018年，宝鸡钢管深入推进“安全文化工程”，制定三级风险防控清单，完成20家基层车间（分厂）HSE标准化建设达标验收；开展两轮内部安全生产专项巡查和HSE量化审核，对巡查发现的16个一般及以上安全隐患问责处理，对审核发现的169个问题落实闭环整改；实施23个环保隐患治理项目，完成宝鸡燃煤锅炉拆除、西安专用管管体涂漆等重点隐患治理；接受中央环保督察组检查10余次，确保安全生产和绿色环保平稳受控。

【质量管理】 2018年，宝鸡钢管运行质量管理体系，推进“用户满意工程”，修订下发《质量管理办法》等6项规章制度；深化质量目标管理，强化质量监督检查，严格绩效考核，严肃质量责任追究，提升标准引领、原料保障、生产过程控制等6种能力，杜绝质量颠覆性风险。全年落实产品质量提升18项，实物抽检14批，督促整改问题378项，深化质量管理专项提升。

【降本增效】 2018年，宝鸡钢管推进开源节流降本增效工程，降本增效6259万元，自由现金流连续两年为正。制订“两金”压控专项工作方案，采用法律手段收回货款8954万元，盘活库存原料及积压产成品7.8万吨；坚持资金紧平衡，从严从紧压减非生产性支出，将借款总额控制在8亿元以内；推进目标成本管理，在连续油管公司试点，分解细化订单成本费用，销售利润较目标利润高出10%；委托集团公司招标中心实施驻陕西单位三类以上物资招标业务，80%以上物资实现集中采购。

【服务型制造】 2018年，宝鸡钢管完善“西安油套管储备配送中心”配送服务模式，将20.5万吨油套管配送到长庆油田近3000个井场；围绕川渝页岩气大开发，建成“西南服务中心”，开通集装箱运输业务，创收1874万元；成立“连续油管服务中心”，投用连续油管服务车，现场服务40余次，迈出租赁服务、总包服务第一步；完成“新疆服务中心”可行性研究；开展管道设计技术咨询、环焊缝工艺评定及管材性能检测等技术服务，创收545万元。

【深化改革】 2018年，宝鸡钢管制定中长期发展思路，修订完善“十三五”规划；完成宝鸡石油钢管厂资产划转、清算及工商注销，实施宝鸡专用管一体化管理；下达改革重点任务27项，出台“三项”制度改革行动方案，率先调整一线倒班员工津贴；平稳移交“四供一业”及社区管理职能，投入运行居民供热供电系统；实现特困企业全面扭亏；加快产业结构调整，建成2条非金属复合管生产线、投运西安保温管项目、支持哈萨克斯坦建厂等。

【风险防控】 2018年，宝鸡钢管增强红线意识和底线思维，突出责任导向，坚持每月分析生产经营，实施风险定量化管控，启动“红黄绿”预警机制；印发《社会市场经营风险防控指导意见》，推进风险防控系统化常态化；开展内控体系测试、招标业务治理和事后合同专项治理，提升合规管理水平；开展福利费、科技项目管理和“处僵治困”等专项审计，堵塞管理漏洞，筑牢风险管控新防线。

【企业党建工作】 2018年，宝鸡钢管发挥政治优势，学习习近平新时代中国特色社会主义思想和党的十九大精神，推进“两学一做”学习教育常态化制度化；建成49个党支部标准化活动阵地，实现党建信息化平台全覆盖；调整中层干部21名，加强优秀年轻干部培养选拔，制订容错纠错办法；健全党委巡察实施办法，完成两轮4个单位巡察；发挥新闻宣传和群团组织作用，创建劳模（技师）创新工作室，开展专项劳动竞赛和庆祝建厂60周年系列活动，唱响发展主旋律。

（李　涛）

中国石油集团济柴动力有限公司

【概况】 中国石油集团济柴动力有限公司（简称济柴）始建于1920年，是集团公司下属唯一动力装备研发制造企业，是中国内燃机行业中唯一涉足石油钻采领域企业、唯一获得大功率内燃机金牌产品企业，有中国气体发动机行业中最具影响力品牌。

历经近百年发展，济柴形成以内燃机、压缩机为主导，延伸燃气动力集成、动力电气控制等多板块动力装备家族。其中内燃机开发出涵盖140毫米、175毫米、190毫米、260毫米、320毫米等5大缸径系列，适用于柴油、重油、天然气、煤层气等多种燃料介质的产品集群，产品功率范围覆盖200—9000千瓦，广泛应用于油气产业上中下游、社会、船舶、军用等领域；压缩机形成整体式、分体式两个种类，适用于天然气、煤层气、页岩气、LNG等多种工作介质的产品集群，产品功率范围覆盖10—6000千瓦，广泛应用于油田集气、加气、气举、钻井、储气库等领域。

2018年底，济柴有机关处室9个，参股公司2个（中国石油集团资本股份有限公司，参股1.91%；聊城新泺机械有限公司，参股49%）。有山东济南、四川成都、河北青县、湖北武汉4个生产基地；有各类主要生产检测设备5542台套，其中“精、大、稀”设备92台套，总资产47.78亿元，用工总量2802人。

济柴主要生产经营指标

指　标	2018年	2017年
签订合同额（亿元）	20.67	16.69
内燃机（台）	1639	1309
天然气压缩机（台）	84	49
收入（亿元）	16.20	13.10
利润（亿元）	0.04	-1.99

2018年，济柴聚焦本质扭亏，按照“安全、质量、活力、效率、效益”十字方针和“破、立、降、增、促”五字工作法，重点做好“市场开发、科技研发、精益生产、改革创新、安全环保、经营管理、党的建设、干部能力”等八方面工作，确保完成控亏6300万元指标。收入16.20亿元、利润400万元，甩掉特困企业帽子，扭转连续多年亏损的局面。

【深化改革】 2018年，济柴聚焦高质量发展要求，组织召开高质量发展研讨和改革发展务虚会，编制形成《2018—2020年滚动发展规划》《高质量发展工作纲要》。JC15、26/32发动机产能建设项目和武汉“气代油”项目，通过集团公司建设项目竣工验收。制修订管理制度72项，梳理完善内控流程250余项；铁腕管控“两商”（供应商、代理商）队伍，剔除业绩不佳经销商53家，警告和淘汰不合格供应商42家；深化人事劳动分配制度改革，优化机构，减少职能处室1个，二级单位2个；开展定岗、定员、定编、定责、定规工作，盘活调整富余人员115名，修订完善岗位职责221项；建立经营管理、专业技术、营销服务、技能操作“四类八级”岗位序列，为员工发展提供专业化、差异化、梯次化的发展通道和成才路径；开展中层领导干部轮岗交流，完善干部考核评价机制，按照ABCD分级管理，实行“2431”（按照优秀20%，良好40%，及格30%，不及格10%比例，对领导干部实施考核排序）强制分布；实现对矿区物业、职工医院的分离移交，按期完成“三供一业”分离移交任务。

【安全环保】 2018年，济柴坚持“三管三必须”（管工作必管安全，管业务必管安全，管生产经营必管安全）原则，贯彻“五严五狠抓”（思想上要严肃，狠抓依法合规；制度上要严密，狠抓责任落实；组织上要严谨，狠抓危害辨识；管理上要严格，狠抓过程管控；纪律上要严明，狠抓作风建设）要求，严格落实“四条红线”监管，强化责任归位、源头治理和考核问责；开展安全生产风险分级管控和隐患排查治理双重预防体系建设，实施HSE管理工作提升计划；坚持30人以上会议前的安全经验分享，定期轮换领导干部安全联系点及改善检查方式、更新检查标准；强化不间断巡查，严格承包商监管，开展安全事故反思，全年杜绝一般A类及以上安全环保事故，“三废”实现达标排放，获集团公司“2018年度质量安全环保节能先进企业”称号。

【质量管理】 2018年，济柴制定《质量提升工作指导意见（2018—2020年）》，按照“123456”质量管理纲要：建立一套台账、明确“二员定位”、严格“三不放过”、做好“四精”管控、强化“五项”培训、完善六个“抓实”，有针对性开展质量提升工作。突出质量检查，严格执行质量否决，严肃责任追究，实现产品质量闭环管理；加强质量攻关，强化零部件管控，实施质量处罚393万元；严格执行“两联加一连”制度，快速解决市场质量问题，稳固产品市场。

【精益生产】 2018年，济柴主动走入国内外标杆企业学习，邀请业内资深专家授课，开展内部交流，提高员工精益管理认知，增强参与精益改善自觉性；开展“客厅式工厂”建设，生产作业环境得到改善；选拔精益内训师，首批15名精益内训师上岗，实现精益文化、精益经验的传播与交流；强化目视化管理，形成定期考核评价制度；实行设备统一管理，加大闲置设备调控再利用力度；精益生产由机械加工、总装试点推广延伸至采购、研发及管理；以保证订单履约率为目标，制定生产月度指导及五日配送“二级计划”；研发应用零部件查询预警系统，以信息化手段全面提升缺件管理效率；生产内燃机1639台、功率94.64万千瓦，压缩机84台、功率9.60万千瓦；围绕电动钻机用175产品打响保供攻坚战，完成4批次16台机组生产任务。

【技术创新】 2018年，济柴获23项国家专利，完成5项国家、行业标准制修订工作，“H16V190气体发动机研发”项目获集团公司科学技术进步奖，大型地下储气库注气压缩机组获评“改革开放40周年机械工业杰出产品”；电动钻机用175柴油发电机组完成8000小时工业性试验，通过集团公司成果鉴定，实现批量生产；压裂车用175发动机完成耐久试验，具备上车条件；S6190船用发动机当年立项当年见效，260气体发动机完成耐久试验，20V190气体发动机进入性能试验阶段；国产大功率压缩机组在塔里木油田实现应用，获用户好评；开展140、190发动机优化设计和应用性改进，实现动力性与热效率“双升”，排温与排放“双降”；开展优化曲轴等重要零部件结构，提升可靠性，降低生产成本；推进装备制造物联网建设，完成产品远程监控、仓储配送管理、生产设备管理等信息系统的搭建及应用，智能化水平获得提升。

【市场开发】 2018年，济柴优化市场布局，扩大市场创收规模，推进向服务型制造转型。石油市场：紧盯重点区域，推行服务总包，收入8.79亿元；电动钻机用175发动机实现规模化销售，签约68台套；压缩机产品在青海市场实现突破，合同金额超过7000万元。社会市场：沼气、瓦斯发电机组收入2.97亿元，创历史新高，中标山西屯兰4兆瓦瓦斯发电项目，打破进口垄断；远洋渔船动力市场拿下历史首单。海外市场：与俄气公司开展合作，中标阿穆尔项目，签约3000万元；在乌兹别克斯坦市场对22台卡特彼勒产品实现一次性替代；16V190低浓度瓦斯发电机组首销英国；凭借优质解决方案，产品成功销售印度油田市场；DTY4500压缩机组通过现场验收。成立市场服务管理中心，推动原厂备品备件供应，建立济柴配件及服务直采模式；推行压缩机“六化”服务，服务收入超过1.8亿元。

【挖潜增效】 2018年，济柴13个方面27项挖潜增效措施落实落地，实现全员全方位全过程提质增效。开展精益设计，优化产品配置，研发降成本424万元；加大呆滞报废设备、闲置房产土地处置力度，增收248万元；发挥生产加工优势，对外开展业务承揽，创收80万元；树立“过紧日子”思想，开展全员节支活动，压缩销售、管理费用，节约费用支出780余万元；加强投资管理，严格投资立项，控减投资1042万元；开展老欠款清收，收回老欠款3468万元；加大与地方政府沟通力度，争取政府财政扶持补贴资金202万元。

【企业党建工作】 2018年，济柴推进“大党建”格局建设，实现党建工作与生产经营深度融合。制定《党建工作责任制实施办法》《领导班子成员党建工作职责分工》，落实党建工作“一岗双责”；制定《基层党组织党建工作考核办法》《基层党组织书记党建述职评议考核实施办法》，使党建工作从“软指标”变成“硬约束”；制定《党委意识形态工作责任制实施细则》，将意识形态工作责任明确到人；建立基层党组织书记工作例会制度，提升基层党建工作水平；开展首次基层党组织书记党建述职评议工作，21名基层党组织书记进行述职；加强党建课题研究，形成39篇研究成果，其中《严防“四风”回潮复燃的体制机制研究》《关于推进企业宣传工作媒体融合的研究与思考》获集团公司优秀党建研究成果三等奖、《新时期激发领导干部活力研究》获集团公司优秀党建研究成果优秀奖；全面落实党风廉政建设“两个责任”，以巡察工作为抓手，整改各类问题36个；开展廉洁谈话106人次，干部述廉94人次，学习教育3800余人次。

【企业文化建设】 2018年，济柴建设新企业展厅和文化墙，搭建企业文化新平台；开展“决战2018”主题年活动，启动“干部楷模”评选，开展第十一届职工运动会、第四届十大杰出青年评选表彰、首届“美丽济柴”员工健步跑比赛、首次“青年岗位建功”活动和“寻找济柴工匠”活动，为生产经营营造浓厚氛围；发挥“一微一网一报一视一板”五大宣传媒体优势，把握正确舆论导向，为改革发展凝聚正能量。

（李万涛）

金融企业

中油财务有限责任公司

【概况】 中油财务有限责任公司（简称中油财务）1995年12月成立，是为满足中国石油天然气集团有限公司财务发展战略，加强资金集中管理，由集团公司和部分成员单位控股，经中国人民银行批准，在国家工商行政管理总局注册成立的一家非银行金融机构，是全国银行间债券市场、中国外汇交易中心会员，中国证监会认可的首批IPO询价对象。坚持“依托集团，服务主业，稳健发展”宗旨，发挥集团公司内部银行、资金池和大司库管理平台功能，以服务集团实体产业，协助集团提升资金管理水平为己任，为中国石油产业发展提供优良的金融服务与支持。在集团公司和成员企业的支持帮助下，保持健康、规范、平稳的发展趋势，结算量、资产、收入和利润规模连续多年位居国内同行业前列，成为全国资产规模最大、业务品种最多、效益最好的财务公司之一。

2018年底，有股东单位3家，注册资本金83.31亿元。总部设有财务部、营业部、信贷部、证券部、国际业务部、风险管理部、审计稽核部、信息发展部、人事部（党委组织部）、金融与会计研究所、总经理办公室（党群工作部）等11个部门，在集团公司成员单位所在地分别设立大庆、沈阳、吉林、西安4家境内分公司和19家业务受理处。有员工183人，其中北京总部131人、4个分公司52人。2018年，中油财务应对贷款规模下降、息差持续收窄、投资业务受限等不利局面，实现总资产平均余额6196亿元。其中：自营资产平均余额4801亿元，同比增加449亿元，增长10.3%；委托资产平均余额1395亿元，同比减少242亿元，下降14.8%。全年收入179.4亿元，同比增加27亿元，增长17.7%；拨备前利润93.8亿元，同比增长4%；账面利润91.8亿元，同比增长4.7%。资产、收入、利润保持行业第一，各项风险监管指标均优于监管标准，在“中国金融机构金牌榜•金龙奖”评选中，获“年度最佳财务公司奖”。

【服务实体】 2018年，中油财务坚持服务优先，执行存款加息、贷款降息、结算免费、汇兑价格优惠和中间业务手续费减免等让利政策，支持成员企业降本增效，全年让利36.6亿元，占账面利润的39.9%。中油财务利用境外税收优惠政策减少各类税费支出7亿元；完善封闭结算、加速资金周转，为集团公司节约流动资金158亿元。支持“京津冀协同发展”和“一带一路”建设，2018年分别发放区域内贷款1595亿元、17.7亿美元。

【信贷业务】 2018年，中油财务发放自营贷款2281亿元。其中：人民币贷款发放2142亿元，同比增加179亿元；年末贷款余额2312亿元。存贷比85.3%，其中人民币存贷比83.3%、外汇存贷比90.6%。开立票据池专用账户，实现入池、出池顺转、贴现等全功能对接，首次办理票据池电子票据贴现、再贴现业务6亿元；推广财票业务，为华港燃气开立财票；取得广州海关关税保函资质；完成集团跨境外汇资金池首单境外放款，拓展业务范围。建立绿色信贷委员会，2018年发放本外币绿色贷款162亿元。

【资金管理】 2018年，中油财务不断强化流动性管理和资金运作，利用头寸资金短暂充裕时机，将沉淀资金用于逆回购，提高资金效益，加强正回购操作及时筹措短期资金，确保流动性安全。证券回购总额和平均总额分别达26492亿元和160亿元。其中：逆回购25936亿元，主要品种为1—7天，平均金额158亿元，平均收益率3.48%；正回购融资556亿元，平均总额2亿元，平均成本2.02%，低于超短融融资成本1.99个百分点。在确保结算行头寸安全前提下，与农业银行、交通银行等商业银行加强合作，提高存款及寸头收益水平，2018年增利7720万元。

【投资业务】 人民币方面，2018年，中油财务严控风险，优化投资结构：赎回低收益率货基，改配同业存单增利5700万元；抓住债市阶段性行情，参与债券型基金投资，年化收益率7.53%，较同期全市场债券型基金平均收益率高139个百分点；增投高评级可续期信用债，收益率较同评级、同期限普通债券均值高66个百分点；适度配置可转债/可交换债，优化资产组合；抓住市场回暖时机及时赎回分级基金资管产品；外汇方面，不断加大证券投研力度，2018年新增投资8.4亿美元，增利875万美元；强化银行理财运作，平均规模同比增长25.3%，增利3749万美元。

【外汇业务】 2018年，中油财务开展境内外联动盯市交易，新增远期结售汇差额交易和择期交易，启动境内外夜盘交易，提升服务能力，办理外汇交易794.3亿美元，同比增长42.7%，创历史最高水平，其中为“一带一路”各类业务办理外汇交易625.8亿美元，占比近80%。

【资金集中】 2018年，中油财务协助集团公司强化资金归集和账户管理，推进司库营运资金平台升级，实现司库二期上线。利用跨境外汇资金池归集和调剂境内外资金，提升资金池管控能力。截至2018年底，管理本外币结算账户3439个。通过提升结算信息化水平，加速内部资金周转，结算效率和资金运行效益明显提高。

【业务创新】 2018年，中油财务参与集团票据池建设，开立票据池专用账户，实现入池、出池顺转、贴现等全功能对接，完成票交所纸电融合升级改造，首次办理票据池电子票据贴现、再贴现业务6亿元，打通人民银行融资渠道。2018年，票据资产余额26.62亿元。发放贴现业务351笔、金额71.01亿元，收回2646笔、金额71.02亿元；推广财票业务，为华港燃气开立财票；取得广州海关关税保函资质；完成集团跨境外汇资金池首单境外放款，新增境外债券正回购低成本融资渠道，拓展业务范围。

【风险管理和内部控制】 2018年，中油财务贯彻落实监管新规和集团公司规章制度，修订完善各类经营管理制度，确保各项经营管理活动合规有序。完成党建、法制入章程工作以及公司章程修订，“三会”建设持续推进，治理水平有效提升。董事会工作更加规范，新任董事、高管任职核准申报以及离任董事、高管离任审计报备工作有序开展，优化董事会专业委员会设置和议事规则，中油财务贷审会、投审会功能进一步完善，决策与风控作用有效发挥，职责界面日趋明晰，专业委员会、贷审会、投审会高效运行；出台《全面风险管理办法》，修订完善五大专项风险管理规范，明确风险管理制度框架；交易对手名单制管理成功落地，客户授信管理和风险管理制度体系全面优化；各类制式合同文本加快标准化，法律合规、风险管控、内控测试和内部审计紧密结合，风险管控合力大幅增强。

【综合管理】 2018年，中油财务推进干部队伍建设，领导班子调整实现平稳过渡，分公司领导人员实现新旧交替，干部队伍得以充实；首次实现主管、高级主管当年评聘，干部管理步入良性循环。探索改善员工培养培训机制，职称申报获评创近年新高，员工培训取得跨越式发展，2018年培训638人次，风清气正、干事创业、追求一流的文化氛围日趋浓厚。

【信息化建设】 2018年，中油财务启动上市企业司库平台2.0推广，完成5批上线工作，实现集团公司所有企业司库上线工作。通过3次电子商务系统升级，对资金结算、外汇、信贷、网上银行等模块进行完善和优化，对系统架构及财银财企入账效率调优，在系统功能、处理效率和安全保障措施等方面实现较大的提升。

【企业党建工作】 2018年，中油财务通过多种形式，深入学习宣传贯彻习近平新时代中国特色社会主义思想和党的十九大精神，强化理论武装和思想政治建设，以学促用，指导实践，推动发展；深入贯彻落实全国国有企业党的建设工作会议精神，将党建写入章程，发挥党组织在公司治理中的重要作用；贯彻全面从严治党新要求，发挥党委作用，抓好基层党支部建设，严格落实中央八项规定和“反四风”各项要求，持之以恒正风肃纪，党建质效进一步提升；加强企业文化和群团组织建设，突出思想引导和文化引领作用，推进“一流财务公司”理念入脑入心，提升队伍凝聚力和向心力。

（李　实）

昆仑银行股份有限公司

【概况】 昆仑银行股份有限公司（简称昆仑银行）前身为克拉玛依市商业银行。克拉玛依市商业银行2006年6月6日成立，2009年4月中国石油天然气集团公司增资控股克拉玛依市商业银行，2010年4月，克拉玛依市商业银行更名为昆仑银行。

昆仑银行机构按“总—分—支”三级设置。总行设立18个职能部门，下设克拉玛依分行、乌鲁木齐分行、大庆分行、吐哈分行、库尔勒分行、西安分行、伊犁分行、喀什分行、国际业务结算中心9个分行级机构，以及一家总行营业部、一家总行直属运营服务中心。发起设立并控股乐山昆仑村镇银行和塔城昆仑村镇银行。

2018年底，昆仑银行有分支机构83个，同比减少2个。有员工3034人。其中：具有硕士及以上学历的员工355人，占比11.7%；本科学历的员工2413人，占比79.5%；员工平均年龄34.2岁。合并利润总额38.22亿元，合并资产总额3511亿元，各项存款余额1558亿元，各项贷款余额1268亿元，资产利润率0.98%，资本利润率11.21%，不良贷款率1.36%，实现不良“双降”；拨备覆盖率、资本充足率等指标均好于同业平均水平。

2018年，昆仑银行主体长期信用等级被联合资信上调至AAA级，监管评级连续保持2C级（跻身全国近140家城商行前20位），在英国《银行家》杂志2018年发布的“全球银行1000强”排名中位列第271位，在中国《银行家》2018年发布的资产规模3000亿元以上的城商行综合排名中位列第12位，在中国银行业协会发布的“2018年中国银行业100强”榜单中位列第38位，在金融时报社与中国社科院金融研究所联办的“2018年中国金融机构金牌榜”中获“年度十佳城市商业银行”奖项。

【股份变动及股东情况】 2018年，昆仑银行注册资本102.88亿元保持不变，未进行增资扩股。2018年12月31日，昆仑银行有股东77个，股份102.88亿股。其中法人股东持股比例99.9908%、自然人股东持股比例0.0092%。

【金融业务】 2018年，昆仑银行围绕分行区域经济优势，重点服务优质大中型客户，拓展资产业务，推进负债业务，创新产品与服务，实现可持续发展。2018年底，客户3.25万户，同比增长9.65%；贷款（人民币，不含贴现）余额739亿元，同比增长13.38%；全口径小微企业贷款余额157.19亿元，同比增长10.23%；小微企业有贷户5234户，较年初增加516户；表内绿色贷款余额70.88亿元，占全行对公贷款的9.6%，同比增长102%。

【产融业务】 2018年，昆仑银行成立产融业务管理部，围绕集团公司核心企业的上下游产业链企业开展供应链金融业务。拓展纳税专户、特殊资金账户、司库2.0签约账户等市场。对核心企业上游产业链客户推出“通”字号产品，对下游产业链客户推出“贷”字号产品。2018年底，产融客户总数9638户。其中：有贷户895户，占全行法人有贷户的比重为73.32%；年内新增司库2.0签约账户283户，累计448户；产融客户存款时点余额507.48亿元，同比增长21%；产融专属产品余额279亿元，较年初新增63亿元，同比增长29%。

【个人金融业务】 2018年，昆仑银行围绕核心客户群体的金融服务需求，推进产品创新，存款业务推出周期结息“收息宝”、个人大额存单等储蓄新产品，线上销售推出“惠薪一号”和整存整取产品，贷款业务线上开通“真薪贷”产品，不断完善产品和服务体系，利用线上线下销售渠道，提升有效客户数量，增强客户黏性，实现储蓄规模稳步增长。2018年底，个人客户近173万户，同比增长9.59%；个人存款余额477.05亿元，同比增长25.32%；个人贷款余额149.52亿元，同比增长35.50%，不良率0.22%；个人理财产品销售657.99亿元，同比增长27.72%；当年发放石油职工信用贷款及“真薪贷”7.73亿元，总余额23.91亿元。

【金融市场业务】 2018年，昆仑银行通过拓展资产品种和渠道，调整资产负债结构，开拓利润增长点。债券业务以防范市场风险为主线，拓展增收及套利手段；资金业务充分调动各类融资工具，提升市场活跃度和参与度，增强盈利能力；探索同业业务非标业务标准化，推动同业借款、公募资产证券化产品等标准化业务开展，多渠道扩充负债渠道；票据业务以纸电融合及票交所直连上线为契机，实现业务结构调整及转型；理财投资秉承稳健风格，优化资产结构，提升资产组合收益率；发行每日开放申赎的“昆仑财富·昆仑宝”系列现金管理类理财产品。2018年底，金融市场业务表内资产规模1809.76亿元，表外资产规模239.33亿元，负债规模819.78亿元。

【投资银行业务】 2018年，昆仑银行遵照资管新规等监管规定，健全制度流程，稳健扩大产品线，推进结构化融资业务，推动首笔并购贷款业务落地，扩大债券承销量，加快资产证券化业务资格申请。2018年底，结构化融资业务余额72.91亿元；首次参与分销银行间资产证券化产品10亿元，2018年债券承销量29.58亿元；发行2018年第一期绿色金融债券，期限3年，金额4亿元人民币，支持新疆区域绿色产业发展。

【网络金融业务】 2018年，昆仑银行围绕“人、车、油”生态圈，为客户提供差异化的产品及服务。直销银行业务实现突破性发展，获2018年度中国金融认证中心（CFCA）中国电子银行金榜奖的“最佳直销银行功能奖”。推出昆仑财富计划、保险超市、油融通、易享贷、加油卡电子充值卡、信用卡等产品及服务，上线人脸识别、公安部联网核查等新功能；探索线下资源整合的业务模式，上线寿险、驾乘险、交通意外险等产品；共建中国石油党建信息化平台，为40余万党员客户提供金融服务，交易总额破亿元。微信银行完成小昆卡通形象的版权注册，上线对公开户预约、扫码查看回单、油币商城等服务。2018年底，直销银行获客150万户，负债销售135亿元，发放贷款24亿元，全行公众号关注数破500万次。

【信用卡业务】 2018年，昆仑银行首发信用卡，产品包括信用卡标准卡、联名卡及专属卡三大类，搭建起循环透支信用消费、标准消费信贷分期及专属消费信贷分期3个功能维度的立体产品体系。发行信用卡与加油卡功能合一的“中国石油昆仑加油信用卡”，实现信用卡系统、加油站管理系统、保险系统间的完美对接，中国石油昆仑加油信用卡获中国金融认证中心颁发的“产品创新卓越奖”。2018年底，信用卡发卡87025张，激活率72.32%；办理分期业务2.23亿元，信用卡贷款余额2.70亿元；2018年线上渠道办理信用卡业务客户突破万人。

【渠道建设】 2018年，昆仑银行“线上+线下、智能+人工”的立体化分销渠道网络日趋完善，物理网点服务网络智能化水平稳步提高，电子银行渠道客户体验及账户安全不断提升，产融服务能力不断增强。

物理网点：2018年，6家支行按照智能化建设标准，完成迁址和改造工作；推出基于全新平板（Pad）终端的移动对公开户服务，投用综合智慧服务终端、自助回单打印机等设备，提升营业网点的移动化、智能化服务水平。

企业网银（银企直联）：增加电子商业汇票电子回单和企业票据池功能，为盘活企业客户存量票据资产提供全新解决方案。新一代电子商业汇票投产，大幅提升金融服务业务体验。

个人网上银行：实现Ⅱ、Ⅲ类账户开户、管理、转账等功能，新增账户安全锁功能。

手机银行：增加FIDO指纹证书认证系统，实现以指纹、人脸识别登录确认客户身份完成支付结算；实现账户安全锁及Ⅱ、Ⅲ类账户开户、管理、转账等功能。

【信息科技】 2018年，昆仑银行生产系统安全稳定运行，重要系统服务可用率保持在99.9%以上；编制完成信息系统评估与IT规划，完成生物识别、票据业务、理财销售和大数据等架构关键领域平台的建设和重构工作；投产上线信息安全综合管理平台，开展终端安全统一管控、量子加密通讯、业务系统交易监控等安全项目实施；完成66个项目可行性研究的专业技术评审，推进产业链金融、信用卡、互联网金融和两地三中心（即生产中心、同城灾备中心和异地灾备中心）二期等重点项目建设，完成11次大版本投产，新增生物特征识别平台、网联平台、互联网金融接入平台等12套新系统，有力支撑各项业务健康发展，支持主营业务发展。

【资本管理】 2018年，昆仑银行完善资本管理体系，研究资本使用效率，保持稳定的内源式资本补充，滚动编制资本中期规划，合理统筹分配和使用资本，逐项落实资本管理工作，保证各项资本管理指标良好。2018年底，昆仑银行核心一级资本充足率13.41%，一级资本充足率13.41%，资本充足率14.57%，均满足监管要求。

【风险与合规管理】 2018年，昆仑银行坚持稳中求进的工作总基调，健全全面风险管理体系，完善全面风险管理规定、风险偏好政策和风险报告制度，制定全面风险管理架构调整实施方案并组织实施。以大数据为手段全方位监测信用风险，稳步推进信贷资产质量提质增效攻坚战，开展“贷后管理年”各项活动，规范贷后管理规定动作；严格信贷资产质量分类管理，准确计提风险准备，宣贯信贷文化，推进信用风险管理体系建设成果落地；组建风险监测中心，强化市场风险、操作风险的监测及报告管理；实施稳健审慎的流动性风险管理策略，各项流动性指标满足监管要求；加大普法力度，深化法律审查，有效防范、化解法律风险；开展 7×24 小时舆情监测，确保及时发现舆情并妥善应对。组织开展系列合规文化宣贯及“新三种精神”大讨论等主题活动，讲解行内案例 16 项，收集优秀学习心得体会文章 140 余篇，征集合规主题作品 170 余项，通过合规风险防范分析会、特别警示教育日主题宣讲、案例开讲、微讲堂、答题、竞赛等活动的开展进一步强化全员合规意识，营造“不敢、不能、不想”的浓厚合规氛围。综合运用合规检查及督导整改等手段，落实监管要求和案件防控主体责任，加强源头防治和重点管控，强化合规运行。开展上门对账、员工异常行为排查、舆情监测、员工异常资金交易监测等专项排查活动，提高案防工作有效性和及时性，形成威慑，营造人人讲合规、事事想合规、全员谋合规的良好文化氛围。

【社会责任】 2018 年，昆仑银行延续“抓服务、树品牌”主题，巩固服务品牌塑造成果，秉承“以客户为中心”的服务理念，深化服务管理体系建设，促进线上、线下多渠道互联互通，加强服务典型经验萃取与亮点传播，以持续升级的服务满足客户全方位、多层次的服务体验。支持新疆地区经济社会发展，拓展“三农”信贷服务，开展小微业务，推动绿色信贷深入发展。加大对“访惠聚”、深度扶贫工作支持力度，做好社会公益服务，充分履行各项社会责任，树立负责任的企业形象。

（张建斌）

昆仑信托有限责任公司（中油资产管理有限公司）

【概况】 昆仑信托有限责任公司（简称昆仑信托）原名金港信托有限责任公司，1986 年 11 月成立。2009 年 2 月，中国石油天然气集团公司对原金港信托进行重组，2009 年 5 月正式获银监批复，名称变更为“昆仑信托有限责任公司”，注册资本增至 30 亿元，控股股东中油资产管理有限公司（简称中油资产）持股 82.18%。中油资产是集团公司下属金融业务管理专业化公司中国石油集团资本股份有限公司的直属全资子公司，专业从事投资和资产管理，是集团公司重要资本运营平台。根据集团公司人事〔2012〕543 号文件，昆仑信托与中油资产合署办公，实行一套人马，两块牌子，分账核算，业务统管，名称确定为“昆仑信托（中油资产）”，是中国石油控股的金融企业。2016 年 9 月，正式获银监会批复，昆仑信托注册资本增至 102 亿元，各方股东持股比例保持不变。

昆仑信托是中国信托业协会理事单位、中国银行间市场交易商协会会员，入股中国信托业保障基金有限责任公司、中国信托登记有限责任公司，有全国债券市场准入、同业拆借市场成员、以固有资产从事股权投资、资产证券化和私募投资基金管理人资格，行业评级为 A 级。依法开展债权、股权、标品、同业、财产、资产证券化、公益/慈善和事务等信托业务，广泛筹集和融通资金，为社会各行各业提供金融服务，为受益人的最大利益处理信托事务。

昆仑信托视信誉为生命，建立以“信”为核心的企业文化，“以诚树人，以实立业，以信兴企”，倡导员工做“金融街上的石油人”，打造国内一流的资产管理平台、财富管理平台和战略共赢平台，树立“信誉无价，托付有道”的品牌形象。

2018 年底，昆仑信托（中油资产）设办公室、党群工作部、财务托管部、发展研究部等 16 个部门。有员工 294 人，其中，硕士以上学历 135 人，本科学历 149 人，其他学历 10 人。

2018 年，中油资产合并口径资产总额 325.57 亿元，较年初增加 14.12 亿元；负债总额 138.72 亿元，较年初增加 6.65 亿元；所有者权益合计 186.85 亿元，较年初增加 7.47 亿元。收入 24.19 亿元，同比减少 5.6%；利润总额 18.58 亿元，完成集团公司年度预算 16.9 亿元的 110%，完成集团公司奋斗指标 18.53 亿元的 100%；信托规模 2896 亿元。

【创新转型】 2018 年，昆仑信托研究探索，大胆尝试，创新转型落地有声。通过理顺股权投资管理，创新组织模式，增设总投资顾问，专设股权管理岗位，巩固扩大股权投资业务成果。山东信托、山东 AMC、宁波 AMC 等金融股权投资贡献突出，昆仑信元基金创新业务投资，在互联网金融、消费升级、智能数据、绿色环保、新能源、新媒体等领域广泛布局，2018年底投资46个项目，收益稳健可期；巩固在资产证券化业务领域的先发优势，创立全国首单物业费ABN——中铁建物业收费权资产支持票据、北京首单持有型长租公寓CMBS——三全公寓资产支持计划，具有标志意义的上海陆家嘴核心物业岚桥国际大厦ABS成功落地，较好落实中央倡导的房住不炒的理念；紧随业内创新趋势，尝试保险金信托业务，2018年落地4单。

【产融结合】 2018年，昆仑信托按照中油资本产融结合部署，到集团公司8个片区参加产融协调会，上门对接36家主业企业需求，深挖产融机会，助力主业发展，实现集团公司效益最大化。探索加油站合作、上游保理、合同能源管理、不良资产处置等10余种产融合作模式。加强与浙江销售、福建销售深入合作，协助获取10座优质加油站；与天玺保理合作，围绕上游企业开展业务，签约3期，合同金额10.2亿元；推进合同能源管理模式，广西石化项目平稳运行，产融结合特色与创新点兼具，得到行业专家的高度认可，赢得业内分量极重的创新力金融产品奖；与中意财险签署战略协议，保持与财务公司、昆仑银行、中意人寿等金融板块企业深度合作，在融融协同业务上迈出实质步伐。

【盘存增效】 2018年，昆仑信托注重采取内挖潜、外增效的策略，综合运用科学有效措施，盘存量，提增量。加强存量资产处置工作，力求将化解工作制度化、规范化、程序化，收回资金6.2亿元；未动用储量项目实现平稳有序退出，当年增收2.1亿元，实现轻装上阵；超前预警、主动作为、勇于担责、措施得力，避免项目风险的发生，通过风险项目处置打开与保障基金合作的新窗口，积累团队预警处置风险项目的宝贵经验；通过区域发展战略，进而带动增量业务，新组建的8个区域团队，全面掌握业务流程，开拓区域市场，2018年贡献考核利润近1亿元；以服务集团公司资产轻量化为目标，做好不良资产受托处置工作，有力支持地区企业压减低效无效资产，首次完成受托资产处置指标。

【营销工作】 2018年，昆仑信托营销业务始终坚持市场化导向，按照业务拓展和发行需求开展营销工作。通过电话、微信、拜访等多种形式加强沟通、增进感情，维护和稳定老客户，利用会议、培训、论坛、研讨等机会，按照合规要求宣传品牌、推介产品，拓展和挖掘新客户，自主销售51期集合信托计划，销售规模71.08亿元；贯彻资管新规要求，修订《录音录像标准话术》，提高“双录”规范性和合规性，完善销售流程，根据业务融资需求，适时调整销售节奏；缓解产品集中销售压力，探索银行代销模式，拓展渠道，规范运作，贡献利润；强化消费者权益保护，制订《金融知识宣传教育实施办法》，多渠道、多形式开展消费者教育活动，强化客户风险意识，将消保工作纳入绩效考核体系，严考核、硬兑现。发行“昆仑财富”系列产品165个，规模628.02亿元，合格投资者11899人。

【品牌形象】 2018年，昆仑信托获宁波市“纳税50强企业”、鄞州区“慈善之光”称号，中国资产证券化年度“创新机构奖”，第十一届“诚信托·最佳创新信托产品奖”，第九届“金貔貅年度金牌信托公司”和“年度金牌创新力金融产品”等。

【风险管控】 2018年，昆仑信托始终坚守“低风险偏好”风控理念，按照资管新规要求，多层次、立体化识别风险、控制风险、化解风险，力争做到既不影响业务，又能有效控制风险。加大管控力度，多次召开专题风险防控会议，研究分析经济金融形势，全面落实资管新规要求，严守不发生系统性风险底线；坚持分类管理和专业化审核，通过设立各个专业委员会，适时调整风控政策，提高时效性和可操作性，严格把控项目核心风险；完善法治建设机制，成立法治建设领导小组，设立总法律顾问，各项工作纳入法治化轨道；不断完善合规管理机制，加大合规管理力度，强化合规培训和法治宣传的力度，依法治企深入人心，制定新制度9项，修订16项；推进案防、征信和反洗钱管理体系建设，多角度优化管理手段，多举措提升工作水平；深入开展检查整改和稽核审计工作，2018年问题整改率93.1%，全年共实施8项专项审计、2项离任审计、2项强制休假离岗检查和36个信托项目审计；加强风险应急响应和处置，制订过渡期风险防控预案，总结成功案例经验，动态监控风险指标，妥善应对和处置风险。

【基础管理】 2018年，公司治理方面，昆仑信托召开5次股东会、7次董事会、2次监事会和9次专门委员会会议，审议通过50余项议案，公司治理合规有序运转；参与撰写《信托金融理论》《中国信托业发展报告》《2018年中国信托公司经营蓝皮书》《慈善信托操作指引》等多项行业研究报告。

财务托管方面，昆仑信托加强资金统筹协调，完善配置政策，超前计划管控，提高运营效率和盈利能力；归口财务集中管理股权投资，梳理流程、完善制度、分类管理，规范和夯实股权管理基础工作；强化信托项目核算与管理，狠抓监管报表质量，完成资管产品增值税缴纳，确保经营稳健规范运行。

队伍建设方面，昆仑信托深化全员岗位练兵，组织岗位技能竞赛，员工业务素质持续提升；坚持正确的选人用人导向和专业人才培养，全年任命业务总监（高级主管）以上人员21人次，职称晋级14人；优化分层培训体系，完成各种培训项目34个，培训1200余人次；落实市场化改革措施，完善薪酬管理体系，员工薪酬随绩效持续大幅增长。

信息保障方面，昆仑信托提升信息系统保驾护航作用，恒生核心业务系统全面上线，解决信息系统严重滞后管理需求的矛盾，实现双系统安全并行；推进办公管理平台升级改造，在优化提升基础上，集成OA、报销及合同系统审批功能，增添个性化设置，提高管理效率。

信托登记方面，昆仑信托围绕信托登记系统建设、登记管理、流程规范等方面，设立专人专岗进行信托项目登记和管理。预登记项目100余个，涉及信托规模346亿元；全流程登记项目400余个，涉及信托规模近3000亿元，项目一次性通过率90%以上，初步实现项目登记工作的规范有序平稳运行。

综合管理方面，昆仑信托加强印鉴、证照及重要权证管理，严格登记制度，减少操作风险；加强保密管理，紧盯关键部门和关键岗位，组织检查，开展培训，无重大泄密事件发生；加强消防安全管理，杜绝事故发生；加强档案管理，完善档案管理系统工作流程，提高管理水平和效率。

【企业党建工作】 2018年，昆仑信托以支部建设为抓手，深入推进“两学一做”学习教育常态化制度化，不断强化“四个意识”和“四个自信”，用习近平新时代中国特色社会主义思想统一认识、鼓舞斗志、凝聚力量；深入推进以“三会一课”为载体的支部标准化建设，召开党委换届选举党员大会、交叉讲党课、党务知识竞赛、“四个诠释”主题党日、庆祝改革开放40周年等活动，党建工作制度更加完善、程序更加规范、纪律更加严明。

以作风建设为主线，全面从严治党，正风肃纪，接受集团党组巡视和中油资本党委联合巡察，党员干部的规矩意识、纪律意识和廉洁从业意识增强；以党内法规为准则，以巡视、巡察、专项检查问题整改为重点，遏制“四风”反弹，促进依法合规经营；深入推进“两个责任”建设和班子成员“一岗双责”的贯彻落实，营造好风清气正的政治生态和工作氛围。

【企业文化建设】 2018年，昆仑信托以企业文化为动力，践行“快乐工作，健康生活”理念，文体活动丰富多彩，文化展厅、宣传片等载体形式多样，展厅和以“信”为核心的企业文化得到集团领导高度评价；在“中国石油纪念改革开放40周年歌咏会”上，昆仑信托承办的参赛节目《踏着铁人脚步走》引发全场共鸣，“金融街上石油人”良好精神风貌获高度赞扬；团体重疾保险等关爱措施落地，员工获得感和自豪感更加强烈。

（刘　爽）

昆仑金融租赁有限责任公司

【概况】 昆仑金融租赁有限责任公司（简称昆仑金融租赁）是经中国银监会批准，由中国石油天然气集团有限公司和重庆机电控股（集团）公司（简称重庆机电）共同发起设立的第一家具有大型企业集团背景的金融租赁公司。2010年7月，在重庆市正式挂牌开业，注册资本60亿元人民币，集团公司控股90%，重庆机电持股10%。2016年8月，股权变更，中国石油全资子公司——中国石油资本有限责任公司持股60%，集团公司持股30%，重庆机电持股10%。2017年1月，注册资本金增加到79.61亿元。

2018年，昆仑金融租赁坚持“能源、市场、特色化”发展战略，实施“抓党建、抓市场、抓融资、抓合规、抓管理、控风险”的“五抓一控”工程，开展“我在岗位我奉献”主题活动，党建质量稳步提升，资产规模稳健增长，资产质量稳定向好，风险管理平稳受控。资产规模582.36亿元，收入33.79亿元，利润总额11.57亿元，超额完成集团公司业绩考核指标，业绩考核连续两年为集团A级企业，企业发展能力连续三年评价为成熟级，列板块金融企业首位；人均利润1230万元，行业排名第三位；税费5.78亿元，计提拨备26.06亿元，年化净资产收益率9.26%，租金回收率99.64%。主要监管指标中，不良资产率0.71%，较年初下降0.06个百分点，持续优于行业平均水平，保持同业前列。在68家金融租赁公司中，租赁资产排名第12位，利润总额第8位，人均利润第2位，拨备覆盖率第2位，处于领先水平，各项业绩指标达到历史最优，高质量发展的良好态势初步显现。

【市场开发】 2018年，昆仑金融租赁签约项目49个，签约金额195.81亿元，项目投放207.34亿元，超额完成考核目标。在国家产业政策和公司的战略指引下，重点对煤炭、钢铁、燃气、电力和装备制造等行业进行研究，明确符合昆仑金融租赁风险偏好的市场方向，筛选传统基础设施、交通运输、火电、传统能源、绿色能源、飞机租赁等行业，开发优质项目，在交通运输、传统能源等领域签署项目29个，投放110亿元。持续结构调整，扩容飞机租赁业务。新增东方航空、厦门航空、成都航空以及昆明航空4家优质客户，筑牢国有大中型航空公司客户基础。2018年交付飞机20架，投放86.12亿元，同比投放规模增长51%，机队规模45架；新设21家SPV项目公司，在重庆两路寸滩保税港区新设1家SPV公司；探索事业部制建设，加快海外平台搭建的研究工作。创新绿色金融服务，完成霸州垃圾发电、浙江云和光伏发电、三峡新能源微山光伏、三峡新能源绥德风电等项目，投放11亿元。落实集团公司产融结合指导意见，参加集团公司区域产融结合协调会、装备制造沟通会和石油石化装备制造展等，研究特色产品，创新租赁模式，拓宽服务内容，与济柴开创操作“装备+金融租赁+服务”的产融结合新模式，与宝石机械开展租赁技术咨询服务，与北京石油机械厂合作租赁服务事宜，探索租赁共享平台模式等。

【筹融资管理】 2018年，昆仑金融租赁采取多种措施，拓宽筹融资渠道，加强期限错配和头寸管理，保障业务需求和资金流动性安全，降低资金成本，发挥资金管理效益。筹融资方式多元化，渠道进一步拓宽。拓展资产保理、银行承兑汇票等多元化资金筹措渠道，确保资金筹措与投放项目期限匹配。完成资产证券化业务审批及发行的前期研究，具备操作条件；完成第二期50亿元，3年期金融债发行主承商的招标选聘。加强头寸管理和期限错配，资金成本有效降低。抓住货币市场宽松窗口，置换年初高成本资金40亿元。调整长短期配置，强化头寸管理，全年筹融资余额457亿元，综合资金成本4.58%，筹融资能力和市场竞争力增强。强化预测与协调，信贷投放精准。细化业务投放计划，统筹租金回收、信贷计划与业务投放资金的整体平衡，确保信贷投放计划精准，达到人行宏观审慎的监管要求，发挥最大效能。

【合规运营】 2018年，昆仑金融租赁强化合规运营和内控管理，完善规章制度和业务流程，运行质量显著提升。以监督检查为契机，提升合规管理水平。迎接审计署专项审计、银保监会现场监督检查、集团公司党组巡视等监督检查，检查范围涵盖公司治理、项目操作、合规经营、规范管理、党建管理等全过程，针对问题，举一反三，整改完善，对标监管要求，制定实施《制度建设工作方案》，开展平台项目自检自查、市场乱象整治“回头看”检查，提升合规管理水平。以内控体系建设为抓手，夯实合规管理基础。完成《内部控制管理手册》（2018版）修订，修订流程15个，新增流程9个，删除流程2个，调整风险描述38个，调整流程权限107个，保证内控体系有效性。聘请外部机构开展内控体系测试，以第三方视角深入查找内控体系的不足和短板，对发现问题进行定性、定量分析，提出管理建议，夯实内控管理体系。以内外部审计为依托，深入合规评估工作。组织业务连续性管理、绩效考核及薪酬机制和执行情况等内部审计；配合中油资本开展公司治理、合规管理外部审计，合规评估工作进一步深入。以法律防控为重点，依法合规进一步推进。加大法律审查力度，2018年法律风险发生率为零，做到“不踩线，不越界”。根据项目的风险情况，采取相应的起诉、强制执行、限制高消费等措施，维护公司权益。湖南广电项目获破产清算人5.2亿元债权确认，为后续追偿工作奠定基础；盛马化工项目取得执行款155万元，确定重组债务偿还方案；汉能金安桥项目取得超预期结果，项目提前一年结束，收回全部到期未付租金、未到期租金、迟延履行违约金、留购价款，公证费、律师费由对方承担。以租后管理为手段，提高资产管理质量。加强租后管理力度，防范潜在风险，制定应对措施。2018年开展租后现场检查21项，提升项目资产质量。

【管理提升】 2018年，昆仑金融租赁综合管理能力有效提升。财务管理取得新成效。预算管控规范性、有效性显著提高；以经营活动分析为抓手，定期监控和分析资产端业务投放和融资端成本变化情况，提出针对性管理建议，决策支持作用明显；完善内部定价机制，动态优化调整价格参数，提高内部价格对货币市场的灵敏度；组织对新金融工具会计准则研究宣贯，完成切换准备工作。战略规划发挥新作用。分析近三年战略执行、行业对标、业务发展等情况，完成“十三五”规划中期调整；修订完成2019年租赁业务行业指引，形成节能环保、装备制造和健康养老行业营销指引，提供指导作用。整理汇编地方政府投融资政策，分析地方政府投融资体制，完成地方平台转型分析报告，指引业务发展。开展同业调研和对标数据分析，支撑战略规划落地。人力资源管理步入新阶段。启动咨询研究，优化、完善人力资源管理体制，逐步推动市场化改革。强化需求和培训的有效衔接，开展有针对性业务培训，2018 年组织培训 569 人次，达到预期效果。加强日常考核与绩效考核管理，完善考核激励机制，员工积极性得到有效调动，激励机制作用显现。综合服务管理迈上新台阶。加强督查督办，跟踪办理进展，各项工作有效落实。加强档案管理，指导档案归档，保证高水平运转。加强保密宣传和管理，组织参加集团公司保密知识答题活动，提升全员保密意识。加强安全和维稳管理，全年安全无事故，未发生信访维稳事件。强化服务意识，后勤服务主动性不断提高，完成 20 层办公室装修及办公设施配备。加强与地方政府、监管机构协调力度，营造良好外部环境。

【风险防控】 2018 年，昆仑金融租赁完善风险管理体系，强化风险评估能力，全面落实风险防控主体责任，加强风险预警和应急处置，实现“不发生系统性风险，不触碰政策和监管红线，不突破不良资产率指标”的目标。坚持问题导向，调整完善主体信用评级模型，提升合理性、科学性，完成 51 个项目 100 多个主体信用评级。充分发挥项目审查、审议和审批三道防线建设作用。梳理 7 大重点行业风险审查点，增强业务部门第一道防线的风险识别能力。坚持风险关口前移，加强尽调深度广度，全面收集客户信息，减少信息不对称造成影响，发挥第二道防线独立、客观评估项目风险的作用，完成 49 个项目近百余人次现场考察，覆盖率 100%。识别和叫停信息失真项目 2 个，有效规避风险。依据项目情况和项目评审专家特长组建项目评审团队，建立信息共享平台，提前沟通交流，发挥集中优势，评审项目 52 个，金额 304.03 亿元，同比增长 60.15 亿元，增长 24.7%。审查通过项目 50 个，其中再议 3 个、复议通过 2 个、否决 1 个，风险防控的“篱笆”扎紧扎牢。风险评估排查能力显著增强。编制全面风险评估报告，评估识别 10 类重点风险，研究制定应对措施和重点防控目标。建立风险事件库和数据库，形成风险事件与行业分析的两大预警机制。组织月度动态监控、季度风险排查和租后管理，分析判断项目运行状况和风险状态，提出租后管控措施。风险排查 12 个项目，提出 24 项应对措施，组织跟踪落实。信息科技保障作用有效发挥，开展项目操作线下线上同步专项整治，制定发布《业务连续性管理办法》，提高业务连续性管理能力，提高项目推进效率，规避操作风险。组织网络安全防护检查和信息科技风险快速巡查，提高硬件设备防范风险的能力；开展核心业务系统应急演练，发挥保障作用。

【企业党建工作】 2018 年，昆仑金融租赁党委坚持将党建融入业务，将业务与党建有机结合，围绕中心工作，发挥政治引领作用。深入学习、宣传、贯彻、落实好党的十九大精神和习近平总书记系列讲话精神。党委中心组 3 次召开专题会议组织学习和工作部署。组织参加集团公司、直属党委和昆仑金融租赁组织的各类党的十九大精神培训班 8 期，培训 47 人次 1128 个学时，实现脱产轮训全覆盖，提升党员干部的政治理论素质。围绕昆仑金融租赁发展目标和经营任务，组织全体党员开展“我在岗位我奉献”岗位讲述，作为“两学一做”学习教育常态化制度化的深化拓展和特色抓手。落实从严治党要求，履行党委主体责任。党委逐级签订党风廉政建设责任书。执行《公司“三重一大”决策制度实施细则》，落实民主集中制。监督检查“一岗双责”落实情况，纳入党风廉政建设考核。深化基层组织建设，汇聚发展合力。推进基层党支部标准化建设，建立健全党建工作制度，党组织激励约束机制在市场开发、风险防控、和谐发展等方面的保障和促进作用有效发挥。开展劳动竞赛评比活动，引导青年员工爱岗敬业、创先争优，有力激发团队整体合力。

（尹江虹）

中石油专属财产保险股份有限公司

【概况】 中石油专属财产保险股份有限公司（简称专属保险公司）是经原中国保险监督管理委员会（简称中国保监会）批准，由中国石油天然气集团有限公司和中国石油天然气股份有限公司在中国境内发起设立的首家自保公司。专属保险公司注册地为新疆维吾尔自治区克拉玛依市，注册资本 50 亿元人民币，其中集团公司持股11%、股份公司持股49%、中油资本持股40%。

专属保险公司的经营范围是集团公司内的财产损失保险、责任保险、信用保险和保证保险，短期健康保险和意外伤害保险，以及上述业务的再保险业务，国家法律、法规允许的保险资金运用业务，经中国保监会批准的其他业务。

集团公司对专属保险公司的定位是“作为集团公司的专业风险管理平台和保险安排工具，全面参与集团风险管理和保险业务，构建覆盖集团上下游、国内外业务、全球一体化的保险保障体系。”

专属保险公司内设承保运作部、理赔客服部、财务信息部、合规法律部、基金管理部、人力资源部和发展企划部7个部门。2018年底，有员工50人，其中硕士以上学历33人、本科学历17人。

2018年，专属保险公司保险业务收入8.58亿元、利润总额3.68亿元，年末资产总额134.2亿元。

【国内业务】 2018年，专属保险公司推进保险集中管理，提升保险保障，为集团公司1.38万亿元资产及责任风险提供保险保障；继续首席承保钻井设备险、井控险、长输管道财产险、LNG财产险、储备油库财产险5个集团公司统保险种；区域审批和工程险等国内业务稳健增长，以共保结合再保分入方式推动国内货运险业务份额提升至50%；继续独家承保炼化企业财产险，首年成功实施集团公司车辆保险再保业务与销售企业财产保险，基本实现对集团公司财产险业务的全面参与。

【海外业务】 2018年，专属保险公司海外业务拓展至19个国家33个海外项目，海外业务实现保费收入1.40亿元；其中在“一带一路”沿线伊拉克、俄罗斯、哈萨克斯坦、土库曼斯坦、新加坡等10个国家为22个油气项目提供保险保障；新增缅甸东南亚管道、巴西佩罗巴项目、秘鲁6/7区项目和阿布扎比FFD项目；集团公司海外业务保险整合持续推进，哈萨克斯坦地区统括保单续保并吸纳新开工项目进入保单，西非地区启动保险整合。

【再保险业务】 2018年，专属保险公司实现当年非水险、能源险及原油货运险合约的平稳续转，优化主要合约条件。全年再保分出保费3.15亿元，摊回手续费0.78亿元；非水险合约在优化手续费率的基础上，突破市场常规限制为储备油库业务争取到100%承保能力，能源险合约持续提升承保能力，原油货运险合约优化溢额结构；对LNG财产险、莫桑比克项目工程险和首年实施的销售企业财产险进行临分安排，新组建责任险预约临分保单，科学分散承保风险。

【投资业务】 2018年，专属保险公司优化投资策略，创新优化投资产品结构，完善投资管理运行和风险防范管控体系，科学稳健配置资产，充实备选投资项目储备，扩大投资项目领域外延；探索推进融融协同新方式，创新投资产品设计，完成首个大额协议存款存单资产增值置换，实现开源创效。2018年投资收益4.07亿元，投资收益率6.17%，投资资产规模69.05亿元。

【理赔服务】 2018年，专属保险公司主承险种赔案处置能力提升，主承及独家承保险种2018年保单结案率54%，2017年保单结案率91.3%；2016年保单赔案全部结案，平均结案周期174天，结案效率持续提高；强化预赔付机制，优化查勘和核损模式，快速应对吉林“5·28”地震、“山竹”台风等灾害，全年预赔付1115万元，支持受灾企业抢险救灾；保持从共保案件摊赔时效，从共保业务2018年接报案1329笔，结案1210笔，结案率91.1%，平均结案周期12天；稳步推进海外案件理赔，加强重点海外案件理赔跟踪和参与力度，完成箭牌项目压缩机损坏案、秘鲁项目暴雨案等案件理赔。

【安保基金受托管理】 2018年，专属保险公司严格履行安保基金受托管理职能，多渠道服务炼化、销售企业，2017年及以前年度安保基金案件全部结案，实现安保基金损失补偿功能向商业保险转化的平稳过渡；集团公司销售企业财产保险统括保单自2018年起保实施，集团所属销售企业全部纳入保障范围；集团公司安保基金政策所覆盖的全部炼化与销售资产，全面由巨灾、炼化财产、销售财产三张保单构筑起多层次风险保障体系。

【风险防控与合规管理】 2018年，专属保险公司夯实内控管理基础，开展业务流程梳理，形成295项业务操作流程底稿，梳理承保、理赔、财务等十大类278项财产险公司保险监管制度，形成制度资料库；强化风险防控，建立风险偏好体系框架和关键风险指标库，完善风险监控及预警机制，提高风险识别判断能力；推进依法治企合规管理，依法合规开展各项经营管理活动，维护合法权益取得重大进展，宁夏中卫案、深圳滑坡案均获胜诉，宁夏中卫案全额追回赔款885.16万元。

【基础管理】 2018年，专属保险公司启动3年基础管理提升活动，全面排查风险短板、细分进度计划到月、落实工作职责到人，逐项评价考核，奠定稳固的首年工作成果；推进“三项”制度改革，优化全员绩效考核机制，员工考核方式由定性考核转变为定性与定量相结合；启动专业技术与管理序列双向发展，畅通员工职业生涯通道；提升员工职业技能，组织参加集团公司培训60人次，组织内部培训15次，参训员工350余人次；上线国内首家车险合约分入系统，改造“营改增”再保系统，搭建数据云盘，推进数据自查与分析系统建设。

【企业党建工作】 2018年，专属保险公司党委完成换届，新一届党委做出“当前和今后一个时期，公司仍处于大有可为的战略机遇期”的判断，明确今后5年的工作思路和目标任务；落实党委会议作为董事会、董事长办公会和总经理办公会讨论决定“三重一大”决策事项的前置程序，党的建设和公司治理实现有机融合和统一，发挥党委把方向、管大局、保落实作用。组织深入学习贯彻习近平新时代中国特色社会主义思想和党的十九大精神，分期分批集中轮训中层以上党员领导干部18人，学习720学时；落实集团公司党建工作责任制实施办法，党建工作纳入年度考核，开展基层党支部书记培训，实现党支部书记轮训全覆盖；组织开展第十六次“形势、目标、任务、责任”主题教育，举办“新时代、新使命、新作为”公司经营发展务虚座谈会，组织开展第二个“弘扬石油精神、重塑良好形象”活动周；落实党风廉政建设责任制，在历次巡视巡察、专项审计和检查中，未发现违规违纪，以及违反中央八项规定精神和“四风”方面突出问题；未发生信访举报等情况。

（王占东）

科研及其他单位

中国石油天然气股份有限公司勘探开发研究院

【概况】 中国石油天然气股份有限公司勘探开发研究院（英文缩写RIPED，简称勘探院）是面向中国石油全球油气勘探开发业务的综合性研究机构，是中国石油国内外油气业务发展的战略决策参谋部、重大理论与高新技术研发中心、技术支持与服务中心和高层次科技人才培养中心（简称“一部三中心”）。

勘探院1958年成立。建院60年来，勘探院直接参与中国陆上大多数主力油气田以及中国石油海外油气勘探的研究与发现，有力支撑中国石油国内外上游业务的健康发展；建立并完善以中国陆相为主的石油地质与油气田开发理论技术体系，引领中国油气勘探开发理论技术持续创新发展；培养造就以18名“两院”院士为代表的一大批国内外知名专家，打造一支敬业奉献、开拓创新的老中青科技人才队伍，为中国石油事业发展提供不竭的智力支撑；传承弘扬石油精神，积淀形成以“儒雅、厚重、勤勉、求实、创新、包容”为核心的勘探院文化，为石油优良传统在科技领域薪火相传提供滋养沃土。

勘探院包括北京总院（含廊坊院区）、西北分院和杭州地质研究院，业务领域涉及油气勘探、油气田开发、油气井工程、信息化与标准化、新能源勘探开发、技术培训与研究生教育等方面。2018年底，有员工3008人，其中“两院”院士8人、集团公司高级技术专家29人、教授级高级工程师143人、高级工程师1237人，具有硕士研究生以上学历1925人；建有提高石油采收率国家重点实验室、国家能源页岩气研发（实验）中心、国家能源二氧化碳驱油与埋存技术研发（实验）中心、国家能源致密油气研发中心和国家油气战略研究中心等5个国家级重点实验室（研究中心），以及17个公司级重点实验室，有众多国内外高精尖仪器设备，科研条件优越；与国内外知名油公司、研究机构和高等院校建立广泛的交流与合作关系，出版《石油勘探与开发》等一批优秀刊物，在国内外油气行业和科技界具有良好影响力。

【技术支持与服务】 2018年，勘探院深入贯彻习近平总书记关于“大力提升勘探开发力度，保障我国能源安全”重要指示精神，加强国家油气战略研究中心建设，完成国家能源局、中国工程院委托的油气重大发展战略、重要规划、产业政策和体制机制改革等方面的多项研究任务。其中，“应对石油对外依存度过快增长方案”和“中美贸易战对我国油气供应安全的影响分析与对策建议”得到国家发改委和中国工程院肯定并上呈中央有关领导；“2025年油气生产消费形势预测”“保障国内原油2亿吨途径与对策”“国内天然气上产2500亿立方米对策”等研究成果获国家有关部委肯定。围绕待探明剩余优质油气资源潜力与分布，立足战略接替领域准备和规模效益储量发现，对四川、准噶尔、塔里木、柴达木、鄂尔多斯、渤海湾和松辽等七大盆地资源探明率、储量增长特征、勘探目的层变化、油藏类型、储量品质与规模、面临挑战与技术需求进行系统分析和摸底，提出石油勘探“两增三稳一延缓”、天然气勘探“三主三辅”的发展趋势研判，形成未来勘探发展规划和具体部署建议，为集团公司勘探大年的出现做好技术准备。

勘探院构建靠前技术支持服务体系，成立四川、塔里木、鄂尔多斯和准噶尔盆地研究中心，从京内外抽调近300名精兵强将，长期驻扎油气生产一线，坚守主战场，围绕大发现，提供靠前支撑和及时有效的技术服务。实行“总院管总、中心主战、学科主建”管理架构，突出前后方协调一体化的组织方式，明确人员轮转交流机制和员工轮休模式，提高现场工作补助标准，确保各盆地研究中心快速组建运行、快速进入角色、快速取得成效。4个盆地研究中心瞄准关键生产难题，提供精准技术支持，与油田现场建立良好协作关系，取得超过以往的服务生产实效，得到集团公司和相关油气田领导好评。四川盆地研究中心聚焦西南油气田勘探突破发现与天然气增储上产，取得重要阶段性成果；塔里木盆地研究中心深化地质认识，推动秋里塔格构造带勘探实现战略性突破；准噶尔盆地研究中心加强基础研究，支撑新疆老区与玛湖、吉木萨尔地区勘探开发建设；鄂尔多斯盆地研究中心注重发挥整体专业技术力量，支持长庆油田5000万吨稳产建设。

【科研生产】 2018年，勘探院面向世界油气科技前沿，面向国家和公司重大油气战略，面向国内外油气生产主战场，站高位置、看清形势，做好布局、选好切入点，一大批成果竞相涌现。

聚焦重大接替领域准备，推动油气发现取得新突破。评价优选“20油、8气”规模储量区，编制完成“十三五”后三年滚动规划和2019年度预探计划方案，有力支撑集团公司勘探决策部署。提出18口风险井通过论证并大部分上钻，推动准噶尔盆地高探1井、塔里木盆地中秋1井获重大突破、四川盆地川东五探1获高产气流。推进陆相致密油勘探开发理论技术发展，完善高精度深度域成像与波场保真一体化技术方案，深化孔隙结构表征和储层品质评价预测配套技术，为勘探发现提供有效手段。推进太阳能耦合催化高效制氢材料设计与技术研发，部分材料的制氢技术指标和稳定性达到国际先进水平。

加强提高采收率技术攻关，提升集团公司国内外油田开发效益。预测老油田降递减、提高采收率和新区效益建产等多情景发展趋势，提出集团公司原油1亿吨稳产对策。升级老油田“二三结合”技术，建立不同类型油藏大幅提高采收率新模式，针对新疆油田老区“3533”稳产工程推进12个开发方案编制和实施，支撑老区年产量超计划36万吨。推动低渗透—致密油缝网匹配水驱调整、空气泡沫驱、烃类和CO_2混相驱等技术应用，提高采收率效果明显。建立“井网重构、层位重建、介质辅助”的稠油吞吐末期调整开发方式，在新疆风城和九区新建产能30万吨。推进哈法亚日产40万桶、艾哈代布稳产、伊朗南北阿一体化方案、鲁迈拉和西古项目上产及阿布扎比项目各项工作，取得显著成效。

强化新技术、新工具、新产品研发与应用，助推资源规模动用和降本增效。地质工程一体化压裂设计方法在长庆杏河老区试验增产1.2倍，缝控储量压裂技术在玛湖、吐哈等致密油区块应用36口井，超短半径侧钻技术在吉林油田复活“死井”，第四代分层注水技术在油田示范区配注合格率持续保持在95%以上，多元微胶粒深部调驱等新型调堵体系实现高温高盐油藏稳油控水。钻井液用抑制剂、排水采气用起泡剂等获集团公司产品质量认证，低分抗盐聚合物在大庆三类油藏试验增油效果显著，纳米泡排体系在长庆、青海气区应用取得良好成效，PetroPE完成功能升级并应用1.2万余井次。完成石油工业标准化信息平台建设，发布集团公司储层改造技术发展纲要，创新“大监督”理念保障工程质量和安全。

突出常规资源发现和非常规资源利用，支撑天然气业务快速上产。开展“全油气系统”新理念研究，促进塔里木库车、大港成熟探区深层天然气成藏研究与勘探取得重要突破。提出长庆气区上产稳产规划与主要对策，开展西南气区龙王庙组气藏水侵机理及对采收率影响研究，完成震旦系气藏二期18亿立方米开发方案编制，促进重点气区高效开发。编制集团公司页岩气、煤层气发展规划，编制太阳—大寨区块、威201井区开发方案，提出低煤阶“多元成藏”富集模式指导有利目标优选。牵头完成集团公司储气库2030年工作气量400亿立方米战略规划；优化储气库注采系统，低成本快速新增调峰能力1200万米³/日。完成东部重点盆地地热资源评价和集团公司地热规划，推进煤炭地下气化和氢能业务前期工作。

深化重点合作区生产支持服务，支撑海外业务优质高效发展。加强全球油气资源评价与超前选区研究，优选26个合作区块，获5项实质性进展；系统评价55个新项目，签约阿布扎比2018项目、延期哈萨克斯坦阿雷斯库姆油田项目，优化海外业务战略布局。深化成熟探区“三新”领域地质认识，助推中西非、中亚和美洲多领域取得突破；优选30个风险领域和区带，支撑缅甸深水获重大天然气发现。强化开发动态分析、规划计划与生产策略组织实施，完成13份可行性研究报告、10个开发调整方案和5项后评价的效益测算以及17项经营策略研究，支撑海外权益产量实现新增长。加大海外工程技术支持和现场服务力度，形成覆盖海外重点项目的关键工程技术系列，增油成效显著。

发挥地域与特色技术优势，实现“一体两翼”整体协调发展。西北分院支撑沙探1井、白杨1井获重要突破；推动集团公司南苏丹第一口岩性油气藏风险探井获突破。推动准噶尔盆地玛湖斜坡上乌尔禾组、柴达木盆地冷北斜坡—英雄岭构造带基岩、塔里木盆地塔中隆起深层等新区新层系立体勘探。创新模数转换前置时变放大、高效多通道三维地震物理模拟数据采集和纯纵波算子TTI逆时偏移等方法，发展“两宽一高”和转换波地震处理解释一体化特色技术，提高地震勘探精度和效率。杭州地质研究院开展古老碳酸盐岩定年技术攻关，碳酸盐岩沉积储层基础研究取得新进展。深化塔里木、四川和鄂尔多斯盆地深层海相碳酸盐岩有利储集相带与油气成藏条件研究，做好准噶尔和塔里木盆地碎屑岩沉积储层研究及目标评价，支撑井位落实和储量发现。推动缅甸AD1/8区块获得发现，深化巴西里贝拉和佩罗巴区块油气地质研究与评价，为海上区块勘探生产提供技术支持。自主研发矿权与自然保护区图形信息管理系统，为集团公司矿权区块调整提供决策依据。

【共建海外研究中心】 2018年，勘探院理顺海外技术支持体系建设，加快做大面向全球的海外技术支持和服务，实现全球化战略布局起步稳、开门红。7月16日，中油国际和勘探院共同建立海外研究中心。依托海外研究中心，勘探院不断发展完善海外靠前技术支持体系，迪拜技术支持分中心做好中东地区项目技术代表和技术支持工作，创造中国石油在中东地区的良好影响。以迪拜技术支持分中心为样板，设立阿布扎比技术支持分中心，成立北迪石油科技公司。自此，勘探院业务全球化布局取得重要进展，形成以海外研究中心为大后方，迪拜和阿布扎比技术支持分中心为桥头堡的前线后方互动、研发服务并重的海外业务战略格局。

【建院60年回顾与展望主题活动】 2018年是勘探院建院60年华诞。勘探院举办建院60年回顾与展望主题活动：确定“辉煌一甲子，梦筑百年强”活动主题，形成《传承历史辉煌，谱写百年华章，为建设世界一流勘探开发研究院而奋斗》主题报告；举办专家论坛、国际能源论坛高级研讨会、国家油气战略研究中心研讨会等一系列重要高端国际学术会议；举办主题大会和职工文艺演出等活动；编辑出版勘探院《六十年发展史》《六十年理论技术文集》《石油勘探与开发（特刊）》《重点实验室宣传册》等出版物；策划制作60年成就展、宣传画册和电视片。

【成果专利】 2018年，勘探院获国家科学技术进步一等奖1项；获集团公司科学技术进步奖12项，其中特等奖2项、一等奖5项；获集团公司技术发明奖三等奖1项；获集团公司基础研究奖3项，其中一等奖2项；获其他省部级奖19项，其中一等奖4项；获授权发明专利157件，其中国际发明专利4件；获软件著作权登记55项。主导和参与制修订国家、行业和企业标准27项；出版专著53部，发表科技论文1329篇，其中SCI收录209篇、EI收录321篇。

【管理提升】 2018年，勘探院坚持围绕科研生产中心工作，统筹推进各项基础建设，科技支撑和服务保障能力显著提升。

推进综合改革。争取国家重大专项激励政策，年底从专项间接费用中提取1500万元用于奖励有突出贡献的团队和个人；依托集团公司科技成果转化创效激励政策，对集团公司批复的12个科技成果转化项目发放奖酬金246万元；拿出513万元对全院26项技术服务、技术咨询类转化创效项目进行奖励，科研人员科技创新和服务创效的积极性和主动性显著提高。与宝石花家园、国家电网北京市电力公司、北京市自来水集团公司和北京市热力集团公司签订“三供一业”移交协议，做好资产和人员平稳有序划转，保质保量按时完成国家和集团公司改革任务。

加大人才培养力度。设立院士工作室，制订退休院士聘用管理办法，明确企业技术专家返聘报酬标准，保护老院士、老专家投身科技事业的工作热情。连续举办7期企业技术专家领导力基础培训班和授课技巧培训班，提升管理艺术和管理水平。举办首届国际化青年后备英才选拔赛，选拔一批专业过硬、外语突出的优秀青年进行长期重点培养。制订首批石油科学家、青年科技英才培养计划，完成石油科学家培育协议签订，组织4名青年科技英才出国交流。举办青年学术交流会、团青干部培训班、青年大讲堂和青年岗位讲述活动，畅通青年优秀人才脱颖而出的通道。严把毕业生选聘质量关，招收优秀毕业生45名，组织到新疆油田现场实习锻炼，为勘探院发展注入新鲜血液。

夯实科研基础条件。加强实验室设备的完善提升和深度开发利用，重点实验室平稳运行，实验室对基础研究和学科建设的支撑作用进一步发挥。制定国际合作交流业务发展规划，明确未来5—10年国际科技合作的方向和目标，创新国际科技合作业务分类管理、分层实施的管理机制和组织模式，推动国内科技自主研发和国际科技合作研发并重发展。出台信息化总体规划，确定信息化三步走发展路线；启动勘探开发认知计算平台和勘探开发云平台建设，完成“一院两区”两条千兆网络连接，有力支撑安全、高效、协同的科研办公环境。履行集团公司资料中心职责，完成勘探开发资料向自然资源部汇交任务，为集团公司矿权设立与延续提供保障。《石油勘探与开发》SCI影响因子首次突破2.0，排名世界石油科技期刊第三名；在中国科技核心期刊中影响因子4.024，连续5年蝉联第一。

（汪梦诗　张红超）

中国石油天然气股份有限公司规划总院

【概况】 中国石油天然气股份有限公司规划总院（英文缩写CPPEI，简称规划总院）1978年成立，是集团公司直属的重要决策支持机构，是石油石化工程总体规划及建设项目前期研究中心、油气田开发地面建设技术支持服务中心、石油技术经济发展研究中心和油气信息业务支持中心。在战略研究、规划可行性研究、咨询评估、技术经济研究、科技开发与设计论证等领域中，具有较强的技术实力。

根据决策支持需要，中国石油规划总院有油气集输、油气储运、炼油、石油化工、技术经济、市场研究、环境工程、信息工程等20多个主体专业和辅助专业，员工600余人。大学本科以上学历人员占95%以上，硕士85%以上，形成一支层次高、结构合理、专业齐全配套的员工队伍。与很多研究机构建立较为稳固的合作关系。

【生产业务工作】 2018年，规划总院运行项目1049项，完成一批高水平工作成果，为集团公司决策提供高质量服务，多项成果获国家及省部级奖励。

突出战略规划研究，为国家和集团公司油气发展提供高层次决策支持。国家级战略研究成果突出，影响力不断扩大。配合国家发改委、能源局、中国工程院、国务院发展研究中心、交通部等国家机构开展的研究成果，成为国家能源战略和政策制定的重要依据。全国和环渤海天然气基础设施布局规划研究、我国天然气供需现状问题及对策研究等课题，推动国家天然气产供储销体系建设。国家管网公平开放和天然气用户管理政策等研究，加快国家天然气市场化改革进程，研究成果在天然气行业、国家及省市能源主管部门产生较大反响。天然气价格改革前瞻性研究提出的三个阶段改革方案得到国家发改委的高度认可。《环渤海地区LNG储运体系建设实施方案（2019—2022年）》得到国务院批复。集团公司战略规划研究中心地位进一步巩固。“集团公司天然气业务链协同发展若干重大问题研究”报送中共中央办公厅，获中央领导同志批示。“新时期中国石油推进高质量发展的总体谋划”研究成果被集团公司2018年领导干部会议高度采纳。“炼化业务高质量发展研究”有力地支撑炼化业务转型升级和总体规划的制定。“发挥油气合作先发优势 打造‘一带一路’建设主力军”专题为集团公司海外优质高效发展提供技术支持。天然气管网互联互通和南气北上保供京津冀方案等产供储销研究，多次向国家发改委、国家能源局、集团公司领导汇报，为冬季天然气保供，特别是京津冀地区保供打下坚实的基础。油品市场营销研究方面，国内油品需求量预测精度保持96%以上；国际油价（月度）预测方向正确率提高至83%。天然气市场研究方面，牵头组织“天然气成为主体能源战略研究”课题，编写国家天然气白皮书；产运销优化软件技术入围国际大奖（弗兰兹厄德曼奖），市场团队荣登“国家天然气产供储销千人培训计划”讲台。化工产品市场研究方面，聚烯烃细分市场研究走在国内各机构前列，为集团公司排产、销售计划制定、新产品开发等提供有效支持。

重大工程前期研究稳步推进，为创效作出重大贡献。国内4项重大管道工程可行性研究进展顺利。编制完成中俄东线中段、南段可行性研究和申请报告。中俄远东管道项目组多次顶风冒雪到现场开展线路踏勘和选址。西四线可行性研究组织汇报10余次。西三线中段可行性研究重新启动。通过项目组共同努力，上述（预）可行性研究均编制完成，通过专业公司组织的评估。按照国家发改委加快推进天然气基础设施重点工程的要求，承担山东、江苏、唐山、福建等LNG前期研究，为国家打好污染防治攻坚战提供有力支持。辽河石化、大庆石化、吉林石化、大连石化、呼石化等地区公司的炼油质量转型升级研究、塔里木和长庆乙烷制乙烯项目可行性研究市场研究均取得阶段成果。

科技研发能力得到提升，创新导向效果显著。油气田地面取得多项重大成果。国家专项《山地页岩气地面工艺技术研究》形成复杂高原山地页岩气地面工艺技术优化集成及建设模式，完成两项专利申报。集团公司专项《加热炉及热力系统提效研究》历经4年多攻关，研发6套新产品，形成19项专利、技术秘密、软件著作权和8项标准，建成大庆、大港两个示范工程，在油气田得到全面实施，油气田加热炉的平均热效率由80%提高到85.3%，年节能27.28万吨标准煤、年增效3.3亿元，被科技管理部和勘探与生产分公司评价为“一流的创新成果、一流的应用效益、一流的组织管理”。

炼化增效新技术实现较大突破。国家自然科学基金项目“炼油过程分子管理的基础理论研究”建立多装置分子级模拟优化模型，打通燃料型炼油厂全流程。集团公司专项“炼化能量系统优化研究”历时10年、两期攻关，在国内首次系统性建立炼化能量系统优化成套技术，掌握国际先进的炼油、乙烯、芳烃、公用工程等系统模拟优化技术61项，形成专利20项、技术秘密68项、软件著作权11项、国家和企业标准4项，系统培训炼化能量系统优化技术人员1000余人，建成示范工程5项、重点推广应用工程12项，取得巨大的节能效果和经济效益。

软科学研究硕果累累。2018年，承担集团公司软科学课题16项，研究领域涵盖发展战略、政策环境、专业管理、综合管理及改革等方面，研究成果得到课题需求部门的充分肯定，“基于业务流程分析的人力资源共享服务中心建设研究”等5项成果被评为集团公司软科学研究优秀课题。

获奖成果和知识产权数量再创新高。“油气田站场高效建设关键技术研究与应用”等4项成果获集团公司科学技术进步奖，超额完成集团公司下达的考核指标。获石油与化学工业联合会等省部级奖励7项、知识产权30项，获集团公司2017年度科技成果转化创效奖金53.3万元，实现成果创新创效的双丰收。

基础工作支持力度持续加大。2018年投入2000余万元，重点支持超前储备、自主创新、实验室建设等工作，取得丰硕成果。“中国石油应对能源转型战略机会研究”等项目为集团公司中长期能源发展规划编制工作提供重要储备，“中国石油加油站第三方支付平台开发”等项目形成多项自主创新的技术和标准，“知识共享体系建设方案研究”在共享知识的积累、体系建设及管理等方面进行有益的探索。油气业务链优化、下游物联网等集团公司重点实验室建设基本完成，信息安全检测、大数据、模拟仿真等院级实验室进一步提升软硬件，信息系统检测、非金属管材两个实验室平稳运行。

信息化业务得到加强，为“共享中国石油”建设提供强有力支持。全面完成集团公司统建信息系统建设任务，应用效果日益显著。推进完成加油站管理系统（2.0）等8个项目竣工验收。初步搭建完成集团公司统一电子销售平台；加油站管理系统、“互联网+销售”应用取得初步成效；财务共享服务建设项目为建设西安分中心提供技术支持；炼化物联网项目基本建成各炼油厂统一的物联网平台；炼化物料优化与排产系统在云南石化等公司应用创造良好经济效益；物流管理系统持续优化应用，油品运输接卸综合损耗率由3‰降至0.6‰，油库人均接卸量和出库量同比增长75%。天然气零售系统在11家省公司53个地市公司推广应用。信息系统运维更加规范，运维的信息系统平均服务可用率99.99%，顾客满意率90%，用户满意率99.83%。网络安全能力进一步提升，建立月度信息安全检测常态化机制，初步建立一支网络安全技术队伍，提升信息系统安全水平。利用信息化平台服务集团公司生产经营力度持续加大，应用原油整体优化模型开展月度、季度、年度方案测算分析17次，应用物流优化模型开展成品油月度优化方案多情景分析等专题研究20余次，为集团公司生产经营和预算计划制定提供量化依据。服务地区公司能力凸显，承担上海销售、陕西销售、大连石化等97个信息化规划、数据分析集成应用类项目，获得各地区公司普遍认可。

海外业务实现跨越式发展。完成加拿大LNG和白桦地可行性研究、尼日尔原油外输管道可行性研究、中哈天然气管道AB线扩能改造工程、保利协鑫埃塞俄比亚—吉布提油气项目最终投资决策报告等一批有重大影响的工程前期咨询成果。2018年底，在尼日尔外输管道初步设计国际招标中一举中标，在做好传统项目的基础上，拓展工程设计业务。海外技术支持力度深化，完成各类决策支持项目147项，同比增长11%。

八大支撑业务有力保障核心业务发展。经济评价研究业务持续巩固并提升核心竞争力。经济参数的研究质量、深度得到集团公司总部、专业公司及地区公司认可。海外内部收益率及国家风险系数研究树立良好的研究品牌。经济评价方法研究实现对集团公司所有竞争性项目经济评价方法论的全覆盖。天然气定价、管输定价、投资估算、商务模式等领域的研究继续领先。后评价中心业务规模不断拓展，承担集团公司70%以上的典型项目独立后评价和80%以上的后评价专题研究任务，在集团公司后评价工作中的主导地位日益巩固。“集团公司‘十二五’以来加油站投资分析专项报告”等2项专题研究成果得到集团公司领导的批示和高度评价，后评价工作价值不断提升。节能决策支持与标准管理细化。开展集团公司节能节水统计和信息系统管理，推进能源管控战略实施，完成能源管控标准和培训教材编制，编制《中国石油节能实践》正式出版发行，代表中国石油3次参加中俄能效领域技术交流，进行主题发言。充分发挥两个石油行业级、3个集团公司企业级标准化管理机构和两个协会的作用，编制23项国家、行业、企业标准。造价管理、咨询评估、设计审查发挥投资把关作用。造价工作对计价依据实施动态管理，推进工程量清单计价应用。咨询评估审查投资是2017年同期的7倍。环境工程评估中心围绕解决集团公司重大环境问题，完成集团公司温室气体减排规划和项目树编制技术支持等工作。协助勘探板块审批重点工程30个。

【改革管理】 加强法治建设，依法合规管理迈上新台阶。2018年，规划总院制定和发布《领导人员履行推进法治建设职责实施细则》，成立推进法治建设工作领导小组和办公室，设置总法律顾问。制修订42项规章制度，出版制度汇编。完成企业领导人员履行推进法治建设职责情况的专项检查。强化重大决策涉法事项法律论证，规避法律风险。推进合规管理，宣贯集团公司诚信合规手册，全员签署合规承诺书，规划总院逐步向全面合规、主动合规、实质合规、自律合规转变。

深化改革稳准推进，增强发展激活力。2018年，规划总院贯彻集团公司改革部署，深入开展“三项”制度改革方案研究，提出总体改革框架和相关工作改革方向、措施与计划。为突出和加强天然气业务研究、整合提升国内外管道研究业务，更好地适应集团公司天然气与管道业务管理体制的调整，完成管道所、海外所重组整合方案研究。为提升信息化业务的核心竞争力，根据内外部环境变化，开展信息化综合改革研究工作，在调研和分析的基础上，从管控模式、组织架构、激励机制等方面提出有针对性的改革方案。

突出工作重点，人才开发与激励取得新成效。强化高层次人才队伍建设，落实培养措施，2018年上报新增石油科学家培育对象两人、青年科技英才12人；推荐1人享受政府特贴、6人参评教授级高级职称；研究制定适合规划总院特点的专家管理新体系。开展自有员工招聘，推进京外分部建设，补充各类人才80人，有力保障有关业务的开展。优化完善培训管理，开展新技术、新工艺以及高岗级专业技术人员培训，探索网络新媒体培训方式。推进成都、济南两个分部建设，提升规范化管理水平，分部作为人才补充重要阵地的作用日益凸显。

强化质量管理，研究成果水平持续提高。2018年，规划总院完成2015版ISO 9000管理体系的发布宣贯等工作，取得新版认证证书。完成ISO 20000 & ISO 27001管理体系修订和CNAS管理体系换版，通过审核。开展成果质量抽查等质量月活动，组织设计评审175项，技术成果优秀率保持90%以上的高水平。组织完成工程设计、工程造价、信息系统集成及服务、工程咨询单位甲级资信评价等技术资质的延续或申报，全部通过审查。

加强计划管理，财务和经营管理成效显著。2018年，规划总院生产运行井然有序，重点工作任务完成率100%。企业管理创新取得重大进展，获集团公司管理创新奖2项。把握生产经营工作节奏，业务收入超额完成预算收入指标。高度重视投资计划执行情况落实，投资完成率89%。完成凌怡公司股权层级上移，为信息业务建立公司化运营平台。完成合同审查1792项，开展15批次23个项目的招标。制修订国家科技重大专项间接费用和科技项目经费管理办法，实现管理增效。完成内控自我测试、内控手册修订和发布。

加强综合事务管理，服务水平稳步提升。2018年，规划总院完成食堂室外消防等配套工程的建设，主体工程完成招标。规范资产采购流程，满足员工办公需要。夯实安全管理基础，完成 HSE 体系换版。安全管控水平持续提升，实现全年安全生产无事故，被评为海淀区安全先进单位。完成院风险管理年度报告编制，细化保密、文秘、餐饮、物业、审计、绿化、医保报销、公务用车、单身公寓、房产和土地等管理与服务工作。

（吴小卫）

中国石油天然气股份有限公司石油化工研究院

【概况】 中国石油天然气股份有限公司石油化工研究院（简称石化院）是根据集团公司党组和股份公司管理层的决定，2006 年 6 月在股份公司原炼油化工技术研究中心基础上组建的直属炼化科研机构。总部位于北京，下设兰州、大庆 2 个研究中心，北京院部设 13 个研究室、7 个机关处室、1 个炼化信息技术研发中心和 1 个实验室运行服务中心。2018 年底，有员工 1115 名。其中：教授级高级工程师 46 名，高级工程师 431 名；大学以上学历占 82%，硕士以上学历占 45%，博士占 13%。

石化院固定资产 17 亿元。关键重要试验装置设备 1000 多台套，有包括 DCR、ACE、TREF、NMR、透射电子显微镜在内的数千台套仪器设备，投资亿元引进 4 套国际先进水平的高通量催化剂制备及评价装置，设备新度系数 70% 以上。设有催化裂化催化剂及制备工艺等 3 个石化行业重点实验室，清洁燃料等 6 个集团公司重点实验室，聚烯烃催化剂与工艺工程等 5 个集团公司试验基地，国家合成橡胶质量监督检验中心等 4 个国家级技术机构，炼化清洁生产中心等 4 个集团公司级技术机构。合作建设石油石化污染物控制与处理国家重点实验室。

石化院主要从事炼油、石油化工工艺和催化剂研发，合成树脂和合成橡胶等新产品开发，炼化节能环保技术开发、炼化产品标准化和质量检测、炼化知识产权研究、炼化科技信息研究、炼化科技人才培养等。石化院自主创新成果覆盖 80% 以上炼油和 50% 以上化工过程。

【发展规划】 2018 年，石化院发展目标：2020 年，建成特色鲜明、优势突出、竞争力强的国内一流石油化工研究机构；2030 年，建成与一流综合性国际能源公司相符的世界一流研究院。发展定位：一部三中心，即炼化业务决策参谋部、炼化高新技术研发中心、炼化业务决策支持与生产技术服务中心、炼化高层次科技人才培养中心。发展方向：五个紧密结合，即紧密结合集团公司炼化业务发展需要开展科研工作、紧密结合炼化企业生产经营实际开发新产品、紧密结合炼化企业生产经营需要做好技术服务、紧密结合集团公司和部门需求做好决策支持工作、紧密结合炼化技术发展趋势做好基础前瞻性技术研究。安全环保理念：安全环保是研发首要条件、安全环保是石化院核心利益、安全环保工作具有最高优先权。

【技术研发】 2018 年，石化院科研工作成绩显著，支撑炼化业务稳健发展。

化工原料型加氢裂化催化剂工业试验“1 号工程”成功，为炼化转型升级提供新的自主技术利器。实现化工原料型加氢裂化催化剂（PHC-05）在大庆石化 120 万吨 / 年加氢裂化装置首次应用，2018 年 10 月一次开车成功。重石脑油和航空煤油总收率接近 60%，柴油收率降至 8% 以下，重石脑油芳潜提高 5—7 个百分点，达到国际先进水平，获大庆石化高度认可，入选“2018 年中国石油十大科技进展”，将为中国石油炼化转型升级提供重要自主技术支持。

国家项目实现新突破，公司重大科技专项取得重大进展。润滑油国家项目方面，新型异构脱蜡催化剂（PHI-01）在大庆炼化实现工业应用，解决高含蜡高黏指重质基础油降浊点的世界级难题。合成橡胶国家项目方面，星型支化丁基 / 溴化丁基橡胶、双 B 级轮胎制备核心技术取得突破，跻身国际先进水平。集团公司重大科技专项进展顺利。“炼油系列催化剂”专项通过中期评估，重油转化理论体系完善，汽油柴油加氢、渣油加氢催化剂性价比提升。“劣质重油加工”专项形成系列研究成果，支撑集团公司海外资源开发和辽河、克拉玛依石化稠油加工基地建设。“聚烯烃新产品”专项通过验收，开发出 10 个品种 36 个牌号聚烯烃新产品，7 个聚烯烃催化剂完成工业试验。“航空生物燃料”专项完成年度工作任务，初步形成 6 万吨 / 年航空生物燃料生产成套技术工艺包。高效完成“炼化转型升级”“聚烯烃新产品（二期）”2 个专项立项。准备开题材料，配合科技管理部有序组织立项准备会、顶层设计专家研讨会、专家咨询会、开题论证会，实现当年立项、当年启动，创历史最快纪录。

重点项目研发和应用稳步推进，技术支撑作用更加凸显。清洁汽油柴油生产技术取得新进展。满足国Ⅵ标准的预硫化型 M-PHG、GARDES-II 技术分别在庆阳石化、呼和浩特石化应用，产品硫含量小于 10 毫克 / 千克，烯烃下降 10% 以上，辛烷值损失小于 1.5，开工时间缩短近 5 天，整体达到国际先进水平。PHG 技术在辽阳石化一次开车成功，在浙江石化推广。GARDES 技术完成辽河、大庆、格尔木石化换剂工作。催化轻汽油醚化技术在辽阳、克拉玛依石化一次投产成功。开展丁烯叠合及催化轻汽油芳构化研究，为应对乙醇汽油全国推广提供支持。配合大庆、吉林石化完成 PHF 柴油加氢精制催化剂再生补剂工作。催化裂化工艺和催化剂取得新突破。国际上首次实现高稳定性介孔分子筛的规模化工业生产，以其为功能组分开发的新型催化裂化催化剂实现在百万吨级催化裂化装置的工业应用。自主开发的深度降低汽油烯烃的 CCOC 成套工艺技术和降低柴汽比的 DCP 成套工艺技术首次在庆阳石化、兰州石化、云南石化应用，满足企业国Ⅵ A 标准成品汽油调和以及降低柴汽比的需求。完成 LPC-75 等 9 个催化剂新产品的工业转化，中标哈萨克斯坦 PK 炼油厂，新开拓大连西太平洋石化、辽阳石化 2 家国内市场。新一代渣油加氢催化剂开发成功。针对俄罗斯渣油加工开发新一代低成本渣油加氢系列催化剂。面对系统内催化剂生产能力不足的难题，统筹系统内外资源，优化生产质量控制体系，组织完成四大类 12 个牌号的催化剂生产，质量合格率 100%，生产成本下降 13% 以上，为在大连石化开展工业试验奠定基础。连续重整催化剂研发取得重要成果。自主开发的连续重整催化剂在庆阳石化 60 万吨 / 年装置开展两次在线替换试验，具有活性高、再生性能好、芳烃收率高、产品辛烷值高等特点，实现中国石油自主重整催化剂工业应用零的突破。环保新技术推广应用打开新局面。环保型超重力液化气脱硫（LDS）技术在辽阳、华北石化一次开车成功，在大庆石化推广。催化烟气脱硝催化剂在辽阳、大庆石化等 8 套装置应用，助推企业催化裂化装置氮氧化物达标排放。裂解馏分加氢系列催化剂推广应用再创新佳绩。2018 年新推广装置 11 套，其中裂解汽油加氢催化剂在中海壳牌 120 万吨 / 年乙烯装置一次开车成功，中标国内单套规模最大的恒力石化 150 万吨 / 年乙烯装置；碳二加氢催化剂在抚顺石化、四川石化、兰州石化应用。聚烯烃催化剂研发及应用迈出新步伐。淤浆聚乙烯催化剂（PSE-100）在吉林石化完成工业试验，产品性能达到 PE100 指标要求。气相聚丙烯催化剂（PC-1）在四川石化完成工业试验，产品合格，聚合物粉料形态良好。石蜡、醛加氢等特色产品生产技术推广应用取得新成绩。石蜡加氢催化剂在大庆石化再次应用，配合抚顺石化、大庆炼化新建装置提供技术方案。醛加氢催化剂在大庆石化、鲁南化工等 8 套丁辛醇装置应用，性能达到国际先进水平。

前瞻性技术研究进展顺利，发展后劲增强。2018 年石化院与法国道达尔，美国埃克森美孚、UOP，沙特阿美等国际公司及清华大学、天津大学、浙江大学、中科院大连化物所等开展广泛交流。超前谋划，高质量完成“炼油向化工转型技术”“新一代高附加值合成材料及产品”等 4 个重大超前储备项目框架设计，为后续研究绘就路线图。发挥中国石油—大连化物所能源化工联合基金、石油化工联合基金、集团公司基础研究与战略储备技术研究基金作用，选题立项质量明显提升。原油直接高选择性制低碳烯烃兼产氢气等化学品系列技术、甲烷无氧转化制烯烃芳烃、膜分散微通道技术制备活性氧化铝研究取得阶段性成果，可持续创新能力明显提升。

【新产品开发】 2018 年，石化院新产品开发和提档创优工作持续发力，促进化工产品升级。聚焦化工新产品开发，新开课题 40 余项，开展气相 PE-RT Ⅱ型 DQDN3712、NBR/PVC 共沉胶等 19 个 D 类中试新产品开发，完成 7 个新产品的中试开发和用户试验，超额完成集团公司对我院的考核指标。配合 10 家企业开发聚丙烯流延膜专用料 RP210M 等 11 个 A 类，聚丙烯吹塑专用料 RPE02B、车用轮胎专用料 SBR1586 等 9 个 B 类，中熔高抗冲聚丙烯专用料 LC7749、聚丙烯波纹管材专用料 H2483 等 12 个 C 类新产品。获炼油与化工分公司化工新产品开发推广奖 8 项。按照炼油与化工分公司“紧跟市场，产销协同，产品提档创优”要求，成立领导小组，组建技术支持团队，建立运行管理机制，2018 年采样 300 余个，测试数据 2600 余个，完成 40 组牌号对比，理清 60 余项产品结构差距，建立提档创优数据库网站，与生产、销售企业对接提出 15 个牌号的生产改进方案，石化院对企业产品开发支持作用进一步提升。

【技术服务】 2018 年，石化院技术服务和决策支持能力增强，助力企业挖潜增效。成立催化裂化、重整等 5 个领域技术攻关组，深入企业现场开展对标分析。到炼化企业进行技术交流近 30 次，针对 10 余家企业提出100余项“一对一”技术支持方案，与兰州石化、大庆石化、大庆炼化签署技术合作框架协议。为20余家企业提供现场技术服务700余人次，11家企业发来感谢信。完善西南、华北、西北、华南技术服务站，新建东北技术服务站，深入生产一线、市场前沿开展技术服务。开展20余次销售和用户培训，推广兰州石化丁腈橡胶等新产品，高效解决双向拉伸膜料L5D98“白点”等20余项技术难题，为市场开拓、稳定用户群作出重要贡献。发挥原油评价重点实验室、产品质量监督检验中心、炼化清洁生产中心等作用，完成伊朗重油、巴士拉重油等13个原油评价，为26家企业提供200余批次产品质量抽检服务。为四川石化提供乙烯裂解原料优化服务，双烯收率提高2个百分点；为兰州、大庆、抚顺、辽阳、吉林石化等开展40种乙烯原料裂解性能评价，为企业优化原料、优化操作提供技术支持。加强海外重油改质、加工利用研究，完成加拿大油砂沥青溶脱改质中试，形成100万吨/年加工方案；完成两伊份额油加工方案研究，为集团公司指导、安排云南石化加工80万吨伊朗重油提供决策支持；开展乍得高凝油和新疆玛湖油的原油评价和加工方案研究，为集团公司拓宽原油资源、优化加工路线提供技术支持。发布实施中国石油牵头制订的首个合成橡胶国际标准，完成制修订并发布国家标准4项、国家标准物质4项、行业标准5项，制修订石化院企业标准34项。试点成立炼化信息技术研发中心，开展信息系统建设和技术服务。完成远程诊断系统总体方案设计，长庆石化汽油加氢装置远程诊断系统上线运行。建立重点领域模型库，支持全生命周期模拟计算服务，提高技术研发和成果转化效率。完成集团公司炼化“十三五”科技规划中评估工作，牵头组织完成《中国石油“十二五”科技进展丛书》石油炼制、石油化工2个分册编写工作；开展主体技术发展跟踪和专题研究，6篇报告被国务院国资委采用，行业影响力显著提升。完善合成树脂、合成橡胶、乙烯原料数据库，做好期刊发行、炼化信息编发和科技查新工作，为40多个部门和单位提供信息支持，当好炼化信息“耳目”。

【科技成果】 2018年，石化院“2万吨/年己烯-1成套技术开发及工业应用”获集团公司科学技术进步奖特等奖，“碳二前脱丙烷前加氢催化剂PEC-21的开发及应用”获集团公司技术发明一等奖。获省部级科技奖励15项，行业协会科技奖励18项。发布实施中国合成橡胶产业首个牵头制订的国际标准，入选“2018年中国石油十大科技进展”。完成制修订并发布国家标准4项、国家标准物质4项、行业标准5项，制修订院企业标准34项。申报专利300项，授权251项，获中国专利优秀奖2项，石油与化学工业联合会专利金奖1项、优秀奖2项。10项技术成果在20家企业40套装置中推广应用。

【管理提升】 2018年，石化院管理水平稳步提升，实现合规平稳运行。加强制度建设，制修订合同管理、绩效考核、HSE管理、党建等制度28项，构建科学规范的运行体系。设置总法律顾问，加强涉法事项法律审查，严格执行“三重一大”决策程序，全年议定事项101项。加强内控、审计、保密等管理，合规管理水平进一步提升。推进管理模板化，编制会议工作手册、接待管理手册以及院重点工作计划、工作要点等模板，提高管理质量和水平，实现知识传承。加强科技创新“三大工程”顶层设计，突出重点，为长远发展奠定基础。研究实施院级探索项目两级管理新模式，推进完全项目制，创新环境更加宽松。修订科研管理手册，组织开展实验记录评比，召开科研管理经验交流会，科研过程管理有效加强。探索建立技术推广新模式，促进成果转化应用。落实集团公司科技成果转化激励政策，制定实施院科技单项奖管理办法，明确奖励分配原则，调动科研和管理人员积极性。强化责任制落实，推进量化评审，化学品管理信息系统上线运行，坚持每年第一个安排QHSE工作会，召开第三届设备及危化品管理经验交流会，组织730人次参与各类HSE培训34次，QHSE管理体系与实际工作进一步融合。试点订立日常检维修和消耗材料框架协议，改变一事一议的管理模式，实现随报随修，统一结算，提高效率。推进开源节流降本增效工程，试点开展科研项目全成本测算，多措并举降低成本。加强资金运行管理及“两金”压降工作，超额完成清欠考核指标，得到集团公司通报表扬。

【科研基建】 2018年，石化院条件平台建设再上新台阶，为科技创新提供坚实保障。组织开展3个国家级平台申报。完成2个公司级平台项目立项并启动建设；1个重点实验室和4个中试试验基地高分通过集团公司第二轮运行评估，其中合成橡胶中试试验基地在集团公司的42个成员中排名第三。中国石油北京油品质检中心通过国家CMA资质认证并挂牌运行，兰州中心化工产品质量检验中心、大庆中心石化产品检验中心通过国家CMA资质认证；完成中国石油管材分级评价中心主体装置建设，即将投用。完成物资采购任务，同比增长45%，大型设备采购数量同比翻番，采购效率提升。完成250余台套设备公用工程配接及安装调试工作，600兆核磁共振仪、聚烯烃高通量评价装置等56台套大型仪器设备投用，科研装备水平提升，作用增强。实验室信息集成管理系统（LIMS，二期）投用，接入仪器设备622台套、中试装置88套，实现重点装置实时监控和全生命周期管理。出台仪器设备共享方案，首批投入8台套仪器设备共享试点，实现“人休仪器设备不休”。以集团公司重点实验室为平台，主办第二届“中国石油烯烃聚合催化与聚烯烃新材料国际论坛”、首届“氧化铝催化材料技术交流研讨会”及“原油资源高效加工利用技术交流会”等24期专业会议，扩大石化院影响力。

【企业党建工作】 2018年，石化院推进党的建设，对科技创新的引领作用进一步加强。

贯彻落实习近平新时代中国特色社会主义思想和党的十九大精神。推进“两学一做”学习教育，开展“形势目标任务责任”主题教育、“四个诠释”主题党日活动，树牢“四个意识”，坚定“四个自信”，坚决做到“两个维护”。贯彻集团公司党组的部署要求，坚持党要管党、从严治党，“围绕科研抓党建，抓好党建促科研”，实现党建科研“双丰收”。落实党建工作责任制，构建“大党建”工作格局，组织开展巡视问题整改“回头看”，与驻院纪检组紧密配合，会同安环院、工程院建立“一分两合”巡察机构，对兰州中心和院部4个研究室探索开展“选派式”联合巡察。加强制度建设，实现石化院34个基层党支部党建工作考核和基层党组织党建工作述职的全覆盖。工会、共青团组织建设有序推进，桥梁和纽带作用增强。院党委领导班子签订改进作风承诺书，充分发挥“头雁效应”，坚决反对形式主义、官僚主义。集中力量推进一流人才队伍建设。开展两级班子及党支部书记的选配，2018年研究动议21名处级干部，首次建立后备干部人才库，基层班子不断充实、结构不断完善。引培结合，吸纳国内外优秀毕业生27人、系统内专家3人，外聘专家13人，人才队伍得到有效接续；评聘副高级职称62人，推荐正高级职称9人，实现三年“三连跳”；实施专业技术岗位序列制度，首次聘任16名首席专家、26名技术专家，打通科技人才成长通道。推进业绩考核和薪酬制度改革，建立院长奖励基金制度，首次申请国家项目专项奖励，员工薪酬收入提升，获得感、归属感增强。探索成立催化裂化新技术项目创新团队试点，激发科技创新活力。打造学习型石化院。组织开展35期“学习日活动”，开展创新微讲堂、读书实践活动，举办各类培训70余期，邀请6名院士、20余名专家做前沿科技讲座，20余名青年骨干走上讲堂，5000余人次接受培训；19名新提拔干部参加领导力培训班，6名科研骨干参加创新方法培训班，21名青年骨干参加党支部书记培训班，169名管理和科研骨干参加集团公司举办的62期培训班；选派93名业务骨干到海外交流培训，同比增加一倍多。推进企业文化建设。弘扬石油精神，构建诚信文化，编印《新时代创新榜样》，加大对先进典型的宣传力度，获“首都精神文明单位”称号，获集团公司直属机关“青年文明号”等9项团体荣誉和“全国石油化工行业优秀科技工作者”等14项个人荣誉。

（韦栋宝）

中国石油集团经济技术研究院

【概况】 2018年底，中国石油集团经济技术研究院（简称经研院）下设19个二级单位（不含驻经研院纪检组），合同化员工206人。其中：在岗局级领导6人，处级干部50人；合同化员工中硕博士125人，占在岗人数61%；教授级高级职称17人，副高级职称85人，占合同化在岗人数49%；中级职称77人，占37%。

2018年，经研院承担科研项目176项，科研总量保持在2亿元以上，完成和超额完成集团公司下达的业绩考核指标。

【智库建设】 2018年，经研院服务党和国家大局，智库建设取得新突破。发挥智库建设领导小组的引领、指导作用，推进智库理事会建立，探索新形势下企业类智库建设的新模式新路径。智库决策支持能力提升。主动与国家智库办和相关需求部委沟通，重点开展高质量发展、“一带一路”、石油进出口管理体制等3项智库课题研究，组织中国石油、国家能源投资集团、大同煤矿集团公司等3家企业“百企”调研，报送智库报告22篇、智库动态64篇。其中，中国石油报告获评优秀调研报告，国家能源投资集团入选深入调研报道单位，2篇报告均入选优秀调研报告集；天然气能量计量与计价改革、中国特色能源独立、美国对伊制裁等3篇报告被智库办刊用，我国油气体制机制改革、原油进口2篇报告被《成果要报》刊用，6篇智库动态被刊用，成果采纳数量为高端智库建设试点以来新高。在上海社会科学院智库研究中心最新发布的《2018年中国智库影响力评价与排名》中，经研院获中国智库综合影响力排名第38位、企业智库系统影响力第1位。对国家部委的咨政建言更加有力。参与国家发改委、能源局组织的能源“十三五”规划中期评估、原油成品油产运储销体系建设、改革开放40年能源变革和委内瑞拉项目论证；完成央企智库联盟的世界一流企业评价指标体系研究，中美贸易战对国有企业影响、天然气问题2篇报告获国务院国资委领导批示；承担“陆上油气勘探技术发展战略”“油气重大发现年度排行榜影响因子”“石油发展‘十三五’规划中期评估”等8项国家部委课题，定期参加部委形势分析会议，11项成果获石油企协奖励。2018年向集团公司办公厅报送研究类信息78篇，被中办、国办、国务院国资委采用39篇，信息得分位列集团公司第一名和支持单位榜首，为集团公司第一次入选中办年度优秀信息且得分位列央企首位，第一次在国务院国资委信息排名首位的历史性突破作出新贡献。

【决策支持有力有效】 2018年，经研院围绕集团公司战略部署和生产经营，坚持在“站位高度、视野宽度、目标精度、信息量度、加工深度”上下大气力，提供切实可行、真正管用的对策建议。围绕重点热点问题建言献策。首次在集团公司党组扩大会上汇报支持海外业务优质高效发展研究报告，完成集团公司安排的石油对外依存度研究报告，有关数据和结论被引用。报送的伊朗民运、深化巴西石油合作、先进独立炼油厂崛起、委内瑞拉首发“石油币”、伊朗油气合作风险、上游对外合作项目HSE管理等6篇报告获集团公司主要领导批示，“气化长江”、区块链技术、“较短周期”油气项目开发、渤海油田降本增效等9篇报告获集团公司领导批示。科研成果数量质量均有提高。2018年上报研究报告120余份、呈阅件61篇、专题报告6篇、石油情报104期，超额完成任务指标。“基于学习曲线的页岩气开发成本分析预测”和“集团公司稳健发展战略对标与财税支持政策研究”分获集团公司科学技术进步奖二等奖，行业报告、能源展望、科技展望等品牌产品的行业影响力持续增强，社会责任报告获金蜜蜂奖，26项成果获经研院科技奖励。

【科研能力建设】 2018年，经研院加速科研工作与生产经营的全面对接、与信息技术的深度融合，提升智库建设的核心竞争力。科研业务结构持续优化。成品油市场信息中心、天然气市场信息中心和海外发展战略研究中心强化传统优势，财税和金融研究中心课题获集团公司科学技术进步奖，技术和资源接替战略研究中心、物资采购管理研究中心分别首次承担勘探生产板块、物资装备部课题任务，炼化产业市场分析和战略研究中心报告获集团公司主要领导批示，非油业务研究中心系列调研报告获需求方好评，人力资源研究中心稳健起步，各研究团队加大一线调研力度，产研融合更加深入。信息化建设持续推进。首次开展集团公司信息化战略研究，承担“信息技术共享服务中心建设方案”研究，完成“基于大数据的全球能源信息系统”项目建设。集团公司重点实验室“油气市场模拟与价格预测”建设取得阶段成果，完成油气情报监测系统二期工程、重点实验室/试验基地信息管理系统、科技有形化数据库建设，开展成品油零售终端定价系统研发。信息资源与成果共享平台、OA三期上线运行，信息下载量60万篇/年，科研手段和管理方式不断转型升级。

【人才培养和激励】 2018年，经研院队伍建设取得新进展。强化人才的核心地位，实施人才培养、激励和考评政策，培育具有国际视野和专业能力的人才队伍。“三项”制度改革有序推进。落实集团公司统一部署，研究制定深化人事劳动分配制度改革行动方案和“1+N”配套措施，为提高劳动生产率和人力资源价值链提供制度保证。争取政策扶持，工资总额增幅创历史新高。绩效考核扎实开展。按工作量、成果数和个人贡献量化打分，对各部门各单位科学开展分类评估、全员考核。完善“双序列”考核测评制度，完成2017年度专业技术岗位序列人员考核，将考核结果与薪酬全面挂钩，发挥考核兑现的激励作用。干部队伍建设进一步加强。坚持正确选人用人导向，规范公正选拔12名政治素质好、工作能力强、有责任心的处级干部，首次打破身份界限，提拔1名市场化员工到处级岗位，40岁以下处级干部占比增至25%。选派1名处级干部参加集团公司中青年干部培训班并获评优秀学员，选派2名处级干部到国务院国资委、中西部地区挂职，选派1名处级干部参加集团公司巡视工作、2名处级干部参加派驻纪检组联合巡察工作，均获好评。制修订中层管理人员管理办法和选拔任用工作规范，完成“三超”检查整改。人才培养方式更加多样。首次与中国石油大学联合培养2名博士后，向集团公司推荐4名正高级、9名副高级职称人选，推荐1名石油科学家和7名青年科技英才培养人选，派出6名青年骨干分别到IEA和哈萨克斯坦、伊拉克、伊朗项目公司工作。培训工作取得新进展。组织各类培训126项，参训1840人次，加强青年员工外语口语培训，组织新员工到生产一线实习，人才队伍整体素质提高。

【对外合作交流】 2018年，经研院坚持开门办院，推动建立与政府部门、能源企业和各类智库协同创新、产学研用互利共赢的有效机制，实现智力资源的全面聚合。会议论坛品牌优势进一步扩大。举办国际能源发展高峰论坛、全国石油经济学术年会、亚洲天然气市场论坛以及行业报告、能源展望、科技展望发布会，承办首届中国国际进口博览会中国石油论坛，高水平举办十大科技进展和十大石油经济事件评选会、中日、中韩、CNPC-IHS成果交流会以及物探、开发、地质、工程技术系列研讨会，与IEA联合发布研究成果，行业引领效应更加显著。对外交流合作网络进一步健全。深化亚洲天然气市场联合研究，与石油与化学工业联合会、石油学会、塔里木油田、中国石化经研院、国开行等加强机制性合作，接待埃克森美孚、费氏、OPEC、地质大学、长江大学等42个团组178人次来访，派员出国（境）交流70个团组161人次，在世界天然气大会、东北亚天然气与管道论坛、国际石油贸易大会等国际会议上发表演讲，开放研究模式更加丰富。对外传播体系进一步完善。通过《国际石油经济》《石油商报》等传统媒体和“油气经纬”等新媒体发表最新研究成果，出版中英文版《文明古国能源合作智库论坛集萃》，接受媒体采访，在全国“两会”、中美贸易摩擦、天然气保供等重大节点发表文章，舆论引导功能更加突出。

【合规管理】 2018年，经研院遵循智库发展规律，坚持继承创新，完善决策科学、执行坚决、监督有力、充满活力的管理体系。民主决策更加科学高效。细化完善“三重一大”决策实施细则，明确决策事项目录，2018年召开院长办公会17次、党委会和党委（扩大）会29次，审议104项议案，对重要工作督查督办94项。规章制度体系更加完善。集中制修订科研外协、招标、网站管理、公务接待、公务用车、退休专家聘用等制度33项，规范稿费、劳务费、会议费、福利费等费用标准和预算、资金、报销审批流程，基本实现对业务和管理领域的全覆盖。基础管理进一步加强。强化科研项目过程管理，初步搭建共享机制，开展重点成果后评估，加大智库成果奖励力度，奖励总额为历年最高。清理长期不在岗人员9人，开展内审、内控、“三供一业”移交分离、外商撤资、法人变更、周转房清欠治理和账款催收等工作，经营业绩稳中有升，业务结构稳步调整。安全保密工作持续深入。完善安全保密宣传教育和工作体系，在重大节日和重要时间节点开展安全检查，通过国家保密专项测评，全年安全保密零事故。

【企业党建工作】 2018年，经研院党委发挥把方向、管大局、保落实的领导作用，坚持和完善民主集中制，全面落实党建工作责任制，构建管党治党的制度体系、责任体系和保障体系。学习贯彻习近平新时代中国特色社会主义思想和党的十九大精神。党委中心组学习13次、集中研讨3次，分8个专题带动各支部学习贯彻习近平新时代中国特色社会主义思想，举办2期党的十九大精神培训班，参观收看改革开放40周年大型展览和庆祝大会，配发学习书籍700余册。党委主体责任全面履行。推动两级班子和党员干部牢固树立“四个意识”，坚定“四个自信”，坚决做到“两个维护”，自觉在思想上政治上行动上同以习近平同志为核心的党中央保持高度一致。构建“大党建”工作格局，落实“一岗双责”，明确党委成员党内分工，带头抓意识形态工作，制修订党委中心组学习、党委委员基层党建联系点、支部达标晋级等10余项管理办法。成立党建研究中心，首次开展4项集团公司、5项院自立党建课题研究，获集团公司第九届党建思想政治工作优秀组织单位奖，2篇论文分获党建思想政治工作优秀研究成果一等奖和三等奖，1份课件被评为优秀宣讲课件。基层组织建设持续加强。编制党支部工作规范手册和业务解析，补足补强专职支部书记和支部委员，拨付支部活动经费，单独设立党费账户，严格落实“三会一课”、民主评议党员等制度，开展“形势、目标、任务、责任”主题教育和“四诠释、四合格”岗位实践活动，推广应用党建信息化平台，专项督导支部组织生活会，组织支部书记述职评议、基层党建自查、党费自查，各支部首次开展全员思想动态分析，组织主题党日活动100余次。注重在科研一线和青年员工中发展党员，2018年发展党员5名、转正5名，在集团公司党建督查中获充分肯定和高度评价。党风廉政建设持续深入。严格落实党委全面从严治党主体责任，支持配合派驻纪检组监督执纪，逐级签订党风廉政建设责任书272份，实现党员和关键岗位非党员全覆盖。制修订党风廉政建设指标考核、责任追究等9项制度，完善大监督体系，深入贯彻中央八项规定精神，构建“三不腐”长效机制。首次对新提拔干部开展“六个一”教育，多次开展网上廉政知识答题，参加派驻纪检组组织的纪检监察培训班和廊坊法治宣教中心参观学习。运用好“四种形态”强化监督执纪问责，2018年党纪政纪处分3人、5人次，诫勉谈话6人次，其他组织处理20人次。对党员干部的教育管理监督做在平时、抓在日常，“红脸出汗”成为常态，实现全面从严治党向纵深发展、向基层延伸。巡视问题整改扎实推进。迎接党的十九大后集团公司党组开展的首轮政治巡视，针对巡视组提出的整改问题及建议，经研院党委以高度的政治自觉、严实的工作作风聚焦问题，逐一讨论研究、逐条部署安排，将6类24项36个问题，分解为61项具体问题、150项整改措施，整改具体问题60项、落实措施147项，一些老大难问题得到解决，高质量完成整改任务。

【企业文化建设】 2018年，经研院和谐企业建设稳步实施。开展“弘扬石油精神、重塑良好形象”活动，首次制定企业文化手册，推进新媒体建设，加大内外宣传力度。开展“三关心”活动，组织联欢会、植树、献血、善行者等活动，篮足球、羽毛球、瑜伽等协会活动更加丰富。落实职代会提案，设立母婴室，解决子女入托问题，办理手机优惠套餐。举办工会和团干部培训班，落实统战、维稳工作责任制，开展青年志愿者服务、青年演讲比赛，获集团公司演讲、征文奖项。2018年帮扶困难党员群众30余人次，多种形式真情关心离退休老同志，经研院上下实干担当、奋勇拼搏的文化氛围更加浓厚。

（刘　佳）

中国石油集团工程技术研究院有限公司

【概况】 中国石油集团工程技术研究院有限公司（简称工程院）2017年12月组建，由原中国石油集团钻井工程技术研究院有限公司和休斯敦技术研究中心强强联合、重组整合形成，是集团公司直属科研机构。发展定位为“一部两中心两平台”，即集团公司油气工程技术参谋部，油气工程基础前沿及高新技术研发中心，油气工程高端技术支持与服务中心，油气工程高端科技人才引进培养平台，油气工程高新技术产业化平台。主要从事井筒工程的基础和前沿技术、尖端工具和仪器、入井流体的研发和推广工作。

工程院下设7个机关处室、10个研究机构、1个海外研究中心、1个国际业务部、1个实验中心、2个直属单位、2个项目部。有油气钻井国家工程实验室、集团公司钻井工程重点实验室和试验基地，美国休斯敦非常规工程技术实验室。2018年底，员工总数1033人。其中：新世纪百千万人才工程国家级人选5人，享受国务院政府特殊津贴专家11人，直接从事科研工作人员513人，中国工程院院士2人；博士、硕士研究生318人，大学本科417人，本科以上学历占71%；教授级高级工程师40人，高级职称人员307人、高级职称以上人员占34%，中级职称人员256人、占25%。

工程院有井下控制工程技术、欠平衡（气体）钻井技术、套管钻井技术、分支井（大位移水平井）钻井技术、膨胀管（波纹管）技术、连续管作业/钻井技术与装备、钻机配套的机电液一体化装备、钻井液与储层保护技术、完井固井技术、煤层气（新能源）钻完井技术、储气（油）库工程技术等特色技术。具备承担国家和集团公司重大科研攻关项目的能力，重大工程现场技术支持能力，硕士研究生以上高学历和高层次专业技术人才培养能力，钻井最前沿专项技术、装备的研发能力以及技术服务能力。

2018年，获集团公司及省部级科技奖励18项，申请专利184件（含发明专利112件），获授权专利118件（含发明专利65件）；发表各类论文233篇（含国际37篇），出版专著3部（含1部论文集）；修订60项标准制（含国际标准1项，国家标准5项，行业标准16项，集团企业标准3项，院级企业标准35项）。

【科研成果】 2018年，工程院承担科研课题139项，其中国家课题54项、集团/股份公司课题66项。新增科技创新成果72项。在原有技术积累的基础上，有9项科研工作取得重要进展。

油基钻井液、控压钻井和固井、非平面齿PDC钻头等关键技术助推塔里木山前深井跨入8000米新水平，获集团公司“十大科技进展”。高温高密度高抗盐油基钻井液完善高温高压条件下沉降稳定性，研发可变形纳微米封堵剂和可膨胀堵漏材料，提升体系封堵能力。在克深21井和柯7018井现场试验，总体达到国际先进水平。高压盐水层控压钻井和固井技术创新形成高压盐水层微流量控制钻井、控压防漏探盐底钻井、高压窄密度窗口尾管控压固井等3项核心技术，首次实现极小安全密度窗口、超高压条件下复杂超深井安全、高效钻完井，达国际先进水平。非平面齿PDC钻头创新提出金刚石复合片声波断裂韧性测试方法，研发测试评价装置，国际首创复合片选择性脱钴技术和脱钴工艺参数优化，实现复合片韧性和抗研磨性的兼顾，断裂韧性提高40%，脱钴深度提高40%，达国际领先水平，在塔里木油田、大庆油田和西南油气田试验30井次，机械钻速平均提升62%，进尺最高提升252%。

川渝高压气井及页岩气固井技术应用效果显著，获集团公司科学技术进步奖一等奖。自主研发核心处理剂，建立水泥石韧性改造方法，形成抗温240℃、60兆帕高强度韧性水泥及水泥环密封完整性控制技术，在川渝高温高压天然气井、页岩气井推广应用593井次，环空带压率大幅降低，有效支撑后期开发。

页岩气版全可溶桥塞研发取得重大突破。完成基于金属材料的可溶桥塞设计、加工和测试，耐温等级90—150℃，承压70兆帕/24时以及90兆帕/15分钟。全可溶桥塞进行溶解试验，试验显示桥塞本体在5个小时后开始比较明显的溶解，本体在1—2天后基本溶解完毕。胶筒要到大约8天后溶解为小碎块状，符合生产要求。

全旋转钻头指向式导向工具研制取得阶段性进展。突破大扭矩低速电机设计制造瓶颈，实现输出扭矩目标。完善测控稳定平台设计、实现工具面指向精度±8度目标。突破大扭矩低速电机驱动控制电路瓶颈，实现2400瓦输出功率目标（斯伦贝谢2100瓦）。完成功能样机组装调试、功能性试验（70-90转/分跟踪）、水力环路试验及稳定性试验，开展试验井试验。

研制出深层连续管作业机与复合连续管钻机。LG680/50T-8000超深井连续管作业机是国内最大的连续管作业机。注入头最大提升力780千牛、滚筒容量2英寸8000米（可扩容至8300米），塔架承载能力600千牛。LZ900/73-3500连续管侧钻复合钻机注入头提升力100吨，名义钻井深度4500米，完成先导性试验，正在进行现场试验准备。完成5口页岩气水平井的连续管作业，涉及输送枪弹射孔、清理井筒、钻磨桥塞等三类代表性工艺，最长水平段2514米。

页岩气版顶驱及扭摆系统、顶驱下套管等配套技术应用成效显著。页岩气版顶驱：2018年11月，在川渝页岩气、新疆玛湖区块有20多台页岩气顶驱在使用，提高生产时效，现场高度认可，初具产业化应用规模。顶驱扭摆系统：在川渝页岩气，新疆玛湖、长庆、渤海等多个区块使用30余井次，1000余小时，滑动定向段平均机械钻速提高25%以上。顶驱下套管：2018年，在川渝页岩气区块完成13口井下套管技术服务，作业最大井斜104.72度，最深6304米，最长水平段2870米，最短用时31小时。

钻井优化协同控制系统试验应用取得明显提速效果。通过建立钻头吃入深度与工作参数优化算法，实现对钻头工作参数梯度寻优；研制智能提速导航装置，基本实现钻头工作参数智能优化与自动控制。现场试验4口井，指令发送与解码准确率95%以上，同比机械钻速提高30.7%，钻头进尺同比提高33%。

高性能膨胀管管材研究取得重大突破。2018年，与专业研究单位和厂家合作，开展高强度膨胀管研制，制定膨胀管选材技术规范，完成高性能管材研制。新研制的两种规格高性能膨胀管，强度和冲击韧性明显提高，材料性能达到国际先进水平。

油田重点增储上产地区技术支持见成效。2018年，以项目研究和技术服务为依托，重点对川渝、塔里木、新疆玛湖和海外等集团公司增储上产地区开展技术支持工作，解决油田生产实际难题，实现提速提效提产目标，取得显著支持效果。川渝地区。根据西南油气田建设任务要求，专门成立川渝技术支持领导小组及西南项目部，主要开展工程技术支持、科研攻关、现场指导、人才培养等工作，取得良好的效果。提速系列工具现场应用5口井，形成提速模板，效果显著。自主研制的屏蔽爆破式趾端滑套在昭通页岩气水平井现场应用17口井，其中压裂7口井，成功率100%，国外同类产品成本同比下降50%以上。长宁区块提供2口井导向技术支持，实时建模A点垂深误差28米。建立长宁区块8口井的地应力、地质力学、裂缝系统模型，提出井壁稳定技术方案。塔里木深井。2018年，持续对塔里木深井开展技术支持，成立塔里木技术支持领导小组，加强项目部的力量。在室内研究基础上，编制重点区块钻井方案21个，钻井设计52口，地质力学方案8个，总结汇报35个。开展抗高温高密度油基钻井液、精细控压钻井等技术应用，取得显著效果。新疆玛湖地区。2018年，在玛湖会战指挥部领导下，工程院成立玛湖技术支持组，投入技术专家40余人次，发挥技术优势，推动近钻头地质导向、顶驱系列技术、非平面齿PDC钻头、岩屑清除工具等现场应用，优质储层钻遇率、机械钻速明显提高，为水平井提速提质提效提供强有力的技术支撑。2018 年玛湖钻井周期同比缩短 25 天，机械钻速提高 17%—33%。

【改革重组】 2018 年，工程院落实集团公司党组改革重组工作部署，推进两种资源的重组融合和内部资源整合优化与建设，系统规划“十三五”后两年及中长期发展，创新搭建“一体两翼”研发格局和“3+1”技术支持布局，建立探索科技决策、研发与管理、绩效考核与分配等机制，高效设置组织机构，重置和修订管理制度，战略补齐业务链条，快速推进“一院两地、一院两制”深度融合，有力践行党组决策部署。

在重组整合方面，内部资源整合优化与建设发展方案得到集团公司批准，确立工程院的发展思路、发展目标和管控模式；明确院组织架构和院属各单位的职能定位、业务界面和人员编制，精简二级机关部门 3 个，压缩科级机构 10 个，推动工程院上下思想融合、机制融合、组织融合和制度融合。

在业务布局方面，搭建以工程院国内部分为主体、休斯敦中心和中东技术中心为两翼的研发格局，构建以塔里木、川渝、新疆玛湖 3 个国内重点地区和海外中东地区为核心的技术支持布局；新设井下作业研究所，实现从单一井筒技术研发向“井筒技术 + 储层改造”一体化研发的转变，从单一条带研发向全产业链研发的转变。

在两地融合方面，以旋转导向、油基钻井液等项目为抓手、以成果转化为载体、以体制机制为基础，打破研究壁垒，建立开放共享的研发平台，逐步实现人才、业务、管理、文化的全方位融合，发挥出 1 加 1 大于 2 的整合效应。

【技术支持与服务】 2018 年，工程院跟踪国内外油气勘探开发需求变化，分析研判工程技术发展趋势，向集团公司提报战略发展规划和决策参谋方案 8 项，组织完成分专业回顾性梳理报告 5 项，创刊发行 2 期《油气勘探开发工程技术》月刊，提报《北美页岩气开发技术与成本分析》和《北美致密油开发技术与成本分析》2 份经济技术研究专报，以及各类专题简报 32 期，参谋和咨询作用凸显。

高质量支持总部决策。向科技管理部等上级部门提供国内原油 1 亿吨有效稳产工程技术对策等报告，向工程技术专业委员会提供钻井液、固井、储层改造、旋转导向、侧钻井等回顾性梳理与发展建议报告；掌握国际最新技术动态，定期向集团公司提供专题技术报告、资讯和期刊；承担集团公司资质评价中心、设备监理资格评审办公室、工程技术专标委秘书处、石油学会钻井工作部秘书处等工作。

高水平支持重点区域。集成精细控压钻井、高温高密度油基钻井液技术，支撑克深 21 井创造 8098 米集团公司深井施工纪录；推动新疆玛湖钻井提速，工程院技术专家支持及服务保障作用得到发挥；着重川南深层提速和固井完整性等重点技术攻关，形成川渝页岩气“三项”治理技术报告，制定卡钻防治技术规范，组织工程院助力川渝页岩气钻井提速总体工作部署。

高起点支持海外业务。选派精干力量，为国际勘探开发公司提供钻井方案优化设计、明 15 井技术支持等；与中东公司联合共建“中东工程技术支持中心”，靠前支持阿布扎比 NEB 项目。

【技术研发】 科研顶层设计成绩突出。2018 年，工程院牵头油气工程与装备方向 2020—2035 国家油气专项、国家深地计划、集团公司工程技术重大专项（二期）等项目顶层设计，新开课题 26 项，夯实工程技术创新的主体地位和可持续发展基础。重大技术装备取得突破。研制成功国内最大超深井连续管作业机，滚筒容量 2 英寸 8000 米；连续管侧钻复合钻机名义钻深 3500 米；指向式旋转导向系统基础研究持续深化，具备功能性试验条件；高密度油基钻井液核心处理剂抗温突破 220℃；高强度韧性水泥抗温突破 200℃；钻井优化协同控制系统实验应用取得明显提速效果；高性能膨胀管管材强度和冲击韧性达到国外同类技术水平。一体化工程技术解决瓶颈难题的能力显著增强。在塔里木油气田一体化配套油基钻井液、精细控压钻井、非平面齿 PDC 钻头等关键技术，助力山前复杂深井钻井提升新水平；在川渝页岩气集成钻完井优化设计、页岩气版顶驱及顶驱下套管、长水平井固井、趾端滑套等技术，显著提高钻完井时效和工程质量。科技平台建设高效推进。完成集团公司钻井工程重点实验室 / 试验基地运行评估，成绩优良；组织完成重点实验室 / 试验基地学（技）术委员会换届；召开学（技）术委员会会议暨首届青年学术研讨会；跻身集团公司“水合物工程实验平台”建设。

【产业转化】 2018 年，工程院发挥项目部窗口作用，推进“服务 + 销售”“制造 + 服务”等产业模式，顶驱、CGDS、连续管作业机、油化产品等产业转化和一体化服务能力增强；推广优势成熟技术，与西南油气田、中东公司等签订合作协议，与沙特阿美、NEB 等开展实质性技术研发与支持合作，多渠道开拓国内、国外两个市场，全年新签合同额 15.1 亿元。

加强技术交流与市场开拓。组织参加 CIPPE 国际展会，代表集团公司举办阿布扎比国际石油展览；精细控压钻井装备、油基钻井液、韧性水泥等优势技术在重点上产区域推广规模持续扩大；膨胀管、胺基钻井液等特色技术在乍得、尼日尔应用。加强成果转化平台建设。启动试点非平面齿钻头、全可溶桥塞和DMS等技术成果在北石柔性平台转化。加快北石产业结构升级。推进“制造+服务”转型发展，拓展“以租代售”业务，靠前为川渝、玛湖提供一体化服务，CGDS、顶驱及配套技术、大功率低速螺杆等优势产品和技术市场份额增大；持续加强精益管理，推进全产业链全要素降本增效，加大清欠力度，经营态势显著好转。做强江汉所连续管主业。推动管理升级，加快发展方式转变，加强机构调整，优化运行方式；丰富连续管作业机技术序列；新建川渝连续管作业项目部，开启连续管作业工程服务模式；完成7期210人次集团公司连续管操作取证、换证培训，行业影响力显著增强。

【科技创新】 科研创新效果突出。2018年，工程院个性化PDC钻头在大庆、西南和塔里木复杂难钻地层创造多项提速纪录；页岩气版全可溶桥塞耐温、承压通过西南油气田地面测试，指标卓越；国际上首次合成微米级压裂支撑剂颗粒；高效耐盐加重压裂液减阻剂关键指标达到北美市场最优水平，通过业界权威机构检测。科技基础条件平台作用显著。加大非常规油气工程实验室平台建设和资源整合，建立摩阻测试装置，加强化学合成、材料和基础研究等实验功能，诞生一批具有国际水平的技术成果。搭建国际技术研发与交流平台。着重项目制推动旋转导向系统研发进程，以结对子方式，组织休斯敦中心与井下控制所、北京石油机械有限公司等单位开展科研合作，加快重大项目和利器研发及产业化进度；组织完成长庆油田等23个团组的调研、考察和技术培训。

【企业党建工作】 2018年，工程院党委以习近平新时代中国特色社会主义思想为指导，坚持“融入中心、服务大局、落实责任、保障有力”工作定位和“抓基本、提质量、有特质、求实效”工作原则，强化“标准化、制度化、模板化、清单化、信息化、定制化”建设，探索新时代石油科研企业党建思想政治工作的方法和路径，为企业改革发展提供坚强的思想政治保证、舆论支持和文化支撑。

强化思想教育引导。加强政治理论学习，工程院党委中心组学习研讨13次，集中轮训处级干部56人，党的十九大主题征文20篇；开展首轮形势任务主题教育，增强广大干部员工干事创业的责任感和使命感。

提升基层党建质量。部署党委各路工作，健全调整基层党组织，按季度发布党建工作提示，推广“石油党建”信息平台，推行党支部达标晋级管理，组织“四个诠释”主题党日活动，基层党建工作明显改进。

加强企业形象建设。制订《党委（支部）意识形态工作责任制实施细则》，制作工程院中英文宣传片，建设微信公众号、官方微博和抖音账号，开展“新闻应急演练”，组织参观改革开放40周年展览，参加“我与改革共成长”主题征文，2018年发表宣传报道669篇。

打造良好政治生态。修订《党风廉政建设主体责任实施办法》等制度，全覆盖签订廉洁自律承诺书和党风廉政责任书，开展巡视整改“回头看”，完成两轮四个单位巡察，推动全面从严治党向纵深发展。

提升群团组织活力。修订《职工代表大会实施细则》等制度，完成13个基层工会换届；组织参加集团公司“改革开放40周年”歌咏比赛。

营造和谐稳定环境。坚持以员工为中心的发展理念，职工食堂实行新的收费便民管理模式，员工饮用水标准升级为直饮水，协调医院上门开展医疗服务，调整增加员工体检项目，保障员工健身运动场所，精准帮扶94人，员工的归属感不断增强。

【体制建设】 着重领导班子与干部队伍建设。2018年，工程院优化调整配备11个单位领导班子和27名领导人员，其中新提拔9名年轻处级干部，在江汉机械研究所试点领导干部退出机制，着力领导干部能力素质提升，领导班子整体功能持续增强，干部队伍梯次配备逐步形成。着重科技人才队伍建设。研究专业技术序列改革，平稳完成第一个任期考核工作；制定人才队伍建设机制，培养高素质、高水平、合理配置的研发队伍，在业务薄弱环节引入社会化专业人才，增强科研攻关与技术支持能力。着重科研与产业化机制建设。成立工程院科学技术委员会和4个专业技术委员会，建立科研决策机制；加大院级课题投入力度，鼓励年轻人勇挑重担；加强科研管理机制研究，建立务实管用的政策和制度，在北京石油机械有限公司成立新产品产业中心，赋予“特区政策”，研究建立化工产品产业化新模式。着重薪酬激励机制建设。加大科技成果奖励力度，完善多层次专项奖励体系和管理办法；制订岗位分红激励试点方案；聚焦创新、创收和创效，推行绩效奖金与效益挂钩联动办法，考核方式由年度改为季度，业绩兑现重点向指标完成好、效益贡献大、劳动生产率高的单位倾斜，严考核硬兑现。着重信息化建设。推进 RTOC 建设，支持重点区域、重点井建设与管理，加强工作模式的提档升级。着重法治建设。成立法治建设领导小组，设立总法律顾问，不断完善法律风险防范体系。

【企业管理】 2018 年，工程院突出科学管控、分级授权、流程优化，着重运营模式和管理体系创新，推进管理规范化、制度化、信息化和管理提升，制修订各类管理制度 21 项，推进“三项”制度改革，管理体制机制不断优化，政策和机制作用不断显现，奠定创新型科研机构及科技型企业的管理基础。

（王盼盼）

中国石油集团安全环保技术研究院有限公司

【概况】 中国石油集团安全环保技术研究院有限公司（简称安全环保院）2007 年 11 月成立，为集团公司直属科研机构。2008 年 7 月，中国石油天然气股份有限公司安全环保技术研究院获批设立，与安全环保院合署办公，“一个机构，两块牌子”。安全环保院是中国石油安全环保战略决策的参谋部，是集团公司、股份公司安全环保技术研究中心、HSE 信息中心、安全环保技术服务中心。2017 年 11 月，安全环保院由全民所有制企业改制登记为有限责任公司，更名为“中国石油集团安全环保技术研究院有限公司”。

安全环保院主要承担安全环保政策法规、战略规划和标准规范研究，HSE 管理体系研究，专项治理工程技术论证和重大项目安全环保技术评估，重大新建和并购项目 HSE 体系技术支持，应急技术研究，为应急管理和事故调查分析提供技术支持，基础、超前、共性和重大安全环保技术攻关、应用技术研究和新技术推广、HSE 信息管理、对外交流与服务，HSE 评价、审核、认证、咨询等技术服务。

2018 年底，安全环保院有 5 个机关职能部门，下设 11 个业务单位。有员工 371 人。其中：集团公司高级技术专家 17 人，博士、硕士研究生 141 人，大学本科 209 人，本科以上学历占 94.34%；教授级高级职称 13 人，高级职称人员 169 人，高级以上人员占 49.06%（正高 + 副高），中级职称人员 122 人，占 32.88%。

2018 年，安全环保院收入超过 5.1 亿元；形成集团公司 A 类科技创新成果 25 项，超额完成 11 项。其中：省部级成果 15 项、授权发明专利 8 项，集团公司自主创新重要技术 2 项；获协会科学技术进步奖一等奖 2 项，获集团公司科学技术进步奖二等奖 1 项；制定发布国家环保标准 2 项、行业标准 2 项、企业标准 3 项；连续 5 年获评集团公司 A 类企业，实现“零事故、零伤害、零污染”的 HSE 工作目标，获集团公司 2018 年度“质量安全环保节能先进单位”称号。

【决策参谋】 2018 年，安全环保院围绕集团公司发展面临的挑战和 HSE 方面重大关切，聚焦国内外石油石化行业 HSE 问题热点开展研究分析，编制 12 期《HSE 专题报告》，其中《“桑吉号”油轮沉没事故造成的影响分析及处置建议》获国务院副总理批示。

承担集团公司软科学课题 5 项，申报集团公司战略规划类研究课题 2 项；国家页岩气专项持续加大软科学研究力度，评估方法、全生命周期环境影响评价取得进展；研究编制的温室气体排放、甲烷管控技术报告，为集团公司参加 OGCI 纽约 CEO 峰会提供技术支持。

完成集团公司现行 HSE 制度合规性评价，承担集团公司《安全生产管理规定》《环境保护管理规定》等多项管理制度的研究修订；研究编制《集团公司绿色发展行动计划》《集团公司质量提升行动计划》；主持编制国家《陆上石油天然气开采工业污染物排放标准》，参加国际标准化组织 ISO/TC265、TC207 活动，完成 1 项 ISO 国际标准研究编制和 1 项国际标准培育计划立项。

【技术研究和产业化】 2018 年，安全环保院国家油气重大专项“页岩气等非常规油气开发环境检测与保护关键技术”成果陆续形成，研究编制的 LCA 排放清单填补国内空白，页岩气示范研究区的第一阶段生态评价研究成果在《生态学报》发表；国家重点研发计划“典型危险化学品储存设施安全预警与防护一体化关键技术研究与应用示范”，形成罐区 MEMS 雷电网络监测预警技术等 5 种样机。国家重点研发计划“场地土壤污染成因与治理技术”联合申报通过最终竞标答辩。

“安全环保关键技术研究与推广”开发出国内首创的储罐底板腐蚀声发射在线定量评估系统，依托光纤光栅传感技术开发出大型储罐基础沉降评价系统，开发形成一种纳米型过硫酸盐氧化体系；“低碳与清洁发展关键技术研究及应用”的9项标志性成果应用取得突出实效，节能19813吨标准煤，减排42753吨二氧化碳；集团公司基础超前和战略储备技术研究新增课题6项。

具有安全环保院特点的产业化工作管理模式初步形成，2018年新增合同额近6000万元，2项产业化技术分别入选“集团公司自主创新重要产品目录”“石油和化工行业环境保护与清洁生产重点支撑技术”。移动放射源在线监控系统实现移动放射源3个关键过程14个准重大风险点的在线管控；土壤地下水调查与修复技术获集团公司领导高度评价；污染源在线监测系统入选“2018年集团公司十余项技术利器”，进行有形化推广。

国家重点实验室主持及承担科研课题37项，资助17项开放课题研究，推进10项关键技术攻关和7套工艺技术集成；HSE重点实验室形成“钻井废弃物不落地随钻处理系列化技术”等7项成果，“超大直径储罐缺陷变形模拟试验平台”等3项实验装置，“外浮顶油罐雷击着火成因及防护措施”等2项新发现，“钻屑制备压裂支撑剂实验方法”等6项实验方法流程，“石油烃污染土壤及地下水中微生物组学分析技术”等3项前瞻性研究；开展实验室升级改造，推动实验室信息化、模拟实验室、实验基地建设，一体化实验平台的总轮廓初步形成。

相继与石油工业出版社、渤海装备、大港油田签订战略合作框架协议；承办炼化污水处理和非常规油气田国际研讨会、2018年北京洪堡论坛能源分论坛等高端会议；对外派出20个国际会议团组，到国外进行学术交流；保持与中国科学院、清华大学、青岛安全工程研究院等高校、科研机构的学术联系。

【技术支持】 2018年，安全环保院发挥海外HSE和社会安全管理与技术中心平台作用，构建“固定滚动任务+年度特色工作”运行模式，初步形成与中东、中非、中亚等海外项目“共栖”机制；开展HSE国际化发展推进、海外HSE和社会安全大数据平台、地区局势预警研判等课题研究。

2018年监督检查生产企业77家，监督覆盖率76%。组织诊断评估、专项监督28项，事故调查26次。

针对企业特点，组织对7家集团公司直属企业开展一年2次量化审核，突出方案策划、强化审核实施、深化原因分析、跟踪问题整改。

开展危险化学品普查和分析，完成2200多种化学品混合物的判定；针对危险化学品安全综合治理和仓储管理开展现场督查，推动近千项问题的整改闭环；开展危险化学品准入研究及“一书一签”编制，完善危险化学品管理制度。

勘探工作站6年培养咨询师400余人，主导中国石油绿色油气田创建，完成首家达标企业验收；炼化工作站立足企业特点，开发炼化企业危险作业预约管理系统；管道工作站对标国际水准推动企业安全能力达标上线，探索HSE管理体系可视化途径。

承担集团公司“第九届中国国际安全生产及职业健康展览会”参展组织工作，展现中国石油良好形象；完成井控等应急救援队伍的应急资源普查和1万余条普查数据的核对分析。

第二次污染源普查取得阶段成果，摸清集团公司污染源家底并建立污染源普查核算方法；开展集团公司“1+8”环境应急监测演练，保障集团公司污染事件调查，指导企业环境监测站工作。

完成集团公司国内所属109家企业、海外60个项目的温室气体排放核算数据收集、分析与报告，对国内12家企业排放数据进行现场核查；温室气体统计报告核算系统通过第三方认证认可。

HSE2.0系统上线运行，开发HSE管理制度与要求在线学习考试系统，建立承包商清退平台，开发的二污普平台实现集团公司污染源动态管控；应急管理系统2.0通过等保三级测评，2018年完成“7·11”“12·21”等9起集团公司突发事件处置支持，总应对时长500小时。

在原有支持基础上不断摸清质量管理现状、分析存在问题，提出并实施质量管理体系量化审核、质量损失率统计分析等多项新思路、新手段，系列措施成为集团公司质量管理的重点工作。

【技术服务】 2018年，安全环保院紧跟集团公司政策要求和企业HSE管理提升需求，完善咨询技术手册，打造标准化HSE管理咨询服务流程；整装管理咨询和专项咨询相结合，签订咨询合同60余项，专业范围覆盖勘探、炼化、销售、管道、工程技术、后勤服务等各类型企业。

完成6项“天然气互联互通”重点工程评价任务，助力集团公司向国家交出“冬暖天蓝”满意答卷；立足评价传统优势推动业务转型，风险管控、技术咨询、规划研究等由“推销”变“畅销”；依托两个工作站洞悉企业需求，提供精准服务。

秉持“做专资质，合规管理，守法经营，健康发展，求质量，求信誉”思路，提升内务管理，2018

年完成认证审核超过400家次。

【管理提升】 2018年，安全环保院开展职能部门“改变工作作风、发挥职能作用，更好为主营业务服务”的作风改进工作，各部门主动剖析问题，从思想上、行动上改进工作方式，梳理职能、明确岗位、完善制度、优化流程。

发布法律工作要点，成立法治建设领导小组并任命总法律顾问，开展法治建设自查自纠，以宪法日和“七五”普法工作为契机加强法制宣传，开展诚信合规学习与承诺书签订。

加强项目策划、中间成果和最终成果管控，赋予项目负责人经费使用和运行管理权；升级完善科研生产管理平台功能，实现立项、实施、变更、外协、验收、成果登记全生命周期的信息化管理；增设管理创新奖，鼓励、引导科研和管理人员开展管理创新研究。

推行全成本项目预算管控模式，开发并上线合作化用工经费管理系统，完善业务分组管理，加强资金“日计划”统筹，规范工程造价预结算审查，细化管理细则、流程，北京安评公司成功申报高新技术企业。

创新引智模式，通过技术服务方式引进176人；通过公开招聘，接收博士研究生4人，硕士研究生2人；通过市场化选人、系统内选调等方式引进14人；开展校企联合，在站研究生总数60余人。

开展10个部门和单位的财务审计，对2018年结题的5个科研项目、党费收缴使用、华油鑫业管控情况等进行专项审计，加大对“三公经费”和会议经费的审计检查力度。

以“5+1”风险管控为重点，构建双重预防机制，加大实验室、试验现场等重点敏感部位的风险管控，狠抓特殊时期升级管理，实现2018年“零事故、零污染、零伤害”。

【企业党建工作】 2018年，安全环保院坚持把党的政治建设摆在首位，领导干部以上率下，党委中心组集中学习12次，组织党的十九大精神、党务干部、处级干部培训106人次，组织召开专题党课，开展第十六次“形势、目标、任务、责任”“弘扬石油精神、重塑良好形象”活动周、“四个诠释”主题党日等主题教育活动。

2018年召开党委会15次、总经理办公会22次，确保集团公司重大部署的贯彻落实、安全环保院重要事项的民主集中决策；坚持正确选人用人导向，调整中层领导干部12人。

制订党建工作责任制考核评价办法，严格考评并强化结果运用；制修订25项党建制度，推行党支部达标晋级管理，严肃“三会一课”、组织生活会、党员民主评议等制度；基层党支部领办党建研究课题8项，征集党员微故事87篇，组织“不忘初心 牢记使命”朗读者优秀作品展示，调动全体党员推进党建信息化平台建设；建立党支部月度工作清单制度、季度政工例会制度，党建重点工作运行通报制度等。

召开2018年党风廉政建设和反腐败工作会，建立党风廉政建设主体责任清单，加强廉洁风险点排查防控；对新任职领导干部警示教育，以支部为单位集中观看警示纪录片；坚持重大节日廉洁提醒，开展亲属经商办企业情况专项检查，建立党委巡察工作制度，完成两轮5个党支部政治巡察。

【群团和青年工作】 2018年，安全环保院发挥工会职能，职工代表参与规章制度和有关事项审议，加大扶贫帮困力度，慰问一线员工和生病员工，开展健康疗养、健康体检、员工子女参保、读书活动和生日送温馨等温暖工程；组织义务献血，召开第二届运动会、羽毛球团体赛、迎新春茶话会和健康春游等活动。

将青年工作纳入“大党建”工作格局，组建3支青年特色团队，围绕志愿服务、体育运动和文学艺术开展青年公益行、篮球赛和读书分享会等多个“青”字号品牌活动，特色团队获“集团公司优秀青年工作案例”奖。

【企业文化建设】 2018年，安全环保院制作《标志性技术有形化》项目宣传片、宣传册、企业文化宣传栏，开展“走进新时代、树立新风尚”践行企业文化在基层、庆祝改革开放40周年主题书法培训班、有奖征文、书法比赛、摄影比赛等系列活动。

【宣传工作】 2018年，安全环保院对外发表新闻40篇；开辟先进事迹专栏，将先进榜样力量传递出去，形成辐射效应；“石油绿苑”微信公众号正式上线，2018年推送消息76条；集团公司领导干部会期间受邀中国石油报新闻会客室，发表《做实安全环保 筑牢企业根基》。

（耿　宝　张译之）

中国石油集团石油管工程技术研究院

【概况】 中国石油集团石油管工程技术研究院（英文缩写TGRI，简称管研院）组建于1981年，办公地点位于古城西安高新技术开发区，是中国石油直属科研机构，是国内石油行业在石油管工程技术领域唯一集“科学研究、质量监督、技术服务”为一体的综合性技术中心，也是“石油管材及装备材料服役行为与结构安全国家重点实验室”和“国家石油管材质量监督检验中心”的依托单位，有国内外先进的试验仪器设备500多台套，获国际、国家、石油行业授予的质量、计量、安全、标准等方面的权威资质和授权28项。2018年底，企业员工379人。

管研院主营业务涉及石油管工程的科学研究、质量监督和技术服务三大板块，承担着国家及中国石油重大专项、应用基础研究和技术开发项目等科研任务。研究方向包括油井管与管柱、输送管与管道、完整性评价与风险评估、腐蚀与防护、非金属及新材料等。承担着标准化、质量检验和评价、石油管及装备的失效分析、石油管材的研究开发及驻厂监造、技术咨询等技术支持和技术服务工作。

2018年，管研院克服行业形势低迷、外部竞争激烈等不利影响，全面加强党的建设，着力科技创新，深化综合改革，全体干部员工主动作为，勇于开拓，超额完成全年各项经济技术指标。

【科技成果】 2018年，管研院新立国家课题9项、省部级课题23项，56项在研课题进展顺利，8项课题完成结题验收，4项成果获集团公司科技成果转化奖励。申报发明专利96件，授权发明专利23件；发表论文210余篇，其中SCI/EI收录论文50篇；修订国际标准3项，制修订国家、行业和企业标准32项；获国家技术发明二等奖1项，集团公司、省部级和协会科技奖励10项，其中一等奖2项、二等奖5项。

科研项目立项取得重大突破。2018年，管研院落实国家重点研发计划项目“大应变海洋管线管研制”，首次牵头承担国家重点研发计划项目，实现历史性突破。落实“L485高应变海洋管道环焊材料及工艺技术”“高应变海洋管线管及环焊缝关键服役性能评估技术”“深水海洋管道基于应变设计及高应变海洋管技术要求”“L485高应变管线钢及UOE钢管制造技术”“极端环境下承压设备概率安全评价方法”“高精度三维螺纹综合测量仪在锥管螺纹和石油螺纹领域的应用开发”等国家重点研发计划课题6项；落实“页岩气水平井井筒完整性失效机理与控制方法研究”“大应变管线钢溶质配分与组织细化诱发TRIP效应机理及增强增塑规律研究”“油水耦合介质中石墨烯改性环氧涂层的防腐性能及机理研究”等国家自然科学基金项目3项；落实“高钢级管道环焊缝开裂失效因素及安全评价方法研究”等陕西省科技计划项目10项；参与塔里木、大港和智慧管道等集团重大专项3项。纵向科研经费首次突破亿元。在立项筹划方面，针对石油钻采装备轻量化、大型压裂泵寿命提升及油田套损问题，多次向集团领导及相关主管部门汇报，为“十三五”后两年科研立项奠定基础；承担国家油气重大专项接续项目调研工作，为后续项目的深度参与创造条件。

实施科研攻关，为重大工程项目提供技术支撑。2018年，管研院研究X80管材低温断裂行为，在国内首次开展−30℃全尺寸半气体爆破试验，为中俄东线天然气管道建设提供重要技术支撑。针对中缅管道“6·10”和“7·2”失效事故，开展研究和失效分析，为事故处理和管线复产提供技术支持，为集团降低事故影响、减少损失发挥重要作用。针对西南及新疆页岩油气井工程，开展套变因素及机理分析，初步形成非常规油气井管柱完整性控制技术。开发高温输油、高压输气管道用非金属复合管，在油田现场成功应用。针对塔里木双金属复合管环焊缝刺漏，开发修补器+异形B型套筒和引流式夹具注脂堵漏抢修技术，得到油田认可。完成“6·13”压裂泵着火、抽油机横梁断裂等大型构件失效分析，并提出针对性反馈意见，为开展钻采装备材料研究奠定基础。完成石墨烯改性油管涂层结构设计、本体材料筛选及涂装，形成石墨烯防腐新技术，为中国非常规、深层油气、海洋油气、低压低渗透油气等资源开发提供战略性技术储备。

【质量监督】 质量监督能力提升，市场份额稳步增长。2018年，管研院国家质检中心通过国家认监委实验室复评审和监督检查，新增授权检测项目69项，扩充检验方法标准119项，实施质量监督计划113项，能力验证15项，检测能力和体系运行效果提升。

完成集团纵向抽检11家单位、85个批次产品，同比增长70%，完成99家型式试验和鉴定评审，国家及行业质量监督把关作用充分发挥。对外加强客户走访，市场开拓效果显著，新签订合同突破4000万，同比增长68%。首次承担国家重大仪器开发专项课题“高精度三维螺纹综合测量仪的开发和应用”，为下一代螺纹量值溯源技术的提升奠定基础。螺纹单项仪校准装置通过国家计量指标考核，牵头成立集团螺纹计量工作组，提升行业影响力。秦皇岛试验室管理初步理顺，土地税减免、房屋产权办理等遗留问题逐步解决。

【标准化工作】 引领作用有效发挥，国际话语权巩固。2018年，管研院国际标准化工作取得重要进展，修订并出版3项国际标准（ISO 11960/ISO 11961/API 5L）；双金属复合弯管管件、金属陶瓷内衬管两个标准提案通过国标委审批并提交ISO国际秘书处；5项国际标准培育项目通过集团公司论证并立项。参与“一带一路”标准化工作，完成3项中英、5项中俄双语版标准制定工作，推进集团公司与俄气标准互认。按计划完成3项国标、5项行标、7项集团公司企标、17项院标共32项标准的制修订工作。团体标准取得突破性进展，成立CSTM石油石化工程及装备材料领域委员会，首次完成4项团体标准制定，其中1项在中国材料与试验高端论坛发布；完成CSTM材料评价与应用示范预研工作，被CSTM作为成果典范推广宣传。

【技术服务】 强化技术支持与服务，支撑保障作用彰显。2018年，管研院围绕中俄东线、新气管线、鄂安沧管线、闵粤支线、塔里木2205双相不锈钢管线等重大管道工程，以及长庆、塔里木、新疆、青海等重点油气田勘探开发项目，监造输送管168万吨，同比增长93%；监造油井管57万吨，同比增长21%；监造钢管防腐141万吨，同比翻一番；监造弯管、管件67万件，同比增长19%。开展在役管道检测评价、场站检测及现场技术服务，完成310余处管道检测、6个油气场站检测及27处换管技术支持服务，有力支撑西气东输、西部管道、北京管道、西南管道等重大管道安全运营。首次将管道爬行机器人高清摄像技术应用于管道内检测，取得良好效果，相关工作获塔里木油田的认可。开展TOFD资质认证、DD1/DD3自检资质申请及油井管集中监造争取等工作，为拓展业务范围奠定基础。

【成果转化】 2018年，管研院应变设计和大应变管线钢关键技术日趋成熟，成果在西二线、西三线和中缅管线等重大管道工程中推广应用，入选2018年中国石油十大科技进展。自主研发的3种规格膨胀管进入现场试验阶段，探索产品在长庆、塔里木等油田的推广应用。研究建立的环氧钢套筒指标体系和检测评价技术，在长庆采气三厂进行现场应用。化工产品产销量大幅增长，螺纹脂生产200吨、销售470万，分别同比增长186%和170%，取得中国石油润滑油2019年度供货商资质，获集团批准在塔里木、新疆、长庆、西南等油田销售。2018年，缓蚀剂生产480吨、销售740万，产量同比增长118%，年度新开发缓蚀剂产品5项，产品系列更加完善，市场前景广阔。

【管理提升】 2018年，管研院承担3项集团公司改革重点难点研究课题，围绕股权激励、岗位分红激励、管理序列改革等开展创新性研究，形成的研究成果指导管研院的综合改革，为集团公司深化科技体制机制改革提供理论启示和实际借鉴。修订《人员招聘及管理规定》，提高人才引进标准，严把“入口”关键。改革“收入分配机制”，强调收入凭创新创效贡献，达到“收入能高能低”和向一线科技人员倾斜的要求。实施中青年拔尖人才计划，发放津贴，精准激励。完成一般管理岗位的设置和选聘，实行以岗定薪，破除平均主义。“以价值创造者为本”理念深入人心，科技成果转化奖励和岗位分红激励逐步落实，科技人员的创新热情被充分激发。西安市全创改试点获批，为深化改革、优化激励机制创造好的平台条件和政策环境。2018年制修订各类管理制度18项，以制度化促进管理的透明化、规范化。建立健全法治建设工作机制，修订相关规章制度6项。组织开展内控手册自我测试和修订工作，内控管理体系持续完善。财务共享平台上线运行，提高财务工作的信息化和标准化水平。完成合同管理系统与财务共享平台对接，实现合同执行动态管理。发布《HSE属地责任清单》，明确属地管理责任，提高日常风险管控能力。

【人才队伍建设】 2018年，管研院优秀科研团队和一批科技拔尖人才脱颖而出。油气输送管道服役安全创新团队获“三秦学者创新团队支持计划”，刘迎来团队获“劳模创新工作室”。冯耀荣入选石油科学家培育对象，杨尚谕等8人成为石油青年科技英才，宋生印等5人被评为中国石油高级技术专家。王新虎被评为享受国务院特殊津贴专家，魏斌、李德君分别被评为陕西省中青年科技创新领军人才和“特支计划”青年拔尖人才，王建军获陕西省青年科技奖，王航、李鹤获孙越崎优秀青年奖，邵晓东、李发根被评为陕西省科技新星。院士领衔、石油科学家带头、集团公司和省部级专家为核心、青年科技人员为骨干的创新人才队伍更加壮大。

【精神文明建设】 2018年，管研院以陕西省精神文明单位创建为契机，围绕社会公益、传统节日、体育比赛等主题，组织开展一系列精神文明建设活动。举办三八国际妇女节倡议活动、五四青年节大讲堂、英语演讲比赛、道德大讲堂、院庆系列活动及文艺汇演等，营造员工和谐、团结、协作的氛围；组建管研院青年志愿者队伍，开展“厚德陕西”关爱老人儿童、“美丽乡村”建设、扶贫帮困等社会公益活动，提升管研院的社会美誉度；加强离退休管理工作，改进工作方式方法，关心离退休职工的生活和身体健康，促进离退休队伍的团结与和谐。

【企业党建工作】 2018年，管研院强化习近平新时代中国特色社会主义思想系统学习培训，推动党的十九大精神落实落地，教育引导党员、干部树牢“四个意识”、坚定“四个自信”、坚决做到“两个维护”，确保中央和集团公司党组决策部署、院党委各项安排全面贯彻落实。严格选人用人标准，落实选人用人程序，一批忠诚、担当的年轻干部得到提拔任用，优秀干部得到集团公司党组提拔任用，首次在集团公司系统内单位交流任职。实施党建工作责任制考核评价，开展党支部书记党建工作述职评议，贯彻执行党的纪律处分条例和党支部工作条例，狠抓“三会一课”、组织生活会和党员民主评议等基本制度落实，开展“四个诠释”主题党日活动，基层党组织的坚强战斗堡垒作用充分发挥。组织开展“七一”纪念大会、富平和照金红色之旅主题教育、五四青年大讲堂、“弘扬爱国奋斗精神，建功立业新时代”等活动，党员先锋模范作用得以体现。推动党建信息化平台应用，依托“石油党建”APP开展学习交流、在线答题等活动，党员参与率100%，每日学习党建蔚然成风，党员的思想境界和党性修养稳步提升，受到集团公司党建领导小组通报表扬。组织召开年度党风廉政建设和反腐败工作会议，开展廉洁教育，强化监督检查，构建“三不腐”机制体制，推动全面从严治党落到实处，为改革发展创造风清气正的良好政治生态。

（郭　琛）

中国石油天然气集团公司咨询中心（中国石油集团工程咨询有限责任公司）

【概况】 中国石油天然气集团公司咨询中心（简称咨询中心）1993年12月成立，办公地点设在北京，是全国第一批取得甲级工程咨询证书单位，国际咨询工程师联合会（FIDIC）会员、承担国家发展和改革委员会委托投资咨询评估机构任务的咨询单位和中国工程咨询协会（CNAEC）常务理事单位。为适应国家工程咨询业发展改革需要，依据国家发展和改革委员会2005第29号令《工程咨询单位资格认定办法》要求，经集团公司同意，咨询中心2006年10月完成“独立法人”注册，成立中国石油集团工程咨询有限责任公司（简称工程咨询公司）。咨询中心为“一家单位、两块牌子”，对内称咨询中心，对外称工程咨询公司。

咨询中心是集团公司发展规划、重大投资项目的智库参谋和决策服务机构，业务涵盖项目评估评价、专题与战略研究、油气储量评估、科技经费预算与使用核查、重大问题专项调研五大类。咨询中心对集团公司油气勘探开发发展规划、重大勘探部署和油气田开发方案进行调研、论证，提出咨询意见；对油气田地面工程和炼油化工工程的大中型项目进行评估论证；对石油天然气上、下游重大发展战略、技术经济、工程技术等问题进行专题研究；受国家发展和改革委员会及国内外其他石油石化企业委托，开展有关咨询工作。

2018年底，咨询中心有院士和老中青专家150余名，内设“两会”“五部”“一中心”，即中国工程咨询协会石油天然气专业委员会、咨询中心专家委员会，综合技术部、勘探部、开发部、炼化部、工程经济部，储量评估中心。此外，咨询中心还负责集团公司井控巡视组、第一纪检监察中心和第六纪检监察中心的后勤保障工作。

2018年，咨询中心党建工作再上新台阶、咨询工作再添新成果、学习型咨询中心建设成果交流会和咨询中心专家论坛再增新看点、基础管理工作再有新提升。咨询中心与吉林油田、国际勘探开发公司、长庆油田、西南油气田等企业建立战略合作伙伴关系；重新调整咨询中心专家委员会，明确职能定位，重新调整专家名单，确保其功能发挥；信息化建设一期工程部署实施，办公自动化水平显著提升。2018年，咨询中心开展各类咨询项目206项，完成153项。其中，新承接项目178项，完成135项，动用专家3000余人次。

【企业党建工作】 2018年，咨询中心党总支理论学习中心组集体学习讨论6次，中心集体学习53次，讲党课22次。在直属党委组织的“学习十九大、奋进石油人”答题竞赛活动中取得第四名，获二等奖。2018年，制定和完善《党支部工作实施细则》《咨询中心党总支关于进一步贯彻落实中央八项规定实施办法》；逐级签订2018年度党风廉政建设责任书；组织参加驻经济技术研究院纪检组开展的系列反腐倡廉警示教育活动；对巡视过程中发现的党建工作4个方面16个问题中，层层分解整改任务，按照要求逐项整改落实到位；转入党组织关系5人，转出2人，发展新党员1人，有1名预备党员按期转正；36名党员在咨询中心工作期间未出现违规违纪违法行为。

【专题研究】 2018年，咨询中心开展研究课题57项，完成43项。在国家能源局项目《2050年中国能源发展战略纲要》研究中提出的“推动消费革命，构建新时代用能新体系”等建议被高层采纳。“大油气田突破领域”课题梳理未来大型油气田勘探的64个重点领域，为集团公司勘探业务发展指明方向。《中国石油提高采收率技术对策研究》提出的“将油田提高采收率和勘探增储放至同等重要地位高度重视”等建议得到管理层响应。《油公司上游对标》研究，从资产布局、投资策略、生产经营和有机增长4个维度，构建石油公司对标指标体系。《集团公司科技项目经费预算编制研究》为做好集团公司科技创新“放管服”工作提供有力支持。参与完成的“凹陷区砾岩油藏勘探理论技术与玛湖特大型油田发现”项目成果获国家科学技术进步奖一等奖，“集团公司建设项目设计工作管理机制研究”等一大批课题取得较好成果。

【项目评估评价】 2018年，咨询中心开展评估项目145项、完成109项，其中前评估项目130项、完成94项。2018年，承担独立后评价项目7项，是在咨询中心历史上首次。后评价项目采用联动机制，各部门密切配合、主动作为，全部提前完成任务，得到委托单位的充分肯定，其中《关于中石油稠油典型项目独立后评价的专项研究报告》得到集团公司党组领导的重点批示。在《锦州石化资源替代转型升级项目可研报告》和《锦西石化结构调整和转型升级发展工程可研报告》评估过程中，提出140余条改进意见，绝大多数得到设计单位和建设单位的认可，“两锦”项目核减投资20亿元、核减率30%。《集团公司“十三五”页岩气发展规划中期评估》《大庆炼化结构调整增产石蜡项目可研评估》等重点项目都提交有价值的评估评价意见。

【专题调研】 2018年，围绕集团公司改革发展面临的重大问题，咨询中心各部门不断加大调研工作力度，到大庆、长庆、吉林、四川、青海、辽宁等地开展调研，调研频次和范围较往年明显增加。在吉林油田调研期间，通过听取专题汇报、专家座谈、看岩心、查资料、跑现场，在肯定技术创新和管理提升的基础上，指出吉林油田存在的四大矛盾，提出四点具有方向性的意见，认为松辽盆地勘探潜力很大、领域很多，为集团公司老油区挖潜探索新路径。在苏格兰炼油厂考察期间，专家秉承“敢言、多谋、慎断”的行为准则，深入研究、大胆谏言，意见建议被集团公司主要领导采纳，重新组织对英国炼油厂改造方案的论证。咨询中心作为集团公司战略发展的谏言者和集团公司与地区公司之间的桥梁纽带作用增强。

【重大科技项目费用审查】 2018年，咨询中心审核经费30.04亿元、核减4.8亿元，核减率16%。

【专家论坛】 2018年12月6日—12月7日，咨询中心2018年专家论坛在北京举行。论坛上，21位国内外油气行业知名院士、专家和学者，就能源战略、油气发展、勘探开发、炼油化工、工程建设、技术创新等具体议题进行交流，为中国石油高质量发展提出有建设性的意见和建议。集团公司部分院士、专家和总部机关有关职能部门、专业公司、部分单位负责人140余人参加本次论坛。会后整理上报《关于咨询中心2018年专家论坛会专家建议的报告》，集团公司党组领导分别作批示，转送有关机关部门和专业分公司。

【学习型咨询中心建设】 2018年，学习型咨询中心建设全面开展，走出去学、请进来学、员工自学、向专家学等多种方式相结合，推动学习型咨询中心建设向纵深发展。各部门高度重视学习型咨询中心建设发言准备工作，按照项目进行管理，分阶段推进，协同组织专家调研和课题研讨，确保选题的方向准确、问题剖析深入、意见建议更具前瞻性、针对性和指导性。11月在学习成果交流会上，咨询中心有18人参与交流，其中有 3 人获特等奖。

【基础管理】 2018 年，咨询中心在资质建设方面，获专业甲级资信资格，石油天然气专业委员会得到认可并得以保留，保持油气行业的领军地位；在基础管理创新方面，新制定 8 项、重新修订完善 3 项内部规章制度，各项管理办法及相关制度 30 项，实现制度全覆盖、体系更完备；在员工队伍建设方面，干部员工思想统一、真抓实干、团结进取、主动作为，表现出高度的责任心和使命感，呈现出良好的职业素养和精神风貌；在专家队伍建设方面，对专家委员会和特聘专家进行充实改选，150 余人的核心专家团队初具规模；在对外宣传方面，以中心名义在《中国石油报》开辟“翟院士讲故事”专题版面，传承弘扬优良传统和石油精神。

【信息化建设】 2018 年，咨询中心成立信息化工作领导小组和推进小组，具体抓信息化建设工作，强化信息化建设的顶层设计，研究并制定咨询中心信息化建设“三步走”的发展目标及各阶段具体工作内容。咨询中心与吉林油田信息中心展开合作，加快推进咨询中心信息化建设。2018 年 8 月，办公自动化系统率先上线并投入使用。此外，储量评估系统研发与应用平台建设取得阶段性进展，SEC 口径项目储量资产评估功能进一步完善，拓展 SEC 口径储量资产评估数据信息管理及合资合作模块功能建设，保证 SEC 口径储量资产评估功能的完整性，2018 年底前，完成 SEC 口径储量评估模块全部工作，实现 SEC 评估、评估信息管理功能全面覆盖，达到支持股份公司 SEC 自评估工作的要求。

（丛　强）

中国石油运输有限公司

【概况】 中国石油运输有限公司（简称运输公司）1953 年成立，是集团公司直属的大型专业化运输物流企业。主要为集团公司所属油田、炼化、销售、管道、燃气等企业提供专业化运输、石油石化产品配送及其他综合配套服务。具有国家一级道路货运企业、涉外运输、危险品运输、国际国内海陆空货运代理、进出口贸易、建筑安装、路桥施工和对外承包工程等经营资质，通过国家质量管理与质量保证体系认证，是行业内实力最强、规模最大的 5A 级公路运输物流企业。运输公司总部设在新疆维吾尔自治区乌鲁木齐市，在全国 31 个省（自治区、直辖市）设有分公司，在全国地（市、县）级城市设立 566 个运输大队、配送中心（车队）、修理厂和后勤服务等生产生活场点，在哈萨克斯坦、土库曼斯坦、尼日尔 3 个国家设有分公司和项目部。

运输公司主营业务包括油田运输（沙漠运输）、成品油配送（非油品配送）、化工与燃气运输、特种大件运输、国外与涉外运输、修理、物资贸易（国际货代、国际物流、进出口贸易），兼营业务包括油田环保作业、路桥施工、钢结构和压力管道制作安装、机械加工制造、复合型材生产、节水灌溉、驾驶培训等基建工程、多种经营和油田服务业务。

2018 年底，运输公司机关设 15 个职能处室，下属 52 个生产经营和后勤服务单位。有员工 28707 人、各种车辆 20112 台。2018 年，运输公司收入 163 亿元。其中：运输主业完成货运量 1.24 亿吨，货物周转量 173 亿吨·千米；其他业务收入 18 亿元，同比提高 6.24%。

【经营成果】 2018 年，运输公司与玉门油田、中石油煤层气、中油国际管道、辽河石化签订战略合作协议，与西气东输、渤海钻探、长城钻探等续签合作协议。跟进各油田勘探开发步伐，保障塔里木、新疆、长庆、华北、青海等 8 个油田的增储上产。拓展川庆钻探、长城钻探等运输市场，介入中国石化西北油田原油运输市场，拉运原油 1462 万吨、物资 1445 万吨，分别同比提高 25% 和 52%。围绕塔里木油田 3000 万吨产能建设和青海油田千万吨高原油气田建设目标，拓展运输和油田服务市场。在巩固原有市场的基础上，新增机构用户 159 个。承运中国石化在 14 个省（自治区）、8 个省（自治区）部队和 168 个支线机场的油品配送业务，探索推进河北、福建、西藏等省（自治区）的非油配送及仓配一体化服务业务，配送成品油 7896 万吨、航油 356 万吨。拓展中燃油华东、西北、华北等地区沥青、渣油运输市场，增加货运量 120 万吨。扩大新奥燃气、昆仑能源等燃气配送市场，开拓新捷燃气 LNG、江西销售 CNG 及如东燃气运销一体化市场，配送燃气 166 万吨，同比提高 35.6%。跟进中俄东线、陕京四线等项目的管材物资运输市场，巩固扩大阿克纠宾油田运输、阿姆河气田技术服务和工程建设等市场。巩固塔里木、青海、长庆等油田放空天然气回收、含油污泥处理等市场，介入塔里木油田供气管线改造服务市场，承接华北石化固废处置环保业务，回收放空天然气 1.96 亿立方米，同比提高 13.3%；处理含油污泥 1.03 万立方米，同比提高 30.9%。中标销售公司“双层罐”制罐、煤层气公司钻前施工等项目，承揽 38 家销售及炼油厂的加油站新建维修、油库升级改造等 1260 项。充分利用集团内部产品扶持政策，钻井液材料产销量首次突破 10 万吨。

【管理提升】 2018 年，运输公司开展两级机关“业务大学习大培训”活动，举办各类培训 62 期，培训 2.4 万人次。解决 624 名历届大学毕业生的职称初始认定，591 人取得专业技术任职资格。制修订《消防安全管理办法》等规章制度 6 项。编制岗位安全生产责任制清单，完善机关部门“一岗双责”。开展 HSE 体系量化审核及专项诊断与评估，跟踪整改集团公司专项督查等各类问题 514 项。启动危险化学品道路运输环境风险评估项目，完成新疆地区信息采集、数据整合及上线测试应用。开展基层站队标准化建设，148 个基层站队通过考评验收。投入 4700 万元，治理安全环保隐患 61 项。修订运输公司“1+18”应急预案体系，完善 47 类危险化学品“一案一卡一规程”。强化安全监督考核，对履职不力的 22 个单位、部门及 32 名干部员工进行问责通报。加强内控与风险管理，梳理识别各类风险 215 个，修订完善规章制度 86 项。强化招标和承包商市场准入管理，节约招标资金 2523 万元。简政放权，下放管理权限 2 项，简化审批流程 3 项。加大物资集中采购力度，压缩采购周期，节约资金 7730 万元。实施各类审计 170 项，取得直接经济成果 2100 余万元。

【开源节流、降本增效】 2018 年，运输公司开展“开源节流、降本增效”活动，增效 3.49 亿元。加强定额全过程管控，车辆百吨·千米综合油耗、材料费等主要消耗分别同比下降 2.06%、2.12%，运输配送车辆轮胎行驶里程同比提高 2.17%。通过“双低”整治，31 个配送中心实现减亏扭亏，增效 3837 万元。争取税收优惠政策，减负增效 4700 万元。围绕数质量综合损耗 0.27‰的管控目标，强化现场帮扶和管控考核，成品油综合损耗率从年初的 0.32‰下降到 0.24‰，下降 25%。

【转型发展】 2018 年，运输公司探索实践转型升级新路径。完成“中油物流”服务平台一期、二期建设，试点开展固体化工、液化气、渣油和原油运输业务。2018 年平台上线货主 5 家、承运商 41 家，车辆 1271 台、驾驶员 682 人，线上交易货运量 33.5 万吨，创收 1886 万元。试点开展外协车轮胎、润滑油、保险、ETC 办理等增值业务，创收 350 万元。按照“技术 + 服务”的思路，推进北斗车辆管理系统在青海油田、川庆钻探等 21 家企业的 2400 多台车辆安装使用，增效 1898 万元。落实集团公司“三项”制度改革工作部署，制定深化人事劳动分配制度改革实施方案，平稳实施组织机构和劳动用工改革，压减处科级组织机构 31 个、用工 1069 人。推动薪酬分配制度改革，将薪酬向效益好的单位和一线关键艰苦岗位倾斜。按照“先移交、后改造”的原则，基本完成矿区“三供一业”分离移交。职工医院移交新疆维吾尔自治区卫计委。管业公司整体划转宝鸡钢管公司正在推进。推进“处僵治困”，华北运输分公司、上海分公司、管业公司 3 家单位同比减亏 98%。注销库车天翔旅行社等 6 家法人机构，全面完成法人压减任务。

【企业党建工作】 2018 年，运输公司组织党员干部深入系统地学习习近平新时代中国特色社会主义思想和党的十九大精神，两级党委中心组集中学习研讨 860 场次。开展“形势、目标、任务、责任”主题教育活动，强化意识形态管理。出台全面落实“大党建”工作格局实施方案，开展党建基础工作排查，系统提升党建工作质量。开展“四风”专项检查和物资采购、外协车专项监察，查出并整改问题 348 个。完成 4 轮巡察工作，实现“三年全覆盖”的目标。开展重复举报专项治理和监督执纪专项检查，受理信访举报同比下降 6.4%。运用“四种形态”处置问题线索 113 件，相关责任人受到党政纪处分和组织处理。落实维稳信访“五级责任”，受到集团嘉奖 6 次。推广运用“十步法”处置群体性事件，信访总量同比下降 58.6%。

【民生工程和社会责任】 2018 年，运输公司坚持将发展成果惠及全体员工，员工收入同比提高 11.07%。办理职工住房不动产证 6931 户、发放 3442 户。开展“访惠聚”驻村、深度贫困村精准扶贫和“民族团结一家亲”活动，完成所驻原阿克陶县库斯拉甫乡 4 个村的整体移民搬迁任务。

（高　佳）

中国华油集团有限公司

【概况】 自 2017 年原中国华油集团公司与北京华油服务总公司整合以来，中国华油集团有限公司（简称华油集团）立足新时代、新形势，牢牢把握集团公司赋予的企业定位，高质量编制完成“十三五”滚动发展规划，明确“为中石油提供专业化后勤服务保障”的企业使命，明确“世界眼光、一流标准、石油特色、高点定位”的发展定位，明确“建设一流国际现代服务公司”的奋斗目标、发展愿景和实现路径，为华油集团持续稳健高质量发展提供行动指南。

华油集团坚决贯彻集团公司决策部署，改革创新，攻坚克难，实现收入 52.4 亿元、利润 5.5 亿元（扣除计提减值等因素，账面利润 2.26 亿元），分别同比增长 7.3%、100.4%，超额完成集团公司考核指标，保持安全生产和队伍稳定，开创改革发展新局面。2018 年底，用工人数 13290 人（其中合同化 1438、市场化 5682）劳务用工 2666 人，非全日制用工 604 人，外籍用工 2900 人。总部机关归并为 11 个部门，机关人员编制精简为 100 人。设立 4 个直属机构和 10 个二级单位，98 个三级单位。华油集团党委下设 12 个党委、10 个党总支、121 个党支部，党员人数 1764 名。

【业务工作】 2018 年，华油集团启动“专业化管理区域化发展”管控模式改革，川渝分公司组建运行，酒店、物业业务开始闯市场。机关服务中心转企改制方案上报待批，相关工作稳步推进。打造现代商贸物流业务，全面停止融资性贸易，整合商贸物流、集中采购、食品仓储加工等业务，组建阳光商贸公司。与京诚集团合资组建的京旭阳光公司注册运行，为业务以更加灵活的体制机制参与市场竞争搭建发展平台。加强与哈尔滨中润、宝石花物业等接收方沟通协调，“三供一业”按期平稳移交。与宝石花医疗集团合资的宝石花阳光（北京）医院管理有限公司揭牌成立，医务服务向市场化、社会化方向转型。与中油资本、中国长城、海峡基金、中铁建业等内外单位合作洽谈，对接酒店混改、国际商贸、健康养老等项目，开拓改革发展的视野和思路。开展客户走访和市场开发。走访广东石化、川庆钻探等 35 家石油单位，与寰球工程、江苏销售等 22 家单位签署战略合作协议，与西南油气田、云南石化等 17 家单位签署差旅协议。新承接河南销售、甘肃销售等国内物业餐饮项目 56 个，增加物业管理面积 87.2 万平方米、配餐规模 7658 人、出票量 4.9 万张，分别同比增长 23%、28%、63%，相关收入预计新增 1.7 亿元 / 年。海外新增中油国际莫桑比克、吐哈油田伊朗、华为吉布提、长城汽车俄罗斯图拉工厂等项目 8 个。

【经营成果】 2018 年，华油集团推进落实 21 项开源节流措施，全面实现经济效益提高、EVA 指标提升、成本费用下降、财务状况保持良好的四项目标。其中，总部层面通过币种转换、活期转定期等措施创效 2482 万元。推进米面油等大类食材集中采购，标的金额 1.5 亿元，采购成本同比下降近 8.5%。阳光酒店集团紧贴市场强化集团营销，落实节能降耗减员增效措施，同比增收 53.9%、减亏 5115 万元。阳光物业公司通过“两比两降”、全员考核、项目制管理等措施，收入、利润分别同比增长 7.1% 和 61.7%。油气业务采取精细注水、检泵修井、油井调参等措施，有效管控成本，完成原油商品量 38 万吨，盈利 2.57 亿元。

推进资产轻量化，低效无效资产计提减值 1.94 亿元，处置潜亏 1.34 亿元，出售库存房产 2.69 亿元，资产质量持续提升。压减低效无效股权项目 6 个，完成集团公司下达的年度压减任务。推进亏损企业专项治理和“处僵治困”工作，累计处置、扭亏企业户数 15 户，亏损企业户数和亏损额实现双下降，超额完成集团公司下达的目标任务。做好宾馆酒店专项整改后续工作。开封酒店、哈尔滨龙庆大厦对外租赁，重庆江北酒店由川庆钻探承租，19 家保留经营酒店利润同比提升 2601 万元。建成酒店、物业、餐饮等管理系统，为酒店的集团化发展、物业智能楼宇建设、餐饮全流程管控开辟道路。

【技术服务】 2018 年，华油集团与华为慧通公司合作，石油商旅技术平台完成搭建，与 11 家航空公司、700 余家酒店签订大客户协议，实现机票、酒店、会议的在线预订，平台的产品集成和价格优势初步显现。物业“阳光倍全”O2O 平台在石油大厦、名人大厦上线运行，订单 4417 单。推行“e 运维”智慧配电运维，完成 18 个配电室升级改造，实现 24 小时在线远程监管和无人值守。ERP 应用系统进一步集成，协同办公系统试运行，合同管理系统完成重点覆盖，文件排印系统研发上线，餐饮视频监控系统全面铺开，信息化建设取得显著成果。与京东合作的集中采购电商平台上线；落实新疆扶贫产品、俄罗斯进口商品采销工作；东坝冷库投用，第一批冬储水果入库；中央厨房加工配送肉禽类、根茎类等食材600余吨；第一家阳光便民超市在六铺炕建成亮相。

法律共享中心组建成立，财务共享中心建设稳步实施，阳光物业工程技术共享中心、北京地区应急维修中心、消防安全管理中心挂牌运行。工程管理中心、科技开发公司发挥专业优势，为昆仑大厦、哈萨克斯坦北京大厦等改造工程提供管理技术支持。“一站式”“一卡通”服务落地见效。抓好石油大厦“一站式”服务大厅设计规划，探索将业务融入石油大厦服务网，提高信息化服务能力。完成餐饮“一卡通”一期建设，实现餐卡异地消费功能，改善石油员工就餐服务体验。启动“品牌华油”建设，确定阳光品牌的理念定位和模型架构，完成华油集团及酒店、物业、配餐VI设计。推进质量标准体系建设，重新发布企业标准71项，实现重组后华油标准体系的融合与统一。

【管理提升】 2018年，华油集团出台深化人事劳动分配制度改革“1+7”配套方案，体制机制改革迈出实质性步伐。制修订投资、财务、资产、审计等规章制度90项，修订完善“三重一大”实施细则，依法合规的制度保障逐步到位。对原有内控手册的各项内控流程开展修订，绘制完成内控流程292个，梳理关键风险控制点368个，华油集团内控体系基本构建。

加大“两金”压控力度，推动应收款项应收尽收。部署小金库、银行账户、税务问题等专项检查，开展财务稽查，配合集团公司专项审计，加强内部审计，狠抓问题整改，健全体制机制，从源头上杜绝问题发生。强化合同过程控制和跟踪检查，2018年未发生我方过错造成的合同纠纷。应对乍得工业园投资协议中止、华油实业贸易纠纷等问题，防范风险，维护权益。

抓好QHSE体系建设，完成机关服务中心等六家单位的管理体系文件整合。组织“安全生产月”活动，举办“安康杯”安全生产知识竞赛，开展岗位风险辨识，落实燃气消防、电气设备、工程建设等安全检查43次，查改治理隐患338项，做到重大隐患风险受控可控。但在深化落实集团公司安全生产“四条红线”监管要求的高压态势下，发生兰州“5·22”承包商高处坠落亡人事故，教训十分深刻。各单位引以为戒，采取措施，狠抓整改，确保安全生产形势根本好转。

【服务石油】 2018年，华油集团服务的中国石油二级单位在京55家、京外51家，覆盖率超过62%，服务系统外单位147家，同比增长33%。莫斯科中国贸易中心建设有序推进；酒店业务在经历数年收缩后首迎大连酒店开业；长庆油田配餐项目实现油田市场的“零”突破；北京销售、甘肃销售、河南销售、西藏销售、江西销售等项目拓展国内市场布局；承揽石油企业差旅服务，为承接中国石油集中差旅预订和石油企业在京办事处职能奠定基础。策划开展系列美食节活动，推行餐饮控点管理，餐饮服务质量提升。从物资公司餐厅改造入手，初步形成新的餐厅环境标准。建立食品研发培训中心，餐饮出品量化定型900道。机关服务中心车辆服务部、房地产管理部、幼儿教育部、离退休职工管理部获北京市和集团公司表彰。阳光国际公司、阳光餐饮公司分获“中国团餐百强”和“优秀企业”称号。科技园石油档案馆项目获中国建设工程鲁班奖。科技交流中心首次高质量承办集团公司领导干部会议。上海阳光酒店优质服务首届进博会。阳光物业公司高规格服务人民大会堂国庆招待会、非洲联盟55周年庆典等活动。华铭公司完成6位国家领导人和7次高访代表团接待保障服务。

【企业党建工作】 2018年，华油集团党委发挥领导核心和政治核心作用，学习贯彻习近平新时代中国特色社会主义思想和党的十九大精神，落实新时代党的建设新要求，把方向、管大局、保落实。组织第十六次“形势、目标、任务、责任”主题教育，开展“四合格、四诠释”岗位实践，通过重温入党誓词、参观教育基地、观看爱国教育片、书记上党课、青年员工下基层“四个一”实践、读书分享等活动，强化党员党性观念，增强党组织的凝聚力。

建立党建工作责任制考核评价体系，增设党务机构和党务干部，组织党组织书记基层党建述职评议，加强“三会一课”“民主评议党员”“双重组织生活”等制度建设，党建工作质量持续提升。把整治形式主义、官僚主义作为正风肃纪、反对“四风”的首要任务、长期任务，针对突出问题，狠抓专项治理。出台婚丧喜庆、干部亲属经商办企业等专项制度，开展落实中央八项规定精神监督检查，对公务用车、宾馆餐厅接待、免费房使用等问题进行集中排查整治。深化运用监督执纪“四种形态”，严肃查处违纪案件。配合集团公司巡视工作，扎实开展内部巡察，巩固风清气正的良好政治生态。

【企业文化建设】 2018年，华油集团组建起覆盖基层各单位的通讯员队伍，门户网站新闻动态刊发力度加大；建立微信公众号，制发技能竞赛、改革记忆等信息31期；向集团公司报送管理创新动态60篇，综合排名第8位，展现华油改革创新的最新成果；开展“弘扬石油精神重塑良好形象”等主题活动，组建阳光艺术团参加集团公司汇演，举办纪念改革开放40周年文艺巡演，宣传思想政治工作空前活跃。在企业经济效益提升的同时，做好离退休职工节日慰问和困难职工扶贫帮困。落实集团公司效益增、员工收入增的政策，华油员工收入水平平均提高13%，一线艰苦岗位津贴标准上调24%，职工群众获得感、幸福感和安全感增强。

（李昕颖）

北京石油管理干部学院

【概况】 北京石油管理干部学院（简称管干院）是集团公司高级培训中心，是集团公司党校和中国石油远程培训学院，以培训为主营业务，以中高层管理干部为主要培训对象，充分发挥干部培训主渠道作用、党性锻炼大熔炉作用和远程培训主平台作用。管干院1984年成立，占地92亩，建筑面积8.5万平方米。学员宿舍1083间，床位1623个，教室50个，座位2743个，具有1200人/日培训能力。

2018年底，管干院下设14个处室及石油教育与人才研究所、集团公司考试中心、集团公司党建工作研究所3个二级机构。资产总额为8.31万元，其中固定资产为5.09万元，员工133人，具有高级专业技术职务任职资格的有49人，其中教授级9人。

2018年，管干院学习贯彻习近平新时代中国特色社会主义思想和党的十九大精神，落实集团党组工作部署，围绕“价值中心”战略目标，实施“活力激发、行动学习、创新驱动、三位一体”战略，深化“学习型班子、服务型团队、创新型组织”建设，追求培训服务高品质，各项工作有序开展，较好完成“十三五”阶段性目标和年度计划安排。

【培训工作】 2018年，管干院举办450个培训班，培训学员20.8万人天。培训项目设计满意度和课程质量满意度分别为9.69分和9.54分。发挥主渠道作用，助力全集团深入学习习近平新时代中国特色社会主义思想。拓展党建系列培训，内容涵盖党的建设更多方面，形成比较完备的体系。党校班在严格落实教学计划和严格管理基础上，融入行动学习，提升学员活力。中青班首次引入学员领导力测评，探索创新培训方式，大胆实践。试点举办支部书记能力提升体验班，对党建类培训推进体验式教学进行大胆尝试。领导力进阶项目获CSTD全国学习设计大赛银奖及最具人气奖，正式纳入集团培训计划。形成专项方案在全集团推广，石油教育学会继续教育委员会将方案宣贯作为年会主题，深入研究落地措施。与清华大学合作的首期工商管理班，历时两年六次集中学习顺利结业。与中国石油大学（北京）合作举办印度尼西亚采收率提高专题班，在国际化培训方面取得重要突破。创新方法培训成为新的热点，定制办班、送教上门的对象和内容进一步拓展，培训师、引导师培训逐渐引发企业关注。

【发展理念】 2018年，管干院在2017年“绩效管理—行动学习”初步成果基础上，深化成果运用，迭代形成2018版学院战略地图。各部门根据学院绩效指标，分解形成部门绩效指标，制订部门行动计划，引导员工制订个人行动计划，推动各项工作有序开展。将行动计划完成情况作为年度主要工作目标，强调自我评价，注重持续改进。结合工作中遇到的具体问题，通过行动学习，萃取员工智慧，推进战略落地。在教职员工队伍中，“依托战略地图导向，按照行动计划引领，借助行动学习工具”的工作方式成为习惯和风尚。在组织思维引领推动下，战略落地循序渐进，管干院发展进入良性循环，“价值中心”战略目标的雏形逐步显现。

【办学实力】 2018年，管干院加强师资队伍建设，根据新开课程计划和自身培训需求，安排教师外出学习38人次，组织教师训练营17次，300余人次参加学习；择优引进毕业生，多名员工转岗教师队伍，集中退休导致的青黄不接得到有效缓解；2018年全院上讲台人数50人，再创历史新高。注重开发集团内部兼职师资，来院授课的各级领导及专家140人。推进教学方式创新，一批兼职引导师经过培训，开始持证上岗；工作坊、课程催化、案例教学、沙盘推演、情景模拟等教学方式广泛运用；行动学习项目占比由12%提升到33%。拓展在线培训，借助“管院在线”学习平台，引进国家行政学院、中欧商学院、哈佛商学院优质资源；全年在线学习近1.8万人，登录30万人次，学习时长超过10万小时；通过网络专题班、选修课频道、直播大讲堂等形式，更多人体验到高品质在线培训服务。

【教研创新】 2018年，管干院承办中国企业高管培训发展联盟、中国石油教育学会共同主办的“高质量发展、高素质人才”主题论坛。中国企业高管培训发展联盟成员单位、部分中央企业人事部门和培训机构、中国石油教育学会各会员单位、集团公司总部机关相关部门以及部分地区培训中心近200余名代表，围绕新经济环境、新技术革命、新学习革命背景下企业培训工作的机遇与挑战，分享交流新时代企业人才培训新思路、新经验和新成果，共同为石油企业以至中央企业培养高素质人才、实现高质量发展献计献策。2018年，承担集团公司课题1项，新立7项院级重点课题，梳理教研项目引导目录，推进动态立项报备试点，教学研究活力有所提升，围绕课程开发、案例开发等报备研究50项，6项研究成果获管干院教研成果奖励。

2018年管干院培训项目数据汇总表

项目类别	培训班次	培训人数	培训总量（万人天）	比例（%）
集团公司计划内A类项目	7	609	3.07	15
集团公司计划内B类项目	20	2482	1.61	8
集团公司计划外项目	30	3469	1.52	7
学院自主项目	36	1616	1.67	8
集团公司企业委托项目	258	12120	8.03	39
国务院国资委项目	10	1064	1.65	8
其他企事业委托项目	60	4906	2.75	13
会议	29	1530	0.51	2
总计	450	27796	20.81	100

【管理优化】 2018年，管干院以培训班方式开展流程梳理—行动学习年度主题活动，通过3次集中学习、2次分组研讨，首批11项重点流程形成初步成果。建立总法律顾问制度，重大事项提供法律论证，把加强依法合规摆在更重要位置。鼓励非教学人员兼职教学和教学管理工作；海外项目考察逐步制度化，开创教师出国访学先河，组团考察知名培训机构，对外交往活跃。优化新员工实习方案，建立导师制帮助适应角色转换。支持群团组织发起的“每周一课，提升自我”在线学习活动，推动全员素质能力提升和在线课程资源应用。完善招标管理制度，2018年招标13项，资金节约成效明显。开通手机支付功能，提供缴费便利；改进课酬支付方式，简化报销流程。物资采购系统全面上线，办公电脑采购纳入系统，规范采购流程和供应商选择。深化业务外包改革实践，建立规范的价格变更管理制度；加强外包业务监督管理，调动外包公司员工积极性主动性，服务意识和服务能力增强，满意度持续提升，成本得到有效控制。管干院业务外包改革实践探索课题获集团公司年度管理创新成果奖三等奖。

【基础建设】 2018年，管干院加快升级信息网络基础设施，更新交换机及服务器，扩展网络带宽，建设联想网盘，C座401、2201、东教楼201等教室和文体馆多功能厅增加高清激光投影。改进培训管理信息系统，增加5个实用功能；办公管理和学员管理两个应用软件开发有序推进；参加“护网2018”行动，网络安全得到保障。C座西门避风阁、南侧绿地改造，东教楼教室新风系统、综合楼门前竹林补种、文体馆泳池循环系统改造等项目完成。西南角出租房几经波折，最终收回拆除恢复绿地。依托出版社大力支持，书香校园工程基本完工；党建主题活动室、文化艺术点缀成熟项目陆续开工。供热改造项目和西教楼二期工程，经报批报建和许可程序，完成施工前各项准备工作。开展安全生产大检查活动，检修消防设施、电气设备、灭火器材，针对高层建筑组织消防实战演习，确保校园安全。

【企业党建工作】 2018年，管干院落实党建工作主体责任，成立党的建设工作领导小组，以工作要点统筹推进各项工作。学习贯彻习近平新时代中国特色社会主义思想和党的十九大精神，党员干部“四个意识”持续增强，“四个自信”更加坚定。以更高的政治站位推进巡视问题整改，从巡视进驻前的先行整改，到巡视反馈后的集中整改，再到贯穿全年的持续整改，制修订党建制度22项、管理制度16项，完善制度体系。以集团公司开展党建工作责任制考核评价为重要契机，推动落实“一岗双责”，全面提升党建质量。落实意识形态责任制，以严格的审核和问责机制，坚守集团公司党校阵地。制定“六个一”廉洁从业教育办法，组织新晋职的23名干部参观全面从严治党警示教育基地，在思想上筑牢“第一道防线”。修订贯彻落实中央八项规定精神实施细则，紧盯年节假期，严防“四风”反弹。支部建设更加规范化标准化，印发党支部工作手册，推广党建信息化平台，支部联合开展的“四个诠释”主题党日活动极富“党”味。将支部党建工作责任制考核评价、支部书记基层党建述职评议考核和支部考评定级合并开展，强化结果运用，推动责任落实。群团工作质量明显提升，依法合规完成工会和职代会换届选举，开展各类群众性活动和团员青年活动；集团公司在京单位纪念改革开放40周年歌咏比赛，半数职工响应，领导班子全程参与，获优秀组织奖排名第一，展现员工队伍良好精神风貌。

（崔艳梅）

中国石油报社

【概况】《中国石油报》是集团公司主管、中国石油报社（简称报社）承办的集团公司党组机关报，国内外公开发行，报道石油天然气勘探开发、炼油化工、管道运输、油气销售，涵盖相关产业。报纸为对开八版、周六刊彩色印刷。报社承办《石油商报》《汽车生活报》《石油画报》《石油政工研究》《地火》《新闻之友》等报刊，负责中国石油新闻中心网站、《中国石油报》“两微一端”、石油党建网讯平台等建设，形成“四报四网十五刊”的全媒体发展格局。报社负责中国石油新闻工作者协会和中国石油作家协会的日常性工作，连续三届全国“百强报刊”。

2018年底，报社设置机关部门4个，所属二级单位12个，在册员工303人，专业技术人员258人，硕士及以上学历73人，高级职称58人，中级职称86人。报社党委下属党总支2个，党支部12个，党员237人。

报社所属“四报四网十五刊”，2018年出版各类新闻产品1300余期，四报发行量近90万份，发稿7万余条6000余万字；中国石油新闻中心网站年访问量3.06亿人次，新媒体各平台（除网络外）总点击量近2000万人次。

2018年连续第6年获中国传媒大会评选的“金长城传媒奖”。

【新闻业务工作】 2018年，报社贯彻落实党的十九大精神，履行党组机关报职能，完成40余次重大时政新闻、系列重大战役、系列重大会议和重点主题宣传，未出现政治性差错及重大差错。

2018年1月开始，在一版重要位置开设“在习近平新时代中国特色主义思想指引下——新时代新作为新篇章”栏目，5月初启动“四个诠释”岗位实践活动新闻行动，展示典型做法、树立榜样标杆。开展“纪念改革开放40周年全媒体新闻行动”，在“壮阔东方潮 奋进新时代”等专栏刊发报道百余篇，策划出版“寻迹光辉岁月·改变”等系列专版和系列报道。推出大型特刊“寻脉·筑梦”，展示中国石油工业波澜壮阔的发展历程。组织集团公司党组“我与改革开放共成长”征文活动，收到文字类、图片类和短视频类作品7057件，评出优秀作品200余件。

2018年初完成“感动石油”人物评选活动的评选和网上直播。全媒体报道“中国版”原油期货上市，网上互动点击量突破50万。通过“亚马尔首船LNG来华”“石油石化重组改制20周年”等系列重大事件报道，展示中国石油负责任央企的正面形象。推出“提升勘探开发力度 保障国家能源安全”专栏，制作“能源安全 强国之基”特刊，展示中国石油勘探开发进攻战的成效。出版《高质量发展 创世界一流》特刊，制作“双序列”改革等专题版面，加大对高质量发展等主题的报道。

子报子刊深度开展创新实践，提升新闻文化服务力和影响力。《汽车生活报》加强宣传人·车·生活理念，全媒体、立体化开展报道。《石油商报》优化采编流程、加强选题策划，加大对行业和企业热点的解读。《中国石油画报》《石油政工研究》《新闻之友》《地火》等期刊打造精干高效的一体化全方位服务新平台。《北方周末》以“讲好故事”为主题、结合重大新闻事件开展系列重点策划。《金秋周刊》通过系列新闻报道展现石油老同志的新作为新风貌。

【国际化转型】 2018年，报社推进国际化转型，提升国际传播能力，初步建立国际传播体系基础。成立国际石油新闻中心，组建中东、美洲海外区域记者站。开设“英语新闻编辑写作培训班”，培养采编人员国际新闻思维方式和双语新闻采编能力。确定与新华社和中国日报社合作意向，与两家媒体驻美洲总社达成战略合作协议，搭建信息互换渠道。

出版24期《“一带一路”能源合作导刊》，制作两期英文版。在“油立方”客户端运行CPD news（中国石油报英语新闻），开启石油媒体国际化转型对外信息发布的便捷窗口。

【全媒体升级】 2018年，报社完善全媒体生产传播体制机制，升级全媒体矩阵。通过编委会制度、多层级新媒体平台建设、青年创新工作室运营、全媒体新闻行动、传播力后评价等措施，把全媒体实践融汇于新闻采编、评价各个环节。

石油报官方微信公众号入选中国产经媒体“微信原创传播力指数TOP10”。官微粉丝数量突破25万，2015年阅读量461万人次，同比增长39%。推进报、网、“两微一端”等多渠道建设，推进全网发布、全程播报。开通“今日头条号”等大流量平台账号，扩大报社优质新闻内容覆盖面和传播影响力。一体化统筹文图、音视频、H5等多种形态，采取直播、漫画、视频、粉丝互动等方式展现重大主题活动。与集团公司政研室合作进行学术沙龙线上直播，试水内容付费。策划“变革中的石油力量”答题活动，引进外部赞助方，吸引系统内外186家单位、89万人次参与，粉丝增长一倍。

【企业管理】 2018年，报社推进基础工作管理科学化、信息化，完善管理制度，升级全员量化规范管理。坚持实践《把握舆论导向十二条》等规范制度，呈报集团公司近200万字舆情分析报告。正确引导社会舆论，媒体关于中国石油正面报道，90%以上内容转载或引自《中国石油报》。

规范合同管理流程，上线集团公司合同管理系统，法律事务工作规范开展。采购管理向制度化和分级授权纵深推进。综合业务实行任务导向闭环管理办法，提升管理有效性。完善报社相关制度规范，提高财务管理水平。

启动新闻文化人才“十百千工程”，系统性培养锻炼采编队伍，启动新一轮星级记者编辑评选工作。举办首期记者站轮训班和站长培训班，优化记者站绩效考评和制度规范。完善中层领导人员考核办法，开发考核测评软件，开展中层干部述职测评工作。

【经营工作】 2018年，报社推动布局“石油金秋文化+”工作，启动石油文化产业实质性推进活动。到湖北快乐老年报社，以及华北、吉林、大庆等地调研，与集团公司矿区事业部、老干局等座谈交流。形成石油金秋文化产业项目报告和3个具体项目报告。

稳定传统发行和广告收入，坚持精准发行、优化发行，依托新媒体，推进数字发行和创新发行，自办发行收入与上年持平。报纸自费订阅保持增长，新增订阅费用近20万元。建立与合规管理相适应的专题广告合同体系。

利用新闻、文化、新媒体、舆情监控等综合服务方式和手段，参与企业生产活动，提供新闻服务。构建物资装备专刊服务创效一体化平台。汽车生活报社创新开展舆情监测、新闻培训、论坛筹备、营销话术竞赛等项目服务集团公司销售业务发展。

【石油党建网络平台建设】 2018年，报社党建网讯平台建设“网上的党组机关报”，深耕优质内容，开辟“党的十九大精神学习”“习近平总书记系列重要讲话”等专题专栏，围绕集团公司中心工作组织40个专题宣传，策划组织《中国共产党纪律处分条例》网上答题等活动，推出“党建快讯”“今日党建三分钟”等栏目。平台连线集团公司近4万个党组织、70余万名党员，2018年登录1.9亿人次，日活跃用户最高34.3万人，活跃比例排名全国党建类APP第一。“石油清风”纪律教育平台，建设党员干部网上警示教育展厅，近千万人次接受纪律教育。石油清风微信公众号粉丝超过60万人，推动中国石油在“互联网+纪律教育”方面走在央企前列。

【企业党建工作】 2018年，报社获“集团公司党建研究工作先进单位”称号，“大型跨国企业运用‘互联网+’开展纪律教育的创新和实践”课题获第31届全国石油石化企业管理现代化创新优秀成果一等奖。

举办习近平文化思想、新闻思想等系列讲座。制定《进一步加强政治理论学习的实施方案》《意识形态工作责任制实施细则》，细化分解任务，掌握意识形态工作的领导权和主动权。

建立健全22项党内制度，基本形成系统完备、运行有效的党建工作制度体系。通过党建信息化平台召开“三会一课”近300次，党费100%实现在线缴纳，组织关系全部网上转接。创新开展党支部书记讲党课比赛活动，建立领导干部讲党课常态化机制。

制定“构建不敢腐不能腐不想腐有效机制推进方案”，启动党内政治巡察，完成对汽车生活报社的巡察。开展形式主义官僚主义集中整治工作，落实集团公司纪检监察体制改革措施，完善与派驻组沟通协调机制。

工会组织开展全员拓展培训、冬季拔河比赛、健步走、秋游等文体活动。报社合唱队参加集团公司在京单位歌咏比赛获一等奖，报社围棋队参加集团公司直属机关2018年围棋比赛，获“个人冠军”和团体第七名。共青团组织开展志愿者服务、演讲比赛等主题活动。

（梁晓蓉）

石油工业出版社有限公司

【概况】 石油工业出版社有限公司（简称出版社）是集团公司主管的中央级专业出版社，由原石油工业出版社2011年3月转企改制建立，为集团公司全资子公司。出版社下设4个职能管理部门、14个业务部门和2个服务部门，人员编制352人（其中合同化员工编制224人）。2018年，总收入2.85亿元，完成年度工作目标105.6%；利润1030万元，完成年度工作目标114.4%；出版码洋2.73亿元，完成年度工作目标109.2%；可销售码洋2.18亿元，完成年度工作目标150.7%。出版质量保持稳定，出版周期控制合理。《中国石油地质》（25卷）入选国家"十三五"出版规划增补项目，《重新发现石油》入选国家出版基金资助项目；2种图书获年度输出版优秀图书奖，2种图书获年度引进版优秀图书奖；在全国石油石化企业管理现代化创新优秀著作评选中，获特别奖1个、一等奖2个、二等奖3个、三等奖2个、优秀编辑奖1人；22种专业图书和9种高校教材获中国石油和化学工业优秀出版物奖；在全国第五届优秀审读报告评选中，获一等奖和优秀奖各1人。

【出版工作】 2018年，出版社开拓市场，深挖战略合作资源，严格选题论证，打造原创精品，提升出版质量，各项出版工程持续取得进展。科技图书出版工程，围绕重点出版项目，打造精品图书，《采油工安全生产标准化操作丛书》《中国海相碳酸盐岩油气勘探开发关键技术丛书》等重点图书相继出版，《中国石油科技进展丛书（2006—2015年）》完成出版并首发。高等教育出版工程，加强市场调研和渠道建设，强化富媒体教材出版，拓展通用类图书选题和市场，《石油地质学（第五版）》历经4年打磨修订出版，传承石油高教教材40年经典品牌。职业培训出版工程，以鉴定培训教材、统编培训教材为支撑，以重点教材开发为主线，不断挖掘优质培训教材需求，配合集团公司人事部策划落实"技能西部行"系列活动。大众图书出版工程，瞄准市场需求，调整图书结构，图书出版与营销同步推进，《国民英语系列图书》《温情疗愈儿童小说系列图书》取得良好反响，《国企党建创新样本》等党建类图书成为亮点，《乐死人的文学史》系列、《文学必修课》系列成为畅销品，首套原创童书《中国科技史图画书——四大发明的故事》受到市场欢迎。标准安全出版工程，加强选题策划，开展定制服务，策划出版《知危图安：新时代石油石化员工HSE教育读本》等安全图书，中石油企业标准APP阅读平台项目列入集团公司科学研究与技术开发项目。鉴志辞书出版工程，着力提升集团公司年鉴品质，深度开发集团公司年鉴资源，编辑出版《中国石油天然气集团公司20年》系列图书，开发企事业单位年鉴志书选题，中国石油年鉴网试运行。能源经济出版工程，合作举办6期能源大讲坛、2次能源热点问题高层论坛，出版《石油变革：世界与中国》《图解原油期货》等重点图书，《中国油气》期刊围绕"一带一路"主题开展活动。石油期刊出版工程，《中国石油勘探》继续入选北京大学图书馆和中国科技核心期刊，影响因子由2.654上升至2.920。《石油人力资源》理顺工作界面，制定工作流程，策划出版党建增刊，征订2.7万册。组织史总部卷2014—2015卷本正式出版，企业卷和基层卷出版稳步推进。版权贸易出版工程，2018年引进国外版权图书154种，签订版权输出合同3项，完成2种输出版权图书出版，1人获年度推动输出引进典型人物奖。

融合发展多点跟进，数字资源与纸质图书同步建设，围绕党建微课、知识库、数字培训三条主线进行产品（项目）开发及迭代，2018年收入1384.4万元，同比增长188%。数字培训成绩喜人，服务集团党建平台，党建微课反响良好，上线动画党建微课50余节，每天5万余人次参加学习，成为石油党建平台最受欢迎内容资源之一。探索出版融合业务，申报集团公司科学研究与技术开发项目"集团公司标准APP阅读平台"获批准。完成国家文化产业发展专项资金项目"石油安全事故应急解决方案知识服务平台"开发验收工作。"基于ISLI的石油销售培训与知识服务平台"入选2018年新闻出版广电总局改革发展项目库。

【经营工作】 2018年，面对图书市场严峻形势，出版社全面推进创新营销，优化内部管理，坚持市场导向，创新营销方式，开发直销团购市场，强化编发互动，完善渠道布局，探索全程营销、全媒体推广模式，线上线下融合，除团购外各渠道销售回款均实现增长，其中数字、网络销售增长较快。开拓网络销售、数字产品销售、图书馆配市场三大营销渠道，完善渠道布局。整合网络营销渠道，按照出版板块精准匹配销售渠道，全面出击，成果显著。开拓团购、馆配市场，建立客户信息库，做好重点图书征订，与20家公共图书馆、30多所院校图书馆建立联系，图书馆配市场取得突破。签订编发协议、加强编发互动，提升编发联合运营能力，打造“编发命运共同体”。细化管理、优化服务，帮助发行站提升营销能力，创新社站合作模式，打造“社站命运共同体”。制作10余种重点图书宣传征订资料，发送油田单位，收到良好效果。

加强管理拓展市场，增强创意服务活力。彩色印刷业务以提升企业运营水平、提升员工动力为导向，深化子公司治理，探索管理创新，首次在内部进行生产管理岗位竞聘，激发队伍活力，参加第18届北京市印刷行业职业技能大赛，1人获北京赛区第二名。经营收入完成全年指标104%，社外销售收入同比增长18%。POD印刷产品首获行业协会最高奖——印制质量大奖。展览业务持续推进公司化治理，完成公司注册资本增资，规范项目选商谈判、招标流程，出台《绩效考核办法》，将市场业务拓展、员工考取相关资格证书纳入年终考核单项奖励，鼓励全员创新思路、拓展业务、延伸项目附加值。1人考取二级建造师，4人考取住建委专职安全员资格证书。运用高科技展示手段取得良好效果，2018年实施商洽会等重大展览项目33项，社会反响良好。全年经营收入创历史新高，完成任务指标191%。广告业务拓展市场资源，开拓教育公益项目，承办全国妇联相关活动；开拓会务服务业务，与展览公司、科技分社合作承办全国天然气学术年会配套成果展，获广泛好评。

【组织建设】 2018年10月，根据出版社《关于扩大经营自主权试点的指导意见》（油版公司〔2017〕47号），新组建梧桐语馆项目部，隶属创意发展部管理，其业务对应人员主要由大众图书出版公司现有人员中产生，其主要职责是根据出版社总体发展目标和战略规划，依托已有图书产品与资源，深挖青少年教育、员工健康、员工心理等图书选题，探索建立传统出版与“知识付费”相结合的出版融合模式，开展石油读书会活动，与图书营销中心共同负责其产品营销策划推广，完成出版社下达的经营目标。2018年11月，根据集团公司党组《关于调整党组纪检组驻经济技术研究院纪检组综合监督单位的通知》（中油党组〔2018〕200号），经研究，决定撤销纪委办公室机构。

【企业党建工作】 2018年，出版社领导强化政治理论学习，落实党建责任制和意识形态责任制。

坚持全面从严治党，发挥引领保障作用。以党建工作责任制实施和考评为抓手，推进党建工作责任、制度、保障“三个体系”建设，加强基层党建，铸牢企业“根”与“魂”，党组织有力发挥“把方向、管大局、保落实”作用，为出版社稳健发展提供正确引领和坚强保证。加强思想理论建设，学习贯彻习近平新时代中国特色社会主义思想，举办党的十九大精神培训班，对全体处级干部、党支部书记、出版社级技术专家等进行集中培训，党委中心组每月集中学习研讨，党支部落实“三会一课”制度，在学懂、弄通、做实上下功夫、见成效。加强班子和队伍建设，坚持“党管干部”，健全完善干部管理制度体系，注重德、能、勤、绩、廉建设，做好干部培养、选拔、任用、考核工作。强化党员领导干部管理监督考核，对考核评价结果较差的处级干部进行提醒谈话，对2个基层领导班子进行集体谈话。落实“党管人才”，制定《出版社专业技术岗位选聘和考核实施细则》和《出版社级技术专家选聘工作方案》，建立社党委定期联系服务专家制度，营造“爱才、用才、容才、聚才”良好环境。加强意识形态阵地建设，贯彻集团公司意识形态责任制座谈会精神，落实出版社意识形态工作责任制实施细则，举办专题讲座，加强出版发行、展览广告、讲座论坛及信息发布审核把关，强化网络舆情监测、信息网络安全检查与整改，加强新闻舆论宣传和网络评论员队伍管理，维护网络意识形态安全。在《中国新闻出版广电报》《中国出版传媒商报》和集团公司门户网等媒介刊发重点报道近40篇。加强基层党组织建设，以部门为单位设置党支部，基层党组织健全率100%。抓好“基本队伍”，按照“双向进入、交叉任职”原则任命党支部书记，推进党建和业务工作“两个责任”一肩挑，强化党员教育管理，利用党建网、微信群等网络平台开展教育，发展2名新党员。抓好“基本制度”，制定出版社党建工作责任制考核评价实施办法和党支部工作规范，规范指导党支部开展工作。加强反腐倡廉建设，强化主体责任落实，开展反腐倡廉教育，重点抓好《中国共产党纪律处分条例》和《中国共产党廉洁自律准则》学习，开展《监察法》《中国共产党纪律处分条例》网上答题。落实中央八项规定和集团公司二十条要求，旗帜鲜明反“四风”。严肃责任追究，处理违纪人员。落实监督责任，制定监督执纪“四种形态”实施细则，落实述职述廉、民主评议和个人事项报告等制度。落实集团公司巡视反馈问题整改，制定巡察规划和制度规范，完成对彩印公司党支部巡察工作。

【企业管理】 2018年，出版社坚持创新驱动把握发展主动权，推进深化改革，主营业务取得新成果，融合发展取得新突破，转型升级迈出新步伐，“两个效益”取得新增长，出版社总体呈现稳中有进、稳中向好的发展态势。调整完善体制机制，推进深化改革。针对制约高质量发展的体制机制障碍和瓶颈问题，推进相关改革走深走实，增强发展活力和内生动力。推动新兴出版业务深化改革，按照集团公司全面深化改革总体要求，适应出版行业改革需要，制定下发新兴出版业务深化改革实施意见及操作细则，以提高经济效益和创新体制机制为导向，加强调研论证，引入有竞争力的社会企业与新兴出版业务相互融合，拓宽业务发展路径。深化人事劳动分配制度改革，落实集团公司人事劳动分配制度改革部署要求，制定出版社深化人事劳动分配制度改革实施方案，推出管理和服务部门优化和机构改革方案，围绕出版社发展战略目标，立足提高效率效益，突破管理人员能上能下、员工能进能出、收入能增能减的改革关键性关口。推进扩大经营自主权试点，制定下发出版社完善扩大经营自主权试点指导意见，在有条件的部门和业务板块探索建立以市场为导向的自主经营模式，探索出版社知识付费盈利新模式，完成梧桐语馆扩大经营自主权试点配套项目。

夯实基础合规运行，推进管理创新。坚持目光向内，深入挖潜，加强依法治企、合规管理和基础工作，推进管理创新，提高运行管理水平。加强出版管理，首次召开图书出版计划研讨会，增强出版计划科学性。定期发布生产运行信息，加强出版运行分析，优化出版流程，加强出版动态管理、出版周期管理与监控，对超周期运行图书及时预警，确保均衡生产。严格依法管理，优化修订出版合同范本，完善合同台账，定期发布合同预警，保障出版社权益。优化招标流程，做到应招必招，招标项目审核率100%，组织实施综合楼消防安全改造等16个项目招标，为合规管理、降本增效提供支撑。优化财务管理，预算指标与绩效指标高度匹配，实现预算对生产经营过程动态管理。资金月、周、日计划有效执行，提高资金使用效率及支付保障力。加强“五项”费用指标预算管控，实现非生产性费用“硬下降”。实施子公司财务委派制，提升财务精细化服务水平。夯实安全管理，贯彻落实集团公司各项安全环保工作部署，夯实安全环保基础，坚持从严监管，按照“党政同责、一岗双责、失职追责”要求，强化安全环保责任追究和考核，确保全年无重大责任事故。

【送书工程】 2018年，按照集团公司要求，出版社立足基层、服务一线、严格把关，针对性实用性不断增强，为43176个基层队和111个机关部门配送图书43638套。送书平台“中油阅读”APP建设进展顺利，推进试点上线。

（李银涛）

中国石油审计服务中心

【概况】 中国石油审计服务中心（简称审计中心）组建于1990年，是集团公司从事企业内部审计工作的一级审计机构，直接对集团公司董事会负责。审计中心在业务上接受审计部指导，依照法律法规及集团公司有关制度规定，通过监督检查，调研分析，综合评价等审计工作，发现经营管理中存在的问题和不足，客观公正、有针对性地提出管理意见和建议，为集团公司党组和管理层决策提供参考。办公地点在北京市朝阳区。

审计中心下设16个处级建制。其中：审计处室10个，分别为勘探与生产审计处、炼油与化工审计处、销售审计处、管道与天然气审计处、基建与投资审计一处、基建与投资审计二处、工程技术审计处、科研与事业审计处、金融审计处、信息技术审计处；职能、后勤处室6个，分别为办公室（党委办公室）、审计业务与质量管理处、人事处（党委组织部）、计划财务处、党群工作处（党委宣传部、纪委办公室）、后勤服务中心。海外审计中心依托审计中心运作。2018年，按照《关于完善集团公司内部审计体制有关问题的通知》（中油人事〔2018〕483号）要求，筹建设立沈阳、西安、成都、乌鲁木齐4个区域中心，区域中心为审计中心所属二级单位。

2018年末，在册人员148人，平均年龄43.9岁，其中审计业务人员114人，占比77.03%。具有高级技术职称50人，占比33.78%；中级技术职称70人，占比47.30%；具有国际注册内部审计师、注册会计师、注册税务师、注册造价师等执业资格的44人（共61本资格证书）；博士研究生2人，硕士研究生33人，本科学历100人，本科学历以上人员占员工总数91.22%。形成专业结构基本合理，具有一定规模的内部审计专业队伍。

【审计工作】 2018年，审计中心牢固树立科学审计理念，自觉融入集团公司发展大局，强化审计项目运行管理，牢固树立质量就是审计“生命线”的理念，推动审计工作发展。全年实施审计项目81项、审计任务1个。其中，经济责任审计42项，管理效益和专项审计11项，建设工程审计28项。取得直接经济成果61.7亿元、不可计量成果308项。审计要情、审计信息以及党组领导重要批示报告13份，向有关部门移交重要问题线索4个。

优化项目运行管理，审计项目运行平稳有序。调整项目运行模式。改变春节后开始全年审计项目实施的工作模式，提前谋篇布局，各审计组1月到现场工作，中心相关配套工作联动推进，工作进程整体大幅前移，为审计中心各项工作高质量开展奠定时间基础。强化项目计划管理。根据项目计划、处室专业和项目需求等情况，统筹安排项目，实行滚动计划管理，年初预安排，每月编制运行计划，分批次下达计划。2018年投入工日22482个，财务类审计人员人均现场工日222个，工程类审计人员人均现场工日248个。整合审计资源。横向打破处室界限，牵头处室统领、配合处室协同，依托项目实现业务处的交叉重组，审计资源得到有效利用。项目运行中，坚持工作例会机制，实时了解项目运行进度，掌握运行中存在的问题，及时协调解决。各业务处、审计组加强与审计部的沟通联系，确保部、中心工作和谐共振。审计组严格执行审计标准和审计方案，实时报送工作进展和调整情况，履行请示汇报程序，主动接受审计部工作指导和检查，保证项目的有序运行。

质量管理成效显著，审计项目质量明显提升。强化质量意识。传达宣贯中央、集团公司对审计工作的部署和要求，提升审计干部职工的政治站位和思维层次。加强组织领导。成立审计质量提升领导小组，指导部署审计质量提升工作。加强基础工作管理。抓住审计底稿这个审计质量提升的“牛鼻子”，制定《审计底稿质量提升实施方案》，对审计底稿的编制、复核提出明确要求。开展专项督导工作，评选出2018年上半年优秀审计底稿40份，总结存在的八方面问题，提出质量提升建议并进行通报，调动一线审计人员提升审计质量的积极性。完善激励机制。研究制定《专项奖金发放办法》，正面激励和反向约束相结合，对重大审计发现、工程类核减、优秀底稿和审计部退回的质量不过关的审计报告、底稿进行奖惩，纳入考核，倒逼审计底稿、报告质量提升。2018年，审计工作受到党组领导的充分肯定。

【管理与改革】 2018年，审计中心全面夯实基础工作，强化完善内部控制，统筹规划改革发展，创建管理提升的长效机制。

管理提升推动有力，各项基础工作卓有成效。加强绩效考核。优化业绩合同指标，加大党建类指标考核权重，强化业绩贡献导向，推动重点工作和基础工作的落实。加强财务工作。经费结算、年度预决算工作力度大，结算方式变为集团公司拨款制，实现年度收支平衡。启用个人公司卡，出台相关制度，便于审计组出差结算费用，提升审计独立性。加强信息化建设。完成移动视频会议系统的更新改造工作，实现工作指挥调度的可视化、信息化，确保审计中心决策部署的高效率、高质量。做好各统建信息系统的运行维护，开通30个天眼查账号，开发建设一体化协同办公平台，推动中心信息化建设水平提升。加强信息技术支持。推动审计工具开发和审计数据分析工作，针对非油专项审计、炼化企业审计等项目开展数据分析。加强合规管理。加大合同和招标管理力度，规范审批程序，共签订各类合同14份，应招标项目全部委托物资公司组织。加强资产管理。做好资产的报废与处置，重新评估廊坊资产收益，做好合同续签工作，资产收益大幅提升。加强服务保障。车辆服务、会务组织等工作水平明显提升，确保各项工作顺利开展。

队伍建设扎实推进，能力素质稳步提高。加强培训工作。科学制定计划，精心设计课程，外聘一流师资，创新培训方式，实现资源共享，提升培训效果。2018年培训员工490人次。其中，选派59人次参加集团公司组织的各类重点项目培训。举办各类培训班6个，采取远程视频培训方式，与审计部联合举办专题讲座“每月一课”5期。调整干部结构。做好干部选拔任用，坚持“德才兼备，以德为先”，注重专业素质、业绩导向、群众认可，严格按照组织程序选拔任用8名正处级干部，推行处级领导人员有序退出机制。规范一般管理人员晋升，理顺人才成长通道，聘任高级主管16人、主管12人、主办3人。在选人用人工作中，坚持政治理论、专业技能考试。加强队伍能力建设。落实集团公司法治建设有关要求，完善法律顾问机制，组织宪法等法律知识学习活动。开展保密工作自查、保密宣传月、保密知识答题等活动。加强作风建设。领导带头坚持开门办公，做好与员工的沟通和服务，面对面为一线员工解决问题，提升为一线员工解决问题的能力。加强处级干部执行力建设。审计处长亲自抓项目，以身作则，率先垂范，全体审计人员责任心、积极性明显增强。各审计组依法、文明、廉洁审计，在工作中坚持原则、注重服务，严格执行中央八项规定、审计十不准纪律，队伍作风明显转变、形象大幅提升，得到被审计单位认可。

“三项”制度改革初见成效。通过自然减员，集团公司内部调动等多种渠道，压减员工总量成效显著。2018 年末，审计服务中心员工总数 148 人，较 2017 年末减少 9 人，较 2016 年末减少 18 人，坚持控总量，进行结构调整，实施职能部门瘦身改革，职能部门只出不进，对个别处室人员进行压减，做好人员分流安置工作。

【区域中心设立】 2018 年 10 月，按照《关于完善集团公司内部审计体制有关问题的通知》（中油人事〔2018〕483 号）要求，审计中心筹建设立沈阳、西安、成都、乌鲁木齐 4 个区域中心，区域中心为审计中心所属二级单位。区域中心的设立，完善集团公司内部审计体制，加强审计服务区域力量建设，为审计人员的成长搭建重要平台，是集团公司健全完善监督体系，促进高质量发展的重要举措。审计中心领导率领审计中心各部门为分中心筹建开展卓有成效的工作，2018 年末，区域中心的驻地、运行模式、组织架构、工资薪酬等工作落地，完成面向全系统的人员招聘报名工作，中心本部（北京）有 15 名员工主动申请到 4 个分中心。

【企业党建工作】 2018 年，审计中心学习宣传贯彻党的十九大精神，落实中央和集团公司党组全面从严治党要求，加强党建和思想政治工作，为审计中心发展提供政治保证。

坚持全面从严治党，政治优势充分发挥。抓好党员干部思想建设。以中心组学习为载体，组织党员干部学习习近平新时代中国特色社会主义理论和党的十九大精神，坚持领导带头，通过党委中心组学习、“三会一课”、党课宣讲、配发书籍、主题征文、网络答题等多种形式，在学懂、弄通、做实上下功夫。夯实党建工作基础。制定中心《基层党支部达标晋级管理实施细则》《党支部书记党建述职考评实施细则》，推行党支部达标晋级管理，开展支部书记述职考评工作，推动党建信息化平台全面应用。2018 年审计中心层面组织党员观看纪录片、展览、参观烈士陵园活动 4 次，组织“党在我心中”等网上答题活动 5 次，开展主题教育活动 4 项，组织党员到河南兰考学习焦裕禄精神接受红色教育两批次，培养入党积极分子 4 人，发展党员 2 人，各支部组织个性化党建活动 67 次。推进党风廉政建设。逐级签订党风廉政建设责任书，做好干部提拔、项目审计、节假日等重要时点的廉洁提醒，开辟党风廉政教育平台，组织新提任处级干部“六个一”廉洁从业教育，通报集团内部个别党员干部违反中央八项规定处理情况案例，党员干部的履职尽责、纪律规矩意识得到强化。做好政治巡察。落实集团公司 2017 年巡视发现 52 项问题的整改事项，制定党委巡察工作 2018—2022 年规划和巡察工作规定，对 3 个支部开展政治巡察。2018 年，审计中心党委坚持以人为本，关注职工诉求，关爱职工生活，重视队伍建设，营造积极向上环境氛围，领导班子和领导人员年度综合考评排名大幅提升，7 月集团公司政治生态网上调查问卷结果显示，职工对新一届领导班子信任度、满意度大幅提升。

【企业文化建设】 2018 年，审计中心坚持以人为本，和谐团队建设推进有力。稳妥做好京外调干和积分落户工作，完成京外调干 1 人，积分落户 3 人。争取政策支持，做好职称评审工作。关爱职工生活。员工带薪休假、健康体检、送温暖等规章制度有效落实。倡导“健康生活、快乐工作”理念，举办审计出征会、趣味运动会、健步走等活动，参与职工 600 多人次，一线工会小组开展活动 30 余次。审计中心被授予 2017—2018 年度“模范职工之家”称号，在京单位改革开放 40 周年合唱比赛获优胜奖。做好退休人员服务。落实退休人员政策待遇，坚持文体活动常态化，做好节日走访慰问。承担社会责任。组织两批 17 人无偿献血，连续第三年向西藏双湖县等地开展捐助，捐赠御寒衣物 100 余千克，体现中国石油“奉献能源、创造和谐”的企业宗旨和石油审计人的真挚爱心。

（吴 涛）

中国石油物资采购中心
（中国石油招标中心、中国石油物资有限公司）

【概况】 中国石油物资采购中心（中国石油招标中心、中国石油物资有限公司）简称采购中心，2007年底以中国石油物资装备（集团）总公司（装备制造业务除外）为基础组建而成，是集团公司直属的专业化物资采购企业和在国家工商总局登记注册的独立法人经济实体。2012 年 6 月，中国石油招标中心成立，与采购中心一套人马、两块牌子。采购中心作为集团公司直属的专业化公司，主要承担集团公司、股份公司物资集中采购任务，包括大宗物资、重要物资、长周期物资、安全物资、成套设备、大型工程项目所需物资的采购业务，急需物资的供应保障和战略储备物资的仓储管理；集团公司、股份公司一类、二类物资的采购和工程、服务采购招标的组织实施工作。采购中心有国内外贸易、国际国内招标、电子商务、运输保障、商品检验、仓储物流等一体化物资采购服务功能，具有工程项目招标甲级资质、海关高级认证企业、危险化学品经营许可、辐射产品经营许可、石油专用管材检测实验室等专业资质和经营许可证书。下设西北分中心（西安分公司）和中油物采信息技术有限公司、中国石油物资沧州有限公司、郑州有限公司、沈阳有限公司、天津有限公司、上海有限公司等 6 家子公司。

【经营成果】 2018 年，采购中心物资采购额 811 亿元、同比增长 74%，降采率 6.6%；招标额 904 亿元、同比增长 63%，节资率 6.55%，有效质疑为零。

【授权集中采购业务】 2018 年，采购中心授权集中采购金额 595 亿元（含总部直采签约 94 亿元），同比增长 102%。采购中心管理小组在集团公司 2018 年方案评审中整体名列前茅。管理小组业绩考核和供应商管理更加深入。将授权集中采购绩效考核指标从各处细化到各处下属的各管理小组；对 2017 年度 1381 家交易供应商考评全覆盖。集中采购基础工作创新初见成效。推进标准化采购，实现授权物资品种采购技术规格书的全覆盖；开展大数据分析，调整授权物资品种网上价格 11 次，化解供需矛盾。探索非生产性物资集中采购模式，完成第三方电子商务平台引入电子采购系统 2.0 工作，新疆区域电商采购试点工作顺利展开。

【招标业务】 2018 年，采购中心招标授标额大幅增长，本部日常物资招标额 192 亿元，工程招标额 286 亿元，服务招标额 34 亿元。各地区公司与本部协同互动，发挥区域优势和中心招标专业优势，延伸中心招标服务范围，招标业务呈现良好势头，招标额 206 亿元，为本部招标业务发展提供支撑。标准化和规范化提升。优化招标投标组织等 7 个流程规范；编制招标标准过程文本 63 套，集中采购全流程电子招标等 11 个标准招标文件；发布全要素统一标准招标项目管理台账，档案管理系统 2.0 融合电子招标档案归档取得成效。电子化招标应用深入。通过电子化固定流程，操作实施更加规范化，本部项目电子招标率 100%。

【保供综合服务】 2018 年，采购中心发挥集团化、专业化和一体化优势，为集团公司重点建设项目提供优质的采购保供服务。进口旋转导向钻具项目降采率 25.31%，三年维护价格下降 43%；辽阳石化俄油增效改造项目加氢反应器提前 2 个月交货，春运期间完成 3346 台套设备的物流保障。中转站和现场服务站为 5 个管道工程项目解决问题 4000 余个。在国家环保督查大环境下，精心谋划，完成艰巨的石油专用管保障任务和 1510 千米防腐输送管采购工作；部分非金属材料在需求大涨情况下产品价格低于同行业水平 10% 以上。

【直接采购业务】 2018 年，采购中心签订采购合同 5959 份，签约额 269 亿元，同比增长 112%。压缩机组批量集中采购实现常态化，节资率 11.5%；瓜尔胶直采效果稳固，比市场价格低 8% 左右；国内首次应用的 56 英寸大口径球阀及执行机构，降采率 53%。

【进口代理业务】 2018 年，采购中心签订进口合同 1134 份，金额 9.28 亿美元，同比增长 126%。落实集团公司签框架采购协议维护和深化工作，推进新框架采购协议谈判签约。组织对斯伦贝谢测井软件统一更新升级。

【集中储备与仓储物流业务】 2018年，采购中心启动华北地区集中储备业务，中心集储基地增至4家，集储配送13万吨，增长13.6%。仓储业务实现信息与第三方平台的数据共享，“中油一单达”增值服务全年配送891单，货物吞吐108万吨。物流业务推行“汇总缴税、先放后税”模式，2018年承运货物15.76亿元。通过“一带一路”中欧班列国际铁路搭建西部进口物资新通道，为独山子石化乙烯等项目节省运输时间40%以上。

【境外项目总部管理物资集中采购稳步推进】 2018年，采购中心完成境外项目集中采购41亿元，签署框架协议21个，签署6家工程技术企业的框架协议采购合同12例，金额2.6亿元，实现案例采购从无到有的突破。对24家涉外所属企业近3年境外项目物资采购管理情况开展专项检查，推动境外项目总部管理物资采购管理提升。

【二级物资区域协同采购扎实推进】 2018年，采购中心新疆区域二级物资区域协同采购形成207个品种目录，东北区域二级物资区域协同采购方案获批复，华北区域企业就二级物资区域协同采购开展模式达成共识。

【集中采购招标工作量创历史新高】 2018年，采购中心组织专家1409人次，投标人2900余家，完成2018年度三批次一级物资授权集中采购，108个项目，1118个标包，带量项目招标额186亿元，同比增长49%，项目总数增长71%。根据国家新版招标文件标准文本编制新版集中采购电子招标文件模板，发布《集中采购工作手册》，首次实现所有项目全流程电子化招标。

【集约化招标取得突破性进展】 2018年，采购中心首次跨单位将长庆和塔里木两大主力油气田井筒工程项目集中组织实施，标的额590亿元，大幅提高效率，缩短操作时间50%，减少人力资源投入75%，为潜在投标人节约投标费用2500万元。

【区域招标中心建设全面推进】 2018年，集团公司区域招标中心整体建设方案在集团深改会顺利通过，西南和华东区域招标中心建设稳步实施。

【有力支持集团公司采购招标信息化应用】 2018年，采购中心物采系统网上交易额1520亿元、增长8.4%，维护更新价格目录454万条，办理一级供应商准入、冻结和增项等业务3961家次，信息审核9614家次；解决招标平台各类问题25万余个，向国家公共服务平台推送数据22万余条，全集团招标平台电子招标全流程率74%，位列央企第一。

【企业管理】 2018年，采购中心升级《突发事件应急预案》从1+4到1+9；提前一年完成集团公司下达的基层站队HSE标准化建设目标；全年未发生质量事故和生产安全、环境污染事故。加强“两金”管控，库存规模比年初下降6.9%，应收款规模比年初下降18.27%；开发财税银管理平台，实现招标业务财务相关程序全流程电子化。依法合规管理深入推进。制定修订《谈判采购工作规范》《诚信合规手册》等制度标准26项，组织宣贯学习。全员签订合规承诺书，全年“零责任事故、零违规事件”。

【企业党建工作】 2018年，采购中心政治建设不断强化，党的十九大精神学习持续深入。严格落实党委理论学习中心组学习规则，建立学习档案，组织集体研讨。坚持正确的用人导向，全年提拔调整干部15人次。加强民主生活会督导检查，强化年度领导干部公开述职述廉和履职测评结果运用。选送153人次参加集团公司及系统内培训班52期，举办培训班31期，培训900余人次，录制微课16节，培训形式更加丰富。狠抓党建工作责任制落实，制定《党建工作责任制实施办法》等4项制度，落实意识形态工作责任制，制定《党委意识形态责任制实施办法》，强化意识形态阵地建设和管理。健全完善党风廉政责任体系，督促各级干部履行“一岗双责”，在考核、评优评先中增加“一票否决”内容。学习宣贯《中国共产党纪律处分条例》，整治“四风”问题，接受集团公司巡视组巡视，中心党委巡察2个直属单位和本部4个支部，对发现的部分问题立行立改。落实维护稳定工作责任制，做好重大节假日和特殊时期稳定工作，保持大局和谐稳定。

（郑兴远）

广州石油培训中心

【概况】 广州石油培训中心（简称广州培训中心）1981年成立，经历石油工业部广州外语培训中心、石油大学（广州）的沿革，2001年更名为广州石油培训中心，是中国石油工业国际化人才培养的摇篮，是中国石油天然气集团有限公司直属重点培训机构，是中央企业在广东省唯一的应急救援培训演练基地。

广州培训中心集员工培训、科学研究、国际交流三大功能于一体，培训设施完备，具有年培训2万人的规模能力。具有PMP及其后续的PDU、SMEI、CMA和安全生产培训机构等资质。主要负责中国石油中高级及基层经营管理人员和专业技术人员培训，在国际化人才、领导力发展、安全工程、人力资源、财务管理、党务工作、信息化、PMP等领域探索出先进的培训理念，积累丰富的培训经验。2018年，培养各级各类管理干部及国际化人才16万多人，许多学员成为石油企业高级管理人员、境外业务骨干或企业经营管理人员的中坚。培训特色和效果，深得总部及成员企业认同和业内赞誉。2018年，用工总数169人。其中：合同化员工110人，市场化59人；中高级职称数占87%。设置12个部门单位。

2018年，广州培训中心明确新时期发展任务：即围绕"高质量发展"一个主题，坚持"加强党的建设、做有价值培训"两条主线，取得"深化改革、管理创新、转型升级"三项突破，实施"人才培养、质量提升、精细管理、幸福民生"四大工程，到2025年基本实现"行业领先、特色鲜明、价值一流"培训基地目标。

【培训工作】 2018年，广州培训中心培训业绩再创历史新高，培训转型升级取得新突破。培训项目371个；人数23003人次、18.6万人天；分别同比增长35.9%、39.2%、27.6%；培训总量、培训收入，提前实现"十三五"发展规划指标。安全类培训业务、"十佳百优"班组长素质提升咨询式培训模式、经营管理培训学习工作坊、国际化青年后备英才能力提升培训班、集团公司总会计师培训班、特色线上培训"油道"等培训转型升级取得新突破。

安全类培训增长迅速。依托国家安全生产应急救援培训演练基地，开发安全应急仿真模拟、体验教学培训项目，完成集团公司34个HSE相关制度试题库建设，发明并获受限空间作业和救援训练装置等9项国家实用新型专利，自由组态3D仿真为国内首创，深受企业欢迎。

发挥培训主阵地作用，专题设计、开办学习贯彻习近平新时代中国特色社会主义思想和党的十九大精神专题研修班、轮训班32期，培训干部1153人，坚定石油队伍心向党、听党话、跟党走的信念和为油奉献的责任担当。

拓展市场，促进效益提升。主动深入企业，推介中心品牌，捕捉客户需求，打造有价值的自办项目，培育中心品牌，举办注安师、培训管理者、PMP实务等新项目。探索大客户营销思路，采取系列组合营销，推动市场纵深发展；艰难高效配置培训资源，提高经济效益。

广州培训中心培训数据

年　份	项目（个）	培训情况	
		次	人天数
2018年	371	23003	186034
2017年	273	16523	145838
同比增长	35.9%	39.2%	27.6%

【教研科研】 推动培训转型升级。2018年，广州培训中心坚持研发先行，加强研发成果转化为生产力，重新规划2018—2020年培训专业建设与教科研重点，2017年有13个课题成果转化为培训项目、专题，2018年新开30项科研课题。自主开发3个培训项目10期。"集团公司科技骨干人员项目管理能力提升培训体系研究"课题，以研促教，锻炼培养青年骨干和后备人才，拓展市场；基于"中国石油管理干部领导力模型设计""中国石油销售企业管理干部能力提升整体解决方案"研究成果，提出领导力发展项目体系。制定集团公司千人工程培训工作标准，设计开发新托福培训项目。

推动课程迭代开发，推广线上培训。组织内外部师资研发应用新课程22门。打造“油道”平台，线上运营47个项目，覆盖2066名学员，开展线下线上同步运营培训模式，为学员增加交互体验，取得超预期的好效果。

强强联合初见成效。与云南销售分公司、石油工业出版社、西北销售以及格局商学、广州国家开放大学等签订战略合作协议，初步实现互利共赢，促进培训业务转型升级。

加大培训质量测评力度。坚持现场巡查、远程监控，严把质量关，2018年培训项目得到主办方的普遍肯定和认同。项目满意度、教师评价满意度、培训方案满意度、项目组满意度分别为95.95分、96.09分、96.33分、97.26分。

【人事管理】 2018年，广州培训中心实施人才队伍“三优”战略，加大人才引进力度，优化选人用人结构，推动学习型、创新型队伍建设。制定《广州石油培训中心中层领导干部综合考核评价暂行办法》并实施。中层干部基本养成“讲政治、抓作风、带队伍、谋发展、创业绩”的履职要求。

内训外训并举，员工素质提升明显。强化员工内训，2018年组织业务内训13场、850人次，选派18人次参加外部培训机构学习。

加强作风建设。出台《劳动纪律管理办法》并实施。修订文化手册，举办征文、征歌词活动，举办“欣赏他人”“评先选优”等活动，让文化更好融入广州培训中心发展。

【企业党建工作】 2018年，广州培训中心召开第五次党代会，完成党委换届，全面部署当前和今后一个时期加强党的建设工作。开展“党建质量提升年”活动，完成党支部设置及支委换届，党委书记、党委委员、支部书记带头讲党课，推广应用党建信息化平台。落实“一岗双责”，加强廉洁从业教育。

【合规管理】 2018年，广州培训中心完善QHSE管理体系，加强日常安全管理及承包商安全监管，全年未发生任何安全责任事故。完成质量体系内审，完成内控手册修订及年度内控自我测试。制修订教科研项目、财务、人事、基建项目等管理办法制度16项，风险管控更加有效。

【社会责任】 精准扶贫。2018年，广州培训中心在产业、教育、民生保障、基础设施项目等方面开展精准施策，将原规划2个路段1.3千米路程纳入新农村建设，精心制作申报“乡村振兴”项目，首批通过广东省直属工委审批，两类项目节约资金43.4万元。广州培训中心扶贫工作得到地方政府的肯定。

（袁　敏）

中国石油学会

【概况】 中国石油学会（英文简称CPS，简称石油学会）1978年创立，是学术性法人社团组织。业务范围包括学术交流、科学普及、编辑出版、成果转化、科技服务、咨询培训、人才举荐等。2018年8月17日，第九届理事会第四次会议取消1名理事资格，第九届理事会理事减少至116名，其中常务理事38名。办事机构秘书处5个部门仍设在中国石油天然气集团有限公司，人员编制21人，在册职工19人。2018年，石油学会学习贯彻习近平新时代中国特色社会主义思想和党的十九大精神，以学习新思想、紧跟新时代、开创新局面、作出新贡献为总体思路，以打造开放型、枢纽型、平台型组织为目标，以增强学术影响力、会员凝聚力、社会公信力、自主发展能力为着力点，坚持为科技工作者服务、为创新驱动发展服务、为提高公民科学素质服务、为党和政府科学决策服务的职责定位，坚持稳中求进工作总基调，强化大局观念、服务意识，积极作为、砥砺前行，服务石油石化高质量发展能力不断增强，全国一流科技社团组织建设取得新进展。

【服务创新型国家和社会建设】 2018年，石油学会落实与教育部全国工程专业学位研究生教育指导委员会签订的《石油工程硕士研究生教育认证合作框架协议》，举办第2期石油工程硕士研究生教育认证专家培训班，完成中国石油大学（北京）石油与天然气工程领域工程硕士专业学位研究生教育认证授牌和西南石油大学入校考查。

受国家科学技术奖励工作办公室委托，组织院士专家对2018年国家科学技术奖初评通过项目提出行业咨询意见。承担大港油田“北大港构造带奥陶系上马家沟组沉积层序与储层成因”项目研究通过验收，获油田高度评价。启动《碳酸盐岩层序地层及储层地质——理论、方法与应用》学术著作编写工作，按计划完成河北、山西、山东、湖南、贵州等地野外地层剖面实测观察及样品采集。

举办第三届全国油气地质大赛、第八届中国石油工程设计大赛、第四届全国大学生测井技能大赛和第三届全国大学生油气储运工程设计大赛，开展全国石油管材螺纹检测人员资格鉴定与认证、NACE阴极保护技术CP2/CP3国际资格认证、油气管道完整性管理技术、通信信息技术应用、SEG短训课程等专业培训27场，培训人数2382人次。

【学会建设】 2018年，石油学会发展个人会员127人。变更副理事长刘中民、副理事长兼秘书长于明祥获中国科学技术协会和民政部批准（民社登〔2018〕9536号）。制定执行《中国石油学会公务接待管理规定》《中国石油学会公文处理办法》《中国石油学会会议管理暂行规定》等13项制度规定，将分支机构年度学术活动由备案制改为审批制。改版学会网站、增设党建栏目，建立学会工作微信群。组织分支机构及地方学会自查自评、数据统计、年度考核和评先选优，评选表彰年度优秀秘书长10人。石油学会获中国科学技术协会"全国学会财务决算先进单位"，获集团公司直属优秀共产党员1人。

【学术期刊】 2018年，石油学会《石油学报》影响因子3.695，总被引频次5766，在全国2029种核心科技期刊中，分别排名第2位和第53位，综合排名第14位。在能源类科技期刊中排名均名列第一，获"百种中国杰出学术期刊"。

《石油学报（石油加工）》影响因子0.876，总被引频次1530，稳步提升。刊发的《络合制备技术在加氢催化剂中的应用》一文入选第三届中国科学技术协会百篇优秀科技论文。

《Petroleum Research》设立中国典型油气田栏目，介绍典型油气田地质、开发特征和关键技术，2018年发表文章6篇，占总刊发量18.7%。论文下载量20982次。

【国际学术会议及国际交往】 2018年4月24—27日，与国际勘探地球物理学家学会（SEG）在北京主办国际地球物理会议暨展览，参会参展代表1000余名。大会以"推动地球物理跨学科发展"为主题，收录论文446篇，其中宣讲论文263篇、张贴论文183篇。

10月26—28日，联合美国石油地质学家协会（AAPG）等单位在北京召开"深层—超深层含油气系统"国际地质技术研讨会，参会代表近200名。围绕"深层—超深层（包括深水）含油气系统"主题，交流报告35篇。

11月6—8日，与日本石油能源技术中心（JPEC）和韩国石油管理院（Kpetro）在广东省广州市召开主题为"石油加工与环境保护"的第十一届中日韩炼油技术研讨会，80余人参会。交流技术报告26篇（中方9篇、日方8篇、韩方9篇），内容涉及中日韩三国石油政策、炼油工业发展趋势、石油加工、油品质量与环境保护新技术等方面。

【国内主要学术会议】 2018年，石油学会及分支机构组织召开中国石油石化企业信息技术交流大会、油气开发技术大会、安全生产与应急管理技术交流大会、石油石化科技成果转化与推介会、全国天然气学术年会、全国石油经济学术年会暨年度油气市场形势研讨会、全国页岩气勘探开发学术研讨会、鄂尔多斯盆地南缘构造特征及演化学术研讨会、油气地质工程一体化论坛暨致密油气开发技术研讨会等各类学术会议124次，参加人数23109人次，交流论文6775篇，出版论文集27部。

【科普活动】 2018年，石油学会各级组织举办院士专家科普报告会10次，专题讲座28次，科普展览21次，科普活动受众人数13042人次。调研命名第三批科普教育基地，为中国石油云南石化有限公司石油化工清洁生产科普基地，以及中国石油云南销售公司昆明西福路加油站、大理富海加油站和中国石化河南油田文化馆等3家单位授牌。安排石油地质、工程、物探、经济、通信、储运、管材、非常规油气8个分支机构和5个地方学会及2个科普教育基地在"科技周"开展科普活动19项，13家科普教育基地及5家院校、研究院所及科研中心对公众开放。组织石油地质、工程、管材、通信4个分支机构和6个地方学会围绕"创新引领时代，智慧点亮生活"全国科普日主题开展活动，"石油院士走基层、科技传播进厂矿"院士专家科技咨询报告会、"能源革命与使命"科学传播大讲坛、"石油天然气管道与安全"科普报告会、"石油娃进企业"等7项特色活动受到中国科学技术协会表彰，科普工作获通报表扬。《石油知识》新开设"石油之最"栏目，刊登《数字石油40年》等文章，保持科普特色。

【表彰举荐优秀科技工作者】 2018年，石油学会评选表彰《石油学报》2017年度十佳优秀论文和《Petroleum Research》2016—2017年优秀论文及其作者15人、第三届"全国石油石化优秀科技工作者”20人。利用“全国科技工作者日”活动，推荐中国石油高雄厚、中国石化聂红、中国海油张凤久、延长石油郝世彦等4名会员获中国科学技术协会“全国学会优秀党员科技工作者”称号。

【企业党建工作】 2018年，石油学会党组织开展“两学一做”学习教育，按照《专项巡视反馈意见整改方案》30个整改措施逐条检查落实情况。研究制定《中国石油学会贯彻落实中央八项规定精神实施细则》《中国石油学会党支部工作细则》《中国石油学会党风廉政建设实施办法》《中国石油学会贯彻落实习近平总书记重要指示精神集中整治形式主义、官僚主义的工作方案》，强化党组织制度建设。组织党员参观平西抗日战争纪念馆、改革开放40周年大型展览，弘扬爱国主义精神和石油精神；增设网站党建工作栏目，创建学会党员微信群，开展党建信息化平台培训及应用，实施“党建强会计划”项目。2018年组织召开党委、支委会议8次，党员干部民主生活会1次，党员组织生活会1次，党员大会9次，支委专题辅导讲党课2次。在2018年中国科学技术协会组织的星级党组织评选中，石油学会党支部被评为6星级基层党组织。

6月11日，石油学会党支部换届选举获集团公司直属党委批复（直属党委〔2018〕48号），党委书记于明祥，组织委员王素云、纪检委员邹刚、群工委员赵宗举、宣传（学习）委员康剑。

10月12日，集团公司党组决定（中油党组〔2018〕146号），石油学会纳入党组纪检组驻直属党委纪检组综合监督范围。

【会员服务】 石油学会副理事长兼秘书长于明祥到陕西工作调研，召开科技工作者及学会工作者座谈会，答疑解惑和征询意见。《石油学报》主编为非常规油气专业委员会和天津、河北、浙江、陕西、吉林等地方学会及油田单位举办“科研论文写作技巧及《石油学报》投稿建议”讲座，提高科技工作者写作能力。石油通信专业委员会在新疆克拉玛依市大学城为会员开办两天科技管理信息系统培训班。

【2018年中国天然气与新能源国际学术论坛】 2018年4月19—21日，石油学会天然气专业委员会与中国石油勘探开发研究院在河北省廊坊市举行中国天然气与新能源国际学术论坛。国际天然气联盟、国际氢能协会等国际学术组织，国家能源局、国家发改委能源研究所、自然资源部矿场资源储量评审中心等政府有关机构，以及国内外石油公司、高校及科研院所等50余家单位400余名专家学者参加论坛。论坛以“天然气时代与新能源未来”为主题，采用主题报告会和高峰论坛两种形式交流。与会专家围绕世界及中国天然气和新能源发展做主题报告，内容涉及世界及中国的天然气发展与新能源发展、美国与中国的页岩气开发、中国天然气供需、天然气产业政策、新能源汽车、氢能、地热、储能新材料、石油工业数据化智能化等领域。就国际能源发展态势与转型、中国天然气供需、国际和中国新能源发展能源发展态势、减少“气荒”的天然气保供措施等内容互动交流，探讨中国天然气供应安全与对外依存度、国内天然气生产前景、美国与欧洲页岩气开发前景、中国新能源汽车发展方向等重大战略话题。论坛将天然气与新能源结合一起研讨，对加快中国天然气与新能源行业技术创新与发展，推动天然气与新能源产业健康快速发展，促进建立清洁低碳、安全高效能源体系，共建绿色美丽中国具有重要意义。

（邹　刚）

中国石油企业协会

【概况】 中国石油企业协会（简称石油企协）1984年成立，原名中国石油企业管理协会，成立初期分别挂靠在石油工业部、总公司和集团公司企业管理司、发展研究部、政策研究室等部门开展工作。2004年9月，更名为中国石油企业协会，是国家民政部批准的社会团体法人。2006年1月，集团公司决定，石油企协从集团公司发展研究部划出，挂靠集团公司管理，人事劳资关系由人事劳资部管理，财务资产由财务资产部管理，党、团、工会组织关系由直属机关党委管理。其业务范围包括：专业交流、书刊编辑、国际合作、业务培训、咨询服务等。办公地址在北京市西城区六铺炕街6号。

2018年底，石油企协设部室6个：办公室（秘书处、人事处、会员联络部）、咨询研究部、企业工作部、培训部、财务部、《中国石油企业》杂志社；下设海洋石油分会、公路运输分会、法律工作分会3个分支机构。在册人员11人，其中专职副会长1人、处级职数2人，副高级职称4人、中级职称5人。

2018年，石油企协贯彻落实集团公司工作部署及第七次全国会员代表大会和七届四次理事（常务理事）会议精神，坚持规范运作，精心打造品牌，加强党的建设，各项工作都取得新成绩。

【召开年度理事会议】 石油企协2018年6月6日在北京召开七届四次理事（常务理事）会议，发挥理事（常务理事）会议作用，履行理事（常务理事）会议职能；理事会秘书处按照协会章程，履职尽责，加强与上级主管部门的联系沟通，密切对外交流，工作内涵不断丰富，拓展新的业务领域，各项工作富有创新、卓有成效、大有进步。会上，专职副会长高潮洪代表第七届理事会做题为《坚持改革创新，规范运作，做专做精做优石油企协各项服务工作》的工作报告，新任会长王志刚做题为《建设国内一流世界知名行业协会，助力我国石油石化行业高质量发展》的重要讲话。会议表决通过相关议案，举行《重新认识创新》高层专题讲座。

来自中国石油、中国石化、中国海油、中国化工、延长石油、陕西燃气集团以及有关企业和院校的石油石化行业理事、常务理事和代表140余人参加会议。

【政府服务与行业服务】 2018年，石油企协在服务国家层面积极作为，完成国家能源局等单位委托的课题研究任务6项。其中，《天然气法立法研究》被评审专家评为优秀，获集团公司2018年度优秀课题研究成果。组织企业和专家参与自然资源部有关矿产资源节约与综合利用先进适用技术推广应用评估工作、国家生态环境部有关石油炼制废气治理工程技术规范编制的意见征询工作。组建课题组深入广西石化、四川石化、云南石化调研企业新体制运行情况，形成的调研报告受到集团公司领导关注和批示。

拓展专业培训领域。培训规模越做越大，领域拓宽，内容丰富，成为新的服务品牌。深入行业企业开展培训需求对接，为长庆油田油气销售公司连续举办8场提质增效管理培训，参训人员550人次。举办全国石油石化企业节能低碳技术交流大会，信息化创新发展论坛，污染防治技术交流大会，互联网+安全生产与应急技术交流会，节能与节水新技术、新工艺、新装备及新方法推广交流研讨会等活动，充分发挥专业技术交流、推广、研讨对企业工作的推动作用，获广泛好评。

【“三评”工作】 2018年，石油企协为适应新形势新要求，“三评”工作在优化完善评审专家队伍、改革评审程序、创新成果交流推广方式的基础上，扎实做好评审前的各项准备工作，深入行业企业现场调研，实地了解评审对象的需求，专门举办提高报送材料质量培训班，为提高评审质量打下了基础。2018年，优秀成果申报250项，评出获奖优秀成果151项；优秀论文728篇，获奖437篇；优秀著作39部，获奖24部。

2018年10月底召开2018年度“三评”发布交流会，公布全国石油石化企业管理现代化创新优秀成果、优秀论文、优秀著作评审结果，向获奖者颁发证书、奖牌，发布2018年度管理创新发展与趋势分析报告，重点推介优秀成果一等奖部分项目。申报国家级成果获4个二等奖。

【期刊编辑】 2018年，《中国石油企业》杂志坚持正确的办刊方针，宣传石油石化行业发展形势，宣传企业改革创新成果和先进模范事迹，强化舆论引领作用，保持较高办刊水平。《决策信息报告》注重选编社会关注、领导关心、企业关切的重大问题，为行业各级领导决策提供有价值信息，成为领导决策的“参谋”“助手”。《蓝皮书》影响力进一步扩大。2018年3月，石油企协、对外经贸大学联合正式发布《蓝皮书（2017—2018）》，新闻媒体大量报道，中央电视台新闻会客室栏目连续三天播出《蓝皮书》研究成果，在社会上产生广泛、积极影响。

【组织建设及管理工作】 管理制度更加健全。2018年制定出台《中国石油企业协会贯彻落实中央八项规定精神实施细则》《中国石油企业协会“三重一大”决策实施细则》《中国石油企业协会劳动纪律管理细则》《中国石油企业协会业绩考评方案》等一系列制度规范，使一些不好管、管不好、管不住、管不了的问题有章可循、有规可依、有“法”可遵，为加强合规管理提供制度保障。

财务管理规范。汲取财务管理工作中的深刻教训，加强对石油企协各类会议经费的严格管控。严格会员企业会费管理，坚持取之于会、用之于会的使用原则，使会费完全有效地为会员企业服务。2018年未发生违规违纪问题。

对分支机构指导管理加强。密切与海洋石油分会、公路运输分会、法律工作分会的工作联系，注重对分会工作的管理和指导。各分会根据自身特点开展工作，普遍取得新的成绩。

坚持政治建会，党的建设科学化水平有新提高。加强政治建设，党支部凝聚力、战斗力不断增强；加强组织建设，党支部的作用发挥更加有力；加强作风纪律建设，风清气正的良好氛围正在形成。

（张慧芳）

大事记

中国石油天然气集团有限公司大事记

一　　月

1日　中俄原油管道二线工程正式投入商业运营。该管道全长932.1千米，设计年输油能力1500万吨，起点位于黑龙江省漠河县漠河输油站，与2011年投产的中俄原油管道漠大线绝大部分并行敷设，终点为黑龙江省大庆市林源输油站。

2日　集团公司董事长、HSE委员会主任王宜林主持召开集团公司2018年HSE委员会会议，强调要牢固树立生命至上、安全第一思想，大力提升风险防范能力，狠抓安全环保重点工作落实，促进安全环保形势持续稳定好转。

4日　集团公司董事长、科技委员会主任王宜林主持召开集团公司2018年科技委员会会议，强调要深入学习贯彻党的十九大精神，坚持业务主导，加大改革力度，强化人才发展，全力以赴推动创新战略实施。

8日　2017年度国家科学技术奖公布，中国石油5项成果获奖。依托国家和中国石油重大科技专项的"三元复合驱大幅度提高原油采收率技术及工业化应用"和"高汽油低碳排放系列催化裂化催化剂工业应用"，中国石油参与完成的"重型压力容器轻量化设计制造关键技术及工业应用"和"煤层气储层开发地质动态评价关键技术与探测装备"4项成果获国家科学技术进步奖二等奖；中国石油参与完成的"深层油气藏靶向暂堵高导流多缝改造增产技术与应用"获国家技术发明奖二等奖。

10日　2017中国全面品牌价值管理大奖颁奖礼在北京举行。中国石油C-BPI（年度品牌力）、C-NPS（顾客推荐度）再登行业首位，并获2017中国全面品牌价值管理大奖即中国TBV大奖。

17日　集团公司维护稳定工作暨社会治安综合治理领导小组会议在北京召开。会议强调要紧跟时代、敢于担责，积极配合、扎实工作，坚决按期完成各项目标任务，以维稳信访安保防恐工作实效保障企业改革发展。集团公司副总经理、维护稳定工作领导小组副组长、综治领导小组组长徐文荣主持会议并讲话。

17—19日　中国石油2017年度油气田开发年会在北京召开。会议强调要立足长期低油价，突出四项战略任务，推进四个转变，坚定不移进行深化改革和技术发展。集团公司副总经理侯启军出席会议并讲话。

18日　集团公司副总经理刘宏斌与通用电气贝克休斯亚太区总裁魏萨尔一行在北京举行会谈，并共同见证《货物与服务供应框架协议》的签署。

同日　第二届"金港股"上市公司评选大奖颁奖典礼在深圳举行。中国石油天然气股份有限公司获2017年度"最佳投资者关系管理上市公司"和"最具价值能源与资源股公司"奖项。

19日　集团公司2018年工程建设项目竣工验收工作视频会在北京召开。会议强调要统一思想，提高认识，紧盯目标，狠抓落实，全面提升竣工验收管理水平。集团公司总经理章建华出席会议并讲话。

24日　集团公司副总经理刘宏斌在北京会见卡特彼勒公司全球副总裁兼中国区董事长陈其华一行，并见证《货物与服务销售及采购框架协议》的签署。

25—27日　集团公司2018年工作会议在河北廊坊召开（详见20页专文）。

26日　中国石油首个自主研发的特大信息系统——采油与地面工程运行管理系统（A5系统）全面上线运行，为油气田稳产增产、降本增效以及节能降耗提供数据基础及辅助决策工具。

27日　中国工业遗产保护名录首批名单公布，大庆油田、玉门油矿、克拉玛依油田、独山子油矿、延长油矿、苗栗油矿入选。

27—28日　集团公司2018年党风廉政建设和反腐败工作会议在河北廊坊召开。会议强调要以习近平新时代中国特色社会主义思想为指导，全面贯彻党的十九大精神，旗帜鲜明讲政治，增强"四个意识"，坚定"四个自信"，以党的政治建设为统领全面推进党的各项建设，进一步巩固发展反腐败斗争压倒性态势，以永远在路上的执着把全面从严治党引向深入。集团公司党组书记、董事长王宜林出席会议并讲话。

29 日　集团公司在北京召开企事业单位党委书记基层党建述职评议会议。会议强调党委书记要履行好第一责任，带头维护以习近平同志为核心的党中央权威和集中统一领导，带头学懂弄通做实，带头大抓基层抓实基层，带头持之以恒正风肃纪，带头履行管党治党责任，以新的精神状态、新的奋斗姿态，展现新面貌，创造新业绩。集团公司党组书记、党的建设工作领导小组组长王宜林出席会议并讲话。

31 日　集团公司领导班子 2017 年度民主生活会在北京召开，重点对照《中共中央政治局关于加强和维护党中央集中统一领导的若干规定》《中共中央政治局贯彻落实中央八项规定实施细则》，着力“六个聚焦”，针对“六个方面”查摆问题，深入进行自我检查、党性分析，认真开展批评和自我批评。会议强调要以习近平新时代中国特色社会主义思想武装头脑，不忘初心、牢记使命，把从严管党治党责任落到实处。集团公司党组书记王宜林主持会议并讲话。

二　　月

5—8 日　集团公司总经理、党组副书记章建华到福建、江西地区石油石化企业，集团公司定点扶贫县横峰调研，参加并指导企业领导班子民主生活会，强调要加强精细管理与质量管理，强化对标找差距，加大终端网络开发力度，持续提升创效能力。

6—7 日　集团公司工程技术业务暨中油油服 2018 年工作会议在北京召开。会议强调要坚持协调发展的业务定位，持续推进改革重组，加强技术创新、市场开发与精益管理，不断提升服务保障能力、资源整合力和市场竞争力。集团公司副总经理刘宏斌出席会议并讲话。

6—8 日　集团公司党组书记、董事长王宜林到云南地区石油石化企业调研，参加并指导企业领导班子民主生活会，强调要以高质量发展为目标，以精细化管理为抓手，开创稳健发展新局面，创造降本增效新业绩。

8—9 日　集团公司 2018 年安全环保工作会议在北京召开。会议强调要聚焦集团公司战略目标，不断夯实安全环保工作基础，以永远在路上的执着做好安全环保工作。集团公司副总经理、安全总监段良伟出席会议并讲话。

9 日　集团公司副总经理刘宏斌在北京会见 ABB 集团执行委员会委员兼亚洲、中东及非洲大区总裁顾纯元一行，见证《中国石油与 ABB 集团境内外一体化货物与服务供应框架协议》签署。

12 日　中国石油档案管理系统数据突破 1 亿条。

26 日　集团公司董事长、全面深化改革领导小组组长王宜林主持召开全面深化改革领导小组第二十三次会议，审议通过《集团公司 2018 年全面深化改革工作要点》。

三　　月

6 日　全国政协委员，集团公司党组书记、董事长王宜林在全国政协中华全国总工会界别小组讨论中发言，建议国家高度重视天然气供需矛盾突出问题，从资源生产、储运基础设施建设及相关配套政策等方面给予支持，多措并举保障和促进天然气产业健康发展，助力打好蓝天保卫战。

8—9 日　集团公司天然气与管道业务 2018 年工作会暨党风廉政建设和反腐败工作会在河北廊坊召开。会议强调要努力提升天然气销售业务水平，充分发挥一体化优势，推进业务高质量发展。集团公司副总经理喻宝才、覃伟中出席会议并讲话。

14 日　集团公司保密委员会（密码工作领导小组）会议在北京召开。会议强调要切实维护好国家秘密和公司商业秘密，做强“大保密”工作格局，持续提升保密密码工作水平。集团公司副总经理、保密委员会主任喻宝才主持会议并讲话。

15 日　巴西里贝拉项目顺利完成海上提油作业，5 月 15 日首船 4.4 万吨权益油抵达大连港，标志着中国石油第一个超深海项目——巴西里贝拉项目正式进入投资回收阶段，填补中国石油在深海油气开发生产和提油销售领域空白。

16 日　全国政协委员，集团公司党组书记、董事长王宜林任全国政协经济委员会副主任。

同日　集团公司矿区服务系统 2018 年工作视频会议在北京召开。会议强调要全面深化矿区系统改革，提高保障和改善民生水平，为稳健发展提供坚实保障。集团公司副总经理刘宏斌出席会议并讲话。

20 日　集团公司党组召开会议，审议通过《集团公司党组巡视巡查工作规则》《集团公司党组巡视工作规定》《被巡视党组织配合集团公司党组巡视工作规定》《关于企事业单位党委建立巡视制度的意见》

等 4 个制度文件。集团公司党组书记、董事长王宜林主持会议并讲话。

同日　中共中央组织部决定，免去汪东进同志的中国石油天然气集团有限公司党组成员、副总经理职务。30 日国务院同意汪东进不再担任中国石油天然气集团有限公司副总经理职务。

21 日　集团公司董事长王宜林与阿联酋国务部长兼阿布扎比国家石油公司首席执行官贾贝尔在阿布扎比签署乌姆沙依夫—纳斯尔油田开发项目和下扎库姆油田开发项目合作协议，并出席布哈希尔海上油田首油仪式。根据协议条款，中国石油天然气股份有限公司获得阿布扎比两个海上油田区块各 10% 的权益，合作期为 40 年。协议的签署，标志着中国“一带一路”倡议与阿联酋“向东看”战略有效对接收获重要成果。

同日　集团公司宣传思想文化工作视频会议在北京召开。会议强调要围绕中心、服务大局，为集团公司推进稳健发展提供坚强思想保证和强大精神力量。集团公司党组副书记、副总经理徐文荣出席会议并讲话。

22 日　中国石油 2017 年经营利润大幅增长（详见 22 页专文）。

22—23 日　集团公司法律工作会议在北京召开。会议强调要全面把握法治建设新形势，抓住“关键少数”不放松，坚持创新发展不停步，推动依法治企向纵深发展。集团公司总经理章建华出席会议并讲话。

23 日　中国石油天然气股份有限公司 2017 年度业绩在香港发布。集团公司、股份公司董事长王宜林出席发布会并致辞。

同日　唐山 LNG 项目三期工程正式开工，主要建设 4 座 16 万立方米 LNG 储罐、1 台气化器、2 台蒸发气压缩机、1 台蒸发气增压压缩机及公用工程和辅助设施等。

26 日　中国原油期货在上海国际能源交易中心（INE）正式挂牌交易。这是中国石油工业和中国资本市场的一个重要里程碑。

27 日　集团公司 2018 年度定点扶贫与对口支援工作领导小组会议在北京召开。会议强调要发挥企业产业优势，精准发力，助力各帮扶地打赢脱贫攻坚战。集团公司副总经理、定点扶贫与对口支援工作领导小组组长徐文荣主持会议并讲话。

28 日　集团公司品牌管理委员会工作会议在北京召开。会议强调切实发挥品牌引领作用，持续加强品牌能力建设，为打造具有国际竞争力的世界一流品牌注入新能量。集团公司副总经理、品牌管理委员会主任喻宝才主持会议并讲话。

29 日　集团公司 2018 年党建工作会议在北京召开。会议强调要深入学习贯彻习近平新时代中国特色社会主义思想和党的十九大精神，坚持和加强党的全面领导，落实管党治党责任，推动党的建设质量全面提升。集团公司党组副书记、副总经理徐文荣出席会议并讲话。

30 日　铁人学院在大庆铁人王进喜纪念馆正式揭牌成立，是服务中国工业企业产业工人队伍建设的专门研训基地，是中国首个以工人阶级代表人物命名的学院。

四　月

2 日　股份公司公告，因工作岗位调整，汪东进不再担任公司副董事长、董事及总裁职务。

3 日　集团公司党组召开会议，审议通过《集团公司“三重一大”决策制度实施细则》《集团公司领导人员外事活动规定》《集团公司党组关于全面推进信访法治化建设的指导意见》。集团公司党组书记王宜林主持会议并讲话。

同日　集团公司标准化委员会第十次会议在北京召开。会议强调要持续增强标准化管理能力，深化标准化改革创新，为新时代集团公司稳健发展提供支撑和保障。集团公司副总经理、标准化委员会主任喻宝才主持会议并讲话。

同日　集团公司决定，免去李鹭光的集团公司总经理助理职务，另有任用；免去李正光的集团公司副总经济师职务，退休。

4 日　中俄东线天然气管道讷漠尔河穿越工程贯通，管径 1422 毫米，穿越实长 765 米，创造中国首个大管径、复杂地质条件下施工综合难度最大、风险最高的定向钻工程新纪录。

8—11 日　集团公司董事长王宜林应邀出席在海南博鳌举行的 2018 年博鳌亚洲论坛年会及相关活动，并到中国石油驻海南石油企业调研。

10—14 日　集团公司总经理章建华到新疆地区部分石油石化企业调研，强调要推动油气业务加快发展，持续深化改革创新，狠抓安全环保稳定，不断开创稳健发展新局面。

11—12 日　集团公司董事长王宜林应邀出席在印度新德里举行的国际能源论坛第十六届（IEF16）

部长级会议，并担任全体会议“全球转型：未来全球能源安全——寻找新的平衡”环节特邀发言人，就中国石油如何应对全球能源转型给出解决方案和思考。

12 日　庆阳石化 300 万吨级搬迁改造集中加工项目环境影响后评价专家审查会在北京召开。项目顺利通过专家技术审查，这是中国石油首个环境影响后评价工业项目。

14—18 日　集团公司董事长王宜林到马来西亚、印度尼西亚进行工作访问，出席中国石油驻印度尼西亚企业工作汇报座谈会，强调要不忘海外创业初心，牢记党和国家赋予的使命和担当，努力开创海外油气业务发展新局面。

17 日　集团公司“技能西部行”启动会暨青海油田技能提升季启动会在敦煌召开。会议强调要坚定不移实施人才强企战略，加快建设新时代产业工人队伍。集团公司副总经理徐文荣出席会议并讲话。

17—19 日　集团公司总经理章建华到揭阳、深圳进行调研，详细了解广东石化炼化一体化项目和深圳 LNG 项目，强调要以“安全、质量、投资、进度、合同”五大控制为抓手，坚定信心、全力以赴，努力把两个项目建设成为标杆工程、优质工程、阳光工程。

19 日　乌兹别克斯坦总统沙夫卡特·米尔济约耶夫到那沃伊市对寰球工程公司 PVC 生产综合体建设项目进行视察。

19—20 日　中国石油油品销售精细化管理会议在武汉召开。会议强调要积极履行保后路、增效益双重使命，持续提升服务能力和营销水平，不断增强盈利能力和市场竞争力，更好发挥市场战略的主力军作用。集团公司副总经理喻宝才出席会议并讲话。

24 日　集团公司 2018 年第一轮巡视工作动员部署会在北京召开。会议强调要准确把握党中央巡视工作新部署新要求，高起点高质量做好巡视巡察工作，扎扎实实推进巡视巡察全覆盖，推动全面从严治党向纵深发展、向基层延伸。集团公司党组书记、董事长、巡视工作领导小组组长王宜林出席会议并做动员讲话。

25—26 日　集团公司总经理章建华到陕西榆林地区石油石化项目调研，强调要强化“安全、质量、投资、进度、用工”五大控制，加强整体规划、持续工艺优化，努力建设一流工程。调研期间，章建华出席第十六次陕北高端能源化工基地建设座谈会并讲话。

26 日　集团公司董事长王宜林主持召开集团公司第二届董事会第二十二次会议，听取 2018 年一季度生产经营完成情况及二季度安排等报告，审议集团公司 2017 年度财务报告、审计工作报告和 2018 年度风险管理报告等议案。

同日　中国石油自主开发自主建设的首套国产大化肥项目——宁夏石化年产 45 万吨合成氨 80 万吨尿素装置投产，合成氨装置日生产能力 1500 吨，尿素装置日生产能力 2640 吨，是我国规模最大化肥装置。

28 日　2018 年全国五一劳动奖和全国工人先锋号评审结果公布，大庆油田刘海波等 14 人获全国五一劳动奖章，辽河油田兴隆台采油厂采油作业三区女子采油队兴 60 号站等 19 个单位获全国工人先锋号。

五　　月

2 日　中国石油天然气集团有限公司与中国石油大学（华东）在北京签署《中国石油天然气集团有限公司与中国石油大学（华东）战略合作协议》。根据协议，双方将紧密围绕人才培养、科技合作等方面开展深入合作。集团公司董事长王宜林与教育部副部长孙尧、中国石油大学（华东）校长郝芳出席签字仪式。

同日　集团公司党建信息化平台全面推广应用启动会在北京召开。会议强调要把党建信息化平台打造成精品工程，打造成中国石油党建特色品牌，提升党建工作质量和科学化水平。集团公司党组副书记、副总经理徐文荣出席会议并讲话。

2—3 日　集团公司总经理章建华到湖南地区石油石化企业调研，强调要牢固树立全局观念，强化统筹协调，优化业务管理，大力开拓终端市场，努力提高经营创效水平。

3 日　“航天科工杯”第三届中央企业青年创新奖颁奖活动在北京举行。塔里木油田“超深高温高压气井安全评估与控制关键技术研究及应用”获银奖。集团公司副总经理徐文荣出席会议。

7 日　尼日尔总理拉菲尼一行到中国石油天然气集团有限公司访问。集团公司董事长王宜林与拉菲尼总统就推动和扩大中国和尼日尔石油领域等合作举行会谈。

9 日　集团公司董事长王宜林参加国务院国资委在河北雄安新区召开的中央企业支持雄安新区建设座谈会，进行专题调研并主持召开集团公司支持雄安新区建设座谈会，强调要着眼高质量发展，保障清洁能源供应，全力服务和支持雄安新区建设。

9—11 日　集团公司总经理章建华到上海参加首

届中国自主品牌博览会，并到驻上海地区石油石化企业调研，强调要突出安全环保，优化业务管理，努力降低成本，全力开拓终端市场，提高经营创效水平。

10 日　中国石油和壳牌中国勘探与生产有限公司签署《中华人民共和国四川盆地金秋区块天然气开发和生产合同终止协议》，规定终止协议签署之日为金秋产品分成合同终止日。

11 日　集团公司董事长王宜林在北京会见雪佛龙公司董事长兼首席执行官迈克·沃斯一行，并见证川东北项目谅解备忘录的签署。

同日　集团公司党组书记、董事长王宜林以普通党员身份，参加办公厅第一党支部组织生活会，强调要不断增强“四个意识”，忠诚坚定、担当尽责，锻造过硬政治品格，锤炼扎实素质本领，树立党员干部良好形象。

同日　中国石油在阿布扎比第一个上游合作项目——陆海项目首次提油作业，日产原油 5300 桶，标志该项目正式进入投资回收期。

12 日　集团公司董事长王宜林在迪拜出席中国石油驻中东企业工作汇报座谈会，强调要树立战略思维，切实把控风险，有效应对复杂多变的外部环境，推动中东业务实现高质量发展。

13 日　中共中央政治局常委、全国人大常委会委员长栗战书出席中国援建莫桑比克孔子学院和传媒艺术学院项目奠基仪式。该项目由中油工程项目管理公司负责管理。

同日　集团公司董事长王宜林应邀出席在阿布扎比举行的阿布扎比国家石油公司（ADNOC）下游投资论坛，并在“CEO 座谈”中发言，表示中国石油将坚持资源战略，积极参与国际油气合作，加大投入，为油气行业价值提升作贡献。

16 日　集团公司 2018 年第一轮巡视落实意识形态工作责任制专项检查启动会在北京召开。会议强调要提高政治站位，树牢“四个意识”，高起点高质量做好专项检查，持续提升主流意识形态传播力影响力，为集团公司稳健发展营造良好思想舆论环境。集团公司党组副书记、副总经理、党组巡视工作领导小组副组长徐文荣出席会议并讲话。

17 日　中国石油发布 2017 年度企业社会责任报告。这是连续第 12 年发布。

18 日　岚山油气公共管廊开工仪式在山东省日照市岚山区举行，该工程全长 22.5 千米，能够承载 60 根管道，由中国石油管道局有限公司管道设计院设计，是国内规模最大、管线介质最多、沿线情况最复杂的管廊工程。

20—22 日　集团公司总经理章建华参加中央企业深度贫困地区脱贫攻坚现场推进会和中央企业助力建设幸福美好新甘肃座谈会等活动，并到兰州地区石油石化企业调研，强调要充分发挥中央企业骨干作用，做优做强油气主业，持续推进企地合作，积极履行社会责任，为甘肃地方经济发展作出新贡献。

21 日　集团公司总会计师刘跃珍为共享服务西安中心揭牌。这标志着集团公司共享管理理念、共享业务流程和共享信息技术迈出从理论到实践的坚实一步。

23 日　集团公司董事长王宜林主持召开全面深化改革领导小组第二十四次会议，审议通过《集团公司驻试点城市企业退休人员社会化管理框架方案》，听取《集团公司办普通高校、职业教育机构改革推进情况》汇报，强调要积极稳妥组织实施好“两项”改革，抓好相关重点改革任务落实，坚定不移将全面深化改革推向前进。

24 日　集团公司决定，调整储气库业务管理体制，集团公司上市和未上市的储气库业务由勘探与生产分公司统一归口管理，中国石油天然气股份有限公司天然气销售储备气分公司更名为中国石油天然气股份有限公司储气库分公司，列勘探与生产分公司附属机构管理。

25 日　集团公司开源节流降本增效工程经验总结交流视频会议在北京召开。会议强调要在新起点上以更大力度推进实施开源节流降本增效工程，打造精品价值工程，推动高质量发展。集团公司总经理章建华出席会议并讲话，副总经理徐文荣主持会议，总会计师刘跃珍做《聚焦质量效益，突破发展瓶颈，持续扎实深入推进开源节流降本增效工程》工作报告，副总经理侯启军、段良伟出席会议。

28 日　位于黑龙江安达市的松辽盆地科学钻探 2 号井完钻，井深 7018 米，是亚洲最深大陆科学钻探井，也是全球第一个钻穿白垩纪陆相地层的科学钻探井，创出 311 毫米大口径连续取心 1651 米、3 种不同口径单回次取心最长 4 项世界纪录。

28—30 日　集团公司董事长王宜林到川渝地区专题调研页岩气勘探开发工作，强调要提高思想认识，抓好组织协调，推进技术攻关，加强安全环保，坚持效益开发、规模开发、绿色开发，加快推进产能建设，实现川渝地区页岩气业务大发展。

同日　集团公司总经理章建华到英国进行工作访问，出席中国石油欧洲油气运营中心工作汇报座谈会，强调要牢记集团公司建设世界一流综合性国际能源公司发展定位，积极有为做好欧洲油气业务和欧洲油气运营中心各项工作，持续提升集团公司在高端市场上的竞争力和影响力。

30 日　川庆钻探承钻的 YS112H12-1 井顺利完钻，井深 5290 米，水平段长 2810 米，钻井周期 47.58 天，刷新集团公司国内页岩气井最长水平段纪录，并创昭通区域 5000 米以上井深最短完钻周期纪录。

30 日—6 月 1 日　全国政协经济委员会副主任、集团公司董事长王宜林参加全国政协经济委员会调研组到重庆专题调研，表示要转变发展方式，提高发展质量，发挥好在国内油气保供方面“压舱石”作用，推进中国石油高质量发展。

31 日—6 月 5 日　集团公司总经理章建华到法国、意大利进行工作访问，与法国道达尔集团，意大利埃尼集团、忠利集团等交流研讨，考察拉瓦莱炼油厂，指出要加强沟通，增进互信，实现互利共赢发展。

六　　月

1 日　“中国石油开放日”启动仪式在大港石化举行，标志着集团公司企业史上最大规模开放日活动正式启动。集团公司副总经理徐文荣出席仪式并宣布活动启动。

同日　中国石油发布 2017 年度环境保护公报。

4 日　集团公司董事长王宜林出席在北京举办的中央企业参与“一带一路”共建座谈会，代表中国石油发言，建议进一步加强能源外交，强化对能源企业“走出去”的政策支持。

同日　中共中央组织部决定，焦方正同志任中国石油天然气集团有限公司党组成员、副总经理；免去喻宝才同志的中国石油天然气集团有限公司党组成员、副总经理职务。17 日国务院同意焦方正为中国石油天然气集团有限公司副总经理人选；喻宝才不再担任中国石油天然气集团有限公司副总经理职务。

5 日　中国石油天然气股份有限公司董事会 2018 年第 3 次会议在北京召开。会议审议批准《关于聘任公司总裁、副总裁的议案》《关于公司董事会部分专门委员会组成人员调整的议案》。聘任章建华为股份公司总裁、李鹭光为股份公司副总裁。会议审议批准《关于修订的议案》，听取《公司 2017 年度储量评估特别报告》等报告。股份公司董事长王宜林主持会议。

同日　中国石油天然气股份有限公司 2017 年年度股东大会在北京召开。会议听取并审议通过公司 2017 年度董事会报告、公司 2017 年度监事会报告、公司 2017 年度财务报告、公司 2017 年度利润分配方案等多项议案。股份公司董事长、大会主席王宜林主持会议并做报告。

同日　以“弘扬石油精神、重塑良好形象”为主题的石油精神（劳模·青年）论坛在北京举行。冀东油田党委、22 名劳模和青年代表分享了对石油精神的感悟和理解。集团公司党组副书记、副总经理徐文荣，党组成员、纪检组组长徐吉明出席并讲话。

7 日　股份公司公告，因工作岗位调整，喻宝才不再担任公司董事职务。

8 日　集团公司董事长王宜林在北京拜会哈萨克斯坦总统纳扎尔巴耶夫，双方就推动和深化中国石油在哈萨克斯坦油气合作交换意见。纳扎尔巴耶夫总统向王宜林颁发“哈萨克斯坦共和国友谊勋章”。王宜林还与哈萨克斯坦能源部部长博祖姆巴耶夫签署《中国石油天然气集团有限公司与哈萨克斯坦能源部关于石油合同延期及深化油气领域合作的协议》，与哈萨克斯坦国家石油天然气公司总裁门巴耶夫见证《中国石油广西石化公司与 PetroKazaKhstanOilProductsLLP 合作备忘录》的签署，并向奇姆肯特炼油厂颁发“安全生产 20 周年”荣誉证书。

同日　集团公司董事长王宜林在北京会见俄罗斯天然气工业股份公司总裁米勒，签署《标准及合格评定结果互认合作协议的补充协议》。

同日　中国石油乌姆沙依夫—纳斯尔油田开发项目和下扎库姆油田开发项目完成首次提油作业，正式进入投资回报期。

12 日　塔里木油田克深 902 井正式投入生产，完钻井深 8038 米，日产天然气 25 万立方米，成为迄今为止我国陆上投产的最深天然气生产井。

12—13 日　集团公司副总经理徐文荣到河南濮阳定点扶贫县调研并召开中国石油乡村旅游扶贫示范项目推进会，强调要进一步提高政治站位，坚持问题导向，强化工作责任，助力打赢脱贫攻坚战。

12—14 日　集团公司董事长王宜林到黑龙江地区石油石化企业调研，实地考察中俄东线天然气管道工程建设现场和油田、炼化、销售等企业，强调要坚持安全第一、质量第一，做到建设一项工程，创造一个精品，树立为国争光争气的雄心壮志，发挥石油干部员工的聪明才智，创造新业绩，为重塑中国石油良好形象作贡献。

15 日　集团公司董事长王宜林出席在哈尔滨市

举行的新时代“央地携手、共谋发展”合作交流会，表示要充分发挥中央企业骨干作用，持续推进企地合作，为保障国家能源安全、促进黑龙江经济社会发展作贡献。

19 日 《求是》杂志发表集团公司党组署名文章——《奋力建设具有全球竞争力的世界一流企业》。

21 日 集团公司进一步深化物探业务专业化重组，将大庆钻探工程公司物探一公司、物探二公司业务、资产及人员划转中国石油集团东方地球物理勘探有限责任公司管理。

21—30 日 集团公司党组副书记、副总经理徐文荣到中国石油驻中亚地区企业进行党建工作调研，强调要在创新模式、活化方式等五个方面下功夫，深入推进海外党建创新实践。

24—25 日 集团公司总经理章建华到济南参加 2018 · 央企助力山东新旧动能转换座谈会，并对山东地区企业进行工作调研，强调要坚定搞好国有企业信心，努力实现高质量发展。

24—28 日 集团公司董事长王宜林率代表团到美国华盛顿参加第 27 届世界天然气大会，并与合作伙伴举行会晤。本届大会主题为“能源助力未来”，中国石油做《加快页岩气勘探开发步伐，有效改善中国天然气供应格局》演讲，向大会提交论文摘要 85 篇，入选论文 17 篇，12 篇论文进行现场报告。中国石油勘探开发研究院专家王红岩“页岩气十年发展与创新”获勘探生产领域技术与创新奖。

26 日 国务院国资委培育具有全球竞争力世界一流企业座谈会在北京举行。集团公司总经理章建华代表中国石油发言，表示中国石油将加快质量变革、效率变革、动力变革，不断增强公司综合实力和全球竞争力。

26—28 日 集团公司总经理章建华到青海地区石油石化企业工作调研，强调要做实油气主业，推进开源节流降本增效，全面提升企业竞争力。

28—30 日 集团公司董事长王宜林到加拿大卡尔加里进行工作访问和调研，强调突出发展质量，科学谋划加拿大业务有效发展，努力开创油气业务发展新局面。

七　月

1 日 大港储气库（群）和京 58 储气库（群）由北京天然气管道公司分别移交大港油田和华北油田管理，至此中国石油管道所属储气库（群）全部移交油田公司。这标志着中国石油储气库体制改革完成。

1—3 日 集团公司董事长王宜林到中国石油国际事业日本公司与日本 JXTG 能源株式会社合资公司大阪国际石油精制株式会社调研，表示要加强油气业务交流，借鉴彼此成功经验和技术，发挥各自优势，推动更广领域深入合作。

7 日 大庆石化炼油结构调整转型升级项目建设座谈会及启动仪式在大庆举行，标志着中国石油与黑龙江省贯彻落实习近平总书记视察黑龙江重要讲话精神、推动“油头化尾”取得阶段性成果、实现重大突破。集团公司董事长王宜林出席座谈会并讲话。

同日 集团公司在大庆油田铁人学院举行“全国党员教育培训示范基地”揭牌仪式，铁人学院成为国企首家培训机构。集团公司党组书记、董事长王宜林为铁人学院“全国党员教育培训示范基地”揭牌。

9—13 日 集团公司副总经理，定点扶贫与对口支援工作领导小组组长徐文荣到青海、西藏地区调研中国石油援青、援藏工作并召开推进会，强调要加强企地联动，切实提高帮扶精准度，建好建优援青、援藏项目，为团结各族群众发挥积极作用，促进地方经济社会实现可持续发展。

10 日 中共中央组织部决定，周吉平同志退休。

16 日 集团公司党组书记王宜林主持召开集团公司党组会议，审议通过《集团公司党组关于进一步激励广大干部新时代新担当新作为的实施意见》等议题。

17 日 国务院国资委在北京召开中央企业地方国资委负责人视频会议，中国石油获评 2017 年度中央企业负责人经营业绩考核 A 级企业。

19 日 在集团公司董事长王宜林与阿联酋国务部长兼阿布扎比国家石油公司首席执行官贾贝尔见证下，中国石油东方地球物理勘探有限责任公司（BGP）与阿布扎比国家石油公司（ADNOC）在阿布扎比签署海上和陆上三维地震采集合同，金额 16 亿美元，是全球物探行业有史以来三维地震采集作业涉及金额最大的一笔合同。

19—20 日 集团公司老油田稳产工作会议在北京召开。会议强调要坚定实现原油亿吨以上稳产的信心和决心，坚决打赢老油田稳产攻坚战。集团公司副总经理侯启军出席会议并讲话。

20 日 在中国国家主席习近平和阿联酋副总统兼总理穆罕默德、阿布扎比王储穆罕默德的见证下，集团公司董事长王宜林与阿联酋国务部长兼阿布扎比国家石油公司首席执行官贾贝尔在两国签约仪式上，交换《中国石油天然气集团有限公司与阿布扎比国家石油公司战略合作框架协议》。此协议于7月19日在阿布扎比签署。

同日　北京2022年冬奥会和冬残奥会官方油气合作伙伴签约仪式在北京举行，中国石油成为北京2022年冬奥会和冬残奥会官方油气合作伙伴。北京市副市长、北京冬奥组委执行副主席张建东与集团公司副总经理徐文荣签署赞助协议。

24日　集团公司董事长王宜林出席在乌鲁木齐市举行的中央企业暨19援疆省市国有企业产业援疆助力脱贫攻坚工作推进会。会前，中国石油与新疆维吾尔自治区人民政府签署《关于加大产业援疆助力新疆脱贫攻坚合作框架协议》。

25日　由中国石油化工研究院主导制定的《橡胶灰分的测定第2部分：热重分析法（TGA）》经国际标准化组织官方网站正式发布，这是中国石油炼化领域自主制定的第一个国际标准。

26日　集团公司董事长王宜林主持召开集团公司第二届董事会第二十四次会议，听取2018年上半年生产经营完成情况及三季度工作安排的报告，审议集团公司2018年中期审计工作报告等议案。

27日　集团公司董事长、全面深化改革领导小组组长王宜林主持召开全面深化改革领导小组第二十五次会议，听取《集团公司改革工作进展情况》《集团公司矿区业务改革情况》汇报，强调要按照"问题导向、稳准原则、业务主体、统筹督导"持续推进深化改革工作，确保各项改革任务落到实处，见到实效。

同日　集团公司董事长王宜林到勘探开发研究院工作调研，强调勘探院要在实施创新战略中肩负重要使命，以建设世界一流综合性研究院为目标，积极适应由面向国内为主到扎根国内、布局全球的根本转变，优化研发力量，发挥整体优势，坚持自主创新，为集团公司推动高质量发展、建设世界一流综合性国际能源公司作出新的更大贡献。

30—31日　集团公司2018年领导干部会议在北京召开（详见23页专文）。

31日　由寰球工程公司总承包的江阴液化天然气集散中心LNG储配站项目T-1201储罐成功封顶，罐容8万立方米，是世界上最大的双金属壁全包容LNG储气罐。

八　月

1日　由西部钻探公司XDEC-6钻井队承钻的"一带一路"重点探井——明15井，完钻至设计井深5918米，打破中国石油海外市场大尺寸套管下入最深、封固段最长两项施工纪录。明15井是中国石油部署在乌兹别克斯坦费尔干纳盆地明格布拉克构造上的一口勘探评价直井，是明格布拉克油田第一深井。

1—2日　集团公司深化人事劳动分配制度改革推进会议在北京召开。会议强调要扎实推进人事劳动分配制度改革，为集团公司建设世界一流综合性国际能源公司注入新的动力活力。集团公司董事长王宜林出席会议并讲话，总经理章建华主持会议，副总经理徐文荣做总结讲话，集团公司领导刘跃珍、刘宏斌、焦方正、徐吉明、侯启军、段良伟出席会议。

3日　集团公司党组召开扩大会议，学习贯彻习近平总书记重要批示，专题研究部署提升国内油气勘探开发力度，努力保障国家能源安全等工作。集团公司党组书记王宜林主持会议。

7日　华北油田在内蒙古巴彦河套探区吉兰泰坳陷部署的预探井吉华2X井，在2000米井段内发现一、二类总计195米厚油层，在对37米油层试油后获高产工业油流，日产原油10.26立方米，标志着内蒙古巴彦河套新区新盆地勘探获重要发现。

18日　钦南柳成品油管道（钦州—南宁—柳州）进油投产，管道全长363千米，设计年输量500万吨。

20—22日　集团公司总经理章建华到川渝地区页岩气勘探开发现场工作调研，强调要持续加大勘探开发力度，努力提高油气保障能力。

23日　国务院国资委党委书记郝鹏，一行到中国石油调研座谈。集团公司党组书记、董事长王宜林，党组副书记、总经理章建华陪同郝鹏参观北京油气调控中心，并就进一步坚持党的领导、加强党的建设、以党的建设引领企业改革发展等工作进行座谈交流。

24日　集团公司党组召开扩大会议，贯彻落实习近平总书记重要批示精神，研究讨论国内勘探与生产加快发展规划方案。集团公司党组书记王宜林主持会议并讲话。

29日　由中华全国总工会、人力资源和社会保障部、科学技术部、工业和信息化部、住房和城乡建设部联合举办的2018年中国技能大赛——第六届全国职工职业技能大赛在沈阳闭幕。中国石油6名选手获得表彰，中国石油管道局工程有限公司王要飞和张志军分别夺得第一名和第三名，并夺得团体总分第一名。

30日　南苏丹共和国总统基尔到中国石油总部参观访问，与集团公司董事长王宜林就进一步深化油气合作举行友好会晤。在基尔总统与中国驻南苏丹大使何向东见证下，王宜林与南苏丹石油部部长埃扎克埃尔·鲁尔签署《中国石油与南苏丹石油部合作谅解备忘录》。

同日　中国石油天然气股份有限公司在香港举行2018年中期业绩发布会，集团公司总经理、股份公司副董事长、总裁章建华出席并致辞。路演期间，章建华到中国石油驻香港企业调研，强调要发挥优势，推进在香港业务高质量发展。

同日　云南成品油管道昆明支线成功投运，标志着云南成品油管道全线贯通，管线全长近1000千米，年输送能力721万吨。

31日　集团公司董事长王宜林在北京拜会尼日尔共和国总统伊素福，双方就推动和扩大中尼石油合作深入交换意见。

九　月

2日　集团公司董事长王宜林在北京拜会苏丹总统巴希尔，双方就推动和深化中国石油在苏丹石油合作交换意见。在巴希尔总统见证下，王宜林与苏丹石油及天然气部部长阿兹哈里代表双方签署《中国石油天然气集团有限公司与苏丹共和国石油及天然气部合作谅解备忘录》。

3日　长庆油田在内蒙古巴彦淖尔市磴口县的预探井松5井试油，获62.6立方米高产油流，标志着核桃盆地获重要勘探发现。

3—4日　2018年中非合作论坛在北京召开。集团公司董事长王宜林出席开幕式及相关活动，并在第六届中非企业家大会专题研讨环节发言，介绍中国石油推进中非工业化合作走过的历程。

4日　集团公司董事长王宜林在北京拜会乍得共和国总统代比。双方就推动和深化中国石油在乍得油气合作深入交换意见。

5日　国务院印发《关于促进天然气协调稳定发展的若干意见》，要求深化天然气领域改革，全面加强产供储销体系建设。

6—8日　集团公司总经理章建华到拉萨参加央企助力西藏脱贫攻坚会议等活动，并到西藏销售调研，强调要充分发挥央企骨干作用，努力保障油气稳定供应，进一步加大投资和扶贫力度，为西藏地区经济社会发展贡献石油力量。

7日　集团公司董事长王宜林主持召开集团公司第二届董事会第二十五次会议，审议国内和海外有关项目等议案。

同日　中国石油与重庆市共建铜锣峡储气库工程开工，库容15亿立方米，开启我国储气设施建设运营商业模式。

10日　华北油田苏桥储气库群全面投产，总有效库容67.38亿立方米，设计工作气量23.32亿立方米，库群平均深度4900米以上，是世界上最深储气库群。

11—12日　集团公司董事长王宜林应邀出席在符拉迪沃斯托克举行的俄罗斯第四届东方经济论坛，在"丝绸之路的十字路口"专题会议上发言。其间，王宜林与俄罗斯国家石油公司总裁谢钦签署上游合作协议，与俄罗斯天然气工业股份公司总裁久科夫签署技术合作协议，并与合作伙伴举行会晤，就推进中俄油气领域合作交换意见。

13日　第十届"中华慈善奖"颁奖典礼在北京人民大会堂举行。中国石油获评"中华慈善奖"捐赠企业奖项。

同日　青海柴达木盆地狮60井日产油12.1立方米、产液60.68立方米，是世界海拔最高油井，标志着柴达木盆地干柴沟区块油气勘探获突破。

14日　集团公司董事长王宜林在北京出席中国—委内瑞拉高级混合委员会第十六次全体会议，在马杜罗总统见证下，王宜林与委内瑞拉石油部长兼委国家石油公司总裁克韦多签署《阿亚库乔区300口井一体化服务合同》《加强天然气勘探和开发合作谅解备忘录》等6项合作协议。

15日　委内瑞拉总统马杜罗到中国石油总部参观访问，与集团公司董事长王宜林就推动和深化油气合作举行友好会晤。

16日　抚顺至锦州的成品油管道投产，是国家"北油南运"重点战略项目和重要民生工程。

17日　集团公司董事长王宜林到新疆伊犁中国石油定点扶贫县察布查尔县调研，在伊犁察布查尔县为中国石油生态扶贫经济林揭牌，强调要积极落实央企责任，坚决打赢新疆脱贫攻坚战。

17—20 日　集团公司董事长王宜林在新疆部分石油石化企业调研，强调要加快油气业务发展，切实担负起国内原油有效稳产和新疆地区油气当量上产使命和重托，坚定不移推动油气业务高质量发展，保障国家能源安全、建设美丽新疆。

19—20 日　集团公司总经理章建华到中国石油驻委内瑞拉项目调研，强调要围绕高质量发展深化创新合作，推动中委油气一体化合作进入新的发展阶段，为集团公司“做特美洲”战略、深耕拉美油气市场、重要非常规油气合作区和深海油气合作区的建设作出新贡献。

20 日　中国石油中东公司伊拉克哈法亚油田第三座中心处理站首次投油成功，哈法亚油田原油日处理能力 40 万桶，为哈法亚建成 2000 万吨级现代化大油田奠定坚实基础，对助力中国石油将中东地区打造成“一带一路”油气合作“旗舰”具有重要意义。

21 日　中国石油档案馆与中国人民大学信息资源管理学院战略合作协议签字仪式在北京昌平科技园区举行，同时为“中国人民大学信息资源管理学院中国石油档案馆教学科研实践基地”揭牌。这是中国石油档案馆成立以来与国内一流档案专业学院签订的第一个战略合作协议。

22—26 日　集团公司总经理章建华到美国出席油气行业气候倡议组织（OGCI）2018 年度系列会议，见证《中国气候投资基金框架协议》的签署，并到中国石油驻美国单位调研，强调要发挥比较优势，促进在美国业务稳步发展。

25 日　集团公司董事长、全面深化改革领导小组组长王宜林主持召开全面深化改革领导小组第二十六次会议，听取集团公司改革工作进展情况汇报，审议吐哈油田、昆仑能源、渤海装备“双百行动”综合改革实施方案。

26 日　集团公司党组书记、董事长王宜林代表中国石油出席在北京举行的中央企业宣传思想工作会议，并做题为《增强“四个意识”，坚定“四个自信”，在央企高质量发展中铸牢主流意识形态》的发言。

27 日　中共中央总书记、国家主席、中央军委主席习近平视察辽阳石化。

28 日　哈萨克斯坦总统纳扎尔巴耶夫出席“一带一路”重点建设项目——中国石油承建的哈萨克斯坦奇姆肯特炼油厂现代化升级改造项目二期工程投产仪式。纳扎尔巴耶夫指出，项目建设得十分出色，哈中油气合作将继续向前推进。

28 日　中国石油集团养老资产管理有限责任公司正式成立。集团公司总会计师、企业年金理事会主席刘跃珍出席揭牌仪式。

29 日　集团公司党组召开扩大会议，传达学习习近平总书记在辽阳石化视察时的重要讲话精神，部署贯彻落实意见。

本月　集团公司党组在《学习时报》上发表《全面贯彻新发展理念，扎实推动高质量发展》署名文章。

十　　月

7 日　管道局完成楚攀天然气管道勐岗河悬索跨越管道安装任务，这是国内最大跨度天然气管道悬索跨越桥。

11 日　乌兹别克斯坦国家友谊勋章颁授仪式在北京举行，受乌兹别克斯坦总统米尔济约耶夫委托，乌兹别克斯坦驻华大使赛义多夫、乌兹别克斯坦国家油气公司管委会主席阿什拉夫汉诺夫向集团董事长王宜林颁发乌兹别克斯坦国家友谊勋章和证书。

同日　集团公司党组 2018 年第二轮巡视工作启动会在北京召开。会议强调要始终坚持政治巡视定位，坚持稳中求进，扎实有效高质量推进巡视工作。集团公司党组成员、党组纪检组组长、巡视工作领导小组副组长徐吉明出席会议并讲话。

12 日　集团公司决定，筹建集团公司共享服务中心，设立集团公司共享服务中心筹备组；调整总部财务部门设置，将财务部和财税价格部职能、机构、人员进行整合，设立新的财务部，撤销财税价格部；保留资金部设置。财务部和资金部按照“管办分离”的原则，梳理纳入共享服务中心的职能和人员范围，合理划分总部与共享服务中心的业务界面。

同日　集团公司决定，李越强任集团公司总经理助理。

同日　集团公司决定，完善集团公司内部审计体制，加强区域审计服务力量，中国石油审计服务中心设立沈阳、西安、成都、乌鲁木齐 4 个区域中心，分别负责东北、西北（不含新疆）、西南、新疆区域内一级审计项目的实施工作。

同日　股份公司决定，中国石油天然气股份有限公司天然气销售分公司、昆仑能源有限公司实施管理整合，合并管理机构和人员，组建专业化天然气销售公司，内部称谓为“天然气销售分公司（昆仑能源有限公司）”，按公司直属企业管理。保留天然气与管道分公司牌子，与天然气销售分公司“一个机构、两块牌子”，仍列专业分公司序列。中国石油天然气股份有限公司天然气销售北方分公司、东部分公司、西部分公司、南方分公司4家区域公司定位调整为天然气销售分公司（昆仑能源有限公司）的派出机构，并相应调整职能。

15日　集团公司董事长王宜林在北京会见挪威国家石油公司首席执行官艾达·塞特一行，双方签署《战略合作谅解备忘录》。

15—16日　集团公司资本运营工作会议在北京召开。会议强调要坚持战略引领，突出价值导向，以高质量资本运营助推世界一流公司建设。集团公司总会计师刘跃珍出席会议并讲话。

16日　集团公司董事长王宜林在北京会见巴西国家石油公司首席执行官伊万·蒙泰罗一行，双方签署《一体化项目商务模型协议》。

同日　孙越崎科技教育基金会第27届颁奖大会在北京召开，中国石油5人获孙越崎能源科学技术奖。其中：塔里木油田公司副总经理江同文获能源大奖；管道局工程有限公司王飞、石油管工程技术研究院王航、勘探开发研究院金旭、工程技术研究院有限公司崔猛4人获青年科技奖。

同日　集团公司2022年冬奥会工作领导小组成立。

17日　集团公司董事长王宜林出席在北京召开的以“聚力扶贫时代担当”为主题的中央企业扶贫论坛，做题为《发挥央企骨干作用，为打赢精准脱贫攻坚战贡献石油力量》主旨演讲，表示要发挥中央企业骨干作用，为全面打赢精准脱贫攻坚战贡献石油智慧、石油方案和石油力量。

19日　中国石油页岩气输送能力最大输气站——威远输气站投运，设计年输气量90亿立方米。

23日　集团公司2018年天然气基础设施互联互通重点工程推进会议在北京召开。会议强调要狠抓质量安全管控，加快推进工程建设，确保如期顺利投产。集团公司副总经理覃伟中出席会议并讲话。

23—24日　集团公司2018年基础管理工作会议在大庆油田召开。会议强调要进一步推进流程优化，全面落实岗位责任制，有效推动基础管理工作迈上新台阶，助力集团公司高质量发展。集团公司副总经理刘宏斌出席会议并讲话。

25日　集团公司董事长王宜林主持召开集团公司第二届董事会第二十六次会议，听取2018年前三季度生产经营完成情况及四季度工作安排的报告，审议有关炼化项目配套工程项目等议案；解聘王志刚的集团公司董事会秘书职务。

26日　中国工会第十七次全国代表大会在北京闭幕，中国石油2人当选新一届中华全国总工会执行委员会委员，新疆油田重油开发公司采油作业五区采油六班班长肉孜麦麦提·巴克当选中华全国总工会第十七届执行委员会主席团委员、执行委员会委员，大庆油田党委副书记、工会主席王昆当选第十七届执行委员会委员。

同日　第十五次李四光地质科学奖颁奖典礼在北京举行。中国石油长庆油田公司付金华获李四光地质科学奖野外奖。

27日　中俄东线天然气管道工程黑龙江穿越段两条江底管道焊接安装任务完成，这是中国第一个跨境天然气管道江底隧道盾构工程。

30—31日　集团公司党组在北京召开扩大会议，专题研究海外油气业务优质高效发展问题。集团公司党组书记、董事长王宜林主持会议并讲话。

十　一　月

2日　集团公司提高基层党建工作质量推进会在北京举行。会议强调要组织排查基层党建工作中存在的薄弱环节，强化责任担当，积极主动作为，用高质量党建引领和保障企业高质量发展。集团公司党组副书记、副总经理徐文荣出席会议并讲话。

5日　集团公司董事长王宜林出席在上海开幕的首届中国国际进口博览会，考察参观国家馆、企业馆。6日，王宜林出席在上海企业工作座谈会，强调要强化市场意识、效益意识，坚定不移推动高质量发展。7日，由中国石油主办的“油气行业可持续发展论坛暨签约仪式”举行，中国石油所属企业与23家国际知名供应商签署采购协议，总金额超过292亿美元。

8日　中国石油在北京宣布全面开启加油站3.0时代，打造“安全、便捷、绿色、温馨、智能”的“人·车·生活驿站”，形成线上线下协同运营的客户服务综合平台。

8—9日　中国石油第三届加油站经理论坛在北京召开。论坛强调要全面打赢扩销增效主动战，推进销售业务高质量发展。集团公司总经理章建华出席论坛并讲话。

11—12日　集团公司董事长王宜林出席在阿布扎比举行的2018年阿布扎比首席执行官圆桌会议和阿布

扎比国际石油展览暨会议（ADIPEC）及相关活动。强调各油气企业要携手并进，转型升级，共迎全球油气技术革命的浪潮。积极扩大伙伴圈，加强合作、创新与政策支持，共同推动全球油气工业稳健发展。

12 日　中共中央批准，免去章建华的中国石油天然气集团有限公司总经理职务。中共中央组织部决定，免去章建华同志的中国石油天然气集团有限公司党组副书记、董事职务。14 日，股份公司公告，因工作岗位调整，章建华不再担任股份公司副董事长、董事及总裁职务。24 日，国务院同意章建华不再担任中国石油天然气集团有限公司总经理、董事职务。

同日　新疆准噶尔盆地玛湖地区玛湖 015 井在侏罗系八道湾组获高产工业油气流，未压裂日产油 405.6 立方米、日产气 3.6 万立方米，玛湖大油区再获高效发现成果。

13—14 日　集团公司董事长王宜林到阿曼进行工作访问并出席中国石油驻阿曼企业工作汇报座谈会，强调充分发挥阿曼油气投资环境和合作政策的独特优势，拓宽合作领域，构筑“做大中东”战略支点。在王宜林和阿曼油气部次大臣萨利姆·奥菲见证下，股份公司与阿曼石油公司代表签署《中油国际公司与阿曼石油公司谅解备忘录》。

同日　集团公司装备制造精益管理暨服务型制造现场会在陕西宝鸡召开。会议强调要不断强化精益管理，大力推进服务型制造，着力提升资产创效能力、改革创新能力、质量管控能力和风险防范能力，坚决打赢扭亏增效攻坚战。集团公司副总经理刘宏斌出席会议并讲话。

16—17 日　集团公司董事长王宜林应邀出席在巴布亚新几内亚首都莫尔兹比港举行的 2018 年亚太经合组织（APEC）工商领导人峰会，并到埃克森美孚公司巴布亚新几内亚液化天然气项目现场考察。

19 日　中共中央组织部决定，邱中建同志退休。

21 日　俄罗斯亚马尔液化天然气（LNG）项目第三列工艺装置成功开车，标志着年计划处理 250 亿立方米天然气、生产 1650 万吨 LNG 和 100 万吨凝析油的中俄最大的经济合作项目全面建成投产。

22—24 日　集团公司董事长王宜林参加全国政协暨地方政协经济委员会工作研讨会，期间与驻四川石油石化企业负责人进行座谈，强调要坚持稳健发展方针，推动驻四川企业高质量发展。

24 日　由中国新闻社、《中国新闻周刊》主办的以“致同行者·构筑责任共同体”为主题的第十四届“中国·企业社会责任国际论坛”暨“2018 年度责任企业”荣誉盛典在北京举行。中国石油获评“2018 年度责任企业”。集团公司副总经理焦方正出席论坛并致辞。

26 日　江苏 LNG 接收站扩建（三期）工程正式开工建设，新建两座 20 万立方米 LNG 储罐。这是国家天然气产供储销体系建设工程的重点推动项目。

27 日　中国石油发布勘探开发梦想云平台。这是中国石油搭建的第一个主营业务智能共享平台，旨在实现上游业务数据互联、技术互通、研究协同，推进勘探开发智能化，在我国油气行业智能化转型及信息化建设中具有里程碑意义。

29 日　首届中俄能源商务论坛在北京举行。会议主题为“进一步深化中俄能源贸易、投资及金融的全方位合作”。中共中央政治局常委、国务院副总理韩正和俄罗斯联邦总统能源发展战略和生态安全委员会执行秘书、俄罗斯石油公司总裁谢钦分别宣读习近平主席、普京总统贺信并致辞。论坛期间，集团公司董事长王宜林与俄罗斯石油公司总裁谢钦就进一步深化油气领域合作举行会谈并代表双方签署科技领域合作备忘录。

同日　云南石化 1300 万吨 / 年炼油项目通过竣工验收，正式投产。此前，10 月 31 日，该项目获 2018 年 IPMA 国际项目卓越管理奖特大型项目银奖。

30 日　集团公司召开总部机关警示教育大会，通报党的十八大以来总部机关和专业公司查处的违纪违规问题情况和典型案例。会议强调要深刻认识总部机关党风廉政建设和反腐败工作存在的突出问题，切实增强廉洁从业的自觉性，强化责任担当，加强党性修养，推动全面从严治党向纵深发展。集团公司党组书记、董事长王宜林出席会议并讲话。

同日　西气东输三线西段管道工程通过竣工验收，正式投产。工程起于新疆霍尔果斯，止于宁夏中卫，管道总长 2445 千米，设计年输量 300 亿立方米，成为我国第二条横贯东西、连接中亚天然气管道的能源大通道。

十　二　月

1 日　我国最大凝析气田——新疆库车县的迪那 2 气田油气处理厂扩建工程投产，天然气日处理能力由 1600 万立方米提高到 2000 万立方米。

2 日　长庆油田年产油气当量 5015.6 万吨，连续 6 年年产油气当量 5000 万吨以上。

4日 集团公司董事长王宜林和广东省省长马兴瑞在广州签署战略合作协议。其间，王宜林出席中国石油驻粤企业座谈会，强调要牢固树立市场意识，在竞争合作中不断壮大，扎实推进在粤油气业务高质量发展。

5日 中委广东石化2000万吨炼化一体化项目建设启动（详见24页专文）。

6日 集团公司董事长王宜林主持召开集团公司第二届董事会第二十七次会议，审议2019年业务发展与投资计划、预算报告、生产经营计划、《集团公司投资管理办法》等议案。

9日 西气东输三线东段工程通过竣工验收，正式投产。工程起于江西吉安市，止于福建福州市，管道总长832.4千米，设计年输量150亿立方米。

9—12日 集团公司副总经理侯启军到阿联酋和伊拉克调研并召开中国石油驻中东企业工作座谈会，并参加集团公司最大的作业项目——哈法亚三期投产庆典。

10日 大庆油田物探业务重组交接签字仪式在北京举行。大庆物探业务顺利实现由大庆钻探向东方物探移交，标志着集团公司工程技术业务改革重组圆满完成。

11日 集团公司董事长、全面深化改革领导小组组长王宜林主持召开全面深化改革领导小组第二十七次会议，听取《集团公司改革工作进展情况》《中油工程公司深化改革工作情况》汇报，审议并通过《集团公司区域招标中心顶层设计方案及实施意见》《华油集团扩大经营自主权改革实施方案》。

12日 塔里木油田中秋1井获高产工业油气流，日产天然气33万立方米、凝析油21.4立方米，标志着中国石油在新区新领域风险勘探取得重大突破。

15日 新疆油田在准噶尔盆地沙湾凹陷风险勘探获重大突破，风险探井——沙探1井在二叠系上乌尔禾组取得重大发现，获日产30.25立方米高产工业油流。

16日 西南油气田在四川盆地钻获第一口火山岩工业气井——永探1井，初步测试日产气量22.5万立方米，开辟天然气增储上产新领域。

18日 庆祝改革开放40周年大会在北京人民大会堂举行。科技兴油保稳产的大庆"新铁人"王启民获党中央、国务院授予的"改革先锋"称号，颁授改革先锋奖章。

同日 集团公司首家院士专家工作站在大港油田成立。

18—19日 集团公司召开2019年生产经营计划会议。会议强调要坚持稳健发展方针，扎实推进高质量发展，统筹国内国际两个市场，发挥一体化优势，持续优化生产运行组织，强化产炼销储贸综合平衡，做优做强油气两条业务链，全面完成各项任务目标，为国民经济持续健康发展作出新贡献。集团公司董事长王宜林出席会议并讲话。

19—21日 中国石油2018年度油气勘探年会在北京召开。会议强调要深入学习贯彻党中央领导同志的重要批示指示精神，努力寻求勘探大发现、大突破，奋力开创新时代油气勘探新局面。集团公司董事长王宜林出席会议并讲话。

25日 国务院国资委党委举办的第三届"央企楷模"发布仪式在北京举行，中国石油亚马尔项目团队获选，也是集团公司首个获得"央企楷模"的集体。

27日 中共中央批准，张伟任中国石油天然气集团有限公司总经理。中共中央组织部决定，张伟同志任中国石油天然气集团有限公司党组副书记、董事。

28日 中国石油纪念改革开放40周年、庆祝集团公司重组成立20周年座谈会暨改革开放系列丛书首发式在北京举行（详见25页专文）。

29日 中国石油2018年21项天然气基础设施互联互通工程全部完成，形成3个3000万立方米的资源灵活调配能力，包括"南气北上"日输送能力3000万立方米、中贵线日反输能力3000万立方米、陕京四线通道日增输能力3000万立方米。

本年 渤海湾盆地潜山原生油气藏勘探获重要突破。大港油田歧北潜山歧古8井日产天然气突破16万立方米，日产凝析油46.3立方米。

本年 最高人民法院、最高人民检察院、公安部印发《关于办理盗窃油气、破坏油气设备等刑事案件适用法律若干问题的意见》，旨在依法惩治盗窃油气、破坏油气设备等犯罪行为，维护公共安全、能源安全和生态安全。

本年 哈萨克斯坦企业家协会向中油国际（哈萨克斯坦）奇姆肯特炼油公司总经理姜石颁发古尔聂特荣誉勋章（Order of Kurmet）。这是外国公民首次获得这一奖项。

本年 美国《石油情报周刊》（简称PIW）公布2018年世界最大50家石油公司排名，中国石油稳居第3位，连续18年跻身世界十大石油公司行列。

本年 依托中国石油勘探开发研究院建设的提高采收率国家重点实验室被科学技术部评为"优秀类国家重点实验室"，在能源领域排名第二。

本年 中国石油国内长输原油管道年输量突破1亿吨。

统计数据

表 1　中国石油天然气集团有限公司主要指标完成情况

指标名称	单　位	2018 年	2017 年	2016 年	2015 年	2014 年
主营业务收入	亿元					
工业总产值（现价）	亿元	15552	12411	10152	11779	16612
工业销售产值	亿元	15424	12388	10158	11728	16516
企业增加值	亿元	8781	8371	7043	7975	8394
油气产量						
原油	万吨	17637	17134	16298	16657	16417
其中，海外权益产量	万吨	7535	6880	5753	5515	5050
天然气	亿立方米	1380.2	1287.3	1213.0	1166.7	1139.1
其中，海外权益产量	亿立方米	286.5	254.5	231.9	211.9	184.5
主要炼油化工产品产量						
汽油、煤油、柴油、润滑油合计	万吨	11451	10515	10049	10490	10342
汽油	万吨	4590	4098	3797	3647	3410
煤油	万吨	1254	1018	932	834	714
柴油	万吨	5446	5235	5203	5888	6060
润滑油	万吨	160	164	116	121	158
乙烯	万吨	556.9	576.4	558.9	503.2	497.6
合成树脂及共聚物	万吨	916.5	940.4	919.9	831.8	806.7
合成橡胶	万吨	86.9	80.9	76.0	71.3	74.5
合成纤维	万吨	5.2	5.8	6.1	6.5	6.6
尿素	万吨	82.8	143.9	190.0	256.6	266.3
主要冶金产品产量						
石油焊接钢管	万吨	165.8	161.5	145.3	69.9	63.4
石油套管	万吨	84.2	70.1	48.1	50.9	44.0
钻井钢丝绳	万吨	5.9	5.2	3.8	4.1	5.1
主要机械产品产量						
钻机	套	47	23	31	53	59
抽油机	台	4964	4267	3642	5747	8648
抽油杆	万米	677.2	494.0	579.6	692.6	727.2
抽油泵	台	41798	46852	45544	50217	46406

表 2　中国石油天然气集团有限公司合并资产负债表

万元人民币

项　目	2018 年	2017 年
流动资产		
货币资金	41263717	40282597
拆出资金	2929875	2062550
以公允价值计量且其变动计入当期损益的金融资产	5490894	1799507
衍生金融资产	23216	45301
应收票据及应收账款	12488188	13660781

续表

项　目	2018年	2017年
预付款项	20217711	22061345
应收保费	11735	10164
应收分保账款	62658	33273
应收分保准备金	133293	87731
其他应收款	3011244	2619857
买入返售金融资产	3066947	3071784
存货	24922440	23157007
一年内到期的非流动资产	18388910	20715229
其他流动资产	7125517	6171783
流动资产合计	139136345	135778909
非流动资产		
发放贷款及垫款	6342385	7088760
债权投资	116060	—
可供出售金融资产	7308774	6046786
持有至到期投资	4876881	5054117
长期应收款	9818957	9148628
长期股权投资	11613071	10866390
其他权益工具投资	75953	—
投资性房地产	257344	232500
固定资产	89150656	182163280
在建工程	25269212	24145652
生产性生物资产	19	23
油气资产	93067237	93550824
无形资产	9361071	8921853
开发支出	127499	165467
商誉	4236305	4202989
长期待摊费用	3750324	3464665
递延所得税资产	3265368	3507020
其他非流动资产	5472924	7540714
非流动资产合计	274110040	274093202
资产总计	413246385	409872111
流动负债		
短期借款	8063596	11406205
向中央银行借款	181710	41845
吸收存款及同业存放	19871507	18802986
拆入资金	7196435	7876286
衍生金融负债	36253	75000
应付票据及应付账款	38955849	36389404

续表

项　目	2018 年	2017 年
预收款项	3658448	9864524
合同负债	6760549	—
卖出回购金融资产款	2784954	2155998
应付手续费及佣金	3025	1322
应付职工薪酬	3389629	2539184
应交税费	9430392	6925286
其他应付款	7292801	8172052
应付分保账款	72178	43086
保险合同准备金	335505	248354
代理买卖证券款	1	1
一年内到期的非流动负债	15450334	11866449
其他流动负债	2350138	1605316
流动负债合计	125833304	118013298
非流动负债		
长期借款	2126460	1854225
应付债券	24235073	30554458
长期应付款	935901	412543
长期应付职工薪酬	167697	171280
预计负债	15853650	13950572
递延收益	1698299	1559793
递延所得税负债	3118997	2573580
其他非流动负债	262092	296274
非流动负债合计	48398169	51494605
负债合计	174231473	169507903
所有者权益（或股东权益）		
实收资本（或股本）	48685500	48685500
其他权益工具	15046879	18607598
资本公积	28257287	29506303
其他综合收益	−2634099	−3309257
专项储备	3336668	3266547
盈余公积	108435466	108577717
一般风险准备	1094607	1053412
未分配利润	−2294087	−2129949
归属于母公司所有者权益（或股东权益）合计	199928221	204257871
少数股东权益	39086691	36106337
所有者权益（或股东权益）合计	239014912	240364208
负债和所有者权益（或股东权益）总计	413246385	409872111

表 3 中国石油天然气集团有限公司合并利润表

万元人民币

项　目	2018 年	2017 年
营业总收入	273901150	234029933
其中，营业收入	271381961	231933316
利息收入	2297357	1880422
已赚保费	32992	27740
手续费及佣金收入	188840	188455
营业总成本	261083775	229497086
其中，营业成本	209266912	179741433
利息支出	950995	760412
手续费及佣金支出	18846	15374
赔付支出净额	30080	26824
提取保险合同准备金净额	30975	34792
分保费用	-6705	-8261
税金及附加	23197585	21027111
销售费用	7864964	7576403
管理费用	9758936	8954982
研发费用	1596893	1323865
财务费用	-100112	2930516
资产减值损失	6589033	4596900
信用减值损失	-55424	—
其他	1940797	2516735
加：其他收益	1280072	929152
投资收益（损失以“-”号填列）	1414184	1291402
汇兑收益（损失以“-”号填列）	21058	32360
公允价值变动收益（损失以“-”号填列）	25053	-1816
资产处置收益（损失以“-”号填列）	138413	-164338
营业利润（亏损以“-”号填列）	15696155	6621934
加：营业外收入	1174352	665501
减：营业外支出	5814558	1953072
利润总额（亏损总额以“-”号填列）	11055949	5334363
减：所得税费用	6775704	3577715
净利润（净亏损以“-”号填列）	4280245	1756648
归属于母公司所有者的净利润	1501884	-466702
少数股东损益	2778361	2223350
持续经营损益	4280245	1756648
其他综合收益的税后净额	978967	-2136966
综合收益总额	5259212	-380318
归属于母公司所有者的综合收益总额	2177042	-2056876
归属于少数股东的综合收益总额	3082170	1676558

表 4　中国石油天然气股份有限公司及其附属公司勘探与生产运营情况

项　目	单　位	2018 年	2017 年	同比增减（%）
原油产量	百万桶	890.3	887.0	0.4
其中，国内	百万桶	733.7	743.1	（1.3）
海外	百万桶	156.6	143.9	8.9
可销售天然气产量	十亿立方英尺	3607.6	3423.4	5.4
其中，国内	十亿立方英尺	3324.7	3153.0	5.4
海外	十亿立方英尺	282.9	270.4	4.6
油气当量产量	百万桶	1491.7	1457.8	2.3
其中，国内	百万桶	1287.9	1268.8	1.5
海外	百万桶	203.8	189.0	7.8
原油证实储量	百万桶	7641	7481	2.1
天然气证实储量	十亿立方英尺	76467	76888	（0.5）
证实已开发原油储量	百万桶	5843	5593	4.5
证实已开发天然气储量	十亿立方英尺	40128	39243	2.3

注：原油按 1 吨 =7.389 桶，天然气按 1 立方米 =35.315 立方英尺换算。

表 5　中国石油天然气股份有限公司炼油与化工生产情况

项　目	单　位	2018 年	2017 年	同比增减（%）
原油加工量	百万桶	1122.8	1016.9	10.4
汽油、煤油、柴油产量	千吨	105342	92715	13.6
其中，汽油	千吨	43453	37363	16.3
煤油	千吨	9867	7111	38.8
柴油	千吨	52022	48241	7.8
原油加工负荷率	%	82.2	80.3	1.9 个百分点
轻油收率	%	79.5	78.4	1.1 个百分点
石油产品综合商品收率	%	93.7	93.3	0.4 个百分点
乙烯	千吨	5569	5764	（3.4）
合成树脂	千吨	9049	9284	（2.5）
合成纤维原料及聚合物	千吨	1388	1390	（0.1）
合成橡胶	千吨	869	809	7.4
尿素	千吨	828	1439	（42.5）

注：原油按 1 吨 =7.389 桶换算。

表 6　中国石油天然气股份有限公司及其附属公司销售业务情况

项　目	单　位	2018 年	2017 年	同比增减（%）
汽油、煤油、柴油销量	千吨	177498	169466	4.7
其中，汽油	千吨	71125	65293	8.9
煤油	千吨	19469	16849	15.5
柴油	千吨	86904	87324	（0.5）
零售市场份额	%	36.4	37	（0.6 个百分点）

续表

项　目	单　位	2018 年	2017 年	同比增减（%）
加油站数量	座	21783	21399	1.8
其中，资产型加油站	座	20555	20350	1.0
单站加油量	吨 / 日	10.28	10.49	（2.0）

表 7　中国石油天然气股份有限公司主要子公司、参股公司情况

公司名称	注册资本	持股比例	资产总额	负债总额	净资产 /（负债）总额	净利润 /（亏损）
	百万元人民币	%	百万元人民币	百万元人民币	百万元人民币	百万元人民币
大庆油田有限责任公司	47500	100.00	290805	72215	218590	3635
中油勘探开发有限公司	16100	50.00	187616	40488	147128	15563
中石油香港有限公司	75.92 亿港币	100.00	137445	64089	73356	7380
中石油国际投资有限公司	31314	100.00	95732	139141	（43409）	（19967）
中国石油国际事业有限公司	18096	100.00	179526	119565	59961	4517
中石油管道有限责任公司	80000	72.26	228767	13626	215141	19436
大连西太平洋石油化工有限公司[(1)]	2.58 亿美元	28.44	8713	10097	（1384）	1558
中国船舶燃料有限责任公司	1000	50.00	9206	6243	2963	126
中油财务有限责任公司	8331	32.00	459753	394789	64964	7554
Arrow Energy Holdings Pty Ltd.	2 澳元	50.00	24789	24396	393	（1897）
中石油专属财产保险股份有限公司	5000	49.00	13421	7184	6237	315
中石油中亚天然气管道有限公司	5000	50.00	37914	2367	35547	1931

注：（1）2018 年 9 月 27 日，股份公司与道达尔股份有限公司签署《股权转让协议》，股份公司收购道达尔股份有限公司所持大连西太平洋石油化工有限公司（“大连西太”）22.407% 的股权。2018 年 12 月 6 日，股份公司分别与中国中化集团有限公司、中化香港石油国际有限公司签署《产权交易合同》，收购其分别所持大连西太 8.424% 的股权及 25.208% 的股权。前述股权转让完成后，股份公司拟合计持有大连西太 84.475% 股权。

表 8　中国石油天然气股份有限公司已评估探明储量和探明开发储量

项　目	原油及凝析油（百万桶）	天然气（十亿立方英尺）	合　计（油当量百万桶）
证实开发和未开发储量			
基准日 2016 年 12 月 31 日的储量	7437.8	78711.8	20556.4
对以前估计值的修正	486.2	（1750.8）	194.6
扩边和新发现	346.3	3350.0	904.6
提高采收率	98.0	—	98.0
当年产量	（887.0）	（3423.4）	（1457.7）
基准日 2017 年 12 月 31 日的储量	7481.3	76887.6	20295.9
对以前估计值的修正	334.7	（1377.9）	105.2
扩边和新发现	427.5	4564.9	1188.3
提高采收率	95.9	—	95.9

续表

项　目	原油及凝析油（百万桶）	天然气（十亿立方英尺）	合　计（油当量百万桶）
购入	191.7	—	191.7
当年产量	（890.3）	（3607.6）	（1491.7）
基准日 2018 年 12 月 31 日的储量	7640.8	76467.0	20385.3
证实开发储量			
基准日为 2016 年 12 月 31 日	5176.3	40663.8	11953.5
其中，国内	4607.7	38827.3	11078.9
海外	568.6	1836.5	874.6
基准日为 2017 年 12 月 31 日	5592.9	39242.6	12133.2
其中，国内	5037.0	37325.4	11257.9
海外	555.9	1917.2	875.3
基准日为 2018 年 12 月 31 日	5843.1	40128.2	12531.1
其中，国内	5203.4	38433.2	11609.0
海外	639.7	1695.0	922.1
证实未开发储量			
基准日为 2016 年 12 月 31 日	2261.5	38048.0	8602.9
其中，国内	1733.4	37417.1	7969.6
海外	528.1	630.9	633.3
基准日为 2017 年 12 月 31 日	1888.4	37645.0	8162.7
其中，国内	1584.9	37376.7	7814.3
海外	303.5	268.3	348.4
基准日为 2018 年 12 月 31 日	1797.7	36338.8	7854.2
其中，国内	1626.4	36046.9	7634.2
海外	171.3	291.9	220.0
按权益法核算的投资			
应占联营公司及合营公司证实已开发及未开发储量			
2016 年 12 月 31 日	504.0	347.6	561.9
2017 年 12 月 31 日	395.3	372.3	457.3
2018 年 12 月 31 日	321.4	429.4	392.9

表 9　中国石油天然气股份有限公司 2018 年 12 月 31 日合并及公司资产负债表（一）

（除特别注明外，金额单位为百万元人民币）

资产	2018 年 12 月 31 日	2017 年 12 月 31 日	2017 年 1 月 1 日	2018 年 12 月 31 日	2017 年 12 月 31 日	2017 年 1 月 1 日
	合　并	合　并	合　并	公　司	公　司	公　司
流动资产						
货币资金	95133	136121	98617	15309	44432	15201
应收票据及应收账款	74815	72358	58600	18334	19087	15993
预付款项	17103	10191	16479	6267	4065	3495

续表

资产	2018年12月31日	2017年12月31日	2017年1月1日	2018年12月31日	2017年12月31日	2017年1月1日
	合并	合并	合并	公司	公司	公司
其他应收款	17123	14128	11093	14316	25682	61861
存货	174586	144669	146865	114952	94439	96982
其他流动资产	54368	47695	50011	46082	33582	37613
流动资产合计	433128	425162	381665	215260	221287	231145
非流动资产						
可供出售金融资产	—	1937	2031	—	1339	1318
其他权益工具投资	760	—	—	390	—	—
长期股权投资	89432	81216	79003	388818	382450	377498
固定资产	685848	695034	671340	337629	331837	345393
油气资产	800475	811604	845729	557121	547073	571701
在建工程	219594	196192	222493	151366	137866	114932
无形资产	77261	72913	71490	58890	54813	53423
商誉	42273	41934	46097	—	—	—
长期待摊费用	28529	26711	26013	22761	21768	21076
递延所得税资产	23498	26724	20360	17910	23354	17248
其他非流动资产	31760	25483	30729	7884	7672	10900
非流动资产合计	1999430	1979748	2015285	1542769	1508172	1513489
资产总计	2432558	2404910	2396950	1758029	1729459	1744634

表10　中国石油天然气股份有限公司2018年12月31日合并及公司资产负债表（二）

（除特别注明外，金额单位为百万元人民币）

负债及股东权益	2018年12月31日	2017年12月31日	2017年1月1日	2018年12月31日	2017年12月31日	2017年1月1日
	合并	合并	合并	公司	公司	公司
流动负债						
短期借款	62368	93881	71969	61873	84770	50790
应付票据及应付账款	252994	235211	208550	121473	119429	117678
预收款项	—	67176	60590	—	44435	39653
合同负债	68076	—	—	47184	—	—
应付职工薪酬	10087	6955	5396	7906	5051	3566
应交税费	82744	57431	45199	58734	41312	30908
其他应付款	33808	32804	35087	43862	24086	27183
一年内到期的非流动负债	75370	81536	71415	63028	63822	45020
其他流动负债	939	1673	1057	217	164	108
流动负债合计	586386	576667	499263	404277	383069	314906
非流动负债						
长期借款	177605	195192	243675	72166	94299	146625

续表

负债及股东权益	2018 年 12 月 31 日	2017 年 12 月 31 日	2017 年 1 月 1 日	2018 年 12 月 31 日	2017 年 12 月 31 日	2017 年 1 月 1 日
	合　并	合　并	合　并	公　司	公　司	公　司
应付债券	91817	94666	129212	85000	85000	119000
预计负债	132780	131546	125392	92017	92137	88006
递延所得税负债	17022	12667	13646	—	—	—
其他非流动负债	16005	12562	12734	8489	6268	6335
非流动负债合计	435229	446633	524659	257672	277704	359966
负债合计	1021615	1023300	1023922	661949	660773	674872
股东权益						
股本	183021	183021	183021	183021	183021	183021
资本公积	128683	128639	128377	127859	127881	127882
专项储备	13831	13366	13188	7373	7503	7792
其他综合收益	（32397）	（27433）	（28320）	505	352	783
盈余公积	194245	188769	186840	183153	177677	175748
未分配利润	727187	707448	706213	594169	572252	574536
归属于母公司股东权益合计	1214570	1193810	1189319	1096080	1068686	1069762
少数股东权益	196373	187800	183709	—	—	—
股东权益合计	1410943	1381610	1373028	1096080	1068686	1069762
负债及股东权益总计	2432558	2404910	2396950	1758029	1729459	1744634

表 11　中国石油天然气股份有限公司 2018 年度合并及公司利润表

（除特别注明外，金额单位为百万元人民币）

项　目	2018 年	2017 年	2018 年	2017 年
	合　并	合　并	公　司	公　司
营业收入	2353588	2015890	1355264	1165213
减：营业成本	（1824382）	（1584245）	（1020294）	（878505）
税金及附加	（215881）	（196095）	（170009）	（163906）
销售费用	（68882）	（66067）	（48416）	（46234）
管理费用	（67714）	（66490）	（42502）	（43386）
研发费用	（12826）	（11075）	（9904）	（8507）
财务费用	（18480）	（21648）	（16233）	（17345）
其中，利息费用	（22352）	（22408）	（16985）	（18068）
利息收入	3769	2901	1299	1564
资产减值损失	（34589）	（26054）	（9815）	（14745）
信用减值损失	494	—	1055	—
加：其他收益	10855	8003	7745	4558
投资收益	11956	6734	35467	25215
其中，对联营企业和合营企业的投资收益	11647	5968	6367	3167

续表

项目	2018年	2017年	2018年	2017年
	合并	合并	公司	公司
资产处置收益 /（损失）	673	（1184）	481	（1138）
营业利润	134812	57769	82839	21220
加：营业外收入	3213	3612	2701	2933
减：营业外支出	（22825）	（8298）	（14724）	（6842）
利润总额	115200	53083	70816	17311
减：所得税费用	（42790）	（16295）	（16056）	1978
净利润	72410	36788	54760	19289
按经营持续性分类				
持续经营净利润	72410	36788	54760	19289
终止经营净利润	—	—	—	—
按所有权归属分类				
归属于母公司股东的净利润	52585	22793	54760	19289
少数股东损益	19825	13995	—	—
其他综合收益的税后净额	（2648）	（1365）	153	（431）
归属于母公司股东的其他综合收益的税后净额	（4964）	887	153	（431）
（一）不能重分类进损益的其他综合收益				
其他权益工具投资公允价值变动	（162）	—	（55）	—
（二）将重分类进损益的其他综合收益				
权益法下可转损益的其他综合收益	220	（326）	208	（447）
可供出售金融资产公允价值变动损益	—	（36）	—	16
外币财务报表折算差额	（5022）	1249	—	—
归属于少数股东的其他综合收益的税后净额	2316	（2252）	—	—
综合收益总额	69762	35423	54913	18858
归属于：				
母公司股东	47621	23680	54913	18858
少数股东	22141	11743	—	—
每股收益				
基本每股收益（元人民币）	0.29	0.12	0.30	0.11
稀释每股收益（元人民币）	0.29	0.12	0.30	0.11

表 12　中国石油天然气股份有限公司 2018 年度合并及公司现金流量表

（除特别注明外，金额单位为百万元人民币）

项目	2018年度	2017年度	2018年度	2017年度
	合并	合并	公司	公司
经营活动产生的现金流量				
销售商品、提供劳务收到的现金	2714870	2335730	1577719	1352969
收到的税费返还	9683	7019	7172	1991

续表

项　目	2018 年度	2017 年度	2018 年度	2017 年度
	合　并	合　并	公　司	公　司
收到其他与经营活动有关的现金	7545	5581	32554	32344
经营活动现金流入小计	2732098	2348330	1617445	1387304
购买商品、接受劳务支付的现金	（1839676）	（1499728）	（1021610）	（809784）
支付给职工以及为职工支付的现金	（142950）	（123825）	（105169）	（90324）
支付的各项税费	（323156）	（292931）	（231162）	（223764）
支付其他与经营活动有关的现金	（74751）	（65191）	（47409）	（42272）
经营活动现金流出小计	（2380533）	（1981675）	（1405350）	（1166144）
经营活动产生的现金流量净额	351565	366655	212095	221160
投资活动产生的现金流量				
收回投资收到的现金	16089	3173	40986	21390
取得投资收益所收到的现金	8391	9408	32612	22829
处置固定资产、油气资产、无形资产和其他长期资产收回的现金净额	1701	1305	1167	909
投资活动现金流入小计	26181	13886	74765	45128
购建固定资产、油气资产、无形资产和其他长期资产支付的现金	（275744）	（237004）	（193988）	（154252）
投资支付的现金	（18169）	（20428）	（36314）	（13351）
投资活动现金流出小计	（293913）	（257432）	（230302）	（167603）
投资活动产生的现金流量净额	（267732）	（243546）	（155537）	（122475）
筹资活动产生的现金流量				
吸收投资收到的现金	2211	1470	—	—
其中，子公司吸收少数股东投资收到的现金	2211	1470	—	—
取得借款收到的现金	690189	730252	150511	285725
收到其他与筹资活动有关的现金	—	85	—	81
筹资活动现金流入小计	692400	731807	150511	285806
偿还债务支付的现金	（754227）	（774113）	（196347）	（319255）
分配股利、利润或偿付利息支付的现金	（61602）	（51837）	（42045）	（35889）
其中，子公司支付给少数股东的股利、利润	（15207）	（12621）	—	—
子公司资本减少	（86）	（17）	—	—
支付其他与筹资活动有关的现金	—	（565）	—	（116）
筹资活动现金流出小计	（815915）	（826532）	（238392）	（355260）
筹资活动产生的现金流量净额	（123515）	（94725）	（87881）	（69454）
汇率变动对现金及现金等价物的影响	2503	（3538）	—	—
现金及现金等价物净（减少）/ 增加额	（37179）	24846	（31323）	29231
加：期初现金及现金等价物余额	122777	97931	44432	15201
期末现金及现金等价物余额	85598	122777	13109	44432

表 13　中国石油天然气股份有限公司 2018 年度合并股东权益变动表

（除特别注明外，金额单位为百万元人民币）

项　目	归属于母公司股东权益							少数股东权益	股东权益合计
	股　本	资本公积	专项储备	其他综合收益	盈余公积	未分配利润	小　计		
2017 年 1 月 1 日余额	183021	128377	13188	（28320）	186840	706213	1189319	183709	1373028
2017 年度增减变动额									
综合收益总额	—	—	—	887	—	22793	23680	11743	35423
专项储备—安全生产费									
本期提取	—	—	5174	—	—	—	5174	282	5456
本期使用	—	—	（4996）	—	—	—	（4996）	（133）	（5129）
利润分配									
提取盈余公积	—	—	—	—	1929	（1929）	—	—	—
对股东的分配	—	—	—	—	—	（19626）	（19626）	（10404）	（30030）
其他权益变动									
与少数股东的权益性交易	—	289	—	—	—	—	289	649	938
少数股东资本投入	—	—	—	—	—	—	—	2584	2584
其他	—	（27）	—	—	—	（3）	（30）	（630）	（660）
2017 年 12 月 31 日余额	183021	128639	13366	（27433）	188769	707448	1193810	187800	1381610
2018 年 1 月 1 日余额	183021	128639	13366	（27433）	188769	707448	1193810	187800	1381610
2018 年度增减变动额									
综合收益总额	—	—	—	（4964）	—	52585	47621	22141	69762
专项储备—安全生产费									
本期提取	—	—	5523	—	—	—	5523	299	5822
本期使用	—	—	（5058）	—	—	—	（5058）	（156）	（5214）
利润分配									
提取盈余公积	—	—	—	—	5476	（5476）	—	—	—
对股东的分配	—	—	—	—	—	（27369）	（27369）	（15423）	（42792）
其他权益变动									
与少数股东的权益性交易	—	13	—	—	—	—	13	（24）	（11）
少数股东资本投入	—	—	—	—	—	—	—	2300	2300
处置子公司	—	—	—	—	—	—	—	（879）	（879）
其他	—	31	—	—	—	（1）	30	315	345
2018 年 12 月 31 日余额	183021	128683	13831	（32397）	194245	727187	1214570	196373	1410943

表 14　中国石油天然气股份有限公司 2018 年度公司股东权益变动表

（除特别注明外，金额单位为百万元人民币）

项　目	股　本	资本公积	专项储备	其他综合收益	盈余公积	未分配利润	股东权益合计
2017 年 1 月 1 日余额	183021	127882	7792	783	175748	574536	1069762
2017 年度增减变动额							

续表

项　目	股　本	资本公积	专项储备	其他综合收益	盈余公积	未分配利润	股东权益合计
综合收益总额	—	—	—	（431）	—	19289	18858
专项储备—安全生产费							
本期提取	—	—	3311	—	—	—	3311
本期使用	—	—	（3600）	—	—	—	（3600）
利润分配							
提取盈余公积	—	—	—	—	1929	（1929）	—
对股东的分配	—	—	—	—	—	（19626）	（19626）
其他	—	（1）	—	—	—	（18）	（19）
2017 年 12 月 31 日余额	183021	127881	7503	352	177677	572252	1068686
2018 年 1 月 1 日余额	183021	127881	7503	352	177677	572252	1068686
2018 年度增减变动额							
综合收益总额	—	—	—	153	—	54760	54913
专项储备—安全生产费							
本期提取	—	—	3534	—	—	—	3534
本期使用	—	—	（3664）	—	—	—	（3664）
利润分配							
提取盈余公积	—	—	—	—	5476	（5476）	—
对股东的分配	—	—	—	—	—	（27369）	（27369）
其他	—	（22）	—	—	—	2	（20）
2018 年 12 月 31 日余额	183021	127859	7373	505	183153	594169	1096080

表 15　1998—2018 年中国石油国内新增探明石油、天然气地质储量

时　间	国内新增探明石油地质储量（万吨）	国内新增探明天然气地质储量（亿立方米）
1998 年	48538	2229
1999 年	37318	918
2000 年	42389	4118
2001 年	45683	4071
2002 年	42760	3000
2003 年	43903	3838
2004 年	52107	2008
2005 年	56151	3583
2006 年	61510	3654
2007 年	82940	4453
2008 年	62385	4168
2009 年	57356	4616

续表

时　间	国内新增探明石油地质储量（万吨）	国内新增探明天然气地质储量（亿立方米）
2010 年	57538	4678
2011 年	69650	4092
2012 年	71100	4503
2013 年	67013	4923
2014 年	69947	4827
2015 年	72816	5702
2016 年	64928	5419
2017 年	64211	4027
2018 年	63316	5846

表 16　1998—2018 年中国石油二维地震、三维地震采集情况

时　间	二维地震（千米）			三维地震（平方千米）		
	总　计	国　内	海　外	总　计	国　内	海　外
1998 年	—	58095	—	—	7778	—
1999 年	—	58759	—	—	6987	—
2000 年	—	45353	—	—	7999	—
2001 年	35630	28261	7369	11218	9244	1974
2002 年	45022	34550	10472	15337	11024	96980
2003 年	52693	39703	13805	20245	11576	8669
2004 年	61968	36668	25300	33210	12752	20458
2005 年	89113	50949	38164	25650	12426	13224
2006 年	90152	45399	44753	40079	14590	25489
2007 年	101401	45740	55661	51792	23940	27852
2008 年	114548	45535	69013	58648	15834	42814
2009 年	74392	31897	42495	53525	15838	38142
2010 年	81130	32953	48171	54338	15671	38667
2011 年	93306	36400	56100	37618	15618	22000
2012 年	96700	41400	55300	57700	17900	39700
2013 年	114364	40274	74090	64491	17542	46949
2014 年	103645	42798	60847	63990	14485	49505
2015 年	132714	22521	110193	47219	10722	36497
2016 年	162684	35919	126765	58120	10844	47276
2017 年	154904	30644	124260	57182	10313	46869
2018 年	105700	21900	83800	76800	17500	59300

表 17　1998—2018 年中国石油国内完成探井及进尺情况

时　间	完成探井（口）	进尺（万米）	时　间	完成探井（口）	进尺（万米）
1998 年	650	160.7	2009 年	1901	487.5
1999 年	625	149.3	2010 年	1640	463.2
2000 年	706	161.8	2011 年	1795	484
2001 年	663	167.2	2012 年	1918	497
2002 年	685	157.7	2013 年	1746	485.8
2003 年	548	145.8	2014 年	1584	441.8
2004 年	642	181.0	2015 年	1588	441.8
2005 年	799	218.4	2016 年	1651	467.2
2006 年	774	216.7	2017 年	1774	502.5
2007 年	1693	435.4	2018 年	1803	522.1
2008 年	1719	452			

表 18　1998—2018 年中国石油钻（完）井数量及进尺

时　间	钻（完）井数量（口）			进尺（万米）		
	总　计	国　内	海　外	总　计	国　内	海　外
1998 年	—	8334	—	—	1261.6	—
1999 年	—	7304	—	—	1113.7	—
2000 年	6322	6374	48	1052.9	1037.4	15.5
2001 年	6666	6492	174	1167.5	1132.0	35.5
2002 年	6677	6531	146	1194.5	1155.2	39.3
2003 年	8510	8182	328	1509.6	1437.2	72.3
2004 年	9328	8873	455	1664.8	1571.9	92.9
2005 年	11202	10577	625	1972.2	1844.7	127.5
2006 年	11401	10577	824	2331.9	2161.7	170.1
2007 年	12790	11609	1181	2613.7	2422.7	191.0
2008 年	15161	14125	1036	2828.4	2060.0	226.4
2009 年	12900	11570	1330	2479.0	2206.6	272.4
2010 年	13043	11919	1124	2519.8	2297.1	222.7
2011 年	13706	—	—	2598.3	2338.9	259.4
2012 年	13753	—	—	2719.5	2429.6	289.9
2013 年	13378	12035	1343	2750.0	2432.0	318.0
2014 年	12286	10970	1316	2492.0	2198.0	294.0
2015 年	9387	8389	998	2089.0	1838.0	251.0

续表

时间	钻（完）井数量（口）			进尺（万米）		
	总计	国内	海外	总计	国内	海外
2016年	9328	8686	642	1950.0	1796.0	154.0
2017年	11687	10807	880	2579.0	2355.0	224.0
2018年	11264	10274	990	2571.0	2330.0	241.0

注：2011年和2012年国内、海外钻（完）井数据缺失。

表19　1998—2018年中国石油原油、天然气产量

时间	国内		海外			
	原油（万吨）	天然气（亿立方米）	原油（万吨）		天然气（亿立方米）	
			作业产量	权益产量（份额）	作业产量	权益产量（份额）
1998年	10738.0	149.7	—	—	—	—
1999年	10706.7	162.6	592.0	327.0	6.4	4.0
2000年	10605.4	183.1	1352.9	686.7	7.4	4.8
2001年	10655.6	205.8	1623.0	828.7	9.3	5.8
2002年	10746.4	225.3	2118.1	1012.8	12.6	7.7
2003年	10954.4	248.8	2520.4	1293.1	19.2	13.9
2004年	11176.1	286.6	3011.7	1642.3	35.5	25.9
2005年	10595.4	366.7	3583.5	2003.3	40.2	29.1
2006年	10663.6	442.1	5460.4	2807.6	57.6	38.0
2007年	10772.2	542.5	6018.7	2997.8	53.6	35.1
2008年	10825.2	617.5	6220.7	3050.3	67.4	46.6
2009年	10313.0	683.0	6962.4	3432.2	82.0	55.1
2010年	10541.0	825.3	7581.6	3602.9	137.0	103.8
2011年	10754.0	756.2	8938.2	4173.2	170.6	125.7
2012年	11033.0	798.6	8978.0	4154.6	182.0	136.6
2013年	11260.0	888.4	10586.4	4721.1	217.0	150.5
2014年	11367.0	954.6	10762.4	5050.0	249.1	184.5
2015年	11142.0	954.8	11550.4	5514.7	285.6	211.9
2016年	10545.0	981.1	12151.4	5752.8	311.3	231.9
2017年	10253.7	1032.7	13618.3	6880.1	333.3	254.5
2018年	10101.7	1093.7	14463.0	7535.0	348.0	287.0

表 20　1998—2018 年中国石油原油加工量

万吨

时　间	总　计	国　内	海　外	时　间	总　计	国　内	海　外
1998 年	—	6895.2	—	2009 年	14082.0	12512.2	1569.8
1999 年	—	7648.6	—	2010 年	16008.2	13528.6	2479.6
2000 年	8265.4	8112.2	153.2	2011 年	17961.9	14483.5	3487.4
2001 年	8616.4	8386.0	230.4	2012 年	19145.4	14716.1	4429.3
2002 年	8733.7	8482.8	250.9	2013 年	18854.6	14602.0	4252.6
2003 年	9505.6	9254.6	251.0	2014 年	19697.9	15016.0	4681.9
2004 年	10664.9	10369.8	295.1	2015 年	19524.4	15132.3	4392.1
2005 年	10540.8	11060.6	480.2	2016 年	19166.6	14709.2	4457.4
2006 年	12406.7	11586.9	819.8	2017 年	19822.1	15244.6	4577.5
2007 年	13187.8	12272.0	915.8	2018 年	20736.2	16236.0	4500.2
2008 年	13447.3	12592.5	917.9				

表 21　1998—2018 年中国石油汽油、煤油、柴油、润滑油产量

万吨

时　间	总　计	汽　油	煤　油	柴　油	润滑油
1998 年	3954.6	1479.2	204.9	2148.2	122.2
1999 年	4670.1	1607.2	254.2	2666.4	142.3
2000 年	4848.5	1660.2	356.1	2737.9	118.3
2001 年	5240.0	1799.7	310.8	3009.8	119.7
2002 年	5381.8	1820.9	293.7	3131.3	135.9
2003 年	5903.5	1985.4	295.7	3503.2	119.2
2004 年	6708.0	2183.9	306.1	4071.2	146.8
2005 年	7269.3	2297.7	327.2	4491.5	152.9
2006 年	7487.7	2400.3	333.5	4605.2	148.8
2007 年	7902.1	2484.0	321.6	4920.4	176.0
2008 年	8098.3	2545.6	360.1	5015.9	176.8
2009 年	8185.0	2581.5	364.3	5099.1	140.1
2010 年	8793.3	2676.3	365.8	5590.5	160.7
2011 年	9456.9	2888.9	367.9	6042.8	157.3
2012 年	9821.8	3099.5	477.8	6060.7	183.8
2013 年	9978.1	3296.4	606.1	5887.0	188.6
2014 年	10342.2	3410.0	714.3	6059.8	158.1
2015 年	10490.5	3647.3	833.8	5888.4	121.0
2016 年	10048.8	3797.4	931.8	5203.2	116.4

续表

时间	总计	汽油	煤油	柴油	润滑油
2017年	10514.6	4098.1	1017.7	5235.2	163.6
2018年	11451.0	4590.0	1254.0	5446.0	160.0

表22　1998—2018年中国石油国内石油化工产品产量

万吨

时间	乙烯	合成树脂	合成纤维	合成橡胶	尿素	合成氨
1998年	127.3	138.5	28.2	19.0	257.9	192.1
1999年	135.1	160.9	25.8	20.1	306.1	217.0
2000年	149.5	193.1	30.1	22.2	311.3	215.6
2001年	157.1	217.0	32.9	24.3	306.8	204.6
2002年	158.2	219.3	31.4	25.9	341.1	216.6
2003年	181.8	262.5	28.6	29.8	358.0	232.1
2004年	184.6	276.3	29.7	33.4	365.2	255.9
2005年	188.8	297.7	24.5	33.8	357.8	249.7
2006年	206.8	331.3	19.3	37.3	357.6	215.2
2007年	258.1	425.4	17.0	38.1	363.4	249.1
2008年	267.6	439.6	14.1	40.7	382.4	259.7
2009年	298.9	475.7	14.2	48.0	397.3	270.9
2010年	361.5	565.2	12.0	61.9	376.4	261.2
2011年	364.7	581.2	8.6	60.6	448.4	303.1
2012年	369.0	621.7	8.5	63.3	451.2	297.2
2013年	398.2	666.1	7.0	66.5	377.1	257.7
2014年	497.6	806.7	6.6	74.5	266.3	189.2
2015年	503.2	831.8	6.5	71.3	256.6	184.5
2016年	558.9	919.9	6.1	76.0	190.0	152.9
2017年	576.4	940.4	5.8	80.9	143.9	136.3
2018年	556.9	916.5	5.2	86.9	82.8	105.1

表23　1998—2018年中国石油国内成品油、天然气销售量

时间	成品油（万吨）	天然气（亿立方米）	时间	成品油（万吨）	天然气（亿立方米）
1998年	—	95.6	2009年	8874.5	593.8
1999年	—	102.5	2010年	10247.2	668.6
2000年	4431.1	136.1	2011年	11497.6	827.2
2001年	5118.0	150.6	2012年	11662.3	973.0

续表

时间	成品油（万吨）	天然气（亿立方米）	时间	成品油（万吨）	天然气（亿立方米）
2002年	5305.2	166.2	2013年	11832.8	1105.6
2003年	5629.0	186.9	2014年	11701.7	1194.8
2004年	6430.0	222.2	2015年	11625.0	1226.6
2005年	7185.5	289.2	2016年	11303.5	1314.5
2006年	7522.4	373.7	2017年	11416.3	1518.4
2007年	8279.5	453.3	2018年	11736.0	1724.0
2008年	8293.1	525.3			

表24　1999—2018年中国石油运营油气管道总里程

千米

时间	国内				海外		
	总里程	原油	天然气	成品油	总里程	原油	天然气
1999年	21498	8765	11516	1025	—	—	—
2000年	21542	8765	11617	1025	—	—	—
2001年	22682	8879	12644	1025	—	—	—
2002年	24321	8879	13036	2272	—	—	—
2003年	25821	8879	14536	2276	—	—	—
2004年	30153	8982	18766	2460	—	—	—
2005年	31615	9228	20115	2462	—	—	—
2006年	34993	9928	21500	4311	—	—	—
2007年	39316	12463	22231	4622	5157	5002	155
2008年	41766	12931	24225	4610	5157	5002	155
2009年	50652	13189	28595	8868	7782	5002	2780
2010年	56865	14807	32801	9257	9720	5898	3822
2011年	60257	14807	36116	9334	10494	6672	3822
2012年	66801	16369	40995	9437	10494	6672	3822
2013年	72878	17640	45704	9534	13257	6671	6586
2014年	79054	18132	50836	10086	15218	7653	7565
2015年	79936	18917	50928	10091	14507	6604	7903
2016年	81191	18897	51734	10560	14507	6604	7903
2017年	85582	20359	53834	11389	16500	8597	7903
2018年	86734	20736	54270	11728	16500	8597	7903

表 25　1998—2018 年中国石油国内原油、天然气、成品油管输量

时　间	原　油（万吨）	天然气（亿立方米）	成品油（万吨）	时　间	原　油（万吨）	天然气（亿立方米）	成品油（万吨）
1998 年	10979.7	107.6	—	2009 年	9299.6	337.4	1124.2
1999 年	11321.0	118.9	—	2010 年	9290.0	494.3	1323.4
2000 年	11476.3	130.5	—	2011 年	9787.0	580.0	1421.5
2001 年	8960.4	150.6	—	2012 年	10329.8	743.6	1491.0
2002 年	8983.0	—	—	2013 年	12777.9	920.1	1592.7
2003 年	8847.5	—	—	2014 年	10017.8	921.3	3086.0
2004 年	8992.5	65.7	406.1	2015 年	8574.0	913.8	2844.0
2005 年	9409.0	120.0	495.0	2016 年	8330.0	949.0	2651.0
2006 年	10687.8	317.9	516.6	2017 年	8893.4	1070.2	2586.0
2007 年	9297.1	256.2	586.8	2018 年	10200.3	1265.7	2652.3
2008 年	9796.5	346.3	573.0				

表 26　1998—2018 年中国石油加油站数量

座

时　间	加油站数量	时　间	加油站数量
1998 年	5877	2009 年	17262
1999 年	6810	2010 年	17996
2000 年	11350	2011 年	19362
2001 年	12102	2012 年	19840
2002 年	13160	2013 年	20272
2003 年	15231	2014 年	20422
2004 年	17403	2015 年	20714
2005 年	18164	2016 年	20895
2006 年	18207	2017 年	21399
2007 年	18648	2018 年	21783
2008 年	17456		

表 27　2007—2018 年中国石油非油品收入及利润

亿元

时　间	收　入	利　润	时　间	收　入	利　润
2007 年	6.6	1.1	2013 年	104.8	9.1
2008 年	16.5	2.0	2014 年	98.8	10.2
2009 年	27.9	2.9	2015 年	124.2	14.5
2010 年	46.8	3.5	2016 年	143.6	17.0
2011 年	64.1	5.0	2017 年	186.0	20.6
2012 年	80.8	6.8	2018 年	231.0	24.0

表 28　2002—2018 年中国石油国际贸易量及贸易额

时　间	贸易量（万吨）	贸易额（亿美元）	时　间	贸易量（万吨）	贸易额（亿美元）
2002 年	2517.7	47.3	2011 年	25138.9	1920.7
2003 年	3971.3	88.4	2012 年	30550.9	2398.1
2004 年	6116.6	144.7	2013 年	35304.0	2659.9
2005 年	7760.6	204.9	2014 年	38553.2	2653.2
2006 年	9449.2	294.1	2015 年	42854.8	1687.3
2007 年	12707.0	411.6	2016 年	44933.3	1412.3
2008 年	12749.3	782.4	2017 年	46927.9	1844.1
2009 年	15263.6	659.4	2018 年	48200.0	2367.0
2010 年	19472.0	1105.1			

表 29　1998—2018 年中国石油员工数量

人

时　间	员工总数	时　间	员工总数
1998 年	1543093	2009 年	1067056
1999 年	1541560	2010 年	1062967
2000 年	1292558	2011 年	1050935
2001 年	1167129	2012 年	1037745
2002 年	1146194	2013 年	1019878
2003 年	1130947	2014 年	1420000
2004 年	1115928	2015 年	1460000
2005 年	1078389	2016 年	1403000
2006 年	1077017	2017 年	1355000
2007 年	1074150	2018 年	1266400
2008 年	1072611		

附　　录

说　　明

一、地理区域

北美：除特别说明以外，指美国、加拿大、墨西哥。

中南美：除北美洲以外的美洲其他国家和地区。

欧洲：经合组织中的欧洲成员国，以及阿尔巴尼亚、波黑、保加利亚、克罗地亚、塞浦路斯、北马其顿、格鲁吉亚、直布罗陀、拉脱维亚、立陶宛、马耳他、黑山、罗马尼亚、塞尔维亚和乌克兰。

独联体：亚美尼亚、阿塞拜疆、白俄罗斯、哈萨克斯坦、吉尔吉斯斯坦、摩尔多瓦、俄罗斯、塔吉克斯坦、土库曼斯坦、乌兹别克斯坦。

欧洲和欧亚：欧洲范围内的国家以及独联体国家。

中东：阿拉伯半岛国家、伊朗、伊拉克、以色列、约旦、黎巴嫩和叙利亚。

非洲：所有非洲国家。

亚太地区：文莱、柬埔寨、中国、中国香港特区、印度尼西亚、日本、老挝、中国澳门特区、马来西亚、蒙古、朝鲜、菲律宾、新加坡、阿富汗、孟加拉国、印度、缅甸、尼泊尔、巴基斯坦、斯里兰卡、韩国、中国台湾地区、泰国、越南、澳大利亚、新西兰、巴比亚新几内亚和大洋洲。

澳大拉西亚：澳大利亚和新西兰。

二、组织

经合组织（OECD）：美洲的加拿大、智利、墨西哥、美国；欧洲的奥地利、比利时、捷克、丹麦、爱沙尼亚、芬兰、法国、德国、希腊、匈牙利、冰岛、爱尔兰、意大利、拉脱维亚、卢森堡、荷兰、挪威、波兰、葡萄牙、斯洛伐克、斯洛文尼亚、西班牙、瑞典、瑞士、土耳其、英国；亚洲和大洋洲的澳大利亚、以色列、日本、韩国、新西兰。

欧盟：法国、德国、意大利、荷兰、比利时、卢森堡、英国、丹麦、爱尔兰、希腊、葡萄牙、西班牙、奥地利、瑞典、芬兰、马耳他、塞浦路斯、波兰、匈牙利、捷克、斯洛伐克、斯洛文尼亚、爱沙尼亚、拉脱维亚、立陶宛、罗马尼亚、保加尼亚、克罗地亚。

欧佩克（OPEC）：中东的伊朗、伊拉克、科威特、卡塔尔、沙特阿拉伯、阿联酋；非洲的阿尔及利亚、安哥拉、利比亚、赤道几内亚、加蓬、尼日利亚；中南美的厄瓜多尔、委内瑞拉。

附　表

附表 1　2018 年世界各地区和组织一次能源消费构成

%

地区和组织	石　油	天然气	煤　炭	核　能	水　电	可再生能源
北美	39.3	31.0	12.1	7.7	5.7	4.2
中南美	44.9	20.6	5.1	0.7	23.6	5.0
欧洲	36.2	23.0	15.0	10.3	7.1	8.4
独联体	20.8	53.7	14.5	5.0	6.0	0.1
中东	45.7	52.7	0.9	0.2	0.4	0.2
非洲	41.5	27.9	22.0	0.5	6.5	1.6
亚太地区	28.3	11.9	47.5	2.1	6.5	3.8
世界	33.6	23.9	27.2	4.4	6.8	4.0
经合组织	38.9	26.6	15.2	7.9	5.7	5.8

资料来源:《BP 世界能源统计年鉴 2019》。

附表 2　2018 年世界主要国家、地区和组织一次能源分类消费量

亿吨油当量

国家、地区和组织	石　油	天然气	煤　炭	核　能	水　电	可再生能源	总　计
中国	6.41	2.43	19.07	0.67	2.72	1.44	32.73
美国	9.20	7.03	3.17	1.92	0.65	1.04	23.01
印度	2.39	0.50	4.52	0.09	0.32	0.27	8.09
俄罗斯	1.52	3.91	0.88	0.46	0.43	0.00	7.21
日本	1.82	0.99	1.17	0.11	0.18	0.25	4.54
加拿大	1.10	1.00	0.14	0.23	0.88	0.10	3.44
德国	1.13	0.76	0.66	0.17	0.04	0.47	3.24
韩国	1.29	0.48	0.88	0.30	0.01	0.05	3.01
巴西	1.36	0.31	0.16	0.04	0.88	0.24	2.98
伊朗	0.86	1.94	0.01	0.02	0.02	0.00	2.86
1—10位合计	27.09	19.35	30.68	4.00	6.13	3.87	91.11
沙特阿拉伯	1.63	0.96	0.00	—	—	0.00	2.59
法国	0.79	0.37	0.08	0.93	0.15	0.11	2.43
英国	0.77	0.68	0.08	0.15	0.01	0.24	1.92
墨西哥	0.83	0.77	0.12	0.03	0.07	0.05	1.87
印度尼西亚	0.83	0.34	0.62	—	0.04	0.03	1.86
意大利	0.61	0.60	0.09	—	0.10	0.15	1.54
土耳其	0.49	0.41	0.42	—	0.13	0.09	1.54

续表

国家、地区和组织	石　油	天然气	煤　炭	核　能	水　电	可再生能源	总　计
澳大利亚	0.53	0.36	0.44	—	0.04	0.07	1.44
西班牙	0.67	0.27	0.11	0.13	0.08	0.16	1.41
泰国	0.66	0.43	0.19	—	0.02	0.04	1.33
11—20位合计	7.80	5.17	2.15	1.24	0.64	0.93	17.93
南非	0.26	0.04	0.86	0.03	0.00	0.03	1.22
中国台湾	0.50	0.20	0.39	0.06	0.01	0.01	1.18
阿联酋	0.45	0.66	0.01	—	—	0.00	1.12
波兰	0.33	0.17	0.51	—	0.00	0.04	1.05
马来西亚	0.37	0.35	0.21	—	0.05	0.00	0.99
埃及	0.37	0.51	0.03	—	0.03	0.01	0.95
新加坡	0.76	0.11	0.01	—	—	0.00	0.88
越南	0.25	0.08	0.34	—	0.18	0.00	0.86
巴基斯坦	0.24	0.37	0.12	0.02	0.08	0.01	0.85
荷兰	0.41	0.31	0.08	0.01	0.00	0.04	0.85
21—30位合计	3.94	2.81	2.56	0.12	0.37	0.16	9.94
北美	11.13	8.79	3.43	2.18	1.60	1.19	28.32
中南美	3.15	1.45	0.36	0.05	1.65	0.35	7.02
欧洲	7.42	4.72	3.07	2.12	1.45	1.72	20.51
独联体	1.94	4.99	1.35	0.47	0.55	0.01	9.31
中东	4.12	4.76	0.08	0.02	0.03	0.02	9.02
非洲	1.91	1.29	1.01	0.03	0.30	0.07	4.62
亚太地区	16.95	7.10	28.41	1.25	3.89	2.25	59.86
世界	46.62	33.09	37.72	6.11	9.49	5.61	138.65
经合组织	22.05	15.05	8.61	4.46	3.21	3.30	56.69

资料来源：《BP 世界能源统计年鉴 2019》。

附表 3　2018 年世界主要国家、地区和组织一次能源消费量

亿吨油当量

国家、地区和组织	2018年	2017年	2018年/2017年变化（%）	2018年占世界百分比（%）
中国	32.73	31.39	4.3	23.6
美国	23.01	22.22	3.5	16.6
印度	8.09	7.50	7.9	5.8
俄罗斯	7.21	6.94	3.8	5.2
日本	4.54	4.55	–0.2	3.3
加拿大	3.44	3.44	0.2	2.5
德国	3.24	3.34	–3.0	2.3
韩国	3.01	2.97	1.3	2.2
巴西	2.98	2.94	1.3	2.1
伊朗	2.86	2.72	5.0	2.1

续表

国家、地区和组织	2018年	2017年	2018年/2017年变化（%）	2018年占世界百分比（%）
1—10位合计	91.11	88.02	3.5	65.7
沙特阿拉伯	2.59	2.63	-1.4	1.9
法国	2.43	2.37	2.2	1.7
英国	1.92	1.93	-0.5	1.4
墨西哥	1.87	1.89	-1.3	1.3
印度尼西亚	1.86	1.77	4.9	1.3
意大利	1.54	1.56	-1.1	1.1
土耳其	1.54	1.53	0.5	1.1
澳大利亚	1.44	1.41	2.7	1.0
西班牙	1.41	1.39	1.8	1.0
泰国	1.33	1.30	2.1	1.0
11—20位合计	17.93	17.78	0.8	12.9
南非	1.22	1.22	-0.2	0.9
中国台湾	1.18	1.17	1.2	0.9
阿联酋	1.12	1.09	3.0	0.8
波兰	1.05	1.03	1.7	0.8
马来西亚	0.99	0.97	2.7	0.7
埃及	0.95	0.93	2.1	0.7
新加坡	0.88	0.86	1.2	0.6
越南	0.86	0.76	13.1	0.6
阿根廷	0.85	0.86	-1.2	0.6
巴基斯坦	0.85	0.81	5.0	0.6
21—30位合计	9.95	9.70	2.5	7.2
北美	28.32	27.55	2.8	20.4
中南美	7.02	7.00	0.3	5.1
欧洲	20.51	20.50	0.0	14.8
独联体	9.31	8.91	4.4	6.7
中东	9.02	8.81	2.4	6.5
非洲	4.62	4.49	2.9	3.3
亚太地区	59.86	57.48	4.1	43.2
世界	138.65	134.75	2.9	100.0
经合组织	56.69	55.87	1.5	40.9

资料来源：《BP 世界能源统计年鉴 2019》。

附表 4　2018 年世界主要国家、地区和组织石油剩余探明可采储量

亿吨

国家、地区和组织	2018年	2017年	2018年/2017年变化（%）	2018年占世界百分比（%）	储采比
委内瑞拉	479.5	478.8	0.2	17.5	>100

续表

国家、地区和组织	2018年	2017年	2018年/2017年变化（%）	2018年占世界百分比（%）	储采比
沙特阿拉伯	408.9	406.5	0.6	17.2	66.4
加拿大	270.6	272.3	-0.6	9.7	88.3
伊朗	213.7	213.7	—	9.0	90.4
伊拉克	198.7	198.7	—	8.5	87.4
俄罗斯联邦	145.5	145.6	-0.1	6.1	25.4
科威特	139.8	139.8	—	5.9	91.2
阿联酋	129.8	129.8	—	5.7	68.0
美国	73.0	73.0	—	3.5	11.0
利比亚	63.0	63.0	—	2.8	131.3
1—10位合计	2122.5	2121.2	0.1	86.0	—
尼日利亚	50.5	50.5	—	2.2	50.0
哈萨克斯坦	39.3	39.3	—	1.7	42.7
中国	35.4	35.4	—	1.5	18.7
卡塔尔	26.5	26.5	—	1.5	36.8
巴西	19.5	18.6	5.0	0.8	13.7
阿尔及利亚	15.4	15.4	—	0.7	22.1
安哥拉	11.3	11.3	—	0.5	15.0
挪威	11.0	10.0	9.2	0.5	12.8
墨西哥	10.7	10.7	—	0.4	10.2
阿塞拜疆	9.6	9.6	—	0.4	24.1
11—20位合计	229.1	227.3	0.8	10.2	—
阿曼	7.3	7.3	—	0.3	15.0
越南	5.9	5.9	—	0.3	43.9
印度	5.9	6.0	-1.6	0.3	14.1
南苏丹	4.7	4.7	—	0.2	73.4
澳大利亚	4.4	4.4	—	0.2	30.8
埃及	4.4	4.4	—	0.2	13.6
印度尼西亚	4.4	4.4	-0.5	0.2	10.7
厄瓜多尔	4.1	4.4	-6.3	0.2	14.8
马来西亚	4.0	4.0	—	0.2	12.1
也门	3.9	3.9	—	0.2	121.4
21—30位合计	49.0	49.4	-0.8	2.1	—
北美	354.2	355.8	-0.4	13.7	28.7
中南美	510.7	509.1	0.3	18.8	136.2
欧洲	18.6	17.8	4.9	0.8	11.1
独联体	196.4	196.5	-0.1	8.4	27.4
中东	1132.2	1129.8	0.2	48.3	72.1

续表

国家、地区和组织	2018年	2017年	2018年/2017年变化（%）	2018年占世界百分比（%）	储采比
非洲	165.9	165.9	—	7.2	41.9
亚太地区	63.5	63.6	-0.2	2.8	17.1
世界	2441.4	2438.3	0.1	100.0	50.0
欧佩克	1747.7	1744.8	0.2	71.8	86.5
加拿大油砂	263.8	265.6	-0.7	9.4	—
委内瑞拉重油	419.2	418.4	0.2	15.1	—

注：储量数据包括天然气凝析油、天然气液（NGL）以及原油。

资料来源：《BP 世界能源统计年鉴 2019》。

附表 5　2018 年世界主要国家、地区和组织石油产量

万吨

国家、地区和组织	2018年	2017年	2018年/2017年变化（%）	2018年占世界百分比（%）
美国	66937.4	57391.2	16.6	15.0
沙特阿拉伯	57833.6	55931.9	3.4	12.9
俄罗斯	56333.9	55429.5	0.0	12.6
加拿大	25548.2	23536.5	8.5	5.7
伊拉克	22614.7	22216.0	1.8	5.1
伊朗	22037.3	23562.7	-6.5	4.9
中国	18910.6	19150.6	-1.3	4.2
阿联酋	17769.6	17624.7	0.8	4.0
科威特	14684.7	14478.7	1.4	3.3
巴西	14034.8	14231.7	-1.4	3.1
1—10位合计	316704.7	303553.5	4.3	70.8
墨西哥	10229.1	10947.2	-6.6	2.3
尼日利亚	9843.3	9552.4	3.0	2.2
哈萨克斯坦	9121.2	8698.0	4.9	2.0
挪威	8308.9	8857.8	-6.2	1.9
卡塔尔	7849.8	7846.2	0.0	1.8
委内瑞拉	7734.0	10758.4	-28.1	1.7
安哥拉	7462.0	8185.8	-8.8	1.7
阿尔及利亚	6529.1	6664.8	-2.0	1.5
英国	5077.9	4657.3	9.0	1.1
阿曼	4782.4	4756.4	0.5	1.1
11—20位合计	76937.6	80924.4	-4.9	17.2
利比亚	4754.5	4375.5	8.7	1.1
哥伦比亚	4561.7	4498.2	1.4	1.0
印度	3954.8	4043.8	-2.2	0.9
印度尼西亚	3952.4	4096.8	-3.5	0.9

续表

国家、地区和组织	2018年	2017年	2018年/2017年变化（%）	2018年占世界百分比（%）
阿塞拜疆	3916.8	3905.7	0.3	0.9
埃及	3270.2	3217.8	1.6	0.7
马来西亚	3145.4	3150.8	−0.2	0.7
厄瓜多尔	2772.2	2847.7	−2.7	0.6
阿根廷	2756.2	2726.0	1.1	0.6
泰国	1729.2	1746.9	−1.0	0.4
21—30位合计	34813.4	34609.3	0.6	7.8
北美	102714.6	91874.9	11.8	23.0
中南美	33512.8	36730.5	−8.8	7.5
欧洲	16294.2	16468.7	−1.1	3.6
独联体	70910.3	69613.1	1.9	15.8
中东	148971.3	147792.8	0.8	33.3
非洲	38869.4	38595.2	0.7	8.7
亚太地区	36160.0	36911.1	−2.0	8.1
世界	447432.6	437986.2	2.2	100.0
经合组织	119855.8	109201.1	9.8	26.8

注：石油产量包括原油、页岩油、油砂与天然气液（从天然气中单独开采的液体产品），不包括其他来源的液体产品，例如生物质油和其他煤制或天然气制油。

资料来源：《BP 世界能源统计年鉴 2019》。

附表 6　2018 年世界主要国家、地区和组织石油消费量

万吨

国家、地区和组织	2018年	2017年	2018年/2017年变化（%）	2018年占世界百分比（%）
美国	89284.2	87656.4	1.9	19.7
中国	62802.9	59752.9	5.1	13.9
印度	23655.9	22617.3	4.6	5.2
日本	17554.1	18070.5	−2.9	3.9
沙特阿拉伯	15614.4	16231.9	−3.8	3.4
俄罗斯	14628.9	14602.1	0.2	3.2
巴西	14133.6	14018.0	0.8	3.1
韩国	12228.5	12332.4	−0.8	2.7
德国	10920.0	11467.8	−4.8	2.4
加拿大	10515.7	10376.5	1.3	2.3
1—10位合计	271338.2	267125.7	1.6	59.9
伊朗	8211.8	8057.6	1.9	1.8
印度尼西亚	8011.1	7600.6	5.4	1.8
墨西哥	7877.5	8180.6	−3.7	1.7
法国	7643.4	7658.8	−0.2	1.7
新加坡	7515.4	7428.5	1.2	1.7

续表

国家、地区和组织	2018年	2017年	2018年/2017年变化（%）	2018年占世界百分比（%）
英国	7424.5	7510.7	–1.1	1.6
西班牙	6570.6	6408.6	2.5	1.5
泰国	6305.7	6161.0	2.3	1.4
意大利	5904.0	6017.2	–1.9	1.3
澳大利亚	5108.3	4887.9	4.5	1.1
11—20位合计	70572.3	69911.5	0.9	15.6
土耳其	4819.8	4879.2	–1.2	1.1
中国台湾	4812.4	4822.0	–0.2	1.1
阿联酋	4328.8	4205.9	2.9	1.0
荷兰	3975.2	3853.2	3.2	0.9
伊拉克	3795.4	3544.5	7.1	0.8
埃及	3544.9	3794.4	–6.6	0.8
马来西亚	3481.4	3394.5	2.6	0.8
比利时	3308.6	3278.3	0.9	0.7
波兰	3165.1	3057.2	3.5	0.7
阿根廷	2981.6	3180.8	–6.3	0.7
21—30位合计	38213.4	38010.1	0.5	8.4
北美	107677.4	106213.4	1.4	23.8
中南美	31560.6	31616.6	–0.2	7.0
欧洲	72237.0	72629.3	–0.5	15.9
独联体	18601.1	18427.0	0.9	4.1
中东	39597.6	39693.8	–0.2	8.7
非洲	18417.5	18509.4	–0.5	4.1
亚太地区	164841.9	160610.2	2.6	36.4
世界	452933.1	447699.6	1.2	100.0
经合组织	213318.7	212559.8	0.4	47.1

注：石油消费量包括陆地燃油需求加上国际航空用油、船用油以及炼油厂自用燃料及损耗，还包括生物汽油（如燃料乙醇）、生物柴油和其他煤制或天然气制油的消费量。

资料来源：《BP 世界能源统计年鉴 2019》。

附表 7　2018 年世界各地区主要油品消费量

千桶/日

地　区	油　品	2018年	2017年	2018年/2017年变化（%）	占总量百分比（%）
北美	轻质馏分油	11195	11229	–0.3	45.3
	中间馏分油	7212	6927	4.1	29.2
	燃料油	498	519	–4.1	2.0
	其他	5810	5613	3.5	23.5
	合计	24714	24289	1.8	100.0
中南美	轻质馏分油	2245	2246	0.0	33.0

续表

地　区	油　品	2018年	2017年	2018年/2017年变化（%）	占总量百分比（%）
中南美	中间馏分油	2679	2640	1.4	39.4
	燃料油	582	610	-4.6	8.6
	其他	1290	1302	-1.0	19.0
	合计	6795	6798	0.0	100.0
欧洲	轻质馏分油	2955	2985	-1.0	19.3
	中间馏分油	8399	8404	-0.1	55.0
	燃料油	953	967	-1.5	6.2
	其他	2970	2995	-0.9	19.4
	合计	15276	15351	-0.5	100.0
独联体	轻质馏分油	1292	1268	1.9	31.5
	中间馏分油	1326	1248	6.3	32.4
	燃料油	330	311	6.1	8.0
	其他	1151	1206	-4.6	28.1
	合计	4099	4033	1.6	100.0
中东	轻质馏分油	2239	2181	2.6	24.5
	中间馏分油	2272	2301	-1.3	24.9
	燃料油	1920	1975	-2.8	21.0
	其他	2705	2681	0.9	29.6
	合计	9136	9138	0.0	100.0
非洲	轻质馏分油	1097	1078	1.7	27.7
	中间馏分油	1922	1896	1.4	48.6
	燃料油	320	380	-15.9	8.1
	其他	621	607	2.2	15.7
	合计	3959	3962	-0.1	100.0
亚太地区	轻质馏分油	11636	11251	3.4	32.4
	中间馏分油	12268	11925	2.9	34.2
	燃料油	2646	2791	-5.2	7.4
	其他	9313	8868	5.0	26.0
	合计	35863	34835	3.0	100.0
世界	轻质馏分油	32658	32237	1.3	32.7
	中间馏分油	36078	35342	2.1	36.1
	燃料油	7249	7554	-4.0	7.3
	其他	23859	23272	2.5	23.9
	合计	99843	98406	1.5	100.0

注：“轻质馏分油”包括航空与汽车用汽油及轻质馏分油料（LDF）；“中间馏分油”包括航空煤油、取暖煤油以及粗柴油与柴油（其中包括船舶燃油）；“燃料油”包括船舶燃油以及直接作为燃料的原油；“其他”包括炼油厂干气、液化石油气（LPG）、溶剂油、石油焦、润滑油、沥青、石蜡、其他炼油产品和炼油厂燃料及其损耗。

资料来源：《BP 世界能源统计年鉴 2019》。

附表8　2018年世界主要国家、地区和组织炼油能力

千桶/日

国家、地区和组织	2018年	2017年	2018年/2017年变化（%）	2018年占世界百分比（%）
美国	18762	18567	1.1	18.8
中国	15655	15231	2.8	15.6
俄罗斯	6596	6596	—	6.6
印度	4972	4699	5.8	5.0
韩国	3346	3298	1.4	3.3
日本	3343	3343	—	3.3
沙特阿拉伯	2835	2826	0.3	2.8
巴西	2285	2285	—	2.3
伊朗	2225	2105	5.7	2.2
德国	2085	2069	0.8	2.1
1—10位合计	62103.5	61019.4	1.8	62.1
加拿大	2025	1970	2.8	2.0
意大利	1900	1900	—	1.9
西班牙	1564	1562	0.1	1.6
墨西哥	1546	1546	—	1.5
新加坡	1514	1514	—	1.5
委内瑞拉	1303	1303	—	1.3
荷兰	1294	1294	—	1.3
法国	1245	1245	—	1.2
泰国	1235	1235	—	1.2
阿联酋	1229	1229	—	1.2
11—20位合计	14854.4	14797.0	0.4	14.8
英国	1227	1227	—	1.2
印度尼西亚	1116	1111	0.5	1.1
中国台湾	1083	1083	—	1.1
伊拉克	859	779	10.3	0.9
土耳其	818	596	37.2	0.8
埃及	795	810	-1.9	0.8
比利时	776	776	—	0.8
科威特	736	736	—	0.7
阿尔及利亚	657	657	—	0.7
马来西亚	625	625	—	0.6
21—30位合计	8692.4	8399.7	3.5	8.7
北美	22333	22082	1.1	22.3
中南美	5979	6221	-3.9	6.0
欧洲	15681	15421	1.7	15.7
独联体	8166	8191	-0.3	8.2

续表

国家、地区和组织	2018年	2017年	2018年/2017年变化（%）	2018年占世界百分比（%）
中东	9704	9465	2.5	9.7
非洲	3434	3439	–0.1	3.4
亚太地区	34752	33802	2.8	34.7
世界	100049	98621	1.4	100.0
经合组织	44553	44002	1.3	44.5

资料来源：《BP 世界能源统计年鉴 2019》。

附表 9　2018 年世界各地区炼油加工量

千桶/日

地　区	2018年	2017年	2018年/2017年变化（%）	2018年占世界百分比（%）	炼油能力利用率（%）
北美	19227	19104	0.6	23.2	86.1
中南美	3813	4132	–7.7	4.6	63.8
欧洲	12786	13033	–1.9	15.4	81.5
独联体	6905	6732	2.6	8.3	84.6
中东	8431	8242	2.3	10.2	86.9
非洲	2039	2044	–0.2	2.5	59.4
亚太地区	29751	28707	3.6	35.9	85.6
世界	82953	81992	1.2	100.0	82.9

资料来源：《BP 世界能源统计年鉴 2019》。

附表 10　2018 年世界主要国家和地区天然气剩余探明可采储量

万亿立方米

国家和地区	2018年	2017年	2018年/2017年变化（%）	2018年占世界百分比（%）	储采比
俄罗斯	38.94	38.94	—	19.8	58.2
伊朗	31.93	31.93	—	16.2	>100.0
卡塔尔	24.70	24.70	—	12.5	>100.0
土库曼斯坦	19.49	19.49	—	9.9	>100.0
美国	11.89	11.89	—	6.0	14.3
委内瑞拉	6.34	6.34	—	3.2	>100.0
中国	6.07	6.07	—	3.1	37.6
阿联酋	5.94	5.94	—	3.0	91.8
沙特阿拉伯	5.89	5.65	4.3	3.0	52.6
尼日利亚	5.35	5.35	—	2.7	>100.0
1—10位合计	156.52	156.28	0.2	79.5	—
阿尔及利亚	4.34	4.34	—	2.2	47.0
伊拉克	3.56	3.56	—	1.8	>100.0
印度尼西亚	2.76	2.88	–4.3	1.4	37.7

续表

国家和地区	2018年	2017年	2018年/2017年变化（%）	2018年占世界百分比（%）	储采比
马来西亚	2.39	2.39	—	1.2	33.0
澳大利亚	2.39	2.39	—	1.2	18.4
埃及	2.14	2.14	—	1.1	36.5
阿塞拜疆	2.13	1.32	61.6	1.1	>100.0
加拿大	1.85	1.98	-6.7	0.9	10.0
科威特	1.69	1.69	—	0.9	97.0
挪威	1.61	1.72	-6.2	0.8	13.3
11—20位合计	24.86	24.41	1.8	12.6	—
利比亚	1.43	1.43	—	0.7	>100.0
印度	1.29	1.24	3.9	0.7	46.9
乌兹别克斯坦	1.21	1.21	—	0.6	21.4
缅甸	1.17	1.17	—	0.6	65.6
乌克兰	1.09	1.03	5.8	0.6	54.9
哈萨克斯坦	0.99	0.99	—	0.5	40.7
阿曼	0.66	0.66	—	0.3	18.5
越南	0.65	0.65	—	0.3	67.0
荷兰	0.59	0.59	—	0.3	18.2
以色列	0.41	0.46	-9.5	0.2	41.1
21—30位合计	9.49	9.43	0.7	4.8	—
北美	13.92	14.06	-0.9	7.1	13.21
中南美	8.18	8.18	—	4.2	46.31
欧洲	3.88	3.93	-1.3	2.0	15.49
独联体	62.79	61.98	1.3	31.9	75.55
中东	75.51	75.31	0.3	38.4	>100.0
非洲	14.43	14.43	—	7.3	61.00
亚太地区	18.13	18.23	-0.5	9.2	28.70
世界	196.85	196.12	0.4	100.0	50.89

资料来源：《BP 世界能源统计年鉴 2019》。

附表 11　2018 年世界主要国家和地区天然气产量

亿立方米

国家和地区	2018年	2017年	2018年/2017年变化（%）	2018年占世界百分比（%）
美国	8317.8	7457.6	11.5	21.5
俄罗斯	6694.8	6355.6	5.3	17.3
伊朗	2394.9	2201.7	8.8	6.2
加拿大	1847.2	1775.5	4.0	4.8
卡塔尔	1754.6	1723.8	1.8	4.5

续表

国家和地区	2018年	2017年	2018年/2017年变化（%）	2018年占世界百分比（%）
中国	1615.3	1491.9	8.3	4.2
澳大利亚	1301.0	1128.2	15.3	3.4
挪威	1206.5	1232.2	-2.1	3.1
沙特阿拉伯	1121.2	1092.5	2.6	2.9
阿尔及利亚	923.0	929.8	-0.7	2.4
1—10位合计	27176.4	25388.7	7.0	70.3
印度尼西亚	731.7	728.7	0.4	1.9
马来西亚	724.9	744.6	-2.6	1.9
阿联酋	646.8	619.8	4.4	1.7
土库曼斯坦	615.2	586.8	4.8	1.6
埃及	585.6	488.1	20.0	1.5
乌兹别克斯坦	566.4	534.0	6.1	1.5
尼日利亚	492.4	481.0	2.4	1.3
英国	405.8	418.9	-3.1	1.0
阿根廷	394.3	371.5	6.1	1.0
泰国	377.3	387.2	-2.6	1.0
11—20位合计	5540.4	5360.6	3.4	14.3
墨西哥	373.6	382.7	-2.4	1.0
阿曼	359.5	322.6	11.4	0.9
巴基斯坦	341.9	346.5	-1.3	0.9
特立尼达和多巴哥	339.6	318.7	6.6	0.9
委内瑞拉	332.3	386.1	-13.9	0.9
荷兰	322.7	385.7	-16.3	0.8
孟加拉	275.2	266.6	3.2	0.7
印度	274.9	276.9	-0.7	0.7
巴西	251.6	271.8	-7.4	0.7
哈萨克斯坦	243.7	234.1	4.1	0.6
21—30位合计	3115.1	3191.7	-2.4	8.1
北美	10538.7	9615.8	9.6	27.2
中南美	1766.8	1802.8	-2.0	4.6
欧洲	2506.7	2632.4	-4.8	6.5
独联体	8310.7	7891.0	5.3	21.5
中东	6872.7	6503.7	5.7	17.8
非洲	2365.7	2256.5	4.8	6.1
亚太地区	6317.4	6075.2	4.0	16.3
世界	38678.6	36777.4	5.2	100.0

资料来源：《BP 世界能源统计年鉴 2019》。

附表 12　2018 年世界主要国家、地区和组织天然气消费量

亿立方米

国家、地区和组织	2018年	2017年	2018年/2017年变化（%）	2018年占世界百分比（%）
美国	8171.1	7394.4	10.5	21.2
俄罗斯	4545.0	4311.0	5.4	11.8
中国	2830.0	2404.4	17.7	7.4
伊朗	2255.6	2099.4	7.4	5.9
加拿大	1157.4	1097.0	5.5	3.0
日本	1157.1	1169.9	–1.1	3.0
沙特阿拉伯	1121.2	1092.5	2.6	2.9
墨西哥	894.9	863.9	3.6	2.3
德国	882.9	897.3	–1.6	2.3
英国	789.0	788.3	0.1	2.0
1—10位合计	23804.1	22118.1	7.6	61.8
阿联酋	765.6	744.4	2.9	2.0
意大利	692.1	715.8	–3.3	1.8
埃及	595.5	559.3	6.5	1.5
印度	580.9	537.4	8.1	1.5
韩国	559.4	497.6	12.4	1.5
泰国	499.3	500.8	–0.3	1.3
阿根廷	487.0	483.0	0.8	1.3
土耳其	473.0	515.7	–8.3	1.2
巴基斯坦	435.8	407.4	7.0	1.1
阿尔及利亚	427.4	388.9	9.9	1.1
11—20位合计	5516.1	5350.2	3.1	14.3
法国	427.1	447.7	–4.6	1.1
乌兹别克斯坦	426.0	431.0	–1.2	1.1
卡塔尔	418.9	430.8	–2.8	1.1
澳大利亚	414.0	412.4	0.4	1.1
马来西亚	412.8	417.9	–1.2	1.1
印度尼西亚	389.7	385.5	1.1	1.0
巴西	358.9	376.3	–4.6	0.9
荷兰	356.9	360.9	–1.1	0.9
委内瑞拉	334.1	388.1	–13.9	0.9
西班牙	314.7	317.1	–0.8	0.8
21—30位合计	3853.1	3967.7	–2.9	10.0
北美	10223.4	9355.4	9.3	26.6
中南美	1683.7	1726.1	–2.5	4.4
欧洲	5489.6	5604.5	–2.1	14.3
独联体	5807.8	5493.0	5.7	15.1

续表

国家、地区和组织	2018年	2017年	2018年/2017年变化（%）	2018年占世界百分比（%）
中东	5531.0	5270.4	4.9	14.4
非洲	1499.9	1407.7	6.6	3.9
亚太地区	8253.2	7683.3	7.4	21.4
世界	38488.6	36540.2	5.3	100.0
经合组织	17505.6	16691.7	4.9	45.5

资料来源：《BP 世界能源统计年鉴 2019》。

附表 13　2018 年世界主要国家和地区石油进出口量

万吨

国家和地区	原油进口量	油品进口量	总进口量	原油出口量	油品出口量	总出口量
美国	38626	10390	49016	9323	25159	34481
加拿大	2908	3705	6613	19094	3328	22422
墨西哥	14	6435	6450	6169	580	6749
北美	41548	20530	62079	34586	29066	63652
中南美	2697	10692	13388	15669	2862	18531
欧洲	51915	22475	74390	3123	13400	16522
俄罗斯	51	938	990	27585	17314	44899
独联体其他	1856	1009	2865	8589	2128	10717
独联体	1907	1947	3855	36175	19442	55616
伊朗	—	371	371	20091	849	20940
科威特	—	74	74	10300	2348	12647
沙特阿拉伯	1	1089	1090	36742	5619	42361
阿联酋	984	2781	3766	12590	7585	20174
中东其他	3094	1617	4711	19210	6431	25641
中东	4080	5932	10012	98932	22831	121763
北非	704	2882	3586	9560	2709	12270
西非	48	3944	3992	21985	752	22738
东非和南非	2165	3337	5502	766	342	1108
非洲	2917	10164	13080	32312	3804	36116
澳大拉西亚	2364	3361	5725	1091	368	1459
中国	46449	8186	54635	271	5567	5837
印度	22750	3132	25881	5	5344	5349
日本	15080	4366	19446	0	1764	1764
新加坡	5218	11547	16765	64	8965	9030
亚太其他	29384	21548	50932	4082	10466	14548
亚太	121245	52140	173385	5514	32473	37988
世界合计	226310	123879	350188	226310	123879	350188

资料来源：《BP 世界能源统计年鉴 2019》。

附表 14　2018 年世界主要国家和地区天然气进出口量

亿立方米

国家和地区	管道气进口量	液化气进口量	总进口量	管道气出口量	液化气出口量	总出口量
美国	773.4	21.2	794.5	676.4	284.3	960.7
北美其他	676.4	75.0	751.5	773.4	0.5	773.9
北美	1449.8	96.2	1546.0	1449.8	284.8	1734.6
巴西	76.4	28.7	105.1	—	0.7	0.7
中南美其他	—	116.0	116.0	76.4	215.4	291.8
中南美	76.4	144.7	221.1	76.4	216.1	292.5
欧洲	2490.7	715.2	3205.9	116.5	—	116.5
俄罗斯	251.7	—	251.7	2229.8	249.4	2479.2
独联体其他	296.5	—	296.5	813.8	—	813.8
独联体	548.1	—	548.1	3043.6	249.4	3292.9
中东	21.3	93.7	115.0	80.6	1258.3	1338.8
非洲	—	31.7	31.7	386.4	539.5	925.9
中国	478.9	734.5	1213.4	—	—	—
印度	—	306.0	306.0	—	—	—
经合组织亚太	58.7	1731.9	1790.5	—	919.0	919.0
亚太其他	—	455.9	455.9	87.2	726.1	813.3
亚太	537.6	3228.3	3765.9	87.2	1645.1	1732.3
世界合计	5123.9	4309.7	9433.6	5240.4	4193.2	3464.7

资料来源：《BP 世界能源统计年鉴 2019》。

附表 15　2018 年世界管道天然气贸易流向

亿立方米

进口方	出口方							总进口量
	北美	中南美	欧洲	独联体	中东	非洲	亚太	
北美	1450	—	—	—	—	—	—	1450
中南美	—	140	—	—	—	—	—	140
欧洲	—	—	2299	2030	76	385	—	4789
独联体	—	—	—	570	5	—	—	575
中东	—	—	—	20	244	—	—	264
非洲	—	—	—	—	—	94	—	94
亚太地区	—	—	—	450	—	—	289	740
总出口量	1450	140	2299	3071	325	479	289	8052

资料来源：《BP 世界能源统计年鉴 2019》。

附表 16　2018 年世界液化天然气贸易流向

亿立方米

进口方	出口方							总进口量
	美国	中南美	欧洲	俄罗斯	中东	非洲	亚太	
北美	49	27	3	1	—	15	2	96

续表

进口方	出口方							总进口量
	美国	中南美	欧洲	俄罗斯	中东	非洲	亚太	
中南美	30	71	7	2	16	19	—	145
欧洲	39	61	53	68	226	267	—	715
中东和非洲	17	11	15	6	41	34	2	125
亚太地区	149	47	39	172	975	204	1641	3228
总出口量	284	217	117	249	1258	540	1645	4310

资料来源：《BP 世界能源统计年鉴 2019》。

附表 17　2018 年世界主要国家和地区煤炭剩余探明可采储量

亿吨

国家和地区	无烟煤和烟煤	亚烟煤和褐煤	合　计	2018年占世界百分比（%）	储采比
美国	2201.7	300.5	2502.2	23.7	365
俄罗斯	696.3	907.3	1603.6	15.2	364
中国	1308.5	79.7	1388.2	13.2	38
澳大利亚	709.3	765.1	1474.4	14.0	304
印度	964.7	49.0	1013.6	9.6	132
德国	—	361.0	361.0	3.4	214
乌克兰	320.4	23.4	343.8	3.3	>500
哈萨克斯坦	256.1	—	256.1	2.4	217
南非	98.9	—	98.9	0.9	39
印度尼西亚	261.2	108.8	370.0	3.5	67
合计	6817.1	2594.7	9411.8	89.2	—
北美	2256.7	323.4	2580.1	24.5	342
中南美	89.4	50.7	140.2	1.3	158
欧洲	561.3	784.6	1345.9	12.8	215
独联体	981.2	907.3	1888.5	17.9	329
中东和非洲	143.5	0.7	144.2	1.4	53
亚太地区	3316.8	1132.1	4448.9	42.2	79
世界	7349.0	3198.8	10547.8	100.0	132

资料来源：《BP 世界能源统计年鉴 2019》。

附表 18　2018 年世界主要国家和地区煤炭产量

万吨油当量

国家和地区	2018年	2017年	2018年/2017年变化（%）	2018年占世界百分比（%）
中国	182882.7	174661.2	4.7	46.7
美国	36445.1	37134.0	-1.9	9.3
印度尼西亚	32326.8	27179.5	18.9	8.3
印度	30804.4	28655.6	7.5	7.9
澳大利亚	30109.0	29897.9	0.7	7.7

续表

国家和地区	2018年	2017年	2018年/2017年变化（%）	2018年占世界百分比（%）
俄罗斯	22015.4	20580.0	7.0	5.6
南非	14323.9	14298.3	0.2	3.7
哥伦比亚	5790.8	6220.1	-6.9	1.5
哈萨克斯坦	5063.4	4827.7	4.9	1.3
波兰	4754.6	4978.0	-4.5	1.2
1—10位合计	364516.2	348432.3	4.6	93.1
德国	3759.0	3941.9	-4.6	1.0
蒙古	3439.0	3034.0	13.3	0.9
加拿大	2856.9	3184.8	-10.3	0.7
越南	2329.3	2141.3	8.8	0.6
土耳其	1704.7	1508.6	13.0	0.4
捷克	1464.2	1528.2	-4.2	0.4
乌克兰	1452.0	1440.8	0.8	0.4
墨西哥	771.0	736.2	4.7	0.2
塞尔维亚	686.0	726.1	-5.5	0.2
保加利亚	522.1	569.9	-8.4	0.1
11—20位合计	18984.4	18811.8	0.9	4.8
希腊	441.6	456.7	-3.3	0.1
罗马尼亚	411.4	446.8	-7.9	0.1
泰国	375.6	410.6	-8.5	0.1
乌兹别克斯坦	302.6	340.7	-11.2	0.1
津巴布韦	196.1	188.8	3.9	0.1
新西兰	192.4	174.1	10.5	<0.05
巴基斯坦	173.4	182.8	-5.2	<0.05
英国	164.1	193.4	-15.1	<0.05
匈牙利	127.4	128.3	-0.8	<0.05
巴西	117.4	187.5	-37.4	<0.05
21—30位合计	2501.9	2709.7	-7.7	0.6
北美	40073.0	41055.0	-2.4	10.2
中南美	6035.3	6564.6	-8.1	1.5
欧洲	17003.8	17326.6	-1.9	4.3
独联体	27601.6	25947.5	6.4	7.0
中东	72.8	72.8	—	<0.05
非洲	15583.2	15524.0	0.4	4.0
亚太地区	285308.4	269008.5	6.1	72.8
世界	391678.2	375499.0	4.3	100.0

资料来源：《BP 世界能源统计年鉴 2019》。

附表 19　2018 年世界主要国家、地区和组织煤炭消费量

万吨油当量

国家、地区和组织	2018年	2017年	2018年/2017年变化（%）	2018年占世界百分比（%）
中国	190672.5	189042.6	0.9	50.5
印度	45222.1	41594.3	8.7	12.0
美国	31701.0	33126.3	-4.3	8.4
日本	11747.3	11994.5	-2.1	3.1
韩国	8821.0	8617.7	2.4	2.3
俄罗斯	8803.2	8393.0	4.9	2.3
南非	8598.2	8431.6	2.0	2.3
德国	6639.9	7153.3	-7.2	1.8
印度尼西亚	6155.8	5717.6	7.7	1.6
波兰	5050.3	4977.5	1.5	1.3
1—10位合计	323411.4	319048.3	1.4	85.7
澳大利亚	4427.6	4506.7	-1.8	1.2
土耳其	4230.9	3945.9	7.2	1.1
哈萨克斯坦	4080.3	3636.4	12.2	1.1
中国台湾	3929.9	3942.9	-0.3	1.0
越南	3427.9	2789.9	22.9	0.9
乌克兰	2620.8	2569.6	2.0	0.7
马来西亚	2112.2	1931.2	9.4	0.6
泰国	1850.3	1832.7	1.0	0.5
菲律宾	1627.8	1547.7	5.2	0.4
巴西	1591.2	1657.0	-4.0	0.4
11—20位合计	29898.8	28360.1	5.4	7.9
捷克	1574.9	1559.2	1.0	0.4
加拿大	1442.1	1861.4	-22.5	0.4
墨西哥	1190.3	1519.8	-21.7	0.3
巴基斯坦	1159.5	709.8	63.3	0.3
西班牙	1111.9	1344.9	-17.3	0.3
意大利	887.8	962.2	-7.7	0.2
法国	838.2	927.0	-9.6	0.2
荷兰	818.5	914.8	-10.5	0.2
智力	768.3	771.2	-0.4	0.2
英国	755.6	905.8	-16.6	0.2
21—30位合计	10547.1	11476.1	-8.1	2.8
北美	34333.3	36507.6	-6.0	9.1
中南美	3603.9	3476.5	3.7	1.0
欧洲	30710.3	31553.8	-2.7	8.1
独联体	13488.8	12642.5	6.7	3.6
中东	795.0	816.7	-2.7	0.2

续表

国家、地区和组织	2018年	2017年	2018年/2017年变化（%）	2018年占世界百分比（%）
非洲	10143.6	9762.6	3.9	2.7
亚太地区	284134.7	277084.3	2.5	75.3
世界	377209.6	371844.0	1.4	100.0
经合组织	86128.2	89285.8	–3.5	22.8

资料来源：《BP 世界能源统计年鉴 2019》。

附表 20　2014—2018 年世界主要国家地热发电装机容量

兆瓦

国　家	2018年	2017年	2016年	2015年	2014年	2018占世界百分比（%）
世界合计	14601	14034	13568	13126	12452	100
美国	3801	3732	3805	3812	3757	26.0
菲律宾	1928	1916	1916	1916	1916	13.2
印度尼西亚	1946	1809	1644	1439	1404	13.3
意大利	767	767	767	768	768	5.3
墨西哥	951	926	926	906	813	6.5
新西兰	996	971	971	986	979	6.8
冰岛	753	708	663	665	665	5.2
日本	536	531	526	516	508	3.7
哥斯达黎加	207	207	207	217	218	1.4
萨尔瓦多	204	204	204	204	204	1.4
肯尼亚	663	673	663	619	366	4.5
尼加拉瓜	155	155	155	155	155	1.1

资料来源：《BP 世界能源统计年鉴 2019》。

附表 21　2014—2018 年世界主要国家太阳能发电装机容量

兆瓦

国　家	2018年	2017年	2016年	2015年	2014年	2018年占世界百分比（%）
世界合计	487829	392263	298248	226661	178315	100.0
德国	45932	42339	40716	39245	37900	9.4
意大利	20126	19688	19289	18907	18600	4.1
中国	175032	130816	77802	43552	28402	35.9
美国	51450	43031	34858	23442	16545	10.5
日本	55500	49040	42040	34150	23339	11.4
西班牙	7048	7029	7020	7008	7001	1.4
法国	9483	8610	7702	7138	6034	1.9
比利时	4026	3610	3325	3131	3015	0.8
澳大利亚	9769	5993	4721	4360	4007	2.0
捷克	2078	2070	2068	2075	2068	0.4
英国	13108	12776	11912	9601	5528	2.7
希腊	2652	2606	2604	2604	2596	0.5

资料来源：《BP 世界能源统计年鉴 2019》。

附表 22　2014—2018 年世界主要国家风能发电装机容量

兆瓦

国　家	2018年	2017年	2016年	2015年	2014年	2018年占世界百分比（%）
世界合计	564347	515175	467578	416739	349699	100.0
中国	184696	164392	148517	131048	96819	32.7
美国	94295	87543	81386	72573	64232	16.7
德国	59420	55718	49592	44580	38614	10.5
西班牙	23436	23100	22990	22943	22925	4.2
印度	35288	32849	28700	25088	22465	6.3
英国	21736	19835	16174	14306	13074	3.9
意大利	10310	9737	9384	9137	8683	1.8
法国	15108	13512	11511	10258	9110	2.7
加拿大	12816	12403	11973	11214	9694	2.3
葡萄牙	5191	5124	5124	4937	4857	0.9
丹麦	5758	5522	5246	5077	4887	1.0
瑞典	7318	6611	6434	5840	5097	1.3

资料来源：《BP 世界能源统计年鉴 2019》。

附表 23　2014—2018 年世界主要国家生物燃料产量

万吨油当量

国　家	2018年	2017年	2016年	2015年	2014年	2018年占世界百分比（%）
世界合计	9537	8692	8321	8033	8008	100.0
美国	3809	3713	3599	3385	3289	39.9
巴西	2137	1824	1817	1933	1800	22.4
德国	344	329	323	319	346	3.6
阿根廷	273	312	282	202	263	2.9
法国	273	262	241	256	257	2.9
中国	310	215	181	204	261	3.2
印度尼西亚	485	269	287	130	311	5.1
泰国	212	198	168	194	180	2.2
加拿大	144	136	126	116	112	1.5
波兰	91	92	93	81	75	1.0
西班牙	184	154	120	112	103	1.9
比利时	47	45	37	39	58	0.5

资料来源：《BP 世界能源统计年鉴 2019》。

附表 24　2018 年世界主要国家、地区和组织二氧化碳排放量

亿吨

国家、地区和组织	2018年	2017年	2018年/2017年变化（%）	2018年占世界百分比（%）
中国	94.2	92.2	2.2	28.0
美国	50.2	48.9	2.6	14.9

续表

国家、地区和组织	2018年	2017年	2018年/2017年变化（%）	2018年占世界百分比（%）
印度	24.8	23.2	7.0	7.4
俄罗斯	15.5	14.9	4.2	4.6
日本	11.5	11.7	−2.0	3.4
德国	7.2	7.5	−4.8	2.1
韩国	7.0	6.8	2.8	2.1
伊朗	6.6	6.2	5.5	1.9
沙特阿拉伯	5.7	5.9	−3.4	1.7
加拿大	5.6	5.5	0.1	1.6
1—10位合计	228.1	222.9	2.4	67.7
印度尼西亚	5.4	5.1	5.2	1.6
墨西哥	4.6	4.8	−3.0	1.4
南非	4.2	4.2	0.6	1.3
巴西	4.2	4.4	−3.5	1.2
澳大利亚	4.2	4.1	1.0	1.2
英国	3.9	4.0	−2.3	1.2
土耳其	3.9	3.9	0.3	1.2
意大利	3.3	3.4	−2.9	1.0
波兰	3.2	3.2	2.3	1.0
法国	3.0	3.1	−2.9	0.9
11—20位合计	40.0	40.1	−0.4	11.9
泰国	3.0	3.0	0.8	0.9
西班牙	2.9	3.0	−1.6	0.9
中国台湾	2.9	2.9	−0.8	0.8
阿联酋	2.8	2.7	2.9	0.8
马来西亚	2.5	2.4	3.6	0.7
哈萨克斯坦	2.5	2.2	12.9	0.7
新加坡	2.3	2.3	−0.5	0.7
越南	2.2	2.0	14.8	0.7
埃及	2.2	2.2	1.3	0.7
荷兰	2.0	2.1	−1.6	0.6
21—30位合计	25.3	24.6	2.7	7.5
北美	60.4	59.2	1.9	17.9
中南美	12.6	12.8	−1.4	3.7
欧洲	42.1	42.8	−1.6	12.5
独联体	21.0	20.0	5.0	6.2
中东	21.2	20.8	1.9	6.3
非洲	12.4	12.1	2.4	3.7
亚太地区	167.2	162.7	2.8	49.6

续表

国家、地区和组织	2018年	2017年	2018年/2017年变化（%）	2018年占世界百分比（%）
世界	336.8	330.4	2.0	100.0
经合组织	122.5	122.0	0.4	36.4

资料来源：《BP 世界能源统计年鉴 2019》。

附表 25　2019 年《福布斯》全球企业 2000 强综合排名前 30 位的石油天然气公司

亿美元

序号	2019年排名	2018年排名	公司名称	所在国	销售额	利　润	资　产	市　值
1	9	11	荷兰皇家壳牌集团/Royal Dutch Shell	荷兰	3826	233	3992	2649
2	11	13	埃克森美孚/ExxonMobil	美国	2792	208	3462	3434
3	19	21	雪佛龙/Chevron	美国	1587	148	2539	2283
4	22	30	中国石油/PetroChina	中国	3228	80	3543	1987
5	24	36	英国石油公司/BP	英国	2991	93	2822	1495
6	25	26	道达尔/Total	法国	1842	114	2568	1495
7	35	27	中国石化/Sinopec	中国	3997	95	2330	1056
8	40	43	俄罗斯天然气公司/Gazprom	俄罗斯	1284	189	3059	599
9	50	243	巴西国家石油公司/Petrobras	巴西	957	71	2220	912
10	52	73	俄罗斯石油公司/Rosneft	俄罗斯	1129	87	1913	722
11	71	83	信实工业/Reliance Industries	印度	797	56	1246	1264
12	82	91	挪威国家石油公司/已更名为Equinor	挪威	779	76	1125	776
13	91	95	埃尼集团/Eni	意大利	894	50	1395	625
14	97	98	鲁克石油/LukOil	俄罗斯	1279	99	826	611
15	126	158	中海油/CNOOC	中国	339	80	989	839
16	159	530	康菲石油公司/ConocoPhillips	美国	364	63	700	746
17	165	156	泰国国家石油/PTT PCL	泰国	723	37	748	438
18	169	150	菲力普斯66/Phillips66	美国	1113	56	543	434
19	171	216	马拉松石油/Marathon Petroleum	美国	961	28	929	402
20	211	173	瓦莱罗能源公司/Valero Energy	美国	1170	31	507	368
21	220	266	印度油气/Oil&Natural Gas	印度	499	34	706	296
22	229	202	森科能源/Suncor Energy	加拿大	297	25	656	526
23	236	233	西班牙雷普索尔公司/Repsol	西班牙	588	27	695	260
24	257	223	JXTG控股	日本	1018	34	809	166
25	288	270	印度石油/Indian Oil	印度	643	34	454	219
26	292	353	西方石油/Occidental Petroleum	美国	176	41	439	462
27	300	300	哥伦比亚国家石油公司/Ecopetrol	哥伦比亚	219	39	389	395
28	313	281	韩国SK集团/SK Holdings	韩国	922	20	1071	131
29	319	368	EOG资源	美国	173	34	339	603
30	330	335	苏尔古特石油天然气公司/Surgutneftegas	俄罗斯	226	84	741	140

资料来源：《福布斯》杂志 2019 年 6 月。

附表 26 2018 年世界最大 50 家石油公司综合排名（6 项指标）

综合排名	公司名称	石油储量		天然气储量		石油产量		天然气产量		炼油能力		油品销量	
		位次	亿吨	位次	亿立方米	位次	万吨	位次	亿立方米	位次	万吨	位次	万吨
1	沙特阿拉伯国家石油公司	2	372.7	5	80001	1	59755	5	1114	5	15600	6	17534
2	伊朗国家石油公司	3	220.1	1	332158	2	24910	2	2243	13	9505	7	12825
3	中国石油天然气集团有限公司	8	45.9	8	35671	5	17205	3	1287	2	24635	11	10704
4	美国埃克森美孚	12	16.8	15	15617	7	11415	7	1055	3	24590	3	25231
5	委内瑞拉国家石油公司	1	424.5	6	63712	12	9650	13	578	7	12295	16	7816
6	英国石油公司	15	14.9	16	12759	8	11305	9	800	14	9460	2	27138
6	俄罗斯石油公司	9	36.7	12	18530	4	18175	15	549	9	10985	15	8208
8	皇家荷兰壳牌公司	25	7.4	18	11449	13	9125	6	1103	6	14660	1	30108
9	俄罗斯天然气公司	14	15.7	3	182537	18	6720	1	4744	21	5840	23	4645
10	法国道达尔公司	24	7.6	21	9205	17	6730	11	689	11	10105	5	18337
11	美国雪佛龙公司	21	9.2	23	8704	16	8615	12	623	18	8690	8	12273
12	鲁克石油公司	11	16.9	24	6697	14	9020	23	288	19	8495	9	12050
13	阿布扎比国家石油公司	6	128.7	10	34337	11	9765	21	312	25	4510	29	3445
14	阿尔及利亚国家石油公司	13	15.8	7	43351	19	6620	8	829	32	2575	24	4521
15	卡塔尔石油总公司	16	14.8	4	181888	15	8700	4	1196	42	1720	25	4462
16	巴西国家石油公司	18	11.8	42	2238	9	11085	19	341	8	11380	14	9996
17	科威特国家石油公司	5	142.2	13	17628	6	15195	35	207	26	4480	28	3645
18	伊拉克国家石油公司	4	208.3	9	35093	3	22345	53	104	29	3200	27	3714
19	墨西哥石油公司	22	9.0	48	1867	10	11025	24	283	16	8985	19	7145
20	中国石油化工股份有限公司	43	2.2	47	1981	26	4025	27	258	1	29440	4	18633
21	马来西亚国家石油公司	32	4.8	17	11741	31	2965	10	724	31	2730	30	3166
22	尼日利亚国家石油公司	10	25.7	11	30689	23	4870	25	279	36	2225	55	525
22	印度石油天然气总公司	29	5.4	25	6590	27	3765	22	294	24	4565	33	2409
24	意大利埃尼集团	31	4.8	27	5514	24	4260	16	544	30	2740	38	1802
25	埃及石油公司	42	2.4	22	8885	39	2125	30	239	27	3805	26	4042
26	俄罗斯苏尔古特油气公司	17	14.7	29	4764	20	6075	55	100	39	2020	41	1661

续表

综合排名	公司名称	石油储量		天然气储量		石油产量		天然气产量		炼油能力		油品销量	
		位次	亿吨	位次	亿立方米	位次	万吨	位次	亿立方米	位次	万吨	位次	万吨
27	挪威国家石油公司	35	3.8	30	4268	22	5045	14	566	46	1610	—	—
28	印度尼西亚国家石油公司	44	1.8	45	2027	44	1710	34	210	22	5155	20	7003
29	利比亚国家石油公司	7	46.0	20	10491	30	3090	59	87	48	1350	47	1059
30	西班牙雷普索尔公司	61	0.9	36	2763	49	1275	28	255	23	5065	22	5060
31	美国康菲公司	33	4.3	32	3371	25	4160	20	338	—	—	—	—
32	中国海洋石油集团有限公司	30	4.8	41	2336	21	5325	45	134	49	1200	50	867
33	哈萨克斯坦国家石油公司	26	7.0	31	4188	35	2345	62	80	40	1830	43	1601
34	俄罗斯诺瓦泰克公司	46	1.7	14	17220	53	1085	17	514	—	—	—	—
35	阿曼石油开发公司	38	3.3	28	4921	41	1950	31	235	—	—	—	—
36	加拿大自然资源公司	20	9.9	51	1484	29	3145	41	164	—	—	—	—
37	哥伦比亚国家石油公司	48	1.5	64	921	32	2955	63	77	38	2025	32	2528
38	乌兹别克斯坦国家石油天然气公司	65	0.8	19	10543	83	245	18	497	52	1120	57	388
39	美国戴文能源公司	47	1.6	49	1695	43	1715	47	124	—	—	—	—
39	美国EOG资源公司	41	2.5	55	1207	40	2125	50	114	—	—	—	—
41	加拿大Cenovus能源公司	27	6.8	74	597	42	1805	64	68	51	1150	48	1008
42	日本国际石油开发株式会社（Inpex）	34	3.8	50	1692	45	1645	65	67	—	—	—	—
43	美国安特罗资源公司	52	1.4	34	3143	69	525	40	167	—	—	—	—
44	美国西方石油公司	40	2.7	60	1085	36	2335	61	84	—	—	—	—
45	奥地利石油天然气集团	64	0.8	63	939	56	950	58	98	41	1785	35	2231
46	美国切萨皮克公司	70	0.7	39	2435	61	740	29	249	—	—	—	—
46	加拿大森科能源公司	28	6.7	96	7	28	3415	97	1	35	2310	34	2363
48	美国安纳达克石油公司	54	1.3	65	915	37	2270	44	135	—	—	—	—
48	美国山脉资源公司	55	1.2	35	2906	67	555	43	139	—	—	—	—
48	阿根廷国家石油公司	69	0.7	70	714	47	1390	42	161	47	1600	44	1392

资料来源：美国《石油情报周刊》2018 年 11 月 19 日。

附表 27　2014—2018 年主要石油公司经营指标

油：千桶/日；天然气：百万英尺³/日

公司名称及经营指标	2018年	2017年	2016年	2015年	2014年
埃克森美孚					
原油产量	2266	2283	2365	2345	2111
天然气产量	9405	10211	10127	10515	11145
一次加工能力	4905	4914	4971	5111	5144
成品油销售量	5512	5530	5482	5754	5875
加油站数量（座）	20806	20962	20783	20251	20217
BP					
原油产量	2191	2260	2048	2045	1927
天然气产量	8660	7744	7075	7146	7100
一次加工能力	1890	1892	1880	1853	1957
成品油销售量	5930	5948	5600	5605	5320
加油站数量（座）	18700	18300	18000	17200	17200
壳牌					
原油产量	1749	1730	1679	1358	1339
天然气产量	10805	10668	10613	8380	9259
一次加工能力	2913	2932	3086	3154	3217
成品油销售量	6783	6599	6483	6432	6365
加油站数量（座）	44397	44023	43346	42712	42861
雪佛龙					
原油产量	1782	1723	1719	1744	1709
天然气产量	6889	6032	5252	5269	5167
一次加工能力	1627	1738	1793	1835	1900
成品油销售量	2655	2690	2675	2735	2711
加油站数量（座）	12896	13524	13809	13980	16377
道达尔					
原油产量	1566	1346	1271	1237	1034
天然气产量	6599	6662	6447	6054	6063
一次加工能力	2021	2566	2452	2247	2187
成品油销售量	4153	4019	4183	4005	3769
加油站数量（座）	14311	16630	16461	16023	15569
中国石油股份[(1)]					
原油产量	2439	2430	2522	2663	2590
天然气产量	9884	9379	8971	8578	8298
一次加工能力	3782	3691	3445	3431	3419
成品油销售量	3890	3714	3487	3509	3526
加油站数量（座）	21783	21399	20895	20714	20422

注：（1）中国石油股份指中国石油天然气股份有限公司。

资料来源：各公司年报和财务经营报告。

附表 28 2014—2018 年主要石油公司财务指标

百万美元

公司名称及财务指标	2018年	2017年	2016年	2015年	2014年
埃克森美孚					
销售收入	279332	237162	200628	239854	367647
净利润	20840	19710	7840	16150	32520
总资产	346196	348691	330314	336758	349493
职工人数（人）	71000	69600	71100	73500	75300
BP					
销售收入	298756	240208	183008	222894	353568
净利润	9578	3468	172	–6400	4003
总资产	282176	276515	263316	261832	284305
职工人数（人）	73000	74000	74500	79800	84500
壳牌					
销售收入	388379	305179	233591	264960	421105
净利润	23906	13435	4777	2200	14730
总资产	399194	407097	411275	340157	353116
职工人数（人）	82000	86000	92000	93000	94000
雪佛龙					
销售收入	158902	134674	110215	129925	200494
净利润	14824	9195	–497	4587	19241
总资产	253863	253806	260078	266103	266026
职工人数（人）	48638	51894	55201	61494	64715
道达尔					
销售收入	209363	171493	149743	165357	236122
净利润	11550	8299	6206	4786	4250
总资产	256762	242631	230978	224484	229798
职工人数（人）	104460	98277	102168	96019	100307
中国石油股份					
销售收入	355667	299316	242964	274448	370004
净利润	10943	5463	4414	6695	19291
总资产	367556	357032	360133	380767	389860
职工人数（人）	476223	494297	508757	521566	534652

资料来源：各公司年报和财务经营报告。

附表 29 2016—2018 年主要石油公司分板块资本支出及比例

百万美元

公司名称及资本支出	2017年		2018年		2016年	
	数　值	比例（%）	数　值	比例（%）	数　值	比例（%）
埃克森美孚						
资本和勘探支出	23080	100.00	25923	100.00	19304	100.00

续表

公司名称及资本支出	2017年		2018年		2016年	
	数　值	比例（%）	数　值	比例（%）	数　值	比例（%）
勘探和开发	16695	72.34	20194	77.90	14542	75.33
炼油和销售	2524	10.94	3429	13.23	2462	12.75
石油化工	3771	16.33	2235	8.62	2207	11.43
其他	90	0.39	65	0.25	93	0.48
BP						
资本支出和并购	17840	100.00	25088	100.00	17452	100.00
上游	13763	77.14	12027	47.94	14344	82.19
下游	2399	13.45	2781	11.08	2102	12.04
其他	399	2.24	332	1.32	229	1.31
无机	1339	7.51	9948	39.65	777	4.45
壳牌						
资本支出	20845	100.00	23011	100.00	22116	100.00
上游	14904	71.50	15709	68.27	16704	75.53
下游	5826	27.95	7083	30.78	5309	24.00
其他	115	0.55	219	0.95	103	0.47
雪佛龙						
资本和勘探支出	18821	100.00	20106	100.00	22428	100.00
勘探与开发	16388	87.07	17657	87.82	20116	89.69
炼油与销售	1112	5.91	1548	7.70	679	3.03
石油化工	860	4.57	362	1.80	1143	5.10
其他	461	2.45	539	2.68	490	2.18
道达尔						
资本支出	16896	100.00	22185	100.00	20530	100.00
上游	13599	80.49	18821	84.84	17306	84.31
炼油与化工	1734	10.26	1781	8.03	1861	9.06
营销与服务	1457	8.62	1458	6.57	1245	6.06
其他	106	0.63	125	0.56	118	0.57
中国石油股份						
资本支出	32105	100.00	38682	100.00	25904	100.00
勘探和开发	24053	74.92	29635	76.61	19572	75.56
炼油和化工	2629	8.18	2310	5.97	1930	7.45
天然气和管道	3642	11.34	4005	10.35	3056	11.80
销售	1631	5.08	2571	6.65	1200	4.63
其他	150	0.47	161	0.42	146	0.56

资料来源：各公司年报和财务经营报告。

附表 30　2014—2018 年主要石油公司资本支出占销售收入比例

%

公司名称	2018年	2017年	2016年	2015年	2014年
埃克森美孚	9.3	9.7	8.8	12.0	9.8
BP	8.4	7.4	9.5	8.8	6.7
壳牌	5.4	6.8	9.5	9.7	7.6
雪佛龙	11.8	14.0	20.3	26.2	20.1
道达尔	10.6	9.9	13.7	17.0	12.9
中国石油股份	10.9	10.7	10.7	11.7	12.8
中国石化股份(1)	4.1	4.2	4.0	5.6	5.5
中国海油有限(2)	27.4	26.7	33.3	38.4	38.5

注：（1）中国石化股份指中国石油化工股份有限公司；（2）中国海油有限指中国海洋石油集团有限公司。

资料来源：各公司年报和财务经营报告。

附表 31　2014—2018 年主要石油公司投资资本回报率

%

公司名称	2018年	2017年	2016年	2015年	2014年
埃克森美孚	9.2	9.0	3.9	7.9	16.2
BP	11.2	5.8	2.8	5.5	9.6
壳牌	9.4	5.8	3.0	1.9	7.1
雪佛龙	8.2	5.0	–0.1	2.5	10.9
道达尔	11.8	9.4	7.5	9.4	11.1
中国石油股份	—	—	—	—	—
中国石化股份	9.3	8.3	7.3	5.2	6.1
中国海油有限	—	—	—	—	—

资料来源：各公司年报和财务经营报告。

附表 32　2017—2018 年主要石油公司油气储量及海外比例

油气储量及海外比例	石油（百万桶）		天然气（十亿立方英尺）	
	2018年	2017年	2018年	2017年
埃克森美孚	15657	12029	51816	55151
美国以外比例	70.8%	67.5%	58.3%	65.1%
BP	10711	10205	49239	45060
欧洲以外比例	94.2%	94.6%	98.1%	97.7%
壳牌	5437	5262	35615	40432
欧洲以外比例	93.1%	93.0%	86.6%	79.7%
雪佛龙	6790	6542	31576	30736
美国以外比例	64.6%	70.7%	78.8%	83.1%
道达尔	6049	5450	32325	32506
欧洲以外比例	82.5%	83.4%	86.3%	87.3%
中国石油股份	7641	7481	76467	76888
中国以外比例	9.2%	11.5%	2.6%	2.8%

续表

油气储量及海外比例	石油（百万桶）		天然气（十亿立方英尺）	
	2018年	2017年	2018年	2017年
中国石化股份	1666	1599	6807	6997
中国以外比例	19.6%	21.1%	0.2%	0.2%
中国海油有限	3298	3199	7627	7543
中国以外比例	46.0%	49.1%	19.9%	21.6%

资料来源：各公司年报和财务经营报告。

附表 33　2017—2018 年主要石油公司油气产量及海外比例

油气产量及海外比例	石油（千桶/日）		天然气（百万英尺^3/日）	
	2018年	2017年	2018年	2017年
埃克森美孚	2266	2283	9405	10211
美国以外比例	75.7%	77.5%	72.6%	71.2%
BP	2191	2260	8659	7744
欧洲以外比例	93.5%	94.7%	97.6%	97.0%
壳牌	1749	1730	10805	10668
欧洲以外比例	88.9%	85.6%	81.2%	76.2%
雪佛龙	1782	1723	6889	6032
美国以外比例	65.3%	69.9%	85.0%	83.9%
道达尔	1566	1346	6599	6662
欧洲以外比例	86.9%	87.9%	79.6%	80.4%
中国石油股份	2439	2430	9884	9379
中国以外比例	17.6%	16.2%	7.8%	7.9%
中国石化股份	790	805	2678	2500
中国以外比例	13.7%	15.2%	—	—
中国海油有限	1023	1043	1279	1154
中国以外比例	31.0%	32.2%	35.5%	37.5%

资料来源：各公司年报和财务经营报告。

附表 34　2014—2018 年主要石油公司炼油能力及海外比例

千桶/日

炼油能力及海外比例	2018年	2017年	2016年	2015年	2014年
埃克森美孚	4905	4914	4971	5111	5144
美国以外比例	64.77%	64.89%	64.01%	62.14%	62.07%
BP	1890	1892	1880	1853	1957
欧洲以外比例	58.68%	53.96%	53.78%	54.29%	56.72%
壳牌	2913	2932	3086	3154	3217
欧洲以外比例	66.70%	66.92%	68.47%	67.12%	67.89%
雪佛龙	1627	1738	1793	1835	1900
美国以外比例	42.72%	47.12%	48.08%	47.52%	49.47%

续表

炼油能力及海外比例	2018年	2017年	2016年	2015年	2014年
道达尔	2021	2021	2011	2247	2187
欧洲以外比例	28.90%	28.06%	27.69%	24.39%	20.62%
中国石油股份	3782	3691	3445	3431	3419
中国以外比例	—	—	—	—	—
中国石化股份	5870	5894	5894	5864	5848
中国以外比例	—	—	—	—	—

资料来源：各公司年报和财务经营报告。

附表 35　2014—2018 年主要石油公司储量替代率

%

公司名称	2018年	2017年	2016年	2015年	2014年
埃克森美孚	313	183	36	67	104
BP	100	143	109	61	63
壳牌	55	95	141	146	46
雪佛龙	142	155	95	107	89
道达尔	117	98	100	109	104
中国石油股份	106	82	40	33	105
中国石化股份	104	95	-85	-50	87
中国海油有限	126	305	8	67	112

资料来源：各公司年报和财务经营报告。

附表 36　2014—2018 年主要石油公司钻井工作量

钻井工作量	2018年	2017年	2016年	2015年	2014年
埃克森美孚					
净探井数（口）	13	9	7	12	18
成功率（%）	53.85	66.67	71.43	58.33	61.11
净开发井数（口）	622	503	507	1198	1326
成功率（%）	99.03	99.01	99.21	99.25	99.17
BP					
净探井数（口）	29	29	17	14	32
成功率（%）	82.75	76.55	52.35	87.14	57.81
净开发井数（口）	473	588	419	548	544
成功率（%）	97.25	99.08	98.95	99.40	98.77
壳牌					
净探井数（口）	169	72	54	144	208
成功率（%）	82.84	72.22	85.19	79.17	47.60
净开发井数（口）	626	706	665	752	715
成功率（%）	99.84	98.87	99.85	99.34	97.76
雪佛龙					

续表

钻井工作量	2018年	2017年	2016年	2015年	2014年
净探井数（口）	19	9	14	43	53
成功率（%）	78.95	77.78	85.70	76.74	69.81
净开发井数（口）	897	801	1007	1849	2249
成功率（%）	99.33	99.25	99.01	98.16	99.42
中国石油股份					
净探井数（口）	1778	1825	1787	1598	1782
成功率（%）	72.50	72.82	78.46	69.09	73.91
净开发井数（口）	15177	14476	11271	13385	16136
成功率（%）	99.51	99.43	99.29	99.47	99.13
中国海油有限					
净探井数（口）	157.9	116.9	113.9	116.9	120.3
成功率（%）	53.60	48.85	52.50	48.50	49.78
净开发井数（口）	171.5	154.4	205.6	406.1	745.1
成功率（%）	100.00	100.00	100.00	99.51	100.00

注：净值指扣除其他方权益后的数值。

资料来源：各公司年报和财务经营报告。

附 图

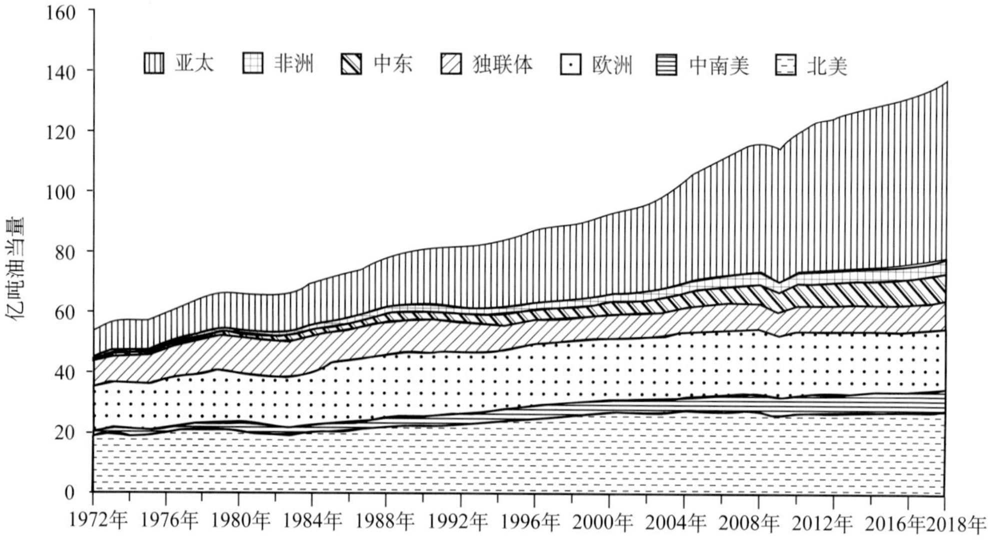

附图 1 1972—2018 年世界各地区一次能源消费量

（资料来源：《BP 世界能源统计年鉴 2019》）

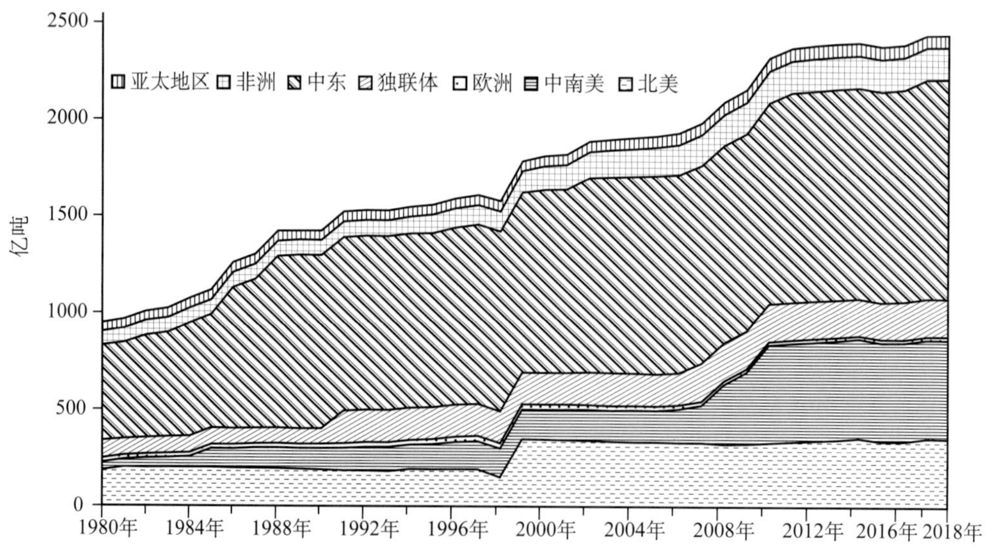

附图 2 1980—2018 年世界各地区石油剩余探明可采储量

注：储量数据包括天然气凝析油、天然气液（NGL）以及原油。

（资料来源：《BP 世界能源统计年鉴 2019》）

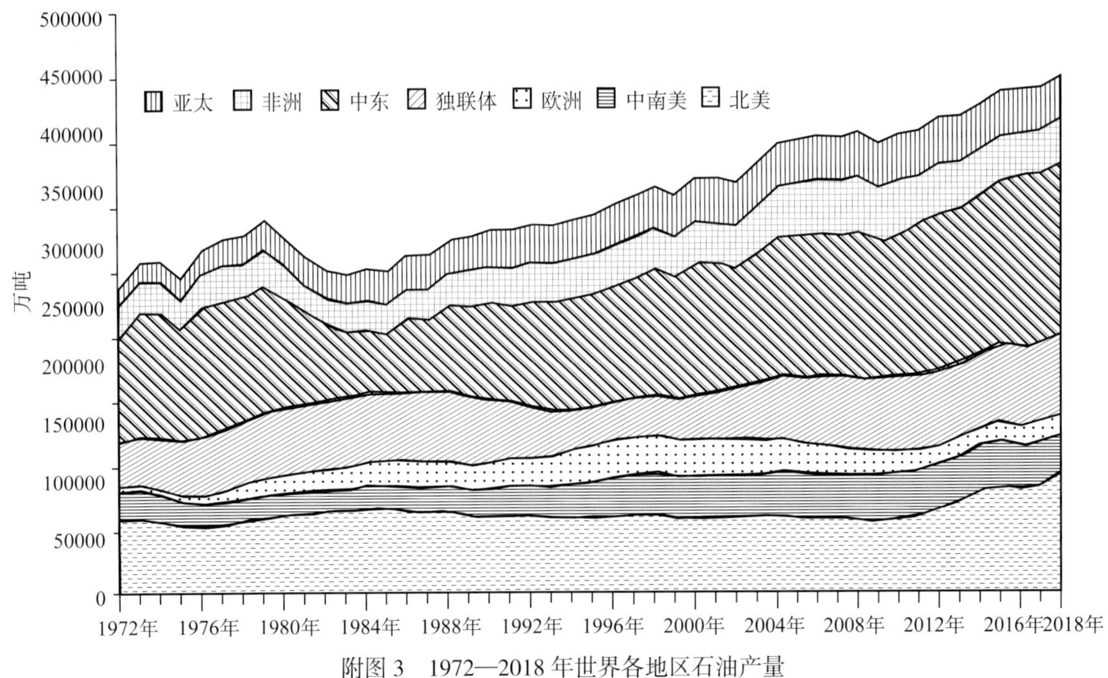

附图 3　1972—2018 年世界各地区石油产量

注：石油产量包括原油、页岩油、油砂与天然气液（从天然气中单独开采的液体产品），不包括其他来源的液体产品，例如生物质油和其他煤制或天然气制油。

（资料来源：《BP 世界能源统计年鉴 2019》）

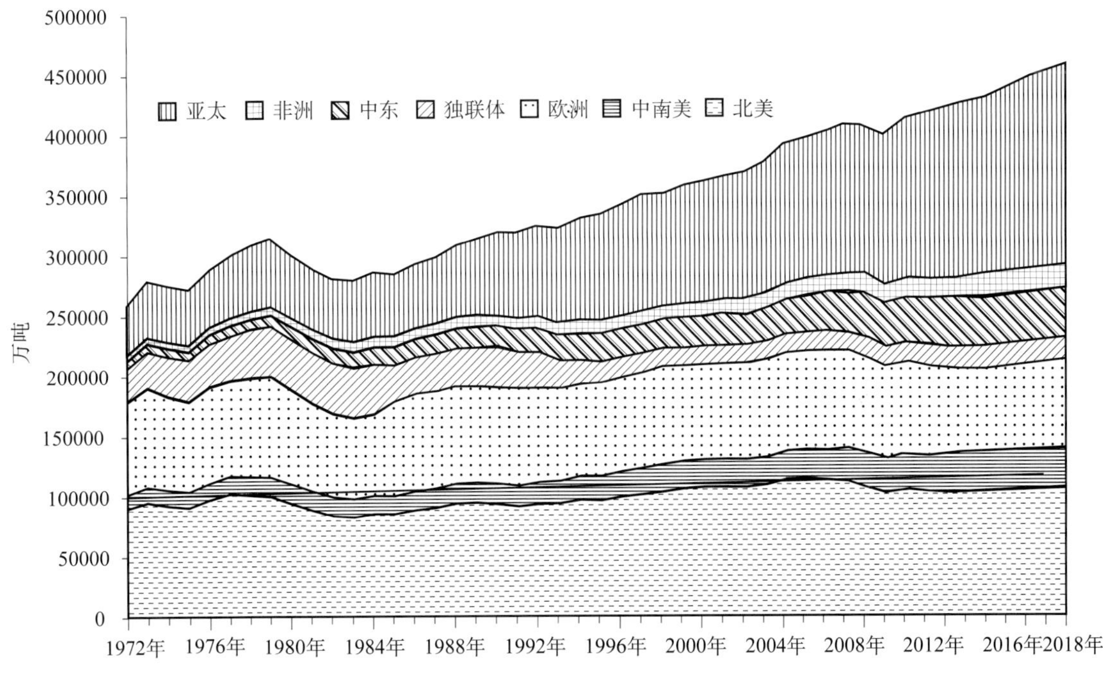

附图 4　1972—2018 年世界各地区石油消费量

（资料来源：《BP 世界能源统计年鉴 2019》）

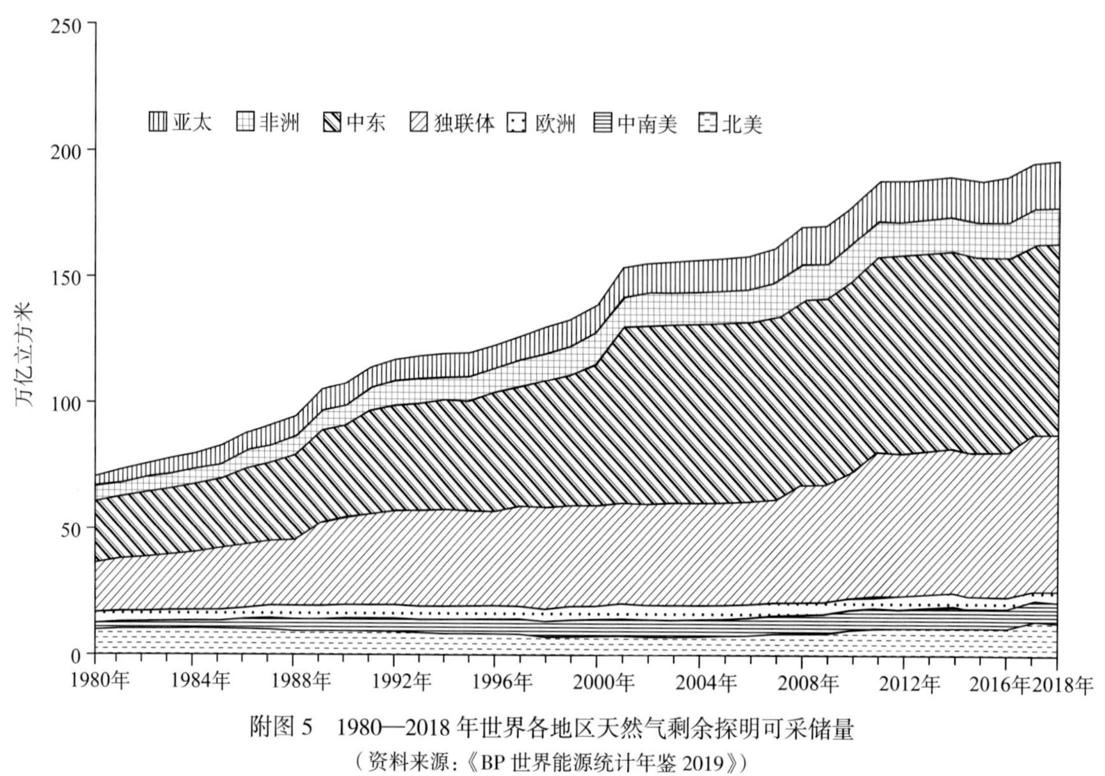

附图 5　1980—2018 年世界各地区天然气剩余探明可采储量

（资料来源：《BP 世界能源统计年鉴 2019》）

附图 6　1980—2018 年世界各地区天然气产量

（资料来源：《BP 世界能源统计年鉴 2019》）

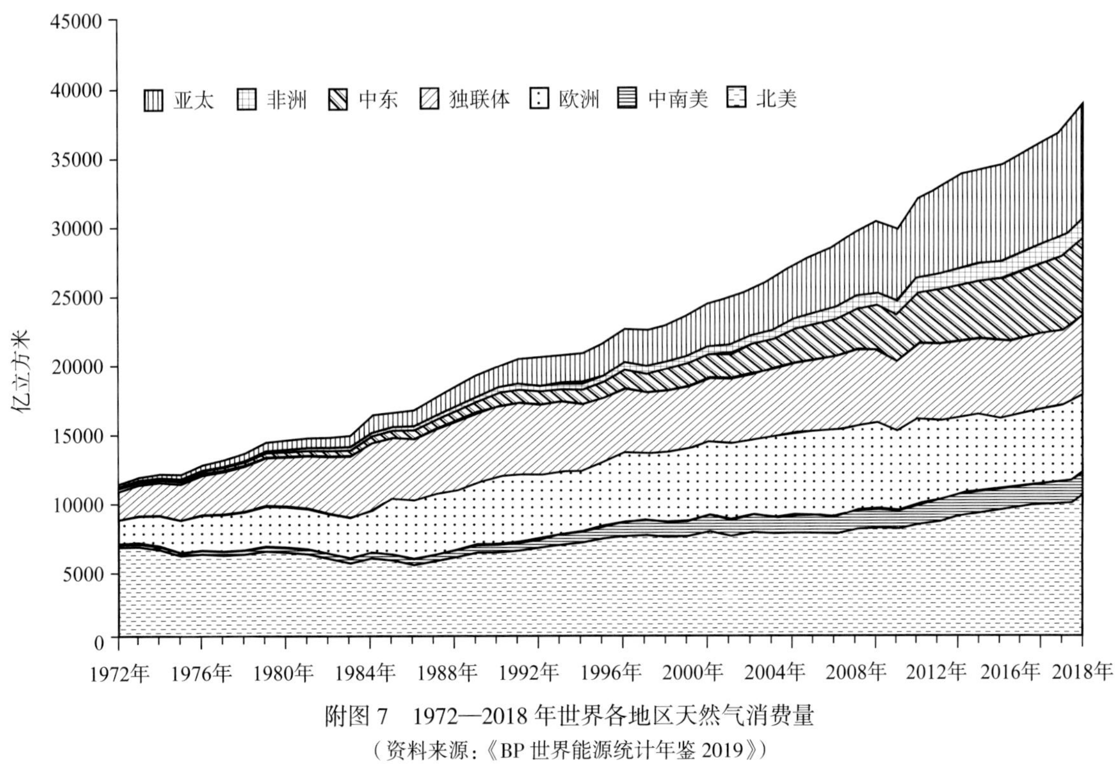

附图 7　1972—2018 年世界各地区天然气消费量

（资料来源：《BP 世界能源统计年鉴 2019》）

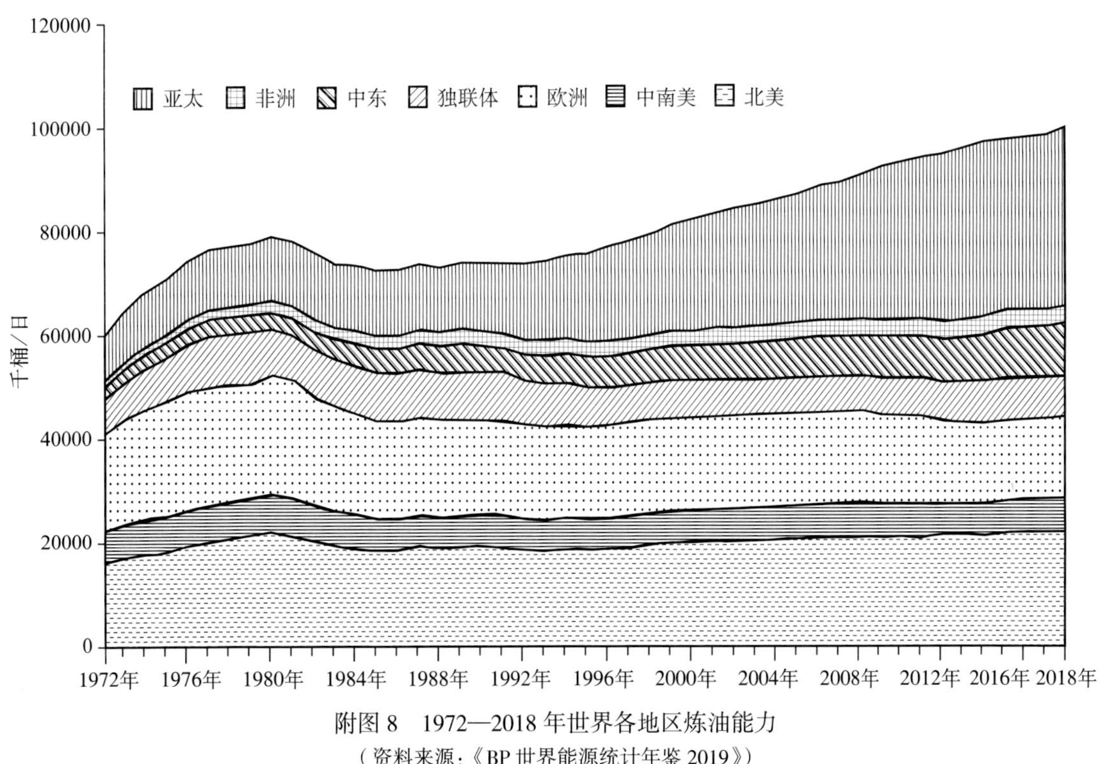

附图 8　1972—2018 年世界各地区炼油能力

（资料来源：《BP 世界能源统计年鉴 2019》）

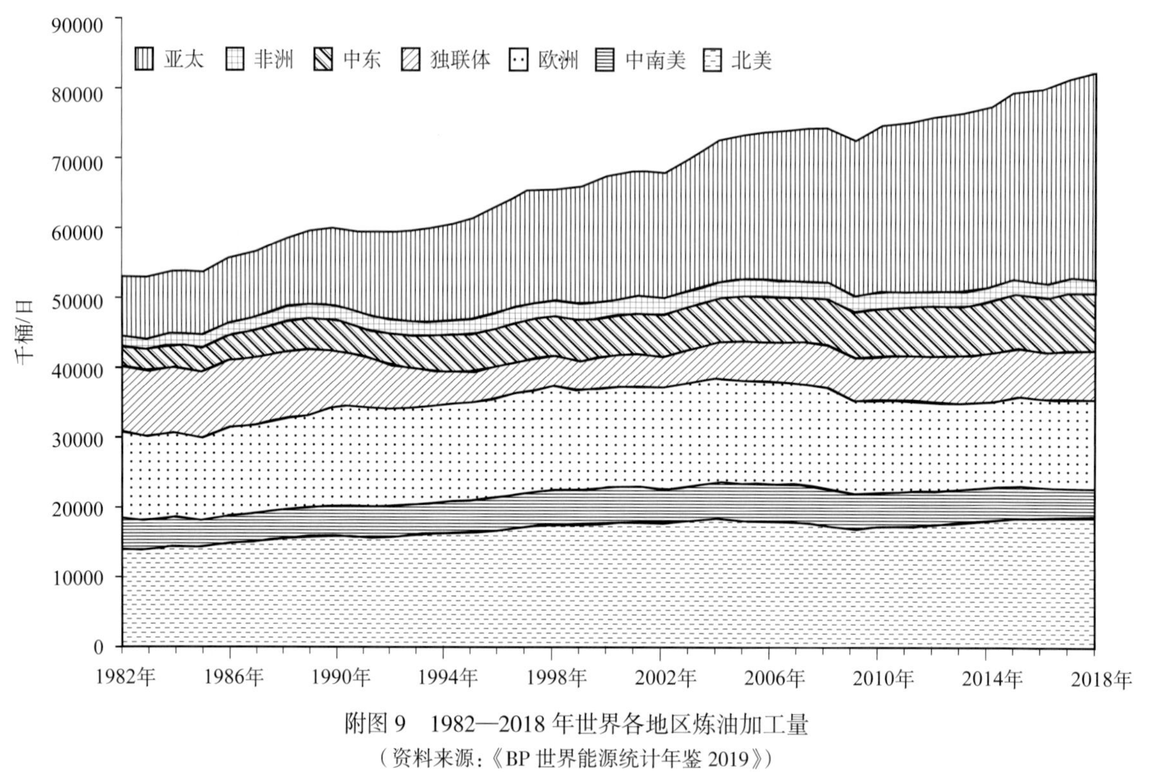

附图 9　1982—2018 年世界各地区炼油加工量

（资料来源：《BP 世界能源统计年鉴 2019》）

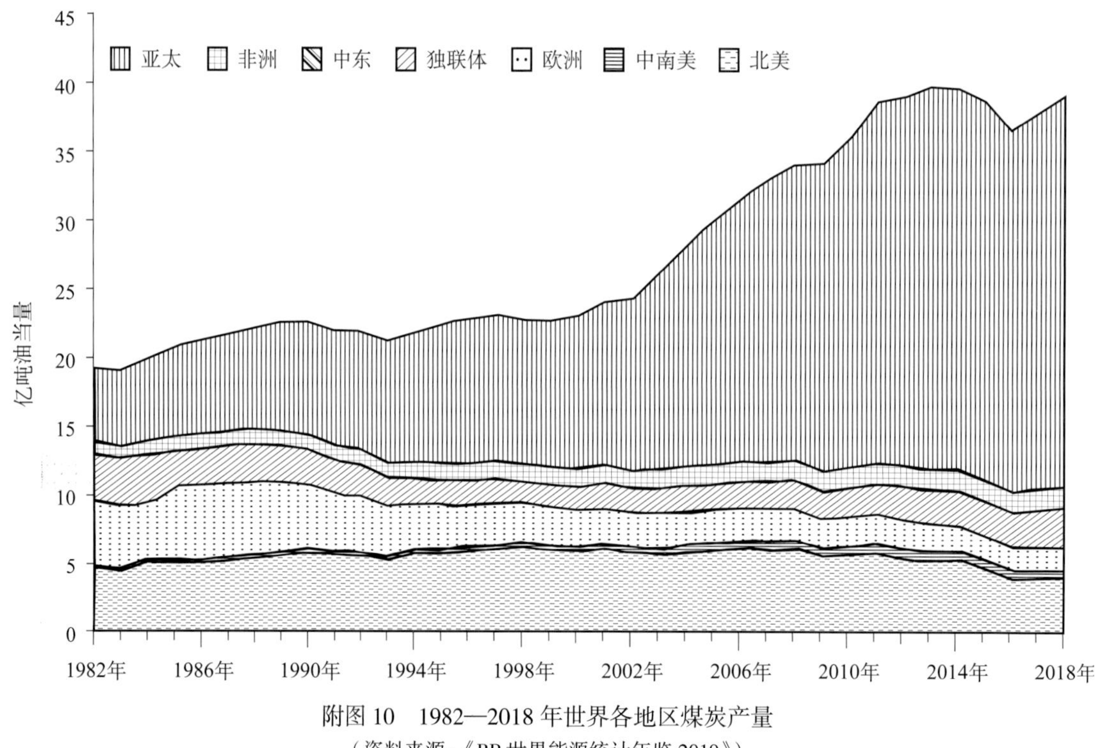

附图 10　1982—2018 年世界各地区煤炭产量

（资料来源：《BP 世界能源统计年鉴 2019》）

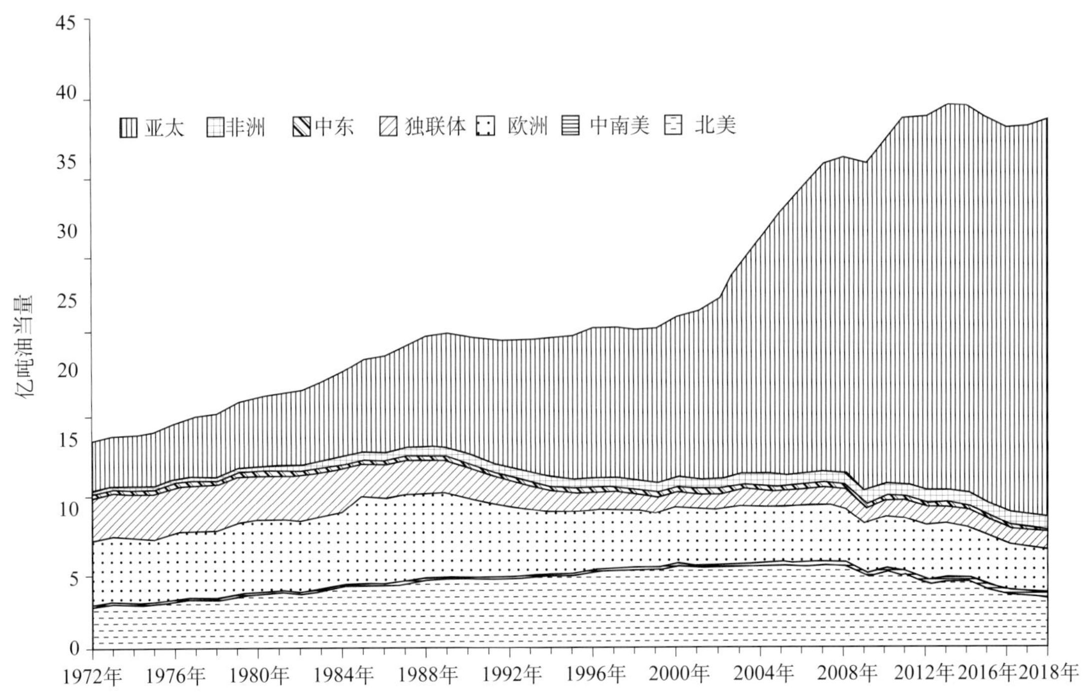

附图 11　1972—2018 年世界各地区煤炭消费量

（资料来源：《BP 世界能源统计年鉴 2019》）

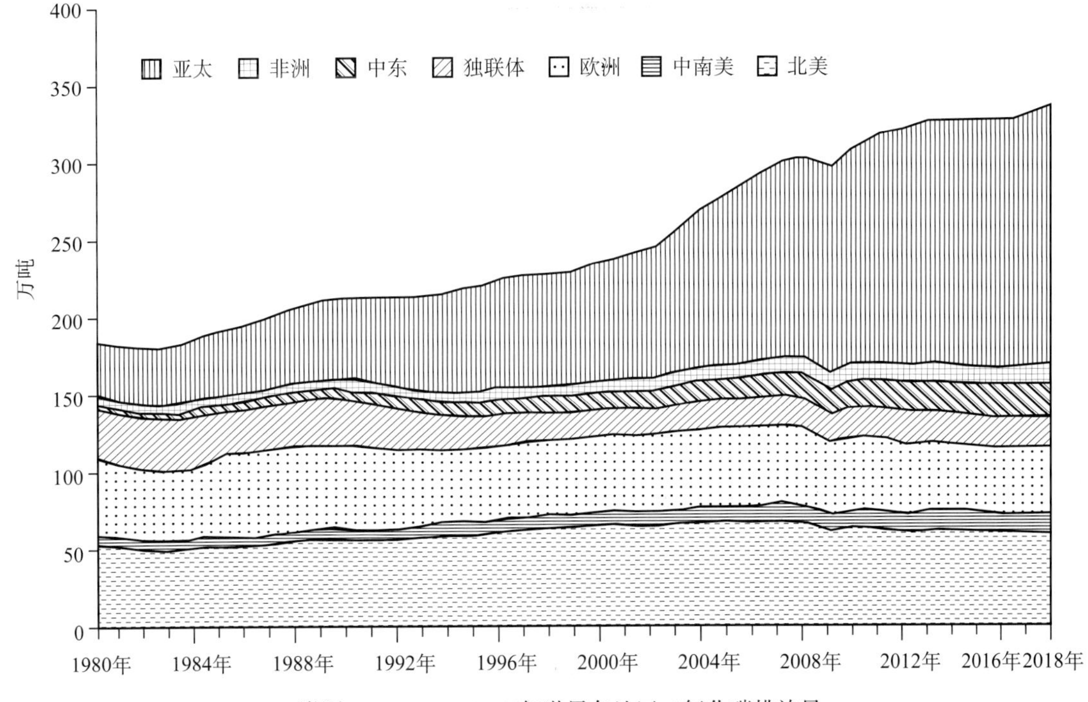

附图 12　1980—2018 年世界各地区二氧化碳排放量

（资料来源：《BP 世界能源统计年鉴 2019》）

120
100
80
60
40
20
0
美元/桶
当年价格
2018年美元价格
1971年
1975年
1979年
1983年
1987年
1991年
1995年
1999年
2003年
2007年
2011年
2015年
2018年

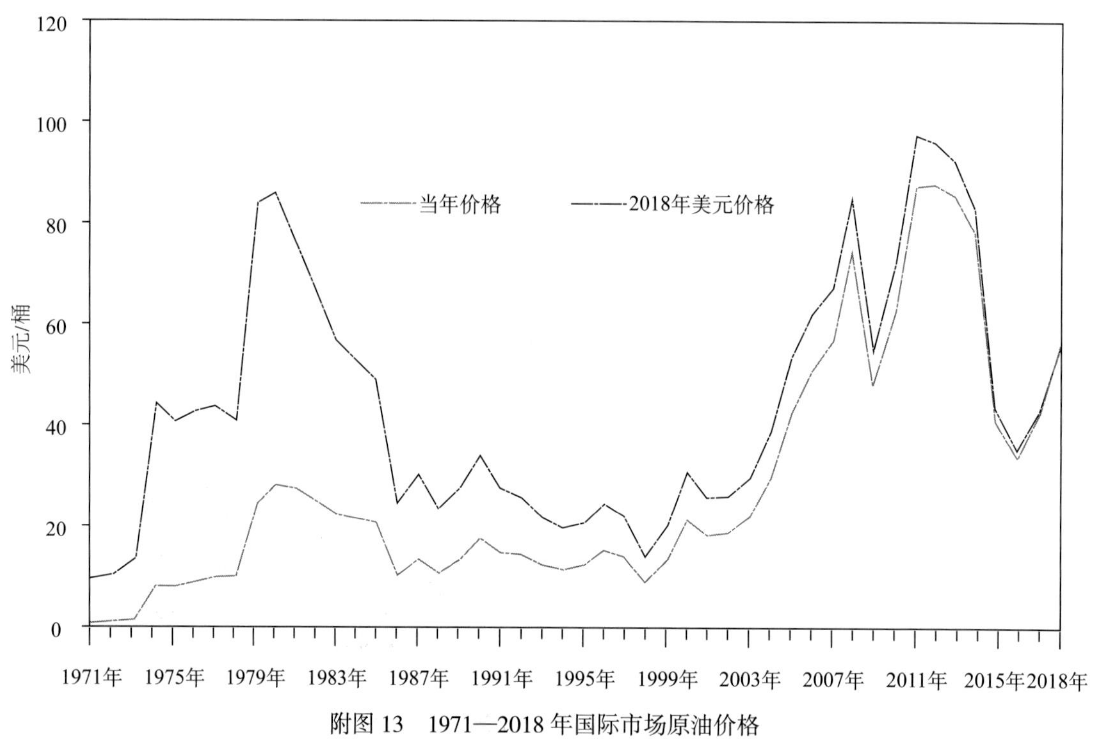

附图 13　1971—2018 年国际市场原油价格
（资料来源：《BP 世界能源统计年鉴 2019》）

20
18
16
14
12
10
8
6
4
2
0
美元/百万英热单位
日本LNG到岸价
德国LNG进口到岸价
英国天然气NBP价
美国天然气HH价
经合组织原油进口到岸价
1984年
1988年
1992年
1996年
2000年
2004年
2008年
2012年
2016年
2018年

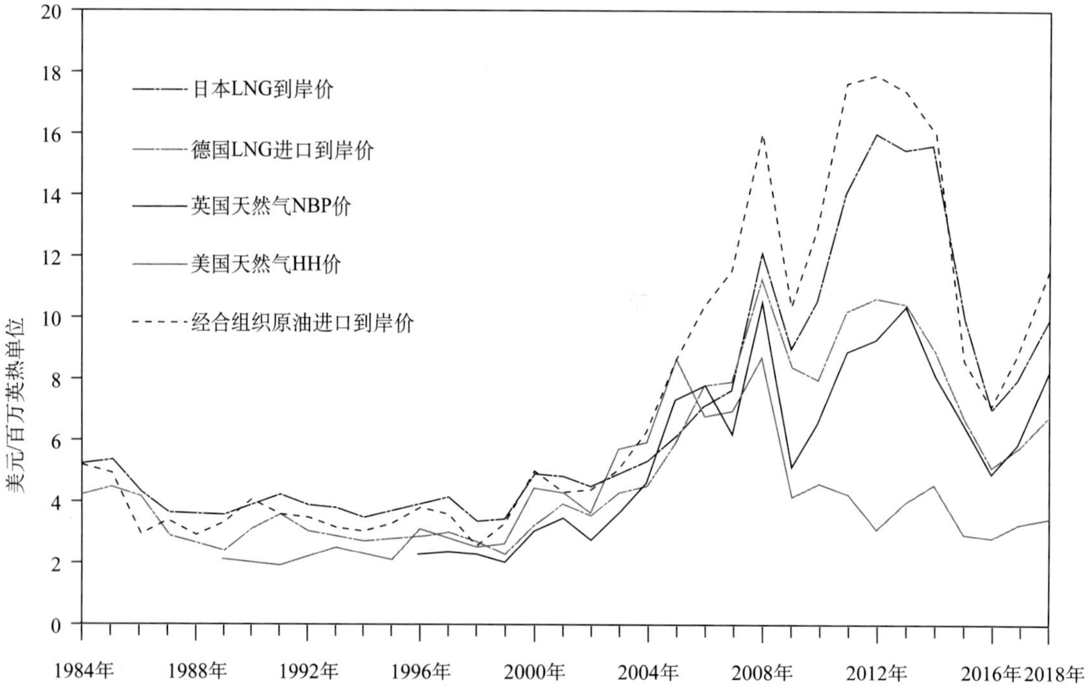

附图 14　1984—2018 年国际市场天然气价格
（资料来源：《BP 世界能源统计年鉴 2019》）

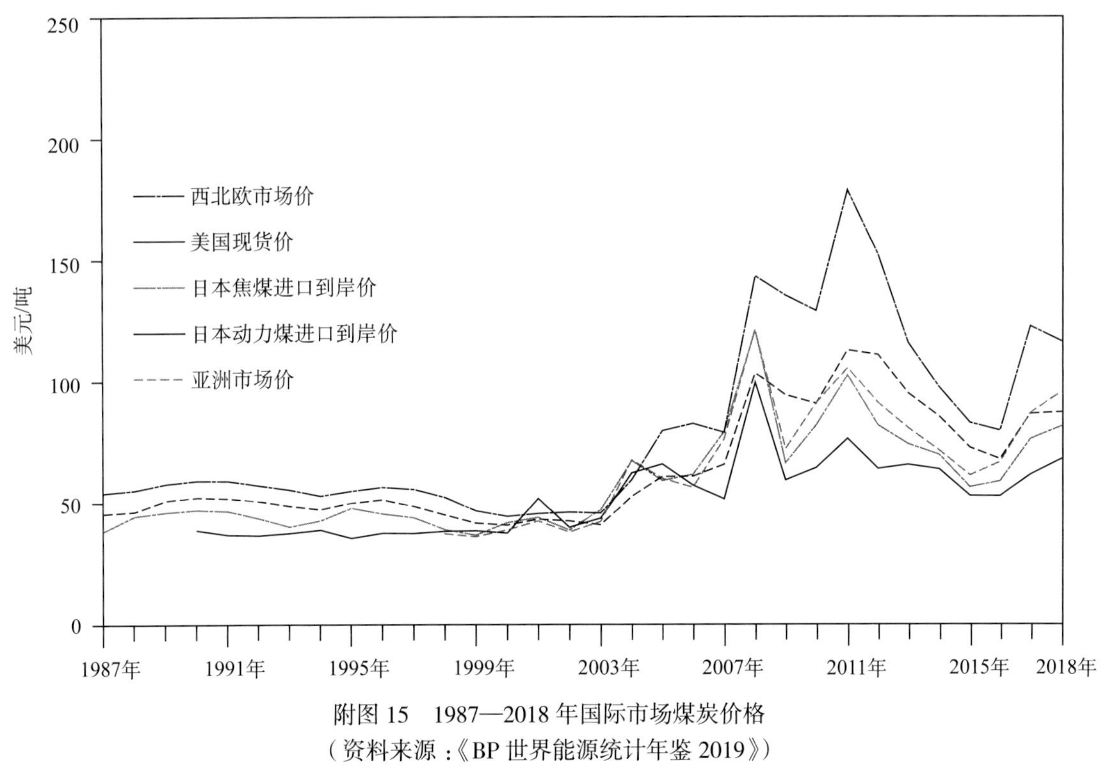

附图 15 1987—2018 年国际市场煤炭价格

（资料来源：《BP 世界能源统计年鉴 2019》）

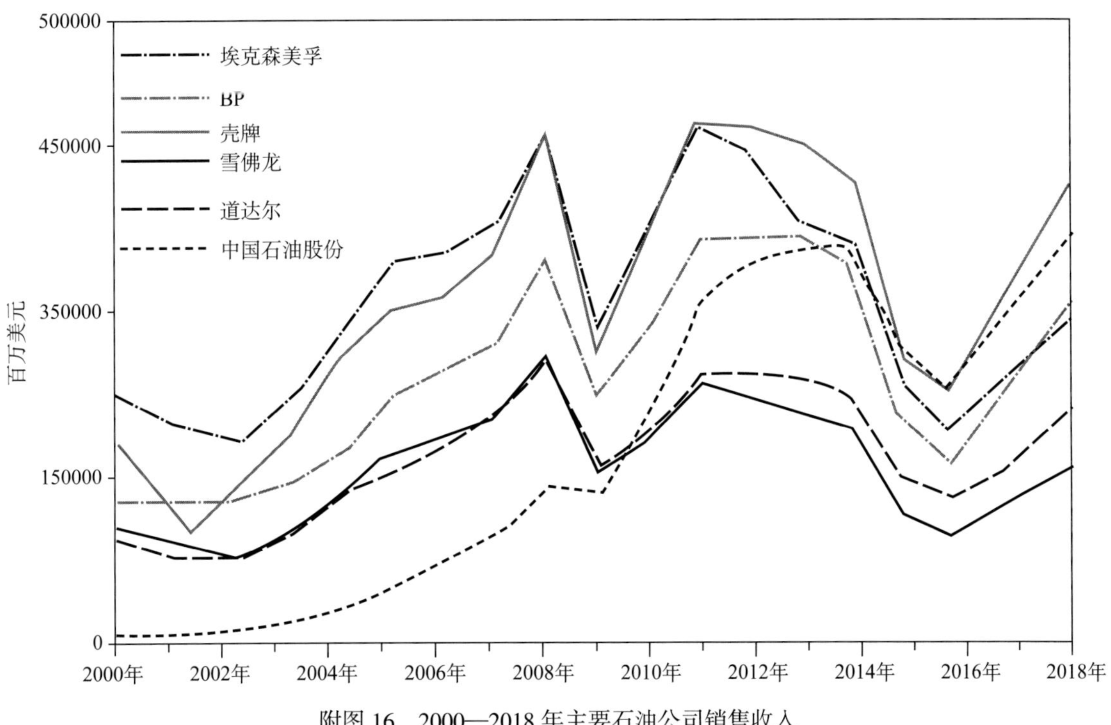

附图 16 2000—2018 年主要石油公司销售收入

（资料来源：各公司年报和财务经营报告）

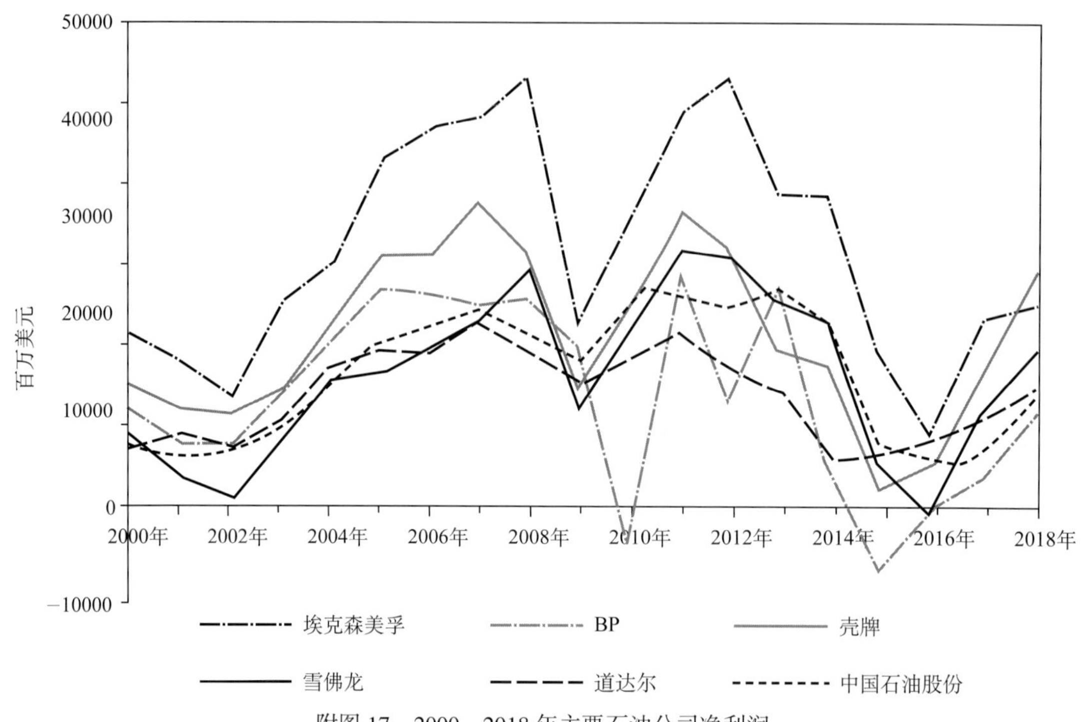

附图 17 2000—2018 年主要石油公司净利润

（资料来源：各公司年报和财务经营报告）

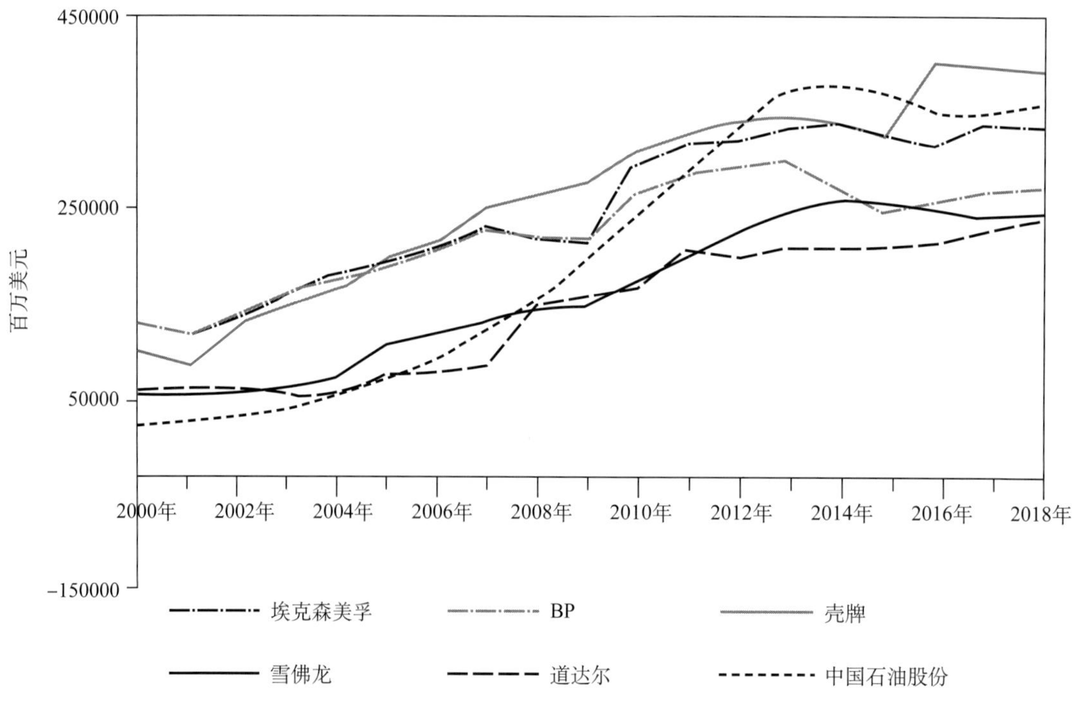

附图 18 2000—2018 年主要石油公司总资产

（资料来源：各公司年报和财务经营报告）

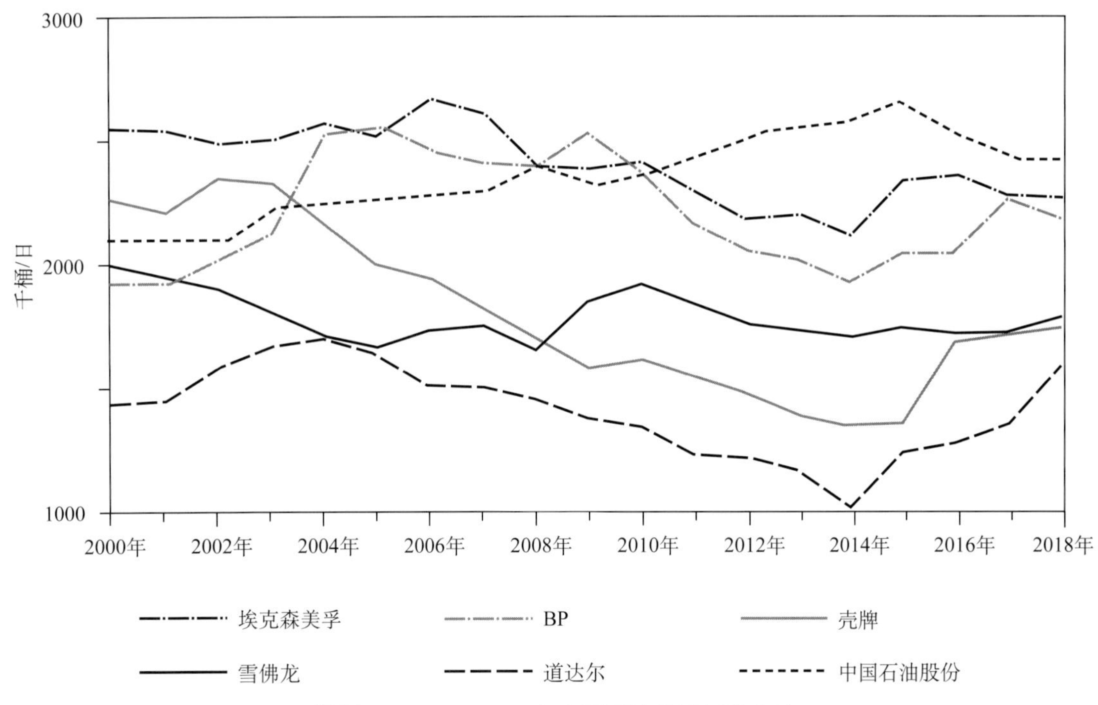

附图 19　2000—2018 年主要石油公司原油产量

（资料来源：各公司年报和财务经营报告）

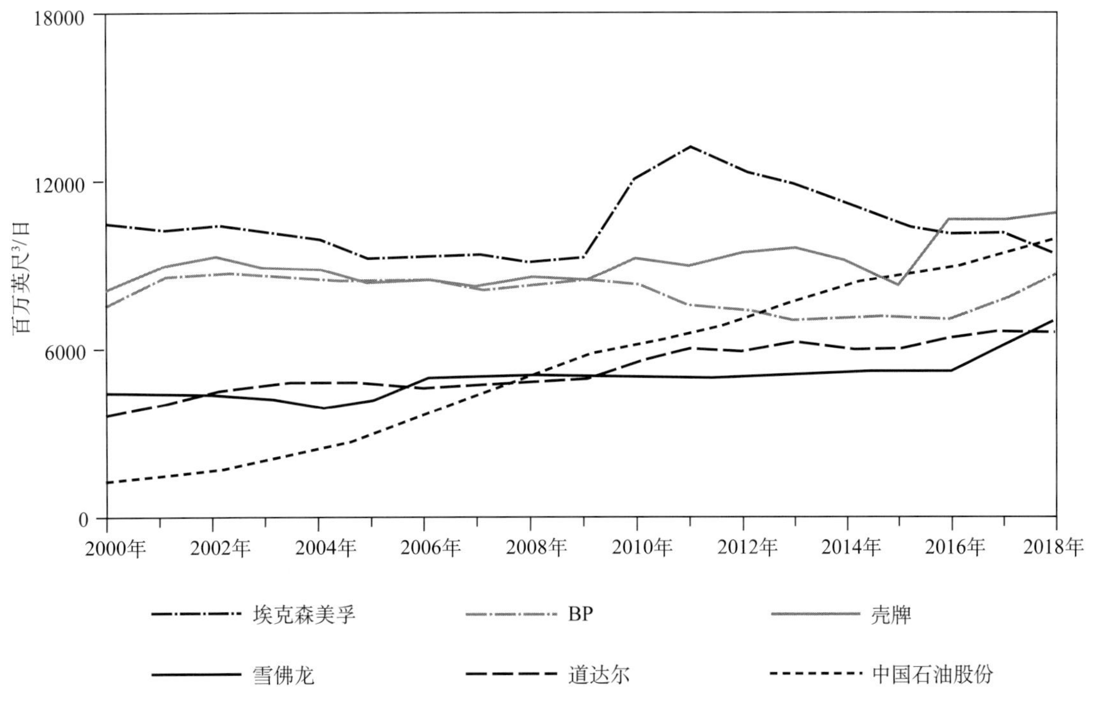

附图 20　2000—2018 年主要石油公司天然气产量

（资料来源：各公司年报和财务经营报告）

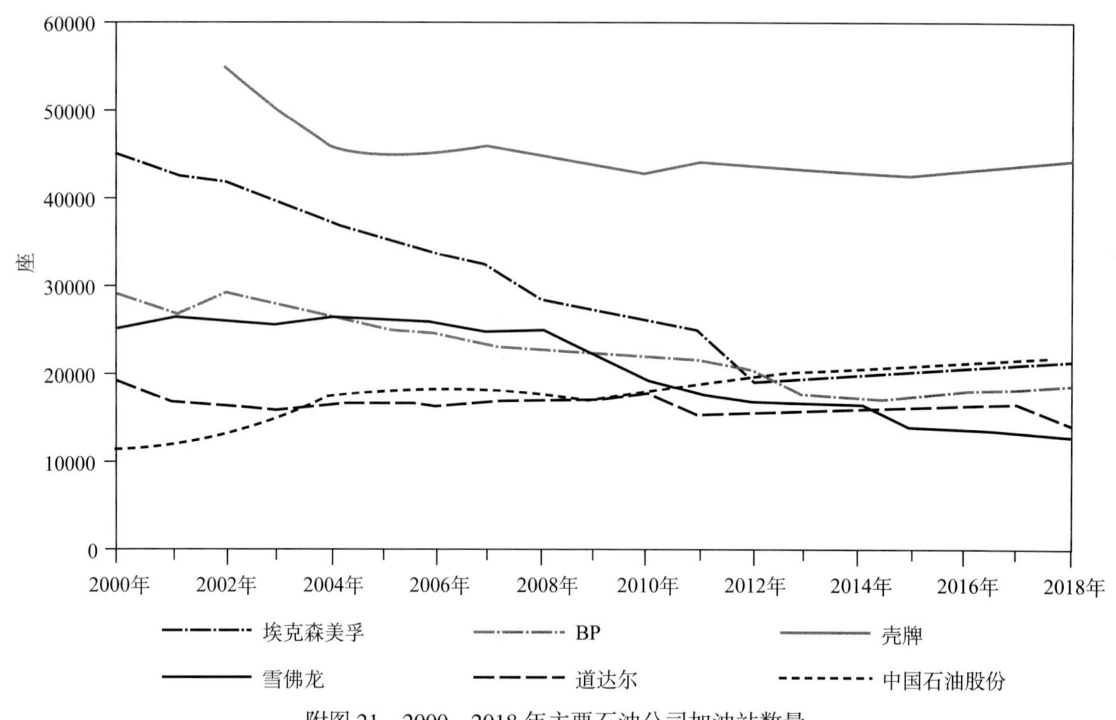

附图 21　2000—2018 年主要石油公司加油站数量

（资料来源：各公司年报和财务经营报告）

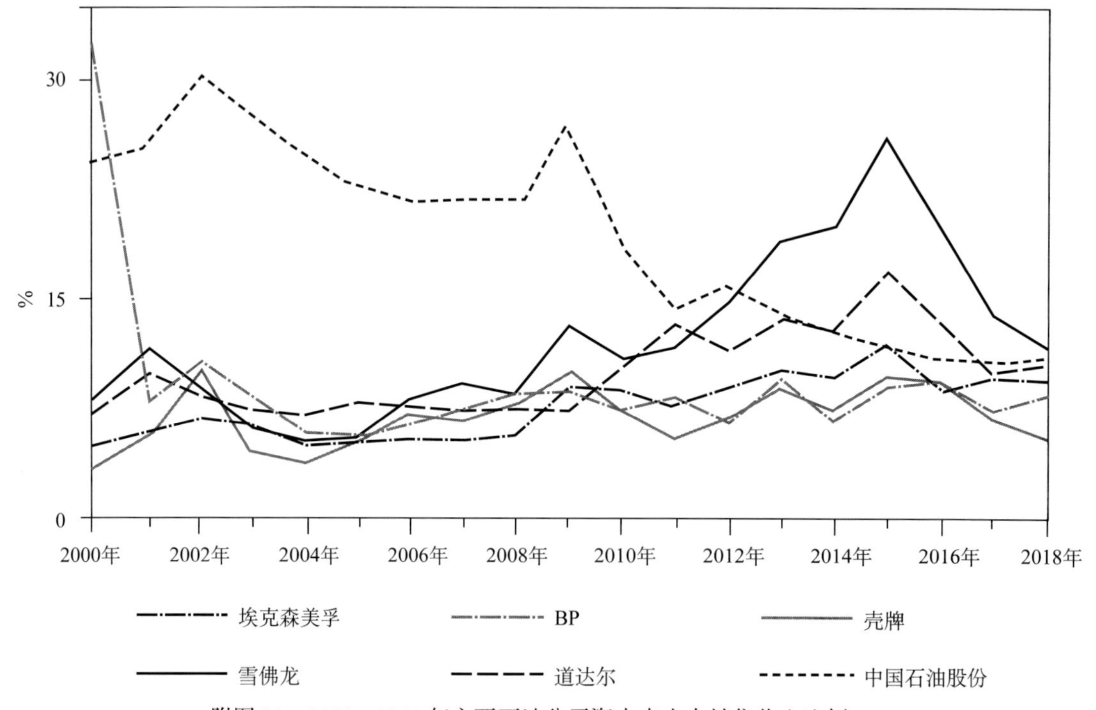

附图 22　2000—2018 年主要石油公司资本支出占销售收入比例

（资料来源：各公司年报和财务经营报告）

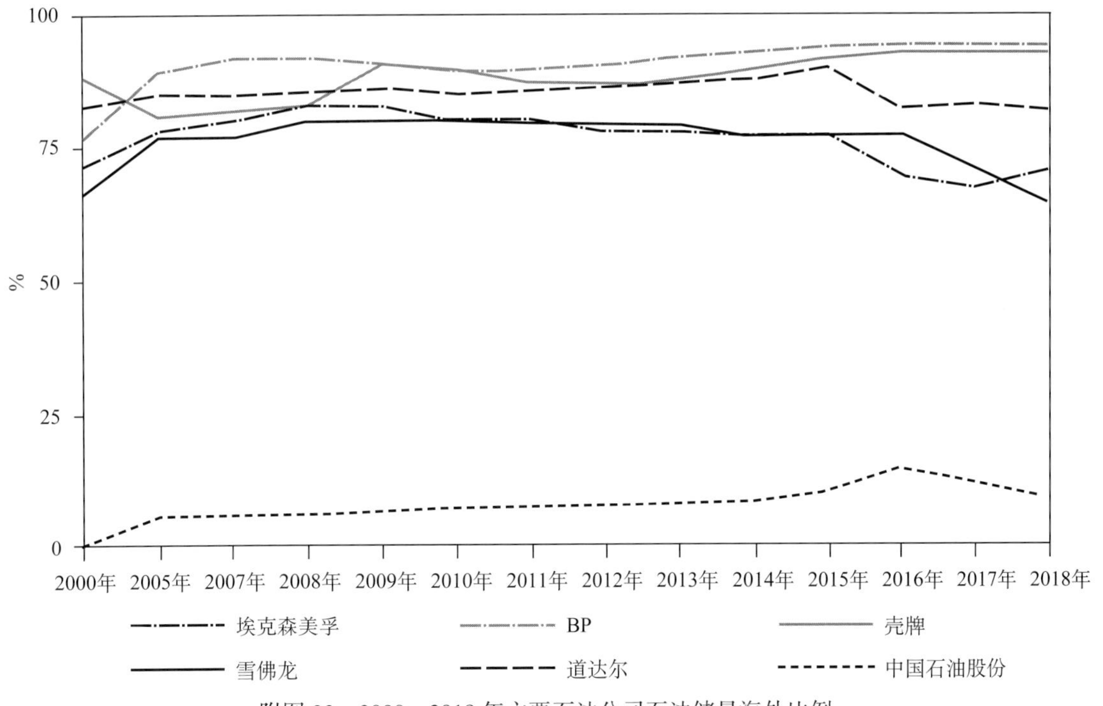

附图 23 2000—2018 年主要石油公司石油储量海外比例
（资料来源：各公司年报和财务经营报告）

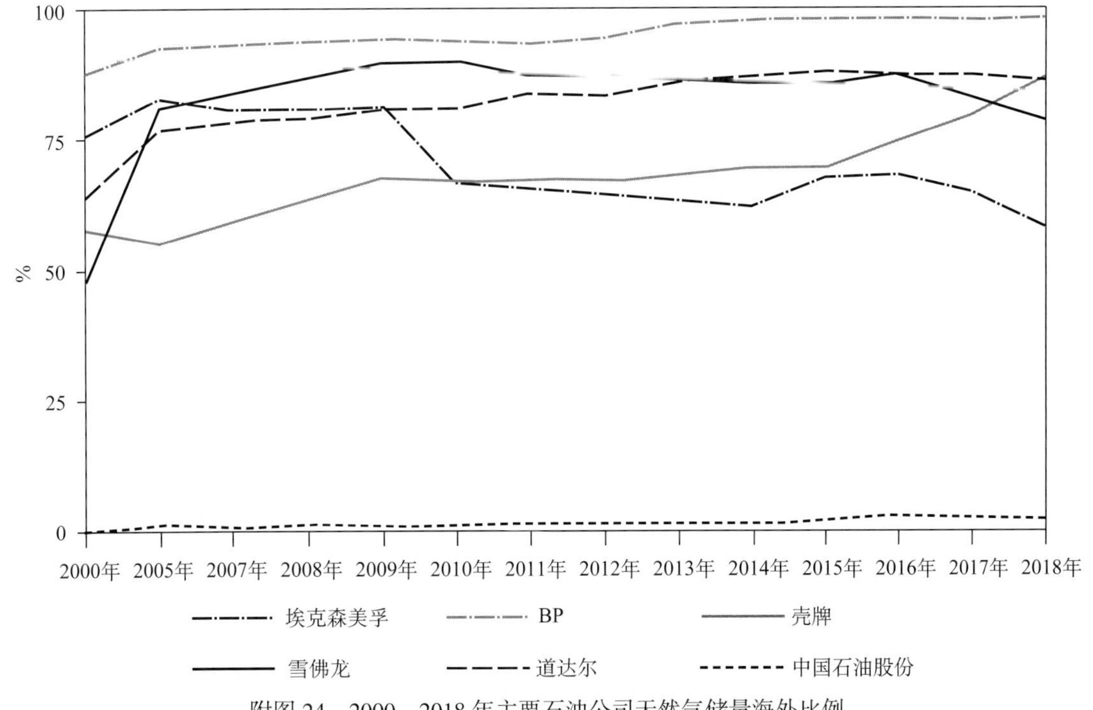

附图 24 2000—2018 年主要石油公司天然气储量海外比例
（资料来源：各公司年报和财务经营报告）

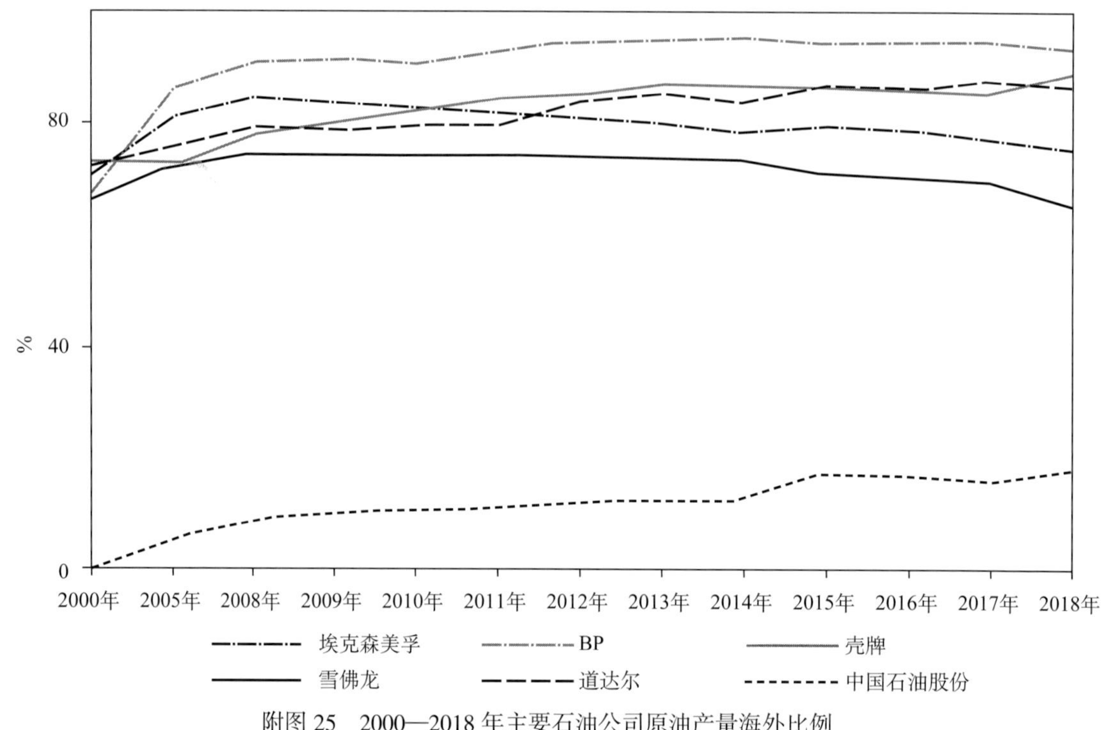

附图 25　2000—2018 年主要石油公司原油产量海外比例

（资料来源：各公司年报和财务经营报告）

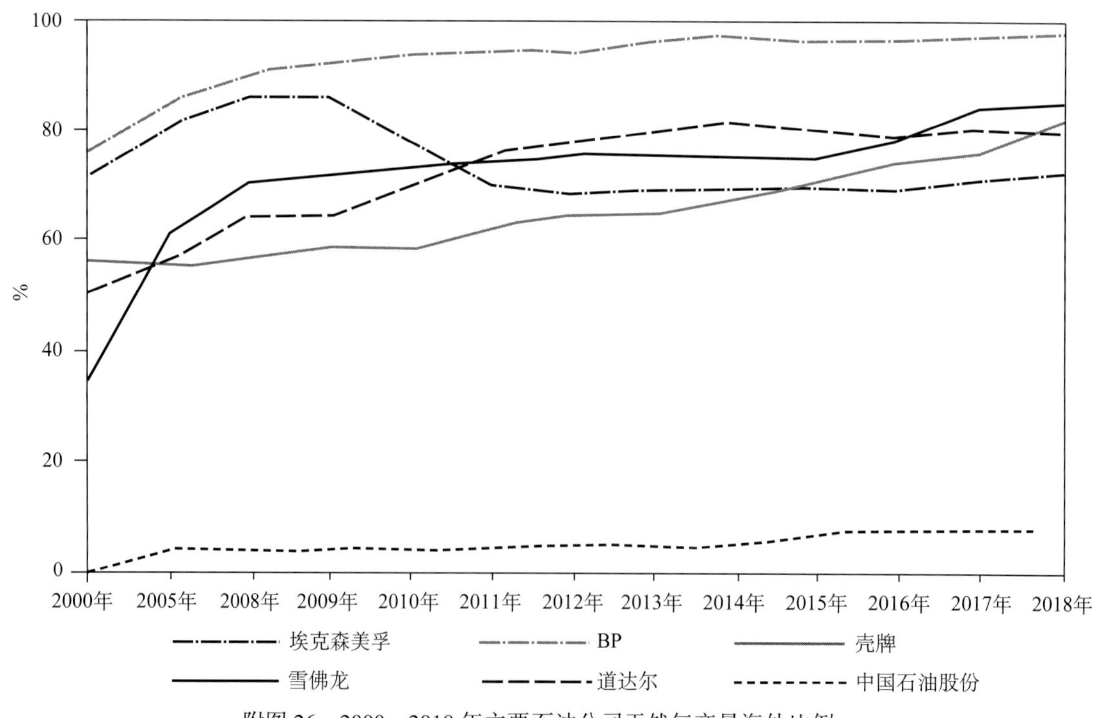

附图 26　2000—2018 年主要石油公司天然气产量海外比例

（资料来源：各公司年报和财务经营报告）

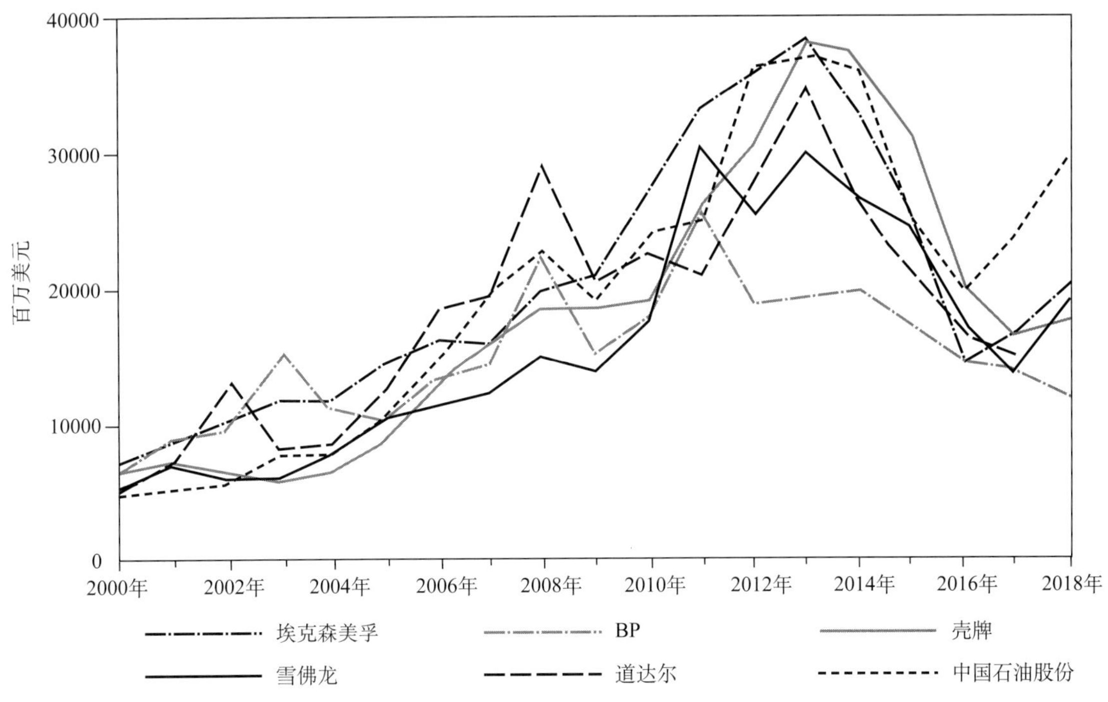

附图 27　2000—2018 年主要石油公司勘探开发支出

（资料来源：各公司年报和财务经营报告）

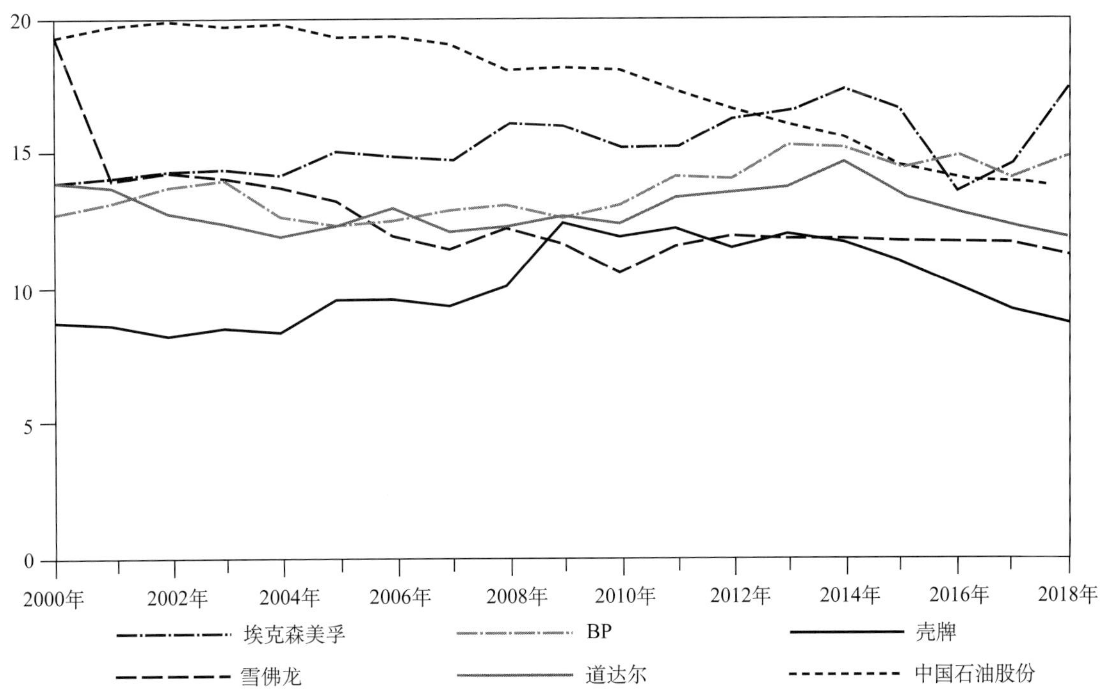

附图 28　2000—2018 年主要石油公司油气储采比

（资料来源：各公司年报和财务经营报告）

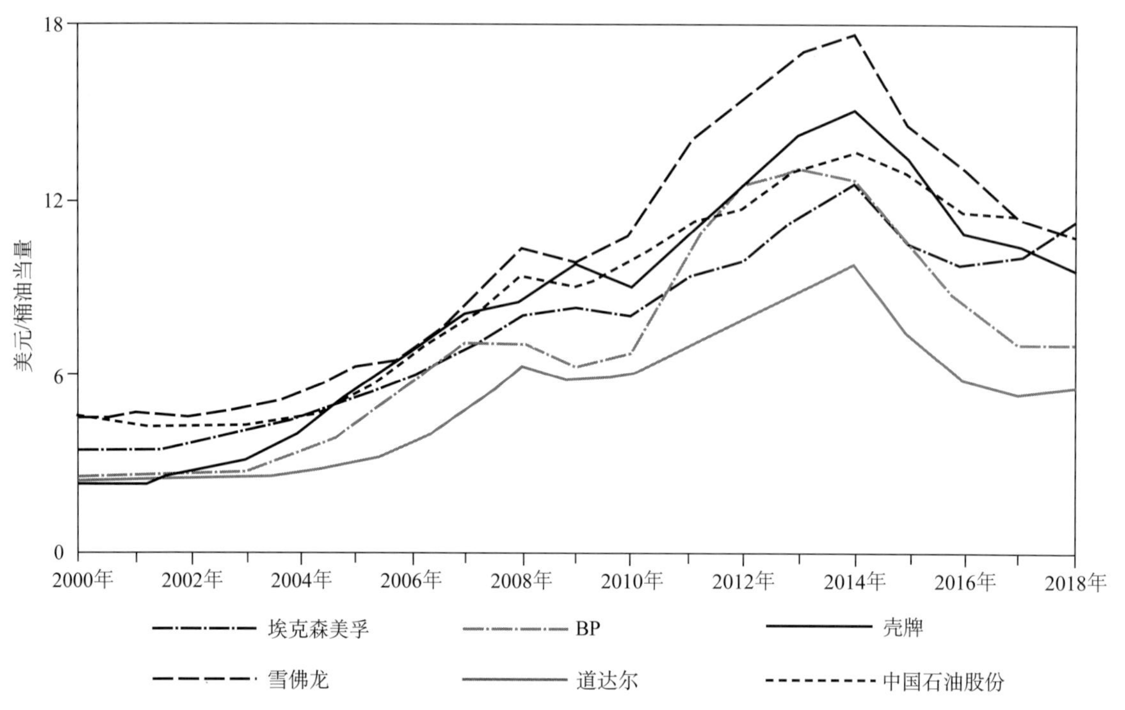

附图 29　2000—2018 年主要石油公司油气操作成本

（资料来源：各公司年报和财务经营报告）

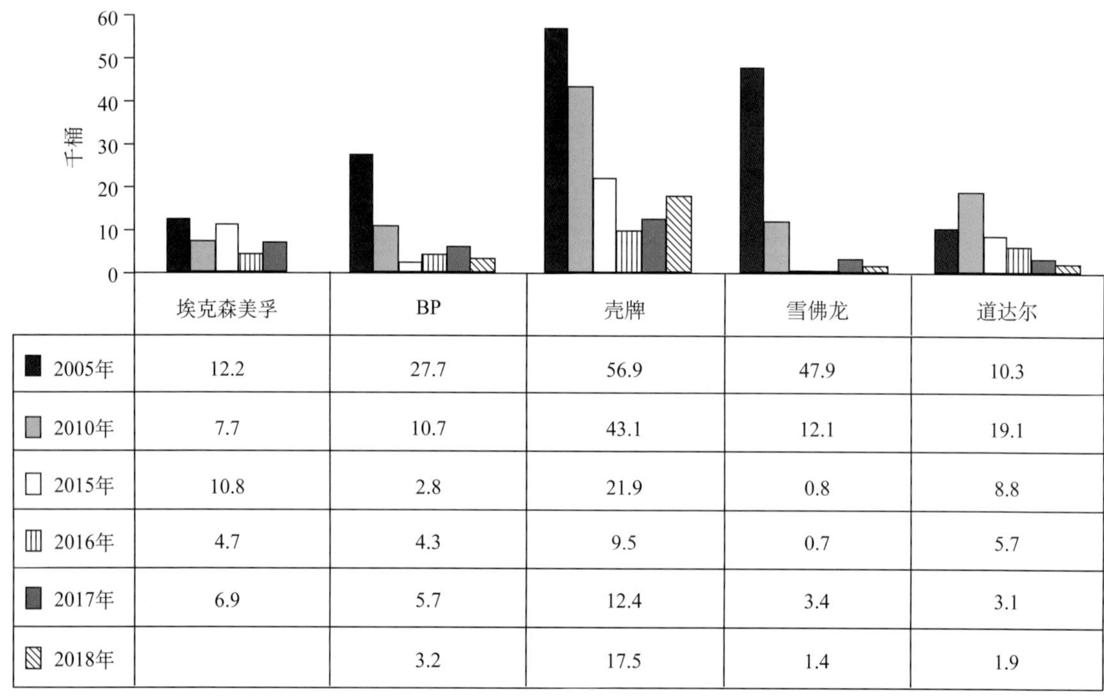

	埃克森美孚	BP	壳牌	雪佛龙	道达尔
2005年	12.2	27.7	56.9	47.9	10.3
2010年	7.7	10.7	43.1	12.1	19.1
2015年	10.8	2.8	21.9	0.8	8.8
2016年	4.7	4.3	9.5	0.7	5.7
2017年	6.9	5.7	12.4	3.4	3.1
2018年		3.2	17.5	1.4	1.9

附图 30　2005—2018 年主要石油公司石油泄漏量

（资料来源：各公司企业社会责任报告）

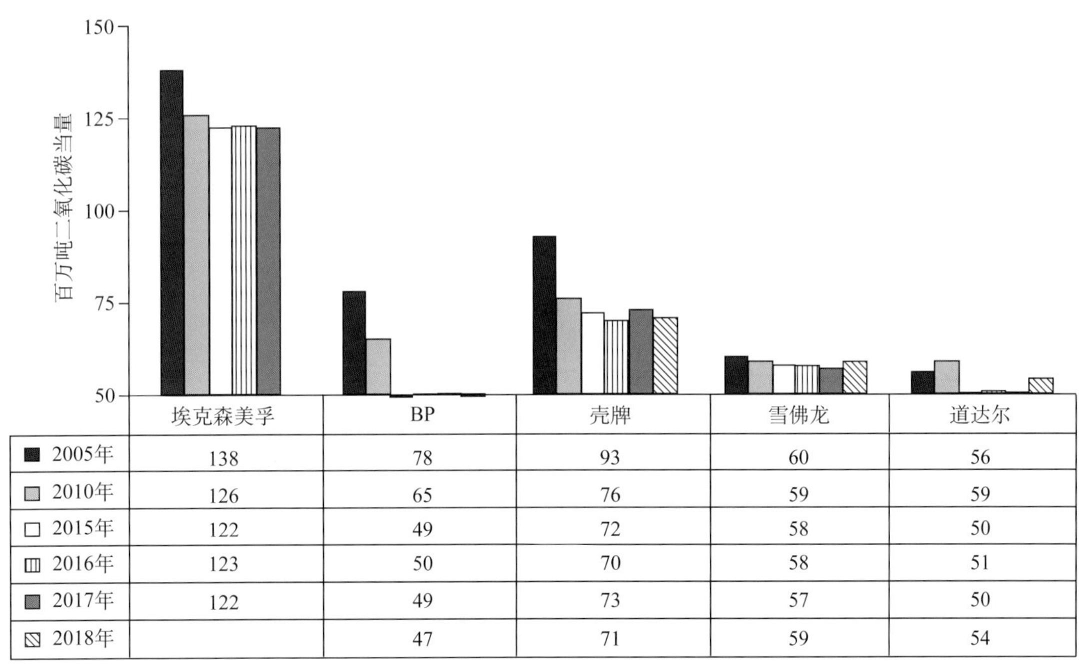

	埃克森美孚	BP	壳牌	雪佛龙	道达尔
2005年	138	78	93	60	56
2010年	126	65	76	59	59
2015年	122	49	72	58	50
2016年	123	50	70	58	51
2017年	122	49	73	57	50
2018年		47	71	59	54

附图 31　2005—2018 年主要石油公司温室气体排放量

（资料来源：各公司企业社会责任报告）

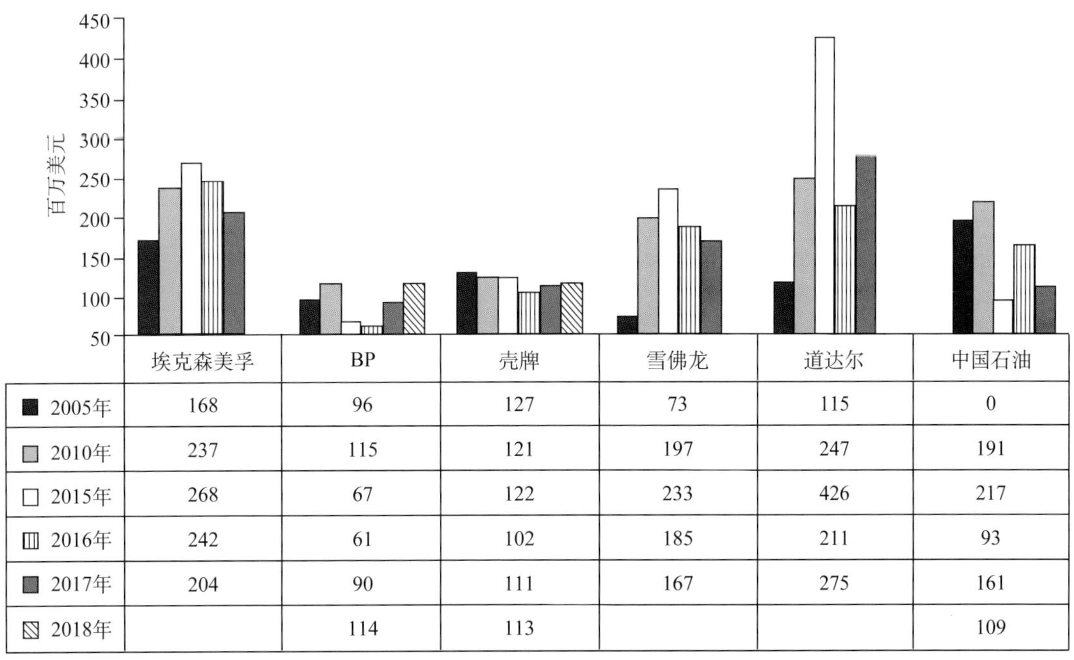

	埃克森美孚	BP	壳牌	雪佛龙	道达尔	中国石油
2005年	168	96	127	73	115	0
2010年	237	115	121	197	247	191
2015年	268	67	122	233	426	217
2016年	242	61	102	185	211	93
2017年	204	90	111	167	275	161
2018年		114	113			109

附图 32　2005—2018 年主要石油公司公益性社会投入

注：公益性社会投入主要指慈善捐助，对非盈利性教育、健康和环境项目的资助，以及对作业社区发展的援助；道达尔数据指对非经合组织国家的投入；中国石油数据中含扶贫帮困、捐资助学、赈灾捐赠和环保支出。

（资料来源：各公司企业社会责任报告）

索 引

使用说明

一、本索引采用内容分析索引法编制。除大事记外，年鉴中有实质检索意义的内容均予以标引，以便检索使用。

二、索引基本上按汉语拼音音序排列，具体排列方法如下：以数字开头的，排在最前面；以英文字母打头的，列于其次；汉字标目则按首字的音序、音调依次排列，首字相同时，则以第二个字排序，并依此类推。

三、索引标目后的数字，表示检索内容所在的年鉴正文页码；数字后面的英文字母 a、b，表示年鉴正文中的栏别，合在一起即指该页码及左右两个版面区域。年鉴中用表格、图片反映的内容，则在索引标目后面用括号注明（表）、（图）字，以区别于文字标目。

四、为反映索引款目间的隶属关系，对于二级标目，采取在上一级标目下缩二格的形式编排，之下再按汉语拼音音序、音调排列。

0—9

A—Z

A

B

D

E

F

G

H

K

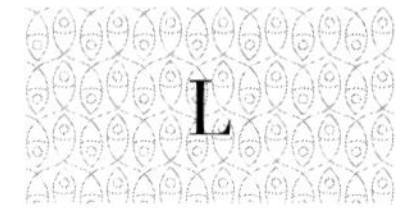

M

N

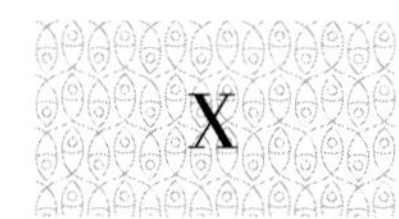

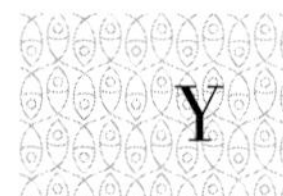

Z

编 后 记

本卷《年鉴》是《中国石油天然气工业年鉴》自1996年正式出版以来连续出版的第24卷，是更名为《中国石油天然气集团有限公司年鉴》后的第2卷。

本卷《年鉴》沿用历年来形成的框架结构，作适当微调。在编纂过程中，重点记载集团公司2018年所发生的重要事项，体现年度历史进展特色；坚持规范与创新相结合，充分反映集团公司年度工作特点。继续收录世界主要国家和地区及各大石油公司有关石油石化相关数据图表、中国石油近21年主要生产经营指标数据表，对《年鉴》内容的信息含量进行了扩充。注重《年鉴》的工具性和实用性，版式设计力求规范严整，文字叙述力求简洁流畅。

本卷《年鉴》的编纂出版工作始终得到集团公司党组和各级领导的高度重视，集团公司党组书记、董事长王宜林作序；集团公司和股份公司总部各部门、各专业公司及各企事业单位的领导提供各种形式的支持和帮助；各单位负责《年鉴》工作的联系人、撰稿人和审稿人付出了艰辛的劳动；集团公司办公厅（股份公司总裁办公室）领导直接参与《年鉴》内容的审订，做了大量的组织协调工作。此外，中国石油报社等单位提供辅助资料和照片；中国石油集团经济技术研究院提供《中国石油天然气集团公司2018年度报告》和《中国石油天然气集团公司2018年企业社会责任报告》资料以及世界主要国家和地区、各大石油公司相关数据图表；还有企业和个人提供了照片、参与了审稿工作。中国年鉴研究会会长王守亚及年鉴业界专家对本卷《年鉴》编纂提出宝贵的意见和建议。在此，对所有支持《年鉴》工作和为《年鉴》出版提供帮助的单位和个人致以诚挚的谢意。

由于年鉴编辑出版时限性强，疏漏和不足在所难免，恳请读者批评指正。

《中国石油天然气集团有限公司年鉴》编辑部

2019年11月

危险
Produced by
FOTONDAIMLER
AUTOMOTIVE
福田戴姆勒汽车
AUMAN
EST A
欧曼 EST A
严禁烟火
福田戴姆勒
汽车官方微信

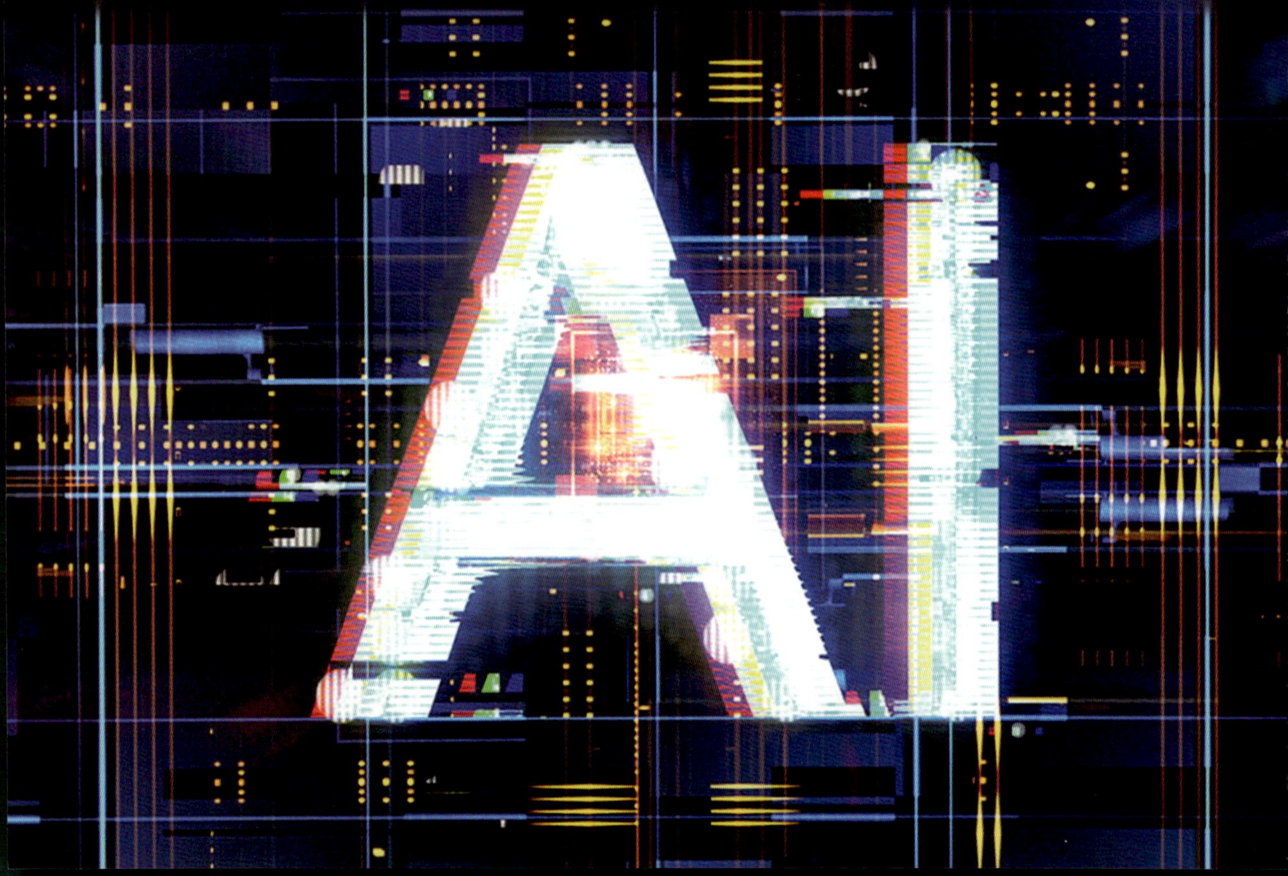

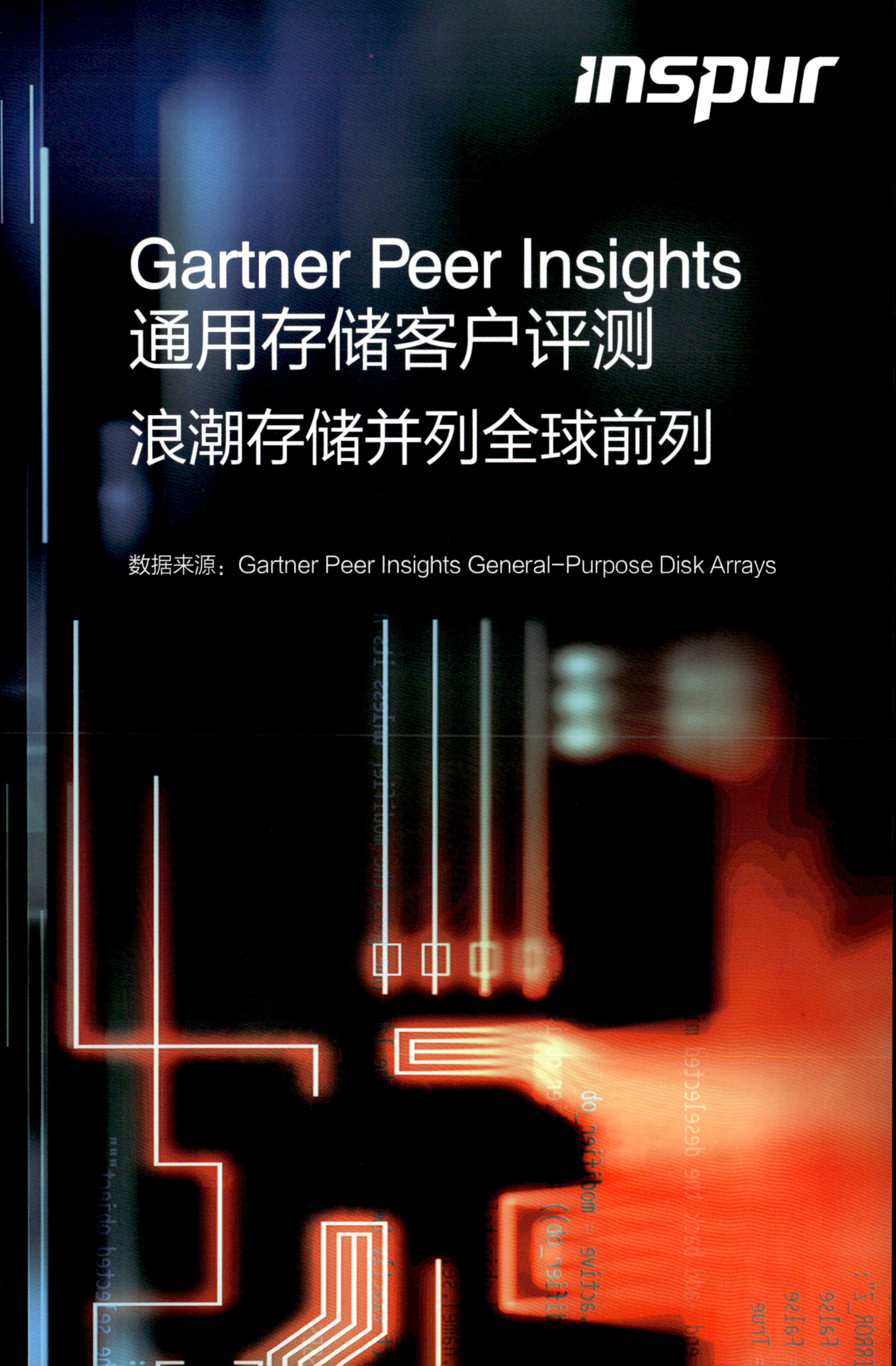
inspur
Gartner Peer Insights
通用存储客户评测
浪潮存储并列全球前列
数据来源：Gartner Peer Insights General-Purpose Disk Arrays

ShaanGu

创造“陕鼓智慧”助力中国石油高质量发展

石油兴，工业兴，国家兴；石油强，工业强，国家强。近年来，中国石油始终与国家重大发展战略同频共振，砥砺奋进，已跻身世界500强前四，成为国际油气市场上一支不可忽视的“中国力量”，更带动了我国油气产业链相关行业的快速发展。

西安陕鼓动力股份有限公司（简称陕鼓动力）与中国石油长期保持良好的合作关系。从2001年和中国石油合作至今，合作总量178791万元；同时作为陕西企业，近年来陕鼓动力也得到了中国石油长庆油田公司的大力支持，合作金额累计25129.45万元。

为持续提升服务于中国石油的先进技术和方案能力，构建国际一流离心压缩机技术和“专业化＋一体化”的分布式能源系统解决方案，满足中国石油装置大型化、系统化、高效化、清洁化发展需求，陕鼓动力基于50余年能量转换领域的技术积累，在德国建立了欧洲研发公司，已形成多项科研成果，目前已为中国石油提供了各类离心压缩机、天然气管线压缩机、轴流压缩机、汽轮机、透平膨胀机等产品和系统服务，所提供产品整机技术达到国际先进水平。

陕鼓动力为醴陵压气站提供的电驱、变频调节的管线压缩机组

陕鼓动力研制的大连350万吨/年催化裂化三机组

西安陕鼓动力股份有限公司

24h全球客户服务热线

电话：400-7769-888/029-81392800　　传真：029-81871080/029-88225321

邮箱：sgkf@shaangu.com

陕鼓动力开发研制的大型硝酸四合一机组组装俯视图

陕鼓动力研制的天然气输送领域用管线压缩机组、天然气液化领域用冷媒压缩机组、天然气发电领域用增压机组广泛应用于中国石油产业链上中下游领域。其中，燃驱机组、高速电机直驱机组等管线压缩机组成套技术、系统集成技术已实现了新跨越，管线压缩机组技术比肩国际一流，在助力中国石油发展的同时，为国家“西气东输”重点工程及国家天然气基础设施建设“互联互通”保供重点工程关键设备持续输出可靠、强大的“中国心”。

陕鼓动力创新研制的催化裂化装置、延迟焦化装置、灵活焦化装置、烷基化装置、碳四深加工装置、各类加氢装置、连续重装装置、丙烷脱氢装置、异丁烷脱氢装置等流程工业用工艺气压缩机组，成为中国石油炼化工业的核心装置；创新开发的百万吨级 PTA 装置配套多轴、单轴离心压缩机——能量回收机组、硝酸高压法三合一机组、双加压法四合一机组、2 万—12 万米^3/时等级大型空分装置配套等温离心压缩机组、轴流加离心复合式空压机及多轴齿轮式增压机组在化工工业领域大显身手。其中，空分装置离心压缩机组市场业绩已达 256 台套；研制的合成气压缩机组、循环气压缩机组、一氧化碳压缩机组、二氧化碳压缩机组、解析气压缩机组，乙烯、丙烯、氨制冷站用压缩机组等助力煤化工领域的绿色发展；陕鼓动力自主研制的节能环保产品轴流压缩机获中国制造业“单项冠军产品”，产量累计已达 1900 余台套，市场占有率 96% 以上。多年来，陕鼓动力通过绿色技术的不断创新，研发出的能量回收机组总功率累计已超过 16 千兆瓦，接近于五分之四个三峡装机容量，为国民经济的发展持续创造“绿效应”。

陕鼓动力未来将持续以创新的视角增强为中国石油提供机组检维修、改造升级、备件零库存、远程在线监测及故障诊断等全生命周期系统服务的能力，用系统解决方案提升中国石油单元装置工程总包、金融服务能力，创造“陕鼓智慧”助力中国石油绿色高质量发展。

陕鼓动力研制的丙烷脱氢压缩机组

陕鼓动力研制 10 万立方米等级空分压缩机组三维图

陕鼓动力研制的全国产化 10 万米^3/时等级空分装置

OpreX 控制　　生产控制和安全仪表系统

可靠的控制系统，能够对管理和运营的变化作出快速反应，并为工厂运营的高效、质量、安全和稳定奠定基础。

- ➢ 控制和安全系统
- ➢ 控制提高软件
- ➢ 控制设备
- ➢ 质量控制系统

FAST/TOOLS
SCADA 软件

STARDOM
基于网络的控制系统

FA-M3V
全量程多路控制器

e-RT3 plus
eM嵌入式设备控制器

CENTUM VP
综合生产控制系统

ProSafe-RS
安全仪表系统

OpreX 测量　　现场仪表、分析仪表和记录仪

能够实现高精度测量、数据采集和分析的现场仪器和系统。

- ➢ 数据采集
- ➢ 现场仪表
- ➢ 分析仪
- ➢ 组件

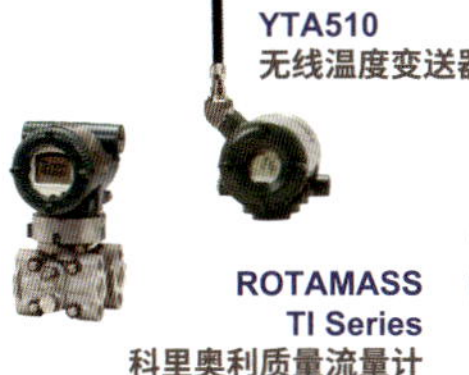

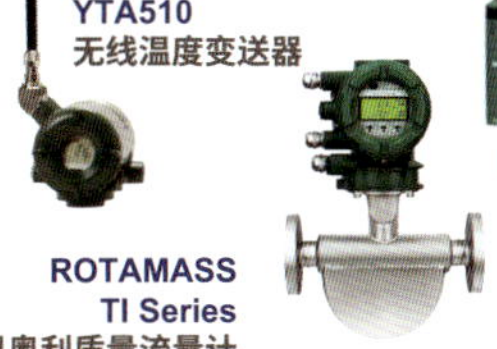

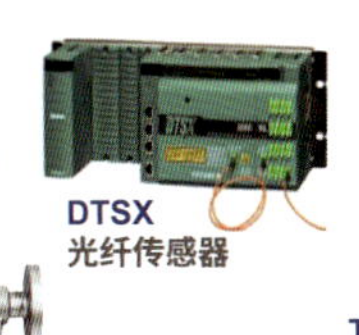

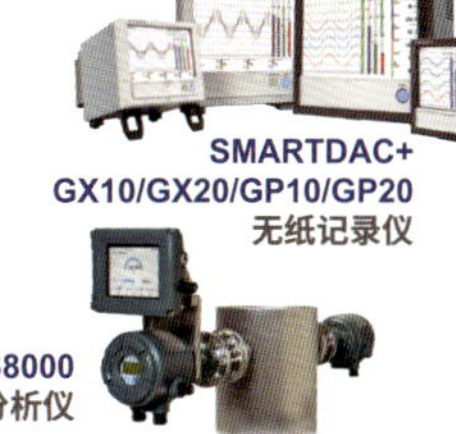

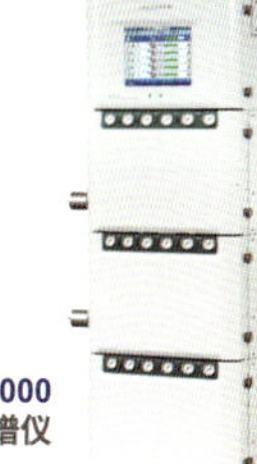

YTA510
无线温度变送器

DTSX
光纤传感器

SMARTDAC+
GX10/GX20/GP10/GP20
无纸记录仪

DPharp EJX
差压/压力变送器

ROTAMASS
TI Series
科里奥利质量流量计

TDLS8000
激光气体分析仪

GC8000
工业色谱仪

OpreX 转型

全面的解决方案，从生产到供应链优化，从风险管理到业务管理，在整个企业的业务活动中，以广泛的视角推动卓越的运营。

- ➢ 企业业务优化
- ➢ 供应链优化
- ➢ 资产运营和优化
- ➢ 资产管理和完整性
- ➢ 运营风险管理
- ➢ 利益驱动的运营
- ➢ 互联智能

OpreX 执行

灵活、敏捷的项目实施服务，建立在遍及全球的成功业绩之上。

- ➢ 敏捷的项目执行服务
- ➢ MAC 和 MAIC 服务
- ➢ 现代化服务
- ➢ 价值交付服务

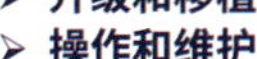

OpreX 生命周期

维护和开发服务旨在与客户并肩工作的同时，对整个工厂的生命周期进行优化操作。

- ➢ 生命周期性能关怀服务
- ➢ 安全和安保
- ➢ 资产性能监控
- ➢ 升级和移植
- ➢ 操作和维护的改善
- ➢ 培训

横河电机解决方案的核心平台
CENTUM VP

安全仪表系统ProSafe-RS

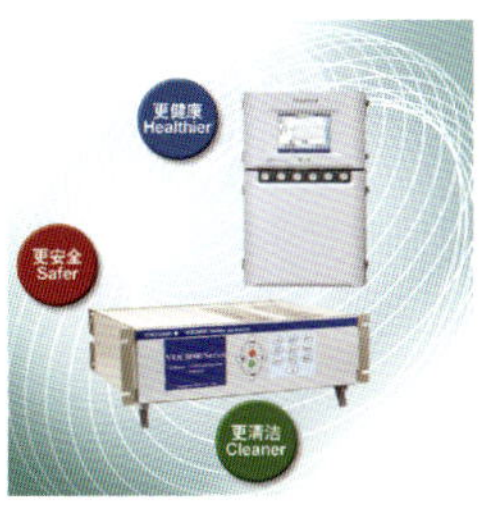

挥发性有机物VOCs监测解决方案

先进控制及预估平台

湖南衡阳钢管（集团）有限公司

总经理　凌仲秋

党委书记　左少怀

经过61年的实力积累和渐进发展，湖南衡阳钢管（集团）有限公司（以下简称衡钢）已成为全球无缝钢管行业生产机组全、先进机型多、产品规格齐的企业，是全球排名前列的专业化无缝钢生产企业。

衡钢具备年产110万吨铁、170万吨钢、150万吨管的能力，拥有铁、钢、管、深加工全流程的专业化生产工艺，拥有全球较大的周期轧管机组——ϕ720毫米机组，并拥有3套连轧管机组、1套三辊轧管机组，打造了油气用管、压力容器用管、机械加工用管三大拳头产品系列和具有自主知识产权的HS产品系列。

衡钢生产的优质钢管通过了壳牌、美孚、雪佛龙、道达尔、马士基等100多家国内外知名公司第二方评审，是中国石油、中国石化、中国海油的战略合作伙伴，平端油管、输送流体管、管线管、高压锅炉管、液压支柱管、汽车半轴套管、起重机臂架用管等20多种产品曾获国家银质奖、冶金产品实物质量金杯奖及省名牌产品称号。

衡钢拥有经国家合格评定、国家认可委员会认可的实验室，通过认可的检验/校准项目涵盖了27类产品的129个参数和115个标准，覆盖了金属材料检验、化学分析、无损检测、校准四个专业领域，衡钢装备水平和检测能力在国内同行中居领先地位。

美丽如画的衡钢生产厂区

衡钢高强度高韧性套管助力亚洲第一深井

绿色衡钢美不胜收

矢志建设世界一流无缝钢管企业

石油管全尺寸实物实验室

衡钢 ϕ720 毫米周期式轧管机组

衡钢生产入库的射孔枪管

一直以来，衡钢致力于并逐步实现产品向高钢级、高附加值转变，油气用管方面不仅覆盖了 API 标准所有钢级，而且创新研发了多种非 API 标准油套管，涌现出 80T/TT—125T/TT 高抗挤毁油套管、80S/SS—110S/SS 抗硫化氢油套管、80TS—110TS 高抗挤毁与抗腐蚀油套管、80-13Cr—110-13Cr 抗二氧化碳腐蚀油套管、V140—V155 高强度高韧性油套管、80H—110H 热采井套管、大口径 X65QOS 海底酸性管线管、X100Q 海洋工程用管、140ksi 射孔枪管等一大批新品种，逐步形成具有自主知识产权的衡钢 HS 特殊扣系列，并于近年开始研发钛合金特殊扣油套管以及衡钢第三代扣型。高端油气用管在中国石油塔里木油田和西南油气田、中国石化西北油田、中国海油等国内外大型油气田项目中得到广泛使用，获得客户的高度认可，射孔枪管全面进入哈里伯顿、斯伦贝谢等国外知名油服公司。

全面对接客户需求，近年来衡钢在钢管行业的位势取得迅速提升，企业主持或主要参与制订的国家标准和行业标准 42 个，其中《油气井射孔枪用无缝钢管》《耐蚀合金套管和油管》等成为行业新标准。衡钢获得国家颁发的有效专利 106 项，“气密封锯齿形油井管螺纹接头结构”等获得国家实用新型专利，为油气开采提供了安全可靠的钢管连接扣型。

衡钢 ϕ340 毫米连轧管生产线

衡钢 ϕ180 毫米连轧管生产线

中国核工业集团有限公司

总部大楼外景

实验快堆外景

华龙一号福清5—6号机组

中国环流器二号

中国核工业集团有限公司是经国务院批准组建、中央直接管理的国有重要骨干企业，由700多家企事业单位和科研院所组成，在职员工15万人。是国家核科技工业的主体，国家核能发展与核电建设的中坚，核技术应用的骨干。在推动能源低碳转型、保障能源安全、建立现代能源体系等方面负有不可替代的责任和使命。

中国核工业集团有限公司主要在核电、核燃料循环、核技术应用、核环保工程等领域从事科研开发、设计、建造和生产经营，以及对外经济合作和进出口业务，是目前国内投运核电和在建核电的主要投资方、核电技术开发主体、最重要的核电设计及工程总承包商、核电运行技术服务商和核电站出口商，是国内核燃料循环专营供应商、核环保工程的专业力量和核技术应用的骨干，是国家核工程建设的龙头企业。

秦山核电全景

Live more,
Bank less
DBS
未来理财之道 今日与您同步

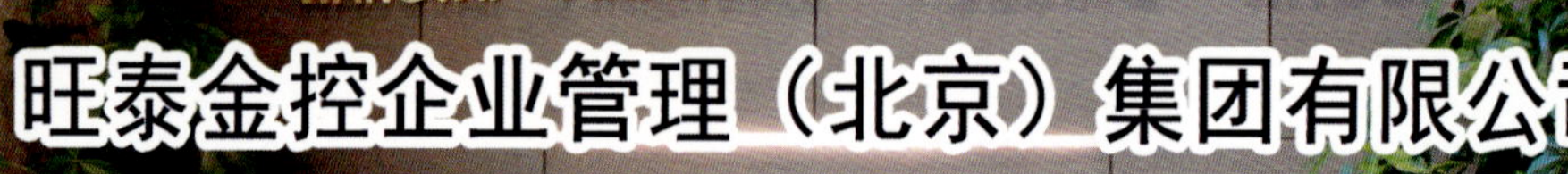

旺泰金控集团自2007年成立鼎成典当行起，正式进军金融领域，先后涉足典当、小额贷款、投资基金、保理、资产管理、融资租赁、担保、拍卖、互联网金融等业务，实现传统金融与新金融服务并驾齐驱，打造旺泰自己的金融生态链，为经营主体在各个发展阶段提供全方位的金融服务。

旺泰金控集团立志成为金融领域全业务线产品的综合型金融企业，依据多年金融市场管理经验，整合各方优势资源，因势利导，持续加强与相关行业、单位的合作，开展全方位的业务对接及战略合作关系，以传统业务为依托，探索新业务方向，形成“类金融”的金控集团。

旺泰金控集团在未来的发展中将一如既往秉承“诚信务实、稳健经营”的理念，运用集团高效的管理机制、灵活的投资机制及雄厚的资金实力同社会各界强强联手，创造更大的经济效益和社会效益。

旺泰金控义拍现场

鼎成典当行十周年

业态布局

旺泰金控企业管理（北京）集团有限公司
电话：010-65996688
地址:北京市朝阳区小营北路11号和泰大厦A座
邮编：100101

发展历程

- **2007** 鼎成典当行成立，标志旺泰正式进军金融领域。
- **2012** 北京市旺泰小额贷款有限责任公司成立。同年成立北京旺泰中博担保有限公司。
- **2014** 成立北京市浩洋顺仁拍卖行有限公司。引入北京和君咨询有限公司做战略咨询规划。
- **2015** 创立投资基金、金融信息服务、资产管理、商业保理、融资租赁等金融服务企业。金控雏形初步形成，向多元化金融控股集团迈进。
- **2016** 成立运营管理中心、风险管理中心、财务管理中心、综合事务管理中心、人力资源管理中心五大管理中心。旺泰金融正式进入集团化管理阶段。
- **2017** 经过十年不断经营磨砺，旺泰金控已经成为一个拥有较为完善业务品种的金融控股集团。顾往昔任重而道远，旺泰人必将不忘初心，继往开来，砥砺前行 … …

亚美能源控股有限公司

亚美能源控股有限公司（亚美能源，香港联交所股票代码02686）是专业从事煤层气资源勘探、开发和生产的国际性能源公司，是在中国较早从事煤层气勘探开发投资的外资公司之一，是目前中国煤层气产业在香港证券交易所成功上市的首家煤层气题材的上市公司。1994年以来，亚美能源先后在山西地区拥有两个煤层气合作项目，包括山西晋城潘庄煤层气项目、山西马必煤层气项目，累计投资额达70亿元，并连续多年成为山西省投资规模较大的外资企业。亚美能源目前通过全资子公司亚美大陆煤层气有限公司运营马必区块煤层气项目，通过美中能源有限公司运营潘庄区块煤层气开采项目。两个项目都是山西省重点项目。

亚美煤层气开采技术

根据不同地质条件采用不同的井型、钻井技术。

多分支水平井

- ✓ 单井控制面积大，产气量高
- ✓ 适合浅埋深煤层气开发
- ✓ 在潘庄区块获得了巨大成功

丛式井

- ✓ 节约土地资源，保护环境
- ✓ 降低钻前施工费用
- ✓ 同一块场地钻井、压裂、排采、维护，降低地面建设及管理成本

单支水平井

- ✓ 单位进尺控制有效面积大
- ✓ 筛管支撑度高，不易垮塌堵塞
- ✓ 容易后期清洗与强化作业
- ✓ 单位进尺经济效益高

潘庄和马必区块都位于中国具煤层气商业化开发潜质的山西沁水盆地，潘庄区块是中国商业化程度高的中外合作煤层气区块，也是中国首个取得总体开发方案批准的中外合作煤层气区块，目前项目年产量突破8亿立方米；马必煤层气合作项目总体开发方案已经获得国家发改委批复，批准产能规模为每年40亿立方米。亚美能源在两个项目总投资预计为200亿元。

潘庄区块	
中国合作伙伴	中联煤层气
产品分成合同中的总区域面积	141.8平方千米
探明储量	360亿立方米
总体开发方案设定的产能	每年4.95亿立方米
2017年实际年总产量	5.72亿立方米
马必区块	
中国合作伙伴	中国石油
产品分成合同中的总区域面积	898.2平方千米
储量3/15	578亿立方米
一期总体开发方案设定的产能	每年10亿立方米
总体开发方案审批状态	已批复
预计两项目总投资	200亿元

自亚美能源在中国大陆投资开发煤层气以来，健康、安全和环境（下文中皆称为HSE）始终是我们所有活动的第一要务，这已经成为我们的方针和习惯，融入我们的每一个工作细节。

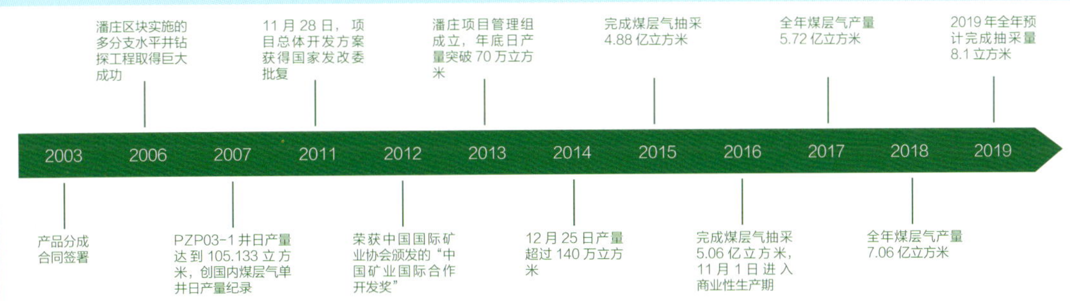

在公司全体员工的共同努力下，通过开展大量的HSE主动性工作，包括HSE活动、培训、检查、风险控制（PTW作业许可）、变更管理、应急管理以及承包商管理，有力地保障了项目各项作业活动的安全进行，实现HSE各项目标并保持行业内领先的HSE业绩。

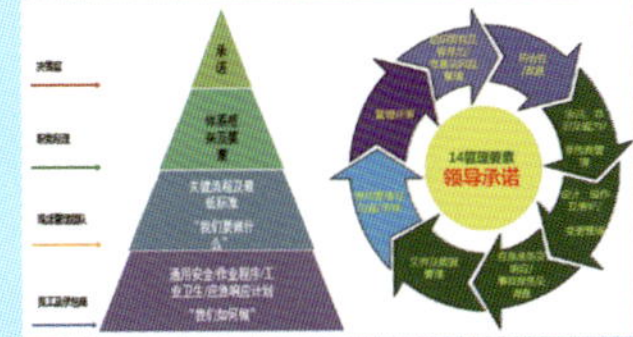

公司建立了HSE管理体系，通过体系在各个作业活动中的贯彻实施，持续完善和提高公司HSE管理水平

亚美能源控股有限公司愿景：励志成为国际领先的永续发展的清洁能源伟大企业。

湖南省公路物资设备有限公司

2016 年和中国石油签署战略合作协议

湖南省公路物资设备有限公司前身为湖南省公路物资设备公司，成立于 1993 年 1 月，注册资本 5000 万元，是湖南国有资产经营管理有限公司监管的省属国有独资企业。

湖南省公路物资设备有限公司主营业务为沥青销售、中转、储存、加工，兼营水泥、钢材等其他道路材料。依托行业优势，与中国石化、中国石油、中国海油、韩国 SK 及荷兰壳牌在沥青资源业务上建立了稳定互信的合作关系，是东海牌沥青、昆仑牌沥青、中海 36-1 沥青、SK 沥青和壳牌沥青在湖南地区的重点经销商；与浙江宝盈物资集团股份有限公司建立了战略合作关系，加强了同行业间的合作。拥有株洲白马垅沥青站和娄底沥青库两个沥青库，同时租有衡阳、怀化、湘西等市州沥青库，沥青库储量达 4 万余吨。拥有一支优秀的沥青销售团队，主要从事省内公路建养沥青、高速公路沥青和市政道路沥青销售，高速公路沥青先后参与临长、潭邵、怀新、常吉、汝郴、垄茶、龙永、崇靖、常安、益马、桂三、麦贺等项目的供应，市政道路沥青销售立足湖南辐射湖北、广西、江西、广东等省（自治区），年沥青销售量超过 25 万吨。

多年来，湖南省公路物资设备有限公司被评为“湖南信用企业”，2016 年首次通过质量、环境、职业健康安全管理体系认证，并持续至今保持认证注册资格。公司连年被评为湖南国资公司系统“先进单位”及“安全生产先进单位”；2019 年 5 月，公司被评为湖南省属监管企业 2018 届“文明单位”，同时被中国企业评价协会评为“中国企业信用评价 AAA 级信用企业”。公司奉行“面向市场、服务社会、互利共赢”的经营方针，竭诚为广大客户服务。“诚信赢天下”一直是公司的经营理念。为使公司更进一步向市场化、专业化、规模化方向发展，把公司做强做优做大，我们始终在努力！

名称：湖南省公路物资设备有限公司
地址：湖南省长沙市八一路520号省公路局院内　　邮编：410011
电话：0731-84422507　　传真：0731-84422507

简介

上海期货交易所是受中国证券监督管理委员会集中统一监管的期货交易所，宗旨是服务实体经济。根据公开、公平、公正和诚实信用的原则，上期所组织经证监会批准的期货交易，目前已上市铜、铝、锌、铅、镍、锡、黄金、白银、螺纹钢、线材、热轧卷板、原油、燃料油、石油沥青、天然橡胶 、纸浆、20 号胶 17 个期货品种以及铜、天然橡胶 2 个期权合约。

上海国际能源交易中心股份有限公司（以下简称上期能源）是经中国证监会批准，由上海期货交易所发起设立的、面向期货市场参与者的国际交易场所。2013 年 11 月 6 日，上期能源注册于中国（上海）自由贸易试验区，经营范围包括组织安排原油、天然气、石化产品等能源类衍生品上市交易、结算和交割，制定业务管理规则，实施自律管理，发布市场信息，提供技术、场所和设施服务。

2018年3月26日，中国第一个对境外投资者开放的商品期货——原油期货在上期能源挂牌交易。2018 年累计成交 2651 万手，成交金额 12.74 万亿元，日均成交量 14.03 万手，日均成交金额 673.99 亿元，年内完成 4 次实物交割，累计交割量 284.9 万桶。总体呈现出“交易平稳、结算流畅、交割顺利、监查严格、风控到位、舆论正面、功能初步显现”的良好态势。

About Us

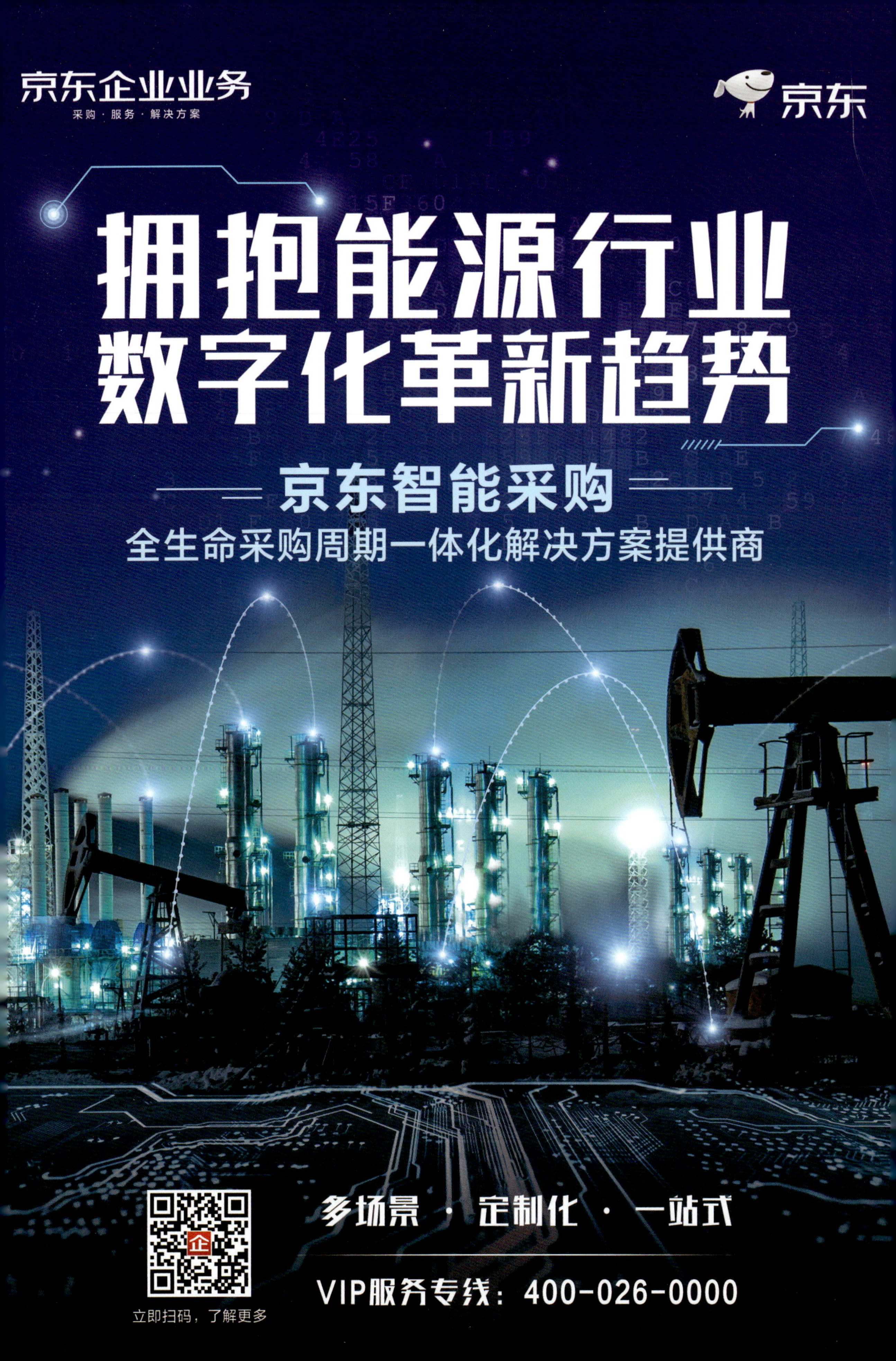
京东企业业务
采购·服务·解决方案
京东
拥抱能源行业
数字化革新趋势
京东智能采购
全生命采购周期一体化解决方案提供商
多场景 · 定制化 · 一站式
VIP服务专线：400-026-0000
立即扫码，了解更多

中油海垦（海南）能源有限公司

中油海垦（海南）能源有限公司是海南销售与海南省农垦投资控股集团有限公司按51%和49%比例共同出资成立合资公司。

海南农垦是海南省国有资产监督管理委员会直属企业，拥有得天独厚的地缘及政策优势、土地资源优势，与地方各级部门协调顺畅，且拥有海南1/5的土地，场地网点分布广。合资公司成立后，中国石油利用海南农垦现有资源开发网络、拓展布局，大大降低了土地审批、建站手续、证照办理开发成本，扭转了征地困难局面，加快了中国石油在海南区域成品油销售网络建设。首期项目全部投运后，预计年增加零售两万余吨，可进一步夯实服务国际旅游岛建设、助力自由贸易区（港）发展的保供基础，增强中国石油在国际旅游岛的核心竞争力、品牌知名度和社会影响力。

协议合作经营加油站			
序号	加油站	序号	加油站
1	屯昌中坤农场站	9	白沙芙蓉田分场站
2	屯昌中建农场站	10	东方市公爱站
3	琼中长征农场站	11	乐东乐光分场站
4	儋州西庆农场站	12	琼中太平分场站
5	三亚南岛农场站	13	陵水南平分场站
6	新盈南服务区站	14	万宁和乐农场站
7	儋州西流农场站	15	琼中南方分场站
8	儋州西华农场站		

中油海垦（海南）能源有限公司的成立是海南销售全面完成自身改制后，继续深化股权多元化改革的大胆实践，通过多渠道合资合作，充分挖掘空白市场，提升市场占有率，实现零售覆盖无盲点，加速推进网络建设，实现了优势互补、互利双赢、协同发展。在合作双方共同培育下，合资公司将乘势而上、加速发展，为中国石油海南销售网络发展添砖加瓦，为海南经济社会繁荣发展保驾护航。

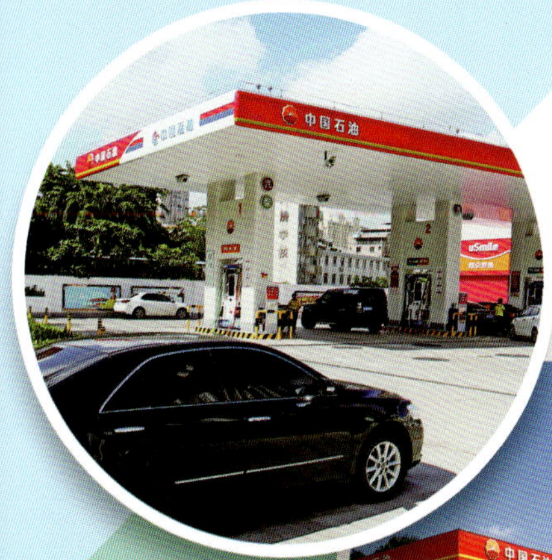

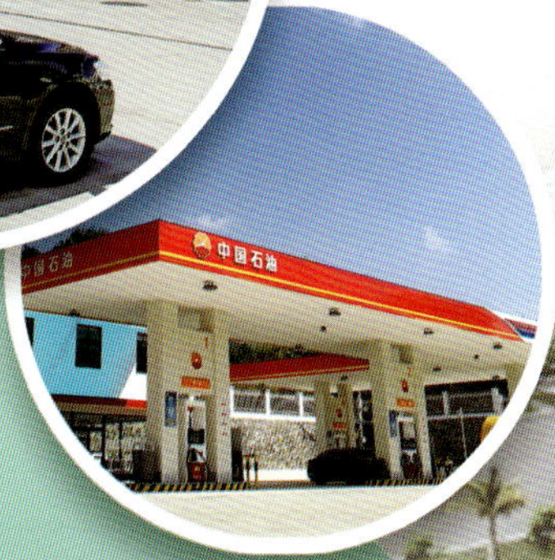

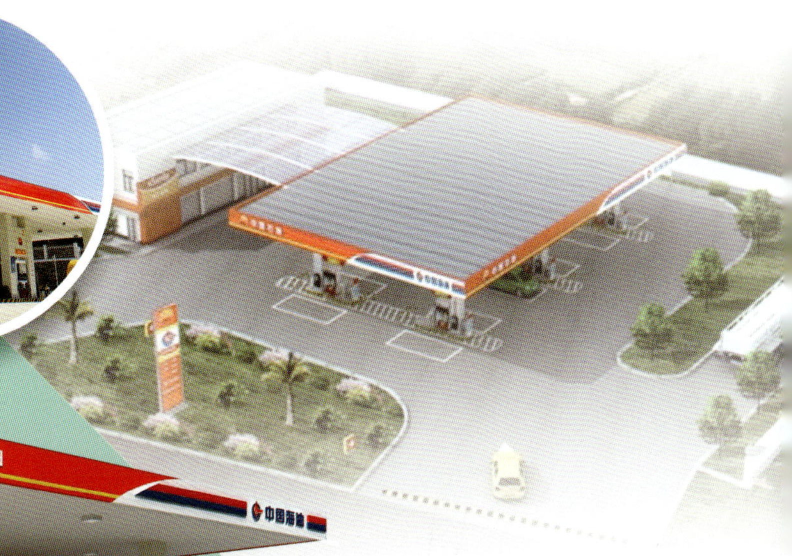

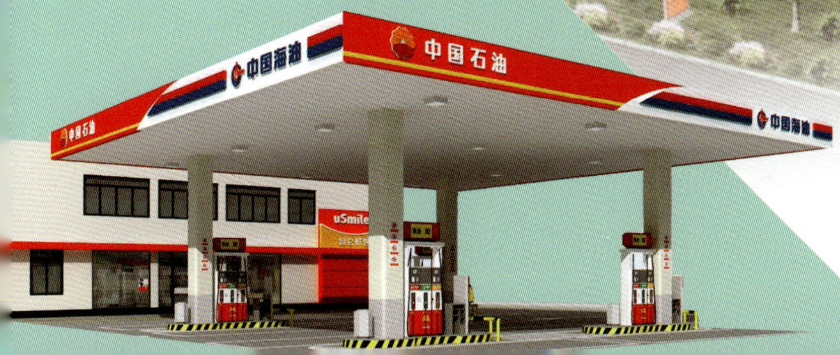

中石油铁工油品销售有限公司

中石油铁工油品销售有限公司，由中国石油天然气股份有限公司与中铁股份有限公司通过战略合作方式成立，为央企战略合作的典型企业之一。公司成立于 2013 年，致力于实施中国中铁工程用石化产品的战略集采专供，主要经营柴油、沥青、润滑油、重油、联名加油卡和加油站等业务。目前年度销量超过 70 万吨，年度销售额超过 50 亿元。公司立足中铁客户，面向开放市场，坚持信息化、国际化、产销研一体化和党建特色化的发展思路，充分发挥纽带作用，实现跨越式发展。

坚持信息化思路。充分应用互联网技术，建设覆盖公司经营管理、业务运行、办公管理等方面的智能化实时动态运营管理综合平台及手机终端 APP，并集成中铁鲁班商城、中国石油卡系统、税务系统、邮件系统、快递服务等协同系统，建立信息展示大屏，实现了公司、供应商、客户、运输公司多方全链条、全流程的贯通和联动。通过信息化，有效克服了资源调度难、现场交割难、对账结算难，大大提高生产效率，公司增长率常年保持在 10% 以上，人均产值超过 1 亿元。

坚持国际化思路。紧跟国家“一带一路”发展步伐，着眼央企海外工程用油市场，积极布局海外业务。成功供应了老挝等国中铁工程项目石化产品，全面拓展东南亚、南亚、非洲、南美洲等地区中铁工程市场，积极对接其他央企海外工程项目，成功探索了海外石化产品战略集采道路。

坚持产销研一体化。中国石油自有的生产体系和品控就产品本身性质而言，完全能够满足国内大部分盾构油脂的技术要求，公司多方协调中国石油润滑油公司、中铁装备、施工局等单位，根据项目实际需求协调中国石油润滑油公司定制化生产中铁专用的昆仑盾构油脂，并在中国中铁的西安地铁项目成功应用，开创了中铁昆仑盾构油脂之先河，填补了中国石油在该领域的空白。

2018 年 11 月，昆仑牌盾构油脂研发成功，并在中铁九局西安地铁 6 号线试点应用

与南水北调东线总公司开展党建结对共建联谊活动

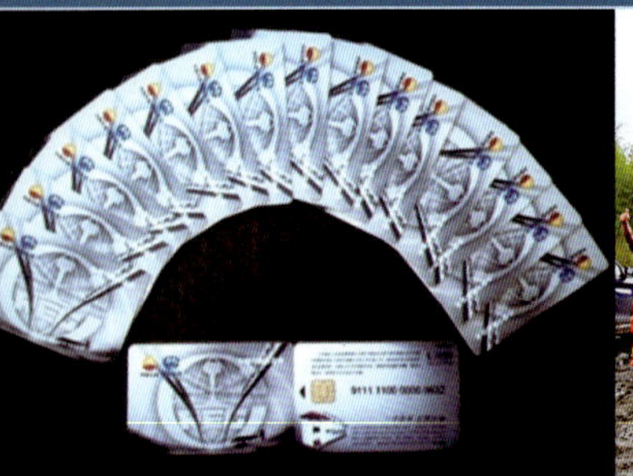
中油中铁联名加油卡

参加 2019 年 6 月宜宾地震救灾，无偿向救灾消防官兵提供车用柴油

2019 年 8 月，夏送清凉活动

坚持党建特色化。作为合资公司，积极推进特色党建工作，成立了联合党委、纪委、工会和团委等组织，完成“党建进章程”，建立健全“三基”工作体系；积极落实“一岗双责”，开展“两学一做”“不忘初心、牢记使命”主题教育等；搭建心灵驿站和职工之家，大力推进员工关爱工程。

公司创新打造的石化产品集采专供模式，得到广泛宣传及认可。获中国企业联合会企业管理现代化创新成果二等奖、中国中铁股份公司管理创新成果一等奖；被中铁股份科技成果评审会认定为信息化“整体技术达到了国际领先水平”；被国务院国资委评价为央企间互助合作新模式和供给侧改革的有效手段；入选中关村高新技术企业。公司未来将朝着“战略集采专供领军企业”的目标，继续迈向新的征程。

2017 年 12 月，第一批润滑油通关供应老挝中铁工程项目

中油黑龙江农垦石油有限公司

Petro China & NK Fuels Co.,ltd.

中油黑龙江农垦石油有限公司控股股东北大荒农垦集团总公司与中石油昆仑好客有限公司签订战略合作协议

中油黑龙江农垦石油有限公司（以下简称中油农垦）是一家以成品油终端运营管理为主的合资企业，由黑龙江农垦总局和中国石油销售公司共同组建于 2003 年 1 月 1 日。主要从事石油产品的销售业务，同时开展便利店经营、输出管理等业务，成品油销售覆盖黑龙江垦区 113 个农场及周边市、县和内蒙古呼伦贝尔垦区，以垦区特色产品为主的非油商品经营辐射全国各地。

GSP®

证书编号：CAS/GSP010004-2019

标准化良好行为证书

GOOD STANDARDIZING PRACTICE CERTIFICATE

AAAAA

中油黑龙江农垦石油有限公司：

经自愿申请，第三方评价机构评价，你单位建立的标准体系结构合理，运行有效，标准化工作良好，符合GB/T 35778-2017、GB/T 15496-2017、GB/T 15497-2017、GB/T 15498-2017、GB/T 19273-2017国家标准要求，达到 AAAAA 级。

证书有效期至 2022 年 09月28 日

This Certificate is valid until

评价机构（章）

2019 年 09月28 日

Made by China Association for Standardization

中国标准化协会颁发“标准化良好行为证书”

追溯中油农垦的发展历程，清晰呈现“三个五年”的成长脉络：“一五”启程，中油农垦成立之初即引入中油碧辟先进的经营理念和管理模式，开展大刀阔斧的体制机制改革，奠定了企业健康发展的基础；“二五”提速，较成立之初销量翻番、利润及利税总额数倍增长，社会效益显著，企业品牌享誉垦区，健康踏入发展快车道；“三五”突破，实施“走出垦区”“营销一体化”战略，采取“经营形式多样化，运行管理规范化”策略和“常规经营”“机遇经营”相结合方式，建设中油农垦标准化管理体系，创建“味道农垦”非油自主品牌，打造明心、正身、诚信、严谨、和谐、精进的优秀团队，建设安全、健康、创新、环保、服务、高效的精品企业，开创了经营发展新局面。

技术研讨

野外地质调查

实验是一切科学研究及成果获得的基础。勘探开发研究院打造国家、省级、集团公司级研发中心、重点实验室，强力支撑了我国天然气勘探开发技术的形成与进步。

聚焦建设“共享中国石油”及“两化融合”工作目标，构建多专业数据共享的平台环境，积极推进信息技术与勘探开发业务深度融合。

人才是发展的第一资源。勘探开发研究院始终致力于团队综合科研实力的提升，广纳贤士、纵横联合，打造了一支极具开拓性的行业领军团队。勘探开发研究院先后拥有集团公司高级技术专家 13 名、西南油气田公司技术专家 12 名、企业二级专家 5 名、享受国务院特殊津贴专家 6 名、教授级高级工程师 7 名，还拥有高水平的博士后科研团队，并联合多所知名高校和科研院所组建了多个“产、学、研”一体化研究团队。

近年来，持续推进科研体制机制改革，充分激发了人才队伍创新创效活力。员工以院为家，真诚沟通，快乐交流，勤奋工作，健康生活。

新时代，新使命，新作为。勘探开发大发展的历史洪流滚滚向前，西南地区增长极和 300 亿立方米战略大气区建设的梦想即将实现，勘研人始终用自己的执着、坚守、奋进，提升创新之力，探寻能源之光，创造生活之美。

科研人员到现场工作

文艺汇演

2019 年 7 月，开展野外地质调查

2019 年 6 月，研讨长宁威远区块开发方案

2018 年 9 月，支撑川渝页岩气水平井快速钻井第一口先导性试验井长宁 H21-8 井顺利完钻

2018 年 1 月，指导威 206H2 平台压裂

川庆钻探长庆井下技术作业公司

试油压裂问鼎 10000 层次

川庆钻探长庆井下技术作业公司主要从事油气田试油试气、压裂酸化、测试试井、修井特作、工程测井等储层改造和综合完井业务。具有从地质评价、储层分析、工程设计，到现场施工作业、施工监测、后评价一体化服务能力，是中国石油井下作业业务链较为齐全的单位之一。2018 年底，用工总量 2690 人，其中合同化员工 1655 人、市场化员工 1035 人；拥有施工设备 1059 台（套），主要包括 2300 型、2000 型等压裂车组和连续油管装备、测试试井装备、带压作业装备、侧钻修完井装备及连续混配车、现场制氮车、液氮泵车、CO_2 增压泵注车、CO_2 密闭混砂橇等功能齐全的综合完井装备，固定资产原值 20.89 亿元，净值 9.69 亿元，压裂设备水功率 25.66 万水马力。

2018 年，川庆钻探长庆井下作业公司坚定不移落实集团公司党组和川庆钻探公司党委决策部署，紧抓长庆基础市场，拓展外部效益市场，着力打造陇东致密油国家示范工程，规模实施气井小井眼完井作业提速工程，全面保障重点区域油气增储增效，全年完成试油气压裂酸化 10198 层次、完井 2518 口，实现经营收入 56.32 亿元，连续五年超额完成川庆钻探公司下达的各项经营指标，生产经营指标创新水平。S00543 队获 2016—2017 年度集团公司金牌队，S00525 队、YS38126 队获银牌队，S00534 队、S00503 队、YS49127 队获铜牌队。

陇东致密油压裂施工现场

侧钻作业取得新进展

气井工厂化作业现场

实施 CO_2 干法压裂施工

拓展刚果（布）佳柔油田技术服务市场

积极探索 24 小时连续作业

地址：陕西省西安市未央区未央路151号长庆大厦　　邮编：710018
电话：(029)86599003　(029)86599000(传真)　　邮箱：cqjx_bgs@cnpc.com.cn

Ebayle 艺欣装饰工程（香港）有限公司

艺欣装饰工程（香港）有限公司始创于 21 世纪初，历经 18 年的磨砺与发展，贸易进出口、销售国际知名品牌韩国 LG 标识贴膜、灯布、星牌灯布、市政工程等贴膜灯布。始终以客户为中心，秉承为客户提供最优化解决方案的理念在市场竞争中锐意进取，凝聚了一批优秀的销售和服务团队，服务于国际、国内标识及广告制作企业的国际化综合性公司。总部设在广州，有艺欣装饰工程（香港）有限公司、广州艺欣装饰材料工程有限公司、广州威玛逊装饰材料工程公司等全资子公司，致力于市政工程城市道路、加油站网点、银行网点、连锁店、机场标识、地铁标识、各个建筑等耐久性标识，提供质保 3 年、5 年、7 年、10 年标识、招牌贴膜灯布、LG 自动清洗招牌贴膜、A2 装饰防火木纹膜、贴膜灯布、加工贴膜及施工安装等全方位服务。